Peter Krämer

DIE ENTMÜNDIGUNG

Ein Plädoyer für die Freiheit

LEGOMENA VERLAG

LEGOMENA VERLAG
www.legomena.de
entmuendigung@legomena.de

© 2012 Legomena Verlag, Schnaittach
Alle Rechte vorbehalten

ISBN: 978-3-943972-00-9

1. Auflage/Juli 2012

Lektorat: Heike Rosbach, Renate Wiese
Umschlaggestaltung, Illustration: Hannes Dörfler
Druck und Bindung: KDD Kompetenzzentrum Digital-Druck GmbH
Printed in Germany

Bibliografische Information der Deutschen Nationalbibliothek
Die Deutsche Bibliothek verzeichnet diese Publikation in der
Deutschen Nationalbibliografie; detaillierte bibliografische
Daten sind im Internet über http://dnb.d-nb.de abrufbar.

»Wenn er nun wieder, bei noch anhaltender Trübung des Blicks mit jenen ewig Gefesselten wetteifern müßte in der Deutung jener Schattenbilder, ehe noch seine Augen sich der jetzigen Lage wieder völlig angepaßt haben – und die Gewöhnung daran dürfte eine ziemlich erhebliche Zeit fordern –, würde er sich da nicht lächerlich machen und würde es nicht von ihm heißen, sein Aufstieg nach oben sei schuld daran, daß er mit verdorbenen Augen wiedergekehrt sei, und schon der bloße Versuch nach oben zu gelangen, sei verwerflich? Und wenn sie den, der es etwa versuchte sie zu entfesseln und hinaufzuführen, irgendwie in ihre Hand bekommen und umbringen könnten, so würden sie ihn doch auch umbringen?«

Platon[1]

---

[1] Platon, Der Staat, Sämtliche Dialoge, Band V, Hamburg 1998, S. 272f. (517 St)

INHALT

1	Prolog	7
2	Was ist Politik?	27
2.1	Skizze einer Begriffsbestimmung	27
2.2	Demokratie und Freiheit	39
2.2.1	Was heisst Demokratie?	39
2.2.2	Was heisst Freiheit?	56
2.2.3	Tocqueville: Die demokratische Bedrohung der Freiheit	73
2.3	Das Primat der Ökonomie	84
2.3.1	Einleitende Bemerkungen	84
2.3.2	Was heisst Kapitalismus?	86
2.3.3	Was heisst Sozialismus?	103
2.3.4	Der Triumph der Gesellschaft	122
2.3.5	Das Erbe von Marx	145
3	Die Zerstörung von Politik	157
3.1	Das Verständnis von Politik	157
3.2	Die Dominanz der Interessen	172
3.2.1	Was ist Interesse?	172
3.2.2	Die Atomisierung von Interesse	185
3.2.3	Das Problem des Lobbyismus	200
3.2.4	Die Zerstörung von Interessen	210
3.3	Das Problem der Transparenz	230
3.3.1	Warum brauchen wir Transparenz?	230
3.3.2	Beispiele für Verschleierung	235
3.3.3	Wie Transparenz aussehen könnte	260
4	Probleme der Wohlfahrtsstaaten	271
4.1	Zum Begriff des Wohlfahrtsstaats	271
4.2	Das Problem der Gerechtigkeit	278
4.2.1	Allgemeine Betrachtungen zur Gerechtigkeit	278
4.2.2	Gerechtigkeit und Politik	287
4.2.3	Die Auflösung der Gerechtigkeit	296
4.3	Steuern und Subventionen	303
4.3.1	Allgemeine Anmerkungen	303
4.3.2	Die Erhebung der Steuern	308
4.3.3	Der Fall Kirchhof	324
4.3.4	Der Umgang mit Steuern	333
4.4	Das Problem der Armut	343
4.4.1	Was ist Armut?	343
4.4.2	Armut als Schicksal	351
4.4.3	Massnahmen gegen die Armut	362
4.5	Die Finanzkrise 2008	370
4.5.1	Die Entstehung	370
4.5.2	Die Finanzkrise im Lichte der Öffentlichkeit	376
4.5.3	Versuch einer Bewertung	392
4.5.4	Die politische Beurteilung	404
5	Aspekte von Mündigkeit	413
5.1	Der Anspruch	413
5.2	Politik und Ökonomie	428
5.3	Politik und Gesellschaft	453
5.4	Politik und Individuum	475
6	Epilog	501

»Was gab es denn? Was lag in der Luft? Zanksucht. Kriselnde
Gereiztheit. Namenlose Ungeduld. Eine allgemeine Neigung zu
giftigem Wortwechsel, zum Wutausbruch, ja zum Handgemen-
ge. Erbitterter Streit, zügelloses Hin- und Hergeschrei entsprang
alle Tage zwischen einzelnen und ganzen Gruppen, und das
Kennzeichnende war, daß die Nichtbeteiligten, statt von dem
Zustande der gerade Ergriffenen abgestoßen zu sein oder sich
ins Mittel zu legen, vielmehr sympathetischen Anteil daran
nahmen und sich dem Taumel innerlich ebenfalls überließen.«

Thomas Mann[1]

1 PROLOG

Willy Brandts Vision »Mehr Demokratie wagen« hat sich in einer Weise erfüllt,
die noch vor wenigen Jahren undenkbar schien. Mit dem Internet verfügen wir
über schier unbegrenzte Möglichkeiten zur Information und Kommunikation. Nie
war der Bereich der Öffentlichkeit zugänglicher als heute. Nie war es leichter, sich
vor einem breiten Publikum zu artikulieren. In jeder Woche gibt es im Fernsehen
Politsendungen, in denen die dringendsten Probleme in aller Ausführlichkeit diskutiert werden. Kein Politiker, keine politische Partei kommt heute an den neuen
Medien vorbei. Nicht nur, weil sie diese zu ihrer eigenen Darstellung benutzen,
sondern vor allem auch, weil sie wegen deren politischer Bedeutung bestrebt sein
müssen, die sich dort artikulierende öffentliche Meinung zur Kenntnis zu nehmen
und in ihren programmatischen Aussagen zu berücksichtigen. Im politischen
Raum zeigt sich ein erweiterter Bürgersinn, der sich in klaren Forderungen nach
mehr Beteiligung bei politischen Entscheidungen äußert.

Kein Zweifel, das Bewusstsein der Bürger für politische Teilhabe nimmt zu,
zeigt es sich doch auch in verschiedenen Variationen des öffentlichen Protests.
Tausende gehen auf die Straße, um gegen Globalisierung, Verkehrsplanungen,
Atomkraft, Windräder, Stromtrassen oder den Anbau gentechnisch manipulierter
Pflanzen zu protestieren, von den schon länger bekannten Aktionsformen für bessere Arbeits- oder Ausbildungsbedingungen, bessere Verkehrsanbindungen, höhere Löhne, niedrigere Gebühren einmal ganz abgesehen. In Presse, Funk und Fernsehen wird dieses neue Bürgerbewusstsein gebührend hervorgehoben und wohlwollend begleitet.

Der Begriff der Political Correctness entwickelte sich in den 1990er Jahren und
steht heute in voller Blüte. Diskriminierungen aller Art werden bereits im Keim
erstickt, jede Ablehnung eines Bewerbers durch einen Arbeitgeber bedarf der korrekten Begründung, ist sie doch andernfalls gerichtlich angreifbar. Kein personen-
bezogener Begriff darf mehr verwendet werden, dem nicht seine weibliche Form
angehängt wird. Nicht mehr darf von Bürgern gesprochen werden, die Korrektheit
verlangt den Ausdruck BürgerInnen.

---

[1] Thomas Mann, Der Zauberberg, Frankfurt 1981, S. 959

Die Studentenbewegung in den 1960er Jahren kämpfte noch gegen Konsumterror und Manipulation der Massen. Heute erfahren wir jeden Abend in (mindestens) einem Fernsehprogramm, wie wir uns ausgewogen und gesund ernähren können und welche Schadstoffe in welchen Produkten enthalten sind, deren Konsum wir dann selbstverständlich reduzieren, wenn nicht gar ganz einstellen. Kein Zweifel, der Bürger ist mündiger geworden.

Statt selbst Massen zu manipulieren, werden Politiker heute eher von den Bürgern getrieben. Dafür sorgen schon tägliche Meinungsumfragen. Sicher, wir leben nicht in einer heilen Welt, aber wachsame Bürger sorgen schon für eine immer bessere Welt. Der jahrzehntelange Streit über die Nutzung der Energie aus Atomkernspaltungen ist beigelegt, in fast beängstigender Einmütigkeit wenden wir uns geschlossen der Energieerzeugung aus erneuerbaren Energiequellen zu. Selbst wenn wir den Raubtieren im Zoo nicht den Genuss selbst erlegter Beute gönnen, so gibt es doch keine Partei, die sich noch gegen »artgerechte« Tierhaltung wendet. Beim Krieg in Afghanistan sind sogar einzelne Tote eine Meldung in den Nachrichtensendungen wert. Wir haben es schon ziemlich weit gebracht in der Durchsetzung der Humanität. Menschenrechtsverletzungen in den entlegensten Teilen der Welt werden mittlerweile weltweit veröffentlicht, wenn auch noch nicht vollständig verhindert. Welchen Sinn hat es da, die Frage nach der Entmündigung der Bürger zu stellen?

Dem gegenüber steht ein Staat, der akribische Regelungen noch für unbedeutendste Sachverhalte findet. Die Verbrennung kleinster Mengen organischer Stoffe in öffentlich zugänglichen Räumen wird jahrelang diskutiert und schließlich durch eine wahre Flut von Gesetzen rigoros verboten, weil es schädlich für den Einzelnen ist. Doch gilt diese Regelung keinesfalls allgemein. Bestimmte, bei der Verbrennung nicht weniger schädliche Stoffe dürfen weiterhin an öffentlichen Orten verbrannt werden. Dem Abbrennen von Kerzen, Räucherstäbchen oder Weihrauch zur Erhöhung heimeliger oder gar geweihter Stimmung steht weiterhin nichts entgegen, doch Tabak gilt als Teufelswerk, gegen das nicht entschieden genug vorgegangen werden kann. Seit 2010 darf in Bayern kein Gast mehr in Gastronomieräumen rauchen. Mit keinem noch so großen Hinweis an seiner Tür kann der Gastwirt dieses Verbot umgehen. Die Regelungen gegen Raucher haben fürwahr globale Ausmaße angenommen. Von Alaska bis Feuerland, von Kiribati bis Samoa gibt es kaum noch ein Land, in dem nicht rigorose Beschränkungen gelten. In vielen der Länder, die das Rauchverbot zum Schutz der Gesundheit ihrer Bürger aussprechen, zählt ein Menschenleben weniger als das Leben eines Hundes.

Ein einfacher Wasserball hat nicht nur zwei gesonderte Ventile, die aufzublasen nur mit größter Mühe möglich ist, sodass aus ihm die Luft am besten durch einen Messerstich abgelassen wird, weil der empfohlene Weg über die gesicherten Ventile einer schier übermenschlichen Anstrengung bedarf. Er enthält auch noch in 22 Sprachen einen Warnhinweis, der auf Deutsch lautet: »Warnung! Nur unter Aufsicht und in flachem Wasser benutzen, wo das Kind sicher stehen kann.« Welches Menschenbild liegt zugrunde, wenn schon ein einfaches Spielzeug abgesichert wird wie der Tresorraum einer Bank? Was helfen mehrfache Ventile, wenn jeder Seeigel mit Leichtigkeit ein Loch in die Hülle stechen kann? Soll man einem

Ertrinkenden den Ball verweigern, weil er sich nicht mehr in flachem Wasser bewegt? Unter einem mündigen Bürger stellt man sich eigentlich etwas anderes vor.

Sind dies Sonderfälle, bei denen es eher um unmündige Kinder als um mündige Bürger geht? Sind dies Auswüchse einer ansonsten intakten Welt? Die Zweifel wachsen, wenn wir einfache Dinge des täglichen Lebens betrachten. Nur wenige können ihre eigene Steuererklärung korrekt abfassen, die Vorsorge fürs Alter hat der Staat flächendeckend übernommen, ohne eine Selbstversorgung in Betracht zu ziehen, ja, er bedroht sie sogar mit einer Strafsteuer. Selbst der Aufbau einer eigenen Zusatzversorgung bedarf eingehender Beschäftigung, weil eine Vielzahl von Regelungen zu beachten ist, deren Missachtung erhebliche finanzielle Nachteile für die Betroffenen nach sich zieht. Der Staat nimmt und gibt nach nicht mehr durchschaubaren Kriterien. Wer weiß schon, wie sein persönlicher Saldo dabei aussieht? Wer gar auf staatliche Unterstützungsleistungen angewiesen ist, der wird gegängelt und überwacht, mehr als moderne Erziehungsmethoden Kindern zumuten.

Alle diese Beispiele, die nur die Spitze eines Eisbergs darstellen, wecken ernsthafte Zweifel an der Mündigkeit der Bürger, denn würden mündige Bürger sich dies alles gefallen lassen?

Kehren wir zu den Protestbewegungen zurück. Die hier angeführten Gängelungen führen kaum je zu Protesten. Wenn Empfänger von Unterstützungsleistungen einmal aufbegehren, dann geht es eher um Forderungen nach höheren Geldzahlungen als um Verbesserungen ihrer Rahmenbedingungen. Das gilt auch bei den Steuern, Abgaben und Vorsorgemaßnahmen. Immer geht es um die Lastenerhöhung möglichst der anderen am besten im Zusammenspiel mit der Senkung der eigenen Beiträge. Die Zweifel wachsen, wenn wir uns die Anti-Atomkraft-Bewegung ansehen, deren Intensität und Kontinuität die aller anderen Protestbewegungen nicht nur deutlich übertrifft, sondern die auch noch Pate gestanden hat bei der Entstehung der Partei Die Grünen, der einzigen dauerhaft erfolgreichen neuen Partei in Deutschland seit Gründung der Bundesrepublik. Der Fokus dieser Partei hat sich inzwischen erweitert. Die Protesthaltung gegen die Nutzung von Atomkraft ist aufgegangen in der Frage nach dem Schutz der Umwelt vor den zerstörerischen Einflüssen des Menschen. Der Einfluss der Partei auf das gesellschaftliche Leben ist dabei erheblich größer, als die Zahl ihrer Mitglieder in den einzelnen Parlamenten es vermuten lässt. Es gibt in Deutschland keine in Parlamenten vertretene Partei mehr, die sich in ihren programmatischen Äußerungen nicht an der »Umweltfrage« orientiert.

Von der Öffentlichkeit weitgehend unbeachtet blieb bei dieser Entwicklung ein folgenschwerer Paradigmenwechsel, der in seiner Bedeutung noch gar nicht adäquat erfasst worden ist. Die Fragen, die heute im Zentrum der politischen Auseinandersetzung stehen, sind wesentlich Fragen, in denen es um »Leben oder Tod« geht. Die Wendung ruft Erstaunen hervor, denn Fragen dieser Art sind ihrem Charakter nach *keine politischen Fragen*. Ihrer fundamentalen Bedeutung wegen bedarf diese Erkenntnis einer näheren Erläuterung.

Als die Griechen das Politische entdeckten, galt es ihnen als spezifische Möglichkeit des Menschen, sich im gemeinsamen Handeln eine Welt zu schaffen. Zum gemeinsamen Handeln gehört das Miteinander-Sprechen, das heißt der Austausch von Meinungen. Fragen, bei denen es um Leben oder Tod geht, stehen außerhalb von Meinungen. Auf einem sinkenden Schiff ist es sinnlos, eine Diskussion darüber zu führen, wie wer und ob überhaupt gerettet werden soll. Dies steht auch außer jedem Zweifel und wird am klarsten dokumentiert in der Formulierung »Rette sich, wer kann«. Zum Bereich von Meinungen gehört die Frage, ob es bei einer Problemstellung überhaupt um Leben oder Tod geht. Ist die Frage positiv beantwortet, hat die Meinung ausgedient und eine Dichotomie ist an ihre Stelle getreten. Entweder besteht man auf der eigenen Lebenserhaltung, dann ist jedes Mittel recht, oder man wählt den Tod, dann ist kein Mittel mehr notwendig. Für das Politische ist bei dieser Konstellation kein Platz mehr. Aber selbst wenn wir uns im Vorfeld bewegen und die Frage diskutieren, ob es bei einer Problemstellung um Leben oder Tod geht, wird der Meinungsstreit in erheblicher Weise belastet, weil über der Freiheit des Meinungsaustauschs das Damoklesschwert des Todes schwebt. Ein zutiefst Relatives wird durch ein Absolutes in seiner Substanz bedroht. In Grenzfällen mag das Politische in einer solchen Konstellation überleben können. Tritt sie als täglich zu erlebendes Prinzip auf, ist das Politische nicht mehr haltbar. Die Dominanz des Absoluten beantwortet die Frage nach der Mündigkeit: Sie ist nicht mehr notwendig, sie ist noch nicht einmal gefragt.

Dem Politischen mag ein fundamentaler Bedeutungswechsel zugeordnet werden, der die hier angestellten Überlegungen auf eine andere Stufe hebt. In diesem Fall wäre es notwendig, sich über die Verschiebung des Begriffs größtmögliche Klarheit zu verschaffen. Andernfalls verliert man seinen Stand. Das Politische verliert seine Kontur und verschwimmt im Nebel. Diese Tendenz wird noch verstärkt durch das allumfassende Interesse, das die handelnden Personen zu jeder Zeit dominiert. Politik mutiert dabei zum allgemeinen Geschacher, dessen Ziel darin besteht, eigene Vorteile rücksichtslos zu maximieren. Wie immer wir uns im Einzelnen zu diesen Veränderungen stellen, unbestreitbar scheint der mit ihnen einhergehende *Verlust an Freiheit* zu sein, der den strikt umweltbewussten Bürger ebenso trifft wie denjenigen, der seine Vorteile zu maximieren versteht. Der eine wird von der Angst um sein Leben, der andere von seiner Gier beherrscht. Offenbar scheint ein fundamentales Missverständnis darüber vorzuliegen, was das Politische überhaupt bedeutet. Jedem Komponisten ist klar, dass er nur dann Variationen über ein Thema schreiben kann, wenn er das Thema kennt. In diesem Sinne ist es unabdingbar, die Wurzeln des Politischen freizulegen, um die Implikationen der modernen Wendung überhaupt verstehen zu können.

Jede ernsthafte Auseinandersetzung mit dem Politischen steht vor der Aufgabe, zunächst den Schutt der Jahrhunderte, vor allem aber den der Neuzeit beiseitezuräumen, weil sie sonst ihres Gegenstandes nicht habhaft werden kann und sich im leeren Raum bewegt. Freilegung des Politischen heißt aber auch, wichtige Entwicklungen seit den Griechen mit aufzunehmen. Zur Frage nach dem Politischen gehört die Frage nach Demokratie und Freiheit. Die wichtigste Entwicklung des politischen Raums seit den Griechen und zugleich eine ernsthafte Bedrohung des

Politischen überhaupt, besteht in der öffentlichen Berücksichtigung der Fragen der Ökonomie, die für die Griechen noch ausschließlich der Sphäre der privaten Haushalte angehörten. Spätestens seit der Französischen Revolution von 1789 sind diese Fragen zu gesellschaftlichen Fragen geworden, die nicht mehr aus dem öffentlichen Raum wegzudenken sind und bis heute die politischen Fragestellungen dominieren. Politik ist damit zu einem gigantischen Verteilungskampf degradiert worden, bei dem es nur noch darum geht, wer was, wie viel und von wem bekommt. Maßgeblich für diese Auseinandersetzungen sind noch immer die Fragen nach der Wirtschaftsordnung, die sich plakativ auf die Begriffe »Kapitalismus« und »Sozialismus« zurückführen lassen.

Wenn die Fragen nach dem Politikverständnis der Griechen zur Freilegung der Wurzeln unseres Politikbegriffes dienen, so dienen die Fragen nach der Wirtschaftsordnung der Aufhellung der ersten kopernikanischen Wende des modernen Politikverständnisses (die zweite besteht in der Umweltbewegung). Diese Aufhellung ist notwendig, weil sich mit der Vergesellschaftung des Politischen eine bis dahin völlig unbekannte Form von klischeehaftem Denken ausgebreitet hat, dem auch die Aufklärung nicht Einhalt gebieten konnte, die sogar vermutlich sehr stark auf deren Einflüsse zurückzuführen ist. Dies deshalb, weil die Befreiung der Menschen aus ihrer »selbstverschuldeten Unmündigkeit« (Kant) zu einer Vulgarisierung geführt hat, die in ihrem Kern in dem Glauben besteht, jeder könne zu jedem Thema seinen Kommentar abgeben. Mit dem Fernsehen steht ein Medium zur Verfügung, das für massenhafte Verbreitung auch noch des größten Unsinns sorgt. Diese Tendenz verfügt über eine Macht, der auch die Wissenschaft sich kaum noch entziehen kann.

Darüber verlieren wir immer mehr die fundamentalsten Maßstäbe aus den Augen, die sich uns bestenfalls schemenhaft noch erschließen. Im Strafgesetzbuch der Bundesrepublik Deutschland steht: »Mörder ist, wer aus Mordlust, zur Befriedigung des Geschlechtstriebs, aus Habgier oder sonst aus niedrigen Beweggründen, heimtückisch oder grausam oder mit gemeingefährlichen Mitteln oder um eine andere Straftat zu ermöglichen oder zu verdecken, einen Menschen tötet.«[2] In einer bekannten deutschen Fernsehsendung behauptet ein Teilnehmer, jeder, der ein Tier tötet, ist ein Mörder. Statt diesen Teilnehmer mit Verweis auf unser Grundgesetz zurechtzuweisen, fragt die Moderatorin ungerührt weiter: »Aber die Frage ist natürlich, [...] empfinden sich Menschen, die in der Landwirtschaft arbeiten, [...] als Massenmörder?«[3] Hier ist die Frage natürlich, kann man den Verfall auch noch der fundamentalsten Maßstäbe in deutlicherer Weise demonstrieren?

Über zentrale Begriffe wie Politik, Demokratie, Freiheit, Kapitalismus und Sozialismus herrscht kaum auch nur ein minimaler Konsens, auf dem sich aufbauen ließe. Der Bedeutung dieser Begriffe wird später nachgegangen, wobei es dabei weniger um ein umfassendes Begreifen als vielmehr um ein substanzielles Erfassen geht. Dabei erweisen sich scheinbar fest gefügte Selbstverständlichkeiten

---

2   STGB, § 211
3   Maybrit Illner im ZDF, 20.01.2011

als außerordentlich brüchig. Die weithin angenommene Kongruenz von Demokratie und Freiheit stimmt ebenso wenig mit der realen Entwicklung überein, wie der angenommene fundamentale Gegensatz zwischen Kapitalismus und Sozialismus. Damit werden nicht nur die grundlegenden Maßstäbe für die nachfolgenden Aussagen festgelegt, es wird auch der herrschenden Beliebigkeit bei der Verwendung zentraler Begriffe ein Riegel vorgeschoben.

Eine unmittelbare Folge der Dominanz des Ökonomischen im politischen Raum ist die fast schrankenlose Herrschaft der Interessen, die dazu führt, Politik im Wesentlichen als Mittel zum Erreichen eines Ausgleichs divergierender Interessen zu betrachten. Damit werden die von den Griechen noch wohl unterschiedenen Bereiche des Öffentlichen und des Privaten vollständig miteinander vermengt. In der dabei entstehenden Melange sind einzelne Strukturen kaum noch zu erkennen, und wir verlieren mit dem Überblick über unsere grundlegenden Werte die Werte selbst. Sie geistern nur noch als Floskeln herum, ohne jeden Bezug zur Wirklichkeit.

Verschleiert wird dieser Verlust durch eine beispiellose Vernichtung jeglicher Transparenz, die zwar der zunehmenden Komplexität moderner Gesellschaften zugeschrieben, in Wahrheit aber mit Willen und Bewusstsein »produziert« wird. Mit der Transparenz verlieren die Menschen aber die Möglichkeit, ernsthaft am politischen Geschehen teilzunehmen, denn es ist unmöglich, über Maßnahmen zu befinden, deren Sinn und Zweck nicht mehr verstanden werden. In einem solchen Umfeld ist Mündigkeit der Bürger ausgeschlossen. Ihnen bleibt meist nur die Wahl zwischen Skylla und Charybdis.

Wenn Freiheit bei den Griechen einmal bedeutete, nicht zu herrschen und nicht beherrscht zu werden, also auch der Herrscher, weil er nicht mehr unter Seinesgleichen weilte, nicht frei sein konnte, dann gilt dies im übertragenen Sinn auch für die Interessenvertreter, die, selbst wenn sie erfolgreich sind, am Ende dem ständigen Zwang zur Durchsetzung ihrer Interessen ausgeliefert sind, also keineswegs Freiheitsgrade gewinnen. In der immer stärker dominierenden Umweltbewegung, deren charakteristisches Merkmal der Zwang zu vorbestimmten Verhaltensweisen ist, zeichnet sich der Vorschein einer künftigen Interessenpolitik ab. Da das Interesse am Leben allen anderen Interessen übergeordnet wird, mutiert es am Ende zum einzigen legitimen Interesse. Dann wird von einer kompetenten Instanz – dies kann mit Sicherheit nicht das Volk sein – genau festgelegt, wie wir zu leben haben. Dann leben wir, von keinem Wurm mehr unterschieden, einzig aus dem Grund, um zu leben. Dies wäre das Ende von Freiheit und Politik.

Wolfgang Harich, Professor der Philosophie und Vertreter eines »menschlichen Sozialismus« in der früheren DDR, hat bereits Mitte der 1970er Jahre ein Buch über Kommunismus und Ökologie veröffentlicht, aus dem das nachfolgende, an Klarheit und Konsequenz kaum zu überbietende Zitat stammt: »Unserem Programm der Bedürfnisbefriedigung müssen wir, mit dem Vorsatz, es in ökologisch verantwortbaren Grenzen zu halten, eine differenzierende kritische Bestandsaufnahme all der Bedürfnisse vorausschicken, die sich im Verlauf des Geschichtsprozesses beim Menschen herausgebildet haben. [...] Wobei es dann selektiv zu unterscheiden gilt zwischen solchen Bedürfnissen, die beizubehalten, als Kulturerbe zu pflegen, ja gegebenenfalls erst zu erwecken bzw. noch zu steigern sind, und anderen, die den Menschen abzugewöhnen sein werden – soweit möglich, mittels Umerziehung und aufklärender Überzeugung, doch, falls nötig, auch durch rigorose Unterdrückungsmaßnahmen, etwa durch Stillegung ganzer Produktionszweige, begleitet von gesetzlich verfügten Massen-Entziehungskuren.«[4] Spätestens an dieser Stelle greift der moderne Aufklärer zu Methoden, die nur allzu bekannt sind aus totalitären Staaten und auch dort nur zum Besten des eigenen Volkes oder gar der Menschheit angewandt wurden. Wolfgang Harich weiß genau, wovon er spricht, saß er doch jahrelang wegen politischer Abweichung im Gefängnis.

Der Wohlfahrtsstaat ist die Manifestation einer Gesellschaft, deren Ziel darin besteht, den Menschen Wohlstand und Zufriedenheit zu garantieren. Seinem Bild entsprechend verhalten sich die Mitglieder der Gesellschaft wie ein hungriges Wolfsrudel, dem die Regierenden in vorausschauendem Wissen Schafspelze in Form umfassender Versorgung umhängen. Der Mensch wird der Sorge um sein Da-Sein beraubt und mutiert dabei zum Wassertropfen im Ozean der Verteilungsmaschinerie. Da diese Vor-Sorge keineswegs das Wohlgefühl hervorruft, das sie vorgibt, hervorrufen zu können, müssen zur Aufrechterhaltung der Fiktion Schuldige angegeben werden, die aber nie gefunden werden dürfen, weil sonst der ganze Schwindel wie ein Kartenhaus zusammenbrechen würde. In der Realität führt dies in wilder Folge zu Regeln und Gegenregeln, zu Maßnahmen und Gegenmaßnahmen, zu Bestimmungen und Gegenbestimmungen, bis am Ende völlige Orientierungslosigkeit herrscht.

Diese Orientierungslosigkeit kann adäquat nicht mehr mit Mitteln der Wissenschaft beschrieben werden, weil diese zu Sachlichkeit, Struktur und Präzision verpflichtet ist. Wenn aber die bestimmende Struktur die Auflösung jeder Struktur ist, dann stößt man in ihrer Beschreibung an Grenzen. In der Wissenschaft wird das äußerste Rot in 1315 Wellen auf die Länge eines Millimeters beschrieben. Mit dieser Kenntnis ist niemand in der Lage, einem anderen die Farbe eines Stoffes mitzuteilen, weil dazu eben auch ein sinnlicher Eindruck gehört. Mit der Beschreibung des Wohlfahrtsstaats ist es ähnlich. Wird er allein mit Mitteln der Wissenschaft beschrieben, dann bleiben seine Wirkungen auf die einzelnen Menschen blutleer und vermögen die Realität nicht mehr abzubilden. Im vorliegenden Text werden deshalb neben Mitteln der Wissenschaft auch Mittel der Literatur, vor allem aber auch Beispiele aufgegriffen, weil dadurch das eigentlich Unvermittelbare noch am ehesten vermittelt werden kann.

Die behandelte Problematik betrifft das Ganze, reicht aber bis in die innersten Bereiche der Einzelnen hinein, und niemand kann sich ihrem Sog entziehen. Damit erreicht das Thema einen Umfang, dem in einer Abhandlung allein nicht adäquat entsprochen werden kann. Die fundamentale Auflösung der Maßstäbe erzwingt eine Beschäftigung mit den Fundamenten, ohne die jede Form von Ausführung sofort im allgemeinen Sumpf der Unbestimmtheit und Beliebigkeit versinkt. Gilt die Beschäftigung jedoch nur den Fundamenten, dann unterliegt sie der

---

4 Wolfgang Harich an Freimut Duve, 29.04.1975, in: Ders., Kommunismus ohne Wachstum? Babeuf und der »Club of Rome«, Hamburg 1975, S. 179

Gefahr, als Liebhaberei abgetan zu werden. Aus diesem Widerspruch führt kein Königsweg heraus. Hier wurde der Weg gewählt, die Thematik breit anzulegen und dafür Mängel in der Klarheit und Ausführlichkeit bei Einzelthemen in Kauf zu nehmen. In den meisten Fällen gibt es zu den Einzelthemen ausführliche Literatur, zur Komposition des Ganzen wurden keine Vorbilder gefunden, die das dargestellte Anliegen mit hinreichender Genauigkeit behandelt haben.

Doch selbst auf diese Weise war es nicht möglich, alle mit der Fragestellung zusammenhängenden Themen auch nur zu streifen. Stattdessen lag der Fokus auf der weiter oben so bezeichneten ersten kopernikanischen Wende. Die mit der Umweltbewegung verbundenen Themen wurden zwar hier und da gestreift, jedoch keiner systematischen Untersuchung unterzogen. Insbesondere wurde dem weiten Bereich des Gesundheitswesens kaum Beachtung geschenkt, obwohl es in seiner Gewichtung dabei ist, alle anderen Bereiche zu übertreffen.

Die Auslassung von Themen enthält keine Bewertung ihrer Wichtigkeit, sie ist eher der geschichtlichen Abfolge geschuldet. Die vorliegenden Ausführungen können nur ein Anfang sein, gedacht als Einstieg in eine notwendige Auseinandersetzung um zentrale Werte, von dem zu hoffen ist, dass weitere Anstrengungen ihn ausbauen und verbessern. Den Denkern der Welt sei Dank, weil sie – oft schon vor vielen Hundert Jahren – vor allen Verwerfungen gewarnt haben, die uns heute heimsuchen. Dies sollte uns Mut machen, Stand zu gewinnen wider die behauptete Unausweichlichkeit der gesellschaftlichen Entwicklungen.

Wir leben in einer turbulenten Zeit. In den letzten zehn Jahren haben wir den vermutlich größten Terroranschlag und die größte Wirtschaftskrise der Menschheitsgeschichte erlebt. Die Konflikte mit einer Reihe von Ländern der islamischen Welt haben all jene Propheten Lügen gestraft, die nach dem Zerfall der GUS-Staaten ein Zeitalter des Friedens und wachsenden Wohlstandes erwartet haben. Durch die Globalisierung werden die wirtschaftlichen Probleme, durch zunehmende Terrorbereitschaft die Sicherheitsprobleme gerade der hoch entwickelten Länder immer schwerer beherrschbar. Hinzu kommen die vermeintlichen oder echten Probleme des Weltklimas, der Atomkraft, verschiedener Seuchen, wie Aids, Rinderwahn, Vogelgrippe, Schweinegrippe und zuletzt die Ehec-Epidemie. Im Inneren der Republik nimmt – folgt man den professionellen Beobachtern der Szenerie – die Armut, insbesondere die Kinderarmut immer mehr zu. Die Aussichten sind düster, das Bedürfnis nach mehr Sicherheit und Berechenbarkeit wird stärker.

Dies zeigt sich nicht zuletzt an der Befindlichkeit einer Mehrzahl der Bürger der ehemaligen DDR, die nach einem Bericht des Nachrichtenmagazins »Der Spiegel« »Heimweh nach der Diktatur« hat: »20 Jahre nach dem Mauerfall verteidigt heute eine absolute Mehrheit von 57 Prozent der Ostdeutschen den untergegangenen SED-Staat.«[5] Fragen der Stasi-Überwachung, Fragen nach den unzähligen eingekerkerten Bürgern, die nur ihre (andere) Meinung gesagt haben, Fragen nach der Einmauerung bzw. Einzäunung von 16 Millionen Bürgern im eigenen Staat, Fragen nach den Toten bei dem Versuch, die unmenschliche Grenze zu

---

[5] Der Spiegel, 27/2009, S. 124

überwinden, kurz Fragen nach der unerträglichsten Einschränkung der Freiheit auf deutschem Boden spielen offensichtlich nur eine untergeordnete Rolle.

Bei den geschilderten Sachverhalten handelt es sich nicht um Marginalien. Unsere Freiheit ist massiv bedroht, in vielerlei Hinsicht sogar bereits massiv eingeschränkt. Kann es angesichts der geschilderten Gefahrenszenarien und der aus ihnen resultierenden Sachzwänge, kann es angesichts von Millionen Bürgern – und es sind dies beileibe nicht nur Bürger der ehemaligen DDR –, die offensichtlich nichts mehr wünschen als ein vom Staat behütetes Leben, das sie nicht mehr selbst zu führen haben, noch so etwas wie Gestaltung der Welt, wie Gestaltung der Freiheit geben? Muss nicht die Freiheit dem nackten Sachzwang weichen? Die Antworten auf diese Fragen fallen für denjenigen, dem Freiheit ein Wert an sich ist, nicht gerade ermutigend aus. Anfang Juli 2009 war in L'Aquila, Italien, ein Treffen der G8-Staaten, zu dem »Der Spiegel« resümiert: »Und in Zukunft zählen Zahlen, nicht Werte.« Und weiter heißt es lapidar: »Die großen Themen beim Gipfel waren Klima, Wasser, Ernährung.«[6]

Die Aussichten für Freiheit wären noch düsterer, hätten wir nicht eine freiheitlich-demokratische Grundordnung, also eine Freiheitsgarantie in unserem Grundgesetz. Doch wer soll die dort garantierten Freiheiten durchsetzen? Selbstverständlich haben wir eine unabhängige Judikative und vorläufig noch keinen Grund, an deren Unabhängigkeit zu zweifeln. Doch wir haben einen viel zu tradierten Freiheitsbegriff, der sich zwar an wichtigen Begriffen wie Meinungsfreiheit, Pressefreiheit, Informationsfreiheit, Bewegungsfreiheit usw. orientiert, der aber zum Beispiel die Freiheit von staatlicher Bevormundung nicht oder bestenfalls rudimentär kennt. Zudem mussten gerade wir Deutschen insgesamt während der Nazizeit und dann im Osten des Landes unter der Herrschaft der Kommunisten erleben, wie schnell rechtliche Garantien abgeschafft oder in ihr Gegenteil verkehrt werden können. Stand nicht am Tor von Auschwitz die Losung »Arbeit macht frei«? Wollte nicht der Arbeiter- und Bauernstaat auf deutschem Boden eine pazifistische Republik des Friedens sein, die zugleich nicht nur maßlos aufrüstete, sondern ihre eigenen entschiedenen Pazifisten gnadenlos verfolgte, weil sie mit ihrer Haltung dem Klassenfeind in die Hände spielten? Nein, auf juristischem Wege werden wir die Freiheit weder erringen noch erhalten! Dies sei gesagt, auch wenn eine freiheitliche Grundordnung ein wesentlicher Bestandteil von Freiheit ist. Sie ist eine notwendige, keinesfalls aber hinreichende Bedingung für Freiheit.

Bleibt als Hoffnungsträger schließlich noch die Politik. Die Parteien sollen an der politischen Willensbildung des Volkes mitwirken, mehr noch, sie sollen die politische Willensbildung des Volkes in freiheitlicher Weise beeinflussen. Immerhin sind alle Parteien auf die freiheitlich demokratische Grundordnung verpflichtet, und keine Partei wird zugelassen, die sich dieser Verpflichtung zu entziehen sucht. In Bezug auf den politischen Betrieb ahnt man bereits, dass auch auf die Politik nur sehr begrenzt Verlass ist. Ein Blick auf das politische Tagesgeschehen bestätigt diese Ahnung, verwandelt sie gar in eine Bedrohung.

---

[6] Der Spiegel, 29/2009, S. 29

Betrachten wir willkürlich, das heißt ohne jeden Anspruch auf Vollständigkeit oder Anordnung von Wichtigkeit oder Berücksichtigung politisch repräsentativer Aspekte, einige Beispiele der jüngsten Vergangenheit, deren Gemeinsamkeit darin besteht, dass sie das Vertrauen in eine Korrektivfunktion der Parteien erschüttern. In allen Beispielen werden elementare Regeln politischen Verhaltens eklatant verletzt, jedenfalls, sofern sie die Beschränkung des Einsatzes der Mittel zur Erreichung eigener Zwecke vorschreiben. Die betroffenen Politiker gehören durchweg zum jeweiligen Führungspersonal ihrer Partei, selbst wenn sie nicht in der ersten Reihe stehen.

Man mag zur Durchsetzung politischer Anschauungen die Wirklichkeit durch Pointierung einer Differenz verzerren, man mag diesen oder jenen Aspekt eines politischen Anliegens hervorheben oder zurücktreten lassen, man darf aber niemals die Wahrheit auf den Kopf stellen, weil dies letztendlich jeder Form von Barbarei Tür und Tor öffnet. Freiheit und Wahrheit können nicht getrennt werden. Wenn Wahrheit mit Füßen getreten wird, wird Freiheit vernichtet. Es gilt aber auch: Freiheit setzt Transparenz voraus. Fehlt diese, wird der Freiheit eine notwendige Bedingung ihrer Existenz geraubt, denn ohne Transparenz fehlt der Freiheit der Boden, auf dem sie gedeihen kann.

Bei der sozialen Kernfrage Krankenversicherung würde man vernünftigerweise für jeden Bürger einen gleichen Grundschutz erwarten, den er durch private Zusatzversicherungen ausbauen kann. Stattdessen haben wir ein undurchschaubares System von gesetzlichen und privaten Versicherungen, die sich nicht nur in der Form ihrer Beitragserhebung unterscheiden, sondern in unterschiedlicher Weise den verschiedenen Bevölkerungsgruppen offen stehen oder verweigert werden, als wäre die Absicherung gegen die finanziellen Folgen von Krankheit eine individuelle Angelegenheit. Die unterschiedlichen Arten von Krankenversicherungen zahlen den Ärzten unterschiedliche Honorare, obwohl die Behandlung für alle gleich sein soll. Beamte erhalten das Privileg, sich privat versichern zu können, als würde der Staat seiner eigenen gesetzlichen Krankenversicherung nicht trauen. Kurz: Das System der Krankenversicherung genügt weder den Regeln der Vernunft noch auch nur elementaren Regeln sozialer Verantwortung. Es ist ein absurdes Konstrukt, das man in vulgo einen politischen Unsinn nennen kann.

Nun hat die Kanzlerkandidatin der CDU bei der Bundestagswahl 2005 den Vorschlag gemacht, das undurchschaubare System der Krankenversicherung einfacher und transparenter zu gestalten, indem sie eine Kopfpauschale einführen wollte, also einen gleichen Beitrag, den jeder Bürger für seine Krankenversicherung zahlen sollte. Soziale Verwerfungen in Einzelfällen wollte sie korrigieren. Unabhängig von möglichen Verbesserungsvorschlägen zielte der Vorschlag auf deutlich mehr Transparenz und war erkennbar besser als das bisherige Verfahren.

Kaum war der Vorschlag an die Öffentlichkeit gedrungen, als sich vor allem die Vertreter der SPD und der Grünen auf ihn stürzten und ihn als sozialen Kahlschlag stigmatisierten, der mit ihnen nicht zu machen sei. Der damalige Bundeskanzler Schröder zog durch die Republik mit der Behauptung, dann würde ja die Krankenschwester den gleichen Krankenversicherungsbeitrag wie der Chefarzt zahlen. Schlug also des Bundeskanzlers soziales Gewissen? Bewahrte er die Bürger des Landes vor einer sozialen Schieflage?

Mitnichten, denn die damals ebenso wie heute gültige Regel lautet: Wenn die alleinstehende Krankenschwester mehr verdient, als die Beitragsbemessungsgrenze vorgibt, dann zahlt sie den gleichen Beitrag wie der verheiratete Chefarzt, der allerdings zugleich seine Frau und womöglich sechs Kinder mit versichert. Nach dem heutigen System subventioniert diese Krankenschwester ihren Chefarzt unter Umständen massiv, hätte also schon einen erheblichen Vorteil, wenn sie denn nur den gleichen Beitrag wie der Chefarzt, der zusätzlich aber noch seine Familie versichern müsste, zu zahlen hätte. Es bedarf auch keiner besonderen geistigen Anstrengung, um zu erkennen, dass das bestehende System der Krankenversicherung einen sozialpolitischen Grundsatz massiv verletzt: Transferleistungen dürfen keinesfalls von »arm« in Richtung »reich« gehen.

Unser damaliger Bundeskanzler hat das Widersinnige seines Argumentes selbstverständlich erkannt. Doch obwohl er einer Partei angehört, die soziale Gerechtigkeit in besonderer Weise auf ihre Fahnen schreibt, ging es ihm nicht um Gerechtigkeit, sondern allein um seinen Machterhalt. Dabei nutzte er schamlos die Unwissenheit der Bevölkerung aus, die, je weniger sie das herrschende Prinzip der Verschleierung durchschaut, umso mehr am Status quo festhält. Soziale Verwerfungen werden dafür gern in Kauf genommen.

Der Machterhalt mag in einer Demokratie ein legitimes Mittel sein, wenn er aber um jeden Preis erkauft werden soll, also auch um den Preis eigener Überzeugungen, dann gibt es keine Überzeugungen mehr. Damit ist Politik zur inhaltsleeren Floskel entartet. Die Durchsetzung einer solchen Politik ist nur dann möglich, wenn der Souverän – und das heißt im Falle einer Demokratie: das Volk – das Spiel nicht durchschaut. Was aber heißt dies für die Demokratie? Seit jenem Konflikt sind einige Jahre ins Land gegangen. Sind die Politiker klüger geworden? Offensichtlich nicht, denn nun greift der Vorsitzende der CSU, Horst Seehofer, in einem Interview den damaligen Konflikt um den Beitrag zur Krankenversicherung wieder auf und sagt Folgendes: »Ich bin ja nun fast auf dem politischen Abstellgleis gelandet, weil ich in der Union gegen eine Kopfprämie gekämpft habe, bei der der Chefarzt genauso viel zahlen muss wie die Krankenschwester. Sie können ganz sicher sein, dass wir eine Wiederbelebung dieser Idee nicht zulassen werden.«[7] Offensichtlich haben einige Jahre nicht ausgereicht, den Vorsitzenden einer großen Volkspartei, der sogar einmal Gesundheitsminister war, vom Widersinn eines Arguments zu überzeugen, den ein Mensch auch ohne höheren Schulabschluss anstrengungslos erkennen kann. Die Stimmigkeit von Argumenten spielt im politischen Bereich keine Rolle mehr. Eine Argumentation, der erkennbar die Maßstäbe fehlen, wird entweder zum sinnlosen Gestammel oder zur Lüge. An wessen Willensbildung wollen oder können politische Parteien noch mitwirken? Bleibt uns wirklich als einzige Hoffnung, dass der Vorsitzende der CSU »fast auf dem politischen Abstellgleis gelandet« ist?

---

[7] Der Spiegel, 38/2009, S. 28

Kommen wir zum nächsten Beispiel. Die durch den Zusammenbruch der Bank Lehman Brothers sichtbar gewordene weltumspannende Finanzkrise, die wohl mit Recht als die größte in der Geschichte der Menschheit genannt werden kann, hat ernsthafte Fragen nach den Vergütungen für Manager aufgeworfen, erhalten diese doch in vielen Fällen Bonuszahlungen in unvorstellbarer Höhe, während ihre Unternehmen durch horrende Zahlungen von Staaten am Leben erhalten werden. Inzwischen werden Millionen als vernachlässigbar, Milliarden als überschaubar und nur Billionen als angemessen betrachtet. Mit einer gewissen Berechtigung macht der Satz von der privaten Aneignung der Gewinne die Runde, während die Verluste vom Staat bezahlt werden. Das hier angedeutete Problem soll uns später noch ausführlicher beschäftigen. Hier wird nur ein besonderer Aspekt betrachtet. Die Bonuszahlungen an Manager gescheiterter Unternehmen sind nicht hinnehmbar. Die Politik muss Maßnahmen ergreifen – hätte sicher schon längst welche ergreifen müssen –, um der Selbstbedienung bei Abwälzung jeden Risikos einen Riegel vorzuschieben. Zum Dritten fühlen sich Politiker aller Couleur in einer solchen Situation aufgerufen, mit mehr, meist weniger klugen Kommentaren sich einzumischen.

Betrachten wir im Folgenden den Kommentar einer Politikerin, der mit Entschiedenheit Stimmung produziert und dabei von jeder Sachkenntnis ungetrübt ist. Gemeint ist der Kommentar der Politikerin Hannelore Kraft, ihres Zeichens Ministerpräsidentin des Bundeslandes Nordrhein-Westfalen und Vorsitzende des dortigen Landesverbandes der SPD. Dieser ist mit 140 000 Mitgliedern der größte Landesverband jener Partei. Frau Kraft sagte in der Politiksendung »Maybrit Illner«: »Im Moment ist die Situation so, dass alle Abfindungen, Boni und Gehälter, die gezahlt werden, unbegrenzt steuerlich abgesetzt werden können, und das halt ich für falsch, denn damit zahlen wir Steuerzahler alle das, was dort an exorbitanten Zahlungen vorgenommen wird.«[8] Das klingt ja zunächst recht vernünftig, trifft sicher auch das Gefühl vieler Menschen, ist aber falsch, und zwar so falsch, dass man sich fragt, ob Frau Kraft es nicht besser weiß oder aber hemmungslos lügt. Wie kommt es zu diesem harschen Urteil?

Wir haben in Deutschland ein kompliziertes Steuersystem. Seriöse Fachleute behaupten, es sei das komplizierteste der Welt. Dessen ungeachtet ist die vorliegende Frage über unser Steuerrecht einfach zu beantworten. Im nachfolgenden Beispiel werden die Zahlen gerundet, von marginalen Seiteneffekten (z. B. der Gewerbesteuer für Unternehmen, dem Solidaritätsbeitrag, der der Steuer zugerechnet wird) wird abgesehen und das Problem in seiner prinzipiellen Qualität betrachtet. Da es ja um »exorbitante Zahlungen« geht, wird auf der Privatseite der maximale Steuersatz angenommen. Der Basiswert der Zahlung sei 100 000 Euro. Der Steuersatz für Kapitalgesellschaften wird mit 25, der für Privatpersonen mit 50 Prozent angenommen. Zahlt die Firma einen Bonus, dann gilt:

-    Die Firma erspart sich ca. 25 000 Euro an Steuern, weil der Bonus den Gewinn der Firma schmälert.

---

8   Hannelore Kraft bei Maybrit Illner, Was ist ein gerechter Lohn, ZDF vom 05. März 2009

- Der Staat nimmt jedoch ca. 50 000 Euro von dem eine Bonuszahlung erhaltenden Manager an Steuern ein.

Durch die Bonuszahlung hat der Staat also ein gutes Geschäft gemacht. Nur wenn bei ausbleibender Bonuszahlung der zusätzliche Gewinn an die Eigentümer ausgeschüttet wird, dann ist die Besteuerung aus Sicht des Staates neutral, weil in diesem Fall die Eigentümer die Ausschüttung versteuern müssen.

Wir sehen also, was Frau Kraft für falsch hält, ist entweder ein Vorteil für die (restlichen) Steuerzahler oder aber ein steuerliches Nullsummenspiel. Warum aber, so muss gefragt werden, sagt uns Frau Kraft einen solchen Unsinn? Hat sie sich einfach in der Hektik des Fernsehbetriebes geirrt? Nein, Frau Kraft ist Wiederholungstäterin. Ein gutes Jahr vor ihrem Fernsehauftritt sagte sie in einer Plenarsitzung des Landtages NRW Folgendes: »Es muss Schluss damit sein, dass Abfindungen – und ich rede hier von überzogenen Abfindungen – steuerlich abgesetzt werden können und letztendlich die Allgemeinheit in Fällen von Herrn Schrempp und anderen diese Abfindungen bezahlt. Dort hat Unfähigkeit das Unternehmen ruiniert, und am Ende werden dicke Abfindungen gezahlt, damit man die Leute loswird. Es darf nicht sein, dass über steuerliche Absetzbarkeit auch noch die Bürgerinnen und Bürger diese Unfähigkeit mit bezahlen!«[9] Jetzt ist klar, die Aussage war mit Willen und Bewusstsein so gewählt. Will Frau Kraft mit ihrer Aussage den politischen Gegner verwirren? Sie bestreitet dies, denn auf ihrer Website belehrt sie uns: »Gemäß meinem Motto: ›Offen und ehrlich, aber nicht immer bequem‹, stehe ich für Offenheit und Transparenz.«[10] Vielleicht hülfe Frau Kraft ja der Rat, statt »nicht immer bequem«, »immer nicht bequem« zu sein.

Doch Frau Kraft steht mit ihrer Ansicht bei Weitem nicht alleine da. Unser ehemaliger Bundesfinanzminister Peer Steinbrück springt ihr zur Seite, indem er lapidar feststellt: »Der Steuerzahler finanziert hohe Boni also weiter voll mit.«[11] Der Un-Sinn hat also offensichtlich Methode, hat längst die Schwelle der irrenden Einzelmeinung überschritten. Ist er schon zur Meinung einer ganzen Partei geworden? Dabei handelt es sich nicht um einmalige Entgleisungen, die Verirrungen sind längst systematisch. Wissen unsere Politiker noch, was sie tun und was sie sagen? Erhebliche Zweifel sind angebracht, und wer kann sich sicher sein, wie viel vorgetäuscht, wie viel aber einfach nicht (mehr) gewusst wird, weil sich die Politiker in den selbst ausgelegten Stricken verfangen haben.

Auf den ersten Blick erschließt sich dem Betrachter der politische Vorteil nicht, den solche Aussagen bringen sollen. Es scheint, man hat keine Vorstellung, wie man einem offensichtlichen Problem begegnen soll, will sich aber keine Blöße geben und redet einfach darauf los. Aber so einfach ist es nicht, wie genaueres Nachdenken enthüllt, denn die Rede verfolgt eine klar erkennbare Absicht, sie soll jemanden mobilisieren, zu dessen Sprecher man sich macht. Wer ist dieser jemand? Dieser jemand ist die Masse, wobei gilt: »Masse ist jeder, der sich nicht

---

9   Hannelore Kraft, Rede anlässlich der Plenarsitzung am 19. Dezember 2007
10 Hannelore Kraft auf ihrer Homepage, Stand 15.07.2009
11 Steinbrück wettert gegen Casino-Kapitalisten, Spiegel-Online, 06.08.2009

selbst aus besonderen Gründen – im Guten oder im Bösen – einen besonderen Wert beimißt, sondern sich schlechtweg für Durchschnitt hält, und dem doch nicht schaudert, der sich in seiner Haut wohlfühlt, wenn er merkt, daß er ist wie alle.«[12] Keiner ihrer Parteifreunde ruft Frau Kraft zurück. Das passt dazu, weil auch die Parteifreunde nichts anderes wollen als Stimmen einzusammeln, selbst wenn man dabei in den dunkelsten Tiefen des »gesunden Volksempfindens« graben muss.

Warum, so muss aber noch zusätzlich gefragt werden, nimmt denn die Moderatorin der oben genannten Fernsehsendung die Aussage als ex cathedra verkündet hin? Immerhin handelt es sich bei ihr um eine politische Spitzenkraft der öffentlich-rechtlichen Fernsehanstalt ZDF. Weiß sie es auch nicht besser oder dient ihr Polittalk weniger der Aufklärung als vielmehr der Befriedigung des gewöhnlichen Massengeschmacks? Verstehen die Beteiligten einfachste Zusammenhänge nicht mehr, weil sie selbst vom Massengeschmack beherrscht werden? Ist den Spitzenpolitikern und Journalisten die Wirklichkeit bereits entglitten? Mühen sich Politiker damit ab, Probleme in virtuellen Welten zu lösen? Die Anzeichen sprechen für tief greifende Probleme und bieten Anlass zu ernsthafter Sorge.

Kommen wir zum nächsten Beispiel. Es geht um Philipp Mißfelder. Er ist Bundestagsabgeordneter, Vorsitzender der Jungen Union und sitzt im Präsidium der CDU. Mit seinen erst 29 Jahren hat er politisch eine Menge erreicht. Vielleicht könnte man ihn sogar einen »Überflieger« nennen. Jedenfalls muss er ein außergewöhnliches politisches Talent sein. Ist er ein politischer Hoffnungsträger der CDU? Bisher ist Philipp Mißfelder vor allem durch einige – nennen wir sie ungeschickte – Äußerungen aufgefallen, etwa als er die Erhöhung der Hartz-IV-Sätze als einen Anschub für die Tabak- und Spirituosenindustrie kommentierte[13] oder als er sich dafür aussprach, 85-jährigen keine künstlichen Hüftgelenke auf Kosten der Solidargemeinschaft zukommen zu lassen[14]. Beide Aussagen widersprechen der Political Correctness, beide Aussagen enthalten auch die Anbiederung an Stammtische und gehören ihrer Tendenz nach zu den hier vorgebrachten inkriminierten Äußerungen. Man könnte sie mit viel gutem Willen als unüberlegte Meinungen eines forschen, noch jugendlichen Politikers abtun. Sicherlich würden sie nicht hinreichen, um hier genannt zu werden.

Das Nachrichtenmagazin »Der Spiegel« hat vor einiger Zeit ein Porträt dieses Politikers veröffentlicht[15], das es in sich hat und verdient, hier ausführlicher betrachtet zu werden, denn »Philipp Mißfelders Geschichte ist eine Geschichte über den Extremberuf Politiker«.[16] Beim Lesen des Porträts fragt man sich, ob da ein Mensch oder ein Schoßhund unserer Bundeskanzlerin Merkel porträtiert worden ist. »Mißfelder saugt. Er nimmt jede Geste der Kanzlerin wahr, jedes Lächeln, jedes Zeichen von Unmut, jeden Griff zum Handy, und er sucht nach Deutungen für jedes ihrer Worte. So saugt er Kanzlerkompetenz auf.«[17] Genau so stellt sich

---

[12] José Ortega y Gasset, Der Aufstand der Massen, Gesammelte Werke, Band 3, Stuttgart 1950, S. 10
[13] Süddeutsche Zeitung, 23.02.2009, S. 5
[14] Tagesspiegel, 03.08.2003
[15] Der Spiegel, 22/2009, S. 68ff.
[16] Der Spiegel, 22/2009, S. 68
[17] Der Spiegel, 22/2009, S. 74

aber der übliche Hundebesitzer das Verhalten seines Hassos, Chicos oder Waldis vor. Und man weiß nicht, ob das Mitleid mit diesem verbogenen Menschen oder die Empörung über den politischen Betrieb überwiegt, der einen solchen Menschen Karriere machen lässt. »Es gibt wohl keinen Politiker, der sich so schamlos zu seiner Inhaltsleere und seinen Machtträumen bekennt wie Philipp Mißfelder. Er ist Spezialist für Kommunikation, für nichts anderes. Inhalte sind seiner Ansicht nach für hinterbänklerische Spezialisten, für Beamte.«[18]

Ohne Zweifel handelt es sich bei dem porträtierten Politiker um einen ernsthaften Fall von Paranoia. Man fragt sich, wo sind die Personen in seinem Umfeld, die ihn vor sich selbst schützen, die ihn der Öffentlichkeit entziehen. Man fragt sich aber noch mehr, wie eine solche gestörte Persönlichkeit – besser wäre es zu sagen, eine solche Nicht-Persönlichkeit – einen solchen politischen Aufstieg in einer Volkspartei schafft. »Die Leere des Menschen könnte bald zu einer Voraussetzung für den Erfolg in der Politik werden.«[19] Spätestens jetzt sind wir an dem Punkt, an dem die alte philosophische Frage »Warum ist Sein und nicht vielmehr Nichts« umgedreht werden muss, in »Warum ist Nichts und nicht vielmehr Sein«? Wer kann sich hier noch vollständigem Grauen entziehen? »Was zu fürchten ist, was verhängnisvoll wirkt wie kein andres Verhängnis, das wäre nicht die große Furcht, sondern der große *Ekel* vor dem Menschen; insgleichen das große *Mitleid* mit dem Menschen. Gesetzt, daß diese beiden eines Tags sich begatteten, so würde unvermeidlich sofort etwas vom Unheimlichsten zur Welt kommen, der ›letzte Wille‹ des Menschen, sein Wille zum Nichts, der Nihilismus.«[20]

Das nächste Beispiel der traurigen Sammlung betrifft den Fraktionschef der Partei Die Linke, Gregor Gysi, der sich gern als das soziale Gewissen der Nation versteht und dessen Auftreten sich immer deutlich von dem kommunistischer Politkader unterscheidet. Gregor Gysi hat dem »Spiegel« vor einiger Zeit ein Interview gegeben, von dem hier nur ein kleiner Ausschnitt interessiert.

Spiegel: Dann lassen Sie uns über Umverteilung reden. Ginge es nach der Linkspartei, bekäme jeder Hartz-IV-Empfänger künftig 500 Euro, plus Wohngeld. Warum soll ein normaler Familienvater dann eigentlich noch arbeiten?

Gysi: Wir wollen den Hartz-IV-Satz innerhalb der nächsten vier Jahre deutlich anheben, und mir erscheint das durchaus notwendig und realistisch. Man muss ja die Steigerung der Lebenshaltungskosten berücksichtigen, vermutlich wird auch bald die Mehrwertsteuer noch einmal erhöht, man sieht ja, wohin die Debatte läuft. Wenn die Löhne niedriger wären als die Bezüge ohne Arbeit, dann ergäbe sich natürlich eine Schieflage, da haben Sie recht. Deshalb wollen wir gleichzeitig

---

[18] Der Spiegel, 22/2009, S. 71
[19] Der Spiegel, 22/2009, S. 71
[20] Friedrich Nietzsche, Zur Genealogie der Moral, Werke in drei Bänden, Band II, München 1994, S. 863, Hervorhebungen im Original

einen gesetzlichen, flächendeckenden Mindestlohn von zehn Euro einführen.

Spiegel: Das wird aber nicht reichen, um die Arbeitsaufnahme finanziell attraktiv genug zu machen. Über seinen Mindestlohn verdient ein Familienvater mit zwei Kindern dann 1 600 Euro, an staatlichen Hartz-IV-Bezügen stünden ihm nach ihrem Modell aber zwischen 2 400 und 2 600 Euro zu, abhängig vom Wohngeld für eine vierköpfige Familie.

Gysi: Wenn beide Ehepartner Mindestlohn beziehen, liegen sie über dem Betrag, den sie als Hartz-IV-Bezieher erhielten. Außerdem hat gute Arbeit einen gesellschaftlichen Wert, den darf man nicht unterschätzen. Wer arbeitet, fühlt sich besser.[21]

Der Hartz-IV-Satz liegt also im Beispiel um über 50 Prozent über dem Arbeitseinkommen. Man glaubt an eine Eulenspiegelei, wird aber auf deutliche Weise belehrt, denn Gysi sagt: »Außerdem hat gute Arbeit einen gesellschaftlichen Wert, den darf man nicht unterschätzen. Wer arbeitet, fühlt sich besser.« Jetzt wird aus der Eulenspiegelei eine massive Verhöhnung der Bezieher geringer Einkommen. Darüber hinaus – doch wollen wir so scharfe Kriterien an einen Politiker anlegen? – ist es auch die Verhöhnung von Millionen Menschen, die in Arbeitslagern unter einem ähnlichen Motto, wie dem »Wer arbeitet, fühlt sich besser«, vernichtet worden sind. Wäre dieser Satz von einem Vertreter des Arbeitgeberverbandes oder einem Politiker der FDP gesagt worden, dann würde man – durchaus mit Recht – soziale Kälte vermuten. So stammt der Satz aber von einem Vertreter derjenigen Partei, die sich als wirkliche Bewahrerin der Interessen der »kleinen Leute« betrachtet. Herr Gysi will keine Interessen bewahren – jedenfalls keine Interessen anderer Menschen –, er spielt mit dem Problem, als ginge es um die Lottozahlen der nächsten Ausspielung. Ein einfacher Fauxpas? Mitnichten, denn Gregor Gysi hat sein Interview nach ausführlichem Studium selbstverständlich autorisiert.

Um den umweltpolitischen Herausforderungen besser gerecht werden zu können, wurde 1986 nach der Katastrophe von Tschernobyl das Bundesministerium für Umwelt, Naturschutz und Reaktorsicherheit, kurz Umweltministerium, gegründet. Aktuelle Themen des Ministeriums sind Fragen der Energieversorgung und des Weltklimawandels, wobei sich beide Themen teilweise überlappen. Nach den Verlautbarungen des Ministeriums kommt es vor allem darauf an, Energieverschwendung zu vermeiden und möglichst erneuerbare Energien zu verwenden. In der Legislaturperiode von 2005 bis 2009 stand Sigmar Gabriel (SPD) dem Ministerium vor. Vom Minister eines solchen Ministeriums würde man in Umweltfragen ein besonders vorbildliches Handeln erwarten, geht es doch bei diesen Fragen – nach Einschätzung des Ministeriums – um nichts weniger als die Zukunft der Menschheit, was in verschiedenen Konferenzen immer wieder betont wird. Doch Minister Gabriel hat eine eigenartige Vorstellung von Umweltschutz, zumindest, wenn er selbst betroffen ist.

---

[21] Der Spiegel, 28/2009, S. 32

Wenn der Minister Dienstfahrten unternahm, dann fuhr er – umweltgerecht – oft mit der Bundesbahn, nicht ohne seinen Fahrer parallel mit dem Dienstwagen fahren zu lassen, damit ihn der Minister lokal nutzen konnte. Entsprechende Vorwürfe wies Gabriels Sprecher als unzutreffend zurück mit der Begründung, der Minister lasse sein Fahrzeug nur aus Sicherheitsgründen nachkommen, zudem sei für ihn auch noch ein Fahrer in Bonn stationiert, der zum Beispiel aus ökologischen Gründen bei Fahrten nach Frankfurt herangezogen würde.[22] Gibt es außerhalb der Hauptstadt keine sicheren Autos? Wieder wird der Bürger eher verhöhnt als aufgeklärt.

Seine Krönung erreichte das Verhalten des Politikers jedoch im August 2007. Der Minister musste wegen einer Kabinettssitzung seinen Urlaub unterbrechen, um Beschlussfähigkeit zu gewährleisten. Ein Regierungsjet flog ihn von seinem Urlaubsort auf Mallorca nach Berlin und wieder zurück. Der Flug soll 50 000 Euro gekostet haben, wobei rund 44 Tonnen Kohlendioxid ausgestoßen worden seien.[23] Auf den ersten Blick könnte man die Dringlichkeit des Termins und die Wichtigkeit des Ministers als Entschuldigung betrachten, die eine Beurteilung nach gewöhnlichen Kriterien verunmöglichen würden. Doch schauen wir etwas genauer hin. Was gab es denn am 8. August 2007 für wichtige Ereignisse? Wie uns ein Blick auf die Internetseite von Wikipedia belehrt, war das einzige erwähnenswerte Ereignis an diesem Tag der Beginn der 36. Kanu-Weltmeisterschaft in Duisburg.[24] Die Kabinettssitzung war also keinesfalls ad hoc wegen einer plötzlichen Krise einberufen worden, vielmehr war sie geplant und der Minister hätte seine Reise mit einem der häufigen Flüge zwischen Berlin und Mallorca durchführen können. Offensichtlich ist dies einem Minister, der ja für organisatorische Fragen einen umfangreichen Stab zur Verfügung hat, nicht zuzumuten. Das Ministerium begründete haarscharf, warum der Minister (zumindest) den Rückflug mit der Bundeswehr-Maschine durchführen musste: »Dass der Minister auch für den Rückflug die Bundeswehr-Maschine genommen habe, hänge damit zusammen, dass er seine Anwesenheit in Berlin für weitere Dienstgeschäfte bis zum Abend jenes Tages genutzt habe, sagte der Sprecher. Ein Rückflug mit einer Linien- oder Chartermaschine sei geprüft worden, die Möglichkeit habe aber zu der Abendstunde nicht mehr bestanden.«[25] Dem Herrn Bundesminister ist es nicht zuzumuten, eine Nacht in seinem Domizil in Berlin zu übernachten, um dann am nächsten Tag mit der ersten Maschine in seinen sicherlich wohlverdienten Urlaub zu fliegen. Aussagen der vorliegenden Art werden nur getroffen, »um dem anderen zu verstehen zu geben, daß einem nichts an ihm liegt, daß man seiner nicht bedarf, daß einem gleichgültig ist, was er über einen denkt«[26].

---

[22] Vgl. Der Spiegel, 4/2007, S. 169

[23] Vgl. Süddeutsche Zeitung, 12.03.2008 (Online-Ausgabe)

[24] Vgl. www.wikipedia.de, Stichwort: August_2007, Mittwoch, 8. August

[25] Süddeutsche Zeitung, 12.03.2008 (Online-Ausgabe)

[26] Theodor W. Adorno, Minima Moralia, Gesammelte Schriften, Band 4, Frankfurt 1980, S. 32
Adorno bezieht seine Aussage auf die Lüge, sie kann aber nahtlos auch auf bestimmte »Entschuldigungen« von Politikern angewendet werden.

Hätten der Minister und sein Ministerium zu den Vorwürfen geschwiegen, dann bliebe wenigstens noch eine gewisse Unschärfe bei der Beurteilung, ein Rest Zweifel, ob es nicht doch Gründe geben könnte, die sein Verhalten rechtfertigen. Aber selbst wenn sie bei fragwürdigen Handlungen ertappt werden, reagieren unsere politischen Führungskräfte noch selbstherrlich und zeigen wahrhaft, wes Geistes Kind sie sind. Man mag dem ehemaligen Minister zurufen:

>>Ein Dummkopf wirst du stets bleiben und ein Maulheld! Du bist wie der Zwerg, der sich einbildet, wer weiß wie hochgewachsen zu sein, wenn er einmal weit gespuckt hat!«[27]

Die Reihe der Beispiele ließe sich beliebig fortsetzen. Doch ist es Zeit für ein Resümee. Politik, die einmal im Ringen um ein gutes Leben bestanden hatte, verkommt immer mehr zu einer Veranstaltung narzisstischer Einzeldarsteller, deren einziges Ziel darin besteht, ihre als privilegiert empfundene Position zu erhalten und nach Möglichkeit auszubauen. »Die Beziehung, die zu allen Zeiten zwischen dem Fühlen und dem Denken der Menschen bestand, scheint unterbrochen, und man könnte meinen, alle Gesetze, die den Einklang mit dem Sittlichen herstellen, seien abgeschafft.«[28] Vielleicht wäre es noch erträglich, wenn sich die so beschriebenen politischen Kader auf ihren eigenen Kreis beschränken würden. Sie könnten dann in ihrem Saft schmoren und ihre Vorstellung von gutem Leben zu verwirklichen suchen. Die Sache wird zum Problem, wenn das Volk als notwendige Kulisse des traurigen Spiels gleichsam in Sippenhaft genommen wird.

Die bisher angeführten Beispiele sind Menetekel einer in weiten Bereichen bereits abgeschlossenen Entwicklung, wie die nachfolgenden Ausführungen zeigen werden. Es ist höchste Zeit, zur Besinnung zu kommen und umzukehren. Unsere Freiheit ist nicht nur bedroht, das – es ist beinahe banal, dies zu erwähnen – ist sie immer. Nur selten gab es in der Geschichte Phasen, in denen Freiheit galt, und wenn es sie gab, waren sie stets von kurzer Dauer. Wir haben die Freiheit in weiten Bereichen bereits abgeschafft. Damit sind nicht die zunehmend feineren Methoden der Überwachung gemeint – für die lassen sich ja durchaus noch Argumente finden, deren Berechtigung hier nicht untersucht werden soll –, sondern die Tatsachen, die längst schon unsere Entmündigung herbeigeführt haben. Nur noch eine Minderheit der Bevölkerung ist in der Lage, ohne irgendwelche Staatshilfen für ihr eigenes Leben zu sorgen. Trotz zunehmenden Reichtums nimmt die Zahl der von staatlichen Leistungen Abhängigen zu, und eine Umkehrung des Trends ist nirgends zu beobachten. Die Öffentlichkeit registriert Verwerfungen im sozialen Bereich, die je nach politischer Couleur von »viel zu wenig« bis »viel zu viel« Leistungen reichen. Das wahrhafte Problem, dem wir uns gegenübersehen, wird aber kaum wahrgenommen.

Umgekehrt zeichnet die Freiheit aber ein unbändiger Lebenswille aus, ist es doch keinem noch so despotischen System je gelungen, sie auszutilgen, gleichsam

---

[27] Prosper Mérimée, Meisternovellen, Carmen, Zürich 1949, S. 327

[28] Alexis de Tocqueville, Über die Demokratie in Amerika, Band 1, Stuttgart 1959, S. 14

mit ihrer Wurzel zu zerstören. Selbst die totalitären Regime des vorigen Jahrhunderts hatten der Freiheit auf Dauer nichts entgegenzusetzen. Sie muss eine Kraft haben, die im Tiefsten mit dem Menschsein verhaftet ist. Sicher, wir haben heute in Deutschland Meinungsfreiheit, Versammlungsfreiheit, Pressefreiheit, wir haben vielleicht die freieste Verfassung unserer Geschichte. Der Wert dieser Errungenschaften soll nicht bestritten werden. Wir haben aber auch eine zunehmende Herrschaft der Massen, die, sicher weniger blutrünstig als zur Zeit der Naziherrschaft, immer mehr das gesellschaftliche Leben (nicht nur) in Deutschland bestimmt, dabei Maßstäbe auflöst und sich unter dem Deckmantel der sozialen Verantwortung immer massiver in das Leben jedes Einzelnen einmischt. Dies bedeutet die Infantilisierung einer ganzen Gesellschaft und verfehlt weitgehend das hehre Ziel einer eigenverantwortlichen Lebensführung.

Unser Gemeinwesen hat längst den Punkt überschritten, der eine einfache Umkehr möglich macht. Eine Umkehr ist dringend erforderlich, weil der ungebremste Trend, die Nicht-Umkehr, zwangsläufig zu einer Form des Totalitarismus führt, der uns unser Menschsein mit der Geburt gleich wieder entreißt, um uns unter seine Fittiche zu nehmen. Dies ist eine täglich zu beobachtende Tendenz, die bereits mehr von uns Besitz ergriffen hat, als die meisten von uns wahrhaben wollen oder auch nur ahnen. Wollen wir unsere Freiheit nicht vollends verlieren oder besser: sie wieder zurückgewinnen, dann müssen wir große Anstrengungen unternehmen. Das heißt allemal, Grundbegriffe unseres politischen Gemeinwesens gegen den Strich der herrschenden Praxis zu bürsten. Dazu bedarf es einer Besinnung auf die Begrifflichkeit des Politischen mit seinen zentralen Themen Demokratie und Freiheit. Ohne hohe Priorität für die Ökonomie kann eine moderne Gesellschaft nicht mehr gedacht werden. Dies setzt jedoch voraus, die Grundlagen der Wirtschaftsordnung zu reflektieren, um auch hier den Stand zu finden, mit dem allein wir den Fragen der Zeit begegnen können. Mit der Ökonomie haben wir den öffentlichen Raum den Interessen geöffnet, deren schrankenlose Herrschaft das Politische zu zerstören droht. Transparenz ist der absolute Feind der Interessen. Zugleich ist eine freiheitliche Demokratie und mit ihr das Politische überhaupt ohne Transparenz nicht einmal denkbar. Am Beispiel des modernen Wohlfahrtsstaats, dessen vorgebliches Ziel die Versöhnung der verschiedenen Interessen zum Wohle der Bevölkerungsmehrheit ist, wird exemplarisch aufgezeigt, welche Gefahren in diesem Ansatz lauern, dessen reale Ausprägung schon längst elementare Wertmaßstäbe aufgelöst hat. Das Schlusskapitel enthält schließlich einige grundlegende Überlegungen zur Rettung von Mündigkeit, verfügen doch moderne Staatswesen trotz ihrer komplexen Struktur durch ihre entwickelte Reichtumsproduktion über Möglichkeiten, der Freiheit den Raum zu geben, den sie braucht, um nicht zu verkümmern.

2 WAS IST POLITIK?

2.1 SKIZZE EINER BEGRIFFSBESTIMMUNG

Der Begriff »Politik« wird mit den verschiedenartigsten Inhalten assoziiert, die sich zum Teil sogar kontradiktorisch zueinander verhalten. Es ist deshalb notwendig, diejenigen Maßstäbe möglichst präzise zu formulieren, die zur Beurteilung der dann folgenden Ausführungen herangezogen werden können. Dies ist umso notwendiger, als sich gerade der politische Bereich durch eine zunehmende Verrohung auszeichnet, die die Tendenz in sich trägt, das spezifisch Politische vollständig zu eliminieren. Damit droht gerade der Verlust jener menschlichen Errungenschaft, deren Wert an jeder Straßenecke, in jedem Fernsehstudio unaufhörlich angepriesen wird.

In der gewöhnlichen politischen Auseinandersetzung werfen sich (mindestens) zwei Parteien ihre Positionen um die Ohren, ohne auch nur im Geringsten darauf zu achten, ob sie sich überhaupt auf einer Argumentationsebene bewegen. Teilnehmer an solchen Veranstaltungen scheinen weniger die unmittelbar Betroffenen als vielmehr ein anonymes Publikum zu sein, an dessen Instinkte die scheinbar miteinander Sprechenden zu appellieren suchen. Auf diese Weise kann man vortrefflich aneinander vorbei argumentieren und folglich weder die andere Position wirklich angreifen noch die eigene Position infrage stellen lassen. Politische Auseinandersetzungen werden so zu Spiegelfechtereien, bei denen der »Diskussionspartner« lediglich als Initial zur Darstellung der eigenen Position benutzt wird, deren alleiniger Zweck darin besteht, eine mehr oder weniger tumbe Masse auf die eigene Seite zu ziehen. Dies hat in der öffentlichen politischen Auseinandersetzung längst den Charakter eines Rituals angenommen.

Als hervorragendes Beispiel können die verschiedenen Fernsehdiskussionen zur politischen Lage der Republik betrachtet werden, die auf vielen Kanälen in schöner Regelmäßigkeit stattfinden. Mit ebenso schöner Regelmäßigkeit wird der Kern des zur Erörterung stehenden Problems mit der Sicherheit des täglichen Sonnenuntergangs gerade nicht behandelt, und zwar unabhängig vom jeweiligen Sender und Moderator. Dazu werden in der Regel immer wieder die gleichen Gäste eingeladen, die ob ihrer vielfältigen Erfahrung auf dem Gebiet politischer Talkshows schon sehr genau wissen, was von ihnen verlangt wird. Sie legen ihre Mei-

---

1 Hannah Arendt, Was ist Politik?, München-Zürich 2003, S. 28
  Überhaupt sei hier angemerkt, dass der Verfasser wesentliche Teile seiner politischen Bildung dieser großen Denkerin verdankt. So gesehen sind ihre Werke zur Vertiefung der hier angedachten Probleme in jedem Falle zu empfehlen.

nungen wie Münzen auf den Tisch, so als gäbe es keine Mitstreiter. Auf diese Weise wird der vorgebliche Grund des Zusammentreffens weitgehend ausgeschlossen: Meinungen im Streit aufeinanderprallen zu lassen, um durch gemeinsame Anstrengung zu einer besseren Erkenntnis zu kommen. Alle Beteiligten wissen bereits, was die anderen sagen werden. Überraschungen sind damit von vornherein ausgeschlossen. Sollte sich wirklich einmal ein Gast in eine Talkshow verirrt haben, der die üblichen Usancen nicht beherrscht und auf so etwas wie einer eigenen Meinung besteht, die er auch noch zum Ausdruck bringen möchte, dann lenken die Moderatorin oder der Moderator gewandt die Diskussion wieder in geordnete Bahnen, indem der Streitpunkt und damit das unmittelbare Thema beendet wird, um sich dem nächsten Punkt zu widmen, weil man ja das Publikum nicht langweilen will.

Mit genau dieser Methode erreicht man beim noch nicht belehrten Betrachter, der sich so etwas wie eine Erweiterung seines Horizonts verspricht, das, was man angeblich verhindern will, nämlich grenzenlose Langeweile ob des belanglosen Geplappers der Beteiligten. Die Zuschauer – längst entsprechend konditioniert – sind Teil des Rituals und erwarten nichts anderes als die Bestätigung dessen, was sie für ihre eigene Meinung halten. Fragen nach der Schlüssigkeit von Aussagen, das Bemühen um Erkenntnisse in einer wirklichen Auseinandersetzung sucht der unvoreingenommene Betrachter vergebens.

Zur Verdeutlichung dieser Aussage gibt es kaum ein besseres Beispiel als die Auseinandersetzung in der Steuerfrage im Wahlkampf 2005 zwischen dem damaligen Bundeskanzler Schröder und Paul Kirchhof, dem designierten Finanzminister der Opposition. Kirchhofs Ziel war eine Steuerreform, deren wesentliches Charakteristikum eine deutlich vereinfachte Form der Steuererhebung war. Schröder ging Kirchhof ebenso massiv wie vulgär an und schreckte dabei vor keiner Lüge und keiner Beleidigung zurück. Kirchhof hat darauf erwidert, er sei überzeugt, Schröder habe ihn nicht richtig verstanden, und seine Bereitschaft geäußert, ihm noch einmal seine Position genau zu erläutern. Auf den mit den politischen Ritualen vertrauten Beobachter wirkte die Äußerung Kirchhofs hilflos, ja geradezu als Beweis für die Unfähigkeit des Kandidaten, ein politisches Amt übernehmen zu können, denn zweifellos wusste Schröder genau, was er tat, als er Kirchhof angriff. Paul Kirchhof ist ein kluger Mann, der keinesfalls naiv handelte, sondern auf einer *Haltung* bestand, deren Grundzüge zu den Wesensmerkmalen eines geordneten politischen Streits gehören.

In Wahrheit betraf dieser kleine, fast nicht beachtete Konflikt am Rande des Wahlkampfs 2005 eine zentrale Frage jeder politischen Auseinandersetzung: Geht es um Inhalte oder um Vernichtung des politischen Gegners, die den Einsatz jeden Mittels rechtfertigt, zugespitzt, geht es um das »gesunde Volksempfinden« oder eine humane Auseinandersetzung? Der Sieger Schröder und seine zahlreiche Gefolgschaft haben der Demokratie einen Bärendienst erwiesen. Die Größe des Triumphs der Sieger demonstriert die Größe des Verlusts an politischer Haltung.

An zahlreichen Beispielen wurde die Bedrohung des Politischen bereits verdeutlicht. Das charakteristische Bedrohungspotenzial liegt jedoch weniger in den Beispielen selbst, die immer als Verfehlungen Einzelner betrachtet werden können, als vielmehr in einem Verlust an Orientierung. Wir kennen heute keinen Begriff des Politischen mehr, auf den sich breite Kreise der Bevölkerung stützen, vom politischen Apparat ganz zu schweigen. Am ehesten träfe noch die geschickte Durchsetzung eigener Interessen gepaart mit Cleverness[2] auf breite Zustimmung. Eine solche Haltung schüttet das Kind mit dem Bade aus und zerstört vieles von dem, worum es beim Politischen geht. Am offensichtlichsten zeigt sich dies am Begriff der Freiheit, der sich in letzter Konsequenz auf die Möglichkeit reduziert, mit den Wölfen heulen zu dürfen. Der Möglichkeit haftet jedoch zugleich ein Zwang an, heißt doch auf sie zu verzichten, nicht mehr gehört zu werden. Ohne Freiheit verliert das Politische seinen wesentlichen Sinn, selbst wenn die Institutionen reibungslos funktionieren. Jede Orientierung setzt die Kenntnis des eigenen Standorts voraus. In diesem Sinne geht es zunächst einmal darum, den verlorenen Begriff des Politischen wieder aufzufinden.

Die Suche nach Orientierung beginnt bei den Anfängen des Politischen, um anschließend die zentralen Begriffe wie Demokratie und Freiheit zu erhellen. Damit sind die Maßstäbe offen gelegt, ohne die kein Stand gefunden, kein Standort festgelegt werden kann. Als Zweck steht immer die Freiheit im Vordergrund, die Demokratie kann nicht mehr als Mittel zu diesem Zweck sein. Diese Setzung verändert das herrschende Koordinatensystem, gilt doch in ihm die Demokratie als Zweck, die Freiheit kaum mehr als Mittel.

Die Darstellung der Grundlagen des Politischen erfolgt hier nur in Grundzügen, doch existiert eine breit gefächerte Literatur, in der sich beliebige Vertiefungen der Begriffsbestimmungen finden. An dieser Stelle sei mit Nachdruck auf die große politische Theoretikerin Hannah Arendt verwiesen, deren Werk[3] nicht nur in jeder Zeile den Geist der Freiheit verströmt, sondern zugleich als wegweisend für Reflexionen über den Begriff des Politischen zu betrachten ist. Wer beginnt, auf die beschriebene Weise nach Orientierung zu suchen, der findet bald eine lange Reihe politischer Theoretiker, die, oft vor vielen Hundert Jahren, fast alle Verwerfungen der modernen Wohlfahrtsstaaten bereits beschrieben haben, lange bevor diese begonnen haben, den politischen Raum zu beherrschen.

In allen europäischen Sprachen geht die Wurzel des Begriffs »Politik« auf die griechische Polis zurück, die ihre Blütezeit im 5. Jahrhundert vor unserer Zeitrechnung in Athen hatte. Dies ist aus drei Gründen bemerkenswert. Zum einen betrifft dies einen Zeitraum, dessen Blütezeit kaum 200 Jahre umfasst, zum anderen einen Ort, an dessen Gestaltung sich kaum mehr als 20 000 Menschen beteiligt haben[4],

---

[2] Der analoge deutsche Ausdruck »Gewitztheit« wirkt viel zu hausbacken und wird damit der wirklich gemeinten Haltung nicht gerecht.

[3] Zu beachten sind vor allem die nachfolgend genannten Werke: Hannah Arendt, Was ist Politik?, München, Zürich 2003, Vita activa, Stuttgart 1960, Elemente und Ursprünge totaler Herrschaft, Frankfurt a. Main 1958, Zwischen Vergangenheit und Zukunft, München 2000, In der Gegenwart, München 2000, Über die Revolution, München 2000

[4] Vgl. Montesquieu, Vom Geist der Gesetze, Buch III, Kapitel 3, Fußnote. An der Polis nahmen in Wahrheit nur etwa 20 000 Männer mit vollen Bürgerrechten teil, weil Frauen, Sklaven, Kinder und Fremde nicht zugelassen waren. Insofern muss die Zahl der Bewohner des Bereichs der Polis erheblich höher veranschlagt werden, allerdings kommt es im vorliegenden Zusammenhang auf die Zahl der aktiv Beteiligten an.

zum Dritten schließlich ein Ereignis, das ungefähr 2 500 Jahre zurückliegt. Fasst man diese Punkte zusammen, dann lässt sich sagen, dass es in der Geschichte der Menschheit kein auch nur annähernd vergleichbares Ereignis mit solch ungeheurer Wirkung jemals gegeben hat. Deshalb ist der Versuch angemessen, den Begriff »Politik« von seiner Wurzel her zu verstehen. Wenn wir uns nun auf einen kurzen Streifzug in die Welt der Griechen begeben, dann hat dies nichts mit romantischer Träumerei, Verklärung der Vergangenheit oder gar Nostalgie zu tun.

Die Aktualität der antiken Griechen ergibt sich aus einem tiefen Verständnis des so rätselhaften Wesens Mensch, ein Verständnis, dessen weitgehender Verlust uns noch bis in einzelne Fragen der Tagespolitik verfolgt, sofern es uns um die Sache und nicht um die Durchsetzung persönlicher Vorteile geht. Ein Beispiel gefällig? In den 1980er Jahren wurde in der Bundesrepublik das Problem des »Waldsterbens« auf breiter Basis diskutiert, wobei vor allem sich als aufgeklärt verstehende Kreise die Debatte führten. Im Verständnis der Griechen gab es drei Arten von Lebewesen: Die Natur als die Wiederkehr des immer gleichen, des sich also ohne weiteren Eingriff immer wieder Reproduzierenden, die Götter als die Unsterblichen und die Menschen als die Sterblichen. Die Menschen waren also die einzigen Lebewesen, die sterblich waren, und darin steckt ein tiefer Sinn, dem es zunächst nachzusinnen gilt. Moderne Menschen haben in der Regel keine Probleme damit, ihren Hofhund oder gar den sie umgebenden Wald sterben zu lassen, weil sie zwischen Tod und Sterben kaum zu unterscheiden wissen, demnach keinen spezifischen Begriff dessen, was die Griechen sterben nannten, mehr haben. Schon der Begriff des Todes ist im eigentlichen Sinne dem Menschen vorbehalten, weil er ein Verschwundenes bezeichnet. Hund und Baum sind nur Exemplare einer Gattung und als solche Bestandteil der Natur. Sie sterben nicht, weil sie in ihrer Gattung weiterleben. Sie können auch nicht tot sein, weil mit ihrem Ableben nichts aus der Welt verschwindet. Sie sind Bestandteil des Kreislaufs der Natur und nichts sonst, was nicht ausschließt, dass sie für einzelne Menschen eine große Bedeutung haben können.

Die menschliche Existenz wiederum ist eine zweifache. Einerseits ist der Mensch Gattungswesen und als solches nicht vom Tier zu unterscheiden. Als Gattungswesen kann auch er weder tot sein noch sterben. Dann gibt es da aber noch eine andere Seite, die am besten als die *Persönlichkeit* bezeichnet wird. Als Persönlichkeit ist der Mensch ein *einmaliges Wesen*, das mit seiner Geburt in die Welt eintritt und mit seinem Tod aus ihr verschwindet. Vor ihm hat es ein solches Wesen nie gegeben, nach ihm wird es ein solches Wesen nie mehr geben. Diese buchstäbliche Einmaligkeit des einzelnen Menschen in Verbindung mit seiner Endlichkeit ist die Erklärung seiner Sterblichkeit.

Wenn die Griechen die Götter als die Unsterblichen bezeichneten, dann verweist dies auf die Ähnlichkeit von Menschen und Göttern. Menschen und Götter sind gleich, bis auf die Tatsache der Sterblichkeit des Menschen. Um der Flüchtigkeit des menschlichen Daseins entgegenzuwirken, widmeten sich die Griechen der Philosophie, Geschichte, Kunst und eben auch der Politik, »auf daß die menschlichen Werke bei der Nachwelt nicht in Vergessenheit geraten, und damit große und wunderbare Taten der Griechen und der Barbaren nicht ohne Gedenken bleiben«[5]. Unsterblich konnten die Menschen nur durch ihre Taten werden, und der Wille, sich auszuzeichnen, zählte deshalb zu den herausragenden Merkmalen griechischen Lebensverständnisses. Nur so sind die »wunderbaren Taten« der Griechen überhaupt zu erklären. Der Fokus des Politischen lag niemals auf der Erhaltung der Gattung – dies war immer der Privatsphäre zugeordnet –, sondern auf der Persönlichkeit des Einzelnen. Keiner Religion ist es bisher gelungen, ein Bild des Menschen zu entwerfen, das sich in seiner Wertschätzung mit dem Bild der antiken Griechen vergleichen könnte. Freiheit im umfassenden Sinn ist dabei die Beachtung der individuellen Persönlichkeit des Menschen und die Möglichkeit, sie zu zeigen.

Moderne Politik legt den Fokus dagegen auf den Menschen als Gattungswesen, dient dementsprechend vor allem der Lebenserhaltung und -sicherung und verliert darüber wesentliche Elemente des Begriffs von Freiheit. Wir denken Freiheit heute weniger als Entfaltung der Persönlichkeit, denn als Abgrenzung gegen den anderen. In dieser Sichtweise sterben auch Bäume, und die Einsicht in die Einzigartigkeit des Menschen wird, wenn nicht verschüttet, so doch zumindest erheblich getrübt. Wer die Existenzbedingungen des Menschen retten will, muss vor allem seine Persönlichkeit retten, weil ohne die der Mensch zum Tier mutiert.

Die frühen Menschen lebten in einem natürlichen Kosmos, in dem die Götter ihr Leben bestimmten. Irgendwann in jener mythischen Zeit begannen die Menschen, sich als handelnde Wesen zu begreifen. Diese Entdeckung fand um etwa 1 200 bis 800 vor unserer Zeitrechnung in einem Gebiet statt, den wir heute als Raum der griechischen Antike bezeichnen. Sie war begleitet von einer bis heute unerreichten Tiefe der Erkenntnis des so seltsamen Wesens »Mensch« und konnte auf diese Weise einen Ordnungsrahmen schaffen, der die Orientierung zum Handeln gewährte, die der Moderne fast vollständig fehlt.

Zwei herausragende Entdeckungen kennzeichnen diesen für die Menschheit so fundamentalen Wandel: zum einen die Erkenntnis des Unterschieds zwischen der Natur (*physis*) und den von Menschen geschaffenen Werken (*thesis*), zum anderen die Erkenntnis der Differenz zwischen der willkürlichen Gerechtigkeit der Götter (*dike*), die wir in deutlichster Form in Homers Ilias finden, und der rationalen, von Menschen geschaffenen Gesetzlichkeit (*nomos*), die einen ihrer Höhepunkte in Solon, dem Gesetzgeber Athens hatte, von dem der nachfolgende schöne Vers stammt:

> »Ich gewährte dem Volke so viele Gewalt, wie ihm zukommt,
> Nahm seiner Würde nichts weg, fügte auch keine hinzu.
> Wiederum ließ ich nicht zu, daß die reichen und mächtigen Herren
> Mehr sich nähmen als das, was ihnen rechtens gebührt.
> Also bewehrte mit starkem Schild ich beide Parteien,
> Daß nicht wider das Recht eine die andre bedrückt.«[6]

---

[5] Herodot, Historien, Buch I, Wiesbaden, ohne Jahr, S. 7
[6] Solon, zitiert nach: Plutarch, Grosse Griechen und Römer, Band 1, Zürich 1954, S. 231

Jetzt war der Weg bereitet für eine Blütezeit der die Menschen und ihre Angelegenheiten betreffenden Erkenntnisse. Indem die Griechen die Vortrefflichkeit (*arete*) zum Maßstab ihrer Handlungen machten, erreichten sie eine unvergleichliche Tiefe der Erkenntnis-Qualität. Zweifellos ist die moderne Philosophie ohne den Rückgriff auf die griechischen Klassiker nicht denkbar. Deshalb ist es sinnvoll, in kurzen Worten die grundlegenden Eckpfeiler griechischen Weltverständnisses zu rekapitulieren, können wir doch eine Vielzahl von Antworten auf ganz moderne Fragestellungen schon dort finden. Niemals sind die menschlichen Angelegenheiten gründlicher durchdacht worden als in der griechischen Antike.

Der Mensch wird als gemeinschaftliches Wesen erkannt, und zwar im strengst möglichen Sinne: »Wer aber nicht fähig ist, Mitglied (der staatlichen Gemeinschaft) zu sein oder aufgrund seiner Autarkie ihrer nicht bedarf, der ist kein Teil des staatlichen Verbandes und somit entweder Tier oder Gott.«[7] Die staatliche Gemeinschaft (*polis*) ist aber zu unterscheiden von der Hausgemeinschaft (*oikos*). Während die Hausgemeinschaft dazu da ist, das schiere Überleben zu sichern, als Mann und Frau den Erhalt der Gattung, als wirtschaftende Gemeinschaft die Sicherstellung der lebensnotwendigen Güter Nahrung, Kleidung, Wohnung, gewährt die Staatsgemeinschaft die Möglichkeit des guten Lebens.

Dies bedingt einen gravierenden Unterschied beider Bereiche. Die Dinge des Hauswesens gehören in den Bereich der Notwendigkeit, der Freiheit ausschließt, weil zum Beispiel die Frage, ob jemand hungert, sich jeder Diskussion entzieht. Modern gesprochen herrschen in diesem Bereich die Sachzwänge, um die Not zu wenden. Hier unterscheiden sich die Menschen durch nichts von den Tieren, denn auch die müssen sich fortpflanzen und um den Preis ihres Überlebens nach Nahrung suchen. Anders ist es mit der Frage der Polis. Dort können sich Menschen, deren Lebensunterhalt gesichert ist, in Freiheit über die Form ihrer Lebensgestaltung auseinandersetzen, das gute Leben suchen, eine Möglichkeit, die nur Menschen haben. Die den einzelnen Bereichen zuzuordnenden Tätigkeiten sind also wohl zu unterscheiden. Während im Haushalt das Erzeugen und Hervorbringen von Gütern im Vordergrund steht, die Griechen nannten dies *poiesis*, ist die politische Tätigkeit durch gemeinsames Handeln (*praxis*) bestimmt.

Die Moderne behandelt die Begriffe Theorie und Praxis als Gegensätze, und nicht mehr Poiesis und Praxis, und zeigt damit, wie sehr uns diese wichtige Unterscheidung verloren gegangen ist. Der Grund ist klar: Wir haben den wichtigen Unterschied eingeebnet, da wir die einzelnen menschlichen Tätigkeiten nicht mehr voneinander zu trennen wissen. Die Poiesis ist noch zu unterscheiden in Tätigkeiten, die dem unmittelbaren Lebensunterhalt dienen, deren Ergebnisse sofort verzehrt werden (zum Beispiel das Backen von Brot), und solchen, die einen Bestand in der Welt haben (die Errichtung von Häusern). Die ersten werden als Arbeit (*ponos*), die zweiten als Herstellen bezeichnet.[8] Alle Tätigkeiten der Poiesis sind nicht frei, und zwar aus zweierlei Gründen. Zum einen zwingt uns die Not des

---

[7] Aristoteles, Politik, 1253a
[8] Zur umfassenden Darstellung dieser Problematik vgl. Hannah Arendt, Vita activa, Stuttgart 1960

Lebens zu ihrer Verrichtung (Nahrungsproduktion), zum anderen der innere Sachzwang, der sich im Wesentlichen aus der Physis ergibt. Der Bau eines Hauses muss eben essenziell auf die Schwerkraft Rücksicht nehmen. Da diese Tätigkeiten aber nicht frei sind, kann sich der Mensch in ihnen als Mensch nicht verwirklichen, er bleibt bei ihnen auf der Stufe eines einfachen Lebewesens.

Umgekehrt wird damit die Ausführung solcher Tätigkeiten zum Symbol menschlicher Unfreiheit und kann nur von unfreien Menschen geleistet werden. Der Begriff des Sklaven wird damit unabhängig von jeder sozialen Implikation zu einer logischen Kategorie: Sklave ist derjenige, der sein Leben mit Tätigkeiten der Poiesis verbringt, also in Unfreiheit. Dieser Gedanke steckt noch im marxschen Konzept der Befreiung von Arbeit, wird aber meist überdeckt von einer der Neuzeit charakteristischen Glorifizierung von Arbeit[9], die ihren Durchbruch im Werk von Adam Smith[10] hatte und schließlich darin mündet, alle zur Arbeit zwingen zu wollen, was der antiken Vorstellung entsprechend nichts anderes besagt, als alle zu Sklaven zu machen. Das Streben nach Reichtum ersetzte das Streben nach Freiheit. Trotz Marx waren es nicht zuletzt die Sozialisten, die diese folgenschwere Wendung initiierten. Der Wirkungskreis der Poiesis ist der Haushalt, der deshalb strengstens von der öffentlichen Sphäre, die der Ort der Freiheit ist, abzugrenzen, ja abzutrennen ist. Im Haushalt befindet sich der Ort der Privatheit, in der der Hausherr mit seiner Familie und seinen Sklaven das Leben sichert. Frauen, Kinder und Sklaven können deshalb nicht am öffentlichen Leben teilnehmen, weil sie an den Haushalt gebunden sind. Sie haben folgerichtig auch keine politischen Rechte.

Im öffentlichen Raum, der der Raum der Polis ist, herrschen völlig andere Regeln. Hier ist der Raum der Praxis, in dem Freiheit herrscht, weil er nicht getrübt wird durch die Sorge um das tägliche Brot. Praxis, das heißt in erster Linie Sprechen und Handeln, wobei die beiden Begriffe (fast) zusammenfallen. Hier sind die beiden Tätigkeiten erst möglich, denn im Haushalt herrschen Anordnungen und Befehle vor, die sich im Wesentlichen aus der Natur der Sache ergeben und die weniger Sprechen im emphatischen Sinne als vielmehr einfache Lautmalungen erfordern, wie sie sich auch im Tierreich finden. So spricht der Kapitän auf einem Schiff in einer Notlage klare und einfach zu verstehende Befehle aus, die hoffentlich die Situation zu wenden vermögen. Erst wenn wir uns in Richtung einer freien Auseinandersetzung bewegen, wird Sprache im eigentlichen Sinne möglich, die Griechen nannten dies den *Logos*. Da aber Sprechen im tiefsten Sinne immer auf einen anderen gerichtet ist, wird aus dem Logos *Dia-Logos*, also Auseinandersetzung zwischen Menschen. Im Sprechen zeigen sich die Menschen in all ihrer Individualität und damit Vielfältigkeit. Hier kann der Mensch seine vollen Möglichkeiten entwickeln, die ihn jetzt deutlich von allen Tieren unterscheiden. Sprechen und Handeln setzen eine gemeinsame Sache voraus, weil man sich sonst nicht verstehen könnte. Damit wird Gesellschaft zu einer Gemeinschaft von Glei-

---

[9] Vgl. das o.a. Interview mit Gregor Gysi: »Wer arbeitet, fühlt sich besser«. Vgl. Kapitel 1, Fußnote 21. Damit wird das Sklavendasein zum Ziel menschlichen Daseins verklärt, wobei sich die Sozialisten dabei besonders hervortun, aber keinesfalls die Einzigen sind.

[10] Vgl. Adam Smith, Der Wohlstand der Nationen, München 1974

chen und Freien, deren gemeinsame Sache das gute Leben ist, über die sie sich auseinandersetzen. Jetzt lässt sich klar erkennen, welch hohe Achtung die Griechen den Menschen entgegenbrachten.

Folgerichtig entstand zeitgleich mit der Polis die Philosophie, deren Gegenstand ja auch die Welt der Thesis, der menschlichen Angelegenheiten ist. Doch gibt es einen grundlegenden Unterschied zwischen den beiden Disziplinen: Während die Philosophie die Gattung Mensch zum Gegenstand hat und auf Wahrheit zielt, widmet sich die Politik dem einzelnen Menschen und zielt auf Meinung (*doxa*). Philosophie ist also ein Ringen um die Wahrheit, Politik ein Ringen um den anderen, der durch Überzeugung zur eigenen Meinung gebracht oder dessen Meinung übernommen werden soll. Meist entsteht im Dialog aber ein Drittes. Der Unterschied beider Anliegen ist gravierend. Philosophie kann zwar die Freiheit zum Gegenstand haben, selbst aber nicht frei sein, weil Wahrheit immer ein totalitäres Element enthält. Die Frage, was ist 2 plus 2, kann nicht anders als mit 4 beantwortet werden und lässt keine Diskussion zu. Diese Problematik findet einen deutlichen Ausdruck in Platons »Staat«, in dem er den Wert des Ringens um Meinungen völlig verkennt und einen von Philosophen geführten Staat anstrebt. Dort soll die Wahrheit die Meinung dominieren. Platons wenig entwickeltes Verständnis politischer Freiheit dokumentieren seine mehrfachen Reisen zum Tyrannen von Syrakus, um diesem seine Dienste anzubieten.

Die bisherigen Ergebnisse zusammenfassend, lässt sich eine Dreiteilung der Lebensbereiche erkennen, die am besten als privat, gesellschaftlich und politisch zu bezeichnen sind. Alle drei Bereiche sind wohl zu unterscheiden.

Der private Bereich betrifft das unmittelbare Umfeld eines Menschen, also ihn selbst und die Menschen, die ihr Leben mit ihm verbringen, im Regelfalle also die Familie. Im privaten Bereich bewegt den Menschen wie erwähnt die Sorge um die Lebenserhaltung von sich und seinen Angehörigen.

Der gesellschaftliche Bereich war den Griechen noch unbekannt, ist er doch erst durch den Siegeszug der Arbeitsteilung in den einzelnen Arbeits- und Herstellungsprozessen entstanden. In ihm werden die Beziehungen der Menschen untereinander geregelt. Bei der Arbeitsteilung müssen zum Beispiel einzelne Arbeitsschritte genau aufeinander abgestimmt werden. Dies geht nur durch einen allgemeinen Verhaltenskodex, dem die Einzelnen sich unterzuordnen haben. Im Gleichschritt mit der schrankenlosen Ausdehnung der Arbeitsteilung beherrscht der Bereich des Gesellschaftlichen in zunehmendem Maße die Menschen, die in der Moderne weitgehend zu »Verhaltensträgern« mutiert sind. Folgerichtig hat das Gesellschaftliche auch immer stärker die Sorge um die Lebenserhaltung des modernen Menschen übernommen.

Das Politische schließlich ist der Bereich, in dem die Menschen gleich und frei, das heißt weder von der Sorge um das tägliche Brot noch von Interessen getrieben, miteinander verkehren und ihre Meinungen austauschen, dabei überzeugen und überzeugt werden. Im Handeln findet der freie Umgang der Menschen miteinander seinen Ausdruck. Der Raum des Politischen ist ebenso wie der Raum des Gesellschaftlichen ein öffentlicher Raum.

In dieser Entsprechung liegt ein wichtiger Grund für die Aufweichung der einzelnen Lebensbereiche in der Moderne. Als Folge davon vermögen wir immer weniger die spezifischen Möglichkeiten der einzelnen Bereiche zu erkennen und verlieren mit der Begrifflichkeit die Sache selbst, die sich in einer allgemeinen Melange auflöst, deren charakteristisches Merkmal ein fast vollständiger Orientierungsverlust ist. Der Satz »Das Private ist politisch« kann heute nicht nur ohne jede Hemmung ausgesprochen werden, er stieße bei einer großen Zahl von Menschen, die sich dazu noch in besonderer Weise als politisch verstehen, vermutlich auf Zustimmung, obwohl sein leerer Inhalt sich nicht unterscheidet von einem Satz der Form »Das Weiße ist schwarz«. Im Schatten des Verlusts an Orientierung verlieren wir zugleich fundamentale Werte wie Gerechtigkeit, aber auch Freiheit. Eine Wurzel der zunehmenden Entmündigung ist in diesem Kontext zu finden. Bevor wir uns jedoch den Zerstörungen des Politischen widmen, ist es sinnvoll, noch ein wenig in der Welt der Griechen zu verharren, um deren Anliegen genauer zu verstehen.

Meinung ist ein Subjektives, das einem einzelnen Menschen gehört. In Meinung zeigt sich die Verschiedenartigkeit der Menschen, ist sie doch gleichsam intimste Individualität. Auseinandersetzungen über Meinungen sind deshalb immer Beziehungen einzelner Menschen zueinander, in Summe also ein Beziehungsgeflecht, das die beteiligten Menschen bei all dem Trennenden, das sich ja in fundamental verschiedenen Meinungen zeigen kann, miteinander verbindet. Meinungsaustausch ist im tiefsten Sinne Kommunikation und setzt damit ein Gemeinsames voraus, das alle daran Beteiligten anerkennen müssen. Basis des Gemeinsamen ist die Gleichheit aller, ihr Inhalt das gute Leben.

Mit Gleichheit meinten die Griechen etwas, was wir mit Gleichberechtigung bezeichnen, also sicher nicht gleiches Aussehen, gleiche Gesundheit, gleiche Vermögenslage oder gleiches Denken. Gleichheit hieß, alle befinden sich in einer gleichen Lage, das heißt, ihr Lebensunterhalt war gesichert, und auf dieser Basis galt die Stimme eines jeden gleich viel, durfte er seine Stimme so wie jeder andere erheben und keiner hatte Vorrang. Bei der Gleichheit ging es aber auch allen um die gemeinsame Sache und keinesfalls um vermeintliche oder reale persönliche Vorteile. An dieser Stelle wird noch einmal in voller Deutlichkeit klar, warum das Interesse Sache des Privaten ist. Sobald das Interesse Eingang in den Raum des Meinungsaustauschs findet, wird dieser unweigerlich zerstört, und zwar völlig unabhängig vom Wollen der Beteiligten.

Das Mit- und Gegeneinander bedarf demnach einiger Voraussetzungen und Regeln. Genau hier setzt die Bedeutung dessen ein, was die Griechen Politik nannten: Sie regelt das Zwischen der Menschen, die sich über das gute Leben auseinandersetzen.

Jetzt wird noch einmal deutlich, warum der Bereich des Lebensunterhalts aus der Politik ausgeschlossen werden muss. Zur drastischen Verdeutlichung sei auf ein bekanntes Beispiel zurückgegriffen: Fünf Menschen sind schiffbrüchig und treiben nahe dem Verhungern auf dem Ozean. Um nicht alle zugrunde gehen zu lassen, entschließt man sich, einen zu opfern. Die Frage, wer geopfert werden soll, kann nicht mehr in freier Rede und Gegenrede entschieden werden, denn bestenfalls ein Lebensmüder könnte überzeugt werden, sich zu opfern. Also müssten in einer solchen Situation andere Mechanismen der Entscheidungsfindung angewandt werden als die eines freien Meinungsaustauschs. Nach Lage der Dinge könnte dies nur Gewalt sein oder aber passive Ergebung ins Schicksal.

Es geht aber auch weniger drastisch. Man stelle sich vor, in einer Abteilung einer Firma soll über die Verteilung einer bestimmten Summe Geldes entschieden werden. In der Abteilung sind drei Menschen der Qualifikation A und zwei der Qualifikation B. In der überwiegenden Zahl der Fälle würden die drei Menschen die zwei dominieren. Auch diese Auseinandersetzung wäre somit keine, die in die Kategorie der Politik fallen würde. Die Notwendigkeit, sich mit diesen eigentlich klaren Sachverhalten auseinanderzusetzen, erscheint auf den ersten Blick nicht gegeben, sogar absurd. Jedoch betreiben wir modernen Menschen Politik vornehmlich auf der Basis solch absurder Voraussetzungen, denn der wesentliche Teil unserer politischen Entscheidungen gründet sich auf Fragen der Art, wem wird wie viel zugeteilt und wem wird wie viel abgenommen. Besser lässt sich die Perversion des Politischen kaum demonstrieren.

Allein mit der Regelung des »Zwischen den Menschen« ist es aber nicht getan. Ist die Meinung zwar frei und insofern durch nichts vorhersagbar, bedarf sie doch einer Qualität, um sie von beliebigem Unsinn frei zu halten. Diese Qualität lässt sich am besten als Urteilskraft bezeichnen, von der Kant behauptet, dass sie »aber ein besonderes Talent sei, welches nicht belehrt, sondern nur geübt sein will«[11]. Genau dies geschieht aber auf der Agora, dem Marktplatz, auf dem die Freien sich ständig auseinandersetzen und damit in Urteilskraft üben. Die Vielheit der Anwesenden sichert zugleich die Qualität der sich schließlich durchsetzenden Meinungen, denn es herrscht *isonomia*, das heißt Gleichberechtigung aller Teilnehmenden, die jedoch der Voraussetzung einer geltenden und anerkannten Gesetzlichkeit (*nomos*) und der gleichen Verpflichtung dem Allgemeingültigen gegenüber genügen muss.

Zur Urteilskraft im politischen Sinne gehört aber noch die Fähigkeit, sich in einen anderen Menschen hineinversetzen zu können, also ein Problem aus der Sicht eines anderen zu betrachten. Kant hat dies als erweiterte Denkungsart[12] bezeichnet.

In ihrem hohen Begriff von dem, was sie Politik nannten, unterschieden sich die Griechen von allen anderen Völkern ihrer Zeit. Dieser hohe Begriff des Politischen ist zwar im Laufe der Zeit – gerade auch in der Neuzeit – erheblich verschüttet worden, dennoch weht ein nicht unerheblicher Rest griechischen Geistes noch in der Meinungs-, Rede- und Pressefreiheit, die als unverzichtbare Bestandteile moderner Demokratien gelten. Die griechische Polis war ein Stadtstaat, bei dem eine überschaubare Zahl von Menschen auf einer überschaubaren Fläche zusammenkam, um zu sprechen und zu handeln. Dies unterscheidet sie doch erheblich von den viel größeren und komplexeren modernen Staatsgebilden.

---

[11] Immanuel Kant, Kritik der reinen Vernunft, Werke, Band II, Darmstadt 2005, S. 184 (A133)
[12] Vgl. Immanuel Kant, Kritik der Urteilskraft, Werke, Band V, Darmstadt 2005, S. 390 (B158)

Schon das Imperium Romanum mit seiner Ausdehnung über den Mittelmeerraum und einen großen Teil des restlichen Europas bedurfte eines modifizierten Politikbegriffs. Längst war die Stadt durch den Staat ersetzt, die *res publica* des frühen Rom durch das imperiale Kaiserreich. Der Fokus des Politischen war nun mehr auf Machterhalt und -erweiterung gerichtet, wobei nicht zuletzt durch den Siegeszug des Christentums die Regelung der (irdischen) menschlichen Angelegenheiten immer mehr in den Hintergrund trat.

Das Christentum wirkte sich doppelt destruktiv auf den antiken Begriff des Politischen aus. Zum einen – dies galt in starker Weise schon für das Urchristentum, reichte aber bis weit ins Mittelalter hinein – waren die Christen auf das Jenseits fixiert und erwarteten jederzeit das Ende der Welt, das sie real noch zu erleben glaubten. »Denn das sagen wir euch als ein Wort des Herrn, daß wir, die wir leben und übrig bleiben auf die Zukunft des Herrn, werden denen nicht zuvorkommen, die da schlafen. Denn er selbst, der Herr, wird mit einem Feldgeschrei und der Stimme des Erzengels und mit der Posaune Gottes herniederkommen vom Himmel, und die Toten in Christo werden auferstehen zuerst. *Darnach wir, die wir leben und übrig bleiben, werden zugleich mit ihnen hingerückt werden in den Wolken, dem Herrn entgegen in der Luft, und werden also bei dem Herrn sein allezeit.*«[13]

Beispiele dieser Art lassen sich weitere in der Bibel finden. Angesichts dieser Tatsache, aber auch aus grundsätzlicheren Überlegungen heraus, waren die irdischen Dinge von untergeordneter Bedeutung, jedenfalls wollte man keine Welt schaffen. Der Blick war auf das nahe Reich Gottes gerichtet, auf das man sich vorbereitete. Die gemeinsame Sache bestand vornehmlich im Kümmern eines jeden um *sein* Seelenheil. Von einigen wenigen Sekten abgesehen, spielt das baldige Weltende keine politische Rolle mehr. Die der Antike noch selbstverständliche Orientierung auf das gute Leben im Irdischen wurde im Christentum ersetzt durch eine Orientierung auf das einfache Leben. Die Griechen hatten in den beiden Begriffen *zoe* und *bios* eine Unterscheidung, die wir, da begrifflich der christlichen Tradition verhaftet, nicht mehr kennen. Dabei meint Zoe die einfache Tatsache des Lebens, welches allen Lebewesen gemeinsam ist, also den Pflanzen, Tieren, Menschen und Göttern. Bios dagegen meint das Leben als Inhalt, das vernünftige Leben, das Leben mit der Politik bzw. der Theorie. Aristoteles spricht vom *bios politikos* und dem *bios theoretikos*.[14] (Wir bezeichnen heute Gemüse, das nach bestimmten Gesichtspunkten angebaut wird, als »bio« und bringen damit zum Ausdruck, es diene nicht dem einfachen, sondern dem guten Leben.) Die Fixierung auf das einfache Leben wirkt sich noch eminent in unserer täglichen Politik aus, gleich, ob es um ethische Fragen wie bei der Abtreibung oder um soziale Fragen aller Art geht, von der Frauenemanzipation über die Gesundheitsvorsorge bis hin zu den Sozialgesetzen.

Der politische Streit des Mittelalters war in erster Linie ein Streit zwischen Kaiser und Papst, ein Streit um die Vorherrschaft der weltlichen oder kirchlichen

---

[13] Paulus, 1. Thessalonicher 4,15–17, Hervorhebungen von mir, P.K.
[14] Vgl. Aristoteles, Nikomachische Ethik, 1095b

Macht. Wenn wir heute vom »finsteren Mittelalter« sprechen, dann mag diese Charakterisierung der Zeit nicht hinreichend gerecht werden, in politischer Hinsicht – jedenfalls im Hinblick auf die antike griechische Tradition – ist sie durchaus zutreffend. In dem biblischen Satz »So gebet dem Kaiser, was des Kaisers ist, und Gott, was Gottes ist«[15] kommt der einzelne Mensch nicht mehr als Handelnder vor: Politik war für Jahrhunderte zu einer Angelegenheit von weltlichen und kirchlichen Fürsten geworden, war vor allem Machtpolitik, die dazu diente, Machtsphären zu sichern oder auszudehnen.

Beginnend mit der Renaissance, die vor allem die Schönheit der antiken Kunstwerke entdeckte und damit den Blick wieder dem Erbe des antiken Griechenland zuwandte, weitergehend über das Zeitalter der Reformationen, in dem viele Menschen gegen die unerträglich gewordene Bevormundung durch die Kirche aufbegehrten und damit Elemente eines gemeinsamen Handelns erfuhren, wenngleich die Intention auf religiöse und weniger auf irdische Fragen gerichtet war, bis hin zur Aufklärung, die jetzt mit Willen und Bewusstsein die griechische Tradition von Neuem ausgrub und dabei ihr Augenmerk wesentlich auf Fragen der Mündigkeit und damit auf das Politische richtete, fanden wichtige Vorbereitungen für *die* politischen Ereignisse der Neuzeit statt: für den amerikanischen Freiheitskampf und die Französische Revolution. In beiden wurden die modernen Demokratien begründet und damit der politische Freiheitsbegriff neu ins Bewusstsein gerufen. Die Aufklärung wollte den Menschen aus seiner »selbstverschuldeten Unmündigkeit«[16] befreien, um schließlich in (fast) völliger Unmündigkeit zu landen. In seinem Werk »Die Dämonen« bringt dies Dostojewskij wie folgt auf den Begriff: »Ich bin von der uneingeschränkten Freiheit ausgegangen und schließe mit dem absoluten Despotismus.«[17]

---

[15] Matthäus, 22,21
[16] Immanuel Kant, Beantwortung der Frage: Was ist Aufklärung?, Werke, Band VI, Darmstadt 2005, S. 53 (A 481)
[17] Fjodor M. Dostojewskij, Die Dämonen, München 1990, S. 459

>Sinngemäß ist im Rahmen einer despotischen Regierung die gute Überlegung genauso lebensgefährlich wie die schlechte. Der Umstand, daß überhaupt Überlegungen angestellt werden, bedroht schon das Prinzip der Regierung.«

Montesquieu[18]

2.2 DEMOKRATIE UND FREIHEIT

>Dies ist die Zeit der Könige nicht mehr.«

Friedrich Hölderlin[19]

2.2.1 WAS HEISST DEMOKRATIE?

Als Willy Brandt 1969 zum ersten sozialdemokratischen Bundeskanzler gewählt wurde und in seiner Antrittsrede die schon berühmt gewordenen Worte »Mehr Demokratie wagen«[20] sagte, da waren viele Menschen begeistert und großer Hoffnung, in der Geschichte der Bundesrepublik Deutschland werde ein neues Kapitel aufgeschlagen. Damals schienen die Begriffe Freiheit und Demokratie so etwas wie Synonyme zu sein, der Ausdruck »freiheitlich-demokratische Grundordnung« fast schon ein Pleonasmus. Als die CDU/CSU 1976 ihren Wahlkampf mit der Parole »Freiheit statt Sozialismus« führte, waren viele entsetzt, weil sie das Geschäft dieser Partei mit der Angst der Bürger vor dem Sozialismus fürchteten. Im Rückblick lässt sich die Berechtigung der Warnung kaum noch bezweifeln, allerdings bedarf sie aus heutiger Sicht fundamentaler Modifikationen. Die Intention der CDU/CSU richtete sich zwar auf die Angst der Bürger, in der Sache hatte sie jedoch recht: Freiheit und Sozialismus sind keineswegs so einfach kompatibel, wie uns Sozialisten auf aller Welt glauben machen wollen. Ihrem eigentlichen Sinne nach sind Freiheit und Sozialismus so kompatibel wie Feuer und Wasser und der Begriff »freiheitlicher Sozialismus« ist eigentlich eine Contradictio in adjecto. Wenn Freiheit und Sozialismus zusammengehen sollen, dann bedarf es gewaltiger Anstrengungen, der Freiheit gegenüber den totalitären Tendenzen jeder Form des Sozialismus zu ihrem Recht zu verhelfen. Eine naive Gleichsetzung der beiden Begriffe reicht jedenfalls nicht hin. Doch dies soll später genauer ausgeführt werden.

Wie aber steht es mit Freiheit und Demokratie? Von Pleonasmus kann keine Rede sein, wie uns der Blick auf unsere jüngere Vergangenheit belehrt. Demokratie lässt möglicherweise Freiheit zu, sie bedingt sie jedoch keinesfalls. Wir verdrängen gerne – in unseren Schulen wird es kaum gelehrt, problematisiert wird es ganz sicher nicht –, dass die Nationalsozialisten durch ein einwandfreies demokra-

---

[18] Montesquieu, Vom Geist der Gesetze, Buch XIX, Kapitel 27
[19] Friedrich Hölderlin, Der Tod des Empedokles, Sämtliche Werke und Briefe, Band 2, Frankfurt 1994, S 337
[20] Willy Brandt, Regierungserklärung, 28.10.1969

tisches Verfahren an die Macht gekommen sind und, mehr noch, sich einer eher zunehmenden breiten Zustimmung des deutschen Volkes sicher sein konnten. Erst in den letzten Kriegsjahren, als ihre Sache längst verloren war, dämmerte dies auch dem Volk, dessen Zustimmung zum Regime dann auch merklich nachließ. Die Adenauer-Regierung verbreitete nach dem Kriege Lügen über den Zusammenhang von Volk und Nationalsozialismus, indem sie behauptete, der Hitlerstaat sei nur von einer kleinen Minderheit unterstützt worden. Bei wohlwollender Betrachtungsweise dienten die diesbezüglichen Aussagen der Befriedung des Landes. Weniger wohlwollend wurde mit dieser These eine Chance vertan, den Ursachen des Grauens auf die Spur zu kommen.

Eine Demokratie, der der Begriff von Freiheit verloren gegangen ist, schützt keinesfalls vor Totalitarismus und brutalstem Terror. Wir warnen gerne vor dem Nationalsozialismus und halten uns dabei an das Bild militärisch auftretender verblendeter Jugendlicher, die nicht nur dumme Parolen verbreiten, sondern oft gewaltsam gegen alles Fremde vorgehen, das vermeintlich ihrer Entfaltung im Wege steht. Von dieser Seite droht der Demokratie weit weniger Gefahr als von der durchaus staatlich geförderten Ignoranz, die die wurzelhafte Beschäftigung mit dem Nationalsozialismus weitgehend zu einem Tabu erklärt. Die Nationalsozialisten haben wichtige Schritte in Richtung unseres modernen Staates eingeleitet, und wir vertrauen in mehr als einer Hinsicht dem Erbe der Nazis, nicht ohne dies so gut wie möglich zu verschleiern. Bedenken in dieser Hinsicht haben also durchaus ihre Berechtigung. Dafür – und dies ist ein unbestreitbarer Vorteil unserer Demokratie und der Freiheit, die noch in ihr herrscht – gibt es einen klaren Beweis, der Fassungslosigkeit hervorzurufen vermag.

Die ehemalige Fernsehmoderatorin Eva Herman hat im Jahr 2006 ein Buch veröffentlicht[21], in dem sie die Mutterrolle glorifiziert und den Müttern rät, statt arbeiten zu gehen, mehr Zeit auf die Erziehung ihrer Kinder zu verwenden. Da sie dabei auch noch gegen die Emanzipation auftrat, wurde das Buch zu einem Skandal und damit für das Fernsehen interessant. Es kam, wie es in solchen Fällen kommen muss, Eva Herman wurde in eine Talkshow von Johannes B. Kerner, dem ausgewiesenen Gutmenschen der Republik, eingeladen.[22] Was nun folgte, war ein Lehrstück für all jene, die glauben, wir hätten unsere Nazi-Vergangenheit überwunden und seien auf einem freiheitlich-demokratischen Weg. Der Moderator rückte die Autorin mit ihrer Verherrlichung der Mutterrolle in die Nähe der Nationalsozialisten, worauf die Autorin mit dem unbestreitbaren Hinweis auf den Autobahnbau unter Hitler konterte, von dessen Nutzen wir auch heute noch profitieren. Dies rief wiederum Entsetzen bei den mit eingeladenen Gästen Senta Berger, Margarethe Schreinemakers und Mario Barth hervor. Das Entsetzen war gleichsam ein Entsetzen an sich, reines Entsetzen, also nicht ein Entsetzen über eine

---

21 Eva Herman, Das Eva-Prinzip, München 2006
22 Vgl. dazu Spiegel-Online vom 9.10.2007. Um den Gesamtzusammenhang der Sendung zu sehen, der weit über das Zusammengefasste hinausgehend, den realen Zusammenhang verdeutlicht, ist die Aufzeichnung der inkriminierten Teile der Sendung auf YouTube dringend zu empfehlen. Kein noch so ausführlicher Bericht kann die wirkliche Dramatik der Sendung exakt erfassen.

konkrete Aussage, deren Unkorrektheit man hätte nachweisen können. Es wurde nichts nachgewiesen, sondern von Frau Schreinemakers kategorisch festgestellt: »Das kannst du so nicht sagen.« Und Kerner, ganz Grandseigneur, ergänzte, aber ebenso kategorisch: »Es gibt Sachen, die gehen nicht; Autobahn geht auch nicht.« Nach der Drohung von Senta Berger, die Sendung zu verlassen – wahrscheinlich gilt das bei ihr als Gipfel von Zivilcourage –, wurde schließlich Eva Herman aus der Sendung geworfen. Trotz eines anwesenden Professors, der die Political Correctness gleichsam wissenschaftlich absichern sollte – im deutschen Fernsehen wird an alles gedacht –, gab es nicht ein einziges Argument, das sich inhaltlich auf Eva Hermans Position bezogen hätte. Das ist in Deutschland auch Demokratie, das ist auch Freiheit, wie wir sie sehen. Hier hatte sich das gesunde Volksempfinden Gehör verschafft oder vielmehr das weitere Hören der Aussagen der unliebsamen Eva Herman verhindert. Die Diskutanten bedienten sich gegenüber der Autorin genau der Mittel, die die Nazis in unliebsamen Auseinandersetzungen zu gebrauchen pflegten, um politische Gegner mundtot zu machen. Unvermittelt hatte sich das zu Bekämpfende der Kämpfer bemächtigt, die selbstverständlich ob ihrer Haltung nicht einmal Argwohn verspürten.

Sigmund Freud verdanken wir eine ausführliche Untersuchung über die Ursache der Entstehung von Tabus, in der er feststellt: »Denn, was niemand zu tun begehrt, das braucht man doch nicht zu verbieten, und jedenfalls muß das, was aufs nachdrücklichste verboten wird, doch Gegenstand eines Begehrens sein.«[23] Hier nähern wir uns dem Kern des Problems. Offensichtlich muss die Auseinandersetzung mit der Nazi-Vergangenheit tabuisiert werden, weil wir ein Begehren erkennen.

In besonders drastischer Weise zeigte sich dies am 10. November 1988, dem 50. Jahrestag des als »Reichskristallnacht« bekannt gewordenen Judenpogroms der Nationalsozialisten. An diesem Tag hielt der damalige Bundestagspräsident Philipp Jenninger eine Gedenkrede[24], die zum Besten gehört, was im Bundestag an Reden gehalten wurde[25], aber dennoch – oder vielleicht deshalb? – einen Skandal hervorrief, der den Redner nur einen Tag danach zum Rücktritt veranlasste. Was war die Ursache dieses Skandals? Jenninger hatte das getan, was Geschichtsschreiber nach Herodot zu tun haben, er hatte das gesagt, was geschehen war. Dazu gehörte vor allem, dass das deutsche Volk in seiner überwiegenden Mehrheit keineswegs unter der Knute der Naziherrschaft litt und gebeugten Rückens seinen Tag verbrachte, sondern viele Maßnahmen der Nazis geradezu euphorisch begrüßte.

So etwas durfte man fast 40 Jahre nach ihrer Gründung in der freien Bundesrepublik Deutschland nicht sagen. Das »gesunde Volksempfinden« wurde auch im Jahr 1988 von einer illustren Schar öffentlicher Meinungsträger repräsentiert,

---

23 Sigmund Freud, Totem und Tabu, Gesammelte Werke, Band 9, Frankfurt am Main 1986, S. 86
24 Es sei empfohlen, die Rede nachzulesen. Sie findet sich unter: http://www.mediaculture-online.de/fileadmin/bibliothek/jenninger_rede/jenninger_rede.pdf
25 Diese Rede wurde bedauerlicherweise nicht für wert befunden, in den ausführlichen Sammelband Politische Reden 1945 – 1990 aufgenommen zu werden. Vgl. Bibliothek der Geschichte und Politik, Politische Reden 1945 – 1990, Frankfurt am Main 1999

wobei insbesondere Kommentatoren sich hervortaten, die sich als aufgeklärt und liberal verstehen. Solange uns die wirkliche Auseinandersetzung mit den Untaten der Nationalsozialisten nicht gelingt, und sie kann nur gelingen, wenn wir den Geschehnissen in der klarst möglichen Form ins Gesicht sehen, solange schweben sie über uns wie ein Damoklesschwert und bedrohen uns. Vor allem stehen wir auf diese Weise den Anliegen der Nazis viel näher, als wir zu glauben bereit sind.

Dabei übersehen wir gerne, dass die Nazis wichtige Beiträge zur modernen Massengesellschaft geleistet haben, deren »Krönung« der Wohlfahrtsstaat ist.[26] An vier Punkten, die allesamt auch heute noch im Fokus moderner Wohlfahrtsstaaten stehen, kann dies festgemacht werden:

- der Förderung des modernen Massenverkehrs,
- einer Vielzahl sozialpolitischer Maßnahmen,
- dem Schutz von Familien, Frauen und Kindern und
- der Förderung der »Volksgesundheit«.

Hitler initiierte die größte Automobilfirma Europas. Der dort produzierte Volkswagen wurde wegen des Krieges zwar nicht mehr in größerer Stückzahl von den Nazis gebaut, dafür aber zum Erfolgsmodell bundesdeutschen Wirtschaftswunders. Der Ausbau der Autobahnen hat seine Wurzeln bei den Nazis. In den Schulen wird heute noch verbreitet, die Autobahnen habe Hitler nur gebaut, um seine Kriegsvorbereitungen zu unterstützen. Damit sollte jeder Gedanke an eine eventuelle Fortschrittlichkeit des Nazi-Regimes im Keim erstickt werden. Den Unsinn dieser Behauptung offenbart schon ein flüchtiger Blick auf die Landkarte und die Entfernungen in der Sowjetunion, in der Hitler Autobahnen nicht gut bauen konnte. Es ist, als plane man in München seine Hofeinfahrt autobahnähnlich, um deshalb leichter Hamburg erreichen zu können. Mit den Autobahnen, aber auch durch die Förderung privaten Pkw-Besitzes sind wichtige Schritte zur Motorisierung Europas von den Nationalsozialisten eingeleitet worden.

Entgegen den immer wieder in der Öffentlichkeit aufgestellten Behauptungen, die Nazis wären ein Produkt des vom Untergang bedrohten Kapitalismus, haben sie die Grundlagen moderner Sozialpolitik entwickelt. Auf der einen Seite wurden die auch heute noch geltenden Grundregeln stark progressiver Einkommensbesteuerungen und erhebliche Einschränkungen des Gläubigerschutzes von den Nazis eingeführt, auf der anderen Seite stammen die im Wahlkampf 2005 von unserem Alt-Bundeskanzler Schröder so sehr gelobten sozialen Errungenschaften, wie Steuerfreiheit für Zuschläge auf Nacht-, Sonn- und Feiertagsarbeit, aus der Nazifürsorge für Arbeitnehmer. Auch die Einführung genereller Urlaubsregelungen für Arbeitnehmer und der daraus folgende Massentourismus gehen auf Maßnahmen der Nazis zurück. Als wir vor einigen Jahren über die Frage stritten, einen Feiertag zu streichen, kam kein Politiker auf die Idee, den 1. Mai zu wählen, den die Nazis als Feiertag eingeführt hatten.

---

[26] Eindrucksvolle Beispiele und Schilderungen enthält das sehr lesenswerte Buch: Götz Aly, Hitlers Volksstaat, Frankfurt am Main 2005

Die Bestechung des Volkes durch Wohltaten von Politikern hat wichtige Wurzeln in der totalitären Diktatur der Nazis. »Kontinuierliche sozialpolitische Bestechung bildete die Grundlage des innenpolitischen Zusammenhalts in Hitlers Volksstaat.«[27]

Die Nazis haben wesentliche Elemente zum Schutz von Familien, Frauen und Kindern eingeführt und dabei einen wichtigen Beitrag zur Verherrlichung der Mutterrolle geleistet. Die Ehrung der Mutterschaft, dokumentiert durch Muttertag, Müttergenesungswerk, Mutter-und-Kind-Kuren etc., verdanken wir den Nazis. Nicht zuletzt sind es jene »Errungenschaften«, die zum Siegeszug der Privatsphäre und der Zerstörung des Politischen in den modernen Gesellschaften geführt haben. Mit diesen »Errungenschaften« tun wir uns deshalb so schwer, weil wir sie heute in unserer Demokratie für wirkliche Errungenschaften halten. Nur dürfen wir die Urheberschaft der Nazis nicht benennen, denn das ist ein Tabu, hier gilt absolutes Sprechverbot.

Auch in den Fragen der Volksgesundheit bedienen wir uns der zunächst von den Nazis entwickelten Methoden und Propagandamittel, zum Teil bis in einzelne Begründungen hinein. Die Quelle des Wahns der gesunden Ernährung, der mit jeder gegessenen Brotkrume ewiges Glück assoziiert, liegt vor allem in den Bestrebungen der Nazis begründet, die »Volksgesundheit« zu fördern. Der Begriff »Behinderte« wurde zum Beispiel »1940 von Ärzten und Bürokraten zum erstenmal verwendet, die die Ermordung von körperlich und geistig behinderten Menschen organisierten«[28]. Solche Zusammenhänge kennen wir nicht und wollen sie möglichst auch nicht kennenlernen. Der heute wieder aufflammende, inzwischen zum völlig irrationalen Glaubensgrundsatz gewordene Kampf gegen das Rauchen, insbesondere auch die »Erfindung« des Begriffs des Passivrauchens hat seine Ursprünge ebenfalls bei den Nazis[29], die das Rauchen als »undeutsch« verunglimpften. Die Begründungen, die wir zum Schutz der Nichtraucher anwenden, gleichen bis in die Einzelheiten den Begründungen der Nazis, insbesondere greifen wir auf die nationalsozialistische Strategie zurück, das Rauchverbot über die Arbeitsplatzverordnung zu bekämpfen. Nicht jeder der hier aufgeführten Punkte mag negativ sein. Doch die Wurzeln des Geistes, deren Triebe gerade heute in voller Blüte stehen, sollten uns veranlassen, die »Errungenschaften« genauer zu hinterfragen.

Klarer wird der Sachverhalt durch das umfassendere Konzept der »Volksgemeinschaft«, von dem heute gerne behauptet wird, es sei bloße Ideologie gewesen. Die das behaupten, verkennen die großen Fortschritte, die die Nationalsozialisten gerade auf dem Gebiet der Gleichschaltung der Menschen gemacht haben. »Eine wie tiefe und anhaltende Sehnsucht der Deutschen er [Hitler, P.K.] damit ansprach, geht nicht zuletzt daraus hervor, dass die Öffentlichkeit des Landes sich

---

27 Götz Aly, Hitlers Volksstaat, Frankfurt am Main 2005, S. 89
28 Vgl. Robert N. Proctor, Blitzkrieg gegen den Krebs. Gesundheit und Propaganda im Dritten Reich, Stuttgart 2002, S. 59
29 Vgl. Robert N. Proctor, Blitzkrieg gegen den Krebs. Gesundheit und Propaganda im Dritten Reich, Stuttgart 2002, S. 211

noch immer im Konsens am besten aufgehoben fühlt. Der nach festen Spielregeln ausgetragene Konflikt, der zu den elementaren Voraussetzungen demokratischer Ordnungen zählt, steht bei uns in keinem hohen Ansehen. Stattdessen huldigt alle Welt einer Gleichheitsidee, zu deren Eigenart nicht nur gleiche Startbedingungen gehören. Hierzulande will man auch, dass alle gleichzeitig im Ziel einlaufen. Niemand soll den anderen übertreffen.«[30] Das ist nichts weniger als der kontradiktorische Gegensatz zum Anliegen der antiken Griechen.

Die Volksgemeinschaft sollte durch eine Reihe von Maßnahmen erreicht werden, die ursprünglich am 24. Februar 1920 im Bürgerbräukeller in München im sogenannten 25-Punkte-Programm von Hitler deklamiert wurden, der damals noch der DAP (Deutsche Arbeiterpartei), einer Vorläuferorganisation der NSDAP, angehörte. Ein Teil der Punkte könnte ohne Weiteres auch in heutigen Parteiprogrammen stehen. Einige aktuelle Parteiprogramme enthalten tatsächlich fast wortgleiche Passagen. Es lohnt also, Teile dieses Programms zu betrachten:

> »7. Wir fordern, daß sich der Staat verpflichtet, in erster Linie für die Erwerbs- und Lebensmöglichkeit der Staatsbürger zu sorgen. [...]
>
> 10. Erste Pflicht jedes Staatsbürgers muß sein, *geistig oder körperlich zu schaffen.* Die Tätigkeit des einzelnen darf nicht gegen die Interessen der Allgemeinheit verstoßen, sondern muß im Rahmen des Gesamten und zum Nutzen aller erfolgen. *Daher fordern wir:*
>
> 11. Abschaffung des arbeits- und mühelosen Einkommens, *Brechung der Zinsknechtschaft!*
>
> 13. Wir fordern die *Verstaatlichung* aller (bisher) bereits vergesellschafteten (*Trust*) Betriebe.
>
> 14. Wir fordern Gewinnbeteiligung an Großbetrieben.
>
> 15. Wir fordern einen großzügigen Ausbau der Altersversorgung.
>
> 16. Wir fordern die Schaffung eines gesunden Mittelstandes und seine Erhaltung [...].
>
> 18. Wir fordern den rücksichtslosen Kampf gegen diejenigen, die durch ihre Tätigkeit das Gemeininteresse schädigen. [...]
>
> 20. Um jedem fähigen und fleißigen Deutschen das Erreichen höherer Bildung und damit das Einrücken in führende Stellung zu ermöglichen, hat der Staat für einen gründlichen Ausbau unseres gesamten Volksbildungswesens Sorge zu tragen. Die Lehrpläne aller Bildungsanstalten sind den Erfordernissen des praktischen Lebens anzupassen. Das Erfassen des Staatsgedankens muß bereits mit dem Beginn des Verständnisses durch die Schule (Staatsbürgerkunde) erzielt werden. Wir fordern die Ausbildung besonders veranlagter Kinder armer Eltern ohne Rücksicht auf deren Stand oder Beruf auf Staatskosten.

---

[30] Joachim Fest, War Adolf Hitler ein Linker?, taz, 27.09.2003
Der Aufsatz von Fest enthält noch eine Reihe interessanter Anmerkungen zur vorliegenden Thematik.

21. Der Staat hat für die Hebung der Volksgesundheit zu sorgen durch den *Schutz der Mutter und des Kindes*, durch Verbot der Jugendarbeit, durch Herbeiführung der körperlichen Ertüchtigung mittels gesetzlicher Festlegung einer Turn- und Sportpflicht, durch größte Unterstützung aller sich mit körperlicher Jugendausbildung beschäftigenden Vereine.«[31]

Die Parallelität des intentionalen Kerns der NS-Aussagen zu zentralen Anliegen des modernen Wohlfahrtsstaats vermag Erschrecken hervorzurufen, und man braucht kein Prophet zu sein, um ernsthafte Gefahren für unser Staatswesen eher in dieser Parallelität als im Auftreten Springerstiefel tragender, glatzköpfiger Verblendeter zu sehen. Wie schrieb doch Ludwig von Mises so unzweideutig und klar: »Die Philosophie der Nazis, der deutschen Nationalsozialistischen Arbeiterpartei, ist die reinste und konsistenteste Manifestation des antikapitalistischen und sozialistischen Geistes unseres Zeitalters. [...] Der Slogan, in dem die Nazis ihre ökonomische Philosophie zusammenfassten, Gemeinnutz geht vor Eigennutz [...] ist der Idee gleich, die dem amerikanischen New Deal und dem sowjetischen Management ökonomischer Angelegenheiten entsprach. Es schließt ein, dass das profitorientierte Geschäft die vitalen Interessen der überwiegenden Mehrheit verletzt und dass es die heilige Pflicht einer jeden populären Regierung ist, das Entstehen von Profiten durch öffentliche Kontrolle und Verteilung zu verhindern.«[32] Zur Auseinandersetzung mit dem Nationalsozialismus sei auf die umfangreiche Literatur verwiesen, die sich auch ausführlich mit den hier angeschnittenen Fragen beschäftigt.

Interessant ist in erster Linie der Zusammenhang zwischen zentralen Ideen des Nationalsozialismus und dem modernen Wohlfahrtsstaat Bundesrepublik Deutschland, der zwar eine Demokratie, aber als solche keinesfalls vor den Gefahren eines totalitären Systems gefeit ist. Die Bundesrepublik Deutschland soll nicht mit dem Staat der Nationalsozialisten gleichgesetzt und die Differenzen sollen auch nicht eingeebnet werden. Dennoch hat sie mehr Erbschaften der Nazis übernommen, als die offizielle Meinung gerne zugibt. In Bezug auf die Freiheit kann die Bundesrepublik Deutschland keinesfalls als leuchtendes Vorbild gelten. Die Kommunistenverfolgungen, die bis weit in die 1980er Jahre gingen (Radikalenerlass), sind ein deutliches Zeichen. Sie führten zum Beispiel zu Gesinnungsprüfungen bei Postboten, die bei falscher politischer Gesinnung keine Briefe mehr austragen durften.

---

[31] Zitiert nach: documentArchiv.de, Stichwort: Weimarer Republik, 25-Punkte-Programm der Nationalsozialistischen Deutschen Arbeiterpartei. Die Nummerierung der Punkte und die Hervorhebungen entsprechen dem Original.

[32] Ludwig von Mises, Socialism: An Economic and Sociological Analysis, Indianapolis 1981
Vom Verfasser übersetzt. Im Original lautet die Stelle wie folgt: »The philosophy of the Nazis, the German National Socialist Labour Party, is the purest and most consistent manifestation of the anticapitalistic and socialistic spirit of our age. (...)The slogan into which the Nazis condensed their economic philosophy, viz., Gemeinnutz geht vor Eigennutz (i.e., the commonweal ranks above private profit), is likewise the idea underlying the American New Deal and the Soviet management of economic affairs. It implies that profit-seeking business harms the vital interests of the immense majority, and that it is the sacred duty of popular government to prevent the emergence of profits by public control of production and distribution.«

Von der unsäglichen Prüderie der 1950er und teilweise noch der 1960er Jahre, die sich in Aktionen, wie »saubere Leinwand« niederschlugen oder Eltern unter Anklage brachten, weil der Freund ihrer minderjährigen Tochter in der Wohnung übernachtete, gar nicht zu reden. Demokratie und Freiheit gehören jedenfalls nicht zwangsläufig zusammen.

Begeben wir uns deshalb auf die Suche nach dem Begriff der Demokratie, seinen historischen Erscheinungsformen und kritischen Reflexionen darüber. Aristoteles unterscheidet drei Grundtypen von Verfassungen:[33]

- Königtum (Herrschaft eines Einzelnen)
- Aristokratie (Herrschaft der Besten)
- Politie (Herrschaft der Vielen)

Die den drei Grundtypen entsprechenden Entartungen sind nicht dem Gemeinwohl, sondern dem partiellen Wohl einer Gruppe verpflichtet:

- Tyrannis (verfolgt den Vorteil des Monarchen)
- Oligarchie (verfolgt den Vorteil der Reichen)
- Demokratie (verfolgt den Vorteil der Armen)

Aristoteles zählte die Demokratie also zu den entarteten Verfassungen. Diese Wahrheit wird weder in der Schule noch in der Öffentlichkeit beachtet. Wenn wir uns auf die Demokratie des antiken Griechenland berufen, dann meinen wir in Wahrheit die Politie. Wie sich noch zeigen wird, ist dies keinesfalls nur eine semantische Petitesse, sondern hat weitgehende Auswirkungen bis auf unsere heutige Staatsverfassung, besonders auf unseren politischen Alltag.

Nach dem Zerfall der römischen *res publica* war die Frage nach der Demokratie für Jahrhunderte verschüttet. In Mitteleuropa herrschte das Heilige Römische Reich deutscher Nation, in dem sich die Frage nach der Demokratie nicht stellte. In England dagegen, wo es seit dem 13. Jahrhundert Adelsparlamente gab, die schon sehr bald verbindliche Gesetze erließen, an die sich auch der König zu halten hatte, begann sich eine Entwicklung abzuzeichnen, die zunächst in Richtung Parlamentarismus, im Sinne eines »Aristokraten-Parlamentarismus« und dann in Richtung Rechtsstaat zielte. Eine entscheidende Stärkung erhielt der englische Parlamentarismus im 14. Jahrhundert zum einen durch das Recht des Parlaments, Steuern zu erheben, zum anderen durch die Möglichkeit, ein Amtsenthebungsverfahren (Impeachment) gegen höhere Staatsbeamte einzuleiten. Steuern zu erheben sowie ihre Höhe und Verteilung zu bestimmen, gilt seit jeher als hervorstechendes Merkmal der Herrschaft. Im 17. Jahrhundert erlangte das Parlament das Recht, Initiativen bei Gesetzesvorlagen zu ergreifen. Bis dahin konnte es nur seine Zustimmung oder Ablehnung königlicher Rechtsvorschläge bekunden.

---

[33] Vgl. Aristoteles, Politik, 1279a, vgl. auch 1289a

Mit der Revolution von Cromwell und der Machtübernahme von Wilhelm von Oranien im 17. Jahrhundert wurde die Monarchie in England, im Gegensatz zum Rest Europas, nicht mehr durch »Gottes Gnaden«, sondern durch das Parlament legitimiert. Die Bill of Rights regelte jetzt im modernen rechtsstaatlichen Sinne das Verhältnis zwischen dem Parlament und dem Königtum. Sie gestand dem Parlament weitgehende Rechte zu, insbesondere auf völlige Redefreiheit, die noch durch die Immunität der Abgeordneten unterstützt wurde. Damit war England zwar noch keine Demokratie im modernen Sinne, allerdings war es ein Rechtsstaat geworden, in dem weitgehende Freiheitsrechte galten. Deshalb kann England als eines der »Vaterländer« der modernen Demokratie gelten.

In der Schweiz gab es immer wieder Aufstände gegen die Herrschaft der Habsburger, die eine gewisse Freiheitstradition begründeten, ohne aber eine demokratische Entwicklung einzuleiten. Erst im Umfeld der Aufklärung und der dann folgenden Französischen Revolution entwickelte sich die Demokratie in der Schweiz. Die alten Freiheitstraditionen konnten dabei erhalten bleiben und bilden eine wichtige Grundlage für die auch heute noch sehr freiheitliche Ausrichtung der Schweizer Demokratie. Allerdings war die Schweiz zu klein und in ihren Anliegen zu speziell, um einen bedeutenden Einfluss auf die Entwicklung in Europa auszuüben. Die Schweiz hat noch heute viele Komponenten einer direkten Demokratie, die zugleich nicht einfach in der Gleichheit aufgeht.

Drei bedeutende Entwicklungsstränge schufen die Voraussetzungen für den Durchbruch der Demokratie: Renaissance, Reformation und Aufklärung. Mit der Renaissance begann im 14. Jahrhundert eine Wiederentdeckung der Antike, die sich auf Kunst, Gesellschaft und Wissenschaft erstreckte und den Menschen wieder in den Mittelpunkt des Denkens rückte. In geistiger Hinsicht war der Humanismus prägend für die Epoche. In ihm stehen der Mensch, seine Würde, seine Freiheit und seine Persönlichkeit im Zentrum.

Die Erfindung des Buchdrucks mit beweglichen Lettern durch Johannes Gutenberg schuf ungeahnte Möglichkeiten einer bis dahin undenkbaren Kommunikation der Gelehrten untereinander. Damit waren bereits erste Schritte zur Brechung der absoluten Herrschaft der Kirche eingeleitet. Die bereits viel früher vollzogene Trennung der orthodoxen Kirche von der römisch-katholischen war weitgehend auf den Einflussbereich des Byzantinischen Reiches begrenzt, wirkte sich nicht auf Mitteleuropa aus und spielt für unsere Betrachtungen keine Rolle. Einer der großen Vertreter des Humanismus, Erasmus von Rotterdam, stellte den freien Willen ins Zentrum seiner Überlegungen, wollte den Wissenschaften dienen und setzte auf die Vernunft zur Lösung von Konflikten. Zugleich erkannte er viele gravierende Missstände in der Kirche, kritisierte in aller Schärfe Päpste, Mönche, frömmelnde Christen und wandte sich zugleich gegen den Ablasshandel und bestimmte kirchliche Riten. Damit war er ein wichtiger Vordenker der Reformation. Allerdings wollte er es auf keinen Fall zum Bruch innerhalb der Kirche kommen lassen. Stattdessen baute er auf Einsicht und die Kraft zur inneren Erneuerung der Kirche. Damit geriet er immer mehr in Widerspruch zu dem großen Reformator Luther, der, seiner ungestümen Art folgend, der Kirche keine Zeit zur Erneuerung ließ. So zerbrach die Einheit der Kirche durch Luther, der ihr als Dogmatiker in vielerlei

Weise näher stand als der die Freiheit des Menschen verteidigende Erasmus. Der Einfluss der Antipoden Erasmus und Luther auf die Entwicklung eines neuen menschlichen Selbstbewusstseins darf nicht unterschätzt werden, zumal die Anhänger des Letzteren gegen seinen verzweifelten Widerstand immer mehr mit der kirchlichen auch die weltliche Herrschaft angriffen. Das neue Selbstbewusstsein hatte sich – dank Luther, wenn auch ohne seine Absicht – von den gebildeten Kreisen bis in das Volk verbreitet. Die Entwicklung war nicht mehr zurückzudrehen.

In der Zeit der Reformation fand mit den Reisen von Christoph Kolumbus (1492), der den westlichen Seeweg nach Indien finden wollte und Amerika (für die Neuzeit) entdeckte, Vasco da Gama, der (1497–1499) den östlichen Seeweg nach Indien entdeckte und Ferdinand de Magellan, der (1519–1522) die erste Weltumseglung anführte, sehr zeitnah die Entdeckung wesentlicher Teile der Erde statt. Um die gleiche Zeit entwickelte Nikolaus Kopernikus das heliozentrische Weltbild, das er dem geozentrischen entgegensetzte. Jetzt war die Erde nicht nur umfahren, sondern auch im Kosmos eingeordnet. Das bildete die Basis zu einer unvergleichlichen Entwicklung der Naturwissenschaften.

Der wichtigste Meilenstein hin zur modernen Demokratie war gelegt. Jetzt konnte sich das Zeitalter der Aufklärung entfalten. Der generelle Gedanke der Aufklärung war als Glaube an die Vernunft des Menschen bereits im Humanismus entwickelt und von Kant auf unnachahmliche Weise auf den Begriff gebracht worden: »Sapere aude! Habe Mut, dich deines *eigenen* Verstandes zu bedienen! ist also der Wahlspruch der Aufklärung«.[34] Und was ist ihre Voraussetzung? »Zu dieser Aufklärung wird nichts erfordert als *Freiheit*; und zwar die unschädlichste unter allem, was nur Freiheit heißen mag, nämlich die: von seiner Vernunft in allen Stücken *öffentlichen Gebrauch* zu machen.«[35] Genau dies wurde in zunehmendem Umfang im 17. und 18. Jahrhundert getan. Freiheit und Selbstbestimmung wurden zu unverzichtbaren Elementen des Menschen, deren Fehlen jeder Blick auf die gesellschaftliche Realität offenbarte. Die berühmte »Encyclopédie« in Frankreich, die von André Le Breton, Denis Diderot und Jean Le Rond d'Alembert 1751 herausgegeben wurde,[36] kann als das Hauptwerk der Aufklärung gelten, in dem die Hinwendung des Menschen auf irdische Fragen deutlich zum Ausdruck kommt.

Eine wichtige Folgerung der Gedanken der Aufklärung bestand in der Fokussierung auf Fragen des Rechts, die in sehr umfassender Form zuerst von Montesquieu in seinem Werk »Vom Geist der Gesetze«[37] dargestellt wurden. Während die Griechen sich noch die Naturgesetze in Analogie zu den Staatsgesetzen vorgestellt hatten, drehte Montesquieu den Spieß einfach um: Für ihn waren die Staatsgesetze

---

[34] Immanuel Kant, Beantwortung der Frage: Was ist Aufklärung?, Werke, Band VI, Darmstadt 2005, S. 53, (A481), Hervorhebung im Original

[35] Immanuel Kant, Beantwortung der Frage: Was ist Aufklärung?, Werke, Band VI, Darmstadt 2005, S. 55, (A485), Hervorhebung im Original

[36] Eine Neuausgabe der Enzyklopädie erfolgte im Jahre 2001. Hans Magnus Enzensberger (Hrsg.), Die Welt der Encyclopédie, Frankfurt am Main 2001

[37] Vgl. Montesquieu, Vom Geist der Gesetze, Stuttgart 1965

nach dem Muster der Naturgesetze entwickelt worden. Daraus war ihre Verschiedenheit zu erklären, denn Größe, Boden, Klima usw. wirken sich auf die Gesetzgebung aus. Aber auch die verschiedenen Regierungsformen bedingen zwangsläufig verschiedene Gesetze, weil sie sonst nicht ganz realisiert sind. Montesquieu unterscheidet die drei grundlegenden Regierungsformen: Republik, Monarchie und Despotie und führt dazu aus: »Das bedeutet nicht etwa, daß man in einer bestimmten Republik tugendhaft ist, vielmehr, daß man es sein sollte. Noch weniger beweist dies, daß man in einer bestimmten Monarchie Ehre besitzt und in einem einzelnen despotischen Staat Terror waltet, vielmehr daß dies nötig sei. Sonst ist die Regierungsform nicht ganz realisiert.«[38]

Montesquieu verdankt aber seinen bis heute reichenden Einfluss vor allem dem von ihm entwickelten Prinzip der Gewaltenteilung. Zwar hatte zuvor schon Locke eine Trennung von Legislative und Exekutive zur Sicherung der Anliegen des Einzelnen vor staatlicher Willkür[39] befürwortet, aber Montesquieu führte den Gedanken einer unabhängigen Judikative ein, die das Prinzip der Gewaltenteilung erst abrundet. Der Einfluss beider lässt sich noch in allen westlich-demokratischen Gesellschaften finden und stand vor allem bei der Entwicklung der amerikanischen Verfassung Pate.

Als Gegenspieler zu Montesquieu können die Anhänger des Naturrechts gelten, deren herausragender Vertreter Rousseau war. Nach ihnen lebte der Mensch in seinem Naturzustand in Freiheit, die ihm durch Gewalt genommen worden ist. Deshalb ist es sein natürliches und durch nichts zu ersetzendes Recht, sich seine Freiheit wieder zu holen. Während Montesquieu die Naturabhängigkeit der Gesetze aus ihrem spezifischen Umfeld ableitet (Boden, Klima etc.), setzt Rousseau dem einen allgemeinen Naturbegriff entgegen nach dem Muster »Der Mensch ist von Natur aus gut«. Auf diesem Muster baut seine gesamte Theorie auf.

Aber auch der Freiheitsbegriff Rousseaus unterschied sich fundamental vom griechischen Erbe. Zum einen ist er als naturrechtliche Komponente dem Bereich der Natur zuzuordnen und zählt damit nicht zu den von Menschen geschaffenen Werken, ist also dem Menschen gleichsam von Geburt an mitgegeben und nicht durch bewusste Anstrengung und Überlegung zu erlangen. Nach Rousseau ist der Mensch von Natur aus frei. Die gesellschaftliche Entwicklung hat ihm die Freiheit geraubt, und es kommt jetzt darauf an, sich durch einen »Gesellschaftsvertrag« die ursprünglichen Rechte wieder zu holen, wobei der Inhalt des Vertrages wiederum naturgesetzlich vorgegeben ist: Jedes Mitglied der Gesellschaft gibt seine individuellen Rechte auf, denn: »Gemeinsam stellen wir alle, jeder von uns seine Person und seine ganze Kraft unter die oberste Richtschnur des Gemeinwillens; und wir nehmen, als Körper, jedes Glied als untrennbaren Teil des Ganzen auf.«[40]

Schon hier lässt sich die Tendenz einer erheblichen Einschränkung der individuellen Freiheit erkennen. Robespierres Tugendterror berief sich ausdrücklich auf Rousseau und noch Stalins Terror sowie Hitlers Volksgemeinschaftsideologien

---

38 Montesquieu, Vom Geist der Gesetze, Buch III, Kapitel 11
39 Vgl. John Locke, Zwei Abhandlungen über die Regierung, Frankfurt 1967
40 Jean-Jacques Rousseau, Gesellschaftsvertrag, Buch 1, Kapitel 6, Vom Gesellschaftsvertrag

enthalten wesentliche Elemente rousseauscher Anschauung, denn es geht beim Gesellschaftsvertrag um »die völlige Entäußerung jedes Mitglieds mit allen seinen Rechten an das Gemeinwesen als Ganzes«[41]. Als »volonté générale« ist diese Haltung bekannt geworden. Zum anderen ist nach Rousseau der Staat wie sein Urbild, die Familie, organisiert[42]. Damit steht der Freiheitsbegriff von Rousseau in striktem Gegensatz zu dem der griechischen Antike. Dort wurde ja die Familie bzw. der Haushalt als der Ort betrachtet, an dem Freiheit gerade nicht möglich ist. Dadurch verwischt Rousseaus Politikbegriff jenen den Griechen so wichtigen Unterschied zwischen einem Bereich der Notwendigkeit und einem Bereich der Freiheit und also den ebenso wichtigen Unterschied zwischen der Sphäre der Öffentlichkeit und der Privatsphäre. Jetzt sind der Behandlung aller privaten Probleme in der Öffentlichkeit Tor und Tür geöffnet, jetzt kann eine fundamentale Veränderung des Begriffs des politischen Raums greifen.

Der Einfluss Rousseaus lässt sich noch bis in die heutige Zeit nachweisen. Das letzte Viertel des 18. Jahrhunderts dominierten zwei Ereignisse, die die Welt wie erwähnt fundamental veränderten: der amerikanische Unabhängigkeitskrieg (1775–1783) und die Französische Revolution (1789). Bei Ersterem ging es um die Loslösung von zunächst 13 Kolonien vom englischen Mutterland, die durch die Unabhängigkeitserklärung 1776 vollzogen wurde, bei Letzterer wurde die Herrschaft des Adels in Frankreich gestürzt. Zwar berief sich auch die unter dem deutlichen Einfluss von John Locke durch Thomas Jefferson maßgeblich formulierte amerikanische Unabhängigkeitserklärung auf das Naturrecht, enthielt aber einen deutlichen Bezug auf die Freiheit und verzichtete auf jede Form sozialen Eingriffs. Allerdings gab es in Amerika, im Unterschied zu Frankreich, keine soziale Frage. Im Gegenteil, die Vereinigten Staaten von Amerika waren von Anfang an ein »Land der unbegrenzten Möglichkeiten«. Dem Einzelnen standen alle Wege offen, seinen Weg zu gehen. So wurden die USA in der Folgezeit zum Ziel vieler Menschen, die die Freiheit suchten und sich dort die Erfüllung ihrer Träume erhofften.

In der Präambel der Unabhängigkeitserklärung heißt es: »Wir halten diese Wahrheiten für ausgemacht, dass alle Menschen gleich erschaffen wurden, dass sie von ihrem Schöpfer mit gewissen unveräußerlichen Rechten begabt wurden, worunter Leben, Freiheit und das Streben nach Glückseligkeit sind. Dass zur Versicherung dieser Rechte Regierungen unter den Menschen eingeführt worden sind, welche ihre gerechte Gewalt von der Einwilligung der Regierten herleiten; dass sobald eine Regierungsform diesen Endzwecken verderblich wird, es das Recht des Volkes ist, sie zu verändern oder abzuschaffen, und eine neue Regierung einzusetzen, die auf solche Grundsätze gegründet, und deren Macht und Gewalt solchergestalt gebildet wird, als ihnen zur Erhaltung ihrer Sicherheit und Glückseligkeit am schicklichsten zu seyn dünket.«[43] Als wesentliches Element der Unabhän-

---

41 Jean-Jacques Rousseau, Gesellschaftsvertrag, Buch 1, Kapitel 6, Vom Gesellschaftsvertrag
42 Vgl. Jean-Jacques Rousseau, Gesellschaftsvertrag, Buch 1, Kapitel 2, Von den ersten Gesellschaften
43 Vgl. www.wikipedia.de, Stichwort: Unabhängigkeitserklärung der USA

gigkeitserklärung gilt ein Widerstandsrecht gegen jede Regierung, die »diesen Endzwecken verderblich wird«.

Ganz anders war die Situation in Frankreich. Dort spielte durch den Hunger der Massen, der durch ständige Erhöhungen des Brotpreises bis zur Unerträglichkeit gesteigert wurde, die soziale Frage von Anfang an eine viel größere Rolle. Zunächst begnügten sich die Revolutionäre noch mit der Errichtung einer konstitutionellen Monarchie, deren Grundlage die von Montesquieu entwickelte Gewaltenteilung bildete. Aber schon in den berühmten Schlagworten der Französischen Revolution »Freiheit, *Gleichheit*, Brüderlichkeit« deutete sich explizit eine Intention an, die dem Anspruch der amerikanischen Unabhängigkeitserklärung, nach der alle Menschen *von Geburt an* gleich sind, die generelle Gleichheit entgegensetzte. Nachdem es einerseits nicht gelang, die Brotfrage befriedigend zu lösen, und andererseits der Adel, vor allem aber auch das Königshaus – nennen wir es ungeschickt – agierten, radikalisierte sich die Bewegung und führte schließlich zur Absetzung und späteren Hinrichtung von Ludwig XVI. und seiner Frau Marie Antoinette. Dank Robespierre nahm der Einfluss rousseauscher Gedanken zu, insbesondere zu Fragen des Eigentums, das er als Ursache für die Ungleichheit zwischen den Menschen ansah. Daraus entwickelte sich mit Macht die soziale Frage, die immer mehr ins Zentrum rückte und nicht zuletzt eine wichtige Ursache der »Schreckensherrschaft« der Jakobiner wurde.

Das Zauberwort zur Lösung der sozialen Frage war die explizite Forderung nach Gleichheit, die schon im Artikel 1 der Erklärung der Menschenrechte vom 26.8.1789 niedergelegt wurde: »Die Menschen werden frei und gleich an Rechten geboren und bleiben es. *Soziale Unterschiede dürfen nur im allgemeinen Nutzen begründet sein.*«[44] Schon hier wird also eine folgenschwere Transformation durchgeführt: Aus einer der Tradition der Aufklärung verhafteten Gleichheit der *Ausgangsbedingungen* wird eine höchst problematische Forderung nach Gleichheit der *Ergebnisse*. In seiner radikalen Ausprägung gipfelte dies schließlich in einer von Babeuf angeführten radikaldemokratischen Bewegung mit dem Ziel eines sozialistischen Gemeinwesens (»Verschwörung für die Gleichheit«). Diese Bewegung konnte sich zwar niemals durchsetzen – Babeuf selbst wurde 1797 hingerichtet –, hinterließ aber Spuren, die noch in allen modernen demokratischen Staaten zu finden sind. Erst durch Napoleon konnten wesentliche Ergebnisse der Revolution in Frankreich gesichert werden. Dabei blieb jedoch die Demokratie zunächst auf der Strecke.

Seither gab es zumindest in Europa einen unaufhaltsamen Sog zu demokratischen Entwicklungen, der allerdings durch drei totalitäre Strömungen erheblich gestört worden ist. Zum einen durch die unter sowjetischem Einfluss stehenden bolschewistischen Bewegungen, die sich vornehmlich in Russland und später in den von der Sowjetunion dominierten Staaten des Warschauer Paktes durchsetzten. Zum anderen durch den Nationalsozialismus in Deutschland. Zum Dritten schließlich durch die faschistischen Bewegungen in Italien und den iberischen

---

44 Vgl. www.wikipedia.de, Stichwort: Erklärung der Menschen- und Bürgerrechte, Hervorhebungen von mir, P.K.

Staaten. Nach dem Zerfall des sowjetischen Systems und damit einhergehend der dazu gehörenden Vasallensysteme hat sich in Europa die weitgehend auf den Ergebnissen der Französischen Revolution basierende Demokratie als Herrschaftsform durchgesetzt. Ihren besonderen Entwicklungen entsprechend weichen die Systeme in England und der Schweiz sowie die aus der ehemaligen Sowjetunion hervorgegangenen Staaten mehr oder weniger davon ab. Allerdings muss eine deutliche Tendenz zur weitgehenden Vereinheitlichung beobachtet werden. Nicht zuletzt trägt der Einfluss der Europäischen Union (EU) in erheblicher Weise dazu bei, dass sich immer mehr Staaten Europas zusammenschließen. Derzeit sind 27 Staaten Mitglied der EU.

Allen demokratischen Staaten gemeinsam ist neben Volkssouveränität und Gewaltenteilung auch der Anspruch, die Freiheit des Einzelnen zu schützen. Soweit sich dies auf Meinungs-, Versammlungs- und Pressefreiheit bezieht, ist dies weitgehend unstrittig, selbst wenn immer wieder Mahner auftreten, die zum Beispiel die Pressefreiheit in Gefahr sehen. Dies scheint jedoch mehr eine der Sache innewohnende Angelegenheit zu sein – Freiheit bedingt die Differenz der Meinungen – und weniger einer realen Bedrohung zu entsprechen. Stattdessen gibt es eine Tendenz, die Freiheit schleichend so weit auszuhöhlen, bis sie endlich verschwunden ist. Diese Tendenz gibt zu größter Sorge Anlass, hält sie doch weiter an, und zwar mit zunehmender Intensität. Gemeint ist die Tendenz zur Gleichheit, die der Demokratie inhärent ist, aber eine permanente Bedrohung der Freiheit darstellt.

So gesehen ist zum Beispiel die Meinungsfreiheit weniger durch repressive staatliche Eingriffe als dadurch bedroht, dass die abweichende Meinung im Einheitsbrei der Mehrheit einfach untergeht. Dies wäre gleichsam die sanfte Form der Aufhebung der Meinungsfreiheit, weil sie keinerlei Gewalt bedarf und den demokratischen Spielregeln durchaus entsprechen würde. Wenn aber die Differenz verschüttet wird, dann wird die Freiheit vernichtet. Dementsprechend ist die Pressefreiheit heute viel mehr durch eine bereits gefährlich gewordene Gleichheit der Berichterstattung bedroht, die gerade nicht von Staatsorganen erzwungen, sondern von den Medien in der Fokussierung auf Wirtschaftlichkeit freiwillig eingehalten und durch häufige Textübernahmen aus Rationalisierungsgründen verstärkt wird.

Geht darüber hinaus die Tendenz zur Gleichheit noch eine Verbindung mit dem Streben nach Wohlstand ein, dann wird sie zu einer ernst zu nehmenden Bedrohung. »Wir werden sehen, daß es unter allen Leidenschaften, die die Gleichheit weckt oder begünstigt, eine gibt, die durch sie besonders angeregt und gleichzeitig in den Herzen aller Menschen verwurzelt wird: es ist die Liebe zum Wohlstand. *Der Sinn für Wohlstand ist gleichsam das hervorstechende und unaustilgbare Merkmal der demokratischen Zeitalter.*«[45] Diese Sätze wurden bereits Mitte des 19. Jahrhunderts veröffentlicht und zeigen eine erstaunliche Weitsicht, denn im Vergleich zu jener Zeit hat sich die »Liebe zum Wohlstand« zu einer wahren Feu-

---

[45] Alexis de Tocqueville, Über die Demokratie in Amerika, Band 2, Stuttgart 1962, S. 38, Hervorhebungen von mir, P.K.

ersbrunst entwickelt, deren gewaltige Macht uns alle – die, die nach Wohlstand streben, ebenso wie die, die es nicht tun – hinwegzureißen droht.

Von der Demokratie geht noch ein weiterer Sog aus, und zwar der, immer mehr Bereiche demokratischen Entscheidungsprozessen zu unterwerfen. Dieser Sog begann in Deutschland schon bald nach dem Zweiten Weltkrieg, hat in der Zeit der Studentenbewegung kräftig Auftrieb erhalten und gilt heute als wichtiges Merkmal einer fortschrittlichen politischen Gesinnung. Wir erkennen ihn in der Wirtschaft (»Mitbestimmung«), in der Ausbildung, in der Erziehung, sowohl der öffentlichen in Kindergärten und Schulen als auch der privaten in der Familie. Zu erkennen ist er auch bei Fragen, die höchste fachliche Kompetenz voraussetzen, dem Volk jedoch zur Entscheidung vorgelegt werden.

Ein gutes Beispiel sind die Fragen zukünftiger Energieversorgung, wie auch Fragen des Klimawandels, die beide weder von Politikern noch vom Volk beantwortet werden können, aber in der Tagespolitik schon seit längerer Zeit eine zunehmende Bedeutung erlangen. Mit der Partei Die Grünen hat sich seit den 1980er Jahren eine Partei etabliert, deren Selbstverständnis sich in wesentlichen Teilen auf die Lösung Fachkompetenz erfordernder Fragen bezieht. Diese Fragen werden zugleich von einer Reihe von Organisationen aufgeworfen, die selbst nicht Partei sind, aber immer in einer bestimmten Richtung Partei ergreifen. Zu nennen wären hier ohne Anspruch auf Vollständigkeit Organisationen wie »Greenpeace« und »Attac«, deren gesamte politische Anstrengungen darauf basieren, Fragen zu beantworten, die sich der politischen Zuständigkeit entziehen, weil sie eine freie Entscheidung nicht zulassen.

Es geht hier sicherlich nicht darum, Fragen der Umwelt als prinzipiell uninteressant für die politische Auseinandersetzung zu bezeichnen. Wenn wir uns jedoch die Frage stellen, ob wir erneuerbare Energien einsetzen wollen, wenn ja, in welchem Maße wir dies wollen und welchen Einsatz wir dafür aufbringen wollen, dann ist dies unstreitig eine politische Frage, die Rahmenbedingungen vorgibt, an deren Realisierung Fachleute auf verschiedensten Ebenen zu arbeiten hätten. Wenn wir uns fragen, ob wir weiterhin Atomkraft zur Energieversorgung benutzen wollen, dann ist dies eine politische Frage, so es darum geht, Vorteile gegen Nachteile abzuwägen, um dann zu entscheiden. Wenn die Frage nach der Atomkraft aber als Frage nach Leben und Tod gestellt wird, dann entzieht sie sich des politischen Meinungsstreits und muss so oder so, aber nicht durch demokratische Entscheidungsprozesse beantwortet werden. Hier stoßen wir an Grenzen des Politischen, deren Verletzung uns unweigerlich aus ihm herausführt und letztlich das Politische selbst vernichtet.

Was hat dies alles mit der Frage nach Demokratie und Freiheit zu tun? Wir verfügen über keine Instanzen mehr, die uns einen fachlich orientierten Rat geben könnten. Alle potenziellen Ratgeber sind verdächtig, einem partikularen Interesse zu dienen und daran ihren Rat auszurichten. Nicht einmal der Rat von über ihren Beamtenstatus unabhängigen Wissenschaftlern kann noch ohne tiefes Misstrauen angenommen werden, weil häufig fachfremde Kriterien die Empfehlung determinieren. Das mögen persönliche Überzeugungen, eher aber finanzielle Abhängigkeiten sein, die sicherlich nicht nur durch Profitinteressen gesteuert sind. Gravierender scheinen sich die staatlichen Einflüsse auszuwirken, die, weit entfernt von »Neutralität«, bestimmte Forschungsvorhaben mit Geldmitteln fördern, andere jedoch nicht. Die zunehmende Abhängigkeit der Forschung von staatlichen Mitteln muss sich unweigerlich sogar auf die Freiheit der Forschung selbst auswirken.

Zur Verdeutlichung: Wenn ein Forscher Geld beantragen würde, um den Unsinn einer angeblich ernsthaften Gefahr des Passivrauchens nachzuweisen, so müsste er sich von der Tabakindustrie bezahlen lassen, was seine Ergebnisse in höchstem Maße zweifelhaft werden ließe. Von staatlichen Stellen würde er kein Geld erhalten, weil Untersuchungen solcher Art nicht zur Political Correctness der Zeit passen würden. Analoges gilt für jede Forschung bezüglich der Energieversorgung und des Klimawandels. Bei solchen oder ähnlichen Fragen behelfen wir uns damit, ein »freies Spiel« der Interessenvertretungen zuzulassen, und hoffen, im Widerstreit der Meinungen die beste Lösung für alle zu finden. Dies ist aber Unsinn, weil es zwar auch bei wissenschaftlichen Fragen subjektive Faktoren gibt – kluge Wissenschaftler wissen dies und äußern sich dementsprechend vorsichtig –, in erster Linie jedoch ein von Interessen unabhängiges mehr oder weniger objektives Ergebnis erreicht werden sollte.

Wenn aber eine unabhängige Wissenschaft fehlt, weil zu verteilende Gelder von außerwissenschaftlichen Kriterien abhängen, dann geraten wir zweifellos in ein Dilemma, aus dem es sicherlich keinen einfachen Ausweg gibt. Fachliche Fragen werden zu Auseinandersetzungen des Glaubens, werden durchaus auch mit Mitteln des Glaubenskrieges geführt und haben mit politischer Willensbildung nicht mehr viel gemein.

Durch Ausweitung der Mitsprache haben wir in Wahrheit eine Verringerung der politischen Auseinandersetzung erreicht. Genau hier liegt das weiter oben angesprochene Problem der Partei Die Grünen und von Organisationen wie »Greenpeace« oder »Attac«: Sie starten unter den Prämissen von kritischem Geist, Aufklärung und Fortschritt und landen bei der Verfestigung höchst problematischer Verhältnisse, deren Aufklärung dringend geboten erscheint, darin kaum zu unterscheiden von ganz normalen pressure groups, die letztendlich einfachen Profitinteressen dienen und dafür – wie etwa im Falle von Rüstungsgeschäften – buchstäblich über Leichen gehen.

Auf die hier angesprochenen Fragen gibt es keine einfachen Antworten. Schon ihre genaue Untersuchung würde den Rahmen der vorliegenden Ausführungen bei Weitem sprengen. Hier interessieren diejenigen Aspekte der Fragestellungen, die unmittelbar das Thema der Freiheit betreffen, denn eines ist klar: Wenn essenzielle fachliche Fragen rein auf der Basis der Interessen verhandelt werden, dann bleibt als einziger Beurteilungsmaßstab nur noch die Mehrheit, losgelöst von jedem Inhalt, dann spielt der einzelne Mensch in seiner unmittelbaren Betroffenheit keine Rolle mehr, dann hat die Freiheit schließlich ausgedient.

Es lohnt sich also, dem Prinzip der Demokratie das Prinzip der Freiheit als korrigierendes Prinzip entgegenzustellen. Ohne ein solches Korrektiv droht die Demokratie zu einer Herrschaft der Interessen, wenn nicht gar des Mobs zu führen. »Die alte Demokratie wurde durch eine kräftige Dosis Liberalismus und Verehrung für das Gesetz gemildert. Wer diesen Grundsätzen diente, war verpflichtet, bei sich selber eine strenge Zucht aufrechtzuerhalten. Unter dem Schutz des liberalen Prinzips und der Rechtsnorm konnten die Minoritäten leben und wirken. Demokratie und Gesetz, legale Lebensgemeinschaft, waren Synonyma. Heute wohnen wir dem Triumph einer Überdemokratie bei, in der die Masse direkt handelt, ohne Gesetz, und dem Gemeinwesen durch das Mittel des materiellen Drucks ihre Wünsche und Geschmacksrichtungen aufzwingt.«[46] Was bedeutet das für die Freiheit?

Das Problem der Freiheit soll uns deshalb im folgenden Abschnitt beschäftigen. In der nie in Kraft getretenen französischen Verfassung von 1793 heißt es in Artikel 34: »Unterdrückung der Gesamtheit der Gesellschaft ist es, wenn auch nur eines ihrer Glieder unterdrückt wird; Unterdrückung jedes einzelnen Gliedes ist es, wenn die Gesamtheit der Gesellschaft unterdrückt wird.«[47] Überlegungen dieser Art wären sicherlich keine Lösung der benannten Probleme, sie könnten uns aber auf ihre Spur bringen. In diesem Sinne ist auch das folgende Zitat aus der französischen Verfassung von 1795 zu verstehen: »Wer den Gesetzen, ohne sie offenbar zu verletzen, durch List oder Feinheit ausweicht, verletzt das Interesse Aller; er macht sich ihres Wohlwollens und ihrer Achtung unwürdig.«[48]

---

[46] José Ortega y Gasset, Der Aufstand der Massen, Gesammelte Werke, Band 3, Stuttgart 1950, S. 12
[47] Verfassung vom 24. Juni 1793 in Frankreich, Artikel 34
[48] Verfassung vom 23. September 1795 in Frankreich, Artikel 7

2.2.2 WAS HEISST FREIHEIT?

Es gibt Begriffe, von denen wir alle eine Vorstellung haben, die sich jedoch einem einfachen Begreifen entziehen. Immer wenn wir glauben, die Sache greifen zu können, sie zu verstehen, verschwindet sie wieder, löst sich auf in immer dichter werdendem Nebel. Ein solcher Begriff ist der Begriff der Freiheit. Der später zu behandelnde Begriff der Gerechtigkeit gehört in dieselbe Kategorie. Bei Termini dieser Art ist eine griffige Definition aus zwei Gründen nicht möglich. Zum einen gehören derartige Begriffe ausschließlich zu den menschlichen Angelegenheiten und haben in der Natur kein Vorbild, an dem man sich orientieren könnte, zum anderen sind sie außerordentlich vielschichtig. Es gibt zahlreiche Definitionen für »Freiheit«, sie decken jedoch bestenfalls einen Teilaspekt des Sachverhalts ab und widersprechen sich gar oft genug. Das Gesagte ist meist nicht falsch, oft fehlen ihm aber essenzielle Teile des Begriffs. Aus den genannten Gründen soll hier erst gar nicht der Versuch unternommen werden, den Begriff zu definieren. Dennoch sind Aussagen über den Begriff Freiheit möglich, die Umrisse eines Verständnisses sichtbar machen, vor allem aber Abgrenzungen zu seinem Gegenteil ermöglichen. Dabei sollen Implikationen für die Möglichkeit einer freiheitlichen Lebensweise aufgezeigt werden.

Das Streben nach Freiheit durchzieht zumindest die gesamte europäische Geschichte, obwohl die Zeiten, in denen so etwas wie Freiheit herrschte, eher von kurzer Dauer waren. Trotz vieler gegenläufiger Tendenzen hat sich das Streben nach Freiheit als außerordentlich hartnäckig erwiesen. Selbst die totalitären Systeme des 20. Jahrhunderts mit ihrer Freiheitsberaubung ohnegleichen vermochten ungezählte Menschenleben, nicht jedoch den Gedanken an Freiheit zu vernichten. Mehr noch, sowohl der Kommunismus als auch der Nationalsozialismus beriefen sich bei ihren Untaten auf Gedanken der Freiheit: Das eine Regime wollte die eigene Rasse, das andere die unterdrückte Klasse zur Freiheit führen. Ziel des Kommunismus war sogar explizit die Errichtung des wahren Reiches der Freiheit (was auch heute noch die Zuneigung vieler Intellektueller zu dieser Ideologie erklärt).

Wenn aber totalitäre Systeme im Namen der Freiheit auftreten können und ihnen dabei ein nicht unerheblicher Teil der Bevölkerung folgt, dann spricht dies nicht gerade für ein breites Bewusstsein dessen, was Freiheit ist. Die Sache wird nicht einfacher, wenn unter dem Begriff der Freiheit Dinge subsumiert werden können, die vernünftigerweise nicht als Freiheit zu bezeichnen sind. Generell stellt sich die Frage, ob man Freiheit durch Unfreiheit gewinnen kann. Darüber hinaus: Kann man andere befreien? Bei beiden Fragen ist größte Skepsis angebracht.

---

[49] Alexis de Tocqueville, Der alte Staat und die Revolution, Münster, ohne Jahr, S. 201

Sicher kann man ein Gefängnis stürmen, um die Gefangenen zu befreien. Aber das ist doch eher eine formale, wenn auch für die Betroffenen durchaus wichtige Frage. Die Kommunisten aller Richtungen haben die Befreiung anderer stets rigoros abgelehnt, wie aus den Worten Brechts deutlich hervorgeht:

> »Es kann die Befreiung der Arbeiter nur
> das Werk der Arbeiter sein.«[50]

Gerade die kommunistischen Bewegungen haben jedoch diesem Leitsatz nie entsprochen. Die Bolschewisten in Russland waren eine verschwindende Minderheit, in der Arbeiter so gut wie nicht vorkamen, geschweige denn in führender Stellung. Bei den späteren kommunistischen Bewegungen in China, Korea, Kambodscha, Vietnam oder Kuba war es nirgendwo anders, immer wollte eine sich als Avantgarde verstehende Führungsschicht die Freiheit für die Massen erringen, immer endeten die Versuche im Desaster von durch brutalen Terror errichteten Despotien. Freiheit kann weder für andere errungen noch über den Weg der Unfreiheit erreicht werden. Die »Diktatur des Proletariats« als notwendiges Vorstadium für ein Reich der Freiheit darf getrost als Illusion bezeichnet werden.

Dennoch bleibt die Frage, warum oft der Terror eines Scheines der Freiheit bedurfte. So war es ja auch bei der Französischen Revolution, als der »Tugendterror« von Robespierre die Losung nach Freiheit, Gleichheit, Brüderlichkeit im Blut der Guillotine ertränkte. Dabei wurden die Probleme durchaus gesehen. Danton in Frankreich, Trotzki in Russland haben in aller Deutlichkeit auf die Gefahr hingewiesen, die den jeweiligen Revolutionen drohte. Beide, auf dem Höhepunkt ihrer Macht, traten jedoch auch nicht als Hüter des so zarten Pflänzchens der Freiheit auf. So ist es müßig zu fragen, was passiert wäre, wenn Danton in Frankreich und Trotzki in Russland ihre jeweiligen Widersacher besiegt hätten. Ein Mehr an Freiheit hätte es wohl weder im einen noch im anderen Fall gegeben. So bleibt nur die Alternative, die Freiheit selbst erringen zu müssen. Wer sie nicht selbst erringt, der wird sie nie erhalten. Wie heißt es in einem Lied von Wolf Biermann?

> »Freiheit von Freiheitsdemagogie
> Nehmt euch die Freiheit, sonst kommt sie nie.«[51]

Im Mittelalter wurde unter dem Einfluss der Kirche wesentlich deterministisch argumentiert, dem Menschen jegliche Freiheit abgesprochen. Dies vor allem unter der Voraussetzung der Erbsünde, da sich der Sündenfall Adams und Evas, die zwar zunächst frei waren, durch ihren Sündenfall aber Gottes Verdammnis anheimfielen, auf ihre Nachkommen vererbt hat, die deshalb die Freiheit zum Guten verloren haben und vollständig von der Gnade Gottes abhängig sind. Diese

---

50 Bertolt Brecht, Einheitsfrontlied, in: Ders., Große kommentierte Berliner und Frankfurter Ausgabe, Band 12, Berlin – Weimar – Frankfurt 1988, S. 26
51 Wolf Biermann, So soll es sein – so wird es sein, Für meine Genossen, Berlin 1973, S. 91

Lehre wurde vor allem von Augustinus[52] vertreten und im 5. Jahrhundert nach unserer Zeitrechnung von der Kirche in abgeschwächter Form zum Dogma erhoben. Die Reformatoren Luther und Calvin haben Augustinus' Lehre in aller Strenge bekräftigt, woraus endlich bei den Calvinisten die Lehre von der Prädestination zu einem verbindlichen Glaubensprinzip erhoben wurde. Auf der Basis dieser Lehre errichtete Calvin in Genf ein totalitäres Schreckensregiment[53], das an Vorbildern seinesgleichen sucht. Bemerkenswert dabei ist die Verbindung der Prädestinationslehre mit dem Terrorismus, schließt jene doch den freien Willen aus, eliminiert dadurch die Verantwortung des Einzelwesens und führt damit jede Form der Strafe ihrem Sinn nach ad absurdum. Offensichtlich lösen sich mit der Zerstörung der Freiheit auch weitere Grundlagen menschlichen Zusammenlebens auf.

In der Neuzeit haben vor allem Spinoza, Hobbes, Leibniz und die Materialisten deterministische Theorien vertreten, nach denen der Mensch keine Freiheit habe, weil die Gesetze der Natur sein Handeln bestimmen. In der modernen naturwissenschaftlichen Forschung nehmen die Erklärungsversuche zu, dem Menschen einen freien Willen abzusprechen. Für Menschen, die nach Freiheit streben, sind dies keine ermutigenden Entwicklungen.

Hier ist nicht der Ort, eine Auseinandersetzung mit diesen Überzeugungen zu führen. Unzählige Gründe können für die Existenz von Freiheit angeführt werden – die Hartnäckigkeit, mit der sie sich immer wieder Gehör zu verschaffen versucht, ist sicherlich nicht der geringste Grund für ihre Existenz –, schlüssig beweisen lässt sie sich jedoch nicht. Die Existenz von so etwas wie Freiheit wird nachfolgend vorausgesetzt und nicht weiter hinterfragt. Wer die Überzeugung vertritt, Freiheit sei nicht möglich, der sollte sich jedoch über die weitreichenden Konsequenzen im Klaren sein. Mit der Freiheit verschwänden zugleich auch die wesentlichen Werte, mit denen wir unser Zusammenleben regeln.

Alle politischen Systeme der Welt gehen zumindest von der Existenz einer »Minimalfreiheit« aus, ansonsten wäre es geradezu grotesk, einen Verbrecher zu bestrafen. Bestenfalls könnte man ihn eliminieren, weil er die Gemeinschaft stört, bestrafen könnte man ihn nicht, weil Bestrafung per se die Existenz von Schuld und damit von Freiheit anerkennt. Auch Lüge wäre nicht mehr möglich, basiert sie doch auf dem Wissen des Lügners, die Wahrheit nicht zu sagen, und damit auf einer Entscheidung, die auch anders hätte ausfallen können. Begriffe wie zum Beispiel Gerechtigkeit würden jeden Sinn verlieren. Betrachten wir also verschiedene Modi von Freiheit, bestimmen damit einige notwendige Bedingungen und entziehen den Begriff einer beliebigen Verwendung.

Freiheit hat immer etwas mit Individualität zu tun. Deshalb kann es keinen einfachen Begriff von Freiheit geben, denn mit »der Freiheit der Meinungen steht es wie mit der Gesundheit: beide sind individuell, von beiden kann kein allgemein-

---

52 Vgl. Augustinus, De civitate dei, 13. Buch, 14. Kapitel
53 Eine ebenso knappe wie eindrückliche Schilderung der Geschehnisse in Genf zur Zeit Calvins enthält: Barrington Moore, Zur Geschichte der politischen Gewalt, Frankfurt am Main 1966, S. 56ff. Literarisch wird die Zeit auf anschauliche Weise dargestellt von: Stefan Zweig, Castellio gegen Calvin oder Ein Gewissen gegen die Gewalt, Frankfurt am Main 1987

gültiger Begriff aufgestellt werden. Das, was das eine Individuum zu seiner Gesundheit nötig hat, ist für ein anderes schon Grund zur Erkrankung, und manche Mittel und Wege zur Freiheit des Geistes dürfen höher entwickelten Naturen als Wege und Mittel zur Unfreiheit gelten.«[54] Dieser schöne Satz von Nietzsche umschreibt das Vorhaben, kann aber sicherlich durch einige wichtige Erläuterungen ergänzt werden.

In einer ersten Näherung können wir drei Modi der Freiheit unterscheiden, die sich keinesfalls widersprechen müssen und auch in verschiedener Weise überlappen, deren Unterscheidung dennoch einen intuitiven Zugang zur Problematik eröffnet:

- Freiheit *von* etwas,
- Freiheit *zu* etwas und
- Freiheit als solche

Die Freiheit *von etwas* bezieht sich in erster Linie auf Abhängigkeiten jeder Art. Man kann frei sein von Wohlstand, Machtstreben, Herrschaft etc. und wird damit Herr seiner selbst. Sie grenzt sich negativ gegen ihren Gegenstand ab. Frei von Wohlstand ist man zum Beispiel dann, wenn man auf Wohlstand verzichten kann, ohne deshalb einen Mangel zu spüren. Diese Art der Freiheit ist so etwas wie die Grundvoraussetzung jeder anderen Art von Freiheit, denn je größer die Abhängigkeiten von exogenen Faktoren sind, desto geringer ist der Grad der Freiheit. Anschaulich wird dieser Sachverhalt am Beispiel eines Suchtkranken, dessen gesamtes Verhalten nur noch von der Sucht bestimmt ist, der im Grenzfall keinen anderen Maßstab mehr kennt als den, seine Sucht zu befriedigen. Auf der anderen Seite der Skala steht der Asket, der sich von allen Bedürfnissen losgesagt hat, damit keinerlei Abhängigkeit mehr kennt und also völlig frei zu sein scheint. Aber auch das Asketentum kann aus Zwang geboren worden sein. Am klarsten findet dieser Aspekt seinen Ausdruck in der griechischen Auffassung vom Herrscher, der nicht frei sein kann, weil er an seiner Herrschaft hängt. Frei sein kann nur der, der nicht herrscht und nicht beherrscht wird. Doch ganz so einfach lässt sich das Problem nicht lösen, denn es gibt Abhängigkeiten, denen der Mensch nicht entsagen kann, weil sie ihm von Natur her vorgegeben sind. Ein gutes Beispiel dazu ist der Hunger. Frei von Hunger ist man nur, wenn man gegessen hat, aber dieser Zustand bleibt temporär, denn nach einer gewissen Zeit hat man wieder Hunger und muss essen, um sein Leben zu erhalten. Frei von Hunger kann der Mensch also nur für eine bestimmte Zeit sein, Freiheit von Hunger gibt es nicht. Absolute Freiheit *von etwas* kann es für den Menschen nicht geben.

Die Freiheit *zu etwas* nannten die Römer *liberum arbitrium*, was so viel wie Entscheidungsfreiheit heißt. Hier hat der Mensch die Wahlfreiheit zwischen verschiedenen Alternativen. Er kann also entscheiden, ob er an einem heißen Sommertag ins Schwimmbad geht oder sich lieber unter einen Baum in den Schatten legt. An einer Weggabelung kann entweder der rechte oder der linke Weg gewählt

---

[54] Friedrich Nietzsche, Menschliches, Allzumenschliches, Band 1, 286

werden. Durch Nebenbedingungen kann die Entscheidungsfreiheit jedoch erheblich eingeschränkt sein. Wer als abhängig Beschäftigter sein tägliches Brot verdienen muss, kann nicht mehr frei entscheiden, an einem heißen Sommertag ins Schwimmbad zu gehen, weil der Chef keinen Urlaub gewährt. Wer an einer Weggabelung steht und ein Ziel hat, muss unter Umständen einen bestimmten Weg gehen, um sein Ziel zu erreichen. In beiden Fällen gibt es etwas, von dem man nicht frei ist, weil einmal der Chef, das andere Mal das Ziel die Freiheit beschneidet. Allerdings stellen beide Beispiele keinen Widerspruch zur Entscheidungsfreiheit her, weil diese Art der Freiheit in einem Raum stattfindet, in dem es Abhängigkeiten gibt, die durch vorherige Entscheidungen induziert sind. Hat man sich dafür entschieden, an einem bestimmten Ort zu sein, verhindert dies, zum selben Zeitpunkt an einem anderen Ort zu sein. Dies tangiert zwar die Entscheidungsfreiheit, weil sie durch die Physis eingeschränkt ist, kann sie aber nicht aufheben, weil ja die Möglichkeit bestanden hätte, den anderen Ort aufzusuchen. Der Mensch ist mit Verstand und Vernunft ausgestattet, die ihm Orientierung geben, solche Widersprüche problemlos aufzuheben, sie jedenfalls nicht als Einschränkung seiner Freiheit anzusehen.

Entscheidungsfreiheit akzeptiert die natürlichen Voraussetzungen menschlicher Existenz, wie Physis und Logik, und bindet sie in ihr Paradigma mit ein. Als Vorbild für die Entscheidungsfreiheit gilt die Autonomie des Menschen, die besonders durch die Aufklärung in den Fokus gerückt ist. Kant drückt dies wie folgt aus: »Die *Autonomie* des Willens ist das alleinige Prinzip aller moralischen Gesetze und der ihnen gemäßen Pflichten; alle *Heteronomie* der Willkür gründet dagegen nicht allein gar keine Verbindlichkeit, sondern ist vielmehr dem Prinzip derselben und der Sittlichkeit des Willens entgegen.«[55] Autonom zu sein, also über einen eigenen Willen zu verfügen und nicht nur als Erfüllungsgehilfe eines von außen vorgegebenen Willens zu agieren, gilt seitdem als herausragende Voraussetzung einer freien Gesellschaft. Die in diesem Sinn verstandene Freiheit hat jedoch ihren Preis. Wer autonom handelt, kann sich nicht mehr hinter anderen verstecken, er muss *Verantwortung* übernehmen und für seine Taten einstehen. Wie wir bereits gesehen haben, gibt es viele Menschen, die keine Verantwortung übernehmen und stattdessen lieber in einer behüteten Welt der Sicherheit leben wollen.[56]

In den bisherigen Betrachtungen sind Bedingungen geschildert worden, die dem Individuum Möglichkeiten der Freiheit eröffnen. Doch ist Freiheit in ihrer umfassenden Bedeutung keine Angelegenheit des Individuums, wenngleich es wichtige Voraussetzungen erfüllen muss, um Freiheit überhaupt zu ermöglichen. Bei der Freiheit *von etwas* kommt es für den Einzelnen darauf an, nicht beherrscht zu werden, weder von innerem Drang noch von äußerem Zwang. Bei der Freiheit *zu etwas* hat der Mensch die Möglichkeit, sich zwischen verschiedenen Alternativen zu entscheiden. Beides sind notwendige, keinesfalls jedoch hinreichende

---

[55] Immanuel Kant, Kritik der praktischen Vernunft, Werke, Band IV, Darmstadt 2005, S. 144 (A 59), Hervorhebungen im Original

[56] Vgl. Kapitel 1, Fußnote 5

Gründe für Freiheit *an sich*. Freiheit hat essenziell etwas mit Interaktion zwischen Menschen zu tun.

Aus dieser Frage sind zwei fundamental zu unterscheidende Sichtweisen auf das Problem der Freiheit entstanden. Die eine Sichtweise hat ihre Wurzel in der Aufklärung, die andere im antiken Griechenland. In der Aufklärung – Kant muss dabei als wichtige Ausnahme betrachtet werden – wurde der Gedanke der Freiheit über das Naturrecht, also in letzter Instanz aus der Natur abgeleitet. Marx bezeichnete diese Sichtweise treffend als »naturalistischen Humanismus«[57]. Das Freiheitsverständnis des naturalistischen Humanismus lehnt sich sehr stark an das Individuum an und ist seinem Wesen nach unpolitisch. Dennoch oder vielleicht gerade deshalb hat es prägenden Einfluss auf alle modernen Staaten der westlichen Welt.

Das Bild der antiken Griechen unterscheidet sich von dieser Betrachtung fundamental. Die Griechen leiteten ihren Freiheitsbegriff nicht aus der Natur ab, sondern stellten ihn als vom Menschen gesetzten Willen gerade der Natur entgegen. Die Natur ist ein Ort des Zwanges, der Freiheit nicht zulässt. Freiheit hat ihren Platz in der Polis und ist mit ihr untrennbar verbunden. Sie entsteht erst im Beziehungsgeflecht der Menschen und wird wirksam im gemeinsamen Handeln. Seinem Charakter nach ist dieser Freiheitsbegriff zutiefst politisch, er ist geradezu konstituierend für das Politische überhaupt. Da unser modernes Verständnis von Freiheit wesentlich durch den naturalistischen Humanismus geprägt worden ist, folgen wir zunächst diesem Weg.

Die Naturrechtslehre behauptet die Freiheit des Menschen in seinem natürlichen Zustande. Der Mensch ist von Natur aus frei. Das heißt, die Menschen werden zunächst frei geboren, haben keinen Herrn über (außer in der Anfangszeit ihrer Entwicklung ihre Eltern, die sie »lebensfähig« machen sollen) und keinen Knecht unter sich. »Es ist ein Zustand *vollkommener Freiheit*, innerhalb der Grenzen des Gesetzes der Natur ihre Handlungen zu regeln und über ihren Besitz und ihre Persönlichkeit so zu verfügen, wie es ihnen am besten scheint, ohne dabei jemanden um Erlaubnis zu bitten oder vom Willen eines anderen abhängig zu sein.«[58] Dem Menschen im Naturzustand sind nach Locke zwei Gewalten gegeben.[59] Die erste ist, innerhalb der Grenzen der Natur sich und seine Mitmenschen zu erhalten. Wichtiges Mittel dazu ist das Eigentum. Damit bildet er mit allen anderen Menschen eine Gemeinschaft, durch die er sich von allen anderen Lebewesen unterscheidet. Die zweite Gewalt gibt ihm das Vermögen, Verbrechen zu bestrafen, die sich aus der Verderbtheit einzelner Menschen – Locke nennt sie entartet – ergibt.

Dabei entsteht allerdings die Schwierigkeit, die eigenen Interessen und hier vor allem die Eigentumsinteressen mit Gewalt durchsetzen zu *können*, zumal dann, wenn der andere stärker ist. Der Naturzustand impliziert auf diese Weise eine permanente Bedrohung, denn da von Natur alle Menschen gleich frei sind und also jeder »im gleichen Maße König ist«, sind dauernde Konflikte unausweichlich,

[57] Karl Marx, MEW, Band 40, S. 536
[58] John Locke, Zwei Abhandlungen über die Regierung, Frankfurt 1967, S. 201, Hervorhebungen im Original
[59] Vgl. John Locke, Zwei Abhandlungen über die Regierung, Frankfurt 1967, S. 285

weil der größere Teil der Menschen sich nicht an die Regeln der Vernunft hält und damit das Eigentum des Einzelnen bedroht. Daraus ergibt sich dann für die Menschen die Notwendigkeit, den eigentlich für alle befriedigenden Naturzustand zu verlassen, sich einer politischen Gemeinschaft anzuschließen, um sich gegenseitig ihr Leben, ihre Freiheit und ihr Eigentum zu garantieren.

Dazu muss der Mensch seine beiden natürlichen Gewalten abgeben. Die erste Gewalt gibt er ab, um sie durch Gesetze der Gesellschaft regeln zu lassen, die nun den institutionalisierten Rahmen abgeben, innerhalb dessen die Arterhaltung gewährleistet wird. Die zweite Gewalt gibt er vollständig auf und tritt sie an die Exekutive der Gesellschaft ab, die nun ihrerseits Verbrechen nach den gegebenen Gesetzen sanktioniert. Die Übertragung seiner gesamten natürlichen Gewalt auf die Gesellschaft zieht zwar unmittelbar die Aufgabe wesentlicher Freiheitsrechte nach sich, bringt ihm aber so viele Vorteile, dass er es leichten Herzens tun kann, denn die Gesellschaft gibt ihm die Möglichkeit, sein Leben, seine (sonstige) Freiheit und sein Eigentum besser erhalten zu können. Es ist eine rationale Überlegung, die den Menschen im Naturzustand dazu bringt, einen Teil seiner Freiheit aufzugeben, um sich mit anderen zu einer Gesellschaft zusammenzuschließen, deren wesentliche Aufgabe darin besteht, die Regeln des Zusammenlebens aufzustellen, also Recht zu schaffen und die Durchsetzung des Rechts zu garantieren. Das Erste übernimmt die Legislative, das Zweite die Exekutive. Da die Menschen im Naturzustand diese beiden Instanzen in freiem Willen eingerichtet haben, obliegt ihnen auch auf natürliche Weise deren Kontrolle. Nur durch eine unrechtmäßige Aneignung mit Gewalt kann dem Volk die Kontrolle über diese Instanzen weggenommen werden, etwa durch einen despotischen Herrscher. Das Volk hat dann aber immer das Recht, diesen Herrscher wieder zu verjagen. Dieser Gedanke hat als Recht auf Revolution Eingang in die Verfassung der USA gefunden.

Mit den Überlegungen von Locke, die ja durchaus modern anmuten, hat man schon zwei der heute üblichen drei Gewalten. Fügt man noch die Judikative hinzu, wie es Montesquieu getan hat, und achtet auf die Unabhängigkeit der einzelnen Gewalten voneinander, dann hat man die Grundlage aller modernen Demokratien.

Doch schon Locke ist bei seinen Überlegungen auf ein fundamentales Problem seines Freiheitsbegriffs gestoßen, das er zwar nicht erkannt, dafür aber umso klarer formuliert hat. Eine wichtige Ursache für die Gründung einer Gesellschaft stellt die Sicherung und Bewahrung des Eigentums dar, dessen Erhalt der Zweck jeder Regierung ist. Dies setzt überhaupt die Existenz von Eigentum voraus. So weit ist die Folgerung von Locke noch schlüssig. Nun setzt er sich mit dem Unterhalt von Regierungen auseinander. Die fragliche Stelle soll genauer zitiert werden: »Es ist richtig, Regierungen können nicht ohne große Kosten unterhalten werden, und es ziemt sich, daß jeder, der seinen Anteil von ihrem Schutz mit genießt, aus seinem Vermögen auch seinen angemessenen Anteil zu ihrer Unterhaltung beitragen muß. Aber es muß dennoch mit seiner eigenen Zustimmung geschehen, d.h. der Zustimmung der Majorität, die sie entweder selbst oder durch ihre gewählten Repräsentanten erteilt. Denn wenn jemand eine *Macht* beansprucht, auf Grund seiner eigenen Autorität und ohne die Zustimmung des Volkes, *Steuern aufzuerlegen* und zu erheben, so tastet er damit das *grundlegende Gesetz des Eigentums* an und kehrt den Zweck der Regierung ins Gegenteil. Denn welches Eigentum kann ich an einer Sache haben, die ein anderer berechtigt an sich nehmen darf, wann es ihm gefällt.«[60] Untersuchen wir den Inhalt des Zitats genauer.

Der Staat braucht zur Erfüllung seiner Aufgaben Geld. Dazu muss er Steuern erheben. Der Einzelne soll einen angemessenen Anteil zum Unterhalt des Staates beitragen. Die Erhebung von Steuern stellt grundsätzlich ein Problem dar. Werden sie erhoben ohne die Zustimmung, so wird ein grundlegendes Gesetz des Eigentums angetastet und der Zweck der Regierung, die ja wesentlich dazu gegründet wurde, die Freiheit und den Schutz des Eigentums zu garantieren, ins Gegenteil verkehrt. Nur durch Zustimmung des Volkes wird der Eingriff ins Eigentum legitimiert. Wer aber legitimiert den Eingriff? Die Mehrheit ist nach Locke die einzige Instanz, die dazu in der Lage ist. Jetzt entsteht ein ernstes Problem. Der angemessene Anteil des Einzelnen, von dem Locke spricht, kann sich nur auf eine unterschiedliche Steuerhöhe bei unterschiedlichem Einkommen beziehen. Also werden unterschiedliche Steuerzahlungen festgesetzt. Die Mehrheit entscheidet keinesfalls über eine Steuerhöhe, die für alle gleich ist – dies könnte ja im Grundsatz noch hingenommen werden –, sondern über individuelle Steuersätze. Damit wird der Mehrheit eine Verfügung über das Eigentum Einzelner eingeräumt, eine Verfahrensweise, die sich noch in allen modernen Demokratien findet. Nach Locke gibt es keine Instanz, die Entscheidung der Mehrheit zu korrigieren. Doch warum soll die Mehrheit die Interessen derjenigen, die mehr Eigentum haben, berücksichtigen? Auf diese Frage hat Locke keine Antwort.

Wir stoßen hier auf ein Problem, das bis in die heutige Zeit von überragender Bedeutung für die Gestaltung einer freiheitlichen Gesellschaft ist. Das Vertrauen in die Einsicht der Menschen in einer Gesellschaft, deren Mitglieder in immer größer werdender Zahl Wohlstand als das eigentliche Ziel des Lebens ansehen und deswegen danach streben, sich so viel wie möglich anzueignen, kann nicht sehr ausgeprägt sein. Eine überwiegende Mehrheit unserer Bevölkerung neigt dazu, den angemessenen Anteil der viel Besitzenden nicht hoch genug veranschlagen zu können, kann sie dies doch ohne eigenes Betroffensein problemlos tun. Noch heute gilt in weiten Teilen der Bevölkerung Robin Hood als Idol, der den Reichen das Gold raubte, um es an die Armen zu verteilen. Das Verhalten Robin Hoods ist jedoch bestenfalls in moralischen Grenzsituationen zu rechtfertigen. Als generelles Vorbild einer gerechten Ordnung vermag es nicht zu dienen. In der unkritischen Übernahme von Lockes Postulat liegt die Quelle des inzwischen gewaltig gewordenen Stroms der Verteilungsbürokratie, die alle modernen demokratischen Systeme mit festem Klammergriff zunehmend lähmt.

Betrachten wir ein fiktives Beispiel und nehmen an, die Wohlstandsprobleme einer Bevölkerung würden gelöst, wenn 5 Prozent der Bürger, die natürlich vorher bekannt sein müssten, ihres gesamten Eigentums beraubt werden. Wer würde bei einem solchen Szenario zweifeln, wie ein demokratischer Entscheidungsprozess auch heute noch enden würde? Der demokratische Entscheidungsprozess alleine

---

[60] John Locke, Zwei Abhandlungen über die Regierung, Frankfurt 1967, § 140, S. 296, Hervorhebungen im Original

würde keine vernünftige Entscheidung induzieren. Das Problem, das hier aufscheint und später noch eine große Rolle in den Ausführungen spielen wird, kann kurz so zusammengefasst werden: Unsere Maßstäbe eines gültigen Verhaltens verkümmern immer mehr. Das ist es, was Nietzsche als die Heraufkunft des Nihilismus bezeichnet hat, wobei zu bedenken ist, dass zu seiner Zeit die Maßstäbe gültigen Verhaltens im Vergleich zu heute geradezu als ausgeprägt bezeichnet werden müssen.

Ein großer Teil der Menschen – es ist egal, ob der Einzelne »reich« oder »arm« ist – entscheidet so, wie er sich einen Vorteil erhofft. Dabei ist es weitgehend gleichgültig, ob am Ende ein wirklicher Vorteil dabei herauskommt, wenn man nur das *Gefühl eines Vorteils* hat. Gerne zeigt dabei der eine auf den anderen, ohne sich zu fragen, wie weit er selbst davon betroffen wird. Politiker verweisen bei zweifelhaftem Verhalten gerne auf ihre Rechtsposition, um im gleichen Moment zum Beispiel Manager, die sich Bonuszahlungen bei schlechtestem Geschäftserfolg auszahlen lassen und sich dabei selbstverständlich auch auf ihre Rechtsposition berufen, massiv anzugreifen. Dies verdeutlicht, was damit gemeint ist. Die Existenz solch zweifelhafter Rechtspositionen ist ein Problem, denn sie wären für die meisten der hier geschilderten Sachverhalte nicht notwendig. Jenseits dieser Rechtspositionen fehlt uns aber das, was wir mit Gemeinsinn und die Engländer mit *common sense* bezeichnen. Um Missverständnissen vorzubeugen: Das Verhalten von Politikern und Managern ist sicherlich nicht anders als im restlichen Teil der Bevölkerung. Jene sind gleichsam nur veröffentlichte Individuen, an denen wir uns abreagieren, um desto besser von unseren eigenen Problemen in diesen Dingen ablenken zu können.

Der Freiheitsbegriff von Locke ist zu eng und sein Vertrauen in demokratische Entscheidungsprozesse zu groß. Eine Mehrheit wird in einem demokratischen Entscheidungsprozess wenig Skrupel haben, einer Minderheit größere Lasten aufzubürden. In solchen Fällen neigt die Demokratie zur »Diktatur der Mehrheit«, eine Situation, die in ihren Auswirkungen auf Betroffene durch nichts von einer »Diktatur eines Einzelnen« zu unterscheiden ist.

Die Prämissen von Locke bedürfen noch einiger ergänzender Überlegungen, insbesondere hinsichtlich seines Freiheitsbegriffs. Es reicht sicherlich nicht hin zu sagen, jeder ist frei, sofern er nicht die Rechte eines anderen unzulässig beschränkt, und in Streitfragen entscheidet die Mehrheit. Schon die Frage der Beschränkung der Rechte eines anderen ist alles andere als klar zu beantworten. Einerseits ist die Einschränkung evident. Wer möchte schon bestohlen werden, ohne rechtlich dagegen vorgehen zu können. Andererseits steckt aber in dem Satz ein zentrales Problem jeder Freiheit, das auf einfachste Weise dazu führen kann, diese selbst abzuschaffen.

Betrachten wir dazu einige Beispiele. Was ist, wenn einer nackt geht? Er schädigt damit möglicherweise die Moral eines anderen. Solange es eine allgemein anerkannte Moral gibt, ist die Frage vielleicht noch einfach zu beantworten, aber was ist, wenn davon nicht mehr ausgegangen werden kann? Was ist mit dem verwelkten Blatt, das in den Garten des Nachbarn fällt, der sich dadurch in seiner Freiheit eingeschränkt sieht? Lachen wir nicht ob der Banalität dieses Beispiels.

Tausende von Prozessen werden wegen solcher Lappalien geführt. Reicht beim Rauchen der Hinweis auf die Gefahren des Passivrauchens, die ja weitgehend aus einer fehlenden Untergrenze für die Gefährdung durch Tabakrauch erklärt werden? »Für die im Passivrauch enthaltenen krebserregenden Substanzen können keine Dosis-Schwellenwerte festgestellt werden, unterhalb derer keine Gesundheitsgefährdung zu erwarten wäre. Auch kleinste Belastungen können zur Entwicklung von Tumoren beitragen.«[61] In vulgo heißt dies aber nichts anderes als die Möglichkeit, dass Tumore auch ohne Belastungen entstehen können. Folgerichtig kann man keine Werte angeben, ab denen Passivrauchen gefährlich wird. Ab welchem Dosis-Schwellenwert ist denn der Genuss von Milch schädlich? Was wird mit dem Alkohol geschehen, dessen schädliche Wirkung auf die Allgemeinheit entschieden einfacher festzustellen ist als die des Tabakkonsums? Immerhin lassen sich zahlreiche Todesfälle im Straßenverkehr direkt auf den Genuss von Alkohol zurückführen, von den geschändeten Frauen in Frauenhäusern gar nicht zu reden. Was ist mit dem Autoverkehr, der trotz erheblich ausgeweiteter Sicherheitsvorkehrungen immer noch Tausende Todesopfer jährlich fordert? Was ist mit Flugzeugen, mit Industrieanlagen, die die Luft weit mehr verpesten, als es alle Zigaretten dieser Welt könnten? Fragen dieser Art könnten beliebig weiter gestellt werden, ohne dass wir im Rahmen der Freiheit auf einfache Antworten stoßen würden. Die einfache Antwort ohne Freiheit wäre Totalitarismus.

Auf der Basis des Naturrechts lässt sich nur ein rudimentärer Begriff von Freiheit entwickeln. In ihm steht der vereinzelte Einzelne mit seiner Freiheit der Gesamtheit gegenüber und muss sie gegen Übergriffe verteidigen. Freiheit ist damit kein Begriff eines gemeinsamen Wollens, sondern eher eine Möglichkeit, Rechte durchzusetzen. Der originär politische Aspekt geht dabei weitgehend verloren. In Verbindung mit Demokratie führt dies allzu leicht zu einer Diktatur der Mehrheit, deren negative Auswirkungen sich für die Minderheit noch unerträglicher gestalten als bei der Diktatur eines Einzelnen. Dieser kann verjagt werden oder sein Leben verlieren, die Mehrheit währt jedoch ewig.

In dem auf dem Naturrecht basierenden Begriff von Freiheit spiegeln sich bereits viele Elemente des modernen Interessenstaats, dessen Ziel ein geordneter Interessenausgleich ist. Genau in diesem Sinne versteht sich moderne Politik. Sie will die divergierenden Interessen ausgleichen und übersieht dabei geflissentlich ihre eigene Verstricktheit in eben diese Interessen. Interessen sind wie ein Krebsgeschwür, das, einmal zum Ausbruch gekommen, sich unweigerlich und ohne Grenzen ausbreitet. Wenn aber die Interessen das Ganze beherrschen, kann Freiheit nicht mehr gedeihen, und mag sie auch noch so oft beschworen werden. Versuchen wir also dem Freiheitsbegriff weiter auf die Spur zu kommen.

Weiter oben wurde bereits auf die fundamentale Differenz zwischen dem Freiheitsbegriff der Griechen und dem der Naturrechtslehre verwiesen. Was die einen aus der Natur her ableiten, haben die anderen der Natur gerade entgegengesetzt. Freiheit gehört nach den Griechen in den Bereich der Thesis, das sind die mensch-

---

[61] Dr. Martina Pötschke-Langer, dfz.de, Gesundheitsgefährdung durch Passivrauchen – Deutschland muss handeln, Pressemitteilung Nr. 71, vom 07.12.2005

lichen Werke, und nicht in den Bereich der Physis. Die Menschen nehmen sich ihre Freiheit als bewussten Akt und nicht, weil die Natur sie ihnen schenkt. Im Gegenteil, als Natur unterscheidet sich der Mensch durch nichts von den Tieren. Selbstverständlich muss es gleichsam natürliche Voraussetzungen geben, damit so etwas wie Freiheit überhaupt gedacht werden kann. Der Mensch muss also von Natur aus mit Fähigkeiten ausgestattet sein, die Freiheit als Möglichkeit zulassen. Dies war den Griechen keine Erwähnung wert, weil sie es für selbstverständlich hielten. Während die Naturrechtslehre den Fokus auf das Natürliche der Freiheit legte – sie wollte schließlich die sich auf Gottesgnadentum berufenden Monarchien abschaffen, indem sie deren Legitimation bestritt –, beriefen sich die Griechen auf eine Möglichkeit, die nur dem Wesen »Mensch« gegeben war: die Möglichkeit zur Freiheit. Die Möglichkeit zur Freiheit ist »natürlich«, die Umsetzung der Freiheit kann durchaus gegen die Natur geschehen. Ein einfaches Beispiel: Der Mensch muss sich – zumindest in kälteren Zonen – bekleiden, damit er im Winter nicht erfriert. Indem er ein Haus schafft und dieses beheizt, kann er auch im Winter nackt gehen, ohne zu erfrieren. Damit kann er seine Freiheit nutzen, wider die Natur zu handeln, obwohl er das Haus nach den Gesetzen der Natur bauen muss. Das ist zwar etwas vertrackt, aber dazu haben die Griechen ihre unvergleichliche Begrifflichkeit geschaffen, die ihnen (und in vielerlei Weise noch uns) die Orientierung in diesem Dickicht ermöglicht.

Worin aber zeigt sich die Möglichkeit zur Freiheit im Menschen? Es ist die Fähigkeit zu handeln. Was aber ist Handeln? Betrachten wir dazu noch einmal die den Griechen bekannten drei Typen menschlicher Tätigkeiten: Arbeiten, Herstellen und Handeln. Beim Arbeiten wird ein Produkt zum unmittelbaren Verbrauch produziert, also im weitesten Sinne Lebensmittel (da wir Konservierungsmittel kennen, ist uns dies nicht mehr ohne Weiteres einsichtig). Beim Herstellen entstehen Produkte längerer Dauer, die oft sogar ein Menschenleben überdauern. Für Arbeiten und Herstellen finden sich viele Beispiele auch im Tierreich. In diesen Tätigkeiten unterscheidet sich der Mensch also nicht oder nur unwesentlich von den Tieren.

Ganz anders gelagert ist die Tätigkeit des Handelns. Während die beiden anderen Tätigkeiten von Sonderfällen abgesehen auch alleine durchgeführt werden können, ist ein alleiniges Handeln nicht nur sinnlos, sondern unmöglich. Seiner innersten Intention nach ist Handeln etwas Gemeinsames, setzt also zumindest einen anderen voraus. Tätigkeit mit einem anderen ist ohne Kommunikation nicht möglich. Das wichtigste Mittel der Kommunikation ist die Sprache. Menschen kommunizieren wesentlich sprechend miteinander (die Moderne hat noch andere Mittel der Kommunikation, aber das braucht uns, wie wir gleich sehen werden, nicht zu stören). Sprache ist ein unklarer Begriff. Da wir jeden verbalen Austausch zwischen Menschen als Sprechen bezeichnen, verdecken wir eine Qualität, die hier sehr wichtig ist.

Sprache dient einmal zum Austausch von Informationen, zum anderen jedoch auch zu etwas anderem. Beim Austausch von Informationen bezieht sich die Sprache auf eine konkrete Sache, für die eine Abstimmung notwendig ist. Der Befehl gehört in diese Kategorie, aber auch jede Anweisung in einem arbeitsteiligen

Arbeitsprozess, der Hilfe- oder auch Vorsichtruf. Beim Austausch von Informationen könnte auf Sprache verzichtet werden, wie ein Blick auf das Tierreich zeigt, denn Tiere tauschen auch Informationen aus, können aber nicht sprechen. In komplexen Zusammenhängen ist Sprache sogar hinderlich und wird durch Zeichen ersetzt. Die Mathematik ist ein gutes Beispiel dafür, wäre sie ohne Zeichen-»Sprache« doch nicht oder nur sehr rudimentär möglich. In der Computerwissenschaft wird Sprache nur im Sinne von Information verarbeitet. Sprache als Information ist für unser Anliegen von untergeordneter Bedeutung. Dabei wird von Anstrengungen abgesehen, die es durchaus in der Wissenschaft gibt, Sprache ihrer Unklarheit wegen als generelles Kommunikationsmittel auszuschalten und sie nur noch als Informationsträger zu verwenden. Dies würde die Abschaffung von Politik, dies würde die Aufgabe jeder Anstrengung zur Freiheit bedeuten, weil Individualität nicht mehr zählen würde. Deshalb wird dieser Ansatz hier nicht weiter betrachtet.

Wir wenden uns dem anderen der Sprache zu, das als eigentliche Sprache zu bezeichnen ist und im Folgenden nur noch als Sprache, gleichbedeutend mit Rede. Die Griechen mit ihrer unvergleichlichen Klarheit in diesen Dingen nannten dies den Logos. Was aber meinten die Griechen mit dem Logos? »In der Rede [...] soll, wofern sie echt ist, das, *was* geredet ist, *aus* dem, worüber geredet wird, geschöpft sein, so daß die redende Mitteilung aus ihrem Gesagten das, worüber sie redet, offenbar und so dem anderen zugänglich macht.«[62] Reden heißt also gegenseitig etwas sehenlassen (Heidegger), einen gedoppelten Einblick gewähren. Diese Überlegung soll verdeutlicht werden. Wir stellen die Frage, was passiert, wenn wir miteinander sprechen, und an welche Voraussetzungen ist dies geknüpft?

Sprechen setzt sowohl ein Miteinander als auch ein Sich-Enthüllen voraus. Sprechen ist immer an jemanden gerichtet. Daraus ergibt sich das Miteinander. Es geht aber noch über dieses hinaus, denn wir sprechen immer mit-, aber nie gegeneinander. Zwar können wir durchaus Dinge gegeneinander sagen, etwa beim Streit, bei dem wir dem Gegenüber Vorwürfe machen und ihn bestimmter Dinge bezichtigen. Dies würden wir aber nicht miteinander reden bzw. sprechen nennen. Intuitiv machen wir an dieser Stelle sogar in der Umgangssprache eine feine Unterscheidung, denn im Falle einer Versöhnungsbereitschaft nach einem Streit sagen wir oft: »Wir müssen noch einmal darüber reden.« Der Streit selbst, bei dem ja möglicherweise viele Worte gewechselt wurden, wird offenbar keinesfalls als »miteinander reden« verstanden. Im Sprechen kommt also ein gemeinsames Anliegen zum Ausdruck, es ist geradezu konstitutiv für »miteinander sprechen«. Die Verbindung der miteinander Sprechenden bleibt aber nicht äußerlich, auf die Sache bezogen. Indem sie miteinander sprechen, verbinden sich die Sprechenden in tiefster Weise. Zum einen, indem sie den besprochenen Gegenstand miteinander zu erhellen suchen, zum anderen, indem genau diese Anstrengung einen Blick in ihr inneres Wesen nicht nur zulässt, sondern geradezu erzwingt, die Redenden sich also wechselseitig preisgeben. Um zu wissen, was der andere meint, um die wechselseitige Preisgabe auch nutzen zu können, müssen sich die miteinander Reden-

---

[62] Martin Heidegger, Sein und Zeit, Tübingen 1984, S. 32, Hervorhebungen im Original

den jeweils in den anderen hineinversetzen, versuchen, ihn zu verstehen. Dies ist das Substrat jeder Rede, und es gilt auch dann noch, wenn der Redende sein Gegenüber zu täuschen versucht. Dann trägt er zwar nicht zur Erhellung des beredeten Gegenstands bei, gibt aber nicht weniger Einblick in sein Wesen. Die Preisgabe des Selbst beim Reden ist also eine der Sache innewohnende Eigenschaft und kann vom Redenden nur marginal beeinflusst werden. Das Bemühen, den anderen zu verstehen und sich dabei in ihn hineinzuversetzen, ist eine Anstrengung, die in einem Gespräch fortlaufend wiederholt werden muss, weil ohne sie jedes Gespräch ins Leere läuft. Umgangssprachlich nennen wir das treffend »aneinander vorbei reden«. Wie einige nachfolgende Beispiele verdeutlichen, bleibt ein Miteinander-Sprechen an sehr strenge Regeln gebunden, selbst wenn der Austausch von Sprechlauten keinerlei besonderen Anforderungen unterliegt.

Betrachten wir drei Sphären, in denen ein Sprechen unmöglich ist. Weder die selbstlose Güte noch das Verbrechen oder die Interessenvertretung dulden ein Sprechen. Die selbstlose Güte versteckt das Ich des Gütigen hinter seiner Tat, die ihre Selbstlosigkeit sofort verliert, wenn sie zur Sprache gebracht wird, weil sie sich dadurch entbirgt und zur Inszenierung des Selbst wird, das sich der Sprache bedient, aber ein Miteinander-Sprechen ausschließt. Das Verbrechen ist immer gegen andere gerichtet und darf deshalb seine Absicht nicht zeigen, muss also als Idee im Dunkel des Selbst verweilen. Auch die Interessenvertretung kann sich nur dann offenbaren, wenn sie mit Gleichgesinnten zu tun hat. In diesem Falle wird das Miteinander-Sprechen durch die Verhandlung ersetzt, bei der die Beteiligten nach einer Lösung suchen, die ihnen größtmögliche Vorteile gewährt. Die Verhandlung gleicht dem Tausch, bei dem jeder der Beteiligten mehr erhält, als er gibt, weil ihm das, was er gibt, weniger Vorteile bringt als das, was er erhält. In allen Fällen müsste gesprochen werden, wenn es darum geht, etwa Mitstreiter zu finden. In diesem Fall wäre der Gütige nicht gütig, der Verbrecher nicht verbrecherisch und der Interessenvertreter kein Vertreter von Interessen, weil sich Güte, Verbrechen und Interessenvertretung gerade nicht auf den Mitstreiter richten, sondern jeweils auf ein Drittes.

Genau an dieser Stelle wird die eigentliche Bedeutung von Sprache sichtbar: Miteinander sprechen können wahrhaft nur Menschen, die sich auf etwas Gleichartiges beziehen und zugleich keine Scheu haben, sich zu offenbaren. Umgekehrt wäre Sprache überflüssig, wenn es zwischen den Menschen keine Differenz gäbe. Was sollte man dem anderen sagen, ohne die Existenz einer Differenz zu ihm? Miteinander-Sprechen wäre die reine Sinnlosigkeit, und das gilt sogar für das Selbstgespräch. Wenn es aus sinnlosem Wortgemurmel besteht, dann ist sein Ort das Irrenhaus, andernfalls drückt sich darin – im umfassenden Sinn ist das Selbstgespräch ja Denken – die Differenz eines Menschen zu sich selbst aus. Wenn zwei Menschen miteinander sprechen, also in einen Dialog eintreten und beide nach dem Gespräch die gleichen sind wie vorher, dann hat ein Gespräch nicht stattgefunden.

Die Differenz zwischen den Menschen ist unendlich, das heißt, es gibt zu keinem Menschen einen anderen, der ihm völlig gleicht, und es wird auch in Zukunft keinen geben. Von den furchtbaren Möglichkeiten, Menschen eines Tages klonen zu können, soll hier abgesehen werden. Dies würde auch Fragen ganz anderer Art aufwerfen. Geklonte Menschen wären beliebig vermehrbar, damit beliebig ersetzbar, und mit ihrer Identität würde nicht nur ihre Freiheit, sondern überhaupt ihr Lebenswert verschwinden. Wir könnten sie wie Vieh züchten oder mehr noch wie Bäume, weil Vieh gegenüber geklonten Menschen noch über so etwas wie Individualität verfügt. Nationalsozialistische Allmachtsfantasien würden auf diese Weise einen späten Triumph feiern. Besser wäre es allerdings, das Problem aus anderer Sicht zu betrachten: In Wahrheit können wir *Menschen* nicht klonen, weil im Vorgang selbst das Erstrebte zerstört werden würde. Bestenfalls könnten wir ein Wesen erreichen, das alle äußeren Merkmale eines Menschen hätte, aber eben kein Mensch wäre, weil die Einmaligkeit zum Menschen gehört wie das Gute zum Bösen. Die Einmaligkeit macht das Leben so wertvoll. Dazu bedarf es weder der Metaphysik noch religiöser Offenbarung. Deshalb nur, um einen Gedanken von oben aufzugreifen, können Menschen als Einzige sterben, weil mit ihrem Tod etwas Unwiederbringliches von der Erde und aus der Welt verschwindet. *Deshalb nur können Menschen so etwas wie Politik machen, weil die Gleichheit in der Differenz und die Differenz in der Gleichheit ihnen die Möglichkeit gibt, sich sprechend und handelnd miteinander auseinanderzusetzen.*

Das Miteinander-Sprechen setzt also zugleich Gleichheit und Differenz voraus. Damit wird Sprache zum Symbol sowohl menschlicher Freiheit als auch menschlicher Individualität. Die Freiheit zeigt sich in der Tatsache des Miteinander-Sprechens, die Individualität in der Unterschiedlichkeit des Gesprochenen. Indem Menschen miteinander sprechen, entbergen sie sich, indem sie ihre Unterschiedlichkeit anerkennen, gestehen sie sich ihre Freiheit zu.

Da Handeln nur im Sprechen wirksam werden kann, kann beides mehr oder weniger gleichgesetzt werden. Was aber tut ein Mensch, wenn er handelt? Er setzt etwas in die Welt, was es vorher noch nicht gab, er setzt einen Anfang. Zugleich ist er als einmaliger Mensch selbst ein Anfang, den es vorher nie gegeben hat. Der Anfang »trat ins Dasein mit der Erschaffung eines Menschen, vor dem kein Mensch da war«.[63] Wenn aber der Anfang an den Menschen gekoppelt ist, dann kann es ohne Menschen keinen Anfang geben. Der Mensch ist das einzige Lebewesen, das einen Anfang schaffen, das handeln kann. Zum Handeln gehört aber auch das Vollenden, das Angefangene zu Ende zu führen. Handeln ist also ein Zweifaches, das unweigerlich zusammengehört. Im neuzeitlichen Verständnis des Handelns wird die Vollendung der Handlung eindeutig in den Vordergrund gestellt.

Auch hier waren die Griechen genauer. Sie kannten für das Handeln zwei Begriffe, nämlich *archein* und *prattein*, wobei archein so viel wie Erster sein, herrschen, in Bewegung setzen bedeutet, während prattein das Vollenden bezeichnet. Die Römer, die beide Begriffe übernommen haben, nannten dies *agere* und *gerere*. *Das charakteristische Merkmal eines jeden Anfangs ist seine Unvorhersehbarkeit. In ihr begründet sich die Freiheit, sie enthält aber auch Gefahren, da sie Sicherheit nicht geben kann.*

---

63 Augustinus, De civitate dei, 12. Buch, 20. Kapitel

Indem Menschen miteinander handeln, setzen sie also etwas in Bewegung, dessen Ausgang sie nicht vorhersehen können, weil sie mit ihrer Handlung ein komplexes Beziehungsgeflecht von Gleichen initiieren, in das jeder Beteiligte eingreifen kann und das wegen der Differenz der daran Beteiligten nicht mehr unter Kontrolle gehalten werden kann. Jedes gesprochene Wort hat sich im Moment des Sprechens von seinem Sprecher gelöst, ist in der Welt und kann in seiner Wirkung vom Sprechenden nicht mehr beeinflusst werden.

»Doch dem war kaum das Wort entfahren,
Möcht' er's im Busen gern bewahren.«[64]

Freiheit realisiert sich, wenn Möglichkeiten des Handelns offen gehalten werden, wenn Menschen einen Anfang setzen dürfen. Mit Freiheit realisiert sich aber auch der Mensch in seinen Möglichkeiten, die unter allen Lebewesen nur er hat. Freiheit darf aber nicht verwechselt werden mit der Willkür, die sie vielmehr zu überwinden hat. »Bin ich frei, so will ich nicht, weil ich so will, sondern weil ich mich vom Rechten überzeugt habe.«[65] Das schließt selbstverständlich Fehler und Irrtümer mit ein, bedingt aber ebenso ein Suchen nach der Wahrheit wie das Mitdenken des Anderen. Freiheit kennt kein Unbedingtes. Einsicht und Freiheit, nicht aber Willkür und Freiheit gehören zusammen. Freiheit ist ein Miteinander und kein Gegeneinander. Die Aussicht, Möglichkeiten zu realisieren, zieht natürlich auch Möglichkeiten eines Scheiterns nach sich. Darin liegt ein Wagnis, das der Freiheit anhaftet. Freiheit steht im Konflikt mit der Sicherheit, der wir heute alles unterzuordnen geneigt sind.

Handeln setzt jedoch wie gesagt etwas in die Welt, dessen Anfang nicht erwartet, dessen Ausgang niemals überblickt werden kann. Durch Umsicht können der Unsicherheit gewisse Grenzen gesetzt werden, um im Falle des Scheiterns nicht ins Bodenlose zu fallen. Deshalb sprechen wir zu Recht von umsichtigem Handeln und grenzen dies gegen das Handeln des Hasardeurs ab. Handeln sollte bedacht sein, sowohl gegenüber der Sache, die wir beginnen, als auch gegenüber denjenigen, die wir in unseren »Anfang« mit hineinnehmen. Sicherheit kann Handeln aber in keinem Falle garantieren. Somit wird die Unvereinbarkeit von Handeln und Sicherheit klar. Wer primär Sicherheit will, ist für die Freiheit verloren. Hier wird nun deutlicher, was unter knechtischem Sinn oder Sklavennatur zu verstehen ist. Im tiefsten Sinn ist dies keine Beschimpfung, sondern die nüchterne Feststellung einer Gegebenheit, die der Betroffene ja auch ändern könnte oder – falls er sie seiner »Natur« wegen nicht ändern kann – die ihm nicht als Beschimpfung erscheinen sollte. Wenn bei einem Menschen ein Gewicht von 100 kg festgestellt wird, dann ist dies zunächst auch wertfrei, selbst wenn sich eine Vielzahl von Implikationen daraus ergibt. Der betreffende Mensch ist zum Beispiel sicher nicht magersüchtig, wird aber als Jockey kaum Karriere machen. Ein Konflikt tritt dann

[64] Friedrich Schiller, Die Kraniche des Ibycus, Werke und Briefe in zwölf Bänden, Band 1, Frankfurt am Main 1992, S. 96
[65] Karl Jaspers, Vom europäischen Geist, in: Ders., Das Wagnis der Freiheit, München, Zürich 1996, S. 64

auf, wenn ein Mensch sich der Sicherheit verschreibt, aber Freiheit verlangt. Ein Konflikt tritt ebenfalls auf, wenn ein Mensch sich der Sicherheit verschreibt und deshalb allen anderen die Freiheit versagen will.

Die am Naturrecht orientierten Aufklärer stürzten sich geradezu enthusiastisch auf die natürliche Freiheit des Menschen, lehnten eine Sklavennatur des Menschen rigoros ab und betrachteten sie bestenfalls als aus widrigen Umständen herkommend. Zum Teil erklärt sich dies aus dem Kampf der Aufklärer gegen jahrhundertealte Unterdrückung durch despotische Regimes und gegen des Menschen erzwungene Unmündigkeit. Aristoteles hält dem jedoch unerbittlich entgegen: »Die Menge nun zeigt sich ganz knechtisch gesinnt, indem sie dem Leben des Viehs den Vorzug gibt, und doch kann sie zu einiger Rechtfertigung anführen, daß viele von den Hochmögenden die Geschmacksrichtung des Sardanapal teilen.«[66] Was meint Aristoteles mit der »Geschmacksrichtung des Sardanapal«? Sardanapal war König des Assyrischen Reiches, von dem ein Standbild existierte mit folgender Inschrift: »Anchiale und Tarsos hat Sardanapal an einem Tage gegründet; du aber, Fremdling, iß, trinke, liebe; was sonst der Mensch hat, ist nicht der Rede wert.«[67]

Wieder finden wir die Verachtung, die Aristoteles dem bloßen Leben entgegenbringt, welches nur die Bedürfnisse nach den sogenannten Lebensgenüssen, in Wahrheit aber nach dem allem Leben Gleichen hat, das keine Freiheit kennt. Die Frage des Sklavischen ist nach Aristoteles also keinesfalls eine Eigenschaft, die nur der Menge zukommt, wir finden sie auch bei den Herrschern. Doch selbst ein Herrscher – hier dem Knecht erstaunlich gleich – kann niemals frei sein, weil Freiheit den Umgang mit Gleichartigen voraussetzt. Gleichartige kann der Herrscher nur um den Preis seiner Herrschaft finden. Insofern ist konstituierendes Merkmal der Freiheit: nicht herrschen und nicht beherrscht werden.

Freiheit ist keinesfalls selbstverständlich, sie muss errungen werden, und sie bedarf eines Rahmens. Demokratie kann, muss aber kein solcher Rahmen sein. Sie ist weder notwendig noch hinreichend, um Freiheit zu realisieren. Sie ist jedoch möglich. Dies ist an einige wichtige Voraussetzungen geknüpft. Wenn wir den Freiheitsbegriff aus der naturrechtlichen Abgrenzung von Rechten ableiten, dann werden wir den Voraussetzungen weit weniger gerecht, als wenn wir ihn aus der gemeinsamen Anstrengung, dem Miteinander-Sprechen, ableiten. Genau an dieser Stelle befindet sich die Naht der beiden Begriffe von Freiheit. In den modernen demokratischen Gesellschaften ist das Miteinander-Sprechen weitgehend aus dem öffentlichen Raum und damit aus der Sphäre des Politischen verdrängt. Was einmal Rede war, ist zur Verhandlung geworden, in der die Kontrahenten ihre Interessen zum Ausgleich bringen. Selten wird eine Rede einmal simuliert, als Mittel der Auseinandersetzung hat sie ausgedient. Dieser Verlust hat Auswirkungen noch auf die intimsten Verhaltensweisen. Immer wieder wird beklagt, dass die Menschen das Miteinander-Sprechen verlernt haben. Am größten ist der Verlust des

[66] Aristoteles, Nikomachische Ethik, 1095b
[67] Zitiert nach: Johann Gustav Droysen, Geschichte Alexander des Grossen, EBook #23756, gutenberg.org, Buch 2, Kapitel 2, Zeile 6962

Miteinander-Sprechens jedoch zweifelsohne im öffentlichen Raum, weil mit dem Sprechen auch die lebendige politische Auseinandersetzung und mit ihr die Freiheit im Sinne der griechischen Antike verloren geht. Wie wir bereits gesehen haben, vertragen Verhandlungen nicht das Licht der Öffentlichkeit. Dessen ungeachtet können die zu verhandelnden Positionen im Stile von Marktschreiern hinausposaunt werden, um Stimmung zu machen. In ziemlich genau dieser Weise finden politische Auseinandersetzungen in modernen Demokratien statt. Um die Sache geht es selten, dafür umso mehr um die Durchsetzung von Überzeugungen, die der Auseinandersetzung nicht mehr bedürfen.

Im politischen Raum müssen Entscheidungen getroffen werden. Der Demokratie angemessen sind Mehrheitsentscheidungen. Mehrheitsentscheidungen müssen nicht gut sein, was immer das heißt. Sie können zum Beispiel ohne Weiteres gegen die Freiheit gerichtet sein. Verfechter der Demokratie berufen sich häufig darauf, dass jede andere Form der Entscheidungsfindung schlechter als die demokratische sei. Winston Churchill soll im Jahre 1947 bei einer Rede im Unterhaus den Satz geprägt haben: »Es heißt ja, Demokratie sei die schlechteste Regierungsform – mit Ausnahme all der anderen Formen, die von Zeit zu Zeit ausprobiert worden sind.«[68] Der Satz klingt schön, vermag das Problem jedoch nicht zu fassen. Jedenfalls kann er nicht als Beleg dafür herhalten, dass nicht etwa autoritäre oder sogar totalitäre Regierungsformen sich in vielen Fällen mit dem messen lassen können, was demokratische Regierungen in Fragen der Güterversorgung und Sicherheit erreicht haben. Wollten nicht gerade 57 Prozent der Ostdeutschen wieder ihren alles andere als demokratischen SED-Staat (siehe Prolog)? Gilt nicht das autoritäre China als Vorzeigestaat, dem es zwar an demokratischen Formen mangelt, dessen Wachstumsraten aber alle Rekorde brechen? Wie immer wir es drehen und wenden, eines ist klar: Autoritäre und totalitäre Systeme können keine Freiheit bieten.

Wir sollten uns allerdings hüten zu glauben, Demokratie müsse Freiheit garantieren. Es gibt nichts, das Freiheit garantieren könnte. Freiheit kommt auch nie von selbst, sie muss immer wieder neu errungen werden. Freiheit kann leicht zerstört werden und bedarf deshalb ständiger Pflege. Sie ist das höchste Gut des Wesens Mensch. Leben gibt es auch ohne Menschen, Freiheit jedoch nicht. Unsere Demokratie hat schon längst begonnen, zentrale Freiheitsrechte abzubauen, und die Bürger haben längst verlernt, ihre Freiheit zu gebrauchen.

---

[68] Zitiert nach: www.wikipedia.de, Stichwort: Winston Churchill

»Was mich betrifft, so ist es mir, wenn ich die Hand der Gewalt auf meiner Stirn lasten fühle, ziemlich gleichgültig zu wissen, wer mich unterdrückt, und meine Bereitschaft, den Kopf unters Joch zu beugen, wird nicht größer dadurch, daß eine Million Arme es mir hinhalten.«

Alexis de Tocqueville[69]

2.2.3 TOCQUEVILLE: DIE DEMOKRATISCHE BEDROHUNG DER FREIHEIT

Alexis de Tocqueville, Sprössling eines alten französischen Adelsgeschlechts, gehört zu den wenigen Forschern, deren genaue Beobachtungsgabe zu herausragenden Forschungsergebnissen geführt hat, die auch heute noch nichts von ihrer Aktualität eingebüßt haben. Er wird hier in doppelter Weise als Zeuge angeführt. Zum einen für eine weltweite Tendenz zur Gleichheit der Menschen und damit zur Demokratie, die er für unabwendbar hielt. Zum anderen aber für seine kritische Distanz zu eben jener Demokratie, deren Einführung für ihn keinesfalls gleichbedeutend mit der Errichtung eines Reiches der Freiheit war, in dem das Glück der Mehrheit garantiert wäre. Tocquevilles Erkenntnisse sind in vielerlei Weise geeignet, die Probleme moderner Demokratien zu beschreiben. Obwohl er in der öffentlichen Debatte kaum noch eine Rolle spielt, sind seine Gedanken es wert, im hellen Licht der Öffentlichkeit zu stehen.

Geboren wurde er am 29. Juli 1805 in Paris. Aufgrund seiner schlechten gesundheitlichen Konstitution starb er bereits am 16. April 1859, noch nicht einmal 54 Jahre alt. Sein Großvater war der liberale Staatsmann Chrétien de Malesherbes, der in Verteidigung des Königs am 22. April 1794 als Konterrevolutionär der Guillotine zum Opfer fiel. Die liberalen Gedanken Malesherbes waren der erste Orientierungspunkt für den jungen Alexis de Tocqueville. Die Juli-Revolution von 1830 in Frankreich, die den Bürgerkönig Louis-Philippe an die Macht brachte, kann als politisches Erweckungserlebnis für Tocqueville gelten. Er sah sich Frankreich immer mehr in Richtung sozialer Gleichheit entwickeln und brach mit der älteren liberalen Tradition, die sich an der englischen konstitutionellen Monarchie ausgerichtet hatte.

Sein Blick war jetzt mehr auf Amerika gerichtet, das Land, dessen Demokratie er als Beispiel der neuen Entwicklungen zu sozialer Gleichheit ansah. Zugleich wurde seine persönliche Situation schwierig, hatte seine Familie doch den gestürzten Bourbonen-König unterstützt. Um seiner schwierigen politischen Lage zu entfliehen, stellte er einen Antrag für eine Reise in die Vereinigten Staaten von Amerika, um dort Reformen des Gefängniswesens studieren zu können, der auch bald darauf genehmigt wurde. Zusammen mit seinem kongenialen Partner Gustave de Beaumont, mit dem ihn eine lebenslange Freundschaft verband, machte er sich 1831 auf die Reise in die Vereinigten Staaten, die schließlich neun Monate dauern sollte. Die beiden Reisenden studierten alles andere mehr als das Gefängniswesen

---

[69] Alexis de Tocqueville, Über die Demokratie in Amerika, Band 2, Stuttgart 1962, S. 24

und verschafften sich schließlich ein bemerkenswert genaues Bild der amerikanischen Gesellschaft. 1832 zurückgekehrt, veröffentlichten sie ihrem Auftrag gemäß zunächst ein Buch über den Strafvollzug in Amerika.

Im Jahre 1835 erschien dann der erste Teil des Buches »Über die Demokratie in Amerika«[70], das sofort Tocquevilles Weltruhm begründete. Er wurde geehrt und Mitglied in zahlreichen wissenschaftlichen Vereinigungen. Schon wenige Jahre nach seinem Erscheinen war das Werk in fast alle europäischen Sprachen übersetzt und damit einer breiten Öffentlichkeit zugänglich geworden. Nach weiteren vier Jahren intensiver Arbeit erschien 1840 der zweite Teil des Buches. Damit lag die in der damaligen Zeit umfangreichste Darstellung der politischen und sozialen Verhältnisse in den Vereinigten Staaten von Amerika vor, deren genaue Beobachtungen uns nachfolgend noch ausführlicher beschäftigen werden. Der Wert dieses Werkes beschränkte sich jedoch nicht nur auf die Beschreibung der Zustände in Amerika. Die Analysen Tocquevilles waren viel umfangreicher und betrafen ganz allgemein die Tendenz zu demokratischen Gesellschaften, deren Streben nach Gleichheit und den damit verbundenen Gefahren für die Freiheit.

Doch Tocqueville wollte sich nicht nur theoretisch mit Politik auseinandersetzen. Sein Ziel war es, durch Übernahme öffentlicher Ämter praktischen Einfluss auf das politische Leben in Frankreich zu nehmen. Zwar verlor er noch 1837 seine erste Wahl als Deputierter, gewann aber dann die folgende im Jahre 1839 sowie alle weiteren, und zwar mit einem Stimmenanteil von über 70 Prozent. Das spricht für einen ungeheuren Grad an Beliebtheit bei seinen Wählern. In der Februar-Revolution von 1848 sah er mit Sorge ein Anwachsen der sozialistischen Ideen, durch die er eine Zerstörung der liberalen Demokratie befürchtete, die er sich wünschte. Vor allem eine Gesellschaft, die ihr Hauptaugenmerk auf die Verteilung von Reichtum lenken würde, wie sie von den Pariser Arbeitern gefordert wurde, konnte nicht seine Zustimmung finden. Nach der Revolution wurde er zusammen mit seinem Freund Beaumont in die verfassungsgebende Versammlung der Zweiten Republik berufen, deren Vorsitzender er im Jahr darauf wurde. Im Jahr 1849 wurde er zum Außenminister von Frankreich ernannt und erreichte damit das höchste politische Amt seiner Laufbahn. Allerdings musste er den Posten bereits wenige Monate später gesundheitlicher Probleme wegen aufgeben. Seine sämtlichen politischen Ämter verlor er dann, als er sich 1851 dem Staatsstreich Louis-Napoleons entgegenstellte, der die kurze Phase der Demokratie in Frankreich durch eine Diktatur ersetzte.

Nach Jahren der Zurückgezogenheit publizierte Tocqueville schließlich 1856 das Buch »Das alte Regime und die Revolution«[71], das ihn wieder in die Öffentlichkeit brachte. In diesem Buch untersuchte er in gewohnt penibler Weise die Ursachen der Französischen Revolution und schrieb dem Adel – also seiner eigenen politische Klasse – großen Anteil am Sieg der Revolutionäre zu. Gravierendes Fehlverhalten war auch eine der Ursachen für die Entstehung der Schreckensherrschaft. Durch ein klügeres Vorgehen des Adels wären nach Tocquevilles Auffas-

---

[70] Alexis de Tocqueville, Über die Demokratie in Amerika, 2 Bände, Stuttgart 1959 und 1962
[71] Alexis de Tocqueville, Der alte Staat und die Revolution, Münster, ohne Jahr

sung viele Exzesse der Revolution zu vermeiden gewesen. Vor allem schien ihm Frankreich – ganz im Gegensatz zu Amerika – weniger die demokratische Nation der Zukunft zu sein, als vielmehr in seiner eigenen politischen Vergangenheit verstrickt zu bleiben.

Aufgrund seines aufsehenerregenden Buches erhielt er 1857 eine Einladung nach England, wo er mit großen Ehren empfangen wurde. Seine begonnenen Arbeiten konnte er jedoch nicht mehr zu Ende bringen, der Tod riss ihn zu früh aus dem Leben.

Tocquevilles Werk wurde in ganz Europa mit großer Aufmerksamkeit zur Kenntnis genommen. Insbesondere auf die politische Wissenschaft des 19. Jahrhunderts hat es großen Einfluss ausgeübt. Bei allen Unterschieden im Einzelnen haben auch seine Gegner ihm jederzeit intellektuelle Redlichkeit unterstellt. Nachdem die Französische Revolution ihrer Gräuel wegen immer mehr in Misskredit fiel, orientierten sich die deutschen Demokraten unter dem Einfluss Tocquevilles verstärkt am Vorbild Amerikas.

Zu Tocqueville gibt es reichhaltige Literatur, in der viele der hier nur angedeuteten Lebensstationen genauer nachgelesen werden können.[72] Die folgenden Ausführungen widmen sich des von Tocqueville so genau dargestellten und zeitlos gültigen Verhältnisses der Gleichheit zur Freiheit. Damit wird Tocqueville zum wichtigen Zeugen des Anliegens, die Bedrohung der Freiheit aufzuzeigen. Diese geht weniger von despotischen Regimes aus, die sich der Macht mit Gewalt bedienen und ständig das Mittel offener Unterdrückung einsetzen, vor denen wir bei jeder Gelegenheit gewarnt werden, sondern vielmehr von der Demokratie selbst, die uns zur unhinterfragbaren Prämisse unseres politischen Daseins geworden ist.

Die Früchte, die heute überreif und in reicher Zahl an jedem Wegesrand liegen, hat Tocqueville schon in aller Deutlichkeit erkannt, als kaum ihre erste Blüte sichtbar war. Tocquevilles Analyse lag das Amerika vor fast 200 Jahren zugrunde, eine Zeit, die uns heute als Blütezeit sowohl der Freiheit als auch eines hemmungslosen Kapitalismus gilt. Erst 100 Jahre später folgte der »New Deal« von Präsident Roosevelt mit seinem gigantischen Sozialprogramm. Von unserem System der Sozialen Marktwirtschaft waren noch keinerlei Entwürfe bekannt, der ausufernde Wohlfahrtsstaat noch nicht einmal als Utopie existent. Für Tocqueville war der moderne Wohlfahrtsstaat noch nicht vorhersehbar. Aber was er sah und wie er es einordnete, das nötigt Respekt ab und sollte uns die Augen öffnen für das, was ist und noch werden kann. Wir hätten uns viele Irrwege ersparen können, hätten wir früher auf diesen großen politischen Denker geachtet. In den modernen Demokratien bedarf es keiner prophetischen Gaben mehr, die Fehlentwicklungen auszumachen. Umso schwerer wird es, die notwendigen Korrekturen vorzunehmen, hypostasiert doch

---

[72] Nachfolgend einige Literaturangaben zu Leben und Werk von Tocqueville. Weitere Angaben können den jeweils angegebenen Büchern entnommen werden: Karlfriedrich Herb, Oliver Hidalgo, Alexis de Tocqueville, Frankfurt/M 2005; Michael Hereth, Alexis de Tocqueville - Die Gefährdung der Freiheit in der Demokratie, Stuttgart 1979; André Jardin, Alexis de Tocqueville: Leben und Werk, Frankfurt/M 1991; Karl Pisa, Alexis de Tocqueville: Prophet des Massenzeitalters, Stuttgart 1984

längst der demokratische Alltag in seiner nicht mehr hinterfragbaren Substanz die zunehmende Zerstörung unserer Freiheit.

Die politische Welt in Mitteleuropa war Mitte des 19. Jahrhunderts geprägt von drei politischen Hauptrichtungen: dem Konservatismus, dem Liberalismus und dem Sozialismus. Der Konservativismus richtete sich gegen die demokratischen Bestrebungen, weil er davon nur Anarchie und eine Zerstörung der »natürlichen Ordnung« befürchtete. Liberalismus und Sozialismus begrüßten die demokratischen Entwicklungen, wobei Ersterer die Freiheit der Entfaltung der Einzelpersönlichkeit, Letzterer jedoch die Gleichheit in den Vordergrund stellte. Als unterdrückte Bevölkerungsgruppe waren die Sozialisten selbstverständlich auch für Freiheit. Tocqueville wurde in dieser Auseinandersetzung sowohl von den Konservativen wie den Liberalen oft für ihre Zwecke reklamiert. Nur die Sozialisten haben sich weniger auf ihn bezogen. Dabei kann Tocqueville weder von der einen noch von der anderen Seite reklamiert werden, besteht doch sein politischer Ansatz in einer ganz eigenen Sichtweise. Er erkennt eine geschichtliche Tendenz zur Gleichheit, aus der heraus sich die Bestrebungen nach Demokratie fast zwangsläufig ergeben. »Die Nationen unserer Tage können nicht bewirken, daß bei ihnen die gesellschaftlichen Bedingungen nicht gleich seien; von ihnen jedoch hängt es ab, ob die Gleichheit sie in die Knechtschaft oder in die Freiheit, zur Gesittung oder in die Barbarei, zum Wohlstand oder ins Elend führt.«[73] Mit diesem Satz beendet Tocqueville seine Ausführungen und demonstriert damit die von ihm postulierte Zwangsläufigkeit auf deutliche Weise.

Worin besteht aber die geschichtliche Tendenz zur Gleichheit? Sie besteht im beweglichen Eigentum und in der Möglichkeit, auf andere Weise als durch Feudalbesitz Eigentum zu erwerben. »Sobald die Menschen auf andere Weise als durch Feudalbesitz Grundeigentum erwerben konnten und seit das bewegliche Eigentum bekannt war und ebenfalls Einfluß verschaffte und Macht verlieh, gab es im Handwerk keine Entdeckung, in Handel und Gewerbe keine Verbesserung, ohne daß nicht unter den Menschen ebenso viele neue Voraussetzungen der Gleichheit entstanden. Von da an ist jedes neuentdeckte Verfahren, jedes neuentstehende Bedürfnis, jede nach Befriedigung drängende Begierde ein Schritt zur allgemeinen Einebnung hin. Der Sinn für Luxus, die Liebe zum Krieg, die Herrschaft der Mode, die oberflächlichsten wie die tiefsten Leidenschaften des menschlichen Herzens scheinen einhellig am Werk, die Reichen arm und die Armen reich zu machen.«[74]

Diese Aussage steht in diametralem Gegensatz zur öffentlichen Meinung in den modernen Demokratien. Folgt man den Auguren des Wohlfahrtsstaats, dann werden die Reichen immer reicher und die Armen immer ärmer. Ist Tocqueville ein Fantast, der die Entwicklung falsch einschätzt? Lassen wir die »Liebe zum Krieg« weg, die uns die Nationalsozialisten (hoffentlich) endgültig vergällt haben, dann stellt Tocquevilles Einschätzung eine präzise Beschreibung unserer heutigen Situation dar. Sehen wir uns ein Beispiel an.

---

[73] Alexis de Tocqueville, Über die Demokratie in Amerika, Band 2, Stuttgart 1962, S. 358
[74] Alexis de Tocqueville, Über die Demokratie in Amerika, Band 1, Stuttgart 1959, S. 7

Vor gut 100 Jahren wurde das Automobil erfunden. Bis etwa 1950 lag der Pkw-Bestand pro 100 Einwohner in Europa auf unter 2. Heute liegt er bei etwa 60.[75] Trotz des starken Ausbaus der Straßen hat die Verkehrsdichte erheblich zugenommen. Die mögliche Geschwindigkeit hängt immer weniger vom Autotyp als vielmehr von der Verkehrsbelastung ab. Hinzu kommen vermehrte Geschwindigkeitsbegrenzungen bis hin zu der Forderung nach einem generellen Tempolimit, dessen Einführung auch in Deutschland nur noch eine Frage der Zeit ist. Zwar sitzen die Autobesitzer noch in Fahrzeugen unterschiedlichen Preisniveaus, doch im Tempo ihrer Fortbewegung gleichen sie sich immer mehr an und werden bald wirklich gleich sein. Dann mag der Fahrer eines Sportwagens noch mehr Sozialprestige besitzen als der Fahrer eines Kleinwagens, aber er wird nicht mehr schneller an sein Ziel kommen.

Beispiele der genannten Art beweisen einen deutlichen Trend zur Gleichheit in allen Lebensbereichen. Wer vermag beim Sonntagsspaziergang noch den Unterschied zwischen dem Fabrikbesitzer und dem Arbeiter zu erkennen? Wie sieht es aus beim Radio- bzw. Fernsehgerät, beim Plattenspieler, Kühlschrank, Telefon, Bad, Auto, Staubsauger, bei der Waschmaschine und so weiter und so fort? Die genannten Dinge gehören für die überwiegende Zahl der Menschen in unserem Lande zu den unverzichtbaren Gegenständen des täglichen Bedarfs, ohne die wir uns ein Leben kaum noch vorstellen können. Vor nicht einmal einem Menschenleben standen sie nur wenigen privilegierten Haushalten zur Verfügung. Wer sich heute kein Auto leisten kann, zählt schon zum Prekariat. Fernsehgeräte gehören längst schon zu den unverpfändbaren Gegenständen des täglichen Bedarfs.

Mit Aussagen, wie denen der sich öffnenden Schere zwischen Arm und Reich, mag man schlichte Gemüter für inhaltslose Parteiprogramme, wahrscheinlich auch Wahlen gewinnen, mit der Realität in unserem Lande haben sie wenig zu tun. Die Behauptung der zunehmenden Armut ist längst zu einer Position im umfassenden Kampf der Interessen verkommen, mit der Hilfsorganisationen und Armutsforscher die Finanzierung ihrer zahllosen Projekte sicherstellen. Die Behauptungen werden untermauert mit zahllosen statistischen Auswertungen, deren geistiger Gehalt sich auf der Nulllinie bewegt. Die quantitative Relation ersetzt den qualitativen Gedanken, und zwar nicht nur bei um Wähler ringenden Politikern, sondern auch in weiten Teilen der Wissenschaft. »Der Geist zeigt sich so arm, daß er sich, wie in der Sandwüste der Wanderer nach einem einfachen Trunk Wassers, nur nach dem dürftigen Gefühle des Göttlichen überhaupt für seine Erquickung zu sehnen scheint. An diesem, woran dem Geiste genügt, ist die Größe seines Verlustes zu ermessen.«[76] An diesem ist auch zu sehen, wie geistlos die öffentliche Auseinandersetzung über Probleme der Gesellschaft geworden ist. Probleme, die wir eher herbeiregieren als zu lösen versuchen.

---

[75] Vgl. www.wikipedia.de, Stichwort: Automobil – in dem Artikel sind die Werte für die Schweiz angegeben, sie können aber problemlos auf Deutschland übertragen werden, weil es zwischen beiden Ländern in dieser Frage sicherlich keine qualitativen Unterschiede gibt.

[76] G.W.F. Hegel, Phänomenologie des Geistes, Werke in 20 Bänden, Band 3, Frankfurt am Main 1970, S. 17

Die Gleichheit in der Gesellschaft hat zugenommen. Jedem Armen stehen im Rechtswesen alle Wege offen, kann er sich doch des sogenannten »Armenrechts« bedienen, das ihm bei Klagen alle Gerichtskosten abnimmt. Auch im Bildungswesen gibt es heute keine Schranke mehr, die einem Kind aus armen Verhältnissen eine höhere Schulbildung versagen würde. Wenn Teile der Bevölkerung von diesen Möglichkeiten keinen Gebrauch machen, dann liegen die Gründe dafür eher in der zunehmenden Versorgung durch den Staat, die dem Einzelnen die Verantwortung für sein Leben abnimmt, als in zunehmender Armut. Schlankheitskuren haben in Wohlfahrtsstaaten eine größere Bedeutung als die Möglichkeit, sich satt zu essen. Der Verzehr von Fleisch ist bei Wohlhabenden weniger ausgeprägt als bei den sogenannten Armen. Es sind auch eher Wohlhabende, die als Vegetarier ganz auf den Verzehr von Fleisch verzichten. So ließen sich viele weitere Beispiele finden. Worin liegen also noch die Unterschiede? Später soll uns diese Frage noch ausführlicher beschäftigen, deshalb hier nur einige skizzenhafte Bemerkungen.

In der öffentlichen Debatte wird von der Ungleichheit der Bildungschancen gesprochen. Zweifellos sind Kinder aus Arbeiterhaushalten in höheren Schulen unterrepräsentiert. Liegt die Ursache dafür in gesellschaftlich zu verantwortenden Selektionen, dann ließe diese sich durch politische Maßnahmen leicht abstellen und wäre ein politischer Skandal. Welche politische Partei könnte heute mit einer solchen Haltung Stimmen gewinnen? Liegt sie aber in der Bildungsferne der betroffenen Haushalte, dann mag es gesellschaftliche Hilfen geben, gesellschaftliche Lösungen können nur um den Preis totalitärer Maßnahmen erreicht werden.

Nehmen wir den Tatbestand als gesellschaftlich zu lösendes Problem, dann muss die Gesellschaft gleichsam die Problemlösungshoheit erlangen, also die Eltern der betroffenen Kinder im wörtlichen Sinne entmündigen und die Erziehung *vollständig* in die Hände des Staates legen. Da aber ein gut geordneter Bürgerhaushalt einer staatlichen Erziehung wohl überlegen wäre, müssten wir auch dessen Kinder allein in staatlichen Stellen erziehen, um für alle Kinder wirklich gleiche Bedingungen herzustellen. In seiner Konsequenz führt der Gedanke zu einer Vergesellschaftung der Kinder, ein für freie Gesellschaften zumindest äußerst fragwürdiges Verfahren.

Der Drang nach Gleichheit hat sich längst schon auch bei jenen durchgesetzt, die am ehesten Privilegien zu verlieren haben. »So wetteifern die Menschen, die von den demokratischen Gesetzen am nachteiligsten betroffen wurden, darin, sie anzunehmen. Somit erregen die oberen Klassen keine Volksleidenschaften gegen sich; sie beschleunigen vielmehr selbst den Sieg der neuen Ordnung. So ward, seltsam genug, der demokratische Vormarsch am unwiderstehlichsten in den Staaten, in denen der Adel am stärksten verwurzelt war.«[77] Dieser Vormarsch ist bereits abgeschlossen, längst schon ist der Einzelne mehr Atom einer Masse als handelndes Subjekt. »Je mehr sich die Unterschiede zwischen den Bürgern ausgleichen und je ähnlicher sie einander werden, umso weniger ist jeder geneigt, einem bestimmten Manne oder einer bestimmten Klasse blind zu glauben. Die

---

[77] Alexis de Tocqueville, Über die Demokratie in Amerika, Band 1, Stuttgart 1959, S. 64

Bereitschaft, an die Masse zu glauben, nimmt zu, und mehr und mehr lenkt die öffentliche Meinung die Welt.«[78] Dies ist ein Faktum, das jeder unverstellte Blick auf unsere Gesellschaft zeigt, und zwar aus den unterschiedlichsten Perspektiven.

Erinnern wir uns, Tocquevilles Ansatz bestand in der Feststellung einer Tendenz zur Gleichheit, die eine der gesellschaftlichen Entwicklung innewohnende Eigenschaft ist. So weit haben wir sie hinzunehmen, so weit mag sie ja auch Vorteile haben. Dann kommt es aber umso mehr darauf an, den Drang von der Gleichheit zur Identität zu bremsen. Wenn die Gleichheit von der Gesellschaft zu verantwortender *Startbedingungen* schließlich in der Gleichheit der *Ergebnisse* enden soll, dann sind wir auf dem Wege zu einer Totalität, gegenüber der die totalitären Regimes des 20. Jahrhunderts als Oasen der Freiheit erscheinen müssen. In diesem Sinne ergeben sich die Gefahren der modernen Demokratie nicht aus einer fehlenden, sondern aus einer auf die Spitze getriebenen Bestrebung nach Identität, der wir andere Werte entgegensetzen müssen, soll uns der Moloch nicht verschlingen. »Heutzutage jedoch, da sich alle Klassen vollends vermischen, da der Einzelne sich immer mehr in der Menge verliert und leicht in der allgemeinen Unbekanntheit untergeht, heute, da die monarchische Ehre ihren Einfluß fast verloren hat, ohne durch die Tugend ersetzt worden zu sein, und nichts den Menschen über sich hinaushebt –, wer kann sagen, wo die Ansprüche der Macht und die Willfährigkeit der Schwäche haltmachen würden?«[79]

Wir haben die Maßstäbe verloren, an denen wir unser Leben ausrichten könnten. Das Streben nach Gleichheit kann am Ende nur ins Desaster führen und keinesfalls einen Ersatz für fehlende Werte darstellen. Tocqueville hat die Argumente der gleichgeschalteten Denker der Gleichschaltung vorausgesehen, denen es allein noch um Wohlstand geht. Wir möchten Wohlstand für alle und definieren seine Herbeiführung als nie endende Aufgabe. Dieser Prämisse sind wir bereit, alles unterzuordnen. Mit Macht erheben wir auch die kleinste Differenz zum gesellschaftlichen Problem und erreichen schließlich, dass der Wohlstand der Masse der Bevölkerung bedroht ist. Dies wird später genauer nachzuweisen sein.

Hier stellen wir – wieder mit Tocqueville – nur fest, dass »im menschlichen Herzen [...] auch eine entartete Gleichheitssucht [lebt, P.K.], die die Schwachen reizt, die Starken auf ihre Stufe herabzuziehen; sie verleitet die Menschen, einer Ungleichheit in der Freiheit die Gleichheit in der Knechtschaft vorzuziehen«.[80] Das also ist des Pudels Kern der ganzen Debatte um die Gleichheit. In Wahrheit wollen wir die Freiheit ganz abschaffen, und wir sind auf gutem Wege dazu. Dem kann nur in aller Deutlichkeit entgegengehalten werden: »Ich aber sage, daß es für die Bekämpfung der Übel, die die Gleichheit hervorrufen kann, nur ein wirksames Heilmittel gibt: es ist die politische Freiheit.«[81]

Die Forderung der Französischen Revolution nach Freiheit *und* Gleichheit hat sich zugespitzt zur Frage *entweder* Gleichheit *oder* Freiheit. Statt uns dieses

---

[78] Alexis de Tocqueville, Über die Demokratie in Amerika, Band 2, Stuttgart 1962, S. 22
[79] Alexis de Tocqueville, Über die Demokratie in Amerika, Band 1, Stuttgart 1959, S. 362
[80] Alexis de Tocqueville, Über die Demokratie in Amerika, Band 1, Stuttgart 1959, S. 62
[81] Alexis de Tocqueville, Über die Demokratie in Amerika, Band 2, Stuttgart 1962, S. 122

Zusammenhangs immer wieder aufs Neue zu versichern und die Freiheit als unser höchstes Gut zu hegen und zu pflegen, begeben wir uns mehr und mehr in die Sicherheit des Staates, dem wir als Übervater die Lösung all unserer Probleme nicht nur zutrauen, sondern sogar noch überantworten. Nie war der Ruf nach dem Staat lauter als heute, nie war dieser Ruf unsinniger, weil der Staat – und zwar deutlich zunehmend – die Probleme schafft, zu deren Lösung er sich bereithält. Auch dies werden wir uns später noch genauer ansehen, es gibt dazu schlagende Belege.

Ein Teufelskreis zwischen Freiheit und Gleichheit scheint sich aufzutun. Die Aufklärung wollte die Freiheit aus der Versklavung durch den Absolutismus. Zentrales Ziel war die Gleichheit, und nun stellt sich heraus, dass die eine Forderung der anderen im Wege steht. »Sie hatten frei sein wollen, um sich gleichmachen zu können, und je mehr die Gleichheit mit Hilfe der Freiheit Fuß faßte, um so mehr erschwerte sie ihnen die Freiheit.«[82] Freiheit lebt von der Differenz der Menschen, und sie birgt Unsicherheit. So lange die Differenz als institutionalisiertes Herrschaftsinstrument benutzt wird, hat der Mensch einen festen von Geburt an ihm zugewiesenen Platz in der Gesellschaft. Der Bauer bleibt Bauer, der Adlige bleibt Adliger. Der eine bestellt im Schweiße seines Angesichts Tag aus, Tag ein seinen Acker, der andere herrscht und hat Privilegien. Ein solches Leben mag viele Ungerechtigkeiten enthalten, Unsicherheit enthält es nicht. Sobald die Differenz sich aber in der Freiheit zeigt, kann es keine Sicherheit mehr geben, weil die Differenz unbestimmt, sogar unbestimmbar ist. Nun wird genau der Punkt erreicht, an dem der Sklave sich vom Freien unterscheidet. Ist ein gewisser Wohlstand erreicht – dabei kommt es weniger auf objektiv Messbares als auf subjektive Gefühle an –, dann neigt die Sklavennatur dazu, das Erreichte zwanghaft festzuhalten; sie möchte am liebsten Stillstand. Die Freiheit liebt den Wechsel; für sie liegt der Reiz gerade in der Veränderung. Dies heißt aber nichts anderes, als einen Neuanfang zu wagen oder, anders formuliert, den Neuanfang als integralen Bestandteil des Lebens zu betrachten.

Die Sklavennatur unternimmt alle Anstrengungen, den erreichten Status zu wahren. Sie versucht, ihr Terrain abzusichern. Das kann sie nur im eigenen Umkreis tun, also in der Privatsphäre. Die Griechen haben aus gutem Grund diesem Bereich den Zugang zum Politischen verwehrt. Indem die Privatsphäre jetzt aber in den politischen Bereich vordringt, dominiert sie diesen zugleich, weil sie anders gar nicht darin existieren könnte. Tocqueville zeigt uns die Wirkung in seiner bekannten Klarheit: »Wenn die Bürger fortfahren, sich immer enger in den Umkreis ihrer kleinen häuslichen Anliegen einzuschließen und darin ruhelos tätig zu sein, so ist zu befürchten, daß sie zuletzt unzugänglich werden für jene großen und mächtigen öffentlichen Erregungen, die die Völker verwirren, sie aber vorwärtstreiben und erneuern. Wenn ich sehe, wie der Besitz so wandelbar und die Liebe zum Besitze so ängstlich und brennend wird, kann ich nicht anders als davor bangen, daß die Menschen am Ende jede neue Lehre als eine Gefahr ansehen, jede Neuerung als ärgerliche Störung, jeden sozialen Fortschritt als ersten Schritt zu

---

82 Alexis de Tocqueville, Über die Demokratie in Amerika, Band 2, Stuttgart 1962, S. 338

einer Revolution hin, und daß sie sich gänzlich jeder Bewegung enthalten aus Angst, von ihr fortgerissen zu werden.«[83]

Der Rückzug in die Sicherheit der Privatsphäre bedarf jedoch einer Absicherung des Umfeldes. Wieder sind wir beim Staat, und es kann nicht oft genug betont werden, dass wir es mit einer unaufhaltsamen Kraft zu tun haben, wenn wir den Weg zu beschreiten beginnen, wie er hier vorgezeichnet ist. Gegen die fürchterliche Logik gibt es kein Mittel mehr. Sie wird schließlich unser Denken bis in die letzten Verästelungen beherrschen. Hier gilt, wer A sagt, muss auch B sagen, hat gleichsam damit schon B gesagt.

Über den Bürgern »erhebt sich eine gewaltige, bevormundende Macht, die allein dafür sorgt, ihre Genüsse zu sichern und ihr Schicksal zu überwachen. Sie ist unumschränkt, ins Einzelne gehend, regelmäßig, vorsorglich und mild. Sie wäre der väterlichen Gewalt gleich, wenn sie wie diese das Ziel verfolgte, die Menschen auf das reife Alter vorzubereiten; statt dessen aber sucht sie bloß, sie unwiderruflich im Zustand der Kindheit festzuhalten; es ist ihr recht, daß die Bürger sich vergnügen, vorausgesetzt, daß sie nichts anderes im Sinne haben, als sich zu belustigen. Sie arbeitet gerne für deren Wohl; sie will aber dessen alleiniger Betreuer und einziger Richter sein; sie sorgt für ihre Sicherheit, ermißt und sichert ihren Bedarf, erleichtert ihre Vergnügungen, führt ihre wichtigsten Geschäfte, lenkt ihre Industrie, ordnet ihre Erbschaften, teilt ihren Nachlaß; könnte sie ihnen nicht auch die Sorge des Nachdenkens und die Mühe des Lebens ganz abnehmen?«[84] Kann man die Wirklichkeit moderner Wohlfahrtsstaaten genauer beschreiben?

Die Prognose von Marx, der Staat würde schließlich ganz absterben, wird in ihr Gegenteil verkehrt. Wer wollte hier allen Ernstes behaupten, der Staat diene vornehmlich den Interessen der Kapitalbesitzer und missachte die Sorgen der »kleinen Leute«? Der Staat ist zur umfassenden Schutzmacht aller sklavisch Denkenden geworden, und sucht schließlich noch das Denken selbst zu ersetzen. »Was liegt schließlich daran, daß eine Autorität stets einsatzbereit da ist, um über die Ungestörtheit meiner Vergnügungen zu wachen, die mir alle Gefahren vorweg beiseiteräumt, ohne daß ich daran zu denken brauche, – wenn diese Autorität, die mir die winzigsten Dornen vom Wege entfernt, gleichzeitig meine Freiheit und mein Leben völlig beherrscht, wenn sie jede Regung und das Dasein derart ausschließlich bestimmt, daß alles in Untätigkeit verharren muß, wenn sie selbst untätig ist, daß alles schläft, wenn sie schläft, alles zugrunde geht, wenn sie stirbt?«[85] Es wäre schön, wenn der Staat die Frei-Sein-Wollenden ließe und sich nur um diejenigen kümmern würde, die seiner Hilfe bedürfen. Das wiederum geht aber schon aus Gründen der Gleichheit nicht. So wird jeder in jeder nur denkbaren Weise bemuttert, ob er es will oder nicht.

Doch es bleibt bei Weitem nicht nur bei der Bemutterung, denn die Unermüdlichkeit des Staates kostet viel Geld. Das besorgt er sich bei denjenigen, die es

---

83 Alexis de Tocqueville, Über die Demokratie in Amerika, Band 2, Stuttgart 1962, S. 282
84 Alexis de Tocqueville, Über die Demokratie in Amerika, Band 2, Stuttgart 1962, S. 342
85 Alexis de Tocqueville, Über die Demokratie in Amerika, Band 1, Stuttgart 1959, S. 105

nach seiner Meinung haben, und zwar zum Teil auf schamlose Weise. »So beschränkt sich der Souverän nicht auf die Lenkung der öffentlichen Gelder; er mischt sich überdies in die privaten Vermögen ein; er ist das Oberhaupt jedes Bürgers und oft dessen Herr, und überdies macht er sich zu seinem Verwalter und seinem Schatzmeister.«[86] Wer sich je mit dem Thema der privaten Altersvorsorge auseinandergesetzt hat, der weiß, wovon hier die Rede ist. Mindestens der Besuch eines betriebswirtschaftlichen Seminars, besser jedoch ein vollständiger Hochschulabschluss in einschlägiger Fachrichtung ist die Voraussetzung dafür, die verschiedenen Vorteile gegeneinander abwägen zu können, um herauszufinden, ob sich eine Maßnahme lohnt oder nicht. Dies geschieht in allen Bereichen, über die der Staat seine ordnende Hand hält. Nie herrscht Transparenz, immer ist der Betroffene ausgeliefert und kann nur hoffen, in seinem bisherigen Leben keinen Fehler gemacht zu haben, der sich nun gegen ihn wendet. Aber selbst die möglichen Fehler können nicht etwa durch einfache vorausschauende Planung vermieden werden, weil sich zum einen die Grundlagen permanent ändern und zum anderen in vielen Bereichen keine Planungssicherheit besteht. Hier waltet schon das Prinzip der Entmündigung.

Was ist aber von den so konditionierten Menschen bei Wahlen zu erwarten? Wie soll jemand, dem nicht einmal zugetraut wird, ohne tief greifende weitere Vorschriften einen Geldbetrag zu seiner besseren Alterssicherung auf die Seite zu legen, schließlich in der Lage sein, eine vernünftige Regierung zu wählen? »In der Tat ist es schwer, sich auszudenken, wie es Menschen, die auf die Gewohnheit eigener Lenkung völlig verzichtet haben, gelingen könnte, diejenigen richtig auszuwählen, die sie führen sollen; und man wird uns nicht glauben machen, daß eine freiheitliche, tatkräftige und weise Regierung jemals aus den Wahlen eines Volkes von Knechten hervorgehen kann.«[87] Damit erzeugt sich das Problem immer wieder selbst, ein perfektes Perpetuum mobile. Und wo bleibt der Mensch? »Handwerker siehst du, aber keine Menschen, Denker, aber keine Menschen, Priester, aber keine Menschen, Herrn und Knechte, Jungen und gesetzte Leute, aber keine Menschen – ist das nicht, wie ein Schlachtfeld, wo Hände und Arme und alle Glieder zerstückelt untereinander liegen, indessen das vergoßne Lebensblut im Sande zerrinnt?«[88]

An der Größe der Verwerfungen kann die Größe der Anstrengungen ermessen werden, die notwendig ist, um der Richtung der Entwicklung nicht nur Einhalt zu gebieten, sondern sie umzukehren. Längst sind wir an die Grenzen dessen gestoßen, was wir so harmlos Wohlfahrtsstaat nennen. Ereignisse wie die jüngste Wirtschaftskrise helfen uns nur sehr kurzfristig, unsere fundamentalen Probleme auf einzelne gesellschaftliche Gruppen (Banker) zu projizieren. Die Wahrheit wird jedoch die Verabschiedung des gütigen »Vater Staat« erzwingen, der seinen Mitgliedern den anstrengungslosen Wohlstand vorgaukelt, den ein immer geringer werdender Teil der Gesellschaft zu erbringen hat, der von einem immer größer

---

[86] Alexis de Tocqueville, Über die Demokratie in Amerika, Band 2, Stuttgart 1962, S. 331
[87] Alexis de Tocqueville, Über die Demokratie in Amerika, Band 2, Stuttgart 1962, S. 345
[88] Friedrich Hölderlin, Hyperion, Sämtliche Werke und Briefe, Band 2, Frankfurt 1994, S. 168

werdenden Teil schamlos ausgenutzt wird. Auch diese Blase wird platzen, doch was kommt dann? Wie kann die Mehrheit gegen die Mehrheit rebellieren? Welches Ziel könnte eine solche Rebellion haben? Geschichtlich hat es dieses Problem noch nicht gegeben. Hier zeigen sich die Umrisse der Gefahr eines despotischen Totalitarismus ungeahnten Ausmaßes.

Die Welt steht auf dem Kopf, strengen wir uns gemeinsam an, sie wieder auf die Füße zu stellen. Wir alle, die Mehrheit und die vielen Minderheiten haben keine andere Chance, als nach Wegen zu suchen, das Diktat der einen über die anderen zu beenden, und uns zu fragen, wie eine Versöhnung aussehen könnte. Lassen wir zum Schluss dieses Abschnitts noch einmal Tocqueville zu Wort kommen, mit einem Appell, der an Eindringlichkeit, Genauigkeit und vor allem Richtigkeit nichts zu wünschen übrig lässt. Nur auf diese Weise kann so etwas wie eine Versöhnung erreicht werden: »Daher müssen die wahren Freunde der Freiheit und der menschlichen Größe vor allem in den demokratischen Zeiten, in denen wir leben, unaufhörlich bereitstehen, um zu verhindern, daß die Sozialgewalt leichtfertig die Privatrechte einiger Menschen der allgemeinen Ausführung ihrer Pläne opfere. In diesen Zeiten gibt es keinen noch so unbedeutenden Bürger, den man ohne Gefahr unterdrücken lassen darf, und keine noch so unwichtigen persönlichen Rechte, die man ungestraft der Willkür preisgeben kann. Der Grund hierfür ist einfach: verletzt man das Privatrecht eines Menschen in einer Zeit, da der menschliche Geist von der Bedeutung und der Heiligkeit solcher Rechte durchdrungen ist, so fügt man nur dem ein Übel zu, dem man sie raubt; aber ein ähnliches Recht heutzutage mißachten, heißt die nationalen Sitten im Tiefsten verderben und die ganze Gesellschaft in Gefahr bringen; denn eben die Idee dieser Art von Rechten neigt bei uns fortwährend dazu, entstellt zu werden und verloren zu gehen.«[89]

89 Alexis de Tocqueville, Über die Demokratie in Amerika, Band 2, Stuttgart 1962, S. 351

»27. August 1967 Sonntag

Die Ostdeutschen an der Macht sagen: Soeben führen wir die
Fünftagewoche zu 43 ¾ Stunden ein, eine einzigartige
sozialistische Errungenschaft. [...] Die New York Times sagt: In
den U.S.A. wurde die Vierzigstundenwoche 1938 eingeführt.«

Uwe Johnson[90]

2.3   DAS PRIMAT DER ÖKONOMIE

2.3.1   EINLEITENDE BEMERKUNGEN

Seit Adam Smith den Nachweis erbracht hat, dass der Reichtum der Nationen
durch eine vernünftige Arbeitsorganisation wie in England entsteht und nicht
durch Raub von Gold, wie es vor allem die Spanier und Portugiesen in ihren
Kolonien gemacht haben, sind Fragen der ökonomischen Gestaltung der Gesellschaften ins Zentrum politischer Überlegungen gerückt. Verstärkt wurde dieser
Trend sowohl durch den Siegeszug der Demokratien im 19. Jahrhundert als auch
durch die Oktoberrevolution in Russland, deren Ergebnis zum ersten Mal in der
Geschichte der Menschheit ein Staat war, dessen gesamter Fokus auf der bewussten Anwendung ökonomischer Gesetze zur Entwicklung einer ganzen Gesellschaft
beruhte. Seinen Gipfelpunkt erreichte dieser Trend in den Staaten Westeuropas
Ende des Zweiten Weltkriegs, als sich, vom »Wirtschaftswunder« Westdeutsch-
lands getrieben, der Begriff des Wohlstandsstaates durchsetzte. »Wohlstand für
alle« war nun nicht mehr nur eine in die Zukunft weisende Floskel, sondern täglich stärker werdende Realität. Inzwischen sind Fragen der Wirtschaft – und dazu
gehören im erweiterten Sinne auch alle Fragen des Sozialen – so dominant geworden, dass Politik im Wesentlichen aus Wirtschafts-, Sozial- und Finanzpolitik mit
angehängten Zusatzressorts besteht. Als hätte Adam Smith mit seinem Werk »Der
Wohlstand der Nationen« so etwas wie eine Weltformel gefunden, geht es seitdem, und zwar mit deutlich zunehmender Gewichtung, im politischen Raum vornehmlich um Fragen der Vermehrung des Reichtums und dessen gerechter Verteilung.
    Dabei spielt die schiere Sicherung des Lebens, die ja noch so etwas wie eine
vernünftige Begründung abgeben könnte, längst keine Rolle mehr. Stattdessen hat
eine in der Geschichte der Menschheit beispiellose Fokussierung auf Reichtum um
seiner selbst willen Platz gegriffen, die zu abstrusen Schlussfolgerungen führt.
Fast täglich lesen wir über die dramatische Zunahme der Armut in unserem Land,
als wären wir ein Volk Verhungernder. Dies natürlich ungeachtet der zunehmenden Müllberge, die für alles stehen, nur nicht für eine Zunahme der Armut.

---

[90] Uwe Johnson, Jahrestage, Frankfurt am Main 1983, S. 27

Spätestens seit Marxens Werk Eingang in die Arbeiterbewegung gefunden hat, ist die Bedeutung der wirtschaftlichen Rahmenbedingungen als Fundament einer jeglichen politischen Ordnung klar. Auf jenen baut diese auf, Politik und Ökonomie hängen aufs Engste zusammen. Politik im gesellschaftlichen Kräftespiel ist weitgehend als abhängige Variable der Ökonomie zu betrachten. Der Bereich der Ökonomie – auch dies eine allgemeingültig gewordene Erbschaft von Karl Marx – kann prinzipiell auf zwei sich mehr oder weniger unversöhnlich entgegenstehende Weisen organisiert werden: entweder auf kapitalistische oder auf sozialistische. Die aus der jeweiligen Wirtschaftsweise resultierende Gesellschaftsformation wird dann entsprechend als Kapitalismus oder Sozialismus bezeichnet. Die Auseinandersetzung zwischen Kapitalismus und Sozialismus war sicherlich eines der herausragenden politischen Themen des 20. Jahrhunderts. Trotz des kläglichen Scheiterns der realsozialistischen Modelle Ende des 20. Jahrhunderts hat die Frage nach der »richtigen« ökonomischen Ausrichtung der Gesellschaft noch immer höchste Relevanz im politischen Raum, und keine Beschäftigung mit der Frage »Wohin treibt die Politik?«[91] kann darauf verzichten, sich der Auseinandersetzung zwischen Kapitalismus und Sozialismus zu stellen.

Der Umfang der Fragestellung verbietet jedoch eine ausführliche Erörterung der Thematik. Insbesondere kommt es hier nicht darauf an, zwischen den einzelnen sich oft heftig bekämpfenden »Sozialismen« zu unterscheiden. Im Folgenden wird nicht zwischen Sozialismus und Kommunismus getrennt, bezieht sich deren Differenz doch im Wesentlichen auf die Fragen der Durchsetzung der je eigenen Weltanschauung (revolutionär oder reformistisch) bzw. auf in fernen Zeiten liegende eschatologische Heilserwartungen. Wesentlicher ist es, die Grundprinzipien dessen, was man unter Kapitalismus zu verstehen hat, und dessen, was die verschiedenen sozialistischen Strömungen miteinander vereint, herauszuarbeiten.

Wie sich zeigen wird, verbindet die kapitalistische und die sozialistische »Weltanschauung« weit mehr, als sie trennt. Auf jeden Fall geht die Ökonomisierung des politischen Raums mit einer entscheidenden Schwächung des Politischen selbst einher. Bevor dies jedoch mit der notwendigen Stringenz hergeleitet werden kann, ist es erforderlich, die grundlegenden Modelle dessen, was wir heute unter Kapitalismus und Sozialismus verstehen, darzustellen. Beide Begriffe zeichnen sich durch gewollte Unschärfe aus, finden sie doch als Kampfbegriffe im politischen Tagesgeschehen ihre Verwendung. Häufig steht der Kapitalismus für alles Schlechte, der Sozialismus jedoch für das Gute dieser Welt. Wenn jedoch Begriffe als suggestive Mittel im politischen Tageskampf eingesetzt werden, ist höchste Vorsicht geboten. Je klarer der Begriff zu sein scheint, desto größer ist im Regelfalle seine Differenz zur zu begreifenden Sache. Um eine vernünftige Basis für unser Urteil zu erlangen, ist es notwendig, die Begriffe Kapitalismus und Sozialismus zu klären.

---

[91] Die Frage ist angelehnt an Karl Jaspers, Wohin treibt die Bundesrepublik? Tatsachen, Gefahren, Chancen, München 1966

Die Bourgeoisie »hat bewiesen, was die Tätigkeit der Menschen zustande bringen kann. Sie hat ganz andere Wunderwerke vollbracht als ägyptische Pyramiden, römische Wasserleitungen und gotische Kathedralen, sie hat ganz andere Züge ausgeführt als Völkerwanderungen und Kreuzzüge.«

Karl Marx, Friedrich Engels[92]

2.3.2 WAS HEISST KAPITALISMUS?

Der Begriff des Kapitalismus ist das Abstraktum von Kapital, was von dem lateinischen *capitalis* - Haupt, Kopf abgeleitet ist. Ursprünglich war damit die Kopfzahl des Viehbestandes gemeint, im Unterschied zum Zuwachs (= Zinsen) der frisch geworfenen Tiere.[93] Das umfangreichste Wörterbuch der deutschen Sprache, das Wörterbuch der Brüder Grimm, dessen erster Band 1854 veröffentlicht wurde, enthält zum Beispiel weder einen Hinweis auf Kapital noch auf Kapitalismus. Auch das Werk des bedeutendsten Kritikers des gesellschaftlichen Kapitalverhältnisses, Karl Marx, benutzt den Begriff nur an zwei unbedeutenden Stellen. Zwar wird er im angelsächsischen Sprachbereich häufiger verwendet, dort aber unbefangen und ohne die im deutschsprachigen Raum oftmals mitschwingenden ideologischen Vorbehalte. Da hier keine ideologische Auseinandersetzung stattfinden soll, wird es im Folgenden darauf ankommen, eine vernünftige Arbeitsgrundlage zu erstellen, in der die Substanz des Begriffes herausdestilliert wird. Wenden wir uns der Herkunft dessen zu, was der Begrifflichkeit zugrunde liegt. Dazu kehren wir zu Adam Smith, dem Begründer der modernen Wirtschaftstheorie, und seinem Werk »Der Wohlstand der Nationen«[94] zurück. Sein Anliegen war es, den Ursachen für die Entstehung des Reichtums auf die Spur zu kommen. Adam Smith hat zwar keine wirklich neuen Entdeckungen gemacht, seine gedankliche Konstruktion führte aber zu vielen neuen Erkenntnissen. So gesehen kann er als der Vater der modernen Volkswirtschaftslehre angesehen werden.

Auf den ersten Blick führt das Anhäufen von Gold und Silber zu Reichtum. Adam Smith bemerkt dazu: Man hält in einem Land »das Anhäufen von Gold und Silber überall für den schnellsten Weg, um es reich zu machen. Wenn die Spanier einige Zeit nach der Entdeckung Amerikas an einer unbekannten Küste landeten, war gewöhnlich ihre erste Frage, ob es in der näheren Umgebung Gold oder Silber gäbe. Von der Antwort auf diese Frage hing es dann ab, ob sie es der Mühe wert fanden, dort eine Niederlassung einzurichten oder das Land zu erobern.«[95] Doch dabei machte er eine überraschende Entdeckung. Nicht die Spanier und Portugiesen, die ungeahnte Reichtümer aus ihren Kolonien in ihr jeweiliges Mutterland überführt hatten, sondern die Engländer waren damals das reichste Land der Erde. Wie war das möglich?

---

[92] Karl Marx, Friedrich Engels, Manifest der Kommunistischen Partei, MEW Band 4, Berlin 1977, S. 465
[93] Vgl. Kluge, Etymologisches Wörterbuch der deutschen Sprache, Stichwort: Kapital, Berlin – New York 2002
[94] Vgl. Adam Smith, Der Wohlstand der Nationen, München 1974
[95] Adam Smith, Der Wohlstand der Nationen, München 1974, S. 348

Im Grunde war das sehr einfach: Gold und Silber konnten zwar unmittelbaren Reichtum bewirken, ihn aber nicht erhalten, also reproduzieren. Metaphorisch gesprochen hatten Gold und Silber die Eigenschaft zu verdunsten, wenn es keine Kraft zur Reproduktion von Reichtum gab. Was aber war die reproduzierende Eigenschaft des Wertes oder anders gefragt: Welche Kraft konnte Reichtum hervorbringen? Die Antwort von Adam Smith auf diese Frage war einfach. »Nicht mit Gold oder Silber sondern mit Arbeit wurde aller Reichtum dieser Welt letztlich erworben.«[96]

In diesem Satz liegt die zentrale Erkenntnis der frühen Nationalökonomie. Arbeit ist die Reichtum schaffende Kraft, weil sie sich selbst und damit auch den Reichtum reproduziert. Zugleich mit ihrer Kraft, Reichtum zu schaffen, ist Arbeit auch der allgemeine Maßstab für den Tauschwert der Waren, zumindest jener, die beliebig reproduzierbar sind. Arbeit als Reichtum schaffende Kraft war denn auch Basis für die gesamte klassische Phase der Nationalökonomie von Smith über Ricardo bis zu Marx, dessen ökonomische Analysen auf den Erkenntnissen von Smith aufbauten. Erst als sich durch Marx die gefährlichen Implikationen der Theorie der Reichtum schaffenden Kraft der Arbeit in aller Deutlichkeit zeigten, rückte die Nationalökonomie immer weiter von ihren klassischen Wurzeln ab und wandte sich schließlich der sogenannten Nutzentheorie zu, nach der sich Begriffe wie Reichtum und Wert nur noch an Nutzenüberlegungen der Einzelnen orientieren sollten. Wert hat eine Sache nur so viel, wie der einzelne Nachfrager ihr beimisst. Ein Pferd kann danach den Wert eines Königreiches haben, wie der berühmte Ausruf Richards III. belegt: »Ein Pferd! ein Pferd! mein Königreich für'n Pferd.«[97]

Da hier keine ökonomische Grundsatzdebatte eingeleitet werden soll, wird dieser Gedanke nicht weiter verfolgt. Viel wichtiger bleibt der Gedanke, der der Arbeit die (einzige) Wert schaffende Kraft beimisst, denn dieser Gedanke gilt bis in die heutige Zeit und ist immer noch Grundlage aller sozialistischen bis hin zu sozialdemokratischen Überlegungen zur Gestaltung des Arbeitsprozesses und der daraus folgenden Ergebnisverteilung. Jede Berufung auf Marx in dieser Hinsicht ist dementsprechend auch eine Berufung auf Adam Smith. Wenn die Arbeit schon die Werte schafft, dann soll sie doch auch den wesentlichen Anteil am Reichtum haben. Dies ist so etwas wie eine sozialistische Grundmoral, an deren Wahrheit zu rütteln gleichbedeutend ist mit dem Ausschluss aus der sozialistischen Wertegemeinschaft. Dies ist aber eine Verkürzung, der Smith jedenfalls nicht zugestimmt hätte.

Es gilt hier, zunächst einmal zwei wesentliche Punkte im Zusammenhang mit der Arbeit zu betrachten, die jeder Analyse des Zusammenhangs zwischen Wert und Arbeit zugrunde gelegt werden müssen. Der erste Punkt ist eigentlich eine Selbstverständlichkeit. Er betrifft den Sinn oder, besser formuliert, den Inhalt von Arbeit.

---

[96] Adam Smith, Der Wohlstand der Nationen, München 1974, S. 28
[97] William Shakespeare, König Richard III., 5. Aufzug, 4. Szene

Nicht jede Form von Arbeit schafft Reichtum oder ermöglicht die Schaffung von Reichtum. Wenn eine Gruppe von Arbeitern jeden Tag einen Graben gräbt, den sie am Abend wieder zuschaufelt, dann erfüllt diese Gruppe ersichtlich alle Eigenschaften des Typus »Straßenbauarbeiter«, ohne auch nur ein Gran Reichtum zu schaffen. Weniger klar, aber in der Tendenz in der gleichen Weise wirkend, verhält es sich mit der Herstellung von Produkten, die keinen Abnehmer finden. Auch hierbei wird der gesellschaftliche Reichtum nicht vermehrt, sondern durch Arbeit sogar verzehrt. Ganz so einfach ist es mit dem Zusammenhang zwischen Arbeit und Reichtum also doch nicht.

Eine notwendige Bedingung für die Reichtum schaffende Wirkung von Arbeit ist die Herstellung sinnvoller Produkte, wobei unter »sinnvoll« hier ganz einfach eine wirksame Nachfrage nach den hergestellten Produkten verstanden wird, sie also von wem auch immer gekauft werden. Die Arbeit enthält also keinesfalls per se in sich ihren Sinn, der muss ihr von außen beigegeben werden. Wie jede Sinngebung ist auch jene der Arbeit eine durchaus riskante Sache, weiß doch der Produzent nie, ob das von ihm hergestellte Produkt auch wirklich nachgefragt wird. So lange er eine vorher existierende Nachfrage abdeckt, mag der Zusammenhang noch einfach sein. Dies ändert sich aber fundamental mit der industriellen Produktion, die immer (auch) in die Zukunft produziert, also einen Abnehmer für die Produkte erst noch finden muss. Die ökonomischen Klassiker haben auf Betrachtungen der vorliegenden Art weitgehend verzichtet, waren deren Wirkungen ihnen doch selbstverständlich und kannten sie vor allem noch nicht die aus der »Arbeitswerttheorie« folgenden ideologischen Implikationen.

Der zweite Punkt betrifft die Organisation der (sinnvollen) Arbeit, die sich erheblich, wenn nicht entscheidend auf ihren »Reichtums-Erfolg« auswirkt. Die Arbeit mag zwar den Reichtum schaffen, entscheidend ist aber ihre *Produktivität*. Weil ihm dies so wichtig ist, beginnt Adam Smith sein Werk mit der Betrachtung der Arbeitsteilung, die wesentlichen Einfluss auf die Produktivität der Arbeit hat. Der erste Satz von »Der Wohlstand der Nationen« lautet: »Die Arbeitsteilung dürfte die produktiven Kräfte der Arbeit mehr als alles andere fördern und verbessern.«[98] Zum Beleg seiner Aussage führt Smith sein berühmtes Stecknadelbeispiel an, bei dem er eine Produktivitätssteigerung sogar von einfacher Arbeit auf das 240- bis 480-Fache feststellt. Dies relativiert die Bedeutung der Arbeit für die Entstehung von Reichtum doch erheblich.

In der Zeit, in der Smith sein Werk geschrieben hat, entstanden die ersten Industriebetriebe, die die bisher übliche Arbeitsweise der Manufaktur immer mehr ablösten. Zur Arbeitsweise der industriellen Fertigung benötigte man Maschinen. Vor allem die Anfang des 18. Jahrhunderts entwickelte Dampfmaschine erlangte hierzu eine überragende Bedeutung und wurde zum Motor der sich immer rascher vollziehenden Industrialisierung. Industrialisierung mit entsprechendem Maschineneinsatz bedeutet abstrakt gesprochen den Einsatz von Kapital. Unter Kapital kann man die zur Erzeugung von Produkten und Dienstleistungen notwendigen Mittel (Produktionsmittel) verstehen, also Maschinen, Anlagen und Werkzeuge.

---

[98] Adam Smith, Der Wohlstand der Nationen, München 1974, S. 9

So gesehen ist der Begriff völlig neutral, und auch eine sozialistische Wirtschaftsweise könnte auf den Einsatz von Kapital im hier genannten Sinne nicht verzichten. Das Arbeitsprodukt setzt sich also mindestens aus zwei Teilen zusammen: der aufgewendeten Arbeit und dem eingesetzten Kapital. Beide Teile beanspruchen eine Vergütung, weil zum einen der Arbeiter nicht arbeiten würde, wenn er keinen Lohn erhielte und zum anderen das Kapital auch nicht vom Himmel fällt, sondern von jemandem bereitgestellt werden muss, der dafür eine Vergütung erwartet, weil er es sonst nicht zur Verfügung stellen würde.

Man könnte nun denken, dass die Vergütung des Kapitals eine Art von Lohn für Überwachung und Leitung darstellen würde. Doch Smith klärt uns unmissverständlich auf: Der Kapitalgewinn »ist etwas ganz anderes, wird auch von ganz anderen Grundsätzen bestimmt und steht in keiner Beziehung zur Menge, zur Härte oder zur Fertigkeit dieser angeblichen Arbeit einer Aufsicht und Leitung. Er wird allein vom Wert des eingesetzten Kapitals bestimmt und er ist abhängig von dessen Umfang.«[99] Damit hat die Vergütung des Kapitaleinsatzes – Profit genannt – eine starke Ähnlichkeit mit dem Zins, dessen absolute Höhe, bei gegebenem Zinssatz, ja auch ausschließlich von der Höhe des verliehenen Kapitals abhängt.

Wir nähern uns einem bedeutsamen Punkt, wenn wir uns fragen, woher die starke Aversion gegen den Profit kommt, die nicht nur unter bekennenden Sozialisten aller Couleur, sondern auch sonst in weiten Teilen der Bevölkerung verbreitet ist. Dabei erwarten wir doch selbstverständlich Zinsen auf unsere Spareinlagen, und doch bleibt die Aversion gegen den Profit, obwohl dieser in der Regel unmittelbarer zu Investitionen in die wirtschaftliche Produktivität führt und damit die Entwicklung (auch) gesellschaftlichen Reichtums mehr fördert als etwa einfache Spareinlagen. Die Aversion hat ihre Wurzeln im christlichen Zinsverbot, das die katholische Kirche erst im Jahre 1822 endgültig abgeschafft hat.[100] War es aber nicht das Zinsverbot, das jahrhundertelang als Vorwand für Antisemitismus diente, denn den Juden war es erlaubt, auf ausgeliehenes Kapital Zinsen zu verlangen? War es nicht der »raffgierige Jude«, der den Nazis als Folie ihres mörderischen Hasses diente, weil er angeblich hemmungslos Profite einstrich und dabei das deutsche Volk ausbluten ließ? War die nationalsozialistische Forderung nach »Brechung der Zinsknechtschaft« nicht vor allem gegen alle Arten von Profit gerichtet? Wir sollten uns hüten, uns hier gähnend abzuwenden, weil dies längst vergessene Probleme von gestern seien. Erst in der jüngsten Wirtschaftskrise erreichte die Aversion gegen den Profit neue Höhepunkte, als alle Parteien in Deutschland publikumswirksam die Profitgier der Manager geißelten. Manager erhalten Lohn, erzielen aber keinen Profit. Doch auf solche Feinheiten kommt es in der politischen Debatte nicht wirklich an.

Die Arbeitsteilung bedingt eine Tauschwirtschaft, denn der Einzelne ist nicht mehr in der Lage, seine Bedürfnisse allein durch eigenes Zutun zu befriedigen. Er braucht dazu andere. Schon dadurch konstituiert sich Gesellschaft. Der Tausch

99 Adam Smith, Der Wohlstand der Nationen, München 1974, S. 43
100 Vgl. www.wikipedia.de, Stichwort: Zinsverbot

findet nach Smith prinzipiell als Äquivalententausch statt, das heißt, die Tauschenden tauschen gleiche Werte. Ein Betrügen mag zwar im Einzelfalle vorkommen, als gesellschaftliches Prinzip eignet sich ein solches Verfahren jedoch nicht. Da sich die Werte aus den in den Produkten enthaltenen Arbeitszeiten ergeben, werden gleiche Arbeitszeiten getauscht. Das berühmte Hirsch-Biber-Beispiel von Smith dokumentiert den Sachverhalt deutlich. »Bedarf es beispielsweise in einem Jägervolk gewöhnlich doppelt so vieler Arbeit, einen Biber zu töten, als einen Hirsch zu erlegen, sollte natürlich im Tausch ein Biber zwei Hirsche wert sein.«[101] Auf diese Weise tauschen sich alle Produkte, also auch die Arbeit selbst. Was bedeutet dies aber beim Tausch von Arbeit, genauer gesagt der Arbeitskraft? Das heißt, die Arbeitskraft tauscht sich zu dem Wert, der zu ihrer Reproduktion erforderlich ist. Bei diesen Überlegungen stieß Smith auf das Problem des Mehrwerts oder, in Geldkategorien ausgedrückt, des Profits, den er mit seinem Modell nicht erklären konnte.

Wenn jeder Tauschvorgang auf der Basis von Äquivalenten stattfindet, woher kommt dann der Profit? Adam Smith vermochte das Problem nicht zu lösen. Erst Marx kam ihm auf die Spur. Die Lösung soll kurz zusammengefasst werden. Jede Ware hat zwei Werte, einen Gebrauchswert und einen Tauschwert. Dies war schon lange vor Marx bekannt, ist aber wichtig für seine Argumentation. Wer eine Ware kauft, kauft damit die unbeschränkte Nutzung ihres Gebrauchswertes. Dies gilt selbstverständlich auch für die Ware »Arbeitskraft«. Diese Ware hat aber eine besondere Eigenschaft: Ihr Gebrauchswert ist in Geld ausgedrückt größer als ihr Tauschwert, jedenfalls dann, wenn der Arbeitstag länger dauert als das Zeitquantum, das der Arbeiter zu seiner eigenen Reproduktion braucht. Würde er kürzer arbeiten, dann wäre sein Gebrauchswert geringer als sein Tauschwert und eine Reichtum produzierende Produktion nicht möglich. Dann könnte der Arbeiter aber gemäß Voraussetzung auch nicht leben. Diese Differenz eignet sich der Käufer der Ware Arbeitskraft zu Recht an. Marx bemerkt dazu: »Der Gebrauchswert der Arbeitskraft, die Arbeit selbst, gehört eben so wenig ihrem Verkäufer, wie der Gebrauchswert des verkauften Öls dem Ölhändler. Der Geldbesitzer hat den Tageswert der Arbeitskraft bezahlt; ihm gehört daher ihr Gebrauch während des Tages, die tagelange Arbeit. Der Umstand, daß die tägliche Erhaltung der Arbeitskraft nur einen halben Arbeitstag kostet, obgleich die Arbeitskraft einen ganzen Tag wirken, arbeiten kann, daß daher der Wert, den ihr Gebrauch während eines Tages schafft, doppelt so groß ist als ihr eigner Tageswert, ist ein besondres Glück für den Käufer, aber durchaus kein Unrecht gegen den Verkäufer.«[102] Aus diesem Mehrwert bildet sich der Profit, das Rätsel von Adam Smith ist gelöst.

Wie Marx in aller Deutlichkeit feststellt, liegt in der Entstehung des Mehrwerts und seiner Aneignung durch den Kapitalisten durchaus kein Unrecht gegenüber dem Arbeiter. Später gebraucht er den etwas unglücklichen Begriff der Ausbeutung für diesen Vorgang und hebt damit die nüchterne Analyse des Tauschvorgangs zwischen Kapital und Arbeit auf eine ideologische Ebene, die letztlich den

---

[101] Adam Smith, Der Wohlstand der Nationen, München 1974, S. 42
[102] Karl Marx, Das Kapital, Band 1, Berlin 1972, S. 208

Antagonismus zwischen Kapital und Arbeit erklärt und zur Grundlage des Klassenkampfes wird. Dies alles sind komplexe ökonomische Fragestellungen, die jedoch den Rahmen der vorliegenden Ausführungen sprengen. Zudem greift die Kritik am kapitalistischen System zwar gerne auf Marx zurück, aber nur in rudimentärer und meist auch entstellter Form. Nur so viel noch an dieser Stelle: Die Kritik am kapitalistischen System entzündet sich bei der vorliegenden Fragestellung in aller Regel an der Kritik eines ungerechten, weil zu niedrigen Lohns. Diese Kritik hat Marx in seiner oben zitierten Aussage unmissverständlich widerlegt: Der Marktpreis für die Ware Arbeitskraft ist nicht ungerecht. Die Argumentation mag sich berufen, auf wen sie will, auf Marx kann sie es nicht.

Weniger ideologisch wird Kapitalismus auch als Marktwirtschaft bezeichnet, wobei dem Begriff der Marktwirtschaft bisweilen Attribute zugewiesen werden, zum Beispiel Soziale Marktwirtschaft. Was aber ist der Markt? In seiner einfachsten Form wird Markt als Zusammentreffen von Angebot und Nachfrage definiert. Demnach ist es weitgehend sinnlos, etwa von sozialem Markt zu reden, denn Markt ist per definitonem etwas Gemeinsames, also Soziales. Es ist unschwer zu erkennen, dass der Zusammenhang komplexer ist, als er zunächst erscheint. Auf dem Wochenmarkt ist der Zusammenhang noch einfach. Es treffen sich die Anbieter aus der Umgebung, um im Regelfalle ihre landwirtschaftlichen Erzeugnisse anzubieten. Alle Produkte sind in Vielfalt vorhanden, der Käufer kann sich die angebotenen Waren ansehen und nach Qualität und Preis kaufen. Der Verkäufer, der für seine Waren einen zu hohen Preis verlangt, wird sie nicht absetzen können und seinen Preis so lange reduzieren müssen, bis er konkurrenzfähig ist, also im Preis mit den anderen Angeboten (mindestens) gleichgezogen hat. Wir sehen hier wesentliche Merkmale eines funktionierenden Marktes. Auf einem funktionierenden Markt müssen:

- ein hinreichendes Angebot,
- eine hinreichende Nachfrage,
- Transparenz,
- Konkurrenz und
- Elastizität der Marktteilnehmer

vorhanden sein. Wenn im Folgenden von Markt gesprochen wird, so ist immer ein funktionierender Markt gemeint. Alles andere ergibt keinen Sinn. Wenn etwa in der Wüste einem Verdurstenden von einem (reichlich) Wasser Besitzenden ein Glas Wasser angeboten wird, dann wird dies kein ernsthafter Mensch als Zusammentreffen von Angebot und Nachfrage, also als Markt bezeichnen.

Transparenz heißt, die Marktteilnehmer überblicken das Marktgeschehen hinreichend, Konkurrenz, die einzelnen Anbieter arbeiten nicht mittels Preisabsprachen zusammen, sondern versuchen jeweils, möglichst viele ihrer Produkte zu verkaufen. Elastizität schließlich beschreibt die Flexibilität der Marktteilnehmer, auf Veränderungen des Marktgeschehens reagieren zu können. Ein Beispiel für fehlende Elastizität ist etwa der Christbaumkauf an Heiligabend. Der Käufer will unbedingt zu Heiligabend einen Christbaum haben, denn später kann er ihn nicht mehr verwenden, der Verkäufer will unbedingt seinen Christbaum verkaufen, denn nach Heiligabend kauft ihn niemand mehr.

Wenn alle diese Bedingungen erfüllt sind, dann besteht sowohl ein umfassendes Angebot als auch eine optimale Preisbildung, das heißt, kein Verkäufer bleibt auf einem Stück sitzen, das er zum sich ergebenden Marktpreis verkaufen möchte, kein Käufer geht mit leeren Händen nach Hause, obwohl er bereit gewesen wäre, den Marktpreis zu bezahlen. Bis hierher gibt es keine gravierenden Widersprüche zwischen der sogenannten objektiven Preislehre der ökonomischen Klassiker, nach denen sich der Preis aus dem Arbeitsquantum zur Herstellung der Produkte ergibt, und dem hier genannten Beispiel, denn die Anbieter werden ihre Waren nicht unter ihren Kosten verkaufen und wollen außerdem einen Gewinn erzielen.

Die ersten beiden der oben genannten fünf Punkte sind in aller Regel bei industriell gefertigten Gütern erfüllt. Fehlt zu einem Angebot die Nachfrage, dann verliert es seinen Wert, wird entweder billiger angeboten oder vom Markt genommen. In dieser Hinsicht steuert der Markt nicht nur die Preise, sondern auch das Angebot. Da dies durch eine Vielzahl von Anbietern und Nachfragern geschieht, sind der Markt und die mit ihm zusammenhängende Wirtschaftsweise, die Marktwirtschaft, die adäquate Form in einer Demokratie, die zudem noch in erheblichem Maße Minderheiten berücksichtigt, denn auch diese entfalten eine Nachfragemacht und es gibt Anbieter, die auch »Nischenprodukte« anbieten. Im Regelfalle ist eine Marktwirtschaft jeder dirigistischen Angebotserstellung und -verteilung überlegen. Dies gilt umso mehr, als jede andere Wahl der Nachfrage- und Angebotsbestimmung sofort die Frage aufwirft, wer bestimmt, was wann in welcher Anzahl und zu welchem Preis angeboten wird. Schließlich gibt es kein Beispiel einer Reichtum produzierenden Gesellschaft, bei der eine andere als eine Marktregelung zu einem auch nur einigermaßen befriedigenden Ergebnis geführt hätte. Das Beispiel der realsozialistischen Länder, in denen Winterhemden im Sommer angeboten wurden, wirkt abschreckend genug.

Wer je im sozialistischen Vorbildland Kuba war und dort gesehen hat, wie fast alle Waren zu kaufen sind, allerdings mit zwei unterschiedlichen Währungen, dem Peso convertible, für den es alles zu kaufen gibt, was in Kuba angeboten wird und dem Peso Cubano, für den der Käufer, wenn er Glück hat, ein paar Grundnahrungsmittel, aber nichts sonst kaufen kann, der weiß, wohin eine fehlende Marktregulierung führt. Das Problem besteht nur darin, dass der gewöhnliche Kubaner über keine Peso convertible verfügt, sofern er keine ihn unterstützenden Verwandten in den USA hat oder nicht im Tourismusbereich beschäftigt ist.

Aber auch die Gleichsetzung von Marktwirtschaft und Kapitalismus ist sehr verkürzt, denn es ist keinesfalls so, dass Kapitalisten sich immer einen freien Markt wünschen. Sie wollen ihre Waren zu einem möglichst hohen Preis verkaufen, und dabei stört der Markt durchaus. Deshalb sind zahllose Beispiele aus der Wirtschaftsgeschichte bekannt, in denen Kapitalisten größte Anstrengungen unternommen haben, den Markt auszuschalten, wobei Kartellabsprachen noch zu den harmloseren Mitteln zählen. Jede Form der Privatwirtschaft bedarf staatlicher Regelungen. Diese sollten sich aber darauf beschränken, das *Marktgeschehen zu ermöglichen*, statt den Markt abzuschaffen und durch bürokratische Regelungen zu ersetzen.

Das Beispiel von Marx, in dem frei assoziierte Produzenten nach den wirklichen Bedürfnissen der Gesellschaftsmitglieder in freier Auseinandersetzung produzieren, setzt zumindest den Abschied von der dynamischen Reichtumsproduktion voraus und könnte ohne einen Markt ebenfalls nicht funktionieren. Dies ist einfach verständlich. Betrachten wir dazu zunächst den ersten Teil der Behauptung. Für die dynamische Reichtumsproduktion gibt es keinen besseren Generator als die von Marx sogenannte Bourgeoisie, heute als Kapitalisten bezeichnet. »Die Bourgeoisie hat in ihrer kaum hundertjährigen Klassenherrschaft massenhaftere und kolossalere Produktionskräfte geschaffen als alle vergangenen Generationen zusammen.«[103] Wenn also die Reichtumsproduktion weitergehen soll, dann gibt es keinen Grund, auf die Kapitalisten zu verzichten. Nur wenn die Reichtumsproduktion nicht mehr möglich ist, da sie an ihre Grenzen gestoßen oder nicht mehr notwendig ist, weil wir bereits genügend Reichtum besitzen, kann es sinnvoll sein, die Produktion durch frei assoziierte Produzenten lenken zu lassen.

Marx ging bereits in der zweiten Hälfte des 19. Jahrhunderts von einem erreichten Reichtumsniveau aus, das einer Ausweitung nicht mehr bedarf. Machen wir uns klar, wie stark die Reichtumsproduktion seit dieser Zeit zugenommen hat, dann verdeutlicht dies die Differenz der heute gängigen Anschauungen zu der von Marx auf drastische Weise. Wo finden wir den Sozialisten, der die Dynamik der Reichtumsproduktion brechen möchte? Selbst Umweltschützer hüten sich in der Regel, die Reichtumsproduktion als Prinzip infrage zu stellen. Stattdessen wollen sie den Reichtum mit anderen Produkten vermehren, eine Denkweise, die bestenfalls dem Totalitarismus in Form eines Produktionsdiktats den Boden bereitet, an den Problemen der dynamischen Reichtumsproduktion aber nichts ändert.

Der zweite Teil der Behauptung ist leicht zu verifizieren. So lange es kein Verfahren gibt, das auch nur annähernd der Wertfreiheit des Marktes entspricht und der Steuerung der Produktion und Verteilung besser genügt, bewegen wir uns mit Forderungen nach einer Abschaffung des Marktes im Rahmen des Kapitalismus, der dies ja aus verschiedensten Gründen will, oder aber im Wolkenkuckucksheim. Denn immer wieder stellt sich in solchen Zusammenhängen die Frage, wer sonst soll über die hergestellten Produkte und die Preise entscheiden und was geschieht ohne Markt mit den Minderheiten, deren Bedürfnisse zu leicht als nicht relevant angesehen werden können. Ist es da verwunderlich, dass Marx vom Absterben des Staates spricht, während alle sich auf ihn berufenden Gegner des Marktes nach mehr Staat geradezu schreien? »So denn ein Satan den anderen austreibt, so muß er sich selbst uneins sein; wie kann denn sein Reich bestehen?«[104] Eine dezidierte Marktfeindschaft hat demnach ihre Ursache eher im dunklen Grund psychologischer Ängste, die am ehesten als Abneigung gegenüber jeglicher Form der Freiheit zu deuten sind. Wie in der Kindheit die Eltern bestimmt haben, welche Bedürfnisse dem Kind zugestanden werden, soll in der Gesellschaft möglichst der Staat

---

[103] Karl Marx, Friedrich Engels, Manifest der Kommunistischen Partei, MEW Band 4, S. 467
[104] Matthäus 12,26

bestimmen, wie die Güterverwendung vonstattengeht. Doch ist es wirklich der Staat, der bestimmen soll? Gibt es in den modernen Gesellschaften *den Staat* als mehr oder weniger selbstständige Instanz überhaupt noch? Meinen wir, wenn wir heute nach dem Staat rufen, nicht vielmehr die Gesellschaft und handelt es sich bei den Forderungen nach dem Staat nicht um Forderungen nach weiterer Vergesellschaftung? Die Fragen und die damit zusammenhängende Problematik werden uns später noch genauer beschäftigen.

Die Überlegungen zum Markt sind zwar im Prinzip richtig, doch gilt es, einige Schwierigkeiten zu sehen, Schwierigkeiten, die durchaus ernsthafter Natur sind. Betrachten wir statt des Wochenmarktes zum Beispiel die Börse, immerhin auch ein Bereich, in dem sich die Preise in permanenter Bewegung nach Angebot und Nachfrage bilden, dann wird die Angelegenheit schon schwieriger. Sicher sind hier in aller Regel vier der oben genannten fünf Punkte erfüllt. Problematischer wird es mit der Transparenz, denn die ist im eigentlichen Sinne nicht oder wenigstens nicht vollständig erfüllt. Immerhin geht es bei Kaufakten an der Börse zu einem großen Teil um Erwartungen, deren Berechtigung niemand mit Sicherheit voraussagen kann. Damit ist Transparenz bestenfalls als Transparenz eines Risikos, keinesfalls jedoch generell erfüllt. Zugleich kann eine kaufkräftige Nachfrage die Preise in einer gewünschten und von den anderen Marktteilnehmern nicht mehr nachvollziehbaren Weise beeinflussen und damit das Marktgeschehen bestimmen. Ebenso können besondere Kenntnisse über die Situation in einer Unternehmung ausgenutzt werden, um sich Vorteile zu verschaffen. Im Verbot des Insider-Handels kommt diese Gefahr zum Ausdruck.

Wie leicht zu sehen ist, kann ein voraussetzungsloser Markt nicht vernünftig funktionieren. Obwohl dies von Gegnern der Marktwirtschaft immer wieder behauptet, zumindest suggeriert wird, gibt es keine ernsthaften Überlegungen, Märkte einfach sich selbst zu überlassen. Die wiederholte Behauptung, die allerdings niemals nachgewiesen wird, zeigt jedoch Wirkung. In einer freien Gesellschaft sollen selbstverständlich Verbrechen verfolgt werden, obwohl jede Ringfahndung zu einer Einschränkung der Bewegungsfreiheit führt. So wie man wegen vorkommender Verbrechen den freiheitlichen Rechtsstaat nicht infrage stellt, so sollte man auch wegen vorkommender Verstöße gegen die Regeln des Marktes nicht gleich den Markt abschaffen. Gegner jeder Marktwirtschaft machen den Markt gerne für Dinge verantwortlich, für die er nichts kann. Das spielt aber keine Rolle, da Mystifikationen noch nie nach ihrem realen Grund gesucht haben.

In der jüngsten Wirtschaftskrise konnte der Markt und niemand sonst sich dem völligen Untergang der Weltwirtschaft entgegenstellen. Ob er ihn verhindert hat, lässt sich noch nicht abschließend sagen, aber ohne Markt wäre er mit Sicherheit gekommen. Ohne Marktregulierung hätte die Kraft auch der großen Staaten nicht mehr ausgereicht, die Fehlentwicklungen zu korrigieren. Politiker aller Parteien, Journalisten unterschiedlichster Medien, Wissenschaftler verschiedenster Fachrichtungen sind sich über das Versagen der Märkte als Ursache der Finanzkrise 2008 weitgehend einig. Kann man die Tatsachen deutlicher verdrehen?

Ein funktionierender Markt braucht also Regeln, die dafür sorgen, dass die oben genannten Punkte erfüllt sind. Insbesondere die Punkte Transparenz, Konkurrenz und Elastizität der Marktteilnehmer sind dabei zu beachten. Statt also die Marktwirtschaft zu verdammen, sollten wir unsere Anstrengungen darauf verwenden, die Existenz der drei zuletzt genannten Voraussetzungen für eine funktionierende Marktwirtschaft zu garantieren. Dabei ist zunächst einmal die Frage zu stellen, wodurch diese Voraussetzungen gefährdet sind.

Beginnen wir mit der einfachsten, der Elastizität der Marktteilnehmer. Hier stoßen wir auf das große Gebiet aller Arbeitsverhältnisse, die deshalb nicht dem Markt unterworfen werden, weil hier die Elastizität der Nachfrage, also der Arbeitssuchenden, nicht oder im Regelfalle nicht ausreichend gegeben ist. Statt uns zu fragen, auf welche Weise wir die notwendige Elastizität der Arbeitssuchenden erreichen könnten, haben wir ein Regelwerk von beachtlichem Umfang entwickelt. Trotz größter Anstrengungen gelingt es uns nicht, das Problem dauerhaft zu lösen, im Gegenteil, es wird eher größer, zumal der Umfang der effektiven Arbeitslosigkeit versteckt wird. Die Zunahme der Arbeitslosigkeit bei Zunahme der Reichtumsproduktion spricht eher für als gegen unsere Wirtschaftsweise. Offenbar ist diese Wirtschaftsweise weiterhin in der Lage, die Produktivkräfte zu entwickeln, denn nur so ist es möglich, mit weniger Arbeitenden mehr Produkte herstellen zu können. Das jedoch steht im fundamentalen Widerspruch zu marxistischen Krisentheoretikern, die genau dies dem Kapitalismus absprechen. Wenn wir mehr Reichtum wollen, dann werden wir uns aber dieser Erkenntnis nicht entziehen können. Die zunehmende Arbeitslosigkeit ist ein Beleg für die Effizienz der Produktionsweise.

Bleibt noch die Erklärung der beiden Punkte Transparenz und Konkurrenz. Beide Punkte hängen enger zusammen, als dies auf den ersten Blick aussieht. Konkurrenz bedeutet einen Wettstreit verschiedener Anbieter um das günstigste Angebot. Anbieter mit dem weniger günstigen Angebot neigen dazu, dieses der Konkurrenz zu entziehen, was nichts anderes heißt, als es unvergleichbar zu machen. Dies kann auf vielerlei Weise geschehen, zum Beispiel durch aufwendigere Präsentation der Waren, durch von anderen Anbietern abweichende Mengenbezeichnungen oder durch größere Verpackungen, die mehr Quantität suggerieren, damit der Preisvergleich erschwert wird. Die Versuchung für Anbieter, sich auf verschiedenste Weise der Konkurrenz zu entziehen, spricht doch eher für als gegen den Markt, denn sich der Konkurrenz entziehen zu wollen heißt nichts anderes, als sich dem Markt entziehen zu wollen. Dem Versuch von Anbietern, sich unzulässige Vorteile durch Ausschaltung der Konkurrenz über fehlende oder abweichende Angaben zu ihren Produkten zu sichern, kann durch relativ einfache Regeln entgegengetreten werden. Sie bedrohen den Markt nicht wirklich.

Ernsthafter sind die Gefahren, die durch Absprachen zwischen Konkurrenten entstehen, um den Wettbewerb aufzuheben. Solche Absprachen kommen immer wieder vor, was von Gegnern der Marktwirtschaft gerne als Argument gegen diese selbst verwendet wird. Doch auch hier steht das Argument auf dem Kopf, denn die Absprachen kommen ja nicht deshalb vor, weil der Markt so schlecht, sondern weil er so gut funktioniert, die sich Absprechenden sich also seiner Kraft zu entziehen suchen. Solange die Zahl der Konkurrenten groß genug ist, sind Absprachen schwierig bis unmöglich. Anders sieht es jedoch in Märkten aus, in denen die

Zahl der Konkurrenten klein ist. Dort können Absprachen relativ einfach getroffen werden. Statt sich jedoch mit den Befürwortern der Konkurrenz zusammenzutun und nach Wegen zur Unterbindung der Marktabsprachen zu suchen, verbünden sich die Gegner der Marktwirtschaft gerne mit den Gegnern der Konkurrenz, indem jene im Einklang mit diesen den Markt abschaffen wollen. Hier ergeben sich viele Handlungsmöglichkeiten, deren Ziel nicht die Abschaffung von Märkten sein kann.

Ein noch ernsteres Problem ergibt sich aus der Tendenz des Kapitalismus, sich selbst abzuschaffen. Was vor allem von allen Marxisten dieser Welt als revolutionärer Akt begriffen wird, geschieht gleichsam auf schleichende Weise, *ohne Möglichkeit, den Prozess aufhalten zu können*. Der Kapitalismus wächst einfach über sich hinaus. Die Behauptung klingt so ungeheuerlich, dass sie einer eingehenden Begründung bedarf. Gemeint sind damit die großen Aktiengesellschaften, die heute unser Wirtschaftsleben in wesentlichen Zügen bestimmen.

Es gibt also innerhalb der kapitalistischen Produktionsweise einen Trend zu immer größeren Ansammlungen von Kapital, der schließlich in der Aktiengesellschaft seinen Höhepunkt erreicht. Große Aktiengesellschaften verfügen über einen Kapitalstock, der durchaus dem Haushalt kleinerer Staaten entspricht und damit zu einer Machtfülle führt, die mit einer Marktwirtschaft nicht mehr zu vereinbaren ist. Auch dies ist ein beliebter Ansatzpunkt für Kapitalismus-Kritiker. Doch handelt es sich bei den großen Aktiengesellschaften noch um eine kapitalistische Produktionsweise? Kritisieren die Kapitalismus-Kritiker in diesen Organisationen noch den richtigen Gegenstand? Landet die Kritik des Kapitalismus nicht zum Schluss gar bei der Kritik des Gegenteils von Kapitalismus, dem Sozialismus? Es lohnt sich, genau hinzusehen.

Wenden wir uns dazu dem Urvater der Kritik der kapitalistischen Produktionsweise, Karl Marx, zu und schauen, was der dazu sagt. Zur Bildung von Aktiengesellschaften trifft Marx drei Feststellungen:

»1. Ungeheure Ausdehnung der Stufenleiter der Produktion und Unternehmungen, die für Einzelkapitale unmöglich waren. Solche Unternehmungen zugleich, die früher Regierungsunternehmungen waren, *werden gesellschaftliche.*

2. Das Kapital, das an sich auf gesellschaftlicher Produktionsweise beruht und eine gesellschaftliche Konzentration von Produktionsmitteln und Arbeitskräften voraussetzt, erhält hier direkt die *Form von Gesellschaftskapital* (Kapital direkt assoziierter Individuen) im *Gegensatz zum Privatkapital*, und seine Unternehmungen treten auf als *Gesellschaftsunternehmungen* im Gegensatz zu *Privatunternehmungen*. Es ist die *Aufhebung des Kapitals als Privateigentum innerhalb der Grenzen der kapitalistischen Produktionsweise selbst.*

3. Verwandlung des wirklich fungierenden Kapitalisten in einen bloßen Dirigenten, Verwalter fremdes [sic!] Kapitals, und der Kapitaleigentümer in bloße Eigentümer, bloße Geldkapitalisten. [...] In den Aktiengesellschaften ist die Funktion getrennt vom Kapitaleigen-

tum, also auch die Arbeit gänzlich getrennt vom Eigentum an den Produktionsmitteln und an der Mehrarbeit. Es ist dies Resultat der höchsten Entwicklung der kapitalistischen Produktion ein notwendiger Durchgangspunkt zur Rückverwandlung des Kapitals in Eigentum der Produzenten, aber nicht mehr als das Privateigentum vereinzelter Produzenten, sondern als das Eigentum ihrer als assoziierter, als unmittelbares Gesellschaftseigentum. Es ist andrerseits Durchgangspunkt zur Verwandlung aller mit dem Kapitaleigentum bisher noch verknüpften Funktionen im Reproduktionsprozeß in bloße Funktionen der assoziierten Produzenten, in gesellschaftliche Funktionen.«[105]

Marx erkennt sehr deutlich die Verwandlung des wirklich fungierenden Kapitalisten in einen Verwalter fremden Kapitals, der als solcher eben nicht mehr Kapitalist ist. Damit beschreibt er exakt die Rolle der Manager in den Aktiengesellschaften. Eine ganz ähnliche Feststellung hat lange vor Marx bereits Adam Smith getroffen, indem er feststellte: Von den Direktoren einer Aktiengesellschaft, »die ja bei weitem eher das Geld anderer Leute als ihr eigenes verwalten, kann man daher nicht gut erwarten, daß sie es mit der gleichen Sorgfalt einsetzen und überwachen würden, wie es die Partner in einer privaten Handelsgesellschaft mit dem eigenen zu tun pflegen. Wie die Verwalter eines reichen Mannes halten sie Sorgfalt in kleinen Dingen gerne für etwas, was sich mit dem Ansehen ihres Herrn nicht vertrage, so daß sie es damit auch nicht sehr genau nehmen. Daher müssen Nachlässigkeit und Verschwendung in der Geschäftsführung einer solchen Gesellschaft stets mehr oder weniger vorherrschen.«[106]

Die ökonomischen Klassiker sagen schon sehr genau, was es mit den Aktiengesellschaften Besonderes auf sich hat, während wir dies heute nicht mehr wissen (wollen). Aktiengesellschaften mit ihrer besonderen Organisationsform sind scharf von einer Produktionsweise zu unterscheiden, bei der eine Privatperson eine Unternehmung betreibt, deren Gewinn sie zwar ihrem Vermögen zuführt, für dessen Verluste sie aber auch haftet. Diese in der modernen Debatte um den »Kapitalismus« und die »Gier der Kapitalisten« verwischte Differenz ist die Differenz ums Ganze, weil mit der Haftungsfrage auch das verloren geht, was mit Verantwortung nur unzureichend umschrieben ist.

Im Vergleich zu der Zeit von Karl Marx und mehr noch zu der von Adam Smith hat die Größe der Aktiengesellschaften so sehr zugenommen, wie es den beiden noch nicht vorstellbar war. Zugleich waren im 18. und 19. Jahrhundert die Aktiengesellschaften noch wesentlich in Familienbesitz. Die Namen Daimler, Borsig, Siemens, Thyssen und Krupp stehen in Deutschland als Beispiel dafür. Heute sind die Aktien der großen Aktiengesellschaften im Regelfalle breit gestreut und wenn nicht, dann hält der Staat oft große Aktienpakete. Längst sind die großen Unternehmungen in unserem Lande ohne Kapitalisten, längst ist das Kapital

---

[105] Karl Marx, Das Kapital, Band 3, Berlin 1971, S. 452f., Hervorhebungen von mir, P.K.
[106] Adam Smith, Der Wohlstand der Nationen, München 1974, S. 629f.

vergesellschaftet. Bei knapp 90 Prozent der DAX-Unternehmen beträgt das Streukapital zum Teil weit mehr als 50 Prozent. Da die großen Kapitaleigner in der Regel selbst wieder Kapitalgesellschaften sind, deren Kapital zum großen Teil als Streukapital existiert, verschärft sich der Sachverhalt.

Die Überlegung kann auf die Frage projiziert werden: Wem gehört die Deutsche Bank? Die Bank hatte Ende 2008 die stolze Zahl von 580 000 Aktionären[107], wobei mehr als 85 Prozent der Aktien im Streubesitz sind. Bei solchen Zahlen ist es sinnlos, von Eigentümern zu sprechen. Die Bank ist wie die meisten der großen Unternehmen in den westlichen Gesellschaften längst vergesellschaftet, wobei es der Ironie der Geschichte entspricht, dass gerade die politische Linke verstärkt die Verstaatlichung der Banken fordert, eine Forderung, zu der sie sich am wenigsten auf Marx berufen kann, der ja bekanntlich gerade die *Vergesellschaftung* der Produktionsmittel gefordert hat. Die Dinge stehen wieder einmal auf dem Kopf und werden auch durch endlose Wiederholungen nicht auf die Füße gestellt. Betrachten wir schließlich die restlichen 10 Prozent der DAX-Unternehmen, deren Streukapital weniger als 50 Prozent beträgt. Zu diesen Unternehmen gehört auch der VW-Konzern, der allein etwa die Hälfte des Anteils dieser Unternehmen ausmacht und als ehemaliges Quasi-Staatsunternehmen eine ganz besondere Stellung einnimmt.

Aktiengesellschaften werden in der Regel von Managern geführt, die von einem Aufsichtsrat eingestellt und überwacht werden. Wie bereits deutlich festgestellt wurde, sind Manager keinesfalls Kapitalisten, sondern Angestellte des Unternehmens. Selbstverständlich ist nicht jeder Gruppen- oder Abteilungsleiter gleich ein Manager, bloß weil er einzelne Arbeiten delegiert. Wenn hier von Managern gesprochen wird, dann sind damit Menschen gemeint, die in einer Unternehmung an zentraler Stelle an der Entwicklung und Durchsetzung der Unternehmensstrategie arbeiten, also gemeinhin als Top-Manager bezeichnet werden.

Die Überwachung der Manager ist aber ausgesprochen problematisch, weil der Aufsichtsrat einerseits die Interessen der Kapitaleigner – in deutschen Aufsichtsräten auch der Mitarbeiter – wahrzunehmen hat, andererseits aber die Kapitaleigner kaum an der Aufsichtsfunktion interessiert sind. Bei dem heute üblichen verbreiteten Streubesitz an den Aktien verschärft sich der Konflikt noch, weil der einzelne Anteilseigner zwar noch seine Interessen im Aufsichtsrat wahrnehmen kann, doch seine Stimme kaum mehr gehört wird, weil viele Anteilseigner ihre Stimmrechte durch Banken wahrnehmen lassen. Schon hier zeigt sich eine fatale Symmetrie zur Politik: Auch dort kann der Einzelne nicht an Entscheidungen teilnehmen, sondern delegiert gleichsam seine Interessen an eine Partei bzw. einen Abgeordneten.

Die Sache wird aber noch schlimmer. Im Falle der Aktiengesellschaften soll die Aufsichtsfunktion durch Wirtschaftskompetenz wahrgenommen werden. Wer hat aber die Wirtschaftskompetenz? Die Antwort ist einfach: die Manager. Damit sitzt der Manager der einen Aktiengesellschaft im Aufsichtsrat der anderen.

---

[107] Vgl. www.deutsche-bank.de

Manager kontrollieren sich gegenseitig und setzen ihr Gehalt faktisch selbst fest. Schon wieder zeigt sich eine Symmetrie zur Politik: Auch die Politiker setzen ihr Gehalt selbst fest. Im Unterschied zu Managern nimmt in ihrem Falle jedoch die Öffentlichkeit einen größeren Anteil, dadurch gerieren sich Politiker in ihrer Gehaltsgestaltung etwas zurückhaltender.

Am Beispiel von Klaus Esser, dem ehemaligen Vorstandsvorsitzenden der Mannesmann AG, kann die Vorgehensweise beispielhaft studiert werden. Im Jahre 2000 gelang dem britischen Mobilfunkanbieter Vodafone die feindliche Übernahme der Mannesmann AG, gegen die Esser als deren Vorstandsvorsitzender vehement gekämpft hatte. Esser verlor den Kampf und hatte somit eigentlich Pech gehabt. Zur Überraschung der unbeteiligten Beobachter erhielt er dennoch eine zweistellige Millionensumme als Abfindung. Das Geschenk führte zu Verwunderung, galt bis dahin doch der Grundsatz, Manager würden für Erfolge, nicht aber für Niederlagen honoriert. Wie war dies möglich, da doch ein − noch dazu paritätisch von Kapitaleignern und Arbeitnehmern besetzter − Aufsichtsrat vorhanden war? Es war möglich, weil der Aufsichtsrat, dem unter anderen Josef Ackermann als Kapitalvertreter und der Vorsitzende der Gewerkschaft IG Metall, Klaus Zwickel, als Arbeitnehmervertreter angehörten, dem zustimmte. Was den Gewerkschaftsvertreter dazu bewog, soll nicht weiter interessieren. Für Josef Ackermann ergab die Zustimmung einen Sinn. Er war zu jener Zeit Vorstandsvorsitzender der Deutschen Bank AG, also bei seinem Institut in der gleichen Lage wie Klaus Esser bei Mannesmann. Die Abfindung für Klaus Esser war also für eine mögliche zukünftige Abfindung des Herrn Ackermann ein deutliches Eckdatum. Man kann auch sagen, Herr Ackermann hat über die Abfindung für Klaus Esser kräftig am Rahmen seiner eigenen möglichen Abfindung mitgewirkt.

Die Situation trägt durchaus kafkaeske Züge. Manager in entwickelten Industriestaaten werden nicht aus altruistischen Gründen Manager. Zugleich sind sie es gewohnt, ihre eigenen Interessen in besonderer Weise durchzusetzen. Diese Interessen müssen nun keinesfalls identisch sein mit den Interessen der von ihnen vertretenen Unternehmen. Die Frage, wie ein Manager im Konfliktfall vermutlich handeln wird, ist nicht allzu schwer zu beantworten. Auch ihm wird sicherlich das eigene Hemd näher sein als der Rock des Unternehmens.

Unter diesem Blickwinkel ist ein Manager in seiner strukturellen Position keinesfalls ein einfacher Agent des Kapitals, sondern die vermutlich größte Bedrohung der Kapitalseite. Auch diese Problematik wird später genauer untersucht. Die in jüngster Zeit wiederholt gezahlten Abfindungen in Millionenhöhe an erfolglose Manager haben den Charakter einer schamlosen Bereicherung auf Kosten vor allem der Kapitalseite. Bis in die 1970er Jahre hinein haben Manager gut verdient, allerdings auch ein erhöhtes Risiko getragen. Erzielte ihre Gesellschaft schlechte Geschäftsergebnisse, dann mussten sie oft ihren Hut nehmen, selbst wenn sie im Einzelfalle für die schlechten Ergebnisse gar nicht verantwortlich waren. Wenn zum Beispiel die Modellpolitik eines Autokonzerns verfehlt war und zu Absatzeinbrüchen führte, dann musste oft der Generalmanager gehen, obwohl er für Modellpolitik direkt nicht verantwortlich war. Damals stand das Gehalt noch im Verhältnis zum Risiko des Managers. Das hat sich inzwischen gründlich geändert.

Bevor der Generalmanager eines großen DAX-Unternehmens zum ersten Mal an seinem Schreibtisch Platz genommen hat, bevor er noch seine erste Entscheidung für das in Zukunft von ihm repräsentierte Unternehmen gefällt hat, bevor noch in irgendeiner Weise klar ist, ob sich sein Tun als Fluch oder Segen für das Unternehmen auswirkt, hat der Manager ausgesorgt, weil ihm in jedem Fall – unabhängig von seinem Geschäftserfolg – Abfindungen und Prämien zustehen, die das Lebensgehalt eines Normalmenschen bei weitem übersteigen. Hier finden wir die nächste Symmetrie zu Politikern, die sich zu ihrem Gehalt schon immer eine üppige Altersversorgung genehmigt haben, die sich in ihrer Höhe eher an Beamtenpensionen als an der gesetzlichen Rentenversicherung orientieren. In immer mehr Bereichen ersetzen schamlose Formen risikoloser Selbstbereicherung die den Kapitalismus einst charakterisierenden Haftungsrisiken.

Ein weiteres Märchen in der Debatte um den Kapitalismus besteht in der Behauptung, die Kapitalseite würde sich rücksichtslos auf Kosten der Allgemeinheit bereichern. Deshalb wird eine stärkere Kontrolle der Kapitalseite gefordert. Die tausendfach wiederholte Behauptung hält sich hartnäckig, obwohl ihre Widerlegung unglaublich einfach ist. Prüfen wir sie also nach. Unter DAX versteht man die börsenmäßige Zusammenfassung der 30 größten deutschen Aktienunternehmen, die in einem Index bewertet werden. Dieser Index gibt einen guten Überblick über die geldliche Bewertung dieser Unternehmen. Um von der Zufälligkeit in der Bewertung einzelner Unternehmen abzusehen, werden keine einzelnen Unternehmen betrachtet, sondern der Gesamtindex. Ende März des Jahres 2000 betrug der Wert des DAX-Index ca. 8 000. Neun Jahre später hatte derselbe Index einen Wert von ca. 5 000. Der Wertverlust betrug also knapp 40 Prozent, und zwar zu Nominalpreisen, sodass also Preissteigerungen nicht mit eingerechnet sind. Wohlgemerkt, das sind Durchschnittswerte, von denen einzelne Unternehmen zum Teil erheblich abweichen. Wer zur damaligen Zeit etwa sein Geld bei der Deutschen Telekom angelegt hat, dem sind in dieser Zeit mehr als 90 Prozent Wert verloren gegangen, bei der größten Versicherung in Deutschland, der Allianz, waren es ungefähr 80 Prozent. Natürlich ist das vorliegende Beispiel für die Kapitalseite nicht günstig. Man findet in der Geschichte genügend Beispiele, in denen es der Kapitalseite besser ging. Man findet aber auch genügend Beispiele, in denen es der Kapitalseite ähnlich wie jetzt und sogar noch schlechter ging. Jedenfalls sind die betrachteten Werte aktuell. Den Kapitalisten wird es nicht so einfach gemacht, ihre Altersversorgung sicher zu gestalten.

Angesichts dieser Zahlen von einer ungebührlichen Bereicherung der Kapitalseite zu reden, hat schon sehr viel mit fortgeschrittenem Realitätsverlust zu tun. Wenn die Kritiker des Kapitalismus die Einkommen der Manager zu den Kapitaleinkommen rechnen, dann entspricht dies ungefähr dem gleichen Erkenntnisgehalt, als wenn die Gehälter von Abgeordneten sowie Angestellten der öffentlichen Hand und Beamten dem Einkommen der Sozialhilfe-Empfänger zugerechnet werden, weil es sich ja auch hier um staatliche Zahlungen handelt.

Die Tiraden gegen den Kapitalismus gehen sehr weit an der Realität vorbei. Außer der Vermittlung eines »guten Gefühls« tragen sie wenig zur Bewältigung unserer Probleme bei. Sie helfen nicht einem Sozialhilfe-Empfänger, sein Leben besser zu gestalten.

Bevor wir uns der Frage des Sozialismus zuwenden, sollen noch einige Bemerkungen zum Problem einer Gesellschaft folgen, deren wesentlicher Sinn darin besteht, Reichtum um seiner selbst willen zu produzieren. Marx nennt die Reichtumsproduktion um ihrer selbst willen den sich »verwertenden Wert«, dessen gesellschaftliche Gültigkeit unsere Produktion bestimmt. »Dagegen stellt sich im zinstragenden Kapital der selbstreproduzierende Charakter des Kapitals, der sich verwertende Wert, die Produktion des Mehrwerts, als okkulte Qualität rein dar.«[108] Es spricht für die Ernsthaftigkeit von Marx, dass er sich diese Frage vorlegt, ist sie doch von zentraler Bedeutung für die Einrichtung der Welt. Ihr ernsthafter nachzugehen, würde jedoch den Anspruch der vorliegenden Ausführungen bei Weitem sprengen und zu völlig anderen Fragestellungen führen. Aus diesem Grunde wird der Gedanke zwar als wichtig erachtet, aber nicht weiter verfolgt. Dies tut den vorliegenden Ausführungen aber keinen Abbruch, weil diese Frage entgegen anderslautenden Vorstellungen in keiner Weise auf das System des Kapitalismus begrenzt ist. Sieht man einmal von Karl Marx ab, der viel zu kenntnisreich und ernsthaft die Problematik der Reichtumsproduktion um seiner selbst angegangen ist, dann war es, wie erwähnt, immer ein wichtiges Ziel aller Sozialisten, Beteiligung an eben dieser Reichtumsproduktion zu gewinnen. Um es metaphorisch auszudrücken, ging es den Sozialisten immer schon um einen größeren Anteil am Kuchen und nicht darum, einen anderen Kuchen zu backen. Es gibt kein Beispiel, in dem man Marxens Gedanken zu dieser Frage ernsthaft aufgegriffen und in praktische Politik umgesetzt hätte. Vor allem sehen wir dies am Bestreben der Sozialisten, Arbeitsplätze zu sichern und neue zu schaffen, was letztlich allein durch Wachstum möglich ist. Reichtum zu produzieren, Arbeitsplätze zu schaffen und Wachstum zu sichern sind nichts anderes als das Gleiche aus jeweils einem anderen Blickwinkel betrachtet. So gesehen wenden sich die Sozialisten dieser Welt zwar gerne gegen den Reichtum, bauen aber genau auf diesem alle ihre Konzepte der Güterverteilung auf.

Von dieser Betrachtung sind auch Umweltpolitiker jeder Couleur nicht auszunehmen, wollen sie doch auch ständiges Wachstum, allerdings nur jener Bereiche, die sie als umweltfreundlich darstellen. Das Prinzip der Reichtumsproduktion um seiner selbst willen wird davon nicht oder nur sehr am Rande berührt. Die Behauptung, eine richtige Güterauswahl zu kennen, birgt die Gefahr, in letzter Konsequenz beim Totalitarismus zu enden. Reichtumsproduktion um seiner selbst willen und Wachstum um seiner selbst willen sind ebenfalls die verschiedenen Seiten der nämlichen Medaille. So lange man an eine gerechtere Verteilung wachsenden Reichtums denkt, so lange ist das Problem des sich verwertenden Werts nicht gelöst. Die konkrete Form der Wirtschaftsweise spielt dabei keine Rolle.

Das, was einmal als freie Marktwirtschaft Eingang in die ökonomischen Lehrbücher gefunden hat und seit dem Siegeszug sozialistischer Ideen in Europa als Kapitalismus bezeichnet wird, existiert bestenfalls nur noch in Randbereichen der

---

[108] Karl Marx, Das Kapital, Band 3, Berlin 1971, S. 622

entwickelten Gesellschaften. Der Kampf gegen diesen Moloch gleicht eher dem Kampf gegen Windmühlenflügel, wie ihn Don Quijote so heldenhaft geführt hat. Mit einem realen Szenarium hat er jedenfalls sehr wenig zu tun. Oder anders betrachtet, mit einem realen Szenarium hat der Kampf zwar wenig zu tun, aber er gebiert ein durchaus reales Szenarium, das unser Leben immer stärker zu bestimmen sucht: die Auseinandersetzung mit virtuellen Problemen. Mehr als die Auseinandersetzung mit dem (faktisch nicht mehr existierenden) Kapitalismus sollte uns interessieren, warum wir uns immer wieder und immer mehr in Probleme verstricken, deren Existenz allein darauf basiert, dass wir sie uns selbst erst schaffen. Gibt die Literatur uns eine gültige Antwort?

»WLADIMIER:	Reizender Abend.
ESTRAGON:	Unvergeßlich.
WLADIMIER:	Und noch nicht vorbei.
ESTRAGON:	Es sieht so aus.
WLADIMIER:	Es fängt erst an.
ESTRAGON:	Es ist schrecklich.
WLADIMIER:	Wie im Theater.
ESTRAGON:	Im Zirkus.
WLADIMIER:	Im Varieté.
ESTRAGON:	Im Zirkus.«[109]

Als in den 1950er Jahren die Stücke von Beckett[110] erschienen, da galten sie als dunkel und kaum verstehbar. Heute wissen wir von Becketts tiefem Realitätssinn. Wir sehen vor uns eine Welt, die nicht mehr existiert, ein »Leben, das keinen Motor mehr kennt und keine Motive«[111]. Das Warten ist zum Selbstzweck geworden. Wir warten nicht mehr *auf etwas* – darin läge ja so etwas wie Sinn, sondern wir warten, weil wir warten. Die Sinnlosigkeit ist zum Sinn geworden. Wenn wir uns also ständig virtuelle Probleme schaffen, an deren nicht möglicher Lösung wir uns mit aller Kraft abarbeiten, dann spielt dies in der Welt der Sinnlosigkeit auch keine Rolle mehr. Wir haben längst einen Zustand der Handlungsunfähigkeit erreicht und geben uns der ebenso anhaltenden wie vergeblichen Hoffnung hin, endlich die Aufgabe gefunden zu haben, die uns von dem Elend erlöst. Sollte es etwa der Sozialismus sein, der uns zu erlösen vermag?

---

[109] Samuel Beckett, Warten auf Godot, 1. Akt

[110] Neben »Warten auf Godot« trifft vor allem noch Becketts Stück »Endspiel« mit unvergleichlicher Präzision die Realität moderner Gesellschaften.

[111] Günther Anders, Sein ohne Zeit, in: Materialien zu Samuel Beckett ›Warten auf Godot‹, Band 1, Frankfurt 1973, S. 32

Graf Leinsdorf »war fest davon überzeugt, daß sogar der wahre
Sozialismus mit seiner Auffassung übereinstimme, ja es war
von Anfang an seine persönlichste Idee, die er sogar sich selbst
noch teilweise verbarg, eine Brücke zu schlagen, auf der die
Sozialisten in sein Lager marschieren sollten. Es ist ja klar, daß
den Armen zu helfen eine ritterliche Aufgabe ist und daß für den
wahren Hochadel eigentlich kein so großer Unterschied
zwischen einem bürgerlichen Fabrikanten und seinem Arbeiter
bestehen kann; ›wir sind alle ja im Innersten Sozialisten‹ war
ein Lieblingsausspruch von ihm und hieß ungefähr so viel und
nicht mehr, wie daß es im Jenseits keine sozialen Unterschiede
gibt.«

Robert Musil[112]

Der Sozialismus bereitet »sich im stillen zu Schreckens-
herrschaften vor und treibt den halbgebildeten Massen das
Wort ›Gerechtigkeit‹ wie einen Nagel in den Kopf, um sie ihres
Verstandes völlig zu berauben (nachdem dieser Verstand schon
durch die Halbbildung sehr gelitten hat) und ihnen für das böse
Spiel, das sie spielen sollen, ein gutes Gewissen zu schaffen.«

Nietzsche[113]

2.3.3   WAS HEISST SOZIALISMUS?

Der Soziologe Werner Sombart soll in den 1920er Jahren in einem Seminar alle
damals bekannten Definitionen von Sozialismus abgefragt haben, wobei die Zahl
von 260 herausgekommen sei.[114] Es ist offensichtlich schwierig, den Begriff Sozialismus zu erklären, und den 260 Definitionen noch eine weitere hinzuzufügen,
ergibt wenig Sinn. Eine umfassende Darstellung der verschiedenen Spielarten des
Sozialismus würde ganze Bibliotheken füllen. Weit mehr kommt es darauf an,
einen Rahmen zu beschreiben, in dem sich das, was Sozialismus genannt wird,
bewegt. Im vorliegenden Abschnitt geht es darum, Maßstäbe zu entwickeln, die es
später erleichtern sollen, bestimmte politische Entwicklungen einzuordnen, gleichsam einen allgemeinen Kompass bereit zu stellen.

Wenn man einem Sozialdemokraten vorhält, sein Gesellschaftsbild ähnele dem
der Nationalsozialisten in weit mehr Punkten, als er glaubt, dann wird er diese
Unterstellung mindestens als »ungeheuerlich« zurückweisen, wenn er weitere
Kontakte nicht gleich ganz einstellt. Ein gutmütiger Sozialdemokrat wird auf die
Ablehnung von Hitlers Ermächtigungsgesetz seitens seiner Partei verweisen und
damit die Behauptung der Absurdität bezichtigen. Doch ganz so einfach ist unsere
Welt nicht eingerichtet. Wie uns die Psychologie lange schon nachgewiesen hat,
kann aus der Feindschaft zwischen zwei Personen nicht unbedingt auf deren Ferne

[112] Robert Musil, Der Mann ohne Eigenschaften, Hamburg 1989, S. 90
[113] Friedrich Nietzsche, Menschliches, Allzumenschliches, Band 1, 473
[114] Vgl. www.wikipedia.de, Stichwort: Sozialismus

zueinander geschlossen werden, wie auch umgekehrt Zustimmung nicht unbedingt Nähe ausdrückt.

Das schwierige Verhältnis der drei Religionen Judentum, Christentum und Islam zueinander ergibt sich nicht, weil sie sich zu fern, sondern weil sie sich zu nah sind. Alle drei Religionen haben das Alte Testament als wesentliche Grundlage, Jesus von Nazareth, der Begründer der christlichen Religion, war Jude, die Muslime berufen sich auch auf Jesus als Propheten. Zudem sind noch alle drei Religionen monotheistisch. Trotz oder vielleicht gerade wegen ihrer Nähe zueinander stehen sie sich im Grunde ablehnend gegenüber.

In den 1930er Jahren haben die Kommunisten zeitweise Sozialdemokraten als weit gefährlicher eingestuft als die Nationalsozialisten, der Antikommunismus eines Kurt Schumacher unterschied sich nur wenig von dem seines Antipoden Konrad Adenauer usw. Wenn in der politischen Auseinandersetzung linke Parteien oft erheblich schärfer gegen Parteien ihres Spektrums kämpfen als gegen andere, dann zeigt auch dies eher deren Nähe zueinander, da sie um die gleiche Wählerklientel kämpfen.

Umgekehrt spricht man häufig von der zunehmenden Sozialdemokratisierung der europäischen Parteien.[115] Dabei führen zum Beispiel Anhänger der CDU den Rückgang ihrer Wähler auf diesen Trend zurück. Wahrscheinlich raubt die zunehmende Sozialdemokratisierung anderer Parteien letztlich der SPD ihre Identität und trägt zu deren Stimmverlusten bei. Der oft beschworene Satz von der »Solidarität der Demokraten« beweist einen Trend zur Annäherung der Parteien.[116] Dies erleichtert es uns, den Begriff des Sozialismus zu bestimmen, um ihn schließlich auf tagespolitische Ereignisse der jüngsten Vergangenheit anzuwenden. In einem ersten Schritt nähern wir uns dem Begriff von seiner Bedeutung und anschließend historisch.

Sozialismus »dient als Bezeichnung einer Richtung, die das Gemeinwohl (das soziale Verhalten) über den Eigennutz stellen will«.[117] Etwas umfangreicher, in der Tendenz aber nicht abweichend, lautet folgende Definition: »Der Begriff Sozialismus umfasst sowohl einen Typ politischer Theorie, nach der über eine gesellschaftliche Kontrolle der Ökonomie und Eigentumsverhältnisse eine demokratische Gesellschaft von Freien und Gleichen erreicht werden könnte, wie auch eine politische Praxis zur Erreichung dieses Ziels.«[118] Beiden Erklärungen eignet eine ideologische Färbung, die sich noch in den Scharmützeln der Tagespolitik zeigt. Im Kern beider Erklärungen geht es beim Sozialismus darum, die Gemeinschaft über den Einzelnen zu stellen. Die erste Erklärung bringt mit dem Nutzenaspekt »Gemeinwohl vor Eigennutz« ebenso eine Wertung in die Definition, wie die zweite Erklärung, die das, was durch den Sozialismus erreicht werden könnte («Gesellschaft von Freien und Gleichen«), mit der Bestimmung der Sache vermischt. Ein Lottospieler könnte bei der Ziehung der Zahlen auch sechs Richtige

---

[115] Vgl. beispielhaft Welt-Online, Die Union in den Ländern schrumpft und schrumpft, 14.02.2009
[116] Vgl. zum Beispiel Der Spiegel, 43/2008, S. 34
[117] Kluge, Etymologisches Wörterbuch der deutschen Sprache, Stichwort: Sozialismus, Berlin – New York 2002
[118] Wörterbuch der philosophischen Begriffe, Stichwort: Sozialismus, Hamburg 2005, S. 616

haben und Millionär werden, aber dies erklärt nicht das Wesen des Lottospiels. Umgekehrt vermag auch der Wille des Lottospielers, Millionär zu werden, ebenfalls das Lottospiel nicht zu erklären. Die Ideologie in den beiden Erklärungen zeigt sich in der Vermengung der Definition mit einer erhofften oder erwünschten Wirkung.

Die genaue Betrachtung der beiden Definitionen wäre nicht notwendig, würde nicht die politische Auseinandersetzung durch genau diese Vermengung von Wesen und erhoffter Wirkung der Sache bestimmt. In Teilen der Bevölkerung ist deshalb der Begriff »Sozialismus« zum Inbegriff alles Guten geworden und kontrastiert damit den Begriff »Kapitalismus«. Wer würde nicht gerne das Gemeinwohl fördern, wenn es nicht so schwer zu bestimmen wäre. Ein Begriff wie Gemeinwohl ist vor allem deshalb gefährlich, weil er einerseits ausschließlich positiv besetzt, andererseits aber kaum bestimmbar ist. In der Geschichte des Sozialismus sind folgerichtig die abscheulichsten Verbrechen im Namen des Gemeinwohls begangen worden. Darin ist der Sozialismus den Religionen verwandt, die auch vorgeben zu wissen, was dem Menschen am besten dient, um ihn dann als Ketzer oder Hexe auf dem Scheiterhaufen zu verbrennen. Heute gibt es keine Scheiterhaufen mehr, die Mittel zur Erreichung der Ziele sind milder geworden. Freiheitsverlust kann auch mit Milde erreicht werden, und schmerzt den Freiheitsliebenden dann aber nicht weniger. Obwohl zur zentralen Forderung erhoben, war Freiheit nie ein den Sozialismus konstituierendes Element. Betrachten wir dazu den historischen Werdegang des Begriffs.

Mitte des 18. Jahrhunderts erschien in Frankreich der *Code de la nature* von Abbé Morelly. Es ist wohl der erste Versuch der Neuzeit, den Kommunismus philosophisch zu begründen. Morelly entwickelt einen Idealstaat, in dem alle Bürger nur die Dinge des täglichen Bedarfs besitzen dürfen. Die Bedarfsbefriedigung sollte aus öffentlichen Magazinen erfolgen. Damit sollte der aus dem Privatbesitz resultierenden Habsucht als Grundlage aller Laster der Boden entzogen werden.[119] Kann es verwundern, dass Morellys Staat nicht eben ein Staat entwickelter Freiheit sein sollte? Alexis de Tocqueville hat sich sehr kritisch zu diesem Buch geäußert: »Man lese Morellys Gesetzbuch der Natur, und man wird darin, neben sämtlichen Lehren der Physiokraten von der Allmacht des Staates und dessen unbeschränkten Rechten, mehrere der politischen Theorien finden, die Frankreich in den letztvergangenen Zeiten am meisten erschreckt haben und die wir glauben erst entstehen gesehen zu haben: die Gütergemeinschaft, das Recht auf Arbeit, die unbedingte Gleichheit, die Gleichförmigkeit in allen Dingen, die mechanische Regelmäßigkeit in allen Bewegungen der Individuen, die geregelte Tyrannei und das vollständige Aufgehen der Persönlichkeit der Staatsbürger im Gesellschaftskörper.«[120]

Man sieht, schon die Anfänge dessen, was man im weiteren Sinne als Sozialismus bezeichnen muss, haben sich durch eine despotische Grundhaltung ausgezeichnet. Keine Erfahrung reicht aus, vor Irrtümern zu bewahren. Fordern nicht

---

[119] Vgl. Karl Vorländer, Geschichte der Philosophie, III. Die Philosophie der Neuzeit, § 27, 1903
[120] Alexis de Tocqueville, Der alte Staat und die Revolution, Münster, ohne Jahr, S. 195f.

auch heute noch viele Sozialisten die »Allmacht des Staates«? Steht das »Recht auf Arbeit« nicht immer wieder im Forderungskatalog sozialistischer Parteien? Ist unser Steuersystem, das wahrlich nicht nur bekennende Sozialisten zu verantworten haben, das aber auf sozialistischen Grundgedanken basiert, nicht als »geregelte Tyrannei« zu bezeichnen? Es ist immer wieder verblüffend, wie frühzeitig Fehlentwicklungen der Gesellschaft aufgedeckt werden konnten, es ist nicht weniger verblüffend, wie hartnäckig sich solche Fehlentwicklungen behaupten.

Doch zurück zum geschichtlichen Ablauf. Als sich die Massen 1789 in Paris erhoben, da war es nicht zuletzt der Hunger, der sie trieb. Den Amerikanern ging es in ihrem Unabhängigkeitskrieg um Freiheit, den Franzosen viel mehr um das tägliche Brot. Hunger und Freiheit passen so wenig zusammen wie Feuer und Wasser. Das Streben nach Freiheit wird durch existierenden Hunger ad absurdum geführt. Die frühsozialistischen Forderungen wurden nicht nur durch den Hunger legitimiert, sondern waren der Notwendigkeit zum Erhalt des Lebens geschuldet. In einer solchen Situation ist keine Zeit, die einzelnen Forderungen rational abzuwägen und nach besten Wegen zu suchen. Im wichtigsten Gebet des Christentums, das wohl von allen christlichen Religionsgemeinschaften anerkannt wird, heißt es:

»Unser tägliches Brot gib uns heute.«

Die Formulierung, die uns heutzutage in den westlichen Staaten angesichts von Butterbergen, Milchquoten und Obstschwemmen kaum mehr verständlich ist, hatte während des Aufkommens der sozialistischen Bewegungen besonders für die breite Masse der Bevölkerung eine tiefe Bedeutung. Am besten wird das Bestreben, den Hunger zu beseitigen, im Bundeslied des Allgemeinen Deutschen Arbeitervereins, der Vorläuferorganisation der SPD, zum Ausdruck gebracht. Georg Herwegh verfasste dieses Lied im Jahre 1863. Die erste und die letzte Strophe des Liedes lauten:

> »Bet und arbeit! ruft die Welt,
> Bete kurz! denn Zeit ist Geld.
> An die Türe pocht die Not –
> Bete kurz! denn Zeit ist Brot.
>
> .
>
> Brecht das Doppelloch entzwei!
> Brecht die Not der Sklaverei!
> Brecht die Sklaverei der Not!
> Brot ist Freiheit, Freiheit Brot!«[121]

Unverkennbar steht die Frage nach dem Brot im Vordergrund, unverkennbar der Hunger als treibende Kraft der Bewegung. Aber schon die griffige Zeile »Brot ist Freiheit, Freiheit Brot« deutet auf den Irrweg, den die sozialistische Bewegung

---

[121] Georg Herwegh, Bundeslied für den Allgemeinen Deutschen Arbeiterverein, zitiert nach: Projekt Gutenberg, Georg Herwegh

einschlug und der bis heute die Grundlage eines jeden sozialistischen Freiheitsanspruchs ist. Dabei wissen wir es von den alten Griechen besser: Ein gefüllter Magen ist eine wichtige *Voraussetzung* von Freiheit, keinesfalls die Freiheit selbst. Angesichts von Hunger spielen logische Feinheiten keine Rolle und ein starker Staat kann in dieser Situation vielleicht wirklich helfen. Verselbstständigt sich die Forderung nach einem starken Staat, dann wird die Freiheit bedroht.

Die frühen Sozialisten waren auch entschiedene Demokraten, stellten doch die von ihnen vertretenen Arbeiter die Mehrheit der Bevölkerung. Somit gab es durchaus berechtigte Aussichten, durch freie Wahlen die Macht zu erlangen, die dann dazu dienen sollte, die Interessen der Arbeiter besser wahrnehmen zu können. In dieses Umfeld gehört auch die Gründung von Gewerkschaften, die durch Zusammenschluss der Arbeiter den übermächtigen Unternehmern eine Gegenmacht entgegensetzen wollten. Die Regierung stellte sich mit den Sozialistengesetzen von 1878 massiv gegen diese Bewegung. Die Gesetze verboten sozialistische und sozialdemokratische Aktivitäten im Deutschen Reich, sofern sie nicht im Reichstag oder den Landtagen stattfanden. Diese Maßnahmen führten eher zu einer Stärkung denn zu einer Schwächung der sozialistischen Bewegungen. Bei der Wahl 1890 erreichte die Sozialistische Arbeiterpartei Deutschlands, SAP, die sich seitdem Sozialdemokratische Partei Deutschlands, SPD, nennt, den höchsten Wählerstimmenanteil. Erst spät begriff die Regierung, dass die neue Bewegung durch Repression allein nicht niederzuhalten war. Deshalb begann sie unter Bismarck, ab Anfang der 1880er Jahre eine Sozialgesetzgebung einzuführen, um den drängendsten Forderungen der Sozialisten den Stachel der Revolutionsgefahr zu ziehen und vor allem die Arbeiter mit dem Staat zu versöhnen. Wurden zunächst die Kranken- und Unfallversicherung eingeführt, so folgte bald darauf die gesetzliche Rentenversicherung. Diese Sozialgesetzgebung stellt auch heute noch in weitgehend unveränderter Form die Basis der staatlichen Sozialversorgung dar.

Mit dem Sieg der Bolschewiki in Russland 1917, der Niederlage des Kaiserreichs im Ersten Weltkrieg und der darauf folgenden Revolution in Deutschland im November 1918 setzte ein unnachahmlicher Siegeszug sozialistischer Ideen in Europa, insbesondere aber in Deutschland ein. Von nun an war Deutschland für alle Welt, zumindest jedoch für Europa, das »Vaterland der Sozialisten«. Mit der Übernahme der Macht im Staate wurden bei den Sozialisten große Hoffnungen geweckt, die eigenen Ideen umsetzen zu können. Gab es vorher schon verschiedene Fraktionierungen innerhalb der Sozialisten, so wurden diese entscheidend verstärkt, als es um die Machtfrage ging. In Deutschland spaltete sich, vom Vorkriegsstreit um die Bewilligung der Kriegskredite ausgehend, die Unabhängige Sozialdemokratische Partei Deutschlands (USPD) von der SPD ab, um wenige Jahre später, am russischen Modell sich orientierend, zur Kommunistischen Partei Deutschlands (KPD) zu werden. Auf der national orientierten Seite entwickelte sich die Deutsche Arbeiterpartei (DAP), die später in Nationalsozialistische Deutsche Arbeiterpartei (NSDAP) umbenannt wurde. Doch nicht nur aufseiten der Parteienlandschaft, auch im wissenschaftlichen Leben in Deutschland begann ein Siegeszug sozialistischer Ideen. Einige wichtige Namen von Theoretikern dieser Ideen in jener Zeit waren Friedrich Naumann, Oswald Spengler, Ferdinand Tönnies, Walter Rathenau, Wichard von Moellendorff, Arthur Moeller van den Bruck, Ernst Jünger, Werner Sombart und, nicht zuletzt und letztlich einen durchschlagenden Erfolg erringend, Adolf Hitler.[122]

Alle die genannten Theoretiker wollten einen stärkeren staatlichen Einfluss auf die Wirtschaft mit mehr oder weniger planerischen Eingriffen. »Auch dies ist eine Aufgabe unserer Bewegung, daß sie schon heute von einer Zeit künde, die *dem einzelnen das geben wird, was er zum Leben braucht,* aber dabei den Grundsatz hochhält, daß der Mensch nicht ausschließlich um materieller Genüsse willen lebt.«[123] Wir finden in dieser Aussage all das, was den Sozialismus in seinen verschiedenen Variationen bis heute auszeichnet. Dem Einzelnen soll das gegeben werden, was er zum Leben braucht. Doch wer bestimmt Umfang, Größe, Qualität? Das bleibt offen. Das wird entweder von der Bewegung, dem Volksganzen, der Volksgemeinschaft oder sonstigen nebulösen Gemeinschaftsträumereien bestimmt.

Am klarsten bringt dies Spengler zum Ausdruck, wenn er feststellt: »Der Stoiker nimmt die Welt, wie sie ist. Der Sozialist will sie der Form, dem Gehalt nach organisieren, umprägen, mit *seinem* Geist erfüllen. Der Stoiker paßt sich an. Der Sozialist befiehlt.«[124] »Und deshalb ist der Sozialismus – nicht der theoretische von Marx, sondern der praktische, von Friedrich Wilhelm I. begründete des Preußentums, der jenem voraufging und ihn wieder überwinden wird – mit seiner tiefen Verwandtschaft zum Ägyptertum das Gegenstück zum wirtschaftlichen Stoizismus der Antike, ägyptisch in seiner umfassenden Sorge für dauerhafte wirtschaftliche Zusammenhänge, in seiner Erziehung des einzelnen zur Pflicht für das Ganze und in der Heiligung des Fleißes, durch den die Zeit und Zukunft bejaht werden.«[125] Spengler setzt der griechischen Freiheit das ausgeprägte ägyptische Ordnungsprinzip entgegen, das nur ein starker Staat repräsentieren kann. Doch Spenglers ägyptische Welt ist wahrlich keine Welt der Freiheit, denn sie hat für das Individuum keinen Platz.

Nach sozialistischer Vorstellung diente der Staat immer schon in erster Linie der Sicherung des schieren Lebens. Deshalb war er nie ein Ort der Freiheit, wollte es auch gar nicht sein. Seine Stärkung und vor allem die Ausweitung seiner eigentlichen Aufgaben sind durchaus Indizien für den zunehmenden Freiheitsverlust. Folgerichtig war der starke Staat das Ziel aller sozialistischen Strömungen der Zeit. Der marxsche Gedanke vom Absterben des Staates war, wenn überhaupt noch vorhanden, höchstens von Bedeutung für die ferne Zukunft, für die Tagespolitik war er ohne Relevanz.

Woraus resultierten aber die Unterschiede zwischen den sozialistischen Strömungen? Es gab im Wesentlichen zwei kategoriale Unterschiede, und zwar in:

---

[122] Eine sehr gute und vor allem ausführliche Zusammenfassung der Problematik enthält: Christoph H. Werth, Sozialismus und Nation. Die deutsche Ideologiediskussion zwischen 1918 und 1945, Opladen 1996
[123] Adolf Hitler, Mein Kampf, München 1939, S. 486, Hervorhebungen von mir, P.K.
[124] Oswald Spengler, Der Untergang des Abendlandes, Band 1, München 1923, S. 466, Hervorhebung im Original
[125] Oswald Spengler, Der Untergang des Abendlandes, Band 1, München 1923, S. 181f.

- der Frage der Machtübernahme und
- der Frage der nationalen Ausrichtung.

Bei der Frage der Machtübernahme ging es darum, ob das Proletariat durch eine Revolution oder durch demokratische Wahlen an die Macht kommen sollte. Diese Frage erlangte Relevanz vor allem durch die Oktoberrevolution in Russland. Dort hatten sie die Sozialisten mit Gewalt entschieden und eine Diktatur des Proletariats errichtet, der freilich keine Proletarier angehörten. In Deutschland setzten die Sozialdemokraten auf eine friedliche Machtübernahme durch freie Wahlen. Da das Proletariat die überwiegende Mehrheit der Bevölkerung bildete, brauchte es nur seine Interessen zu erkennen, um schließlich sozialdemokratisch abzustimmen. In der Auseinandersetzung zwischen dem friedlichen und dem gewaltsamen Weg zur Machtübernahme unterschieden sich künftig die Sozialdemokraten von den sich Kommunisten nennenden Anhängern des gewaltsamen Weges. Trotzdem es in den 1920er und 1930er Jahren heftige Auseinandersetzungen zwischen den verschiedenen sozialistischen Strömungen gab, waren die sich bekämpfenden Gruppen in ihrer Zielsetzung weitgehend einig: Die kapitalistische Produktionsweise sollte durch eine sozialistische Planwirtschaft ersetzt werden.

Bei der Frage der nationalen Ausrichtung ging es darum, ob – wie es die marxistisch orientierten Strömungen wollten – der Sozialismus international oder eben national auszurichten sei. Auf der Seite der »Internationalisten« standen die SPD und die KPD. Von der KPD gab es in den 1930er Jahren unter dem Eindruck von Stalins Exzessen einige Abspaltungen. Die Seite der »Nationalisten« repräsentierte mehr oder weniger alleine die NSDAP. Diese zwei Seiten standen sich als erbitterte Gegner gegenüber, aber auch innerhalb der »Internationalisten« war die Feindschaft nicht weniger stark. Allen Strömungen ging es aber gemeinsam um die Abschaffung des Kapitalismus und den Aufbau einer sozialistischen Planwirtschaft, die der irrationalen kapitalistischen Produktionsweise entgegengesetzt werden sollte. Die einzelnen Konzepte waren durchaus unterschiedlich, vor allem hinsichtlich der Gewalt, die man bereit war, zur Durchsetzung der eigenen Interessen anzuwenden. Doch im Kern waren sich die diversen Modelle ähnlicher, als die Kontrahenten wahrhaben wollten.

Jede Form der Planwirtschaft zieht ihre Überlegenheit aus der Rationalität der Planung, die der chaotischen Wirtschaftsweise unter Marktbedingungen entgegengesetzt wird. Ihre vermeintliche Überlegenheit wird jedoch sehr schnell zur Schwäche, wenn man beginnt, die Rationalität zu hinterfragen. Wie soll die Frage, wer erhält was, in welcher Menge, zu welchem Preis beantwortet werden? Soll dies durch Mehrheitsentscheidungen erfolgen? Was geschieht in diesem Fall mit den Minderheiten? Wer soll die Aufgabe übernehmen, einen umfassenden Wirtschaftsplan zu erstellen? Es ist viel leichter, hehre Ziele zum Besten aller zu formulieren, als diese in der Realität umzusetzen. Bertolt Brecht hat dies in der ihm eigenen Klarheit formuliert:

»LOB DES KOMMUNISMUS
Er ist vernünftig, jeder versteht ihn. Er ist leicht.
Du bist doch kein Ausbeuter, du kannst ihn begreifen.
Er ist gut für dich, erkundige dich nach ihm.
Die Dummköpfe nennen ihn dumm, und die Schmutzigen nennen ihn
schmutzig.
Er ist gegen den Schmutz und gegen die Dummheit.
Die Ausbeuter nennen ihn ein Verbrechen
Aber wir wissen:
Er ist das Ende ihrer Verbrechen.
Er ist keine Tollheit, sondern
Das Ende der Tollheit.
Er ist nicht das Rätsel
Sondern die Lösung.
Er ist das Einfache
Das schwer zu machen ist.«[126]

Größe und Aufrichtigkeit von Brecht zeigen sich in seinem Lob, das er sogleich mit einer vernichtenden Kritik verknüpft. Es ist der Satz »Er ist das Einfache, das schwer zu machen ist«, der gerne von Sozialisten und Kommunisten zitiert wird, und zwar in dem Sinne, es ist doch klar, dass er das Sinnvolle ist, aber natürlich gibt es bei seiner Umsetzung einige Schwierigkeiten, die jedoch gegenüber seiner Einfachheit als Einwand verschwinden. Man muss sich bei seiner Umsetzung schon ein wenig anstrengen. Dies vor allem deshalb, weil der Klassenfeind alle erdenklichen Mittel anwenden wird, um dies zu verhindern. Die Schwierigkeiten seiner Umsetzung sind also exogener Natur, aufgeherrscht von den Gegnern einer gerechten, einer kommunistischen Gesellschaft. Ist diese Interpretation nicht ein wenig schlicht und dem großen Brecht nicht angemessen? Wie schon beim flüchtigen Lesen des Gedichts auffällt, geht Brecht mit keinem Wort auf den Widerstand der herrschenden Klasse ein. Man benötigt schon ein hohes Maß an geistiger Tollkühnheit, um aus dem Gedicht den Schluss ziehen zu können, die Schwierigkeiten des Kommunismus ergäben sich aus dem Widerstand seiner Gegner. Dies mag ja sein, aber dazu kann man sich eben nicht auf das Gedicht von Brecht berufen.

Die Schwierigkeit des Kommunismus ergibt sich also – betrachten wir das Gedicht – aus dem Kommunismus selbst. Gehen wir der Frage etwas tiefer nach, dann liest sich das Gedicht ganz anders, als es die Sozialisten dieser Welt gerne hätten. Betrachten wir nur seine erste und letzte Zeile, dann ergibt sich:

Er ist vernünftig, jeder versteht ihn. Er ist leicht.
Er ist schwer zu machen.

---

[126] Bertolt Brecht, Lob des Kommunismus, in: Ders., Große kommentierte Berliner und Frankfurter Ausgabe, Band 11, Berlin – Weimar – Frankfurt 1988, S. 234

Was meint Brecht mit »Er ist leicht«? Sein Gewicht kann es nicht sein, stattdessen könnte Brecht meinen, er ist leicht zu verstehen. Dies wäre platt und Brechts nicht würdig, weil es sich bereits unmittelbar aus dem vorherigen Satz ergeben würde. Was jeder versteht, ist leicht zu verstehen. Bleibt als Erklärung nur übrig, er ist leicht zu machen. Offensichtlich formuliert Brecht ein Paradoxon. Der Kommunismus ist zugleich leicht und schwer zu machen. Als abstrakter Satz ist diese Aussage bestenfalls eine Plattitüde, die man wiederum Brecht nicht unterstellen sollte. Sinn ergibt er allerdings, wenn wir eine zeitliche Dimension berücksichtigen, das Gedicht also gleichsam als Beschreibung einer Entwicklung lesen. Die erste Zeile enthält die Behauptung: Der Kommunismus ist leicht zu machen. Die folgenden Zeilen sind deutliche Belege für die Behauptung, die vor dem letzten Satz als bewiesen gelten kann, jedenfalls dann, wenn man keine mathematische Exaktheit für den Beweis verlangt, sondern sich mit starker Plausibilität zufriedengibt. Dann kommt plötzlich der letzte Satz, der alles konterkariert. Eben war er noch leicht zu machen, das Ende der Tollheit, nicht Rätsel, sondern Lösung, plötzlich ist er schwer zu machen. Die Lösung des Problems wird zu seinem Rätsel. Das Gedicht beschreibt mit verblüffender Präzision und besser, als tausend wissenschaftliche Arbeiten dies könnten, das gesamte Problem des Sozialismus. Seine Ansprüche sind für jedermann leicht nachzuvollziehen und eigentlich evident. Seine Umsetzung ist schwer. Ist sie vielleicht sogar unmöglich?

Aus der Mathematik ist ein Beispiel bekannt, das seit Jahrhunderten nicht nur Mathematiker, sondern auch an dem Fach Interessierte beschäftigt. Es ist das Beispiel der Quadratur des Kreises. Während viele mathematische Probleme für Laien nicht zu verstehen sind, weil sie zu viel an mathematischem Rüstzeug voraussetzen, ist dies bei der Frage der Quadratur des Kreises anders. Jedermann weiß, was ein Quadrat, was ein Kreis ist. In der Vorstellung ist es einfach, ein Quadrat in einen Kreis oder einen Kreis in ein Quadrat zu verwandeln. Weil dies so ist, kommen Scharen mathematischer Laien an Hochschulen, um in den Fachbereichen für Mathematik ihre Lösungen zu präsentieren, Lösungen, die zum Teil von verblüffender Kreativität zeugen, die allerdings alle den kleinen Mangel haben, keine Lösung zu sein. Die Quadratur des Kreises ist auch ein Einfaches, das schwer zu machen ist. Die Mathematik hilft uns in diesem Fall, die Unmöglichkeit des Schweren zu beweisen.

Doch zurück zum Kommunismus, für den wir immer auch Sozialismus mitdenken können, ohne eine unzulässige Verallgemeinerung durchzuführen, denn in den hier interessierenden Grundsätzen sind beide Ideologien identisch. Aus allen Bereichen des Lebens wissen wir, dass geplantes Vorgehen dem ungeplanten vorzuziehen ist. Ob wir unseren Urlaub, einen Einkauf, ein Gartenfest oder unsere Karriere planen, immer versuchen wir, unser Wollen mit den gegebenen Möglichkeiten zu koordinieren. Im Regelfalle fahren wir gut dabei, was uns wiederum in unserer Haltung bestärkt: Es ist vernünftig, seine Handlungen zu planen. Warum, so fragen wir uns, sollte ein Verhalten, das im Privaten erfolgreich ist, nicht auch im gesellschaftlichen Umfeld erfolgreich sein. Die Warenwelt, deren Sinn sich nicht mehr erschließt, trägt zu diesen Überlegungen noch bei. Für die weit überwiegende Mehrheit der Bevölkerung ist die weit überwiegende Menge des Warenangebots bestenfalls überflüssig, wenn nicht gar unsinnig. Ist man zudem ökologisch interessiert, dann erscheint das Warenangebot noch dazu schädlich, werden doch wichtige Ressourcen dabei verschwendet. Kurz: Man könnte Besseres mit weniger Aufwand herstellen. Wäre es da nicht besser, die Warenproduktion auf eine andere Weise zu organisieren?

Das geschilderte Phänomen tritt insbesondere in den reichen Ländern auf. Es zeigt sich an Reichen, die ihrem Reichtum nur noch auf dekadente Weise zu frönen vermögen, während daneben Menschen existieren, denen es an Notwendigem fehlt. In unseren Großstädten finden wir Luxusläden, in denen Uhren zum Preis des Jahresgehalts eines Durchschnittsverdieners angeboten werden, während an jeder Straßenecke eine Uhr hängt, uns die Zeit zu zeigen. Liegt es da nicht geradezu auf der Hand, den Reichtum gesellschaftlich anders zu verteilen? Hinzu kommt ein Werbeaufwand, den auch der Gutwilligste nur schwer ertragen, dem zudem fast niemand entgehen kann. Was ist das für eine Welt, in der unzählige verschiedene Anbieter den Kunden mit ihrer Zahnpasta umwerben, um ihn vom unverzichtbaren Vorteil gerade der eigenen zu überzeugen? Was ist das für eine Welt, in der der Käufer eines Haarshampoos wie ein Wachhund aufpassen muss, um nicht versehentlich zu einem Haarfestiger, Haarfärber, Haarlack oder einer Haarlotion zur Stärkung des Haupt- und Nebenhaars zu greifen?

Die Antworten auf die Fragen sind scheinbar zwingend. In ihrer Evidenz liegt der Reiz, den solche Überlegungen gerade auch auf Intellektuelle ausüben. Viele andere stellen gar keine Überlegungen an. Dies animiert wiederum die Intellektuellen dazu, das nicht denkende Volk aufzuklären. Aus dieser Konstellation speiste sich der messianische Eifer, der die Studentenbewegung Ende der 1960er Jahre antrieb. Noch der größte Dummkopf wurde zum Opfer finsterer Mächte des Kapitals stilisiert, den es aufzuklären galt, ob er es wollte oder nicht. Im Gegenteil, sein Nicht-Wollen war beredtes Zeichen seiner Manipuliertheit. Die Evidenz der Antworten wurde auch nicht wirklich angezweifelt, als die furchtbaren Verbrechen Stalins bekannt wurden. Seine Untaten wurden viele Jahre als vom »Klassenfeind« maßlos aufgebauschte und in weiten Teilen von ihm verursachte Unregelmäßigkeiten betrachtet, die nach dem Motto »Wo gehobelt wird, da fallen Späne« als notwendige Opfer auf dem Weg zum großen Ziel angesehen wurden.

Stalin hat ja nicht nur fast das gesamte leninsche Zentralkomitee liquidiert (nur Lenin durch frühen Tod und Frau Kollontai blieben verschont), die »Sinowjew, Kamenew, Krestinski, Rykow, Piatakow, Radek, Bucharin und andere«[127], sondern – dies weit vor Hitler – ganze Vernichtungspläne mit entsprechenden Vorgaben erstellt und umsetzen lassen. Dazu hat man Verhaftungs- und Hinrichtungsquoten erstellt. Das sah dann wie folgt aus: »Bereits Ende August gingen beim Politbüro zahlreiche Anträge für eine Erhöhung der Quoten ein. Vom 28. August bis 15. Dezember 1937 wurde eine ganze Reihe von diesen erweiterten Quotenvorschlägen genehmigt: Weitere 22 500 Menschen sollten hingerichtet und noch einmal 16 800 in ein Lager gebracht werden. Am 31. Januar 1938 wurden diese Quo-

---

[127] Das Schwarzbuch des Kommunismus, München – Zürich 1998, S. 206. Das Buch enthält eine Fülle von Material zur Frage der terroristischen Herrschaft kommunistischer Regimes

ten auf Vorschlag des NKWD[128] um weitere 57 200 Personen aufgestockt, 48 000 von ihnen sollten hingerichtet werden. Die gesamten Operationen sollten am 15. März 1938 abgeschlossen sein. Doch die Lokalbehörden, die seit einem Jahr mehrmals ›gesäubert‹ und neu besetzt worden waren, hielten es für ratsam, ein weiteres Mal ihren Diensteifer unter Beweis zu stellen, und so genehmigte das Politbüro vom 1. Februar bis 29. August 1938 zusätzliche Kontingente von weiteren 90 000 Menschen, die aus dem Wege geräumt werden sollten.«[129] Wohlgemerkt, die Kontingente betrafen keinesfalls schuldig gesprochene Menschen, sie waren Planzahlen, die es zu erreichen galt, also − um allerletzte Zweifel zu zerstreuen − Vorgaben für zu erzielende Verhaftungs- und Hinrichtungszahlen!

Aber auch dann, wenn Stalins Schergen »normale« Vergehen bestraften, war der Terror leitendes Motiv. Alexander Solschenizyn berichtet von einem Fall, in dem echte Missetäter ihrer gerechten Todesstrafe überführt worden waren. »Was waren es für Missetäter? Woher die vielen Verschwörer und Querulanten? Na, da saßen zum Beispiel sechs Kolchosbauern aus der Umgebung von Zarskoje Selo, deren Schuld im folgenden bestand: auf der bereits (mit ihren Händen!) abgemähten Kolchoswiese heuten sie, was an den Erdhügeln übriggeblieben war, für die eigenen Kühe ab. *Von diesen sechs Bauern wurde kein einziger durch das WZIK*[130] *begnadigt, das Urteil wurde vollstreckt!*«[131] Weitet man die Betrachtung auf die anderen kommunistischen Staaten und Bewegungen in der ganzen Welt aus, dann kommt man auf eine Zahl von ungefähr 100 Millionen Toten,[132] die bis heute Opfer des Traums vom Kommunismus geworden sind.

Die Kraft der Evidenz der Antworten auf die oben gestellten Fragen muss schon ungeheuer groß sein, wenn Intellektuelle, die ja zum größten Teil honorige Menschen sind und selbst keiner Fliege etwas zuleide tun könnten, angesichts der genannten Beispiele nicht nur nicht in Verzweiflung verfallen, sondern immer noch Worte der Verteidigung finden. Sehen wir uns zur Verdeutlichung ein solch krudes Beispiel einmal genauer an. »Die Schwäche aller bisherigen ›Sowjetologie‹ in unseren Breiten ist es gewesen, daß sie die fremde Ordnung auf ihre jeweiligen *Zustände*, nicht auf ihre immanenten *Möglichkeiten* der Fortbildung hin untersucht hat. Ihre Deutungen sind daher unvermeidlich hinter der raschen Entwicklung einer so ›dynamischen‹ Gesellschaft in Rückstand gekommen. Heute aber wird offenbar: Das Wesen der hier untersuchten Gesellschaftsformation liegt in ihrer *geschichtlichen Potentialität* begründet, und das heißt − in ihrer *Realität von morgen*. Die Potentialität der Sowjetgesellschaft aber ist immer von sozialistischer, nicht von stalinistischer Natur gewesen.«[133] Vermutlich würde es dem im Gulag Inhaftierten ungeheuer helfen, wenn er wüsste, dass die Potenzialität der Gesellschaft, die ihm das angetan hat, sozialistischer und nicht stalinistischer Natur war.

---

[128] NKWD = Volkskommissariat für Inneres

[129] Das Schwarzbuch des Kommunismus, München − Zürich 1998, S. 210

[130] WZIK = Allrussisches Zentral-Exekutivkomitee der Räte der Arbeiter-, Bauern und Rotarmistendeputierten

[131] Alexander Solschenizyn, Der Archipel Gulag, Gütersloh 1974, S. 390, Hervorhebungen im Original

[132] Vgl. Das Schwarzbuch des Kommunismus, München − Zürich 1998, S. 16

[133] Werner Hofmann, Stalinismus und Antikommunismus. Zur Soziologie des Ost-West-Konflikts, Frankfurt am Main 1967, S. 126, Hervorhebungen im Original

Vor allem aber würde ihm helfen, wenn er wüsste, dass das Wesen der ihn verurteilenden Gesellschaft eben nicht in der unmittelbaren, sondern in der »Realität von morgen« liegt, dass es schließlich nicht auf das Heute, sondern auf die »geschichtliche Potenzialität« ankommt. Ist es also die »geschichtliche Potenzialität«, die Intellektuelle aus aller Welt noch immer diesen Gedanken anhängen lässt?

Der Schreiber jener unerträglichen Zeilen war kein verklemmter Hinterhofsozialist, der jeden Bezug zur ihn umgebenden Realität verloren hatte, sondern ein angesehener ordentlicher Hochschulprofessor mit Pensionsberechtigung, und zwar nicht für das Leben vom Aussterben bedrohter Naturvölker, sondern für Politologie an einer angesehenen deutschen Universität, an der einmal mit Martin Heidegger der größte deutschsprachige Philosoph des 20. Jahrhunderts gelehrt hatte. Er veröffentlichte sein verqueres Elaborat nicht auf Handzetteln, sondern im Suhrkamp Verlag, einem der renommiertesten Verlage der Republik, in der Reihe »edition suhrkamp«, die in Deutschland fast Kultcharakter wegen ihrer wichtigen Beiträge zur Aufklärung der politischen Situation der Zeit hatte.

Man stelle sich einmal vor, ein ordentlicher deutscher Hochschulprofessor würde einen solchen Unsinn im Sinne der Nazis schreiben, um den Juden mitzuteilen, man habe die Naziherrschaft immer unter dem Aspekt ihrer damaligen Realität betrachtet und dabei deren geschichtliche Potenzialität, also ihre Realität von morgen, vernachlässigt. Als Verlag stünde diesem Schreiber bestenfalls einer jener obskuren Naziverlage zur Verfügung, das Elaborat würde sofort nach seiner Veröffentlichung verboten werden. Auch sonst gäbe es einen erheblichen Aufschrei im Land, und man würde die baldige Wiederkehr des Naziterrors befürchten. Warum kann ein vergleichbarer stalinistischer Unsinn in unserem Lande ohne Gegenwehr unserer freiheitlichen Öffentlichkeit verbreitet werden?

Trotz − oder vielleicht doch: wegen − der nationalsozialistischen Herrschaft gab es im Deutschland der unmittelbaren Nachkriegszeit starke sozialistische Strömungen. Die SPD unter Schumacher war zwar entschieden gegen die Kommunisten, doch ebenso entschieden für den Sozialismus, also in den grundlegenden Zielen nicht von Letzteren unterschieden. Sogar die CDU vertrat in ihrem Ahlener Programm eine eindeutig sozialistische Grundhaltung. Dort heißt es: »Das kapitalistische Wirtschaftssystem ist den staatlichen und sozialen Lebensinteressen des deutschen Volkes nicht gerecht geworden. Nach dem furchtbaren politischen, wirtschaftlichen und sozialen Zusammenbruch als Folge einer verbrecherischen Machtpolitik kann nur eine Neuordnung von Grund aus erfolgen. Inhalt und Ziel dieser sozialen und wirtschaftlichen Neuordnung kann nicht mehr das kapitalistische Gewinn- und Machtstreben, sondern nur das Wohlergehen unseres Volkes sein. Durch eine gemeinwirtschaftliche Ordnung soll das deutsche Volk eine Wirtschafts- und Sozialverfassung erhalten, die dem Recht und der Würde des Menschen entspricht, dem geistigen und materiellen Aufbau unseres Volkes dient und den inneren und äußeren Frieden sichert.«[134] Die Festlegung auf eine sozialistische Wirtschaftsweise im Ahlener Programm befremdet allein deshalb, weil sehr wohl

---

[134] Das Ahlener Programm der CDU der britischen Zone vom 3. Februar 1947

erkannt worden war, dass Deutschland 1933 »zum getarnten Staatssozialismus überging«.[135] Das Ahlener Programm aus dem Jahr 1947 wurde von der CDU schon 1949 mit den »Düsseldorfer Leitsätzen« revidiert.

Der Ansatz, den alle sozialistischen Bewegungen auf der Ebene der Wirtschaftspolitik zunächst verfolgten, bestand darin, eine Planwirtschaft statt der chaotischen Wirtschaft freier Produzenten einzuführen. Nach den Erfahrungen in einer Reihe von Ländern, die nicht einmal mehr die »geschichtliche Potenzialität« einer »Realität von morgen« zuließen, sondern sich als nüchterne Gegenwart eines einfachen Zusammenbruchs zeigte, dessen Ende wegen der Einsicht ihrer Führer und seiner Totalität wenigstens friedlich vonstatten ging, gibt es heute keine ernsthaften Vertreter einer vollständigen Planwirtschaft, auch Zwangsverwaltungswirtschaft genannt, mehr. Die SPD, die diese Entwicklung deutlich früher antizipierte, trennte sich bereits 1959 auf ihrem Godesberger Parteitag von dieser Illusion und bekannte sich zur Marktwirtschaft und einem demokratischen Sozialismus. Die SPD stellte klar, keine gewaltsame Machtergreifung anzustreben. Dies war allerdings schon vorher bekannt. Wie aber war es mit dem Bekenntnis zur Marktwirtschaft?

Das berühmte, bis 1989 gültige Godesberger Programm der SPD ist voller elementarer Widersprüche, die Zweifel daran lassen, ob die Sozialdemokratie ihr Wollen richtig erkannte. An einer Stelle heißt es Hoffnung gebend: »Wo aber Märkte unter die Vorherrschaft von einzelnen oder von Gruppen geraten, bedarf es vielfältiger Maßnahmen, um die Freiheit in der Wirtschaft zu erhalten. Wettbewerb soweit wie möglich Planung soweit wie nötig!«[136] Das klingt vernünftig, und es fällt schwer, Widerspruch gegen die Formulierung einzulegen, doch was heißt es eigentlich, »soweit wie möglich« bzw. »soweit wie nötig«. Vor allem bleibt im Dunkeln, wie Märkte unter »die Vorherrschaft von einzelnen oder von Gruppen geraten«. Plötzlich stutzt der Leser, denn jetzt heißt es: »Die Marktwirtschaft gewährleistet von sich aus keine gerechte Einkommens- und Vermögensverteilung. Dazu bedarf es einer zielbewußten Einkommens- und Vermögenspolitik.«[137] Also geht es doch nicht um eine ominöse »Vorherrschaft von einzelnen oder Gruppen«, sondern um die Marktwirtschaft als solche, denn die gewährleistet »keine gerechte Einkommens- und Vermögensverteilung«. Was, so fragt sich der Leser des Programms, ist denn aber ein geeignetes Mittel, eine größere Verteilungs-Gerechtigkeit herzustellen? Die Antwort wird prompt gegeben: »Die Lohn- und Gehaltspolitik ist ein geeignetes und notwendiges Mittel, um Einkommen und Vermögen gerechter zu verteilen.«[138]

Die Marktwirtschaft wird zwar gewollt, ist aber in zentralen Teilen kein geeignetes Mittel, steht sie doch der Gerechtigkeit im Wege. Doch es wird noch deutlicher, denn: »Der moderne Staat beeinflußt die Wirtschaft stetig durch seine Ent-

---

135 Das Ahlener Programm der CDU der britischen Zone vom 3. Februar 1947
136 Godesberger Programm. Grundsatzprogramm der Sozialdemokratischen Partei Deutschlands. Beschlossen vom Außerordentlichen Parteitag der Sozialdemokratischen Partei Deutschlands in Bad Godesberg vom 13. bis 15. November 1959, S. 9, nachfolgend zitiert als Godesberger Programm
137 Godesberger Programm, S. 10
138 Godesberger Programm, S. 11

scheidungen über Steuern und Finanzen, über das Geld- und Kreditwesen, seine Zoll-, Handels-, Sozial- und Preispolitik, seine öffentlichen Aufträge sowie die Landwirtschafts- und Wohnbaupolitik. Mehr als ein Drittel des Sozialprodukts geht auf diese Weise durch die öffentliche Hand. Es ist also nicht die Frage, ob in der Wirtschaft Disposition und Planung zweckmäßig sind, sondern wer diese Disposition trifft und zu wessen Gunsten sie wirkt. Dieser Verantwortung für den Wirtschaftsablauf kann sich der Staat nicht entziehen. Er ist verantwortlich für eine vorausschauende Konjunkturpolitik und soll sich im Wesentlichen auf Methoden der mittelbaren Beeinflussung der Wirtschaft beschränken.«[139] Also doch: Der Staat muss Disposition und Planung der Wirtschaft vornehmen, weil er sich seiner Verantwortung für den Wirtschaftsablauf nicht entziehen kann. Damit ist es aus mit der gepriesenen Marktwirtschaft.

Gleichsam schleichend ist ein neuer Begriff eingeführt worden, der die Sozialisten aller Schattierungen immer schon fasziniert: der Begriff der Gerechtigkeit. Dabei wird nicht einmal der zarteste Versuch gemacht, den Begriff zu erklären oder wenigstens einzugrenzen. So wird die Gerechtigkeit zur Keule, die immer dann herausgeholt wird, wenn sonst keine Einfälle vorhanden sind, und das ist oft der Fall. Als Beobachter ist man geneigt, den Sozialisten zuzurufen, sie mögen doch endlich einmal einen kompetenten Menschen mit der Aufgabe betrauen, ihre Grundwerte verständlich zu erklären. Durch weiteres Nachdenken stellt man fest, dass dies überhaupt nicht möglich ist, weil in einer auf Wachstum ausgerichteten Gesellschaft *jede bewusste menschliche Verteilung der Einkommen nicht nur elementare Prinzipien der Gerechtigkeit verletzen muss, sondern in letzter Konsequenz dem Totalitarismus Tor und Tür öffnet.* Der Mensch kann zwar gegen Ungerechtigkeiten vorgehen, die Herstellung einer allgemeinen Gerechtigkeit zählt jedoch nicht zu seinen Fähigkeiten, denn sonst wäre er göttlich.

Jetzt sind wir am Kern des Widerspruchs, den Brecht in seinem »Lob des Kommunismus« so treffend zum Ausdruck gebracht hat. Die Welt ist voller Ungerechtigkeiten, die sind auch für jedermann leicht zu erkennen. Ihre Umsetzung in ein *System umfassender Gerechtigkeit* − das genau ist sowohl der sozialistische als auch der kommunistische Anspruch − ist das, was schwer zu machen ist, deutlicher: was nicht zu machen ist. Das Problem der Gerechtigkeit wird noch ausführlich Thema der vorliegenden Abhandlung sein.

Wieder stehen wir vor der Quadratur des Kreises, die auch so einfach scheint und dennoch trotz aller Anstrengungen nicht zu machen ist. Im Unterschied zur Mathematik gibt uns die reale Welt keine unwiderlegbare Beweisführung an die Hand. Wenn doch, dann gibt es immer noch genug Menschen, die sie nicht verstehen und deshalb auch nicht anerkennen. Das ist ja auch in der Mathematik nicht anders. Deshalb werden sich auch weiterhin Idealisten daran versuchen, das Unmögliche möglich zu machen, deshalb wird uns das Problem nicht loslassen.

Eine andere Sache ist es mit der Politik, die längst schon ihr Süppchen auf dem Herd der Gerechtigkeit kocht und den schwer durchschaubaren Widerspruch für ihre oft dunklen Absichten nutzt, die, statt uns wenigstens in eine etwas gerechtere

---

[139] Godesberger Programm, S. 8

Welt zu führen, die existierende Ungerechtigkeit zementiert, wenn nicht gar ausbaut. Gerechtigkeit – darin der Freiheit stark verwandt – kann niemals per definitionem festgelegt, gleichsam mit dem Hammer erzwungen werden. Sie ist immer Vermittlung zwischen Recht und Unrecht, Versuch eines vorsichtigen Ausgleichs. Und wie ist es mit dem Totalitarismus?

Wenn die Herstellung eines Systems umfassender Gerechtigkeit zum gesellschaftlichen Hauptziel erklärt wird, dann ist es leicht, jederzeit Abweichungen von der Zielvorstellung zu erkennen, sich gesellschaftliche Gruppen herauszugreifen, die gegen die Zielvorstellung verstoßen, weil sie zu reich, zu schnell, zu intelligent usw. sind, kurz, weil sie anders sind. Der Unterschied ist in Wahrheit der Feind dieser Gerechtigkeit, die Gleichheit ihr Freund, die Identität ihr Idol. Zur Erklärung ein kleines Beispiel.

Nehmen wir an, zwei Menschen begehen auf die gleiche Weise unter gleichen Umständen einen Mord. Beide werden zu einer lebenslangen Freiheitsstrafe verurteilt, die im Regelfalle zur Freilassung aus dem Gefängnis nach 15 Jahren führt. Ist das Urteil gerecht, wenn der eine 30, der andere aber 60 Jahre alt ist? Der eine kann nach seinem Gefängnisaufenthalt ein neues Leben beginnen, der andere hat sein Leben weitgehend gelebt. Gerecht wäre die Welt erst dann, wenn wir alle identisch wären, denn dann würden wir auch Identisches erfahren, dann wären wir aber eben keine Menschen mehr, denn die Einmaligkeit des Menschen ist in seiner Differenz und nicht in seiner Gleichheit angelegt.

Jetzt schließt sich der Bogen. Wenn die umfassende Gleichheit zum bestimmenden Prinzip wird, dann wird der Mensch vernichtet, und zwar nicht nur als Einzelwesen, sondern, weil dies allen geschieht, als Gattung. Das Gattungswesen Mensch wird, metaphorisch gesprochen, zum Baum degradiert. Dies ist das Ziel einer jeden Form des Totalitarismus, dies ist zugleich das ihn konstituierende Element. Der Totalitarismus ist der Versuch, die Unterschiedlichkeit der Menschen zu beseitigen. Dass dies bisher in der Menschheitsgeschichte trotz trauriger Beispiele noch nie vollständig gelungen ist, liegt an der ungeheuren Kraft im Wesen der Freiheit. Wir können jedoch nie sicher sein, diese Kraft immer und jederzeit in der notwendigen Stärke vorzufinden. Der Totalitarismus muss dabei nicht notwendig mit dem blutigen Schwert wüten. Moderne Tendenzen deuten eher auf eine sanfte Form hin, die jederzeit von Mehrheiten gestützt wird. Solange wir die Unterschiedlichkeit der Menschen beseitigen wollen, solange wird der Totalitarismus uns als reale Gefahr bedrohen.

Kehren wir zum sozialdemokratischen Bekenntnis zur Marktwirtschaft zurück. Das Godesberger Programm, das ja die Zustimmung zur Marktwirtschaft zum Ausdruck bringen wollte, hat sie zugleich widerrufen, denn »der moderne Staat beeinflusst die Wirtschaft stetig«, wodurch es nicht die Frage ist, »ob in der Wirtschaft Disposition und Planung zweckmäßig sind, sondern wer diese Disposition trifft und zu wessen Gunsten sie wirkt«. Vor allem aber kann sich der Staat »dieser Verantwortung für den Wirtschaftsablauf [...] nicht entziehen«. Nun haben wir sie also doch wieder, wenn auch nur durch die Hintertür, die Planwirtschaft. Planwirtschaft hat zum Ziel, die Produktion von Gütern und Dienstleistungen durch einen gesellschaftlichen Gesamtplan zu steuern. Die erste Frage lautet wie bereits gesagt, wer bestimmt was, in welcher Menge, für wen herzustellen ist. Da diese Frage für jede Form der Produktion gilt, also auch für jeden Privatunternehmer, liegt es geradezu auf der Hand, das Prinzip der Einzelheit auf die Gesamtheit anzuwenden. Warum sollte, was im Kleinen funktioniert, im Großen versagen?

Betrachten wir ein Beispiel. Ein Kajak kann von einer Person aus dem Wasser gehoben werden, ein Ruderboot von vielen Menschen, ein Ozeandampfer kann nicht mehr durch Menschenkraft aus dem Wasser gehoben werden. Das, was im Kleinen funktioniert, muss keineswegs auch im Großen funktionieren. Wie ist das bei der Planung? Ein freier Unternehmer bestimmt, was er in welcher Menge herstellt. Die Frage, für wen er herstellt, ist dann sekundär, wenn genügend Menschen seine Waren kaufen. Ist dies nicht der Fall, dann muss er durch geeignete Maßnahmen entweder Menschen finden und zum Kauf seiner Waren animieren oder er hat falsch geplant. Findet er nicht genügend Käufer für seine Waren, bezahlt er dies mit dem Niedergang seines Unternehmens.

In einer Marktwirtschaft gibt es eine Vielzahl von Unternehmern mit einer Vielzahl von Produkten, von denen die meisten einen Käufer finden. Die Frage, ob die hergestellten Waren gut sind oder nicht und für wen, spielt immer dann keine Rolle, wenn es genügend Käufer gibt. Die Marktwirtschaft verzichtet auf jede Form von moralischer Warenbewertung. Natürlich wird es eine solche auch in einer Gesellschaft mit Marktwirtschaft geben, aber die ist nicht aus der Wirtschaftsweise selbst, sondern nur aus ihren Rahmenbedingungen ableitbar. Dem Prinzip der Freiheit ist Genüge getan, weil eine Vielzahl von Produkten einer Vielzahl von Käufern gegenübersteht. Fehlt ein Produkt, für das es eine Nachfrage gibt, dann kann davon ausgegangen werden, dass es bald ein Angebot dazu gibt. Das Marktgeschehen funktioniert wirklich wie die oft geschmähte unsichtbare Hand, und darin liegt seine Stärke.

Was passiert hingegen bei der Planwirtschaft? Sie benötigt eine Instanz, die die schon prometheisch zu nennende Aufgabe zu bewältigen hätte, was und wie viel für die gesamte Gesellschaft zu produzieren ist. Wer aber wollte von sich behaupten, diese Aufgabe bewältigen zu können, jedenfalls unter dem Nebenaspekt, die Freiheit der Einzelnen nicht zu verletzten? Lässt man die Freiheit außer Acht, dann ist dies möglich, wenn man sich auf eine begrenzte Anzahl von Kernprodukten beschränkt. Aber schon taucht auch bei diesem Szenarium die Frage auf, wer bestimmt denn die Auswahl der »Kernprodukte«? Uneinigkeit in den Zielen lässt die Planwirtschaft nicht zu, denn das liefe »ungefähr auf dasselbe hinaus, wie wenn eine Gruppe von Personen sich zu einer gemeinsamen Reise entschließen würde, ohne sich jedoch über das Reiseziel einig zu sein, was zur Folge hat, daß sie alle eine Reise unternehmen müssen, die die meisten ganz und gar nicht machen wollen«.[140] Schon hier wird die Tendenz der Planwirtschaft zum Totalitarismus deutlich, denn letztlich würde die Planinstanz der unendlichen Diskussion ausweichen, indem sie die Auswahl der Kernprodukte einfach vornimmt. Doch das ist ja erst der Anfang. Im nächsten Schritt müssten alle Ressourcen den einzelnen Produktionsprozessen der Kernprodukte zugeordnet werden. Damit gäbe es

---

[140] Friedrich A. Hayek, Der Weg zur Knechtschaft, München 2009, S. 88

weder eine freie Berufswahl noch eine freie Arbeitsplatzwahl, ja noch nicht einmal den Wohnort könnte man frei wählen, weil auch dieser sich auf die Planerfüllung auswirken würde. Die Planwirtschaft hat nicht nur eine Tendenz zum Totalitarismus, sondern sie ist Totalitarismus in voller Konsequenz.

Kehren wir zum Godesberger Programm der SPD zurück und betrachten noch einmal den oben bereits zitierten Satz: »Wo aber Märkte unter die Vorherrschaft von einzelnen oder von Gruppen geraten, bedarf es vielfältiger Maßnahmen, um die Freiheit in der Wirtschaft zu erhalten. Wettbewerb soweit wie möglich Planung soweit wie nötig!« Der zweite Satz des Zitats ist ohnehin eine Tautologie, denn wenn Wettbewerb nicht möglich ist, dann kann er auch nicht eingefordert werden, wenn Planung nötig ist, dann muss sie auch durchgeführt werden. Würde man den zweiten Satz des Zitats weglassen, dann hätte die SPD einen Weg gefunden, den man ohne Gefahr des Totalitarismus beschreiten könnte. Dann könnte man sich vernünftig über Fragen auseinandersetzen, welche Produkte und Dienstleistungen einen Markt nicht vertragen, weil sie zur gesellschaftlichen Grundausstattung gehören. Ein Beispiel dafür wäre der Schienenverkehr, der ob der Starrheit der Schienen eine vernünftige Konkurrenz nicht zulässt. Wie sollten sich verschiedene Unternehmen bei Zugverbindungen auf der gleichen Strecke Konkurrenz machen? Überall nehmen staatliche Reglementierungen zu. Ist es da nicht geradezu absurd, ausgerechnet die Privatisierung des Schienenverkehrs zuzulassen? Der private Betreiber wäre natürlich ein Monopolist, eine ernsthafte Konkurrenz nicht möglich.

Ein beliebtes und sicher ernst zu nehmendes Beispiel aller Gegner von Marktwirtschaft ist der Arbeitsmarkt, wobei in der aktuellen Situation der Begriff Markt in diesem Segment irreführend ist, weil er nicht oder bestenfalls rudimentär existiert. Dessen ungeachtet sei er im Folgenden als (potenzieller) Markt betrachtet. Was zeichnet diesen Markt als Besonderheit aus? Das am deutlichsten auffallende strukturelle Merkmal besteht in der prinzipiellen Ungleichheit der Elastizität der Marktteilnehmer. Betrachten wir die beiden Gruppen von Marktteilnehmern am Arbeitsmarkt genauer. Da es hierbei um prinzipielle Probleme geht, kann, von Besonderheiten im Einzelfall abgesehen, die Betrachtung also schematisch durchgeführt werden. Der Anbieter von Arbeit – der Arbeitgeber – sucht einen Mitarbeiter, der meistens einer unter vielen anderen Mitarbeitern werden soll. Wenn der erwünschte Mitarbeiter die Konditionen nicht annimmt, dann kann der Arbeitgeber in aller Ruhe einen anderen Mitarbeiter suchen, ohne gravierende Auswirkungen auf seine Produktion befürchten zu müssen. Im Zweifelsfall kann er sich auch Mitarbeiter in Reserve halten, die immer dann einspringen, wenn dies zur Aufrechterhaltung der Produktion erforderlich ist. Von Sonderfällen abgesehen hat der Arbeitgeber eine hohe Elastizität in der Nachfrage nach Arbeitskräften.

Ganz anders ist die Situation beim Nachfrager nach Arbeit, dem Arbeitnehmer. Er kann seine Arbeitskraft im Regelfalle nur einmal verkaufen und, dies ist noch wichtiger, er muss von seinen Arbeitserlösen seinen Lebensunterhalt bestreiten, möglicherweise noch den seiner Familienangehörigen. Wenn es aber um den Erhalt des Lebens geht, dann hat der Mensch nicht viel Flexibilität und muss seine Arbeitskraft unter Umständen unter Wert verkaufen. Von Sonderfällen abgesehen hat der Arbeitnehmer eine geringe Elastizität beim Anbieten seiner Arbeitskraft. Die Gewichtung der Elastizität der Marktteilnehmer verschiebt sich jedoch immer dann, wenn die besondere Qualifikation der Mitarbeiter eine Rolle spielt. In diesem Fall kann sich die Rolle der beteiligten Partner durchaus umkehren.

Aus dieser strukturellen Differenz in der Elastizität von Angebot und Nachfrage von/nach Arbeitskraft erwächst die Notwendigkeit korrigierender Eingriffe. Wie aber könnten diese aussehen? Prinzipiell – dies gilt für alle Situationen, in denen korrigierende Eingriffe vorgenommen werden müssen – kann die Korrektur durch Angleichung der Chancen vorgenommen oder aber durch ein Bündel bürokratischer Regelungen festgelegt werden. Letzteres ist ein Zeichen von zunehmendem Sozialismus. Für diese Tendenz gibt es zwei zentrale Begründungen. Zum einen neigt die sozialistische Anschauung stets dazu, der freiheitlichen Regelung die bürokratische Vorschrift entgegenzusetzen, enthält jene doch immer Elemente der Unbestimmtheit, während diese den Spielraum der Beteiligten festlegt. Zum anderen hat jede Bürokratie die unwiderstehliche Tendenz, ihr Betätigungsfeld zu erweitern. »Eine einmal voll durchgeführte Bürokratie gehört zu den am schwersten zu zertrümmernden sozialen Gebilden. Die Bürokratisierung ist *das* spezifische Mittel, ›Gemeinschaftshandeln‹ in rational geordnetes ›Gesellschaftshandeln‹ zu überführen. Als Instrument der ›Vergesellschaftung‹ der Herrschaftsbeziehungen war und ist sie daher ein Machtmittel allererster Ranges für den, der über den bürokratischen Apparat verfügt.«[141]

Jetzt wird das Zentrum des Problems sichtbar. Als Vorstellung »gewöhnlicher« Bürger mag der Sozialismus eine honorige utopische Sache sein, als politisches Geschäft ist er die Herrschaft der Bürokratie, »Machtmittel allererste Ranges«, wie Max Weber so klar schreibt. Die aus der geringen Elastizität resultierende Schwäche des Angebots »Arbeitskraft« ist also keinesfalls Anlass, nach Wegen zu suchen, dem Problem zu begegnen und der Arbeitskraft zu besseren oder gar zu gleichen Chancen auf dem Markt zu verhelfen. Sie dient nur als Mittel zur Machterhaltung. Diesen Zusammenhang versucht man natürlich so weit wie möglich zu kaschieren, indem man zum einen vorgibt, im strikten Interesse der arbeitenden Bevölkerung zu handeln, und ihn zum anderen in ein umfassendes System von Hilfen und Vorschriften einbaut, wie Arbeitsschutz, Kündigungsschutz, Arbeitszeitregelungen, Urlaubsregelungen, Mindestlohn und so weiter und so fort, um dann desto ungenierter die eigene Macht ausbauen oder wenigstens erhalten zu können.

Nicht nur auf dem Arbeitsmarkt sind gesetzliche Regelungen notwendig. Doch in einem freiheitlichen Staat käme es in erster Linie darauf an, den Menschen bessere Möglichkeiten zu geben, statt sie in ein System von Zwangsregeln zu stecken. Zwangsregeln können immer noch angewendet werden, wenn die freiheitlichen Lösungen nicht greifen. Freiheitliche Lösungen werden aber gar nicht erst versucht. Wie heißt es doch im Godesberger Programm der SPD? Es bedarf »vielfältiger Maßnahmen, um die Freiheit der Wirtschaft zu erhalten«. Sicher wäre es

---

[141] Max Weber, Wirtschaft und Gesellschaft, Kapitel IX, Abschnitt 2, Neu-Isenburg 2008, S. 726, Hervorhebung im Original

besser, mit wenigen wirksamen Maßnahmen die Freiheit zu sichern, als sie durch »vielfältige Maßnahmen« zu strangulieren.

Die Ausführungen zum Thema Sozialismus können keinesfalls erschöpfend sein. Hier kann es nur darum gehen, einige zentrale Momente dessen zu benennen, was als solcher durch die Welt geistert. Der interessierte Leser findet umfangreiche Literatur, um dem Problem weiter auf die Spur zu kommen. Sozialismus steht prinzipiell der Freiheit entgegen, weil er immer und in allen Varianten das Leben der Menschen zu regeln versucht. Demnach kann es nur darum gehen, Freiheit *trotz* Sozialismus zu erhalten. Dies hieße aber, in erster Linie Abschied zu nehmen von den sozialistischen Ideen, die unser tägliches Leben bereits jetzt bestimmen, und eines der »am schwersten zu zertrümmernden sozialen Gebilde«, die Bürokratie, nun endlich zu zertrümmern.

Warum, so ist zu fragen, wird denn hier gegen den Sozialismus argumentiert, den bestenfalls eine kleine Minderheit in unserem Lande will, während wir doch in einer freiheitlich-demokratischen Grundordnung leben? Die Antwort ist einfach: Weil wir längst in einem sozialistischen Staat leben, den nur keiner so nennt. Die bisherigen Begründungen reichen noch nicht aus, diese These mit der notwendigen Genauigkeit zu belegen. Allerdings zeigen die Ausführungen bis hierhin schon sehr deutlich in die entsprechende Richtung. Spätere Beispiele aus dem täglichen Leben in unserem Lande werden der Behauptung das notwendige Gewicht verleihen. Was Tocqueville zur Demokratie sagt, kann ohne Änderung auf den Sozialismus übertragen werden. So wenig sich die Demokratie aufhalten ließ, so wenig wird sich der Sozialismus aufhalten lassen. Bei jener geht es darum, die Minderheiten zu schützen, bei diesem, der zunehmenden Entmündigung Einhalt zu gebieten. Das heißt aber, zunächst die zunehmende Tendenz zur Entmündigung zu erkennen.

Zum Schluss dieses Abschnitts noch ein Hinweis zum Problem des Sozialismus: Nach Berechnungen des Steuerzahlerbundes müssen die Arbeitnehmer im Jahre 2009 ca. 53 Prozent ihrer Brutto-Einkünfte an den Fiskus und die Sozialkassen zahlen,[142] wobei die Hälfte der Steuerzahler über 90 Prozent der Einkommensteuern und damit sogar mehr zahlt, als ihrem statistischen Anteil entspricht. Sozialismus dient als Bezeichnung einer Richtung, die das Gemeinwohl über den Eigennutz stellt. Wenn aber mehr als 50 Prozent der Einkünfte der Bürger von der Gemeinschaft verwendet werden, dann ist der Inhalt der Erklärung erfüllt. Die Frage, ob der Staat möglicherweise das von den Bürgern erhobene Geld für Zwecke verwendet, die dem Einzelnen nicht einsichtig sind oder ihm gar widerstreben, hat mit der vorliegenden Überlegung nichts zu tun. In diesem Falle mag der Sozialismus in den Augen dieser Bürger schlecht sein, das ändert aber nichts an seiner prinzipiellen Existenz. Hier scheint das größte Missverständnis beim Begriff Sozialismus zu liegen. Wir müssen lernen, Sozialismus weder zu verteufeln noch in den Himmel zu heben. Er ist als Entwicklung nicht aufzuhalten, muss aber gebändigt werden, hierin der Demokratie sehr ähnlich. Gelingt uns dies nicht, dann wird er sich als Prinzip der fortschreitenden Entmündigung erweisen.

---

[142] Nachricht aus: Tagesschau, 15.07.2009

»L'État c'est moi.«

Ludwig XIV

»Wir waren die ersten, die erklärt haben, daß die Freiheit des
Individuums um so mehr beschränkt werden muß, je
komplizierter die Zivilisation wird.«

Benito Mussolini[143]

2.3.4　Der Triumph der Gesellschaft

Aristoteles hält den Staat für die »vornehmste« Gemeinschaft von Menschen, die
zugleich alle anderen Gemeinschaften in sich einschließt. Nach ihm gehört der
Staat zu den von Natur bestehenden Dingen, wie der Mensch von Natur ein staatliches Wesen ist. Das heißt, der Mensch bedarf der Gemeinschaft, ohne die er nicht
lebensfähig wäre. Dies unterscheidet ihn aber gerade nicht von den meisten sonstigen Lebewesen, die ebenfalls der Gemeinschaft bedürfen. Auch die wichtige Aufgabe des Staates, den Schutz seiner Bürger gegen Angriffe von außen sicherzustellen, reicht nicht hin, denn auch hier finden sich im Tierreich genügend Beispiele, bei denen ähnliche Mechanismen wirken. Die sich über die tierische erhe-
bende menschliche Gemeinschaft bedarf noch zusätzlicher Eigenschaften. Zentrale
Aufgabe des Staates ist es, Gesetze zu geben, das Recht durchzusetzen und so
einen Raum der Gerechtigkeit zu schaffen, denn »Recht ist die Ordnung der staatlichen Gemeinschaft, Gerechtigkeit aber bestimmt die Entscheidung darüber, was
rechtmäßig ist«.[144] Mit der Gerechtigkeit ist ein Rahmen gefunden, der in der Tat
die menschliche Gemeinschaft über die tierische erhebt und damit zugleich den
Raum schafft, in dem so etwas wie Freiheit gedeihen kann. Der Staat ist also ein
rechtlich organisierter, der Gerechtigkeit verpflichteter und dadurch handlungs-
fähiger Verband, der den Rahmen bildet für politisches Handeln.

Ein Staat kann auf verschiedene Weise organisiert sein, wobei Aristoteles im
Wesentlichen drei Arten der Staatsorganisation unterscheidet:[145] Monarchie (Herrschaft eines Menschen), Aristokratie (Herrschaft der Besten) und Politie (Herrschaft einer Vielzahl). Jede der genannten Herrschaftsformen hat Vor- und Nachteile, zu jeder gibt es Entartungen. Die Entartungen nennt Aristoteles Tyrannis
(Herrschaft zum Vorteil des Monarchen), Oligarchie (Herrschaft zum Vorteil der
Reichen) und Demokratie (Herrschaft zum Vorteil der Armen). Entartungen liegen
dann vor, wenn die Herrschaft einseitig zugunsten einer Gruppe ausgeübt wird. In
entarteten Herrschaftsformen wird die Gerechtigkeit verletzt, deren wesentliches
Prinzip im wohl abgewogenen Ausgleich besteht.

---

[143] Zitiert nach: Friedrich A. Hayek, Der Weg zur Knechtschaft, München 2009, S. 67
[144] Aristoteles, Politik, 1253a
[145] Vgl. Fußnote 33

Im Verständnis der Griechen war der Staat also eine Gemeinschaft, die zwar ihren tiefsten Grund im von Natur aus gegebenen Gemeinschaftsbedürfnis des Menschen hat, in ihrer »politischen« Ausprägung jedoch ein von Menschen geschaffener und vor allem auch gestalteter Raum sein sollte, der als solcher gerade der Natur entgegengesetzt wurde. In genau dieser Tatsache unterschieden sich die Griechen ihrem eigenen Verständnis gemäß von den »Barbaren«, bei denen der Staat immer aus dem »natürlichen« Recht des Stärkeren entstand und als reines Herrschaftsinstrument zu verstehen ist. Diese wichtige Differenz hat Aristoteles auf unmissverständliche Weise zum Ausdruck gebracht: »Ein staatlicher Verband ist aber die aus mehreren Dörfern gebildete vollendete Gemeinschaft, die die Grenze erreicht hat, bei der – wenn man so sagen darf – vollständige Autarkie besteht. *Um des Überlebens willen ist er entstanden, er besteht aber um des vollkommenen Lebens willen.*«[146] Der Staat kann nur deshalb um des vollkommenen Lebens willen bestehen, weil der Mensch ein politisches, also ein zur Politik fähiges Lebewesen ist. Der Mensch besitzt aber keine Eigenschaft, die als politische bezeichnet werden kann. Die Fähigkeit zum Politischen ist nicht *im* einzelnen Menschen, sondern *zwischen* den Menschen angesiedelt. Es ist ein Bezug, der erst im Zusammenleben der Menschen zur Wirksamkeit gelangt.[147] Der Bezug zwischen den Menschen ist aber nur möglich, wenn diese sich dabei ihrer privaten Bedürfnisse enthalten, weil die immer interessengesteuert sind.

Die Vorstellung der Griechen spielte auch eine zentrale Rolle im römischen Staatsverständnis, allerdings mit einer zunächst kleinen, später umso bedeutsameren Unterscheidung. Schon kurz nach der Zeitenwende übersetzte Seneca den Begriff *zoon politikon*, politisches Lebewesen, von Aristoteles durch den Begriff des *animal sociale*, soziales oder gesellschaftliches Lebewesen.[148] Thomas von Aquin war zwar philosophisch sehr stark von Aristoteles geprägt, übernahm aber in seiner Erklärung, was der Mensch sei, die römische Interpretation. Dies brachte er wie folgt zum Ausdruck: »Der Mensch [ist] naturhaft ein Gesellwesen (animal sociale) [...]; weshalb die Menschen im Unschuldsstande gesellhaft gelebt hätten.«[149] Die Menschen haben nach Thomas von Aquin im Naturzustand bereits in Gesellschaft gelebt. Dieser Gedanke spielt später in der Aufklärung, bei Hobbes, Locke und Rousseau eine große Rolle. Folgerichtig kommt er zum Schluss: »Der Vater hat im Hause eine gewisse Ähnlichkeit mit der königlichen Herrschaft, [...] er hat freilich nicht die vollkommene Gewalt der Herrschung wie der König.«[150] Hannah Arendt bemerkt zu dieser Äußerung treffend: »Denn nichts war nicht nur der Polis, sondern der Antike überhaupt selbstverständlicher, als daß sogar die Macht des Tyrannen begrenzt und weniger machtvollkommen ist als diejenige, mit der ein Paterfamilias, der wirklich dominus war, über seinen Sklavenhaushalt und seine Familie herrschte. Und dies nicht etwa, weil die Macht des politischen Herr-

---

[146] Aristoteles, Politik, 1252b, Hervorhebungen von mir, P.K.

[147] Vgl. dazu Hannah Arendt, Was ist Politik?, München 1993, S. 11

[148] Vgl. dazu Hannah Arendt, Vita activa, Stuttgart 1960, S. 28

[149] Thomas von Aquino, Summe der Theologie, Band 1, Gott und Schöpfung, 97, 4, Stuttgart 1985, S. 335

[150] Thomas von Aquino, Summe der Theologie, Band 3, Der Mensch und das Heil, 50,3, Stuttgart 1985, S. 229

schers in Schach gehalten würde von der Macht der miteinander verbündeten Bürger, sondern weil absolute, unanfechtbare Herrschaft innerhalb des politischen Bereichs als eine Contradictio in adjecto galt.«[151]

Die Frage nach Staat und Gesellschaft spielte im Mittelalter keine Rolle, bestand doch Politik wesentlich aus der Machtfrage zwischen Kirche und Staat. Erst mit Hobbes begann die Frage nach Staat und Gesellschaft wieder Bedeutung zu erlangen. Für Hobbes war der Naturzustand des Menschen ein Kampf aller gegen alle, der zwingend eines Regulativs bedurfte. »Alles, was die Naturgesetze fordern, als z. B. Gerechtigkeit, Billigkeit und kurz, anderen das zu tun, was wir wünschen, daß es uns von anderen geschehe, ist, wenn die Furcht vor einer Zwangsmacht wegfällt, den natürlichen Leidenschaften, Zorn, Stolz und den Begierden aller Art gänzlich zuwider.«[152] Um diesen Zustand zu beenden, verzichtet der Einzelne auf seine unbegrenzte Freiheit, schafft den Staat und muss sich dessen Anordnungen fügen. Der Staat muss nach Hobbes also eine Instanz sein, die über den gesellschaftlichen Partikularinteressen steht und mit entsprechenden Machtbefugnissen versehen ist. Dies kann nur erreicht werden, wenn jeder Einzelne »seine Macht oder Kraft einem oder mehreren Menschen übertrage, wodurch der Wille aller gleichsam in einen Punkt vereinigt wird, so daß dieser eine Mensch oder diese eine Gesellschaft eines jeden einzelnen Stellvertreter werde und ein jeder die Handlungen jener so betrachte, als habe er sie selbst getan, weil sie sich dem Willen und Urteil jener freiwillig unterworfen haben«.[153] Demnach ist der »Staat eine Person, deren Handlungen eine große Menge Menschen, kraft der gegenseitigen Verträge eines jeden mit einem jeden, als ihre eigenen ansehen, damit dieselbe nach ihrem Gutachten der Macht aller zum Frieden und zur gemeinschaftlichen Verteidigung anwende«.[154] Hobbes spricht sich also in sehr deutlicher Weise für einen Staat aus, der über der Gesellschaft und ihren Mitgliedern steht, denn nur auf diese Weise kann er regulierend eingreifen, ohne selbst unmittelbar betroffen zu sein.

Locke und Montesquieu haben den Ansatz von Hobbes durch ihre Überlegungen zur Gewaltenteilung, die gleichsam die staatliche Unabhängigkeit, insbesondere, aber nicht nur, in demokratisch verfassten Staaten verstärken sollte, weiter fortentwickelt. Damit war durchaus ein Rahmen geschaffen, eine Renaissance des Politischen zu ermöglichen. Im 18. Jahrhundert setzte dann jedoch mit unwiderstehlicher Gewalt eine Entwicklung vom Staat zur Gesellschaft ein. Es war, als hätten sich alle Mächte verschworen, um diesen Vorgang einzuleiten. Um sie skizzenhaft zu beschreiben, ist es sinnvoll, auf drei zentrale Bereiche zurückzugreifen: Ideengeschichte, Politik und Ökonomie.

Mit Rousseau beginnt eine wichtige ideengeschichtliche Zäsur. Zwar beruft sich Rousseau in seinem »Gesellschaftsvertrag« analog zu Hobbes und Locke auf einen Vertrag, den die Menschen miteinander schließen, allerdings – und hier

---

[151] Hannah Arendt, Vita activa, Stuttgart 1960, S. 31
[152] Thomas Hobbes, Der Leviathan, 17. Abschnitt, Köln 2009, S. 171
[153] Thomas Hobbes, Der Leviathan, 17. Abschnitt, Köln 2009, S. 175
[154] Thomas Hobbes, Der Leviathan, 17. Abschnitt, Köln 2009, S. 176

vertritt er die gegensätzliche Position zu Hobbes – ist bei ihm der Staat keine neutrale Instanz, die über den Gesellschaftsmitgliedern steht und zwischen ihnen vermittelt, sondern Staat und Gesellschaft werden weitgehend identifiziert, indem die Familie als Maßstab genommen wird. »Die Familie ist deshalb, wenn man so will, das Urbild der politischen Gesellschaften, das Oberhaupt ist das Abbild des Vaters, das Volk das Abbild der Kinder, und da alle gleich und frei geboren sind, veräußern sie ihre Freiheit einzig zu ihrem Nutzen.«[155] Doch Rousseau begreift sich in erster Linie als Kritiker der Gesellschaft, der er vorwirft, den Menschen, der von Natur aus gut ist, zu verderben.

Rousseau hat damit eine neue Qualität in die Betrachtung von Staat und Gesellschaft gebracht, und zwar die Güte des Menschen von Natur aus. Wieso macht dies einen so großen Unterschied zu Hobbes aus, der ja auch in seinem »Leviathan« den Menschen von Natur aus begreift, nur in einer umgekehrten Wendung? Ist der Mensch von Natur aus schlecht, dann bedarf er einer Instanz, die ihn zähmt. Diese Instanz ist der Staat, der als artifizielles Gebilde zu gestalten ist. Damit bleibt Hobbes durchaus der Tradition von Aristoteles verhaftet. Ist der Mensch aber von Natur aus gut, dann führt dies zwangsläufig zu einem Paradigmenwechsel, weil nun der Mensch ja nur noch in seinen »natürlichen« Zustand zurückgeführt werden muss, um »alles gut zu machen«. Plötzlich kommt mit der Natur ein Kriterium zu entscheidender Bedeutung, das Aristoteles noch aus dem politischen Bereich ausgeschlossen hat. Aus der Sicht des Politischen stellt die Einsicht Rousseaus eine erhebliche Wende im modernen Politikverständnis dar, weil von nun an der Maßstab der menschlichen Natur zum zentralen Maßstab der Gestaltung von Politik wird.

Nur wenige Jahre nach seiner Formulierung wird das Konzept Rousseaus durch die Französische Revolution zu der weitverbreiteten Forderung verdichtet: Freiheit, Gleichheit, Brüderlichkeit, wobei sich (fast) schon von selbst versteht, dass diese Forderung auf der vorausgesetzten Einsicht in die – sich letztlich auf Rousseau berufende – menschliche Natur basiert. In der Erklärung der Menschenrechte findet dieser Weg einen noch heute gültigen Höhepunkt. Jetzt war aber das Menschengeschlecht in den Fokus der Politik geraten, und es galt von nun an als unbestreitbare Aufgabe der Politik, die Menschheit zu beglücken. Dies war eine wichtige Korrektur der Einsicht von Rousseau. Dieser verstand sein Anliegen als Gegenentwurf zur Dominanz des Staates, den er mit der Gesellschaft gleich setzte. Rousseau wollte den Einzelnen stärken, seiner – von ihm ja als gut erkannten – Natur zum Durchbruch verhelfen. Jetzt war es Aufgabe der Politik, den naturalistisch abgeleiteten, nun aber eine wichtige gesellschaftliche Funktion erfüllenden Maximen der Französischen Revolution Geltung zu verschaffen. Im Tugendterror Robespierres setzte sich schon bald eine Tradition im Namen der Menschlichkeit fort, die Jahrhunderte vorher in Gestalt verschiedenster Ketzerverfolgungen im Namen Gottes eingeleitet worden war. Politik und Gesellschaft waren ein unheilvolles Bündnis eingegangen, dessen Erbe auch heute keinesfalls erledigt ist, sondern im Gegenteil vielleicht mehr denn je wirkt.

---

[155] Jean-Jacques Rousseau, Gesellschaftsvertrag, Buch 1, Kapitel 2, Von den ersten Gesellschaften

Vor allem Karl Marx entwickelte schließlich durchaus im Rahmen dieser Vorgabe das Konzept eines »naturalistischen Humanismus«[156] zur utopischen Vision, der sich seitdem keine dem Fortschritt verpflichtete politische Bewegung mehr entziehen kann. »Das Versprechen des naturalistischen Humanismus besteht darauf, den Menschen in einem Befreiungsprozeß der Gattung zu sich selbst zu bringen.«[157] Mit dem naturalistischen Humanismus und seinem Begriff der Menschheit rückte die Gesellschaft immer mehr in den Fokus der politischen Auseinandersetzung. Gesellschaft diente dem aufgeklärten Bürgertum als Kampfbegriff gegen den Staat, vor allem den absolutistischen Fürstenstaat. So zum Beispiel im Liberalismus, der die Gesellschaft dem Staat entgegensetzt. Sie bietet dem bürgerlichen Individuum Spielraum gegenüber dem Staat. So vor allem aber im Sozialismus, der die vollständige Gesellschaftlichkeit zum zentralen Programmpunkt erhebt. Der Bereich des Politischen sollte auf möglichst alle Sphären des Lebens übertragen werden und so seinen Wirkungsbereich erweitern. Noch in Willy Brandts Regierungserklärung von 1969 kommt dies in dem Satz zum Ausdruck »Wir wollen mehr Demokratie wagen«.

Doch wurde gerade dadurch der Bereich des Politischen vernichtet, indem er gleichsam an die Gesellschaft abgetreten wurde. »Der Politikbegriff wird damit zu einem Verhaltensbegriff und grenzt sich auf neuartige Weise durch Anforderungen an das Verhaltensgeschick (und nicht mehr: durch ein ihm immanentes Ethos) für öffentlich sichtbares Handeln ab.«[158] *Damit einhergehend fand eine Transformation statt, bei der die aus der griechischen Tradition stammende Gleichheit aller vor dem Staat in die Forderung nach Gleichheit aller in der Gesellschaft umgewandelt wurde, die seither das politische Denken beherrscht.* »Der Boden der Politik ist verlassen, wo es nicht mehr primär um eine Gleichheit aller vor dem Staat, sondern um eine Gleichheit aller in der Gesellschaft geht. Wenn das Prinzip der gesellschaftlichen Angleichung das der politischen Gleichberechtigung dominiert, verändert sich damit der Kontext des Gleichheitsbegriffs grundsätzlich.«[159]

Spätestens seit der Französischen Revolution hat sich die Idee der Menschheit als untrennbar mit jeder politischen Anstrengung verknüpft. Durch die Säkularisierung verschob sich die Unsterblichkeit des Menschen hin zu einer Unsterblichkeit der Menschheit in ihrer Gesamtheit. Diese Transformation zieht sich noch hin bis in die heutige Zeit, in der es immer mehr um das Überleben der Menschengattung und immer weniger um das, was Aristoteles noch als »gutes Leben« bezeichnet hat, geht. Wenn Politik zu einem Mittel zur Durchsetzung eines Menschheitsideals wird, statt die Bedingungen zu einer freien Auseinandersetzung gleichberechtigter Menschen zu schaffen, wird unweigerlich das Problem der Wahrheit in den politi-

---

[156] Karl Marx, MEW, Band 40, S. 536

[157] Monika Boll, Zur Kritik des naturalistischen Humanismus. Der Verfall des Politischen bei Hannah Arendt, Wien 1997, S. 57

[158] Niklas Luhmann, Die Politik der Gesellschaft, Frankfurt/Main 2000, S. 11 – Man beachte, dass Luhmann im Titel seines Buches – sicherlich im vollen Bewusstsein – die Begriffe Politik und Gesellschaft zusammengefügt hat. Damit gelingt ihm auf knappstem Raum die Sichtbarmachung einer ungeheuren Entwicklung!

[159] Monika Boll, Zur Kritik des naturalistischen Humanismus. Der Verfall des Politischen bei Hannah Arendt, Wien 1997, S. 40f.

schen Raum gebracht. Damit ist dann aber ebenso unweigerlich das Tor des Terrors weit geöffnet, weil Wahrheit und Meinung sich nicht vertragen. Vor allem kann Wahrheit nicht mehr Sache eines Einzelnen sein. Was aber geschieht mit denjenigen Menschen, die dem Menschheitsideal nicht entsprechen? Die Sowjetunion Stalins und das Deutschland Hitlers haben uns auf schreckliche Weise vor Augen geführt, welche Konsequenzen denjenigen drohen, die die an sie gerichteten Erwartungen nicht erfüllen. Die einen vernichteten ihre Gegner im Namen einer sozialen Utopie, die anderen im Namen einer biologischen.

Der »Gottesstaat« des Mittelalters wird durch den »Menschheitsstaat« der Neuzeit ersetzt. Die dabei entstehenden Konflikte sind durchaus vergleichbar, wobei die Inquisition uns als mahnendes Beispiel dienen sollte. Thomas Mann hat in seinem Roman »Der Zauberberg« die Problematik auf eindrucksvolle Weise behandelt. Wie sagt doch Naphta? »Nicht Befreiung und Entfaltung des Ich sind das Geheimnis und das Gebot der Zeit. Was sie braucht, wonach sie verlangt, was sie sich schaffen wird, das ist − der Terror.«[160] Als Thomas Mann im Jahr 1924 seinen Roman geschrieben hat, waren die Schauprozesse in Moskau noch in weiter Ferne und die Nationalsozialisten eine unbedeutende Splitterpartei. Hobbes war wohl der letzte Staatstheoretiker, der dem Staat einen festen Platz gegenüber der Gesellschaft eingeräumt hat. Damit wurden mit seiner Theorie auch die letzten Reste eines griechischen Politikverständnisses zu Grabe getragen, das dem Staat die Aufgabe zuwies, den Rahmen politischen Handelns zu bilden.

Von nun an wurde im politischen Raum die Handlung durch das Sich-Verhalten ersetzt, bei dem es allein noch darauf ankommt, sich durch Geschicklichkeit möglichst große eigene Vorteile zu verschaffen. Der hier skizzierten fundamentalen Veränderung des politischen Bereichs kam die wirtschaftliche Entwicklung entgegen, die um die Zeit der Französischen Revolution einsetzte, im Laufe des 19. Jahrhunderts zu gewaltigen Veränderungen führte und mit dem Begriff »Industrielle Revolution« durchaus treffend beschrieben worden ist. Damit triumphierte die Gesellschaft endgültig über den Staat mit weitreichenden Konsequenzen für den politischen Raum. Versuchen wir zunächst, die zentralen Leitlinien dieses Triumphes nachzuvollziehen.

Ende des 18. Jahrhunderts begann eine Entwicklung, die das soziale Zusammenleben der Menschen fundamental verändert hat. Sie fokussierte sich auf Reichtum und seine dauerhafte Reproduktion durch Arbeit und basierte auf drei Säulen, nämlich Produktivität, Technologie und Wissenschaften. Die Produktivität wurde durch die wissenschaftliche Erforschung der Arbeitsteilung und eine starke Zunahme der Arbeitsintensität erheblich gesteigert. Als Metapher der technischen Entwicklung wird häufig die Dampfmaschine herangezogen, doch reicht dies keinesfalls aus. Durch technische Erkenntnisse und mit dem Ziel vor Augen, die Produktion zu steigern, nahmen die Entwicklungen auf vielen Gebieten rasant zu. Die Wissenschaften trugen in erheblicher Weise zu dieser Entwicklung bei. Die wirk-

---

[160] Thomas Mann, Der Zauberberg, Frankfurt 1981, S. 561. Es lohnt sich, in diesem Zusammenhang den gesamten Abschnitt zu lesen, dessen Kern auf den Seiten 554–566 abgehandelt wird.

liche Veränderung der sozialen Lebensverhältnisse bewirkte jedoch eine beispiellose Bevölkerungsflucht vom Land in die Stadt.

Um ein Bild von dieser Veränderung zu gewinnen, genügt es, die Bevölkerungsentwicklung einer Stadt wie Berlin vom Ende des 18. Jahrhunderts bis zum Beginn des 20. Jahrhunderts zu betrachten. Demnach wohnten im Jahre 1789, dem Jahr der Französischen Revolution, ca. 150 000 Menschen in Berlin, um 1850 war die Zahl bereits auf ca. 430 000 Menschen angestiegen, um erstmals im Jahre 1877 die Millionengrenze zu überschreiten. Zum Ausbruch des Ersten Weltkriegs lebten dann schon ca. 2 Millionen Menschen in den Grenzen dieser Stadt.[161] In ähnlicher Weise, wenn auch meist nicht ganz so drastisch, verlief die Entwicklung in einer Vielzahl von Städten. Die Menschen, die ihre bisherige Heimat verlassen hatten, verloren die Grundlage ihres Lebensunterhalts und lebten unter meist menschenunwürdigen Verhältnissen, obwohl der Produktionsausstoß in dieser Zeit ungemein erhöht worden ist. Zur Anschaffung immer leistungsstärkerer Maschinen brauchten die Industriebetriebe stetig mehr Kapital. Einzelunternehmen wurden zunehmend durch Kapitalgesellschaften ersetzt, weil Einzelne allein den Kapitalbedarf nicht mehr abdecken konnten. Es war die Zeit eines überbordenden Kapitalismus in Europa.

Der Widerspruch zwischen der bis dahin unvorstellbaren Anhäufung von Reichtum auf der einen Seite und der damit einhergehenden grenzenlosen Armut auf der anderen führte zum Entstehen sozialer Bewegungen, die schließlich in Marx ihren Kulminationspunkt erreichten. Marx brachte die sozialen Konflikte auf eine griffige Formel. Aus Sicht der Bevölkerung ging es um den Konflikt zwischen Kapitalisten und Proletariern, aus der Sicht des Systems um die Frage nach Kapitalismus oder Sozialismus. So weit entspricht dies den Ausführungen von oben. Was hier und im Folgenden interessiert, ist die Frage, in welchem inneren Verhältnis das Wirtschaftssystem »Kapitalismus« zu dem Gesellschaftssystem »Sozialismus« steht. Nach Marx bestehen zwischen der Kapital- und der Arbeitsseite – im marxistischen Sprachgebrauch ist dies der Widerspruch zwischen Lohnarbeit und Kapital – antagonistische Widersprüche, also Widersprüche, die ohne Gewalt sich nicht auflösen lassen.

Es erscheint deshalb sinnvoll, der Frage nach dem »Sozialismus« im »Kapitalismus« nachzugehen, weil diese Frage im »Klassenkampf« der letzten knapp 200 Jahre weitgehend verschüttet worden ist. Josef Schumpeter[162] ist einer der wenigen Ökonomen, die sich mit dieser Frage genauer befasst haben. Für die meisten Wissenschaftler aus den entsprechenden Fachgebieten war die Fragestellung obsolet, weil sie sich im Kampf der Ideologien auf eine der beiden Seiten gestellt hatten. Dieses Phänomen kann bis weit in die neueste Zeit hinein verfolgt werden und spielt noch in den aktuellsten Debatten der politischen Auseinandersetzung eine wichtige Rolle. Fragen, die man sich nicht stellt, sind aber noch nie beantwortet worden. Stellen wir uns also im Folgenden die Frage: Ist Kapitalismus überhaupt ohne Sozialismus möglich? Dabei sollen die Begriffe »Kapitalismus« und »Sozia-

---

[161] Vgl. www.wikipedia.de, Stichwort: Einwohnerentwicklung von Berlin
[162] Vgl. Joseph A. Schumpeter, Kapitalismus, Sozialismus und Demokratie, Tübingen 2005

lismus« bei aller Unschärfe im Detail weitgehend ihrem Gebrauch im 19. Jahrhundert entsprechen.

Beginnt man die Frage zu durchdenken, dann stößt man sehr bald, und zwar weit bevor die Tiefen ökonomischer Fragestellungen erreicht sind, auf beträchtliche Begriffsverwirrungen, die man als akademische Verirrungen abtun könnte, spielten sie in ihrer Aktualität nicht eine wichtige Rolle in der täglichen politischen Auseinandersetzung. Das beginnt schon mit dem Begriff des Kapitals. Kapital bezeichnet die Geld- und Sachmittel, die dazu notwendig sind, eine Produktion durchzuführen. Höhe, Art und Zusammensetzung des Kapitals werden durch Marktverhältnisse oder durch Verwaltungsakte bestimmt. Daraus folgt jedoch zwingend, dass jede Form des Sozialismus selbstverständlich des Einsatzes von Kapital bedarf, wobei tendenziell gilt: Je effizienter die Produktion sein soll, desto mehr Kapital muss eingesetzt werden. Die Gegensätze zwischen Kapitalismus und Sozialismus könnten also bestenfalls in einer unterschiedlichen Verwendung des Kapitals oder aber in der Eigentumsfrage liegen. In diesem Sinne wäre Kapitalismus einfach die Bezeichnung einer Produktion auf einem bestimmten Stand der Technik.

Nun hat ja schon Marx auf das Problem des *Kapitalverhältnisses* hingewiesen, das heißt auf die Tatsache, dass sich die Probleme der Wirtschaftsweise aus dem spezifischen Verhältnis ergeben, in dem sich die Besitzer und die Nichtbesitzer von Kapital zueinander befinden. Wenn wir dieser Argumentation folgen wollten, dann wäre dennoch der Begriff des Kapitalismus mehr als verwirrend, um nicht zu sagen untauglich, weil wir zur näheren Bestimmung des Gegenstandes das Allgemeine – das Kapital – betonen und das Besondere – das Verhältnis – außer Acht lassen. Wenn wir den Boden der Ideologie verlassen und bei einer »unideologischen« Fragestellung in gleicher Weise verfahren würden, dann wäre dies etwa so, wie wenn wir den Unterschied zwischen einem Auto und einer Eisenbahn auf der Begrifflichkeit »Auto« und »Fahrzeug« abhandeln würden. Wenn aber schon bei der Genesis der Auseinandersetzung die Unklarheit so sehr überwiegt, dann darf man für das Weitere nicht unbedingt Gutes erwarten. Unsere Erwartung wird in keinem Fall enttäuscht. In den nachfolgenden Ausführungen werden aus Gründen der Bequemlichkeit, aber auch der Verständlichkeit wegen die Begriffe in ihrer gewohnten Bedeutung weiter verwendet. Die Einführung einer eigenen Nomenklatur würde den thematischen Zusammenhang der vorliegenden Ausführungen weitgehend zerstören. Halten wir ein erstes Ergebnis fest: *Kapitalismus und Sozialismus sind per se keine Gegensätze, basiert doch eine jede Form entwickelter Produktion auf dem massiven Einsatz von Kapital.*

Seit es politische Auseinandersetzung über sie gibt, werden Kapitalismus und Markt gleichgesetzt. Nichts ist unsinniger, weil der Kapitalist noch erfunden werden muss, dem der Markt eine Herzensangelegenheit ist. Funktionierender Markt bedeutet in erster Linie Konkurrenz. Konkurrenz ist für jeden Kapitalisten eine massive Bedrohung seiner Existenz. Wer würde schon dem bekannten Satz widersprechen »Lieber reich und gesund als arm und krank«? Ohne Konkurrenz kann der Kapitalist seinen Profit problemlos einstreichen und dabei noch beliebig dessen Höhe selbst bestimmen. Durch Konkurrenz läuft er Gefahr, vom Markt verdrängt zu werden, weil die Konkurrenten bessere Produkte effizienter herstellen. Kapitalisten sehen also nichts lieber als eine Situation, in der sie konkurrenzlos, das heißt ohne Markt, ihre Produkte herstellen und verkaufen können. Die Gegner des Kapitalismus sollten also alles daransetzen, funktionierende Märkte zu erhalten und zu institutionalisieren. Doch das Gegenteil ist der Fall. Sozialisten aus aller Welt wenden beträchtliche Anstrengungen auf, Märkte nach Möglichkeit abzuschaffen.

Wenn Manager in hemmungsloser Weise ihre Taschen mit dem eingenommenen Geld wertloser Papiere füllen, dann wird dies in der Öffentlichkeit als Marktradikalismus diskutiert, obwohl die Möglichkeit zu solchem Handeln allein aus fehlenden Marktmechanismen resultiert. Wenn ein Markt wie im Falle Griechenlands die hemmungslose Verteilungs- und Bereicherungspolitik eines ganzen Staates mit − weil höheres Risiko − höheren Zinsen beantwortet und damit das völlige Kollabieren des Wirtschaftssystems (vielleicht) verhindert, dann wird dies keinesfalls begrüßt, sondern mit dem Vorwurf versehen, Spekulanten hätten Griechenland an den Rand des Staatsbankrotts geführt. Die Argumentation steht also auf dem Kopf. Statt alle Kräfte zu bündeln, um funktionierende Märkte zu schaffen oder zu erhalten, kämpfen die Sozialisten dieser Welt mit aller Macht gegen die Märkte. Der tiefere Sinn dieser Anstrengungen erschließt sich erst, wenn man erkennt, worauf sich die sozialistischen Anstrengungen konzentrieren. Sie wollen die Produktion vergesellschaften, also in erster Linie die Produktionsmittel in gesellschaftliches Eigentum überführen. Weiter oben wurde bereits auf das damit verbundene Freiheitsproblem hingewiesen: Wer soll dann über Art und Umfang der Produktion entscheiden? Nach Lage der Dinge könnte die Entscheidung nur in einem demokratischen Verfahren bestehen, wobei sofort die Frage sich anschließt: Was passiert dann aber mit den Minderheiten? Viele Bedürfnisse würden einfach ignoriert werden. Ein funktionierender Markt ist allemal einer überbordenden Bürokratie vorzuziehen. Der Trend moderner Gesellschaften geht jedoch eindeutig zur zunehmenden Bürokratie. Halten wir ein zweites Ergebnis fest: *Kapitalismus und Marktwirtschaft sind keineswegs Synonyme einer gleichen Wirtschaftsweise. Wer den Markt abschaffen möchte, handelt per se nicht gegen den Kapitalismus. Wohl aber sind Marktwirtschaft und Verwaltungswirtschaft Gegensätze.*

Eine der zentralen Thesen von Marx und damit der Sozialisten des 19. Jahrhunderts bestand in der Forderung, den Kapitalismus abzuschaffen, um einer vergesellschafteten Produktion Platz zu machen. In diesem Zuge sollte der Kapitalbesitz in gesellschaftliches Eigentum überführt werden, damit der Reichtum der gesamten Gesellschaft und nicht nur wenigen Kapitalisten zugutekommt. Mittel dieser gesellschaftlichen Veränderung sollte zunächst eine Revolution sein, bis dann der sozialdemokratische Teil der Sozialisten auf eine friedliche Transformation setzte. Grundlage für die notwendige Revolution sollten die inneren Widersprüche des Kapitalismus sein, an denen er zerbrechen würde. Soll man dies List der Vernunft oder List der Geschichte nennen? Die Voraussagen sind vollständig eingetroffen, obwohl die realen Ursachen völlig andere als die prognostizierten waren. Sehen wir uns den Sachverhalt nachfolgend genauer an.

Kapitalismus in der Form, wie er seit Ende des 18. Jahrhunderts betrieben wurde, bedarf zu seiner gedeihlichen Entwicklung einer starken Akkumulation von Kapital. Es ist eine Frage der Zeit – dies wird in aller Klarheit durch die Realgeschichte bestätigt –, ab wann der Umfang des Kapitalbedarfs zu groß wird, um von einem Kapitalisten allein abgedeckt werden zu können. Die der entwickelten kapitalistischen Produktion entsprechende Organisationsform ist demzufolge die Aktiengesellschaft, deren charakteristisches Merkmal in der Verteilung des Kapitalbesitzes auf eine Vielzahl von Eigentümern besteht. Dies ist nichts anderes als eine Form der Vergesellschaftung. Bei zunehmender Reife des Systems nehmen aber auch die Verschachtelungen zu, das heißt, Gesellschaften halten Kapital an anderen Gesellschaften. Die zwangsläufige Folge von all dem ist schließlich die weitgehende Vergesellschaftung des Kapitals.

Synchron zu dieser Entwicklung verabschieden sich die Kapitaleigentümer immer mehr aus der unternehmerischen Handlungsebene und werden in Kapitalgeber verwandelt, die nicht mehr im operativen Geschäft mitwirken. An die Stelle der Unternehmer treten Agenten der Unternehmer – heute Manager genannt –, die die operative unternehmerische Tätigkeit ausüben. Manager sind jedoch nicht mit den unternehmerischen Kapitalisten der Anfangsjahre des Kapitalismus zu verwechseln. Sie sind ein Personenkreis eigener Art, der zwar in Form von Bonuszahlungen und Ähnlichem an der Höhe des Profits partizipiert, von den Folgen einer unternehmerischen Fehlentscheidung jedoch weitgehend freigesprochen ist. Im Gegenteil sichern hohe Abfindungszahlungen in aller Regel das finanzielle Wohlergehen der Manager, auch wenn sie den Untergang des von ihnen vertretenen Unternehmens zu verantworten haben.

Die Kapitalseite kann ihre Interessen nur noch über Aufsichtsgremien wahrnehmen, wobei in diesen Gremien die gleichen Entwicklungen zu konstatieren sind wie auf der operativen Führungsebene: Die eigentlichen Kapitaleigentümer lassen sich immer mehr durch Agenten vertreten und mutieren so zu reinen Geldgebern. Jetzt hat, gleichsam nebenher und ohne irgendeine als Revolution zu identifizierende Handlung, ein bedeutender Paradigmenwechsel stattgefunden. Der ursprünglichen direkten Haftung des Kapitalisten, die bei Fehleinschätzungen im Bereich der unternehmerischen Entscheidungen seinen Ruin bedeuten konnte und damit seinen Profit rechtfertigte, steht eine anonymisierte Form der Verantwortung gegenüber, die sich dementsprechend auch nur noch auf das eingesetzte Eigenkapital beschränkt. Spätestens an dieser Stelle muss von einer sozialistischen Produktion gesprochen werden, weil die unmittelbare private Handlungshaftung auf eine Instanz übertragen worden ist, die weder haftet noch auch nur Kapital zur Verfügung stellt.

Doch das ist noch keinesfalls das Ende der Entwicklung. Die Agenten, die die Unternehmen jetzt führen und die Agenten, die die vergesellschafteten Unternehmen beaufsichtigen, sind in aller Regel die gleichen Personen. Jetzt sind wahrhaft alle Kriterien erfüllt, die an eine entwickelte Bürokratie zu stellen sind.[163] Da zum

---

[163] Zur gründlichen Vertiefung des hier benannten Problems ist die Lektüre von Max Weber zu empfehlen. Er weist an verschiedenen Stellen seines umfangreichen Werkes auf das Problem der Bürokratie hin, z.B.:

Beispiel in Deutschland noch Arbeitnehmer in Gestalt von Gewerkschaften in den Aufsichtsgremien vertreten sind, schließt sich der Kreis. Halten wir ein drittes Ergebnis fest: *Die unaufhaltsame Tendenz des Kapitalismus von der Einzelunternehmung zur Unternehmensgesellschaft führt zwangsläufig zu einer Vergesellschaftung des Kapitals, wobei die Kapitaleigentümer immer mehr durch Agenten (Manager) vertreten werden, die die operativen Geschäfte führen, eine finanzielle Haftung aber nicht oder kaum mehr übernehmen. Die Kontrolle der Manager wird durch sie selbst durchgeführt.*

Wie gerade gezeigt wurde, induziert eine Ausweitung der Produktion auf hohem technischem Niveau eine wachsende Größe der einzelnen am Marktgeschehen beteiligten Unternehmungen. Die Aktiengesellschaften, die sich vermehrt ab Mitte des 19. Jahrhunderts bildeten, sind dafür ein deutliches Zeichen. Umgekehrt verfügen Aktiengesellschaften in Reichtum produzierenden Gesellschaften über fast unbegrenzte Möglichkeiten der Kapitalbeschaffung, was sich wieder deutlich auf ihre Wachstumsmöglichkeiten auswirkt. Große Aktiengesellschaften erreichen durchaus Umsatzzahlen, die den Budgets kleinerer Staaten entsprechen. Diese gleichsam theoretische Aussage lässt sich realgeschichtlich leicht nachweisen.

Hat aber eine Unternehmung einmal eine kritische Größe überschritten, dann überträgt sich das Interesse an ihrem Wohlergehen zwangsläufig von ihren Eigentümern auf die gesamte Gesellschaft und genießt deren besonderen Schutz. Das beginnt bei der Einflussnahme auf Investitionsentscheidungen, geht über die Stimulation von Nachfrage – in vielen Bereichen ist die öffentliche Hand der potenteste Nachfrager – bis hin zu direkten finanziellen Unterstützungen in wirtschaftlichen Krisenzeiten. Noch dramatischer ist die Situation, wenn einzelne Unternehmungen – dies hat die Wirtschaftskrise 2008 deutlich gezeigt – zu einem systemischen Risiko werden, weil deren Zahlungsunfähigkeit die drohende Zahlungsunfähigkeit ganzer Staaten zur Folge hat. In solchen Fällen kann nun beim besten Willen nicht mehr von privatkapitalistischer Produktionsweise geredet werden. Hier handelt es sich längst um eine ungezügelte Form gesellschaftlicher Produktion. Halten wir ein viertes Ergebnis fest: *Der Kapitalismus hat die immanente Tendenz, Unternehmungen von einer solchen Größe entstehen zu lassen, dass deren Wohlergehen zur gesellschaftlichen Aufgabe wird.*

Mit den bisherigen Ausführungen zur Verbindung zwischen Kapitalismus und Vergesellschaftung ist erst ein Anfang gemacht. Gegenstand der bisherigen Betrachtungen waren die in Richtung Vergesellschaftung zielenden Konsequenzen, die sich allein aus der Anwendung des Kapitals ergeben haben. Die kapitalistische Produktion hat aber noch die andere Seite, die der Konsumtion. Die entwickelte kapitalistische Produktion produziert eine bis dahin völlig außerhalb der Vorstellungswelt liegende Menge von Gütern (zwischen Gütern und Dienstleistungen wird hier nicht unterschieden). Diese Güter bedürfen der Nachfrage, genauer der kaufkräftigen Nachfrage, weil andernfalls der Spuk des Kapitalismus

---

Wesen, Voraussetzungen und Entfaltung der bürokratischen Herrschaft, in: Max Weber, Wirtschaft und Gesellschaft, Frankfurt 2008, S. 703ff.

schnell vorbei wäre. Dem steht auf der einen Seite die unvorstellbare Not gegenüber, die in den Anfangsjahren des Kapitalismus vor allem bei jenen herrschte, die als Arbeiter an der Herstellung des Reichtums mitgewirkt haben. Marx nannte sie Proletarier und stellte sie den Kapitalisten als Klasse gegenüber mit der Behauptung, sie könnten sich nur durch eine Revolution von ihrem Joch befreien. Auf der anderen Seite liegt es im natürlichen Interesse des Kapitalisten, so billig wie nur eben möglich produzieren zu lassen, weil dies eben seinen Profit steigert.

Für Marx lag die Untergrenze des Lohns bei den Reproduktionskosten für die »Ware Arbeitskraft«, dies deshalb, weil dieser Maßstab auch für die Produktion aller anderen Güter gilt. Würde der Lohn unter die Grenze der Reproduktionskosten fallen, dann würden die Arbeiter verhungern und also aussterben. Da auch Marx keinesfalls moralisch argumentiert, soll dies hier auch unterbleiben. Dann stellt sich aber die Frage, aus welchem Grund der Kapitalist die Reproduktionskosten der Ware Arbeitskraft als Untergrenze anerkennen sollte, gibt es doch – wohlgemerkt von allen moralischen Betrachtungen wird hier abgesehen – für den einzelnen Kapitalisten keinen Grund, die Reproduktion seiner Arbeiter sicherzustellen, solange er andere Arbeiter rekrutieren kann. Die marxsche Überlegung gilt nur dann, wenn man das Gesamtsystem ins Auge fasst, sie gilt nicht mehr, wenn man den einzelnen Kapitalisten betrachtet.

Marx stellt zwar bei den Reproduktionskosten eine gesellschaftliche Betrachtung an, bei der Entstehung kaufkräftiger Nachfrage verlässt er aber die gesellschaftliche Ebene und geht einfach auf die Betrachtung des Einzelkapitalisten über. Dies ist ein unzulässiges Verfahren. Da der Mensch auch im Kapitalismus mehr ist als nur Arbeitskraft, da er eben auch Konsument ist, trifft die marxsche Formel, so plausibel sie auf den ersten Blick auch ist, nur einen Teil der Wahrheit. Ebenso wie der Kapitalismus in seiner Gesamtheit zur Sicherstellung der Produktion Arbeiter braucht, deren Reproduktion gewährleistet ist, so braucht er auch kaufkräftige Nachfrage, damit er seine Produkte verkaufen kann.

Dem steht die Lage der arbeitenden Klassen in der Anfangszeit der kapitalistischen Entwicklung entgegen. Keine noch so umfangreiche Analyse kann diese Tatsache aus der Welt schaffen. Doch auch hier gibt uns Marx den – diesmal richtigen – Schlüssel zur Erkenntnis. Vor jedem Konsum bedarf der Kapitalismus zu seiner Entfaltung zunächst einmal der Akkumulation von Kapital, damit er zu dem wird, was man dann schließlich mit seinem Begriff bezeichnet. Marx nannte dies die ursprüngliche Akkumulation[164], die – die Entwicklung in der Sowjetunion verdeutlicht dies – keinesfalls nur an eine kapitalistische Produktion geknüpft ist. In der Notwendigkeit zur ursprünglichen Akkumulation liegt der systematische Schlüssel zur anfänglichen Verelendung des Proletariats. Jede Produktion auf der

---

[164] Der Begriff wird hier in einer zu Marx leicht veränderten Form verwendet. Im strengen Sinne bezeichnet Marx als ursprüngliche Akkumulation nur jene Akkumulation, die Ausgangspunkt und nicht Folge der kapitalistischen Entwicklung ist. Da dieser Sachverhalt sich auf eine lange historische Periode bezieht und nicht in einem Zeitpunkt kumuliert werden kann, ist es sinnvoll, den Begriff der »ursprünglichen Akkumulation« weiter als Marx zu fassen. Vgl. Karl Marx, Das Kapital, Band 1, Berlin 1972, S. 741ff.

Basis von Kapital bedarf zunächst der Bildung eines entsprechend großen Kapitalstocks, um sich voll entfalten zu können.

Während die Gewerkschaften gerne darauf verweisen, die Verbesserung der Lage der Arbeiter sei ihrem unermüdlichen Einsatz zu verdanken, so hat der Kapitalismus selbst die Tendenz, den Wohlstand der Arbeiter zu verbessern, und zwar um den Preis seines eigenen Überlebens. Die Frage, ob die realgeschichtlichen Entbehrungen notwendig waren, hat heute nur noch historische Bedeutung und kann hier ebenso problemlos außer Betracht bleiben wie die historische Rolle der Gewerkschaften bei der Verbesserung der Lebensbedingungen der Arbeiter. Genau wie bei der Betrachtung des Arbeitslohnes erst die Berücksichtigung des Gesamtzusammenhangs zu der Erkenntnis führt, dass er nicht unter dem Existenzminimum liegen kann, weil sonst die Arbeiter insgesamt aussterben würden, so gilt dies auch für den Konsum. Den einzelnen Kapitalisten kümmert nicht die Konsummöglichkeit seiner Mitarbeiter, die Gesamtheit der Kapitalisten ist jedoch existenziell davon abhängig. Die Erkenntnis dieses Zusammenhangs lässt uns ein fünftes Ergebnis festhalten: *Der Kapitalismus hat einen ihm immanenten Zug zur Gesellschaftlichkeit. Er muss um den Preis seiner Überlebensfähigkeit die Lebenserhaltung seiner Arbeiter sicherstellen und darüber hinaus für Bedingungen sorgen, die einen Absatz der Produktion schließlich auch gewährleisten. Dies kann nur durch Erhöhung des Lebensstandards der Gesellschaftsmitglieder erreicht werden.*

Eine auf Effizienz angelegte Produktion unter hohem Kapitaleinsatz führt zwangsläufig zu einer Vereinheitlichung der Arbeitsverhältnisse, in deren Folge sich die Lebensweise der Individuen weitgehend angleicht, ja in weiten Bereichen sogar identisch wird. Dies trifft in erster Linie auf die unmittelbaren Bedingungen am Arbeitsplatz zu, wie Arbeitszeit, Arbeitsgeräte, Arbeitsorganisation und Grad der Ausbildung. Der Grad der Ausbildung kann nicht mehr vom einzelnen Kapitalisten geleistet werden und wird über das Schulsystem vermittelt zur unmittelbaren Aufgabe der ganzen Gesellschaft.

In deren Folge gibt es eine starke Tendenz zur Angleichung der Individuen selbst. Der Kapitalismus unterstützt diese Tendenz, weil es ihm die Produktion erleichtert. Je voraussagbarer die Verhaltensweisen der Menschen sind, desto leichter lässt sich eine Produktion auf hohem technischem Niveau steuern. Damit weitet sich die Gleichheit der Arbeitsbedingungen zu einer Gleichheit der Konsumbedingungen aus, mit der Folge einer immer stärkeren Normierung der Gesellschaftsmitglieder.

Im Bereich der Wissenschaften entspricht dies geradezu einem Triumphzug der Statistik, die zur herausragenden Wissenschaft der Neuzeit geworden ist. Kaum existiert noch ein wissenschaftliches Fachgebiet, das nicht von der Statistik dominiert wird, wobei dies insbesondere für die sogenannten Gesellschaftswissenschaften zutrifft. Die Wirkung der statistischen Perspektive ist dabei eine doppelte. Zum einen bestimmt sie die Auswahl der zu produzierenden Güter durch die Feststellung einer aktuellen Nachfrage. So weit könnte man die Statistik noch als »Segen« betrachten und so wird sie in aller Regel auch in der Öffentlichkeit wahrgenommen. Zum anderen jedoch, dies ignoriert man gerne in der Öffentlichkeit, unterliegt die Statistik der starken Tendenz, die Abweichung zu eliminieren, sie also als bloße Störung einer sonst geltenden Wahrheit zu betrachten. Weil sie nicht mehr wahrgenommen werden, haben diese Abweichungen die Tendenz zu verschwinden und wirken dabei wiederum als Bestätigung des statistischen Trends. Diese Wirkungsweise der Statistik ist umso stärker, je umfangreicher die Produktion geworden ist.

Spätestens hier wird klar, warum die so eminent politische Eigenschaft des Handelns immer mehr durch ein Sich-Verhalten ersetzt wird, wobei sich die Verhaltensanforderung an der großen Zahl ausrichtet. Sie duldet im Regelfalle auch einen bestimmten Rahmen von Abweichungen, aber in der Tatsache der Duldung liegt zugleich das Problem: Die Duldung des eigentlich nicht korrekten Verhaltens kann jederzeit widerrufen werden und bietet somit bestenfalls eine beschränkte Rechtssicherheit. Halten wir ein sechstes Ergebnis fest: *Der Kapitalismus hat die unaufhaltbare Tendenz, das menschliche Verhalten zu normieren, das heißt, statistisch erfassbar zu machen. Damit wirkt er sich auch in dieser Hinsicht stark auf Tendenzen zur Vergesellschaftung aus.*

Wir sehen, der Kapitalismus ist ohne Gesellschaft – genauer muss man sagen: ohne Gesellschaftlichkeit – gar nicht möglich. Deshalb lautet die wichtige Frage, ob nicht der Sozialismus viel mehr mit dem Kapitalismus zusammenhängt, als wir uns das heute klarmachen. Man mag ja über die Ausgestaltung des real existierenden Sozialismus reden, man mag dazu auch konträre Meinungen haben, ihn dem Kapitalismus als antagonistischen Gegenpart entgegenzusetzen, trägt jedoch Züge einer Clownerie. Wenn man angesichts der übermächtigen Tendenzen zur Vergesellschaftung, die dem Kapitalismus inhärent sind, explizit eine vergesellschaftete Produktionsweise fordert, dann ist dies etwa so, als wenn man angesichts eines Wolkenbruchs mit der Gießkanne durch seinen Garten läuft, um Blumen zu gießen.

Statt also den politischen Raum mit immer neuen Forderungen nach Ausweitung der Vergesellschaftung zu strangulieren, sollten wir uns endlich darauf besinnen, die schwindenden Reste von Freiheit zu erhalten, um damit der völligen Zerstörung des Politischen entgegenzutreten. Um die Bedrohung in ihrer ganzen Schärfe erkennen zu können, sollten wir uns folgenden Satz von Hannah Arendt genau ansehen: »Die Gesellschaft ist die Form des Zusammenlebens, in der die Abhängigkeit des Menschen von seinesgleichen um des Lebens selbst willen und nichts sonst zu öffentlicher Bedeutung gelangt, und wo infolgedessen die Tätigkeiten, die lediglich der Erhaltung des Lebens dienen, in der Öffentlichkeit nicht nur erscheinen, sondern die Physiognomie des öffentlichen Raumes bestimmen dürfen.«[165] Zur Bestätigung der hier angestellten Überlegungen lassen wir zum Schluss dieses Abschnitts noch einmal Joseph Schumpeter zu Wort kommen:

»Noch einmal: es ist nur der Sozialismus in dem Sinn, wie er in diesem Buche definiert wurde, der solchermaßen voraussagbar ist. Nichts sonst ist es. Namentlich ist wenig Grund zu glauben, daß dieser Sozialismus die Heraufkunft jener Zivilisation bedeuten wird, von der orthodoxe Sozialisten träumen. Es ist viel

---

[165] Hannah Arendt, Vita activa, Stuttgart 1960, S. 47

wahrscheinlicher, daß sie faschistische Züge zeigen wird. Das wäre eine seltsame Antwort auf das Gebet von Marx. Aber die Geschichte gefällt sich manchmal in Scherzen von fragwürdigem Geschmack.«[166]

Während die Sozialisten des 19. Jahrhunderts um eine Sache kämpften, deren Sieg – wenn auch vielleicht noch nicht in der Weise erkennbar, wie dies heute möglich ist – als ausgemacht zu gelten hat, stellte sich der Liberalismus jener Zeit dem Trend zur Gesellschaftlichkeit mit Macht entgegen. Damit hat der Liberalismus die Gefahren der Zeit fraglos schärfer erkannt als der Sozialismus. Ist er ihnen deshalb Erfolg versprechender entgegengetreten? Während der Sozialismus mit seinen zentralen Forderungen Eulen nach Athen getragen hat, führte der Liberalismus seinen Kampf möglicherweise gegen Windmühlenflügel. Doch sehen wir genauer hin.

Einer der herausragenden Vertreter des Liberalismus war John Stuart Mill, (1806–1873), der – in dieser Hinsicht dem bereits ausführlich behandelten Alexis de Tocqueville ähnlich – den Trend zur Vergesellschaftung gesehen hat. Unmissverständlich stellt Mill fest: »Abgesehen von den besonderen Lehrsätzen individueller Denker ist aber in der Welt überhaupt eine wachsende Neigung zu spüren, die Macht der Gesellschaft über das Einzelwesen, sowohl durch die Macht der öffentlichen Meinung wie sogar auch durch Gesetzgebung, ungebührlich auszudehnen. Und da alle in der Welt stattfindenden Veränderungen darauf abzielen, die Gesellschaft zu stärken, aber die Bedeutung des Individuums zu vermindern, so gehört diese Beeinträchtigung nicht zu den Übeln, die von selbst verschwinden, sondern schwillt im Gegenteil immer fürchterlicher an.«[167] Offensichtlich waren auch schon Mitte des 19. Jahrhunderts, zu einer Zeit also, in der die Verelendung der Massen ihren Höhepunkt erreicht hatte, der Trend zur zunehmenden Vergesellschaftung und die damit zusammenhängenden Gefahren zu erkennen.

John Stuart Mill fühlte sich auch als Sozialreformer der Abwendung der Not der Massen verpflichtet. Damit erweist sich die Überzeugung der Sozialisten als Mythos, zumindest im 19. Jahrhundert hätte jeder, in dessen Brust ein Herz und kein Stein schlug, zugunsten der sozialistischen Idee eintreten müssen. Doch nicht nur die Tendenz zur Vergesellschaftung wurde von John Stuart Mill scharfsinnig erkannt, sondern auch die Folgen, die dieser Weg für den Einzelnen haben würde. Konsequent fordert er: »Schutz gegen die Tyrannei der Behörde ist nicht genug, es braucht auch Schutz gegen die Tyrannei des vorherrschenden Meinens und Empfindens, gegen die Tendenz der Gesellschaft, durch andere Mittel als zivile Strafen ihre eigenen Ideen und Praktiken als Lebensregeln denen aufzuerlegen, die eine abweichende Meinung haben, die Entwicklung in Fesseln zu schlagen, wenn möglich die Bildung jeder Individualität, die nicht mit ihrem eigenen Kurs harmoniert, zu verhindern und alle Charaktere zu zwingen, sich nach ihrem eigenen Modell zu formen. Es gibt eine Grenze für die rechtmäßige Einmischung öffentlicher Meinung in die persönliche Unabhängigkeit, und diese Grenze zu finden und gegen

---

[166] Joseph A. Schumpeter, Kapitalismus, Sozialismus und Demokratie, Tübingen 2005, S. 492
[167] John Stuart Mill, Über die Freiheit, Stuttgart 1988, S. 22

Übergriffe zu schützen, ist für eine gute Verfassung der menschlichen Angelegenheiten ebenso unerlässlich wie Schutz gegen politische Willkür.«[168]

Ähnlich wie bei Alexis de Tocqueville steckten auch bei John Stuart Mill die Tendenzen zur Vergesellschaftung noch in den Kinderschuhen. Vergleicht man dies mit den Zuständen moderner Staaten, dann erscheint die Zeit Mills geradezu als Goldenes Zeitalter des Liberalismus. Die Tatsache, wie weit der Prozess zur völligen Vergesellschaftung bereits fortgeschritten ist, kann am ehesten daran ermessen werden, wie sehr wir Äußerungen, wie die von John Stuart Mill, bereits als politisch völlig unkorrekt ablehnen. Wer heute im politischen Raum das Wort »Freiheit« in den Mund nimmt, macht sich schon höchst verdächtig, ein gewissenloser Agent schamloser Kapitalinteressen zu sein. Wer dazu noch den ausufernden Versorgungsstaat kritisiert, dessen Ausgaben jetzt schon zu mehr als der Hälfte für Sozialleistungen verwendet werden, der wird mit dem Vorwurf der sozialen Kälte noch harmlos beurteilt.

Ein Statement, wie das des derzeitigen Außenministers der Bundesrepublik Deutschland, Guido Westerwelle, das Land nähere sich in seiner Sozialpolitik Zuständen spätrömischer Dekadenz, führte zu einem republikweiten Aufstand. Sehen wir uns dazu aus der Vielzahl der Reaktionen ein Beispiel an. »Westerwelle vermutet also spätrömische Dekadenz in Deutschland und macht indirekt Hartz-IV-Empfänger dafür verantwortlich. Da darf man sich schon mal besorgt fragen: Welche apokalyptischen Szenen mag Westerwelle der Seher vor seinem inneren Auge erblickt haben? Enthemmte Hartz-IV-Horden, die sich für ihren Regelsatz von 359 Euro kistenweise Aldi-Schampus kaufen? Und die dann auf ihren Third-Hand-Sofas aus dem Caritas-Möbellager wilde Orgien feiern, bei denen ganz neue Almosenempfänger-Generationen gezeugt werden?«[169]

Es gehört schon einige Perfidie dazu, die Äußerungen Westerwelles in der vorliegenden Weise zu kommentieren, wobei die Sprache deutlich den Sprecher verrät, doch unterliegt das angewendete Prinzip durchaus einer bestimmten Systematik. Wer in Deutschland die zunehmende Vergesellschaftung, wer den ausufernden Sozialstaat kritisiert, wird sofort zum Feind der bedauernswerten Hartz-IV-Empfänger stilisiert, denen er noch nicht einmal ihre »Third-Hand-Sofas aus dem Caritas-Möbellager« gönnt. Um letzte Zweifel an Westerwelles Verkommenheit auszuräumen, fügt der Kommentator hinzu: »Wenn man sich also der berühmt-berüchtigten Anfänge erwehren will, wenn es also in Deutschland tatsächlich eine Dekadenz geben sollte, über die man jetzt dringend reden müsste, dann ist es die des Geistes, die in Guido Westerwelles Worten ihren schamlosen Ausdruck gefunden hat.«[170] Eher scheint es dem Geist des Kommentators zu entsprechen, jede von der gesellschaftlichen Norm abweichende Meinung bereits als schamlos zu bezeichnen. Genau dies stellt ein untrügliches Merkmal der Dekadenz der Freiheit dar, sie sei spätrömisch oder modern.

---

[168] John Stuart Mill, Über die Freiheit, Stuttgart 1988, S. 10
[169] Er kam, sah und patzte, Spiegel-Online, 11.02.2010
[170] Er kam, sah und patzte, Spiegel-Online, 11.02.2010

Wie (fast) alle Äußerungen von Politikern ist auch die von Guido Westerwelle aus taktischem Kalkül vorgenommen worden. Weil dies ohnehin jeder weiß, wird so etwas gewöhnlich nicht erwähnt, es sei denn, man will über den Politiker die von ihm geäußerte Meinung desavouieren. Es geht also nicht darum, nachzuweisen, Guido Westerwelle habe sich wirklich um die Probleme der Hartz-IV-Empfänger oder gar der Vergesellschaftung gekümmert. Selbstverständlich hat er sich durch seine Äußerungen einen Vorteil in der politischen Auseinandersetzung versprochen. Diesem Verhalten, das in weiten Teilen dem politischen Betrieb entspricht, kann man mit gutem Recht kritisch gegenüberstehen – das Verhalten selbst resultiert ja bereits aus einer vorherrschenden Vergesellschaftung. Will man aber daran Kritik üben, dann darf man nicht die Meinung selbst, sondern muss das ihr zugrunde liegende Prinzip kritisieren, weil sonst die Kritik ihren Gegenstand verfehlt.

Der Sozialstaat in seiner heutigen Form gilt, allen gegenteiligen Beteuerungen der politischen Akteure zum Trotz, als unantastbar, und koste es unsere Freiheit. Dass er so, wie er betrieben wird, zu einer dauernden und reichlich sprudelnden Quelle fundamentaler sozialer Ungerechtigkeit geworden ist, spielt dann keine Rolle mehr. Auch hier liefert uns John Stuart Mill wieder die passende Antwort: »Selbstbestimmung gehört nicht zum Ideal der Sittlichkeitsapostel und Gesellschaftsreformer, sondern wird eher mit Eifersucht von ihnen betrachtet als ein störendes und vielleicht sogar rebellisches Hindernis gegen die allgemeine Aufnahme dessen, was diese Reformer nach eigenem Urteil als das Beste für die Menschheit ansehen.«[171] Wir werden verwaltet, das heißt zu Objekten der Verwaltung degradiert und sollen uns darüber nicht beklagen.

Daraus entsteht dann aber die bedeutsamste Folge dieser Entwicklung, die als Internalisierung Eingang in die Sozialwissenschaften gefunden hat: Die zu Objekten degradierten Menschen gieren danach, Objekte zu bleiben. Den meisten Menschen fällt »gar nicht ein, eine andere Neigung zu verspüren, außer zu dem, was üblich ist«[172]. Die Massenproduktion führt so zu einer eigenen Kultur, in der »die genormten Verhaltensweisen dem Einzelnen als die allein natürlichen, anständigen, vernünftigen aufgeprägt«[173] werden. Schrittweise entsteht so ein neues Menschenbild, dessen Deformation schwer nur den Blick noch erlaubt auf das, was Menschen auch sein könnten. »Das Ideal des Charakters ist: ohne markanten Charakter zu sein, jeden Teil der menschlichen Natur, der hervorragt, durch Zusammenpressen zu verkrüppeln – wie den Fuß einer chinesischen Dame –, wenn er dazu neigt, die Persönlichkeit dem Zuschnitt der Alltagsmenschheit betont unähnlich zu machen.«[174] Da das Ganze weitgehend in freundlicher und milder Form geschieht, haben wir sie endlich, die von Aldous Huxley so prägnant beschriebene »Schöne neue Welt«.[175]

---

[171] John Stuart Mill, Über die Freiheit, Stuttgart 1988, S. 79
[172] John Stuart Mill, Über die Freiheit, Stuttgart 1988, S. 85
[173] Theodor W. Adorno, Dialektik der Aufklärung, Gesammelte Schriften, Band 3, Frankfurt am Main 1981, S. 45
[174] John Stuart Mill, Über die Freiheit, Stuttgart 1988, S. 96
[175] Aldous Huxley, Schöne neue Welt, München 1987

Der Liberalismus besteht keineswegs aus der Propagierung zügelloser Lust zur Bereicherung und zu zügellosem Egoismus. Im Gegenteil, wem Freiheit noch nicht zum völlig unverständlichen Begriff geworden ist, der tut gut daran, sich der Ideen der Liberalen des 19. Jahrhunderts zu erinnern. Doch bleibt die Frage offen, wie sich der Liberalismus zur Entwicklung des Kapitalismus stellt, dessen starke immanente Tendenzen zur Vergesellschaftung allein durch das Bestehen auf Freiheitsrechten nicht zu bändigen sind. Dennoch – auch dies ein wichtiger Grund für die ausführliche Darstellung der Position John Stuart Mills – das unermüdliche Bestehen auf Freiheitsrechten ist eine notwendige Voraussetzung dafür, dem Moloch »Vergesellschaftung« nicht wehrlos zu unterliegen.

John Stuart Mill war nicht nur Philosoph, sondern auch ein bedeutender Ökonom. Die jetzt anstehende Frage lautet: Wie hat er sich zu den Vergesellschaftungstendenzen des aufkommenden Kapitalismus gestellt? Anders ausgedrückt: Durch welche Mittel wollte er den Kapitalismus zähmen? Mill hatte eine sehr genaue Vorstellung vom Zusammenhang zwischen Wachstum einerseits und zunehmender Vergesellschaftung andererseits. Zugleich erkannte er, dass schon einfache allgemeine Überlegungen zu dem Ergebnis der Unmöglichkeit ungebremsten Wachstums kommen müssen. Aus diesem Grund strebte Mill einen stationären Zustand an, der dann erreicht sein sollte, wenn alle in Wohlstand leben.[176] Wohlstand für alle ist dann erreicht, wenn keiner arm ist und niemand sich wünscht, reicher zu sein. Dann soll es kein Wirtschaftswachstum mehr geben, wohl aber Fortschritt, zum Beispiel im Bereich der Wissenschaft und zur Steigerung der Produktivität. Wenn aber unter Voraussetzung gesteigerter Produktivität der Warenausstoß gleich bleibt – Mill setzt in seinem Konzept auch ein Ende des Bevölkerungswachstums voraus –, dann kann dies nur eine verringerte Arbeitszeit zur Folge haben. Die gewonnene freie Zeit kann der Mensch beliebig nutzen. Unversehens ist John Stuart Mill bei der kommunistischen Gesellschaft gelandet, wie das nachfolgende Zitat deutlich macht:

»Sowie nämlich die Arbeit verteilt zu werden anfängt, hat Jeder einen bestimmten ausschließlichen Kreis der Tätigkeit, der ihm aufgedrängt wird, aus dem er nicht heraus kann; er ist Jäger, Fischer oder Hirt oder kritischer Kritiker und muß es bleiben, wenn er nicht die Mittel zum Leben verlieren will – während in der kommunistischen Gesellschaft, wo Jeder nicht einen ausschließlichen Kreis der Tätigkeit hat, sondern sich in jedem beliebigen Zweige ausbilden kann, die Gesellschaft die allgemeine Produktion regelt und mir eben dadurch möglich macht, heute dies, morgen jenes zu tun, morgens zu jagen, nachmittags zu fischen, abends Viehzucht zu treiben, nach dem Essen zu kritisieren, wie ich gerade Lust habe, ohne je Jäger, Fischer, Hirt oder Kritiker zu werden.«[177]

Ist es eine List der Vernunft, wenn sich der große Liberale John Stuart Mill schließlich mit den großen Sozialisten Karl Marx und Friedrich Engels trifft? Der liberale Weg zum paradiesischen kommunistischen Zustand war allerdings mit mehr Freiheit, dafür weniger Herrschaft gepflastert als der sozialistische. Den

---

[176] Vgl. dazu: John Stuart Mill, The Principles of Political Economy, Buch 4, Kapitel 6
[177] Karl Marx, Friedrich Engels, Die deutsche Ideologie, MEW, Band 3, S. 33

Genannten gemeinsam ist jedoch die Begrenztheit ihrer Vorstellungen hinsichtlich des Wachstums der Bedürfnisse der Menschen. Weder Mill noch Marx und Engels war eine Güterproduktion vorstellbar, die auch nur annähernd der heutigen entspricht. Noch weniger war ihnen vorstellbar, dass es für eine solch gesteigerte Güterproduktion auch noch Abnehmer geben könnte. Solange jedoch die Nachfrage nach immer neuen Gütern stetig wieder neu entfacht werden kann, solange kann das Konzept einer statischen Wirtschaft nur schwer mit einem Konzept der Freiheit vereinbart werden. Zu deutlich blickt die Fratze einer Erziehungsdiktatur über die Schultern der Vertreter einer statischen Wirtschaft, um sie problemlos anzusteuern.

Dem Argument begrenzter Perspektive einer Wachstumsgesellschaft, die früher oder später an ihre Grenzen stoßen wird, kann jedoch wenig entgegengesetzt werden. Diese Überlegung gilt nicht aus irgendwelchen moralischen Gründen, sondern basiert auf der einfachen Einsicht, dass unbegrenztes Wachstum in einem endlichen Raum unmöglich ist. Damit ist noch nichts darüber ausgesagt, wie weit die Grenzen eines realen Wachstums noch hinausgeschoben werden können. Wir werden uns mit dieser Frage noch im Rahmen der vorliegenden Ausführungen auseinandersetzen, denn von der Antwort hängt viel für eine mögliche Zukunft der Freiheit ab. Vielleicht liegen die Lösungen des Problems nicht gerade in einem paradiesischen kommunistischen Zustand. Vielleicht reicht ja die eine Grenze des Konzepts von John Stuart Mill aus, das, wenn schon nicht alle so reich sind, dass sie nicht mehr Reichtum wollen, wenigstens keiner mehr arm ist. Um solchen Konzepten auch nur eine Chance zur Durchsetzbarkeit zu geben, müssten wir jedoch einen fundamental anderen Armutsbegriff entwickeln, als wir ihn heute haben. Dazu wäre es notwendig, den relativen Armutsbegriff, wie wir ihn heute verwenden[178], durch einen qualitativen zu ersetzen.

Doch kehren wir zu der Betrachtung des Liberalismus zurück. John Stuart Mill hat zwar ein Konzept zur Beherrschung der Vergesellschaftung entwickelt, eine statische Volkswirtschaft. Diesem Konzept steht aber eine ihm nicht vorstellbare Ausweitung der Bedürfnisse entgegen. Mills Vorschlag bedarf zumindest einiger Vermittlungen, die uns allerdings erst später noch einmal beschäftigen sollen. Zum jetzigen Stand der Überlegungen sind die Vorschläge des Liberalismus zur Eingrenzung des Trends zur Vergesellschaftung noch nicht befriedigend.

Betrachten wir zur Vertiefung mit Friedrich A. Hayek (1899–1992) einen weiteren entschiedenen Anhänger des Liberalismus, der vor allem im 20. Jahrhundert als mächtiger Gegner von John Maynard Keynes aufgetreten war und der (nicht nur) in dieser Auseinandersetzung eine deutliche Position gegen den Sozialismus bezogen hat. Hayeks Ziel ist Freiheit, sein wichtigster Gegner auf diesem Weg ist der Sozialismus in allen seinen Spielarten. In seinem viel beachteten Buch »Der Weg zur Knechtschaft«[179] behandelt er, wenn auch mehr aus ökonomischer statt politischer Sicht, das Thema der vorliegenden Ausführungen. Darüber hinaus war

---

[178] Arm ist in Deutschland ein Mensch, der weniger als 60 % des gewichteten Durchschnittseinkommens hat. Zurzeit sind dies etwa 730 Euro im Monat.
[179] Friedrich A. Hayek, Der Weg zur Knechtschaft, München 2009

Hayek ein angesehener Wissenschaftler, dem 1974 der Nobelpreis für Wirtschaftswissenschaften verliehen worden ist. Das genannte Buch wurde zum Teil enthusiastisch gefeiert, wobei das Urteil: »Der Sozialismus ist geschlagen, wohl wahr, aber Hayek ist immer noch relevant«[180] wohl über das Ziel hinausschießt. Noch kann keinesfalls von einer Niederlage des Sozialismus ausgegangen werden, eher ist das Gegenteil der Fall.

Der Grundtenor von Hayeks Ausführungen besteht – dies geht ja schon deutlich aus dem gewählten Titel hervor – aus einem Loblied auf die Freiheit. Damit steht er in engem Kontext zu den vorliegenden Darlegungen, die Frage ist jedoch, ob er in seinen Ausführungen seinem Anspruch voll gerecht wird. Hayek analysiert zunächst den Sozialismus, dem er – unabhängig von seinen sehr verschiedenen Spielarten – prinzipiell und entschieden die Fähigkeit zur Freiheit abspricht. Als mahnendes Beispiel führt er neben dem Totalitarismus in der Sowjetunion zur Stalinzeit auch den Nationalsozialismus an, den er, im Gegensatz zu seinen marxistischen Kritikern, keinesfalls als mehr oder weniger logische Konsequenz des Versagens des Kapitalismus sieht, sondern im Gegenteil als durchaus in der Tradition des Sozialismus stehend. In den bisherigen Ausführungen sind bereits gute Gründe für diese Sichtweise angegeben. Zur Verschleierung des semantischen Zusammenhangs verwenden Sozialisten statt des Wortes »Nationalsozialismus« deshalb gerne das Wort »Faschismus«. Die Todfeindschaft beider Systeme zueinander, die, wie der Hitler-Stalin-Pakt zeigt, zunächst auch nicht so stark ausgeprägt war, reicht ebenfalls nicht aus, wie bereits am Beispiel der Differenzen innerhalb der monotheistischen Religionsgemeinschaften aufgezeigt wurde. Eher lässt sie auf das Gegenteil schließen.

Wichtiger an dieser Stelle der Ausführungen ist Hayeks konsequente Ablehnung einer jeden Form von zentralisierter Planwirtschaft, und zwar, weil sie zwangsläufig zu den unerträglichsten Einschränkungen von Freiheit führen müsste. Dies – und hier zielen viele seiner Kritiker weit an seinem Anspruch vorbei – hat nichts mit irgendeinem dogmatischen Laisser-faire zu tun. Explizit führt Hayek aus: »Der Liberalismus lehrt, daß wir den bestmöglichen Gebrauch von den Kräften des Wettbewerbs machen sollen, um die Wirtschaftsaktivität der Individuen aufeinander abzustimmen, er lehrt aber nicht, daß wir die Dinge sich selber überlassen sollen.«[181] Dies sind klare Worte, wobei natürlich nicht übersehen werden darf, was denn im praktischen Fall der »bestmögliche Gebrauch der Kräfte des Wettbewerbs« bedeutet. Eine freie Gesellschaft sollte den Wettbewerb stärken und keinesfalls schwächen.

Unter dem Gesichtspunkt zu realisierender Freiheit hat der liberale Anspruch einen weit höheren Grad an Plausibilität als der kollektivistische der Sozialisten und bedarf deshalb unserer erhöhten Aufmerksamkeit. Dem steht aber der Trend des Kapitalismus zu großen Produktionseinheiten – Marxisten nennen dies den Trend zur Monopolbildung – entgegen, in deren bloßer Existenz bereits eine Behinderung des Wettbewerbs angelegt ist. Dem steht aber auch der Trend zur

---

[180] John R. Searle, Mein Jahrhundertbuch, in: Die Zeit, 28/1999
[181] Friedrich A. Hayek, Der Weg zur Knechtschaft, München 2009, S. 58

Gleichheit entgegen, der der »großen Produktion« eignet. So notwendig der Hinweis der Liberalen auf den drohenden Verlust der Freiheit ist, so fehlt ihm doch das Element des Hinreichenden. Jedem Hinreichenden muss jedoch das Notwendige vorangehen. *Der Liberalismus kann sein Versprechen, die Probleme der Zeit zu lösen, nicht halten. Trotz seiner Mängel eignet er sich aber als besserer Ausgangspunkt zur Lösung der noch anstehenden Probleme als der Sozialismus, wenn es um die Schaffung oder wenigstens Erhaltung von Freiheit geht.*

Die größte Schwäche bietet der Liberalismus im Hinblick auf die Beschäftigten einer Industriegesellschaft. Man muss nicht sehr tief in die Theorien des Marktes, ihre Vorteile und Beschränkungen eintauchen, um die schwächere Position des Anbieters von Arbeitskraft im Vergleich zu ihrem Nachfrager zu erkennen. Bei jenem geht es in den meisten Fällen um die Lebenserhaltung, bei diesem lediglich um einen wirtschaftlichen Vorteil. Daraus resultiert der schon erwähnte entscheidende Unterschied in der Elastizität der Marktteilnehmer in diesem Bereich, das heißt der Fähigkeit, flexibel auf das Marktgeschehen reagieren zu können. Dies in wesentlichen Grundzügen zu verkennen, ist einer der ernsthaftesten Einwände der sozialistischen Seite gegenüber der liberalen. Doch schauen wir an dieser Stelle genauer hin.

Fragen nach der Position der Arbeitsanbieter im Wirtschaftsprozess können allgemein unter dem Thema »Sicherung des (reinen) Lebensprozesses« subsumiert werden. Die sozialistische Seite appelliert dazu an den Gemeinsinn und versucht, durch den Aufbau starker Gewerkschaften die Macht der Unternehmer zu begrenzen. Weder Gemeinsinn noch das, was auf der sozialistischen Seite so gerne mit Solidarität bezeichnet wird, kann aus der Not entstehen, sondern bedarf zur Erfüllung seines emphatischen Anspruchs der Freiwilligkeit.

Wer würde schon das Verhalten eines Menschen, der mit Waffengewalt gezwungen wird, einen anderen Menschen aus dem Wasser zu ziehen, als »solidarisch« bezeichnen? Wem dieses Beispiel nicht gefällt, der sei darauf hingewiesen, dass genau aus solchen Beispielen die »Solidargemeinschaft« moderner Versorgungsstaaten besteht. Der eine Teil der Gesellschaftsmitglieder wird unter mehr oder weniger scharfen Sanktionsandrohungen gezwungen, dem anderen zu helfen, unabhängig von der Frage, ob die Hilfe gewollt ist oder nicht, und auch, ob der Helfende durch seine Hilfe nicht schließlich selbst der Hilfe bedarf.

Das angewendete Prinzip ist jedenfalls ein Prinzip der Entmündigung, weil die dazu notwendigen Entscheidungen im Regelfalle von Menschen getroffen werden, die selbst gar nicht betroffen sind, damit also über das Schicksal anderer Menschen entscheiden. Der sozialistische Ansatz besteht in einer Verstärkung der Vergesellschaftung. Der Einzelne mutiert zur Quantité négligeable des großen Betriebes. Er schließt sich zur großen Solidargemeinschaft »Gewerkschaften« zusammen, um der Kraft der Kapitalisten eine eigene entgegenzusetzen, zum Beispiel durch Streiks oder Streikandrohungen. Dies wird auch noch begleitet durch eine Fülle von gesetzgeberischen Maßnahmen zum Schutz der Rechte der arbeitenden Bevölkerung. Doch es bleibt die Frage, ob dies nicht besser ist, als die Arbeiter alleine der Willkür der Unternehmer zu überlassen.

Die Behauptung, der Liberalismus kenne nur das Laisser-faire der Marktakteure, ist pure Ideologie und entbehrt jeglicher Grundlage. Das belegen die Ausführungen Hayeks. Er unterscheidet zwei Arten der Sicherheit, die begrenzte und die absolute. Die begrenzte Sicherheit kann auf einer bestimmten Stufe der Entwicklung für alle Menschen gewährleistet werden, die unbegrenzte nur für wenige ausgewählte Personen als ein Vorrecht. Hayek führt dazu Richter als Beispiel an. Er fährt an dieser Stelle fort: »Diese beiden Arten von Sicherheit sind: erstens Sicherung gegen schwere körperliche Entbehrungen, die Gewissheit eines bestimmten Existenzminimums für alle, und zweitens die Sicherheit eines bestimmten Lebensstandards, d. h. der wirtschaftlichen Stellung, deren sich eine Person oder eine Gruppe im Verhältnis zu anderen erfreut, oder, wie wir es kurz ausdrücken können: einerseits die Sicherheit eines Mindesteinkommens und andererseits die Sicherheit des besonderen Einkommens, auf das jemand Anspruch zu haben glaubt.«[182]

Aus seinen Ausführungen schlussfolgert er: »Es ist kein Grund vorhanden, warum in einer Gesellschaft, die einen Wohlstand wie die unsrige erreicht hat, nicht allen Menschen die erste Art von Sicherheit ohne Gefahr für die allgemeine Freiheit gewährleistet werden sollte.«[183] Zweifellos trifft Hayek mit seinen Überlegungen genau ins Herz des modernen Versorgungsstaates. Der will nämlich der Mehrheit die Sicherheit eines besonderen Einkommens gewähren oder, besser und den realen Zusammenhang genauer treffend formuliert, der Mehrheit den Eindruck vermitteln, er gewähre ihr ein besonderes Einkommen. Erst aus dieser Konstellation entstehen die Verwerfungen des Sozialstaats, der am Ende unweigerlich seine eigenen Kinder fressen wird.

In den Ausführungen weiter oben war die Rede von der »Magenfrage«, die die Sozialisten des 19. Jahrhunderts in starker Weise bewegt hat. Damit war gemeint, dass jeder Anstrengung um die Freiheit die Sicherung des schieren Lebens vorangehen muss. Betrachtet man es genau, dann hat sogar die Sozialdemokratie in ihrem Bundeslied den Finger auf die Wunde gelegt. Wie lauten die beiden letzten Zeilen im Bundeslied des Allgemeinen Deutschen Arbeitervereins?

> »Brecht die Sklaverei der Not!
> Brot ist Freiheit, Freiheit Brot!«[184]

Die Aussage ist klar: Wenn die Sklaverei der Not gebrochen wird, dann herrscht Freiheit. Dies scheint doch etwas zu optimistisch gedacht, wie auch die Umkehrung, dass Freiheit in genügender Menge Brot aufgeht. Aber durch die kleine Wendung, Freiheit kann erst entstehen, wenn alle genug Brot haben, wird die Aussage belastbar. Hätte sich die Arbeiterbewegung mit der Lösung der »Magenfrage« begnügt und sich nicht in immer stärkerer Weise der »Wohlstandsfrage« zugewandt, deren Sinn darin besteht, jedem Bürger der Gesellschaft Wohlstand zu ver-

---

[182] Friedrich A. Hayek, Der Weg zur Knechtschaft, München 2009, S. 157
[183] Friedrich A. Hayek, Der Weg zur Knechtschaft, München 2009, S. 157
[184] Vgl. Fußnote 121

schaffen, dann wären viele Irrwege der Vergesellschaftung gar nicht erst beschritten worden, dann hätte es gar eine Versöhnung zwischen dem Sozialismus einerseits und dem Liberalismus andererseits geben können, zumindest wenn wir Friedrich A. Hayek, aber auch John Stuart Mill als kompetente Vertreter dieser Richtung anerkennen.

Was lässt sich zum Schluss dieses Abschnitts festhalten? Der Liberalismus lehrt uns in überzeugender Weise wichtige notwendige Bedingungen zum Erhalt der Freiheit. Freiheit bedarf der Verantwortung des Einzelnen, die ihm nur in begründeten Einzelfällen, keinesfalls aber in ihrer Gesamtheit von der Gesellschaft abgenommen werden darf. Wenn wir dazu die arbeitenden Akteure des Marktgeschehens von der »Magenfrage« befreien, dann haben wir wichtige Schritte im Hinblick auf hinreichende Bedingungen getan. Trotz all dieser wichtigen Erkenntnisse bleibt noch genügend zu tun, sich dem Trend zur Vergesellschaftung, wie er aus der »großen Produktion« entsteht, entgegenzustellen, um die Freiheit zu retten.

»Tout ce que je sais, c'est que je ne suis pas Marxiste.«

Karl Marx[185]

2.3.5   DAS ERBE VON MARX

Als sich im November 1989 der Eiserne Vorhang hob und die Schlagbäume auf-
gingen, glaubte alle Welt, der sich auf Marx berufende Sozialismus sei besiegt und
auf dem Müllhaufen der Geschichte gelandet. Es war sogar schon vom Ende der
Geschichte[186] die Rede. Von allem, dessen Ende prognostiziert worden war, war es
am sichersten das Gesellschaftsmodell des Sozialismus, das gerade so fundamentalen Schiffbruch erlitten hatte. Zwei Dinge waren in diesem Zusammenhang bemerkenswert. Zum einen beeindruckte die geradezu verblüffende Zeitgleichheit,
mit der die Regierungen in immerhin acht mehr oder weniger souveränen Staaten
zusammenbrachen, zum anderen ging der Zusammenbruch auf ganzer Front weitgehend unblutig vonstatten – lediglich im Rumänien Ceausescus gab es einige
kleinere Widerstandsversuche der herrschenden Macht. Zugleich war mit der
Sowjetunion noch eine atomare Weltmacht an diesem Prozess beteiligt. Umso
mehr verwundert der Ablauf der Ereignisse.

In den 1950er und 1960er Jahren entwickelte der damalige amerikanische
Außenminister John Foster Dulles seine sogenannte Domino-Theorie. Die war auf
die Staaten Südostasiens gemünzt und diente der Begründung, warum eine amerikanische Intervention in diesem geografischen Raum notwendig sei. Nach dieser
Theorie sollte eine kommunistische Machtübernahme in jedem der zum genannten
Bereich gehörenden Länder mit allen Mitteln verhindert werden, weil nach dem
ersten Staat zwangsläufig alle anderen Staaten an den Sozialismus fallen würden,
darin Dominosteinen gleich, die hintereinander aufgestellt sind. Die Ereignisse im
Osten Europas ähnelten ziemlich genau der von Dulles aufgestellten Theorie – so,
als hätte er sie für diese Situation entworfen. Was aber war die Ursache für diesen
ebenso plötzlichen wie fundamentalen Zusammenbruch? Waren es die Montags-
demonstrationen in Leipzig, die Einsicht des sowjetischen Staatschefs Gorbatschow, die Überlegenheit des Westens oder gar der versehentliche Ausspruch
eines SED-Funktionärs? Alle genannten Faktoren spielten eine Rolle, aber keiner
von ihnen – auch alle zusammengenommen – hätte auch nur annähernd ausgereicht, diese weltgeschichtliche Zäsur zu bewirken.

Unsere Achtung sollte den Demonstranten in Leipzig gelten, die letztlich ihr
Leben aufs Spiel gesetzt haben, um das zu erreichen, was bei uns noch immer zu
oft mit Füßen getreten wird: die Freiheit. Niemand konnte damals wissen, wie die
Staatsorgane der DDR auf die regelmäßigen Massenproteste reagieren würden.
Niemand weiß, was passiert wäre, wenn einzelne Kommandanten von Polizei und
Staatssicherheit einen Schießbefehl gegeben hätten. Und doch kann unsere Ach-
tung vor den Demonstranten von Leipzig uns nicht darüber hinwegtäuschen, dass

---

[185] MEW, Band 37, S. 436
[186] Francis Fukuyama, The End of History and the Last Man, New York 1992

sie nicht in der Lage waren, den Staat zu stürzen. Sie waren bestenfalls der Tropfen, der das Fass zum Überlaufen brachte.

Auch Michail Gorbatschow gebührt Anerkennung, hat er doch, wie nur wenige Staatsmänner, die geschichtliche Lage erkannt und nicht versucht, das nicht mehr zu Rettende zu retten. Wie oft ist in den aussichtslosen Abwehrkämpfen gescheiterter politischer Systeme das Blut Abertausender unschuldiger Opfer vergossen worden, nur weil sich die Herrscher ihr Scheitern nicht eingestehen wollten? Gorbatschow hat sich um die Menschheit verdient gemacht. Dies vor allem angesichts der Atomwaffen in den Arsenalen der Sowjetunion, deren Einsatz im Falle blutiger Auseinandersetzungen keinesfalls ausgeschlossen werden kann, wenngleich uns die Bedrohung bei Weitem nicht so präsent war, wie 1962 während der Kuba-Krise.

Trotz gewisser Erfolge der sowjetischen Raumfahrt, vor allem in der Anfangszeit Ende der 1950er Jahre, war die sowjetische Technik der westlichen bei Weitem unterlegen. Dies betraf nicht nur den im weitesten Sinne militärischen Bereich. Angesichts der ungeheuren Zerstörungskraft der Atom- und Wasserstoffbomben ist eine technische Unterlegenheit vielleicht sogar zu vernachlässigen. Die Unterlegenheit des »Ostblocks« zeigte sich vor allem im wirtschaftlichen Bereich. Die dem sowjetischen Machtbereich angehörenden Staaten waren – einmal abgesehen von ihren Rohstoffvorkommen – in der friedlichen Nutzung der Technik eine Quantité négligeable auf dem Weltmarkt und der sowjetischen Militärmacht nicht ebenbürtig. Über diese Tatsache konnten auch alle Erfolgsmeldungen der vielen Fünfjahrespläne nicht hinwegtäuschen: Die Wirtschaft des sowjetischen Einflussbereiches war der westlichen Wirtschaft bei Weitem unterlegen.

Während man in den 1960er Jahren noch davon sprach, durch die Überlegenheit des sowjetischen Systems in wenigen Jahren die kapitalistischen Staaten in Produktionszahlen und Effizienz zu überholen, wollte man in den 1970er Jahren nurmehr den Kapitalismus einholen, aber nicht überholen. Dies wurde damit begründet, dass die anderen Wirtschaftsziele der Staaten des Warschauer Paktes nicht mit denen des Kapitalismus zu vergleichen seien. Später hat man es vorgezogen, die Ebene des Vergleichs nicht mehr zu betreten. Zwar waren immer wieder einmal gewisse Verbesserungen bei der Versorgung der Bevölkerung zu konstatieren, mit den Ländern des Westens verglichen blieben die Staaten der sowjetischen Einflusssphäre jedoch rettungslos zurück.

War der Zusammenbruch der sozialistischen Staaten doch am Ende dem Versehen eines Funktionärs zu verdanken? Rufen wir uns die Ereignisse von 1989 noch einmal ins Gedächtnis. Da gibt es eine Pressekonferenz, auf der der SED-Funktionär Günter Schabowski die Reisefreiheit für Bürger der DDR in Aussicht stellt. Auf die Frage, ab wann denn diese Regelung gelten solle, stammelt der Funktionär zunächst ein wenig, um dann die Feststellung zu treffen, die Reisefreiheit gelte wohl ab sofort. Was dann geschah, war vielleicht einmalig in der Weltgeschichte, denn die Bürger eines Staates, der sie fast 30 Jahre hinter Mauern und Stacheldraht eingekerkert gehalten hatte, machten sich einfach auf den Weg, die Grenze zu überschreiten, und keine Instanz hinderte sie an ihrem entschlossenen Handeln. An keinem Grenzübergang stellte sich auch nur ein Grenzer den Massen in den Weg. Sie, die eben noch äußerst rigiden Reisebeschränkungen unterworfen waren, die nur als Funktionäre, Privilegierte oder Rentner ihren Staat in Richtung Westen verlassen durften, überschritten die Grenzen nach West-Berlin ohne jede Ausweiskontrolle. So, als würden sie ganz normal von der einen in die andere Hälfte der Stadt gehen. Der einzige Unterschied zur Normalität bestand in der ungeheuren Anzahl der Menschen und der Existenz gewaltiger Sicherungsanlagen. Die staatliche Gewalt, eben noch scheinbar übermächtig, hatte zu existieren aufgehört.

Natürlich kann die Macht eines funktionierenden Staates nicht durch eine versehentliche Ankündigung eines noch dazu untergeordneten Funktionärs so fundamental aus den Angeln gehoben werden, wie dies im Falle der DDR geschah. Das kann auch nicht einfach durch die Überlegenheit des westlichen Systems, die ja von Anbeginn vorhanden war, bewirkt worden sein. Selbst der Staatschef der die Staaten mehr oder weniger beherrschenden Supermacht hatte nicht die Möglichkeiten, die Macht einfach aufzugeben und ein Vakuum entstehen zu lassen. Schließlich kann auch die Kraft der Demonstrationen in Leipzig nicht die Ursache für den so vollständigen Verfall der Macht gewesen sein. Wie schon oben erwähnt, haben sicherlich alle die genannten Ereignisse zum Zusammenbruch beigetragen, aber bestenfalls als einzelne Wassertropfen. Hatte nicht die Sowjetunion 1953 in der DDR, 1956 in Polen, im gleichen Jahr in noch brutalerer Form in Ungarn und 1968 schließlich in der CSSR bewiesen, dass sie mit Volksunruhen, gar mit Volksaufständen fertigzuwerden verstand? Besaß man nicht eine Armee, die keinesfalls rebellierte, die zugleich über genügend Erfahrung in der Anwendung von Gewalt nach innen verfügte? Was also war die wirkliche Ursache dafür, dass die Macht so kampflos aus den Händen gegeben wurde?

Es gibt einen einzigen plausiblen Grund für dieses Phänomen. Das System wirkte nach außen zwar gesund, nach innen war es aber bereits völlig morsch, gleich einem Baum, dessen Rinde zwar noch unbeschädigt aussieht, dessen Inneres aber bereits zerstört ist. Trotz der sichtbaren Unterdrückung der Bevölkerung, trotz der erkennbaren Unterlegenheit des östlichen Wirtschaftssystems, trotz jahrzehntelanger Beschwörungen des (westdeutschen) Wunsches nach Wiedervereinigung, trotz wachsender Ausreiseströme, nicht zuletzt trotz aller geheimdienstlichen Aktivitäten hat kein westlicher Staat den wirklichen Zustand der sozialistischen Staatengemeinschaft erkannt. Wie war eine solche von außen her kaum merkliche Zerstörung der gesellschaftlichen Systeme in Osteuropa möglich?

Während das Politbüro noch in altbekannter Weise dunkel angedeutete Provokationen und den westlichen Imperialismus für das Desaster in seinem Staat verantwortlich machte und zu retten versuchte, was nicht mehr zu retten war – »Viele von denen, die unserer Republik in den letzten Monaten den Rücken gekehrt haben, wurden Opfer einer groß angelegten Provokation. Wiederum bestätigt sich, dass sich der Imperialismus der BRD mit einem sozialistischen Staat auf deutschem Boden niemals abfinden wird, Verträge bricht und das Völkerrecht missachtet«[187] – war über das Schicksal der DDR längst entschieden, und zwar nicht durch »groß angelegte Provokationen« und auch nicht durch den »Imperialismus der BRD«, sondern durch seine prinzipielle Unfähigkeit, den eigenen Ansprüchen auch nur minimal zu genügen. »Auch wenn nur wenige dies am Beginn des Wendejahres erkannten oder wahrhaben wollten: Die DDR stand kurz vor ihrem Kollaps.«[188] Hier liegt der eigentliche Grund für den Zusammenbruch der Staaten des sowjetischen Einflussgebietes und nicht so sehr in den Flüchtlingen und Demonstranten.

Es ist geradezu eine charakterisierende Eigenschaft einer jeden Form des Sozialismus, dass er über keine wirkliche Instanz verfügt, Fehlentwicklungen in der notwendigen Schärfe erkennen und damit abstellen zu können. Dies aber ist genau die segensreiche Kraft eines jeden Marktes, die durch keine noch so bemühte und genaue Planung zu ersetzen ist. Wer je in einem »kapitalistischen« Großunternehmen gearbeitet oder an einer Parteiversammlung teilgenommen hat, findet dort die gleichen Phänomene. Der Warner vor Fehlentwicklungen wird leicht zum »Nestbeschmutzer«, jede noch so unsinnige Entscheidung wird so lange bis zur vollständigen Selbstverleugnung verteidigt, bis die nächste, möglicherweise der ersten konträre Entscheidung kommt. Das geschilderte Phänomen wird durch einen Sprachgebrauch verdeutlicht, der sich in immer größerem Umfang durchsetzt. Gemeint ist der Unsinn des »positiven Denkens«, ohne den kaum noch ein Manager-Seminar, eine Talkshow im Fernsehen, ein Politiker-Statement auskommt. Der Sinn des »positiven Denkens« besteht alleine darin, die Realität nicht mehr als solche wahrzunehmen, sondern – egal wie ihr Zustand ist – sie im strahlenden Glanz erscheinen zu lassen.

Nun kann man aber denken oder nicht-denken. Wenn man denkt, dann entziehen sich die Ergebnisse des Prozesses – das ist das Charakteristikum von Denken – einer Beurteilung im Sinne von positiv oder negativ, denn sie sind wertfrei. Erst ins Handeln übertragen können sie positive bzw. negative Wirkungen haben, meist haben sie beides. Ganze Heerscharen von Psychiatern beschäftigen sich mit den Wirkungen des unsinnigen »positiven Denkens« und »warnen ausdrücklich davor, dass die Methoden labile und depressive Patienten weiter schädigen können. Besonders bei unkritischen Menschen können sie auch zu einem Realitätsverlust führen.«[189] Den Psychiatern sei entgegengehalten, dass der Begriff des »positiven Denkens« nicht zu Realitätsverlust führt, sondern *Ausdruck von Realitätsverlust ist*. Auf Dauer kann der existierende Realitätsverlust nicht bestehen, kurzfristig aber durchaus Erfolge erzielen. Ohne solche Verhaltensweisen würden viele Manager ihren Job verlieren, kaum ein Politiker würde je wieder gewählt werden. Ohne solche Verhaltensweisen wären die Staaten des real existierenden Sozialismus viel früher an ihren Widersprüchen zerbrochen. Die Erzwingung solcher Verhaltensweisen ist ein prinzipielles Problem jeder gesellschaftlichen Öffentlichkeit.

---

[187] Stellungnahme des SED-Politbüros vom 11. Oktober 1989 zur Massenflucht, Deutschland Archiv 12/1989, S. 1436

[188] Manfred Görtemaker, Zusammenbruch des SED-Regimes, Bundeszentrale für politische Bildung

[189] Vgl. www.wikipedia.de, Stichwort: Positives Denken

An dieser Stelle tritt wieder die segensreiche Kraft des Marktes auf, die Fehlentwicklungen zu korrigieren vermag, indem sie den Wunschtraum mit der Realität versöhnt, in den weit überwiegenden Fällen, bevor es zur Katastrophe kommt. Ohne Markt und ohne eine auch durch ihn induzierte Erfolgsrechnung würden kapitalistische Großunternehmen sich in ihren Entscheidungsprozessen durch nichts von jenen in sozialistischen Gesellschaften unterscheiden. Im politischen Bereich retten uns allein die Freiheit und eine dieser wenigstens in Grundsätzen verpflichtete Öffentlichkeit. Würde man die Parteien einfach nur gewähren lassen, dann unterschiede sich unser politisches System bald durch nichts mehr von jenen des real existierenden Sozialismus. Das sollte uns eine Warnung und Grund zur Umkehr sein.

Allen Prophezeiungen zum Trotz ist mit den Systemen des real existierenden Sozialismus der Sozialismus als Utopie keineswegs verschwunden. Gerade in der jüngsten Wirtschaftskrise ist der Ruf nach der ordnenden Hand des Staates wieder deutlicher erklungen, und kaum droht einem größeren Unternehmen der Konkurs, dann schreit alle Welt nach Staatshilfen und Politiker aller Parteien überbieten sich gegenseitig in der Generierung immer umfangreicherer Hilfspakete. Ob sie es wollen oder nicht, allen derartigen Hilfsprogrammen gemeinsam ist ihre sozialistische Zielsetzung, denn in erster Linie − und dies unabhängig von den zahllosen spezifischen Ausprägungen − zielt der Sozialismus immer auf die Übertragung privater Verantwortung auf die öffentliche Hand.

Seit in der zweiten Hälfte des 19. Jahrhunderts der Sozialismus die Hinterzimmer verträumter Weltverbesserer verlassen hat und zur sozialen Bewegung geworden ist, beruft er sich in all seinen Schattierungen und unterschiedlichen Vorstellungen von Wegen, die zu seinem Ziel führen sollen, auf Karl Marx, der, nach seinen eigenen Worten, den wissenschaftlichen Sozialismus begründet hat. Karl Marx war ganz sicher ein großer Gelehrter, dem wegen seiner scharfsinnigen Analyse der kapitalistischen Produktionsweise auch heute noch ein fester Platz im Pantheon der Wirtschaftswissenschaften gebührt. Als großer Wissenschaftler hat Marx große Gedanken gedacht, große Entwürfe entworfen und große Irrtümer begangen. Wer würde ernsthaft an der Gelehrsamkeit von Sokrates zweifeln, bloß weil der die Götter auf dem Olymp thronen glaubte? Das Gegenteil gilt: Wer große Irrtümer nie begangen, kann Großes nie gedacht haben.

Ohne jeden Anspruch auf Vollständigkeit fallen zu Marx zwei große Irrtümer ein: die völlige Unterschätzung der kapitalistischen Entwicklung der Produktivkräfte und die Fehleinschätzung der Verelendung des Proletariats. Die Produktivkräfte haben sich in den letzten 150 Jahren in einer Weise entwickelt, wie dies den Menschen des 19. Jahrhunderts nicht vorstellbar war. Selbst Jules Verne, der große technisch-utopische Schriftsteller, wirkt heute eher hausbacken in seinen kühnen Visionen. Wie sollte Marx ein Vorwurf daraus gemacht werden, dass seine Vorstellungen weit hinter der Realität zurückgeblieben sind?

Trotz ungeheurer bürokratischer Beschränkungen und trotz zunehmender Verbreitung oligopolartiger Aktiengesellschaften, auf die der Begriff »kapitalistische Produktionsweise« nur noch sehr bedingt anzuwenden ist, nimmt die Produktivität innerhalb des kapitalistischen Systems noch immer ungeheuer zu. Genau besehen muss sogar festgestellt werden, dass der wirkliche Produktivitätszuwachs erst nach der Lebenszeit von Karl Marx stattgefunden hat. Das uns seit fast 40 Jahren zunehmend beschäftigende Problem der Arbeitslosigkeit ist eine deutlich sichtbare Folge der Produktivitätssteigerungen. Wir können immer mehr mit immer weniger Menschen produzieren.

Bei der angeblichen Verelendung des Proletariats hilft schon ein flüchtiger Blick auf die Mitmenschen beim Sonntagsbummel in einer beliebigen deutschen Großstadt. Wer würde unter den Passanten die »Proletarier«, also die Arbeiter erkennen? Zu Marxens Zeiten wäre dies kein Problem gewesen. Wer in den 1970er Jahren durch englische Industriestädte flaniert ist, der konnte noch problemlos unterscheiden, heute ist es unmöglich. Gleiche Beobachtungen können wir an den Stränden von Mallorca, Viareggio oder Phuket machen. Wir müssen uns schon auf die Reise in Steuerparadiese begeben, um durch einen Blick auf die Jachten der Superreichen gravierende soziale Unterschiede zu bemerken.

Dies als Beleg für eine Verelendung des Proletariats zu nehmen, zeigt bestenfalls, wie wenig sie stattgefunden hat. Daran können auch die stets bemühten Fernsehauftritte der professionellen Armutsbekämpfer im Stile eines Günter Wallraff nichts ändern, die sich ja auch zunehmend den Gescheiterten zuwenden, die oft ohne Ausbildung und Leistungsbereitschaft am Rande der Gesellschaft entlangdümpeln. Doch deren Problem, das hier nicht kleingeredet werden soll, hat nicht das Geringste mit der Theorie der Verelendung von Karl Marx zu tun. Das hängt, wie später noch ausführlich gezeigt wird, viel mehr mit unserem System der zunehmenden Entmündigung denn mit einer menschenverachtenden Produktionsweise des Kapitals zusammen.

Halten wir fest: Karl Marx war ein großer Denker, und er hat sich wie alle großen Denker auch geirrt. Weil er ein großer Denker war, haben sich (fast) alle sozialistischen Bewegungen auf Karl Marx berufen und tun dies immer noch. Häufig geschieht dies sogar unwissentlich, denn Marxens Denken schwingt immer mit, wenn wir uns im weiteren Sinne sozialen Problemen widmen. Diese fundamentale Bedeutung wird noch dadurch verstärkt, dass auch von denen, die sich permanent auf ihn berufen, kaum einer seine Werke auch nur in Ansätzen studiert hat, von Verständnis gar nicht zu reden. Wer je in den 1960er und 1970er Jahren einmal das Unglück hatte, einen »Kapitalkurs« zu besuchen, der weiß, wovon hier die Rede ist. Das waren in der Regel abstruse Zusammenfassungen einer komplexen Lehre, die sich am Ende auf die umso klarer formulierte Feststellung projizierten, man müsse halt gegen den Kapitalismus sein.

Sehr viel anders kann es auch im 19. Jahrhundert bei den Arbeiterschulungen nicht zugegangen sein, denn Marxens Werk setzt nicht nur genaueste Kenntnisse der ökonomischen Theorien seiner Zeit voraus, dabei insbesondere die von Adam Smith und David Ricardo, sondern ebenso genaue Kenntnisse der Philosophie, hier besonders die Hegels, sowie der griechischen Philosophie. Wie kann es sein, dass eine so anspruchsvolle Lehre zum festen Bestandteil einer Bewegung wird, die sich den unteren Klassen widmet, deren charakteristisches Merkmal nicht gerade in umfassender Bildung besteht?

Ein Grund war sicher eine schier grenzenlose Vulgarisierung, die die Lehre auf wenige sich leicht zu merkende Gemeinplätze reduzierte. Diese Vorgehensweise findet auch heute noch ihren Platz, genügt doch der einfache Hinweis auf die selbst behauptete Marktradikalität, um sich viele Seiten mühsamer und bisweilen auch komplexer Argumentationszusammenhänge ersparen zu können. Dem mangelnden Verständnis seiner Lehre und der daraus folgenden Vulgarisierung entsprechend gibt es kaum eine wissenschaftliche Theorie, die so stark dogmatisiert worden ist wie die marxsche Lehre. Wer behauptet, diese wird immer ideologisch und dogmatisch interpretiert, der fügt nur wenigen Menschen Unrecht zu. Im Hinblick auf die Rezeption des marxschen Werkes unterscheiden sich glühende Anhänger von verbissenen Gegnern im Grad des Dogmatismus, wenn überhaupt, dann nur marginal.

Indem Marx den Anspruch erhob, einen wissenschaftlichen (Weg zum) Sozialismus zu begründen, holte er ihn aus den Hinterzimmern verschrobener Weltverbesserer heraus. Darin mag der zweite, vielleicht wichtigere Grund für seinen Bedeutungszuwachs in der sozialistischen Bewegung liegen. Schließlich war Marx zwar gesellschaftlich wenig anerkannt, doch seine Theorien passten der aufkommenden sozialistischen Bewegung wie die berühmte Faust aufs Auge. Wie dem auch sei, ob wir es wollen oder nicht, Marx sitzt längst schon in den hintersten Ecken unseres Denkens und bestimmt es mit, selbst wenn wir glauben, ihn schon lange auf den Müllhaufen der Geschichte geworfen zu haben. Wie die Psychologie weiß, west das nicht Verarbeitete weiter in uns fort, auch wenn wir dies nicht mehr zu erkennen vermögen.

»Die Geschichte aller bisherigen Gesellschaft ist die Geschichte von Klassenkämpfen.«[190] Mit diesem Satz beginnt – nach dem berühmten Prolog – das Manifest der Kommunistischen Partei, das im Februar 1848 veröffentlich worden ist. Nach »Freier und Sklave, Patrizier und Plebejer, Baron und Leibeigener, Zunftbürger und Gesell, kurz Unterdrücker und Unterdrückte«[191] standen sich jetzt Bourgeois und Proletarier unversöhnlich gegenüber. Der Bourgeois – von Marx auch und hier im folgenden Kapitalist genannt – ist der Besitzbürger, der Proletarier der besitzlose Bürger. Aus ihrer gesellschaftlichen Lage ergeben sich gravierende Interessenkonflikte, die in Klassenkämpfen ausgetragen werden. Da die Klasse der Proletarier den überwiegenden Teil der Bevölkerung umfasst, wird sie sich schließlich in den Kämpfen durchsetzen und über die Diktatur des Proletariats eine sozialistische Gesellschaft errichten, in der es keine Klassen mehr gibt. Dies ist – holzschnittartig grob – die Tendenz des Klassenkampfs in der kapitalistischen Gesellschaft. Obwohl in unserer Gesellschaft bis weit in sozialistische Kreise hinein niemand mehr eine Diktatur des Proletariats errichten möchte, spielt das Thema der Klassenkämpfe noch eine wichtige Rolle, und zwar auch bei Leuten, die jede Form des Sozialismus strikt ablehnen.

Wir sprechen heute nicht mehr von Kapitalisten und Proletariern, dafür aber von Arbeitgebern und Arbeitnehmern und behandeln die beiden Gruppen durchaus

---

[190] MEW, Band 4, S. 462
[191] MEW, Band 4, S. 462

wie Klassen im marxschen Sinne. Um genügend Stimmen zu erreichen, betrachten sich alle politischen Parteien als Interessenvertreter aller Menschen, aber die einen vertreten mehr die Interessen der einen, die anderen die der anderen Seite. Die Voraussetzung von fundamentalen Arbeitgeber- und Arbeitnehmerinteressen ist gesellschaftlicher Konsens, wie sich zum Beispiel an der Existenz von entsprechenden Verbänden und Gewerkschaften zeigt. In diesem gesellschaftlichen Konsens lebt die alte marxsche Klasseneinteilung der Gesellschaft noch immer fort.

Es versteht sich von selbst, dass die moderne Klasseneinteilung der Gesellschaft im Detail zu anderen Ergebnissen führt. Die Konflikte werden auf friedliche Weise wie sonstige Interessenkonflikte ausgetragen. Sie werden für *austragbar* gehalten, das heißt, sie bedürfen zu ihrer jeweiligen Lösung keiner Revolution, sondern geschickter Verhandlungsführung. In Ausnahmefällen ist sogar institutionalisierte Gewaltanwendung in Form gesetzlich klar geregelter Streiks zulässig. Das alles kann nicht darüber hinwegtäuschen, dass dem trotz aller Unterschiedlichkeit in den Einzelheiten eine Klasseneinteilung zugrunde liegt. Wir akzeptieren damit, auch wenn wir dies explizit niemals wollten, eine fundamentale Erkenntnis von Marx als Eckpfeiler unseres gesellschaftlichen Konsenses. Von dieser Überzeugung können uns auch reale Ereignisse nicht abbringen, Ereignisse, die eigentlich höchste Zweifel am gesellschaftlichen Konsens induzieren müssten. So hört man zum Beispiel immer wieder von Streiks oder Streikandrohungen von privilegierten gesellschaftlichen Gruppen – zum Beispiel Piloten – und bewertet dies – ganz im Sinne der marxschen Klassentheorie – als Arbeitskampf, was nichts anderes heißt als Klassenkampf, denn es stehen sich die beiden Klassen Arbeitgeber und Arbeitnehmer gegenüber.

Im Jahre 2001 forderten die Piloten der Lufthansa »über 30 Prozent mehr Gehalt«[192], eine Erhöhung, von der andere Arbeitnehmer nicht einmal träumen können (und die zudem das gesamte Arbeitseinkommen vieler Arbeitnehmer übersteigt). Schon damals gehörten die Piloten der Lufthansa sicherlich nicht zum Prekariat. Nach neueren Angaben der Airline gelten für einen Piloten die folgenden Gehaltsaussichten: »Nach acht bis zwölf Jahren (je nach Konzern-Flugbetrieb) erwartet Sie ein Kapitänsgehalt von über 110 000 € in der Einstiegsstufe. Und auch dieses Einkommen entwickelt sich nach tariflich festgelegten Schritten weiter.«[193] Von einem solchen Gehalt würden viele Kapitalisten gerne leben, zumal es noch von zahlreichen sozialen Absicherungen gerahmt wird und keinerlei unternehmerisches Risiko birgt. Man muss schon viele Stufen auf der Leiter der Abstraktionen nach oben gehen, um zwischen einem Lufthansa-Piloten und einem Fensterputzer eine identische Klassenlage zu erkennen.

Noch deutlicher wird die Differenz bei den zahlreichen Managern. Allein deren jährliche Bonuszahlungen erreichen bisweilen Höhen, die das Lebensgehalt eines Arbeiters bei Weitem übersteigen. Hier reicht Abstraktion alleine nicht mehr aus, eine gleiche Klassenzugehörigkeit zu behaupten. Dies wird denn auch gesellschaftlich nicht mehr getan, das heißt, die Manager werden einfach aus der Klasse

---

[192] Spiegel-Online: Abstieg vom Olymp vom 03.05.2001
[193] lufthansa-pilot.de, Abschnitt Karriere als Pilot, Perspektiven, Stand 28.09.2009

der Arbeitnehmer herausgenommen und derjenigen der Arbeitgeber zugeschlagen. Einer tief greifenden Analyse ist diese Klassenumwandlung jedoch nicht geschuldet, denn die Klassen im marxschen Sinne werden allein über ihre Rolle im Verwertungsprozess des Kapitals bestimmt und dabei ist der Manager Arbeitnehmer, keinesfalls jedoch Kapitalist. Dieser laxen Einstellung entsprechend werden wir Karl Marx nicht mehr gerecht, obwohl wir sein Prinzip der Klasseneinteilung weiterhin übernehmen.

Nun haben wir eine scharfe Analyse, die wir als falsch erkennen mögen, die aber in jedem Falle eine Auseinandersetzung ermöglicht, durch Begriffslosigkeit ersetzt. Die Ecken und Kanten der marxschen Auffassung werden durch Pudding ersetzt, an dem nichts mehr sich festmachen lässt. Dementsprechend sieht denn auch unser Verhältnis zu den Problemen aus: Mal packen wir gut verdienende Arbeitnehmer zu den Arbeitnehmern, mal packen wir sie zu den Arbeitgebern. Wir haben noch nicht einmal eine Gehaltsgröße festgelegt, ab der ein Manager zu der einen oder anderen Seite gehört.

Statt also durch eine klare Begrifflichkeit eine − möglicherweise konträre − Auseinandersetzung zu ermöglichen, ziehen wir uns auf unbestimmte bzw. unbestimmbare Ebenen zurück. In der politischen Auseinandersetzung wird dazu der Begriff des Reichtums eingeführt, den man immer mit einer festen Zahl definieren kann, die allerdings je nach politischer Färbung stark zu schwanken vermag. Auf jene, denen man Reichtum unterstellt, kann beliebig eingeschlagen werden, sie werden für alles verantwortlich gemacht, ob das schlechte Arbeitsverhältnisse, geringe Bezahlung oder aber auch eine Wirtschaftskrise ist. Hier wirken die gleichen Mechanismen, die auch zur Entstehung und Erscheinung von Judenhass beigetragen haben, ohne dass dies in der öffentlichen Debatte auch nur in Erwägung gezogen wird. Es scheint, als hätten wir diesbezüglich keine furchtbaren Erfahrungen gemacht. Die feine Unterscheidung, die gerade in der politischen Auseinandersetzung notwendig ist, um dem Einzelnen gerecht zu werden (Gerechtigkeitsdebatte!), wird durch den Holzhammer ersetzt, der einem einzigen Anspruch genügt: Es muss ein Schuldiger muss gefunden werden. Man braucht kein Prophet zu sein, um das politische Scheitern solcher Ansätze vorauszusagen. Probleme lassen sich nicht durch Ignoranz lösen. Dies gilt umso mehr, als aus den angesprochenen Fragen ein deutlich zunehmendes gesellschaftliches Konfliktpotenzial erwächst, das ein Handeln der verantwortlichen Personen erforderlich macht. Gerade deshalb wäre es notwendig, sich der Problemstellung zu widmen, und das heißt allemal, durch klare Begrifflichkeit die Probleme zunächst einmal erkennen zu können.

Trotz der geäußerten Zweifel an der Begrifflichkeit von Arbeitgeber und Arbeitnehmer werden die Termini nachfolgend aus Gründen der Einfachheit beibehalten.

Die von Marx abgeleitete Einteilung in Arbeitgeber und Arbeitnehmer hält der gesellschaftlichen Entwicklung nicht stand, zu inhomogen sind die einzelnen Gruppen, um die Grundlage einer rationalen Entscheidung bilden zu können. Wir müssen nach anderen gesellschaftlichen Einteilungen suchen. Die dramatische Veränderung der Beschäftigungssituation seit Anfang der 1980er Jahre unterstreicht die Notwendigkeit dieser Suche. Bis zu diesem Zeitpunkt war Arbeitslosigkeit bestenfalls ein Problem von Randgruppen. Noch in den 1960er und 1970er Jahren wurden Arbeitskräfte aus benachbarten Ländern nach Deutschland gelockt, um das Problem des Arbeitskräftemangels zu lindern. Wer also arbeiten wollte, hatte gute Aussichten, einen Arbeitsplatz zu finden und über lange Zeit zu behalten. Da die Löhne im genannten Zeitraum kontinuierlich stiegen, lebten die Arbeitnehmer weitgehend in gesicherten Verhältnissen mit guten Auspizien, sich einen gewissen Wohlstand erarbeiten zu können. Seit den 1980er Jahren haben sich diese Aussichten kontinuierlich verschlechtert, mit einer kurzen Verbesserung während der Wende.

Die Politik hat bis heute nicht adäquat auf diese Veränderungen reagiert, jedenfalls nicht so, wie es einer freiheitlichen Lebensweise entsprechen würde. Vollbeschäftigung unter gleichen oder ähnlichen Rahmenbedingungen ist als illusorisch anzusehen. Darüber können alle Versicherungen unserer Politiker nicht hinwegtäuschen. Ob wir nun Arbeitsbeschaffungsmaßnahmen bis zum Jahre 2020 einleiten oder in ökologische Techniken investieren, die Steuern auf null senken oder den Reichen all ihr Hab und Gut wegnehmen, ein Wachstum, das das Problem der Arbeitslosigkeit auf der Basis bestehender Arbeitsgrundlagen lösen könnte, ist nicht in Sicht und wird auch nicht mehr erreicht werden können. Diese Erkenntnis hindert keinen Politiker daran, weiterhin so zu tun, als könne er das Problem lösen. Sie hindert aber auch nur wenige der zahllosen Kritiker daran, nach wie vor an ihren Konzepten zur Umverteilung der Einkommen und Vermögen zu basteln und weiter zu behaupten, durch eine gerechtere Verteilung der Einkommen und Vermögen sei dem Problem beizukommen. Ansonsten gelten mit jeweils gewissen Abweichungen die Regeln, die schon Karl Marx aufgestellt hat. Politiker und ihre Kritiker eint bei aller sonstigen Unterschiedlichkeit eines: Sie suchen die Antworten für heute und morgen ausschließlich im Gestern. Auf diese Weise werden die Probleme und unsere Verstrickung darin nur größer.

Es lohnt also, einen Blick auf die Realität zu wagen, der sich weder durch ideologische Scheuklappen noch durch Aussichten bei kommenden Wahlen trüben lässt. Kehren wir dazu zum Prinzip der marxschen Klasseneinteilung unter ökonomischen Aspekten zurück. Sie hat sich in einer Phase der gesellschaftlichen Entwicklung, die von etwa Mitte des 19. bis Mitte des 20. Jahrhunderts dauerte, durchaus bewährt, wenngleich sie nie ganz treffend war. Die Einteilung in Kapitalisten und Proletarier hat dazu verholfen, die »Lage der arbeitenden Klassen« besser zu erkennen, um damit Verbesserungen einleiten zu können. Die veränderte gesellschaftliche Situation lässt eine auf der marxschen Klasseneinteilung basierende Scheidung in Arbeitgeber und Arbeitnehmer nur noch als antiquiert erscheinen. Dessen ungeachtet basiert unsere gesamte Sozialpolitik auf dieser Einteilung. Wenn wir uns einmal davon loslösen und eine soziale Strukturierung versuchen, dann wäre die folgende Form passender:

- Haushalte in abgesicherten Lebensverhältnissen und
- Haushalte in nicht abgesicherten Lebensverhältnissen.

Zu den Haushalten in abgesicherten Lebensverhältnissen gehören in erster Linie alle Beschäftigten des öffentlichen Dienstes, so weit sie mehr oder weniger unkündbar sind. Dazu kämen alle Politiker nach einer relativ kurzen Mandatszeit sowie zum Beispiel Top-Manager, deren Arbeitsverträge zwar kündbar, aber mit Abfindungsansprüchen in erheblicher Höhe versehen sind. Weiter gehören aber auch alle Haushalte dazu, deren Vermögen eine bestimmte Höhe überschritten hat, die hier nicht festgelegt werden soll. Die gewählte Form der Einteilung würde sofort die alten Klassen sprengen, weil weit mehr Arbeitnehmer in abgesicherten Verhältnissen leben als Unternehmer. Sie würde einen viel genaueren Blick auf die gesellschaftliche Realität zulassen. Betrachtungen sozialer Aspekte nach der hier vorgenommenen Einteilung würden deutlich realitätsgerechter ausfallen als nach den heute üblichen Kriterien.

Dessen ungeachtet bestünde nach wie vor das Problem, die »abgesicherten Lebensverhältnisse« zu bestimmen, könnten sie sich doch zum einen, etwa durch Ehescheidung, schnell ändern. Zum anderen ist die Bestimmung eines Zustandes der Absicherung allgemein nur schwer möglich. Deshalb wäre es sinnvoll, die Absicherung als Grenzwert nach unten festzulegen und jedem Bürger eine bedingungslose Grundsicherung zu gewähren. Auf diese Weise wäre die Gewährung von Privilegien weniger problematisch und könnte zudem noch deutlich abgebaut werden. Die Bürger wären von der Gefahr drückender Not befreit und könnten sich mit einer Verbesserung ihrer finanziellen Lage beschäftigen, ohne dauernder Gefahr ausgesetzt zu sein, von der Sozialbürokratie in den Würgegriff genommen zu werden.

Wer heute in deren Fänge gerät, sei es als Arbeitsloser oder als nicht mehr Arbeitsfähiger, der befindet sich in einer Lage vollständiger Selbsterniedrigung und Entmündigung. »Hartz IV ist nichts anderes als Kujonierung des Bürgers durch den Staat und in seiner Auswirkung auf den Betroffenen nur vergleichbar mit offenem Strafvollzug.«[194] Doch die Kujonierung durch den Staat betrifft nicht nur Hartz-IV-Empfänger, sondern reicht weit in den Bereich der einfachen Arbeitslosen hinein. Um Unterstützung zu erhalten, werden betroffene Menschen in sogenannten »Maßnahmen« gezwungen, Muscheln zu suchen, Karten zu spielen, an Fitness-Programmen oder sonstigen nicht sehr hilfreichen Aktivitäten teilzunehmen.[195]

Im folgenden Kapitel wird die schrittweise Zerstörung dessen, was hier als Politik aufgezeigt worden ist, dargestellt.

---

[194] Götz W. Werner, Einkommen für alle, Köln 2007, S. 91
[195] Einen interessanten Blick in die Welt der Arbeitslosen lieferte die Sendung: Alt, arm, arbeitslos, ARD, 24.08.2011, 21:44

»Drum sei ferne von mir dem Unmöglichen nachzugehen,
Nie werd' ich meines Lebens Teil vergebens vergeuden an
eitele Hoffnung,
Nie spähen nach dem Mann, der fleckenlos ist unter allen,
die wir der weiten Erde Frucht genießen,
Erst müßt' ich ihn finden, dann ihn euch künden.«

Platon[1]

3 DIE ZERSTÖRUNG VON POLITIK

3.1 DAS VERSTÄNDNIS VON POLITIK

Bei der Bundestagswahl 2009 gingen gerade noch knapp 71 Prozent der Wahlberechtigten wählen. Das war die mit Abstand geringste Beteiligung bei einer Bundestagswahl seit Gründung der Bundesrepublik. Während in den 1950er und 1960er Jahren die Beteiligung bei Bundestagswahlen stets im oberen 80er Prozentbereich lag, in den 1970er Jahren gar auf über 90 Prozent stieg, fiel dieser Wert ab Ende der 1980er Jahre auf um die 80 Prozent.[2] Rechtzeitig zur Wahl 2009 erschien ein Buch[3], das nicht gerade zum Nicht-Wählen aufrief, aber die Wahlverweigerung als legitimes Mittel der demokratisch-politischen Meinungsäußerung bezeichnet. Wie dies heute üblich ist, wurde der Autor in eine Reihe von Talkshows eingeladen, in denen er im Regelfalle wegen seiner Haltung heftig angegriffen wurde, nach dem Motto, ein Wahlberechtigter hat sein Wahlrecht wahrzunehmen, sonst nützt er den Feinden der Demokratie. Die Aussage hat wenig Plausibilität. Sowohl die Nationalsozialisten vor dem Kriege als auch die DDR haben der Bevölkerung Wahlbeteiligungen von mehr als 99 Prozent vermeldet, während doch beide Regimes nicht gerade als Hort der Demokratie zu gelten haben. Zum anderen bleibt kaum mehr als eine Wahlenthaltung, um eine allgemeine Unzufriedenheit mit dem politischen Betrieb zum Ausdruck zu bringen. Wie würde denn der politisch korrekte Bundesbürger wählen, wenn er nur Stalin und Hitler zur Auswahl hätte?

Eher ist es problematisch, dass in keinem demokratischen Land die Wahlenthaltung berücksichtigt wird. Würde sie es, wäre dies den politischen Parteien sicherlich ein Antrieb, sich mehr um die unzufriedenen Wähler zu bemühen. Zeigt also die rückläufige Wahlbeteiligung eine Politikverdrossenheit an? Dazu müsste zunächst dieser Begriff geklärt werden. Dies ist keinesfalls so einfach, wie es auf den ersten Blick aussieht. Der Terminus selbst ist erst in der jüngsten Vergangenheit entstanden, um im Jahre 1992 gleich zum »Wort des Jahres«[4] zu werden. Er beschreibt einen Zustand, der suggeriert, der Betroffene sei politisch nicht interes-

---

1 Platon, Protagoras, Sämtliche Dialoge, Band I, Hamburg 1998, S. 93
2 Vgl. www.wikipedia.de, Stichwort: Wahlbeteiligung
3 Gabor Steingart, Die Machtfrage: Ansichten eines Nichtwählers, München 2009
4 Vgl. www.wikipedia.de, Stichwort: Politikverdrossenheit

siert, wolle nicht am politischen Geschehen teilnehmen. Dies wird häufig mit mangelnder Bildung, zu hohen Ansprüchen an die Politik, mangelnder Volksnähe der Politiker, fehlenden Unterschieden in den Programmen der Parteien bis hin zur Berichterstattung der Medien, die zu negativ sei, festgemacht. Vor allem Jugendliche sind davon betroffen. »Die heutigen Jugendlichen sind politikabstinent. Gegenüber früheren Studien ist das politische Interesse tief abgesunken.«[5] Die Politikabstinenz entsteht aus einer Unzufriedenheit mit dem politischen Betrieb, denn »die heutige demokratische Praxis, durch die politischen Parteien umgesetzt, erzeugt Unbehagen und führt zu einer beunruhigend großen Distanz der traditionellen Politik gegenüber«.[6] Politikverdrossenheit kann nur bedeuten, keine Politik mehr zu wollen (politisch uninteressiert zu sein).

Offensichtlich hat die existierende Politikverdrossenheit wenig zu tun mit dem, was Aristoteles als den *bios politikos* bezeichnet hat. Da die meisten Menschen davon noch nicht einmal eine grobe Ahnung haben, können sie schon gar nicht darüber verdrossen sein. Näher kommen wir der Politikverdrossenheit schon, wenn wir sie auf den politischen Betrieb beziehen, wie er sich heute darstellt. Sein herausragendes Merkmal ist die dreiste Selbstverständlichkeit, mit der er sich als alternativlos hinstellt, so, als hätte es nie etwas anderes gegeben und als wäre daraus folgend auch nie etwas anderes möglich. Die Selbstverständlichkeit, mit der man in weiten Kreisen Politikverdrossenheit mit politischer Uninteressiertheit gleichsetzt, demonstriert die vollständige Deutungshoheit des Begriffs des Politischen durch den politischen Apparat. Wir werden also nicht umhin können, diesen Apparat genauer unter die Lupe zu nehmen.

Der politische Apparat besteht aus Berufspolitikern, das heißt im Umkehrschluss, Politik ist zum Beruf geworden. Max Weber stellt dazu fest: »Es gibt zwei Arten, aus der Politik seinen Beruf zu machen. Entweder: man lebt ›für‹ die Politik, – oder aber: ›von‹ der Politik. [...] ›Von‹ der Politik als Beruf lebt, wer danach strebt, daraus eine dauernde *Einnahmequelle* zu machen, – ›für‹ die Politik der, bei dem dies nicht der Fall ist.«[7] Die Vorstellung, die man übrigens in weiten Kreisen der Bevölkerung für alternativlos hält, auch in einer Demokratie Politik zu einem Beruf »mit einer dauernden Einnahmequelle« zu machen, trägt schon merkwürdige Züge.

Bei dieser Berufswahl setzt man voraus, zunächst einmal in den erlauchten Kreis der Auserwählten zu kommen, die überhaupt nur gewählt werden können, um dann über viele Jahre hinweg diesem anzugehören. Eine solche Erwartung kann nur dann realistisch sein, wenn es einen Apparat gibt, der die Wiederwahl wenn nicht garantieren, so doch erheblich beeinflussen kann. Dies ist aber eher das Merkmal einer Aristokratie oder Oligarchie als einer Demokratie. Die Selbstverständlichkeit erweist sich also sehr schnell als höchst problematisch, steht sie doch

5   Klaus Hurrelmann, Universität Bielefeld, Lebenssituation und Wertorientierungen der jungen Generation. Ergebnisse der 15. Shell Jugendstudie 2006, S. 6
6   Ergebnisse der 15. Shell Jugendstudie 2006, S. 6
7   Max Weber, Politik und Gesellschaft, Politik als Beruf, Neu-Isenburg 2006, S.571f., Hervorhebung im Original

im fundamentalen Gegensatz zum Anspruch der Demokratie, Volksherrschaft sein zu wollen.

Nach dem Grundgesetz wirken die Parteien in Deutschland bei der Willensbildung mit. In Wahrheit haben wir eine Parteienherrschaft, und das ist eine oligarchische Herrschaftsform. Ohne eine solche Form der Herrschaft wäre der Typ des Berufspolitikers nicht möglich. So sehen es die allermeisten Berufspolitiker. Mithilfe des politischen Apparats versuchen sie, zunächst den Schritt in die politische Laufbahn erfolgreich zu vollziehen, um dann mit Unterstützung des gleichen Apparats ihre berufliche Position abzusichern und auszubauen, also Karriere zu machen. Die Krönung einer Politikerkarriere liegt darin, bestimmenden Einfluss auf den Apparat selbst auszuüben. Was aber ist das für ein Beruf, welche Qualifikationen sind dazu erforderlich?

Der Beruf des Politikers fällt aus dem Schema der üblichen Berufe der modernen Zivilgesellschaft heraus, das jeweils eine bestimmte technische Qualifikation erfordert. Der Beruf des Politikers setzt gerade keine besondere Qualifikation voraus. Selbstverständlich gibt es Politiker, die eine gute Ausbildung genossen haben oder über besonders entwickelte technische Fertigkeiten verfügen. Diese Qualifikationen helfen jedoch gerade nicht bei der politischen Karriere. Sie spielen eher eine Rolle, wie etwa das Klavierspielen für einen Ingenieur. Bei einem Berufspolitiker handelt es sich meistens »um einen Menschen, der wie eine Maschine funktioniert und dessen grundlegende Aufgabe in der Konsensbeschaffung und -manipulation besteht. Immer weniger wird in dieser Tätigkeit Bezug genommen auf Programme. Immer mehr bedient er sich des Tauschverhältnisses von Leistung und Gegenleistung. [...] Und immer seltener wird auch der Typus des Staatsmannes.«[8]

Wenn wir uns unter diesen Aspekten den Wahlakt vorstellen, dann dürfen wir unsere Stimme für einen von seiner Partei selektierten Kandidaten abgeben, dessen herausragende Eigenschaft darin besteht, im politischen Betrieb nicht zu stören, die Vorgaben seiner Parteiführer möglichst reibungslos umzusetzen, sich bei anderen ebenfalls dafür einzusetzen und daneben noch eventuell – wenn er ehrgeizig ist – an seiner persönlichen Karriere zu basteln.

Vielen Menschen sind die zur Auswahl stehenden Kandidaten nicht einmal bekannt. Das einfache Mitglied einer politischen Partei kann auf unterster Ebene noch indirekt an der Benennung von Kandidaten mitwirken. Die endgültige Auswahl geschieht aber durch ein System von Delegierungen, in dem die existierende Parteispitze immer mehr an Einfluss gewinnt. Erhebt sich je Widerspruch zum Beispiel bei der Kandidatenauswahl, dann greifen exakt ablaufende Rituale: Der Widersprechende wird auf den notwendigen Zusammenhalt hingewiesen, um dem politischen Gegner keinen Vorteil zu verschaffen. Wenn das nicht hilft, wird seiner Wichtigkeit geschmeichelt, indem ein prominentes Parteimitglied sich seiner annimmt und ihn umzustimmen sucht. Ist das immer noch erfolglos, dann zieht spätestens die Masche, das renitente Parteimitglied als Nörgler, Störenfried oder

---

[8] Paolo Flores d'Arcais, Libertärer Existentialismus. Zur Aktualität der Theorie von Hannah Arendt, Frankfurt am Main 1993, S. 9

Nestbeschmutzer zu isolieren. Im Einzelfall mag es kleinere Abweichungen hiervon geben, das Grundprinzip ist aber immer dasselbe.

Der zu wählende Kandidat steht zuletzt für Inhalt. Aus seiner Sicht geht es um seine Karriere. Die Wählerstimme kann – wenngleich minimal – seine Karriere befördern oder behindern. Da dies jedoch für alle Kandidaten gilt, die dem Wähler im Regelfalle gleich lieb oder unlieb, weil gleich unbekannt sind, ist dies kein sehr starker Anreiz, die Wahlmöglichkeit wahrzunehmen. Außerdem interessiert den Wähler als Letztes die Karriere des zu Wählenden. Bleiben ja noch die Parteiprogramme. Wie schon eingangs erwähnt, leben wir in turbulenten Zeiten. Wir haben dramatische Finanz- und Schuldenkrisen, die soziale Frage rückt immer stärker in den Fokus der Aufmerksamkeit, das Selbstverständnis der Gesellschaft ist in seinen Fundamenten erschüttert. Dies alles wird sich nicht ohne Anstrengungen und neue Ideen lösen lassen. Daraus sollten spannende politische Zeiträume entstehen, in denen kontroverse Positionen auf den Prüfstand gestellt und in freier und öffentlicher Auseinandersetzung verteidigt und angegriffen werden.

Das Bild des real existierenden Politikbetriebs sieht völlig anders aus. Politische Streitigkeiten finden in einer Scheinwelt statt, die mit der Realität oft nichts mehr zu tun hat. Der reale Bezug dieser Scheinwelt besteht aus Schein-Auseinandersetzungen, mit denen sich Wahlen gewinnen lassen. Bei echten Auseinandersetzungen, die den vorhandenen Problemen adäquat wären, droht der Verlust von Amt und Würden. So gesehen trifft der kritische Gedanke wahrlich nicht die Politiker allein, er trifft mehr noch das Wahlvolk, das solche Schein-Auseinandersetzungen verlangt. Die Beschreibung birgt ein der Demokratie als Staatsform immanentes Problem.

Im Prolog wurden einige dieser Probleme benannt, die teilweise sogar die Presse als Vertretung der Öffentlichkeit auf den Plan gerufen haben, die jedoch langfristig keine, bestenfalls kaum Folgen zeitigen. Frau Kraft ist trotz ihrer unsinnigen Äußerungen zu den Bonuszahlungen an Manager zur Ministerpräsidentin des bevölkerungsreichsten Bundeslandes gewählt worden, die Karriere des CSU-Vorsitzenden Seehofer wird trotz seiner unhaltbaren Äußerungen zur Organisation der Krankenkassen weitergehen, Herr Gabriel ist trotz seiner bundeswehrgestützten Mallorca-Flüge zum Bundesvorsitzenden der SPD gewählt worden, Herr Mißfelder – auch dies ist nicht schwer vorauszusagen – wird trotz seiner öffentlich gewordenen massiven Persönlichkeitsstörungen weiterhin in der CDU voranschreiten und zum Vorbild für die jüngere Wählergeneration herangezogen werden.

Von Politikern, die selbst nicht mehr verstehen, welchen Problemen wir uns gegenübersehen, die mehr damit beschäftigt sind, ihre nächste Wahl zu sichern oder sich wie Duodezfürsten mit besonderen Insignien der Macht zu umgeben, die glauben, bis zur Prognose des Ergebnisses von Fußballspielen, sich fundiert zu jedem noch so belanglosen Ereignis äußern zu müssen, denen nichts so unangenehm ist, wie die kritische Hinterfragung ihrer Haltungen und ihres Tuns, die häufig Sprechblasen, dafür umso seltener konzeptionelle Gedanken von sich geben, können kaum wesentliche Beiträge zu einem fundierten und aussagekräftigen Parteiprogramm erwartet werden.

Diese Erwartung wird keineswegs enttäuscht. Eine umfassende Analyse deutscher Parteiprogramme ist wenig lohnend. Zum einen sind ihre Unterschiede marginal, zum anderen bestehen sie aus einem Sammelsurium von Versprechen, die im Wesentlichen eines eint: ihre unüberbietbare Unverbindlichkeit. Fraglos wollen die einzelnen Parteien eine unterschiedliche Klientel ansprechen und damit unterschiedliche Gewichtungen setzen. In den zentralen Fragestellungen sind sie sich jedoch in seltener Einmütigkeit verbunden. Alle Parteien wollen (fast) allen Menschen mehr geben, sie wollen Familien fördern, Gerechtigkeit herstellen, Bildungschancen verbessern, die Umwelt schonen, vor allem aber Arbeitsplätze schaffen. Alle diese Punkte lassen sich auf einfache Weise unter einem Gesichtspunkt zusammenfassen:

Die Parteien möchten das von den Bürgern eingenommene Geld auf die einzelnen Bereiche verteilen. Wenn also die Rede davon ist, Familien zu fördern, dann heißt dies im Klartext, den Familien mehr Geld zukommen zu lassen. Dementsprechend heißt Gerechtigkeit herstellen, der Mehrzahl der Bürger – darum geht es im demokratischen Betrieb immer! – mehr Geld zu verschaffen, Bildungschancen zu verbessern ist gleichbedeutend damit, dem Bildungswesen mehr Geld zuzuführen, die Umwelt schonen heißt, bestimmte Technologien mit Geldzulagen zu fördern usw. Wenn die Frage nach der Finanzierung all der Geschenke gestellt wird, dann sprechen die einen nebulös von der Ankurbelung des Wachstums, dafür die anderen umso konkreter von der Solidarität, was übersetzt so viel heißt wie stärkere Belastung der stärkeren Schultern.

Inflationsartig gebrauchte Begriffe, wie etwa Gerechtigkeit oder Bildungschancen, bleiben dabei ohne jede nähere Bestimmung. Es wird also nicht einmal der Versuch einer expliziten Begriffsbestimmung unternommen, weil jede nähere Bestimmung die eigenen Wahlchancen schmälern würde. Da sich alle Parteien dieses Verfahrens bedienen, hat der Bürger keine Möglichkeit, konkurrierende Versuche zu bewerten. Ihm bleibt nur die Wahl, sich in seiner Beurteilung gleichsam auf eine Metaebene zu begeben, um von dort aus die Mutation des Anliegens der Gerechtigkeit zur hohlen Phrase festzustellen. Damit berauben wir uns aber fundamentaler Möglichkeiten zur Gestaltung unseres politischen Lebens. Das heißt, zur Phrase entartet zerrinnt uns völlig das Problem der Gerechtigkeit. Der Auflösung präziser Begrifflichkeit folgt unweigerlich der Verlust der Sache selbst. Dieser Verlust zieht unser Verständnis von Politik in Mitleidenschaft und leistet einen wichtigen Beitrag zur Zerstörung von Politik.

Die genannten Punkte haben alle durchaus etwas mit Politik zu tun. Ein fundamentales Missverständnis liegt allerdings vor, wenn Menschen glauben, die wesentliche Aufgabe von Politik bestünde darin, von den Bürgern möglichst viel Geld einzusammeln, um es anschließend nach Gutsherrenart wieder zu verteilen. Dabei sind zwei Punkte herausragend. Zum einen wird zwar so getan, als ob das »Robin-Hood-Prinzip« angewendet würde, was so viel heißt wie den Reichen nehmen und den Armen geben. Das aber ist bloßer Schein, der auch dann nicht mehr Realitätsgehalt bekommt, weil er ständig wiederholt wird. Wir werden später sehen, dass die Realität weit davon entfernt ist, dem »Robin-Hood-Prinzip« zu genügen - abgesehen von der Frage, ob das Prinzip eines mittelalterlichen Straßenräubers als Handlungsmaxime für einen modernen Rechtsstaat taugt.

Zum anderen – dies der wichtigere Teil – hat sich wie bereits mehrfach gesagt Politik von der allgemeinen Regelung der menschlichen Angelegenheiten längst verabschiedet und geht immer mehr dazu über, soziale Wohltaten zu verteilen. Was bis in die Moderne noch Angelegenheit karitativer, wesentlich kirchlicher Organisationen war, den zu kurz Gekommenen der Gesellschaft wenigstens das Überleben zu sichern, ist inzwischen zum zentralen Anliegen der Politik geworden. Dies geschieht auf der Basis einer ungeheuren Entwicklung des gesellschaftlichen Reichtums. Weil aber der Reichtum zugenommen hat, müsste die soziale Frage zu einer nebensächlichen Angelegenheit geworden sein, die ohne größeren Aufwand zur Zufriedenheit aller erledigt werden kann. Stattdessen können wir einen noch vor einer Generation unvorstellbaren Ausbau des Sozialstaats beobachten, dessen eindeutige Tendenz darin besteht, schließlich die ganze Gesellschaft und mit ihr das Politische zu verschlingen.

In analoger Weise wird beim Problem der Arbeitslosigkeit verfahren. Seit mehr als einer Generation steht hohe Arbeitslosigkeit auf der Agenda aller politischen Parteien. Kein Wahlkampf ist seitdem vergangen, der nicht die Beseitigung der Arbeitslosigkeit als zentrales Thema enthalten hätte. Im fraglichen Zeitraum trugen mit CDU/CSU, SPD, FDP und der Partei Die Grünen vier der zurzeit fünf im Bundestag vertretenen Parteien Regierungsverantwortung. In keiner Phase hat sich das Problem in Richtung einer Lösung bewegt. Die einzelnen Parteien haben den Trend zur Arbeitslosigkeit mehr durch allerlei statistische Manipulationen beeinflusst denn durch wirksame Maßnahmen. Unversehens fühlt man sich an die Streiche der Schildbürger erinnert, wie das nachfolgende Beispiel zeigt. »Die Schildbürger bauen ein Rathaus: Als die Schildbürger ein neues, pompöses Rathaus bauen, vergisst der Architekt die Einplanung von Fenstern und das Rathaus ist innen stockfinster. Daraufhin versuchen die Schildbürger, mit Eimern das Sonnenlicht einzufangen und ins Innere zu tragen, was allerdings fehlschlägt.«[9] Mit solchen und ähnlichen Streichen wäre man bestens gerüstet gewesen, staatliche Arbeitsmarktpolitik zu betreiben.

Trotz all dieser Bemühungen hat sich seit mehr als 30 Jahren nichts Grundlegendes geändert: Die Arbeitslosigkeit gibt es nach wie vor. Sie schwankt natürlich, was im Falle ihres Rückgangs bei der jeweils regierenden Kaste mit jeweils gleicher Begeisterung zum Erfolg der je eigenen Politik ausgedeutet wird – dann ist von Trendwende, Bestätigung der eigenen Maßnahmen und ähnlichen Erfolgsmeldungen die Rede –, um sich schließlich, meist nur kurze Zeit später, auf gleicher Höhe, oft sogar auf höherer neu wieder einzufinden. Dessen ungeachtet ziehen Politiker aller Parteien, Wanderpredigern gleich, die immer wieder einen (anderen) Weltuntergang prophezeien, durch die Lande, um die Schaffung von Arbeitsplätzen und daraus folgend die Beseitigung der Arbeitslosigkeit zu versprechen. »Am Abbau der Arbeitslosigkeit will sich Gerhard Schröder messen lassen. Er spielt mit vollem Risiko. Mißlingt das Projekt, betrachtet er sich als geschei-

---

[9] Vgl. www.wikipedia.de, Stichwort: Schildbürger

tert.«[10] Selbstverständlich ist das Projekt misslungen, wie so viele davor und danach, ebenso hat sich Gerhard Schröder nicht als gescheitert betrachtet, wie so viele vor und nach ihm. Wieso die Journalisten eines als kritisch geltenden Blattes uns weismachen wollen, Schröder »spielt mit vollem Risiko«, bleibt deren tief gehütetes Geheimnis, das angesichts der jahrzehntelangen Erfahrung mit diesem Thema ein bezeichnendes Licht auf unsere Presse wirft. Doch das ist ein eigenes Thema.

Noch niemals hat ein Politiker als Politiker einen Arbeitsplatz geschaffen, der der Gemeinschaft nutzt. Bestenfalls im eigenen Umfeld und auf Staatskosten kann ein Politiker als Politiker Arbeitsplätze schaffen. Die einfache Tatsache der gebetsmühlenartigen Wiederholung der immer gleichen Versprechen mit dem immer gleichen niederschmetternden Ergebnis zeigt nur wenig Wirkung beim Wähler. Unter diesem Aspekt muss eine Wahlbeteiligung von über 70 Prozent durchaus verwundern, denn Wahlen dienen dazu, von Parteien und deren Delegierten gewonnen zu werden, nicht aber Parteiprogramme oder Wahlversprechen umzusetzen. Offensichtlich gibt es ein heimliches Bündnis zwischen Wählenden und Gewählten, das sich dem unbefangenen Betrachter nicht ohne Weiteres erschließt.

Die geschilderten Phänomene tragen zu dem bei, was man landläufig als Politikverdrossenheit bezeichnet. Aber das reicht nicht hin, weil angesichts der Faktenlage die Verdrossenheit dafür viel zu gering ist. Würde sich ein Kind in einer halbwegs intakten Familie ähnlich lernresistent verhalten, zöge man zumindest fachlichen Rat ein oder überstellte es gleich einer staatlichen Erziehungsanstalt. So gesehen erfährt der Politikbetrieb eine geradezu christlich zu nennende Nachsicht, die nur in dem bereits oben angesprochenen heimlichen Bündnis bestehen kann. Versuchen wir also, das heimliche Bündnis aufzudecken, den Mechanismen der Verbrüderung zwischen Wahlvolk und Parteien bzw. Politikern auf die Spur zu kommen.

Dazu stellen wir zunächst zwei einfache Fragen. Wie kann ein Partner einem anderen wiederholt eine Fähigkeit vorgaukeln, die er in Wahrheit gar nicht besitzt? Warum kommt es nicht zum Bruch der Partner? Nach herkömmlicher Anschauung handelt es sich bei dieser Verhaltensweise um nichts anderes als Betrug. Wir fragen also: Wann kann ein Partner den anderen ständig betrügen, ohne dessen gesteigerten Unmut hervorzurufen? Im einfachsten Fall dann, wenn der Betrogene es nicht merkt oder verrückt ist, den Betrug also nicht erkennen kann. Dieser Fall scheint das Phänomen nicht passend abzudecken. Es muss also etwas anderes geben, das die Einigkeit der beiden Partner herbeiführt. Offensichtlich liegt kein Betrug vor, weil der Betrogene nur scheinbar betrogen wird, in Wahrheit aber das Spiel durchschaut. Im Falle zweier Menschen wäre dies ein absonderliches Spiel, das die beiden treiben, und es fiele schwer, eine rationale Erklärung dafür zu finden. Nun handelt es sich aber bei dem Spiel nicht um zwei Menschen, sondern um zwei gesellschaftliche Gruppen, die jeweils aus vielen Menschen bestehen. Jetzt

---

[10] Der Spiegel, 50/1998, S. 22

können wir dem seltsamen Phänomen auf die Spur kommen und dessen Rationalität zu erkennen versuchen.

Versuchen wir zunächst einen metaphorischen Zugang zu dem Problem. Es gibt einen gesellschaftlichen Kuchen, der zu verteilen ist. Die Politik könnte diese Verteilung politikfernen Instanzen überlassen (zum Beispiel dem Markt), würde sich dann aber eines umfangreichen Betätigungsfeldes berauben. Sie könnte vorsichtig korrigierend in den Prozess der Verteilung eingreifen, um Korrekturen in den Randbereichen vorzunehmen, also etwa den 20 Prozent mit dem größten Anteil am Kuchen etwas wegnehmen, um es den 20 Prozent mit dem geringsten Anteil zukommen zu lassen. Damit ließen sich die gröbsten Missverhältnisse ausgleichen. Aber auch dann wäre das Betätigungsfeld der Politik relativ begrenzt. Die Politiker ziehen einen dritten Weg vor, der ihnen die größten Freiheitsgrade zu eigenem Handeln eröffnet und der zugleich der am leichtesten zu verschleiernde ist. Sie sehen es als ihre Aufgabe an, den Kuchen insgesamt zu verteilen.

Betrachten wir dazu die mögliche Verteilung. Der einfachste Weg wäre der, wenn jeder einen gleichen Teil des Kuchens erhält. Dann brauchten wir dazu allerdings ebenfalls keine Politiker, sondern bestenfalls eine Waage. So einfach darf die Lösung aus Sicht der Politiker nicht sein, denn dann wären sie überflüssig. Also haben wir schon die erste Einsicht gewonnen: Die einfache Lösung des Problems ist nicht im Sinne der Politiker, weil sie deren gesellschaftliche Stellung gefährden würde. Der Kuchen fällt nicht vom Himmel, sondern muss von Menschen hergestellt werden. Wenn die Gleichverteilung des Kuchens bekannt wäre, würden die meisten Bäcker sich nicht bemüßigt sehen, besonderen Einsatz beim Backen des Kuchens zu zeigen. Der Kuchen würde also kleiner ausfallen.

An dieser Stelle kommt die wahre Bedeutung des Politikers zum Tragen. Er hat das Problem zu lösen, einen möglichst großen Kuchen herstellen zu lassen, also die Bäcker zur Leistung zu animieren, damit er am Ende über eine größere Verteilungsmasse verfügt, die wiederum seine Freiheitsgrade bei der Verteilung erhöht.

Wie sieht aber das Problem aus der Sicht der Bäcker aus? Im Kern wissen sie, dass die Verteilung des Kuchens sich nicht aus ihrer je einzelnen Leistung bei seiner Herstellung ergeben wird. Sehen wir von Details ab, dann können unter dem Gesichtspunkt ihrer Leistung drei Gruppen von Bäckern unterschieden werden (diese Unterscheidung gilt im Prinzip für alle Tätigkeiten innerhalb der Gesellschaft):

- 20 Prozent leisten Überdurchschnittliches,
- 60 Prozent leisten Durchschnittliches und
- 20 Prozent leisten Unterdurchschnittliches.

Vielleicht gibt es im Einzelfall eine leichte Modifikation der Leistungsverteilung, vielleicht noch die eine oder andere Gruppe, eine weitere Differenzierung vermag jedoch das Beispiel nicht besser zu erhellen. Im Ergebnis absorbieren die unterdurchschnittlich Leistenden die Mehrleistung der überdurchschnittlich Leistenden. Im Saldo entsteht immer eine durchschnittliche Leistung.

Jetzt können wir – auf der metaphorischen Ebene – die wahrlich nicht einfache Aufgabe des modernen Politikers ziemlich genau beschreiben. Um sich wichtig zu machen und seine Wahlchancen zu erhöhen, greift der Politiker in die sich ergebende »natürliche« Verteilung ein. Würde er nur die gröbsten Missstände beseitigen, wäre seine Aufgabe zu einfach und es gäbe keine Meriten zu verdienen. Also greift er massiv ein. Beim Eingriff dürfen aber nur wenige den Eindruck gewinnen, etwas zu verlieren. Viele sollen den Eindruck haben, etwas zu bekommen. Da dies in der Wirklichkeit nicht möglich ist, muss ein Schein von Möglichkeit erzeugt werden. Nun sind wir am Kern politischer Tätigkeit. Wer das Geschilderte gut kann, ist ein guter Politiker. Eine Aufgabe, die jeder Mutter mit mehreren Kindern nur allzu geläufig ist: Verteilt sie ein knappes Gut, dann fühlen sich die Kinder schnell ungerecht behandelt. Aus der an sich positiven Situation, etwas verteilen zu können, wird schnell eine Situation der Unzufriedenheit, die schlechter ist, als hätte es gar nichts zu verteilen gegeben.

Im Unterschied zur Mutter, die von ihren Kindern »gezwungen« wird, die Verteilung vorzunehmen, hat der Politiker die Aufgabe ohne Not übernommen. *Seine Legitimation ist die Gerechtigkeit, die ist aber durch ihn nur bedingt herstellbar. Weil der Politiker dies weiß, sucht er nach einem Weg, die Wirkung seiner Eingriffe zu verschleiern.*

Nebenbei kommt es ihm aber darauf an, das Problem in eine permanente Aufgabe zu überführen. Im ersten Schritt werden Einzeleingriffe durch ein *System des Gebens und Nehmens* ersetzt. Wenn jedem etwas genommen und jedem etwas gegeben wird, dann wird der Einzelne der Möglichkeit beraubt, seinen wirklichen Saldo zu verstehen. Damit ist die erste Klippe erfolgreich umschifft. Der allgemeine gesellschaftliche Konsens gestattet es, den oberen 20 Prozent etwas wegzunehmen, um es den unteren 20 Prozent zu geben. Dies darf jedoch bei den Gebenden keinen Unmut hervorrufen, damit sie auch weiterhin ihre volle Leistungskraft abrufen. Dementsprechend lautet der erste Hauptsatz der Verteilungs-Politik wie folgt: Es kommt darauf an, *den Reichen so viel wie möglich wegzunehmen, ohne deren Leistungsbereitschaft zu zerstören.*

Das sind aber eher die Randprobleme des Verteilungsproblems. Seine wirkliche Bedeutung findet im Bereich der durchschnittlich Leistenden statt, denn hier handelt es sich um die weitaus größte Zahl an potenziellen Wählern, die – wir leben in einer Demokratie – über die Wahl und letztlich damit über die weiteren Karrierechancen der Politiker entscheiden. Jetzt können wir den zweiten Hauptsatz der Verteilungs-Politik formulieren: Im Verteilungskampf kommt es darauf an, *bei der Mehrheit der Bevölkerung* – die Politik spricht in diesem Falle immer von der ominösen »Mitte« – *den Eindruck zu erwecken, mehr zu erhalten, als abgeben zu müssen.* Dabei geht es keinesfalls um die *Realität*, sondern um den *Eindruck von Realität.*

Das ist aus einfachen mathematischen Gründen erforderlich: Von Grenzfällen abgesehen, kann nicht mehr verteilt werden als vorhanden ist. Die Grenzfälle bestehen zum Beispiel im Schuldenmachen. Die Schulden moderner Staaten haben bereits exorbitante Höhen erreicht. In Wahrheit kann kaum noch von Grenzfällen gesprochen werden, weil das Prinzip staatlicher Verteilung in immer unverantwortlicherer Weise auf einer höheren Staatsverschuldung aufbaut. Im Jahr 1960 betrug die Staatsverschuldung Deutschlands keine 20 Milliarden Euro, im Jahre 2007 war sie bereits auf knapp 1,6 Billionen Euro angewachsen.[11] Die Verschuldung hat also in dieser Zeit um etwa das 80-Fache zugenommen.

Das gesamte Bruttovermögen aller privaten Haushalte lag zu jenem Zeitpunkt bei etwa 8 Billionen Euro, wobei 5,3 Billionen Euro davon Haus- und Grundbesitz waren. Zieht man diesen Wert ab, der ja im Falle des Grundbesitzes – dies zeigt schlagend eine der Ursachen der Finanzkrise 2008 – mehr virtuellen als realen Wert hat, dann verbleiben 2,7 Billionen Euro Vermögen in privater Hand. Niemand weiß, wie sich die Umwandlung auch dieses Teils des Vermögens in Geld auf den Wert des Vermögens auswirken würde. Solche Überlegungen sollen jedoch außer Betracht bleiben. Die reichsten zehn Prozent der Bevölkerung besitzen davon ca. 60 Prozent.[12] Würde man diesen Teil der Bevölkerung vollständig enteignen, dann könnte man damit gerade die bis zum Jahr 2007 aufgelaufenen Staatsschulden begleichen. Wie leicht zu erkennen ist, bewegen wir uns in der Schuldenfrage auf dünnem Eis. Der Tag ist nicht mehr fern, an dem wir dafür die Rechnung erhalten werden.

Bleibt die Frage zu beantworten, wie es über einen längeren Zeitraum gelingen kann, die Realität durch einen Eindruck von Realität zu ersetzen. Die Antwort ist einfach. Durch dauernde Verkomplizierung des Gesamtzusammenhangs begreift am Ende niemand mehr die tatsächliche Realität. Dieses Vorgehen muss noch flankiert sein durch Maßnahmen, die jedes Geben in hellstem Glanz erscheinen lassen, jedes Nehmen hingegen mit dem Mantel des Schweigens bedecken. Eine genügend lange Zeit angewendet, führt dieses Verfahren zu einem zunehmenden Realitätsverlust und damit zum Ersatz der tatsächlichen Realität durch eine virtuelle. Dabei verlieren die Initiatoren des Verfahrens selbst den Überblick und gehen am Ende ihren eigenen Parolen auf den Leim. »Auf Wahrheit und Unwahrheit kommt es nicht mehr an, wenn das Leben davon abhängt, daß man so handelt, als ob man der Lüge vertraute; dann verschwinden die Tatsachenwahrheit und ihre Verlässlichkeit völlig aus dem öffentlichen Leben, und damit auch der wichtigste stabilisierende Faktor im dauernden Wandel menschlichen Tuns.«[13] Das Verfahren ist verblüffend einfach, seine Ergebnisse können in der täglichen politischen Praxis verifiziert werden.

Ist das Verfahren aber auch zwangsläufig? Die Zwangsläufigkeit des Verfahrens steht und fällt mit seiner Voraussetzung. Das heißt, an sich ist dieses Verfahren keinesfalls zwangsläufig. Es ist an ein Politikverständnis gekoppelt, das materielle Wohltaten seitens der Politiker voraussetzt, die weit über die bloße Existenzsicherung hinausgehen. Würde sich Politik in ihrem sozialen Anspruch auf Letztere beschränken, dann wäre zwar dem griechischen Anspruch einer strikten Trennung zwischen der politischen und der privaten Sphäre widersprochen. Angesichts

[11] Vgl. www.wikipedia.de, Stichwort : Staatsverschuldung
[12] Vgl. www.bpb.de , Stichwort: Vermögensverteilung
[13] Hannah Arendt, Die Lüge in der Politik, aus: In der Gegenwart. Übungen im politischen Denken II, München 2000, S. 324

des ungeheuren Reichtums, über den wir verfügen und angesichts der daraus folgenden einfachen Lösung der Fragestellung könnten wir diese Differenz jedoch als Nebensächlichkeit, ja als qualitativen Fortschritt zur Welt der Griechen betrachten. Auf keinen Fall müsste ein überbordender Wohlfahrtsstaat mit seinem fortschreitenden Realitätsverlust die Folge sein. Wie aber konnte sich dieses fatale Politikverständnis so allumfassend in der Gesellschaft durchsetzen?

Ganz ähnlich wie in der Bibel beginnt auch hier die Geschichte mit einem Sündenfall. Wie bereits weiter oben ausgeführt, haben die Nationalsozialisten im Vertrauen auf ihren schnellen Endsieg und die damit mögliche schamlose Ausbeutung der Völker des Ostens mit einer gleichsam vorgezogenen Verteilung von Wohltaten sich das Wohlwollen großer Teile des deutschen Volkes geradezu erkauft.[14] In der noch jungen Bundesrepublik erinnerte man sich bald des großen Erfolges, den die Nationalsozialisten mit diesen Maßnahmen errungen hatten. Im Jahre 1957 beschloss die Adenauer-Regierung die Umstellung der gesetzlichen Rentenversicherung auf eine Umlagefinanzierung. Bis zu diesem Zeitpunkt wurden von dem Geld der Einzahler Rücklagen gebildet, aus denen dann die späteren Rentenzahlungen erfolgen sollten. Dieses Prinzip konnte der wirtschaftlichen Entwicklung wegen – Inflation 1923, Währungsreform 1948 – nie ohne staatliche Hilfen über einen längeren Zeitraum durchgehalten werden. Das Prinzip der Rücklagenbildung wurde also durch das Prinzip der Umlagefinanzierung ersetzt. Dabei wird die jeweilige Rente aus den Einzahlungen der aktuellen Beitragszahler finanziert und damit an die wirtschaftliche Entwicklung angepasst. Die Erwirtschaftung der Renten wurde einfach um eine Generation verschoben und damit aus der Ebene der Familie auf die der Politik bzw. der Gesellschaft gehoben. Dieser Paradigmenwechsel hatte gravierende Auswirkungen. Wenn die eine Generation sich darauf verlässt, dass die folgende schließlich ihren Lebensunterhalt bestreitet, dann kann dies unter drei Voraussetzungen gut gehen:

- Die aktuelle Generation mäßigt sich bei ihren Ausgaben,
- sie hat genügend Kinder und
- die Kinder erwirtschaften mehr als ihre Eltern.

Die Konstruktion ist fragil und lässt sich bestenfalls dann rechtfertigen, wenn Rücklagen gebildet werden, um Schwankungen ausgleichen zu können. Die größte Gefahr des Modells besteht in demografischen Veränderungen, die zu erheblichen Verwerfungen führen können.

Der wahre Sündenfall der Adenauer-Regierung bestand darin, zugleich mit der Umstellung des Prinzips der Zahlung eine massive Erhöhung der Renten um mehr als 60 Prozent[15] durchzusetzen. Durch diese Maßnahme konnte die bröckelnde Wähler-Zustimmung zur Adenauer-Regierung gestoppt und in einen fast grandios zu nennenden Wahlerfolg umgewandelt werden. Die Bundestagswahl 1957 wurde

---

[14] Hierzu finden sich schlagende Beispiele in dem bereits oben zitierten Buch: Götz Aly, Hitlers Volksstaat, Frankfurt am Main 2005
[15] Vgl. www.wikipedia.de, Stichwort: Rentenreform 1957

von der CDU mit absoluter Mehrheit gewonnen. Es war bislang in der Geschichte der Bundesrepublik Deutschland die einzige Wahl auf Bundesebene, bei der eine Partei die absolute Mehrheit der abgegebenen Stimmen erhalten hat. Mit Recht kann man die Vorgehensweise der Adenauer-Regierung als Stimmenkauf oder Bestechung des Wählers bezeichnen. Dies natürlich nicht im Sinne eines juristischen Vorwurfs.

Bestechung setzt jedoch mindestens zwei Seiten voraus: den Bestechenden und den Bestochenen. Wie das Wahlergebnis von 1957 bestätigt, lässt sich das Wahlvolk gerne und mit großem Erfolg bestechen. Seitdem gibt es diese Kumpanei zwischen Politikern und Wahlvolk, werden bei allen Wahlen seitens der Politiker Geschenke verteilt und von den Bürgern angenommen. Ohne solche Geschenke kann anscheinend keine Wahl mehr gewonnen werden. Damit wird das Wahlgeschenk zum integralen Bestandteil der Wahl. Das Volk unterscheidet sich in dieser Frage nicht von seinen Politikern. Man kann auch sagen, das Volk hat die Politiker, die es verdient. Das Opfer ist die Politik geworden. Jetzt ist die Zwangsläufigkeit des oben geschilderten Verfahrens erreicht.

Im Zuge der Finanzkrise 2008 war oft und gerne von der Gier der Manager die Rede. Doch der Vorwurf schlägt auf die, die ihn äußern, zurück. Das Volk kann sich die Taschen nicht in der Weise füllen lassen, wie dies die betroffenen Manager getan haben. Die Verstrickung findet jedoch schon statt, wenn man Zahlungen ohne Gegenleistung erwartet, oft genug sogar fordert. Das System politischer Umverteilung korrumpiert die Nehmenden nicht weniger als die Gebenden. Wie dramatisch die Entwicklung bereits geworden ist, geht aus der Tatsache hervor, »dass die Zahl der Bezieher von Sozialtransfers schon heute die der Lohnsteuerzahler überwiegt«.[16]

Zwischen den inkriminierten Managern und dem Wahlvolk besteht doch ein gravierender Unterschied, der es verdient, genauer beleuchtet zu werden. Die Manager haben sich ihre Taschen mit dem Geld anderer Menschen gefüllt, ohne dafür zur Verantwortung gezogen zu werden. Wenn wir von der Möglichkeit, Schulden zu machen, absehen – dabei wird auch das Geld anderer Menschen (der künftigen Generationen) verbraucht –, dann verteilt das Wahlvolk sein eigenes Geld. Dies kann – die Mathematik ist in dieser Frage unerbittlich – nur zu einem Nullsummenspiel führen. Der Gewinn des einen muss zum Verlust des anderen führen. In Wahrheit ist es aber sogar ein Spiel mit negativen Summen, weil der zum Erhalt der Maschinerie notwendige Verwaltungsaufwand natürlich auch nicht kostenlos zu erbringen ist.

Das System nähert sich damit deutlich der Verfahrensweise eines Spiel-Kasinos. Der Verwaltungsaufwand entspricht dem Gewinn des Kasinos, das Geld der Spieler wird so verteilt, dass viele zahlen und wenige gewinnen. Sollte die Metapher vom Kasino-Kapitalismus etwa einer tiefen Einsicht in die Wirkungsweise des Verteilungsstaats entsprechen?

Bisher war immer vom Wahlvolk die Rede gewesen und damit stillschweigend angenommen worden, es bestehe aus einer amorphen Masse. Dies ist bei Weitem

---

[16] Der Spiegel, 41/2009, S. 34

nicht der Fall. Das Wahlvolk besteht genau besehen aus einer Vielzahl heterogener Gruppen mit durchaus unterschiedlichen Interessen. Die alles dominierende Macht des Verteilungsstaates lässt jedoch jenen Gruppen keine Möglichkeit, auf die Wahl wesentlichen Einfluss zu gewinnen, die sich an dem Spiel nicht beteiligen wollen. In Deutschland spricht man zurzeit von zwei großen politischen Lagern. Das eine Lager besteht aus CDU/CSU und FDP und wird gerne das rechte Lager genannt, das andere aus SPD, Die Linke und Bündnis 90/Die Grünen, das linke Lager. Nach herkömmlicher Auffassung ist vor allem das linke Lager für den Verteilungsstaat verantwortlich, während das rechte dagegensteuert und mehr Freiheit erhalten möchte. Dies mag in Propagandareden begründet sein, die reale Politik stützt diese Einschätzung keineswegs.

Die Bundesrepublik besteht seit 60 Jahren. Betrachten wir die Ausübung der politischen Verantwortung, dann ergibt sich folgendes Bild: 33 Jahre trug die CDU/CSU die Verantwortung für die Regierung, 20 Jahre die SPD und 7 Jahre gab es eine große Koalition, die keinem der beiden Lager zugerechnet werden soll. Betrachtet man die Staatsverschuldung oder die Höhe der Steuersätze, dann ist kein signifikanter Unterschied zwischen den Lagern festzustellen. Zwar hat die SPD 1975 den Spitzensteuersatz erhöht, die CDU hat diesen Satz jedoch nach ihrer Regierungsübernahme zunächst beibehalten. Bei der Erhebung der Einkommensteuer hat man – unter einer CDU/CSU-Regierung – zu der Verwirrungsmaßnahme »Solidaritätszuschlag« gegriffen. Dieser Beitrag ist eine Steuer, die nicht Steuer genannt wird. In einer großen Koalition hat man das neue Element der Reichensteuer eingeführt. Man sieht, im Bereich der Steuererhebung und der Staatsverschuldung sind die beiden Lager nicht zu unterscheiden.[17]

Wie sieht es bei den Sozialausgaben aus? Auch bei der Sozialleistungsquote, das ist die Summe der Sozialleistungen im Verhältnis zum Bruttoinlandsprodukt (BIP), ist kein signifikanter Unterschied zwischen den politischen Lagern zu erkennen. Die Quote ist bis Mitte der 1970er Jahre kontinuierlich auf ca. 30 Prozent gestiegen und verharrt seitdem mit kleineren Schwankungen auf diesem Wert.[18] Hier kann man mit genauem Blick noch am ehesten einen Unterschied zwischen den Lagern festmachen. Dieser ist aber zu klein, um Auswirkungen auf das Politikverständnis haben zu können.

Als Beobachter reibt man sich verblüfft die Augen. Seit Jahrzehnten ist in Deutschland von politischen Lagern die Rede. Damit wird suggeriert, verschiedene politische Richtungen stünden sich gegenüber, um sich gegenseitig zu korrigieren. Die Wahrheit sieht anders aus. Unter dem Gesichtspunkt des Wohlfahrtsstaats gibt es in Deutschland keine signifikanten Unterschiede zwischen den politischen Lagern. Wenn wir von außenpolitischen Betrachtungen absehen, die im Zusammenhang der vorliegenden Ausführungen von geringerem Interesse sind, dann war es in den letzten 60 Jahren egal, welcher Partei man seine Stimme gegeben hat, das Ergebnis war immer weitgehend gleich. Zwar weiß man nicht, wie die jeweils andere Richtung sich verhalten hätte, doch gibt es keinen Grund, andere Ergebnis-

---

[17] Vgl. www.wikipedia.de, Stichwort : Einkommensteuer Deutschland
[18] Vgl. www.wikipedia.de, Stichwort: Sozialquote

se zu erwarten. Lediglich in der Außenpolitik – Westöffnung durch das eine, Ostöffnung durch das andere Lager – können Unterschiede konstatiert werden.

Im Jahre 2009 stand wieder eine Bundestagswahl an, die zur »Richtungswahl« ausgerufen wurde. Nach der oben eingeführten Erklärung wurde die Wahl vom rechten Lager der Parteienlandschaft gewonnen. Nach Voraussage des linken Lagers droht Deutschland nun soziale Kälte und die schamlose Durchsetzung von Umverteilungsmaßnahmen von unten nach oben. Schauen wir uns die Pläne der Regierungsparteien nach der Wahl einmal genauer an. Über die Koalitionsverhandlungen der neuen Regierungsparteien berichtet das gewöhnlich gut unterrichtete Nachrichtenmagazin »Der Spiegel«: »Als sich die Spitzen von CDU und CSU am vergangenen Donnerstag im Kanzleramt trafen, um eine gemeinsame Linie für die Verhandlungen abzustecken, waren sie sich in einem Punkt schnell einig: keine Grausamkeiten.«[19] Das ist die Sprache, in der man die Wahrung von »Besitzständen« mitteilt. Alles bleibt also beim Alten.

Dies wird durch eine Vielzahl weiterer Punkte bestätigt, bei denen es nur auf eines ankommt: Die Wähler müssen den Eindruck haben, dass sich etwas ändert, ihnen muss eine Veränderung nur ordentlich verkauft werden können. »Zusammen mit den schon beschlossenen Steuerentlastungen der Großen Koalition von zehn Milliarden Euro käme Anfang nächsten Jahres eine gehörige Wohlfühl-Reform zustande, die von den Liberalen zudem als Einstieg in eine große Steuerreform *verkauft* werden könnte.«[20] Die Wähler der anderen Seite können ihre Wintermäntel getrost wieder in den Schrank hängen, die soziale Kälte wird sich in Grenzen halten.

Kehren wir noch einmal zum Problem der Wahlverweigerung zurück. Angesichts der geschilderten Zusammenhänge stellt sich doch eher die Frage, warum noch 71 Prozent der Wahlberechtigten überhaupt wählen, wenn es doch lediglich darum geht, Führungseliten von Zeit zu Zeit auszutauschen, deren Politik sich nicht unterscheidet. So wenig die Drohung einer möglichen Abwahl die Führungskader dazu anhält, den Gleichklang ihrer Aktivitäten wenigstens um Nuancen zu verändern, so wenig führt die weitgehende Absicherung ihrer Position die Politiker dazu, statt einem Sammelsurium von Partialinteressen dem Gesamtinteresse besser zu dienen.

Wie die Wähler, so sind auch die Nicht-Wähler keine homogene Gruppe mit gleichgeschalteten Interessen. Unter den Nicht-Wählern gibt es sicherlich viele Desinteressierte – wie übrigens auch bei den Wählern –, die einfach zu faul sind, wählen zu gehen. Es gibt aber darunter auch all jene, die den politischen Betrieb so weit durchschaut haben und wissen, dass sie nur zwischen Not und Elend wählen können, und die sich weigern, dem traurigen Spiel – auf welcher Seite auch immer – explizit zuzustimmen. Die Rede vom »kleineren Übel« wird zur Farce, wenn das Übel gleich ist, wenn die Abstimmung letztlich darauf hinausläuft, dem

---

[19] Der Spiegel, 41/2009, S. 34
[20] Der Spiegel, 41/2009, S. 35, Hervorhebung von mir, P.K.

Übel zuzustimmen. Das hat auch etwas mit Selbstachtung zu tun. Selbstachtung ist jedoch eine wichtige Voraussetzung für Freiheit.

Ist es wirklich so schlimm, wenn der Politikbetrieb in weitgehend geordneten Bahnen abläuft, wenn Parteien zu Wahlen mit Plakaten werben, die sich gegenseitig in ihrer Aussagelosigkeit überbieten, wie »Weiter so«, »Keine Experimente«, »Unser Land kann mehr«, »Die Mitte«, »Für soziale Gerechtigkeit« usw. und diese Wahlversprechen auch nach der Wahl minutiös umsetzen? Ist es wirklich so schlimm, wenn Politik sich (fast ausschließlich) dazu versteht, von den Menschen des Landes Geld einzusammeln, um es an die gleichen Menschen wieder zu verteilen? Ist es wirklich so schlimm, wenn sich die Parteien in ihren Programmen kaum, in ihren realen Aktivitäten gar nicht mehr unterscheiden? Ist es nicht vielmehr ein Zeichen dafür, dass wir auf dem richtigen Weg sind, von dem abzuweichen sich als nicht ratsam erweist? Ist es wirklich so schlimm, wenn wir uns eine Scheinrealität schaffen und darüber die Probleme des Alltags vergessen können?

Eine einfache und summarische Antwort auf alle diese Fragen lautet: Es ist schlimmer, als wir glauben. Betrachten wir zunächst einmal jene, die ein bewusstes politisches Leben im Sinne des *bios politikos* führen wollen. Sie werden einfach aus der Öffentlichkeit verbannt, ihrer Möglichkeiten beraubt. Es gibt kein politisches Leben mehr. Immerhin können diese Menschen noch im privaten Raum so etwas wie eine Simulation des Politischen betreiben, die Öffentlichkeit ist ihnen jedoch weitgehend versperrt. Vereinzelt können sie ihre Stimme erheben, doch ein Echo bleibt aus. Ihnen bleibt nur die schwache Hoffnung, es könnte einmal besser werden. Wie sieht es aber mit den anderen aus, jenen, die glauben, von der jetzigen Form des politischen Betriebs profitieren zu können?

Auch deren Prognose sieht keinesfalls gut aus. Die reale Realität kann nicht durch ihr virtuelles Gegenstück überspielt werden. Wie wir schon aus der Psychologie wissen, ist es einem Menschen nur für kurze Zeit vergönnt, sich der Realität zu entziehen. Dann kommt sie zurück oder der Mensch wird ver-rückt. Eher früher als später werden wir uns von den staatlich verordneten Wohltaten verabschieden müssen, eher früher als später werden wir in die wahre Realität zurückkehren müssen. Die eigentliche Frage wird sein, ob uns dies – was immer unwahrscheinlicher wird – durch Einsicht gelingt oder ob es ein böses Erwachen gibt.

In den folgenden Abschnitten wird die Zerstörung der Politik, der wir uns hier aus der Vogelperspektive genähert haben, mit der Lupe betrachtet. Dazu werden wichtige Elemente dieser Zerstörung einer genaueren Prüfung unterzogen.

3.2   DIE DOMINANZ DER INTERESSEN

3.2.1   WAS IST INTERESSE?

Wenn wir uns heute fragen »Was ist Interesse?«, dann erscheint uns dies weitgehend überflüssig, bestenfalls eine akademische Frage zu sein, weil uns schon klar ist, was gemeint ist. Demnach beschreibt Interesse diejenige Haltung, die dem Einzelnen bei seinen Handlungen ein Höchstmaß an Vorteil bringt. Dabei spielt es keine Rolle, ob der Vorteil des einen auf Kosten eines anderen erreicht wird. Da jeder auf seinen Vorteil sehen muss, will er nicht untergehen, gilt die Vertretung eigener Interessen geradezu als unabdingbare Voraussetzung menschlicher Verhaltensweisen. Während im Bereich des Privaten noch gewisse Einschränkungen dieser rigiden Haltung akzeptiert werden, gilt der Bereich des Politischen geradezu als idealtypischer Raum zur Durchsetzung eigener Interessen. Die Formulierung »sein Interesse durchsetzen« weist schon sehr deutlich auf die Konkurrenz des eigenen Interesses mit dem aller anderen hin und zeigt zudem, dass wir aufpassen müssen, im gegenseitigen Kampf der verschiedenen Interessen nicht unterzugehen.

Wer Schwierigkeiten hat, sich in der Welt der sich bekämpfenden Interessen zu behaupten, der kann sich einer unvorstellbaren Fülle von Ratgebern bedienen, seien es reale Psychologen, Sozialarbeiter und sonstige Lebenshelfer oder aber auch in Buchform, um für jede Lebenssituation die genau richtige Antwort zu finden. Wenn alle Stricke reißen, dann steht da noch ein allmächtiger Staat zur Verfügung, der zumindest materielle Not zu lindern weiß. Mit all diesen Hilfen sollte das Leben spielend bewältigt werden können.

Offenbar geht es nicht so einfach mit dem Leben und den widerstrebenden Interessen, wie uns ein Blick auf die Realität lehrt. Je mehr die Flut der Ratgeber zunimmt, desto mehr wächst die Zahl der Hilfebedürftigen. Wie von Geisterhand scheint sich das berühmte saysche Theorem durchzusetzen, das in vereinfachter Form lautet »Jedes Angebot schafft sich seine eigene Nachfrage«. Befördern die zahllosen Helfer ein Problem ans Tageslicht, das andernfalls in der anonymen Masse schlummert, ohne sichtbar zu sein? Oder haben die diversen Lebenshelfer vor allem die Aufgabe, das verunsicherte Gemüt, das sich dem Leben nicht gewachsen fühlt, mit seiner Hoffnung zu bedienen, die dessen Lebenswirklichkeit nur verschleiert, um schließlich das Problem, dessen Lösung angestrebt wird, nur noch weiter zu verschärfen? Dieser Gedanke wird uns später noch genauer beschäftigen.

---

[21] Immanuel Kant, Kritik der reinen Vernunft, 2. Abschnitt, Von dem Ideal des höchsten Guts, Werke, Band II, Darmstadt 2005, S. 679, (A809), Hervorhebungen im Original

Betrachten wir die Voraussetzung unseres Gedankens genauer, dann bietet sich allerdings ein anderes Erklärungsmuster an. Wenn jeder Mensch – oder besser gesagt fast jeder Mensch, weil auch der Gruppe der Altruisten Rechnung getragen werden soll – in seinem Verhalten seinen beständigen Vorteil, also sein Interesse durchzusetzen sucht, dann gilt dies insbesondere auch für die verschiedenen Ratgeber zur Durchsetzung des eigenen Interesses. Mit ihrem Rat würden die Ratgeber ihr Interesse wahrnehmen, sich vor allem selbst helfen, weniger jedoch dem Hilfe suchenden Menschen. Wer sich allein zu schwach fühlt, der kann sich unzähligen Organisationen anschließen, die jeweils Einzelinteressen vertreten und durch Bündelung der Kräfte die Durchsetzbarkeit partieller Interessen erheblich fördern. Der Parteienstaat moderner Prägung verdeutlicht dies in hervorragender Weise, besteht doch eine Partei aus Mitgliedern, die sich zusammenschließen, um bessere Möglichkeiten zur Durchsetzung ihrer Interessen zu haben.

So gesehen sind Parteien Interessenverbände, denen sich im politischen Raum noch andere zugesellen, wie zum Beispiel Gewerkschaften, Arbeitgeberverbände, Religionsgemeinschaften, aber auch Wohlfahrtsverbände und ähnliche Organisationen. Überhaupt ist die gesamte Politik von Interessenverbänden durchdrungen, und es gilt geradezu als konstituierendes Merkmal einer im politischen Raum agierenden Organisation, bestimmte Interessen zu vertreten. Das geht schließlich bis hin zu Kleingarten- oder Kaninchenzüchter-Vereinen, die in der Regel neben ihren eigentlichen Aufgaben – zum Beispiel die Züchtung von Kaninchen zu unterstützen – politisch noch die Interessen ihrer Mitglieder vertreten. Oft ist es nicht zu erkennen, was dabei Priorität genießt: die Züchtung von Kaninchen oder die Interessenvertretung im politischen Raum. Es gilt aber auch die Umkehrung, das heißt, die Politik wird zunehmend als Raum für die Durchsetzung von Interessen betrachtet.

Im modernen Sprachgebrauch gilt eine Handlungsweise als »politisch«, bei der der Einzelne versucht, unter möglicher Vermeidung aller Regeln der Transparenz seine eigenen Interessen durchzusetzen. Je besser es ihm dabei gelingt, die anderen zu täuschen, desto politischer gilt der Handelnde. In diesem Sinne ist Politik zu einer Veranstaltung mutiert, bei der Bauernfängerei im großen Stil betrieben wird. Als große Politiker gelten dabei weitgehend jene, die das Geschäft der Bauernfängerei am besten verstehen. Das geschilderte Szenario verheißt nichts Gutes. Wenn jede Form menschlichen Verhaltens unter dem Generalverdacht steht, der eine setze sein Interesse gegen das Interesse des anderen durch, dann ist dies in letzter Konsequenz das Ende der menschlichen Handlungsmöglichkeiten. Das Misstrauen würde sich noch in die intimsten Beziehungen zwischen Menschen einschleichen und sein unaufhaltsames Zerstörungswerk beginnen.

Einen Einblick in eine solche Welt konnten wir im Zusammenhang mit dem Untergang der DDR erhalten. Dort hatte sich das Spitzelwesen ungehindert ausgebreitet, mit der Folge, dass in vielen Fällen die Bespitzelung innerhalb engster Familienbande stattgefunden und deren massive Zerstörung eingeleitet hat, noch bevor die Betroffenen etwas davon ahnten. Um Zweifel gleich zu zerstreuen: Auch das Spitzelwesen ist eine Form der Interessenwahrnehmung im hier geschilderten

Sinn, konnte doch der Spitzel mit vielfältigen Belohnungen für seine Tätigkeit rechnen.

Mit all dem betrügen wir uns nicht nur um die Freiheit und das Element des Politischen, sondern um unser Leben überhaupt, weil wir damit bestenfalls auf der Stufe des Tieres stehen bleiben und eine gemeinsame Welt gar nicht erst errichten können. Mit unserer Interessengebundenheit stecken wir genau wie Tiere Reviere ab, die wir dann mit allen uns zur Verfügung stehenden Kräften verteidigen.

Die Aussichten der Interessengesellschaft sind also düster, aber es gibt einen Silberstreif am Horizont, der sich in Verhaltensweisen zeigt, die das interessenge- steuerte Verhalten konterkarieren. Zum einen können wir dies daran feststellen, dass es – von notorischen ideologischen Scheuklappenträgern einmal abgesehen – wohl keinen vernünftigen Menschen gibt, der die Tätigkeit der Stasi-Spitzel als Durchsetzung eines berechtigten eigenen Interesses rechtfertigt. Zum anderen sehen wir dies an der weitgehend einheitlichen Verurteilung der Bankenmit- arbeiter, die sich vor der Finanzkrise in Verfolgung ihrer eigenen Interessen die Taschen mit Prämien vollgestopft haben, um den Schaden schließlich von der Gesellschaft beheben zu lassen, bis hin zur Verurteilung von Managern, die sich zunächst selbst geholfen haben, bevor sie an die Sicherung des von ihnen verwal- teten Unternehmens dachten. Auch Politiker werden abgestraft, wenn sie den – allerdings von ihnen als Gesamtheit sehr großzügig bemessenen – Spielraum eigener Vorteilsnahme überschreiten. Bis zu einer bestimmten Grenze werden die Verhaltensweisen toleriert, um danach desto unnachsichtiger verfolgt zu werden. In solchen Fällen führen schon vergleichsweise harmlose Vergehen zu einem öffentlichen Aufschrei und können hoffnungsvolle Politikerkarrieren gleichsam über Nacht beenden.

Ganz so einfach ist es mit der Interessengesellschaft also nicht. Einerseits gibt es einen gesellschaftlichen Konsens, der die Verfolgung des eigenen Interesses nicht nur als legitim, sondern in höchstem Maße sogar als förderungswürdig ein- stuft. Auf der anderen Seite führt die rücksichtslose Verfolgung eigener Interessen in eine Sackgasse, aus der schwer nur ein Ausweg zu finden ist.

Die Aufstellung nebulöser moralischer Kriterien, die einerseits zwingend gel- ten sollen, andererseits als »blauäugiger Idealismus« verunglimpft werden, ver- schlimmert die Situation noch erheblich. Man spricht zum Beispiel gerne von der fehlenden Moral der Manager, wenn die sich bei Entlassungen vorher mit ihnen vereinbarte hohe Abfindungen auszahlen lassen, obwohl ihr Unternehmen wäh- rend ihrer Amtszeit Verluste gemacht hat. Als ob ein beliebiger Arbeitnehmer sich im Falle seiner Entlassung bei der Festsetzung der Höhe seiner Abfindung von der wirtschaftlichen Lage seines Unternehmens beeinflussen ließe. Wir messen in solchen Fällen gerne mit zweierlei Maß und werfen anderen vor, was wir für uns als selbstverständlich erachten.

Wenden wir uns noch einmal der Eingangsbehauptung zu, jeder verfolge im politischen Bereich seinen eigenen Vorteil, also seine eigenen Interessen. Analog zu Alexis de Tocqueville, der als genauer Beobachter der Tendenzen und Aussich- ten der Demokratie hier bereits ausführlich untersucht worden ist, gibt es auch zum Interessenstaat moderner Prägung einen Beobachter, der bereits vor mehr als

250 Jahren mit scharfsinniger und in vielen Teilen sogar fast prophetischer Gabe die Folgen einer wesentlich von Interessen bestimmten Politik aufgezeigt hat. Gemeint ist Montesquieu, der in seinem Werk »Vom Geist der Gesetze«[22] die Folgen einer interessengesteuerten Politik schonungslos aufgedeckt hat, obwohl zu seiner Zeit der Interessenstaat moderner Prägung erst in Ansätzen zu erkennen war. Genau dies seismografische Gespür macht seine Analysen auch heute noch so wertvoll.

Montesquieu wendet sich in seinem Werk an vielen Stellen in deutlichen Worten gegen das Interesse als Prinzip des Handelns. Dabei blickt er auf die Antike und stellt fest: »Die griechischen Staatsmänner, die mehr unter einer Volksregierung lebten, erkannten als deren einzige Stütze die Tugend an. Unsere heutigen dagegen reden uns nur von Handel und Gewerbe, Finanzen, Reichtum und gar von Luxus.«[23] Wenig später führt er aus: »Früher bildete das Vermögen der einzelnen das Staatsvermögen, jetzt aber wird der Staatsschatz zum Privatgut des einzelnen. Die Republik wird zur Beute, und ihre Stärke besteht nur noch in der Macht einiger Bürger und Zügellosigkeit aller.«[24]

Kann man die reale Lage moderner Staaten genauer beschreiben? Montesquieu ist in seinen Aussagen ungleich präziser als ganze Heerscharen moderner Analytiker, die zwar angesichts der Finanzkrise 2008 die Gier der Manager und die Seelenlosigkeit des Turbokapitalismus geißeln, in seltener Einmütigkeit aber die große Mehrheit der Bevölkerung als Opfer darstellen. Durch die Projektion des Problems in die Verhaltensweise der jeweils anderen wird aber kein einziges Problem erkannt, geschweige denn gelöst. Es genügt, einen nur oberflächlichen Blick in die Werke Sigmund Freuds zu werfen, um zu erkennen, dass die Projektion von Problemen zu den Versuchen des Menschen zählt, vor existierenden Problemen zu fliehen. Wenn die Probleme aber in uns selbst stecken, dann ist eine Flucht vor ihnen eben nicht möglich. Wenn die Probleme in der gesellschaftlichen Wirklichkeit stecken, dann können wir ihnen ebenso wenig entgehen, weil wir auch der Gesellschaft nicht einfach entfliehen können.

Der Interessenstaat moderner Prägung zieht vor allem auch diejenigen nach unten, die zunächst die größten Vorteile zu haben scheinen. »Das Volk stürzt in dieses Unglück, wenn die, denen es sich anvertraut, es zu verderben suchen, um ihre eigene Verdorbenheit zu verbergen. Damit es ihren Ehrgeiz nicht erkenne, reden sie ihm von seiner Größe; damit es ihre Habgier nicht merke, schmeicheln sie beständig der seinigen.«[25] Dies kann die eingeschlagene Entwicklung nur noch verstärken, und so gilt: »Die Verdorbenheit wächst unter den Verführern und den schon Verführten.«[26] Wie aber zeigt sich »die Verdorbenheit«? Wir verlieren immer mehr die Maßstäbe, die es uns ermöglichen würden, richtiges Verhalten zu

---

[22] Montesquieu, Vom Geist der Gesetze, 2 Bände, Tübingen 1951
[23] Montesquieu, Vom Geist der Gesetze, Buch III, Kapitel 3, S. 35
[24] Montesquieu, Vom Geist der Gesetze, Buch III, Kapitel 3, S. 36
[25] Montesquieu, Vom Geist der Gesetze, Buch VIII, Kapitel 2, S. 157
[26] Montesquieu, Vom Geist der Gesetze, Buch VIII, Kapitel 2, S. 157

erkennen. So werden wir immer mehr hinab gezogen in einen Sumpf, der uns alle zu verschlingen droht.

»Man braucht sich nicht zu wundern, wenn man sieht, daß Stimmen für Geld verkauft werden. Man kann dem Volke nicht viel geben, ohne noch mehr aus ihm herauszuziehen; aber um etwas aus ihm herausziehen zu können, muß man den Staat ruinieren. Je mehr es dann glaubt, daß seine Freiheit ihm Vorteile gewähre, um so mehr nähert es sich dem Zeitpunkt, wo es sie verlieren muß. Es stellen sich kleine Tyrannen ein mit allen den Fehlern eines einzigen. Bald wird der Rest der Freiheit unerträglich: ein einzelner Tyrann steht auf und das Volk verliert alles, selbst die Vorteile aus seiner Bestechlichkeit.«[27]

Fragen nach der Bestechlichkeit von Politikern tauchen zwar regelmäßig auf, konnten jedoch – die Rechtslage dazu ist undurchsichtig und wenig geeignet, Vergehen entsprechend zu ahnden – noch in keinem Fall schlüssig nachgewiesen werden. Dennoch gibt es eindeutige Hinweise auf Vorgänge, die nicht anders denn als Vorteilsnahme zugunsten wirtschaftlicher Interessen – in vulgo Bestechung genannt – betrachtet werden müssen.

So hatte die CDU 1992 Millionenbeträge als politische Spende vom französischen Ölkonzern Elf Aquitaine erhalten, dem prompt die Möglichkeit eröffnet wurde, die noch aus der Zeit der DDR in Staatsbesitz befindliche ostdeutsche Raffinerie Leuna bei ihrer Privatisierung zu erwerben. Selbstverständlich wurde ein Bestechungsvorwurf von der CDU mit Entrüstung zurückgewiesen und jeder Zusammenhang zwischen der Zahlung und der Besitzübertragung entschieden bestritten. Im Jahre 2005 stellte ein französisches Gericht dazu fest, dass es keine Erklärung für die Zahlungen gäbe, »›außer der Hypothese der Bestechung von politischen Entscheidungsträgern‹. Diese sei zwar im Verfahren nicht untersucht worden, sie lasse sich aber aus mehreren Anhaltspunkten folgern.«[28]

Erst in jüngster Vergangenheit ist eine Spende in Höhe von mehr als einer Million Euro an die FDP bekannt geworden. Es war eine der höchsten Spenden in der Geschichte der Partei. Die Spende kam von einer Firma, deren Eigner eine Reihe von Hotels besitzt. Kurz nach der Spende – oder war es kurz vorher? – setzte sich die FDP dafür ein, die Mehrwertsteuer für Hotelübernachtungen von 19 auf 7 Prozent zu senken. Damit wurde die Ertragssituation von Hoteliers in Deutschland deutlich verbessert.[29] Mit der gewohnten Entrüstung werden die von der gesamten Opposition erhobenen Vorwürfe wegen eines möglichen Zusammenhangs zwischen der Spende und der politischen Entscheidung zurückgewiesen und als absurd bezeichnet. Dem unbeteiligten, aber keinesfalls unbetroffenen Beobachter bleibt nur fassungsloses Kopfschütteln ob solcher Unverfrorenheit. Die ehemalige FDP-Politikerin Hildegard Hamm-Brücher stellt dazu lapidar fest: »In der Regierung macht die FDP reine Klientelpolitik.«[30] Wieder ließen sich weitere Beispiele finden.

---

[27] Montesquieu, Vom Geist der Gesetze, Buch VIII, Kapitel 2, S. 158
[28] Der Spiegel, 16/2005, S. 19
[29] Vgl. Der Spiegel, 3/2010, S. 22ff.
[30] Der Spiegel, 3/2010, S. 23

Kehren wir jedoch noch einmal zu Montesquieu zurück und betrachten seine Feststellung, die an Klarheit nichts zu wünschen übrig lässt: »Der Verfall einer jeden Regierung beginnt fast immer mit dem Verfall ihrer Grundsätze.«[31]

Der politische Raum als Ort zur Durchsetzung persönlicher Interessen kann trotz einer scheinbaren Evidenz nicht überzeugen. Eine Politik, die vom Interesse bestimmt ist, mag dem Einzelnen vielleicht in Ausnahmefällen materielle Vorteile bringen, der Gesamtheit schadet sie jedoch sicher. Politik wird durch eine solche Verhaltensweise in ihrer Substanz zerstört. Trotz der vermeintlichen Klarheit der Positionen ist es an der Zeit, sich dem Problem des Interesses im politischen Raum noch einmal grundsätzlicher zu nähern. Zunächst ist zu klären, an welchen Maßstäben sich denn die Verhaltensweisen der Menschen messen lassen müssen. In der Politik können sie nicht als moralische Kategorien gefasst werden. Moralische Kategorien gelten etwa im Bereich einer Ehe, wenn der Mann seine Frau betrügt. Wir können dieses Verhalten aufs Schärfste auf der Basis moralischer Kategorien verurteilen, juristisch ahnden können wir es nicht, wollen wir unseren Freiheitsbegriff nicht vollständig opfern. Anders sieht es aus, wenn ein Mann seine Frau umbringt, weil er sein Leben lieber mit einer anderen Frau verbringen will. Dann verletzt dieser Mann elementare Regeln des Zusammenlebens, und sein Verhalten wird juristisch geahndet. In diesem Fall spielt die moralische Komponente des Verhaltens bei der Verurteilung eine eher untergeordnete Rolle.

Moralische Kategorien werden im politischen Raum oft dann angewendet, wenn es darum geht, ein unerwünschtes Verhalten gerade nicht zu sanktionieren. Die moralische Verurteilung des Delinquenten reicht dann zur Beruhigung der Öffentlichkeit aus, ist aber ansonsten ohne jede Konsequenz für den Handelnden. Die beruhigende Wirkung moralischer Verurteilungen können wir sehr gut im Zusammenhang der jüngsten Finanzmarktkrise beobachten. Die Gier der Manager wird heftig getadelt, bleibt aber im Übrigen weitgehend folgenlos. Eine Anpassung notwendiger Regeln geht nur, wenn überhaupt, äußerst schleppend voran. Bankenmanager haben durch die Finanzkrise 2008 ihr Verhalten kaum geändert und demonstrieren auf diese Weise, dass sie nichts gelernt haben. Aber was sollten sie denn gelernt haben? Dass es überaus einfach ist, sich ohne Risiko die Taschen zu füllen, weil der Staat im Falle des Scheiterns einstehen muss, um die Stabilität des Systems im Ganzen nicht zu gefährden? Der Einfallsreichtum unserer Politiker zur Verhinderung weiterer krisenhafter Entwicklungen reicht kaum weiter als bis zur Einführung neuer Steuern, die der Staat auf Finanztransaktionen erheben soll. Auf diese Weise macht er sich nur noch mehr zum Komplizen der Spekulanten. Er verlangt Beteiligung an der Spekulation und soll sie zugleich bekämpfen. Forderungen dieser Art gehören eher in den Text eines absurden Theaterstücks als auf die politische Bühne.

Die Darstellung der heute vorherrschenden Auffassung zur Struktur des politischen Raums hat uns in einen verwirrenden Zusammenhang geführt. So viel kann schon jetzt festgehalten werden: Interessengesteuerte Politik führt zumindest in absurde Situationen, sicherlich jedoch zur Zerstörung all dessen, was einmal mit

---

[31] Montesquieu, Vom Geist der Gesetze, Buch VIII, Kapitel 1,

dem Begriff des Politischen gemeint war. Die Verfolgung eigener Interessen im politischen Raum steht im fundamentalen Gegensatz zur Gestaltung einer gemeinsamen Welt, setzt diese doch gerade die interesselose Gemeinschaft voraus. Auf diese Weise kann ein Begriff von Freiheit gar nicht erst aufkommen. Dem Begriff des Interesses muss deshalb genauer auf den Grund gegangen werden.

Zwei Aspekte stehen dabei im Zentrum. Was hat es mit dem Begriff des Interesses auf sich und wie hat der Begriff vom politischen Raum Besitz ergriffen?

Zunächst einmal kommt es darauf an, die Prinzipien unseres Handelns, die heute durch ein Konglomerat von verwaschenen moralischen Grundsätzen und nicht minder verwaschenen Ansprüchen an Interessenwahrnehmung bestimmt werden, auf festeren Boden zu stellen. Wer wäre für eine solche Aufgabe besser geeignet als Kant, der sich wie kaum ein anderer Philosoph – vielleicht mit Ausnahme von Nietzsche, der sich dem Problem auf eine völlig andere Weise nähert – mit der Frage des Handelns beschäftigt hat. Sein berühmter kategorischer Imperativ: *»Handle nur nach derjenigen Maxime, durch die du zugleich wollen kannst, dass sie ein allgemeines Gesetz werde«*[32] gilt auch heute noch als festes Fundament für menschliche Handlungen. Nun hat Kant diesen Satz keineswegs als beliebige moralische Wunschvorstellung, sondern als ein für Vernunftwesen unumgängliches Kriterium universeller Gültigkeit zur Überprüfung eigener Handlungen entwickelt. »Denn da der Imperativ außer dem Gesetze nur die Notwendigkeit der Maxime enthält, diesem Gesetze gemäß zu sein, das Gesetz aber keine Bedingung enthält, auf die es eingeschränkt war, so bleibt nichts, als die Allgemeinheit eines Gesetzes überhaupt übrig, welchem die Maxime der Handlung gemäß sein soll, und welche Gemäßheit allein den Imperativ eigentlich als notwendig vorstellt.«[33] Kants Überlegung ist also logisch zwingend, und es verwundert, wie sehr sie im politischen Tagesgeschehen mit Füßen getreten wird.

Der kategorische Imperativ ist folglich eine Prämisse, ohne die jede Form menschlichen Handelns zwingend in der Barbarei endet. Nietzsche hat sich bisweilen abfällig über Kants kategorischen Imperativ geäußert, zum Beispiel, wenn er sagt: »Die ältere Moral, namentlich die Kants, verlangt vom einzelnen Handlungen, welche man von allen Menschen wünscht: das war eine schöne naive Sache; als ob ein jeder ohne weiteres wüßte, bei welcher Handlungsweise das Ganze der Menschheit wohlfahre, also welche Handlungen überhaupt wünschenswert seien.«[34] Nietzsche zielt mit seinem Einwand an Kant vorbei. Kant geht es bei seinem kategorischen Imperativ keinesfalls darum, die Handlungen am Maßstab eines allgemeinen Wunsches zu orientieren. Der einzelne Mensch muss sein Handeln als allgemeinen Maßstab *wünschen können*, der Inhalt des kategorischen Imperativs liegt also im einzelnen Menschen und ist gerade keine allgemeine Wohlfahrtsanstrengung. Was Nietzsche widerlegt, hat Kant nicht behauptet.

---

[32] Immanuel Kant, Grundlegung zur Metaphysik der Sitten, Werke, Band IV, Darmstadt 2005, S. 51, (A52), Hervorhebung im Original

[33] Immanuel Kant, Grundlegung zur Metaphysik der Sitten, Werke, Band IV, Darmstadt 2005, S. 51, (A52)

[34] Friedrich Nietzsche, Menschliches, Allzumenschliches, Band 1, 25

Zweifellos würde die Berücksichtigung des kategorischen Imperativs die Handlungen der Menschen »besser« machen. Jede Form der Rücksichtslosigkeit würde auf den so Handelnden zurückschlagen, wie es tatsächlich ja auch geschieht. Es wäre so wie bei jedem Versicherungsbetrug: Jeder Betrüger betrügt sich selbst, weil durch seinen Betrug die Prämien für alle erhöht werden und er von der Anhebung selbst betroffen ist. Zwar mag im Einzelfall die Prämienerhöhung geringer ausfallen als der Vorteil, den ein Betrug bringt, aber dies wird durch eine zweite Regel im Versicherungswesen erheblich modifiziert. Als Grundregel beim Schadensausgleich gilt nämlich: Bagatellschäden werden sofort erledigt, bei größeren Schäden entscheidet das Gericht. Damit ist der Betrugsfall nur dann einigermaßen einfach möglich, wenn der Vorteil gering ist.

So viel uns Kants kategorischer Imperativ bei der generellen Betrachtung von Handlungen auch helfen kann, er hilft uns nicht in der Frage, wie weit Interesse im politischen Bereich ohne Schaden wünschenswert oder überhaupt möglich ist. Um diese Frage zu beantworten, ist es notwendig, den Begriff des Interesses und seine Wandlungen im politischen Bereich genauer zu betrachten. Interesse bedeutet so viel wie dazwischen-sein und damit »die Anteilnahme des Menschen an einem anderen, an einer Sache oder einem Geschehen«.[35] Kant formuliert es folgendermaßen: »Interesse wird das Wohlgefallen genannt, was wir mit der Vorstellung der Existenz eines Gegenstandes verbinden.«[36]

In beiden Fällen richtet sich das Interesse auf etwas, was außerhalb des Menschen liegt. Der interessierte Mensch tritt in Verbindung mit etwas. Aber es ist ein Zweiseitiges, weil der Mensch immer auch Teil dieser Beziehung, weil er »dazwischen« ist. In diesem Sinne hat das Interesse im politischen Bereich eine fest umschriebene Bedeutung: Es ist der uns gemeinsame Raum, in dem das Politische stattfindet, in dem die Menschen das Politische gestalten. In diesem Sinne ist das Interesse in der Politik das Teilnehmen am Gemeinsamen, das Sich-Beteiligen an einer gemeinsamen Welt. Diese Beteiligung zeigt sich an den gemeinsamen Handlungen der Menschen.

Der Bereich des persönlichen Vorteils gehört der Privatsphäre und nicht dem politischen Raum an. Dies bedeutet nun keinesfalls, dass etwa die Griechen keine persönlichen Interessen gehabt hätten oder nie versucht hätten, ihre persönlichen Interessen in der Polis durchzusetzen. Das persönliche Interesse hat jedoch keine institutionalisierte Basis in der Polis besessen und war damit von untergeordneter Bedeutung. Das ist der entscheidende Aspekt.

Dem Handeln der Menschen wohnt jedoch eine prinzipielle Unsicherheit inne, die darin besteht, dass das Handeln und die damit einhergehenden Auswirkungen nicht vorhergesagt werden können. Wenn wir eine Handlungskette in Gang setzen, vermögen wir nicht zu sagen, wo sie enden wird. Die Ereignisse werden uns gleichsam aus der Hand gerissen und führen ein Dasein mit eigener Dynamik. Dies ist einerseits der Preis, der für die Freiheit zu zahlen ist. Andererseits hat dies schon immer zur Folge gehabt, dass Menschen Anstrengungen unternommen

---

35 Wörterbuch der philosophischen Begriffe, Stichwort: Interesse, Hamburg 2005, S. 323
36 Immanuel Kant, Kritik der Urteilskraft, § 2, Werke, Band V, Darmstadt 2005, S. 280, (A 5, A 6)

haben, dem Handeln Fesseln anzulegen, um es beherrschbar zu machen. Aber ein Handeln in Fesseln ist kein Handeln und ohne Handeln gibt es keinen politischen Raum.

Massiver Widerstand wurde dem politischen Raum vonseiten der Philosophie entgegengestellt, die ihrer Natur nach ja der Wahrheit und dem Wissen verpflichtet ist und weniger der Meinung, die von den Philosophen als »bloße Meinung« im Regelfalle eher abschätzig betrachtet wird. Die Wahrheit ist ihrer Natur nach totalitär und lässt keinen Raum für Freiheit. Dies kommt sehr deutlich in Platons Staatslehre zum Ausdruck, in der er einen der Polis streng entgegengesetzten Staat proklamiert, der einer klaren Klasseneinteilung genügen und von Philosophen (Gelehrten) regiert werden soll. So weit ging Aristoteles nicht, doch auch er wollte die prinzipielle Unvorhersagbarkeit des Handelns gleichsam bändigen und vorhersehbar machen. In diesem Sinne legte er das Interesse in das Begehren des Einzelnen[37] und geht bei seinen politischen Betrachtungen mehr vom individuellen Interesse und weniger von Gesetz und Gerechtigkeit aus.

Damit wird die Bedeutung des Begriffes Interesse im politischen Raum auf eine folgenschwere Weise verschoben hin zu: einen Nutzen oder Vorteil bringen. Die Herrscher herrschen über die Völker und werden durch ihr Interesse beherrscht. Platon sieht schon sehr klar die Gefahr einer Vermengung von Interessen und Politik. Um das hohe Ziel der Gerechtigkeit im Staat aufrechtzuerhalten, möchte er den Staat von interesselosen Machthabern gelenkt sehen. Um dies zu erreichen, sollen sowohl das Privateigentum den Herrschenden untersagt als auch deren familiäre Bindungen aufgelöst werden. Damit setzt Platon ein starkes Zeichen gegen den von Interessen gelenkten Staat, bezahlt dies aber letztlich mit der Forderung nach totalitärer Herrschaft. Die Verschiebung zum von Interessen geleiteten Staat hat sich mittlerweile – dies natürlich von Aristoteles weder gewollt noch auch nur für möglich gehalten – so weit entwickelt, dass Politik zu einer Veranstaltung mutiert ist, bei der es allein darauf ankommt, jenseits von allen Fragen eines längst verloren gegangenen »Gemeinwohls« möglichst viele der jeweils eigenen Interessen gegen die Vielzahl der fremden Interessen mit allen Mitteln durchzusetzen. Damit reduziert sich Politik zu einer Frage der reinen Durchsetzung verschiedener Partialinteressen. Es lässt sich auch anders formulieren: Politik wird insofern zu einer rein ökonomischen Fragestellung, weil es nur noch darum geht, wie man auf effiziente Weise den größtmöglichen eigenen Vorteil erringen kann.

Spätestens hier muss man das vollständige Scheitern dessen, was einmal als Politik Eingang in die Welt gefunden hat, konstatieren. Wir verwenden zwar noch ein Wort mit langer Geschichte, der einstige Zusammenhang ist aber weitgehend verloren. Zwischen der von Aristoteles begonnenen Verlegung des Interesses in das Begehren des Menschen und dem heutigen Staat, in dem fast ausschließlich Interessen regieren, in dem kaum ein Wert außerhalb des Interesses noch gilt, ist es ein weiter Weg, der nachfolgend etwas genauer verfolgt werden soll. Es stellt

---

[37] Vgl. Aristoteles, Nikomachische Ethik, Buch 1, Kapitel 1

sich also die Frage: Wie ist es zum Interessen-Staat moderner Prägung gekommen?

Machiavelli hat wohl als Erster die überragende Bedeutung des Interesses im politischen Raum erkannt. Allerdings bezog sich sein Erkenntnisinteresse weniger auf die Politik an sich, als vielmehr auf die Frage der Machterringung und der Machtsicherung. Er erörtert, »was Herrschaft ist, welche Arten es davon gibt, wie man sie erwirbt und erhält und warum man sie verliert«[38]. Dies ist erkennbar eine sehr spezifische Fragestellung, die keinesfalls mit allgemein politischen Fragestellungen verwechselt werden darf. In Zeiten absoluter fürstlicher Herrschaft kann dieser Fragestellung die politische Relevanz nicht abgesprochen werden. Allerdings ist es unzulässig, die spezifische Fragestellung auf alle Zeiten und den gesamten politischen Raum auszudehnen. In Zeiten republikanischer Demokratien sollten solche Fragestellungen eher in den Hintergrund treten.

Für Machiavelli war das Interesse des Fürsten an seinem Machterhalt jedenfalls eine zentrale politische Frage. Genau besehen kam es Machiavelli in einem doppelten Sinne auf Interesse in der Politik an. Der Fürst hatte Interesse an seinem Machterhalt, die Nation hatte das Interesse, im Kräftespiel zwischen den Nationen möglichst vorteilhafte Positionen zu erreichen bzw. zu erhalten. Wie dem auch sei, mit Machiavelli hat das Interesse als zentrale Frage Eingang in den politischen Alltag gefunden.

Marx ging noch einen Schritt weiter, indem er kurzerhand Bedürfnis und Interesse gleichsetzte. Dies war insofern folgerichtig, als er, weit entfernt davon, der Revolutionär zu sein, zu dem ihn seine Epigonen später in völliger Verkennung seiner wirklichen Leistung zu machen suchten, sich ohne Bedenken der herrschenden Tendenz bediente, und zwar in philosophischer, ökonomischer und gesellschaftlicher Hinsicht. In philosophischer Hinsicht versuchte Marx nach den Worten von Friedrich Engels, Hegel vom »Kopf auf die Füße«[39] zu stellen. Sein wichtigstes ökonomisches Werk, »Das Kapital«[40], führt nahtlos die Auseinandersetzung zwischen Adam Smith[41] und David Ricardo[42] um die Frage des Tauschwertes von Waren fort, ohne dass Marx auch nur einen einzigen Grund gesehen hätte, die Ansätze der bedeutendsten klassischen Ökonomen in einem einzigen Punkte zu verändern. In gesellschaftlicher Hinsicht schließlich baute Marx geradlinig auf den Ursachen und Ergebnissen der Französischen Revolution auf, indem ihn der Hunger der Massen von Paris antrieb und er mit scharfem Blick die unaufhaltsame Verschiebung des Bereichs des Politischen in den des Gesellschaftlichen antizipierte.

Insofern hat Marx den Geist seiner Zeit seismografisch erkannt und konsequent für seine Klassentheorie genutzt. Für ihn war der Klassenkampf der Motor der

---

38 Machiavelli, Brief an Francesco Vettori, florentinischer Botschafter in Rom, abgedruckt in: Machiavelli, Der Fürst, Frankfurt 2008, S. 12

39 Vgl. Friedrich Engels, Ludwig Feuerbach und der Ausgang der klassischen deutschen Philosophie, MEW, Band 21, S. 293

40 Vgl. Karl Marx, Das Kapital, 3 Bände, MEW 23–26

41 Vgl. Adam Smith, Der Wohlstand der Nationen, München 1974

42 Vgl. David Ricardo, Grundsätze der politischen Ökonomie und der Besteuerung, Frankfurt/Main 1980

Geschichte. Klassen wurden aber bei Marx durch nichts anderes als durch Interessen begründet, wobei er seine Betrachtung dabei auf eine einfache Zweiteilung fokussierte: die Klasse der Herrscher und die Klasse der Beherrschten. In diesem Sinne ist der Begriff des »Klasseninteresses« ein Pleonasmus, denn nichts anderes als Interessen bilden die Klassen. Das Interesse der Klasse der Herrscher ist die Aufrechterhaltung der Verhältnisse, das der Beherrschten die Beseitigung ihrer Ausbeutung. »Diese Subsumtion der Individuen unter bestimmte Klassen kann nicht eher aufgehoben werden, als bis sich eine Klasse gebildet hat, die gegen die herrschende Klasse kein besonderes Klasseninteresse mehr durchzusetzen hat.«[43] Die sozialistische Revolution sollte diesen Zustand herbeiführen und die Ausbeutung des Menschen durch den Menschen beseitigen, um so eine klassenlose Gesellschaft zu erreichen. Gemäß der Identität von Klasse und Interesse würde dies auch eine interesselose Gesellschaft sein. Damit wäre das Interesse aus der Politik verschwunden.

Da sich nach Marx auch die Beziehungen der Staaten untereinander auf das Prinzip der Ausbeutung stützen, gilt dies ebenso für die zwischenstaatlichen Beziehungen. Die von Marx vorausgesagten sozialistischen Revolutionen haben sich zwar in einer Reihe von Ländern ereignet, aber immer nur in solchen, die seiner Meinung nach nicht reif dafür waren. In den anderen Ländern war sie als bewusster Akt überflüssig, weil die Tendenz zum Gesellschaftlichen spätestens seit der Französischen Revolution kaum mehr aufzuhalten war. Diese Tendenz ist aber zwangsläufig eine Tendenz zum Sozialismus. Insofern waren Marx und weit mehr noch seine Epigonen und späteren Revolutionstheoretiker einem einfachen Schein aufgesessen: *Einer wirklichen Revolution hätte es bedurft, um die Entwicklung aufzuhalten.* Stattdessen haben alle sozialistischen Revolutionstheoretiker Wasser in den Fluss oder – um eine bekanntere Metapher zu verwenden – Eulen nach Athen getragen.

Allerdings hat weder die »normale« Entwicklung noch die durch »Revolutionen« beschleunigte auch nur an einer einzigen Stelle das Ziel einer interesselosen Gesellschaft annähernd erreicht. Eher ist das Gegenteil eingetreten. Die Länder, in denen eine sozialistische Revolution stattgefunden hatte, mussten immer mit elementaren ökonomischen Schwierigkeiten kämpfen, oft im reinen Überlebenskampf. In einer entwickelten Gesellschaft hat es nie eine sozialistische Revolution gegeben, sodass sich die Frage nach einer interesselosen Politik nicht stellen konnte. Die entwickelten Länder Europas, die nach dem Kriege in den Einflussbereich der Sowjetunion gerieten (DDR, CSSR), hatten unter dem neuen sozialistischen Regime schnell abgewirtschaftet. Ihre vor dem Zweiten Weltkrieg durchaus vorhandene entwickelte ökonomische Basis wurde rasch, wenn nicht zerstört, so doch in ihrem Fortschreiten so weit gehemmt, dass von einer entwickelten Gesellschaft bald schon nicht mehr die Rede sein konnte, jedenfalls dann nicht, wenn man die Situation der Länder Westeuropas zum Maßstab nimmt. Statt einen Weg interesseloser Politik einzuschlagen, wurden diese Länder (und die anderen Ostblock-Staaten) von einer beispiellosen Interessenpolitik zur Aufrechterhaltung der Macht

---

43 Karl Marx, Friedrich Engels, Die deutsche Ideologie, MEW, Band 3, S. 75

der jeweils regierenden kommunistischen Partei unterjocht. Die Völker des Ostblocks wurden mehr oder weniger zu Gefangenen ihrer Herrscher erklärt. Die weitgehend unblutigen Revolutionen Ende der 1980er Jahre dokumentieren auf schlagende Weise das Scheitern dieses Weges.

In den unentwickelten Gesellschaften, in denen eine sozialistische Revolution stattfand, konnte zwar in vielen Fällen das Problem des unmittelbaren Hungers gelöst werden – eine Leistung, deren Bedeutung keinesfalls unterschätzt werden soll –, wie wir nach den Erkenntnissen der alten Griechen wissen, kann der Überlebenskampf aber keinesfalls auch nur eine Basis für Politik sein. Von einer interesselosen Politik braucht in diesem Zusammenhang gar nicht erst geredet zu werden. So gesehen ist dieses marxsche Anliegen wie so viele andere von ihm gescheitert, seine Voraussagen haben sich eher in ihr Gegenteil verkehrt.

Deshalb allerdings zu glauben, wir hätten auch unter diesem Aspekt Marx gleichsam erledigt, ist ein gewaltiger Trugschluss. Eine Sache entfaltet sich recht oft erst in ihrer Negation. Das marxsche Klassenmodell, das ja den politischen Raum durch ein eindeutiges Interessenmodell zu fassen sucht, erkennt in aller Deutlichkeit die Gefahr von Interessen im politischen Raum und will sie eliminieren. In dieser Hinsicht ist Marx noch durchaus der griechischen Tradition des Politischen verhaftet. Der Versuch der Eliminierung der Interessen aus der Politik endet aber mit deren vollständigem Sieg.

Seit Marx ist das Interesse also der eigentliche Motor der Politik geworden. Das heißt, Politik wird seitdem fast ausschließlich als Interessenpolitik begriffen und hat damit ihre ursprüngliche Bedeutung weitgehend verloren. Erstaunlicherweise gilt diese Tatsache für alle Staaten dieser Welt, gleichgültig, wie sie es im Einzelnen mit Marx halten. Auch die entschiedensten Gegner von Marx betrachten eine von Interessen gesteuerte Politik gleichsam als naturgegeben und glauben, nur weltfremde Idealisten könnten an dieser Erkenntnis rütteln.

Indem Marx den gesamten Bereich des Ökonomischen zu einem Grundanliegen der Politik gemacht hat, trug er entscheidend zum Sieg der Interessen im politischen Raum bei. Der ökonomische Bereich unterliegt jedoch – daran hätten auch die antiken Griechen keinen Zweifel gehabt – in besonderer Weise persönlichen Interessen. So ist das marxsche Anliegen, durch eine Revolution das Interesse aus der Politik zu eliminieren, durch das genaue Gegenteil ersetzt worden. Zweifellos würde keine wie auch immer geartete sozialistische Revolution an dieser Tatsache rütteln. Wie sollte denn auch die Frage, wer bekommt warum wie viel vom zu verteilenden Kuchen, auch unabhängig vom Interesse der Beteiligten beantwortet werden?

Obwohl es natürlich schon lange vor Marx zahlreiche Versuche gab, persönliche Interessen im politischen Raum durchzusetzen – denken wir beispielsweise an die deutlich mahnenden und weiter oben zitierten Worte von Montesquieu –, muss die von ihm eingeleitete radikale Betonung des Interesses als alleinigem Maßstab im Bereich des Politischen als »kopernikanische Wende« in dieser Frage, gleichsam als »Sündenfall« betrachtet werden. Dies hat weitgehende Auswirkungen auf unser allgemeines Weltverständnis, das jenem der Antike fast diametral entgegengesetzt ist. Angesichts dieser fundamentalen Transformation unseres Verständnisses von Politik kann heute keine öffentliche Aufgabe ohne wesentlichen Einfluss mächtiger Interessengruppen auf die Entscheidungen durchgeführt werden. Die wesentlichen politischen Entscheidungen werden mehr von den verschiedenen Interessengruppen als von den Politikern eingeleitet und bestimmt.

Selbst in der innersten Organisation des Staates lassen mächtige bürokratische Apparate die Verletzung von Interessen durch politische Entscheidungen nicht zu. Das gemeinsame Interesse aller an der Auseinandersetzung im öffentlichen Raum, das der Schaffung einer gemeinsamen Welt diente, ist ersetzt worden durch ein Gegeneinander der verschiedenen Partialinteressen. Da ökonomische Fragestellungen in der Moderne eine überragende Bedeutung erlangt haben, ist der Kompromiss im Arbeitskampf, in dem sich die prinzipiell unversöhnlichen Interessen der Arbeitgeber und der Arbeitnehmer gegenüberstehen, zum Muster der Auseinandersetzung in fast allen Bereichen, also auch im politischen Bereich geworden.

Nehmen wir an, in einem Arbeitskampf fordert die Gewerkschaftsseite 6 Prozent Lohnerhöhung für die Arbeitnehmer, die Arbeitgeber wollen jedoch höchstens 3 Prozent mehr Lohn bezahlen. Man kann sicher sein, dass das Ergebnis zwischen 4 und 5 Prozent liegen wird. Nach genau diesem Prinzip werden Staatshaushalte, aber auch Budgetplanungen in größeren Unternehmen aufgestellt. Alle Beteiligten wissen das und richten sich daran aus. Der ganze Streit gleicht mehr einem Ritual denn einer wirklichen Auseinandersetzung. Auf diese Weise werden die Beteiligten in der Annahme bestärkt, die eigenen Interessen möglichst rücksichtslos zu vertreten, um am Ende ein akzeptables Ergebnis zu erzielen.

Solange es sich um mächtige Institutionen handelt, wie etwa im Falle der Gewerkschaften und der Arbeitgeberverbände, mag das Verfahren noch eine bestimmte Berechtigung haben. Die Problematik nimmt jedoch mit zunehmender Parzellierung der Interessen überproportional zu. Das allgemein gewählte Verfahren zeichnet sich durch Inhaltslosigkeit aus, beruht also auf rein formalen Kriterien. Somit erringt im modernen Staat die marxsche Auffassung vom Interessenkampf einen grandiosen Sieg.

Allerdings gibt es noch eine zweite Verschiebung, die die marxsche Überlegung in ihr Gegenteil verkehrt. Marx ging von zwei verschiedenen Interessenlagen aus, die er durch Abschaffung der einen Interessenlage aufheben wollte. Entstanden ist mittlerweile ein wahres Konglomerat verschiedener Partialinteressen, das im Einzelnen nicht mehr überschaubar ist. Die beste Näherung an die Realität erhält man durch den allgemeinen Versuch, die persönlichen Interessen in das Geflecht des Politischen einzubringen, um möglichst viele Vorteile für die eigene Lebensweise zu erlangen. In einer Demokratie müssen Politiker auf einen solchen Paradigmenwechsel reagieren. Dies hat gravierende Auswirkungen auf unser Zusammenleben. Nun sind wir wieder bei den Ausführungen vom Anfang dieses Abschnitts angelangt. Zu wünschen bleibt, dass das Fundament unserer Überzeugungen erschüttert wird.

Im folgenden Abschnitt soll die fast unbegrenzte Parzellierung der Interessen im modernen Staat genauer betrachtet und in ihren Auswirkungen auf unser Verständnis von Politik untersucht werden.

»Seht, da kommt er schleppend wieder!
Wie ich mich nur auf dich werfe,
Gleich, o Kobold, liegst du nieder;
Krachend trifft die glatte Schärfe.
Wahrlich! brav getroffen!
Seht, er ist entzwei!
Und nun kann ich hoffen,
Und ich atme frei!

Wehe! wehe!
Beide Teile
Stehn in Eile
Schon als Knechte
Völlig fertig in die Höhe!
Helft mir, ach! ihr hohen Mächte!

Und sie laufen! Naß und Nässer
Wird's im Saal und auf den Stufen.
Welch entsetzliches Gewässer!
Herr und Meister! hör' mich rufen! –
Ach, da kommt der Meister!
Herr, die Not ist groß!
Die ich rief, die Geister,
Werd' ich nun nicht los.«

Johann Wolfgang Goethe[44]

3.2.2   DIE ATOMISIERUNG VON INTERESSE

Im vorigen Abschnitt wurde gezeigt, dass das Interesse, das einmal die Teilnahme an einem Gemeinsamen im öffentlichen – und das heißt, vor allem im politischen – Raum bezeichnete und der Gestaltung von Welt diente, zunehmend ersetzt worden ist durch das Interesse am persönlichen Vorteil. Interesse ist mit Bedürfnis identifiziert worden. Marx hat den vergeblichen – verzweifelten? – Versuch unternommen, mit einer mächtigen Projektion das Interesse durch die Konstruktion einer Dichotomie zu beherrschen, um durch die Beseitigung der einen Seite, das Interesse, weil jetzt ohne Gegenpol, gleich ganz aus der Politik zu verbannen. Wie wir heute wissen, ist Marx mit seinem Anliegen gescheitert, musste aber auch scheitern, weil seine Gleichsetzung von Interesse und Bedürfnis sich nicht realitätsnah projizieren lässt. Folgen wir zunächst den Spuren von Marx und betrachten sein real existierendes Erbe, die Arbeitgeberverbände und die Gewerkschaften. Dort ist ja die marxsche Dichotomie scheinbar weitgehend gelungen, dort zeigt sich ja am ehesten die von ihm beschriebene Klassenteilung der Gesellschaft.
Die Arbeitgeberverbände vertreten dabei die Interessen der Arbeitgeber oder der Kapitalisten, die Gewerkschaften die der Arbeitnehmer oder Proletarier. Durch Bündelung der Kräfte soll die schwache Position des einzelnen Arbeitnehmers gegenüber dem Unternehmer gestärkt werden, um ein ungefähres Gleichgewicht

---

[44] Johann Wolfgang Goethe, Der Zauberlehrling, Sämtliche Werke, Band 2, Frankfurt 1988, S. 143

zu erreichen. Im alljährlich wiederkehrenden Ritual der Tarifverhandlungen finden sich die gezähmten Reste des von Marx als antagonistisch bezeichneten Konflikts. Wie sieht das Ritual im Einzelnen aus?

Die Gewerkschaften behaupten die zunehmende Verarmung der von ihnen vertretenen Menschen, die bei unveränderter Entlohnungslage die Fähigkeit verlieren, ihren Lebensunterhalt zu bestreiten, und fordern nach Jahren des Niedergangs endlich wieder einen Schritt in Richtung gerechter Teilnahme der Arbeitnehmer an der Produktion des gesellschaftlichen Reichtums. Die Arbeitgeber sehen in der Forderung bereits das Ende der Marktwirtschaft (die es in weiten Bereichen ohnehin nicht mehr gibt), drohen mit der Verlagerung der Produktion ins Ausland oder wenigstens mit einem massiven Stellenabbau.

Bereits im vorigen Abschnitt wurde das einfache Prinzip des Interessenausgleichs dargestellt: Man nehme das arithmetische Mittel zwischen der Forderung der Gewerkschaften und dem Angebot der Arbeitgeber, baue einen schmalen Korridor nach links und rechts ein, verhandle, als ginge es um die Erhaltung des eigenen Lebens – Nachtsitzungen, aus denen die Verhandlungsführer mit verquollenen Augen herauskommen, demonstrieren auf besonders nachdrückliche Weise den unbedingten Einigungswillen der Widersacher – und einige sich dann auf einen Wert manchmal leicht unter-, manchmal leicht oberhalb des arithmetischen Mittels der Forderungen.

Den Abschluss des Rituals bildet dann die wiederum von beiden Kontrahenten ausgesprochene Beschwörung harter Verhandlungen, wobei man lieber ein anderes Ergebnis gehabt hätte, aber insgesamt doch zufrieden sein könne, weil größeres Unheil abgewendet werden konnte.

Antagonistisch ist der Konflikt schon lange nicht mehr (wenn er es denn je war), dafür spricht auch der heute weithin verwendete Begriff der Sozialpartnerschaft. Der Erfolg von Tarifverhandlungen wird weitgehend formal an der relativen Prozentzahl gemessen, um die die Löhne in Zukunft steigen werden. Die inhaltliche Frage, ob die Verhandlungsführung den Arbeitnehmern insgesamt genutzt habe, spielt keine Rolle mehr.

Längst haben wir eine Situation erreicht, in der eine Lohnerhöhung in wesentlichen Teilen nicht den betroffenen Arbeitnehmern, sondern anderen Instanzen zugutekommt. In erster Linie ist hier der Staat zu nennen, der dank der progressiven Einkommensteuer von jeder Lohnerhöhung bis zu einer Obergrenze, die ohnehin nur von wenigen Arbeitnehmern erreicht wird, einen überproportionalen Anteil vereinnahmt. In diesem Sinne bedeutet jede Lohnerhöhung eine Verstärkung der Tendenzen zur Vergesellschaftung. Dazu kommen noch die Anteile für die Arbeitslosen-, Kranken-, Renten- und Pflegeversicherung, und auch die Gewerkschaft will von ihrem Erfolg partizipieren und kassiert mit jeder Lohnerhöhung höhere Beiträge. So kann es nicht verwundern, dass die Reallöhne in Deutschland, von kleineren Schwankungen abgesehen, seit der ersten Hälfte der

1990er Jahre stetig sinken.[45] So weit die direkten Auswirkungen einer Lohnerhöhung.

Schwieriger sind die indirekten Auswirkungen zu übersehen. Die können darin bestehen, dass Unternehmen versuchen, ihre Preise zu erhöhen oder ihre Kostenstruktur zu verbessern. Im ersten Fall wird die Lohnerhöhung wenn nicht gänzlich aufgebraucht, so doch zumindest gemindert. Im zweiten Fall droht der Verlust von Arbeitsplätzen, weil die Produktion weiter automatisiert oder gar ins Ausland verlagert wird. Dann spätestens wird der monolithische Block der Arbeitnehmer aufgebrochen, *weil es jetzt innerhalb des Blocks Gewinner und Verlierer gibt.* Aber gibt es den monolithischen Block überhaupt?

Wenn man Arbeitnehmer als abhängig Beschäftigte definiert, dann gehören zu dieser Berufsgruppe Bauhilfsarbeiter ebenso dazu wie etwa Lufthansa-Piloten. Wie im vorigen Kapitel gezeigt wurde, erhalten Flugkapitäne der Lufthansa in der Eingangsstufe ein Jahresgehalt von 110 000 Euro.[46] Der Bauhilfsarbeiter erzielt kaum den fünften Teil dieses Einkommens, einmal abgesehen davon, dass der Pilot faktisch unkündbar ist, während dem Bauhilfsarbeiter bei der nächsten Konjunkturdelle die Entlassung droht. Noch drastischer sind die Unterschiede zwischen Top-Managern und »normalen« Arbeitnehmern. Alle diese Gruppen in eine Kategorie zu packen, ist Unsinn, weil ihre Unterschiede weit größer als ihre Gemeinsamkeiten sind. Wer könnte angesichts dieser Ausgangslage noch guten Gewissens von einem »monolithischen Block« sprechen?

Indem man die leitenden Mitarbeiter von Unternehmen kurzerhand und ohne ökonomische Analyse nicht mehr als Arbeitnehmer betrachtet, eliminiert man scheinbar das Problem. Die Dichotomie vorausgesetzt, müssten sie demnach den Arbeitgebern zugerechnet werden. Aber auch dieser Weg führt in die Irre, können doch Manager auch entlassen werden, während Arbeitgeber im Falle ihres Misserfolges ihre wirtschaftliche Grundlage verlieren und in Konkurs gehen.

Auf diese Weise betreiben wir zwar immense Aufwendungen, das soziale Gefüge unseres Landes zu erforschen, sind aber noch nicht einmal in der Lage, befriedigende und tragfähige Strukturen zur Kategorisierung der für unser Gesellschaftssystem fundamentalen Fragen zu geben. Die – gewollte – Unschärfe kommt am deutlichsten zum Ausdruck in der immer wieder in der politischen Auseinandersetzung auftauchenden Forderung nach stärkerer Belastung der »Reichen«, damit die »Armen« endlich ein lebenswertes Leben führen können. Auch diese Begrifflichkeit ist durch eine bemerkenswerte Unschärfe geprägt. Wir können es drehen und wenden, wie wir wollen, es gibt ihn nicht, diesen »monolithischen Block«.

Dies zeigt sich nicht zuletzt an den Zahlen der Beschäftigten und ihrer Repräsentanz durch die Gewerkschaften. Im Jahre 2007 gab es in der Bundesrepublik ca. 40 Millionen Beschäftigte. Rechnet man die Selbstständigen, Beamten und Soldaten aus dieser Zahl heraus, dann kommen wir auf ca. 33 Millionen abhängig

---

[45] Vgl. www.wikipedia.de, Stichwort: Reallohn. Zwischen 1993 und 2006 sind die Reallöhne in Deutschland um ca. 9 Prozent gesunken.
[46] Vgl. Fußnote 193 in Kapitel 2

Beschäftigte.[47] Im gleichen Jahr hatte der Deutsche Gewerkschaftsbund (DGB) ca. 6,4 Millionen Mitglieder.[48] Rechnet man noch die anderen Gewerkschaften hinzu (ohne die Beamtenvertretungen), dann kommt man auf eine Zahl von kleiner 7 Millionen Mitglieder, wobei davon etwa 2 Millionen beruflich nicht aktiv sind. Demnach vertreten die Gewerkschaften in Deutschland gerade einmal 15 Prozent der abhängig Beschäftigten. Es wäre vermessen, hier von einer wirklichen Vertretung der deutschen Arbeitnehmer zu sprechen.

Im Jahre 2008 besaß zum Beispiel der Allgemeine Deutsche Automobil Club (ADAC) mit 16,4 Millionen deutlich mehr als doppelt so viele Mitglieder wie die Gewerkschaften.[49] Sind die Deutschen mehr an ihrem fahrbaren Untersatz interessiert als an der Art und Weise, wie sie ihren Lebensunterhalt verdienen?

Die von unverbesserlichen Linken nach wie vor behauptete umfassende Manipulation der Massen, deren Folge die völlige Verkennung der eigenen Interessenlage sei, kann hier sicherlich nicht weiterhelfen. In letzter Konsequenz entspricht die Behauptung einer völligen Entmündigung der Menschen, denn wenn diese nicht einmal ihre eigenen Interessen zu erkennen vermögen, dann können sie auch ihr Leben nicht führen. Durch logische Argumente lassen sich solche Behauptungen nicht widerlegen, entziehen sie sich doch jedem Begründungszusammenhang. Auf den ersten Blick erscheinen solche Überzeugungen als irrelevant für den politischen Bereich, denn schenkt man ihnen Glauben, dann ist Politik nicht möglich und hat es keinen Sinn, sich den Kopf darüber zu zerbrechen.

Auf den zweiten Blick offenbaren diese Behauptungen aber ein fundamentales Problem moderner Gesellschaften, schwingt doch in ihnen immer auch die Forderung nach einem Staat mit, der *für* die Menschen das Gute durchsetzt. Nähern wir uns von dieser Seite dem Problem, dann geht es nicht mehr um unverbesserliche Linke, dann befinden wir uns mitten im Zentrum unserer Gesellschaft. Der überwiegende Teil der Bevölkerung stellt an den Staat die Forderung, die Interessen der Mehrheit durchzusetzen, was nichts anderes heißt, als *für sie zu handeln*. Die Forderung nach adäquater Berücksichtigung der Interessen der Mehrheit der Bevölkerung ist zu einem die Politik in modernen Staaten konstituierenden Element geworden. Jetzt tritt das Problem aus der Ecke notorischer Weltverbesserer heraus und wird zum *Fundamentalproblem moderner Gesellschaften*.

Unabhängig davon bleibt nach wie vor die Frage bestehen, warum denn Politiker ein Problem lösen können sollen, das die einzelnen Menschen selbst nicht mehr für sich zu lösen vermögen. Dies ist ein Widersinn, der auch durch noch so viele Beschwörungen nicht aus der Welt zu schaffen ist. Es ist kein Kriterium in Sicht, das uns Antworten auf die Frage geben könnte, warum »normale« Menschen ihre Interessen nicht wahrnehmen können, wenn es Politiker doch können. Der Zweifel wird noch unterstützt durch eine Umfrage vom Frühjahr 2007 (GfK-Vertrauensindex 2007) über das Vertrauen der Bürger in neun Berufsgruppen. Nach der Umfrage vertrauten die Befragten am wenigsten den Managern großer

---

47 Vgl. Bundeszentrale für politische Bildung, Die soziale Situation in Deutschland, Erwerbstätige nach Status
48 Vgl. www.wikipedia.de, Stichwort: Gewerkschaften in Deutschland, Stand: 22.01.2010
49 Vgl. www.wikipedia.de, Stichwort: ADAC, Stand: 22.01.2010

Unternehmen. An vorletzter Stelle landeten die Politiker.[50] Die Menschen können ihre Interessen selbst wahrnehmen oder nicht. Wenn sie es können, dann brauchen sie dazu keine Politiker, wenn sie es nicht können, dann können ihnen auch Politiker nicht helfen.

Nun wird die Sache völlig verwirrend. Denn einerseits sind Politiker nicht in der Lage, die Interessen der Menschen einer Gesellschaft wahrzunehmen, andererseits mutiert politisches Handeln immer mehr zur reinen Interessenpolitik. Wir stehen vor einem Widerspruch, den es aufzulösen gilt.

Noch einmal ist es notwendig, Marx zu bemühen. Der Schlüssel für die gesamte Problematik scheint in seiner Gleichsetzung von Interesse und Bedürfnis zu liegen. Solange das Interesse »die Anteilnahme des Menschen an einem anderen, an einer Sache oder einem Geschehen«[51] bedeutet, so lange kann das Interesse kein Gegenstand der Politik sein, weil es dabei um individuellste Anliegen geht. Kein Staat der Welt kann bei der Frage helfen, ob einem Menschen ein Bild oder ein Musikstück gefällt oder nicht, ob er sich für Malerei oder Musik interessiert. Ein Monarch mag zwar die schönen Künste fördern, dann tut er dies aber nicht in seiner Eigenschaft als Politiker, sondern als Mensch, der sich eben für Kunst interessiert. Vor allem aber ist ein so verstandenes Interesse niemals von ausschlaggebender Bedeutung für das Leben selbst.

Ganz anders ist es aber, wenn das Interesse zum Bedürfnis mutiert, und zwar besonders dann, wenn es um elementare, also lebenserhaltende Bedürfnisse geht. Der Mensch muss essen, sonst kann er nicht (über-)leben. Wenn es ihm an Essen fehlt, dann muss er sich – um den Preis seines Lebens, also in gewissem Sinne um jeden Preis – welches besorgen. Wenn wir uns aber auf dieser Ebene bewegen, dann befinden wir uns nicht im politischen Raum. Wenn also lebensbedrohende Not herrscht, dann müssen vor allem Maßnahmen ergriffen werden, diese Not zu wenden. Sie sind deshalb auch folgerichtig *notwendig*. Wir stehen hier vor einer klassischen Zweck-/Mittel-Beziehung: Es müssen die geeigneten Mittel gefunden werden, die Not zu beseitigen. Etwas ganz anderes ist es, die notwendigen Maßnahmen ins Zentrum der Politik zu stellen. Genau dies hat aber Marx getan, genau dies tun auch heute noch unter – wenigstens in unseren Breiten – völlig veränderten Bedingungen (nicht nur) seine Jünger. Was nach einer erfolgreichen sozialistischen Revolution den Boden einer wirklichen Politik bereiten sollte, wurde so zu deren Grab. Die wirtschaftliche Lage der Menschen hat sich in Europa seit Marx dramatisch verändert. Wir kämpfen heute weit mehr mit dem Überfluss als mit der Verwaltung eines Mangels. Energiekrise, Klimawandel, Abfallproblematik sind allesamt Probleme des Überflusses und keinesfalls des Mangels. Geblieben ist jedoch die politische Fokussierung auf wirtschaftliche Ungleichheiten, als stünde die vollständige Verelendung[52] der Massen auf der Tagesordnung.

---

[50] Vgl. www.wikipedia.de, Stichwort: Manager (Wirtschaft)

[51] Vgl. Fußnote 36 des vorliegenden Kapitels

[52] Ein Begriff, der gerne Karl Marx zugeschrieben wird, obwohl der ihn in seinen zahlreichen Werken nur an einer einzigen Stelle verwendet hat. Vgl. Karl Marx, Das Kapital, Band 3, MEW, Band 25, S. 630

Seit dem 19. Jahrhundert haben die Produktivität der Wirtschaft und damit einhergehend der Wohlstand der Nationen in einer damals unvorstellbaren Weise zugenommen. Betrachtet man alleine die Werte für die Bundesrepublik Deutschland im Zeitraum 1950-2008, dann hat sich das als Wohlstandsmessung dienende Bruttoinlandsprodukt (BIP) um das knapp 30-Fache gesteigert.[53] Der Produktivitätszuwachs ging einher mit einem Warenzuwachs und einem Zuwachs an Bedürfnissen. Ohne jeden Anspruch auf Vollständigkeit seien nur vier herausragende Beispiele genannt, die sich allein in den letzten 50 Jahren ergeben haben: Fernseher, Auto, Telefon und Reisen. Alle vier Bedürfnisse waren vor dieser Zeit noch kaum vorhanden und sind heute zum Allgemeingut geworden. Aber nicht nur neue Bedürfnisse sind entstanden, auch davor bereits vorhandene sind zum Teil dramatisch abgewandelt und damit eigentlich zu neuen Bedürfnissen geworden.

Am augenfälligsten zeigt sich dies im Bereich der Gesundheit. Wir wollen heute nicht mehr nur essen, um satt zu werden, sondern gesund essen, damit wir gesund bleiben oder werden. Wir treiben Sport, um unseren Körper zu stählen, machen mentale Übungen zur Stärkung unserer geistigen Kräfte. Unserer Umwelt begegnen wir mit Misstrauen, weil sie als krank machend oder gar lebensbedrohend empfunden wird. Ganze Bewegungen sind entstanden, die sich dem Schutz der Umwelt widmen. Bei all diesen Beispielen geht es weder um ihre Berechtigungen oder darum, ob sie vielleicht von Interessen gesteuert werden, noch um die Existenz von Gegenbewegungen zu jeder der genannten Bewegungen, etwa Fast Food als Gegensatz zu gesunder Ernährung oder statt Körperertüchtigung im Sport zu suchen, seine Zeit Chips essend und Bier trinkend vor dem Fernseher zu verbringen.

Der Kern der Frage zielt auf eine Bedürfnisstruktur, die einmal sehr überschaubar und wesentlich durch die Sicherung des schieren Lebens – also vor allem Essen, Wohnen und Kleidung – bestimmt war. Diese Struktur hat sich dramatisch verändert, hin zu einer kaum noch überschaubaren Vielfalt. Folgen wir weiterhin der von Marx eingeleiteten Gleichsetzung von Bedürfnis und Interesse, dann ergibt sich aus dem beschriebenen Szenario vor allem auch eine ungeheure Vielfalt an Interessen, die es dem Einzelnen fast unmöglich macht, seine eigenen zu erkennen und damit auch zu vertreten. Die Komplexität der Interessenstruktur soll nachfolgend verdeutlicht werden.

Betrachten wir einen Bürger, der der Political Correctness entsprechend gegen Atomkraft und für Klimaschutz ist. Der Bürger pflegt einen durchschnittlichen Lebenswandel, verfügt also über Heizung, Licht, Herd, Kühlschrank und Waschmaschine. Dabei verbraucht er Energie, vor allem Strom. Es wäre schön, wenn er die benötigte Energie klimaneutral erhalten könnte. Nach dem Stand der Technik kämen dafür am ehesten Wind- oder Solarenergie infrage. In unseren Breiten weht jedoch weder der Wind, noch scheint die Sonne regelmäßig genug, um den Strombedarf mit der notwendigen Sicherheit liefern zu können. Also muss der Strom mehr oder weniger auf herkömmliche Art erzeugt werden. Diese besteht weitgehend aus Strom von Kern-, Gas- oder Kohlekraftwerken. Als Atomgegner kann er

---

[53] Vgl. www.wikipedia.de, Stichwort: Wohlstand

den Strom aus Kernkraftwerken nicht wollen. Der Strom aus Kohlekraftwerken belastet aber die CO_2-Bilanz und wirkt sich schädlich auf den Klimaschutz aus. Beim Gas sind wir von Ländern abhängig, die nicht als zuverlässig gelten. Würde der Bürger aber den Bezug von Strom aus Kernkraftwerken vorziehen, dann würde er zwar seinem Ziel des Klimaschutzes besser dienen, dafür aber seine Position gegen die Atomenergie konterkarieren.

Wie auch immer er sich wendet, der Bürger steht also einer handfesten Antinomie gegenüber und muss sich für einen Weg entscheiden, der seinen Prämissen widerspricht. Darüber können auch noch so ausgeklügelte Anstrengungen nicht hinwegtäuschen, wie zum Beispiel die Empfehlung, den Stromverbrauch zu reduzieren oder den Strom zu Zeiten zu verbrauchen, wenn ihn andere nicht nutzen (etwa nachts). Die prinzipielle Problematik bleibt und kann beliebig verdeckt, nicht aber aufgehoben werden. Die angeführte Antinomie ist dabei keinesfalls die einzige, der sich ein Bürger im modernen Staat gegenübersieht. Stattdessen lässt sich fast eine Gesetzmäßigkeit erkennen: Je mehr ein Bürger sich mit den modernen Problemen des Umweltschutzes auseinandersetzt, desto größer ist die Wahrscheinlichkeit, letztlich einer Antinomie, zumindest einer Paradoxie gegenüberzustehen. Die Antinomie ist also der Preis für die Komplexität unserer Interessenlagen, die uns immer dann trifft, wenn wir uns überhaupt Gedanken über unsere Interessen machen.

Banalerweise ist derjenige, der sich erst gar nicht mit der gesamten Fragestellung auseinandersetzt, auch keinerlei Antinomie ausgesetzt. Er macht sich aber an der Political Correctness strafbar, weil er – so zumindest die große Gruppe der Umweltschützer – gedankenlos in den Tag hineinlebt und damit die real existierende Gefahr einfach nicht zur Kenntnis nimmt.

Doch es wird bei dieser Fragestellung noch schlimmer. Ist der betreffende Bürger überhaupt in der Lage, ein fundiertes Urteil über die Gefährdung der Umwelt durch die Anwendung spezifischer Technologien abzugeben, wie bisher stillschweigend vorausgesetzt wurde? Die Frage nach der Gefährdung der Lebensbedingungen durch Atomstrom oder die Auswirkung bestimmter Verhaltensweisen auf den Klimawandel setzt zumindest ein naturwissenschaftliches Studium voraus – näher liegend wäre sogar eine weit darüber hinausgehende zusätzliche Qualifizierung –, soll aber von Menschen entschieden werden, die nicht einmal den Unterschied zwischen Atomen und Molekülen kennen und denen beim Begriff Klima nicht viel mehr einfällt als die Tatsache, dass ein »Hoch« im Sommer meistens Sonne und ein »Tief« meistens Regen bringt.

Bei der Frage des Atomstroms geht es vor allem um die Frage der Bedrohung durch einen Unfall bzw. die Frage der ungesicherten Entsorgung des Atommülls. Dies ist eine Risikoabschätzung. Bisher gab es mit Tschernobyl und Fukushima zwei größere Nuklearunfälle. Bei allen anderen Störfällen drohte zwar ein Unfall, der aber jeweils abgewendet werden konnte. Über den Unfall in Fukushima liegen noch keine verwertbaren Ergebnisse vor. Am Beispiel Tschernobyl liegt umfangreiches Zahlenmaterial vor und kann den Blick für die Dimension des Problems freigeben. Nach dem (alternativen) TORCH-Bericht (The Other Report on Chernobyl), der von höheren Zahlen als den offiziellen ausgeht, könnten unter den damals im weiteren Umkreis um Tschernobyl lebenden 570 Millionen Menschen zwischen 30 000 und 60 000 zusätzliche Krebstodesfälle durch den Reaktorunfall möglich sein.[54] Dies entspräche einer Zahl von 53 bis 106 Toten auf 1 Million Einwohner, wobei die Schätzdauer bis 2065 reicht.

Die Zahl der Verkehrstoten in Deutschland betrug allein im Jahr 2006 62 pro 1 Million Einwohner[55], was auf den Zeitraum, in dem die Zahlen von Tschernobyl betrachtet werden, zu der exorbitanten Zahl von hochgerechnet knapp 5 000 Verkehrstoten je 1 Million Einwohner führen würde. Sieht man einmal von Plattitüden der Art ab, »Jeder Tote ist ein Toter zu viel«, dann mutet es schon erstaunlich an, mit welcher Gelassenheit wir den Straßenverkehr ertragen und mit welcher starken Emotion wir die Gefahren der Atomkraft beurteilen. Rationale Überlegungen sind in diesem Zusammenhang offensichtlich weniger gefragt.

Noch ernster als die Atomfrage ist allerdings die Frage des Klimawandels, bedroht sie doch das Leben der Menschheit insgesamt auf unserem Planeten. Die Frage, ob es den Klimawandel der weltweiten öffentlichen Debatte überhaupt gibt, soll hier nicht weiter interessieren. Weltweite Klimakonferenzen finden bereits statt und weisen deutlich auf die Ernsthaftigkeit im Umgang mit dem Problem hin. Mit ungeheurem Aufwand werden von Politikern aller Parteien und Länder Pläne entwickelt, um den Ausstoß von CO_2 zu verringern.

Dazu stellt der dänische Statistiker Lomborg fest: »Wichtig ist, das Geld nicht dafür zu verschwenden, die heutigen, uneffizienten Alternativtechniken ein wenig aufzupeppen. Einen anschaulichen Fall dazu bietet gerade Deutschland: Riesige Geldmengen werden dort aufgewendet, um winzige Mengen Kohlendioxid mit Solarkraft einzusparen. 716 Euro lassen es sich die Deutschen kosten, um mit den Solar-Panels eine Tonne Kohlendioxid-Emission zu vermeiden – und ersparen dem Planeten Erde damit einen geschätzten Schaden von vier Euro. Der maximale Effekt des gesamten deutschen 53 Milliarden Euro teuren Solarförderungsprogramms ist es, die globale Erwärmung bis zum Ende des Jahrhunderts um eine Stunde aufzuschieben. Ein imposantes Beispiel für eine Politik, die sich gut anfühlt, aber rein gar nichts bringt.«[56]

Es kann hier nicht entschieden werden, ob der zitierte Statistiker mit seiner Aussage recht hat. Bei den Politikern, die vorgeben, eine Lösung zu kennen, kann jedoch ebenfalls nicht von der notwendigen Kompetenz zur Beurteilung des Problems ausgegangen werden.

Wenn es bei diesen Fragen tatsächlich um die Existenz der Menschheit geht, dann verbietet sich eine solch stümperhafte Vorgehensweise. Wenn es schon dem einzelnen Bürger schwerfällt, in der vorhandenen Interessenvielfalt auch nur seine eigenen Interessen zu wahren, um wie viel schwerer wird es, sich im Geflecht der Interessen verschiedener Menschen zurechtzufinden.

Betrachten wir als Annäherung an die Problemstellung den Bau eines Kraftwerks. Jeder verbraucht Strom, jeder weiß, dass der Strom nicht »aus der Steck-

---

[54] Vgl. www.wikipedia.de, Stichwort: Katastrophe von Tschernobyl
[55] Vgl. www.wikipedia.de, Stichwort: Verkehrstod
[56] Der Spiegel, 50/2009, S. 173

dose« kommt. Das heißt, der Bau von Kraftwerken ist anerkannt notwendig. Allerdings möchte niemand so eine Anlage in seiner Nähe haben. Ganz ähnlich ist der Fall bei Straßen gelagert. Jeder benötigt die Verkehrswege, aber niemand möchte durch den Straßenlärm belästigt werden. Hier handelt es sich um eine komplexe Fragestellung, die auf strukturelle Probleme moderner Gesellschaften hinweist. Unbestreitbar hängen Fragestellungen der genannten Art mit der Gestaltung des politischen Raums zusammen. Aber eignen sie sich dafür, von Mehrheiten entschieden zu werden, insbesondere bei technischen Fragestellungen, die in der Regel hohen Sachverstand erfordern, der bei Mehrheiten kaum vorhanden ist?

Um es klar zu sagen: Die Frage, wie viel Autoverkehr wir uns leisten oder wie viel Strom wir verbrauchen wollen, tangiert sehr stark den politischen Bereich. Die Frage, wie wir den Autoverkehr steuern oder den Strom produzieren, gehört eher in den Bereich unabhängiger Fachleute, wobei sich natürlich erhebliche Schwierigkeiten einstellen, wenn wir die Experten nicht mehr haben, weil sie weniger ihren Fachkenntnissen als verschiedenen Interessen verpflichtet sind. Dieser Aspekt wird später noch einmal aufgegriffen.

Ganz anders ist es aber mit der Vielzahl von Bedürfnissen, die den modernen Menschen auszeichnen und für die es in der Geschichte keine Beispiele gibt. Es gibt fast so viele Bedürfnisse, wie es Menschen gibt. So weit ist dies ein Zeichen zum einen für eine außergewöhnliche wirtschaftliche Entwicklung, zum anderen jedoch auch für ein nur selten in der Geschichte gekanntes Maß an Freiheit. Die Menschen fokussieren allerdings seit dem Ende des 19. Jahrhunderts und verstärkt seit der Zeit nach dem Zweiten Weltkrieg ihre Bedürfnisse zunehmend auf materielle Dinge. Je mehr in den westlichen Industriestaaten die unmittelbare Lebensbedrohung durch Hunger zurückging, desto stärker rückte die Befriedigung sonstiger materieller Bedürfnisse in den Vordergrund. Diese Haltung wurde von der Studentenbewegung in den 1960er Jahren noch als »Konsumterror« gegeißelt, wobei der Adressat des Vorwurfs nicht der Konsument, sondern der Produzent der Konsumwaren war. Aber auch das ist längst Geschichte. Heute wird von immer breiteren Kreisen auf immer unverhohlenere Weise geradezu zum Konsum aufgefordert. »Konsumkritiker sind offenbar die Ersten, die die Finanzkrise arbeitslos gemacht hat. Allzu viele gab es ohnehin nicht mehr, nach dem neogrünen Megatrend der vergangenen Jahre: der lustbetonten Konsumstrategie der sogenannten Lohas, biobewegten Anhängern des Lifestyle of Health and Sustainability. Und so hat die Konsumgesellschaft ihre Kritiker gefressen.«[57]

Das Bekenntnis zum Konsum ist zur Lebenshaltung eines großen Teils der Bevölkerung geworden. Aber es gilt noch mehr: Individuelle Konsumaussichten sind zum Kriterium eines gelungenen Lebens geworden. In der Präambel der Verfassung der Vereinigten Staaten von 1787 heißt es noch: »Wir, das Volk der Vereinigten Staaten von Amerika, von der Absicht geleitet, [...] das *allgemeine Wohl* zu fördern und das *Glück der Freiheit* uns selbst und unseren Nachkommen zu bewahren, setzen und begründen diese Verfassung für die Vereinigten Staaten von

---

57 Tobias Becker, Das konsumistische Manifest, Kulturspiegel, Nr. 12 vom 30.11.2009, S. 20

Amerika.«[58] Dort ging es noch um die Förderung des allgemeinen Wohls und um das Glück der Freiheit. Inzwischen liegt das Glück weniger in der Freiheit, auf die immer mehr Menschen zu verzichten bereit sind, als vielmehr in der Erfüllung *persönlichen Wohls*.

Die in der amerikanischen Verfassung zum Ausdruck kommende Haltung hätte sicherlich Auswirkungen auf das Zusammenleben der Menschen und damit insbesondere auch auf das politische Leben in einem Lande. Die Auswirkungen blieben jedoch schon allein deshalb überschaubar, weil jeder Einzelne gezwungen wäre, sich dazu zu verhalten. Er könnte sich mit seinen Möglichkeiten arrangieren oder aber versuchen, seine Möglichkeiten zu überschreiten. Je nach dem persönlichen Erfolg, der aber nicht zuletzt durch das eigene Verhalten zu beeinflussen ist, wird er sein Leben als mehr oder weniger geglückt ansehen. Dem Staat oder der Politik käme lediglich die Aufgabe zu, eine weitgehende Gleichheit der Chancen herzustellen. Die Frage des persönlichen Glücks würde für ihn keine Rolle spielen.

Die modernen Staaten haben sich anders entschieden. Statt sich von den Fragen persönlicher Lebensgestaltung fernzuhalten und sich auf die Angleichung der Lebenschancen zu konzentrieren, versuchen sie, direkten Einfluss auf die Lebensgestaltung der Menschen zu nehmen. Damit erlegt sich der Staat eine Verantwortung auf, die er nie erfüllen kann. Diese Entscheidung kommt einem Dammbruch gleich, denn mit einem Mal bürdet der Staat sich eine Last auf, die zu tragen niemand in der Lage ist, es sei denn, er wäre ein Gott. Der Staat setzt sich einer Flut von Bedürfnissen aus, der er sich nicht mehr erwehren kann.

Die einmal getroffene Entscheidung präjudiziert auch das künftige Verhalten. Ein Staat – und dabei ist es völlig gleich, welche konkrete politische Konstellation herrscht –, kann kaum je wieder seine einmal getroffene Entscheidung korrigieren. Eine Korrektur käme einer politischen Revolution gleich. Folgerichtig werden die Unterschiede der verschiedenen politischen Parteien und Richtungen zu Marginalien. Im Vordergrund aller politischen Anstrengungen steht von nun an die persönliche Zufriedenheit der Bürger eines Landes. Politik wird zum Eldorado für Populisten und Rattenfänger. Die Geister, die wir riefen, werden wir nicht mehr los. Politik schafft nicht mehr nur Rahmenbedingungen, sondern gibt vor, auf welchem Wege sie die Menschen zu ihrem persönlichen Glück führen will. Einige Beispiele dazu wurden hier bereits angeführt, weitere werden noch folgen.

Seit Jahrzehnten versuchen wir mit ungeheurem Aufwand Arbeitsplätze zu schaffen, doch die Arbeitslosigkeit nimmt zu. Dies können auch noch so forsch vorgetragene Zahlen, die das Gegenteil suggerieren, nicht verdecken, handelt es sich bei neuen Arbeitsplätzen doch im Regelfalle um »besondere Arbeitsverhältnisse«, die oft nicht einmal ausreichen, eine Grundversorgung des Arbeitenden zu sichern. Der Staat hilft auf vielfältige Weise bei der Erziehung eigener Kinder (Kindergeld, Elterngeld), sowohl die Geburtenrate als auch der Erziehungserfolg nehmen jedoch ab. Er hilft mit gewaltigem Aufwand bei der Bekämpfung der Armut, doch die Armut nimmt zu. Als dramatisch wird die Zunahme der Kinderarmut angesehen. Er hat sich alle erdenklichen Maßnahmen zur Alterssicherung

---

58 Präambel der Verfassung der Vereinigten Staaten vom 17. September 1787, Hervorhebungen von mir, P.K.

ausgedacht, und die Altersarmut nimmt zu. In »normalen« Arbeitsverhältnissen ist eine ordentliche Kündigung durch den Arbeitgeber kaum mehr möglich, aber es gibt immer weniger »normale« Arbeitsverhältnisse. Wir haben ein ausgeklügeltes System der Existenzsicherung im Krankheitsfall, können aber kaum mehr unsere Krankenkassenbeiträge bezahlen. Zunehmend rückt die »Zweiklassenmedizin« in den Fokus der Öffentlichkeit. Wo immer wir hinsehen, auf allen staatlichen Leistungen scheint ein Fluch zu liegen, der ihr Gelingen verhindert.

Samuel Beckett hat den Verblendungszusammenhang in unübertrefflicher Weise zu Ausdruck gebracht:

> **»POZZO**   Ich bin blind.
> *Schweigen.*
> **WLADIMIR**   Blind!
> **ESTRAGON**   Vielleicht sieht er klar in die Zukunft.«[59]

Liegt die Vergeblichkeit der Anstrengungen an der Unfähigkeit unserer Politiker? Auch wenn es nicht die Elite des Volkes ist, die es in den Stand des Politikers zieht, kann ein solch massives Versagen nicht an den beteiligten Personen liegen. Es ist die gestellte Aufgabe. Unter der Voraussetzung eines freiheitlichen Staates kann die Aufgabe nicht bewältigt werden. Unter totalitären Verhältnissen könnte man einen Umfang an zulässigen Interessen und zugleich Formen der Interessenvertretung definieren, also vonseiten der Politik vorgeben. Dann hätte man zumindest theoretisch die Möglichkeit, die Problematik zu begrenzen, um so die sichere Erfolglosigkeit durch mehr als zweifelhafte Erfolgsaussichten zu ersetzen.

Die Erfolglosigkeit staatlicher Maßnahmen führt immer wieder zu Forderungen nach einem starken Staat, mehr sogar noch nach einem »starken Mann«, der, einem Messias gleich, die Probleme beseitigen soll. Zweifellos werden solche Forderungen zunehmen, weil die Zahl der Politikfelder, auf denen der Staat scheitert – scheitern muss – weiter steigt. Eine wahllos herausgegriffene Meldung aus der jüngsten Vergangenheit lautet: »Der Kopenhagener Gipfel ist gescheitert – und Klimaforscher spielen mit dem Gedanken an eine autoritäre Regierungsform, um die globale Erwärmung zu bewältigen.«[60] Dass eine »autoritäre Regierungsform« in Wahrheit eine totalitäre wäre, sollte uns nach den Erfahrungen des 20. Jahrhunderts nun wahrlich nicht mehr verwundern.

Wenn wir uns aber weiterhin unter der Voraussetzung freiheitlicher Lebensverhältnisse auf den eingeschlagenen Wegen den Problemen stellen, dann wird der Staat noch stärker konfrontiert mit der unstrukturierten und unüberschaubaren Menge von Partialinteressen. Dann gibt es wie gesagt bald so viele Interessen wie Menschen im Lande. Dabei geht es beileibe nicht nur um den ominösen Konflikt zwischen »reich« und »arm«. Je stärker dieser Konflikt in den Fokus gerückt wird, desto deutlicher wird, dass unsere wirklichen Probleme an ganz anderen Stellen liegen. Wenn der letzte »Reiche« das Land verlassen hat oder enteignet ist, dann

---

59 Samuel Beckett, Warten auf Godot, 2. Akt
60 Wenn Forschern die Demokratie lästig wird, Spiegel-Online, 29.12.2009

wird klar werden, dass damit zwar eine Fülle weiterer Probleme entstanden, aber nicht eines der bereits vorhandenen auch nur einen Schritt in Richtung einer Lösung vorangekommen ist.

Unser Staat duldet aber auch die legale Ausbeutung der Armen durch die Armen. So waren im März 2009 nach Aussagen der Bundesagentur für Arbeit in Deutschland etwa 4,9 Millionen Menschen ausschließlich geringfügig Beschäftigte.[61] Diese Menschen dürfen so etwas wie legalisierte Schwarzarbeit betreiben, indem sie für ihre Tätigkeit (fast) keine Steuern und Sozialabgaben zahlen müssen. Da das Geld nicht vom Himmel fällt, müssen die fehlenden Steuern und Beiträge von den »normal« Beschäftigten aufgebracht werden.

Um es noch einmal deutlich zu sagen: Wir haben uns eine Welt gebastelt, in der die Betrogenen die Betrüger betrügen, also am Ende nur betrogene Betrüger übrig bleiben. Die Schilderungen beschreiben den politischen Alltag in unserem Lande. Um diese Aussage nicht nur als trockene Versicherung hinzustellen, hier Ausschnitte eines Interviews mit dem Bundesminister der letzten Regierung für Arbeit und Soziales und jetzigen Hamburger Bürgermeister Olaf Scholz, das jüngst unter der vielsagenden Überschrift »Mehr Klarheit« in einem großen deutschen Nachrichtenmagazin erschienen ist. Aussagen, wie die nachfolgenden, müssen keineswegs mit der Lupe gesucht werden. Wir finden sie – vielleicht nicht immer mit der hier vorhandenen Klarheit – jeden Tag in den Nachrichten, in Talkshows oder in der Presse. Wir nehmen sie nur nicht mehr mit der gebotenen Aufmerksamkeit wahr, weil wir ermüdet oder bereits entsprechend konditioniert sind. Doch betrachten wir das Interview.[62]

> **Spiegel**: [...] Wie lautet Ihr Programm?
> **Scholz**: Der Staat hat zwei Aufgaben: Er muss zum einen mehr Jugendliche zu Abitur und akademischen Abschlüssen, vor allem in den Bereichen Mathematik, Ingenieurs- und Naturwissenschaften, führen. Zum anderen hat er dafür zu sorgen, dass künftig kein Jugendlicher mit weniger als einer Berufsausbildung im Tornister in das Arbeitsleben strebt. Dazu brauchen wir vor allem mehr Klarheit.
> [...]
> **Spiegel**: Das klingt nach Überwachungsstaat. Wollen Sie eine Zentraldatei für alle 16- bis 20-Jährigen schaffen?
> **Scholz**: Nein. Wir wollen nicht überwachen, sondern rechtzeitig helfen. Es nutzt doch nichts, wenn Jugendliche mit 16 Jahren die Schule verlassen, und wir sehen sie dann mit 22 Jahren ohne Ausbildung in einem Jobcenter wieder. Der Start ins Berufsleben ist die zentrale Station auf dem Lebensweg. *Da dürfen wir niemanden allein lassen.*[63] Das überall in Deutschland zu erreichen, ist mein Ziel in der nächsten Legislaturperiode.

---

[61] Vgl. www.wikipedia.de, Stichwort: Geringfügige Beschäftigung
[62] Vgl. Der Spiegel, 36/2009, S. 76f.
[63] Hervorhebungen von mir, P.K.

[…]

Spiegel: Was wollen Sie mit Jugendlichen machen, die von Ausbildung einfach nichts wissen wollen?

Scholz: Wir müssen immer wieder neu mit Angeboten kommen. Auch nach Ende der Schulzeit: anrufen, Termine machen und im Zweifel an der Haustür klingeln. Zu diesem Geschäft gehört Ausdauer.

[…]

Spiegel: Fleischer sagen, sie finden kaum noch einen deutschen Bewerber für einen Ausbildungsplatz.

Scholz: Das Problem gibt es. Aber da muss die deutsche Wirtschaft eben auch lernen, dass sie für bestimmte Berufe vielleicht nicht immer die angemessene Lohnvorstellung hat. Junge Männer und Frauen erkundigen sich bei Bekannten, bevor sie einen bestimmten Beruf ergreifen. Wenn sie dann hören, dass man von seinem Lohn nicht leben kann, lassen sie es eben. Und die Unternehmen müssen auch diejenigen als Auszubildende akzeptieren, die nicht die besten Zeugnisse haben. Wir geben zu viele junge Menschen auf. Wir lassen zu viele fallen, die es wert sind, dass man sich Mühe mit ihnen gibt.

Spiegel: Es gibt eine wachsende Zahl von Sozialpolitikern in Deutschland, die geben eine ganz andere Antwort: Wenn die Qualifikationsanforderungen des modernen Arbeitsmarkts nicht mehr von allen Bewerbern erfüllt werden können, müssen wir uns eben vom Ziel der Vollbeschäftigung verabschieden. Zahlen wir allen ein Grundeinkommen, dann haben wir die Probleme gelöst. Was halten Sie davon?

Scholz: Ich bin strikt dagegen. Zum einen löst das kein Problem, denn Armut ist eine relative Größenordnung. Wenn jeder 600 Euro bekommt, wird er sich trotzdem mit seinem Nachbarn vergleichen, der darüber hinaus noch ein Arbeitseinkommen hat. Er wird also nicht zufrieden sein. Zum anderen habe ich als Sozialdemokrat grundsätzlich eine andere Haltung. Ich bin der Auffassung, dass der Mensch arbeiten soll, und – darin unterscheide ich mich von den Konservativen und Liberalen – dies aber auch für jeden menschenwürdig möglich sein muss.

Als Napoleon noch halb Europa beherrschte, soll er den Satz geprägt haben: »Jeder trägt seinen Marschallstab im Tornister«, und drückte damit aus, dass der Einzelne sein Schicksal weitgehend in der eigenen Hand habe. Unter Napoleons Nachfolger Olaf Scholz klingt das erheblich anders. Der Einzelne ist nichts, der Staat ist alles. Der Staat füllt die Tornister seiner Schutzbefohlenen, zumindest mit einer Berufsausbildung, besser jedoch mit mehreren Ausbildungen und legt mehr Jugendlichen Abitur und eine mathematisch/naturwissenschaftliche Ausbildung obenauf. Er führt und sorgt und muss dafür – wie sollte es anders sein – auch die Verantwortung übernehmen, wenn im Einzelfall der Tornister nicht ordentlich gefüllt ist. Der Einzelne ist nur noch Marionette in der Hand des Staates. Folgerichtig ist eine Verweigerung gar nicht mehr vorgesehen, im Menschenbild des Herrn Scholz aber auch gar nicht möglich, weil die von ihm beschriebene Kreatur ein willenloses Etwas ist, dem Menschen nur noch äußerlich ähnlich. Dass Lernen etwas mit Anstrengung zu tun haben könnte, dass das menschliche Leben sich nicht selbst lebt, hat sich Herrn Scholz offenbar noch nicht erschlossen.

Doch bevor wir ihm attestieren, an ihm erkenne man besonders gut, wozu fehlender staatlicher Eingriff beim Füllen seines Tornisters geführt habe, sollten wir einen Moment innehalten. Herr Scholz ist ein gebildeter Mann, der ein Studium abgeschlossen hat. Es soll ihm auch hier kein Unrecht geschehen. Bürsten wir seine Aussagen einmal gegen den Strich und sehen zu, was dabei passiert. Wir nehmen also an, Herr Scholz fordert Schweiß und Anstrengung vom Einzelnen ein, damit der sein Leben führen kann, so wie es in der Bibel als Strafe Gottes für den »Sündenfall« formuliert ist: »Im Schweiße deines Angesichts sollst du dein Brot essen, bis daß du wieder zu Erde werdest, davon du genommen bist.«[64] In Anbetracht seines Bildungsgrades darf bei Herrn Scholz das Bibelwort als bekannt vorausgesetzt werden. Also sollte er auch wissen, dass sich ein Leben ohne Mühe nicht bewältigen lässt.

Warum macht er dann solche Aussagen? Herr Scholz will für sich und seine Partei Wahlen, das heißt insbesondere Wählerstimmen gewinnen. Er hat eine Vielzahl meist honoriger Ämter bekleidet, weiß folglich, was erforderlich ist, um gewählt zu werden. Es hat also keinen Sinn, Herrn Scholz zu beschimpfen. Im Gegenteil, wir sollten ihn loben, denn er will ja vor allem mehr Klarheit schaffen und hilft uns dabei zu verstehen, was im politischen Betrieb vor sich geht. Herr Scholz formuliert, was seine Wähler von Politikern erwarten. Die Frage seiner persönlichen Charakterisierung spielt hier keine Rolle.

Die Sorge um das Leben, die immer Sache des Einzelnen war, im christlichen Abendland eventuell von kirchlicher Hilfe begleitet wurde, ist zum zentralen Staatszweck, zur zentralen Aufgabe der Politik geworden. Das ist die Folge der hemmungslosen Ausbreitung des persönlichen Interesses im politischen Raum. Es ist die Herrschaft des Massenmenschen, die den Politiker um den Preis seines Mandats zwingt, in dieser Weise tätig zu werden. Ortega y Gasset hat dies scharfsinnig erkannt, indem er am Vorabend der Machtübernahme durch die Nationalsozialisten schreibt: »Das veranlasst uns, in dem psychischen Diagramm des Massenmenschen die ersten beiden Linien einzutragen: die ungehemmte Ausdehnung seiner Lebenswünsche und darum seiner Person; und die grundsätzliche Undankbarkeit gegen alles, was sein reibungsloses Dasein ermöglicht hat.«[65] Jetzt wird klar: Olaf Scholz hat nicht mehr getan, als einem Zug der Zeit zu folgen.

Doch folgen wir weiter Ortega y Gasset, der mit beispielloser Präzision das Problem auf den Begriff bringt. »Das ist die größte Gefahr, die heute die Zivilisation bedroht: die Verstaatlichung des Lebens, die Einmischung des Staates in alles, die Absorption jedes spontanen sozialen Antriebs durch den Staat; das heißt die

---

[64] 1. Mose 3,19
[65] Ortega y Gasset, Der Aufstand der Massen, Gesammelte Werke, Band 3, Stuttgart 1950, S. 45

Unterdrückung der historischen Spontaneität, die letzten Endes das Schicksal der Menschheit trägt, nährt und vorwärtstreibt.«[66]

Gegen diese Macht ist die Macht jedes Politikers eine vernachlässigbare Größe. Dieser ist bestenfalls ein Holzscheit, das willenlos im Fluss treibt. Besser formuliert: *Der Politiker im modernen Staat ist die Inkarnation des Massenmenschen.* Wäre er dies nicht, so wäre seine politische Karriere nicht möglich. »Aber da der Massenmensch tatsächlich glaubt, er sei der Staat, wird er in immer wachsendem Maße dazu neigen, ihn unter beliebigen Vorwänden in Tätigkeit zu setzen, um so jede schöpferische Minorität zu unterdrücken, die ihn stört, ihn auf irgendeinem Gebiet stört – in der Politik, der Wissenschaft, der Industrie.«[67]

Als wir den politischen Raum den persönlichen Interessen geöffnet haben, ist ein Prozess in Gang gesetzt worden, der nur mit dem Öffnen einer Schleuse zu vergleichen ist: So wie hier das Wasser mit aller Macht den Niveauunterschied ausgleichen wird, so sollen dort die Unterschiede zwischen den Menschen eingeebnet werden. Dies bedingt dann unweigerlich die Schlussfolgerung: »*Charakteristisch für den gegenwärtigen Augenblick ist es jedoch, daß die gewöhnliche Seele sich über ihre Gewöhnlichkeit klar ist, aber die Unverfrorenheit besitzt, für das Recht der Gewöhnlichkeit einzutreten und es überall durchzusetzen.*«[68]

Die Herrschaft der Gewöhnlichkeit lässt aber einer qualifizierten Gestaltung keinen Raum mehr. Das Handeln wird ersetzt durch ein Verhalten, das dem Massengeschmack entspricht. Damit lassen sich die anstehenden Probleme nicht mehr vernünftig lösen. Die Lösung von Problemen wird ersetzt durch ein Ritual, das diese nur vorgibt und damit weitere Probleme schafft. Wenn wir es so betrachten, dann ist Politik heute in einem nur noch gigantisch zu nennenden Maße zu einer Arbeitsbeschaffungsmaßnahme für Politiker und verwandte Tätigkeitsbereiche geworden. Mit ungeheurem Aufwand und beträchtlichem Engagement schaffen Politiker die Probleme, an deren Lösung sie sich dann abarbeiten. Doch alles Engagement reicht nicht hin, die Probleme auf der Ebene des Einzelschicksals anzugehen. Um die Metapher noch einmal aufzugreifen: Mit Klingeln an der Haustür wird das Problem nicht mehr zu bewältigen sein, wenn die Zahl der Verweigerer zunimmt.

Die Politik muss nach Wegen suchen, die Atomisierung der individuellen Interessen mit ihrer unbegrenzten Aufsplitterung in geordnetere Bahnen zu lenken. Sie braucht so etwas wie eine Interessenstruktur, das heißt eine Struktur, in der Interessen gebündelt werden können.

---

[66] Ortega y Gasset, Der Aufstand der Massen, Gesammelte Werke, Band 3, Stuttgart 1950, S. 97
[67] Ortega y Gasset, Der Aufstand der Massen, Gesammelte Werke, Band 3, Stuttgart 1950, S. 97f.
[68] Ortega y Gasset, Der Aufstand der Massen, Gesammelte Werke, Band 3, Stuttgart 1950, S. 13, Im Original hervorgehoben

»Daß ein Wahlrecht annähernd leistet, was der Idealist sich dabei denkt, setzt voraus, daß es keine organisierte Führerschaft gibt, die in *ihrem* Interesse und im Maßstabe des verfügbaren Geldes auf die Wähler einwirkt. Sobald sie da ist, hat die Wahl nur noch die Bedeutung einer Zensur, welche die Menge den einzelnen Organisationen erteilt, auf deren Gestaltung sie zuletzt nicht den geringsten Einfluß mehr besitzt. Und ebenso bleibt das ideale Grundrecht abendländischer Verfassungen, das der Masse, ihre Vertreter frei zu bestimmen, bloße Theorie, denn jede entwickelte Organisation ergänzt sich in Wirklichkeit selbst. Endlich erwacht ein Gefühl davon, daß das allgemeine Wahlrecht überhaupt kein wirkliches Recht enthält, nicht einmal das der Wahl zwischen den Parteien, weil die auf seinem Boden erwachsenen Machtgebilde durch das Geld alle geistigen Mittel der Rede und Schrift beherrschen und damit die Meinung des Einzelnen über die Parteien nach Belieben lenken, während sie andrerseits durch ihre Verfügung über Ämter, Einfluß und Gesetze einen Stamm unbedingter Anhänger züchten, eben den ›Caucus‹, der den Rest ausschaltet und ihn zu einer Wahlmüdigkeit führt, die endlich selbst in den großen Krisen nicht mehr überwunden werden kann.«

Oswald Spengler[69]

3.2.3   DAS PROBLEM DES LOBBYISMUS

Sind sie erst einmal ins Zentrum gerückt, dann lassen sich ab einer bestimmten Anzahl Menschen wahrhaft atomisierte Interessen nicht mehr beherrschen. Vor allem in einer von Interessen gesteuerten Demokratie stehen diese dem dann ja ebenfalls vorhandenen Interesse der Politik als Ganzer entgegen. Deren Erfüllung, so sie denn möglich wäre, stünde kein messbarer politischer Erfolg gegenüber, weil immer nur Einzelne, nie aber gesellschaftlich relevante Gruppen zufriedengestellt werden könnten. Umgekehrt würde die Berücksichtigung einzelner Interessen immer der Interessenlage der Mehrheit entgegenstehen, eine vor allem in einer Demokratie untragbare Konstellation. Eine der dringendsten Aufgaben einer interessengesteuerten Demokratie besteht also darin, Mittel und Wege zu einer Bündelung von Interessen zu finden oder, anders ausgedrückt, die unübersehbare Vielzahl von Einzelinteressen zu gruppieren.

Der Weg von Marx, die Interessen aufzuspalten in eigentliche und vernachlässigbare, wobei schließlich nur noch zwei eigentliche Interessen übrig bleiben, hat sich als Irrweg herauskristallisiert. Unter entwickelten ökonomischen Verhältnissen lassen sich die Menschen nicht auf zwei Interessenlagen, die von Arbeitgebern und Arbeitnehmern, reduzieren. Deshalb kann das Ziel der Gruppierung von Einzelinteressen prinzipiell auf zwei verschiedenen Wegen erreicht werden, die sich dabei keinesfalls im Widerspruch zueinander befinden müssen.

---

[69] Oswald Spengler, Der Untergang des Abendlandes, Band 2, Welthistorische Perspektiven, München 1922, S. 571f. – Hervorhebung im Original

Der eine Weg besteht darin, die Menschen so zu konditionieren, dass sie sich angleichen, bis schließlich nur noch eine überschaubare Anzahl von relevanten Interessen übrig bleibt, der andere darin, ähnliche Interessen zu einem gemeinsamen Interesse zusammenzufassen. Der erste Weg kommuniziert dabei aufs Engste mit der Entwicklung der Produktivkräfte und ist eine direkte Folge der Tendenzen zur Vergesellschaftung, weil die »große Produktion« stets die Tendenz zu einer Angleichung der Bedürfnisse in sich trägt, denn ohne eine solche wäre sie gar nicht möglich. Der zweite Weg führt in direkter Linie zum Problem des Lobbyismus und soll nachfolgend genauer untersucht werden.

Das Prinzip der Bündelung von Interessen besteht im Wesentlichen darin, differenzierte Interessen jeweils auf ihren Kern zurückzuführen, indem deren Träger auf nebensächliche Aspekte ihrer Interessen verzichten, damit Unterschiede ihrer Interessenlagen einebnen und sich somit zusammenschließen können. Durch ihren Zusammenschluss verbessern sich die Aussichten, im Konzert der verschiedenen Interessen besser Gehör zu finden, wobei die einfache Formel gilt, je größer die Personenzahl eines Zusammenschlusses, desto besser sind die Aussichten, auf der politischen Ebene beachtet zu werden. Doch ganz so einfach ist es auch nicht. Es kommt darauf an, mit welchem Nachdruck die Interessen auf der politischen Bühne zum Ausdruck gebracht werden.

Dem Prinzip der Bündelung von Interessen genügen Verbände, die ihre Anliegen über die Anzahl ihrer Mitglieder, die Medien und direkten politischen Einfluss in Entscheidungen umgesetzt sehen wollen. Ein Verband gilt dabei als umso mächtiger, je mehr es ihm gelingt, seinen Partialinteressen zum Durchbruch im politischen Tagesgeschäft zu verhelfen. Solche Interessenverbände werden gemeinhin als Lobbys bezeichnet, wobei sich das Wort auf den Vorraum zum Parlament bezieht, denn dort, also an der Stätte unmittelbarer politischer Entscheidungsfindung, wollen sie ihren politischen Einfluss ausüben. Da dieses Verfahren in allen entwickelten Demokratien in meist starker Form ausgeübt wird, hat man dafür das Wort Lobbyismus geprägt. Beim Internetportal Wikipedia wird das Wort wie folgt erklärt: »Lobbyismus ist eine Methode der Einwirkung auf Entscheidungsträger und Entscheidungsprozesse durch präzise Information im Rahmen einer festgelegten Strategie.«[70] An dieser Erklärung darf man mit einiger Berechtigung erhebliche Zweifel anmelden, weil sie den Kern der Sache verfehlt.

Lobbyismus ist eine Form der Einflussnahme, bei der es allein auf den Erfolg und eben nicht auf die präzise Information der Entscheidungsträger ankommt. Diese Unterscheidung ist deshalb wichtig, weil zum Zweck/Mittel-Spektrum des Lobbyismus durchaus die verschiedensten Einflussnahmen gehören, die bis an den Rand von Bestechungen reichen, wenn etwa Entscheidungsträger zu sogenannten Informationsveranstaltungen in exklusive Veranstaltungsorte in weit entfernt liegenden Weltgegenden geladen werden, wobei sie selbstverständlich auch noch ihre Familienangehörigen mitbringen können, oder wenn zum Beispiel Abgeordnete von Firmen für gutes Geld angestellt werden, um als Gegenleistung buchstäblich nichts zu tun, wie es vor einigen Jahren beim VW-Konzern in einem beson-

---

70 www.wikipedia.de, Stichwort: Lobbyismus

ders dreisten Fall aufgedeckt wurde. So hatten die beiden niedersächsischen Abgeordneten Ingolf Viereck und Hans-Herrmann Wendhausen vom VW-Konzern Bezüge von insgesamt 750 000 Euro erhalten, ohne dafür eine Gegenleistung zu erbringen[71], wie auch der VW-Konzern bestätigte.[72]

Hier werden fraglos Grenzen des guten Geschmacks und sicher noch etwas mehr überschritten, aber Probleme dieser Art stellen – allen Beteuerungen honoriger Gegner solcher Praxis zum Trotz – nicht die eigentliche Gefahr des Lobbyismus dar, obwohl die Zahl der bekannten Verfehlungen hoch ist und Mitglieder aller politischen Parteien der Bundesrepublik Deutschland betrifft. Doch versuchen wir, uns zunächst dem Problem des Lobbyismus noch genauer zu nähern.

Lobbyismus ist jede direkte Form der Einflussnahme auf Politiker zum Zwecke, genehme politische Entscheidungen herbeizuführen. Um das Geschäft im Trüben etwas aufzuhellen, hat man Regelungen für die Form der Einflussnahme aufgestellt, die allerdings keineswegs »ungeregelte« Formen derselben verhindern. Das heißt, als Lobbyisten werden nur solche Verbände anerkannt, die in einer öffentlichen Liste vom Präsidenten des Deutschen Bundestages aufgeführt sind. Im Juni 2010 waren 2 136 Verbände auf dieser Liste registriert[73], wobei deren Anzahl wächst. Das ist eine stattliche Zahl, und wer sich die Liste ansieht, der hat den Eindruck, dass so gut wie kein Partialinteresse dort nicht vertreten ist.

Ohne den geringsten Anspruch auf eine repräsentative Auswahl sollen einige Verbände benannt werden, wie die Arbeitsgemeinschaft die moderne Küche, die Arbeitsgemeinschaft flexible Arbeitszeitkonten, die Arbeitsgemeinschaft für Wirkstoffe in der Tierernährung, die Bundesvereinigung Sadomasochismus, der Bundesverband der Stärkekartoffelerzeuger, der Bundesverband für Tiergesundheit, aber auch die Arbeitsgemeinschaft Testamentsvollstreckung und Vermögenssorge, bis hin zur Initiative für Transparenz und Demokratie. Bestimmte einflussreiche Institutionen sind gar nicht erst auf der Liste aufgeführt, etwa die verschiedenen kirchlichen Organisationen, die gleichwohl Einfluss auf die Politik zu nehmen versuchen. Alle Verbände in der Liste eint die Überzeugung, durch ihre Tätigkeit dauerhaft politische Entscheidungen beeinflussen zu können.

Um das Positive vorwegzunehmen: Wenigstens ist die Liste öffentlich und der Bürger kann ein Gefühl dafür bekommen, welch massive Aufwendungen in unserem Lande betrieben werden, um das politische Geschehen zu beeinflussen. Es gibt sicherlich nicht unerhebliche Einflussnahmen, die außerhalb des hier aufgezeigten Weges geltend gemacht werden, ja, es bedarf wohl keiner besonderen Kühnheit des Gedankens, wenn man von einer erheblich größeren Einflussnahme auf politische Entscheidungen außerhalb der Lobbyverbände ausgeht.

Betrachten wir dazu zwei Beispiele. Kanzler und Vizekanzler der letzten rotgrünen Regierung, Gerhard Schröder und Joschka Fischer, haben mittlerweile ein Auskommen als Berater bei Weltunternehmen gefunden. Weder Gerhard Schröder bei Gazprom noch Joschka Fischer bei BMW haben ihre Beraterverträge wegen

---

[71] Vgl. dazu: Hans Herbert von Arnim, Herr Lammert, bitte handeln, Spiegel-Online, 14.07.2007
[72] Vgl. www.wikipedia.de, Stichwort: Ingolf Viereck
[73] Vgl. www.wikipedia.de, Stichwort: Lobbyismus

ihrer profunden Kenntnisse des Gas- bzw. Automarkts erhalten. Vielmehr verfügen beide Herren über wichtige Kontakte, die sie natürlich zum Nutzen ihrer neuen Arbeitgeber einsetzen werden.

Damit nähern wir uns dem wirklichen Problem des Lobbyismus: Nicht das wie auch immer bewertete fachliche Konzept, sondern persönliche Kontakte bestimmen essenziell politische Entscheidungen und wirken sich so auf Wohl und Wehe ganzer Konzerne aus, wie auch aufs gesamte Volk, man denke nur einmal an die Pharmaindustrie.

Halten wir ein erstes wichtiges Ergebnis der Betrachtungen zum Lobbyismus fest: *Je geringer die Fachkenntnis der Entscheidungsträger ist, desto größer ist der Einfluss sachfremder persönlicher Kontakte.*

Betrachten wir noch einmal die Erklärung von Wikipedia und bürsten sie gegen den Strich, dann enthüllt sie eine Wahrheit, die so nicht beabsichtigt war, aber einen wesentlichen Schlüssel zum Verständnis des gesamten Phänomens Lobbyismus enthält. Wenn auf Entscheidungsträger durch »präzise Information« eingewirkt werden soll, dann suggeriert die Erklärung, die Entscheider würden vom Lobbyisten genaue Auskünfte in Bezug auf die zu entscheidende Sache erhalten. Dies mag in Einzelfällen sogar zutreffen, stellt aber nicht das eigentliche Anliegen des Lobbyisten dar.

Was der Lobbyist durch seine versuchte Einflussnahme dem Entscheidungsträger jedoch unweigerlich zur Kenntnis bringt, ist die Sicht seines Verbandes, aber auch die Stärke, mit der dieser sein Anliegen verfolgt. Dies erleichtert dem Politiker die Einschätzung des politischen Umfelds, und so kann er die Vor- und Nachteile einer anstehenden Entscheidung hinsichtlich seiner Wiederwahl besser einschätzen. Mit irgendwelchen Sachargumenten hat das Verfahren bestenfalls am Rande zu tun.

Da zum Prinzip des Lobbyismus ja das Zusammenspiel einer Vielzahl von Lobbyisten gehört, geht der politische Betrieb von einem Ausgleich der Einflussnahmen aus. Die verschiedenen Einflussnahmen sollen sich so weit bestärken, dämpfen oder gar aufheben, dass das Verfahren vielleicht nicht das beste, sicher aber ein akzeptables ist.

Besondere Fehlleistungen, wie etwa die Reduzierung des Mehrwertsteuersatzes für Hoteliers[74], können als bestätigende Ausnahme von der Regel angesehen werden, hat doch der nicht zu übersehende Aufschrei in der Bevölkerung und den Medien wohl noch dem letzten Entscheidungsträger verdeutlicht, dass hier etwas schiefgelaufen ist. Kein Alleinherrscher, sei er mit noch so vielen Kompetenzen ausgestattet, sei er noch so klug, ist gegen Fehlleistungen dieser Art gefeit. Doch das Problem des Lobbyismus lauert an anderer Stelle.

Versuchen wir uns einmal dem Problem von der Seite des sicheren Wissens zu nähern. Wenn jemand das Ergebnis der Multiplikation von 2 mit 2 kennt, dann wird ihn keine Einflussnahme dahin bringen, als Ergebnis den Wert 5 anzuerkennen. Wenn jemand gestern im Kino war und nicht im Schwimmbad, kann ihn niemand dazu verleiten zu behaupten, er sei schwimmen gewesen. In beiden Fällen

---

[74] Seit 01.01.2010 gilt für Hotel Übernachtungen der reduzierte Mehrwertsteuersatz von 7 %.

könnte nur Gewalt oder Bestechung die Aussage verändern. Deswegen ist die Gefahr möglicher Einflussnahme von außen umso größer, je weniger sicher das Wissen eines Menschen ist. Die Sicherheit des Wissens um eine Sache nimmt aber überproportional zu deren Komplexität ab, sie sinkt aber auch, wenn es zum Beispiel um die Auswirkungen von Entscheidungen auf die Zukunft geht, weil ja noch nicht alle Umstände bekannt sein können.

In einer komplexen Entscheidungssituation gibt es die eindeutige Tendenz, die Entscheidung am besten aufzuschieben. Sollte dies nicht möglich sein, wird die Entscheidung mit einer Unschärfe versehen, weil andernfalls die Verantwortung nicht getragen werden kann. Diese Situation ist mit der eines Aktienkäufers vergleichbar, der zu bestimmten Aktien zwar gewisse Einschätzungen hat, es aber in aller Regel vermeiden wird, sein gesamtes Geld in Anteile nur eines Unternehmens zu investieren. Hier wie da wird mit dem möglichen Erfolg auch der Schaden begrenzt, und das kann diese Vorgehensweise rechtfertigen. Die Situation ist aber vor allem vergleichbar mit der Lage der Manager von großen Unternehmen, denn auch die müssen in aller Regel Entscheidungen treffen, die sich auf eine nicht genau vorhersehbare Zukunft richten und für die sie keine fachliche Kompetenz besitzen.

Wir sehen, die Situation von Managern und Politikern ist häufig ähnlich. Dies wurde in wünschenswerter Klarheit vom Alt-Bundeskanzler Schröder denn auch ausgedrückt, als er sagte: »Ich betrachte Politik heute vor allem als eine Management-Aufgabe. Intelligentes Management unterscheidet sich vom unintelligenten auch dadurch, daß es nicht anordnen und verordnen will, sondern dialogfähig ist. Der Kern meiner Politik wird sein, dialogfähig mit den gesellschaftlichen Gruppen zu bleiben.«[75] Im Begriff der Dialogfähigkeit wird die Unschärfe der Entscheidung versteckt. Das ist ungefähr das Muster, mit dem Entscheidungen im politischen Raum getroffen werden.

Im Prinzip des Lobbyismus wird zwar durchaus die Gefahr des Missbrauchs erkannt. Doch diese soll durch die Öffentlichkeit aufgedeckt und perspektivisch abgestellt werden.

Es gibt einen Bereich, in dem die Entscheidungsfindung in analoger Weise vorgenommen wird, in dem zwar auch Fehlentscheidungen vorkommen, der aber insgesamt durchaus zu befriedigenden Ergebnissen führt. Gemeint ist die Gerichtsverhandlung im Strafrecht. Schauen wir uns diesen Bereich einmal genauer an, um anschließend die Differenzen zur Politik herauszuarbeiten.

Im Strafprozess gibt es vier Instanzen. Den Angeklagten, den Staatsanwalt, den Rechtsanwalt und den Richter. Der Angeklagte ist die Instanz, die eines Verbrechens beschuldigt wird. Der Staatsanwalt vertritt den Verfolgungsanspruch des Staates und formuliert die Anklage. Bevor er Anklage erhebt, hat er sich von der Schuld des Angeklagten überzeugt. In der Verhandlung trägt er die Gründe dafür vor. Der Rechtsanwalt vertritt den Angeklagten und versucht – durchaus parteiisch – zu begründen, warum der die ihm vorgeworfene Tat nicht begangen hat, oder – falls dies nicht möglich ist – die Tat in einem milderen Licht erscheinen zu

---

[75] Der Spiegel 39/1998, S. 38

lassen. Dabei darf er sich keinesfalls von seiner Sympathie oder Antipathie für oder gegen den Angeklagten leiten lassen. Die beiden Parteien ringen also um die Schwere der Schuld des Angeklagten, und dies tun sie ihrem Auftrag gemäß durchaus parteiisch. Der Richter ist die unabhängige Instanz, die sich die Argumente der Parteien anhört und schließlich aus einer Position der Unabhängigkeit heraus das Urteil fällt. In Kenntnis des *errare humanum est* können die Parteien gegen ein Urteil Berufung einlegen, um es überprüfen zu lassen.

Genau diese Verfahrensweise wird prinzipiell auch für den politischen Raum angenommen, in dem nach diesem Bild die Abgeordneten die unabhängige Instanz darstellen. Sie sind, darin dem Richter durchaus formal gleich, nur dem Gesetz und ihrem Gewissen verantwortlich. Die verschiedenen Interessengruppen nehmen im politischen Verfahren die Rolle der Parteien ein. Durch den Widerstreit der sich entgegenstehenden Interessengruppen machen sich die Abgeordneten ein Bild von der zu entscheidenden Sache, erfahren deren Vor- und Nachteile und entscheiden schließlich nach bestem Wissen und Gewissen, wobei stillschweigend von einer notwendigen Qualität der Entscheidung ausgegangen wird. Die hier skizzierte Grundlage des politischen Entscheidungsprozesses hat durchaus gute Gründe für sich. Doch entspricht das reale Geschehen noch diesem Idealbild?

Schon auf den ersten Blick fällt die fehlende neutrale Instanz im politischen Entscheidungsprozess auf. Der Abgeordnete ist kein Wesen ohne eigenes Interesse. Im Strafverfahren bringt es dem Richter keinerlei Vorteile, den Angeklagten zu verurteilen oder nicht. Daraus ergibt sich seine Unabhängigkeit. Für Abgeordnete gilt eine ähnliche Unabhängigkeit nicht. Der Abgeordnete ist sogar in doppeltem Sinne Betroffener, zum einen als der »normale« Mensch, der er ja auch ist, zum anderen jedoch auch noch als Repräsentant seiner Wähler und seiner Partei. Das heißt, er muss bei jeder Entscheidung noch zusätzlich abwägen, welche Auswirkungen diese auf das Verhalten seiner Wähler haben könnte, von deren Wohlwollen ja seine weitere politische Karriere zumindest teilweise abhängt. Noch größer ist die Abhängigkeit des einzelnen Abgeordneten von seiner Partei, die ihn letztlich als Kandidaten aufstellt und ihm einen mehr oder weniger Erfolg versprechenden Wahlkreis zuteilt. Der Politiker befindet sich also in einer weit schwierigeren Lage als der Richter. Da auch die ihn beratenden Fachleute keinesfalls – wie eben als Gutachter in der Gerichtsverhandlung dem Richter gegenüber – der Wahrheit verpflichtet sind, wird seine Lage nicht besser. Im Gegenteil, die beratenden Fachleute, die Lobbyisten, sind erklärtermaßen parteiisch, und nichts liegt ihnen ferner als die unabhängige Klärung des zu entscheidenden Sachverhalts.

Wir sehen, die Rolle des Abgeordneten ist von der des Richters wohl zu unterscheiden. Während der Richter darüber hinaus noch eine schwierige und langwierige Ausbildung durchlaufen und erfolgreich abschließen muss, genügen beim Parlamentarier oft die »richtige« Gesinnung und geschicktes Verhalten im parteiinternen Auswahlverfahren. Häufig genug reicht es, in unserer ausgeprägten Quotenrepublik das richtige Alter oder Geschlecht vorweisen zu können, um die geeigneten Voraussetzungen für eine politische Karriere zu haben.

Vom Vergleich des politischen Verfahrens mit einem Strafverfahren, in dem die verschiedenen Parteien um die Wahrheit ringen, bleibt nicht viel mehr als reine

Ideologie übrig, zumal es im politischen Raum in erster Linie nicht um Wahrheit geht. (Was natürlich keinesfalls heißen soll, dass Wahrheit keine Rolle im politischen Prozess spielt. Sie ist aber eher eine wichtige Rahmenbedingung denn direkter Gegenstand des politischen Handelns.)

Die Sache der nicht organisierten Minderheiten blieb bisher außer Betracht. Das Prinzip des Lobbyismus vermag durchaus das Problem von Minderheiten zu integrieren, wie wir gerade in den letzten Jahren konstatieren können. Von Randbereichen abgesehen ist es heute kein Problem, sich als Lesbe oder Schwuler zu bekennen, und es kann angesichts eines schwulen Außenministers, eines schwulen Ministerpräsidenten, einer lesbischen Fernsehmoderatorin – alles bekennende »Invertierte«, wie sie Marcel Proust[76] zu nennen pflegte – keine Rede von einer gesellschaftlichen Ächtung dieses »abweichenden« Verhaltens sein. Längst genießen gleichgeschlechtliche Paare alle gesellschaftlichen Vorteile – Steuervorteile, Versorgungsansprüche – wie alle anderen Paare auch. Steht dies nicht deutlich für eine Zunahme an Freiheit, für die Berücksichtigung der Interessen von Minderheiten?

Die Minderheiten fanden jedoch erst Gehör, als bereits ein gesellschaftlicher Umdenkungsprozess stattgefunden hatte. Der Vorgang des öffentlichen Bekenntnisses kommt schon einem unerträglichen Eingriff in die persönliche Freiheit gleich. Welcher »Normale« käme schon auf die Idee, seine bevorzugten sexuellen Praktiken öffentlich bekannt zu machen? Erst der Zusammenschluss und die massive Öffentlichkeitsarbeit Betroffener haben den Boden bereitet für eine vielleicht nicht befriedigende, sicher aber akzeptable Lösung für ein Problem, das in vielerlei Hinsicht eines sein mag, aber kein *politisches Problem* darstellt.

Das gewählte Beispiel zeigt mehr die Problematik des politischen Verfahrens als einen Lösungsweg. Wenn die Berücksichtigung von Minderheiten nur durch den Zusammenschluss einer Vielzahl Betroffener erreicht werden kann, dann stellt dies das Freiheitspostulat fundamental infrage, weil Freiheit im politischen Raum, weil überhaupt jede Form politischen Handelns voraussetzt, den Anderen zu bedenken, und zwar bereits bevor öffentlicher Druck durch einen Zusammenschluss hergestellt worden ist. Was insgesamt für das politische Handeln gilt, gilt in besonderem Maße für die Regierungsform der Demokratie, da gerade hier in geschichtlich beispielloser Weise eine Legitimation von Herrschaft stattgefunden hat, die nicht mehr hinterfragt werden darf.

Weiter oben wurde bereits sehr deutlich auf die Gefahren der Demokratie hingewiesen, die entgegen einer verbreiteten Meinung weit mehr in einem »Zuviel« als in einem »Zuwenig« liegen. Jeder König muss bei seinen politischen Handlungen den Anderen schon deshalb bedenken, weil jeder außer ihm »ein Anderer« ist. In der Demokratie ist der Zusammenhang verzwickter. Hier setzen sich im Regelfall Mehrheiten durch, und der Andere ist dementsprechend in der Minderheit zu finden.

Diese Konstellation hat stets die Tendenz, die Minderheit im Zustand der Ohnmacht zu belassen. Gibt es hier keine institutionalisierten Korrekturfunktionen,

---

[76] Vgl. Marcel Proust, Auf der Suche nach der verlorenen Zeit, Band 6, Frankfurt am Main 1980, S. 2070

dann tendiert die Demokratie immer in Richtung einer Herrschaft der Mehrheit, die alle Mitglieder der Gesellschaft egalisieren möchte und deshalb das Andere nicht mehr zulässt. Damit eine Demokratie nicht zur Herrschaft der Mehrheit oder gar des Mobs wird, bedarf sie der integralen Berücksichtigung der Freiheit.

Noch berufen wir uns auf die *freiheitlich*-demokratische Grundordnung, aber der Aspekt der Freiheit tritt immer mehr hinter den Aspekt der Demokratie zurück. Immer deutlicher werden die Forderungen nach einem Ausbau der plebiszitären Elemente, immer mehr verblasst das Streben nach Freiheit, das nur noch als besonders rücksichtsloses Durchsetzen eigener Partialinteressen wahrgenommen wird und damit längst schon stigmatisiert ist.

Der schrankenlose Lobbyismus, der die Freiheit als Kompass verloren hat, wird schließlich zur unumschränkten Herrschaft der Mehrheit führen, und das hat zur Folge, dass all das zerstört wird, was einmal als Wert Eingang in die westliche Zivilisation gefunden hat. Eine schrankenlose Herrschaft der Mehrheit kann nicht aufbauen, sie kann nur zerstören und vor allem nivellieren. Die Aussicht auf den Abschluss einer negativen Entwicklung ist bedrückend genug, doch stellen sich die Probleme der Zerstörung bereits lange vorher ein.

Wenn die privaten Interessen Eingang in die Politik gefunden haben, dann können sie wie gesagt überhaupt nur durch Bündelung wahrgenommen werden. Diese Aufgabe, so wurde gezeigt, übernimmt der Lobbyismus. In seiner Stärke steckt jedoch zugleich seine Schwäche. Indem der Lobbyismus die Interessen bündelt, macht er sie erst für die Politik erkenn- und bearbeitbar. Durch die Bündelung verleiht er ihnen zugleich eine ungeheure Macht, der die Politik kaum widerstehen kann. Sie droht ihre letzten Handlungsspielräume zu verlieren. Das Dilemma zeigt sich besonders stark in demokratisch verfassten Gesellschaften, weil dort die Mehrheit immer eine unwiderstehliche Macht hat, weil dort aber auch schon eine *vermeintliche Mehrheit* diese unwiderstehliche Macht usurpieren kann. Der Lobbyismus neigt allerdings dazu, permanent solche vermeintlichen Mehrheiten herzustellen, und dabei sind ihm (fast) alle Mittel recht. Was aber sind nun »vermeintliche Mehrheiten«?

Wenn ein Fußballspiel stattfindet, dann hat die Heimmannschaft im eigenen Stadion im Regelfall die Mehrheit der Fans auf ihrer Seite. Dies gilt auch dann, wenn zum Beispiel im ganzen Land die Gastmannschaft weit mehr Anhänger hat. In ähnlicher Weise treten lokale Mehrheiten im politischen Raum auf, wenn es um die Realisation eines insgesamt gewollten, aber lokal ungewollten Anliegens geht. Wenn heute ein Kraftwerk errichtet werden soll, dann wird man mit ziemlicher Sicherheit eine ähnliche Konstellation vorfinden. Doch das Ganze geht weit über dieses Beispiel hinaus.

Wenn ein Teil der Medien sich mit Nachdruck für eine Sache einsetzt, dann entsteht leicht der Eindruck, dass es sich um die Meinung der Mehrheit handelt, obwohl möglicherweise der Standpunkt einer Minderheit nur mit besonders lauter Stimme vorgetragen wird.

Häufig genug wird auch das Verfahren angewendet, Mehrheitsverhältnisse durch *suggerierte Mehrheitsverhältnisse* herzustellen. Was bedeutet dies konkret? Bei der Vielzahl an Interessen ist es für den Einzelnen unmöglich, in jedem Einzelfall das damit im Zusammenhang stehende Problem vollständig zu erfassen. Dies ist sogar die Regel. In solchen Fällen neigt die Bevölkerung überwiegend dazu, sich der Meinung der Mehrheit anzuschließen. Wenn es also gelingt, ein bestimmtes Interesse als Interesse der Mehrheit darzustellen, dann kann dieses Interesse schließlich zum Mehrheitsinteresse werden, und zwar gerade deshalb, weil der eigentlichen Mehrheit das spezifische Interesse einfach nicht wichtig genug ist. In diesem Dilemma befinden sich moderne Politiker dauernd.

Dabei handelt es sich um ein spezifisches Problem der Neuzeit. Auf der griechischen Agora haben Probleme der vorliegenden Art noch keine Rolle gespielt, und zwar weil die Möglichkeiten der Einflussnahme sich weitgehend auf die eigene Stimme beschränkten. Die Griechen haben in ihrer Polis trotz der viel geringeren Möglichkeiten der gesteuerten Einflussnahme das Interesse aus dem politischen Raum verbannt. Diese Tatsache sollte uns zu denken geben. Was schon bei den Griechen in ihrem übersichtlichen Stadtstaat als Gefahr für die Politik galt, kann in den komplexen Gesellschaften der Moderne dauerhaft nicht beherrscht werden. *Die Herrschaft des Interesses hat die Tendenz, die hinter dem Interesse liegende Sache zu vernichten.*

Die letzte Behauptung bedarf noch genauerer Erläuterungen. Moderne Gesellschaften mit ihren komplexen Strukturen können nicht mehr ohne qualifizierten fachlichen Rat geführt werden. Spätestens seit der Erfindung der Atombombe ist die Menschheit in der Lage, das Leben auf dem Planeten zu vernichten. Wenn auch nach dem Zusammenbruch der Länder des Warschauer Paktes die Bedrohung durch Atombomben deutlich geringer geworden ist, so bleibt doch die Bedrohung durch den Einsatz von Großtechnologien bestehen, wie sich am Beispiel der friedlichen Nutzung von Atomkraft zeigen lässt. Weniger martialisch, dafür in ihren möglichen Wirkungen nicht weniger bedrohlich sind schleichende Veränderungen, wie sie sich am Beispiel des sogenannten Klimawandels zeigen. Auch die unverhältnismäßige Erwärmung des Weltklimas kann sich zu einer bedrohlichen Gefahr für die ganze Menschheit oder wenigstens großer Teile davon entwickeln. Bedrohungen der genannten Art rufen Ängste in den Menschen hervor, die irrationale Verhaltensweisen befördern können.

Längst schon haben solche echten oder vermeintlichen Gefahren von großen Teilen des politischen Raums Besitz ergriffen und drohen diesen zu vernichten. Wenn es um Fragen auf Leben und Tod geht, dann hat die Politik abgedankt. Doch werden weiterhin unverdrossen Fragen der genannten Art auf politischen Versammlungen diskutiert und finden sich in Programmen aller Parteien. Dabei gibt es nur eine unhintergehbare Alternative: Entweder behandeln die Fragen Pseudoprobleme, dann gehören sie aus der politischen Landschaft verbannt, weil das Schüren von Ängsten den politischen Raum zerstört. Oder es geht um wirkliche Probleme, dann können sie bestenfalls durch geballten Sachverstand gelöst werden und gehören ebenfalls nicht in den politischen Raum, weil Politik eben Fragen auf Leben und Tod nicht lösen kann. Auf keinen Fall können solche Probleme durch demokratische Mehrheitsentscheidungen angegangen werden, wie man ja auch mathematische Probleme von Fachleuten und nicht von Mehrheiten lösen lässt.

Jetzt schlägt aber das geballte Interesse zurück. In einer Gesellschaft, in der alle nur noch ihre Interessen verfolgen, fehlt es an unabhängigen Instanzen, Probleme der genannten Art mit dem notwendigen Sachverstand *und* der notwendigen Interessenfreiheit anzugehen. Wir haben uns selbst geschaffen, was es jetzt zu beklagen gilt. Wenn alles interessengesteuert ist, dann weiß man von keinem Wissenschaftler, welchen Interessen seine Aussagen dienen, wer ihn bezahlt hat usw. Es mag ihn ja noch geben, den Wissenschaftler, der sich seinen interesselosen Forschungen hingibt, wahrgenommen wird er schon lange nicht mehr.

Trotz erheblicher Forschungsgelder gelingt es uns nicht, die zunehmende Komplexität der Probleme zu beherrschen: Wir brauchen eine objektive Wissenschaft, die die »kalt fortschreitende Notwendigkeit der Sache«[77] zu sein hat, bei der Wissenschaftler den Zusammenhang einer Sache erforschen, das politische Urteil über die Art ihrer Anwendung aber politischen Instanzen überlassen.

Wir alle, Politik, Öffentlichkeit und regiertes Volk haben im undurchdringlichen Interessengeflecht die Orientierung verloren. Damit haben wir aber auch die Maßstäbe verloren, und es ist eine Frage der Zeit, wann schließlich der Inhalt des Interesses verloren gehen wird, von dessen Verfolgung wir uns so viele Vorteile versprochen haben. In diesem Sinne wird auch von der rücksichtslosen Verfolgung unserer Partialinteressen nur noch deren Zerstörung übrig bleiben.

---

[77] G.W.F. Hegel, Phänomenologie des Geistes, Werke in 20 Bänden, Band 3, Frankfurt am Main 1970, S. 13

>Aber das bedeutete nichts, als daß für ihn die Zeit gekommen war, wo der Gefangene nicht begreift, wie er sich die Freiheit hat rauben lassen können, ohne sie bis auf den Tod zu verteidigen.«

Robert Musil[78]

3.2.4 DIE ZERSTÖRUNG VON INTERESSEN

Es ist schwer, aus der Verstrickung in die Durchsetzung von Partialinteressen einen Ausweg aufzuzeigen. Am ehesten könnte ein solcher Ausweg in einer radikalen Begrenzung der Politik liegen. Politik würde sich entschieden weniger angreifbar machen, wenn sie, statt sich in der unübersehbaren Vielzahl der Partialinteressen zu verlieren, sich auf wenige elementare Interessen fokussieren würde, deren Lösung durchaus im Bereich des Möglichen liegt. Die möglichen Lösungen wurden bereits weiter oben genannt und können zusammengefasst werden als Sicherstellung einer allgemeinen Lebensgrundlage, nicht als Sicherstellung und Ausbau eines spezifischen Wohlstands. Dies wäre ein wichtiger Schritt in Richtung Freiheit, der Kräfte freisetzen könnte, weil die Menschen von der Gängelung durch Politik befreit würden.

Einem solchen Konzept steht nichts so sehr im Wege wie die Dominanz der Partialinteressen, deren Herrschaft von den Politikern selbst dauerhaft gesichert wird. Nun ist die Kaste der Politiker zu klein, um eine solch fatale Wirkung zu erzielen. Sie bedarf mächtiger Verbündeter, und der mächtigste Verbündete in einer Demokratie ist das Volk. Wie leicht nachzuweisen ist, verliert jedoch durch eine solche Politik niemand mehr als das Volk.

Im Wesentlichen scheinen die drei nachfolgend genannten Gründe für das Phänomen verantwortlich zu sein:

- die Aufweichung zentraler Werte
- ein System der Verschleierung von Zusammenhängen
- eine Verschiebung des Gleichheitsbegriffs.

Die Punkte sind keinesfalls klar voneinander zu unterscheiden. Vielmehr greifen sie ineinander über und werden hier nur aus Gründen der Darstellung voneinander getrennt. Sehen wir uns die genannten Punkte genauer an.

Einer der Eckpfeiler eines modernen demokratischen Staatswesens ist die Rechtsstaatlichkeit. Zu ihr gehören essenziell drei Aspekte:

- geordnete Verfahren
- Rechtssicherheit
- Rechtsempfinden

---

[78] Robert Musil, Der Mann ohne Eigenschaften, Hamburg 1989, S. 393

Bei einem geordneten Verfahren kann gegen echte oder vermeintliche Rechtsverstöße – gerade auch von staatlichen Stellen – vorgegangen werden. Strittige Sachverhalte kann man von unabhängigen Gerichten klären lassen. Dieser Aspekt ist in unserem Staatswesen weitgehend zur Zufriedenheit erfüllt. Die Rechtssicherheit besteht in aller Regel in der Transparenz des Rechts. Von besonderen Fällen abgesehen, muss das Volk wissen, was rechtens ist. Hier ließen sich durchaus einige Anmerkungen machen, kann doch unser Recht in vielen Fällen nur noch von Fachleuten verstanden werden. Das ist sicherlich teilweise der zunehmenden Komplexität moderner Gesellschaften geschuldet, und es gibt ja Rechtskundige, deren Rat jederzeit eingeholt werden kann.

Allerdings gibt es Rechtsgebiete – primär ist hier an das Steuerrecht zu denken –, bei deren Gestaltung vieles eine Rolle gespielt haben mag, am wenigsten jedoch die Vernunft und die Rechtsklarheit. Nun ist die Steuergesetzgebung in einem Wohlfahrtsstaat von besonderer Wichtigkeit, bildet sie doch den unverzichtbaren Rahmen für ein ganzes System von Umverteilungen und nimmt deshalb eine zentrale Stellung ein. Wir leisten uns längst ein Steuersystem, das von den Menschen nicht nur nicht mehr verstanden wird, sondern dessen Zielsetzung sogar darin besteht, von der überwiegenden Mehrheit der Bevölkerung nicht verstanden zu werden.

Eine unklare Gesetzgebung dient der Entmündigung der Menschen, denn gegenüber einer solchen kann man sich nicht einmal mehr verhalten, weil man nicht weiß, wie man sich verhalten soll. Eine unklare Gesetzgebung, insbesondere wenn ihr Willkür anhaftet, weicht jedoch mit dem Rechtsempfinden einen unabdingbaren Bestandteil des Rechtsstaats auf. Der Einzelne kann nicht mehr zwischen Recht und Unrecht unterscheiden. Wie leicht ein zunächst nur schlampig erscheinender Sachverhalt zu einer Transformation des Rechtsempfindens und schließlich zu einer gesellschaftsweiten Verhaltensweise führt, die eindeutig gegen jede Form von Recht gerichtet ist, soll das folgende Beispiel deutlich machen, das sich in Deutschland täglich wiederholt.

Wir befinden uns auf einer Gartenparty. Der Hausherr hat durch eine Unachtsamkeit eine Scheibe zerschlagen. Seine Haftpflichtversicherung zahlt nicht für den von ihm selbst verursachten Schaden, er müsste ihn also selbst tragen. Es wird nur wenige Momente dauern und unter den anwesenden Gästen wird ein Wettstreit entstehen, wer den entstandenen Schaden »auf seine Kappe« nimmt, weil er eben eine Haftpflichtversicherung besitzt, die den Schaden begleicht. Bei diesem Verhalten handelt es sich um einen Versicherungsbetrug, der allerdings als Petitesse eingestuft wird, zumal der Geschädigte ja eine anonyme große Gesellschaft ist, an die man schon jahrelang Beiträge gezahlt, aber noch nie einen Schaden gemeldet hat. Der offensichtliche Betrug wird also nicht zur Kenntnis genommen. Dies als Betrug zu bezeichnen, gilt längst schon als kleinkariert, und wer dies in der beschriebenen Situation täte, würde sich des Verdachts aussetzen, auch sonst im Leben ein unverbesserlicher Pedant zu sein.

Doch was passiert in dem Beispiel unter der Oberfläche? Natürlich weiß jede Versicherungsgesellschaft um solche Verhaltensweisen. Trotzdem wird sie nichts tun, um den genauen Sachverhalt zu ergründen. Sie wird also ohne zu murren zahlen. Die beteiligten Personen können sich die Hände reiben, ist es ihnen doch gelungen, sich im harten Lebenskampf einen kleinen Vorteil zu verschaffen. Doch die Versicherung hat im Wissen um solche Verhaltensweisen längst ihre Prämien dem Sachverhalt angepasst, der sich ja auf einfache Weise statistisch erfassen lässt. Also ist doch alles in Ordnung, weil im vorliegenden Fall nicht einmal die betroffene Versicherung geschädigt ist.

In Wahrheit ist nichts in Ordnung, denn wir alle haben uns um die Möglichkeit des korrekten Verhaltens betrogen, weil der folgende Zusammenhang gilt: Wer bei dem genannten Betrug *nicht* mitspielt, ist am Ende der Betrogene, denn er zahlt die (kalkulierten) höheren Beiträge, ohne in den Genuss eines Vorteils zu gelangen. Also stehen wir vor der Wahl, Betrüger oder Betrogener zu sein. Das kleine Beispiel zeigt auf schlagende Weise, wie sich ein Fehlverhalten Bahn bricht und zur Verhaltensnorm der ganzen Gesellschaft wird. Am Ende bleibt nur noch eine Entwürdigung, der sich der Einzelne kaum mehr entziehen kann.

Nach dem gleichen Prinzip verhalten wir uns auch in den Fragen der Steuerehrlichkeit. Wir zeigen immer dann mit dem Finger auf Steuersünder, wenn wir selbst gerade nicht davon betroffen sind, ansonsten übergehen wir aber gerne den Sachverhalt. Längst gilt schon in allen Teilen der Bevölkerung die Regel, es mit der Ehrlichkeit nicht so genau zu nehmen, nach dem Motto »Ich zahle ohnehin schon mehr als genug Steuern« oder »Andere betrügen noch mehr als ich«.

Ohne an dieser Stelle eine repräsentative Statistik zurate zu ziehen, kann von einer hohen Quote ausgegangen werden, mit der die Bürger des Landes mehr oder weniger regelmäßig Steuern hinterziehen oder bereits hinterzogen haben. Meist haben sie dabei noch nicht einmal ein schlechtes Gewissen, weil sie ihr Vergehen entweder gar nicht erst erkennen oder, wenn sie es erkennen, sich auf die gleichen Mechanismen wie beim Versicherungsbetrug berufen. So haben wir ein System der Steuererhebung installiert, bei dem letztlich wiederum alle zu betrogenen Betrügern werden.

Die politischen Parteien werfen sich zwar gegenseitig und öffentlichkeitswirksam immer wieder die Nominalzahlen der Steuererhebung vor, die den einen zu hoch, den anderen zu niedrig, den meisten für ihre Klientel zu hoch, für die des politischen Gegners zu niedrig erscheinen. Die Nominalzahlen sagen in vielen Fällen nur wenig über die tatsächliche Steuerlast aus. Im Jahr 2007 führte das reichste Zehntel der Einkommensteuerpflichtigen im Durchschnitt 23,8 Prozent ihres Bruttoeinkommens an Einkommensteuer ab.[79] Bedenkt man den gültigen Maximalsteuersatz von 42 Prozent, für Einkommen höher als 266 000 Euro gar von 45 Prozent, dann tut sich eine beachtliche Schere zwischen den Nominal- und den Realzahlen auf. Immerhin führen die Großverdiener im Mittel nur wenig mehr als die Hälfte der nominal zu zahlenden Steuern ab, wobei eine jeweilige Steuerehrlichkeit unterstellt wird. Wenn wir unter Zugrundelegung einer ehrlichen Steuererklärung die Zahlungen der hohen Einkommen betrachten, dann dürfen wir davon ausgehen, dass zwischen jenen, denen erfolgreich eine »positive Steuerge-

---

[79] Vgl. www.bpb.de (Bundeszentrale für politische Bildung)

staltung« (so nennt man dies euphemistisch) gelungen ist, und jenen, bei denen dies nicht der Fall ist, leicht ein Quotient von 1:3 auftritt, wenn wir Ausreißer nicht beachten. Das heißt, der eine Teil zahlt – gleiches Einkommen vorausgesetzt – leicht das Dreifache des anderen. Dabei haben Teile der Betroffenen einfachen Zugang zu Beratungsleistungen, andere jedoch nicht. Man wird Mühe haben, diesen Sachverhalt unter Gerechtigkeitsüberlegungen auch nur einigermaßen zu erklären. Zur Stützung des Arguments werden aus einer Vielzahl möglicher Beispiele drei herausgegriffen, die die deutsche Steuerwirklichkeit zeigen. Nach Aussage des Nachrichtenmagazins »Der Spiegel« sind die nachfolgend angeführten Fälle zwar leicht verfremdet, aber durchaus authentisch:

- »550 000 Mark bleiben dem Rechtsanwalt B. nach Abzug aller Kosten als Gewinn im Jahr. Steuern zahlt er keine.«
- »Architekt C. aus Mettmann besitzt für rund 900 Millionen Mark Immobilien. Seit 1974 hat er keinen Pfennig ans Finanzamt bezahlt.«
- »Fast 1,2 Millionen Mark verdient das Ehepaar R. pro Jahr. Er Chefarzt, sie Steuerberaterin, aber bei den Abgaben nicht mal Hilfsarbeiter: Der Fiskus bekam weniger als 1 200 Mark.«[80]

Weiter heißt es in dem zitierten Artikel: »Die progressive, auf die persönliche Leistungsfähigkeit des Bürgers zugeschnittene Einkommensteuer ist durch die Fummeleien der Steuerpolitiker aller Parteien zur ›Dummensteuer‹ (so der Steuerrechtler Klaus Tipke) verkommen. Waigel mag reden, wie er will – für Fachleute steht fest: Der gesetzliche Spitzensteuersatz von 53 Prozent für das Einkommen Verheirateter von über 240 000 Mark pro Jahr ist im Steuerbescheid zur Rarität geworden. ›Die progressive Einkommensteuer‹, urteilen die im Kronberger Kreis zusammengeschlossenen konservativen Wirtschaftswissenschaftler, ›steht für kundige Staatsbürger, die Geld anzulegen haben (oder sich anderer Leute Ersparnisse leihen können), nur noch auf dem Papier.‹ Der vielgeschmähte Spitzensteuersatz werde zum ›reinen Symbol‹, spottet der Frankfurter Finanzwissenschaftler Bernd Spahn, ›wenn Manipulationen der Bemessungsgrundlage zulässig sind, die eine effektive Besteuerung verringern oder gar gänzlich vermeiden‹.«[81] Die Ausführungen wurden im Jahr 1996 gemacht, also vor über 15 Jahren.

Seit dieser Zeit waren alle im Bundestag vertretenen Parteien in der Regierung, bis auf die Partei Die Linke, doch geändert hat sich an dem geschilderten Sachverhalt nichts. Hier macht sich Politik zum Handlanger windiger Interessen. Dem Staat, der Gesellschaft, den Bürgern bringt eine solche Verfahrensweise keinerlei Vorteile.

Die erhebliche Differenz zwischen den nominalen und realen Zahlen bildet natürlich eine treffliche Basis für politische Auseinandersetzungen jeder Art, weil je nach Standpunkt mal mehr der nominale, mal mehr der reale Satz in den Fokus des

---

[80] Der Spiegel; 12/1996, S. 22f.
[81] Der Spiegel; 12/1996, S. 23

Betrachters rückt. In Wahrheit handelt es sich bei dieser Debatte um eine jener zahlreichen und inzwischen typisch gewordenen politischen Debatten, die man offensichtlich in Gang hält, weil man bei unklaren Regelungen viel besser im Trüben fischen kann, als bei klaren.

Betrachten wir ein einfaches Beispiel: Wenn die eine Hälfte der Menschen nichts zu essen hat, die andere jedoch das Doppelte des Notwendigen, dann ergibt sich statistisch eine befriedigende Versorgung der Bevölkerung mit Nahrungsmitteln. Obwohl die eine Hälfte der Menschen dem Hungertod überantwortet wird, spielt dies statistisch keine Rolle. Genauso wird aber beim Steuerrecht verfahren. Auf die Frage des Hungers gibt es eine ebenso einfache Antwort wie auf die des Steuerrechts. Im ersten Fall sollte in unserer Wohlstandsgesellschaft keiner mehr Hunger leiden, im zweiten Fall sollten die realen Belastungen des Einzelnen und nicht die statistischen Werte betrachtet werden. Anders formuliert kann gesagt werden:

Wir brauchen erhebliche Einschränkungen der Steuergestaltungsmöglichkeiten, um schließlich zu einem vernünftigen und gerechten Steuersystem zu kommen. Gäbe es ein Steuerrecht, bei dem jeder seine nominale Steuer zu zahlen hätte, entstünde eine Basis für eine vernünftige politische Diskussion und wir hätten zugleich keine Grauzone, die immer wieder als moralische Legitimation für Steuerhinterziehungen herangezogen wird, und dies bei genauer Betrachtung nicht ganz zu Unrecht, weil ja die Durchschnittswerte der Steuererhebung immer auch als Basis politischer Entscheidungen dienen. Jedenfalls gibt die Gestaltung der Steuererhebung einen guten Nährboden für die Aufweichung zentraler Werte in unserer Gesellschaft ab.

Der Rechtsstaat gibt jedem Bürger die Möglichkeit, gegen seinen Steuerbescheid Klage einzureichen, doch ist dies nicht nur mit erheblichem Aufwand verbunden, sondern vor allem auch mit ausgesprochen unsicheren Erfolgsaussichten. In dieser Konstellation wird in vielen Fällen ein elementarer Grundsatz des Rechtsstaats missachtet, nach dem gleiche Sachverhalte zu gleichen Beurteilungen und damit zu gleichen Folgen für den Einzelnen führen müssen. Der Staat hat in dieser Frage seine Rolle als Hüter des Rechts aufgegeben. Verstöße werden nur sehr sporadisch verfolgt.

Würde umgekehrt eine strenge Prüfung der Steuerschuld auf alle Bürger angewendet, so wäre dies verwaltungstechnisch kaum durchführbar und würde jedenfalls einen Überwachungsstaat voraussetzen, gegen den alle historischen Beispiele sich als harmlose Spielereien ausnähmen. Daraus ergibt sich eine paradoxe Situation. Der Verzicht des Staates auf seinen Verfolgungsanspruch verletzt rechtsstaatliche Grundsätze in gravierender Weise. Hielte sich der Staat jedoch an seine Grundsätze, lebten wir in einem beispiellosen Überwachungsstaat.

Parteien sind in Deutschland die maßgebenden Instanzen der politischen Willensbildung. Sie stellen die überwiegende Mehrheit der Abgeordneten auf den verschiedenen Parlamentsebenen, sie bestimmen wesentlich die Ernennung der obersten Richter, und aus ihnen rekrutieren sich in aller Regel die Minister. Damit haben die Parteien bestimmenden Einfluss auf die Zusammensetzung der Legislative, der Exekutive und der Judikative, also auf die Zusammensetzung aller Staatsgewalten. Als wesentlich bestimmende Instanzen sollte man die Einhaltung der Gesetzesvorschriften seitens der Parteien voraussetzen können. Die Geschichte der Bundesrepublik Deutschland zeigt ein anderes Bild.

Da gab es den Spendenskandal der CDU im Zeitraum 1993-1998, in dem Helmut Kohl, der Ehrenvorsitzende der Partei und in der betreffenden Zeit immerhin Kanzler der Bundesrepublik Deutschland, gegen die gesetzlichen Vorschriften die Nennung der Namen von Großspendern verweigerte.[82] Da gab es den Müllskandal in Köln, bei dem Entscheidungsträger der SPD beim Bau einer Müllverbrennungsanlage Gelder in Millionenhöhe angenommen und an der Steuer vorbei in die eigene Tasche und in die der Partei gelenkt haben.[83] Da gab es im Jahre 2001 die Schwarzgeldkonten der hessischen CDU, auf die Millionenbeträge am Fiskus vorbei auf dubiose Konten in Liechtenstein gebracht wurden.[84] Da gab es ein Verfahren gegen den damaligen FDP-Vorsitzenden Jürgen Möllemann wegen illegaler Parteispenden in den Jahren 1996-1998[85] und schließlich die mehr als dubiose »Parteienfinanzierung« der PDS, die in den 1990er Jahren auf illegale Weise Teile des Vermögens der alten SED auf die Seite geschafft hat und vermutlich heute noch von dieser Aktion zehrt.[86] In allen genannten Fällen geht es unter anderem auch um die Frage von Steuerhinterziehungen.

Wenn aber die staatstragenden Instanzen offensichtlich kein schlechtes Gewissen beim Betrug des eigenen, von ihnen wesentlich repräsentierten Staates haben, dann kann es kaum verwundern, wenn das Delikt der Steuerhinterziehung längst zum bevorzugten »Volkssport« geworden ist. Offenbar nehmen es die Repräsentanten des Staates selbst nicht so genau, wenn es um Fragen der Steuerehrlichkeit geht. Damit ist ein wichtiges Fundament des Staates – und das bildet im Wohlfahrtsstaat die Steuererhebung ohne Frage – bereits mehr als brüchig geworden. Es ist ein Skandal, dass es in Deutschland keine politisch relevante Gruppierung gibt, die das mafiose System der Steuererhebung in grundlegender Weise verändern will; zumindest will das keine der im Bundestag vertretenen Parteien. In den zahllosen Presseorganen, in Funk und Fernsehen spielt das Thema eine völlig untergeordnete Rolle.

Um nur einige Namen zu nennen: Wer erinnert sich heute noch des Stuttgarter Finanzprofessors Hans-Peter Bareis, der bereits 1994 ein deutlich vereinfachtes Steuerrecht entworfen hatte, wer an Friedrich Merz, der Gleiches 2004 versuchte, ganz zu schweigen von Paul Kirchhof, der bei der Wahl 2005 als designierter Finanzminister der CDU ein einfaches und transparentes Steuersystem einführen wollte? Die Frage wird uns später noch ausführlich beschäftigen.

Wenn aber zentrale Werte in solch massiver Form aufgeweicht werden, wie es bei uns der Fall ist, dann hat dies Auswirkungen bis in die intimsten Beziehungen der Menschen. Man stelle sich vor, zwei befreundete Personen, nennen wir sie A

---

[82] Vgl. Der Spiegel, 52/1999, S. 26ff.
[83] Vgl. Der Spiegel, 25/2002, S. 23f.
[84] Vgl. Der Spiegel, 32/2004, S. 30ff.
[85] Vgl. Der Spiegel, 26/2009, S. 37
[86] Vgl. Der Spiegel, 16/2004, S. 20

und B, treffen sich am Bahnhof einer Stadt. A stellt mit Entsetzen den Verlust seines Geldbeutels fest und kann sich keine Fahrkarte kaufen. Selbstverständlich hilft B ihm aus, und er tut es, ohne eine schriftliche Quittung zu verlangen. B ist nun in einer schwierigen Position, kann er doch niemals das verliehene Geld wieder einklagen, wenn A die Rückzahlung verweigert. Wir können von Glück sagen, dass im geschilderten Fall die Verweigerung der Rückzahlung nur sehr selten vorkommt, denn träte sie häufiger auf, würde jede Form des Zusammenlebens zerstört werden, weil die Durchsetzung eines Rechtsanspruchs vor Gericht zwar die Ultima Ratio des Rechtsstaats ist, das gewöhnliche Zusammenleben aber nur auf der Basis eines Grundvertrauens vonstatten gehen kann. Wer möchte schon bei seinen Besuchern am Ausgang seiner Wohnung nach dem Motto »Vertrauen ist gut, Kontrolle ist besser« eine Taschenkontrolle durchführen, weil einer seiner Gäste vielleicht ein Buch mitgenommen hat? Ein solches Zusammenleben wäre der Anstrengung des Lebens nicht wert.

Die Aufweichung zentraler Werte finden wir aber nicht nur an den Polen, den Staatsrepräsentanten und den Privatpersonen, wir finden sie auf allen möglichen Zwischenstufen der Gesellschaft. Dort haben wir es mit den sogenannten Interessengruppen zu tun, wobei das Wort weit harmloser klingt, als es deren Aufgabe entspricht. Versuchen wir also, uns dem Problem der Interessengruppen zu nähern. Zunächst einmal ist eine Interessengruppe »eine lose Vereinigung mehrerer Personen, welche in der Regel gemeinsame Interessen haben und diese verfolgen«[87]. So weit ist der Sachverhalt noch harmlos. Eine freie Gesellschaft ist nicht denkbar ohne das Recht der Menschen, sich zum Zwecke der Verfolgung eigener Interessen zusammenzuschließen.

Problematischer wird der Sachverhalt, wenn aus der losen Vereinigung mehrerer Personen ein Interessenverband wird, dessen Zweck darin besteht, das Interesse seiner Mitglieder im politischen Raum durchzusetzen. Dazu wird der Interessenverband in der Regel auf Dauer gegründet. Der Interessenverband lenkt seinen Fokus ganz auf die Durchsetzung seines Partialinteresses. In den modernen Demokratien soll wie gesagt durch das Zusammenspiel einer Vielzahl von Interessenverbänden so etwas wie eine Neutralisierung der Interessenvertretung, also ein Interessenausgleich stattfinden, der sich schließlich doch noch zum Wohle des Ganzen auswirkt. In diesem Sinne gilt ein System von Interessenvertretungen geradezu als unverzichtbarer Bestandteil einer modernen Demokratie.

Dieser euphemistischen Betrachtungsweise stehen doch einige schwerwiegende Bedenken entgegen. Beginnen wir mit der oben dargestellten illegalen Parteienfinanzierung, die nicht nur ein gesetzwidriger Vorgang, sondern zugleich ein Musterbeispiel rücksichtsloser Interessenvertretung ist. Die Parteien haben den Staat, für dessen Förderung und Erhalt sie wesentlich verantwortlich sind, bereits mehrfach auf schamloseste Weise betrogen. Die Tatsache, dass es verschiedene Parteien mit unterschiedlichen Interessen waren, hat nun keinesfalls zu einer Neutralisierung der diesbezüglichen Interessenvertretung geführt, das Gegenteil war der Fall. Die Beträge, die dem Staat durch die Parteien vorenthalten wurden, haben sich

---

[87] www.wikipedia.de, Stichwort: Interessengruppe

eben nicht aufgehoben, sondern summiert. Keine der Parteien will das Fehlverhalten der politischen Gegner mit allzu großem Nachdruck anprangern, sitzen sie doch alle im selben Boot. Das Beispiel sagt mehr über den in modernen Demokratien stattfindenden »Ausgleich« verschiedener Interessen aus als die euphemistische Variante.

Ein weiteres, das behandelte Problem in sehr tiefsinniger Weise durchdringendes Beispiel, liefert uns wieder einmal die Literatur, diesmal das Stück »Der kaukasische Kreidekreis« von Bertolt Brecht. Dort lässt die Gouverneursfrau in Kriegswirren ihr Kind achtlos zurück, das die Magd Grusche an sich nimmt. Nach Beendigung des Krieges sucht die Gouverneursfrau ihr Kind wieder, weil an ihm die Einkünfte aus den Gütern hängen. Grusche will das Kind nicht hergeben, weil sie es unter Lebensgefahr aufgezogen hat und behauptet, es sei ihr Kind. Der versoffene Richter Azdak, dem Aussage gegen Aussage gegenübersteht, greift zu einem erstaunlichen Mittel für seinen Richterspruch. Er stellt das Kind in einen Kreis und bittet die beiden Mütter, an dem Kind zu ziehen. Diejenige, die das Kind an sich zieht, soll die wahre Mutter sein. In zwei Versuchen lässt Grusche das Kind jeweils los, sodass die Gouverneurin die Siegerin des Streits zu sein scheint. Doch dann kommt das erstaunliche Urteil:

> »**GRUSCHE** *verzweifelt*: Ich hab's aufgezogen! Soll ich's zerreißen? Ich kann's nicht.
> **AZDAK** *steht auf*: Und damit hat der Gerichtshof festgestellt, wer die wahre Mutter ist. *Zu Grusche:* Nimm dein Kind und bring's weg. Ich rat dir, bleib nicht in der Stadt mit ihm. *Zur Gouverneursfrau:* Und du verschwind, bevor ich dich wegen Betrug verurteil.«[88]

In dem Stück von Brecht wird Interesse in einem emphatischen Sinne aufgezeigt, wie es kaum besser möglich ist. Mag das Beispiel im täglichen Leben schwer umsetzbar sein – vielleicht zeigt sich daran ja nur die Tiefe der Zerstörung unserer Beziehungen untereinander –, so gibt es doch eine Ahnung davon, wie ein Interessenausgleich auch aussehen könnte. Zumindest wird es kaum jemanden geben, der das Urteil des Azdak als ungerecht bezeichnen würde, und das allein ist bereits ein deutliches Zeichen. Dennoch würden *wir* unsere Konflikte im Interessenstaat jedenfalls genau in der Weise lösen, wie es das Urteil zunächst suggeriert: Bei uns erhielte die Gouverneurin und nicht Grusche das Kind. Das ist zumindest eine bemerkenswerte Differenz.

Im entwickelten Interessenstaat hat sich die Interessenvertretung von jedem Inhalt getrennt. Ob es um die Durchsetzung oder die Verhinderung von Atomkraft, Klimaschutz, Prostitution, Arbeitgeber- oder Arbeitnehmerrechten, Kinderschutz, Profiten, Armenhilfe, Gesundheitsschutz oder irgendeinem anderen rechtlich zugelassenen Interesse geht, das angewandte Verfahren seiner Durchsetzung ist immer gleich. Eine inhaltliche Differenzierung in der Form, dass »moralisch« besser

---

[88] Bertolt Brecht, Der kaukasische Kreidekreis, 5 Der Kreidekreis, in: Ders., Große kommentierte Berliner und Frankfurter Ausgabe, Stücke 8, Band 8, Berlin – Weimar – Frankfurt 1992, S. 90

begründete Interessen auf eine andere Weise durchgesetzt werden würden als »moralisch« weniger gut begründete, findet nicht statt. Mehr denn je gilt der rigide Grundsatz: »Der Zweck heiligt die Mittel«. Die angewandten Mittel reichen weit in die Grauzone des nicht mehr Rechtmäßigen hinein. Da im Interessenverband der Zweck absolut gesetzt wird, erfolgt der Einsatz der Mittel ohne große Skrupel, wobei die systematische Vortäuschung falscher Tatsachen noch zu den harmloseren Mitteln zählt.

Statt darin einen Anlass zur Umkehr zu sehen und in eine Phase der Besinnung einzutreten, neigen die Aktiveren eher dazu, sich umso mehr mit immer begrenzteren Interessen zu identifizieren, für deren Durchsetzung sie auf extreme Weise eintreten und die Passiveren dazu, sich ganz aus dem Streit herauszuhalten, weil er ohne Korrumpierbarkeit nicht mehr zu führen ist. Sicherlich hat der weitverbreitete Spruch »Politik ist ein schmutziges Geschäft« hierin eine wesentliche Wurzel.

Betrachten wir noch einmal die These genauer, nach der die mehr oder weniger rücksichtslose Durchsetzung von Partialinteressen einen Interessenausgleich ermöglichen soll, der schließlich, wenn nicht zum Besten, so doch zumindest zu einem Guten führen soll. Nehmen wir auch dazu ein beliebiges Beispiel aus dem politischen Tagesgeschäft und fragen wir uns, welchen Problemen sich der ganz normale Bürger gegenübersieht, wenn es nur um die relativ einfache Frage der Energieversorgung der Zukunft geht.

Die Fragestellung führt unmittelbar zu Qualifikationsanforderungen, die kein einzelner Mensch mehr erfüllen kann. Hinzu kommt eine große Anzahl weiterer Probleme mit vergleichbarem Schwierigkeitsgrad. Es bedürfte schon eines prometheischen Anspruchs, diese Aufgabe ernsthaft in Angriff zu nehmen. Weder Goethe noch Humboldt oder Einstein hätten die Qualifikation besessen, derartige Fragestellungen auch nur einigermaßen sicher beantworten zu können. Wie soll dann aber der ganz normale Bürger sich in diesem Dschungel der Fragestellungen zurechtfinden? Die Antwort gibt in leicht abgewandelter Form das berühmte Bibelwort: »Es ist leichter, dass ein Kamel durch ein Nadelöhr gehe, denn dass ein Mensch die Problematik der Energieversorgung der Zukunft verstehen kann.«[89] So gesehen würde sich der kluge Mensch in seinem Urteil zurückhalten und dem Rat ausgewiesener Fachleute vertrauen. Kaum aufgekeimt, ist diese Hoffnung auch gleich wieder zerstoben, und schuld daran ist auch wieder der Interessenstaat. Doch sehen wir genauer hin.

Was wir bräuchten, wäre das Zusammenspiel einer Vielzahl von Fachleuten aus den verschiedensten Wissensgebieten, die den Fragestellungen auf den Grund gehen und Handlungsalternativen entwickeln könnten. Das wäre sicherlich mit einiger Anstrengung möglich, setzt aber die Interesselosigkeit der Fachleute voraus. Nur dann könnten sie sich den Problemen allein unter fachlichen Gesichtspunkten widmen. In früheren Zeiten wären es vornehmlich die Universitäten gewesen, aus denen sich solche Fachleute hätten rekrutieren lassen.

---

[89] Matthäus, 19,24. Dort heißt das vollständige Zitat: »Es ist leichter, daß ein Kamel durch ein Nadelöhr gehe, denn daß ein Reicher ins Reich Gottes komme.»

Im Zeitalter des interessengesteuerten Staates ist es damit aber vorbei. Längst haben sich die verschiedenen Interessenverbände der Wissenschaftler bedient, längst können wir keiner wissenschaftlichen Aussage mehr trauen, weil wir nicht wissen, von welchem Interesse sie gesteuert ist. Selbstverständlich gibt es auch heute noch Wissenschaftler, die der Sache und keinem Interesse verpflichtet sind. Insofern bedarf die Beurteilung der Wissenschaftler durchaus der Differenzierung. Das Problem besteht aber in der Möglichkeit, überhaupt differenzieren zu können. Wie soll die Qualität von Urteilen bestimmt werden, wenn man von der Sache nichts oder nur wenig versteht?

Wie wir wissen, werden viele Forscher von Interessenverbänden bezahlt, und es gibt viele Forscher, die wissen, was man für ihre Unterstützung von ihnen verlangt. In vielen Fällen ist es selbst den Forschern nicht mehr klar, ob sie für die Wissenschaft oder ein Interesse tätig sind, weil schon die Finanzierung von Forschungsvorhaben die Tür für das Interesse weit öffnet.

Genau an dieser Stelle geraten wir an das wohl dramatischste Problem des Interessenstaates: Niemand kann niemandem mehr trauen. Deswegen fehlen uns verlässliche Instanzen, die uns Orientierung geben könnten, ohne die wir uns in der komplex gewordenen Welt nicht mehr auskennen können, ohne die sie droht, aus den Angeln zu kippen.

Dieser Konstellation können auch Politiker nicht entgehen. Sie sind einerseits Interessenvertreter von sich selbst und ihren Parteien, sie sind andererseits aber genauso orientierungslos wie jeder andere auch. Jetzt wird klar, warum sich in letzter Konsequenz die Interessen selbst zerstören, wenn sie erst einmal die Herrschaft im politischen Raum angetreten haben. Das charakteristische Merkmal der Partialinteressen besteht ja immer in der Beachtung von nur Teilen der Wirklichkeit. Der Mensch lebt aber in der ganzen Wirklichkeit. Auch die erfolgreiche Vertretung eines Partialinteresses muss sich keinesfalls positiv für eine Person auswirken. Der Arbeiter, dem heute seine Gewerkschaft eine Lohnerhöhung von fünf Prozent erstritten hat, kann morgen benachteiligt sein, weil die Preise um mehr als fünf Prozent gestiegen sind. Er kann aber auch gerade durch die letzte Lohnerhöhung seinen Arbeitsplatz verlieren, weil die Firma, bei der er angestellt ist, jetzt ernst macht mit der Rationalisierung.

»Alles klar?« ist eine heute häufig verwendete Redewendung, die vor allem auf die Unklarheit des Gesamtzusammenhangs verweist. Allerdings eignet der Fragestellung eine imperativische Form: Es hat gefälligst alles klar zu sein. In dieser Situation befinden sich vor allem Entscheidungsträger unserer Gesellschaft, insbesondere Politiker. Kein Politiker hätte nur die geringste Aussicht, wiedergewählt zu werden, wenn er auch nur eine Unsicherheit vor einer Entscheidung zugestehen würde, von Ratlosigkeit soll hier gar nicht die Rede sein. Wenn *wir* schon die Orientierung verloren haben, dann soll sie wenigstens der Politiker behalten, nein, dann muss er sie behalten. Darüber hinaus verlangt die Demokratie von ihm, Mehrheiten zu gewinnen oder – dies kommt in der Praxis häufiger vor – sich der Mehrheitsmeinung anzuschließen. Die Mehrheitsmeinung kann sich durch bestimmte Ereignisse jedoch schnell ändern, während er Entscheidungen zu treffen hat, die eine bestimmte Zeit Bestand haben und unter Umständen mit seinem

Namen verknüpft werden. Nun sind aber Politiker sicherlich keine Übermenschen. Was aber muss ein Politiker tun, damit er unsere Ansprüche an ihn erfüllt?

Er spielt den Wissenden, täuscht uns also sein Wissen und seine Sicherheit nur vor. Wenn er nicht vollständig verblendet ist, dann weiß er um sein Spiel, dann weiß er aber auch, dass ihn nichts so sehr gefährdet, wie eine klare Stellungnahme. Wie soll er sich in dieser Situation richtig verhalten? Die Entscheidungen der Politiker spiegeln eine Sicherheit vor, die ihnen gar nicht zugrunde liegen kann. Wie kann man dies am besten erreichen? Man umgibt die Entscheidung mit einem Dunst von Unklarheit und schafft komplizierte Lösungen, die am Ende keiner mehr durchschaut.

Die öffentliche Begründung für ein solches Vorgehen lässt sich leicht finden. Da ist zum einen die Komplexität der Welt, die einfache und durchschaubare Lösungen nicht mehr zulässt, da ist aber auch der politische Gegner, den man bei seiner Entscheidung berücksichtigen will, oder der Koalitionspartner, den man berücksichtigen muss. Da sind aber auch die verschiedenen Interessengruppen, denen man zu genügen hat, vor allem ist da aber die Mehrheit, deren Meinung wichtige Auswirkungen auf die eigene Wiederwahl hat. Man will aber auch Minderheiten nicht vor den Kopf stoßen, und schließlich besteht die Demokratie überhaupt aus Kompromissen. Dies verknüpft man im Regelfalle mit der Behauptung, erst den Anfang einer Lösung erreicht zu haben, dem weitere Schritte in der Zukunft folgen würden. In dem geschilderten Umfeld kann eine einigermaßen verlässliche Erfolgskontrolle kaum durchgeführt werden.

Die Werte, die den Rahmen des Ganzen abgeben, verbleiben in einem nebulösen Umfeld. Dazu gehören Gerechtigkeit, Freiheit, Solidarität, Transparenz, Verantwortung, um nur einige zu nennen, die fast beliebig verwendet werden, deren Bedeutung aber unklar bleibt. Werte werden aus Zwecken in Mittel transformiert, die nach Belieben im politischen Tageskampf eingesetzt werden. Sie werden sogar in ihr Gegenteil verkehrt und verlieren so jede Bestimmungskraft. Teilweise bewegen wir uns bereits auf der Ebene der von George Orwell in seinem Roman »1984« geprägten Wortschöpfung »Neusprech«, womit er eine Sprache bezeichnet, deren Aufgabe gerade darin besteht, zentrale politische Werte unausdrückbar und damit letztendlich undenkbar zu machen. In der Internet-Enzyklopädie Wikipedia finden sich folgende Anmerkungen zu dem entsprechenden Stichwort:

»›Neusprech‹ bezeichnet die vom herrschenden Regime vorgeschriebene, künstlich veränderte Sprache. Das Ziel dieser Sprachpolitik ist es, die Anzahl und das Bedeutungsspektrum der Wörter zu verringern, um die Kommunikation der Bevölkerung in enge, kontrollierte Bahnen zu lenken. Damit sollen sogenannte Gedankenverbrechen unmöglich werden. Durch die neue Sprache bzw. Sprachregelung soll die Bevölkerung so manipuliert werden, dass sie nicht einmal an Aufstand *denken* kann, weil ihr die Worte dazu fehlen. [...] Die Wörter verlieren außerdem Teile ihrer ursprünglichen Bedeutung. Es gibt in Neusprech zwar noch das Wort ›frei‹, jedoch nicht mehr im Sinne von ›politisch frei‹, sondern nur noch in der Bedeutung von ›ohne‹ (z. B. ›Der Hund ist frei von Flöhen‹).«[90] Laut

---

[90] www.wikipedia.de, Stichwort: Neusprech, Hervorhebung im Text

George Orwells Fiktion sollte das »Neusprech« im Jahre 2050 umfassend eingeführt sein. Im politischen Raum sind wir auf diesem Weg schon ein gutes Stück
vorangekommen.

Die Erfolge, die wir in zentralen Fragen der Gesellschaft vorweisen können
– zu denken ist hier beispielsweise an Steuererhebung, Beseitigung der Arbeitslosigkeit, Erreichung sozialer Gerechtigkeit, Erzielung größerer Transparenz in politischen Entscheidungsfragen, den Abbau von Bürokratie und Ähnlichem –, bewegen sich, trotz zum Teil jahrzehntelanger intensiver Anstrengungen, nahe null,
bisweilen sogar unter null, wenn wir etwa an die Zunahme der Arbeitslosigkeit in
den letzten zwanzig Jahren denken. Wie bereits mehrfach betont und nachgewiesen, spielt die Frage, welche politischen Parteien die Regierungsverantwortung
getragen haben, eine völlig untergeordnete Rolle. Unser Volk kann so dumm nicht
sein, den eklatanten Widerspruch zwischen Anspruch und Wirklichkeit des politischen Betriebes nicht wenigstens zu erahnen. Warum aber gibt es nicht mindestens
einen gellenden Aufschrei im Land?

Paul Kirchhof hat in einer Fernsehsendung im Zusammenhang mit den Problemen bei der Steuervereinfachung eine Erklärung abgegeben, die weit über die
zugrunde liegende Frage der Steuervereinfachung hinaus das präzise Muster enthält, wie das Unvorstellbare plötzlich vorstellbar wird, warum die Menschen im
Lande sich das nicht nur gefallen lassen, sondern sogar noch in erstaunlicher Weise daran mitwirken. Er sagte:

»Bei 500 Ausnahmen, Privilegien, hat jeder, das sagt die Statistik, mindestens
zwei, drei, vier Ausnahmen. Und diese, seine Ausnahmen, die ihn vermeintlich
begünstigen, möchte er unauffällig und verschwiegen bewahren. Und deswegen
haben wir eine große Bevölkerung von verschwiegenen Bewahrern, die sagen, die
große Reform, die Vereinfachung muss sein, weg mit den Privilegien, runter mit
den Steuersätzen, aber bitte nicht meine drei. Und deswegen müssen wir in erster
Linie aufklären und den Menschen sagen, dass sie mit ihren vermeintlichen drei
Privilegien benachteiligt sind, weil ihr Freund zehn hat, ihr Konkurrent zwanzig,
ihr Feind dreißig Privilegien.«[91]

Wenn wir Paul Kirchhofs Aussage ernst nehmen und verallgemeinern, dann
haben wir mit ihr so etwas wie einen Schlüssel zum Verständnis des Interessenstaats. Die überwiegende Mehrzahl der Menschen hat neben vielen unangenehmen
Nachteilen auch einige Vorteile. Da niemand genau weiß, ob er nun mehr Vorteile
oder mehr Nachteile hat, entsteht ein von Nebel durchdrungener Raum, der sich
der Erkenntnis verweigert, in dem man sich nur tastend noch bewegen kann. Der
politische Betrieb profitiert am meisten davon, wenn möglichst viele Menschen
möglichst wenig davon wissen, was mit ihnen und um sie herum geschieht. Dann
kann er am besten lavieren, dann werden vor allem auch seine Entscheidungen
nicht wirklich hinterfragbar, dann kann man am besten im Trüben fischen.

Mit anderen Worten heißt dies aber nicht weniger, als dass wir die rationale
Überprüfbarkeit der politischen Entscheidung – ein Eckpfeiler demokratischer

---

[91] Paul Kirchhof, in Günter Ederer, Das Märchen vom gerechten Staat, 1. Wie er uns mit den Steuern abkassiert, Fernsehsendung, SWR, ohne Jahr (2006?)

Gemeinwesen – durch die Hoffnung ersetzen, wir würden in dem dunklen Spiel schon einigermaßen zufrieden davonkommen. Dadurch wird das Prinzip des Verfahrens selbst nicht mehr infrage gestellt. Kann Hoffnung eine gute Basis für die Gestaltung eines politischen Gemeinwesens sein?

Ernst Bloch[92] hat die Hoffnung zum tragenden Prinzip eines Strebens nach einer besseren Gesellschaft, einer besseren Welt erklärt. In seiner euphemistischen Betrachtungsweise der Hoffnung hat er sich weit in die Nähe zum Christentum gewagt, dem die Hoffnung als essenzieller Bestandteil des Lebens gilt. Doch ist Hoffnung immer auf die Zukunft gerichtet und vergisst gerne das Leben im Hier und Jetzt. Lange Zeiträume des Christentums sind geprägt worden von der Hoffnung auf ein baldiges Ende der Welt, dem das Himmelreich Gottes auf Erden folgen sollte. Mit dieser buchstäblichen Weltabgewandtheit hat das Christentum einen großen Anteil an der Zerstörung des Politischen, weil dieses immer in der existierenden Welt stattfindet.

Die Griechen hatten eine sehr genaue Vorstellung vom trügerischen Charakter der Hoffnung und standen ihr dementsprechend kritisch gegenüber. Lassen wir Demokrit zu Wort kommen, der bereits mit großem Gespür festgestellt hat: »Unsinnig sind die Hoffnungen der Unverständigen.«[93] Hier sind wir schon sehr nah am aktuellen politischen Betrieb, in dem die »Hoffnung der Unverständigen« die unumstößliche Basis des Interessenstaats ist. Dem Berliner Dramatiker Heiner Müller wird der folgende Satz zugesprochen: »Hoffnung ist etwas für Leute, die unzureichend informiert sind.«[94] Die umfassendste Darstellung, mit unüberbietbarer Klarheit das Problem der Hoffnung beschreibend, findet sich bei Nietzsche:

> »*Die Hoffnung.* – Pandora brachte das Faß mit den Übeln und öffnete es. Es war das Geschenk der Götter an die Menschen, von außen ein schönes verführerisches Geschenk und ›Glücksfaß‹ zubenannt. Da flogen all die Übel, lebendige beschwingte Wesen heraus: von da an schweifen sie nun herum und tun den Menschen Schaden bei Tag und Nacht. Ein einziges Übel war noch nicht aus dem Faß herausgeschlüpft: da schlug Pandora nach Zeus' Willen den Deckel zu, und so blieb es darin. Für immer hat der Mensch nun das Glücksfaß im Hause und meint Wunder, was für einen Schatz er in ihm habe; es steht ihm zu Diensten, er greift darnach: wenn es ihn gelüstet; denn er weiß nicht, daß jenes Faß, welches Pandora brachte, das Faß der Übel war, und hält das zurückgebliebene Übel für das größte Glücksgut – es ist die Hoffnung. – Zeus wollte nämlich, daß der Mensch, auch noch so sehr durch die anderen Übel gequält, doch das Leben nicht wegwerfe, sondern fortfahre, sich immer von neuem quälen zu lassen. Dazu gibt er dem

[92] Vgl. Ernst Bloch, Das Prinzip Hoffnung, Frankfurt 1959
[93] Demokrit, Fragmente 292, in: Diels/Kranz, Fragmente der Vorsokratiker, Band 2, Zürich 1996, S. 206
[94] Vgl. www.wikipedia.de, Stichwort: Hoffnung

Menschen die Hoffnung: sie ist in Wahrheit das übelste der Übel, weil sie die Qual der Menschen verlängert.«[95]

Hier können wir, so scheint es, den passenden Schlüssel für zwei Türen finden. Offensichtlich zum einen den Schlüssel zum Trügerischen in der Hoffnung, die uns dazu verführt, unser Leben nicht zu leben. Weniger offensichtlich, aber deshalb nicht weniger passend, finden wir aber auch den Schlüssel zum Verständnis des Interessenstaates. Der Interessenstaat kann uns bestenfalls die Hoffnung auf Durchsetzung unserer Interessen am Leben erhalten. In Wahrheit zerstört er sie. Durch die Hoffnung nehmen wir diese Zerstörung nicht einmal mehr zur Kenntnis. Gibt es für ein vernunftbegabtes Wesen, das der Mensch doch ist, eine größere Qual als die, die Zerstörung des eigenen Wollens zu erleben, ohne dem mehr als die (vergebliche) Hoffnung auf Besserung entgegensetzen zu können?

In Wahrheit kann nur ein verschwindend geringer Teil der Menschen Nutzen aus dem Interessenstaat ziehen. Doch selbst deren Nutzen ist von zweifelhafter Güte. Die Betrachtung in dieser Richtung fortzuführen, würde jedoch zu tief in den Bereich der Moral hineinragen, als dass dies hier weiter verfolgt werden soll. *Der Interessenstaat hat die unausweichliche Tendenz, diejenigen Interessen zu zerstören, deren Förderung sein eigentliches Ziel ist.*

Wie aber kann der Interessenstaat zurückgedrängt werden, ohne ihn durch eine ebenso illusorische Gesellschaft von Altruisten zu ersetzen? Nehmen wir also an, eine bestimmte gesellschaftliche Gruppe beeinflusse die Politik in ihrem Sinne, ziehe daraus Vorteile, wodurch alle anderen Menschen benachteiligt sind. Was würde man, dies erkennend, naheliegenderweise dagegen tun? Man würde versuchen, die Vorteilsgewährung abzuschaffen, wie man ja auch im Falle eines Mordes versucht, den Mörder zu finden und unschädlich zu machen. Was aber tut man im modernen Interessenstaat? Man versucht, durch größeren Einfluss auf die Politik größere Vorteile zu erreichen als die ursprüngliche Gruppe. Damit erzielt man bestimmte Erfolge, und plötzlich wird eine alternative Behandlung des Problems undenkbar. Sobald man sich auf diesen Weg einmal eingelassen hat, schießen die grenzenlosen Interessen wie Pilze aus dem Boden, streiten mit- und gegeneinander, bis schließlich niemand mehr weiß, wem was wie nutzt. Das charakteristische Merkmal dieser Form der Interessendurchsetzung wird in einer Demokratie durch die verschiedenen Verbände repräsentiert. Dies bedingt jedoch einen Prozess der schleichenden Entmündigung, in der der Einzelne zur Quantité négligeable entartet.

Der Mensch wird als das vermutlich unfertigste aller Lebewesen geboren, das für verhältnismäßig lange Zeit der existenziellen Hilfe der Eltern bedarf, hat aber die Fähigkeit, durch Bewusstsein, Verstand und Vernunft ein selbstbestimmtes Leben zu führen. Nicht zuletzt steht ja die Demokratie dafür ein, dass der Mensch über seine Geschicke selbst bestimmen kann. Wenn Interessen aber ungefilterten Zugang zum politischen Bereich haben, dann, so haben wir schon deutlich gesehen, wird der Einzelne seiner Selbstbestimmung beraubt und existiert lediglich

---

95 Friedrich Nietzsche, Menschliches, Allzumenschliches, Band 1, 71

noch als Glied einer Kette. Die beiden totalitären Antipoden des vorigen Jahrhunderts, Marxismus und Faschismus, haben dies mit feinem Gespür erkannt. Dies kommt in dem bekannten Lied des Dichters Louis Fürnberg »Die Partei, die Partei hat immer recht« ebenso zum Ausdruck wie in dem bekannten faschistischen Ausspruch »Du bist nichts, dein Volk ist alles«. In beiden Fällen verschwindet der Einzelne hinter größeren Einheiten, sei es die Partei, sei es das Volk. Selbst Bertolt Brecht hat sich in seinem Stück »Die Maßnahme« zu folgenden Sätzen hinreißen lassen:

> »LOB DER PARTEI
> Denn der einzelne hat zwei Augen
> Die Partei hat tausend Augen.
> Die Partei sieht sieben Staaten
> Der einzelne sieht eine Stadt.«[96]

In Wahrheit entsprechen alle diese Imperative einer grenzenlosen Infantilisierung des Menschen, haben damit einen unleugbar totalitären Anspruch und beanspruchen nichts weniger, als das Leben der betroffenen Menschen führen zu wollen. Wir sollten uns vor allem hüten, den Wohlfahrtsstaat von solchen und ähnlichen Ansprüchen frei zu denken. Unleugbar vermeidet er zwar den imperativen Charakter der Aussage, um desto rücksichtsloser seine Ansprüche durchzusetzen, deren Legitimation ihm jederzeit die Mehrheit gibt.

Der Tendenz zur Entmündigung haftet ein Paradoxon an. Einerseits muss man sich ihr als Einzelner entgegenstellen, um sich nicht selbst in den Sumpf des Interesses zu begeben, andererseits kann eine Lösung nur in gemeinsamem Handeln gefunden werden. Aus dieser Situation gibt es keinen einfachen Ausweg. Der Interessenstaat ist in Wahrheit ein Privilegienstaat, wobei wenige Menschen wirkliche Privilegien besitzen, während die überwiegende Mehrheit mit Scheinprivilegien ruhig gehalten wird.

Den vorliegenden Abschnitt abschließen soll eine Überlegung zur Vermögenssteuer, an der verdichtet noch einmal die Wirkungsweise des Interessenstaates dokumentiert werden kann. Bei der Wahl zum europäischen Parlament im Jahre 2009 hat die Partei Die Linke mit dem folgenden Wahlplakat geworben: »Millionäre zur Kasse – Für die Krise sollen jene zahlen, die sie verursacht haben […].«[97] Wir erkennen folgenden Zusammenhang: Millionäre haben die Krise verursacht. Dies mag ja noch einen Wahrheitsgehalt haben und bedarf deshalb einer Ergänzung. Unversehens hat die Partei Die Linke eine Existenzaussage (*es gibt* Millionäre, die die Krise verursacht haben) in eine Allaussage (*alle* Millionäre haben die Krise verursacht) transformiert. Auf diese Weise wird aus einigen Millionären der Millionär als Millionär, also der Millionär an sich. Dieses Muster ist bestens aus

---

[96] Bertolt Brecht, Die Maßnahme (1930), in: Ders., Große kommentierte Berliner und Frankfurter Ausgabe, Stücke 3, Band 3, Berlin – Weimar – Frankfurt 1988, S. 92
[97] Wahlplakat der Partei Die Linke zur Europawahl 2009, abgeschrieben bei Nürnberg am 8.6.2009

der Schatzkammer der Propagandareden der Nationalsozialisten bekannt. Adressat solcher Aussagen sind die untersten Instinkte des Menschen.

Gestützt wird diese Überlegung durch eine Presseerklärung eines Mitglieds des Parteivorstands der gleichen Partei, die wie folgt lautet: »So sieht ein wirklicher Schutzschirm für Menschen aus. Notwendig dafür ist ein staatliches Zukunftsprogramm in Höhe von 100 Milliarden Euro pro Jahr zur Bekämpfung der Krise. Finanziert werden kann dies unter anderem durch eine fünfprozentige Millionärssteuer. Die Linke fordert, dass die Profiteure der Bankenkrise endlich zur Kasse gebeten werden.«[98] Also der Zusammenhang ist klar, Millionäre als solche sind für die Bankenkrise verantwortlich und sollen dafür – gleichsam als gerechte Strafe – eine Millionärssteuer zahlen.

Die ausgesprochen anrüchige Begründung sowie die Forderung selbst könnte man den Ewiggestrigen der genannten Partei zugute halten und feststellen, dass ein freiheitliches Gemeinwesen auch mit solchen Absonderlichkeiten umgehen können muss. Doch nun überrascht die Volkspartei SPD auf ihrem Parteitag Ende 2009, die, zwar in deutlich gesetzteren Worten, ebenfalls die Einführung einer Vermögenssteuer will, und zwar mit einer überwältigenden Zustimmung bei gerade einmal einer Gegenstimme und vier Enthaltungen.[99] Bestätigt wird das Ergebnis durch eine Umfrage des politischen Magazins »Hart aber Fair«, nach der 77 Prozent der Bundesbürger die Vermögenssteuer wieder einführen wollen.[100] Der Fall ist klar, die Partei Die Linke hat sich wohl in der Wortwahl vergriffen, aber sonst des Volkes Meinung gut erkannt.

Nun soll hier nicht die Berechtigung der Einführung einer Vermögenssteuer untersucht, sondern die Wirkungsweise des Interessenstaates aufgezeigt werden. Ist aber das Beispiel nicht denkbar ungeeignet, weil hier offensichtlich eine übergroße Mehrheit der Bevölkerung einen Willen dokumentiert? Er ist es aus zweierlei Gründen nicht.

Zum einen dokumentiert dieser Grad an Zustimmung ein ernstes Problem einer jeden Form von Demokratie. Es ist immer leicht, vom Anderen zu fordern, er möge eine bestimmte Last tragen. Ohne Zweifel ist die überwiegende Zahl der Bundesbürger, die bei der Fernsehsendung ihre Zustimmung zur Erhebung einer Vermögenssteuer gegeben hat, davon ausgegangen, nicht selbst von einer solchen Maßnahme betroffen zu sein. Die Abschiebung einer Last auf »die Anderen« ist aber in sich ein wesentliches Merkmal des Interessenstaates.

Zum anderen jedoch ist es keineswegs klar, was mit dem Begriff Vermögen gemeint ist, jedenfalls nicht in der diesbezüglichen Debatte. Sehen wir also genauer hin. Vermögen ist »gesammelter Besitz, der einen materiellen Wert darstellt«[101]. Doch man ahnt es bereits, um eine so einfache Bestimmung geht es in der politischen Auseinandersetzung nicht. Sie würde bedeuten, alle materiellen Güter aller

98 Michael Schlecht, Schutzschirm für Menschen, Profiteure zur Kasse, Presseerklärung vom 18.03.2009
99 Vgl. Die SPD will die Vermögenssteuer zurück, Süddeutsche Zeitung, 14.11.2009
100 Hart aber Fair, Sendung vom 29.07.2009
101 Meyers Enzyklopädisches Lexikon, Deutsches Wörterbuch, Stichwort: Vermögen, Mannheim – Wien – Zürich 1987

Bürger zu erfassen und zu bewerten, um sie zur Grundlage der Besteuerung zu machen. Um das Thema nicht zu verwässern, soll die Schwierigkeit einer solchen Erfassung und vor allem auch Bewertung nicht weiter beachtet werden. Wenden wir uns also nur den mehr oder weniger leicht zu bestimmenden Werten zu, dann finden wir zum Beispiel Grundstücke, Häuser, Edelmetall-, Geld- und Wertpapiervermögen, Renten- und Pensionsansprüche usw. Schon dabei kommen wir mit relativ einfachen Hilfsmitteln zu erstaunlichen Ergebnissen.

Niema Movassat ist am 22. August 1984 geboren und seit der Bundestagswahl 2009 der jüngste Bundestagsabgeordnete der Partei Die Linke. Gegen Niema Movassat liegt nichts vor, jedenfalls ist öffentlich nichts bekannt. Den meisten ist er sicherlich nicht einmal bekannt. Gerade deshalb wurde er ausgewählt, sein Leben unter dem perspektivischen Gesichtspunkt einer Vermögenssteuer zu betrachten. Unterstellen wir Niema Movassat eine lange Karriere als Bundespolitiker (falls nicht, könnte man natürlich auch einen anderen jungen Bundestagsabgeordneten auswählen), dann wird er im Jahre 2029 – er steht dann mit 45 Jahren in der Blüte seines Lebens – auf eine 20-jährige Abgeordnetentätigkeit zurückschauen. Er hat sich nun einen Rentenanspruch in Höhe von 4 205 Euro je Monat erworben, den er ab dem Alter von 55 Jahren einlösen könnte.[102] Stellen wir bei dem Abgeordneten Movassat eine durchschnittliche Lebensdauer von 80 Jahren in Rechnung (es kommt hier sicherlich auf Stellen hinter dem Komma nicht an), dann hat er im Jahre 2029 einen Gesamtrentenanspruch von 1 261 500 Euro erworben. Bei dieser Berechnung ist lediglich von einer andauernden Abgeordnetentätigkeit, nicht jedoch von irgendwelchen Zusatzbezügen, die sich aus der Wahrnehmung verschiedener Ämter oder aus Nebentätigkeiten ergeben könnten, ausgegangen worden.

Nehmen wir an, Herr Movassat habe sich in den Jahren seiner aktiven Zeit eine angemessene Wohnungseinrichtung, Bücher, vielleicht gar eine Wohnung oder ein Haus angeschafft und etwas Geld zur Sicherheit für Eventualfälle auf die Seite gelegt. Die Annahme von weiteren 400 000 Euro Vermögenswerten kann nicht als vermessen angesehen werden. Damit hätte er einen Vermögenswert von 1 661 500 Euro zusammengetragen. Setzen wir für diesen Vermögensanspruch die Zahlen seiner eigenen Partei zur geforderten Vermögenssteuer ein, dann müsste er ohne Berücksichtigung irgendwelcher weiterer Einkommensteuern alleine an Vermögenssteuern schon 33 075 Euro pro Jahr bezahlen.

Betrachten wir jetzt zwei Szenarien für den Abgeordneten Movassat. Nach dem ersten Szenario muss er im Jahr 2029 ja noch arbeiten, und zwar 10 Jahre bis zum Erreichen seiner Altersgrenze. Aus Gründen der Einfachheit und weil es ja hier um eine prinzipielle Betrachtung geht, nehmen wir zusätzlich noch folgendes an: Herr Movassat bleibt Abgeordneter des Deutschen Bundestages, seine Bezüge und Rentenansprüche verändern sich im betrachteten Zeitraum nicht (was unwahrscheinlicher ist als ein Gletscher auf den Malediven) und er bleibt Junggeselle und kinderlos. Einer Religionsgemeinschaft wird er nicht zugerechnet. Die Annahmen sind keineswegs zum Nachteil des Herrn Movassat getroffen worden.

---

[102] Zu den Zahlen vgl. Der Spiegel, 4/2005, S. 25

Als Abgeordneter verdient er 7 009 Euro im Monat.[103] Auf sein Einkommen müsste er Einkommensteuer bezahlen, die einschließlich Solidaritätszuschlag 26 513 Euro pro Jahr betragen würde. Zusammen mit der Vermögenssteuer ergibt dies einen Betrag von 59 588 Euro im Jahr. Da Herr Movassat 84 108 Euro im Jahr verdient, verbleiben ihm während seiner aktiven Zeit 24 502 Euro im Jahr, also hätte er im Monat etwas mehr als 2 000 Euro netto in der Tasche. Damit würde das Einkommen des Herrn Movassat ziemlich genau dem durchschnittlichen Nettomonatsverdienst eines vollzeitbeschäftigten Arbeitnehmers im produzierenden Gewerbe und im Dienstleistungsbereich (ohne öffentliche Verwaltung, Verteidigung, Sozialversicherung) im Jahre 2006 entsprechen, das sich auf 1 986 Euro belief.[104] Allerdings hätte er eine Steuerlast von über 71 Prozent zu tragen. Mit diesen Zahlen wäre der Bundestagsabgeordnete Movassat zwar noch nicht in einem prekären Arbeitsverhältnis, große Sprünge könnte er aber auch nicht machen.

Nach dem zweiten Szenario geht Herr Movassat mit 55 Jahren in den wohlverdienten Ruhestand. Dann hätte er ein Jahreseinkommen von 50 460 Euro, worauf er 11 729 Euro an Einkommensteuer und Solidaritätszuschlag zu zahlen hätte. Damit verbleiben ihm 38 731 Euro im Jahr. Da er jedoch − zumindest am Anfang − 33 075 Euro an Vermögenssteuern zu zahlen hätte, verbleibt ihm ein kümmerlicher Rest von etwas über 471 Euro im Monat. Das ist ziemlich genau die Hälfte des durchschnittlichen Betrages für Versichertenrenten für Männer in Westdeutschland, der Ende 2007 947 Euro betrug. Unser aufstrebender Abgeordneter wäre also ein kapitaler Sozialfall, allerdings ein höchst problematischer, weil er ja über ein Vermögen von immerhin knapp 1,7 Millionen Euro verfügen würde. Sollte er jetzt Sozialunterstützung bekommen oder wegen zu hoher Vermögenswerte nicht?

Fraglos hat sich noch kein Abgeordneter des Deutschen Bundestages über diese existenziellen Fragen des Herrn Movassat auch nur Gedanken gemacht. Herr Movassat könnte sich ja bei einer Reinigungsfirma verdingen, um auf 400-Euro-Basis am Abend den Bundestag reinigen zu helfen. Damit würde er sich in seinem Einkommen der Durchschnittsrente annähern. Die Lage von Herrn Movassat ist ernst, aber keinesfalls hoffnungslos, weil sie sich von Monat zu Monat bessert, denn sein Vermögen nimmt synchron zu seiner Lebenserwartung ab. Dies unterscheidet ihn deutlich von anderen Beziehern niedriger Renten. Sein verfügbares Einkommen erhöht sich monatlich um immerhin 21 Euro. Nach gut 13 Jahren, also im Jahre 2052, Herr Movassat ist dann erst 68 Jahre alt, kann er seine volle Rente verzehren, weil sein Vermögen endlich unter die Bemessungsgrenze gefallen ist. Nun hat er statistisch gesehen noch 12 Jahre Zeit, eventuell angehäufte Schulden abzutragen.

Jeder Politiker, dem man den Sachverhalt vortragen würde, würde die Nase rümpfen und die Unkorrektheit der Berechnung unterstellen. Ist es vermessen anzunehmen, dass auch Herr Movassat trotz der von ihm und seiner Partei erhobe-

---

[103] Vgl. Der Spiegel, 4/2005, S. 22
[104] Vgl. Bundeszentrale für politische Bildung, Bruttojahresverdienste nach Berufen, Vollbeschäftigte Arbeitnehmer 2006

nen Forderung nach einer Vermögenssteuer keine Sekunde über seine zwar hervorragende Vermögens-, aber umso betrüblichere finanzielle Lage nachgedacht hat? Doch müsste jeder Mensch, der einen zu Herrn Movassat analogen Versorgungsanspruch erwerben möchte, entsprechende Geldbeträge ansparen, die ihn sofort der geplanten Vermögenssteuer unterwerfen würden. Während jedoch die Ansprüche des Abgeordneten Movassat vom Staat gegen alle möglichen Gefahrenlagen, wie zum Beispiel Inflation, abgesichert wären, müsste der »sonstige Mensch« dagegen selbst Vorkehrungen treffen, also einen deutlich höheren Betrag als der Abgeordnete zurücklegen und damit deutlich mehr Vermögenssteuer zahlen usw. Seine Lage wäre also noch um einiges schwieriger als die des Herrn Movassat.

In einer Hinsicht wäre die Lage des »sonstigen Menschen« derjenigen des Herrn Movassat vorzuziehen. Während dieser in einer geradezu ausweglosen Situation wäre, weil er an sein Vermögen nicht herankommen würde, könnte jener sein angespartes Vermögen aufbrauchen, um dann – ein entsprechend langes Leben vorausgesetzt – als Sozialhilfe-Empfänger sein Leben abzuschließen.

Die ausführliche Schilderung des letztlich doch einfachen Beispiels scheint wichtig, zeigt sie doch eindrucksvoll, dass die Denkweise unserer Politiker im Einklang mit der Mehrheit der Bevölkerung mit »wahnsinnig« noch euphemistisch umschrieben wäre. Selbstredend gibt es den hier geschilderten »sonstigen Menschen« nicht allzu häufig. Die zur Debatte stehende Fragestellung ist aber keine der Quantität, sondern der Qualität. Wenn es ihn gibt – und es gibt ihn! –, dann würde dieser Mensch in einer Weise um die Früchte seines Tuns gebracht, die jeder Form eines zivilisierten Staates Hohn spricht. Man stelle sich vor, ein Staat beschließt, alle Menschen, die mit mehr als zwei Ohren auf die Welt kommen, sollen umgebracht werden. Auch hier wäre die Zahl der Betroffenen gering. Ein Staat, in dem eine solche Forderung Gesetzeskraft erlangte, wäre der Barbarei überführt, selbst wenn das Ereignis nie einträte.

Selbstverständlich möchte kein Politiker in Deutschland ein wie hier geschildertes Modell der Vermögensbesteuerung. Selbstverständlich wird ein solches Modell auch nicht kommen. Wenn wir allerdings glauben, damit wäre das Problem vom Tisch, dann haben wir uns getäuscht, denn darin liegt das eigentliche Problem, das wir uns mit dem Interessenstaat eingehandelt haben. Da die Fiktion so nicht eintreten wird, machen sich die »Verschonten« auch keine weiteren Gedanken darüber (»Es trifft mich ja nicht.«). Die wirklich Reichen werden sich zu helfen wissen, bleibt der Bodensatz der »sonstigen Menschen«. Die Zahl dieser Menschen ist zu klein, um im Interessenstaat noch wahrgenommen zu werden, und darin liegt der wirkliche Skandal. Der Abweichler wird durch Einzug seines Vermögens eliminiert und ist dadurch sowohl angepasst als auch normiert.

Dass wir damit der Freiheit in unserem Lande einen schlechten Dienst erweisen, braucht nicht weiter ausgeführt zu werden. Wenn wir jedoch eine Vermögenssteuer auf der Basis der genannten Zahlen und unter Berücksichtigung aller Vermögenswerte zu Marktpreisen einführten, dann wäre der Kreis der Betroffenen erheblich höher, was sich direkt auf die Zustimmungsrate auswirkte. Erhebliche Schwierigkeiten würden dadurch entstehen, dass die Vermögenssteuer selbst sich direkt auf den Wert der Vermögen auswirkte. Dieses Problem ließe sich, wenn überhaupt, nur mit großem Aufwand lösen. Wenn es aber eine Vermögenssteuer geben soll, bei der das Vermögen selektiert wird, dann geraten wir auf eine Ebene, in der das Wort Gerechtigkeit nicht mehr vorkommt.

Um dem Bürger Klarheit in seinen Entscheidungen zu geben, müssten wir Vermögen qualifizieren, und zwar in »gutes« (das von der Besteuerung ausgenommen ist) und in »schlechtes« (das besteuert wird). Da wir uns hier ausschließlich mit legal erworbenem Vermögen beschäftigen, spielt die Frage keine Rolle, was wir mit unrechtmäßig erworbenem Vermögen machen. Dafür gibt es ja schon so etwas wie eine qualitative Unterscheidung, allerdings nicht hinsichtlich des Vermögens selbst, sondern ausschließlich hinsichtlich seiner Entstehung. Gewöhnlich und vom Spezialfall der Erbschaft abgesehen entsteht ein Vermögen über viele Jahre. Also müssten wir langjährige Qualitätsbestimmungen von Vermögen vornehmen. Die Folge wäre eine unerträgliche Gängelung des Einzelnen seitens des Staates, denn jetzt würde dieser mitbestimmen, ob sich jemand ein Haus, ein Buch, Kunstwerke oder Silberbesteck kauft, zumindest würde er denjenigen, der sich nicht an die Vorgaben hält, mit der Steuer und gegebenenfalls mit Vermögenseinzug bedrohen. Diese offensichtliche Form der Bevorzugung bestimmter Vermögensarten würde nicht in das Prinzip unseres freiheitlich-demokratischen Rechtsstaats passen, weil sie die Gängelung offensichtlich machen würde.

Jetzt sind wir bei einem weiteren wichtigen Punkt des modernen Wohlfahrtsstaats angelangt: Man versucht, durch Verschleierung der Zusammenhänge ein System von Bevorzugungen und Benachteiligungen aufzubauen. Am Ende versteht nur noch eine kleine Minderheit den wirklichen Ablauf. Fragen der Gerechtigkeit werden dabei einfach beiseitegewischt. Diese Verfahrensweise passt natürlich ebenfalls nicht zum Prinzip des freiheitlich-demokratischen Rechtsstaats, wird aber, da sie nicht mehr erkannt wird, einfach in Kauf genommen. Wieder sind wir bei der Infantilisierung, bei der das Kind glaubt, nicht gesehen zu werden, wenn es selbst nicht sieht.

Beim Mischen von Flüssigkeiten gilt das Gesetz der Entropie. In einem vereinfachten, populären Sinne besagt dies etwa, dass die Dinge die Tendenz haben, in einen Zustand größter Unordnung zu fallen. In der Politik gilt das Gesetz der schwindenden Transparenz, was so viel besagt wie: Politische Entscheidungen im Interessenstaat tendieren dazu, ein System größtmöglicher Intransparenz aufzubauen. Der folgende Abschnitt soll sich dementsprechend ausführlich mit der Frage der Transparenz im Raum des Politischen beschäftigen.

»Du kannst jemanden, der die Augen verbunden hat noch so sehr aufmuntern, durch das Tuch zu starren, er wird doch niemals etwas sehen; erst wenn man ihm das Tuch abnimmt, kann er sehn.«

Franz Kafka[105]

3.3 DAS PROBLEM DER TRANSPARENZ

3.3.1 WARUM BRAUCHEN WIR TRANSPARENZ?

Wenn wir umfangreiche Wörterbücher aufschlagen und uns über Transparenz informieren wollen, dann finden wir aus Sicht des Politischen wenig Erhellendes. Das immer noch umfangreichste Wörterbuch deutscher Sprache, das Wörterbuch der Brüder Grimm, enthält keinen Eintrag zum Begriff Transparenz, lediglich einen Eintrag zu TRANSPARENT, wobei der adjektivische Gebrauch mit durchsichtig, der substantivische im Sinne eines Transparents bei einer politischen Demonstration erklärt wird.[106] Das neuere Wörterbuch von Meyers Enzyklopädischem Lexikon enthält nicht nur einen Eintrag zum Begriff Transparenz, sondern auch einen Bezug zum Politischen, indem das folgende Zitat zur Wortverwendung herangezogen wird: »[...] daß wir eine etwas größere T[ransparenz] in unsere gemeinsamen ... Verteidigungsbemühungen hineinbringen.«[107]

In den ca. 50 Jahren zwischen dem Erscheinen der beiden Wörterbücher hat also aus Sicht des Politischen eine deutliche Bedeutungsverschiebung stattgefunden. Dies entspricht durchaus auch unserem Empfinden, da nämlich das Wort Transparenz im öffentlichen Raum geradezu inflationär gebraucht wird. Alles soll transparent werden, einer größeren Transparenz dienen. Die Eingabe des Wortes »Transparenz« auf der Website von »Spiegel-Online« liefert allein für den Zeitraum von 2006 bis August 2010 mehr als 100 Seiten mit Verweisen auf Artikel, die das Wort »Transparenz« enthalten. Der inflationäre Gebrauch des Wortes verhält sich umgekehrt zur Sache an sich. Von Transparenz ist umso mehr die Rede, je weniger sie eingehalten wird. Dabei handelt es sich um eine Beschwörung des Verschwindenden, also um eine trockene Versicherung. Wie sagte doch Hegel so treffend? »[...] *ein* trockenes Versichern gilt aber gerade soviel als ein anderes.«[108]

Machen wir eine kleine Probe aufs Exempel aus einem nicht politischen Bereich, allerdings ein Staatsunternehmen betreffend. Die Deutsche Bahn bietet Reisen zu sehr unterschiedlichen Preisen an. Sehen wir zu, was einem beliebigen

---

[105] Franz Kafka, Das Schloss, Düsseldorf 2007, S. 457

[106] Jacob und Wilhelm Grimm, Deutsches Wörterbuch, Band 21, Stichwort: TRANSPARENT, unveränderter Nachdruck der Erstausgabe von 1935, München 1999, S. 1239f.

[107] Meyers Enzyklopädisches Lexikon, Deutsches Wörterbuch, Band 32, Stichwort: Transparenz, Mannheim – Wien – Zürich 1981, S. 2616

[108] G.W.F. Hegel, Phänomenologie des Geistes, Werke in 20 Bänden, Band 3, Frankfurt am Main 1970, S. 71, Hervorhebung im Original

Kunden, nennen wir ihn A, passiert, wenn er das »kundenfreundliche« Online-Angebot des Staatsunternehmens Deutsche Bahn nutzen möchte. A wählt einen Zeitraum und eine Verbindung zwischen Nürnberg und Hamburg und erhält als Preis 29 Euro bis 117 Euro. Um den Rabatt zu erhalten, muss allerdings noch eine Rückfahrt eintragen werden, bei der dann die endgültigen Kosten für die Fahrt errechnet werden. Da A in seiner Zeitentscheidung frei ist, möchte er die Verbindung für 29 Euro auswählen. Geht A nun alle Verbindungen des betreffenden Tages durch, dann kostet die billigste Verbindung 113 Euro. A fühlt sich getäuscht, und das ist nicht verwunderlich, hat ihn die Suche doch einige Zeit gekostet.

Das Staatsunternehmen Deutsche Bahn lockt mit einem Preis, der am Ende fast um den Faktor vier höher ist, als zunächst angekündigt. Ähnliche Verfahrensweisen gibt es heute bei der Mehrzahl der großen Unternehmen. Die Angebote sind so gestaltet, dass es zumindest einige Mühe kostet, oft sogar vergeblich ist, sich in dem bestehenden Dschungel einen Weg zu bahnen. Das Beispiel der Deutschen Bahn ist nicht etwa deshalb gewählt worden, weil es sich um einen besonders negativen Fall handelt, sondern weil der Verdacht dunkler kapitalistischer Machenschaften gar nicht erst aufkommen sollte. Auf Beispiele ähnlicher Art treffen wir täglich, fast haben wir uns schon daran gewöhnt.

Es ist also offensichtlich nicht so weit her mit der viel beschworenen Transparenz – die jedoch umgekehrt als unverzichtbarer Bestandteil eines demokratischen Gemeinwesens gilt. Ein freiheitlich-demokratisches Gemeinwesen kann nicht funktionieren, wenn für die Bürger die Entscheidungen nicht mehr transparent sind. Im letzten Abschnitt haben wir jedoch zum Schluss ein Beispiel einer eklatanten Transparenzverletzung gesehen, in dem die Entscheidung zwar noch nicht endgültig gefällt worden, die Richtung der Entscheidungsfindung jedoch schon deutlich vorgegeben ist.

Ein modernes gesellschaftliches Gemeinwesen hat fraglos eine ungleich komplexere Struktur als etwa die griechische Polis. Daraus erwachsen nicht nur andere Aufgaben, sie sind auch erheblich komplexer und oft nicht durch einfache und überschaubare Regeln zu bewältigen. Dies verdeutlicht schon der Blick auf die Anzahl der Regierten, von den spezifisch neuzeitlichen Gegebenheiten der zunehmenden Vergesellschaftung einmal ganz abgesehen. Der politische Raum kann adäquat nur noch mit Begriffen der Gesellschaft beschrieben werden.[109] Insofern ist der einfache Rückgriff auf das Vorbild der Griechen auch Ideologie, bestenfalls liebenswerte Träumerei.

Wenn aber der einfache Rückgriff auf das Vorbild der Griechen für die moderne gesellschaftliche Realität nicht genügt, dann ist er doch als Erinnerung und Richtschnur umso wichtiger. Eliminieren wir das griechische Vorbild, dann eliminieren wir unweigerlich auch die Politik, jedenfalls all das, was den Begriff einmal ausgezeichnet hat. Dann mögen wir auch noch eine Gesellschaft und ein Staatswesen haben, die organisiert und gestaltet werden müssen, mit der Freiheit ist es dann allerdings vorbei.

---

[109] Vgl. Kapitel 2, Fußnote 158

In seiner »Phänomenologie« liefert uns Hegel sehr genau die Folie, auf der wir unser Verhältnis zu den Griechen betrachten müssen. Er schreibt: »Das Jetzt und das Aufzeigen des Jetzt ist also so beschaffen, daß weder das Jetzt, noch das Aufzeigen des Jetzt ein unmittelbares Einfaches ist, sondern eine Bewegung, welche verschiedene Momente an ihr hat; es wird *Dieses* gesetzt, es wird aber vielmehr *ein Anderes* gesetzt, oder das Diese wird aufgehoben: und dieses *Anderssein*, oder Aufheben des ersten wird selbst *wieder aufgehoben* und so zu dem Ersten zurückgekehrt. Aber dieses in sich reflektierte erste ist nicht ganz genau dasselbe, was es zuerst, nämlich ein *Unmittelbares,* war; sondern es ist eben *ein in sich Reflektiertes*, oder *Einfaches*, welches im Anderssein bleibt, was es ist.«[110]

Mit der Politik wird aber insbesondere auch die Frage der Transparenz auf eine andere Ebene gehoben. Die Griechen versammelten sich noch auf der Agora und erlebten das Politische viel unmittelbarer, als dies heute in modernen Gemeinwesen möglich ist. Je weiter der politische Entscheidungsprozess sich jedoch vom unmittelbaren Wohnort der Betroffenen entfernt, desto abstrakter wird das Verfahren, desto schwieriger wird es auch für den Einzelnen, das Verfahren nachzuvollziehen.

Wir haben es also mit zwei sich ergänzenden Tendenzen zu tun, die uns vom Politischen entfernen. Zum einen ist es, wie schon mehrfach angesprochen, die zunehmende Größe und damit Komplexität der modernen Gesellschaft, zum anderen eben die räumliche Entfernung des politischen Entscheidungsprozesses. Uns bleibt deshalb nur eine Alternative. Entweder es gelingt uns, das Politische in einem Rahmen des Verstehbaren zu halten, oder wir werden es verlieren.

Genau dies ist die Aufgabe der Transparenz in der Politik: Sie soll die komplexen Zusammenhänge von allem überflüssigen Ballast befreien, um uns die Fähigkeit der Mitgestaltung zu erhalten. Transparenz wird so ein unverzichtbarer Bestandteil moderner Politik in einem freiheitlichen Staate, weil ohne sie Politik nicht mehr verstanden werden kann. *Die Frage nach der Transparenz ist die Frage nach der Möglichkeit von Politik.*

Sie steht damit im Zentrum des Bemühens um einen freiheitlichen Staat. Wenn wir also überhaupt noch an so etwas wie Politik festhalten wollen, wenn wir also Freiheit noch immer für einen fundamentalen Wert menschlichen Lebens erachten, dann müssen wir uns äußerst ernsthaft mit der Frage der Transparenz auseinandersetzen.

Am Ende des vorigen Abschnitts und am Anfang des vorliegenden wurden Beispiele gezeigt, in denen elementare Regeln transparenter Entscheidungsfindung behindert worden sind. Wir werden weitere kennenlernen. Der entscheidende Punkt bei allen diesen Beispielen ist, dass entstehende Schwierigkeiten eben nicht aus der Komplexität der Sache resultieren, sondern durch Politiker zusätzlich hineingebracht worden sind. Dieses Verhalten, der letzte Abschnitt zeigt dies unmissverständlich, hat eine wesentliche Ursache im Interessenstaat. Damit ist eine erste ernste Bedrohung des politischen Gemeinwesens formuliert, die künst-

---

[110] G.W.F. Hegel, Phänomenologie des Geistes, Werke in 20 Bänden, Band 3, Frankfurt am Main 1970, S. 89, Hervorhebungen im Original

lich erzeugt wird, und also nicht in der Natur der Sache liegt. Wenn wir an den ernsten Bedrohungen schon nichts ändern können, dann kommt es insbesondere darauf an, künstlichen Bedrohungen der Transparenz entgegenzutreten.

Im Interessenstaat ist also den Vertretern der verschiedenen Partialinteressen daran gelegen, die Durchschaubarkeit von Entscheidungsprozessen zu behindern, weil sie zur Durchsetzung ihrer Sache auch immer der Hilfe Nichtbetroffener bedürfen. Ein wichtiges Mittel auf diesem Weg ist die systematische Verwischung von Zusammenhängen. Diese Vorgehensweise ist scharf zu trennen von einem Sachverhalt, der von zu vielen Parametern abhängt, um mit einfachen Mitteln beschrieben werden zu können. Ein Beispiel dafür ist die Wettervorhersage.

Wie leicht zu erkennen ist, bedarf die Unterscheidung der Sache einer begrifflichen Unterscheidung. Die Unterscheidung liegt in den beiden Begriffen Komplexität und Kompliziertheit. Beide Begriffe werden in der Umgangssprache meist gleichbedeutend verwendet, sind aber aufs Deutlichste zu unterscheiden.

Komplexität bedeutet die einer Sache innewohnende Schwierigkeit, ihre Verwickeltheit, während Kompliziertheit auf ein Erschweren des Verständnisses einer Sache zielt. In dem Satz »Warum denn einfach, wenn es auch kompliziert geht«, kommt der Sachverhalt anschaulich zum Ausdruck.

Aus dem Rechenunterricht der Schulzeit ist sicherlich vielen noch ein Beispiel für Kompliziertheit bekannt. Der Lehrer stellt die folgende Aufgabe: Ich denke mir eine Zahl, addiere zu dieser Zahl einen Wert 1, addiere einen Wert 2, subtrahiere einen Wert 3 usw. und erhalte schließlich einen Ergebniswert. Welche Zahl habe ich mir gedacht? Die Aufgabe besteht eigentlich aus einer einfachen Bestimmungsgleichung der Form

$$x + \text{Wert} = \text{Ergebnis}.$$

Da der Wert aber nicht einfach angegeben wird, sondern erst aus einer (meist sehr einfachen) Berechnung von Teilwerten gewonnen wird, hat die Aufgabe den Anschein, sie sei komplex. Dies ist überhaupt ein Kennzeichen der beiden Begriffe und sicher wesentlich dafür verantwortlich, dass sie oft synonym verwendet werden: *Kompliziertheit ist die Vortäuschung von Komplexität.* Oft ist schwer zu unterscheiden, ob eine Sache komplex oder kompliziert ist. Das erschwert die richtige Identifizierung der wohl zu unterscheidenden Begriffe noch mehr. Meist setzt dies genauere Kenntnis von und damit eine genauere Beschäftigung mit der Sache voraus. In der Schule schien die Rechenaufgabe immer komplex zu sein, nach der Schule ist sie als bestenfalls kompliziert zu erkennen.

Wie wir wissen, besteht das charakteristische Merkmal interessengesteuerter Entscheidungsprozesse darin, Dinge zu verkomplizieren, um Komplexität vorzutäuschen. Wie wir aber auch wissen, fällt es dem Einzelnen unter Umständen sehr schwer, zwischen beidem zu unterscheiden. Dazu wäre eine unabhängige Instanz von Vorteil, die über Zusammenhänge aufklärt und im Bedarfsfall die Verkomplizierung von Sachverhalten anprangert. Die Presse könnte eine solche Instanz sein, doch wird sie dieser Aufgabe nicht mehr mit der gebotenen Gründlichkeit gerecht. Zweifellos verdanken wir die Aufdeckung vieler Skandale der Presse, doch gibt es

auch viele Beispiele, in denen sie – gerade wenn interessengesteuerte Verkomplizierungen in ihren Auswirkungen nur Minderheiten betreffen – unverständlicher-
weise schweigt.

In der modernen Politik haben wir es also mit zwei Tendenzen zu tun, die sich
in ihrer Wirkung erheblich verstärken. Einerseits ist die Steuerung einer modernen
Industriegesellschaft eine sehr komplexe Aufgabe, die fundierter Fachkenntnisse
bedarf. Die Kontrolle solcher Aufgaben durch das wenig geschulte Volk ist kaum
möglich, auch durch Ausbildung nicht erreichbar und bedarf deshalb unabhängiger
und vertrauenswürdiger Instanzen, die die notwendige Kompetenz besitzen, sach-
gerechte Lösungen zu finden. Weiter oben wurde am Beispiel der Energieversorgung der Zukunft eine solche Aufgabe benannt. In modernen Gesellschaften mit
ihrer Dominanz undurchschaubarer Partialinteressen sind solche unabhängigen
Instanzen aber nur sehr schwer zu finden. Die befriedigende Lösung dieses Problems ist eine wirklich herausfordernde Aufgabe, zu deren Lösung wir alle
Anstrengungen unternehmen müssen. Hinter die Komplexität der modernen Industriegesellschaft werden wir nicht mehr zurück können.

Andererseits setzt in demokratischen Gesellschaften die Durchsetzung von Par-
tialinteressen stets deren Verschleierung voraus. Dieser Zusammenhang gilt insbesondere dann, wenn die Durchsetzung der Interessen nur einer Minderheit zum
Vorteil gereicht. Um dem Prinzip der Verschleierung zu genügen, wird das Partialinteresse im Sinne eines allgemeinen Nutzens »verkauft«, also mit allgemeinen
Phrasen angepriesen und zugleich mit einem dichten Nebel umgeben. Derartige
Phrasen sind Zweiklassenmedizin, Allgemeinwohl, Gerechtigkeit, Kapitalismus,
Demokratie, Freiheit usw. Diese Phrasen unterliegen selbstverständlich keinerlei
begrifflicher Klärung und dürfen aus Gründen der Political Correctness nicht hinterfragt werden. Wer wollte schon gegen das Allgemeinwohl oder gegen Gerechtigkeit sein? Wer wollte sich öffentlich zur Zweiklassenmedizin bekennen?

Der dichte Nebel wird durch unendliche Verkomplizierungen erreicht, die aus
jedem einfachen Sachverhalt eine Frage von Leben und Tod machen. Wenn eine
Partei A einer gesellschaftlichen Gruppe B einen Vorteil verschaffen möchte, weil
die Mitglieder von B die Partei A dann noch geschlossener wählen, dann wird dies
so ausgedrückt, als würde ein jahrzehntelanges Unrecht an der menschlichen Gattung endlich durch die Partei A beseitigt.

Durch das reibungslose Zusammenspiel von Komplexität und Kompliziertheit,
deren Differenz den meisten Menschen noch nicht einmal bekannt ist, wird ein
Zustand der Orientierungslosigkeit erreicht, der zunächst einmal den besten Nährboden für das Wuchern des Interessenstaates abgibt. Gleichzeitig bedeutet dieser
für die davon betroffenen Menschen das Ende von Politik. Wer sich im Dschungel
der Problemstellungen nicht mehr auskennt, kann auch nichts dazu beitragen, den
richtigen Weg zu finden. Fassen wir also zusammen: *Transparenz ist umso notwendiger, je komplexer sich der gesellschaftliche Zusammenhang entwickelt.*

Zur Durchsetzung von mehr Transparenz müssen wir zunächst den Verkomplizierungen der politischen Probleme mit aller Macht entgegentreten.

Mit Beispielen für Verschleierungen im politischen Raum könnte man leicht ganze Bibliotheken füllen, sind sie doch tägliche Praxis aller Parteien, also geradezu konstitutives Element unseres politischen Lebens. Dennoch scheint der allgemeine Hinweis auf die geübte Praxis nicht auszureichen, kann er doch niemals die Schamlosigkeit vermitteln, mit der mittlerweile auch einfachste Zusammenhänge verdunkelt und verschleiert werden. Im vorliegenden Abschnitt soll die gängige Praxis für drei Bereiche gezeigt werden. Die Bereiche gehören im engeren Sinne gar nicht der Sphäre des Politischen an, sondern kommen aus der Sphäre des Privaten bzw. Ökonomischen. Dort sind es aber jeweils Themen von herausragender Bedeutung.

Das dunkle Zusammenspiel zwischen Politik und Bevölkerung bei der systematischen Verschleierung von Zusammenhängen kommt am deutlichsten bei den verschiedenen Formen der Steuererhebung und in Fragen der Behandlung des Grundwerts der Gerechtigkeit zum Ausdruck. Beide Themenkomplexe sind einerseits viel zu umfangreich, um sie hier als Beispiele adäquat abhandeln zu können. Andererseits betreffen sie die Fundamente dessen, was euphemistisch als Wohlfahrtsstaat Eingang in die politische Diskussion gefunden hat.

Der Wohlfahrtsstaat selbst ist längst schon zum Selbstzweck jeder Form der politischen Auseinandersetzung geworden. In der Hierarchie der Ziele steht er ganz oben, weit vor dem ursprünglichen Anliegen dessen, das Politik einmal hervorgebracht hat, die Freiheit. Deshalb wird der Wohlfahrtsstaat in einem eigenen Kapitel ausführlich betrachtet. Dabei werden dann auch die Formen der Steuererhebung und der Grundwert der Gerechtigkeit ihrer Bedeutung entsprechend behandelt.

Bei den Beispielen zur Verschleierung kommt es weniger darauf an, Ursachen oder Abhilfen aufzuzeigen. Stattdessen wird der Fokus eindeutig darauf gerichtet, mit welchen Mitteln Politik versucht, jede Transparenz zu verhindern, und sich damit selbst den Weg verbaut, überhaupt nach sinnvollen Lösungen suchen zu können. Selbst jahrzehntelange intensive Anstrengungen der Politik haben nur zu kümmerlichen Ergebnissen geführt. Die dargestellten Verfahrensweisen besitzen für alle politischen Parteien Gültigkeit. Die behauptete Gegnerschaft der Parteien, aus der ja die Vielfältigkeit des politischen Raums entstehen soll, ist bei den Beispielen nicht zu erkennen. Eher zeigt sich in den Anstrengungen zur Problemlösung eine hemmungslose Einfältigkeit, deren geübte Praxis deshalb kein gutes Licht auf die Regierten wirft, weil längst ein Aufschrei durch die Republik hätte gehen müssen, das Spiel der hemmungslosen und vor allem aber auch offensichtlichen Täuschungen endlich zu beenden und durch echte Bemühungen zu ersetzen. Solange die Regierten sich aber in Scharmützeln aufreiben und durch lächerliche Almosen beruhigen lassen, besteht wenig Hoffnung auf eine Änderung des dunklen Spiels. Sollten die Regierten auf dieser Täuschung bestehen, also letztlich gar ihre Selbsttäuschung fordern?

Wir sind eine Reichtum produzierende Gesellschaft. Arbeit gilt als Quelle des Reichtums, hat deshalb in einer solchen Gesellschaft eine überragende Bedeutung, bildet sie doch für die überwiegende Mehrheit der Menschen die einzige Möglichkeit, zu Wohlstand zu kommen. Wie wir schon an verschiedenen Zitaten feststellen konnten, wird der Arbeit darüber hinaus noch ein imaginärer Wert zugeschrieben. »Wer arbeitet, fühlt sich besser«[111], stellt Gregor Gysi etwa kategorisch fest. Bei seinem sozialdemokratischen Kollegen Olaf Scholz klingt das noch etwas martialischer, indem er behauptet: »Ich bin der Auffassung, dass der Mensch arbeiten soll.«[112] In beiden Fällen wird jedenfalls eine Behauptung aufgestellt, durch die die Politik in Zugzwang gerät. Wir sollten hier nicht die Frage stellen, woher ein Politiker die Erkenntnis gewinnt, dass der, der arbeitet, sich besser fühlt oder aber, ob einem Politiker die Auffassung zusteht, dass der Mensch arbeiten soll. In beiden Fällen reden die Politiker ja nicht für sich, sondern vom Menschen an sich, unabhängig von Raum und Zeit. Jedenfalls haben die Griechen in ihrer Polis eine konträre These vertreten und auch der Ziehvater unserer arbeitsorientierten Politiker, Karl Marx, wollte die Arbeit gar aufheben.

Offensichtlich hat die Arbeit im Lebensbild (nicht nur) der beiden genannten Politiker einen hohen Stellenwert. Umso schlimmer ist die Tatsache einer jetzt schon Jahrzehnte anhaltenden Arbeitslosigkeit, die mal etwas höher, mal etwas niedriger ist. Dazu stellt die Bundeszentrale für politische Bildung fest: »Seit Ende der 1970er Jahre, spätestens seit Anfang der 1980er Jahre, gehört die Arbeitslosigkeit zu den größten sozialen Problemen in Deutschland. Abseits der konjunkturellen Wellenbewegungen haben sich die Arbeitslosenzahlen bis zum Jahr 2005 immer weiter erhöht. Auch wenn es 2006, 2007 und in der ersten Jahreshälfte 2008 zu einer Entspannung auf dem Arbeitsmarkt kam, kann noch nicht von einer generellen Trendwende gesprochen werden. Dafür ist die Phase des Aufschwungs noch zu kurz und die Arbeitslosenquote noch zu hoch.«[113]

Die Feststellung bezieht sich also auf einen Zeitraum von mehr als 30 Jahren, nach üblicher Sprachregelung ist das eine Generation. Die Dauer des Problems spricht nicht gerade für besonders gute Lösungswege der Politik. Vielleicht ist es gar ein Problem, für das Politik in der herkömmlichen Denkweise überhaupt keine Lösung finden kann. Weiter oben wurden bereits ausführlich die nur noch schildbürgerhaft zu nennenden Anstrengungen aller politischen Kräfte in unserem Lande zur Lösung des Problems dargestellt. Hier soll es unter dem Aspekt seiner Verschleierung betrachtet werden.

Auf den ersten Blick scheint das Problem keiner komplexen Struktur zu unterliegen. Arbeitslos ist jeder Mensch der arbeitsfähigen Bevölkerung, der arbeiten möchte, aber keine Stelle findet. Zu klären bliebe noch der Begriff »arbeitsfähige Bevölkerung«. Im weiteren Sinne könnte der Begriff altersmäßig abgegrenzt werden, also die Bevölkerung zwischen 15 und 65 Jahren umfassen. Im engeren Sinne

---

[111] Vgl. Kapitel 1, Fußnote 21
[112] Vgl. Kapitel 3, Fußnote 62
[113] www.bpb.de, Bundeszentrale für politische Bildung, Die soziale Situation in Deutschland, Arbeitslose und Arbeitslosenquote

müsste man von diesem Teil der Bevölkerung noch jenen Anteil subtrahieren, der zum Beispiel aus gesundheitlichen Gründen nicht arbeiten kann. Da keine Regierungsinstitution wissen kann, wer im Inneren seines Herzens gerne arbeiten möchte und wer nicht, könnte man die Bewerbung um eine Arbeitsstelle als Kriterium nehmen, um diese Unschärfe zu beseitigen. Auf der Basis der genannten Angaben ließe sich auf einfache Weise eine Statistik erstellen, aus der die Zahl der Arbeitslosen hervorgeht. Über einen langjährigen Vergleich ließe sich dann feststellen, welche Maßnahmen zur Arbeitsbeschaffung mehr, welche weniger Erfolg versprechen. Ob sich durch solche Maßnahmen die Arbeitslosigkeit senken ließe, wissen wir nicht, zumindest würde man auf diese Weise Wissen anhäufen, ohne das die Lösung des Problems eher einem Lottospiel als einer ernsthaften Anstrengung gleicht.

Um ein Problem zu lösen, bedarf es zunächst der Bestimmung seiner komplexen Komponenten. Der Arbeitslosigkeit eignet nur eine einzige komplexe Komponente. Unter bestimmten Umständen erhalten Arbeitssuchende Geld aus der Arbeitslosenversicherung oder den Sozialkassen. Aus dieser eigentlich einfachen Tatsache ergibt sich ein ganzes Konvolut an Problemen. Menschen, die gar nicht arbeiten wollen, simulieren eine Arbeitssuche, weil sie das Geld erhalten wollen. Kontrollen müssen aufgebaut werden, denen sich auch tatsächlich Arbeitssuchende, oft in unwürdiger Weise, unterwerfen müssen. Gelder werden genehmigt, gestrichen, mit unterschiedlichen Auflagen ausbezahlt. Kurz: Es wird ein bürokratischer Apparat orwellscher Ausmaße installiert.

Die Ursache des ganzen Aufwands liegt in der selektiven Auszahlung noch dazu verhältnismäßig geringer Geldbeträge. Würden wir den Zusammenhang zwischen Arbeitssuche und Geldempfang auflösen, wäre die Simulation von Arbeitssuche wirkungslos und die Zahl der wirklich Arbeitsuchenden leicht zu bestimmen. Die komplexe Komponente wäre damit auf erstaunlich einfache Weise aufgelöst. Da dies jetzt nicht weiter untersucht wird, nehmen wir die Komplexität in Kauf. Auf zwei Arten geht der politische Betrieb mit der Arbeitslosigkeit um:

- Der (einheitliche) Begriff Arbeit wird aufgelöst in eine Unzahl spezifischer Arbeitsbegriffe und
- es wird eine ungeheure Fantasie entwickelt, um auf die Zahl der Arbeitssuchenden durch eine Vielzahl von Maßnahmen Einfluss zu nehmen.

Betrachten wir den ersten Punkt. Im engeren Sinne ist eine Arbeitsstelle dadurch gekennzeichnet, dass der Arbeitende ein Entgelt für seine Arbeit erhält und dafür Steuern und Sozialabgaben bezahlt. Bei einer solchen Stelle zahlt der Arbeitgeber zum Lohn auch noch die Hälfte der Sozialabgaben. Man nennt eine solche Arbeitsstelle eine sozialversicherungspflichtige Beschäftigung. Die Sozialabgaben bestehen aus der Arbeitslosen-, Kranken-, Pflege- und Rentenversicherung. Dafür erwirbt der Beschäftigte Ansprüche, die er im Falle von Arbeitslosigkeit, Krankheit, Pflegebedürftigkeit oder Alter einlösen kann.

Das bestehende Konzept verhindert insbesondere die Beschäftigung von gering qualifizierten Arbeitskräften, da die Nebenkosten der Arbeit zu hoch geworden sind. Hier wäre spätestens der Punkt erreicht, an dem man sich grundlegende Gedanken über die Organisation von Arbeitsverhältnissen hätte machen können. Stattdessen hat eine beispiellose Verkomplizierung des eigentlich nicht komplexen Zusammenhangs begonnen.

Zunächst wurde der einheitliche Begriff einer Arbeitsstelle aufgelöst und durch eine Vielzahl unterschiedlicher Beschäftigungsverhältnisse ersetzt, deren Grundlagen immer wieder geändert werden. Ein genauer Überblick über alle Möglichkeiten bedarf schon umfangreicher Fachkenntnisse. Die hier und im Folgenden genannten konkreten Werte sowie die einzelnen Rahmenbedingungen kann der politische Betrieb jederzeit durch andere Werte ersetzen. Hier kommt es jedoch vor allem auf das zugrunde liegende Prinzip an und weniger auf die Details.

Die bekanntesten neuen Beschäftigungsverhältnisse sind die sogenannten Mini- und Midi-Jobs. Ein Mini-Job ist ein Arbeitsverhältnis, bei dem der Beschäftigte nicht mehr als 400 Euro pro Monat verdienen darf. Ein Midi-Job liegt dann vor, wenn der Beschäftigte im Monat einen Betrag zwischen 400 und 800 Euro verdient. Der Anreiz dieser Beschäftigungsverhältnisse liegt allein in einem Rabatt auf die Sozialabgaben, der den Beschäftigten und/oder ihren Arbeitgebern gewährt wird. Mini-Jobs sind grundsätzlich steuer- und sozialversicherungsfrei, allerdings müssen die Arbeitgeber einen Pauschalbetrag an eine Behörde zahlen, durch den alle sonstigen Abgaben abgedeckt sind.

Würde man nun für alle Beschäftigungsverhältnisse mit einem Einkommen knapp über 400 Euro die volle Abgabenlast erheben, dann wären solche Jobs nicht mehr lohnend. Also hat man die sogenannten Midi-Jobs eingeführt, bei denen die Sozialabgaben sukzessive steigen, bis sie bei ca. 800 Euro die volle Höhe erreichen. Bei einem Mini-Job ist der Arbeitnehmer nicht krankenversichert, bei einem Midi-Job schon. Wie jeder Arbeitnehmer, dessen Einkommen unter einer bestimmten Grenze liegt, ist natürlich auch der nicht versicherte Mini-Jobber krankenversichert, entweder durch einen Ehepartner oder durch Sozialleistungen. Was hat man mit diesen neuen Beschäftigungsformen erreicht?

Das auffälligste Ergebnis besteht in der Verringerung der Zahl der Arbeitslosen. Das ist aber nicht weiter verwunderlich, hat man doch durch eine einfache Reduktion des Preises (für Arbeitskräfte) die Nachfrage erhöht. Wie aber hat man die Preisreduktion erzielt? Indem man die Last der Sozialabgaben auf weniger Schultern verteilt hat, was in vulgo einfach heißt, man hat diesen Gruppen ein Privileg auf Kosten aller anderen Beschäftigten eingeräumt. Zumindest in bestimmten Bereichen gibt es geradezu einen Sog in Richtung solch privilegierter Beschäftigungsverhältnisse.

Betrachten wir ein Zahlenbeispiel. Bei einem sozialversicherungspflichtigen Einkommen (innerhalb bestimmter Grenzen, die aber relativ hoch liegen und deshalb hier nicht weiter zu beachten sind) betragen die Sozialabgaben einschließlich der Arbeitgeberanteile ca. 43 Prozent des Bruttolohns. Demnach belaufen sich die Sozialabgaben bei einem Bruttoverdienst von 1 500 Euro/Monat auf ca. 645 Euro. Davon trägt der Arbeitnehmer ca. 20 Prozent, der Arbeitgeber dementsprechend

23 Prozent, was in Zahlen ausgedrückt 300 bzw. 345 Euro entspricht. Der Arbeitgeberanteil erscheint gewöhnlich bei keiner Lohnangabe, soll aber hier aus Gründen der Transparenz deutlich gemacht werden. Der bereinigte Bruttolohn des Beispiels beträgt also 1 845 Euro. Ein alleinstehender Arbeitnehmer müsste auf diesen Lohn noch etwa 110 Euro an Einkommensteuer (einschließlich Solidaritätszuschlag) zahlen und hätte am Ende gerade einmal 1 090 Euro in der Tasche.

Wenn der betreffende Arbeitsplatz in drei Stellen zu je 400 Euro/Monat aufgeteilt wird, dann sind pauschal 28 Prozent des Einkommens für die Sozialabgaben abzuführen, was einem Geldwert von je 112 Euro entspricht, Steuern fallen nicht an. In diesem Fall trägt der Arbeitgeber alle Sozialkosten alleine. So ergeben sich insgesamt 1 536 Euro als Aufwendungen für die Arbeitsstellen, während die drei Beschäftigten zusammen 1 200 Euro haben. In dem Beispiel erhalten die Arbeitnehmer eine um etwa 10 Prozent höhere Lohnzahlung, für die der Arbeitgeber aber nur etwa 83 Prozent an Aufwendungen erbringen müsste. Mit einem deutlich geringeren Aufwand kann der Arbeitgeber also einen deutlich höheren Nutzen erzielen.

Wir müssten alle Bücher der Ökonomie entsorgen, wenn von dieser Möglichkeit nicht maximal Gebrauch gemacht werden würde, denn es ist eine typische Win-win-Situation. Da aber der Gewinn nicht vom Himmel fällt, muss er von irgendjemandem erwirtschaftet werden, und das sind hier die normalen sozialversicherungspflichtigen Arbeitnehmer. Nicht jede Tätigkeit eignet sich für solch eine Stellenaufteilung. Sobald das jedoch möglich ist, wird von ihr Gebrauch gemacht. Folgerichtig werden in bestimmten Branchen – zu nennen wäre hier vor allem die Gastronomie – fast nur noch solche Mini- und Midi-Jobs angeboten.

Was also haben wir mit dieser Anstrengung erreicht? Die Zahl der Beschäftigten wurde erhöht um den Preis einer Erhöhung der Sozialabgaben für »normale« Beschäftigte, denn in deren Sozialabgaben wird ja die Subventionierung der besonderen Beschäftigungsverhältnisse versteckt. Dies kann nur durch höhere Sozialabgaben der »normal« Beschäftigten, eine höhere Steuerbelastung für die Allgemeinheit oder aber durch eine höhere Staatsverschuldung erreicht werden. Die Lösung für das Problem der Arbeitslosigkeit kann so jedenfalls nicht aussehen.

Während sich durch Mini- und Midi-Jobs bei allen damit zusammenhängenden Problemen noch ein positiver Saldo für die Arbeitslosenquote ergeben kann, gilt dies für die nachfolgenden Maßnahmen in keinem Fall. Deren Zweck besteht einfach darin, durch eine ungeschminkte Vernebelung die Zahl der Arbeitslosen zu senken. Gemeint sind hier Schulungsmaßnahmen, 1-Euro-Jobs und – dies ein herausragendes Beispiel für den Erfindungsgeist unserer Politiker – die Ich-AG. Sehen wir genauer hin.

Durch diverse Schulungsmaßnahmen sollen Arbeitslose für den Arbeitsmarkt qualifiziert werden. Abstrahieren wir von der Qualität der Schulungsmaßnahmen, abstrahieren wir von Geldverteilungen an ausgesprochen fragwürdige Qualifizierungsmaßnahmen, die von ausgesprochen fragwürdigen Institutionen erbracht werden. Betrachten wir nur die Hemmungslosigkeit, mit der Schulungsmaßnahmen als Mittel dienen, die Zahl der Arbeitslosen zu verringern. Der Qualifikant wird (warum nur?), da er während der Zeit seiner Qualifikation dem Arbeitsmarkt ja nicht zur Verfügung steht, einfach aus der Arbeitslosenstatistik herausgenommen. Da die Schulung ja Geld kostet, wird, schamloser zwar, aber dem gleichen Prinzip genügend, durch eine einfache Aufstockung der Geldmittel die Zahl der Arbeitslosen gesenkt.

Auf diese Weise wäre es ein leichtes, alle Arbeitslosen in Lohn und Brot zu bringen, man brauchte sie einfach nur beim Staat zu beschäftigen. Wer dies für Unsinn hält, der sei auf wiederholt vorgebrachte dahin gehende Vorschläge verwiesen, die dies zwar nicht ganz so unverfroren für alle Arbeitslosen fordern, aber durchaus durch Aufstockung der öffentlich Bediensteten die Zahl der Arbeitslosen verringern wollen.

Wenig unterschieden von der Aufhellung der Arbeitslosenstatistik durch Schulungsmaßnahmen ist die durch sogenannte 1-Euro-Jobs. Ein 1-Euro-Job »ist eine Arbeitsgelegenheit, mit deren Hilfe der Gesetzgeber vor allem Langzeitarbeitslose wieder in den ersten Arbeitsmarkt integrieren will. Sie haben den Zweck, die Arbeitsfähigkeit aufrecht zu erhalten und sollen den ALG-II-Empfänger an regelmäßige Arbeit und einen strukturierten Tagesablauf gewöhnen.«[114] Nun könnte man einer solchen Maßnahme vielleicht sogar einen Sinn abgewinnen, wenn die hehre Absicht nicht von der Drohung begleitet wäre, Betroffene zu jeder zumutbaren Arbeit zu zwingen, wobei gilt: »Zumutbar ist grundsätzlich jede legale und nicht sittenwidrige Arbeit.«[115] Eine Frau kann also nicht gezwungen werden, für einen Euro als Nacktänzerin zu arbeiten. Der Aspekt der Zwangsbeschäftigung soll jedoch hier nicht interessieren.

Wichtig ist allerdings der folgende Hinweis: Jeder Mensch, der einem 1-Euro-Job nachgeht, fällt sofort aus der Arbeitslosenstatistik heraus. Immerhin haben wir es durch diesen Einfall vermocht, billig und dauerhaft die Arbeitslosigkeit des Betroffenen zu beenden. Durch den lächerlichen Aufwand von weniger als 120 Milliarden Euro im Jahr könnten wir alle Menschen zwischen 15 und 65 Jahren in Lohn und Brot bringen, hätten damit also die Arbeitslosigkeit beseitigt. Warum ist eigentlich noch kein Politiker auf diese brillante Idee gekommen?

Das letzte Beispiel der Statistikjongleure hat keinen aktuellen Bezug mehr, weil das Projekt seit 2006 ausgelaufen ist. Trotz seines inzwischen historischen Charakters sollte das Beispiel seiner Eindringlichkeit wegen nicht vergessen werden. Stellen wir uns vor, ein Verein für Bogenschützen schreibt einen Wettbewerb aus, bei dem es darauf ankommt, eine Zielscheibe zu verfehlen. Beim Lesen der Ausschreibung würde man vermutlich schmunzeln und an einen Druckfehler denken. Eine solche Maßnahme war die Ich-AG. Ihr Sinn aus der Sicht der Arbeitsförderung bestand darin, arbeitslos zu sein und eine Geschäftsidee zu entwickeln, die bestenfalls geringen, nach Möglichkeit keinen Erfolg hat. Bei Erfüllung dieser Voraussetzung konnte man jeden Monat 600 Euro im ersten, 360 Euro im zweiten und 240 Euro im dritten Jahr erhalten. Sofern ein Anspruch auf Arbeitslosengeld bestand, konnte man jederzeit wieder in die Riege der Arbeitslosengeldempfänger

---

[114] Zitiert nach: www.sozialhilfe.de
[115] Zitiert nach: www.sozialhilfe.de

zurückkehren. Erst ab 1. November 2004 wurde, um Missbrauch zu verhindern (!), die Vorlage einer Tragfähigkeitsbescheinigung für das Vorhaben verlangt. Das heißt im Klartext, bis dahin brauchte man nur eine Geschäftsidee, die sicher keinen Erfolg hatte, um Gelder zu erhalten; später musste man zumindest den Eindruck erwecken, als könnte man Erfolg haben.

Eigentlich ist die nachfolgende Aussage überflüssig: Selbstverständlich galt jeder Ich-AG-Aspirant nicht länger mehr als arbeitslos. Keinem Samuel Beckett, keinem Salvador Dali, keinem Dadaisten ist es bis heute gelungen, eine auch nur annähernde Absurdität darzustellen, wie es der deutschen Politik mit der Ich-AG gelang.

Die angeführten Beispiele beleuchten das Problem keinesfalls umfassend. Der politische Betrieb wendet der Verschleierung des Problems der Arbeitslosigkeit weit mehr Aufmerksamkeit zu als seiner Behebung. Dies weisen die Beispiele der Arbeitslosenstatistik aufs Deutlichste nach. Die Politik ist folglich weniger an der Lösung als an der schamlosen Verschleierung existierender Probleme interessiert.

Wir sollten uns jedoch hüten, über die »Unfähigkeit unserer Politiker« zu lächeln, weil deren Verhalten nur am Rande mit Unfähigkeit zu tun hat. Alle genannten Beispiele gehören zu einem ganzen System von Maßnahmen, deren Sinn allein darin besteht, die Regierten in einem Zustand völliger Ratlosigkeit zu belassen, um dann umso besser die Rolle des Heilsbringers spielen zu können. In einer immer komplexer werdenden Gesellschaft ist das Spiel mit der Verschleierung, der Komplizierung, ein Spiel mit dem Feuer, das zur massiven Bedrohung (nicht nur) der Freiheit führt. Mit Recht kann angezweifelt werden, ob Politik überhaupt der geeignete Ort ist, die Arbeitslosigkeit zu beseitigen.

Allerdings könnte, nein müsste die Politik vernünftige Rahmenbedingungen entwickeln, die eine Arbeitsaufnahme erleichtern. Die Arbeitslosenstatistik hätte dabei die Aufgabe, als Instrument für die Erfolgskontrolle zu dienen, um so schrittweise zu besseren Rahmenbedingungen kommen zu können. Das Spiel mit der Arbeitslosenstatistik ist nicht möglich, ohne mit der Lebensperspektive jener zu spielen, die von dem Problem unmittelbar betroffen sind. In seinem tiefsten Sinn ist das Spiel eine Verhöhnung all derer, die arbeitslos sind und vom Staat eine wirksame Hilfe erwarten.

Die Alterssicherung zählt zu den heikelsten Problemen der sozialen Absicherung, bezieht sie sich doch auf eine Lebensphase, in der der Mensch nur noch sehr eingeschränkte Möglichkeiten hat, auf Änderungen in seinen Lebensumständen zu reagieren. Zugleich müssen bei der Altersvorsorge im Regelfalle wichtige Entscheidungen zu einem sehr frühen Zeitpunkt im Leben getroffen werden, die schon deshalb einem erhöhten Maß an Unsicherheit unterliegen. Deshalb sollte dem Bürger eine sichere und solide Basis für seine Rentenansprüche zur Verfügung stehen, die durch immer wieder neue an die jeweils aktuelle Situation angepasste Prognosen der zu erwartenden Rentenzahlungen verbessert wird. Eine garantierte Mindestrente für jeden wäre bei einer realistischen Möglichkeit, durch eigenes Sparen für einen finanziell abgesicherten Lebensabend zu sorgen, ein einfaches Modell, das den Vorteil hoher Transparenz hätte und jedem Bürger die Möglichkeit ließe, seine Vorsorge in eigener Verantwortung zu betreiben.

Stattdessen ist das bestehende System für den gewöhnlichen Bürger kaum durchschaubar und wird zudem durch die Gewährung erheblicher Privilegien für bestimmte Bevölkerungskreise verwässert. Besondere Privilegien genießen in erster Linie Beamte, deren Alterssicherung ohne eigene Aufwendungen vom Staat übernommen wird, der zugleich erheblich höhere Ansprüche gewährt als bei der gesetzlichen Alterssicherung. Abgeordnete orientieren sich bei ihrer Alterssicherung eher am Privilegien-System als an der gesetzlichen Regelung. Die Frage, welche geldwerten Vorteile sich aus dem Privileg der Beamtenversorgung zum Beispiel für ein Monatsgehalt ergeben, mutiert zu einer Aufgabe, die nur Fachleute überhaupt lösen können. Und selbst diese können sie nicht einmal mit gebotener Genauigkeit beantworten, da grundlegende Bedingungen sich dauernd ändern. Unabhängig von den Details dieser Fragestellung haben sich Politiker bei der Altersvorsorge in einer Weise bedient, für die das Wort schamlos schon fast ein Euphemismus ist. Betrachten wir auch dazu ein Beispiel.

Als Eckrentner bezeichnet man in Deutschland eine fiktive Person, die das 65. Lebensjahr vollendet, 45 Jahre in die Rentenversicherung eingezahlt und jeweils das Durchschnittseinkommen erzielt hat. Im Jahre 2007 betrug die Rente eines Eckrentners im Westen der Republik 1 078 Euro im Osten 941 Euro.[116] Im gleichen Jahr erreichte ein Bundestagsabgeordneter nach 8 Jahren im Parlament eine Mindestpension von 1 682 Euro, die nach 23 Jahren Bundestagszugehörigkeit auf 4 836 Euro steigt.[117]

Berechnet man lineare Vergleichsgrößen, dann ergibt sich ein Pensionsanspruch des Abgeordneten nach 23 Jahren im Parlament, der etwa um das 9-Fache höher liegt als beim Eckrentner. Der Bundestagsabgeordnete hat allerdings das Problem, dass er nach dieser Zeit seine Pensionsansprüche aus dieser Tätigkeit nicht weiter erhöhen kann. Dies wird durch die Möglichkeit ausgeglichen, nach 18 Mandatsjahren bereits im jugendlichen Alter von 55 Jahren die vollen Altersbezüge in Anspruch nehmen zu können. Bei einer grob hochgerechneten Lebenserwartung von 80 Jahren bedeutet dies im Vergleich zum Eckrentner, der in naher Zukunft erst mit 67 in den Ruhestand gehen kann, eine längere Rentenbezugsdauer des Abgeordneten von 12 Jahren oder knapp dem Doppelten, sodass sich – man kann kaum an Zufall glauben – wieder der Wert des etwa 9-Fachen des auf die Lebenszeit hochgerechneten Geldwertes der Altersbezüge ergibt.

Zur ganzen Wahrheit gehört aber noch die Tatsache, dass langjährige Abgeordnete häufig genug noch viele Möglichkeiten hatten, sich weitere Ansprüche zu sichern, sei es auf kommunaler, Landes- oder Bundesebene, die ihre Rentenansprüche zum Teil erheblich erhöhen. Um den Sachverhalt noch griffiger zu machen, genügt der Vergleich eines »gewöhnlichen« Menschen mit dem ehemaligen Bundesfinanzminister Hans Eichel.

---

[116] Vgl. www.wikipedia.de, Stichwort: Eckrentner
[117] Vgl. www.wikipedia.de, Stichwort: Abgeordnetenentschädigung

»Ein deutscher Durchschnittsverdiener müsste theoretisch 442 Jahre arbeiten, um auf die Eichel-Rente zu kommen, ein Besserverdienender, der jeden Monat den Höchstbetrag in die Bundesversicherungsanstalt für Angestellte entrichtet hat, 210 Jahre.«[118] Verdeutlichen wir den infrage stehenden Zeithorizont. Maria Stuart, Königin von Schottland, wurde im Jahre 1567 zur Abdankung gezwungen. Ihr langes Leben vorausgesetzt, hätte sie gleich nach ihrer Abdankung beginnen müssen, als deutscher Eckrentner in die Rentenversicherung einzuzahlen, um heute eine gleiche Rente wie Herr Eichel zu erhalten. Als Besserverdiener hätte Napoleon Bonaparte unmittelbar nach seiner Ernennung zum ersten Konsul Frankreichs im Dezember 1799 beginnen müssen, den jeweiligen Maximalbetrag in die deutsche Rentenkasse einzuzahlen, um heute standesgemäß mit Herrn Eichel seinen Ruhestand zu verbringen.

Die Absurdität der Beispiele zeigt die Absurdität der Situation. Herr Eichel hätte seine Rentenansprüche kaum von seinem versteuerten Einkommen ansparen können, selbst wenn er auf dem Niveau eines Sozialhilfe-Empfängers gelebt hätte. Risiken brauchte er keine einzugehen und er ist im Gegenteil sogar noch gegen eine Währungsreform mit einhergehenden Vermögensverlusten abgesichert, weil der Staat ihn nicht im Stich lassen würde.

Es geht hier nicht um eine Neiddebatte, es geht um die schamlose Gewährung von Privilegien durch Vertreter für Vertreter jener Instanz, die nach Meinung der Kritiker des Kapitalismus dafür sorgen soll, dessen Fehlentwicklungen zu korrigieren. Die gleiche Instanz, der Staat nämlich, der seine Schäfchen so gut füttert, erhebt in analogen Fällen von »Normalmenschen« gnadenlos erhebliche Steuern, deren Begleichung die Abgeordneten auf einen Zeitpunkt verlegen können, zu dem sie vermutlich weniger verdienen. Bezeichnend bei alledem ist, dass derjenige, der die naheliegendste Form der Altersvorsorge betreibt, nämlich durch Ansparung eines Vermögens für sein Alter vorzusorgen, steuerlich mit Abstand am schlechtesten behandelt wird.

Betrachten wir nun die gesetzliche Rentenversicherung, die für die Mehrheit der Bürger Pflicht ist. Schon die Einführung dieser Regelung kann als Musterbeispiel verantwortungsloser Politikgestaltung gewertet werden, wurden doch Weichen in eine Richtung gestellt, die nur in die Irre führen konnte. Die gesetzlichen Regelungen genügen in Deutschland einem Prinzip, das gewöhnlich als Generationenvertrag beschrieben wird. Danach zahlt der arbeitende Teil der Bevölkerung bis zu einer immer wieder angepassten Bemessungsgrenze prozentual vom Verdienst einen Beitrag in die Rentenkasse ein, der zu einem unterschiedlich hohen Rentenanspruch führt. Dabei gilt prinzipiell die plausible Regel, je mehr man eingezahlt hat, desto höhere Ansprüche auf eine künftige Rente erwirbt man. Weniger plausibel ist die Tatsache, dass die erworbenen Ansprüche zwar relativ, aber nicht absolut mit der Einzahlungshöhe wachsen. Alleine daraus ergibt sich, wie sollte man es anders erwarten, eine komplizierte Beziehung zwischen der Einzahlung einerseits und dem damit erworbenen Rentenanspruch andererseits.

---

[118] Der Spiegel, 4/2005, S. 22

Verschiedene exogene Faktoren werden bei der Rentenberechnung herangezogen. Beispiele dafür sind Erziehungs- und Ausbildungszeiten, wobei man jeweils besondere Regeln beachten muss, um etwaige Ansprüche nicht zu verlieren. Wer zum Beispiel nach einem Schulabschluss nicht gleich einen Studien- oder Ausbildungsplatz gefunden hat, der muss sich nicht etwa mit besonderem Eifer um einen solchen Platz bemühen, sondern in erster Linie auf ein korrektes Verhalten im Sinne des Sozialstaats achten. Der erfolglos Suchende muss sich auf jeden Fall sofort bei der Arbeitsagentur als arbeitslos melden, weil er andernfalls Anrechnungszeiten für die Rentenversicherung verliert. Um den vielfältigen Ansprüchen des Sozialstaats zu genügen, empfiehlt es sich gar für den Schüler, statt sich mit der Lösung quadratischer Gleichungen zu beschäftigen, besser die komplizierten Regeln des Sozialstaats zu studieren, damit ihm später keine Nachteile entstehen, die keine noch so gute Lösung einer quadratischen Gleichung mehr aufwiegen kann.

Es ergibt sich also auch bei der Organisation der Alterssicherung das bekannte Bild: Die Regelungen sind nur von Fachleuten zu verstehen. Der einfache Bürger kann nur hoffen, Zufriedenheit mit der ihm gewährten Zuteilung zu finden. Immerhin erhält der Bürger in regelmäßigen Abständen Informationen über seine bislang erreichte Rentenhöhe.

Das Konzept basiert auf den beiden nachfolgend genannten fundamentalen Voraussetzungen:

- Altersstruktur der Bevölkerung
- regelmäßiges starkes Wirtschaftswachstum.

Beide Voraussetzungen können langfristig nicht erfüllt werden, zum Teil sollen sie gar nicht erfüllt werden. Doch sehen wir die beiden Punkte genauer an.

Die Altersstruktur der Bevölkerung bedeutet die altersmäßige Zusammensetzung der Bevölkerung, die wesentlich durch zwei Faktoren bestimmt wird: zum einen durch die Zahl der geborenen Kinder und zum anderen durch die Lebenserwartung. Eine langfristige Synchronisation der beiden Faktoren würde eine kaum zu bewältigende Anstrengung erfordern, die durch den berühmten Satz von Adenauer, »Kinder kriegen die Leute immer«, jedenfalls völlig unzureichend beschrieben ist. Außerdem gehört aus der Sicht der Rentensicherung noch ein entsprechendes Wirtschaftswachstum dazu.

Unabhängig von der Zahl der geborenen Kinder stehen wir aber zunächst dem Problem einer steigenden Lebenserwartung der Menschen gegenüber. »In Mitteleuropa ist sie seit 1840 etwa um 40 Jahre gewachsen. Das Max-Planck-Institut für demografische Forschung in Rostock spricht von drei Monaten, die das Leben Jahr für Jahr länger geworden ist.«[119] Im Regelfalle bedeutet dies einen um drei Monate längeren durchschnittlichen Rentenbezug, und zwar Jahr für Jahr. Diese Prognose wird durch die Entwicklung der letzten 50 Jahre vollauf bestätigt. Betrachten wir dazu zwei Gruppen der Bevölkerung, die Gruppe der 20- bis 59-Jährigen, die den

---

[119] www.wikipedia.de, Stichwort: Lebenserwartung

produktiven Kern der Gesellschaft bildet, die das Rentenaufkommen erwirtschaften muss, und die Gruppe der über 60-Jährigen, die wesentlich die Renten verzehrt. Setzen wir die Zahl der ersten Gruppe 100 Prozent und betrachten den prozentualen Anteil der Zahl der zweiten Gruppe davon, dann ergeben sich folgende Werte: Im Jahre 1955 betrug dieser Anteil 28,8 Prozent[120], im Jahre 2010 hatte er sich auf 47,3 Prozent erhöht, für das Jahr 2050 wird er auf einen Wert von 85,1 Prozent prognostiziert.[121]

Unter Berücksichtigung eines realistischen Anteils von Nichterwerbstätigen würde dies bedeuten, dass 2050 jeder sozialversicherungspflichtige Erwerbstätige die Bezüge von mehr als einem Rentner erwirtschaften müsste. Dies kann nur noch als aberwitzig gelten. Bei aller Freude über die Steigerung der Lebenserwartung darf also nicht vergessen werden, dass sie im fundamentalen Gegensatz zur Regelung unserer Alterssicherung steht. Wenn wir diese Zahlen hochrechnen, dann ist der Zeitpunkt abzusehen, an dem die Altersversorgung völlig zusammenbrechen muss. Mit dieser Entwicklung korrespondiert ein zunehmender Geburtenrückgang.

Beide Faktoren führen zu einem Worst-Case-Szenario: Immer weniger Menschen müssen für immer mehr Rentner aufkommen. Um dem Ganzen die Krone aufzusetzen, muss man dabei auch noch die zunehmende Arbeitslosigkeit oder genauer gesagt den Rückgang der sozialversicherungspflichtigen Beschäftigungsverhältnisse in Rechnung stellen. Bei der Altersversorgung ist es dem versammelten politischen Sachverstand also gelungen, einen perspektivlosen Zustand nicht nur herzustellen, sondern sogar noch zu konservieren.

Eine Prämisse der Altersversorgung ist die Teilhabe der älteren Generation am wirtschaftlichen Fortschritt. In Zeiten starken Wirtschaftswachstums ist dieses Ziel zu erreichen, bei schrumpfenden Wachstumszahlen nicht. Wenn nun noch durch den eigentlich ja gewünschten technischen Fortschritt die Zahl der Arbeitsplätze oder die dazu notwendige Qualifikation sinkt, dann stößt das System der Altersversorgung schnell an seine Grenzen.

Bereits 1972 gab es den berühmten Bericht »Die Grenzen des Wachstums« vom Club of Rome, dessen zentrale Schlussfolgerungen lauteten: »Wenn die gegenwärtige Zunahme der Weltbevölkerung, der Industrialisierung, der Umweltverschmutzung, der Nahrungsmittelproduktion und der Ausbeutung von natürlichen Rohstoffen unverändert anhält, werden die absoluten Wachstumsgrenzen auf der Erde im Laufe der nächsten hundert Jahre erreicht.«[122] Knapp die Hälfte der prognostizierten Zeit ist bereits vergangen, ohne dass eine annähernd adäquate Reaktion der Politik (nicht nur) bezüglich der Altersversorgung erfolgt wäre. Der Grund hierfür liegt weniger in einer notorischen Uneinsichtigkeit der Politiker als vielmehr in der Abhängigkeit, in die sie ihr eigenes Konzept gebracht hat.

Die Grundvoraussetzungen des Konzepts zur Altersversorgung sind wie gesagt weder erfüllt noch lassen sie sich in absehbarer Zeit erfüllen. Dieser Tatbestand

---

[120] www.schader-stiftung.de, Stichwort: Altersstruktur
[121] Vgl. www.bpb.de, Stichwort: Bevölkerungsentwicklung und Alterstruktur
[122] Dennis Meadows, Die Grenzen des Wachstums, Gütersloh ohne Jahr, S. 17

wird von niemandem mehr ernsthaft bezweifelt. Statt diese durchaus dramatische Entwicklung wenigstens zu stoppen und ein tragfähiges Konzept zur Alterssicherung zu entwickeln, von seiner langwierigen und ausgesprochen schwierigen Umsetzung gar nicht zu reden, verlässt sich die Politik weiterhin auf das Prinzip, die Probleme auf spätere Wahlperioden zu verschieben. Der Grund hierfür liegt in einem fundamentalen Mangel des Interessenstaats.

Niemand möchte auf Vorteile verzichten, selbst wenn sich dies am Ende als Nachteil für alle herausstellt. Die Zahl der Rentner war zu allen Zeiten in der Bundesrepublik Deutschland ein Faktor, um Wahlen zu entscheiden. Diesem Bevölkerungsteil darf man um des Wahlerfolges willen keine größeren Belastungen zumuten. Den Rentnern hat man jahrzehntelang wider besseres Wissen Versprechungen gemacht, auf die sie sich jetzt berufen. Jene, die diese Versprechungen gemacht haben, sind längst der politischen Verantwortung entzogen und geben bestenfalls ihre nur noch als lächerlich zu bezeichnenden Statements in diversen Talkshows zum Besten.

Wie aber reagiert die Politik konkret auf die Entwicklung? Es gibt prinzipiell zwei Reaktionen. Einerseits wird die gesetzliche Rente gekürzt, andererseits wird verstärkt auf eine private Zusatzabsicherung gesetzt. Bei der Ausgestaltung der Maßnahmen kann von Transparenz keine Rede sein. Im ersten Schritt sollen die Maßnahmen zur Senkung der gesetzlichen Rente betrachtet werden, im zweiten Schritt wird dann ausführlich auf die propagierte private Vorsorge einzugehen sein.

Wenn hier behauptet wird, die gesetzliche Rente würde gekürzt, dann wird kaum ein Politiker dieser Aussage zustimmen. Stattdessen umschreibt man das Problem euphemistisch, in der Hoffnung, dass niemand versteht, welche Maßnahmen die Politik zu welchem Zweck ergreift. Doch der Reihe nach: Am 9. März 2007 beschloss die damalige Bundesregierung aus CDU/CSU und SPD, ab 2012 das Renteneintrittsalter sukzessive von 65 auf 67 Jahre zu erhöhen. Dies wird – so weit ganz logisch – mit der steigenden Lebenserwartung begründet. Da wir länger leben und damit länger Rente beziehen, müssen wir auch länger arbeiten, um diese zu erwirtschaften. Da allerdings kaum noch jemand bis zum Alter von 65 Jahren arbeitet, ist nur schwer ersichtlich, warum man künftig bis zum Alter von 67 Jahren arbeiten sollte. Auf den ersten Blick scheint der Beschluss unsinnig. Auf den zweiten Blick wird klar, was eigentlich gemeint ist: Der Bürger, der früher in Rente geht, muss mit höheren Abschlägen rechnen. Die Maßnahme ist in vulgo eine Rentenkürzung. Dies wird den Bürgern nicht klar mitgeteilt.

Statt also das Problem des Zusammenhangs demografischer Wandel/Rentenanspruch ernsthaft anzugehen, wird plötzlich über vergleichsweise Nebensächliches wie die Anhebung des Rentenalters gesprochen. Statt dem Bürger einen realistischen Überblick über seine Altersbezüge zu geben und es ihm damit zu erleichtern, entsprechende Vorsorgemaßnahmen zu ergreifen, bleibt der Zusammenhang im Dunkeln. Da immer mehr Bürger immer stärker dem Zugriff der Politik ausgesetzt werden, spielt selbstverantwortliches Handeln offenbar immer weniger eine Rolle.

In dieser ausgesprochen schwierigen Lage sendete die Politik kurz vor der Bundestagswahl 2009 plötzlich gegenteilige Signale: Es wurde eine Rentengarantie ausgesprochen. »Der Rückgang von Löhnen und Gehältern soll künftig nicht zu Rentenkürzungen führen: Das Bundeskabinett hat dafür am Mittwoch die erweiterte Rentenschutzklausel beschlossen. Das erfuhren mehrere Nachrichtenagenturen aus Regierungskreisen. Mit der Entscheidung soll sichergestellt werden, dass die Renten für die rund 20 Millionen Ruheständler auch bei rückläufigen Löhnen nicht sinken.«[123] Mit der Rentengarantie konterkariert die Regierung ihre Einsicht sowohl in den demografischen Wandel als auch in die Lage auf dem Arbeitsmarkt. Beides würde eine gegenteilige Aussage notwendig machen.

Statt also die Bürger mit den Fakten vertraut zu machen und auf Rentenkürzungen vorzubereiten, nährt sie unsinnige Hoffnungen, die dann spätere Regierungen zu zerstören haben werden. Auf diese Weise begibt sich die Politik immer mehr in die Abhängigkeit vom Wählerwillen, weil zerstörte Hoffnungen sich weit negativer auswirken, als dies bei der Kenntnisnahme eines vorbereiteten Ereignisses der Fall ist. Die erzeugte Hoffnung hat also keinen anderen Sinn, als das Problem in die Zukunft zu verschieben, was im vorliegenden Fall nichts anderes bedeutet, als das Problem zu verschärfen.

Immerhin wird der demografischen Entwicklung insofern Rechnung getragen, als man die private Vorsorge forciert. Seit dem Jahr 2002 ist eine staatlich unterstützte private Vorsorge in Kraft. Sie wird gewöhnlich in Anlehnung an den Namen des damaligen Arbeitsministers als Riester-Rente bezeichnet. Im Kern geht es bei dieser Form der Altersversorgung darum, einen Kapitalstock aufzubauen, aus dem dann später Zusatzrenten entnommen werden können.

Bis 1957 funktionierte auch die gesetzliche Rente nach dem Prinzip eines Kapitalstockaufbaus. Die in Deutschland wesentlich durch die beiden verlorenen Weltkriege verursachten Währungsreformen von 1923 und 1948 haben jeweils die bis dahin angesparten Guthaben vernichtet. Die Skepsis gegenüber einer kapitalbasierten Rente war deshalb in Deutschland außerordentlich groß. Der radikale Wechsel im Jahr 1957 hin zum Generationenvertrag ging vermutlich einen Schritt zu weit, eine Mischform hätte der Sache besser gedient.

In diese Richtung zielt nun die vom Staat unterstützte private Vorsorge. Die Handlungsunfähigkeit des interessengesteuerten Sozialstaats kann geradezu beispielhaft an der Konstruktion der Riester-Rente nachvollzogen werden. Unter den gegebenen Verhältnissen ist eine einfache Lösung so gut wie ausgeschlossen, kollidiert sie doch fast immer mit bereits bestehenden anderen Lösungen.

Eine einfache und eigentlich seit vielen Jahren längst überfällige Lösung bestünde darin, den Bürgern die Möglichkeit zu geben, einen erheblichen Teil ihres Einkommens steuerlich auf die Rentenzeit zu verlegen. Dieser Weg ist deshalb überfällig, weil bei der Altersversorgung der Beamten auf genau diese Weise verfahren wird. Mit dieser Lösung wäre jedoch vor allem der oberen Hälfte der Einkommensbezieher gedient, weil die untere Hälfte gar keine Einkommensteuer bezahlt. Das Prinzip, das bei Beamten unantastbar ist, ist aus sozialpolitischen

---

[123] Spiegel-Online, Bundesregierung beschließt Rentengarantie, 6.5.2009

Gründen für den Rest der Bevölkerung nicht durchsetzbar. Genau so funktioniert ja der Sozialstaat: Vorhandene Privilegien bleiben unangetastet, neue Privilegien können nur dann eingeführt werden, wenn sie keiner mehr versteht.

Würde der Staat für alle Bürger, die keine Einkommensteuer bezahlen, einen bestimmten Geldbetrag in eine Sozialkasse einzahlen, die dann aber kapitalbasiert sein müsste und nicht auf einem Generationenvertrag beruhte, wäre der Vorschlag zu retten. Die aus dieser Sozialkasse zu zahlenden Zusatzrenten würden sich dann nach der Höhe der Einzahlung richten. Der finanzielle Aufwand für eine solche Maßnahme hängt selbstverständlich entscheidend von der Höhe des vom Staat gezahlten Geldbetrages ab, würde sich aber vor allem durch die spätere Versteuerung der Renten in Grenzen halten.

Diese Überlegungen können natürlich kein vollständiges Konzept für eine Zusatzrente sein und müssten an der einen oder anderen Stelle genauer ausgeführt werden. Sie würden aber im Prinzip zu einem transparenten System führen, bei dem einerseits die Freiheit der Einkommensteuerzahler erhalten bliebe, während durch die Zuschüsse an jene, die keine Einkommensteuer zahlen, Sozialverträglichkeit hergestellt wäre. Um einen steuerlichen Missbrauch zu verhindern, würde es genügen, die Auszahlung der Zusatzrenten an den Rentenfall zu koppeln. Versicherungen wären für die Einkommensteuerzahler in der Ansparzeit nicht notwendig, es sei denn, sie wollten einen Ehepartner absichern. Erst zum Zeitpunkt des Rentenbezugs ist eine Versicherung, zwar auch nicht notwendig, so doch sinnvoll, weil der Einzelne seine verbleibende Lebensspanne im Regelfalle nicht einschätzen kann.

Der Versicherungsnehmer würde im vorliegenden Fall sein erspartes Geld bei Rentenbeginn einer Versicherung anvertrauen, um die unkalkulierbare eigene Lebensdauer in eine statistisch errechnete umzuwandeln und auf diese bezogen sein Geld verbrauchen. Auf diese Weise ließe sich auch problemlos ein Ehepartner in die Regelungen einbinden. Hier liegt also ein typischer Versicherungsfall vor.

Solche einfachen Lösungen sind jedoch im Wohlfahrtsstaat moderner Prägung nicht erwünscht. Stattdessen hat man die Riester-Rente eingeführt, die nicht nur keinerlei Ansprüchen an Transparenz genügt, sondern im Gegenteil als Gipfel eines Systems der Verschleierung betrachtet werden muss. Allein schon eine Diskussion der Regelungen im Detail würde den Rahmen dieser Ausführungen sprengen. So sei nur auf das folgende Zitat verwiesen, das ebenso lapidar wie richtig feststellt: »Die Riester-Rente kommt, die Witwen-Rente fällt, Erziehungszeiten werden besser angerechnet: Die Änderungen im Renten-Recht, die ab Januar gelten, sind so zahlreich wie undurchsichtig.«[124]

Die Riester-Rente soll ja vor allem dazu beitragen, finanziell schwach gestellte Menschen vor Altersarmut zu bewahren. Dies sind aber im Regelfall Personen, die nicht gerade zum bestausgebildeten Teil der Bevölkerung zählen, wobei auch unter Letzteren nur wenige sind, die die Regelungen verstehen können.

Werfen wir zur Verdeutlichung einen Blick auf den entscheidenden § 10a des Einkommensteuergesetzes. Es beginnt zunächst einfach: »In der inländischen

---

[124] Spiegel-Online, Das ändert sich bei Vorsorge, Rente und Währung, 31.12.2001

gesetzlichen Rentenversicherung Pflichtversicherte können Altersvorsorgebeiträge (§ 82) zuzüglich der dafür nach Abschnitt XI zustehenden Zulage jährlich bis zu 2.100 Euro als Sonderausgaben abziehen.«[125] Das Gleiche gilt für nachfolgend genannte Ausnahmen. Der normale Pflichtversicherte in der Rentenversicherung hat es noch leicht, sich als Betroffener zu erkennen. Doch wehe dem, der zu den Ausnahmen gehört. Wer mag noch verstehen, ob er zu den »nach § 5 Absatz 1 Satz 1 Nummer 2 und 3 des Sechsten Buches Sozialgesetzbuch versicherungsfrei Beschäftigten [gehört], die nach § 6 Absatz 1 Satz 1 Nummer 2 oder nach § 230 Absatz 2 Satz 2 des Sechsten Buches Sozialgesetzbuch von der Versicherungspflicht befreiten Beschäftigten, deren Versorgungsrecht die entsprechende Anwendung des § 69e Absatz 3 und 4 des Beamtenversorgungsgesetzes vorsieht«?[126]

Wenn man nun endlich herausgefunden hat, ob man dem betreffenden Personenkreis angehört, dann ist die Odyssee aber noch nicht zu Ende, denn für alle diese Personen gilt noch die weitere Voraussetzung, »wenn sie spätestens bis zum Ablauf des zweiten Kalenderjahres, das auf das Beitragsjahr (§ 88) folgt, gegenüber der zuständigen Stelle (§ 81a) schriftlich eingewilligt haben, dass diese der zentralen Stelle (§ 81) jährlich mitteilt, dass der Steuerpflichtige zum begünstigten Personenkreis gehört, dass die zuständige Stelle der zentralen Stelle die für die Ermittlung des Mindesteigenbeitrags (§ 86) und die Gewährung der Kinderzulage (§ 85) erforderlichen Daten übermittelt und die zentrale Stelle diese Daten für das Zulageverfahren verwenden darf.«[127] Bislang befinden wir uns noch sozusagen auf der Ebene der Zugangsberechtigung.

Jetzt kommen noch die Fragen der Berechtigung zur Gewährung von staatlichen Zuschüssen. Ein 20-Jähriger muss bei den ihm statistisch noch verbleibenden ca. 60 Jahren mit im Blick haben, dass ihm bei längerem Auslandsaufenthalt keine Zulagen mehr gewährt werden. Sollte er sich gar entschließen, seinen Ruhestand im Ausland zu verbringen, dann muss er ihm gewährte Zulagen wieder zurückzahlen. Wieder kann uns nur der Dichter Trost spenden:

»Hier wendet sich der Gast mit Grausen;
›So kann ich hier nicht ferner hausen,
Mein Freund kannst du nicht weiter sein.
Die Götter wollen dein Verderben,
Fort eil' ich, nicht mit dir zu sterben.‹
Und sprach's und schiffte schnell sich ein.«[128]

Doch wohin könnten wir uns wenden, wohin das Schiff uns tragen lassen?

---

125 Einkommensteuergesetz, § 10a, Zusätzliche Altersvorsorge
126 Einkommensteuergesetz, § 10a, Zusätzliche Altersvorsorge
127 Einkommensteuergesetz, § 10a, Zusätzliche Altersvorsorge
128 Friedrich Schiller, Der Ring des Polykrates, Werke und Briefe in zwölf Bänden, Band 1, Frankfurt am Main 1992, S. 88

Vielleicht könnte man ja mit großem Wohlwollen die Kompliziertheit der Regelungen ertragen, wenn das Ziel, den sozial Schwachen im Lande eine bessere Altersversorgung zu verschaffen, damit erreicht würde. Doch diese Hoffnungen werden schnell enttäuscht.

Nach der derzeitigen Rechtslage (die kann sich natürlich jeden Tag ändern, hier kommt es alleine darauf an, dass dies zumindest einmal Recht war!) werden alle Einkünfte aus der Riester-Rente mit der Grundsicherung im Alter verrechnet. Wer also als Geringverdiener oder als Person, die längere Zeit beschäftigungslos gewesen war – wer kann dies heute im Alter von 20 Jahren prognostizieren? – einen Riester-Vertrag abgeschlossen und es nach 35 Beitragsjahren nicht geschafft hat, einen Rentenanspruch von über 700 Euro pro Monat zu erwirtschaften, für den ist die Riester-Rente ein Verlustgeschäft.[129]

Betroffen von diesem Unsinn sind jedoch nicht nur die Schwächsten der Schwachen, auch der Gutverdiener wird getäuscht. »So muss ein 30-jähriger Riester-Fondssparer mit einem jährlichen Bruttoeinkommen von 52 500 Euro 92 Jahre alt werden, um seine eigenen Beiträge samt Zinsen als Rente ausgezahlt zu bekommen.«[130] Fasst man die bisherigen Überlegungen zusammen, kann das Ergebnis nur als beschämend bezeichnet werden. Sind die getroffenen Regelungen das Produkt unfähiger Politiker oder folgen sie etwa einem bestimmten Zweck, der nicht so ohne Weiteres erkennbar ist?

Bei der Suche nach der Ursache für diese Regelungen wird man sehr schnell fündig. Geht man von der gemeldeten Zahl von ca. 11 Millionen Riester-Verträgen aus, dann erhält die Versicherungswirtschaft dafür ca. 3 Milliarden Euro an Gebühren. Der Staat wendet etwa 3 Milliarden Euro für die Förderung der Verträge auf.[131] Wer vermag angesichts dieser Zahlen hier an Zufall glauben? Sagen wir es klar und deutlich: Die Riester-Rente ist ein gigantisches Programm zur Förderung der Versicherungswirtschaft auf dem Rücken der Steuerzahler und hat mit der Förderung sozial Schwacher wenig zu tun. Der Namensgeber dieser unsinnigen Regelungen findet längst sein Auskommen in der Versicherungswirtschaft. Dieser Aspekt passt sehr gut zum Interessenstaat, in dem es immer darum geht, sich vom vorhandenen Kuchen ein möglichst großes Stück abzuschneiden.

Doch zur Riester-Rente gehört noch ein zweiter Aspekt, der in seiner Langzeitwirkung wahrscheinlich von weit zerstörerischer Wirkung für das Wesen des Politischen in unserem Lande ist als die schnöde Vorteilsgewährung. Es geht um die Intransparenz des Verfahrens, die eben nicht nur dazu dient, die Vorteilsgewährung für die Versicherungswirtschaft zu verschleiern, sondern vor allem verheerende Auswirkungen auf die Verfasstheit der Bürger selbst hat.

Ein »normaler« Bürger kann und soll das Regelwerk zur Riester-Rente nicht verstehen. Der Gutsituierte kann sich des Problems leicht entledigen. Er ignoriert einfach das Angebot des Staates. Dabei verzichtet er zwar möglicherweise auf einige Vorteile und verhält sich konträr zum kategorischen Imperativ des Interes-

---

[129] Vgl. www.wikipedia.de, Stichwort: Riester-Rente
[130] www.wiwo.de, Die Riester-Lüge, 28.07.2009
[131] Vgl. www.nachdenkseiten.de, Riester-Rürup-Täuschung, 11. Juni 2008

senstaats, nach dem jeder noch so kleine Vorteil wahrzunehmen ist, doch sein möglicher Schaden hält sich in Grenzen. Vor allem wird er nicht existenziell betroffen. Was aber ist mit jenem Bürger, für den das ganze Regelwerk dem Anschein nach entwickelt worden ist?

Ihm bleibt kein anderer Weg, als sich beraten zu lassen, wobei der Begriff »Beratung« im vorliegenden Fall eher eine euphemistische Umschreibung für den Sachverhalt darstellt. Der betroffene Bürger muss sich einem »Berater« ausliefern. Von den Unwägbarkeiten der Regelungen, die kein auch noch so gut ausgebildeter Berater vorhersehen kann, soll aus Gründen der Einfachheit abgesehen werden. Der Bürger kann nur hoffen, gut beraten zu werden, denn ebenso wenig wie das Regelwerk kann er die Qualität des Rates beurteilen. Er wird also im wahrsten Sinne des Wortes exogenen Mächten als Spielball ausgeliefert. In einer Gesellschaft, zu deren Grundprinzipien das Trachten gehört, eigene Vorteile um jeden Preis zu erlangen, ist dies keine erfreuliche Aussicht.

Da ihn bei schlechter Beratung immerhin noch das Netz der Grundsicherung vor dem freien Fall in die völlige Armut auffängt, könnte sich der Betroffene noch mit der Einsicht trösten, bei schlechtem Rat immerhin nicht verhungern zu müssen. Der Bürger wird eines wesentlichen Teils seines Menschseins beraubt, und zwar nicht durch eigenes Fehlverhalten, sondern durch die Vorgabe einer demokratischen Regierung in einem freien, sich darüber hinaus sozial gebärdenden Land.

Er ist Beratern ausgesetzt, weil er das Regelwerk nicht versteht und deshalb nicht weiß, wie er handeln soll oder wie er handeln kann. Dies ist aber genau das Charakteristikum für Unmündigkeit. Damit fällt der moderne Interessenstaat weit hinter die Aufklärung zurück, die einmal den Menschen aus seiner »selbstverschuldeten Unmündigkeit« (Kant) befreien wollte.

Der Mensch wird einfach infantilisiert, seines eigenen Willens beraubt. Wie ein Kleinkind vom Wohlwollen der Eltern, so hängt der Bürger vom Wohlwollen seiner Berater ab, und genau das geschieht mit Willen und Bewusstsein, also zielgerichtet. Es gibt aber kaum eine größere Beschränkung der Freiheit als die Infantilisierung, weil dem Betroffenen nicht nur die Freiheit selbst, sondern zugleich noch die Einsicht in seine eigenen Möglichkeiten genommen worden sind. Er verliert seine Spontaneität vollständig und wird unfähig, »eine Reihe von Erscheinungen, die nach Naturgesetzen läuft, *von selbst* anzufangen«.[132] Dies ist aber genau die Beschreibung für eine Fähigkeit, die als Handeln bezeichnet wird.

Der moderne Staat treibt geradezu einen großen Teil seiner Bürger in die Handlungsunfähigkeit und trägt so zur Zerstörung einer essenziellen menschlichen Fähigkeit bei. Damit stellt er sich in fundamentalen Gegensatz zu allen Regeln, die ein demokratisches Gemeinwesen bestimmen, denn wie soll ein Mensch am politischen Geschehen teilnehmen, wenn er zuvor entmündigt worden ist?

Dem modernen Interessenstaat wohnt eine starke Tendenz zur Abschaffung der Demokratie inne, weil eine Demokratie ohne mündige Bürger ebenso sinnlos ist

---

132 Immanuel Kant, Kritik der reinen Vernunft, Werke, Band II, Darmstadt 2005, S. 428, (A 446), Hervorhebungen im Original

wie ein Staat ohne Bevölkerung. Der Gedanke wird keinesfalls durch den Verweis auf demokratische Institutionen widerlegt, denn diese genügen ohne die kontrollierende Macht der Bürger bestenfalls formalen Kriterien und sind damit letztlich eben nicht demokratisch. Doch damit ist es keinesfalls genug. Die Entmündigung der Bürger führt zur Infantilität.

Das Kind kann sein eigenes Leben nicht führen und bedarf einer Instanz, die es ins Leben führt, ihm die Möglichkeit eröffnet, schließlich ein selbstbestimmtes Leben zu führen. Da es sein Leben (noch) nicht führen kann, kennt das Kind auch noch keine Sorgen, es ist sorglos. Beides bedingt einander: Ohne Sorge verbleibt man im Zustand der Kindheit, nur wenn man sich sorgt, kann man diesen Zustand verlassen und zu einem selbstbestimmten Leben gelangen.

Seiner Möglichkeiten zur Vorsorge beraubt, fehlt dem Menschen auch die *Fähigkeit zur Sorge*. Die Sorge ist jedoch ein wesentlicher Bestandteil des Lebens, wie das Gedicht »Das Kind der Sorge« von Herder so klar zum Ausdruck bringt, dessen letzte Strophe lautet:

> »Des Schicksals Spruch ist erfüllet
> Und *Mensch* heißt dieses Geschöpf.
> Im Leben gehört es der Sorge:
> Der Erd' im Sterben und Gott.«[133]

Martin Heidegger drückt dies in ebenso knapper wie klarer Weise aus: »Das In-der-Welt-sein [ist] wesenhaft Sorge.«[134] Doch der Mensch, der seiner Möglichkeiten zum Handeln beraubt ist, ist auch seiner Sorge beraubt. Das aber heißt, er ist aus der Welt geworfen. Vielleicht haben ja einige der Betroffenen ihr »In-der-Welt-sein« bereits vor Abschluss ihres Riester-Vertrages verloren. Die Politik, die gerade im Wohlfahrtsstaat beansprucht, alle Menschen »mitnehmen zu wollen«, raubt mit ihren zweifelhaften Konzepten gerade den Schwächsten der Schwachen ihre ohnehin begrenzten Möglichkeiten, und dies beileibe nicht nur bei der Altersversorgung. Das ist ein Skandal, der die Fundamente unseres Politikverständnisses erschüttert.

Lassen wir noch einmal Martin Heidegger zu Wort kommen, der das Gemeinte in der ihm eigenen Tiefe so treffend zum Ausdruck bringt: »Die perfectio des Menschen, das Werden zu dem, was er in seinem Freisein für seine eigensten Möglichkeiten (dem Entwurf) sein kann, ist eine ›Leistung‹ der ›Sorge‹.«[135]

Im letzten unrühmlichen Beispiel geht es um das dritte Standbein des Sozialstaats, die Krankenversicherung. Sie wurde 1883 im Rahmen der bismarckschen Sozialgesetzgebung eingeführt, diente zunächst allein der Absicherung der Arbeiter und wurde dann nach und nach auf weitere Teile der Bevölkerung ausgeweitet. Die

---

[133] Johann Gottfried Herder Werke in zehn Bänden, Band 3, Frankfurt am Main 1990, S. 744, Hervorhebung im Original

[134] Martin Heidegger, Sein und Zeit, Tübingen 1984, S. 193

[135] Martin Heidegger, Sein und Zeit, Tübingen 1984, S. 199

Krankenversicherung gehört zu den am einfachsten regelbaren Bereichen des Sozialwesens. Jeder Bürger sollte obligatorisch einer Krankenversicherung angehören, die (mindestens) eine ordnungsgemäße Grundversorgung bei Unfällen und Krankheiten leistet. Die Versicherungspflicht ergibt sich aus der Unmöglichkeit, in einem Sozialstaat jemanden aus Geldmangel einfach seiner Krankheit zu überlassen.

Doch auch bei der Krankenversicherung gilt das bereits bekannte Spiel der Verschleierung und Verkomplizierung, ohne die die Politik in unserem Lande nicht mehr auskommt. Da die Verschleierung auf verschiedenen Ebenen stattfindet, fällt es schon schwer, allein das ihr zugrunde liegende System einigermaßen geordnet darzustellen. Das System der Krankenversicherungen ist in Deutschland eine Melange aus Privilegienwirtschaft mit abstrusen sozialpolitischen Komponenten, das in der Summe jedenfalls seinen Zweck erfüllt: den Bürger möglichst im Zustand der Unklarheit zu lassen. Daneben enthält es auch gravierende soziale Bedenklichkeiten.

Bevor dies im Detail betrachtet wird, soll an einem realen Beispiel gezeigt werden, wie man es sinnvoll, verstehbar und transparent machen könnte. Unser Nachbarland, die Schweiz, hat ein System der Krankenversicherung, das die soeben genannten Kriterien erfüllt. Dort gibt es zwei Arten von Krankenversicherung:

- Eine obligatorische Grundversicherung
- eine freiwillige Zusatzversicherung.

Prinzipiell sind alle natürlichen Personen mit Wohnsitz in der Schweiz in der obligatorischen Grundversicherung versichert. Diese deckt die notwendige medizinische Grundversorgung ab. Jede Person muss einzeln versichert werden, das heißt, eine Mitversicherung für Familienangehörige gibt es nicht. Die Versicherung ist nicht an die Arbeitsverhältnissen gekoppelt. Eine geringe Selbstbeteiligung, die noch freiwillig erhöht werden kann und den Beitragssatz reduziert, vermindert einen ausufernden Gebrauch der Versicherungsleistungen. In Fällen wirtschaftlicher Not können staatliche bzw. hier nicht weiter unterschiedene kantonale oder gemeindliche Stellen einen Zuschuss zum Versicherungsbeitrag leisten. Für weitere Leistungen steht es jedem frei, eine Zusatzversicherung abzuschließen. Diese unterliegt im Rahmen gesetzlicher Vorgaben der Vertragsfreiheit.

Das Krankenversicherungssystem der Schweiz genügt wesentlichen Kriterien sowohl der Vernunft als auch der Transparenz. Als nicht unmittelbar Betroffener überlegt man, wie denn ein sinnvolles Krankenversicherungssystem prinzipiell anders aussehen sollte. Durch die Lösung in Deutschland wird schnell klar, zu welchen organisatorischen Exzessen das Nachbarland der Schweiz fähig ist. Das Beispiel der Schweiz dient also im Folgenden immer als Vorlage, wie es auch bei uns sein könnte, wenn es der Politik um eine vernünftige Regelung ginge.

Wenn man sich mit der Frage des Krankenversicherungssystems in Deutschland beschäftigt, gerät man in einen Sumpf. Wir haben Differenzierungen der verschiedensten Art, deren gemeinsame Charakteristik in einer unüberbietbaren Verkomplizierung besteht. In Deutschland gibt es nicht nur verschiedene Systeme der Krankenversicherung, die nach völlig unterschiedlichen Grundsätzen arbeiten, wir leisten uns auch unvergleichbare Beitragssysteme, gewähren Privilegien, bestrafen bestimmte Entscheidungen bis hin zu sozial unhaltbaren Zuständen, bezahlen die Ärzte (genauer: Leistungserbringer) nach unterschiedlichen Kriterien, kurz: Wir haben ein System, das alle Kriterien der Intransparenz erfüllt, sozial höchst unbefriedigend und wirtschaftlich eine Katastrophe ist.

Versuchen wir zunächst einmal, Licht in das Dunkel zu bringen und das chaotische System einigermaßen zu ordnen. Dabei kommt es auch hier nicht auf eine umfassende Darstellung des Systems, sondern mehr auf seine prinzipielle Wirkungsweise an. In Deutschland gibt es zwei Arten der Krankenversicherung:

- die gesetzliche Krankenversicherung (GKV)
- die private Krankenversicherung (PKV).

Ende 2006 waren ca. 87 Prozent der Versicherten in der GKV und also 13 Prozent in der PKV.[136] Eine erhebliche Veränderung der Zahlen in jüngster Zeit ist nicht anzunehmen. Während grundsätzlich jeder Mitglied in der GKV werden kann, können nur Privilegierte der PKV beitreten. Mitglieder in der PKV können nur in Ausnahmefällen zurück in die GKV wechseln. Grundsätzlich besteht in Deutschland eine Versicherungspflicht in der GKV. Ausnahmen gelten für Beamte, Abgeordnete, Selbstständige, Freiberufler sowie für Arbeitnehmer, deren Einkommen dauerhaft über einer immer wieder angepassten Einkommensgrenze liegt. Für Studenten besteht eine Versicherungspflicht in der GKV, von der sie sich jedoch bei Vorliegen bestimmter Bedingungen befreien lassen können. Schon an dieser Stelle beginnt der unparteiische Beobachter, den Kopf zu schütteln, denn es handelt sich ja um eine Versicherung, die nach einhelligem gesellschaftlichem Konsens eine Leistung erbringt, die keinem Menschen versagt werden darf: die ärztliche Versorgung im Krankheitsfall. In Deutschland ist die Haftpflichtversicherung für Kfz klarer geregelt als die Krankenversicherung.

Bei der GKV hängt die Beitragshöhe bis zu einer Obergrenze (zurzeit 3 750 Euro/Monat) vom Einkommen ab. Familienangehörige sind mitversichert, sofern sie nicht selbst einer sozialversicherungspflichtigen Arbeit nachgehen. Bei der PKV wird dagegen unabhängig vom Einkommen das Krankheitsrisiko versichert, das heißt jüngere und gesunde Mitglieder zahlen weniger als alte und kranke. Zugleich müssen alle Familienmitglieder gesondert versichert werden. Daraus resultieren erhebliche Beitragsunterschiede zwischen den beiden Systemen. Ohne Anspruch auf Vollständigkeit zahlt ein 25-Jähriger alleinstehender Mann mit einem Einkommen von 50 000 Euro/Jahr in der PKV ca. 46 Euro, in der GKV jedoch ca. 300 Euro pro Monat[137] (jeweils zuzüglich Arbeitgeberanteil). Das ist durchaus ein beträchtlicher Unterschied, der durch Prämienrückerstattungen der

---

[136] Vgl. www.statista.com, Stichwort: Statistiken, Gesundheitssystem & Vorsorge
[137] Die Tarife können je nach Anbieter und Leistungsumfang voneinander abweichen, was an der grundsätzlichen Differenz jedoch wenig ändert.

PKV noch deutlich vergrößert werden kann. Zugleich sind die Versicherungsleistungen der PKV besser. Als 60-Jähriger zahlt er beim gleichen Tarif in der PKV zwar ca. 129 Euro, das ist aber immer noch weniger als die Hälfte des Betrages der gesetzlichen Krankenversicherung. Warum wird nicht jeder, der es kann, Mitglied der PKV?

In der GKV sind unter Umständen Familienangehörige mitversichert. Daraus kann sich für Familien schnell ein Vorteil ergeben. Der Wechsel in die PKV birgt eine Reihe von Risiken, die ein Mensch mit 25 Jahren keineswegs vorhersehen kann. Bei einem Wechsel in die PKV muss dieser Mensch wissen, ob er heiratet, ob seine Frau arbeiten gehen und wie viele Kinder er haben wird, alles Unwägbarkeiten, gegen die der Sozialstaat ja einen gewissen Schutz bieten soll. Diese Bedenken spielen bei Beamten keine Rolle, weil sie Zuschüsse vom Staat erhalten, sind aber für Angestellte und Selbstständige von großer Bedeutung. Ein Angestellter, der heiraten und Kinder haben möchte, sollte aus Vernunftgründen nicht in die PKV wechseln, zumal ihm ja gerade im Alter hohe Prämien drohen. Die bisher eingetretene Verwirrung ist bereits groß genug, um die Unsinnigkeit des Konzepts zu erkennen. Doch betrachten wir einige haarsträubende soziale Implikationen des Konzepts.

Ein alleinstehender Manager mit hohem Gehalt wird sich sinnvollerweise in der PKV versichern. Daran ändert sich nichts, wenn er heiratet und seine Frau ebenfalls arbeitet. Sollte seine Frau jedoch zu Hause bleiben und sechs Kinder bekommen, dann wäre es für den Manager (zumindest aus finanziellen Gründen) ratsam, in der GKV zu verbleiben, weil seine Frau und die sechs Kinder dort zu derselben Prämie mitversichert sind.

Das Konzept der GKV zieht also schlechte Risiken geradezu an. So werden gerade diejenigen mit den »schlechten Risiken« belastet, die als Angestellte zu wenig verdienen, um in die PKV wechseln zu können. Das Verfahren verhöhnt alle Grundsätze, die je über sozialen Ausgleich aufgestellt worden sind. Doch damit nicht genug.

Verdient ein verheirateter Angestellter 90 000 Euro im Jahr, dann zahlt er nach den obigen Angaben ca. 300 Euro im Monat als Eigenanteil an die Krankenversicherung, egal, ob er Alleinverdiener ist oder nicht. Arbeitet seine Frau mit und verdienen beide je 45 000 Euro im Jahr, dann zahlen beide in der GKV einen Beitrag von je 300 Euro, also 600 Euro im Monat. Das heißt, bei gleichem Einkommen kann die Zahlung an die GKV das Doppelte betragen. So sieht die Realität des Sozialstaats in Deutschland aus. Man hat Mühe, die soziale Gerechtigkeit des Systems zu begründen. Stimmen der Gerechtigkeitsvertreter in unserem Lande gegen diesen Skandal sucht man allerdings vergebens.

Wenn wir solche elementaren Grundregeln der Gerechtigkeit nach der Methode von Gutsherren behandeln, dann hat die Gerechtigkeit in unserem Land ausgedient. An diese Stelle gehört auch das schon in der Einleitung angeführte Beispiel vom Chefarzt und der Krankenschwester, das Politiker verschiedener Parteien schon zu zirkusreifen Auftritten verführt hat und noch immer verführt.[138]

---

[138] Vgl. Kapitel 1, Fußnote 7

Von der einzig sinnvollen Weise einer Krankenversicherung, der Kopfpauschale, will kaum noch ein Politiker etwas wissen. Das Argument, sie sei unsozial, kann angesichts der bestehenden Regelungen nicht verfangen, vor allem auch deshalb nicht, weil eine Kopfpauschale ja nicht per se soziale Abfederungen verhindert, die dann allerdings den Vorteil hätten, transparent zu sein und vom Bürger erkannt werden zu können.

Stattdessen mischt nun auch der gerne das soziale Gewissen der Nation vertretende Deutsche Gewerkschaftsbund kräftig in der Debatte mit, indem er eine Selbstverständlichkeit zum großen Problem stilisiert: »»Es ist absolut inakzeptabel, dass ausschließlich die Versicherten alle Kostensteigerungen mit nach oben offenen Kopfpauschalen zahlen müssen‹, sagte DGB-Vorstandsmitglied Annelie Buntenbach.«[139] Auch hier die Frage, ob die Vorstandsdame des Gewerkschaftsbundes wirklich noch weiß, was sie sagt. Wenn die Bezahlung der Versicherungsbeiträge »absolut inakzeptabel« ist, dann haben wir uns längst aus der Realität fort in ein Wolkenkuckucksheim verabschiedet. Mit Fragen eines sozialen Ausgleichs jedenfalls hat eine solche Haltung nicht mehr das Mindeste gemein. Über das unerträgliche Privilegiensystem mit GKV und PKV hört man aus diesen Kreisen übrigens erstaunlich wenig.

Inzwischen ist der einstmals klare Begriff der »Kopfpauschale« stark verwässert worden. Ursprünglich bezog er sich auf einen gleichen Beitrag je versicherter Person, inzwischen wird er für jede Form der Beitragserhöhung verwendet, bei der Versicherte einen Zusatzbeitrag ohne Arbeitgeberanteil entrichten sollen. Auch dies dient natürlich der Vernebelung und soll dazu beitragen, eine vernünftige Debatte des Problems zu verhindern.

Bleibt die Frage offen, warum das unerträgliche Privilegiensystem der Krankenversicherung über so viele Jahre bestehen kann, ohne dass jemand ernsthafte Anstrengungen unternimmt, dieses System durch ein vernünftiges zu ersetzen. Wenn alle höheren Versicherungsrisiken allein von der sozial schwächeren Hälfte der Bevölkerung zu tragen sind, wenn diese schwächere Hälfte keine Möglichkeiten hat, das für sie bestehende System der Zwangsversicherung zu verlassen, dann ist dies ein handfester sozialpolitischer Skandal. Dabei ist der Zusammenhang ganz einfach zu verstehen. Oder sollte doch die Welt des Don Quijote sich unserer Politiker bemächtigt haben?

> »»Bedenkt doch, Euer Gnaden‹, entgegnete Sancho, ›daß jene, die sich dort zeigen, keine Riesen, sondern Windmühlen sind, und was an ihnen wie Arme aussieht, sind nur die Flügel, die, vom Wind bewegt, den Mühlstein treiben.‹ ›Wohl sieht man‹, versetzte Don Quijote, ›daß du in Abenteuerdingen nicht recht bewandert bist; es sind Riesen. Und wenn du dich fürchtest, dann mache dich fort und verbringe die Zeit, in der ich mit ihnen in grimmem, ungleichem Kampfe stehe, im Gebet.‹«[140]

---

[139] Spiegel-Online, Opposition zerfetzt Gesundheitsreform, 06.07.2010
[140] Miguel de Cervantes Saavedra, Don Quijote de la Mancha, Gesamtausgabe in vier Bänden, Band 2, Frankfurt am Main ohne Jahr, S. 88f.

Der Vergleich mit dem unverdrossenen Don Quijote lässt unseren Politikern zu viel der Ehre angedeihen. Die setzen sich für keine Sache ein, schon gar nicht aus Gründen der Ehre. Politiker sind ihrer eigenen Sache verhaftet, und die heißt ohne Wenn und Aber Wiederwahl. Darin gleichen sie weitgehend den Bürgern im Interessenstaat, die ja auch nur ihre Interessen und nichts sonst sehen. Eher scheint da das nachfolgende Wort von Nietzsche zutreffend zu sein: »Unsere Anhänger vergeben es uns nie, wenn wir gegen uns selbst Partei ergreifen: denn dies heißt, in ihren Augen, nicht nur ihre Liebe zurückweisen, sondern auch ihren Verstand bloßstellen.«[141]

Doch verweilen wir noch etwas in der ritterlichen Welt und brechen eine Lanze für unsere Politiker. Im Gesundheitssystem sind sie zweifellos ihrem eigenen Bestreben auf den Leim gegangen und wissen nicht mehr, wie sie aus der Falle herauskommen. Sie haben einfach zwei soziale Stränge miteinander vermengt und sich dabei verheddert. Die Auflösung der Verirrung bedeutet aber, die eine Seite deutlich schlechter zu stellen, ohne auf der anderen Seite die Garantie zu haben, dafür genügend neue Anhänger zu finden. Was ist geschehen?

Im Gesundheitswesen wollte man den kinderreichen Familien entgegenkommen, die ja bei gleichem Beitrag für alle in zahlreichen Fällen vielleicht wirklich Probleme mit ihren Krankenkassenbeiträgen gehabt hätten. Die Alleinstehenden sollten sich am Beitrag für die Kinder beteiligen. Es gibt aber Reiche, die viele Kinder und Arme, die keine Kinder haben. In solch einfachen Zusammenhängen findet sich der Politikbetrieb schon nicht mehr zurecht. Dazu kommen mächtige Interessengruppen, deren einziges Ziel darin besteht, einen möglichst hohen Geldbetrag in das Gesundheitswesen zu leiten, um sich bequem daran bedienen zu können. An dieser Melange – und ganz sicher nicht an der prinzipiellen Komplexität des Themas – scheitern bisher alle Versuche, die Fragen des Gesundheitswesens mit einem Mindestmaß an Vernunft zu regeln. Das bestehende System kann nicht grundlegend geändert werden, weil die Furcht vor dem Stimmenentzug durch die dann Benachteiligten durch die Hoffnung auf Stimmengewinn bei den Bevorteilten nicht aufgewogen wird. Sehen wir uns diesen Zusammenhang noch einmal genauer an.

Ein Ende der Privilegienwirtschaft im Gesundheitswesen hätte direkte und indirekte Auswirkungen auf alle Beteiligten. Betrachten wir zunächst die direkten Betroffenen. Auf der Zahlerseite sind es wesentlich die Beamten, die von einem Wechsel des Systems betroffen würden, können sie doch alle Vorteile der privaten Krankenversicherung nutzen, ohne dem Risiko erhöhter Prämien im Alter ausgesetzt zu sein, weil ja der Staat als Garant ihrer Interessen auftritt und sie vor Schaden bewahrt. Beamte stellen in unserem Staat sicherlich eine mächtige Interessengruppe dar, doch haben sie kaum die Kraft, das gesamte Gesundheitssystem in ihrem Sinne zu lenken.

Als weitere direkte Interessenträger finden wir vor allem die Leistungserbringer (Ärzte und Krankenhäuser), die erhebliche Vorteile durch die PKV haben.

---

141 Friedrich Nietzsche, Menschliches, Allzumenschliches, Band 2, 309

Dies liegt daran – ist dies nicht auch ein Skandal? –, dass die PKV zum Teil erheblich höhere Beträge für gleiche ärztliche Leistungen bezahlt als die GKV. Die Leistungserbringer verdienen an Privatpatienten deutlich mehr als an gesetzlich Versicherten. Deshalb werden die auch bevorzugt behandelt, was wiederum zum Vorwurf einer Zweiklassenmedizin führt. Der Leistungserbringer soll altruistisch handeln. An solchen Stellen zeigt der Sozialstaat sich von seiner schamlosesten Seite, weil Altruismus als bestimmendes Prinzip im Interessenstaat eine Verhöhnung der Betroffenen ist. Der Vorwurf der Zweiklassenmedizin ist aus Sicht der Terminvergabe völlig berechtigt – warum soll ein Leistungserbringer nicht denjenigen bevorzugen, der ihm ein höheres Einkommen garantiert, wenn er die Schwere einer Erkrankung noch gar nicht wissen kann?

Unsinnig ist der Vorwurf jedoch hinsichtlich der Behandlung der Patienten, denn ein Arzt, der einen Patienten wegen eines geringeren Honorars schlechter oder gar falsch behandeln würde, verstieße gegen alle Regeln seines Standes und wäre untragbar. Der Vorwurf kann in der Debatte um die Kosten des Gesundheitssystems jedoch hervorragend als Kostentreiber wirken, weil die angebliche Gefahr einer Zweiklassenmedizin wie ein Damoklesschwert über allen Verhandlungen schwebt und von den Interessenvertretern durchaus in ihrem Sinne eingesetzt wird.

Zuletzt sind als direkte Nutznießer da noch die zumeist unter dem Dach großer Konzerne residierenden Versicherungen, die natürlich keinerlei Interesse daran haben, sich das gute Geschäft mit den privaten Krankenversicherungen entgehen zu lassen. Jeder noch so unsinnige Grund wird da angeführt, um die angeblichen Vorteile des gespaltenen Systems zu belegen. Nicht ein einziger rationaler Grund kann gefunden werden, das bestehende System unter dem Aspekt der Gesundheitsvorsorge zu verteidigen. Die zu seiner Verteidigung angeführten Gründe beziehen sich immer auf die Verbesserung der Einnahmesituation der Leistungserbringer, der Versicherer, bestenfalls noch der Vertreter der Beamten, die ungern die Privilegien ihrer Klientel für ein besseres System opfern.

Auf der Seite der indirekten Profiteure des Systems steht die mächtige Pharmaindustrie, für die der angebliche Konkurrenzkampf zwischen GKV und PKV zu trefflichen Gewinnchancen führt. Politiker behaupten häufig, die Konkurrenzsituation zwischen GKV und PKV nütze den Patienten. Das ist schon allein aus dem Grunde unsinnig, weil es den Konkurrenzkampf gar nicht gibt. Da alle sozialen Aspekte auf den Rücken der GKV geladen werden (Armut, hohe Krankheitsrisiken, hohe Zahl an Mitversicherten), kann die PKV ihrer Klientel leicht einen besseren Service für deutlich weniger Geld anbieten. Zudem kann sie den Ärzten deutlich höhere Honorare zahlen und verdient immer noch prächtig. Wie soll da eine Konkurrenzsituation entstehen? Im Gegenteil, die PKV kann auf der Basis ihres Grundvorteils leicht die Kostenübernahme überteuerter Medikamente garantieren, ohne ihre Profite zu gefährden. Dabei wird Druck auf die GKV aufgebaut, weil der Vorwurf der Zweiklassenmedizin verhindert, im gesamten Gesundheitssystem nach rationalen Kostendämpfungsmöglichkeiten zu suchen.

In Wahrheit dient also die angebliche Konkurrenzsituation zwischen GKV und PKV dazu, den Interessenvertretern auf Kosten aller Versicherten Gelder zukommen zu lassen, ohne notwendige wirtschaftliche Überlegungen anzustellen. In vielen Fällen werden in Deutschland hergestellte Medikamente im Ausland zu erheblich geringeren Preisen angeboten. Kann man den Unsinn des Systems deutlicher demonstrieren? Neben der Steuer ist das Gesundheitswesen der zweite große Bereich, in dem überwiegende Teile der Bevölkerung geschädigt werden, um einer kleinen Gruppe erhebliche Vorteile zu verschaffen.

Hier zeigt sich die Zerstörung der Interessen im Interessenstaat auf besonders drastische Weise. Da auch die Anwälte des Sozialen in das System verstrickt sind, fehlt jede öffentliche Stimme, die mit Nachdruck auf den Unsinn aufmerksam machen würde. Mit der Präzision eines Schweizer Uhrwerks verfehlen alle Anstrengungen auf dem Gebiet des Gesundheitswesens ihren Anspruch, dieses in ein einfaches, transparentes, vor allem aber auch kostengünstiges zu verwandeln. Diese Einsicht schmerzt umso mehr, als es wenige Gebiete gibt, auf denen es so leicht wäre, aus sachlichen Gründen eine deutliche Verbesserung herbeizuführen.

Seit Gründung der Bundesrepublik Deutschland haben sich Scharen von Gesundheitsministern verschiedener Parteien an einer Verbesserung des Systems versucht. Sie alle sind gescheitert. »Deshalb gehen Gesundheitspolitiker jedweder Couleur am liebsten den Weg des geringsten Widerstands. Sie reden viel über Reformen auf der Ausgabenseite – und erhöhen am Ende doch die Beiträge. Nach acht Monaten ist FDP-Gesundheitsminister Philipp Rösler (FDP) nun da angekommen, wo seine Vorgängerin Ulla Schmidt (SPD) nach acht Jahren aufgehört hat.«[142] Das deutsche Gesundheitssystem ist wahrlich ein trauriges Beispiel für den Schaden, den wir alle am ausufernden Interessenstaat erleiden.

Deutlicher kann sich die regelmäßig wiederholte Behauptung, durch das Zusammenspiel verschiedener Interessen komme so etwas wie ein rationaler Interessenausgleich zustande, nicht selbst widerlegen. In ihrer Nacktheit zeigt sie sich als pure Ideologie, die das eigene Interesse, das sie vertritt, nur mühsam zu kaschieren vermag. Die Kosten für unser Gesundheitssystem werden auch in Zukunft immer weiter steigen, und zwar sicher nicht nur, weil der medizinische Fortschritt voranschreitet, sondern vor allem wegen der Befriedigung schnödester Interessen, die mit Gesundheit nicht das Geringste zu tun haben.

---

[142] Spiegel-Online, Horrorszenario 20 Prozent, 05.07.2010

> »Denn unsere Trübsal, die zeitlich und leicht ist, schafft eine
> ewige und über alle Maßen wichtige Herrlichkeit uns, die wir
> nicht sehen auf das Sichtbare, sondern auf das Unsichtbare.
> Denn was sichtbar ist, das ist zeitlich; was aber unsichtbar ist,
> das ist ewig.«

Apostel Paulus[143]

3.3.3   WIE TRANSPARENZ AUSSEHEN KÖNNTE

Eine Demokratie, der es an einem Mindestmaß an Transparenz fehlt, wird zur
Farce, weil die Entscheidungsträger gar nicht mehr wissen, was zu entscheiden ist
und werden so leichtes Opfer der mächtigen Interessenverbände. Für Entscheidungen gibt es kaum eine bessere Situation, als die Undurchschaubarkeit von deren
Grundlagen. Wenn keiner mehr die Entscheidungen beurteilen kann, dann entfällt
auch die Verantwortung, weil keiner mehr da ist, dem man Antwort geben muss.
Hier liegt eine der Ursachen der zunehmenden Politikverdrossenheit.

Was und wie von Politik entschieden wird, hat immer weniger mit der täglichen Lebenserfahrung der Menschen zu tun. Weil sie aber selbst viel zu sehr in
den Betrieb verstrickt sind, können sie nicht mehr die notwendige Distanz aufbringen, das politische Geschehen zu beurteilen. Noch ist die Hoffnung auf eigene
Vorteile größer als die Einsicht in den damit einhergehenden Freiheitsverlust, vor
allem aber auch größer als die befürchteten Nachteile. Der Wert der Freiheit selbst
ist keineswegs unumstritten, viele möchten stattdessen lieber Sicherheit, um sich
behaglich in der Welt einrichten zu können. Doch selbst die bleibt nur Schein,
wenn wir weiterhin auf den eingeschlagenen Wegen bleiben.

Diesem Trend entspricht die Spaß-Gesellschaft, in der es allein noch darauf
ankommt, Spaß zu haben und von den Problemen der Welt verschont zu bleiben.
Das bereits oben erwähnte »positive Denken« steht auch für diese Richtung, denn
dabei kommt es ja nicht mehr darauf an, einen Sachverhalt zu verstehen, sondern
ihn einfach nur »positiv« zu sehen. Selten nur finden wir noch Reflexionen über
die Gründe eines Scheiterns, die ja immerhin die Möglichkeit eröffnen würden,
begangene Fehler zukünftig zu korrigieren.

Gerne setzen wir dem den kühnen Blick in die Zukunft entgegen, der durch den
Blick auf die Vergangenheit nicht getrübt werden soll. Doch es ist ein leerer Blick,
der sich auf die Zukunft richtet, ohne die Vergangenheit einzubeziehen. Es ist an
der Zeit, sich endlich den Problemen zu stellen, wenngleich die tägliche Realität
wenig Mut macht.

Vor Kurzem erschien ein Buch von Thilo Sarrazin, dem ehemaligen Wirtschaftssenator Berlins, über die Lage in Deutschland, insbesondere unter dem
Aspekt der abnehmenden Bevölkerung und der damit einhergehenden zunehmenden Zuwanderung integrationsunwilliger Ausländer.[144] Das Buch hat sofort größtes

---

[143] 2. Korinther, 4. Kapitel, Vers 17 und 18
[144] Vgl. Thilo Sarrazin, Deutschland schafft sich ab. Wie wir unser Land aufs Spiel setzen, München 2010

Aufsehen erregt. Vor den Buchläden stauten sich Menschen, im Fernsehen wechselten sich die Sendungen ab, die sich mit dem Buch und seinem Autor beschäftigten, Kommentare wurden abgegeben, Verurteilungen ausgesprochen. Es gab kaum einen öffenlichkeitsbewussten Politiker, der sich nicht zu Wort gemeldet hätte, um das Buch und mehr noch den Autor zu kommentieren.[145] Man hätte glauben können, der Messias sei auferstanden, um neue Wahrheiten mitzuteilen. Doch in der Öffentlichkeit wurde weniger ein Messias angehimmelt, als ein Teufel verurteilt. Warum dieser Hype um ein Buch, das vorgibt, unsere Lage zu erklären und warum in dieser Weise?

Betrachten wir zur Einstimmung zunächst einmal ein Beispiel und nehmen an, eine Crew segelt übers Meer. Ein Crew-Mitglied geht unter Deck und kommt atemlos zurück, um den anderen einen starken Wassereinbruch im Bug mitzuteilen. Wie würde die Crew reagieren? Zweifellos würde man sofort beginnen, nach einer Lösung des Problems zu suchen. Vielleicht geht noch der eine oder andere unter Deck, um den Schaden ebenfalls zu beurteilen, ansonsten ist man jedoch einerseits froh, das Problem erkannt zu haben, und macht sich andererseits unmittelbar daran, es zu verstehen, um es dann zu lösen. Bei der Lösung mag sich ein größerer oder geringerer Schaden herausstellen als zunächst gemeldet, man mag den Künder des Problems tadeln, weil er es über- oder untertrieben dargestellt hat. So weit ist der Sachverhalt unstrittig.

Unterstellt man jedoch, die Crew bestehe aus Realpolitikern, dann würde die Problemlösung einen völlig anderen Verlauf nehmen. Der Verkünder der schlechten Botschaft würde traktiert werden, weil seine Botschaft die gute Stimmung an Bord beeinträchtigt. Es würde in Zweifel gezogen, ob es überhaupt ein Leck gibt, das nicht zu leugnen wäre, und wenn, dass das Leck sich wahrscheinlich nicht im Bug, sondern möglicherweise im Heck des Schiffes befindet. Besonders bedenkliche Crew-Mitglieder würden die Frage aufwerfen, ob der Hinweis auf das Leck im Boot nicht eine Diskriminierung des Bootsbauers bedeuten würde. Vor allem aber würde der Bote mit der Kritik konfrontiert, seine Botschaft sei nicht zielführend, weil er etwas beanstandet habe, ohne eine Lösung präsentieren zu können. Die Schilderung des möglichen Verhaltens der Realpolitiker zeugt von erschreckender Realitätsnähe, nicht bezüglich der Seglergruppe, aber bezüglich der Buch-Veröffentlichung von Thilo Sarrazin.

Das Buch hat Fehler, Einschätzungen, über die man unterschiedlicher Meinung sein kann, und enthält sicher nicht der Weisheit letzten Schluss. Hier geht es keinesfalls darum, den zahlreichen Kommentaren einen weiteren hinzuzufügen und etwa die Güte des Buches zu beurteilen. Es geht allein um den politischen Umgang mit den Thesen und den diese vertretenden Menschen. Immerhin haben sich schon allerhöchste Würdenträger deutscher Politik, die Kanzlerin Angela Merkel, der Parteivorsitzende der SPD, Sigmar Gabriel, der Generalsekretär der FDP, Christian Lindner, die Parteivorsitzende der Grünen, Renate Künast und viele andere mehr zu der Thematik geäußert, von der Vielzahl der Rundfunk- und

---

[145] Die Stichworteingabe: Sarrazin auf der Website www.ard.de (Stand 01.09.2010) ergab 5720 Treffer, die sich wesentlich auf sein neues Buch beziehen.

Fernsehkommentatoren sowie hinzugezogener wissenschaftlicher Sachverständiger gar nicht zu reden. Die SPD überzieht das unliebsam gewordene Mitglied mit einem Ausschlussverfahren, die Bundesbank trennt sich von ihrem Vorstandsmitglied usw.

Auf den ersten Blick verwundert der aufgebotene versammelte Sachverstand, geht es doch nur um ein Buch und nicht etwa darum, dass Thilo Sarrazin eigenmächtig der Volksrepublik China den Krieg erklärt hat (vermutlich hätte Letzteres weniger Aufsehen erregt). Wer nun aber glaubt, der gebündelte Sachverstand hätte Sarrazins Aussagen sauber analytisch zerlegt und des Widersinns überführt, der wird enttäuscht. Es gibt eine allgemeine Gegnerschaft zu dem Buch. Die Political Correctness feiert wahre Triumphe.

Nur ein kleines Beispiel soll diese These untermauern, weil es sehr deutlich zeigt, wie das Buch von Thilo Sarrazin zu einem Fall Sarrazin hochstilisiert wurde. Im Deutschlandfunk fand ein Interview statt, das der Moderator Friedbert Meurer mit dem Wissenschaftler Ernst P. Fischer führte.[146] Das Interview wird eingeleitet mit dem Satz: »Sind Menschen bestimmter Herkunft von Natur aus dümmer? Einige Thesen von Bundesbank-Vorstand Thilo Sarrazin suggerieren so etwas. Professor Ernst P. Fischer, Naturwissenschaftler an der Uni Konstanz, hält das für ›platt‹ und ›dumm‹.« Es wird also eine rhetorische Frage gestellt, die »platt« und »dumm« ist, was der Naturwissenschaftler der Universität Konstanz auch sofort bestätigt. Von dieser Frage wird nun keinesfalls behauptet, dass sie auch Herr Sarrazin gestellt hätte, denn dies ließe sich ja leicht nachprüfen. Nein, es wird unterstellt, einige Thesen von Herrn Sarrazin suggerierten so etwas. Man suggeriert die Suggestion und macht damit nichts anderes als das, was man dem Anderen vorwirft: Man suggeriert. »Der Begriff Suggestion wurde im 17./18. Jahrhundert eingeführt und bezeichnet die manipulative Beeinflussung einer Vorstellung oder Empfindung mit der Folge, dass die Manipulation nicht wahrgenommen wird oder zumindest zeitweise für das Bewusstsein nicht abrufbereit ist.«[147] Genau darum geht es ganz offensichtlich dem Interviewer. Doch damit nicht genug. Sehen wir uns Ausschnitte des Interviews an:

> **Meurer:** [...] Der ›Welt am Sonntag‹ hatte Sarrazin gesagt, es gebe eine genetische Identität von Bevölkerungen. Wörtlich: ›Alle Juden teilen ein bestimmtes Gen. Basken haben bestimmte Gene‹ und so weiter. Gestern hat er dann präzisiert, aktuelle Studien legten nahe, dass es in höherem Maße gemeinsame genetische Wurzeln heute lebender Juden gibt, als man bisher für möglich hielt. [...]

Das Interview soll ein Buch betreffen, das Herr Sarrazin geschrieben hat, wird aber eingeleitet mit der Behauptung, in einem Gespräch mit einer Zeitung habe Sarrazin gesagt »es gebe eine genetische Identität von Bevölkerungen«. Diese

---

[146] Vgl. Deutschlandfunk, 31.08.2010, 8:20 Uhr, alle nachfolgenden nicht besonders gekennzeichneten Zitate zu dem Thema beziehen sich auf diese Sendung
[147] Vgl. www.wikipedia.de, Stichwort: Suggestion

Behauptung wird schon im folgenden Satz widerlegt, denn nicht das Vorherige hat Sarrazin gesagt, sondern dies: »Alle Juden teilen ein bestimmtes Gen. Basken haben bestimmte Gene.« Behauptet wird eben nicht die »genetische Identität«. Ersichtlich ist es dem Interviewer nicht klar, dass es zwischen einer All-Aussage (»Für alle Gene gilt, sie sind gleich«) und einer Existenzaussage (»Es gibt ein Gen, das ist gleich«) in der Logik einen fundamentalen Unterschied gibt. Darüber hinaus ist die Aussage von dem »jüdischen Gen«, die an keiner Stelle des Buches vorkommt, einfach eine schnoddrige Form für die Aussage: Es gibt Erkennungsmerkmale. Zum ideologischen Grabenkampf ist die Aussage nicht geeignet. Doch es geht weiter:

> **Meurer**: Gibt es ein jüdisches Gen oder jüdische genetische Wurzeln?
> **Fischer**: Also es gibt jüdische genetische Wurzeln. Das ist etwas ganz anderes als zu sagen, es gibt ein jüdisches Gen. Das Wort Gen und das Wort genetisch, die hängen nicht unmittelbar so einfach zusammen. [...]
> **Meurer**: Aber dann war Thilo Sarrazin gestern also clever, wenn er korrigiert hat und von gemeinsamen genetischen Wurzeln heute lebender Juden spricht? Die gibt es also?

Der Interviewer stellt also die nächste Frage, die die schnoddrige Form des »jüdischen Gens« enthält und in dieser Form von dem Professor leicht widerlegt werden kann, weil es das nicht gibt. Der Professor hält es jedoch für wahr, dass es »jüdische genetische Wurzeln« gibt. Genau in diese Richtung hatte aber Thilo Sarrazin seine (Interview-)Aussage bereits korrigiert, was den kritischen Reporter sofort zu der Feststellung verleitet, dass Sarrazin »gestern also clever« war. Was hat dies mit sachlicher Aufklärung, mit kritischem Journalismus zu tun, wenn die Korrektur einer eigenen Aussage zu einem cleveren Verhalten umgedeutet wird?

> **Fischer**: Wissenschaftler drücken sich da vorsichtiger aus. Genetische Wurzeln, das klingt wieder so, als ob das von einer bestimmten Genvariante ausgegangen ist. [...] Jetzt beachten Sie bitte: Es geht immer nur um Häufigkeiten, um Wahrscheinlichkeiten, um Verteilungen, nicht um ein exakt in jedem Juden befindliches Stück, das sie finden können.

Unser Wissenschaftler korrigiert sich schon einige Sätze weiter. Eben galt noch: »Also es gibt jüdische genetische Wurzeln.« Jetzt drückt er sich da vorsichtiger aus, wobei sich natürlich sofort die Frage stellt, ob sich unser Wissenschaftler etwa gar nicht als Wissenschaftler sieht, jedenfalls korrigiert er sich, um am Ende seiner Aussage die Behauptung »Es geht [...] nicht um ein exakt in jedem Juden befindliches Stück, das Sie finden können«, grandios zu widerlegen. Das, was widerlegt wurde, ist jedenfalls nicht von Thilo Sarrazin gesagt worden. Aber das ist im vorliegenden Zusammenhang schon nicht mehr wichtig. Um dem Interviewer noch einmal Nachhilfeunterricht zu geben: Das genau ist das, was man unter

Suggestion versteht. Nur eine Frage später verheddert sich der Professor erneut in seinen eigenen Fallstricken, denn plötzlich gilt:

> **Fischer**: Da schmeißt Sarrazin alles durcheinander, was man durcheinanderschmeißen kann. Tatsächlich, dass es so etwas gibt wie eine jüdische Genvariante oder jüdisches Gen, das liegt einfach an der Art, wie die Menschen gelebt haben.

Nun gilt das, was eben noch etwas »ganz anderes« war, wenn auch verdreht, denn es ist plötzlich aufseiten des Professors von einem »jüdischen Gen« die Rede. Dass die Art, wie Menschen sind, wesentlich dadurch bestimmt wird, wie sie leben, das steht auf vielen Seiten von Sarrazins Buch, ist hier also nichts anderes als eine weitere Suggestion, die uns einreden will, Sarrazin sage etwas ganz anderes. Auch die Schlusspassage des Interviews ist ein Lehrstück:

> **Meurer**: Was sagen Sie denen, Herr Fischer, die davor warnen, dieses ganze Gerede über unterschiedliche Gene der Völker führt schnurgerade in den Rassismus?
> **Fischer**: Ich würde das nicht so sehen. Ich denke, die Leute, die so argumentieren, sind schon rassistisch. Die brauchen nicht noch extra eine eigene Führung dafür, sondern die wollen ja gar nichts anderes hören. Da würde ich den Bibelspruch benutzen, ›Niemand ist so taub wie derjenige, der nichts hören möchte, niemand ist so dumm wie derjenige, der nichts lernen möchte‹.
> **Meurer**: Also das, was Sarrazin sagt, ist für Sie rassistisch?
> **Fischer** Nein, ist einfach dumm. Ich würde das nicht als - - Wir reden ja jetzt nur über das, was Sarrazin zur Genetik, zur Wissenschaft sagt. Das ist etwas platt, das ist vielleicht auch dumm. Das andere ist ja, dass er dann daraus eine Abwertung von Muslimen vornimmt, eine Abwertung von bestimmten Menschen. Das hat ja zunächst mal mit Wissenschaft nichts zu tun, sondern das ist eine Bewertung. Diese Bewertung, die können wir jetzt diskutieren, aber dafür haben Sie mich nicht gefragt.

Interviewer und Interviewter sind dem Inhalt ihres Interviews nicht mehr gewachsen. Der Interviewer möchte Sarrazin mithilfe des Professors des Rassismus überführen. Wer über unterschiedliche Gene der Völker redet, führt uns in den Rassismus. Das weist der Professor mit der Begründung zurück, »die Leute, die so argumentieren, sind schon rassistisch«. Jetzt sind wir in der verborgenen Welt der Wissenschaft angekommen, die für normal Sterbliche nicht mehr verstehbar ist. Nach Ernst P. Fischer führt das Gerede über »unterschiedliche Gene der Völker« nicht in den Rassismus, weil die so argumentierenden Leute bereits rassistisch sind und deshalb keine eigene Führung dazu brauchen und vor allem gar nichts anderes hören wollen. Hier bleibt nur die Ehrfurcht vor dem erreichten Gipfelpunkt überirdischer Logik.

Da der Interviewer, dies eint ihn mit dem Hörer, Probleme hat, die logischen Ergüsse des Professors noch zu verstehen, drängt er auf die klare Aussage, dass Sarrazin rassistisch sei, denn damit hätte er endlich sein angestrebtes Ziel erreicht. Doch der Professor, irdischer Logik längst schon enteilt, enttäuscht erneut. Leute, die wie Sarrazin argumentieren, nämlich über unterschiedliche Gene der Völker (die der Professor wenige Sätze vorher ausführlich begründet hat) sind rassistisch, aber das, was Sarrazin sagt, ist nicht rassistisch, sondern einfach dumm. Spätestens an dieser Stelle muss alle, die davon hören und lesen, das blanke Entsetzen packen. Der ganze Hype um Thilo Sarrazin ist entstanden, nicht weil er rassistisch ist, nicht weil er »schnurgerade in den Rassismus« führt, sondern weil er einfach dumm ist.

Was ist mit Deutschland geschehen, dass ein nur dummer Mensch in der Lage ist, mit seinem Buch die Bundeskanzlerin, viele Spitzenpolitiker, Radio- und Fernsehsendungen sowie die Printmedien in fast geschlossener Formation in eine wilde und entschlossene Auseinandersetzung zu treiben? Hat damit die Dummheit in Deutschland auf ganz unerwartete Weise endgültig triumphiert?

Nicht das Buch an sich, sondern der Umgang mit ihm in der Öffentlichkeit ist ein Lehrstück, das in keinem Studium der Politologie fehlen dürfte, finden sich in ihm doch, die Transparenz betreffend, in engstem zeitlichen Rahmen so ziemlich alle Versäumnisse der Politik. Mit geradezu schlafwandlerischer Sicherheit werden in der Diskussion die eigentlichen Probleme ausgeblendet, die man ja anders diskutieren könnte, als dies Sarrazin tut. Stattdessen wird ein trüber Rassismus-Vorwurf erhoben, der neben politischen Dünnbrettbohrern immerhin auch vom Vorstand der großen Volkspartei SPD erhoben wird, einer Partei, der Sarrazin (noch) angehört. Welches Verständnis hat dieser Parteivorstand, wenn er feststellt, Sarrazin »arbeitete in diesem Zusammenhang mit Begriffen, ›die nahe an der Rassenhygiene liege(n)‹«.[148] Weiter heißt es: »Wegen dieser Nähe zu nationalsozialistischen Theorien leitet der SPD-Vorstand am Montag ein Parteiordnungsverfahren gegen Sarrazin ein.«[149]

Das Einzige, was diese und ähnliche Aussagen belegen, ist ein geradezu unglaubliches Unverständnis dessen, was die Nazis unter dem Begriff der »Rassenhygiene« betrieben haben. Merkt wirklich niemand im Parteivorstand der großen Volkspartei SPD, dass dieser Vergleich ebenso unpassend wie er eine Verhöhnung aller Opfer des Nationalsozialismus ist?

Doch in diesem Zusammenhang soll es nicht weiter um den Nationalsozialismus gehen, sondern um die Frage der Transparenz politischer Entscheidungen. Der Nationalsozialismus dient hier nur als durchsichtige Folie zur Verdeckung des Problems. Jetzt kommt es darauf an, Umrisse einer notwendigen Veränderung der politischen Handlungsweisen unserer Politiker und unserer Wähler zu skizzieren. Was ist die Lehre aus dem Fall Sarrazin?

Es ist höchste Zeit, die wirklichen Probleme des Landes, die ja in reichlichem Maße vorhanden sind, anzugehen, und das heißt in erster Linie einmal, sie zu

---

[148] www.spd.de, Parteiausschlussverfahren gegen Thilo Sarrazin, 30.08.2010
[149] www.spd.de, Parteiausschlussverfahren gegen Thilo Sarrazin, 30.08.2010

benennen. Noch nie ist ein Problem gelöst worden, das nicht mindestens benannt wurde. Am Beispiel Sarrazins sehen wir, wie unleugbare Probleme so lange auf der moralischen Waage gewogen werden, bis endlich die Verurteilung des Überbringers der Botschaft stattfindet. Dies geschieht dann unter unerträglichster Verletzung aller moralischen Grundsätze unseres Landes. Die umfassende Bekanntheit des Problems wird wiederholt beschworen, was eher einer Bankrotterklärung gleichkommt. Als Beobachter stellt man die viel beschworene Solidarität der Demokraten gegen »Nestbeschmutzer« fest.

Am Beispiel der Arbeitslosigkeit, der Renten- und Krankenversicherung wurde aufgezeigt, wohin die Verdeckung der wirklichen Zusammenhänge führt, auch wenn sich die Themen viel weniger für ideologische Bekenntnisse eignen. Dafür unterliegen sie in größerem Maße den unterschiedlichen Interessen, mit deren Vertretern keine politische Partei eine wirkliche Auseinandersetzung führt. Die entscheidende Frage lautet: Wie kann die Macht der Interessengruppen aufgebrochen werden?

Um die Implikationen der Fragestellung überhaupt erkennen zu können, gilt es zunächst, den standardisierten – übrigens ebenfalls zutiefst ideologisch geprägten – Antworten entgegenzutreten, wie: das Kapital ist an allem schuld, die Reichen zur Kasse usw. Bei keinem der hier angeführten Probleme spielt der Kapitalismus eine wichtige Rolle. In keinem dieser Beispiele bilden die Nutznießer eine wirklich starke Gruppe in der Bevölkerung, auch wenn sie, wie das Beispiel der Krankenversicherung zeigt, häufig sehr lautstark auftreten.

In der Summe ist schließlich fast die gesamte Bevölkerung Teil des Spiels. Der Zusammenschluss zwischen Politik und Bevölkerung resultiert aus zwei Faktoren. Die Bevölkerung hat durch viele Entscheidungen des Interessenstaates schmerzlich lernen müssen, dass immer dann, wenn es um größere Transparenz, mehr Gerechtigkeit und generelle Einsparungen geht, am Ende weniger Transparenz, weniger Gerechtigkeit und mehr Kosten herauskommen. Solche Erfahrungen bleiben nicht ohne Wirkung.

Wenn die Bürger die politischen Entscheidungen nicht mehr verstehen können, weil sie ihnen verdunkelt worden sind, dann bezahlen sie dafür mit dem Preis der Freiheit. Eine Lösung unter Beibehaltung der tradierten Verhaltensmuster erscheint unmöglich. Wir stehen zwei Paradoxien gegenüber, um überhaupt die Richtung möglicher Lösungen ins Auge fassen zu können:

- Wir brauchen mehr Gleichheit, um mehr Ungleichheit zu erhalten,
- Politik muss über weniger Dinge entscheiden, um mehr entscheiden zu können.

Je mehr die Politik den Überblick über ihr eigenes Tun verliert, desto mehr treten uns deren Entscheidungen als unverrückbarer Sachzwang entgegen. Sachzwänge vertragen jedoch kein Handeln. Dem Verzicht aufs Handeln folgt der Verlust des Politischen auf dem Fuße. Somit führt die Suggestion des Sachzwangs in der Tat immer zu Lösungen, die den realen Lösungen entsprechen oder ihnen zumindest sehr nahe kommen. Die Suggestion basiert aber auf Voraussetzungen der Entscheidungen, die nicht so bleiben müssen, wie sie heute sind. Es geht also um die Voraussetzungen unseres Entscheidungssystems, die mit den nachfolgenden Überlegungen infrage gestellt werden sollen.

Der Gleichheitsbegriff hat eine lange Tradition. Schon an der griechischen Polis konnten sich nur Gleiche beteiligen, aber mit heute verglichen in einem völlig anderen Bedeutungszusammenhang. Bei den Griechen gründete sich Politik auf die prinzipielle Ungleichheit der Menschen, die allerdings in gleicher Weise ihre verschiedenen Anliegen zum Ausdruck bringen konnten, also gehört wurden. In der Aufklärung wurde diesem Gleichheitsbegriff der Begriff der Gleichheit vor dem Gesetz entgegengestellt, die jeden Menschen mit gleichen unveräußerlichen Rechten ausgestattet sah. In den Menschenrechten ist dieser Gedanke noch niedergelegt. Doch schon in deren Erklärung vom 26.8.1789 heißt es in Artikel 1: »Die Menschen werden frei und gleich an Rechten geboren und bleiben es. Soziale Unterschiede dürfen nur im allgemeinen Nutzen begründet sein.«[150] Im zweiten Satz des Zitats liegt der Sündenfall. Wenn soziale Unterschiede, die sich ja nicht nur in Geld ausdrücken lassen, lediglich dann noch zugelassen sind, wenn sie im allgemeinen Nutzen begründet sind, muss dies, konsequent angewandt, zu einer absoluten Nivellierung der Einzelnen führen. Man kann auch sagen, *die* Menschen werden zugunsten *des* Menschen abgeschafft. Ohne Pluralität existiert der Mensch schließlich nur noch als Gattungswesen und ist damit als Wesen, das die Griechen »die Sterblichen« nannten und das Augustinus so treffend als Anfang definiert hat, abgeschafft.

In den totalitären Staaten des 20. Jahrhunderts wurde uns diese Verwandlung aufs Deutlichste vor Augen geführt. Diese Gefahr scheint durch die bis ins kleinste gehenden Differenzierungen des Wohlfahrtsstaats berücksichtigt worden zu sein. Steuersätze, Sozialabgaben, Grundsicherungsbeträge usw. werden oft bis auf mehrere Stellen hinter dem Komma berechnet. Doch hinter dieser scheinbaren Differenzierung steckt die Fratze der Gleichheit, und zwar einer Gleichheit auf unterstem Niveau. Wer in seinem Leben gespart hat, aber dennoch der Sozialhilfe anheimfällt, der muss so lange sein Erspartes einsetzen, bis er den Zustand desjenigen erreicht hat, der nie etwas gespart hat, obwohl Letzterer vielleicht sogar einmal mehr verdient hat als jener. Beide Personen finden sich schließlich auf der untersten sozialen Stufe wieder. Gleichzeitig basiert das bestehende System auf einer unerträglichen Kontrolle des Betroffenen. Wir garantieren jedem Bürger des Staates eine Grundsicherung, machen sie aber von seiner Notlage abhängig.

Was würde passieren, wenn wir jedem Bürger unabhängig von einer Notlage die Grundsicherung gäben? Auf dieser Grundlage könnten die Bürger sich frei entfalten, und es wäre allein Sache des Einzelnen, seine Lebensperspektiven zu verbessern. Mit Sicherheit hätten wir auf diese Weise mehr Gleichheit eingeführt, auf deren Basis die Menschen dann alle Möglichkeiten hätten, ihr persönliches Glück zu suchen, ohne in ihrer Lebenserhaltung gefährdet zu sein.

Dies wäre, grob skizziert, ein Beispiel zur Auflösung des ersten Paradoxons. Wir hätten mehr Gleichheit in der Frage der Lebensnotwendigkeiten, um uns auf

---

[150] Vgl. Kapitel 2, Fußnote 44

dieser Basis unterschiedlich entwickeln, uns also in unserer Pluralität zeigen zu können. Dies wäre nicht nur ein fundamentaler Fortschritt zur Welt der Griechen, es wäre auch ein fundamentaler Fortschritt zu den unhaltbaren Zuständen des Wohlfahrtsstaats, in denen gerade derjenige, der »unten« angekommen ist, kaum noch eine Chance hat, sich eigenständig aus dieser Lage zu befreien. Aussagen wie die, dies sei nicht finanzierbar, sind pure Ideologie, die nur deshalb aufrechterhalten werden, weil sie vor allem der Herrschaftsausübung dienen.

Mit dieser Gleichheit zur Ungleichheit könnten wir uns zugleich ungeheure Aufwendungen, Kontrollen und unwürdigste Behandlungen gerade der Ärmsten der Armen ersparen. Vor allem könnten wir sie von der Unwürdigkeit befreien, lügen zu müssen, um ihre soziale Lage wenigstens etwas zu verbessern.

Schon die Auflösung der ersten Paradoxie würde eine unglaubliche Anzahl politischer Entscheidungsprozesse fundamental vereinfachen. Es fände damit schon so etwas wie eine kopernikanische Wende der Sozialpolitik statt, weil durch Transparenz deutlich mehr Freiheit mit deutlich weniger Aufwand erreicht würde.

Genau hier liegt aber der Schlüssel für die Auflösung des zweiten Paradoxons. Politik verzettelt sich immer mehr in oft nur noch banal zu nennenden Einzelfragen und verliert damit den Blick aufs Ganze. Kein Politiker ist mehr in der Lage, die täglich von ihm verlangten Entscheidungen wirklich zu treffen. Damit wird er zwangsläufig zum Handlanger seiner Parteiführer und mehr noch zum Spielball der mächtigen Interessenverbände, die ihn fast nach Belieben zu lenken vermögen. Entscheiden kann nur der, der auch die Grundlagen seiner Entscheidung versteht. Der Grundsatz ist eine Banalität, und doch wird im politischen Raum täglich gegen ihn verstoßen. Sieht man sich jedoch an, in welchen Details sich beispielsweise die Grundlagen der Arbeitslosen-, Renten- und Krankenversicherung verlieren, dann können nur noch Fachleute die Auswirkungen der Entscheidungen wirklich verstehen. Dies ist der beste Nährboden für das Gedeihen der Partialinteressen, die uns immer fester in den Griff nehmen.

Am Beispiel der Krankenversicherung in der Schweiz wurde aufgezeigt, wie ein einfaches, transparentes, deshalb aber keinesfalls »ungerechtes« Gesundheitswesen möglich ist. Ungerechtigkeiten ergeben sich häufig aus unklaren Entscheidungssituationen, wie am Beispiel der Krankenversicherung in Deutschland gezeigt wurde. Wir könnten uns also in diesem Punkt problemlos an der Schweiz orientieren und würden insgesamt damit sehr viel gewinnen. Ähnlich könnten wir auch bei vielen anderen Dingen verfahren. Der Irrsinn unseres Steuersystems, der ausführlich erst im folgenden Kapitel aufgezeigt wird, ergibt sich ja im Wesentlichen auch aus einer Verkomplizierung von Einzelregelungen, die so lange vorgenommen werden, bis auch der letzte Bürger den Überblick verloren hat. Auch hier wäre ohne jede Einbuße dessen, was gemeinhin als soziale Gerechtigkeit bezeichnet wird, eine deutlich vereinfachte Steuererhebung möglich, die der Bürger verstehen könnte und die gerechter wäre.

Der Interessenstaat hat sich zur Lösung seiner Aufgaben eine Struktur gegeben, in der die Politiker selbst entmündigt sind, mögen sie in der Öffentlichkeit noch so forsch auftreten. Sie können im Regelfall gar nicht mehr anders entscheiden als im Sinne mächtiger Interessengruppen. Würde Politik sich auf die Festlegung wichtiger Grundsatzentscheidungen beschränken, könnte sie auch wieder von den Bürgern kontrolliert werden. Demokratie ohne die Kontrolle der Bürger ist undenkbar. Demokratie ohne Transparenz ist nicht kontrollierbar. Ähnliches gilt allerdings auch für die Freiheit. Ohne Transparenz ist Freiheit nicht möglich, weil die Bürger der Möglichkeiten ihres Handelns beraubt sind.

Politiker haben es leichter, wenn sie nicht kontrolliert werden. Dann müssen sie keine Antwort mehr geben und können verantwortungslos handeln. Dies gilt in besonderer Weise für »schwache« Politiker, die ohnehin keine Antworten geben könnten. Ohne einzelne Politiker an den Pranger stellen zu wollen, ist die abnehmende Kompetenz unserer Politiker kaum noch zu übersehen. Wenn Politik immer mehr zu einer Ware verkommt, die es ordentlich zu verkaufen gilt, dann brauchen wir uns nicht zu wundern, wenn am Ende nur noch das reine Nichts verkauft wird. Diesem Zustand haben wir uns bereits viel weiter angenähert, als viele zu glauben bereit sind. Eine Umkehrung dieses Trends ist nirgends erkennbar. Noch reagieren wir viel zu wenig auf diese erschreckende Einsicht. Das Volk hat immer die Politiker, die es verdient. Dieser Satz, fast eine Plattitüde, hat dennoch seine Berechtigung, können wir doch darüber unsere Politiker als Spiegel unseres eigenen In-der-Welt-Seins betrachten. Würden die Bürger nicht mitspielen, wären die systematischen Verschleierungen der Politiker nicht möglich.

Sofort stellt sich die Frage, warum spielen die Bürger mit, wenn doch in diesem Spiel ihre eigene Kontrollfähigkeit einer Pseudopolitik zum Opfer fällt? Die Antwort ist weiter oben bereits gegeben worden und kann hier nur noch einmal wiederholt werden: Weil sie sich kleine Vorteile erhoffen. Dabei ist kein Vorteil klein genug, um nicht gierig aufgegriffen zu werden, nicht ohne natürlich kräftig über das System der Vorteilsgewährung herzuziehen. Solange das Volk nicht gelernt hat, dass Politiker nur das verteilen können, was sie zuvor weggenommen haben - wobei selbstverständlich ein erheblicher Teil in der Verteilungsbürokratie hängen bleibt, von den Politikern selbst gar nicht zu reden -, solange sind die Aussichten auf eine Änderung der politikfeindlichen Zustände mehr als trübe.

Die Macht der Interessenverbände kann nur dann gebrochen werden, wenn Politik sich darauf beschränkt, vernünftige Rahmenbedingungen zu schaffen. Differenzierte Verteilungsüberlegungen führen zu nichts anderem als Ungerechtigkeiten, Unfreiheiten und durch ihnen innewohnende Undurchsichtigkeiten letztlich zur Auflösung von Freiheit und Demokratie.

»Wenn sie von uns Brot erhalten, werden sie natürlich erkennen, daß wir ihnen ihr eigenes, mit ihren eigenen Händen erworbenes Brot nehmen, um es ohne jedes Wunder wieder an sie zu verteilen; sie werden sehen, daß wir nicht Steine in Brot verwandelt haben, doch fürwahr, mehr noch als über das Brot werden sie sich darüber freuen, daß sie es aus unseren Händen erhalten!«

Fjodor M. Dostojewskij[1]

4 PROBLEME DER WOHLFAHRTSSTAATEN

4.1 ZUM BEGRIFF DES WOHLFAHRTSSTAATS

Spätestens seit der Französischen Revolution ist der Begriff des Sozialstaats nicht mehr aus dem politischen Raum wegzudenken. Der Terminus enthält zweierlei: zum einen eine zunehmende Gewichtung des Gesellschaftlichen auf Kosten des Staatlichen, zum anderen eine Absicherung des Einzelnen gegen gewisse Unwägbarkeiten des Lebens. Zum ersten Punkt finden sich in Kapitel 2 ausführliche Erläuterungen, der zweite Punkt wird hier behandelt.

Der Sozialstaat wurde durch die Sozialgesetzgebung von Bismarck am Ende des 19. Jahrhunderts eingeleitet, mit der er auf die soziale Not und die davon immer stärker ausgehenden sozialen Bewegungen reagierte, denen durch die Gesetze ihre Sprengkraft genommen werden sollte. Bestanden die Sozialgesetze zunächst nur aus der Kranken-, Unfall- und Rentenversicherung, so kam im Jahre 1927 noch die Arbeitslosenversicherung hinzu. Vorläufiger Schlusspunkt der weitgehend bis heute gültigen Gesetze war im Jahre 1995 das Gesetz zur Pflegeversicherung.

Der Sozialstaat sah es also als seine Aufgabe an, den Menschen eine gewisse Grundabsicherung zu garantieren. Um es etwas plakativ auszudrücken: Im Sozialstaat sollte niemand verhungern müssen oder im Krankheitsfall unbehandelt bleiben, weil er eine Arztrechnung nicht bezahlen kann. So weit besteht ein gesellschaftlicher Konsens. Ganz sicher wird es auch wenige politische Streitigkeiten geben, wenn man den Begriff des Sozialstaats noch auf eine öffentliche Kinderbetreuung und vor allem Ausbildung überträgt. Den Heranwachsenden soll Chancengleichheit während ihrer Ausbildung gewährt werden. Kein Kind – entsprechende Begabung vorausgesetzt – soll aus finanziellen Gründen auf eine weiterführende Ausbildung verzichten müssen.

Schon während der Zeit der Naziherrschaft, verstärkt noch seit dem Ende des Zweiten Weltkriegs hat (nicht nur) in Deutschland eine wahre Orgie des Sozialen stattgefunden. Hinter der Tendenz zur totalen Gesellschaftlichkeit verbirgt sich noch Hitlers und Stalins später Triumph. Beide agierten sonst in vielerlei Hinsicht

---

[1] Fjodor M. Dostojewskij, Die Brüder Karamasow, München 1993, S. 349

unterschiedlich, in diesen Fragen jedoch in seltener Einmütigkeit. Der totale Staat, den Stalin und Hitler anstrebten und in erschreckender Weise realisiert haben, zielt ja auf die Vernichtung des Individuums zugunsten des Gesellschaftlichen.

So gesehen ist der totale Staat die höchste Form des Wohlfahrtsstaats, weil er per definitionem das Wohl seiner Bürger kennt und entsprechend optimal umsetzt. Genau genommen dürfte man nicht vom »Wohlfahrtsstaat« sprechen, weil ihm weniger das Staatliche als das Gesellschaftliche zugrunde liegt. Präziser wäre es, von Wohlfahrtsgesellschaft zu reden. Aus Gründen der Einfachheit wird jedoch im Folgenden der Begriff des Wohlfahrtsstaats weiter verwendet. Im Stalin und Hitler gemeinsamen Begriff vom Sozialismus kommt dies in prägnanter Weise zum Ausdruck. Wenn man sich nicht in ideologischen Grabenkämpfen verlieren will, wäre die beste Übersetzung des Wortes Sozialismus »Fürsorgegesellschaft«.

Nun verstand sich die 1949 neu gegründete Bundesrepublik Deutschland als freiheitlicher, sozialer und demokratischer Rechtsstaat und war damit in ihrem Anspruch weit entfernt von Stalins und Hitlers totalitären Anliegen. Im Grundgesetz heißt es demnach auch: »Die Bundesrepublik Deutschland ist ein demokratischer und sozialer Bundesstaat.«[2] Aus dieser Sicht scheint es doch sehr vermessen zu sein, die Bundesrepublik mit den genannten Unrechtsregimes in einen Topf zu werfen. Im Unterschied zum Volksmund, der gerne behauptet, man könne Äpfel und Birnen nicht vergleichen, sei hier auf der Möglichkeit dieses Vergleichs bestanden, den übrigens jede Hausfrau vornimmt, wenn sie im Obstgeschäft sich für Äpfel anstatt für Birnen entscheidet. Vergleichen heißt nicht gleichsetzen. Sehen wir also genauer hin.

Die Bundesrepublik Deutschland hat seit ihrer Gründung einen Wandel hin zum Wohlfahrtsstaat durchgemacht. Die Absicherung im Notfall ist in eine Planung des Glücks der Bürger transformiert worden, die beispiellos in der Geschichte unseres Landes ist. Die Ersetzung des Sozialstaats durch einen Wohlfahrtsstaat ist weit mehr als nur ein semantischer Kniff, es ist ein fundamentaler Paradigmenwechsel. Dieser Paradigmenwechsel ist zu einer Maxime unseres Selbstverständnisses geworden, gleichsam zu einem »kategorischen Imperativ«, den zu verletzen einem Tabubruch gleichkommt. Alle im Bundestag vertretenen Parteien frönen dieser Maxime, wobei sich nicht einmal die Partei, die ihren Namen mit dem Begriff der Freiheit verbindet, davon distanziert. Zwar sollen die Unterschiede der Parteien nicht verschwiegen werden, aber der Trend zur Vereinheitlichung ihrer elementaren Grundsätze ist doch unverkennbar, ihren immer mal wieder aufflammenden heftigen Kontroversen zum Trotz, die doch eher den Charakter von Ritualen haben und weniger einer unterschiedlichen Wertevorstellung entsprechen. Eher finden sich die Unterschiede der bestimmenden politischen Kräfte im Bereich der feinen Differenzierung. Es sind Nuancen, die die Parteien trennen.

Politische Parteien haben ein feines Gespür, was ihrem Machtwillen nutzt. Damit beinhaltet die weitgehende Übereinstimmung aller politischen Parteien hinsichtlich ihres Bemühens um den Wohlfahrtsstaat eine erschreckende Komponente: Diejenigen Menschen, die dezidiert den Wohlfahrtsstaat ablehnen, gehören

---

[2] Grundgesetz der Bundesrepublik Deutschland, Artikel 20, Absatz 1

offenbar einer verschwindenden Minderheit an, die keinen Einfluss mehr auf Wahlentscheidungen nehmen kann und somit zu einer Quantité négligeable geworden ist. In der Bevölkerung herrscht eine weitgehende Übereinstimmung im Willen zum Wohlfahrtsstaat vor. Es scheint, als gehöre der Wille zum Wohlfahrtsstaat zu den konstituierenden Bestandteilen unserer Gesellschaft, wie etwa die Freiheit der Rede oder die Gewähr, nicht verhungern zu müssen.

Alt-Bundeskanzler Helmut Schmidt stellte gar fest: »Man darf den weit ausgefächerten Wohlfahrtsstaat, den sich fast alle westeuropäischen Nationen von Sizilien bis zum Nordkap in ziemlich ähnlicher Weise geschaffen haben, als die bisher letzte große kulturelle Errungenschaft der Europäer bewerten. Sie ist ein unverzichtbarer Bestandteil der den Staaten der Europäischen Union gemeinsamen politischen Kultur. Die Aufrechterhaltung dieser Glanzleistung ist in den meisten der Mitgliedsstaaten der EU gefährdet.«[3] So viel Einmütigkeit, so viel politische Kompetenz fordern geradezu heraus, das mit Wohlfahrtsstaat Gemeinte genauer zu hinterfragen, zumal, wenn diese »Glanzleistung« nun gar noch gefährdet ist.

Wir brauchen nicht weit in der Geschichte zurückzugehen, um auf den Begriff der Wohlfahrt im politischen Raum zu stoßen. In aller Regel wird er mit dem des Glücks der Bürger gleichgesetzt. Die Wurzeln dieser »Glanzleistung« reichen in die Zeit des aufgeklärten Absolutismus in Preußen zurück, in welcher der Begriff des Wohlfahrtsstaats geprägt wurde.[4] Verwunderung stellt sich ein, wenn man sich ansieht, vor welchem Hintergrund dies geschah:

»Die Verwaltungstätigkeit nahm an Umfang und Intensität erheblich zu. Sie griff reglementierend und befehlend, fördernd und helfend in alle Bereiche des gesellschaftlichen, wirtschaftlichen und sozialen Lebens ein, ja kümmerte sich sogar um die privaten Angelegenheiten des einzelnen. Der Grund für diese weit ausgreifende und aktive Verwaltung war einmal das Bestreben, durch Förderung von Gewerbe und Wirtschaft die für das Heerwesen und für die Hofhaltung erforderlichen Finanzmittel zu erlangen, aber auch die patriarchalisch verankerte Auffassung, daß der Staat nicht nur für das Wohl der Allgemeinheit, sondern auch für das Wohl (die ›Glückseligkeit‹) des einzelnen Menschen zu sorgen habe. Der absolute Staat wird daher auch als Wohlfahrtsstaat oder Polizeistaat (wobei ›Polizei‹ den gesamten Bereich der inneren Verwaltung abdeckte) bezeichnet.«[5]

Aber es geht noch weiter: »Im absolutistischen System im 18. Jahrhundert war die Polizei das Zwangsinstrument des absoluten Monarchen. Sie diente aber noch zusätzlich der Wohlfahrtspflege und der ›Beförderung der allgemeinen Glückseligkeit‹, so daß der Monarch auf diese Art und Weise in alle Lebensbereiche eingreifen konnte. Das Ergebnis hiervon war der absolute Polizeistaat.«[6] Wendet man sich der wenige Jahre später stattfindenden Französischen Revolution zu, dann zeigt sich der Wohlfahrtsstaat in seiner ungeschminktesten Form, und zwar in Gestalt des Wohlfahrtsausschusses (!), der unter dem Einfluss Robespierres zum

3 Helmut Schmidt, Alle müssen länger arbeiten, Die Zeit, 2/2002
4 Vgl. www.wikipedia.de, Stichwort: Wohlfahrtsstaat
5 www.unister.de, Stichwort: Die Verwaltung 17. und 18. Jahrhundert
6 www.unister.de, Stichwort: Polizeibegriff – historischer Abriß

Synonym jakobinischer Schreckensherrschaft geworden ist. Die Geschichte des Begriffs lässt den Glanz der Leistung doch etwas stumpf werden und bringt uns den Vergleichen mit den Terrorregimes von Stalin und Hitler wieder ein gutes Stück näher. Immerhin endeten drei ernsthafte Versuche, einen Wohlfahrtsstaat zu etablieren, unter der Guillotine in Paris, im Gulag Sibiriens und in den KZs der Nationalsozialisten, die über halb Europa verstreut lagen.

Dem Alt-Bundeskanzler und seinen zahllosen Mitstreitern soll Gerechtigkeit widerfahren. Ist der »gute« Begriff des Wohlfahrtsstaates durch seine »schlechte« Verwendung in ein schiefes Licht gerückt worden? Sind nicht im Namen des Jesus von Nazareth, dem Friedensprediger, der sogar dazu aufforderte, seine Feinde zu lieben, Verbrechen begangen worden, die kaum zu überbieten sind? Verlassen wir also die Ebene realer Politik, der ja manches Vergehen angelastet werden kann, und begeben wir uns in die Welt der Gedanken, um uns von dort Aufklärung zu holen.

Am ehesten könnte Aufklärung in dieser Hinsicht von der politischen Wissenschaft oder politischen Philosophie kommen. Nun gibt es im deutschsprachigen Raum in Immanuel Kant den wohl größten Vertreter politischer Philosophie der Neuzeit. Versuchen wir also, Antworten bei dem großen Philosophen aus Königsberg zu finden. In den Grundsätzen zu seiner »Kritik der praktischen Vernunft« führt er unmissverständlich aus: »Das Prinzip der Glückseligkeit kann zwar Maximen, aber niemals solche abgeben, die zu Gesetzen des Willens tauglich wären, selbst wenn man sich die *allgemeine* Glückseligkeit zum Objekte machte.«[7] Kant fährt an dieser Stelle fort, dass die Urteile über die Glückseligkeit von veränderlichen Meinungen abhängen und damit ein Objekt der Willkür sind. Dadurch gibt es zwar Regeln zur Glückseligkeit, die häufiger zutreffen, »nicht aber solche, die jederzeit und notwendig gültig sein müssen [...]«[8]. Und er schließt messerscharf: »Mithin können keine praktischen *Gesetze* darauf gegründet werden.«[9]

Das Wichtige an Kants Erkenntnis besteht in einer Doppelung: Zum einen hängen die Urteile über die Glückseligkeit von »veränderlichen Meinungen« ab, das heißt, die Differenz liegt schon im einzelnen Menschen, der mal dies, mal jenes als Glückseligkeit erstrebt, zum anderen sind die Meinungen der Menschen allgemein auch verschieden.

Noch schärfer fasst Kant die Unmöglichkeit, einen einheitlichen Begriff von Glückseligkeit im einzelnen Menschen zu finden, in seiner »Kritik der Urteilskraft«. Dort schreibt er, dass der Einzelne seinen Begriff der Glückseligkeit nicht von den ihm innewohnenden Instinkten abstrahiert, sondern als bloße Idee eines Zustandes vorfindet. Die empirischen Bedingungen seines Begriffs von Glückseligkeit entwirft der Mensch »sich selbst, und zwar auf so verschiedene Art, durch seinen mit der Einbildungskraft und den Sinnen verwickelten Verstand; er ändert

---

7 Immanuel Kant, Kritik der praktischen Vernunft, Werke, Band IV, Darmstadt 2005, S. 148 (A 64), Hervorhebung im Original

8 Immanuel Kant, Kritik der praktischen Vernunft, Werke, Band IV, Darmstadt 2005, S. 148 (A 64)

9 Immanuel Kant, Kritik der praktischen Vernunft, Werke, Band IV, Darmstadt 2005, S. 148 (A 64), Hervorhebung im Original

sogar diesen so oft, daß die Natur, wenn sie auch seiner Willkür gänzlich unterworfen wäre, doch schlechterdings kein bestimmtes allgemeines und festes Gesetz annehmen könnte, um mit diesem schwankenden Begriff, und so mit dem Zweck, den jeder sich willkürlicher Weise vorsetzt, übereinzustimmen«.[10]

Wenn aber der Einzelne in seinen Vorstellungen von Glückseligkeit dauerhaft schon nicht mit sich selbst übereinstimmt, wie könnte dann Politik einen Maßstab zur Verfügung stellen, der für *alle* Menschen gilt? Dementsprechend kann bündig geschlossen werden: In Ansehung der Glückseligkeit »kann gar kein allgemein gültiger Grundsatz für Gesetze gegeben werden«.[11] Wir finden bei Kant eine Vielzahl solcher Äußerungen, und dies alleine sollte unser Misstrauen wecken. Möglicherweise hängt der Wohlfahrtsstaat ja nicht nur historisch, sondern prinzipiell viel näher mit dem Despotismus zusammen, als dies Aussagen wie jene des Alt-Bundeskanzlers uns glauben machen wollen.

Wenn wir die Vielzahl der Menschen in ihrer vielfältigen Ausprägung auf die Spezies Mensch reduzieren und diese auf ihre kindliche Form zurückführen, dann nähern wir uns einem Zustand, der eine allgemeine Vorstellung von Glückseligkeit zulässt. Das ist nun aber eine Glückseligkeit in der Unmündigkeit: Der Bürger wird dann von einer väterlichen Regierung an die Hand genommen und zu seinem Glück geführt. Die Regierung muss keinesfalls wie das Wolfsrudel in der Schafherde wüten. Es muss kein Blut fließen, noch nicht einmal Lager müssen errichtet werden. Es genügt, wenn die Regierung sich zum Volk wie der Hirte zu seiner Schafherde verhält, um die Metapher noch einmal aufzugreifen. Dies mag ein mildes Regiment sein, mit einem Freiheitsbegriff ist eine solche Vorstellung von Regierung in keinem Fall zu vereinbaren. Wie mild im Einzelnen das Regiment auch sein mag, letztlich kann es nicht anders denn als Despotismus bezeichnet werden.

Aldous Huxley hat in seinem Buch »Schöne neue Welt« die Form der Freiheit in der Schafherde treffend beschrieben: »»Möchtest du nicht frei sein, Lenina?‹ ›Ich verstehe dich nicht. Ich bin frei. Frei, um mich herrlich zu unterhalten. Jeder ist heutzutage glücklich.‹ Er lachte bitter. ›Ja, jeder ist heutzutage glücklich. Bei den fünfjährigen Kindern fangen wir damit an. Aber möchtest du nicht frei sein, um auf irgendeine andere Art glücklich sein zu können, Lenina? Auf deine eigene Art etwa, nicht auf jedermanns Art?‹«[12] Was Huxley hier beschreibt, ist wahrscheinlich die höchste Form von totaler Herrschaft, weil der Mensch als betroffenes Wesen nicht einmal mehr merkt, dass er beherrscht wird, und jede Form von Individualität aufgegeben hat.

Diese Beherrschung geschieht im gegenseitigen Einvernehmen und kann deshalb nicht weiter hinterfragt werden. Der Mensch hat keinen Stand mehr und kann deshalb auch keinen Widerstand leisten. In einem solchen Zustand mag der Mensch als Gattungswesen noch weiterexistieren, als Einzelwesen ist er abge-

---

[10] Immanuel Kant, Kritik der Urteilskraft, Werke, Band V, Darmstadt 2005, S. 552 (A 385)

[11] Immanuel Kant, Über den Gemeinspruch: Das mag in der Theorie richtig sein, taugt aber nicht für die Praxis, Werke, Band VI, Darmstadt 2005, S. 154 (A 251, 252)

[12] Aldous Huxley, Schöne neue Welt, München 1960, S. 97

schafft (was dies wiederum für die Gattung bedeutet, soll hier nicht weiter verfolgt werden).

Eine allgemeine Wohlfahrt als Staatsziel ist nur um den Preis einer Regierung zu erreichen, die ihre Bürger in einem Zustand der Unmündigkeit hält. Fälle von Mündigkeit sind durch Entmündigung zu beseitigen. Der Bürger wird in einen Untertan verwandelt. Nun kann die Regierung ihre Macht ausüben – sie mag dies auf besonders sanfte Art tun –, so wie der Vater seine Macht in der Familie vor allem gegenüber seinen Kindern ausübt. Die väterliche Regierung handelt nun *für* ihre Untertanen und das ist nichts anderes als Despotismus.

Auch der Zusammenhang von väterlicher Regierung und Despotismus wird von Kant in gewohnter Klarheit und Schärfe aufgezeigt. Er schreibt:»Eine Regierung, die auf dem Prinzip des Wohlwollens gegen das Volk als eines *Vaters* gegen seine Kinder errichtet wäre, d.i. eine *väterliche Regierung* (imperium paternale), wo also die Untertanen als unmündige Kinder, die nicht unterscheiden können, was ihnen wahrhaftig nützlich oder schädlich ist, sich bloß passiv zu verhalten genötigt sind, um, wie sie glücklich sein *sollen*, bloß von dem Urteile des Staatsoberhaupts, und, daß dieser es auch wolle, bloß von seiner Gütigkeit zu erwarten: ist der größte denkbare Despotismus (Verfassung, die alle Freiheit der Untertanen, die alsdann gar keine Rechte haben, aufhebt).«[13]

Nun lässt sich sicherlich nicht behaupten, wir hätten keine Rechte. Ist also Kants Analyse auf unsere Verhältnisse nicht anwendbar? Kant spricht vom absoluten Herrscher, der seine Wohltaten gleichsam nach »Gutsherrenart« auf seine Landeskinder verteilt. Dieses Bild trifft für uns sicherlich nicht zu. Unsere Regierung verteilt ihre Wohltaten ebenso selbstherrlich auf die Bürger des Landes, fügt dieser Verteilung allerdings noch einen rechtlichen Rahmen bei. Der Wohlfahrtsstaat moderner Prägung unterscheidet sich vom paternalistischen Staat des Absolutismus vor allem also durch die Möglichkeit, die gewährten Wohltaten rechtlich einklagen zu können. Dieser Unterschied betrifft aber keinesfalls die Sache selbst, sondern den Rahmen ihrer Gewährung.

Inhaltlich fällt es dem demokratischen Gemeinwesen erheblich schwerer, einmal gewährte Wohltaten wieder zurückzunehmen. Dies macht die Sache allerdings eher schlimmer als besser, weil die Verstrickung der Regierung in die Gewährung ihrer eigenen Wohltaten immer größer wird und am Ende – dem berühmten Gordischen Knoten gleich – nur noch zerschlagen werden kann. Die Berufung auf die rechtliche Gültigkeit der gewährten Wohltaten ändert keinesfalls etwas am Prinzip des Wohlfahrtsstaates und den mit ihm unauflöslich einhergehenden Entmündigungstendenzen. Auch der moderne Wohlfahrtsstaat nimmt für sich in Anspruch, zum Wohle seiner Bürger zu handeln und damit deren »Glückseligkeit« zu befördern. Genau auf diesen Zusammenhang bezieht sich jedoch die Kritik Kants.

Wir denken, der moderne Wohlfahrtsstaat sei etwas grundsätzlich anderes als der von Kant in den zitierten Schriften angesprochene absolutistische Staat, der die Glückseligkeit seiner Untertanen anstrebt. Anders wären die Aussagen von Alt-

---

[13] Immanuel Kant, Über den Gemeinspruch: Das mag in der Theorie richtig sein, taugt aber nicht für die Praxis, Werke, Band VI, Darmstadt 2005, S. 145f (A 236f.), Hervorhebungen im Original

Bundeskanzler Schmidt, der moderne Wohlfahrtsstaat sei eine »große kulturelle Errungenschaft« der gemeinsamen politischen Kultur in Europa, nicht zu erklären. Kehren wir noch einmal zu Kant zurück, der seine Überlegungen bündig zusammenfasst: »Der Souverän will das Volk nach seinen Begriffen glücklich machen, und wird Despot; das Volk will sich den allgemeinen menschlichen Anspruch auf eigene Glückseligkeit nicht nehmen lassen, und wird Rebell.«[14] Gegen was, so wäre Kant zu befragen, rebelliert das Volk, wenn es selbst der Souverän ist?

Was auf den ersten Blick wie eine fundamentale Veränderung der Grundlagen der kantschen Überlegungen aussieht, wird beim näheren Hinsehen zu einem noch größeren Problem. Verständlicherweise kann das Volk nicht gegen sich selbst rebellieren. Es entsteht ein kaum mehr aufzulösender Widerspruch, weil das Volk einerseits sich glücklich machen will, andererseits sich den »allgemein menschlichen Anspruch auf eigene Glückseligkeit« nicht nehmen lassen will. Die einzig denkbare Form, diesen Widerspruch aufzulösen, besteht darin, die eine Seite des Widerspruchs zu eliminieren. Das heißt konkret: Entweder verzichtet das Volk darauf, sich glücklich machen zu wollen, oder es lässt sich den »allgemein menschlichen Anspruch auf eigene Glückseligkeit« nehmen.

Der erste Punkt bedeutet das Ende des Wohlfahrtsstaats. Das Volk brauchte nicht gegen sich selbst zu rebellieren. Dann könnten die Menschen ihrem »allgemein menschlichen Anspruch auf eigene Glückseligkeit« nachgehen. Der Widerspruch wäre aufgelöst. Jetzt könnte Politik wieder den Platz beanspruchen, der ihrer Tradition entspricht, der Rahmen für das Handeln freier Menschen zu sein.

Wie die bereits mehrfach zitierte Aussage unseres Alt-Bundeskanzlers befürchten lässt, haben wir längst die zweite Variante des Weges gewählt. Die große kulturelle Errungenschaft entpuppt sich bei näherem Hinsehen als die Kapitulation der Freiheit vor dem Glücksversprechen, das freilich nur einzulösen sein wird, wenn wir auf unser Menschsein verzichten. Sicherlich gehört Helmut Schmidt zur besseren Hälfte der deutschen Bundeskanzler. Damit wird das Problem jedoch nicht kleiner. Wenn schon die bessere Hälfte der Bevölkerung sich solche Überlegungen zu Eigen macht, dann zeigt sich darin, wie sehr wir bereits dem Wahn des Glück bringenden Staates verfallen sind, wie sehr unsere Widerstandskraft gegen die Beschränkung der Freiheit schon gelitten hat. Auch wenn wir alle so denken, können wir die unwiderstehliche Logik der kantschen Gedanken nicht überlisten. Nachfolgend werden wir eine Vielzahl von Beispielen sehen, die in all ihrer Verschiedenheit eines gemeinsam haben: Sie zeigen die Gültigkeit der Gedanken des großen Gelehrten aus Königsberg an der täglichen Realität in unserem Lande.

---

[14] Immanuel Kant, Über den Gemeinspruch: Das mag in der Theorie richtig sein, taugt aber nicht für die Praxis, Werke, Band VI, Darmstadt 2005, S. 159 (A 261, 262)

4.2   DAS PROBLEM DER GERECHTIGKEIT

4.2.1   ALLGEMEINE BETRACHTUNGEN ZUR GERECHTIGKEIT

Der Begriff der Gerechtigkeit zählt zu den zentralen Begriffen menschlichen Zusammenlebens. Ohne Gerechtigkeit wäre ein Zusammenleben nicht nur nicht möglich, es wäre noch nicht einmal denkbar, weil mit den fehlenden Rechtsgrundsätzen alle Beziehungen zwischen den Menschen von reiner Willkür bestimmt wären. Ohne Gerechtigkeit wäre Freiheit ein hohles Wort, ohne Gerechtigkeit wäre aber auch ein Wohlfahrtsstaat moderner Prägung eine – bestenfalls milde – Despotie. Diese Erkenntnis kann auch nicht durch noch so viel Demokratie aufgehoben werden. Die weiter oben ausführlich dargestellten Gedanken Alexis de Tocquevilles sollten Warnung genug sein. Demokratie ohne Gerechtigkeit ist keinesfalls anderen Herrschaftsformen vorzuziehen. Bedenken wir auch die Worte

---

[15] William Shakespeare, Troilus und Cressida, 1. Aufzug, 3. Szene, Hervorhebungen im Original
[16] Platon, Höhlengleichnis, in: Ders., Der Staat, Sämtliche Dialoge, Band V, Hamburg 1998, S. 273f. (517 St)

des Aristoteles, der die Demokratie unter die entarteten Verfassungen einordnete.[17] Deutlicher wird er später, wenn er sagt:

»Wenn die Armen, weil sie die Mehrheit bilden, den Besitz der Reichen unter sich verteilten, ist das nicht ungerecht? ›Aber, bei Zeus, dies wurde doch von dem Souverän nach dem Recht (dieser Verfassung) beschlossen‹. Jedoch (wenn nicht dies), was soll man dann als das schlimmste Unrecht bezeichnen? Wenn man dagegen die Bürgerschaft in ihrer Gesamtheit zugrunde legt und wenn die Mehrheit den Besitz der Minderheit unter sich verteilt, dann richten sie offenkundig den Staat zugrunde.«[18]

Hier werden Erkenntnisse formuliert, die in der politischen Debatte gern vergessen und im Wohlfahrtsstaat gern der Euphorie demokratischer Gestaltung geopfert werden. Wir sollten uns hüten, an dieser Stelle den Maßstab der Beurteilung zu vergröbern, weil Nachlässigkeiten in dieser Hinsicht mit unerbittlicher Gewalt zurückschlagen und am Ende mit der Gerechtigkeit auch die Demokratie beseitigen.

Wie sehr die Warnungen vor einem Schwinden der Gerechtigkeit berechtigt sind, wurde bereits ausführlich im Zusammenhang mit der fehlenden Transparenz bei den sozialen Sicherungssystemen dargestellt. Gerechtigkeit ohne Transparenz ist wie ein Fluss ohne Wasser, sie verliert ihr bestimmendes Merkmal. Wird die Transparenz jedoch bewusst ausgeschaltet, dann ist es mit der Gerechtigkeit vollständig vorbei. Diese ist dann nicht mehr nur behindert, sondern unmöglich. Die Unbestreitbarkeit dieser Erkenntnis sollte uns misstrauisch machen gegenüber jenen, die vorgeben, unsere soziale Sicherung zu betreiben. Im Wohlfahrtsstaat geht es um vieles, doch am wenigsten um das, was als soziale Gerechtigkeit Eingang in den Sprachschatz aller modernen Staaten gefunden hat.

John Locke hat sehr deutlich auf die eminente Wichtigkeit der Gerechtigkeit hingewiesen, der sich kein Mensch im Zusammenleben mit anderen entziehen kann. Dies gilt sogar für Zusammenschlüsse von Verbrechern. »In der Gerechtigkeit und in der treuen Erfüllung der Verträge scheinen noch die meisten Menschen übereinzustimmen; dieser Grundsatz erstreckt sich selbst auf die Höhlen der Diebe und auf die Verbindungen zwischen den verworfensten Menschen; selbst die, welche in der Verleugnung aller Menschlichkeit am weitesten gehen, halten doch einander noch Wort und untereinander auf Gerechtigkeit.«[19] Ein »Gefühl für Gerechtigkeit« muss in allen Menschen vorhanden sein. Dementsprechend wird der Reflexion des Begriffes in der klassischen philosophischen Literatur breiter Raum eingeräumt.

Im »Protagoras« führt Sokrates an, wie die Gerechtigkeit in die Menschenwelt kam: »Aber als sie zusammengetreten waren, da taten sie wieder einander Unrecht und Schaden an, weil sie eben die Kunst, den Staat zu verwalten, noch nicht besaßen, so daß sie sich von neuem zerstreuten und umkamen. Da nun ward Zeus besorgt, daß unser Geschlecht ganz untergehen möchte, und er schickt daher den

---

[17] Aristoteles, Politik, 1279b
[18] Aristoteles, Politik, 1281a
[19] John Locke, Versuch über den menschlichen Verstand, Erstes Buch, Abschnitt 3, § 2

Hermes ab, um den Menschen sittliche Scheu und Gerechtigkeit zuzuführen, auf daß diese der Staaten Ordner und Freundschaft knüpfende Bande seien. Hermes aber fragt den Zeus, in welcher Weise er beide den Menschen mitteilen solle: ›Soll ich, wie die Künste unter sie verteilt sind, so es auch hiermit machen? Jene aber sind es in folgender Weise: ein einziger, der die Heilkunde versteht, ist hinreichend für viele Unkundige, und ebenso ist es mit den Meistern aller übrigen Kunstfertigkeiten. Soll ich nun auch Gerechtigkeit und Scham ebenso den Menschen mitteilen, oder soll ich sie unter alle verteilen?‹ – ›Unter alle‹, erwiderte Zeus, ›und alle sollen teil an ihnen haben. Denn es könnten keine Staaten zustande kommen, wenn nur wenige ihrer teilhaftig wären, so wie bei den anderen Künsten. Ja, gib sogar das Gesetz in meinem Namen, daß man den der Scham und Gerechtigkeit Unfähigen als einen Krebsschaden des Staates vertilge!‹«[20]

Gerechtigkeit ist also eine elementare Voraussetzung jeden menschlichen Zusammenlebens. Die ausführliche Behandlung des Themas bei den philosophischen Klassikern, vor allem bei Platon und Aristoteles, unterstreicht diese Aussage. Fehlte die Gerechtigkeit, so hätten die Menschen keinerlei Anhaltspunkte, in welcher Weise sie sich begegnen könnten. Jeder müsste von jedem jede mögliche menschliche Verhaltensweise erwarten, was ersichtlich ein Zusammenleben unmöglich machen würde. Der Mensch muss aber in Gemeinschaft leben, ist andernfalls gar nicht lebensfähig.[21] Deshalb bedarf er gewisser Regeln, die allgemein anerkannt werden und deren Übertretung geahndet wird. Diese Regeln bilden gleichsam einen Kanon, sind selbst noch nicht Gerechtigkeit, haben aber viel damit zu tun.

Allen Bemühungen zum Trotz hat die »Verteilung der Gerechtigkeit« unter allen Menschen durch Hermes nicht die erhoffte Wirkung gezeigt. Wäre sie selbstverständlich, es brauchten nicht so viele Worte um sie gemacht zu werden. In politischen Debatten wird kaum ein Wort häufiger verwendet als das der Gerechtigkeit. Selbst in Debatten über die Besteuerung von Hundefutter wird dieses schwere Geschütz aufgefahren. Offensichtlich haben wir größere Schwierigkeiten mit dem Begriff. Seine schon fast inflationäre Verwendung im politischen Diskurs deutet eher auf einen Mangel als auf Überfluss an Gerechtigkeit hin.

Der scharfsinnige Denker Blaise Pascal hat dies sehr genau erkannt, als er formulierte: »Die Gerechtigkeit und die Wahrheit sind zwei so feine Spitzen, daß unsre Instrumente zu stumpf sind, um sie genau zu berühren. Wenn sie ankommen, so machen sie die Spitze glatt und ruhen rund herum, mehr auf dem Falschen als auf dem Wahren.«[22] Sehen wir genau hin, dann haftet der Gerechtigkeit gleichzeitig Einfaches und Schwieriges an. Auf der einen Seite haben die Menschen in der Regel ein feines Gespür für Ungerechtigkeiten und empfinden Gerechtigkeit im Einzelfall meist sehr genau. Auf der anderen Seite fällt es ausgesprochen schwer, Gerechtigkeit zu erklären. Es ist so ähnlich wie mit der Freiheit. Obwohl

---

[20] Platon, Protagoras, Sämtliche Werke, Band 1, Heidelberg 1982, S. 74f. (322D)
[21] Vgl. Aristoteles, Politik, 1253a
[22] Blaise Pascal, Gedanken über die Religion, Teil 6: Schwäche des Menschen, 16

wir Unfreiheit meist schnell erkennen, fällt es doch schwer, Freiheit positiv zu beschreiben.

Gerechtigkeit ist also einer der Begriffe, für die es definitiv keine umfassende Definition geben kann. Gerechtigkeit kann man also nicht positiv beschreiben, jedenfalls nicht im Detail. Es ist einer der wenigen Begriffe, von denen dank Hermes' Botentätigkeit jeder eine Vorstellung hat und sich deshalb auch in der Lage sieht, bei jeder Diskussion darüber mitzureden, dessen Bedeutung jedoch nur sehr schwer zu fassen ist. Auf dieser dem Begriff innewohnenden Schwierigkeit bauen die zahllosen öffentlichen Gerechtigkeitsdebatten auf. Doch der Begriff entzieht sich allen Schwierigkeiten zum Trotz keineswegs jeder Fasslichkeit. Nähert man sich ihm ex negativo, kann man der Sache auf den Grund gehen. Ungerechtigkeit ist also deutlich leichter zu beschreiben als Gerechtigkeit.

Als wäre der Begriff der Gerechtigkeit nicht an sich schon schwierig genug, hat man ihn spätestens seit der Französischen Revolution auch noch mit der Wohlfahrt verknüpft und damit eine heillose Verwirrung hervorgerufen. Als Robespierre 1793 in Frankreich begann, im Namen der Gerechtigkeit die Tugend mittels Terror durchzusetzen, wurde klar, welch fürchterliche Verquickung da stattfindet. Lange schon hat die Guillotine ihre Arbeit eingestellt. Die Verquickung von Gerechtigkeit und Wohlfahrt ist aber seitdem nicht wieder aufgehoben worden. Wenn sie auch heute in weitaus milderem Lichte erscheint, so sind doch die dadurch entstandenen Probleme keineswegs aus der Welt geschafft. Bei der Political Correctness können wir diese milde Form des Tugendterrors an vielen Stellen beobachten. Sie schreit nicht nach Blut, doch durchdringt sie nachhaltig immer weitere Kreise der Gesellschaft und ersetzt dort schrittweise den Streit der Meinungen durch »korrektes Verhalten«.

Diese Entwicklung haben wir heute nicht nur mit einem Verlust an Gerechtigkeit zu bezahlen, sondern auch mit dem, was man »Gefühl für Gerechtigkeit« nennen könnte. Eine solch weitreichende Behauptung bedarf eingehender Begründungen, die an späterer Stelle in aller Ausführlichkeit folgen. Um zu vernünftigen Beurteilungsmaßstäben zu gelangen, stellen wir vorher die Frage nach der Gerechtigkeit im Sinne der Tradition.

Wer könnte uns bei der Beantwortung dieser Frage besser helfen als die griechischen Philosophen, die das Problem der Gerechtigkeit bereits sehr genau kannten und sich ausführlich damit beschäftigt haben. Aristoteles stellt sehr klar fest: »Das Ungerechte zerfällt in das Ungesetzliche und das der Gleichheit Widerstreitende, das Gerechte in das Gesetzliche und das der Gleichheit Entsprechende.«[23]

Wir finden hier in aller Klarheit die beiden mit der Gerechtigkeit untrennbar verknüpften Begriffe Gesetz und Gleichheit, die so etwas wie deren Basis bilden. Zudem finden wir diese Begriffe auch heute noch an zentraler Stelle und können sie täglich in unserem Rechtssystem beobachten. Dort gilt ohne Wenn und Aber nicht die Herrschaft von Menschen, sondern die Herrschaft von Gesetzen. Der Richter als unparteiische Instanz hat die bestehenden Gesetze anzuwenden, und er

---

[23] Aristoteles, Nikomachische Ethik, 1130b

hat dies ohne Ansehen der Person zu tun. Wenn er diese beiden Bedingungen erfüllt, dann erfüllt er wesentliche Voraussetzungen der Gerechtigkeit.

Spätestens seit den totalitären und despotischen Regimes des 20. Jahrhunderts mit ihren menschenverachtenden Rechtsauffassungen ist die native aristotelische Auffassung von Gerechtigkeit ohne zusätzliche Erklärung so recht nicht mehr zu verstehen. Dies umso mehr, als in der Moderne utilitaristische Rechtsauffassungen sich immer mehr ausbreiten, deren Korrektiv bestenfalls noch verschiedene naturrechtliche Betrachtungsweisen bilden. Es ist also notwendig, den Rahmen zu bestimmen, innerhalb dessen Aristoteles zu seiner Aussage kam.

Zwei Dinge sind dabei von herausragender Bedeutung. Zum einen war für die Griechen unstreitig, dass die Polis ein durch Menschen gemachtes Werk war, dessen artifizieller Charakter jedem naturalistischen Anspruch diametral entgegenstand. Dies bezog sich zweifelsfrei auch auf die Gesetze, deren wesensbestimmender Charakter in von Menschen gesetzten Regelungen bestehen sollte. Die Natur wurde bei diesen Regelungen zwar als unhintergehbarer Rahmen beachtet, war selbst aber nicht Maßstab, wie dies beim Naturrecht der Fall ist, das ja zentrale Rechtsgrundsätze aus verschiedenen natürlichen Gegebenheiten ableitet. Zum Zweiten hatten die Griechen eine sehr genaue Vorstellung davon, dass Gesetzesregelungen immer auch durch menschliche Interessen gefährdet sind, sich also partielle Interessen in der allgemeinen Gesetzgebung niederschlagen könnten.

Aus diesen Gründen – und hier liegt ein wesentlicher Unterschied zu unserer modernen Auffassung, der kaum groß genug veranschlagt werden kann – zählte die Gesetzgebung nicht zu den eigentlichen Aufgaben der Polis und war damit auch keine politische Tätigkeit. Die Gesetzgebung gehörte nicht in den Bereich des Handelns, sondern des Herstellens. Sie galt als Voraussetzung des Politischen und nicht als dessen Gegenstand. Damit hatte sie eine Bedeutung für den Raum des Politischen wie die Stadtmauer für die Begrenzung der Stadt.[24]

Die »Hersteller« der Gesetze wurden Gesetzgeber genannt. Mit Lykurg für Sparta und Solon für Athen sind die beiden herausragenden Gesetzgeber des klassischen Griechenland benannt, deren Wirkung von kaum zu überschätzender Bedeutung war. Herodot berichtet, dass Lykurg, das Orakel von Delphi betretend, von der Pythia mit den folgenden Worten empfangen wurde:

> »Du bist gekommen, Lykurgos, zu meinem begüterten Tempel,
> Teuer dem Zeus und allen, die wohnen im hohen Olympos.
> Soll ich als Gott dich bezeichnen, ich zweifle noch, oder als Menschen?
> Aber doch eher als Gott, Lykurgos, will es mir scheinen.«[25]

Warum wird Lykurg als Gott betrachtet? Ganz einfach, weil er wie ein Gott über den Dingen steht, also als neutrale Instanz, losgelöst von den partiellen Interessen der Betroffenen. Klarer kann man nicht formulieren, dass es bei der Gesetzgebung

---

[24] Vgl. Hannah Arendt, Über die Revolution, München 2000, S. 241

[25] Herodot, Historien I/II, Wiesbaden, ohne Jahr, S. 33

darauf ankommt, einen Rahmen zu schaffen, der sich dem Partialinteresse entzieht.

Diese tiefe Einsicht in das Wesen von Gesetzen ist uns heute fast vollständig abhandengekommen. Der Preis, den wir dafür zu zahlen haben, ist außerordentlich hoch. Indem wir die Gesetze weitgehend den verschiedenen Interessen ausgesetzt, diese also so etwas wie eine totale Herrschaft angetreten haben, ist uns ein wesentlicher Maßstab für Gerechtigkeit verloren gegangen. Die Auswirkungen im Einzelnen sollen später dargestellt werden. Wir haben durch die vorbehaltlose Hereinnahme der Gesetzgebung in den politischen Raum die der Erkenntnis des Aristoteles zugrunde liegenden Maßstäbe zerstört und können sie kaum mehr verstehen.

Ganz in diesem Sinne argumentiert der Marxismus, wenn er behauptet, »das Recht der Herrschenden sei das herrschende Recht«. Statt sich jedoch an einer Aufhebung des Satzes zu versuchen, nimmt ihn der Marxismus explizit in sein Programm auf und fordert das Proletariat zur Herrschaft auf, um dann sein eigenes proletarisches Recht durchzusetzen. Dies sogar in Gestalt der »Diktatur des Proletariats« in völlig unverblümter Form, um auf dieser Basis eines fernen Tages sein kommunistisches Reich der Freiheit aufzurichten. Auch die schärfsten Gegner des Marxismus scheuen sich nicht, das herrschende Recht als das Recht der Herrschenden zu betrachten. Während die Gegner des Marxismus die Herrschaft in den richtigen Händen wissen, nämlich in der des Volkes, wähnen sie die Marxisten in den Händen der »Kapitalisten«. Für die Frage nach Gesetz und Gerechtigkeit spielt diese Differenz jedoch eine untergeordnete Rolle. Beide Seiten vermögen die Frage nur unter dem Gesichtspunkt der Gewalt zu begreifen und haben dementsprechend noch nicht einmal ein Problembewusstsein davon, geschweige denn eine Lösung für diese außerordentlich schwierige Problematik.

Die Gedanken des Aristoteles werden wie gesagt im öffentlichen Raum der modernen Wohlfahrtsstaaten nicht einmal mehr in Ansätzen verstanden. Ganz der Vergessenheit anheimgefallen sind sie jedoch nicht, wie uns Kant erinnert, der sagt: »Das Recht muß nie der Politik, wohl aber die Politik jederzeit dem Recht angepaßt werden.«[26] Wer einen solchen Satz heute in der Öffentlichkeit formulierte und sich dabei nicht auf die zweifellos immer noch vorhandene Autorität Kants beriefe, der sähe sich sicherlich heftigsten Angriffen ausgesetzt.

Dies alles bedenkend, ist das Problem noch nicht gelöst. Aber es ist die Hilflosigkeit aufgebrochen, die uns immer wieder erfasst, wenn wir der Frage nach Gesetz und Gerechtigkeit nachgehen wollen und uns dabei an den vorherrschenden Anschauungen orientieren. Wir erhalten Anregungen dafür, in welche Richtung zu denken ist, um das Problem überhaupt erfassen zu können. Vor allem wird zunächst einmal klar, warum Aristoteles Gerechtigkeit mit Gesetzestreue gleichsetzen konnte.

Wenn die Gesetze von einer neutralen Instanz kommen, die zudem noch »weise« ist, dann bestehen keine Bedenken, diesen Gesetzen folgen zu können, dann wird Aristoteles' Satz sofort einleuchten. Im umgekehrten Fall, wenn die Gesetze

---

[26] Immanuel Kant, Über ein vermeintes Recht aus Menschenliebe zu lügen, Werke, Band IV, Darmstadt 2005, S. 642 (A313)

aus dem Bereich des Politischen kommen und nach den dort vorherrschenden Interessen gebildet worden sind, dann ergeben sich sofort erhebliche Probleme, und zwar mit der Gerechtigkeit wie mit der Gesetzlichkeit selbst. Warum soll jemand einem Gesetz folgen, das seinen Interessen entgegensteht, aber aus einem seinem Interesse nicht übergeordneten anderen Interesse heraus entstanden ist?

Der moderne politische Betrieb behauptet die Legitimierung des Gesetzes durch die Mehrheit. Das ist aber bestenfalls eine äußerst schale Begründung, die kaum zu überzeugen vermag, weil eine Mehrheit nicht davor gefeit ist, sich zu irren, und das Interesse einer Mehrheit nicht von höherem Rang ist als das Interesse einer Minderheit. Spätestens dann, wenn eine Mehrheit beschließt, einem Menschen das Leben oder die Freiheit zu nehmen, wird dieser geneigt sein, das Gesetz nicht anzuerkennen.

Der Preis, den wir für die Einbindung des Gesetzgebungsverfahrens in den politischen Raum zu zahlen haben, ist außerordentlich hoch. Wir verlieren den Zusammenhang zwischen Gesetz und Gerechtigkeit und weichen bei der Anerkennung der Gesetze im Zweifelsfalle der reinen Gewalt, machen unsere Rechtstreue von einer Güterabwägung abhängig, die das Risiko, »erwischt« zu werden, gegen die Gesetzestreue »aufrechnet«. Damit geht uns die Gerechtigkeit verloren, ein Verlust, der in seiner Bedeutung kaum zu überschätzen ist.

Nun kann man nicht behaupten, die Gerechtigkeit sei uns vollständig abhanden gekommen, aber sie ist in Randbereiche abgedrängt worden. Gerechtigkeit ist in den Bereich des Verbrechens verbannt worden, wie uns jeder Strafprozess deutlich macht. Dort hat Gerechtigkeit noch einen Wert, dort wird noch um die Schuld oder Unschuld eines Angeklagten gerungen, bis es schließlich zum Urteil kommt. Dort können wir noch von Gesetzen sprechen, die auf allgemein anerkannten Prinzipien beruhen. Aber selbst dort sind wir schon an Grenzen gestoßen, die unsere Gesetze und den Umgang mit ihnen höchst fragwürdig machen.

Der allgemeine Verlust an Wissen um Gerechtigkeit wirkt sich immer umfassender auf die Regelungen menschlichen Zusammenlebens aus und droht am Ende, die Gerechtigkeit selbst zu zerstören. Bislang demonstrieren erst einzelne Beispiele den Trend dahin, doch kann keinesfalls ausgeschlossen werden, dass dieser bald zur furchtbaren Realität wird. Wir täten gut daran, der Gerechtigkeit in der Öffentlichkeit größere Bedeutung beizumessen.

Nun enthält die Aussage von Aristoteles neben der Gesetzlichkeit als zweite Komponente noch die Gleichheit als Voraussetzung der Gerechtigkeit. Wenn wir in den modernen Massengesellschaften von Gleichheit reden, dann schwingt immer ein Element von Identität und Normierung mit. Nichts lag Aristoteles ferner als eine solche Betrachtung der Gleichheit. Eher kommen wir seinen Gedanken nahe, wenn wir die Augenbinde der Justitia beachten. Sie hat zu richten ohne Ansehen der Person, und genau darin drückt sich die Gleichheit aus, die Aristoteles gemeint hat. Auf dieser unabdingbaren Voraussetzung basiert noch das Justizwesen des modernen Rechtsstaats. Gleiche Sachverhalte sollten unter gleichen Umständen zu gleichen Urteilen führen. Darin besteht das Wesen der Gleichheit, und dies meint Aristoteles, wenn er sagt, das der Gleichheit Entsprechende sei das

Gerechte. Weil Menschen irren und Richter eben auch Menschen sind, erfüllen sie den genannten Anspruch nicht immer. Dies ändert aber nichts an seiner Gültigkeit.

Niemand käme auf die Idee, aus dem Gleichheitsanspruch im Gerichtssaal auf die Gleichheit der jeweiligen Angeklagten zu schließen. Das genaue Gegenteil ist der Fall. Auf der Basis der Gleichheit der Menschen vor dem Richter werden in einem Rechtsverfahren gerade die ganz spezifischen Tatanteile der einzelnen Menschen gewürdigt.

Das Gleichheitspostulat der griechischen Klassiker ist im Zeitalter der Wohlfahrtsstaaten zu einer ewig sprudelnden Quelle von Missverständnissen geworden. Im griechischen Verständnis besteht die Gleichheit im politischen Raum darin, dass die an der Polis Beteiligten jeweils das gleiche Recht haben, zu reden und angehört zu werden. Gleichheit wird damit als Bedingung menschlicher Handlungsräume postuliert und ist demzufolge die Voraussetzung zur Entfaltung menschlicher Pluralität.

Sie ist keinesfalls ein dem Menschen inhärenter Wesenszug, sondern betrifft die Beziehungen zwischen den Menschen. Diese werden über die Gleichheit vermittelt. Sie ist der Fixpunkt, über den die verschiedenen Menschen überhaupt erst in eine Beziehung zueinander treten, etwas Gemeinsames unternehmen können. Die Reden der Einzelnen sind verschieden, aber die Einzelnen sind sich ebenbürtig. In diesem Sinne ist das Postulat der Gleichheit also gerade der Verschiedenheit der Menschen geschuldet.

In der Moderne werden diese Erkenntnisse, ohne ihren Wert schon vollständig eingebüßt zu haben, von einem ganz anders gearteten Gleichheitsbegriff überlagert. Der wird aus der Ebene der menschlichen Beziehungen verdrängt und in die Menschen selbst hineingelegt. Die Gleichheit der Bedingungen und Möglichkeiten soll sich aus der Gleichheit der Menschen selbst ergeben. Dieser Widerspruch kommt bei Rousseau deutlich zum Ausdruck, der – durchaus im Sinne der griechischen Tradition – feststellt: »Nichts ist gefährlicher als der Einfluß von Privatinteressen auf die öffentlichen Angelegenheiten, und der Mißbrauch von Gesetzen durch die Regierung ist ein geringeres Übel als die Verderbtheit des Gesetzgebers, unfehlbare Folge von Sondermeinungen.«[27] Das alles beherrschende Interesse überlagert das Gemeinwohl und zerstört den Staat.

Dagegen steht jedoch Rousseaus Auffassung der Gleichheit – hier in fundamentalem Gegensatz zur griechischen Tradition –, die sich aus der Natur des Menschen ergibt. »Gleichheit und der von ihr erzeugte Begriff von Gerechtigkeit rühren von dem Vorzug her, den jeder sich selbst gibt, und folglich von der Natur des Menschen.«[28] Wenn aber die Gleichheit im Wesen des Menschen liegt, dann bräuchten sich die Menschen folgerichtig nur ihrer Natur zu erinnern, um sie zu erreichen. In diesem Sinne argumentiert denn auch eine Reihe von Aufklärern, insbesondere Rousseau, dem ja der Spruch »zurück zur Natur« zugeschrieben wird, der sich zwar in keinem seiner Werke wörtlich findet, aber durchaus seinem Geiste entspricht.

---

27 Jean-Jacques Rousseau, Gesellschaftsvertrag, Buch 3, Kapitel 4, Von der Demokratie
28 Jean-Jacques Rousseau, Gesellschaftsvertrag, Buch 2, Kapitel 4, Von den Grenzen der souveränen Gewalt

In diesem Sinne wurde im 18. Jahrhundert der »Wilde« vergöttert, der für ein von der Gesellschaft unverfälschtes Leben stand. Georg Forster, der erste deutsche Weltumsegler, befürwortet in einem von vielen möglichen Beispielen diese Anschauung: »Es ist würklich im Ernste zu wünschen, daß der Umgang der Europäer mit den Einwohnern der Süd-See-Inseln in Zeiten abgebrochen werden möge, ehe die verderbten Sitten der civilisirtern Völker diese unschuldigen Leute anstecken können, die hier in ihrer Unwissenheit und Einfalt so glücklich leben.«[29] Die dadurch verklärte Vorstellung mag für manche moderne Umwelt- und Naturschützer noch immer gelten.

Für die Griechen hingegen war der Zusammenhang zwischen Gleichheit, Gerechtigkeit und Glück keinesfalls durch einen Rückgriff auf angeblich ursprüngliche und unverfälschte natürliche Zustände zu erreichen. Für sie war dieser Zusammenhang Ergebnis eines bewussten Aktes. Sie *wussten*, dass Gerechtigkeit eine Voraussetzung jeden menschlichen Zusammenlebens darstellt, sie *wollten* die Gleichheit in der Polis, weil andernfalls ein gemeinsames Handeln gar nicht möglich ist. Im Sinne der Freiheit ist der *Willensakt* dem natürlichen Zusammenhang deutlich überlegen. Der Willensakt selbst ist bereits eine Form des gemeinsamen Handelns.

Der natürliche Zusammenhang macht den Menschen mit allen Lebewesen gemein und hält ihn in Ohnmacht, weil er ihn zwar verdecken, niemals aber aufheben kann. Zudem ist der Willensakt überprüfbar, während der natürliche Zusammenhang sich jeder Überprüfung entzieht. Berief sich Robespierre mit seinem Tugendterror nicht auf Rousseau? Beriefen sich die Nazis, als sie ihren Rassenwahn behaupteten, nicht auf natürliche Zusammenhänge? Brachte uns nicht der gleichsam natürliche Entwicklungsgang der Geschichte das stalinsche System des Sozialismus?

Selbstverständlich ist kein Willensakt davor gefeit, Missbräuchliches zu wollen. Als überprüfbare Handlung kann er jedoch jederzeit korrigiert werden, während der natürliche Zusammenhang immer als unabwendbares Schicksal erscheinen muss und dazu verleitet, das Gegebene als Gegebenes hinzunehmen.

---

[29] Georg Forster, Reise um die Welt, Frankfurt am Main 2007, S. 197

»Das Volk begehrt oftmals, von einem Trugbild des Guten
getäuscht, seinen Untergang; und leicht läßt es sich durch
sanguinische Hoffnungen und große Versprechungen
hinreißen.«

Machiavelli[30]

4.2.2   GERECHTIGKEIT UND POLITIK

Gesetzlichkeit, Gerechtigkeit und Gleichheit waren nach griechischer Vorstellung Voraussetzungen des Politischen. Spätestens nach Aufklärung und Französischer Revolution sind sie zum integralen Bestandteil des Politischen mutiert. Diesen Paradigmenwechsel begleiten weitreichende Auswirkungen sowohl für unser Verständnis von Gesetzlichkeit, Gerechtigkeit und Gleichheit wie auch von Politik. Allen genannten Begriffen droht ein fundamentaler Bedeutungsverlust, dem eine ebenso fundamentale Orientierungslosigkeit auf dem Fuße folgt. Noch einmal soll Rousseau an dieser Stelle zu Wort kommen, der das Bedrohliche dieser Entwicklung gesehen hat:

»Wenn schließlich der Staat seinem Untergange nahe ist und nur noch als eine eingebildete und leere Form besteht, wenn das gesellschaftliche Band in allen Herzen gerissen ist, wenn das niedrigste Interesse die Stirn hat, sich mit dem geheiligten Namen des Gemeinwohls zu schmücken: dann verstummt der Gemeinwille, alle werden von verborgenen Beweggründen geleitet werden und äußern ihre Meinung nicht mehr wie Bürger, gerade als ob der Staat niemals existiert hätte, und unter dem Namen von Gesetzen bringt man fälschlicherweise unbillige Verordnungen durch, die nur das Sonderinteresse zum Ziel haben.«[31]

Wie das Interesse Eingang in den politischen Raum gefunden und ihn schließlich zu beherrschen gelernt hat, wurde oben bereits ausführlich dargestellt. Wie das Interesse selbst einfachste Fragen nach der Gerechtigkeit zu zerstören vermag, soll hier an einem Beispiel demonstriert werden.

Eine Mutter von drei Kindern will einen Kuchen backen. In der Teigschüssel finden sich noch Reste des Teigs, auf den die Kinder Anspruch erheben. Unsere Betrachtung wird unter zwei Aspekten angestellt, die jeweils verschiedenen Auffassungen von Gerechtigkeit genügen. Zum einen wird gezeigt, wie die Mutter das Verteilungsproblem löst, zum anderen, wie es im politischen Raum des modernen Wohlfahrtsstaats gelöst würde.

Die Mutter nimmt die Schüssel und teilt mit dem Finger drei möglichst gleiche Flächen ab, die sie den einzelnen Kindern zuweist. In aller Regel ist damit das Problem zur Zufriedenheit der Beteiligten gelöst. Sollte sie sich in der Eile vertan haben, dann wird sie Korrekturen an der Teilung vornehmen, und es wird wieder Zufriedenheit herrschen. Sollten die Kinder an der Vorgehensweise der Mutter gleichsam systematische Kritik üben, dann wird sie, wenn sie klug ist, die Auftei-

---

[30]   Machiavelli, Vom Staate, Betrachtungen erstes Buch, 53
[31]   Jean-Jacques Rousseau, Gesellschaftsvertrag, Buch 4, Kapitel 1, Daß der Gemeinwille unzerstörbar ist

lung vornehmen, die Kinder aber im regelmäßigen Wechsel bestimmen lassen, wer sich welcher Fläche bedient. Spätestens an dieser Stelle ist das Problem der Teigverteilung mit hinreichender Gerechtigkeit gelöst. Die Kinder werden keine Einwände mehr gegen das gewählte Verfahren vorzubringen wissen.

Wie aber gestaltete sich die Verteilung aus der Sicht des politischen Betriebes? Dort würde man zuerst einmal eine Kommission berufen, die sich auf eine ordnungsgemäße Vorgehensweise zu einigen hat. Nach erheblichen Schwierigkeiten in der Auseinandersetzung würde man sich schließlich darauf einigen, zunächst einmal den Body-Mass-Index der Kinder zu bestimmen, um damit eine vernünftige Ausgangsbasis für den Verteilungskampf zu gewinnen. Dem folgte die Berufung einer Gruppe ausgewählter Wissenschaftler aus den Bereichen Mathematik, Physik und Vermessungstechnik, die sich dem Problem der Aufteilung in der Schüssel zu widmen hätte. Dort stünde vor allem die Frage im Vordergrund, in welcher Weise die Teigreste in der Schüssel verteilt seien, weil ohne diese Kenntnis eine gerechte Aufteilung nicht möglich sei. Nach vorläufiger Einigung des Fachausschusses, verschiedenen Einspruchsverfahren vor ordentlichen Gerichten sowie Zurückweisungen an den Fachausschuss einigte man sich schließlich auf eine Volksabstimmung, mit deren Vorbereitung unverzüglich begonnen würde. Nach der definitiven Entscheidung wäre der Teig längst eingetrocknet, und das Problem hätte sich zur Unzufriedenheit aller erledigt.

Der »politischen« Vorgehensweise in dieser Fragestellung entspricht der folgende Witz: Einem Chemiker, einem Physiker und einem Mathematiker wird die Aufgabe gestellt, welches Ergebnis die Multiplikation von 2 mit 3 liefert. Der Chemiker sagt wie aus der Pistole geschossen das Ergebnis 6. Der Physiker greift zum Rechenstab, schiebt ihn ein paar Mal hin und her und sagt dann als Ergebnis ungefähr 6. Der Mathematiker zieht sich in eine Kammer zurück, tritt nach zwei Stunden mit zerzaustem Haar und müdem Blick wieder hervor und haucht mit letzter Kraft: Die Aufgabe ist lösbar.

Was zeigen uns die Beispiele? Sie zeigen uns in erster Linie, dass wir das Maß verloren haben. So wenig für die Lösung einer einfachen Multiplikation die Fachkenntnis eines Mathematikers notwendig ist, so wenig ist für die gerechte Lösung der meisten politischen Fragestellungen der große Aufwand notwendig, der in der Regel getrieben wird. Gerechtigkeit ist ein allgemeines Prinzip, das in erster Linie auf der Gleichheit basiert. Aber auch Gleichheit ist ein weiter Begriff, in dem wir uns verlieren, wenn wir ihn nicht in aller Schärfe abgrenzen. Sie kann nur fruchtbar werden, wenn sie sich auf ein Allgemeines bezieht. Dies bedeutet die Binde der Justitia, dies bedeutet die Gleichheit im politischen Raum, in dem alle das gleiche Recht zu reden und angehört zu werden haben. Der Zusammenhang von Gerechtigkeit und Gleichheit löst sich sofort auf, wenn Letztere aus dem Beziehungsgefüge verschiedener Menschen in den einzelnen Menschen gelegt wird. Dann klopft der Terror nicht mehr an die Tür, dann ist er bereits eingetreten.

Ganz ähnliche Wirkungen treten auf, wenn die Menschen auf ihr Interesse reduziert werden, sich ihre Gleichheit also aus der Annahme, sie verfolgten alle nur ihre Interessen, ergibt. Wenn also alle ihre Interessen wahrnehmen, dann führt das in der Summe zu einem Ausgleich, bei dem kein Einzelinteresse überwiegt.

Primäre Aufgabe der Politik ist es dann, einen gerechten Ausgleich der Interessen herbeizuführen. Auf diese Weise setzt sich schließlich auch im politischen Betrieb Gerechtigkeit durch. Auch hier stützt man sich auf die Prinzipien des Rechtswesens, wobei die Interessenvertreter mit dem Staatsanwalt und dem Rechtsanwalt in einer Gerichtsverhandlung verglichen werden. Dieser Ansicht eignen zwei gravierende Mängel.

Zum einen fehlt in der politischen Auseinandersetzung die neutrale Instanz, die im Gerichtsverfahren der Richter darstellt. Implizit wird in einer Demokratie das Volk als neutrale Instanz angesehen, weil es ja durch die Wahl über die handelnden Akteure richtet. Das Volk kann jedoch keine neutrale Instanz sein, insbesondere dann, wenn Mehrheiten einen unmittelbaren Nutzen aus einer politischen Entscheidung ziehen. Daraus folgt sofort das Problem der Minderheiten, das als zweiter Mangel demokratischer Entscheidungsprozesse umso stärker hervortritt, je unmittelbarer die Vorteile einzelner Gruppen dabei sind. Bei etwa gleich großen Interessengruppen, die zudem noch in etwa gleicher Stärke repräsentiert sind, mag der Ausgleich gelingen. Probleme gesellschaftlicher Randgruppen, die zudem noch schlecht repräsentiert sind, werden jedoch allzu leicht ignoriert. Aus Sicht der Gerechtigkeit sind jedoch alle genannten Verfahrensweisen höchst problematisch. Wie sich in den folgenden Ausführungen noch mehrfach zeigen wird, ist diese Problematik keinesfalls nur theoretischer Natur.

Die Wiederwahl von Politikern ist am ehesten gesichert, wenn ihre Entscheidungen die Mehrheit des Volkes zufriedenstellen. Dies ist aber gerade kein Kriterium für Gerechtigkeit, wie uns ein Blick auf das Rechtswesen lehrt. Selbst der schlimmste Verbrecher hat das Recht auf eine Verhandlung vor einem ordentlichen Gericht. Er wird aus guten Gründen nicht dem Volk zur Verurteilung ausgeliefert, und seien seine Taten noch so klar nachgewiesen. Nur ein unabhängiger Richter darf nach Abwägung aller relevanten Gesichtspunkte ein Urteil fällen. Dementsprechend war die Maxime der Nationalsozialisten »Recht ist, was dem Volke nutzt« der deutlichste Beweis für die Auflösung von Recht und Gerechtigkeit in Deutschland zu jener Zeit.

Politische Entscheidungen orientieren sich heute wie gesagt weniger am Maßstab der Gerechtigkeit als vielmehr an den Chancen für die Wiederwahl der Politiker. Damit steht das Fundament politischer Entscheidungsprozesse im strukturellen Widerspruch zum Anspruch auf Gerechtigkeit, was nicht ohne weitreichende Auswirkungen auf unser Verständnis von Gerechtigkeit bleiben kann. Wenn in einer Gesellschaft aber einmal das Bewusstsein von Gerechtigkeit verloren gegangen ist, dann hat sie einen unwiderruflichen Schaden erlitten. Werfen wir jedoch zunächst einen kurzen Blick auf die Vergangenheit, um zu sehen, wie die Alten sich dem Problem gestellt haben.

Die frühen demokratischen Verfassungen waren sich der genannten Problematik durchaus bewusst und haben versucht, ein Korrektiv zu installieren. Ohne dies ausführlich darstellen zu können, sei doch auf den Areopag in Griechenland verwiesen, der dafür sorgen sollte, »daß die Stadt nicht ohne Herrschaft und nicht zu sehr beherrscht sein solle«[32]. »Denn die Aufgabe des Ausgleichs zwischen Herrschaft und Freiheit setzt mehr an Macht dieser Körperschaft [des Areopags, P.K.] voraus [...] in der Funktion eines Gegengewichts innerhalb der neu etablierten entschiedenen Demokratie.«[33] Eine ähnliche Funktion kam dem Senat in Rom zu, dessen Mitglieder nie vom Volk gewählt wurden, die aber kraft ihrer Würde über eine herausragende Autorität verfügten. Auch in den Zeiten der Republik übte der römische Senat wesentlichen Einfluss auf die Volksversammlung aus, das eigentliche demokratische Organ.

Die Spur der die reine Demokratie korrigierenden Instanzen lässt sich noch bis in die Verfassungen des Vereinigten Königreiches von England und der Vereinigten Staaten von Amerika verfolgen. Im ersten Fall zeigt sie sich im House of Lords, im zweiten im Senat. In beiden Fällen ist das korrigierende Element in der Moderne sehr verwässert, doch genügt für die vorliegende Argumentationskette die Feststellung, dass Instanzen zur Korrektur rein demokratischer Entscheidungsfindungen in langer Tradition ihre Berechtigung oft unter Beweis gestellt haben.

Die »Alten« hatten in diesen Fragen ein ungleich besser entwickeltes Gespür für Fehlentwicklungen als wir modernen Menschen. Wir setzen immer stärker auf Mehrheitsentscheidungen, die wir grundsätzlich als gerechter und unserem Gemeinwesen entsprechender ansehen. In diesem Sinne nimmt die Zahl derer zu, die sich für mehr plebiszitäre Elemente aussprechen, so zum Beispiel bei der Wahl des Bundespräsidenten, den ein größerer Teil der Bevölkerung lieber vom Volk statt von der Bundesversammlung wählen lassen würde. Aber auch bei Aktionen, wie den als »Stuttgart 21« bekannt gewordenen Protesten gegen den Bau eines neuen Bahnhofs oder den seit Jahrzehnten anhaltenden Protesten gegen die Nutzung von Atomkraft bei der Energieerzeugung wird mehr Bürgerbeteiligung gefordert. Die Sinnfälligkeit dieser Forderungen ist höchst unterschiedlich und lässt keinesfalls erkennen, dass Plebiszite automatisch zu mehr Gerechtigkeit führen würden.

Bei der Wahl des Bundespräsidenten scheint das oft unwürdige Geschacher der Parteien um eigene Vorteile das höchste Staatsamt zu beschädigen, wobei kaum zu erkennen ist, warum eine Wahl durch das Volk dieses zu Recht überparteiliche höchste Staatsamt nicht auch in den Schmutz des politischen Alltagsgeschäfts ziehen sollte. Bei Großprojekten wie »Stuttgart 21« besteht stets die Gefahr, dass Partialinteressen im Mantel des Gemeinwohls daherkommen. Die totale Herrschaft der Interessen lässt berechtigte Zweifel an der Begründetheit der Entscheidung aufkommen. Wahrscheinlich wäre es der bessere Weg, mit Entschiedenheit der totalen Herrschaft der Interessen entgegenzutreten.

Bei der Atomkraft nähert sich der Protest der Bürger gar immer mehr einem absurden Ritual, das rational nicht mehr zu erfassen ist. Alle Parteien wollen den Ausstieg aus der Energieerzeugung durch Kernspaltung. Es geht um einige Jahre hin oder her. An der Frage weniger Jahre entzündet sich ein Protest, der sich insbesondere bei den Atomabfall-Transporten in das Lager Gorleben durch verschie-

32 Christian Meier, Die Entstehung des Politischen bei den Griechen, Frankfurt am Main 1980, S. 202
33 Christian Meier, Die Entstehung des Politischen bei den Griechen, Frankfurt am Main 1980, S. 203

dene Blockaden in aller Schärfe zeigt. Atomabfälle haben eine Halbwertzeit von zum Teil mehr als einer Million Jahre, also eine Zeitdimension, die Menschen gar nicht mehr erfassen können.

Das qualitative Problem der Atommüll-Strahlung kann durch keinen Protest aus der Welt geschafft werden. Dennoch tun die Protestierer, als könnten Tage einer schnelleren Entscheidung uns vor dem sicheren Tod bewahren. Die Autorin Charlotte Roche hat sich in dieser Frage durch eine besonders kluge Überlegung hervorgetan: »Der Atommüll wird eine Million Jahre strahlen. Deswegen muss man so schnell wie möglich aussteigen aus der Atomenergie.«[34] Die sichtlich bemühte Autorin stellt einfach grundlegende Regeln der Logik auf den Kopf. Protest in dieser Form mag ja Authentizität dokumentieren, zur Lösung von Konflikten ist er wenig geeignet.

Auf viel banalerer Ebene, deshalb aber keineswegs weniger kritisch, bewegt sich ein anderer Skandal plebiszitärer Handlung, der im Jahre 2010 in Bayern stattfand. Dort wurde am 4. Juli 2010 eine Volksabstimmung durchgeführt, bei der es um ein »totales Rauchverbot« in allen öffentlichen Räumlichkeiten, insbesondere also auch in Gaststätten ging. Nun gab es bereits seit 2007 ein Gesetz zum Nichtraucherschutz, das ein grundsätzliches Rauchverbot in allen öffentlichen Einrichtungen des Bundes und im öffentlichen Personenverkehr beinhaltete. Auch in (wenigen) Gaststätten durfte nur noch in besonderen Ausnahmefällen und unter Beachtung erheblicher Nebenbedingungen dem Genuss des Rauchens gefrönt werden. Da das Rauchverbot auch an Arbeitsplätzen galt, war einem umfassenden Nichtraucherschutz bereits mehr als Genüge getan. Kein Nichtraucher war mehr gezwungen, seinen Sonntagsbraten in einer verräucherten Gastwirtschaft einzunehmen.

Doch dieser schon sehr weit gefasste Beschluss, von dem man mit einigem Recht sagen kann, dass er bereits viel zu weit ging, erregte immer noch das Missfallen eines besonders verbohrten Mitbürgers, der deshalb zu einem Volksbegehren und einer anschließenden Volksabstimmung aufrief, mit dem Ergebnis: »Fast zwei Drittel der Wähler stimmten für den Vorschlag, Rauchen in allen Gaststätten generell zu verbieten.«[35] Die Klarheit des Ergebnisses schien einen demokratischen Einspruch zu verbieten. Doch war das Ergebnis wirklich so klar? War die Volksabstimmung wirklich so berechtigt? Zuerst einmal ist die Meldung ein Beispiel dafür, wie man mit der Wahrheit zu lügen vermag.

Betrachten wir zunächst die Abstimmung. An der Wahl nahmen gerade einmal knapp 38 Prozent der Wahlberechtigten teil, davon stimmten 60 Prozent für das strikte Rauchverbot. Dies entspricht einem Anteil von knapp 23 Prozent der Wahlberechtigten.[36] Von einer Mehrheit kann also keine Rede sein. Die Suggestion einer klaren Mehrheit für das strikte Rauchverbot ist eine Täuschung, wobei die Zahlen selbst nicht in Abrede gestellt werden.

---

[34] Der Spiegel, 46/2010, S. 156
[35] Der Spiegel, 52/2010, S. 18
[36] Die Zahlen sind entnommen: www.wikipedia.de, Stichwort: Volksbegehren für echten Nichtraucherschutz

Doch auf die Mehrheit kommt es bei der Fragestellung gar nicht an. Viel wichtiger ist der Charakter der Fragestellung, der selbst erstaunlich wenig in Zweifel gezogen wurde. Bei der Abstimmung ging es nicht darum, Nichtraucher vor Rauchern zu schützen, dies war bereits lange geltende Regelung. Sondern es ging darum, Rauchern letzte Möglichkeiten zu nehmen, in einem öffentlich zugänglichen Raum ihre Vorliebe auszuleben. Da in Bayern bereits vor der Abstimmung in der weit überwiegenden Zahl der Gaststätten nicht mehr geraucht werden durfte, bestand der Sinn der Abstimmung alleine darin, das Rauchverbot in öffentlich zugänglichen Räumen total durchzusetzen, also den Rauchern keinerlei Möglichkeiten mehr offen zu halten.

Hier nähert sich der Entscheidungsprozess den Methoden totalitärer Herrschaft in unerträglicher Weise an, weil der Schutz von Minderheiten gerade in einer Demokratie ein hoher Wert ist, der von einer Gruppe extremer Nichtraucher für die Gegenseite einfach außer Kraft gesetzt worden ist. Mehr noch: Das Verfahren zum Nichtraucherschutz hatte ursprünglich seinen Sinn im Schutz von Minderheiten, und wir können an ihm festmachen, wie schnell sich die Maßstäbe verkehren. Die zweifelsfrei vorhandene Legalität des Verfahrens weist nur deutlich auf die besondere Gefahr hin, die in ihm steckt. Längst ist die Frage nach einem wirksamen Nichtraucherschutz umgeschlagen in die Stigmatisierung einer Minderheit, der auch noch letzte Rückzugsgebiete genommen werden sollen.

Wir sollten bei alledem nicht vergessen, dass nicht einmal die Nationalsozialisten, die den Tabakkonsum »als Hindernis für die Bevölkerungs- und Rassenpolitik«[37] betrachteten und »Rauchen mit rassischer und sexueller ›Entartung‹«[38] gleichsetzten, trotz größter Anstrengungen auch nur eine annähernd so strenge Regelung durchzusetzen vermochten, wie die, die dank des Volksentscheids heute in Bayern gilt. Wie die geringe Wahlbeteiligung bei der Abstimmung zeigt, interessierten sich große Teile der Bevölkerung nicht mehr für die bereits geklärte Frage. Warum hätten sie also zu dieser Wahl gehen sollen? Für »Extrem-Demokraten« ist die Antwort klar: Wer nicht zur Wahl geht, ist selbst schuld, wenn ihm das Ergebnis nicht passt. Am Beispiel Bayerns kann man jedenfalls sehen, zu welchen Exzessen Demokratie führen kann, wenn dem Volk direkte Entscheidungsgewalt eingeräumt wird. Würde unter der griffigen Formel »Ausländer raus« heute eine Volksabstimmung durchgeführt, wäre eine Mehrheit für die Forderung wahrscheinlich. Unabhängig vom Ausgang einer solchen fiktiven Wahl, wäre ein solches Plebiszit bereits eine unerträgliche Bedrohung eines Teils der Bürger unseres Landes.

Wer glaubt, durch Plebiszite ließen sich Defizite des freiheitlich-demokratischen Gemeinwesens lösen, dem sei die Abstimmung über den totalen Nichtraucherschutz in Bayern eine Warnung. Die Einschränkung der Freiheit wird nicht erträglicher, wenn sie von vielen Menschen gefordert wird. Soviel zum Thema Volksentscheide und Gerechtigkeit.

---

37 Robert N. Proctor, Blitzkrieg gegen den Krebs, Stuttgart 2002, S. 249
38 Robert N. Proctor, Blitzkrieg gegen den Krebs, Stuttgart 2002, S. 249

Auf den ersten Blick erscheint die im Zusammenhang mit der Gerechtigkeit zu lösende Aufgabe als Paradoxon. Zu seiner Auflösung bedarf es der tiefen Einsicht in das, was Politik überhaupt zu lösen vermag. Wieder vermag uns die Einsicht der alten Griechen weiterzuhelfen. In ihrer Unterscheidung zwischen göttlicher (*dike*) und gesetzlicher (*nomos*) Gerechtigkeit haben sie das Problem genau erkannt. Die eine entzieht sich menschlicher Einflussnahme, die andere ist Menschenwerk. Genau hier bewegt sich der herrschende politische Betrieb auf Ebenen der Beliebigkeit und verliert darüber die wichtige Unterscheidung aus den Augen. Ein Beispiel soll dies verdeutlichen.

Betrachten wir vier sportliche Menschen A, B, C und D, wobei A und B sehr klein und leicht, C und D aber sehr groß und kräftig sind. Nehmen wir weiter an, A und C wollen Jockey, B und D jedoch Basketballspieler werden. Ersichtlich sind die Aussichten von A und D hervorragend, die von B und C jedoch ausgesprochen schlecht, ihr Ziel zu erreichen. Keiner der vier ist für seine körperliche Ausstattung verantwortlich. Sicherlich kann man die Frage stellen, warum zwei der vier Menschen beste und zwei denkbar schlechte Berufsaussichten haben, und man kann dies mit einiger Berechtigung durchaus als ungerecht empfinden. Diese Empfindung mag zu tiefschürfenden Betrachtungen über die »Ungerechtigkeit der Welt« führen. Keine dieser Betrachtungen wird jedoch in der Lage sein, diese Ungerechtigkeit aus der Welt zu schaffen, und zwar deshalb, weil sie nicht von Menschen zu verantworten ist. Man mag deshalb mit der Natur oder einem Gott hadern, lösen wird man das Problem nicht. Das Beispiel lässt sich ebenso auf Schönheit, Intelligenz, Begabungen usw. anwenden.

So unbestritten diese Erkenntnis ist, so unverdrossen versucht der politische Betrieb, derartige Probleme auf »gerechte« Weise zu lösen.

Wie ein Blick auf die moderne Naturwissenschaft lehrt, gilt die hier gegebene Antwort nur mit Einschränkungen. Wir verfügen bereits heute über wissenschaftliche Methoden, Gene zu beeinflussen und wenden diese Kenntnisse bei der Züchtung von Pflanzen und Tieren bereits an. Bei der Anwendung auf den Menschen halten wir uns noch zurück, doch gibt es starke Tendenzen, auch hier die Grenzen immer mehr zu lockern. Es könnte uns durchaus gelingen, das »Problem« unserer vier Menschen formal zu lösen, also B sehr groß und kräftig, C jedoch klein und leicht zu gestalten.

Hätten wir damit das Problem gelöst? Wir hätten es nicht gelöst, weil uns noch eine wesentliche Voraussetzung fehlt: Wir wüssten bei der Gestaltung nicht, welche der vier Menschen Jockey und welche Basketballspieler werden wollten. Doch selbst wenn es uns gelingen sollte, auch dieses Problem in den Griff zu bekommen und es mit der äußeren Gestaltung in Übereinstimmung zu bringen, hätten wir vielleicht ein in sich stimmiges Wesen erschaffen, Mensch könnte das Wesen jedoch nicht mehr genannt werden. Es wäre ein Homunkulus, bar jeder Freiheit und damit Begriffen, wie dem der Gerechtigkeit, gar nicht zugänglich, weil Gerechtigkeit die Freiheit braucht, wie das Atmen die Luft.

Im Bereich des Politischen versuchen wir jedoch mit aller Macht, auf einem solchen Wege voranzuschreiten. Ein zentrales Thema der Politik im modernen Wohlfahrtsstaat besteht darin, die Unterschiede der einzelnen Menschen einzuebnen, um dadurch zu einer »gesellschaftlichen Glückseligkeit« zu gelangen. In diese Richtung bewegen sich die Gerechtigkeitsanstrengungen der Politik, wobei die »Glückseligkeit« dann als erreicht gilt, wenn das Befinden des Einzelnen ihn dazu veranlasst, seine Stimme der ihn umwerbenden Partei zu geben, damit sie in der Summe dadurch Wahlen gewinnt. Damit maßt Politik sich an, weit über das gebotene Maß in das Leben der Menschen einzugreifen, um sie zu ihrem Glück zu führen. Dies setzte jedoch göttliche Fähigkeiten voraus:

> »Denn mit Göttern
> Soll sich nicht messen
> Irgend ein Mensch.
> Hebt er sich aufwärts,
> Und berührt
> Mit dem Scheitel die Sterne,
> Nirgends haften dann
> Die unsichern Sohlen,
> Und mit ihm spielen
> Wolken und Winde.«[39]

Dies ist noch immer das Grundproblem jeder Politik, die versucht, sich einer wohlverstandenen Selbstbegrenzung zu entziehen. Das gilt insbesondere auch für alle Fragen der Gerechtigkeit. Die Politik kann die Rahmenbedingungen menschlichen Handelns abstecken, darf aber nur in sehr begrenzten Fällen in die Einzelheiten des je individuellen Lebens eingreifen, weil sie damit an ihre Grenzen stößt und leicht scheitern kann. Ihr Scheitern wird dabei immer global sein und sich nicht auf lokale Begebenheiten begrenzen lassen. Doch wenn auch das Scheitern von Politik global sein wird, so tritt dies doch keineswegs plötzlich ein. Es ist ein schleichender Prozess, in dem schrittweise alle überlieferten Werte verloren gehen, bis wir endlich der nackten Barbarei ins Gesicht sehen. Spätestens dann wird auch die milde Form, die den Prozess noch begleitet, durch eine härtere Gangart ersetzt werden.

So wichtig es ist, sich in diesen Fragen den Erfahrungen der Griechen und Römer zu stellen, so sind doch moderne Gesellschaften von ungleich größerer Komplexität als antike. Die zunehmende Gesellschaftlichkeit darf nicht außer Acht gelassen werden, und sie muss der Boden sein, auf dem politische Entscheidungen zu fällen sind. Dieser Gedanke kann durch einfache Beispiele verdeutlicht werden.

Wenn wir die Chancengleichheit von Kindern verbessern wollen, dann kann dies nur über den Weg vernünftiger Bildungseinrichtungen gehen und sicher nicht durch Geldverteilungen an Eltern. Im ersten Fall schaffen wir Möglichkeiten, die allen Kindern zugute kommen, auch denen, die von Hause aus über gute Bildungsmöglichkeiten verfügen. Am Problem, dass bestimmte Eltern ihren Kindern

---

[39] Johann Wolfgang Goethe, Grenzen der Menschheit, in: Ders., Sämtliche Werke, Band 1, Frankfurt am Main 1987, S. 332

ohnehin Bildungsmöglichkeiten eröffnen, andere jedoch nicht, können wir politisch schwer etwas ändern. So gehören direkte Zahlungen, wie etwa Kinder- oder Erziehungsgeld, eindeutig zu den problematischen Staatsausgaben, die Gerechtigkeit eher behindern. Ausgaben für bessere Kindergärten, Schulen und sonstige Bildungseinrichtungen befördern jedoch die Gerechtigkeit, weil sie helfen, ungleiche Chancen von Kindern auszugleichen.

Obwohl diese Erkenntnisse weder neu noch tiefschürfend sind, verstößt der politische Betrieb seit Jahrzehnten gegen sie. Solange sich die Wahlchancen von Politikern durch Zuwendungen an die Wähler erhöhen, solange wird sich die Kumpanei zwischen Wählern und Gewählten nicht auflösen. Doch für alle Wahlgeschenke gilt der Satz aus Vergils »Aeneis«: »Was immer es ist, ich fürchte die Danaer, selbst wenn sie Geschenke bringen.«[40]

Seien wir also aufmerksam, wenn, wie gerade in jüngster Zeit, die zunehmende Beteiligung von Bürgern an politischen Entscheidungen mit Enthusiasmus begrüßt und als neuer Bürgersinn glorifiziert wird. Seien wir ebenso aufmerksam, wenn unter dem Wahlspruch »Mehr Demokratie wagen« die Lösung unserer politischen Probleme versprochen wird. Erhöhen wir unsere Aufmerksamkeit, wenn die Bürgerproteste ein Ausmaß erreichen, als ginge es um unser aller Zukunft. In einer Demokratie ist die Teilnahme der Bürger eine wichtige Voraussetzung für politisches Leben. Der massenhafte Protest gegen den Bau eines Bahnhofs, gegen den Transport von ohnehin angefallenem Atommüll oder das Verbot des Rauchens noch in der letzten Eckkneipe ist eher eine ungeheure Ablenkung von den elementaren Problemen unseres Zusammenlebens. Dagegen ist die Frage nach der Gerechtigkeit, die eigentlich im Zentrum des Politischen steht, zu einer Marginalie entartet. Wir sollten uns Brechts kluger Worte erinnern, in denen er sagt:

> »Was sind das für Zeiten, wo
> Ein Gespräch über Bäume fast ein Verbrechen ist
> Weil es ein Schweigen über so viele Untaten einschließt!«[41]

Dumpfheit der Bürger ist ein Zustand, der Schreckensbilder hervorzurufen vermag. Aktive Teilnahme, die die bestehenden Probleme des Politischen so fundamental ignoriert, ist aber der wahr gewordene Schrecken, weil sie verdeutlicht, wie weit wir uns bereits davon entfernt haben, das Grundsätzliche zu regeln. Den totalitären Regimes des vorigen Jahrhunderts kann vieles vorgeworfen werden, eine fehlende Beteiligung großer Menschenmassen lässt sich nicht feststellen.

---

[40] Vergil, Aeneis, Buch II, Vers 49
[41] Bertolt Brecht, An die Nachgeborenen, in: Ders., Große kommentierte Berliner und Frankfurter Ausgabe, Band 12, Berlin – Weimar – Frankfurt 1988, S. 85

4.2.3 DIE AUFLÖSUNG DER GERECHTIGKEIT

Werte haben die Eigenschaft, verloren zu gehen, wenn sie nicht immer wieder erinnert und vor allem »gelebt« werden. Der Verlust erfolgt nicht plötzlich, sondern vollzieht sich schleichend, zunächst kaum merklich, aber unaufhaltsam. Zu seiner Wahrnehmung bedarf es der Aufmerksamkeit, die selbst kleine Abweichungen registriert. Im Zusammenhang mit der Liebe, aber leicht auf die vorliegenden Ausführungen übertragbar, formuliert Ovid:

> »Widersteh' im Beginn. Zu spät bereitet man Mittel,
> Wann das Übel erst stark wurde durch langen Verzug.«[43]

Als Spruch »Wehret den Anfängen« hat dieser Vers Ovids Eingang in die Umgangssprache gefunden. Bisher wurden schon eine Reihe von Beispielen existierender Ungerechtigkeiten aufgezeigt, denen noch viele weitere folgen werden. Eines der drastischsten Beispiele findet sich im Krankenkassenwesen, in dem eine alleinstehende Krankenschwester ihren Chefarzt, nur weil er Frau und sechs Kinder hat, massiv subventioniert. Die blanke Tatsache ist bereits ein Skandal an sich, der allerdings von der Öffentlichkeit kaum oder gar nicht zur Kenntnis genommen wird. Auf diese Weise wird der Skandal zur Bedrohung.

Die Krankenkassenbeiträge zeigen eine Entwicklung, die bereits weit fortgeschritten ist, bei der der Wahnsinn des politischen Betriebs bereits in voller Form sichtbar wird. Das Absurde von Becketts Theaterstücken ist im Vergleich zur politischen Praxis moderner Staaten von erschreckender Realität. Im Einklang mit Becketts Figuren wird das Erschreckende des Geschehens nicht wahrgenommen, obwohl es dem Betrachter wiederum offensichtlich erscheint. Im Elend von Becketts Figuren sehen wir, sich spiegelnd, das eigene Elend.

Vor dem letzten Schritt zum Gipfel steht der erste Schritt auf den Berg. In diesem Sinne wird im Folgenden der Versuch unternommen, die Schritte in die Ungerechtigkeit an einfachen Beispielen aufzuzeigen. Vom politischen Betrieb wird der Begriff der Gerechtigkeit zwar inflationär gebraucht, meist jedoch mit einem Attribut versehen. Das Attribut heißt »sozial«, und somit ist heute vor allem von »sozialer Gerechtigkeit« die Rede. Die überwiegende Verwendung des Begriffs der Gerechtigkeit im Zusammenhang mit dem Attribut »sozial« enthält in sich schon einen wichtigen Hinweis auf dessen Zerstörung, weil damit offensichtlich etwas anderes gemeint ist als »bloße« Gerechtigkeit.

---

[42] Aristoteles, Politik, 1312b
[43] Ovid, Heilmittel der Liebe, 95

Unter »sozialer Gerechtigkeit« wird in aller Regel etwas betrachtet, was sich gerade der menschenmöglichen Anstrengung systematisch entzieht. Das Beispiel Basketballspieler/Jockey im vorigen Abschnitt zeigt dies sehr deutlich. Die Anstrengung zur Realisation von sozialer Gerechtigkeit ähnelt damit (wieder einmal) verblüffend jener des Sisyphus:

> »Ja auch zu Sisyphus sah ich hinein, der leidend sich plagte;
> Schob er ja doch einen riesigen Block mit beiden Händen.
> Wahrlich, er stieß ihn hinauf bis zum Gipfel und stemmte dagegen,
> Brauchte Füße und Hände; doch war es so weit, daß die Höhe
> Endlich er hatte, da drängte die Überschwere ihn abwärts.
> Wieder dann rollte der schamlose Stein in die Felder hinunter.
> Er aber fing wieder an sich zu plagen und stieß, daß der Körper
> Triefte von Schweiß; um den Kopf aber kreiste von Staub eine Wolke.«[44]

Fassen wir dies zusammen, dann bleibt uns die verblüffende Erkenntnis: *Wir bemühen uns um das, was wir nicht zu lösen vermögen, um uns dem zu verweigern, was wir lösen könnten.*

Einer der Väter des modernen Begriffs der sozialen Gerechtigkeit, John Rawls, hat ein ebenso umfangreiches wie abschreckendes Werk zum Thema geschrieben, das gleich zu Beginn den deutlichen Hinweis enthält: »Ich behaupte, daß die Menschen im Urzustand zwei [...] Grundsätze wählen würden: einmal die Gleichheit der Grundrechte und -pflichten; zum anderen den Grundsatz, daß soziale und wirtschaftliche Ungleichheiten, etwa verschiedener Reichtum oder verschiedene Macht, nur dann gerecht sind, wenn sich aus ihnen Vorteile für jedermann ergeben, insbesondere für die schwächsten Mitglieder der Gesellschaft.«[45] Folgerichtig kommt er dann zu dem Schluss: »Sobald man sich für eine Gerechtigkeitsvorstellung entschieden hat, die die Zufälligkeiten der natürlichen Begabung und der gesellschaftlichen Verhältnisse nicht zu politischen und wirtschaftlichen Vorteilen führen läßt, gelangt man zu diesen Grundsätzen.«[46]

Sollen wir also dem Redner die Zunge herausschneiden, damit er nicht mehr reden kann? Die hehren Grundsätze des Gurus führen weniger in ein Reich der Gerechtigkeit als in eine Welt, die das, was Menschenantlitz trägt, in unerträglichster Weise bevormundet. Was machen wir denn mit unseren Basketballspielern, was mit den Jockeys? Schaffen wir einfach den Basketball- und Reitsport ab? George Orwell und Aldous Huxley haben eine solche Welt aus unterschiedlichen Perspektiven beschrieben. Deren Ausführungen sollten uns Warnung genug sein.

Die Unhaltbarkeit der Grundsätze zeigt sich auch ganz real. Der Begriff der Gerechtigkeit muss gedreht und gebogen, gehoben und gestaucht werden, damit er sich nicht gänzlich im Nichts verliert. Vermutlich ist in der Geschichte der

---

44 Homer, Odyssee, Elfter Gesang, 593 – 600, München – Zürich 1990, S 319
45 John Rawls, Eine Theorie der Gerechtigkeit, Frankfurt am Main 1975, S. 31f.
46 John Rawls, Eine Theorie der Gerechtigkeit, Frankfurt am Main 1975, S. 32

Menschheit noch nie so viel Schindluder mit dem Begriff der Gerechtigkeit getrieben worden, wie bei seiner Eingrenzung zur sozialen Gerechtigkeit. Er ist zum Zentralbegriff des modernen Wohlfahrtsstaates geworden, und in seinem Namen wird jede noch so offensichtliche Ungerechtigkeit legitimiert und bedingungslos angewendet. Der Gleichklang, in dem alle im Bundestag vertretenen Parteien dieses Begriffsungeheuer beschwören und sich ihm verpflichtet fühlen, verdeutlicht, wie tief sich der Begriff in das Wesen der modernen Gesellschaft bereits eingefressen hat.

Eine Abhandlung über Gerechtigkeit des Wohlfahrtsstaats kommt ohne Betrachtung dessen, was als soziale Gerechtigkeit verstanden wird, nicht mehr aus. Die Analyse soll jedoch nicht von vorhistorischen idealen Naturzuständen gelenkt werden, deren zweifelhafter Nutzen gerade auch an Rawls Theorie in so deutlicher Weise sichtbar wird. Stattdessen scheint eine genaue Betrachtung des Hier und Jetzt besser geeignet, sich dem Problem zu nähern. Dazu genügt es, einen fundamentalen Grundsatz des modernen Wohlfahrtsstaats zu nehmen und zu sehen, wie er verwirklicht wird.

Der Satz »Starke Schultern sollen mehr tragen als schwache« darf mit Recht als einer der Fundamentalsätze des modernen Wohlfahrtsstaats und als Axiom dessen, was als »soziale Gerechtigkeit« gilt, betrachtet werden, der von kaum einem Abgeordneten eines deutschen Parlaments, von kaum einem Journalisten, von kaum einem Bürger des Landes bestritten werden wird. Er eignet sich deshalb besonders, das Problem der sozialen Gerechtigkeit zu beleuchten.

Untersuchen wir anhand einiger einfacher Beispiele, wie der Satz in der Realität angewandt wird. Bei den Beispielen kommt es mehr auf das Prinzip als auf die feinste Genauigkeit der verwendeten Zahlen an. Besondere soziale Aspekte, wie etwa Kinder, werden nicht berücksichtigt, weil man sonst im Dickicht der sozialen Regelungen die Orientierung verliert, ohne dass sich dadurch am Prinzip der Verfahrensweise etwas ändern würde. Die angeführten Beispiele sind real, weil sie gültige Regeln des Wohlfahrtsstaates anwenden, sie stellen jedoch den Sachverhalt besonders drastisch dar. Bisweilen betreffen sie nur wenige Menschen, doch dürfen Betrachtungen über Gerechtigkeit niemals von der Zahl der Betroffenen abhängen. Der politische Betrieb arbeitet in Gerechtigkeitsdebatten gewöhnlich mit unvollständigen Beispielen, weil Leistungsbereitschaft und Fleiß bei allgemeinen Vergleichen nie herangezogen werden (können). Zugleich spielen Anliegen von Minderheiten selten eine Rolle, es sei denn, sie vermögen sich deutlich zu artikulieren.

Die Zahlen der Einkommensteuer im Folgenden basieren auf dem Jahr 2009. Die Werte werden jeweils für Alleinstehende ohne Kinder mit Steuerklasse 1 genommen; bei Betrachtungen von Ehepaaren jeweils mit Steuerklasse 4. Der Solidaritätszuschlag wird der Steuerlast zugerechnet, die Kirchensteuer nicht berücksichtigt.

Beispiel 1: A erhält am 31.12. eines Jahres 100 000 Euro als einziges Einkommen des betreffenden und des Folgejahres. B erhält am 31.12. des einen und am 1.1. des folgenden Jahres je 50 000 Euro. A zahlt für sein Einkommen 33 685 Euro an Steuern, B jedoch nur 23 752 Euro. Ersichtlich sind die beiden Schultern gleich stark, doch wird die eine Schulter mit einer um 42 Prozent höheren Steuer belastet.

Beispiel 2: A verdient in vier aufeinanderfolgenden Jahren je 60 000 Euro, während B in zwei Jahren je 100 000 Euro und in zwei Jahren nichts verdient. In diesem Beispiel zahlt B etwas mehr an Einkommensteuer als A, obwohl A im betreffenden Zeitraum 20 Prozent mehr an Einkünften hat. Wenn wir längere Zeiträume betrachten, kann sich dieses Verhältnis noch deutlich zuungunsten von B verschieben.

Beispiel 3: A ist Unternehmer, B Beamter. Beide haben in einem Jahr ein Einkommen von 60 000 Euro. A zahlt 16 037 Euro an Steuern, während B 16 990 Euro zahlen muss. Da A von seinem Einkommen noch die Aufwendungen für sein Alter berücksichtigen darf, hat er eine etwas geringere Steuerbelastung, ist aber dennoch schlechter gestellt als B, der keinerlei eigene Aufwendungen für seine Altersvorsorge leisten muss und doch einer erheblich besseren Versorgung im Ruhestand entgegen sieht. Der Beamte hat seine Einkünfte bis zum Ende seiner Tage sicher, während der Unternehmer nicht weiß, ob er im nächsten Jahr überhaupt noch Einkommen erzielen kann.

Beispiel 4: Betrachten wir ein Ehepaar, beide Gymnasiallehrer der Besoldungsgruppe A14. Ab Juli 2009 hatten die beiden in der Stufe 8 ein Gehalt von je 4 777 Euro/Monat[47], was einem Gesamt-Bruttogehalt von 114 648 Euro/Jahr entspricht. An Einkommensteuern zahlte das Ehepaar im Jahr 2009 41 204 Euro, das sind etwa 36 Prozent. Als Beamte können die beiden Ehepartner ihre Arbeitszeit verkürzen, natürlich bei anteiligem Lohnverzicht. Sie entscheiden sich jeweils für eine halbe Stelle und erzielen damit ein Bruttojahreseinkommen von 57 324 Euro. Auf dieses Einkommen zahlen sie 15 804 Euro an Steuern. Die Steuer der Ehepartner hat sich von 36 Prozent auf knapp 28 Prozent, also um knapp ein Viertel verringert. Die Schultern des Ehepaares sind durch ihre Entscheidung nicht schwächer geworden, zumal die Entscheidung in freier Wahl getroffen worden ist. Eher ist das Gegenteil der Fall. Nur wenige Berufsgruppen mit Menschen gleicher Ausbildung haben die Möglichkeit, ihre Arbeitszeit ihrer Lebensplanung anzupassen und zu bestimmten Zeiten weniger oder auch wieder mehr zu arbeiten. An diesem Beispiel zeigen sich das ganze Elend des Systems der Steuererhebung und sein Widerspruch zur Prämisse der »starken Schultern«. Das Privileg, seine Arbeitszeit verkürzen zu können, wird durch den Vorteil eines niedrigeren Steuersatzes belohnt. Der »soziale Ausgleich« entpuppt sich bei genauerem Hinsehen als Zusatzprämie für ein vorhandenes Privileg.

Beispiel 5: Zwei Menschen gleichen Alters werden nach 35 Berufsjahren zu Hartz-IV-Empfängern. Beide hatten in ihrem Berufsleben ein Gehalt in gleicher Höhe. Der eine hat vorsorglich gelebt und Vermögen angespart, der andere hat sein Geld immer ausgegeben. Der eine erhält sofort Unterstützung, der andere muss zunächst sein erspartes Vermögen verbrauchen (bis auf einen kleinen Rest, der ihm zugestanden wird). Auch in diesem Beispiel werden gleich starke Schultern ungleich behandelt, es sei denn, man behandelt die Tatsache, dass der eine

---

[47] Die Zahl ist entnommen: http://www.beamten-informationen.de/information/besoldung/besoldungstabellen

gespart, der andere aber sein Geld ausgegeben hat, als unzulässigen genetischen Vorteil, der durch die unterschiedlichen Sozialmaßnahmen ausgeglichen wird.

Beispiel 6: Erneut betrachten wir zwei Menschen gleichen Alters, die nach 35 Berufsjahren zu Hartz-IV-Empfängern werden und in ihrem Berufsleben ein Gehalt gleicher Höhe bezogen haben. Beide haben ein eigenes Haus erworben. Der eine hat im vorgegebenen Rahmen gebaut, der andere träumte von einer Familie mit vielen Kindern und hat ein zu großes Haus gebaut, seinen Traum allerdings nicht zu erfüllen vermocht. Der eine darf sein Haus behalten, der andere muss es verkaufen, auch wenn er Verluste dabei macht. Sollten die Einnahmen des Hausverkaufs zu hoch sein, dann muss er noch zusätzlich sein Vermögen (bis zur Untergrenze) verbrauchen, bevor er Unterstützung erhält. Hier ergibt sich die gleiche Beurteilung wie in Beispiel 5.

Beispiel 7: Als letztes Beispiel betrachten wir das Umfeld einer einfachen Lohnerhöhung. Ein Arbeitnehmer verdiene 50 000 Euro im Jahr. Auf diese Summe zahlt er 11 876 Euro an Einkommensteuern, das sind 23,75 Prozent. Nun haben sich alle Preise um 10 Prozent erhöht, und der Arbeitnehmer erhält folgerichtig auch eine Lohnerhöhung von 10 Prozent. Eigentlich hat sich seine Lage nicht verändert, seine Schultern sind weder stärker noch schwächer geworden. Jetzt kommt der Zugriff des Staates in Form der Steuererhebung, und der Arbeitnehmer muss auf die zusätzlichen Einnahmen von 5 000 Euro, die ja seine Lage nur stabil halten, eine Steuer von 2 034 Euro bezahlen, das sind fast 41 Prozent. Seine Gesamteinnahmen werden um ca. 6,5 Prozent höher besteuert.

Diese Beispiele genügen, um das Problem zu erkennen, selbst wenn sie keineswegs vollständig sind. Zu einem guten Teil basieren sie auf der Tatsache der progressiven Einkommensbesteuerung, die, obwohl wir sie in ihren wesentlichen Grundzügen dem Wirken der Nationalsozialisten verdanken, geradezu als Axiom des Wohlfahrtsstaats betrachtet werden kann. Mag die Prämisse in den Anfangsjahren der Bundesrepublik noch eine gewisse Berechtigung gehabt haben, so hat sie inzwischen erheblich an Wert verloren, zumal sich ihre Umsetzung an Verhältnissen orientiert, deren Realität längst verschwunden ist. In Zeiten des unbegrenzten Wirtschaftswachstums und der Vollbeschäftigung mag sie ihren eigenen Ansprüchen noch hinreichend gerecht geworden sein, weil stetige Einkommensteigerungen fast aller der Normalfall waren.

Seit diese Zeiten vorbei sind, entpuppt sich die Prämisse in ihrer praktischen Anwendung als untauglich, den gesellschaftlichen Verhältnissen noch gerecht zu werden. Heute haben große Teile der Bevölkerung alles andere als eine Einkommensgarantie und schwankende Einnahmen in verschiedenen Jahren sind keine Seltenheit mehr. Die Form unserer Einkommensteuererhebung hat weniger mit der Stärke unserer Schultern als vielmehr mit schlichter Beraubung großer Teile der Bevölkerung zu tun, deren Verschleierung und ideologische Verbrämung zugleich die Erkenntnis seitens jener behindert.

Die Beispiele spielen im öffentlichen Leben kaum eine Rolle. Da sich die Öffentlichkeit vornehmlich mit Fällen der großen Zahl beschäftigt, fallen Einzelfälle leicht durch das Raster der Betrachtung. Dies ist einem der Demokratie innewohnenden Prinzip geschuldet, nach dem die Mehrheit oder zumindest eine starke

Minderheit die Diskussion bestimmt. Schwache Minderheiten haben in Demokratien einen schweren Stand. Gerade weil diese Tatsache weithin bekannt ist, müsste eine freiheitliche Demokratie schwache Minderheiten in besonderer Weise schützen. Da Fragen der Gerechtigkeit niemals mit Fragen nach der Mehrheit beantwortet werden können, zeigt sich hier eine besondere Gefahr für unser Gemeinwesen.

Das Konzept des modernen Wohlfahrtsstaats, dem der Begriff der »sozialen Gerechtigkeit« inhärent ist, basiert geradezu auf dem Prinzip des »Teile und herrsche«, indem der soziale Ausgleich stets auf dem Rücken kleinerer zugunsten größerer Gruppen ausgetragen wird. Da die Gruppen der Benachteiligten sich aber immer wieder verschieden zusammensetzen und die jetzt Benachteiligten bei der nächsten Entscheidung im Vorteil sind, da also Transparenz geradezu perfekt außer Kraft gesetzt wird, vermögen die Einzelnen das Spiel nicht mehr zu durchschauen und lassen sich allzu leicht zum Handlanger fremder Interessen machen. Dieses Verfahren führt nicht nur zur Auflösung von Gerechtigkeit, sondern vernichtet jeden Wertekanon.

Dies wird heute oft mit einer überbordenden Individualisierung gleichgesetzt, ist aber vielmehr ein letzter, wenn auch nicht bewusster, Rettungsanker vor der tatsächlich stattfindenden Identifizierung aller mit einer gesellschaftlichen Norm, die einen nicht näher beschriebenen Wohlstand zum Maß aller Dinge oder zum Zweck an sich erhebt, zu dessen Erreichung buchstäblich jedes Mittel recht ist.

Am Beispiel des viel beschworenen Begriffs der Solidarität kann dies nachvollzogen werden. Er wird immer von jenen beschworen, die sich einen unmittelbaren Vorteil erhoffen und sofort vergessen, wenn andere benachteiligt sind. Das ist die moderne Ausgestaltung der Prädestinationslehre, der jegliche Transzendenz verloren gegangen ist: *Verhalte dich so, dass dein Verhalten immer im Einklang mit den sozialen Vorgaben steht, dann wirst du Gerechtigkeit erfahren und der Wohltaten des Wohlfahrtsstaates teilhaftig werden.*

Dies ist der wahre kategorische Imperativ der »sozialen Gerechtigkeit«. Dies ist aber auch die vollständige Aufhebung jeder Freiheit. An deren Stelle tritt die Sicherstellung einer materiell gehobenen Lebensführung, die den Bürgern als Ziel des Lebens vorgegaukelt wird. Der Begriff der »gehobenen Lebensführung« bleibt dabei unbestimmt und wird zur Quelle dauernder Unzufriedenheit. *Die wahre Intention des Wohlfahrtsstaates ist die Ersetzung des Menschen durch den sich in seiner Rolle wohlfühlenden Sklaven.*

Der Satz »Starke Schultern sollen mehr tragen als schwache« als Grundprinzip des Wohlfahrtsstaats entlarvt sich also als pure Ideologie. Dies gilt umso mehr, als die wirklich starken Schultern der Gesellschaft über unzählige Möglichkeiten verfügen, ihre Last zu erleichtern. Mit der »sozialen Gerechtigkeit« haben wir die Gerechtigkeit der numerischen Mehrheit ausgeliefert. »Wenn aber jeder Beschluß der zahlenmäßigen Mehrheit rechtskräftig ist, dann werden sie Unrecht begehen: sie werden den Besitz der begüterten Minderheit konfiszieren.«[48] Mit Sicherheit wird die Forderung nach sozialer Gerechtigkeit immer nur im Zusammenhang mit

---

[48] Aristoteles, Politik, 1318a

echten oder vermeintlichen Vorteilen erhoben, um sich durch erhöhte Transferzahlungen die eigene Tasche besser zu füllen.

Die Unterstützer der sozialen Forderungen bestätigen nur die Richtigkeit der Überlegung, rekrutieren sie sich in der Regel doch aus der Schar der »Sozial-Lobbyisten«, die ihren Lebensunterhalt auf die unterschiedlichste Weise durch die ständige Aufrechterhaltung des sozialen Konflikts verdient. »Wenn man der Bestie blutige Fleischstücke aus der Nähe zeigt und wieder wegzieht, bis sie endlich brüllt: meint ihr, daß dies Gebrüll Gerechtigkeit bedeute?«[49] Auf diese Weise mit der Gerechtigkeit zu verfahren, schafft die Gerechtigkeit ab. Darin liegt die wirkliche Gefahr der »sozialen Gerechtigkeit«. *Die Abschaffung der Gerechtigkeit bedeutet nichts weniger als die Herrschaft der Barbarei.*

Es gibt Werte, die entziehen sich der Beurteilung durch Mehrheiten. Als leuchtendes Beispiel können hier die Menschenrechte angeführt werden, die, zumindest in den westlichen Demokratien, als sakrosankt gelten und durch keine noch so große Mehrheit außer Kraft gesetzt werden dürfen. Im Grundgesetz der Bundesrepublik Deutschland kommt dies unmissverständlich zum Ausdruck: »In keinem Falle darf ein Grundrecht in seinem Wesensgehalt angetastet werden.«[50] Hier bringt der Gesetzgeber sein Misstrauen gegenüber der reinen Mehrheitsentscheidung zum Ausdruck. Wir sollten uns öfter daran erinnern.

Der Wert der Gerechtigkeit ist noch über dem Wert der Menschenrechte anzusiedeln, sind diese doch wertlos, wenn jene nicht gilt. In diesem Sinne sollte uns der inflationäre Gebrauch des Wortes »Gerechtigkeit« misstrauisch machen, weist er doch eher auf einen Mangel denn auf allgemeine Gültigkeit hin. Dinge, die gelten, brauchen nicht immer wieder beschworen zu werden. »Nicht gewaltsame neue Verteilungen sondern allmähliche Umschaffungen des Sinnes tun not, die Gerechtigkeit muß in allen größer werden, der gewalttätige Instinkt schwächer.«[51]

---

[49] Friedrich Nietzsche, Menschliches, Allzumenschliches, Band 1, 451
[50] Grundgesetz der Bundesrepublik Deutschland, Artikel 19, Absatz 2
[51] Friedrich Nietzsche, Menschliches, Allzumenschliches, Band 1, 452

»Aus der Demokratie stammt dagegen das Verhalten, gegen
die Angesehenen zu kämpfen, sie versteckt und offen zu
beseitigen und als Rivalen und als hinderlich für die (Ausübung
der Allein-) Herrschaft zu verbannen. Daher kommt es auch zu
den Anschlägen gegeneinander, da die einen selber die Macht
innehaben wollen, während die anderen nicht bereit sind, die
Stellung von Sklaven einzunehmen. Dies ist auch der
Hintergrund für den Rat des Periander an Thrasybul (der darin
bestand), die herausragenden Getreidehalme abzuhauen, weil
man seiner Auffassung nach immer die überrragenden Bürger
beseitigen müßte.«

Aristoteles[52]

4.3   STEUERN UND SUBVENTIONEN

4.3.1   ALLGEMEINE ANMERKUNGEN

Die Wohltaten des Wohlfahrtsstaats bestehen in der Realität in verschiedensten
Geldzuwendungen. Bevor etwas verteilt werden kann, muss erst etwas eingenommen werden. Die Steuern stellen die Haupteinnahmequelle des modernen Staates
dar. Ohne sie kann der Staat nicht als Wohlfahrtsstaat agieren. Aus dieser Überlegung heraus ist es plausibel, zuerst den Komplex der Steuern und Subventionen zu
betrachten.

Häufig wird das Wort »Steuer« in der Bedeutung von Steuerung, Lenkung verstanden. Der Staat erhält mithilfe der Steuer finanziell die Möglichkeit, das politische Geschehen zu lenken. Diese Vorstellung scheint insbesondere in den Köpfen
unserer Politiker zu existieren, denn tatsächlich wird die Erhebung von Steuern,
vor allem aber auch deren öfter vorkommende Erhöhung immer wieder mit dem
Anwachsen der staatlichen Aufgaben begründet, was im Kern nichts anderes
bedeutet, als die Lenkungsmöglichkeiten des Staates zu erweitern. Im fiskalischen
Sinne ist diese Meinung jedoch falsch.

Dem Begriff liegen tatsächlich zwei Bedeutungen zugrunde. Zum einen
bedeutet Steuern im allgemeinen Sinne durchaus Lenkung, etwa bei einem Auto,
einem Schiff oder in einer Unternehmung. Zum anderen bedeutet Steuern fiska-
lisch einfach nur Geldabgabe im Sinne von Stütze, Unterstützung. In den Begriffen Aussteuer und beisteuern kommt diese Erklärung deutlich zum Ausdruck.[53]

Da sich die Regierung moderner Wohlfahrtsstaaten in ihren Aufgaben durchaus
mit der Führung einer großen Unternehmung vergleicht, die Politiker sich also als
Manager des Politischen verstehen, ist die Vorstellung der Steuer als Mittel zur
Steuerung des Staates durchaus naheliegend und wird dem Volk auch nahe gelegt.
Damit wird gleichzeitig suggeriert, dies sei schon immer so gewesen, also gleich-

---

[52] Aristoteles, Politik, 1311a
[53] Vgl. Kluge, Etymologisches Wörterbuch der deutschen Sprache, Stichwort: Steuer, Berlin – New York 2002

sam eine »ewige Wahrheit«. Diese Vorstellung ist jedoch historisch nicht haltbar, denn erst mit der Neuzeit, genauer seit dem 20. Jahrhundert, wurde die Steuer vermehrt zur Steuerung des Staates eingesetzt. Das Bild hängt also aufs Engste mit der Vorstellung des Wohlfahrtsstaates zusammen.

Wenn hier von Steuerung des Staates die Rede ist, dann sind nicht die Ausgaben für Straßenbau, Rüstung oder Ähnliches gemeint. Diese Staatsausgaben hat es schon immer gegeben. Dazu kamen in der Vergangenheit noch erhebliche Aufwendungen der Herrscher für ihre Hofhaltung und zu Repräsentationszwecken. Niemand würde auf die Idee kommen, eine solche Geldverwendung als Steuerung des Staates zu bezeichnen. Wenn die Anfänge auch schon etwas früher liegen, so hat doch Ende des Zweiten Weltkriegs eine Entwicklung eingesetzt, in der die Steuern in zunehmendem Maße zur Steuerung der Gesellschaft verwendet worden sind. Erst ab diesem Zeitpunkt kann von einer Angleichung der beiden unterschiedlichen Bedeutungen des Begriffes »Steuer« im politischen Raum gesprochen werden.

Gewiss nicht zufällig stimmt der Zeitpunkt mit demjenigen überein, zu dem der Wohlfahrtsstaat moderner Prägung seinen gesellschaftlichen Durchbruch hatte. Damit wurde jedoch die Büchse der Pandora geöffnet, denn kaum damit begonnen, weiteten sich die Ansprüche schier grenzenlos aus. Dabei ist der Überblick schon lange verloren gegangen. »Welche Vergünstigungen wer wem einräumt und wen er wie belastet, wo genau die Verteilungsbürokratie neue Geldquellen erschließt und nach welchen Kriterien sie eigentlich ihre Alimente vergibt, das ist kaum noch jemandem einsichtig. Für viele gleicht das Sozialsystem einem Labyrinth, undurchschaubar in seinen Verästelungen.«[54] Selbst wenn das Zitat schon einige Jahre alt ist, so hat sich seitdem an seinem Inhalt nichts geändert, die Unübersichtlichkeit hat eher zugenommen.

Die Steuer- und Abgabenlast ist also mit dem Wohlfahrtsstaat verbunden wie Atmen mit Luft. Das System der Wohltaten hat dabei einen besonderen Nebeneffekt: Je mehr der Wohlstand steigt, desto höher steigt der Bedarf an Sozialleistungen. Als Sozialquote bezeichnet man den Anteil der Ausgaben für soziale Zwecke am Bruttosozialprodukt. Normalerweise würde man ein kontinuierliches Sinken dieser Quote in einer reicher werdenden Gesellschaft erwarten. In den modernen Wohlfahrtsstaaten beobachten wir jedoch einen anderen Trend. Im Jahre 1960 betrug die Sozialquote in Deutschland 21 Prozent, um dann in den 1970er Jahren auf etwa 30 Prozent zu steigen, ein Wert, der auch heute noch weitgehend gilt.[55] Das heißt, unabhängig vom wirtschaftlichen Fortschritt wird etwa jeder dritte in der Bundesrepublik Deutschland erwirtschaftete Euro für Sozialleistungen ausgegeben. Damit lässt sich sagen:

»Der deutsche Wohlfahrtsstaat hat sich zu einer gigantischen Beglückungsmaschine entwickelt, die immer neue gesellschaftliche Gruppen erfasst und dabei in ihrem rastlosen Bemühen, Vergünstigungen und Sonderrechte möglichst gleichmäßig zu verteilen, immer größere Geldströme ansaugt – mithilfe eines Steuersys-

---

[54] Der Spiegel, 37/1999, S. 96
[55] Vgl. www.sozialpolitik-aktuell.de, Stichwort: Sozialleistungsquote

tems, das ebenso wenig durchschaubar ist. Und wenn gar nichts mehr geht, werden neue Schulden gemacht – und die Kosten damit kommenden Generationen aufgebürdet. Derzeit geht jede zweite Mark, die von den Bundesbürgern erwirtschaftet wird, durch die öffentliche Hand, wie die Staatsbürokratie gern genannt wird – alles in allem die gewaltige Summe von 1,9 Billionen Mark und damit etwa so viel wie die Deutschen in den ersten zehn Jahren Bundesrepublik insgesamt erwirtschaftet haben.«[56] Von dieser Summe werden etwa 300 Milliarden Euro als Sozialausgaben verwendet.[57]

Sozialtransfers sind die Gewährung von Zahlungen an Privathaushalte. Damit allein gibt sich der Wohlfahrtsstaat moderner Prägung nicht zufrieden. Daneben erfolgen noch Zahlungen an Unternehmen, die als Subventionen bezeichnet werden. In den vergangenen Jahren betrug die jährliche Subventionssumme zwischen 50 und 60 Milliarden Euro, um im Jahr 2010 auf gut 40 Milliarden Euro zu sinken, wobei der Betrag sich sowohl aus direkten Zahlungen wie auch aus Steuernachlässen zusammensetzt. Zu dieser gewaltigen Zahl kommen noch Subventionen im Rahmen der EU, die sich im Jahr 2007 für Deutschland auf über 16 Milliarden Euro beliefen.[58]

Regierungsarbeit im Wohlfahrtsstaat besteht im Wesentlichen darin, die ungeheuren Geldströme, die vor allem über Steuern eingenommen werden, entsprechend zu verteilen, wobei dies unter den wachsamen Augen einer Vielzahl von Soziallobbyisten geschieht, deren Aufgabe darin besteht, den Geldfluss in die Taschen ihrer Klientel zu lenken, um dabei jede andere Regelung als Aushöhlung, wenn nicht als Ende des Sozialstaats zu geißeln.

Wer den höheren Aufwand mit einem höheren Maß an Gerechtigkeit rechtfertigt, der wird schnell enttäuscht. Wie schon im vorigen Kapitel an vielen Beispielen nachgewiesen, geht es auch hier vor allem darum, den Schein zu wahren und durch heftige Betriebsamkeit wenigstens den Eindruck zu erwecken, es würde etwas Gutes bezweckt. »Wer nun allerdings schärfer hinsieht, stellt schnell fest, dass nur der kleinste Teil des gewaltigen Sozialbudgets noch der Versorgung der Armen dient. Der weitaus größte Teil fließt heute über unzählige Umwege und Transfertöpfe den sogenannten Mittelschichten zu, Leuten also, die selbst Sprachreisen in die Provence und Grappa-Seminare an der Volkshochschule für förderungswürdige Sozialprojekte halten.«[59]

Die Steuereinnahmen bilden die Quelle des Wohlfahrtsstaates. Ohne den ungezügelten Zugriff des Staates wäre der Wohlfahrtsstaat nicht denkbar. Deshalb muss zuerst die Art und Weise der Steuererhebung untersucht werden.

Nach Berechnungen des Bundes der Steuerzahler »müssen die Arbeitnehmer in diesem Jahr [gemeint ist das Jahr 2009, P.K.] 53,3 Prozent ihrer Brutto-Einkünfte an den Fiskus und die Sozialkassen zahlen [...] so gehen von jedem Euro Einkommen 32,7 Cent für Steuern ab. Davon 7,2 Cent Mehrwertsteuer, 10,8 Cent

---

[56] Der Spiegel, 37/1999, S. 96f.
[57] Vgl. Spiegel-Geschichte, Geschlossene Gesellschaft, 2/2009, S. 109
[58] Vgl. Bundesfinanzministerium, 22. Subventionsbericht 2010
[59] Der Spiegel, 37/1999, S. 100

Lohn- oder Einkommensteuer und Soli-Zuschlag, 2,2 Cent Energiesteuern sowie 12,5 Cent für sonstige Steuern wie Erbschaft- oder Kfz-Steuer. An die Sozialkassen werden laut Steuerzahlerbund 20,6 Cent abgeführt. Davon 10,3 Cent an die Rentenversicherung, 7,9 Cent Krankenkassenbeiträge, 1,4 Cent für die Arbeitslosenversicherung und 1 Cent für die Pflegeversicherung.«[60]

Da es sich bei den genannten Zahlen um Durchschnittswerte handelt und zum Beispiel etwa die Hälfte der Bevölkerung keine Steuern auf ihr Einkommen zahlt, erhöhen sich die genannten Werte für jene, die Einkommensteuern zahlen, noch erheblich. Gutverdiener der Gesellschaft können so leicht auf Werte von über 70 Prozent ihrer Brutto-Einkünfte für Steuern und Sozialabgaben kommen. Das sind Werte, die nicht mehr weit von einer faktischen Enteignung entfernt sind.

Eine solch ungeheure Verteilungsmasse weckt viele Begehrlichkeiten. Diese dürfen natürlich nicht in ihrer reinen Form auftreten, sie bedürfen einer geeigneten Verkleidung. Das am meisten genutzte Mittel dafür stellt die Forderung nach sozialer Gerechtigkeit dar. Nun ist der Begriff der Gerechtigkeit schon seit Aristoteles ein konstituierender Bestandteil eines politischen Gemeinwesens und als solcher kaum ernsthaft zu hinterfragen. Bei der sozialen Gerechtigkeit geht es um etwas völlig anderes als um Gerechtigkeit.

Während der Begriff der Gerechtigkeit bis in jene Zeiten zurückreicht, in denen der Mensch sich zum Kulturwesen entwickelt hat, ist der Terminus »soziale Gerechtigkeit« neueren Datums. Er ist in seiner modernen Bedeutung erst im Zuge der Sozialistenbewegungen des 19. Jahrhunderts entstanden und diente immer schon als Kampfbegriff, den gerechten Anteil der Arbeiter am erwirtschafteten Reichtum zu erhalten. »Soziale Gerechtigkeit bezeichnet ein Leitbild einer Gemeinschaft, in der die Verteilung ihrer Güter den – von verschiedenen politischen Denkschulen unterschiedlich verstandenen – vorherrschenden ethischen Prinzipien dieser Gemeinschaft entspricht.«[61]

Hier findet sich die Arena für Lobbyisten. Je unterschiedlicher der Begriff verstanden wird, desto besser ist es für die Interessenvertreter des Sozialen, denn sowohl hier- als auch darauf, dass der Begriff der Gerechtigkeit zu den unhinterfragbaren Grundsätzen eines jeden politischen Gemeinwesens zählt, bauen sie die Strategie ihrer Einflussnahme auf. Da Lobbyisten immer im Trüben zu fischen gewohnt sind, brauchen sie das Trübe wie die Fische das Wasser. Sie können die verschiedenen politischen Denkschulen trefflich gegeneinander ausspielen und sich im Zweifelsfall noch auf die nicht vorhandenen »vorherrschenden ethischen Prinzipien« der Gesellschaft berufen. Das schafft genau die Melange, um rücksichtslos Interessenpolitik betreiben zu können.

Der anfängliche Verdacht hat sich also zur Gewissheit verdichtet. Der Begriff der sozialen Gerechtigkeit bedeutet tatsächlich etwas ganz anderes als Gerechtigkeit.

Die schwammige soziale Gerechtigkeit hat sich zum bestimmenden Maßstab der Verteilungsmaschinerie aufgeschwungen. Wohlfahrtsstaat und soziale Gerech-

---

[60] www.t-online.de, 13.07.2009. Die Nachricht wurde auch in der Tagesschau vom 15.07.2009 gebracht.
[61] www.wikipedia.de, Stichwort: Soziale Gerechtigkeit

tigkeit bedingen sich gegenseitig, sind also logisch gleichwertig geworden. Der Wohlfahrtsstaat wird in Gang gesetzt, um soziale Gerechtigkeit zu erreichen, und zur Erreichung sozialer Gerechtigkeit brauchen wir den Wohlfahrtsstaat.

Die Art und Weise der Steuererhebung hat dabei einen wesentlichen Einfluss auf das, was unter sozialer Gerechtigkeit verstanden wird. Die relative Höhe der (Einkommens-)Steuer hängt von der Höhe der jährlichen Einkünfte ab und dämpft damit die Aufstiegschancen des Mittelstands. Es bedarf schon erheblicher Einkommensunterschiede, um auch nur den Vorteil des ererbten Eigenheims eines Arbeitskollegen im Laufe eines Berufslebens aufholen zu können.

Dies ficht die Sozialbürokratie nicht an, und nichts steht in einem Wohlfahrtsstaat weniger zur Disposition als die Möglichkeit, ungeniert über das Geld der Bürger verfügen zu können. Auch die geringe Wirkung der staatlichen Umverteilungsmaßnahmen, deren herausragendes Merkmal die stetige Zunahme von Armut bei wachsendem Reichtum ist, kann die Kämpfer für soziale Gerechtigkeit nicht beirren. Im Gegenteil finden sie auf diese Weise doch eine nie endende Aufgabe vor, an deren Lösung sie sich immer wieder aufs Neue bewähren können. So kann man immer neue Steuern fordern und den Wohlfahrtsstaat ausbauen, ohne an der Lage der Armen im Lande etwas zu ändern. Um also den Wohlfahrtsstaat verstehen zu können, müssen wir zunächst die Fragen der Steuererhebung betrachten.

4.3.2 DIE ERHEBUNG DER STEUERN

Der Erhebung der Steuern kommt eine zentrale Aufgabe im Rahmen des Wohl-fahrtsstaates zu. Wenn es der Politik wirklich um das Wohlergehen ihrer Bürger ginge, müsste die Gestaltung der Steuererhebung von einem eher schlichten Gemüt zu verstehen sein. Erste Zweifel am Wohlfahrtsstaat tauchen auf, wenn man sich die Form der Steuererhebung ansieht, enthält sie doch alles das, was eine transparente und gerechte Steuer nicht enthalten sollte. Man braucht schon reich-lich Fachwissen und zumindest eine gehobene mathematische Ausbildung, um überhaupt zu verstehen, nach welchen Grundsätzen die Steuer erhoben wird.

Doch zunächst ein kurzer Überblick über die Steuerarten. In Deutschland gibt es im wesentlichen vier verschiedene Steuerarten, die Einkommensteuer, die Mehrwertsteuer als Konsumsteuer, die Zinsabschlagsteuer auf Erträge aus Geldan-lagen und verschiedene Steuern auf ausgewählte Produkte, wie Benzin, alkohol-haltige Getränke, Tabakwaren und Ähnliches.

Bei der letzten Gruppe geht es – dies alleine ist schon ein wichtiger Finger-zeig – zumindest offiziell um die Ächtung bestimmter Produkte, die für die Men-schen als schädlich eingestuft werden. Dabei gibt es auch widersinnige Regelun-gen. So sind etwa auf Tabakwaren hohe Steuern zu entrichten (zum Wohle der Volksgesundheit), gleichzeitig wird der Tabakanbau subventioniert. Im Vergleich zur generellen Regelung sind Beispiele dieser Art jedoch zu vernachlässigende Randerscheinungen, die aber dennoch ein bezeichnendes Licht auf den Politikbe-trieb des Wohlfahrtsstaats werfen.

Genauer betrachtet werden sollen hier die Einkommensteuer und die Mehr-wertsteuer. Die »Gestaltungsmöglichkeiten« bei der Festsetzung des eigenen Ein-kommens sind alleine schon eine ganze Abhandlung wert, deshalb befassen wir uns zunächst mit der Erhebung der Mehrwertsteuer. Außerdem trägt sie alle Insi-gnien der Verkomplizierung in sich, lässt allerdings weniger »Gestaltungsmög-lichkeiten« zu.

Adam Smith hat einige Grundregeln für die Erhebung von Steuern aufgestellt, von denen eine lautet: »Jede Steuer sollte so erhoben werden, daß sie aus den Taschen der Leute nicht viel mehr nimmt oder heraushält, als sie an Einnahmen in die Kasse des Staates bringt.«[63] Smith meint damit, die Erhebung der Steuern auf einfache Grundsätze zu stützen, weil sonst die Gehälter der zur Steuereintreibung erforderlichen Beamten bereits den größeren Teil des Steueraufkommens aufzeh-ren könnten. Zwar besteht bei der Höhe der bei uns erhobenen Steuern diese

---

[62] Jean-Jacques Rousseau, Gesellschaftsvertrag, Buch 3, Kapitel 15, Von den Abgeordneten oder Volksver-tretern, Hervorhebung im Original
[63] Adam Smith, Der Wohlstand der Nationen, München 1974, S. 704

Gefahr nicht, allerdings leisten wir uns einen Aufwand in der Steuererhebung, den sich Adam Smith nicht einmal in seinen kühnsten Träumen hätte vorstellen können.

So wird immer wieder die Forderung laut, die Zahl der Steuerbeamten drastisch zu erhöhen, um der weitverbreiteten Steuerhinterziehung besser zu begegnen. Dem Problem etwa durch ein einfaches und vernünftigeres Steuersystem entgegen zu treten, kommt niemandem in den Sinn.

Die Mehrwertsteuer ist eine Konsumsteuer, die beim Verkauf einer Ware anfällt. Bei ihrer Einführung im Jahre 1968 wollte man auf die Preisbildung für als lebenswichtig erachtete Güter einwirken und legte zwei unterschiedliche Steuersätze fest. Was anfangs dazu gedacht war, zum Beispiel Grundnahrungsmittel steuerlich geringer zu belasten, hat sich zwischenzeitlich zu einem unüberschaubaren System von Regelungen ausgeweitet, dessen Erläuterungen für die Fachbeamten der Finanzverwaltung zu einem Konvolut von immerhin 140 Seiten[64] führte. Das hat jedoch nicht verhindern können, dass »die Finanzverwaltung den Abgrenzungsproblemen häufig hilflos gegenüber«[65] steht.

Der Bundesrechnungshof hat die unsinnigen Regelungen bereits mehrfach untersucht und kommt auch in einem weiteren Bericht im Jahr 2010 zu dem Resümee, dass Umsatzsteuerermäßigungen:

- »schwierig von regelbesteuerten Umsätzen abzugrenzen sind; einen hohen Personaleinsatz erfordern, um eine gesetzeskonforme Besteuerung sicherzustellen;
- die Finanzverwaltung vor erhebliche Probleme stellen und angemessene Kontrollen nur mit einem enormen Verwaltungsaufwand zu leisten wären;
- häufig sachlich nicht mehr begründet sind;
- zu Mitnahmeeffekten und missbräuchlichen Gestaltungen genutzt werden;
- zum Teil nicht mit dem Gemeinschaftsrecht in Einklang stehen.«[66]

Einige der zum Teil seit Jahrzehnten geltenden Regelungen sollen genauer angesehen werden. Seit 1956 waren landwirtschaftliche Umsätze von der Umsatzsteuer befreit. Mit Einführung der Mehrwertsteuer wurden landwirtschaftliche Produkte nun besteuert, allerdings mit dem reduzierten Steuersatz. Damit unterliegt jetzt auch Tierfutter aus pflanzlichen oder tierischen Abfällen dem ermäßigten Satz. Dazu zählt aber inzwischen genauso Heimtierfutter, also etwa Dosennahrung für Hunde und Katzen, Kuchen und Kauspielzeug für Hunde und andere Tiere oder Futter für Ziervögel und Zierfische. Alle diese Produkte werden industriell hergestellt und über den Lebensmittelhandel vertrieben. Die ursprüngliche Absicht, eine

---

[64] Bundesministerium der Finanzen, Schreiben vom 5. August 2004, Bundessteuerblatt 2004 I, S. 638ff.
[65] Bundesrechnungshof, Bericht nach § 99 BHO über den ermäßigten Umsatzsteuersatz, 28.06.2010, S. 5
[66] Bundesrechnungshof, Bericht nach § 99 BHO über den ermäßigten Umsatzsteuersatz, 28.06.2010, S. 5

Verteuerung landwirtschaftlicher Erzeugnisse zu vermeiden, spielt ebenfalls keine Rolle und hat mit der Regel längst nichts mehr gemein.[67]

Die Lieferung von Brennholz unterliegt wie die von Sägespänen, Holzausschuss und Holzabfällen, auch wenn diese zu Pellets, Briketts, Scheiten oder ähnlichen Formen zusammengepresst sind, dem reduzierten Mehrwertsteuersatz. Heizöl, Erdgas und Kohle müssen jedoch mit dem Regelsteuersatz versteuert werden. Auf Holz und Holzerzeugnisse, wie Holzpfähle, ist der Regelsteuersatz anzuwenden. Wird das Holz vom Durchschnittsverbraucher hingegen üblicherweise als Brennholz angesehen, dann gilt der ermäßigte Steuersatz, wobei es auf die beabsichtigte oder tatsächliche Verwendung des Holzes nicht ankommt.[68]

Die nachfolgende Zusammenfassung bezieht sich auf das bereits zitierte Schreiben des Bundesfinanzministeriums und liest sich wie eine Verhaltensanweisung für die Bürger von Schilda. Es lohnt sich, den Horror der verschiedenen Regelungen zur ermäßigten Mehrwertsteuer genauer anzusehen. Der Bundesrechnungshof stellte unter Würdigung verschiedener Unterlagen Folgendes fest:

»Der ermäßigte Steuersatz gilt nicht nur für die alltäglichen Lebensmittel. Begünstigt werden auch Feinschmeckerprodukte wie Gänseleber, Froschschenkel, Wachteleier, Süßwasserkrebse, Riesengarnelen und Schildkrötenfleisch. Trüffel werden mit 7 % besteuert, es sei denn, sie sind mit Essig zubereitet. Dann sind 19 % Umsatzsteuer abzuführen. Speiseeis, Süßwaren, Kartoffelchips und alkoholhaltige Pralinen (z.B. Weinbrandbohnen und Champagnertrüffel) unterliegen dem ermäßigten Steuersatz. Dagegen ist für Mineralwasser und einfaches Trinkwasser in Fertigpackungen der volle Steuersatz zu entrichten. Bei Früchten und Gemüse hängt die Höhe des Steuersatzes davon ab, ob und wie sie verarbeitet sind. Frische Früchte und Gemüse werden ermäßigt besteuert. Dies gilt ebenfalls für dickflüssige Säfte aus pürierten Früchten und Gemüse (sogenannte Ganzfruchtsäfte oder ›Smoothies‹) sowie Marmeladen aus Früchten. Werden Früchte und Gemüse aber zu Säften gepresst (z. B. Apfelsaft, Möhrensaft), ist der volle Steuersatz anzuwenden. Kaffeepulver und Instantkaffee fallen ebenso wie Leitungswasser unter den ermäßigten Steuersatz. Werden fertige Kaffeegetränke aus Automaten abgegeben, ist der Regelsteuersatz anzuwenden. Milch und Milcherzeugnisse (z. B. Molke) werden ermäßigt besteuert. Für Milchmischgetränke, die zu mehr als einem Viertel aus Fruchtsaft bestehen, ist der volle Steuersatz zu erheben. Dies gilt auch für pflanzliche Milchersatzprodukte (›Sojamilch‹). Blätter, Zweige, Gräser und Moos, die zu Binde- oder Zierzwecken verwendet werden, unterliegen dem ermäßigten Steuersatz, wenn sie frisch sind. Mit ihrer Trocknung geht

---

[67] Vgl. Bundesrechnungshof, Bericht nach § 99 BHO über den ermäßigten Umsatzsteuersatz, 28.06.2010, S. 20

[68] Vgl. Bundesrechnungshof, Bericht nach § 99 BHO über den ermäßigten Umsatzsteuersatz, 28.06.2010, S. 21

der steuerliche Vorteil verloren. So ist auch ein Adventskranz nur dann begünstigt, ›soweit frisches Material charakterbestimmend ist‹. Wird er dagegen aus Trockenpflanzen hergestellt, muss der Kunde 19 % Umsatzsteuer zahlen. Das Bundesfinanzministerium weist darauf hin, dass Trockenmoos durch Anfeuchten nicht wieder zu frischem Moos wird. Getrocknete Schweineohren werden grundsätzlich als Knabberprodukt für Hunde verkauft. Die umsatzsteuerliche Behandlung stellt darauf ab, ob sie zum menschlichen Verzehr geeignet sind oder nicht. Die deutsche Finanzverwaltung geht davon aus, dass sie regelmäßig ungenießbar und daher zum Regelsteuersatz zu versteuern sind. Die EU-Kommission sieht getrocknete Schweineohren dagegen grundsätzlich als für den menschlichen Verzehr geeignet an. Sie wären damit ermäßigt zu versteuern. Nach Auskunft der Zolltechnischen Prüf- und Lehranstalt hängt diese Beurteilung vom Trocknungsgrad ab. Diesen kann aber nur ein Veterinär oder Lebensmittelchemiker ermitteln. Es verwundert deshalb nicht, dass Wettbewerber wiederholt auf eine unzulässige Anwendung des ermäßigten Umsatzsteuersatzes aufmerksam machten. Lebende Hausesel werden im Gegensatz zu lebenden Pferden, Maultieren und Mauleseln mit dem vollen Steuersatz belegt. Erst wenn die Tiere geschlachtet werden, wird für deren Fleisch wie bei Pferden, Maultieren und Mauleseln der ermäßigte Steuersatz angewandt. Bei Münzen und Medaillen aus Edelmetallen als Sammlungsstücke hängt der ermäßigte Steuersatz davon ab, dass die Bemessungsgrundlage für die Umsätze dieser Gegenstände mehr als 250 % des unter Zugrundelegung des Feingewichts berechneten Metallwerts ohne Umsatzsteuer beträgt. Der Umfang und die Art der begünstigten Gegenstände sind insgesamt unübersichtlich. Das liegt vor allem am Bezug zum Zolltarif. Zudem sind die Abgrenzungskriterien zwischen ermäßigtem und vollem Steuersatz schwierig. Der Umfang des 140-seitigen BMF-Schreibens spricht hier für sich. Es liegt auf der Hand, dass die Anwendung des ermäßigten Steuersatzes Unternehmern und Finanzbehörden Probleme bereitet. Schließlich ist bei einer Reihe von Gegenständen nicht verständlich, warum hierfür der ermäßigte Steuersatz gewährt wird. Teilweise mutet die Abgrenzung willkürlich an.«[69]

Das ausführliche Zitat scheint notwendig, um die Dimension des Wahnsinns, wenn auch nur in groben Zügen, aufzuzeigen. Das Volk hat längst den Bezug verloren zu dem, was die tägliche Arbeit unzähliger Behörden und Abgeordneter bestimmt. Es gibt wohl niemanden, der diese Regelungen für sinnvoll hält, aber zugleich rüttelt niemand an ihnen. Wenn etwas auf diesem Gebiet gemacht wird, dann kann man mit ziemlicher Sicherheit davon ausgehen, die neue Regelung wird die existierende an Kompliziertheit übertreffen. Dabei geht es nicht etwa um

---

[69] Vgl. Bundesrechnungshof, Bericht nach § 99 BHO über den ermäßigten Umsatzsteuersatz, 28.06.2010, S. 14ff.

Schlampigkeit seitens der ausführenden Organe. Die Beispiele sind Ergebnisse genauer Überlegungen. Von wenigen Ausnahmen abgesehen, hat es die Öffentlichkeit längst aufgegeben, die skandalösen Rechtsvorschriften unseres Steuersystems anzuprangern. Die einfache Frage eines Lebensmittelhändlers, in welcher Weise er seine Produkte zu versteuern hat, führt ihn direkt in ein juristisches Seminar, wobei bezweifelt werden darf, dass dies zur Klärung der Fragestellung ausreicht.

Nicht besser sieht es bei der Einkommensteuer aus. Das beginnt schon bei ihrer Berechnung und setzt sich dann fort in den ungezählten Möglichkeiten, die Höhe der Einkünfte zu manipulieren. Betrachten wir zunächst die Berechnung der Einkommensteuer. Nach § 32a des Einkommensteuergesetzes wird diese wie folgt berechnet:

1) bis 8 004 Euro/Jahr ESt = 0 Euro

2) von 8 005 bis 13 469 Euro/Jahr
ESt = (912,17 *· Y + 1 400) * Y
Y = (zvE − 8 004) / 10 000

3) von 13 470 bis 52 881 Euro/Jahr
ESt = (228,74 * Y + 2 397) * Y + 1 038
Y = (zvE − 13 469) / 10.000

4) von 52 882 bis 250 730 Euro/Jahr
ESt = 0,42 * zvE − 8 172

5) ab 250 731 Euro/Jahr
ESt = 0,45 * zvE − 15 694

Dabei gelten die folgenden Setzungen:

ESt ist die Einkommensteuer,
zvE ist das zu versteuernde Einkommen.

Die durch die unübersichtlichen Formeln erreichte Steuerprogression ließe sich in sehr ähnlicher Weise mit erheblich einfacheren mathematischen Mitteln erzielen. Um die Sache noch komplizierter zu machen, muss der Bürger zusätzlich Solidaritätsbeitrag und eventuell Kirchensteuer zahlen. Durch seine besondere persönliche Lage, Kindergeld, Fahrten zur Arbeit, alle möglichen sonstigen Steuervorteile, die mal gelten, dann wieder nicht, kann sich seine Zahlungsverpflichtung erheblich verändern. Gerade in der extensiven Möglichkeit, durch eine Vielzahl von Geldverwendungen die eigene Steuerlast zu verringern, liegt einer der wesentlichsten Schlüssel zum Verständnis der gewollten Unklarheit. Beim Prinzip der Einkommensteuererhebung handelt es sich um eine Orgie der staatlichen Bürokratie.

Bei der Steuerpolitik geht es weder um Gerechtigkeit noch um Rechtssicherheit. Zwar kann jeder Steuerbescheid durch ein ordentliches Gerichtsverfahren überprüft werden, dies ist jedoch eine notwendige, keinesfalls aber hinreichende Bedingung für das Thema Rechtssicherheit. Ähnlich verfahren wir wie bereits aufgezeigt beim Thema Mehrwertsteuer, wo ein Wust unterschiedlicher Regeln gilt, der kaum von Fachleuten, sicher aber nicht vom »normalen« Bürger verstanden werden kann oder Regeln der Vernunft entspricht. Der ehemalige Finanzfachmann der CDU, Friedrich Merz, hat dies auf sehr plastische Weise zum Ausdruck gebracht: »Also das Ganze ist ja so undurchsichtig, dass die Bürger es nicht verstehen, aber einige Wenige es ganz gut zu nutzen verstehen.«[70]

Der Wohlfahrtsstaat mutiert damit zu einer Veranstaltung gerissener Steueroptimierer, die durch das Aufspüren von Lücken in der Steuergesetzgebung gleichsam unter den Augen des Staates erhebliche Vorteile erringen können. Wenn es nicht so ernst wäre, müsste man dem Ganzen ein beträchtliches Maß an Komik zugestehen: Bei der Einkommensteuererhebung wird eine ganze Nation auf Ostereiersuche geschickt, wobei – ganz nach den Regeln eines Survival of the Fittest – die gefundenen Eier den Findern gehören, während die Anderen leer ausgehen. Der Erfolg der Finder kann dann als Anreiz für die Erfolglosen gelten, sich in Zukunft mehr anzustrengen. Diese » Erfolge« verschaffen unserem Land nicht einen Cent mehr an Wert. Wir fördern also ein parasitäres Verhalten. Diese Methodik wird von keiner Partei in Deutschland gegeißelt, auch nicht von jenen, denen doch sonst der Kampf um Vorteile so sehr verhasst ist.

Kehren wir noch einmal zu Adam Smith zurück, der zu dieser Vorgehensweise einige kluge Bemerkungen gemacht hat. Er sagt: »Eine Steuer, die auf Unverständnis stößt, ist eine große Versuchung zur Hinterziehung. Je größer diese nun ist, desto schärfer müssen auch die Strafen sein. Im Gegensatz zu den Grundsätzen der Gerechtigkeit, wie sie allenthalben üblich sind, veranlasst das Gesetz erst die Versuchung, um dann die zu bestrafen, die ihr erliegen.«[71] Das ist aber nur die eine Seite der Medaille. Auf ihrer anderen kann die Unklarheit der Regelungen, verknüpft mit großen möglichen Vorteilen, nicht nur als Versuchung, sondern geradezu als Aufforderung zur Steuerhinterziehung verstanden werden. Empirisch ist diese Aussage bestens zu belegen, da in Deutschland höchstens ein Zehntel der Bevölkerung noch nicht Steuern in der einen oder anderen Form *bewusst* hinterzogen hat. Der Tatbestand reicht weit in höchste Regierungskreise. Insgesamt ist wohl kaum in einem Bereich die Verwahrlosung der Sitten so weit fortgeschritten wie bei der Steuererhebung für Einkommen.

Die Verwahrlosung der Sitten wird durch einen erst kürzlich geschehenen, besonders pikanten Fall verdeutlicht. Dieser Fall wurde von den staatlichen Stellen so behandelt, wie es mit den Grundsätzen der Rechtsstaatlichkeit nicht zu vereinbaren ist. Dessen ungeachtet haben die staatlichen Stellen für ihr Verhalten viel Beifall in der Bevölkerung bekommen, und zwar genau für die Missachtung der

---

[70] Friedrich Merz, in Günter Ederer, Das Märchen vom gerechten Staat, 1. Wie er uns mit den Steuern abkassiert, Fernsehsendung, SWR, ohne Jahr (2006?)

[71] Adam Smith, Der Wohlstand der Nationen, München 1974, S. 705

Rechtsgrundsätze. Gemeint sind die gestohlenen Daten, die eine Liste von »Steuersündern« enthielten und bei denen staatliche Stellen keine rechtlichen Bedenken hatten, als öffentliche Hehler des Diebesgutes aufzutreten.

Wenn eine Privatperson eine gestohlene Sache kauft, wird sie der Hehlerei verdächtigt. Weiß sie von dem Diebstahl und kann ihrer Kenntnis überführt werden, wird sie wegen Hehlerei verurteilt. Weiß sie nichts von dem Diebstahl, dann wird sie zwar nicht wegen Hehlerei verurteilt, muss aber die Ware zurückgeben und hat lediglich gegenüber dem Dieb einen Rechtsanspruch auf Schadenersatz, der allerdings kaum je durchgesetzt werden kann.

Für den Staat gelten offensichtlich andere Regeln, denn dem Datendieb wurde für die Hehlerware Geld bezahlt und die unrechtmäßig erworbenen Daten wurden gegen die »Steuersünder« verwendet, und zwar ganz nach dem Motto, »Recht ist, was dem Volke nützt«. Zur Betrachtung des geschilderten Problems in der Öffentlichkeit soll eine Sendung dienen, die im Februar 2010 im Bayrischen Fernsehen ausgestrahlt wurde, und aus der ein kleiner Abschnitt nachfolgend wiedergegeben wird:[72]

> **Moderator**: Herr Schneider, der Staat erwartet vom Bürger zu Recht Rechtstreue, Punkt. Und verstößt aber in einem solchen Fall, wie wir ihn gerade beschreiben, mit all den Überlegungen, die wir daran anschließen, eindeutig dagegen. Das ist auch etwas, was die Volksmeinung erregt, genauso wie die Ungerechtigkeit, dass da einige Tausend sitzen, die ihr Schwarzgeld dort bunkern. Also auch das erregt den Bürger.
>
> **Schneider**: Die Erregung hält sich mit Sicherheit in Grenzen. Ich glaub', ihre Umfrage wird deutlich machen, dass 85 Prozent der Anrufer dafür sind, dass diese CD gekauft und verwertet wird. Mit absoluter Sicherheit. *Das ist das gesunde Volksempfinden.* Und ich denk', auch meine Kollegen haben hier auch nicht das allergeringste schlechte Gewissen, diese Daten zu verwerten und hier zu ermitteln.[73]

Zur Frage, ob die inkriminierten Daten vom Staat angekauft werden sollten oder nicht, gab es in der Sendung eine (nicht repräsentative) Volksabstimmung. Dabei stimmten 73 Prozent für den Ankauf der Daten, 27 Prozent waren dagegen. Was die Steuerehrlichkeit der Anrufer anbelangt, so haben mit größter Sicherheit mindestens 73 Prozent bereits Steuern hinterzogen.

Der Vergleich demonstriert die Zerstörung unserer Werte. 65 Jahre nach dem Ende der Nazi-Herrschaft kann der ja nicht wenig belastete Begriff des »gesunden Volksempfindens« offensichtlich problemlos und ohne Widerspruch in einer Sendung einer öffentlich rechtlichen Funkanstalt verwendet werden. Darüber hinaus wird eine zumindest höchst problematische Handlungsweise des Staates von

---

[72] Vgl. Bayrisches Fernsehen, Münchner Runde, 2.2.2010
[73] Harald Schneider ist MDL der SPD des Bayrischen Landtags und Landesvorsitzender der Gewerkschaft der Polizei, Hervorhebungen von mir, P.K.

einem seiner führenden Repräsentanten allein unter dem Gesichtspunkt – die Wortwahl ist also kein Versehen, sondern trifft präzise den gemeinten Sachverhalt – des »gesunden Volksempfindens« betrachtet. Durch die Tat an sich, aber auch durch ihre Beurteilung wird der Rechtsstaat gleich doppelt mit Füßen getreten. Der Repräsentant erfreut sich auch einige Zeit nach seinen Äußerungen noch immer all seiner Ämter, von Maßregelungen vonseiten der Öffentlichkeit, seiner Partei oder Gewerkschaft, der er vorsteht, ist nichts bekannt worden. Auch aus dem Mund des Moderators, der sich des Problems durchaus bewusst war, erfolgte nicht die leiseste Andeutung einer Widerrede. Offensichtlich ist Hitlers Wortungetüm inzwischen auch bei seinen einst schärfsten parlamentarischen Gegnern salonfähig geworden.

Der Tatbestand der Steuerhinterziehung soll nicht verteidigt werden. Eher geht es darum, ein System der Steuererhebung anzuprangern, das schon bei der Ausgestaltung gleichsam augenzwinkernd die Steuerhinterziehung ebenso einkalkuliert wie die Versicherung den täglichen Versicherungsbetrug. Zur doppelten Moral wird das Verhalten aber dann, wenn bei der Verfolgung der »Steuersünder« mit zweierlei Maß gemessen wird. Zum Rechtsskandal entwickelt es sich schließlich, wenn in bestimmten Fällen allein noch die Stimme des Volkes zählt und eherne Rechtsgrundsätze einfach außer Kraft gesetzt werden. Hier wird das Fundament des Rechtsstaats beschädigt, und keine noch so hohe Steuereinnahme kann den entstandenen Schaden aus der Welt schaffen.

Bisher wurden Beispiele angeführt, in denen die Rechtssicherheit auf wankendem Boden steht, schon allein deshalb, weil eine vernünftige Transparenz nicht gegeben ist. Dabei war auch von Fällen die Rede, in denen die Rechtsanerkennung nicht mehr in dem Maße gegeben ist, die für einen Rechtsstaat unverzichtbar ist. Auch staatliche Stellen scheuen keinesfalls davor zurück, das Recht zu beugen. Man mag den Ankauf gestohlener Steuerdaten noch als Ausnahme einstufen. Allerdings sind solche Fälle in jüngster Zeit häufiger vorgekommen. Das Rechtsempfinden der Repräsentanten unseres Staates ist zumindest in Steuerfragen wenig ausgeprägt.

Politische Parteien tragen in Deutschland zur Willensbildung bei und haben damit eine wichtige und Vorbild gebende Funktion in unserem Staatswesen. Aus Parteien setzt sich bei uns insbesondere die Legislative zusammen. Das heißt, alle Abgeordneten des Deutschen Bundestages und der Länderparlamente werden durch Parteien bestimmt. Dies ist formal nicht ganz richtig, entspricht aber jahrzehntelangen Gepflogenheiten in unserem Land. Parteien sollten also die durch ihre Vermittlung zustande gekommenen Gesetze in besonderer Weise beachten. Die Geschichte zeigt ein anderes Bild.

Es würde den Rahmen der vorliegenden Ausführungen sprengen, wollte man auch nur den Versuch unternehmen, die wesentlichsten Verfehlungen der Parteien zu benennen. Da es hier jedoch auf eine qualitative und nicht auf eine quantitative Betrachtung ankommt, seien nur einige wenige Fälle benannt, in denen sich fast alle Parteien der Bundesrepublik größerer Vergehen schuldig gemacht haben, und zwar als Parteien und nicht durch Vergehen einzelner Parteimitglieder. Damit haben sozusagen die Repräsentanten der die Gesetzgebung wesentlich beeinflussenden Instanzen gegen die von ihnen selbst erlassenen Regeln verstoßen.

Im Jahre 1958 wurde vom Bundesverfassungsgericht entschieden, dass »jene steuerrechtlichen Bestimmungen verfassungswidrig und deshalb nichtig sind, die es bisher gestatteten, Geldspenden an politische Parteien als ›Ausgaben zur Förderung staatspolitischer Zwecke‹ vom steuerpflichtigen Einkommen abzusetzen«.[74] Damit wurde die schon vorher höchst umstrittene Regelung der Absetzung von Spenden an politische Parteien in voller Höhe durch eine höchstrichterliche Entscheidung aufgehoben. Mit dieser Entscheidung war unmissverständlich klar, dass Zuwendungen an Parteien nur sehr begrenzt von der Steuer abgesetzt werden können. Vor allem die staatstragende Partei CDU, die bis zum Zeitpunkt des Urteils immer den Bundeskanzler der Bundesrepublik Deutschland gestellt hatte, war durch diese Entscheidung betroffen. Doch war die Partei überhaupt betroffen?

Schon im Jahre 1954 hatte die CDU mit Vertretern der deutschen Wirtschaft einen gemeinnützigen Verein gegründet, die Staatsbürgerliche Vereinigung (SV). Spenden an diese Vereinigung waren – der Verein war ja als gemeinnützig anerkannt – in voller Höhe abzugsfähig. Jetzt war ein Weg gefunden, wie Spender auch weiterhin der Partei Gelder zukommen lassen und sie zugleich in voller Höhe von der Steuer absetzen konnten. »Die von der SV gegen Spendenquittungen bei der Wirtschaft – unter dem Deckmantel der Gemeinnützigkeit – eingesammelten Gelder flossen verdeckt in die Kassen von CDU, CSU, FDP und in den siebziger Jahren auch die der SPD.«[75] Die Staatsbürgerliche Vereinigung war also eine gigantische Spendenwaschanlage. »Allein von 1969 bis 1980 sollen über sie rund 214 Millionen Mark am Finanzamt vorbei vor allem an CDU/CSU, aber auch an die FDP geflossen sein.«[76] Erst im Jahre 1990 wurde die SV aufgelöst.

Im Jahre 1986 hatte der damalige Politiker der Partei Die Grünen, Otto Schily, Anzeige gegen den amtierenden Bundeskanzler Helmut Kohl erstattet, da dieser vor dem Untersuchungsausschuss in Mainz die Unwahrheit gesagt habe, als er dort bestritten hatte, von den Spendengeschäften der SV gewusst zu haben. Diesem Sachverhalt widmete »Der Spiegel« im Jahre 1986 sogar eine Titelgeschichte.[77] In dem genannten Heft findet sich auch ein Interview mit dem damaligen Kanzleramtsminister und heutigen Finanzminister Wolfgang Schäuble, das es wert ist, genauer betrachtet zu werden, macht es doch auf geradezu unglaubliche Weise deutlich, wie schamlos Repräsentanten des Staates – im vorliegenden Fall geht es sogar um den Kanzler als führendem politischen Repräsentanten der Republik – sich verschiedener Methoden der Steuerhinterziehung größten Stils bedient haben, um sich zugleich als überaus harmlose Lämmer zu gerieren, die nicht im Entferntesten auf die Idee gekommen sind, etwas Unrechtes zu tun. Die Bemühungen Wolfgang Schäubles, seinen damaligen Kanzler zu verteidigen, gehören jedenfalls in die Schatzkammer besonderer politischer Dreistigkeit, machen aber auch deut-

---

[74] Der Spiegel 27/1958, Seite 17
[75] Die Spendenwaschanlage der CDU, www.sueddeutsche.de, 15.07.2004
[76] Neue Suche nach Millionen, Spiegel-Online, 05.07.2000
[77] Der Spiegel 9/1986, S. 17ff.

lich, in welchem Verhältnis die Delinquenten zu den von ihnen selbst erlassenen Gesetzen stehen. Doch betrachten wir Ausschnitte aus dem Interview, das es gewiss verdiente, in voller Länge zitiert zu werden.

Spiegel: Also was wollte Kohl denn nun gesagt haben?

Schäuble: Er hat – und daran kann überhaupt für jeden, der unvoreingenommen die Aussage einschließlich der schriftlichen Stellungnahme liest, kein Zweifel sein – gesagt: Ich habe gewußt um die Staatsbürgerliche Vereinigung, ich habe gewußt, daß wir als Christlich-Demokratische Union wie andere Parteien von dieser Staatsbürgerlichen Vereinigung Spenden bekommen haben.

Und was er mit seinem Nein zurückweisen wollte, war die Unterstellung, daß er das, was heute, Jahre danach, Gegenstand steuerrechtlicher Diskussion ist, gewußt habe. Darauf hat er wahrheitsgemäß nein gesagt.

Spiegel: Wieso kann dann der Generalsekretär Ihrer Partei Heiner Geißler, mutmaßen, der Kanzler habe einen ›Blackout‹ gehabt?

Schäuble: Ich habe schon öffentlich erklärt, daß ich dieses für totalen Quatsch halte. Die Vermutung, der Kanzler könne etwas Ähnliches gehabt haben, halte ich für totalen Quatsch.

[…]

Spiegel: Nach Ihren Worten hat Kohl gewußt, daß von der Staatsbürgerlichen Vereinigung Spenden an die Partei gegangen sind. Es ist aber solchen Vereinigungen nicht erlaubt, steuerfreie Spenden an Parteien weiterzugeben.

Schäuble: War es denn illegal? Gibt es denn bis heute Entscheidungen, daß es illegal war?

Spiegel: Es gibt dazu Gerichtsverfahren – und Urteile. Daß Helmut Kohl die juristische Fragwürdigkeit der Spendenvergabe über die Staatsbürgerliche Vereinigung bewußt gewesen sein muß, zeigt doch sein jahrelanges Drängen, die Spendenpraxis endlich aus dem rechtlichen Zwielicht zu bringen.

[…]

Spiegel: Hat Kohl damals von der steuerrechtlichen Problematik der Spendenwaschanlagen gewußt oder nicht?

Schäuble: Das ist die Art von Fragen, die man nicht beantworten kann, weil für mich – im Gegensatz zu Ihnen – nämlich nicht feststeht, daß es Waschanlagen waren. Sie bringen in die Frage Wertungen rein, die mich dazu veranlassen zu sagen, so kann ich die Frage nicht beantworten. Ich kann mir nicht jeden Schuh anziehen, den Sie mir so hinstellen.

Spiegel: Hat er's gewußt, hat er's nicht gewußt?

Schäuble: Ich bleibe dabei, daß Ihre Fragen unzulässige Unterstellungen enthalten. Ich will weiter sagen: Der Bundeskanzler selber kann, sowenig wie irgendein anderer, heute nicht mehr wirklich präzise in seiner Erinnerung trennen, was er damals vor zehn oder mehr Jahren über die steuerliche Problematik gewußt hat und was er inzwischen erfahren hat. Man muß diesen Vorbehalt machen, wenn man solche Aussagen interpretiert. Ich kann mir wirklich nicht vorstellen, daß sich ein Regierungschef mit Einzelheiten steuerrechtlicher Fragen, die im Laufe einer langen Entwicklung sich auch verändert haben in der Beurteilung, zu beschäftigen hat. Was heute als feststehende Tatsache angesehen wird – ich widerspreche auch dem, daß es feststeht –, war lange Zeit doch offensichtlich nicht als steuerrechtlich problematisch angesehen.

Spiegel: Daß die Spendenverteilung über gemeinnützige Vereinigungen steuerrechtlich unzulässig ist, war doch schon seit der Entscheidung des Bundesverfassungsgerichts von 1958 klar. Wir haben vielmehr den Eindruck, als versuchen Sie hier, auf eine auch aus anderen Parteispendenverfahren bekannte Verteidigungslinie zu schwenken: Der Kanzler habe nichts gewußt oder könne sich nicht richtig erinnern.

Schäuble: Kohl hat nach bestem Wissen und Gewissen ausgesagt. Ich habe das Gefühl, daß andere Zeugen, die aber nicht so sehr von Ihnen und anderen behelligt werden, nicht nach bestem Wissen und Gewissen vollständig ausgesagt haben.[78]

Dem heutigen Bundesfinanzminister Wolfgang Schäuble sei immerhin zugute gehalten, dass er damals offensichtlich von seiner Partei an »die Front« geschickt worden und der Kampf nicht mehr zu gewinnen war. Sein Interview muss wohl als Akt der Loyalität gegenüber seiner Partei bzw. seinem Parteivorsitzenden verstanden werden. Dies war aber unbezweifelbar ein Akt der Illoyalität gegenüber dem Staat, und zwar von einem hohen Repräsentanten desselben. Einige Jahre später hat Schäuble sein Verhalten durchaus relativiert. »Auf die Frage, ob er sich von Kohl während der Spendenaffäre im Stich gelassen fühlte, antwortete Schäuble: ›Im Stich gelassen wäre viel zu wenig!‹«[79] Doch betrachten wir das Interview genauer.

Nehmen wir an, eine Mutter untersagt ihrem Kind, von dem Honig in der Speisekammer zu naschen. Die Mutter erwischt nun ihr Kind, wie es vor der Speisekammer steht und einen Löffel voll mit Honig zum Munde führt. Das Kind wird also auf frischer Tat ertappt. Hätte das Kind die Verteidigungsstrategie des hohen Staatsrepräsentanten Wolfgang Schäuble eingenommen, dann hätte es gegenüber der Mutter behauptet, nicht von dem Honig genascht und stattdessen nur einen Löffel abgeschleckt zu haben, was ihm ja von der Mutter nicht untersagt worden sei. Jedenfalls habe das Kind nichts von einem dahin gehenden Verbot gewusst. Eine solche Argumentation erschiene dem Kind lächerlich, sie würde den Zorn der Mutter nur noch mehr anstacheln.

Der (damalige) Kanzleramtsminister Wolfgang Schäuble begibt sich jedoch auf eine analoge Verteidigungslinie. Er räumt ein, dass Kohl sowohl um die Staatsbürgerliche Vereinigung gewusst habe als auch um die Tatsache, dass diese Spenden

---

[78] Der Spiegel 9/1986, S. 26ff.
[79] Schäubles besonderes Geburtstagspräsent, Spiegel-Online, 03.04.2000

an die CDU (sowie an andere Parteien) verteilt hat. Nach Schäuble hat der Alt-Bundeskanzler allerdings von der steuerrechtlichen Fragwürdigkeit des angewandten Verfahrens nichts gewusst.

Nun gab es aber bereits 1958 das Urteil des Bundesverfassungsgerichts, das jene steuerrechtlichen Bestimmungen, die es gestatteten, Geldspenden an politische Parteien vom steuerpflichtigen Einkommen abzusetzen, für verfassungswidrig und deshalb für nichtig erklärt hatte. Genau dies hatten aber die zahlreichen Spender über den Umweg der Staatsbürgerlichen Vereinigung getan. Sie hatten ihr steuerpflichtiges Einkommen verringert und die Parteien hatten das Geld erhalten. Jetzt sind wir beim »Kind-Löffel-Honig«-Beispiel. Die Staatsbürgerliche Vereinigung ist der Löffel, durch dessen Vermittlung die Partei ihren Honig, also die Spendengelder, erhalten hat. Wir sollten aber einen großen Unterschied zwischen dem Kind und dem Kanzler nicht unter den Teppich kehren, verfügt ein Bundeskanzler doch über kenntnisreiche Apparate, die ihm helfen, sich im Dickicht der Vorschriften und Regelungen zurechtzufinden. Wobei im vorliegenden Fall von Dickicht die Rede nicht sein kann.

Warum aber tischt uns der hohe Staatsrepräsentant Schäuble einen solchen Unsinn auf? Herr Schäuble ist ein kluger Mann, der seine Worte wohl abzuwägen weiß. Er war sicher qua Amt und – zurzeit des damaligen Interviews – als designierter Vorsitzender der CDU gezwungen, zu den Vorwürfen gegen seinen Parteivorsitzenden Stellung zu beziehen, was angesichts der Sachlage ja nun alles andere als ein einfaches Unterfangen war. Als Kanzleramtsminister war er aber auch in die Verfahrensweisen der Spendengeldbeschaffung bestens eingeweiht und somit genauso Täter, wie so viele mit ihm.

Vor allem aber – und hier stoßen wir ins Zentrum des vorliegenden Problems, bei dem es ja nicht um die mögliche Falschaussage eines Kanzlers, sondern um ein System von Steuerhinterziehung geht, das von einer Vielzahl staatstragender Personen unterstützt wurde – ist das geschilderte System der Steuerhinterziehung längst in ein Meta-System der Steuerhinterziehung eingebettet, in dem die beteiligten Personen bis ganz hoch in die Staatsspitze zunächst ein völlig undurchsichtiges System der Steuererhebung schaffen, um sich dann umso ungenierter in der zwangsläufig entstehenden Grauzone zu bewegen.

Ein weiterer Fall verdient es noch, genauer betrachtet zu werden. Zum einen, weil an ihm besonders drastisch deutlich wird, wie weit ein nur Korruption zu nennendes System in Deutschland bereits fortgeschritten war und sich trotz einiger Gesetzeskorrekturen im Grundsätzlichen auch heute noch nicht entscheidend verbessert hat. Zum anderen, weil die Bewertung durch einen der damals besonders involvierten Politiker ein deutliches Licht auf den Sachverhalt wirft. Gemeint ist das als »Flick-Affäre« in die Geschichtsbücher eingegangene Vergehen der großen Politik in den 1970er und 1980er Jahren. Was war damals geschehen?

Über viele Jahre hinweg hatte der Flick-Konzern allen damals im Bundestag vertretenen Parteien Spenden in Millionenhöhe zukommen lassen. Als Folge davon konnte er im Jahre 1975 den Gewinn aus dem Verkauf seines Aktienpakets der Daimler-Benz AG der Einkommensteuer entziehen. »Maßgeblich daran beteiligt, diesen Gewinn von über umgerechnet 450 Mio. Euro, ›Geleitzügen‹ gleich, am Fiskus vorbeizuschleusen, war der damalige Wirtschaftsminister, war Otto Graf Lambsdorff. Er geriet in den Verdacht, sich seine positive Entscheidung mit Bargeld für seine Partei, die FDP, abgekauft haben zu lassen.«[80]

Mehr als ein Jahr dauerte das Verfahren, das von Presse, Funk und Fernsehen mit großer Aufmerksamkeit begleitet wurde. »Nach 126 Verhandlungstagen erfolgte im Februar 1987 das Urteil: vom Verdacht der Bestechung beziehungsweise der Bestechlichkeit wurden die Angeklagten freigesprochen. Den Tatbestand der Steuerhinterziehung und Beihilfe dazu sah das Gericht unter Verhängung hoher Geldbußen als erwiesen an.«[81]

Natürlich war sich der damalige Wirtschaftsminister Lambsdorff keiner Schuld bewusst. Im vorliegenden Zusammenhang ist vor allem seine Begründung von großer Wichtigkeit, macht sie doch deutlich klar, woran das System unserer Steuererhebung krankt. Lambsdorff sagte: »Da kann eine steuerrechtliche Frage und Beurteilung nachher von der Finanzverwaltung in der Betriebsprüfung gänzlich anders gesehen werden, als man sie selbst mit Hilfe seines Steuerberaters oder Wirtschaftsprüfers sieht.«[82] Mit dieser Beurteilung hat der damalige Wirtschaftsminister den Nagel auf den Kopf getroffen. Selbst wenn er Zweifel an der Rechtmäßigkeit seines Tuns hatte, so konnte man ihm seine möglichen Verfehlungen im Zweifelsfall kaum nachweisen. Dies war die Rechtslage für den damaligen Minister.

Ein Rechtssystem, bei dem nicht einmal Fachleute mehr Sicherheit geben können, kann jedenfalls nur mit Mühe noch rechtsstaatlich genannt werden. Personen, die sich qualifizierten fachlichen Rat einholen können – und den können sich nur wenige leisten –, haben einen unschätzbaren Vorteil bei der Durchsetzung ihrer Interessen. Dies bildet geradezu zwangsläufig einen guten Nährboden für ein Verhalten, dessen Ziel nicht die Rechtstreue, sondern die Wahrnehmung eigener Vorteile ist, sollten sie sich auch in der Grauzone des Rechtsbruchs bewegen.

Normalerweise müsste man angesichts der genannten Vergehen – und es sind beileibe nicht die einzigen in der Geschichte der Bundesrepublik Deutschland – einen Aufschrei in der Bevölkerung erwarten. Normalerweise müssten die involvierten Politiker verjagt werden, müsste die Politik ihre Lehren aus den Vorkommnissen ziehen und endlich ein einfaches, gerechtes und klares Steuersystem installieren. Doch auf diesem Wege haben wir in den letzten 30 Jahren nicht nur keine Fortschritte, sondern eher Rückschritte gemacht, weil alles nur noch komplizierter und unüberschaubarer geworden ist. Der Aufschrei der Bevölkerung bleibt ebenso aus, wie der Veränderungswille der Politiker, weil alle Beteiligten sich von der unklaren Situation Vorteile versprechen, die aufzugeben sie nur ungern bereit sind. Dabei spielt es keine Rolle mehr, ob die gängige Verfahrensweise den Menschen in unserem Lande eher nützt oder schadet. Wir alle haben den Durchblick längst verloren und versuchen, uns mit den bestehenden Verhältnissen zu arrangieren, nicht ohne die Hoffnung, die unklare Situation zum eigenen Vorteil nutzen zu

---

[80] Spiegel-Online, Kalenderblatt, 29.11.1983
[81] Spiegel-Online, Kalenderblatt, 29.11.1983
[82] Zitiert nach: Spiegel-Online, Kalenderblatt, 29.11.1983

können. Dabei gefährden wir den Rechtsstaat in seiner Substanz und treten essenzielle Grundlagen der Gerechtigkeit mit Füßen. Das ist mehr, als ein geordnetes Staatswesen verträgt.

Das Problem der Steuerhinterziehung ist, der immer wieder aufflammenden Empörung über »reiche« Steuerhinterzieher zum Trotz, keinesfalls auf den reicheren Teil der Bevölkerung beschränkt. Wie bereits erwähnt, hat sich ein erheblicher Teil der Bundesbürger des Vergehens der Steuerhinterziehung schuldig gemacht.

Damit ist zunächst einmal die »normale« Steuerhinterziehung gemeint, also bewusst falsche oder unvollständige Angaben in der Steuererklärung. Meist geht es dabei um kleinere Beträge, die aber insgesamt beträchtliche Summen ausmachen. Dazu gehören nicht angegebene Zinserträge ebenso wie nicht ordnungsgemäß genutzte Arbeitszimmer, erhöhte Fahrtkosten zum Arbeitsplatz ebenso wie Berufskleidung, die in der Freizeit genutzt wird, Essenseinladungen, die, obwohl privat, auf Firmenkosten abgerechnet werden, und viele weitere solcher Kleinigkeiten.

Um höhere Beträge geht es schon in Ladengeschäften, die einen bestimmten Umsatz an der »Steuer vorbei« erwirtschaften, wobei es ganze Wirtschaftszweige gibt, in denen die »Nebeneinkünfte« wenn nicht höher als die »normalen« Einnahmen, so doch von beträchtlicher Höhe sind. Dies gilt immer dann, wenn eine Transformation von »privat« zu »geschäftlich« stattfindet, die Ware also aus Privathand erworben wird, um dann verkauft zu werden. Da die steuerliche Kontrolle an der Schwelle zum Privaten meist aufhört, lassen sich solche Geschäfte besonders gut an der Steuer vorbeiführen. Jeder Antiquitätenhändler, der einen Schrank vom Dachboden einer alten Dame abgeholt hat, steht vor der Frage, ob er den Verkauf des guten Stücks bei der Steuer angeben soll, um nur ein kleines Beispiel zu nennen.

Weit umfangreicher ist allerdings das Gebiet, das als Schattenwirtschaft Eingang in unseren Sprachschatz gefunden hat. Dazu gehört ja beileibe nicht nur die Großfirma, die ausländische Arbeitnehmer illegal bei Bauprojekten einsetzt, sondern auch der Handwerker, der am Wochenende oder nach Feierabend Fliesen verlegt, Stromleitungen legt, mal eine Wasserleitung repariert usw. Dazu gehört aber auch der Lehrer, der einem Schüler Nachhilfe gibt oder die Putzfrau, die Wohnungen reinigt, die Mutter, die Kinder gegen Entgelt aus der Nachbarschaft betreut, die Pflegerin, die sich alter Menschen annimmt. In allen Fällen, dies sollte nicht vergessen werden, gehört mit den Ausführenden auch der Auftraggeber zur Schattenwirtschaft, macht sich also ebenfalls des Vergehens der Steuerhinterziehung strafbar. Dieses Delikt ist also sehr weit verbreitet. Das Bundesfinanzministerium geht zwar von einem Rückgang des Trends zur Schattenwirtschaft aus, beziffert die Summe aber immer noch mit ungefähr 350 Milliarden Euro pro Jahr.[83] Der Chef der Steuergewerkschaft, Dieter Ondracek schätzt, »dass dem Staat jährlich etwa 30 Milliarden Euro an Steuern vorenthalten werden«.[84]

---

[83] Jahresbilanz 2004 der Finanzkontrolle Schwarzarbeit – Schattenwirtschaft geht zurück, Monatsbericht des Bundesministerium für Finanzen, März 2005

[84] Berliner Zeitung, Dem Staat entgehen jährlich 30 Milliarden Euro, 06. April 2010

Dies verbindet der Funktionär keinesfalls mit der Forderung, das Steuersystem zu reformieren, sondern die staatlichen Kontrollen auszuweiten. Ganz in seinem Sinne wird er unterstützt von dem Vorsitzenden der Gewerkschaft Verdi, Frank Bsirske, der dem Staat vorwirft, »auf Milliardeneinnahmen«[85] zu verzichten. Bei so viel geballter Empörung kann auch das Vorstandsmitglied der Partei Die Linke, Klaus Ernst, nicht fehlen, der lapidar feststellt: »Gegen Steuerhinterzieher müsse ›knallhart‹ vorgegangen werden. Dazu müssten die Finanzverwaltungen mit mehr Personal ausgestattet werden.«[86]

Wenn wir die Aussagen der genannten Soziallobbyisten abklopfen, lassen sich schnell einige Ungereimtheiten feststellen. Der steuerliche Verlust von etwa 30 Milliarden erscheint ausgesprochen niedrig, entspricht er doch gerade einmal einer steuerlichen Belastung von knapp 10 Prozent der erzielten Einnahmen. Bei einem Alleinstehenden wäre dies ein zugrunde liegendes Jahreseinkommen von weniger als 21 000 Euro. Einkünfte aus Schwarzarbeit sind *zusätzliches* Einkommen, der Eingangssteuersatz beträgt jedoch schon 15 Prozent, was auf der Basis der zugrunde gelegten Zahlen bereits einen Wert von ca. 50 Milliarden ausmachen würde. Versuchen wir uns einem realistischen Wert zu nähern, dann scheint eher eine Summe von 100 Milliarden Euro an durch Schwarzarbeit hinterzogenen Steuereinnahmen realistisch und keineswegs zu hoch geschätzt zu sein. Auch die den Sozialkassen vorenthaltenen Geldsummen erreichen einen relevanten Betrag und werden dennoch in der öffentlichen Diskussion kaum beachtet.

Die niedrige Schätzung des Hinterziehungsbetrages durch den Chef der Steuergewerkschaft deutet auf Ignoranz gegenüber der »gewöhnlichen« Schwarzarbeit hin. Gemeinsam ist allen drei Funktionären der Wunsch, die Fahndungsabteilungen der Steuerbehörden massiv auszubauen, um den Missstand zu beseitigen. Besteht die gesellschaftliche Vision der drei Herren in einem totalitären Polizeistaat? Soll künftig jeder Handwerker, der nach Feierabend mit einer Werkzeugkiste entdeckt wird, soll jede Hausfrau, die ein fremdes Kind an der Hand führt, unverzüglicher Verfolgung ausgesetzt werden? Die Herren der Gewerkschaft wollen natürlich ihrer eigenen Klientel nicht schaden. Mit Gerechtigkeit hat ihre Entrüstung nicht das Geringste zu tun.

Wieder einmal wird die Allianz zwischen den Parteien deutlich. Die einen fordern mehr Gestaltungsfreiheit bei den Steuern, um ihre dunklen Geschäfte weiter betreiben zu können, die anderen fordern »mehr Staat«, aber nur für die Vermögenden, und vergessen dabei gerne ihre eigene Klientel, die sich problemlos weiter auf Kosten der Allgemeinheit bereichern darf. Beiden Seiten geht es jedenfalls nicht darum, ein unhaltbares System abzuschaffen, das nicht einmal minimalen Grundsätzen dessen genügt, was einmal als Rechtsstaat Eingang in die europäische Kultur gefunden hat.

Auch die Presse macht es nicht besser, wenn sie, von gelegentlichen Ausnahmen abgesehen, das Problem der Steuerhinterziehung durch Schwarzarbeit kaum aufgreift, jedenfalls nicht systematisch untersucht. In der jüngsten Debatte um

---

[85] Berliner Zeitung, Dem Staat entgehen jährlich 30 Milliarden Euro, 06. April 2010
[86] Berliner Zeitung, Dem Staat entgehen jährlich 30 Milliarden Euro, 06. April 2010

Steuersenkungen wurde jedenfalls die Partei, die solches gefordert hat, ziemlich einmütig niedergemacht, ohne dass dabei die Frage der Schwarzarbeit und die in ihr steckenden Möglichkeiten auch nur annähernd adäquat behandelt worden wäre. Bezeichnenderweise hat auch die FDP, die sich das Thema auf ihre Fahnen geschrieben hatte, kaum auf dieses Problem hingewiesen.

Immerhin könnte die Höhe der Lohn- und Einkommensteuer bei ordnungsgemäßer Versteuerung der Schwarzarbeit in etwa verdoppelt werden. Aussagen, dass durch die Schwarzarbeit auch ein Beitrag zur Verbesserung der sozialen Situation in Deutschland geleistet wird, schießen am Ziel vorbei, weil es im Rechtsstaat nicht darum gehen kann, durch illegale Methoden Verbesserungen für die Allgemeinheit zu erreichen. Es geht nur über den legalen Weg, Regelungen zu finden, mit denen die Menschen leben können. Regelungen, die von einem so hohen Anteil der Bevölkerung nicht eingehalten werden, sind unbrauchbar.

Alle Politiker sind sich über die unsinnige Konstruktion unseres Systems der Steuererhebung im Klaren. Das macht die Sache nur schlimmer, weil den handelnden Personen Absicht unterstellt werden kann. Ein Tötungsdelikt wird aus guten Gründen weit härter bestraft, wenn es vorsätzlich ausgeführt wird. Die Überlegung wird gestützt durch vielfache Versuche, das Dickicht der Steuervereinfachung zu lichten. Die meisten Versuche wurden von ausgewiesenen Fachleuten des Steuerrechts unternommen:

1986:   Johann Wilhelm Gaddum – ehemaliger Vizepräsident der
         Deutschen Bundesbank
1996:   Gunnar Uldall – späterer Wirtschaftssenator in Hamburg
2005   (vor der Wahl): Friedrich Merz, Prof. Lang, Prof. Kirchhof,
         Sachverständigenrat, Stiftung Marktwirtschaft

Alle Versuche sind gescheitert, nicht ein Versuch jedoch an seiner nachgewiesenen Untauglichkeit für die Praxis. Die Geschichte dieses Scheiterns macht deutlich, wie sehr sich der Wohlfahrtsstaat in den Fragen seiner Finanzierung bereits verheddert hat, wie wenig er noch in der Lage ist zu handeln.

Es würde zu weit führen, den Gründen des Scheiterns der einzelnen Versuche genauer nachzugehen. Ein Fall soll jedoch genauer untersucht werden, kann er doch seiner großen Publizität wegen als Paradebeispiel einer gescheiterten Reform dienen. Gemeint ist der Vorschlag des ehemaligen Bundesverfassungsrichters Paul Kirchhof. Dieser Fall ist von besonderem Interesse, weil Kirchhof bei der Bundestagswahl 2005 als designierter Finanzminister der CDU/CSU gehandelt worden ist, seine Vorschläge deshalb gute Aussichten zu ihrer Umsetzung in praktische Politik gehabt hätten. Die CDU/CSU ging als stärkste Fraktion aus jener Wahl hervor, Paul Kirchhof verschwand aus der politischen Öffentlichkeit und mit ihm sein gesamtes Konzept, als hätte es nie existiert. Der Name Paul Kirchhof scheint vergessen zu sein, obwohl die CDU/CSU inzwischen sogar einer Regierung mit der FDP vorsteht. Es ist eine Regierung jener Protagonisten, für die ein einfaches und gerechtes Steuersystem angeblich zur politischen Grundausstattung eines freiheitlich-demokratischen Staatswesens gehört.

4.3.3 DER FALL KIRCHHOF

Im Jahr 2004 veröffentlichte Paul Kirchhof, ehemals Richter am Bundesverfassungsgericht und inzwischen Professor für Steuerrecht in Heidelberg, also ein ausgewiesener Fachmann, ein Gesetzbuch zur Reform der Einkommensteuer.[88] Kurze Zeit später wurde er ins Wahlkampfteam der CDU berufen und nahm dort die Rolle des designierten Finanzministers ein. Mit Vehemenz und beruhigender Sachkenntnis stritt Kirchhof für seinen Reformvorschlag und war bald einer der Stars im Schattenkabinett der Kanzlerkandidatin Angela Merkel. In Kurzform lautete das Konzept von Kirchhof wie folgt:

- Jeder Bürger erhält einen Freibetrag von 8 000 €/Jahr.
- Darüber hinaus gehende Einkommen werden mit 25 % versteuert, unabhängig von ihrer Höhe.
- Alle Steuervorteile werden abgeschafft.

Auf den ersten Blick klingen die Vorschläge ganz vernünftig. Kirchhof hatte eine verblüffend einfache Progression eingeführt, die für die weit überwiegende Zahl der Steuerzahler wirksam war, ohne auf unverständliche mathematische Exzesse zurückgreifen zu müssen. Betrachten wir dazu einige Beispiele, die dies verdeutlichen. Sie gelten jeweils für eine alleinstehende Person pro Jahr:

- Bis 8 000 Euro Einkommen entfällt die Steuer.
- Bei 20 000 Euro Einkommen beträgt die Steuer 15 %.
- Bei 40 000 Euro Einkommen beträgt die Steuer 20 %.
- Bei 100 000 Euro Einkommen beträgt die Steuer 23 %.
- Bei 200 000 Euro Einkommen beträgt die Steuer 24 %.

Nun mag man das steuerfreie Existenzminimum als zu gering, die Progression als zu niedrig angesetzt betrachten. Vielleicht reicht das Steueraufkommen mit den von Kirchhof eingesetzten Werten nicht aus, um den Finanzbedarf des Staates zu decken. Dies alles bewegt sich im Bereich vernünftiger politischer Differenzen. Betrachten wir dazu eine mögliche Modifikation des Kirchhof-Modells, das seine Grundannahmen beibehält, die Werte aber etwas modifiziert. Die Einkommensbeträge beziehen sich jeweils auf ein Jahr. Weiter sollen folgende Regelungen gelten: steuerfreier Grundbetrag 12 000 Euro, bis 30 000 Euro Einkommen 20 %, ab 30 000 Euro Einkommen 30 % zu zahlende Steuer. Dann ergibt sich:

---

[87] Diels/Kranz, Fragmente der Vorsokratiker, Band 1, Zürich 2004, S. 161
[88] Paul Kirchhof, Einkommensteuer Gesetzbuch, Heidelberg 2004

- Bis 12 000 Euro Einkommen entfällt die Steuer.
- Bei 20 000 Euro Einkommen beträgt die Steuer 8 %.
- Bei 40 000 Euro Einkommen beträgt die Steuer 16,5%.
- Bei 100 000 Euro Einkommen beträgt die Steuer 24,6 %.
- Bei 200 000 Euro Einkommen beträgt die Steuer 27,3 %.

Setzen wir diese Werte in Beziehung zu den heute geltenden Steuersätze (ohne Solidaritätszuschlag und Kirchensteuer), dann ergibt sich Folgendes:

- Bis 8 000 Euro Einkommen entfällt die Steuer.
- Bei 20 000 Euro Einkommen beträgt die Steuer 8,7 %.
- Bei 40 000 Euro Einkommen beträgt die Steuer 17,3 %.
- Bei 100 000 Euro Einkommen beträgt die Steuer 30,7 %.
- Bei 200 000 Euro Einkommen beträgt die Steuer 36,3 %.

Im Jahre 2008 betrug das Durchschnittseinkommen aller Erwerbstätigen 27 811 Euro, die Steuerbelastung für den überwiegenden Teil der Bevölkerung ist in etwa mit den heutigen Werten vergleichbar bei erheblich einfacheren und verständlicheren Grundannahmen. Lediglich in den oberen Einkommenstufen ergeben sich scheinbar erhebliche Erleichterungen, die natürlich mit unserem Wohlfahrtsstaat nicht zu vereinbaren wären. Doch kommt an dieser Stelle der Wegfall der Steuergestaltungsmöglichkeiten zum Tragen. Das dargestellte Modell muss nicht der Weisheit letzter Schluss sein, es ist aber dennoch eine erkennbar bessere Grundlage zur Lösung der »Steuerfrage« als die bestehenden Regelungen.

Die Beispiele sind angeführt worden, um die Probleme auf einer vernünftigen Basis behandeln zu können. Selbst wenn man eine Steuerstufe mehr einführen, den Freibetrag höher oder niedriger ansetzen würde, hätte man die Basis für eine echte politischen Diskussion, die allein deshalb so notwendig ist, weil ja alle Parteien das bestehende System der Steuererhebung für zu kompliziert halten. Erregte Debatten hätten sich an der Frage des jeweiligen Steueraufkommens entzünden können. Mit der so oft beschworenen Solidarität der Demokraten hätte man das bestehende System ablösen und durch eine einfache und gerechtere Form der Steuererhebung ersetzen können. Das wäre zugleich ein wichtiger Schritt auf dem Weg zu mehr Transparenz und Bürokratieabbau gewesen.

Der Vorschlag von Paul Kirchhof ist wie der all seiner Vorgänger und Mitstreiter auf dem Müllhaufen der Geschichte gelandet. Bis heute ist kein Fortschritt in der Vereinfachung unseres Steuersystems erzielt worden. Schlimmer noch als die Ignoranz des politischen Apparates überfälligen klareren Regelungen zur Steuererhebung gegenüber, war allerdings die Behandlung, die Paul Kirchhof in der Debatte um seine Reformvorschläge erleben musste.

Kritik kam aus allen politischen Lagern, sogar aus der CDU, als deren Vertreter Paul Kirchhof ja angetreten war. Weil sogar Provinzpolitiker über ihn herziehen konnten, scheint Kirchhofs Konzept unausgegoren gewesen zu sein. Doch bei seiner großen fachlichen Reputation wirkt der Gedanke wenig glaubwürdig. Glaubwürdiger ist da schon eine Allianz der Besitzstandswahrer, der es quer durch alle Parteien vor allem um die Bewahrung ihrer Rolle im politischen Geschäft geht. Offensichtlich standen diese Reaktionen in bestem Einklang mit dem Volk, das – hier in seltener Einmütigkeit mit den wirklichen Profiteuren – sich auf die Seite jener stellte, die jede Veränderung unserer Steuererhebung verhindern wollen. Weil sie ein Lehrstück in Sachen verkommener Demokratie ist, soll die Reaktion auf die Pläne von Paul Kirchhof genauer unter die Lupe genommen werden.

Im September 2005, kurz vor der Bundestagswahl, erschien »Der Spiegel« mit dem martialischen Titel »Wahlschlacht um Kirchhof«[89], die im Inneren des Blattes zur »K-Frage« umgewandelt wurde. Die wichtigste Frage einer Bundestagswahl zielt gewöhnlich auf den Bundeskanzler und wird häufig mit »K(anzler)-Frage« abgekürzt. Der Stimmung im politischen Raum entsprechend zielte die von den Redakteuren des Magazins aufgeworfene Frage in diesem Fall jedoch auf Kirchhof. Dies allein war schon aufsehenerregend genug, doch die anschließenden Ausführungen enthielten eine Fülle von Zitaten unglaublicher Verleumdungen, die es wert sind, genauer betrachtet zu werden. Die Beurteilungen – das Wort ist bereits ein Euphemismus und geht schwer aus der Feder, handelte es sich doch in der Regel um Verunglimpfungen schlimmster Art – ließen jedes Maß an politischer Verantwortung vermissen. Hätte Paul Kirchhof zu einem Krieg aufgerufen, um die Ergebnisse des Zweiten Weltkriegs zu korrigieren, die Reaktionen hätten kaum schlimmer ausfallen können. An vorderster Front focht unser Alt-Bundeskanzler Gerhard Schröder, der Paul Kirchhof nur noch abwertend den »Professor aus Heidelberg« nannte.

Wahlkampfreden sind sicher keine schöngeistige Erbauung. Sie sollen, bisweilen durchaus grob, Unterschiede deutlich machen. Was sich unser Alt-Bundeskanzler leistete, gehört jedoch eher in die Schatzkammer übelster Demagogie als in eine demokratische Auseinandersetzung. Josef Goebbels hätte jedenfalls seine Freude an unserem Alt-Bundeskanzler gehabt. Doch schauen wir uns einen Ausschnitt einer seiner Reden an:

»Da gibt's ja einen Professor aus Heidelberg. (Jubel der Zuhörer) [...] Der Millionär zahlt 25 Prozent, der Facharbeiter zahlt 25 Prozent. Ich kann nicht erkennen, meine Damen und Herren, wo das gerecht sein soll. Weil, wenn Sie sich mal anschauen, wie das denn finanziert werden soll, dann sagt der gleiche Professor aus Heidelberg, das spricht nicht gegen diese Stadt, das will ich gar nicht sagen (Jubel der Zuhörer), dann sagt der gleiche Professor aus Heidelberg, wir finanzieren das dadurch gegen, dass wir zum Beispiel abschaffen, die Steuerfreiheit für Nachtzuschläge, die Steuerfreiheit für Schichtarbeitzuschläge, die Steuerfreiheit für Feiertags- und Sonntagszuschläge[90]. Gucken wir das mal an, dann heißt das im Klartext, diejenigen, die nachts arbeiten, die Schichtarbeit machen müssen, diejenigen, die feiertags arbeiten müssen, also die Krankenschwester, der Polizist, der Feuerwehrmann, wer auch dabei ist, der bezahlt die 25 Prozent für die Millionäre.

---

[89] Der Spiegel 37/2005
[90] Hier bezieht sich der damalige sozialdemokratische Kanzler auf Errungenschaften, die wir allesamt den Nationalsozialisten verdanken.

Ich sag' ihnen, mit uns ist das nicht zu machen, meine Damen und Herren. (Jubel der Zuhörer).«[91]

Dieser Kanzler wünschte keine Auseinandersetzung mit der Frage. Ihm war die Methode unserer Steuererhebung egal, er arbeitete mit den niedrigsten Instinkten des »gesunden Volksempfindens«, ihm war jedes Mittel recht, um an der Macht zu bleiben. Dies wäre dem Demagogen fast gelungen, hätte er durch solche Reden beinahe doch noch die längst verloren geglaubte Wahl gewonnen.

Doch sehen wir uns den bereits erwähnten »Spiegel-Artikel« genauer an. Im August des Jahres 2005 wurde Kirchhof zum designierten Finanzminister einer möglichen CDU-geführten Regierung ernannt. »Seither ist aus dem geachteten Professor der Jurisprudenz der Lieblingsprügelknabe aller roten und grünen Politiker geworden, ein Dämon aus der Kältekammer des Kapitalismus.«[92] Munter geht es weiter: »Der Steuerprofessor sei ein ›gesellschaftspolitischer Reaktionär‹, tönt Grünen-Chef Reinhard Bütikofer. ›Die richterliche Pflicht zur Zurückhaltung, die von großen Verfassungsrichtern vorgelebt wurde, ist Paul Kirchhof immer fremd geblieben‹, erinnert sich plötzlich Justizministerin Brigitte Zypries. Kirchhof lüge und betrüge, behauptet Bundesfinanzminister Hans Eichel mehrfach täglich.«[93] Hier wird kein politischer Gegner bekämpft, hier wird Stimmung mit Appellen an niedrigste Instinkte gemacht. Wer wundert sich noch, wenn Paul Kirchhof mit Hasstiraden überschüttet wird und sich zum ersten Mal in seinem Leben die Frage stellt, »ob Personenschutz nicht doch ratsam wäre«.[94]

Im Fall von Paul Kirchhof gab es jedoch wieder eine merkwürdige Solidarität der Demokraten, denn auch die eigenen Parteifreunde haben ihn von Anfang an eher bekämpft denn unterstützt.

»Alle wichtigen Ministerpräsidenten der Union sind sich einig, dass Kirchhofs Pläne für eine radikale Steuerreform dort bleiben sollten, wo sie seit Jahren liegen, in der Schublade nämlich. Seine Idee, den Steuersatz auf einheitlich 25 Prozent festzulegen, halten alle für falsch. Kirchhof träumt vom Abbau sämtlicher Subventionen und Abschreibungsmöglichkeiten – da kann er lange träumen, heißt es. [...] Gegen den Schattenminister und seine Förderin haben drei Gruppen Front bezogen. Da sind zum einen die Länderchefs, die von Subventionen nicht Abstand nehmen wollen, weil sie damit ein vorzügliches Instrument der Machtsicherung in Händen halten. Der Arbeitnehmerflügel der Union führt gegen das Kirchhof-Modell an, dass es sozial ungerecht sei. Und dann gibt es da noch die Machtstrategen, die keine prinzipiellen Einwände gegen eine Einheitssteuer haben. Sie wollen nur nicht Gefahr laufen, die vielen Millionen Bürger zu vergrätzen, die von Pendlerpauschalen und Steuerschlupflöchern profitieren.«[95]

Der politische Apparat kennt an bestimmten Stellen keine Parteien oder gar politischen Richtungen mehr, darin sind sich alle einig von links bis rechts. In

[91] Gerhard Schröder, Rede zum Bundestagswahlkampf 2005 in Heidelberg, 19.09.2005
[92] Der Spiegel 37/2005, S. 22f.
[93] Der Spiegel 37/2005, S. 23
[94] Der Spiegel 37/2005, S. 24
[95] Der Spiegel 35/2005, S. 39f.

diesem Sinne hat der »Fall Kirchhof« auf schonungslose Weise offenbart, wie es um unsere Demokratie, wie es überhaupt um unser politisches System bestellt ist. Der Wohlfahrtsstaat hat sich in die Handlungsunfähigkeit und das heißt in die Politikunfähigkeit manövriert, und es bedürfte schon erheblicher gesellschaftlicher Erschütterungen, wenn er aus dieser Ecke wieder herauskommen will. Das politische Establishment ist sich in dieser Frage völlig einig, man mag in Einzelfragen noch so sehr auf den politischen Gegner einschlagen. An den bestehenden Verhältnissen soll möglichst nichts geändert werden. Wieder sind wir an dem Punkt angelangt, an dem der Wohlfahrtsstaat die Lösung von Problemen nur simuliert, wieder sind wir bei Godot, wieder warten wir, dass etwas geschieht, was nicht geschehen wird.

Selbstverständlich zielen die Angriffe auf Kirchhof nicht auf Inhalte. Auch die, auf die sich Gerhard Schröder angeblich bezieht, haben mit Kirchhofs Anliegen nichts zu tun. Es sind Erfindungen und Unterstellungen, die nur dazu dienen, Kirchhof als Person zu zerstören, damit er als Politiker nicht erscheinen kann. Eine so heftige Reaktion kann also nicht aus der Sache selbst herrühren. Kirchhof muss ein gesellschaftliches Tabu massiv verletzt haben.

Bevor die Frage gestellt wird, welches gesellschaftliche Tabu Paul Kirchhof mit seinen Forderungen verletzt hat, soll zunächst noch eine inhaltliche Auseinandersetzung erfolgen. Wenn man begriffen hat, wie der politische Apparat funktioniert, ist eine derartige Auseinandersetzung eigentlich überflüssig, weil Inhalte dort gar nicht zählen. Die Behandlung der inhaltlichen Seite stellt also so etwas wie einen Aufschrei dar, unsere Verblendung hinsichtlich des politischen Apparates endlich abzulegen und uns der Möglichkeiten von Freiheit zu erinnern. Es ist Hoffnung in einem Umfeld der Hoffnungslosigkeit.

Wie weiter oben gezeigt wurde, wären auf einfachste Weise Modifikationen des kirchhofschen Modells möglich, die Steuerzahlungen erreichen würden, die den geltenden erstaunlich nahe kommen. Bei den Berechnungen sind zugleich keinerlei wirkliche Anstrengungen unternommen worden, sie ließen sich im Detail noch problemlos verbessern, ohne an der Sache selbst Wesentliches zu verändern. Das einzige (scheinbare) Problem sind die Steuern der Gutverdienenden, die nominal heute deutlich höher liegen. Jetzt kommt aber die entscheidende Überlegung, denn die Möglichkeiten der Steuergestaltung sollten wenn nicht ganz abgeschafft, so doch erheblich eingeschränkt werden. Das ist der Punkt, den der Demagoge Gerhard Schröder böswillig unterschlägt. Ihm geht es keineswegs um die Verbesserung der Lage der sozial Benachteiligten. Nach Simulationsrechnungen führte zu jenem Zeitpunkt das reichste Zehntel der Einkommensteuerpflichtigen (10. Dezil) im *Durchschnitt* 23,8 Prozent des Bruttoeinkommens an Einkommensteuer ab,[96] das entspricht in etwa dem kirchhofschen Modell und ist geringer als die hier vorgestellte Modifikation. Den Trend zur Steuervermeidung gibt es schon lange, und er scheint immer mehr zuzunehmen. »Andererseits bietet das komplizierte Steuerrecht zahllose Schlupflöcher für (Trick-)Reiche. Wer alle Möglichkeiten nutzt und in Ostimmobilien, Flugzeuge und Schiffe investiert, kann sein zu

---

[96] Vgl. www.bpb.de (Bundeszentrale für politische Bildung)

versteuerndes Einkommen – und damit seine Steuern – gegen Null senken. Das Aufkommen der veranlagten Einkommensteuer sinkt seit Jahren.«[97]

»Der Spiegel« hat sich mit den sozialen Auswirkungen von Kirchhofs Modell in einem Artikel auseinandergesetzt, der mit dem Satz beginnt: »Entgegen allen Unkenrufen: Die von Paul Kirchhof angestrebte Radikal-Steuerreform belastet die Besserverdiener weit mehr als angenommen.«[98] Weiter heißt es: »Es lohnt sich, genauer zu rechnen. In Wirklichkeit ist das Kirchhof-Modell sozialer, als die meisten glauben.«[99] So kommt der betrachtete Artikel zu dem eigentlich naheliegenden Schluss: »Die Mehrzahl der Besserverdiener, da sind sich viele Experten einig, zahlten bei einer 25-prozentigen Flat Tax tatsächlich drauf – und zwar nicht zu knapp, wie einige Beispiele zeigen. Ein Top-Manager, der jährlich 300 000 Euro verdient, aber einige gängige Abschreibungsmodelle nutzt [...], müsste unter dem kirchhofschen Steuerregime 6 500 Euro mehr an den Fiskus bezahlen als bisher. Anders sieht es für den verheirateten Abteilungsleiter mit zwei Kindern aus, der 120 000 Euro im Jahr verdient und eine Wohnung vermietet. Nach Abzug aller Vergünstigungen käme er auf eine Ersparnis von jährlich fast 9 000 Euro.«[100] Der Artikel enthält auch eine Rechnung für eine alleinstehende Krankenschwester, die ja zur Lieblingsperson unseres Alt-Bundeskanzlers Schröder geworden war: Auch die würde sich mit der Lösung von Kirchhof besser stellen als bisher, und zwar um etwa 940 Euro im Jahr[101].

Die wirklichen Verlierer der Reform wären all jene, die ihr Geld in Unternehmungen stecken, deren einziger Zweck darin besteht, Verluste zu produzieren, eine Eulenspiegelei allererersten Ranges. Häufig haben diese Firmen ihren Sitz in irgendwelchen exotischen Ländern und produzieren Produkte, die für die deutsche Gesellschaft keinerlei Bedeutung haben. Gefördert wird der »Clevere«, dessen Lebensaufgabe vornehmlich darin besteht, Lücken in den reichlich vorhandenen Steuergesetzen zu finden und für seine Zwecke zu nutzen.

Das alles ist natürlich dem politischen Betrieb bestens bekannt, und er nutzt es in seinem Sinne weidlich aus. »Kirchhof versteht die Regeln der Berliner ›Vier-Augen-Gesellschaft‹ nicht, die der frühere Schröder-Berater Bodo Hombach beschrieben hat – in ihr gebe es einen tiefen Graben zwischen der öffentlichen Debatte, ›in der Illusionen ungestraft verbreitet werden‹ können, und der privaten Diskussion, in der man ›sich stöhnend die Wahrheit sagt‹. Kirchhof machte keinen Unterschied zwischen beiden Welten und trieb seine Aufpasser damit an den Rand des Wahnsinns.«[102]

Hier werden ungeschminkt Maximen geäußert, die in einem absolutistischen Staat am Platz wären, in einer freiheitlichen Demokratie das Gemeinwesen jedoch in seiner Substanz gefährden.

---

[97] Der Spiegel 28/1998, S. 91
[98] Der Spiegel 35/2005, S. 38
[99] Der Spiegel 35/2005, S. 38
[100] Der Spiegel 35/2005, S. 38
[101] Vgl. Modellrechnung, Der Spiegel 35/2005, S. 38
[102] Der Spiegel 41/2005, S. 46

Das wird nicht besser, wenn wir jetzt zu der Frage zurückkehren, worin die Verletzung des gesellschaftlichen Tabus durch Paul Kirchhof bestand. Schon weiter oben wurde auf die Bedeutung des Tabus hingewiesen, die von Sigmund Freud ausführlich untersucht worden ist.[103] Zunächst stellt sich die Frage, was es denn ist, das man Kirchhof verboten hat. Als freier Bürger darf er seine Meinung äußern, und bisher ist er ja auch nicht festgesetzt worden.

Das Verbot versteckt sich vielmehr hinter der Heftigkeit der Reaktion, die ja überhaupt erst den Verdacht auf eine Tabuverletzung hat entstehen lassen. Wenn ein Mensch wegen eines politischen Konzepts, das zudem alle politischen Parteien seit vielen Jahren, um nicht zu sagen Jahrzehnten, für grundsätzlich dringend erforderlich halten, ohne inhaltliche Auseinandersetzung so angegriffen wird, dann muss es etwas Gravierendes hinter den Angriffen geben. »Der Spiegel« weist uns die Richtung: »Wenn Kirchhof von Freiheit redet, ist es nicht die Freiheit, die die Freunde des fürsorglichen Wohlfahrtsstaates meinen. Wenn er ›einfach und gerecht‹ sagt, empfinden sie es als ungleich und brachial. Redet er von den Gewinnern der Reform, fühlen sich Millionen schon vorsorglich als Verlierer. Sein Versprechen – ein Steuergesetz ohne Ausnahmen – wird von einer Mehrheit der Deutschen mittlerweile als Utopie mit Bedrohungscharakter abgelehnt.«[104]

Jetzt sind wir am Kern des Problems, das den politischen Apparat hat aufheulen lassen: In Wahrheit geht es um Freiheit. Hinter Kirchhofs Konzept steckt das Bild eines freiheitlichen Staates, in dem die Bürger in Selbstverantwortung ihr Leben nach ihren Wünschen gestalten sollen. Diese Selbstverständlichkeit für einen freiheitlich-demokratischen Staat ist in den modernen Wohlfahrtsstaaten lange schon außer Kraft gesetzt. Hier zählt nicht mehr der selbstverantwortliche Bürger – der ist, siehe Kirchhof, eher zur Gefahr geworden –, sondern die am Tropf des Staates hängende entmündigte Kreatur, die man im politischen Betrieb gerne als Mittel für dunkle Zwecke gebraucht.

Der Sinn eines selbstbestimmten Lebens, so unterschiedlich er im Einzelnen auch gesehen werden mag, kann sicherlich nicht darin bestehen, nach Lücken in vorhandenen Gesetzen zu suchen, um sich einen Vorteil zu verschaffen. Um den vorhandenen Herrschaftsanspruch der Aussage zu negieren, soll sie abgeändert werden: Wer den Sinn seines selbstbestimmten Lebens darin sieht, sich durch Lücken vorhandener Gesetze einen Vorteil zu verschaffen, der mag zusehen, wo er diesen finden kann. Die Kumpanei des politischen Betriebes mit solchen Anliegen ist eine unerträgliche Einschränkung der Freiheit für alle diejenigen, die dies nicht zu ihrem Lebensinhalt machen wollen. Die Form der Steuererhebung sollte dem Bürger die Klarheit belassen, wie viel von seinem Einkommen er für die Aufgaben der Gemeinschaft aufwenden muss. Nur dann hat er reelle Chancen, seine Belastungen zu beurteilen. Durch ausufernde Möglichkeiten zur Steuerreduktion werden Verhaltensweisen gefördert, die mit einem freiheitlichen Staatswesen nicht zu vereinbaren sind. Die Legitimation solcher Verhaltensweisen wurzelt in der Möglichkeit, auf legale Weise die eigene Steuerschuld erheblich beeinflussen zu können.

---

[103] Vgl. Kapitel 2, Fußnote 23
[104] Der Spiegel 37/2005, S. 24

Wenn man dies aber mangels Kenntnissen nicht kann, dann liegt es nahe, sich den Vorteil auf andere, nicht mehr legale Weise zu beschaffen.

Unterstützt wird eine solche Haltung vom Staat noch dadurch, dass den geltenden Steuersätzen immer schon die mögliche »Gestaltung« des eigenen Einkommens zugrunde gelegt wird. Wie im oben geschilderten Beispiel des Versicherungsbetrugs wird so der Ehrliche zum Betrogenen. »Mit jeder neuen Steuer- und Abgabenerhöhung jedenfalls schwindet das Unrechtsbewusstsein der Steuerhinterzieher und Kapitalflüchtlinge. Ihre Gesetzwidrigkeiten verharmlosen sie als Notwehr gegenüber einer Politik, die aus ihrer Sicht einer Enteignung gleicht, als ›Form des zivilen Ungehorsams‹ gar, wie ein Leserbriefschreiber der ›FAZ‹ anvertraute.«[105]

Der zitierte Leserbriefschreiber hat ja durchaus recht. Der Verweigerung von Steuerzahlungen kann eine »Form des zivilen Ungehorsams« nicht abgesprochen werden. Ziviler Ungehorsam darf aber nicht zu einem systematischen Verhalten führen, weil wir andernfalls Recht und Gesetz gleich ganz abschaffen könnten. Umgekehrt verliert eine Regierung, die ihre Bürger (implizit) dazu auffordert, zur Vermeidung von Ungerechtigkeiten in der Steuererhebung zum Finanzakrobaten zu mutieren, ihre Legitimation, und zwar in einem ganz tiefen Sinn, verstößt sie doch damit gegen viele Grundwerte des Zusammenlebens in einer aufgeklärten Gesellschaft.

Jeder Minister der Bundesrepublik Deutschland muss bei seiner Amtsübernahme einen Eid leisten, der ihn verpflichtet, seine Kraft dem deutschen Volke zu widmen, dessen Nutzen zu mehren und Schaden von ihm abzuwenden.[106] Wenn deutsche Steuerzahler in großem Stil mit Steuervergünstigungen dafür belohnt werden, dass sie ihr Geld in Projekte stecken, deren einziger Sinn die Produktion von Verlusten ist, kann nicht mehr vom »Wohle des deutschen Volkes« gesprochen werden. Welcher Nutzen welchen Volkes durch solche Maßnahmen vermehrt wird, erschließt sich wohl nur noch der besonderen Logik von Berufspolitikern. Wenn die Steuer zweier Menschen in gleichen sozialen Verhältnissen und mit gleichem Einkommen um weit mehr als das Doppelte voneinander abweichen kann, weil der eine Steuertricks anwendet, denen sich der andere verweigert, dann kann von »Gerechtigkeit gegen jedermann« nicht mehr gesprochen werden. Es ist eine Form der Würdelosigkeit, in die der politische Betrieb die Bürger des Landes treibt.

Der Sinn der Regelungen zur Steuererhebung besteht darin, dem Bürger die Zusammenhänge der Geldeinnahmen und -ausgaben so weit wie möglich zu verschleiern, damit die Politiker die Mittel gewinnen, das Volk zu gängeln und durch Geschenke vor Wahlen für ihre Partei zu gewinnen. Die Möglichkeiten der »Steuergestaltung« bestehen allein deshalb, weil sich der politische Betrieb auf diese Weise weitgehend einer öffentlichen Kontrolle seiner Einnahmen entziehen kann, dem Bürger umgekehrt aber die »Schuld« an einer zu hohen Steuerbelastung

---

[105] Der Spiegel 49/2002, S. 35
[106] Vgl. Grundgesetz, Artikel 56

aufbürdet, weil der sich ja einer besseren »Steuergestaltung« hätte bedienen können.

Der amerikanische Ökonom James Buchanan hat vor einigen Jahren einen bedenkenswerten Vorschlag gemacht, dem unersättlichen Anspruch des Staates entgegenzutreten. Er plädierte dafür, »das äußerste Maß für die Steuerlast in der Verfassung festzuschreiben: eine klar definierte Regel, die besagt, wie viel Prozent sich der Staat maximal aneignen darf«.[107]

Vielleicht verdanken wir eines Tages dem »Fall Kirchhof« die Erkenntnis, dass mit ihm der »Sündenfall« auch dem einfachsten Gemüt hätte klar werden können. In der Geschichte der Bundesrepublik Deutschland haben wir nie so nah und so deutlich an der Schwelle zu der Frage gestanden: Wie hältst du es mit der Freiheit? Dies nicht etwa deshalb, weil Paul Kirchhof völlig neue Erkenntnisse in Fragen der Steuererhebung geboten hätte, sondern weil ein Steuerreformer niemals zuvor der politischen Verantwortung so nah gekommen war, um sein Konzept umsetzen zu können. Das Scheitern Paul Kirchhofs war in Wahrheit ein Scheitern des politischen Betriebes in unserem Lande. Seit Kirchhofs Kandidatur ist mehr als eine Legislaturperiode vergangen, ein Lerneffekt aus seinem Scheitern ist nicht zu erkennen.

---

[107] Der Spiegel 39/1998, S. 87

4.3.4 Der Umgang mit Steuern

Am 8. Mai 1945 war der Zweite Weltkrieg mit der bedingungslosen Kapitulation Deutschlands zu Ende. Nachdem die Siegermächte zunächst die Verwaltung übernommen hatten, wurde am 23. Mai 1949 die Bundesrepublik Deutschland gegründet. Der neue Staat stand vor der Aufgabe, nicht nur den Aufbau des völlig zerstörten Landes und die Versorgung der Bevölkerung mit lebensnotwendigen Gütern zu organisieren, sondern zugleich noch eine riesige Anzahl von Flüchtlingen und Vertriebenen aus den Ostgebieten des ehemaligen Deutschen Reiches zu integrieren. Hierbei waren umfangreiche staatliche Eingriffe unerlässlich.

Anfang der 1950er Jahre begann dann eine wirtschaftliche Entwicklung, die gemeinhin als »Wirtschaftswunder« bezeichnet wird. Wirft man einen naiven Blick auf das politische und wirtschaftliche Geschehen in der Bundesrepublik Deutschland, dann würde man zunächst eine hohe Staatsquote erwarten, die sukzessive durch eine fallende abgelöst wird. Die Realität lehrt uns das Gegenteil.

Beschäftigt man sich mit der Frage nach der Verwendung unserer Steuern, ist es unumgänglich, wenigstens einige statistische Betrachtungen anzustellen. Dies geschieht hier unter der ausdrücklichen Betonung, dass es bei den durch Statistik untermauerten Aussagen keinesfalls um die Richtigkeit der dritten Stelle nach dem Komma geht, sondern vielmehr um die Darstellung einer Tendenz, die allein für die Argumentation maßgebend ist. Zu diesem Zweck werden einige Grunddaten zur Finanzlage des Staates in ihrer Entwicklung aufgezeigt.

Die Grunddaten beziehen sich auf das Bruttoinlandsprodukt (BIP), die Staatseinnahmen und -ausgaben, die Schulden der öffentlichen Hand sowie die Staatsquote. Die einzelnen Werte sind, so weit dies möglich war, pro Kopf der Bevölkerung berechnet. Um dies nachvollziehen zu können, sind die jeweiligen Bevölkerungszahlen der Bundesrepublik Deutschland angegeben. Dies ergibt auch kein völlig objektives Bild, weil ja dann jeweils die Zusammensetzung der Bevölkerung in den einzelnen Zeiträumen hätte berücksichtigt werden müssen, reicht aber aus, die Tendenz des Geschehens deutlich und für die Zwecke der vorliegenden Ausführungen hinreichend genau zu beschreiben. Da im vorliegenden Fall vor allem eine Entwicklung interessiert, sind die einzelnen Werte für BIP, Einnahmen und Ausgaben sowie für die Staatsschulden als Vergleichswerte angegeben, wobei die Bezugsgröße jeweils das Jahr 1950 ist. (Der Vollständigkeit halber und zum Nutzen der nicht so mathematisch versierten Leser sei noch angemerkt, dass es natürlich auf einfache Weise möglich ist, die Vergleichswerte auf einer zeitlich späteren Ebene zu berechnen. Wer zum Beispiel die Werte für 1990 und 2008 auf der Basis der Werte von 1970 vergleichen möchte, der braucht lediglich die analogen Werte für 1970, 1990 und 2008 durch die in der Spalte für 1970 angegebenen Werte zu teilen, also die Werte in der Spalte für 1970 auf den Wert 1 zu stellen usw.)

	1950	1970	1990	2008
Einwohner (Mio)	50,96	61,00	79,80	82,00
BIP	1,00	5,38	19,51	28,53
Staatseinnahmen	1,00	6,33	35,89	65,53
Staatsausgaben	1,00	6,19	35,29	61,74
Schulden	1,00	5,81	48,50	131,76
Staatsquote	31,5 %	38,5 %	43,6 %	43,9 %

Tabelle 4.3.4.1[108]

Die neugegründete Bundesrepublik stand nicht nur vor der Aufgabe, das weitgehend zerstörte Land wieder aufzubauen und vor allem Wohnraum zu schaffen, es mussten auch ca. 8 Millionen Flüchtlinge und Vertriebene integriert werden, ganz zu schweigen von der »Resozialisierung« der aus dem Kriege heimgekehrten Männer. All das wurde mit größtem Erfolg gelöst, auf der Basis einer erstaunlich geringen Staatsquote. Offensichtlich war die Bevölkerung in der Lage, die anstehenden Probleme zu bewältigen, ohne nach mehr Staat zu rufen. Die junge Bundesrepublik Deutschland räumte ihren Bürgern weitgehend die Möglichkeit ein, ihren Wohlstand selbst zu schaffen, und hatte damit große Erfolge.

Nach Tabelle 4.3.4.1 hat man den Eindruck, das Land wurde dauerhaft von Seuchen, Kriegen und Naturkatastrophen heimgesucht, denn die Kennzahlen der Staatseinnahmen und -ausgaben wuchsen schon in der Zeit von 1950 bis 1970 deutlich mehr als das BIP. Danach - der Aufbau des Landes war längst beendet - schossen die Werte extrem in die Höhe. Im Jahr 1990 betrug der Anstieg der Staatseinnahmen noch das etwa 1,8-Fache des Wachstums des BIP, um dann im Jahre 2008 auf das 2,3-Fache des BIP zu wachsen. Ähnlich war der Verlauf der Staatsausgaben.

Besonders auffallend an der Entwicklung ist jedoch die exorbitante Zunahme der Schuldenlast des Staates, die 1970 noch in etwa in Relation zum Anstieg des BIP stand, in der Folgezeit sich aber deutlich von diesem losgelöst hat. Betrug die Zunahme der Staatsschulden im Vergleich zum Wachstum des BIP in 1990 noch das ungefähr 2,5-Fache, so erhöhte sich dieser Wert 2008 auf mehr als das 4,5-Fache.

Wer glaubt, der Staat habe die Schuldenlast erhöht, um das Land durch Ausgaben für Bildung zukunftsfähig zu machen, der sieht sich getäuscht. Den Versicherungen vieler Politiker aller Parteien zum Trotz ist der Anteil der Bildungsausgaben im Verhältnis zum BIP seit 1975 sogar gesunken, wie die nachfolgende Tabelle deutlich macht:

---

[108] Die Daten sind entnommen und umgerechnet worden aus www.destatis.de und www.bpb.de. Die Werte für 1950 und 1970 beziehen sich auf die Bundesrepublik, die für 1990 und 2008 auf Gesamt-Deutschland.

Öffentliche Bildungsausgaben
in % des BIP

1975	4,9 %
1990	3,5 %
1995	4,1 %
1998	3,8 %
2008	3,7 %

Tabelle 4.3.4.2[109]

Dies ist auf den ersten Blick deshalb erstaunlich, weil vonseiten der Politiker immer wieder auf die besondere Wichtigkeit der Bildung für unser Gemeinwesen hingewiesen wird. Und die drängende Frage nach der Bildung in unserem Land ist keineswegs neu, sie schwelt schon seit der 1960er Jahren. Leicht wird Geld an die Bürger verteilt, selten werden strukturelle Probleme gelöst. Die Erkenntnis ist seit einem halben Jahrhundert gängige Praxis in der politischen Landschaft und gilt für alle Bereiche, also insbesondere auch für den Bereich der Bildung. Schon 1965 führte der Heidelberger Bildungswissenschaftler Georg Picht ein Gespräch mit dem Magazin »Der Spiegel«, in dem er feststellte: »Es ist mir vollkommen unbegreiflich, daß unsere politische Führung nicht einsieht, wie sie sich durch diese Politik der Wahlgeschenke und Trinkgelder das öffentliche Vertrauen verscherzt.«[110]

Doch keine Partei war jemals bereit, sich darauf festlegen zu lassen, wie viel ihr die Bildung wert ist (nicht in allgemeinen Verlautbarungen, sondern in Geldwert ausgedrückt). Das entspricht genau den weiter oben angestellten Überlegungen zur Transparenz, deren Ergebnis ja auch war, dass die Politik nichts so sehr fürchtet, wie klare und unmissverständliche Regelungen, die am Ende gar noch vom Bürger verstanden werden könnten.

Das Problem mit der Bildung hat sich in den vergangenen 50 Jahren keinesfalls verbessert, eher hat es sich noch stärker ausgeprägt. Was sich am Bildungswesen in einem konkreten zeitlichen Kontext veranschaulichen lässt, erweist sich bei Betrachtung der großen Entwicklungslinien der Politik als durchgängiges Prinzip staatlichen Handelns. Statt mit vorhandenen Mitteln eine sinnvolle Politik zu betreiben, verlässt sich der politische Betrieb immer mehr darauf, seine Einnahmesituation zu verbessern, um sich durch »Geschenke« aller Art das Wohlwollen der Bürger zu erkaufen, wobei sich Gründe für »Geschenke« immer wieder leicht finden lassen. Im Zweifelsfalle helfen die verschiedenen Interessenverbände tatkräftig beim Auffinden von Gründen. Anders ist die Erhöhung der Staatseinnahmen

---

[109] Quelle: http://www.arge.schule-hamburg.de/Archiv/STIBildungsausgaben-Hamburg.html. Für 2008 sind die Werte umgerechnet worden aus www.destatis.de
[110] Der Spiegel 34/1965, S. 24ff.

und -ausgaben im Verhältnis zum BIP seit 1950 um mehr als das Doppelte nicht zu erklären.

Dabei ist es nicht geblieben. Der gesamte Kontext erschließt sich erst dann vollständig, wenn man zusätzlich die relative Verdoppelung des Schuldenstandes des Staates im Verhältnis zu seinen Ein- und Ausgaben berücksichtigt. Das sind alarmierende Entwicklungen, weil sich der Staat (relativ!) immer mehr von seinen Bürgern holt, um es nach verschiedenen Kriterien, die beileibe nicht immer sozialen Gesichtspunkten genügen, wieder zu verteilen.

Die Metapher »Wahlgeschenke« zeigt unmissverständlich auf den Zusammenhang zwischen »politischen Maßnahmen« und »Wohlverhalten der Wähler«. Die bereits ausführlich geschilderte Undurchsichtigkeit der Steuererhebung soll die zu erbringenden Opfer der Bürger verschleiern. Nicht in einem direkt nachweisbaren juristischen Sinne, aber als realer Zusammenhang erfüllt das Verhalten des politischen Betriebs wie an anderer Stelle bereits erwähnt den Tatbestand der Bestechung. Politischer Bürgersinn zeigt sich jedoch am deutlichsten in Unbestechlichkeit. Politische Forderungen sollten sich nicht im Betteln um größere Anteile am Kuchen oder im Kampf um den Erhalt offensichtlicher Privilegien erschöpfen. Viel wäre gewonnen, lernten die Bürger, Wahlgeschenke nicht nur abzulehnen, sondern mit Stimmenentzug zu bestrafen.

Die Argumentation erscheint illusionär, das spricht jedoch keinesfalls gegen sie. Entweder gelingt es uns, auch in diesen Fragen zu handeln, oder wir werden von den Ereignissen überrollt, ohne noch über Möglichkeiten der Korrektur zur verfügen. Der Blick auf die politische Realität gibt allerdings wenig Anlass zur Hoffnung. Die Tendenz zur Ausweitung staatlicher Handlungen ist weitgehend ungebrochen. Immer wieder tauchen Forderungen auf, neue Steuern zu erheben oder alte zu erhöhen.

Als die FDP nach der Bundestagswahl 2009 zunächst daran festhielt, die Steuern zu senken, gab es eine fast geschlossene Reaktion aller Presseorgane dagegen. Dabei hatte doch wenige Jahre zuvor Paul Kirchhof überzeugend nachgewiesen, dass Steuersenkungen keineswegs mit geringeren Staatseinnahmen zusammengehen müssen. Das eigentliche Problem der Steuereinnahmen besteht eben nicht darin, wie hoch die Steuersätze sind, sondern wie weit die Schere zwischen dem *formalen* und dem *realen* Steuersatz auseinanderklafft. Diese Binsenweisheit wird auch weiterhin ignoriert, wobei die Medienöffentlichkeit in weiten Teilen diese Ignoranz unterstützt. Lediglich bei der immer brisanter werdenden Staatsverschuldung hat ein vorsichtiges Umdenken eingesetzt, das aber meistens mit der Forderung weiterer Steuererhöhungen einhergeht.

Es ist an der Zeit, das übergroße Wachstum der Staatsausgaben einmal genauer unter die Lupe zu nehmen. Wie oben gezeigt wurde, wird dieses Wachstum nicht durch zukunftsträchtige Bildungsausgaben generiert. Es ist auch nicht mit der Zunahme äußerer Bedrohungen zu erklären, die trotz des weltweiten Terrorismus eher geringer werden. Der Blick auf den Staatshaushalt zeigt sehr deutlich, warum die Staatsausgaben steigen.

Mehr als die Hälfte des Staatshaushalts bezieht sich auf diverse Sozialleistungen, wobei soziale Steuernachlässe dabei noch gar nicht berücksichtigt sind, weil sie nicht im Staatshaushalt auftauchen. Von 1995 bis 2005 stiegen die Ausgaben für soziale Absicherung von knapp 50 auf fast 57 Prozent, in absoluten Zahlen ausgedrückt von 453,3 auf 570,6 Milliarden Euro.[111] Je mehr wir uns anstrengen, das Problem sozialer Sicherheit zu lösen, desto geringer ist der Erfolg. Dies führt zu dem erstaunlichen Paradoxon: Je größer der produzierte Reichtum der Gesellschaft ist, desto größer ist die Bedürftigkeit der Gesellschaftsmitglieder.

Ein Blick in die Kabinettsprotokolle von 1950 zeigt uns: »Die Besatzungslasten und der hohe Anteil an Sozialausgaben – Aufwendungen für Kriegsopferversorgung, Kriegsfolgenhilfe, Arbeitslosenfürsorge, Sozialversicherung, Integration der Flüchtlinge und Vertriebenen, Versorgung der verdrängten Beamten und Wohnungsbau – am Bundeshaushalt waren Ausdruck der außenpolitischen wie der innen- und sozialpolitischen Situation der Bundesrepublik. Diese Lage war auch die Ursache für den ständigen Konflikt zwischen den Haushaltsanforderungen der Ressorts und dem Bemühen des Finanzministers um einen ausgeglichenen Haushalt. Dieser Konflikt mußte sich noch verschärfen, als Schäffer nicht bereit war, die Mehranforderungen durch Steuererhöhungen zu decken, vielmehr eine Politik der Steuersenkungen verfolgte.«[112]

Der »hohe Anteil an Sozialausgaben« war zu jener Zeit verursacht durch eine Sozialleistungsquote, die gerade einmal bei 19,2 Prozent eines zu heute deutlich geringeren BIP lag. Damit brachte jeder Bürger der Bundesrepublik im Jahr 1950 preisbereinigt gerade einmal 994,6 Euro im Jahr für Sozialleistungen auf. Im Jahre 2007 betrug die Sozialleistungsquote 29,2 Prozent. Jetzt hatte jeder Bürger der Bundesrepublik Deutschland ca. 8 597 Euro im Jahr für Sozialleistungen aufzubringen, das ist fast das 9-Fache.[113] Diese Aussage wird durch verschiedene Untersuchungen ihrer Tendenz nach vollauf bestätigt: »Der Anteil der Sozialleistungen nach dem Sozialbudget am Bruttoinlandsprodukt – die so genannte Sozialleistungsquote – betrug 1960 noch 21,5 %, stieg bis 1975 auf 32,5 %, fiel mit Schwankungen bis zum Jahr 1990 auf 28 % zurück, um danach vereinigungsbedingt auf den bisher höchsten Wert von 34,1 % im Jahr 1996 zu steigen; im Jahr 2001 betrug die Sozialleistungsquote noch 33,8 %. Wenn man die allgemeine Erhöhung des Preisniveaus seit 1960 – gemessen am Preisindex für die Lebenshaltung aller privaten Haushalte – herausrechnet, erhöhten sich die Sozialleistungen auf knapp das Sechsfache gegenüber einem knapp vierfachen Volumenwachstum beim realen Bruttoinlandsprodukt.«[114]

Im Jahr 1950 kam es nicht zu Aufständen hungernder Massen. Stattdessen befand das Land sich in einer Phase des Aufschwungs. Eine allgemeine Zufriedenheit war das Kennzeichen der Menschen im Lande. Das »Wirtschaftswunder« hat in der Folgezeit bei uns zu einer historisch einmaligen Zunahme des Wohlstandes

---

[111] http://www.bpb.de/wissen/KNBUJM,0,0,%D6ffentliche_Ausgaben_nach_Aufgabenbereichen.html

[112] http://www.bundesarchiv.de/cocoon/barch/1021/k/k1950k/kap1_1/para2_6.html

[113] Zur Preisbereinigung vgl.: http://privatschule-eberhard.de/interessant/Preisindex.htm

[114] Johann Hahlen, Entwicklungen des deutschen Sozialstaates – Daten der amtlichen Statistik, Vortrag vom 10. Oktober 2002 auf der wissenschaftlichen Jahrestagung der Arbeitsgemeinschaft Sozialwissenschaftlicher Institute e. V. (ASI) im Rahmen des 31. Kongresses der Deutschen Gesellschaft für Soziologie

geführt. Würden die Zahlen keine so eindeutige Sprache sprechen, man könnte die Entwicklung kaum glauben.

Angesichts der Zahlen sollte das Thema Armut in unserem Land keine Rolle mehr spielen, doch ist das genaue Gegenteil der Fall. Trotz der exorbitant gestiegenen Aufwendungen für Soziales nimmt die Armut in Deutschland besorgniserregend zu, jedenfalls dann, wenn man den damit beschäftigten Wissenschaftlern und Sozial-Lobbyisten Glauben schenkt. Der Kölner Armutsforscher Christoph Butterwegge stellt zu den Sätzen der Sozialhilfe fest: »Die Regelsätze seien willkürlich festgelegt worden, ohne Interesse an einer menschenwürdigen Existenz.«[115] Wüsste man es nicht besser, man würde glauben, die Aussagen bezögen sich auf ein anderes Land.

Doch ist der Kölner Armutsforscher keinesfalls alleine mit seiner Meinung. Sie wird von knapp der Hälfte der im Bundestag vertretenen Parteien und vermutlich einer etwas geringeren Zahl der Bürger geteilt. Doch wohin soll die geforderte Ausweitung des Wohlfahrtsstaats noch führen? »Die Entwicklung von Arbeitnehmer- zu umfassender Bürger- und Bürgerinnenpolitik führte dazu, dass mehr als ein Drittel der Bevölkerung heute als Klienten oder Anbieter überwiegend vom Sozialstaat lebt.«[116] Bezogen auf den Staatshaushalt wenden wir bereits heute mehr als die Hälfte für Sozialausgaben auf. Würden wir durch eine Verdoppelung der Sozialausgaben das Problem endgültig lösen?

Nach dem Krieg hat man Kinder mit der Verabreichung von Lebertran gequält, um sie vor Unterernährung und Rachitis zu schützen. Nehmen wir an, ein Kind erbricht immer wieder den gereichten Lebertran, weil es den Geschmack nicht ertragen kann, und wird deshalb mit Essensentzug bestraft. Die logische Folge dieser Tortur ist eine Zunahme seiner Unterernährung. Da dagegen aber Lebertran hilft, wird die verabreichte Dosis erhöht, in der Hoffnung, das Kind werde an Gewicht zunehmen. Unschwer erkennbar entsteht ein Circulus vitiosus, das heißt, die Lösung verschlimmert das Problem. Seit mehr als 40 Jahren versuchen wir, nach genau diesem Muster Sozialpolitik zu treiben. Statt uns einmal zurückzulehnen, um dem wirklichen Problem auf die Spur zu kommen, erhöhen wir immer nur die Dosis und wundern uns (möglicherweise) noch über den ausbleibenden Erfolg.

Bei Spielsüchtigen kennt man das Phänomen: Je höher die Verluste werden, desto mehr wächst die Bereitschaft, das eingegangene Risiko zu erhöhen, um sie wieder auszugleichen, besser in Gewinne zu überführen. Die Folge sind noch höhere Verluste usw. Würde man den Ratschlägen der Sozial-Lobbyisten folgen, der Staatsbankrott wäre die zwangsläufige Folge. Keine Steuererhöhung würde das Problem auf der Basis des infrage kommenden Lösungsspektrums lösen können. Da das Problem der Armut später genauer betrachtet wird, werden hier die Auswirkungen der Steuererhebung analysiert.

---

[115] Spiegel-Online, Regierung verspricht rasche Hartz-IV-Korrektur, 09.02.2010
[116] Lutz Leisering, Der deutsche Sozialstaat - Entfaltung und Krise eines Sozialmodells, aus: Der Bürger im Staat, Heft 4/2003

Wichtig ist jedoch gerade auch aus der Sicht der Steuererhebung die von den Sozial-Lobbyisten immer wiederholte Forderung einer Erhöhung der Steuern, um dem »Sozialabbau« (so wird das wirklich genannt!) Einhalt zu gebieten. Selbstverständlich sind es in der Regel die Steuern der »Anderen«, die man zu erhöhen gedenkt. Was aber würde man damit erreichen?

Das sicherste Ergebnis wäre eine Erhöhung der Zahl derer, die nicht mehr selbst für ihren Lebensunterhalt aufkommen könnten. Nach dem heimlichen Bestreben der Sozial-Lobbyisten soll am Ende niemand mehr die Verantwortung für sein Leben übernehmen können. Schließlich soll der Staat die Sorge für das Leben seiner Schäfchen vollständig übernehmen und dabei noch en passant deren schlechte Gewohnheiten, wie Tabak, Alkohol, ungesundes Essen etc., ausmerzen. Dann wäre das Experiment der Entmündigung vollständig geglückt.

Neben den hier als Sozialleistungen bezeichneten Transferzahlungen des Staates an Privatpersonen zur Sicherung derer Lebensgrundlage gibt es mit den Subventionen noch eine zweite große Position im Staatshaushalt, mit der der moderne Wohlfahrtsstaat für das Wohlergehen seiner Schutzbefohlenen sorgt. Subvention heißt »Unterstützung aus öffentlicher Hand«.[117] Demnach wären an sich auch alle Sozialtransfers Subventionen. Ihres Umfangs wegen und um das ganze Prozedere nicht noch unübersichtlicher zu machen, als es ohnehin schon ist, hat man sich in den Wohlfahrtsstaaten entschlossen, zwischen Transferzahlungen für Sozialleistungen und Subventionen zu unterscheiden.

Dies hat auch historische Gründe, weil in früheren Zeiten Sozialleistungen eine völlig untergeordnete Rolle spielten, während Subventionen im Sinne von »Unterstützung aus öffentlicher Hand« bis tief in die Zeit des Merkantilismus zurückreichen. Dort bestand die Unterstützung jedoch vornehmlich im Schutz inländischer Produzenten vor ausländischer Konkurrenz, wie an den verschiedenen Zollschutzvereinbarungen abzulesen ist. In diesem Sinne werden Subventionen im Regelfall an Unternehmen gezahlt, um deren Konkurrenzfähigkeit am Markt zu erhalten.

Doch auch diese Erklärung reicht nicht hin, um diesen Komplex zu erklären, denn Subventionen werden im modernen Wohlfahrtsstaat durchaus auch an Privatpersonen gezahlt. Selbst Fachleute haben keine übereinstimmende Vorstellung von dem, was eigentlich Subventionen sind. Ersichtlich wird diese Differenz an der Tatsache, wie unterschiedliche Fachinstanzen den Umfang der Subventionen beziffern. Nach dem Bundesfinanzministerium lagen die Subventionen des Bundes im Jahre 2009 bei 29,5 Milliarden Euro.[118] Das Institut für Weltwirtschaft kommt im gleichen Zeitraum auf einen Wert von fast 41 Milliarden Euro,[119] das ist eine Differenz von ungefähr 40 Prozent. Offensichtlich befinden wir uns auch hier wieder in einem Bereich, der sich nicht gerade durch Klarheit auszeichnet. Versuchen wir, etwas Licht in das Dunkel der Subventionszahlungen zu bringen.

---

[117] Kluge, Etymologisches Wörterbuch der deutschen Sprache, Berlin – New York 2002, Stichwort: Subvention
[118] Vgl. Subventionen im Krisenjahr 2009 gestiegen, www.Bundenfinanzministerium.de, Stichwort: Subventionen
[119] Vgl. Alfred Boss, Astrid Rosenschon, Subventionen in Deutschland, Institut für Weltwirtschaft an der Universität Kiel, Nr. 479/480, Juni 2010, S. 23

Normalerweise werden im Wohlfahrtsstaat Zahlungen des Staates mit sozialen Aspekten begründet. Seinem Selbstverständnis nach versteht sich der moderne Wohlfahrtsstaat als überdimensionierter Robin Hood, der den Reichen Geld wegnimmt, um es an die Armen zu verteilen. Wenn dies bei den Sozialtransfers gilt, was in vielen Fällen zweifelhaft ist, dann für Subventionen mit Sicherheit nicht. Ein gutes Beispiel dafür war die sogenannte Abwrackprämie, die im Jahre 2009 (zeitlich befristet) eingeführt wurde und bei der jeder Käufer eines Neuwagens eine Prämie von 2 500 Euro erhielt, unabhängig von seiner Vermögenslage, wenn er nur ein mehr als neun Jahre altes Auto dabei in Zahlung geben konnte. Bei dieser Maßnahme waren die Käufer der Autos gleichsam nur Mittel zum Zweck, die darbende Autoindustrie zu unterstützen.

Auch bei Subventionsmaßnahmen werden die Zahlungen, wie unverblümt sie auch Einzelnen oder Gruppen zugutekommen, stets mit sozialen Aspekten begründet. Das Zauberwort dabei ist die sogenannte Arbeitsplatzsicherung, die in kaum einer Begründung für Subventionsmaßnahmen fehlen darf. In neuerer Zeit wird die Arbeitsplatzsicherung gerne flankiert von ökologischen Aspekten, die ja schließlich auch allen Menschen zugutekommen und deshalb wenig hinterfragt werden.

Steigen wir also in den Wirrwarr der Subventionen ein. Diese werden auf zwei Arten gewährt. Zum einen als direkte Zahlungen, zum anderen jedoch in Form von Steuernachlässen. In dieser Zweiteilung liegt auch der Unterschied der verschiedenen Auffassungen über die Höhe der Subventionszahlungen. Sobald eine Verwebung mit Steuerzahlungen vorliegt, wird es unüberschaubar, weil die ganze Kompliziertheit des Steuersystems auf das Gebilde der Subventionszahlungen durchschlägt.

Ein Beispiel dazu. Wenn ein Arbeiter seinen Weg zur Arbeit steuerlich absetzen kann, dann kann dies als Subventionierung des Arbeiters begriffen werden, weil der ja auch seine Wohnung in die Nähe seines Arbeitsplatzes legen könnte. Wer also seinen Wohnort auf dem Land wählt, hat in der Regel geringere Aufwendungen für seine Wohnung als in der Stadt und bekommt Subventionen für seine Fahrt zum Arbeitsplatz. Da jedoch ein Unternehmer ebenfalls Fahrten zu seinen Kunden von der Steuer absetzen kann, ist es auch möglich, die steuerliche Absetzbarkeit von Fahrten zum Arbeitsplatz als Aufwendung für den Erhalt des Arbeitsplatzes zu begreifen und damit eben nicht als Subvention.

Unter dem Titel »Die 111 unsinnigsten Subventionen« hat die Zeitung »Handelsblatt« den Subventionsdschungel einmal durchforstet. Der Artikel wird eingeleitet mit dem Satz: »Der deutsche Staat subventioniert vom Freibier bis zur Zahnprothese (fast) alles. In zäher Lobbyarbeit haben sich ganze Branchen milliardenschwere Vorteile erstritten. Die 111 unsinnigsten Subventionen verschlingen jährlich 35,29 Milliarden Euro.«[120]

---

[120] http://www.handelsblatt.com/politik/deutschland/staatshilfen-die-111-unsinnigsten-subventionen;2587784;98#bgStart

Dies ist aber nur ein Teil der Subventionsproblematik, vielleicht gar nur der geringere. Das eigentliche Problem mit den Subventionen soll an einem Beispiel aufgezeigt werden, das vom Institut für Weltwirtschaft in Kiel stammt.

»Betrachtet wird ein mittelständischer Maschinenbauer in Mecklenburg-Vorpommern, der in Gebäude, Maschinen und Anlagen investieren und damit Ausbildungs- und Arbeitsplätze schaffen will. Das Unternehmen ist innovativ und betreibt selbst Forschung und Entwicklung (FuE), ist aber auch an Kooperationen und Netzwerken mit anderen Unternehmen oder Forschungseinrichtungen interessiert. Besonders interessant erscheint der Bereich Energieeffizienz. Das Unternehmen möchte Beratungsleistungen bei betriebswirtschaftlichen und technischen Themen in Anspruch nehmen. Ein Teil der Produktion wird exportiert, der Export soll intensiviert werden. In diesem Beispiel kommen 44 Förderungsmöglichkeiten in Betracht. Förderung gewähren die EU, der Bund und das Land Mecklenburg-Vorpommern.«[121]

Die 44 Förderungsmöglichkeiten sind in dem zitierten Bericht alle minutiös aufgeführt[122] und machen eines deutlich: Der mittelständische Maschinenbauer in Mecklenburg-Vorpommern tut gut daran, sich mehr um die zu erlangenden Wohltaten des Staates zu kümmern als um sein eigentliches Geschäft, die Konstruktion und Fertigung konkurrenzfähiger Maschinen.

Jetzt sind wir wieder am gleichen Punkt angelangt, der schon die Frage der Steuererhebung bestimmte: Wer soll noch die verschiedenen Regeln durchblicken, die zu einer Optimierung der Steuerzahlung im ersten Fall, zur Optimierung der Subventionsansprüche im zweiten Fall führen sollen? In beiden Fällen spielen bestenfalls sekundäre Gesichtspunkte plötzlich die Hauptrolle. Wehe dem Steuerzahler, der es bei einem hohen Einkommen nicht versteht, seine Steuern durch Maßnahmen zu senken, wehe dem Unternehmer, der vielleicht gute Maschinen bauen lassen könnte, im Gestrüpp der Regelungen aber verloren ist.

Dies alles ist dem modernen Wohlfahrtsstaat aber noch nicht genug. Wenn zum Beispiel ein gut verdienendes Unternehmen seine Kapazitäten ausweiten möchte, eine eigentlich ja gewünschte und für die Wirtschaft des Landes erfreuliche Situation, dann geschieht dies nicht mehr einfach durch eine Investition an einem als gut erkannten Standort. Nein, das Unternehmen fühlt vor, und die verschiedenen Bundesländer suchen sich in finanziellen Zugeständnisse zu überbieten, um die Produktion ins eigene Land zu ziehen. In der Summe führt dies bei Gebern und Nehmern zu einem systematischen Vorgehen. Ein besonders anschauliches Beispiel ist das folgende.

Im Jahr 2005 hat die Gruppe Müller-Milch, die zu den größten Milchproduzenten Europas gehört, beschlossen, ein Werk der Sachsenmilch zum modernsten Milchwerk des Kontinents auszubauen. Mit dem Versprechen, Arbeitsplätze zu schaffen (dies ist in solchen Fällen immer das General-Versprechen), erhielt die

---

[121] Alfred Boss, Astrid Rosenschon, Subventionen in Deutschland, Institut für Weltwirtschaft an der Universität Kiel, Nr. 479/480, Juni 2010, S. 3

[122] Alfred Boss, Astrid Rosenschon, Subventionen in Deutschland, Institut für Weltwirtschaft an der Universität Kiel, Nr. 479/480, Juni 2010, S. 4ff.

Firma, deren wirtschaftliche Bonität außer Frage stand, die Zusage für erhebliche Subventionen. »Jedoch soll die Molkerei trotz der Subventionen in Höhe von über 70 Millionen Euro Arbeitsplätze verschoben und abgebaut haben. Zwar seien im strukturarmen Sachsen 148 neue Arbeitsplätze geschaffen worden, doch ist das nur die halbe Wahrheit von Müller Milch. Fast gleichzeitig seien nämlich zwei Werke in Niedersachsen und Nordrhein-Westfalen geschlossen worden und somit wurden insgesamt 165 Beschäftigte entlassen. Nach Angaben des Bundes flossen rund 31 Millionen Euro Beihilfe aus einem Fonds für ländliche Entwicklung sowie 40 Millionen Euro aus einer EU-Investitionsbeihilfe für den Freistaat Sachsen an den Konzern Müller-Milch.«[123]

Dies Beispiel mag drastisch sein, ungewöhnlich ist es nicht. In solchen Fällen geht es ja nicht nur darum, dass der Staat das Geld seiner Bürger an wohlhabende Firmen verschenkt und am Ende bezüglich des Arbeitsplatzabbaus das Gegenteil dessen erreicht, was er eigentlich wollte: Er schwächt die Konkurrenz des Produzenten und leistet damit obendrein der mit keinem Marktkonzept der Welt zu vereinbarenden Konzentration der Produktion Vorschub. »Fakt ist, dass Monopolist Müller-Milch mittlerweile 85 Prozent der gesamten sächsischen Milcherzeugnisse verarbeitet, was auf die sächsische Agrarstruktur wie ein Klotz wirkt.«[124]

Alle Grundsätze dessen, was einmal als »Soziale Marktwirtschaft« Eingang in die politische Debatte gefunden hat, werden durch solche Maßnahmen nicht nur ad absurdum geführt, sondern ganz einfach konterkariert.

Die Beispiele des Maschinenbauers und der Molkerei, die ein System und keine Einzelfälle beschreiben, zeigen, dass der Umgang des Wohlfahrtsstaats moderner Prägung mit dem Geld seiner Bürger, keineswegs so sorgfältig umgeht, wie die Vorschriften es verlangen. Ebenso häufig wie eine Vereinfachung unseres Systems der Steuererhebung wird auch eine Abschaffung der unsinnigen Subventionszahlungen gefordert. Doch je öfter die Forderungen nach Steuervereinfachung und Subventionsabbau erhoben werden, desto komplizierter werden diesbezüglich die Regelungen, desto umfangreicher die Zahlungsströme, deren sich Politiker bedienen, um das Geschäft ihrer Wiederwahl zu betreiben.

[123] http://www.stern.de/wirtschaft/news/mueller-milch-die-weckt-was-in-dir-steckt-543566.html
[124] http://www.stern.de/wirtschaft/news/mueller-milch-die-weckt-was-in-dir-steckt-543566.html

»Nun wurde auch Antisthenes vom Sokrates aufgefordert, der
Gesellschaft zu entdecken, wie er, in so knappen Umständen
als er bekanntermaßen war, auf seinen Reichthum stolz sey.
– Das kommt daher, ihr Männer, sagte er, weil ich der Meinung
bin, Reichthum und Armuth liege nicht in unsern Häusern,
sondern in unsern Seelen. Denn ich sehe eine Menge
ungebildeter Leute, die bey vielem Geld und Gut sich dennoch
so arm dünken, daß keine Arbeit noch Gefahr ist, der sie sich
nicht unterziehen um mehr zu erlangen. Ich kenne Brüder, von
denen, wiewohl ihre Erbtheile gleich waren, der eine genug und
mehr hat als er braucht, der andere hingegen nie ausreichen
kann und an allem Mangel hat. Ich sehe auch Tyrannen, deren
Heißhunger nach Gold so heftig ist, daß sie seinetwegen
größere Abscheulichkeiten begehen, als die Unglücklichen, die
der Mangel zur Verzweiflung treibt. Denn daß es Menschen
giebt, welche Diebstahl, gewaltsame Einbrüche oder
Menschenraub begehen, geschieht doch nur aus Dürftigkeit:
hingegen giebt es Tyrannen, die, bloß um Geld auf Geld zu
häufen, ganze Familien zu Grunde richten, Menschen
schaarenweise morden, ja oft die Einwohner ganzer Städte zu
Sklaven verkaufen lassen. Ich gestehe daß mich diese Leute
nicht wenig jammern, da ich sie mit einer Krankheit behaftet
sehe, die von einerley Art mit derjenigen ist, wo der Kranke
immer essen muß und doch nie satt wird.«

Xenophon[125]

4.4   DAS PROBLEM DER ARMUT

4.4.1   WAS IST ARMUT?

»Am heutigen Vormittag flog eine 30-köpfige Abordnung aller im Bundestag vertretenen Parteien nach Bujumbura, der Hauptstadt des Staates Burundi, um dort
die wirtschaftliche Lage zu studieren. Insbesondere beschäftigt sich die Abordnung mit Fragen der Armutsbekämpfung. Dem afrikanischen Staat gelingt es seit
zwei Jahren, das Problem der Armut weitestgehend zu beseitigen.« So oder so
ähnlich könnte eine reale Meldung lauten, übertrügen wir unsere Definition von
Armut auf das afrikanische Land. Zwar wird das Land als das ärmste der Welt
bezeichnet, dennoch – dies die paradoxe Situation – gilt es nach den in der Europäischen Union gültigen Regeln als weniger arm als die Bundesrepublik Deutschland. Im Jahr 2007 wurden dort etwa 150 US-Dollar pro Kopf der Bevölkerung
erwirtschaftet, ein Wert, der ungefähr dem entspricht, den ein deutscher Staatsbürger im Durchschnitt an einem Tag erwirtschaftet.
  Zugegeben, die fiktive Meldung ist reiner Zynismus. Doch worin besteht der
Zynismus? Es ist fast unerträglich, ein Land als Beispiel für gelöste Armutspro-
blematik heranzuziehen, in dem auch heute noch viele Menschen aus Nahrungs-

---

[125] Xenophon, Gastmahl, Teil IV, zitiert nach: lyrikwelt.de: Stichwort: Xenophon

mangel sterben müssen, in dem es in der Tat ums tägliche Überleben geht. Der wirkliche Zynismus ergibt sich aber aus der in der Europäischen Union verwendeten Armutsdefinition. Da wir uns auf eine Erklärung mit einem relativen Bezug eingelassen haben, haben wir das eigentliche Problem der Armut einfach eliminiert. Nach unserem Verständnis herrscht keine Armut, wenn alle gleich arm sind, die Frage einer hinreichenden Ernährung spielt dabei keine Rolle. Darin liegt der Zynismus der obigen fiktiven Meldung, weil unsere Betrachtung des Problems der Armut die wirklich Armen dieser Welt verhöhnt.

Das oben angeführte fiktive Beispiel entspricht keiner unrealistischen Annahme, wie die aktuelle Realität zeigt. »Deutschland ist ein armes Land, so steht es jedenfalls in der offiziellen EU-Statistik. Die sogenannte Armutsgefährdungsquote beträgt 15 Prozent; bald jeder sechste Deutsche ist demnach von Armut bedroht. In keinem der angrenzenden Nachbarstaaten sieht es schlechter aus. Von Verhältnissen wie in Tschechien (9 Prozent) kann Deutschland nur träumen.«[126] Bezüglich seiner wirtschaftlichen Lage würde ein deutscher Sozialhilfeempfänger selbstverständlich keinesfalls mit seinem tschechischen Kollegen tauschen wollen, weil dessen monatliche Unterstützungszahlung nur wenig mehr als die Hälfte beträgt. Der offensichtliche Widersinn hat Methode, und es ist notwendig, dieser Methode zunächst auf den Grund zu gehen.

Seit 2001 wird in der Europäischen Union jemand als arm betrachtet, wenn er weniger als 60 Prozent des mittleren Einkommens in seinem Heimatland hat. Das mittlere Einkommen wird dabei nicht als arithmetisches Mittel berechnet, sondern auf den Median des gewichteten Nettoäquivalenzeinkommens bezogen. Ohne jetzt in die Tiefen der Statistik einsteigen zu wollen, seien die Begriffe in knapper für die vorliegenden Zwecke hinreichender Weise erklärt. Der Median einer geordneten Zahlenreihe ist der mittlere Wert. Gegeben seien die fünf nachfolgend genannten Einkommen: 5, 50, 500, 5 000 und 50 000, dann beträgt der Mittelwert 11 111, der Median jedoch nur 500, weil dies die dritte Zahl der aus fünf Zahlen bestehenden geordneten Reihe ist. Mithilfe des Median werden vor allem Zahlenausreißer in ihrer Bedeutung gemindert. Beim Nettoäquivalenzeinkommen wird das Einkommen einer Familie nicht einfach durch die Kopfzahl geteilt, weil die Ausgaben für Wohnung und Essen nicht arithmetisch steigen, sondern nach bestimmten Schlüsseln auf die einzelnen Familienmitglieder verteilt.

Durch seinen Bezug auf eine relative Größe ist der Begriff der Armut seines wesentlichen Inhalts beraubt worden: ein Indikator für Not zu sein. Nach den Festlegungen der Europäischen Union leidet ein Millionär unter Milliardären an drückender Armut, was offensichtlich Unsinn ist. Dessen ungeachtet eignet sich aber der Begriff relativer Armut ausgesprochen gut, um sich im Interessenkampf des politischen Betriebs bestens zu behaupten. Dabei treten vor allem jene hervor, die sich durch alles Mögliche auszeichnen, nur nicht durch Armut. Wir finden diese Vertreter in den Wohlfahrtsverbänden, an Universitäten und gar als Schriftsteller, deren einziges Ziel es ist, wirtschaftliche Armut aufzuspüren und darzustellen. Ein besonders markantes Beispiel findet sich im »Spiegel«, der vor einiger Zeit ein

---

[126] Der Spiegel 39/2010, S. 96

Interview mit dem durch besondere Aktivität herausragenden Armutsforscher Professor Butterwegge führte, aus dem nachfolgend einige Auszüge dargestellt werden sollen:

Spiegel: Weil der Sozialstaat Arbeitslosigkeit und die Angst davor noch halbwegs abfedert?

Butterwegge: Früher war das der Fall, heute zieht sich auch der Sozialstaat immer weiter zurück. An seine Stelle werden zunehmend Privatwohltätigkeit und karitative Hilfe treten. Tafeln, Suppenküchen und Sozialkaufhäuser, die in dem derzeitigen Wirtschaftsdesaster noch mehr Zulauf haben, zeigen das schon. Die Krise wird den Weg in eine zweigeteilte Gesellschaft weiter verschärfen: Hier die Krisengewinner, Reichen und Superreichen, da die Armen, die von ihren Almosen leben.

Spiegel: Macht es Ihnen denn keine Hoffnung, dass das Thema Armut, gerade auch wieder durch die Krise, zumindest auf großes mediales Interesse stößt?

Butterwegge: So wenig das Schwein durchs Wiegen fett wird, wie eine Bauernweisheit lautet, so wenig macht es die Armen satt, dass sie ständig gezählt oder mit der Kamera begleitet werden. Auch wenn Armut in den vergangenen Jahren zu einem Mode-Thema etwa der Talkshows geworden ist – ich sehe nicht, dass die Politik dadurch nachhaltig beeinflusst wäre. Der konsequente Kampf gegen Armut findet nicht statt, und nach den Erfahrungen der vergangenen Jahre, die ich in meinen neuem Buch aufgearbeitet habe, glaube ich auch nicht, dass sich daran etwas ändern wird. Die Bundesregierung tut sich bei der Armutsbekämpfung sehr viel schwerer als bei der Bereitstellung von Milliardensummen zur Rettung von Banken.[127]

Der mit Pensionsansprüchen wohlversorgte Professor stellt lapidar einen weiteren Rückzug des Sozialstaats fest. Die Politik lässt sich durch die Diskussionen über die zunehmende Armut nicht nachhaltig beeinflussen. Nun würde man gerne den Rückzug des Staates aus den sozialen Fragen an irgendeiner Stelle bemerken, denn die Zahlen sagen etwas anderes aus. Wenn mehr als die Hälfte der Staatsausgaben für soziale Zwecke ausgegeben wird, und zwar mit steigender Tendenz, dann erwartet man auf den ersten Blick keinen Rückzug des Staates. Wenn aber Professor Butterwegge ihn bemerkt, dann würde man zumindest Hinweise auf seine tiefgründigen Erkenntnisse erwarten, schließlich könnte unter der Oberfläche etwas ablaufen, das der einfache Bürger nicht zu erkennen vermag. Statt zu argumentieren, stützt der eifrige Professor seine erste Behauptung einfach mit einer zweiten: Der konsequente Kampf gegen Armut findet nicht statt. Auch an dieser Stelle wartet man vergeblich auf weitere Aufklärung, weil es ja vielleicht einen Kampf gegen Armut abseits weiterer Erhöhungen der Geldmittel gibt. Doch man wird enttäuscht, weil der renommierte Armutsforscher nicht mehr zu bieten hat als die

---

[127] Spiegel-Online vom 20.06.2009

Stammtischparole: »Die Bundesregierung tut sich bei der Armutsbekämpfung sehr viel schwerer als bei der Bereitstellung von Milliardensummen zur Rettung von Banken.« Dem unermüdlichen Forscher geht es offensichtlich allen Erfahrungswerten zum Trotz alleine darum, die Geldmittel für die Armutsbekämpfung zu erhöhen.

Würden wir Kants kategorischen Imperativ auf den wackeren Armutsforscher selbst anwenden, dann gingen wir in kürzester Zeit einer beispiellosen Hungerkatastrophe entgegen. Im gleichen Sinne wie der Professor agieren aber auch die zahllosen Akteure der Wohlfahrtsverbände sowie ihre Helfer und Helfershelfer. Immer wollen sie noch mehr Geld in die Armutsbekämpfung stecken. Tatsachen spielen bei solchen Aktionen keine Rolle. Ihren eigenen Maßstäben entsprechend haben höhere Mittelzuflüsse in den letzten Jahrzehnten zu einer höheren Armut geführt.

Drehen wir die Fragestellung doch einmal um und fragen uns, was würde denn passieren, wenn wir die Sozialausgaben erhöhten. Eine einfache Anhebung würde nicht ausreichen, weil wir dies ja schon seit Jahrzehnten mit eher gegenteiligem Erfolg machen. Also greifen wir zu drastischeren Mitteln und verdoppeln die Ausgaben für Soziales. Glaubt man den Lobbyisten der Armut, dann wäre das Problem zumindest in unseren Breiten aus der Welt geschafft. Die Armutsbekämpfer stünden dann ja ohne Aufgabe da, hätten sich ihres Betätigungsfeldes einfach beraubt, was in einem Interessenstaat wenig Überzeugungskraft ausstrahlt. »So wenig das Schwein durchs Wiegen fett wird«, so wenig kann der Armutsforscher daran interessiert sein, sein Betätigungsfeld abzuschaffen.

Erlaubt man sich jedoch auch nur eine einfache Extrapolation der bisherigen Ergebnisse der Armutsbekämpfung in unserem Land, dann wäre durch eine solche Maßnahme eine dramatische Zunahme der Armut in Deutschland zu erwarten. Ohne die Mühe aufzuwenden, dies jetzt in allen Einzelheiten genau zu begründen, dazu ist die Fragestellung zu unsinnig, dazu sind die Anstrengungen unserer Armutslobbyisten viel zu durchsichtig, sollen doch einige Überlegungen zur zu erwartenden Tendenz solcher Maßnahmen angestellt werden, weil sie aufzeigen, worum es den Armutsbekämpfern in Wahrheit geht. Um das Ganze nicht ins Uferlose zu führen, betrachten wir die angenommene Verdoppelung der Sozialausgaben unter der Gültigkeit der Ceteris-paribus-Klausel, das heißt, alle anderen Bedingungen des Staatshaushalts bleiben gleich.

Im Jahr 2007 beliefen sich die Steuereinnahmen des Staates auf ca. 540 Milliarden Euro. Zum gleichen Zeitpunkt betrugen die Sozialausgaben[128] ca. 570 Milliarden Euro.[129] Der Staat gibt mehr als seine gesamten Steuereinnahmen für Sozialleistungen aus. Um unseren angestrebten Zweck zu erreichen, müssten wir die Steuern bzw. die Sozialbeiträge drastisch erhöhen. Dem Bürger ist es weitgehend egal, ob seine Abgaben Steuern oder Sozialbeiträge heißen. Begrenzen wir

---

[128] Zur Vorbeugung von Missverständnissen: Zu den Sozialausgaben zählen neben den üblichen Positionen auch die Rentenzahlungen.

[129] Die Zahlen können zum Beispiel den Webseiten der Bundeszentrale für politische Bildung entnommen werden, vgl.: www.bpb.de

die Betrachtung also auf eine Erhöhung der Steuereinnahmen und stellen fest: Die Steuereinnahmen müssten verdoppelt werden.

Schauen wir uns nun einen Menschen an, der sicherlich zu den Spitzenverdienern im Lande zählt, alleinstehend und ohne Kinder ist, der Kirche angehört, in Berlin wohnt und 1 Million Euro im Jahr verdient. Nach den geltenden Regeln hat dieser Mensch im Jahr 2010 eine Steuerbelastung seines Einkommens von 49,4 Prozent, wenn der Solidaritätszuschlag der Steuer zugerechnet wird.[130] Nach unserer vorausgesetzten Verdoppelung seiner Steuerbelastung verblieben diesem Menschen im Jahr gerade einmal 12 000 Euro nach Abzug seiner dann zu zahlenden Einkommensteuer. Von diesem Betrag müssen nun noch die jeweiligen Spitzensätze der Sozialabgaben bezahlt werden, die sich nach Voraussetzung nicht ändern. Unter den gemachten Annahmen hätte der Mensch einen Arbeitnehmeranteil von 11 046 Euro, sodass ihm schließlich die stolze Summe von 954 Euro im Jahr oder 79,50 Euro im Monat verblieben.

Unser Spitzenverdiener ist fraglos unter die Armutsgrenze gerutscht, denn bereits im Jahr 2005 galt: »Allein lebende Personen waren nach EU-Definition dann armutsgefährdet, wenn sie weniger als 9 370 Euro (oder 781 Euro monatlich) zum Leben hatten.«[131] Als Ausweg aus der Armutsfalle, die bei den angedachten Möglichkeiten unweigerlich zuschlagen würde, bliebe uns dann nur noch die Herstellung von Zuständen wie in Burundi, womit wir dann wirklich Armut in Deutschland hätten, die aber nach EU-Richtlinien keine Armut mehr wäre.

Selbstredend ist das Beispiel nicht korrekt und kann leicht widerlegt werden. Dennoch – und dies sei in aller Deutlichkeit betont – kann dem Beispiel eine Aussagekraft nicht abgesprochen werden. Eine Karikatur zeigt die dargestellte Person auch nicht in naturalistischer Weise und kann gerade dadurch deren charakteristischen Züge besonders gut zum Ausdruck bringen.

Was also zeigt das Beispiel? Zunächst einmal kann die angestrebte Verdoppelung der Steuereinnahmen nicht durch eine einfache Verdoppelung der Steuersätze erreicht werden, weil wir dann wegen der Progression zu der widersinnigen Situation kämen, ein sehr hohes Einkommen mit annähernd 100 Prozent besteuern zu müssen, oder innerhalb bestimmter Grenzen ein geringeres Bruttoeinkommen zu einem höheren Nettoeinkommen führen würde. Würden wir solche Konstellationen als inakzeptabel ablehnen, hätten wir das erste reale Problem, weil die zusätzliche Steuerbelastung der oberen Einkommensbezieher relativ geringer ausfallen müsste als die der unteren.

Im Jahr 2007 zahlten die oberen 10 Prozent der Einkommensteuerpflichtigen 51,8 Prozent der Einkommensteuer, während der Anteil der unteren 50 Prozent der Einkommensteuerpflichtigen gerade einmal 6,5 Prozent betrug. Diese Anteile müssten sich verschieben, und zwar *gerade in Richtung der unteren Einkommensbezieher*. Die hätten einen erheblich höheren Anteil an der neuen Steuerbelastung zu tragen. Eine Steuererhöhung, bei der die Steuer der Reichen um sagen wir 75

---

[130] Das Beispiel kann leicht nachgerechnet werden mit dem im Internet zur Verfügung stehenden Abgabenrechner des Bundesministeriums der Finanzen, vgl.: www.abgabenrechner.de

[131] http://www.destatis.de, Leben in Europa 2006

Prozent, während jene des weniger Verdienenden um mehr als das Doppelte steigen würde, hätte erhebliche Proteste zur Folge. Diese Voraussage bedarf keiner prophetischen Gaben. Die mit der Maßnahme verbundene erhebliche Erhöhung der Staatsquote, die ja heute schon bei knapp 50 Prozent liegt, wäre ebenfalls einer Entwicklung der Freiheit nicht förderlich.

Doch die Einkünfte der unteren Einkommensbezieher gerieten noch auf andere Weise unter Druck. Zum einen würden durch die Erhöhung der Konsumsteuern die Preise steigen und damit der Realwert ihres verfügbaren Einkommens weiter sinken. Zum anderen jedoch würden die höheren Sozialleistungen die geringer bezahlten Tätigkeiten immer weiter unter die Grenze arbeitsloser Sozialeinkommen sinken lassen, womit sie nur noch für eingefleischte Altruisten interessant wären. Der Reiz, ein Arbeitseinkommen zu erzielen, würde also vor allem bei Geringverdienern rapide abnehmen. Eine Zunahme der Bezieher von Sozialeinkommen würde sich aber wieder auf die Höhe der möglichen Sozialleistungen auswirken. Mit der Sicherheit des täglichen Sonnenuntergangs würden wir eine Abwärtsspirale in Gang setzen und unseren Reichtum rasch verzehren.

Der immer häufiger aufkommende Ruf nach flächendeckenden Mindestlöhnen ist letztlich nur Ideologie. Zwar mögen diese in Einzelfällen die Not ausgebeuteter Beschäftigter lindern, insgesamt würden sie mit Sicherheit zu einem weiteren Arbeitsabbau führen, denn die Gesetze der Ökonomie lassen sich nicht einfach par ordre de Mufti aushebeln, schon gar nicht in einer globalisierten Welt. Wenn wir das wollten, dann müssten schon umfassendere Maßnahmen greifen und die Wirtschaft unter eine Zentralverwaltung gestellt werden.

Mit Freiheit wäre eine solche Verfasstheit der Ökonomie kaum zu vereinbaren. Mit Freiheit ist aber auch ein Mindestlohn kaum zu vereinbaren, spricht er doch den betroffenen Menschen die Fähigkeit ab, selbst für ihren Lebensunterhalt sorgen zu können. Wie soll ein (gesunder) Mensch, der nicht einmal für seinen Lebensunterhalt sorgen kann, zugleich die Fähigkeit besitzen, die Geschicke des Landes mitzubestimmen? Wenn aber jemand normalerweise für seinen Lebensunterhalt sorgen kann, dann braucht er keine weiteren Regelungen, sondern vor allem Möglichkeiten, seine Fähigkeiten auch einsetzen zu können.

Als vorläufiges Ergebnis der bisherigen Überlegungen ergibt sich ein Paradoxon. Das Problem der Armut in unserem Land wird politisch allein über eine zur Verfügung stehende Geldmenge betrachtet. Offensichtlich vermag Geld das Problem nicht zu lösen, denn unsere Erfahrungen lehren uns eine direkte Proportionalität zwischen den Geldzahlungen und zunehmender Armut. Wenn wir das Problem der Armut verstehen wollen, müssen wir woanders suchen.

Lösen wir uns einmal von der offiziell gültigen Definition und versuchen, dem Begriff auf die Spur zu kommen, dann kann Armut am besten mit systematischem Mangel gleichgesetzt werden. Diese Betrachtung entspricht auch unserer Umgangssprache. Wir sprechen ja nicht nur von Armut, wenn wir materielle Not meinen, sondern gebrauchen das Wort auch in anderem Sinne, etwa dem von geistiger Armut. In den Predigten von Meister Eckhart finden wir eine Erklärung, die an Klarheit wenig zu wünschen übrig lässt. Er sagt: »Das ist ein armer Mensch, der nichts *will* und nichts *weiß* und nichts *hat.*«[132] Hier kommt es nicht darauf an, die christlichen Implikationen zu betrachten, bei denen Armut als erstrebenswerter betrachtet wird denn Reichtum. Offensichtlich greift der Begriff der Armut weit über die materielle Not hinaus. Die Einschränkung auf materielle Not scheint dann sinnvoll und zulässig, wenn es um die nackte Existenz geht. Der Aufwand zu deren Sicherstellung mag nun auch nicht auf Heller und Pfennig angegeben werden können, kann aber sicher abgegrenzt werden. Im Wesentlichen kommt es bei der nackten Existenzsicherung darauf an, Nahrung, Kleidung und Wohnung sicherzustellen.

Eng damit zusammen hängt das Mitleid, das materielle Armut hervorzurufen vermag, wenn wir mit ihr konfrontiert sind. Wenn Armut mit Not zusammenkommt, dann muss die Not gewendet werden. Eine vernünftige Begründung für existenzielle Not gibt es in der Welt, in der wir leben, nicht. Dies gilt insbesondere in unseren Breiten. Diese Art der Not existiert bei uns nur noch in den Köpfen der Armutslobbyisten, die auf dem Rücken der Armut ihre Geschäfte betreiben.

Ist die Armut aber nicht unmittelbar lebensbedrohend, schwindet nicht nur unser Mitleid mit ihr, sie bettet sich auch sofort ein in einen komplexen Zusammenhang. Um das Zitat von Meister Eckhart noch einmal aufzugreifen: Wer »nichts will und nichts weiß«, dem ist schwerlich zu helfen, mit Geld schon gar nicht. Wer »nichts hat«, dem kann relativ leicht aus seiner Not geholfen werden. Was aber ist, wenn es darüber hinausgeht? Sobald der Aspekt der nackten Not durch relative Armut ersetzt wird, dann wird es in der Tat schwierig, einen vernünftigen Weg zu finden. Es fordert sich leicht, den Reichtum der Gesellschaft gleichmäßiger zu verteilen, erheblich schwieriger ist es, dies gerecht zu tun. Warum soll zum Beispiel derjenige, der das Doppelte leistet, nicht auch das Doppelte erhalten? In den modernen Wohlfahrtsstaaten betrachtet man dies als nicht gerecht, ohne sich dabei auf ein moralisches Gesetz berufen zu können.

Selbstverständlich gibt es auch viele Konstellationen, in denen der, der weniger leistet, mehr erhält. Solche Fehlentwicklungen können jedenfalls als Leitbild dienen, Mehrverdienende generell mit (relativ) höheren Abgaben zu belasten. Wenn dies so wäre, dann müssten wir auch alle schwarzhaarigen jungen Männer präventiv ins Gefängnis stecken, weil Kriminalität unter diesen stärker verbreitet ist als unter blonden älteren Frauen.

Ein Sozialausgleich durch unterschiedlich hohe Steuersätze ist den wiederholten Versicherungen unserer Politiker zum Trotz ein Problem, das auf der Basis von Gerechtigkeit kaum zu lösen ist. Der Umgang mit Armut, die über die reine Not hinausgeht, ist keineswegs ein harmloses Problem. Noch problematischer wird die Sache, wenn arbeitsloses Einkommen erzielt wird, das unter Umständen sogar noch höher ist als Arbeitseinkommen oder sich zumindest in dessen Höhe bewegt. Dann muss der Wille zur Arbeitsaufnahme schon sehr hoch entwickelt sein, damit sich jemand auf ein solches Arbeitsverhältnis einlässt.

Das Problem eines erweiterten Armutsbegriffs wirft also ersichtlich eine ganze Reihe von schwierigen Fragen auf, die sehr weit in das Gebiet der Gerechtigkeit

---

[132] Meister Eckhart, Predigt 52, Werke, Band 1, Frankfurt am Main 1993, S. 551, Hervorhebungen im Original

hineinreichen. Die Auseinandersetzung mit der Armut in unserem Lande wird der Vielschichtigkeit des Problems nicht gerecht. Durch die Gleichsetzung von Armut mit finanzieller Not begegnen wir der Ersteren mit einer Erhöhung der Sozialtransfers. Dadurch verkennen wir das eigentliche Problem. Die Art und Weise, wie wir Armut bekämpfen, produziert mehr Armut und perpetuiert sie bei den Betroffenen. Den Zusammenhang wollen wir jedoch nicht zur Kenntnis nehmen. Menschen aus als arm bezeichneten Verhältnissen kommen aus diesen nicht heraus. Die Entwicklung ist unübersehbar, und eine Erhöhung der Sozialausgaben wird sie nicht aufhalten können. Wie ist dieser schlechten Unendlichkeit zu entkommen?

Hannah Arendt hat in ihrem »Denktagebuch« eine nachdenkenswerte Notiz zum Thema Armut hinterlassen. Sie schreibt im Zusammenhang mit Platons 7. Brief: »Armut: heauton me kraton – nicht Herr über sich selbst seiend«.[133] Die Stelle lässt sich bei Platon nicht belegen. Dessen ungeachtet ist es eine Erklärung, die wichtige Ansätze zu einer rationalen Erkenntnis der Zusammenhänge liefern kann. Im Italienischen gibt es den Spruch »Se non è vero, è ben trovato«.[134] In diesem Sinne sei das Zitat von Hannah Arendt zu verstehen. Die Aussage enthält eine Qualität, die die gesammelten Aussagen unserer Armutslobbyisten zusammen nicht erreichen.

Wir leben in einem demokratischen Gemeinwesen, in dem das Volk die Herrschaft ausüben soll. In Artikel 20 unseres Grundgesetzes heißt es unmissverständlich: »Alle Staatsgewalt geht vom Volke aus.« Dies führt uns in eine Aporie, die bei der gesamten Armutsdiskussion in unserem Lande weitgehend ausgeklammert wird. Wie soll sich ein Mensch an der Ausübung der Staatsgewalt beteiligen können, wenn er nicht einmal sein eigenes Leben führen kann oder will? Die Antwort kann nur lauten: Wer sein eigenes Leben nicht führen kann, dem fehlt es ersichtlich an Mitteln zu einer sinnvollen Ausübung der Staatsgewalt. Diese Einsicht ist evident. Wenn aber immer mehr Menschen ihr eigenes Leben nicht führen können, dann betrifft dies die Fundamente unseres Staatswesens.

Wir müssen uns dem Problem in einer grundsätzlich anderen Weise stellen, als uns dies die Armutsforscher weismachen wollen. Die Auseinandersetzung mit der Armut in unserem Land muss auf zweierlei Art geschehen. Zum einen geht es darum, die Gründe zu erforschen, wie es überhaupt dazu kommen konnte; zum anderen darum, mit welchen Maßnahmen die zunehmende Armut eingedämmt, besser noch beseitigt werden kann. Diese Auseinandersetzung soll im folgenden Abschnitt geführt werden, wobei von nun an die oben zitierte Erklärung von Hannah Arendt als Voraussetzung der Überlegungen gilt, schließt sie doch auch drückende finanzielle Not mit ein, ohne sie zur alleinigen Ursache zu machen.

---

[133] Hannah Arendt, Denktagebuch, Band 1, 1950–1973, Nr. 26 und Fußnote dazu, München 2002, S. 20
[134] Wenn es nicht wahr ist, so ist es gut erfunden.

»Der Blindgeborne kann sich nicht die mindeste Vorstellung von Finsternis machen, weil er keine vom Lichte hat; der Wilde nicht von der Armut, weil er den Wohlstand nicht kennt.«

Immanuel Kant[135]

4.4.2 ARMUT ALS SCHICKSAL

Das Thema »Armut« rückt verstärkt in den Fokus der Öffentlichkeit. Offensichtlich sind immer mehr Menschen nicht in der Lage, ihr Leben zu führen. Dies hat weniger mit materieller Not als mit sonstigen Gründen zu tun. Dabei spielt auch eine durchaus berechtigte Angst der Mittelschicht eine Rolle, wirtschaftlich auf Sozialhilfeniveau abzustürzen. Die Berechtigung dieser Angst soll uns später beschäftigen. Zunächst geht es darum, die Erscheinungsformen der Armut und unseren Umgang damit zu beleuchten.

Zwei Bucherscheinungen der jüngsten Zeit behandeln das Thema unter verschiedenen Gesichtspunkten, aber mit sehr ähnlichen Ergebnissen. Die Aufnahme der beiden Bücher hätte unterschiedlicher kaum sein können. Als das oben bereits zitierte Buch von Thilo Sarrazin[136] erschien, setzte sofort ein Sturm der Entrüstung ein, der selbst höchste Regierungsstellen erfasste. Das bereits vorher veröffentlichte Buch der Berliner Richterin Kirsten Heisig[137] wurde mit eher mäßigem Interesse in der Öffentlichkeit aufgenommen.

Thilo Sarrazin fokussiert sich auf drei Themenschwerpunkte: Geburtenrückgang, problematische Zuwanderung und wachsende Unterschicht. Mit allen drei Themenschwerpunkten haben wir erhebliche Probleme, die geradezu nach Lösungen schreien, jedenfalls eine Verschiebung auf die lange Bank nicht vertragen. Selbstverständlich hat die Öffentlichkeit sich in ihrem Urteil auch zu den Problemen geäußert und meist pflichtschuldig deren dringende Lösung angemahnt, langjährige Bekanntheit unterstellt und fortschreitende Erfolge reklamiert, um dann desto nachdrücklicher die angeblich rassistische Haltung des Autors zu kritisieren und seine Fremdenfeindlichkeit festzustellen. Schnell war also die öffentliche Debatte von den eigentlichen Problemen umgeleitet auf Nebenschauplätze. Die Entrüstung bezog sich vor allem auf zwei Punkte. Zum einen warf man dem Autor vor, die Ursache der Probleme biologisch zu bestimmen, zum anderen, sie vor allem an Menschen mit Migrationshintergrund festzumachen. Sehen wir uns an, wie es sich damit verhält.

Die »biologische Debatte« entzündete sich vor allem an Sarrazins verschiedentlich variierter Aussage Intelligenz sei vererbt. Dazu zwei Beispiele: »Intelligenz ist aber zu 50 bis 80 Prozent erblich. Deshalb bedeutet ein schichtabhängig unterschiedliches generatives Verhalten leider auch, dass sich das vererbte intel-

---

[135] Immanuel Kant, Kritik der reinen Vernunft, Von dem transzendentalen Ideal, Werke, Band II, Darmstadt 2005, S. 517 (A575)
[136] Thilo Sarrazin, Deutschland schafft sich ab. Wie wir unser Land aufs Spiel setzen, München 2010
[137] Kirsten Heisig, Das Ende der Geduld, Freiburg im Breisgau 2010

lektuelle Potential der Bevölkerung kontinuierlich verdünnt.«[138] Später heißt es: »Die kulturelle Fremdheit muslimischer Migranten könnte relativiert werden, wenn diese Migranten ein besonderes qualifikatorisches oder intellektuelles Potential verhießen. Das ist aber nicht erkennbar. Anzeichen gibt es eher für das Gegenteil, und es ist keineswegs ausgemacht, dass dies ausschließlich an der durchweg bildungsfernen Herkunft liegt. So spielen bei Migranten aus dem Nahen Osten auch genetische Belastungen – bedingt durch die dort übliche Heirat zwischen Verwandten – eine erhebliche Rolle und sorgen für einen überdurchschnittlich hohen Anteil an verschiedenen Erbkrankheiten.«[139]

Von der Intelligenz wissen wir noch nicht einmal genau, was das eigentlich genau ist. Intelligenz ist des Gehirns »Fähigkeit, die Welt zu strukturieren, ihre Regeln zu erfassen und wechselnde Aufgaben zu bewältigen – so oder so ähnlich lauten viele Definitionen. Bis heute konnte man sich auf keine einigen.«[140] Unstreitig haben Menschen unterschiedliche Fähigkeiten, die für verschiedenste Dinge unterschiedlich stark ausgeprägt sind. Wer eine schnelle mathematische Auffassungsgabe hat, muss noch lange keine Begabung haben, ein Musikinstrument zu spielen, wer schnell Sprachen lernt, muss noch lange nicht die Fähigkeit besitzen, ein Unternehmen zu leiten. In aller Regel werden die Fähigkeiten eines Menschen nur zu einem Bruchteil ausgebildet. Wer keine Freude daran hat, sich mit mathematischen Fragestellungen zu beschäftigen, der wird unabhängig von seiner Intelligenz niemals ein großer Mathematiker werden.

Seit mehr als 100 Jahren streiten die Menschen darüber, ob Intelligenz vererbt oder durch Umwelteinflüsse bedingt wird. Trotz ihrer immer wieder hochgespielten politischen Brisanz ist die Frage für die Realität von eher untergeordneter Bedeutung, weil die Menschen in ihrem Alltag selten an die Grenzen ihrer tatsächlichen intellektuellen Leistungsfähigkeit geraten. Um sich im Alltag zurechtzufinden – das schließt die allermeisten Berufe ausdrücklich mit ein –, genügt meist ein Bruchteil der geistigen Fähigkeiten, die ein Mensch mitbringt. Da es nur die wenigsten Menschen zu einem Goethe, Mozart, Humboldt, Gauß oder Einstein bringen, ist die Frage der Grenzen der Intelligenz eine Frage für Randbereiche.

Bei der Bestimmung der Leistungsfähigkeit von Menschen im täglichen Leben spielen Dinge wie Leistungsbereitschaft und -willen eine viel größere Rolle als die Intelligenz. Wer glaubt, die politischen oder wirtschaftlichen Führer gehörten per se zur geistigen Elite des Landes, der irrt, wie schon oberflächliche Beobachtungen zeigen. In den vorliegenden Ausführungen sind zu mäßigen Verstandesleistungen von Politikern genügend viele Nachweise zu finden. Umgekehrt sind die eher kläglichen Versuche des wahrlich großen Philosophen Platon, sich im politischen Raum zu etablieren, hinreichend bekannt. Die Zahl der Manager von Dax-Unternehmen, die ihrem Unternehmen, seinen Mitarbeitern und Aktionären mehr Schaden als Nutzen zugefügt haben, ist vermutlich größer als die der erfolgreichen. Eine Hochbegabung setzen alle diese Tätigkeiten keineswegs voraus.

---

[138] Thilo Sarrazin, Deutschland schafft sich ab. Wie wir unser Land aufs Spiel setzen, München 2010, S. 91f.
[139] Thilo Sarrazin, Deutschland schafft sich ab. Wie wir unser Land aufs Spiel setzen, München 2010, S. 369f.
[140] http://www.zeit.de/2010/36/Intelligenz-Factcheck?page=1

Erinnern wir uns dazu des schönen Beispiels des Sokrates über Thales, der, als er die himmlischen Erscheinungen beobachtend nach oben blickte, in einen Brunnen fiel und deshalb von einer thrakischen Magd verspottet wurde.[141] Nicht immer stellt sich im täglichen Leben die Intelligenz als Sieger dar. Selbstredend brauchen wir auch im Alltag Intelligenz, allerdings nur selten intelligente Spitzenleistungen. So bleibt zunächst die Feststellung, dass Sarrazin die Bedeutung der Intelligenz für das tägliche Leben überschätzt. Umso bemerkenswerter ist die Reaktion vieler seiner Kritiker, die sich auf ein Problem stürzen, das gar keines ist.

Wesentliche Teile von Sarrazins Buch beschäftigen sich mit Fragen häuslicher Milieus, in denen Bildung und Anstrengung keine Rolle mehr spielen. Ohne Anstrengung sind aber Bildung und Leistungsfähigkeit auch mit hinreichender Intelligenz nie zu erreichen. Die Aufmerksamkeit, die die Öffentlichkeit Sarrazins Thesen zur Vererblichkeit der Intelligenz widmet, zielt am Thema vorbei. Es ist, als würde ein Lehrer einen Aufsatz verwerfen, weil er einige falsche Kommasetzungen enthält. Offenbar geht es der politischen Debatte weniger um Inhalte als um Positionen im politischen Tageskampf. Angesichts der herausragenden Bedeutung des Themas ist dies mehr als eine harmlose Unterlassung.

Die zweite hier zitierte Aussage von Sarrazin betrifft das geringe qualifikatorische oder intellektuelle Potenzial von Migranten, das er zum Teil auf deren »genetische Belastungen« zurückführt. Hier gilt Ähnliches wie beim vorigen Punkt. In der Substanz bezweifelt Sarrazin das qualifikatorische oder intellektuelle Potenzial der Migranten. Die Frage der genetischen Belastungen durch die im Nahen Osten übliche Heirat zwischen Verwandten spielt demgegenüber eine untergeordnete Rolle. Der Fokus der Öffentlichkeit liegt jedoch auf der »genetischen Belastung«, das eigentliche Problem spielt nur eine Nebenrolle.

Die liberale Presse stellt sich dermaßen in den Dienst der Warner vor Sarrazins Thesen, dass nur noch Kopfschütteln möglich ist. Betrachten wir ein Beispiel aus der Presselandschaft. Die altehrwürdige »Frankfurter Allgemeine Zeitung«, ehemals Blatt des deutschen Bildungsbürgertums, schreibt: »Damit steht die Geschäftsgrundlage für Sarrazins Thesenbau. Erstens: Das SPD-Mitglied Sarrazin warnt vor den Ausländern. Zweitens: Der Bundesbanker Sarrazin belehrt unsere Gesellschaft über die genetischen Grundlagen der Intelligenz. Was so viel wie drittens bedeutet: ›Eine Person des öffentlichen Lebens bringt elementare Lebenszusammenhänge knapp und klar auf den Punkt‹ (Sarrazin). Tatsächlich ist das Elementare bei Sarrazin das Biologische.«[142] Sarrazin müht sich auf vielen Seiten seines Buches geradezu ab, den Nachweis zu erbringen, dass leistungsfeindliche häusliche Milieus die Integration erschweren, ja unmöglich machen.

Doch die »FAZ« ist keineswegs alleine. Im »Spiegel«[143] haben sich der Journalist Erich Follath und der Politiker Tarek Al-Wazir zu Wort gemeldet und das Buch von Sarrazin auf jeweils knapp drei Seiten ausführlich besprochen. Sie nennen Sarrazin einen »Amokläufer«, »Rattenfänger«, »rassistischen Anti-Muslim«

---

[141] Vgl. dazu: Platon, Theätet, Sämtliche Dialoge, Band IV, Hamburg 1998, S. 82

[142] www. faz.net, So wird Deutschland dumm, 23.10.2010

[143] Vgl. Der Spiegel 35/2010

und »Verführer« (Erich Follath) oder fassen das Ganze unter dem Titel »Ein rassistischer Unsinn« (Tarek Al-Wazir) wie folgt zusammen: »Kernthese: ›Der Muslim‹ an sich ist integrationsunwillig und -unfähig, lässt sich vom dummen deutschen Sozialstaat durchfüttern, setzt dabei Millionen Kinder in die Welt, während ›der Deutsche‹ sich nicht ausreichend fortpflanzt und deshalb unweigerlich bald in der Minderheit sein wird. Das Ganze wird dann mit geradezu abenteuerlichen halbwissenschaftlichen Argumenten und Statistiken ›bewiesen‹.«[144]

Beide scheuen keine Mühen, ihre »Kernthesen« mit vielen Worten zu untermauern, sie reden von Integration, zeigen, wo sie gelungen ist, beschäftigen sich mit dem Islam als solchem, weisen darauf hin, dass er keinesfalls ein monolithischer Block ist, sondern in vielfältigen Facetten auftritt, erinnern uns an polnische Einwanderer und an Einwanderer überhaupt usw. Alles Dinge, die in Sarrazins Buch wenn überhaupt, bestenfalls am Rande erwähnt werden. Darin geht es um etwas ganz anderes. Das vergessen die beiden Autoren nicht völlig und weisen dementsprechend auch auf die Probleme hin. Weil sie dies in verblüffend ähnlichem Duktus tun, sollen die diesbezüglichen Aussagen ausführlicher zitiert werden.

»*Natürlich* sind es nicht nur Hirngespinste, sondern auch ganz reale, begründete Sorgen, die in Bezirken wie Berlin-Kreuzberg die Menschen umtreiben. Schulklassen, zu drei Vierteln bestehend aus Kindern mit Migrationshintergrund, deren Deutschkenntnisse kaum für die Verständigung ausreichen. Arabische und albanische Familienclans, die Verbrechenssyndikate kontrollieren und Sozialhilfe empfangen. Phänomene wie Zwangsehe, Ehrenmorde und der Ermutigung zum islamistischen Terror in bestimmten Moscheen. All das existiert – und hat doch mit dem Normal-Islam, mit dem Alltagsleben von weit über 90 Prozent der Muslime in Deutschland, nichts zu tun. Wohl aber mit einem wohlfeilen Feindbild.«[145]

»*Natürlich* gibt es Probleme mit Einwanderern, auch mit Einwanderern der zweiten und dritten Generation, *natürlich* auch mit Menschen muslimischen Glaubens. Berlin-Neukölln ist Realität, keine Frage. Aber der Ballermann auf Mallorca ist eben auch Realität.«[146]

»*Natürlich* ist es richtig und wichtig festzustellen, dass die Integration von Zuwanderern hierzulande massive Defizite aufweist. Die Migration der Vergangenheit ist heute, wie Studien bestätigen, zu einem Kostenfaktor für die Volkswirtschaft geworden. Die OECD beklagt, dass Migranten in kaum einem Land ein so schlechtes Bildungsniveau haben wie in Deutschland. Und keine vergleichende Studie kann verheimlichen, dass sich Menschen mit Wurzeln in der Türkei am schwersten tun mit der Integration. Solche Daten aber verstellen den Blick auf all jene Zugewanderten, die ein ganz normales Durchschnittsleben führen oder sogar besser qualifiziert sind, mehr verdienen und mehr Steuern zahlen als der Durchschnitt der Alteingesessenen.«[147]

---

[144] Der Spiegel 35/2010, S. 127
[145] Der Spiegel 35/2010, S. 125, Hervorhebung von mir, P.K.
[146] Der Spiegel 35/2010, S. 128, Hervorhebungen von mir, P.K.
[147] Der Spiegel 35/2010, S. 129, Hervorhebungen von mir, P.K.

Alle Aussagen, die dem Nachweis dienen, die Probleme seien längst erkannt, kommen im Ton der Selbstverständlichkeit daher und werden mit dem Wort »natürlich« eingeleitet, als wäre alles so klar wie die Kirschblüte im Frühjahr. Was wiegen schon Phänomene wie »Zwangsehe«, »Ehrenmorde« und die »Ermutigung zum islamistischen Terror« gegen ausufernde Trinkgelage deutscher Touristen auf Mallorca? Machen die Vergleiche nicht deutlich, dass wir offenbar wirklich verrückt geworden sind, dass wir Maß und Urteilskraft vollständig verloren haben? Vor allem aber lernen wir, dass der Hinweis auf Missstände schon deshalb unzulässig ist, weil er ja den Blick auf das verstellt, was in Ordnung ist. Demnach müssten wir schleunigst alle Anstrengungen unterlassen, die der Verbrechensbekämpfung dienen, verstellen auch die ja den Blick auf all jene, die ein normales Leben abseits von Mord und Totschlag führen. Die Kritiker Thilo Sarrazins wetzen eifrig ihre Messer, um Wasser zu schneiden.

Setzen wir dem eine nüchterne und seltsamerweise in der Öffentlichkeit weit weniger beachtete Aussage der oben erwähnten Richterin Kirsten Heisig entgegen: »In Neukölln leben 300 000 Menschen. Davon haben insgesamt 40 Prozent einen Migrationshintergrund. In Nord-Neukölln, dem eigentlichen sozialen Brennpunkt, sind es 53 Prozent, bei den unter 18-Jährigen sogar 80 Prozent. Im Jahr 1994 waren 47 260 Menschen auf staatliche Transferleistungen angewiesen. Im Jahr 2009 waren es 91 250, was eine Steigerung um 93 Prozent bedeutet. Die Arbeitslosigkeit ist im selben Zeitraum auf insgesamt 18,6 Prozent – bei Migranten liegt sie etwa doppelt so hoch – gestiegen. Und dies, obwohl das Jobcenter in der Lage ist, jedem jungen Menschen unter 25 Jahren eine Ausbildung auf dem 1. oder 2. Arbeitsmarkt, eine Bildungs- oder Qualifizierungsmaßnahme oder eine sonstige Hilfsmaßnahme, wie z. B. psychosoziale Beratung, anzubieten.«[148]

Aussagen dieser und ähnlicher Art finden sich an mehreren Stellen sowohl im Buch von Kirsten Heisig als auch bei Thilo Sarrazin. Hier zeigen sich Probleme, die das Fundament des Wohlfahrtsstaats betreffen, die kein noch so großer Mantel des Schweigens auf Dauer wird zudecken können.

»Natürlich« geht es bei diesen Problemen nicht nur um Menschen mit Migrationshintergrund. Dort wäre es einfacher, einer weiteren Ausbreitung entgegenzutreten. Doch das Problem wird damit nicht aus der Welt geschafft, genauso wenig wie es auch nicht durch Menschen mit Migrationshintergrund geschaffen worden ist. Fakt ist, die Zahl der Menschen, die nicht in der Lage oder willens sind, ihr Leben noch selbst zu führen, nimmt erschreckend zu, und in der Tat nicht nur in Migrantenkreisen. Davon am schlimmsten betroffen sind die Kinder, weil sie am wenigsten vermögen, ihr Schicksal zu beeinflussen.

»Hunderttausende Kinder gelten in Deutschland als arm, doch ihr größtes Problem ist nicht der Mangel an Geld. Viele leiden unter Verwahrlosung und der Gleichgültigkeit ihrer Eltern.«[149] Mit diesen Worten leitet »Der Spiegel« einen Artikel über »Die Mär vom armen Kind« ein. Wie der Beitrag deutlich macht, verschleiert unser offizieller Armutsbegriff vor allem das, was er vorgibt, lösen zu

---

[148] Kirsten Heisig, Das Ende der Geduld, Freiburg im Breisgau 2010, S. 125
[149] Der Spiegel 39/2010, S. 94

wollen. Die Verharmlosung dieser Probleme, die ja auch in der Kritik an Thilo Sarrazins Buch zum Ausdruck kommt, verhöhnt letztlich die davon betroffenen Kinder.

Wie aber sehen die Probleme dieser Kinder aus? »Das Problem sind Kinder wie Sven, denen die Zähne im Mund verfaulen, weil sie nicht einmal wissen, wie man eine Zahnbürste hält. Es geht um Eltern, die ihren Kindern morgens noch nie ein Schulbrot geschmiert haben, aber sie den ganzen Tag vor dem Fernseher sitzen lassen. Es geht um Familien, die gar nicht merken werden, wenn sie von der Bundesregierung demnächst mehr Geld für Kinderbücher oder einen Gutschein für die Leihbibliothek bekommen: In diesen Familien wird den Kindern so oder so nie eine Geschichte vorgelesen.«[150]

»Das Problem der Kinder hat maßgeblich damit zu tun, dass sie von ihren Eltern nicht einmal gezeigt bekommen, wie man sich die Schnürsenkel bindet. Es handelt sich um Mädchen und Jungen, die wegen zu viel Fast Food, Fernsehen und Phlegma ihrer Eltern eher Überfluss-Symptome wie Übergewicht und Zahnfäule aufweisen als Anzeichen des Mangels.«[151] Diese Symptome werden ergänzt durch Schulverweigerung und völlige soziale Orientierungslosigkeit, weil Erziehung nicht mehr stattfindet.

Wenn ein Kind geboren wird, dann tritt es in eine Welt, die bereits lange vor ihm bestanden hat. Die Welt kann ihm nicht anders als fremd, eher feindlich als freundlich erscheinen. Als Neuankömmling macht es zunächst nur Erfahrungen mit Menschen, die sich bereits auskennen. Erziehung heißt, ein Kind mit dieser ihm fremden Welt behutsam vertraut zu machen, damit es lernt, sich schließlich darin zu bewegen. Zu dieser Aufgabe gehören Geduld, Einfühlungsvermögen und Zuneigung, aber auch Orientierung und Stand. Wer sich selbst in der Welt nicht zurechtfindet, der ist kaum in der Lage, diese Aufgabe zu erfüllen. Damit kommt ein Kreislauf in Gang, der schwer nur zu durchbrechen ist. Die oben angeführten Probleme sind erschreckend genug.

Die Phänomene der Orientierungslosigkeit und Verwahrlosung vererben sich jedoch – biologisch oder sozial ist dabei unerheblich – und vergrößern den Schrecken. Dabei werden sich die Probleme vermutlich eher verschlimmern als verbessern. Wenn hier nicht massiv gegengesteuert wird, entsteht aus einem Einzelschicksal eine soziale Schicht, die sich gegen ihre Umgebung weitgehend abschottet und damit eine Gegenwelt bildet.

Auf alle diese Probleme hat die Politik bisher vor allem eine Antwort: Sie gibt betroffenen Familien mehr Geld. Der Weg, der Armut über Geldzahlungen zu begegnen, ist jedoch nicht nur unsinnig, er ist sogar kontraproduktiv, stärkt er doch die Schwächen der Betroffenen. Es ist, als würde man einem Legastheniker alle Bücher und Schreibgeräte wegnehmen, in der Hoffnung, ihm dadurch Lesen und Schreiben beizubringen. Der Zusammenhang ist evident, umso mehr verwundert unser Umgang mit den geschilderten Phänomenen.

---

[150] Der Spiegel 39/2010, S. 95
[151] Der Spiegel 39/2010, S. 95

Versuchen wir einmal, uns mit der Situation eines Menschen, der sein Leben nicht führen kann, vertraut zu machen. Dazu betrachten wir, ohne irgendeine Statistik zu bemühen, eine fiktive Person und deren plausible Verfasstheit. In aller Regel wird diese eine geringe Qualifikation für einen Arbeitsplatz aufweisen und dementsprechend auch kaum Aussichten haben, eine befriedigende und gut bezahlte Arbeit zu finden. Die Person wird nicht gerade von zupackendem Wesen sein, ihre Aufstiegschancen sind eher als gering einzustufen. Je geringer die Differenz zwischen dem Verdienst an ihren potenziellen Arbeitsplätzen und den Sätzen für Sozialhilfe ist, desto weniger wahrscheinlich ist ihr Bemühen um eine Arbeitsstelle. Nicht daran gewöhnt, Schwierigkeiten zu bewältigen, ist es für sie leichter, sich der Sozialhilfe zu unterwerfen. Das Argument »Man dürfe doch nicht auf Kosten der Allgemeinheit leben« ist in einem Staat, in dem die mehr oder weniger rücksichtslose Verfolgung eigener Interessen zum guten Ton gehört, mehr als löchrig. Für unseren fiktiven Menschen ist es geradezu Hohn, weil man von ihm ein Verhalten verlangt, das seinen Interessen zuwiderläuft.

Man verkauft ihn schlichtweg für dumm, wenn man von ihm verlangt, er solle sich mit aller Macht um eine Arbeitsstelle bemühen, auch wenn ihn dies schlechter oder nur unwesentlich besser stellt. Es ist, als stünde ein schlechter Schwimmer am Ufer eines großen Flusses und man würde von ihm verlangen, sich Nahrung am anderen Ufer zu besorgen, obwohl er etwas weniger Nahrung am gleichen Ufer finden könnte. Ob altruistische Verhaltensweisen zu einer Verbesserung der Gesellschaft führen, mag bezweifelt werden. Ein Mensch, der Schwierigkeiten hat, sein eigenes Leben zu führen, sollte nicht mit höheren Maßstäben konfrontiert werden, als sie für alle anderen auch gelten. Unser fiktiver Mensch handelt durchaus vernünftig, wenn er sich der Sozialhilfe ausliefert.

Nun werden in der aktuellen politischen Debatte immer wieder Anstrengungen unternommen, sich dem allzu offensichtlichen Problem zu stellen. Derzeit gilt ein gesetzlicher Mindestlohn als das Nonplusultra möglicher Lösungen. Damit soll der Abstand zwischen der Sozialhilfe einerseits und niedrig entlohnten Arbeitsplätzen vergrößert werden. Dieser Vorschlag liegt ganz auf der Linie der Maßnahmen des Wohlfahrtsstaats, weil er wiederum das Problem, das er zu lösen vorgibt, verschlimmert.

Selbst wenn ein gesetzlicher Mindestlohn in Einzelfällen eine positive Wirkung hätte, in der Summe würde sich die Erhöhung kontraproduktiv auswirken, da ökonomische Zusammenhänge nicht einfach durch Verwaltungsakte außer Kraft gesetzt werden können. Betrachten wir dazu die elementaren Marktmechanismen.

Ein gesetzlicher Mindestlohn würde Druck vor allem auf jene Arbeitsstellen ausüben, die weniger qualifizierten Menschen verbleiben. Diese Bereiche, die ohnehin in der Regel einem hohen Rationalisierungsdruck ausgesetzt sind, würden weiter zurückgedrängt werden, mit der Folge, dass gerade jene Arbeitsplätze wegrationalisiert würden, die sich noch für Menschen mit schlechter Qualifikation eignen.

Zugleich sind zwei Mechanismen denkbar, die mit hoher Wahrscheinlichkeit zusätzlich eintreten würden: Zum einen würde das Preisniveau steigen, was zumindest auch Auswirkungen auf die Reallöhne hätte, zum anderen würde die

Nachfrage nach einfachen Tätigkeiten sinken, weil zum Beispiel der Zyklus für Gebäudereinigungen problemlos verlängert werden könnte, ohne dass sich das wesentlich auf die Volkswirtschaft auswirkt, von den unmittelbar davon betroffenen Firmen einmal abgesehen. Die Folge wäre eine weitere Zunahme der Arbeitslosigkeit bei gleichzeitigem Anstieg des allgemeinen Preisniveaus. Die Zahl der Betroffenen stiege an, nicht, ohne Druck auf die Höhe der Sozialsätze auszuüben, denn Politiker können auf alles verzichten, nur nicht auf ihre Wähler. Die verschiedensten Aspekte der Globalisierung würden das Problem noch verstärken, da abgeschlossene Volkswirtschaften der Vergangenheit angehören und die Konkurrenz global geworden ist.

Die Ausführungen reichen sicherlich nicht hin, um das Problem in seiner vollen ökonomischen Tiefe abzuhandeln. Das kann an dieser Stelle auch nicht der Anspruch sein. Sie machen aber das Problem deutlich. Die Forderungen nach der Einführung eines flächendeckenden Mindestlohns zeigen ein unüberbietbares Maß an Fantasielosigkeit und sind in aller Regel von Milchmädchenrechnungen begleitet, deren offensichtlicher Unsinn sich jedem Ökonomiestudenten im ersten Semester erschließt.

Doch auch der umgekehrte Weg, schlecht bezahlte Arbeitsplätze durch staatliche Zuschüsse an die Betroffenen aufzuwerten, ist nicht weniger unsinnig. In diesem Fall übt der Staat Druck auf die Löhne aus, die dadurch tendenziell künstlich niedrig gehalten werden, weil gerade jene Unternehmen gefördert werden, die niedrige Löhne zahlen.

In beiden Fällen, sowohl beim flächendeckenden gesetzlichen Mindestlohn als auch bei der Lohnsubventionierung, geht die Politik davon aus, ökonomische Zusammenhänge seien durch einfache Verwaltungsakte aufzuheben, deren Komplexität dadurch lediglich vulgarisiert wird. Diese Zusammenhänge sollen immerhin den berühmten Physiker Max Planck einmal dazu gebracht haben sollen, sein ursprüngliches Studienfach Ökonomie aufzugeben, weil ihm dies als zu schwierig erschien.[152]

Durch unmittelbare lokale Eingriffe ins wirtschaftliche Geschehen kann das Problem der Armut keinesfalls gelöst werden. Anstrengungen in dieser Hinsicht zielen denn auch mehrheitlich darauf ab, der Öffentlichkeit vorzugaukeln, man habe eine Lösung für ein zweifelsfrei drängendes Problem.

Ein Sozialhilfeempfänger wird weitgehend in eine Konstellation gedrängt, bei der es um »alles oder nichts« geht. Hat ein normaler Beschäftigter noch einen 400-Euro-Job, dann darf er das verdiente Geld vollständig behalten. Ein Sozialhilfeempfänger in gleicher Lage darf jedoch nur 165 Euro behalten, seine Bezüge werden also um 60 Prozent gekürzt. Bei 1 000 Euro Einkommen bleiben ihm gerade einmal 260 Euro übrig, also 26 Prozent seines Bruttoverdienstes.[153] Die Möglichkeiten eines Sozialhilfeempfängers, in ein »normales« Arbeitsverhältnis hineinzuwachsen, sind also sehr begrenzt. Entweder er erhält gleich eine vollwertige Beschäftigung oder aber er verharrt in seiner Lage, wenn er nicht darauf spekulie-

---

[152] Vgl. Karl Häuser, Volkswirtschaftslehre, Frankfurt am Main 1967, S. 31
[153] Vgl. dazu: http://www.wdr.de/tv/westpol/sendungsbeitraege/2010/1003/zuverdienst-hartz-IV.jsp

ren will, dass die Stelle mit dem Zusatzverdienst ihm vielleicht irgendwann einmal zu einem normalen Arbeitsplatz verhilft. Fast scheint es, als solle ein Sozialhilfeempfänger dafür bestraft werden, es nicht geschafft zu haben, einen normalen Arbeitsplatz zu finden.

Die Einwände gegen diese Argumentation liegen auf der Hand und werden dennoch nicht plausibler. Durch eine einfache Überlegung ist der vermeintliche Widerspruch aufzulösen. Unsere Regelungen zur Sozialhilfe sind von zwei Prämissen bestimmt: Niemand soll ohne Gegenleistung Geld bekommen, für das ein Anderer arbeiten muss, und niemand soll in unserem Land verhungern oder erfrieren müssen.

Das erste Argument ist schwer zu widerlegen, weil sich sofort die Frage nach der Auswahl stellen würde. Die Zwangsernährung Gefangener im Hungerstreik verifiziert die zweite Prämisse. Beide Argumente zieht der Wohlfahrtsstaat zu dem unsinnigen Schluss zusammen: Man erhält nur dann staatliche Hilfe, wenn man keine Arbeit findet. (Von Kranken, die ohnehin nur einen vernachlässigbaren Teil darstellen, sei hier abgesehen, weil die nicht das Problem der Sozialhilfe sind.) Warum aber ist der Schluss unzulässig?

Die Frage ist ebenso naheliegend wie einfach zu beantworten: Weil es nicht möglich ist, die Arbeitswilligkeit eines Menschen hinreichend genau festzustellen. Dies ließe sich nur mit mehr oder weniger totalitären Methoden bewerkstelligen, zum Beispiel durch Zwangsmaßnahmen. Man zwingt einen Menschen zu einer bestimmten Tätigkeit. Bricht er in Ausübung dieser Tätigkeit zusammen, weil er ihr etwa körperlich nicht gewachsen ist, dann hat man sich halt getäuscht. Der Betroffene ist möglicherweise tot, dafür ersetzt ihn ein beliebiger Anderer. Da Zwangsmaßnahmen der geschilderten Art in unserem Staatswesen nicht erwünscht sind, ist die Frage schlüssig beantwortet.

Der Widerspruch liegt also im Hilfsangebot des Staates selbst. Wenn nur derjenige Hilfe des Staates erhält, der sich ernsthaft um eine Arbeitsstelle bemüht, es aber andererseits nicht möglich ist, die Ernsthaftigkeit einer Arbeitssuche zu überprüfen, wenn zugleich jeder einen Anspruch darauf hat, das zum Leben Notwendige zu erhalten, dann endet dies zwangsweise in genau der Aporie, in die unser Wohlfahrtsstaat geraten ist. Damit ist zunächst einmal die Plausibilität der Einwände ad absurdum geführt.

Wir finden also die folgende Situation vor: Niemand soll Geld ohne Gegenleistung erhalten, wenn er arbeitsfähig ist. Jedem Menschen in unserem Land steht eine Grundsicherung zu, die seine Lebenserhaltung sicherstellt. Es kann nicht festgestellt werden, ob jemand keine Arbeit findet oder ob er keine Arbeit finden will.

Um diese Fragen drehen sich im Kern alle Diskussionen über die Sozialhilfe. Die den Arbeitslosen eher Verpflichteten behaupten, diese würden trotz redlichen Bemühens keine Arbeit finden, die andere Seite behauptet ebenso fest, es gebe zu viele Simulanten, die sich im sozialen Netz einrichten. Dieser Disput ist ebenso ergiebig wie ein Streit darüber, in welchem Ozean sich gerade ein Wassertropfen befindet, der vor 10 Jahren auf die Schwäbische Alb gefallen ist. Wer auf Kosten anderer leben will, der wird darüber lachen, wer sich redlich um Arbeit bemüht und keine findet, der wird in einer Weise gedemütigt, die mit Prinzipien der Humanität nicht zu vereinbaren ist.

Durch verschiedene Maßnahmen sorgen wir für den Abbau von Arbeitsplätzen, beziehungsweise lassen sie gar nicht erst entstehen. Die Überlegungen zu Mindestlöhnen bewegen sich voll und ganz in der Richtung, die Schaffung von Arbeitsplätzen zu erschweren. Es ist, als würden wir bei der Erstellung eines Eigenheims fordern, das Haus so sicher wie einen Atomschutzbunker zu bauen. Ohne dies hier genau ausführen zu wollen, seien einige Hinweise auf die Erhöhung der Arbeitskosten gegeben. Neben dem Stundenlohn, der mittlerweile oft nicht mehr den Hauptanteil an den Löhnen ausmacht, wären noch zu nennen die Sozialabgaben (Arbeitslosen-, Kranken-, Pflege- und Rentenversicherung), Maßnahmen zum Kündigungsschutz, ausgeweitete Arbeitsschutzbestimmungen, Lohnfortzahlung im Krankheitsfalle, Urlaubsregelungen usw. Alle diese Maßnahmen erhöhen die Arbeitskosten erheblich und führen schon seit Langem dazu, dass ein Handwerker sich seine eigene Arbeitsstunde bei Weitem nicht mehr leisten kann. In Wahrheit sind es all die Fortschritte, die wir durch den ausgebauten Wohlfahrtsstaat erreicht haben und bei denen mit Recht gefragt werden kann, ob ihr Umfang nicht längst jedes Maß verloren hat. Wer jetzt die Stimme erhebt, um die Barbarei des Abbaus wohlerworbener Rechte anzuklagen, der möge erst einmal abwarten und die Auswirkungen dieser Maßnahmen im »täglichen Leben« betrachten.

Unser Wohlfahrtsstaat wäre weit schlechter gestellt, würde nicht von Staats wegen seit Jahren eine Einschränkung genau dieser wohlerworbenen Rechte bereits stattfinden. Befristete Beschäftigungen und Leiharbeit hebeln den Kündigungsschutz aus, die verschiedenen x-Euro-Jobs subventionieren die hohen Sozialabgaben, die Lohnkostenzuschüsse wirken als Lohndumping. Dies alles sind Schritte in eine Richtung, die die Grundlagen der Regelungen von Arbeitsverhältnissen betreffen. Wer will die Erfolge dieser Maßnahmen auf dem Arbeitsmarkt bestreiten? Die Arbeitslosigkeit hat sich jedenfalls verringert.

Allerdings geschieht dies auf eine höchst problematische Weise. Bei der Leiharbeit wird zusätzlich eine Fremdfirma in das Arbeitsverhältnis eingeschaltet, die auch etwas verdienen muss und deshalb Druck auf die Entlohnung des Arbeitnehmers ausübt. Bei den x-Euro-Jobs werden die Sozialabgaben von den restlichen Versicherten und bei den Lohnkostenzuschüssen wird ganz einfach das Lohndumping subventioniert. Alle diese Maßnahmen basieren auf der Grundlage von Privilegien, die für die einen gelten, für die anderen jedoch nicht.

Noch verschleiern die Erfolge dieser Maßnahmen im Hinblick auf die Beschäftigungssituation die Problematik der Maßnahme selbst. Wenn die besonderen Beschäftigungsverhältnisse sich ausweiten, dann nimmt der dadurch verursachte Druck auf die »normalen« Arbeitsplätze immer mehr zu, mit der Tendenz einer Verkehrung der Arbeitsverhältnisse. All diese Anstrengungen ähneln der Situation eines Autofahrers, der trotz einer Reifenpanne verzweifelt versucht, seinen Wagen in der Spur zu halten, statt ihm durch einen Reifenwechsel wieder die notwendige Stabilität zu verleihen.

Die Maßnahmen des Staates zum Schutz der Arbeitsverhältnisse, wie auch diejenigen, die diesen Schutz gerade wieder aufweichen, entsprechen weitgehend dem Paradigma des unmündigen Bürgers. Allen Maßnahmen liegt die Prämisse zugrunde: Der Mensch kann seine Belange nicht selbst regeln. Bis in kleinste Details versucht der Staat, *für* seine Bürger zu handeln. Als Modell dient ihm dabei immer der Mensch, der nicht in der Lage ist, sein Leben zu führen. Dementsprechend wird *Armut* in dem hier dargestellten Sinne zum *allgemeinen Leitbild der Handlungsmaximen des Wohlfahrtsstaates*. Da es einige gibt, die ihr Leben nicht zu führen vermögen, werden alle so behandelt, als träfe dies auf sie zu. Wenn schon nicht den Handlungsfähigen, so sollte diese Vorgehensweise des Staates wenigstens denjenigen helfen, die noch nicht einmal ihr eigenes Leben führen können. Selbst diese Erwartung entpuppt sich als falsch.

Gerade jene, die als handlungsschwach angesehen werden müssen, haben unter den staatlichen Maßnahmen am meisten zu leiden, weil diese ihren Zustand zementieren. Musiker und Sportler müssen üben, um ihr Instrument spielen oder ihre Sportart beherrschen zu können. Dem Fettleibigen empfiehlt man Diätkuren, dem Magersüchtigen das Gegenteil. In allen Fällen muss dem Mangel durch sein Gegenteil begegnet werden. Nur bei der Armut *soll die Unfähigkeit zu handeln, durch die Unmöglichkeit, handeln zu können,* bekämpft werden. Dies ist widersinnig.

Die heute gerne kolportierte Meinung, man müsse bei den Arbeitslosen *fordern* und *fördern*, ähnelt eher der Aufforderung an einen Hungernden, endlich zu essen, obwohl es nichts zu essen gibt. Armut als Schicksal in unserem Lande ist keine Frage des Geldes. Indem wir sie aber ausschließlich als eine Frage des Geldes betrachten und Unsummen zu ihrer Bekämpfung bereitstellen, verstellen wir uns den Blick auf die wirklichen Ursachen der Armut. Dementsprechend verfügen wir trotz alarmierender Zustände immer noch über kein tragfähiges Konzept, der Armut, wenn wir sie auch nicht beseitigen können, doch wenigstens entschieden entgegenzutreten. Somit wird das Schicksal einzelner zur Bedrohung vieler.

»Nur wer Geist hat, sollte *Besitz* haben: sonst ist der Besitz *gemeingefährlich*. Der Besitzende nämlich, der von der freien Zeit, welche der Besitz ihm gewähren könnte, keinen Gebrauch zu machen versteht, wird immer *fortfahren*, nach Besitz zu streben: dieses Streben wird seine Unterhaltung, seine Kriegslist im Kampf mit der Langeweile sein.«

Friedrich Nietzsche[154]

»La République? La Monarchie? Je ne connais que la question sociale.«

Robespierre[155]

4.4.3 MASSNAHMEN GEGEN DIE ARMUT

Das Leben ist eines der wenigen Dinge, das einem Lebewesen zwar weggenommen, aber von keinem anderen genutzt werden kann. Das Leben eines anderen kann man nicht leben. Wer also Schwierigkeiten hat, sein Leben zu führen, dem kann schwer nur geholfen werden. In Fällen absoluter materieller Not ist eine Hilfe noch leicht möglich. Dem Verhungernden kann eine Scheibe Brot wieder zu Kräften verhelfen und so seine Lage entscheidend verbessern. In unserem Land ist diese Lebenssituation die seltene Ausnahme. Dennoch baut unser System der sozialen Absicherung auf dieser Prämisse auf. Materielle Zuwendungen vermögen das Problem der Armut nicht zu lösen. Vor allem nicht, wenn wir es, allen rechtlichen Ansprüchen zum Trotz, mit Maßnahmen der Entwürdigung der Anspruchsberechtigten verknüpfen. Schlimmer sind all jene Fälle, in denen es eben nicht um drängende materielle Not, sondern um geistige Armut geht. Unsere Anstrengungen zielen, dem Geist der Zeit entsprechend, auf die quantitativen Aspekte des Problems, und die lassen sich vernünftig nur in Geld ausdrücken. Die andere Seite des Problems wird dabei ignoriert und so das Gegenteil der Zielsetzung erreicht. Wie lässt sich der Teufelskreis durchbrechen?

Fassen wir die bisherigen Überlegungen noch einmal kurz zusammen: Wir haben einen wachsenden Anteil an Menschen, die nicht mehr in der Lage sind, ihr Leben zu führen und hier als in Armut lebend bezeichnet werden. Naturgemäß haben genau diese Menschen große Schwierigkeiten, einen geeigneten Arbeitsplatz zu finden, um zumindest für ihren Lebensunterhalt sorgen zu können. Wir haben zu wenig (bezahlbare) Arbeitsstellen für gering Qualifizierte, die ein Einkommen garantieren, das signifikant über den Sozialhilfesätzen liegt. Mit jedem Kind werden die Hürden höher. Statt die Bedingungen zur Arbeitsaufnahme fundamental zu erleichtern, erschweren wir sie, weil wir eher geneigt sind, weitere Hürden aufzubauen, als bestehende einzureißen. Die Debatte um den Mindestlohn

---

[154] Friedrich Nietzsche: Menschliches, Allzumenschliches, Band 2, Vermischte Meinungen und Sprüche, 310, Hervorhebungen im Original
[155] Zitiert nach: Hannah Arendt, Über die Revolution, München 2000, S. 69

ist ein Beispiel dafür. Die eingeführten Erleichterungen zur Arbeitsaufnahme wirken sich kontraproduktiv auf die normalen Beschäftigungsverhältnisse aus, weil sie diese mit den daraus entstehenden Kosten belasten. Sie gelten immer nur temporär und können deshalb zwar mögliche Grundlage einer temporären, keinesfalls aber einer dauerhaften Lösung sein. Von Einzelfällen abgesehen, vermögen die bisher eingeleiteten Maßnahmen die Armut im Land nicht zu bekämpfen. Im Gegenteil – alle erhobenen Daten sprechen dafür –, unser System der Sozialhilfe fördert die Armut. Durch die höhere Belastung der normalen Arbeitsverhältnisse werden immer mehr Beschäftigte aus diesen Bereichen gedrängt. Die wirtschaftliche Entwicklung mag diesem Trend vorübergehend entgegenarbeiten, kann ihn aber innerhalb des bestehenden Rahmens nicht umkehren. Wer seine Arbeitsstelle verliert, muss nach Ablauf des Arbeitslosengeldes I innerhalb kürzester Zeit sein angespartes Vermögen weitgehend aufbrauchen und findet sich in vielen Fällen schnell in der Lage eines Langzeitarbeitslosen – mit den damit einhergehenden Schwierigkeiten, eine neue Stelle zu finden. Die Vorsorge des Wohlfahrtsstaats entpuppt sich dabei oft als Falle. Der in einem normalen Arbeitsverhältnis stehende Mensch muss den Wohlfahrtsstaat mit hohen Abgaben finanzieren, wird damit in seiner eigenen Vorsorgemöglichkeit eingeschränkt und erhält im Falle eigener Not die Hilfe erst, wenn er ganz unten ist. Kurz: Das bestehende System fördert das, was es verhindern will, auf Kosten derer, die im Bedarfsfalle selbst erst viel zu spät Hilfe finden. Das bestehende System ist ein System für unmündige Bürger.

Lösungen aus der verfahrenen Situation können nur gefunden werden, wenn wir beginnen, die tradierten Denkmuster des Wohlfahrtsstaates gegen den Strich zu bürsten. In erster Linie heißt dies, sich dem Problem auf ungewöhnliche Weise zu nähern. Luft braucht der Mensch ebenso zum Überleben wie Wohnung, Kleidung und Essen. Im Unterschied zu den drei letztgenannten Dingen ist die Atemluft kostenlos. Doch was wäre, wenn die Luft zum Atmen nur für diejenigen kostenlos ist, die nicht über genügend Geldmittel verfügen? Mit Sicherheit würden wir uns genau die Probleme einhandeln, die wir auch im Bereich der heutigen Sozialhilfe finden. Wir würden einen aufgeblähten Verwaltungsapparat zur Durchführung und Kontrolle benötigen und bräuchten dazu den »gläsernen Bürger«. Die Ungerechtigkeiten nähmen zu, weil viele Bürger sich arm rechnen würden usw. Schon allein die Vorstellung einer solchen Lösung ruft Grauen hervor, noch viel schlimmer würde ihre Realität werden.

Das geschilderte Szenario riefe zweifellos einen Sturm der Entrüstung hervor, so es gefordert würde, ja, wir halten es nicht einmal für denkbar. Im Bereich der Sozialhilfe gehen wir jedoch genau nach dem geschilderten Verfahren vor. Warum, so ist zu fragen, gestehen wir den Menschen nicht vorbehaltlos das zu, was wir ihnen unter zahlreichen Vorbehalten am Ende doch gewähren?

Jeder (legal) in unserem Land lebende Bürger hat das Recht auf eine Grundsicherung, die seine Lebenserhaltung sicherstellt. Allerdings wird das Recht erst wirksam, wenn der Bürger den Nachweis erbracht hat, dass er für seinen Lebensunterhalt nicht aufkommen kann und zugleich über kein nennenswertes Vermögen verfügt. Dieser Nachweis ist trotz unerträglich vieler Kontrollmechanismen, die wir zwischenzeitlich eingeführt haben, nicht wirklich zu überprüfen, Täuschungen sind möglich und kommen in der Praxis in zahlreichen Fällen vor, was wiederum eine Verschärfung der Kontrollmechanismen nach sich zieht usw. Wie immer wir es im Einzelfall ausgestalten, Begleiter dieses Systems sind immer der Betrug auf der einen und die Entwürdigung betroffener Menschen auf der anderen Seite, da mögen noch so viele Politiker das Gegenteil behaupten. Mit Freiheit hat dieses Verfahren nichts zu tun.

Was also spricht dagegen, mit der Grundsicherung genau so zu verfahren, wie wir es mit der Luft machen? Warum erhalten nicht alle Bürger des Landes eine bedingungslose Grundsicherung, unabhängig von ihrem momentanen Einkommen oder Vermögen?

Seit Jahren schon gibt es in zunehmender Anzahl die verschiedensten Modelle einer bedingungslosen Grundsicherung.[156] So unwiderlegbar der Gedanke prinzipiell ist, so wenig wird sein Kern von vielen seiner Protagonisten verstanden. Den einzelnen Ausprägungen kann hier nicht detailliert nachgegangen werden, doch eint sie in den meisten Fällen der Wunsch, mit der Grundsicherung die soziale Teilhabe der Menschen zu gewähren. Damit gehen sie weit über das hinaus, was hier als Grundsicherung verstanden werden soll, und bewegen sich in der Logik des Wohlfahrtsstaats. Dem Begriff der »sozialen Teilhabe« haftet immer ein totalitäres Element an, denn wer bestimmt schließlich, was darunter im Einzelnen zu verstehen ist?

Im Februar des Jahres 2010 gab es ein bemerkenswertes Urteil des Bundesverfassungsgerichts zur Berechnung der Sozialhilfesätze, das noch bemerkenswertere politische Folgen nach sich zog. Das Bundesverfassungsgericht stellte in seiner Urteilsbegründung zunächst als Prämisse fest: »Das Grundrecht auf Gewährleistung eines menschenwürdigen Existenzminimums [...] sichert jedem Hilfebedürftigen diejenigen materiellen Voraussetzungen zu, die für seine physische Existenz und für ein Mindestmaß an Teilhabe am gesellschaftlichen, kulturellen und politischen Leben unerlässlich sind.«[157] Von dieser Prämisse ausgehend wurde schließlich gefolgert: »Zur Ermittlung des Anspruchumfangs hat der Gesetzgeber alle existenznotwendigen Aufwendungen in einem transparenten und sachgerechten Verfahren realitätsgerecht sowie nachvollziehbar auf der Grundlage verlässlicher Zahlen und schlüssiger Berechnungsverfahren zu bemessen.«[158]

Die Politik war also aufgefordert, schlüssige Berechnungsverfahren vorzulegen. Schließlich wurde den Hilfeempfängern ein um fünf Euro höherer Betrag zugestanden. Der soziale Aufschrei der entsprechenden Lobbyisten wegen der nur so gering erhöhten Bezüge sei nur am Rande erwähnt. Viel wichtiger erscheint die gestellte Aufgabe, das Berechnungsverfahren transparent und nachvollziehbar zu gestalten.

---

[156] Vgl. dazu zum Beispiel und ohne jeden Anspruch auf Vollständigkeit: Yannick Vanderborght, Philippe Van Parijs, Ein Grundeinkommen für alle?, Frankfurt am Main 2005, oder: Götz W. Werner, Einkommen für alle, Köln 2007

[157] http://www.bundesverfassungsgericht.de/entscheidungen/ls20100209_1bvl000109.html

[158] http://www.bundesverfassungsgericht.de/entscheidungen/ls20100209_1bvl000109.html

Denn nun gingen die Politiker ins Detail und legten, ganz der Logik des Gerichtsbeschlusses entsprechend, Positionen fest, für die es keinen Anteil in der Grundsicherung mehr gibt. Zu den Positionen zählten unter anderem »Tabak, Alkohol oder Schnittblumen«.[159] Reflexartig stellte die Opposition natürlich fest: »Bei der Berechnung der Regierung war Willkür im Spiel.«[160]

Wie sollte es auch sonst gehen? Wäre eine solche Festlegung ohne Willkür zu treffen, dann wäre der Mensch nicht nur als Spezies, sondern auch als spezifisches Wesen genau bestimmbar. Dies gilt gerade nicht für die Maßnahmen zur Lebenserhaltung, die sich ja noch relativ einfach feststellen lassen, sondern für die geforderte »Teilhabe am gesellschaftlichen, kulturellen und politischen Leben«. Um dies zu können, müsste der Mensch zum Homunkulus degradiert werden, beliebig modellierbar durch die Hand weiser Politiker. Der Begriff der Freiheit wäre im hegelschen Sinne nicht nur aufgehoben (worin auch immer), sondern einfach vernichtet.

Das eigentliche Problem solcher Standpunkte besteht ja nicht darin, der Vielzahl unsinniger Forderungen und Feststellungen eine weitere anzuhängen. Dies wäre schon allein deshalb hinnehmbar, weil die vorherrschende Dummheit sich durch einzelne Dummheiten qualitativ nicht verändert. Wir nehmen solche Dummheiten nicht einmal mehr als solche wahr, weil wir uns den Blick auf die Wirklichkeit bereits verstellt haben. Damit sehen wir aber auch nicht mehr die hinter solchen Dummheiten lauernden tatsächlichen Gefahren, die eher im Urteil des Bundesverfassungsgerichts als in den Äußerungen von Politikern stecken. Die Forderung nach transparenter und nachvollziehbarer Berechnung der Sozialhilfesätze ohne Willkür behauptet nichts weniger als die Berechenbarkeit des Menschen, reduziert ihn damit auf ein Quantum und ist der Intention nach totalitär. Nicht einmal bei einem Baum, noch weniger bei einem Hund, schon gar nicht bei einem Menschen, können »alle existenznotwendigen Aufwendungen in einem transparenten und sachgerechten Verfahren realitätsgerecht sowie nachvollziehbar« ermittelt werden.

Der Anspruch der Verfassungsrichter ist nicht erfüllbar, weil der Mensch keine transparent berechenbare Größe ist, und er dies bestenfalls dann nur werden könnte, wenn er in der Tat aller individuellen Eigenschaften ledig wäre. Wie viel Toilettenpapier, Waschmittel, Seife und Zahnpasta braucht denn ein Mensch? Wie oft muss, soll, darf er seine Wäsche wechseln, sich waschen, seine Zähne putzen? Je genauer wir die existenznotwendigen Aufwendungen bestimmen, desto mehr wird der einzelne Mensch seiner Würde beraubt.

Dies setzt sich dann noch fort, wenn wir ihm zudem ein »Mindestmaß an Teilhabe am gesellschaftlichen, kulturellen und politischen Leben« garantieren wollen. Für eine Vielzahl von Betroffenen wäre ein Abend am Stammtisch in ihrer Eckkneipe bei Tabak und Alkohol eine wichtigere Teilhabe am gesellschaftlichen, kulturellen und politischen Leben, als einer Inszenierung von Torquato Tasso oder einer Parlamentsdebatte beizuwohnen. Nun hat man sie nicht nur durch das strikte

---

[159] Der Spiegel 40/2010, S. 30
[160] Interview mit Hannelore Kraft, Der Spiegel 40/2010, S. 29

Tabakverbot in Gaststätten, sondern auch durch den Entzug ihrer Tabak- und Alkoholgroschen eines Teils ihrer ohnehin wenigen Freuden beraubt. Wird dies durch die Gewährung eines Geldbetrages zur Internetnutzung aufgewogen?

Wenn jemand nach einem Glas Wasser verlangt, möchte er ein volles Glas. Bei der Bestimmung der Gefülltheit des Glases findet keine Bemessung statt. Zumeist gibt es im Umgang der Menschen miteinander nicht die geringsten Probleme mit dieser Unschärfe. Die Vorgehensweise des Wohlfahrtsstaates würde man nach den üblichen Kriterien als weltfremd bezeichnen und könnte achtlos darüber hinweg-sehen.

Eine der wesentlichen Grundlagen dessen, was gemeinhin als Politik bezeich-net wird, besteht darin, Welt zu schaffen. Wenn eine Instanz, deren Aufgabe in der Schaffung von Rahmenbedingungen für das, was wir als »Welt« bezeichnen, besteht, sich als *weltfremd* herausstellt, dann liegt in der Tat eine dramatische Ver-kehrung vor. In Wahrheit verbirgt sich dahinter ein Bild vom Menschen, das jedenfalls totalitären Ansprüchen weit mehr genügt als freiheitlichen.

An den Inhalten der so oft gelobten Bürgerbeteiligungen wird besonders deut-lich, dass unsere Aufmerksamkeit in diesen Fragen nachlässt. Zahlreiche Bürger demonstrieren gegen den Umbau eines Bahnhofs, weil ihnen die Kosten dafür zu hoch erscheinen. Zahlreiche Bürger – oft entstammen sie den gleichen Kreisen – behindern Atommülltransporte und verursachen mit ihren Protesten erhebliche Kosten, ohne damit auch nur ein Gramm des Mülls zu beseitigen.

Gegen das durch die Umsetzung des Sozialhilfeurteils des Bundesverfassungs-gerichts deutlich gewordene Menschenbild mit seinen nun wahrhaft verheerenden Perspektiven regt sich dagegen kaum Widerstand, sieht man von den üblichen Einwänden der üblichen Soziallobbyisten einmal ab, die sich allerdings nur gegen die geringe Erhöhung der Sätze, keinesfalls aber gegen das Menschenbild richte-ten, das in der Form der Berechnung zum Ausdruck kommt.

Im Rahmen der Vorgaben durch das Urteil hat die Regierung noch weitgehend vernünftig gehandelt, als sie eine neue Berechnung mehr simuliert denn tatsächlich durchgeführt hat. Der Bau eines neuen Großbahnhofs oder die Frage, ob Atom-kraftwerke ein paar Jahre länger am Netz bleiben oder nicht, sind Lappalien, ver-gleicht man sie mit der Ignoranz gegenüber der menschenverachtenden Form der geforderten Berechnung der Sozialhilfe.

Es kommt darauf an, die herrschende Logik zu durchbrechen, weil die Aufgabe des Staates nicht darin bestehen kann, eines Menschen Wohlfahrt zum Ziel zu haben. Der Respekt vor den verschiedenen Lebensweisen sollte zu groß sein, um nicht *für* die Menschen zu handeln. Vielmehr ist es in einer freiheitlichen Gesell-schaft wichtig, die Menschen handlungsfähig zu halten. Deshalb wird hier von einer Grundsicherung gesprochen, die nur das schiere Leben des Einzelnen sicher-stellt, dafür aber Handlungsspielräume eröffnet.

In der öffentlichen Debatte dominiert die Voraussetzung, die Menschen seien nicht in der Lage, ihre eigenen Geschicke selbst zu lenken. Diese Überzeugung mag ihre Berechtigung dann haben, wenn es bei einer Arbeitsaufnahme um das Überleben geht. Fällt dieser Aspekt weg, weil jedem das dazu notwendige Grund-einkommen gewährt wird, dann stellt sich die Freiheit des Menschen in einem anderen Licht dar. Der Einzelne kann jede Arbeit ablehnen, ohne in existenzielle Not zu geraten. Dies stärkt seine Position gegenüber einem Arbeitgeber auf bisher noch nie da gewesene Weise, denn jetzt kann Letzterer nicht mehr die existenzielle Bedrohung des Arbeitnehmers in sein Kalkül einbeziehen.

Da umgekehrt die meisten Menschen mit mehr als dem reinen Existenzminimum leben wollen, ist die Befürchtung, sie würden dann nicht mehr arbeiten gehen, als gering einzustufen. Dies umso mehr, als wir heute vor allem dem Problem gegenüberstehen, nicht mehr genügend bezahlbare Arbeitsplätze zu haben.

Die Regelungen der Arbeitsbedingungen könnten auf ein Minimum reduziert werden. Fragen der Entlohnung wären in weiten Bereichen frei verhandelbar. Zum ersten Mal in der Geschichte der Menschheit hätten wir eine Situation, in der der schwächere Teil der Menschheit so weit gestärkt werden würde, dass er *ohne existenzielle Not* und in freier Gestaltung seines eigenen Lebens auf dem Arbeitsmarkt als Nachfrager auftreten könnte.

Indem wir die Menschen von der Sorge um ihre Existenz befreien und diese nicht mit unerträglichen Kontrollen und Demütigungen verknüpfen, machen wir sie frei für die eigene Gestaltung ihres Lebens.

Die selektiven »Wohltaten« des Wohlfahrtsstaates zeichnen sich durch das charakteristische Merkmal aus, systematische Ungerechtigkeiten produzieren zu müssen. Die Selektion bedingt Voraussetzungen, die nicht genau überprüft werden können, denen der Einzelne aber genügen muss. Wieder befinden wir uns in einem Teufelskreis.

Beschränkt man sich aber auf die bedingungslose Existenzsicherung, dann könnte eine Unzahl von Verwaltungsakten entfallen. Ohne Anspruch auf Vollständigkeit seien hier genannt: Wegfall des Kindergelds, der Arbeitslosenversicherung, der Rentenversicherung, der Sozialhilfe, der besonderen Entlohnungssysteme, kurz Wegfall wesentlicher bürokratischer Ungetüme, deren Macht schon längst dabei ist, die Handlungsfähigkeit der Menschen zu eliminieren. Eine wesentliche Reduktion gesellschaftlicher Kompliziertheiten fällt bei der bedingungslosen Grundsicherung gleichsam als Nebenprodukt ab.

Widerstand gegen solche Lösungen des »sozialen Problems« ist keinesfalls von den in existenzieller Not lebenden Menschen zu erwarten, denn die gewinnen Freiheit und Sicherheit und erhalten vor allem die reelle Chance, ihre Lebensumstände zu verbessern. Widerstand gegen solche Lösungen ist von den bürokratischen Apparaten zu erwarten, denen die Not der Betroffenen schon längst viel Macht und Einfluss gewährt hat, worauf sie kampflos kaum verzichten werden.

Maßnahmen zur bedingungslosen Existenzsicherung mit einer begleitenden Lockerung der Bedingungen zur Arbeitsaufnahme würden zweifelsfrei Energien gerade bei denjenigen freisetzen, die sich ohnehin schwer tun, ihre Fähigkeiten zu entwickeln und einzusetzen. Deren fundamentale Perspektivlosigkeit im geltenden System der Sozialhilfe würde durch realistische Möglichkeiten der aktiven Verbesserung ihrer Lebenssituation ersetzt. Bei einer bedingungslosen Existenzsicherung würde jeder verdiente Euro in der Tasche des Arbeitenden bleiben. Damit wären die völlig unnötigen Begrenzungen und Hindernisse auf dem Weg zur Arbeitsaufnahme beseitigt.

All die geschilderten Konzepte vermögen das Problem der Armut sicherlich zu mildern, aufzuheben vermögen sie es nicht, waren doch die bisherigen Überlegungen auf die Überwindung der finanziellen Not gerichtet. Durch die Wendung der Not ist aber das im wahrsten Sinne des Wortes Notwendige getan worden, also die Grundlage bestimmt, auf der alle weiteren Konzepte aufbauen müssen.

Hinreichend können diese Maßnahmen deshalb nicht sein, weil es immer Menschen geben wird, die ihr Leben nicht zu führen vermögen. Diejenigen, die eine Arbeit suchen, aber nicht finden, hätten wir aus dem Zustand der Unmündigkeit befreit. Dies ist bereits ein beachtliches Ergebnis. Jenen, die mental nicht in der Lage sind, eine Arbeit zu finden, könnten Hilfestellungen gegeben werden, deren Grenzen liegen aber offen. Sicher gehören zu solchen Hilfestellungen die verschiedensten Bildungsangebote und Möglichkeiten, sich fachlichen Rat zu holen. Wer nicht willens ist, eine Arbeit zu finden, und auch keine Hilfestellungen annehmen will, dem kann ganz einfach von der Gesellschaft, auch wenn sie sich noch so sehr abmüht, nicht geholfen werden. In solchen Fällen mag karitative Hilfe die Probleme der Betroffenen verringern, staatliche Hilfe ist hier fehl am Platz.

Zu einer ganz anderen Kategorie gehören die Kinder der im hier vorausgesetzten Sinne von Armut Betroffenen. Ihre materielle Not lindert die bedingungslose Existenzsicherung, doch die Defizite ihres Umfelds stellen ein ernstes Problem dar, für das eine einfache Lösung kaum zu finden sein wird. Aus guten Gründen gehört die Erziehung von Kindern bei uns weitgehend der Privatsphäre an, wenngleich der gesellschaftliche Einfluss darauf in den letzten 300 Jahren erheblich zugenommen hat. Beispielhaft für diese Entwicklung ist die schrittweise Einführung der Schulpflicht seit der Reformation. Versuche, die Erziehung der Kinder zu einer generellen gesellschaftlichen Aufgabe zu erklären, können eher totalitären Regimes zugeordnet werden und sind mit freiheitlichen Verfassungen schwer nur zu vereinbaren. Folgerichtig enthält das Grundgesetz dazu unmissverständliche Formulierungen: »Pflege und Erziehung der Kinder sind das natürliche Recht der Eltern und die zuvörderst ihnen obliegende Pflicht. Über ihre Betätigung wacht die staatliche Gemeinschaft.«[161]

Dieser generellen Überlegung zum Trotz stellt sich die Frage in all jenen Fällen, in denen eine offensichtliche Verwahrlosung von Kindern zu erkennen ist, auf eine neue Weise. Die Bücher von Kerstin Heisig und Thilo Sarrazin weisen auf diese Probleme – vor allem im Umfeld von Migranten – deutlich hin. Kinder, die nicht einmal eine Zahnbürste zu benutzen verstehen, deren Zähne verfaulen und die darüber hinaus nicht aus Migranten-Familien kommen, zeigen, dass das Problem nicht auf einzelne Bevölkerungsgruppen zu beschränken ist. Wahrscheinlich weit mehr verbreitet, aber weniger unmittelbar auffallend, sind all jene Kinder, die ihre Freizeit ohne weitere Anregung vor Bildschirmen verbringen, um Fernsehsendungen zu konsumieren oder im Internet zu surfen. Hier sind die Kinder Opfer ihrer unfähigen Eltern, hier »vererben« sich Bildungslücken, die später kaum mehr ausgeglichen werden können.

---

[161] Grundgesetz, Artikel 6, Absatz 2

Selbstverständlich verfügen wir auch heute schon über Möglichkeiten, besonders krasse Fälle von Verwahrlosung zu verfolgen und zum Beispiel in die Erziehungsberechtigung einzugreifen. Auch hierzu finden sich unmissverständliche Formulierungen im Grundgesetz: »Gegen den Willen der Erziehungsberechtigten dürfen Kinder nur auf Grund eines Gesetzes von der Familie getrennt werden, wenn die Erziehungsberechtigten versagen oder wenn die Kinder aus anderen Gründen zu verwahrlosen drohen.«[162] Die Grenzen zwischen Verwahrlosung einerseits und ungewöhnlichen gesellschaftlichen Verhaltensweisen andererseits sind jedoch so klar nicht, wie es auf den ersten Blick aussieht.

Was ist mit Eltern, die ihren Kindern nie die Möglichkeit einräumen, fern zu sehen oder ins Internet zu gehen? Was ist mit Eltern, die ihre Kinder streng im Wortsinn der Bibel unterrichten und keine Erkenntnisse der Naturwissenschaften als Erklärungsmuster dulden? Auch diese Kinder werden in ihrer Entwicklung behindert, allerdings weit weniger, weil sie durch ihren gesellschaftlichen Umgang wenigstens mit der anderen Seite in Berührung kommen.

Wir werden das Problem benachteiligter Kinder, dessen Grenzfall die Verwahrlosung ist, nicht vollständig lösen können. Das ist ein Teil des Preises, der für die Freiheit zu zahlen ist. Geldzahlungen sind geeignet, das Problem eher zu befördern als zu lösen. Dies zeigt die Statistik der Transferleistungen, die auch hier in seltener Klarheit die umgekehrte Proportionalität des Erfolgs der Geldzahlungen aufzeigt: Je mehr Geld für die Sozialhilfe bereitgestellt wird, desto größer wird das Problem der Kinderarmut.

Es wird allerhöchste Zeit, die individuellen Geldzahlungen durch gesellschaftliche Maßnahmen zu ersetzen, deren Wirkungsweise erheblich transparenter und deren Wirkungsgrad erheblich höher ist. Wir brauchen Kindergärten und Ganztagesschulen, die nicht in der reichlich bemessenen Ferienzeit schließen. Wir brauchen weiterführende Bildungsangebote, die auch in späteren Lebensjahren noch wahrgenommen werden können, um jedem Einzelnen Möglichkeiten zu eröffnen, entstandene Bildungsdefizite jederzeit wieder korrigieren zu können. Nur so können wir auf die zunehmende Armut in unserer Gesellschaft reagieren, ohne die Freiheit abzuschaffen.

Es gibt gute Gründe, der zunehmenden Vergesellschaftung entgegenzutreten, um die Freiheit zu retten. Im Fall der Kinderarmut ist es allerdings notwendig, diese Prämisse aufzuweichen.

Wie bereits ausgeführt, hat sich der Anteil der Staatsausgaben bezogen auf das BIP seit Mitte der 1970er Jahre mehr als verdoppelt, während der Anteil der Bildungsausgaben am BIP im gleichen Zeitraum um fast ein Viertel gesunken ist. Dies sollten wir uns mit allem Nachdruck einprägen. In diesem Zahlenvergleich und nicht in weiteren Erhöhungen der Transferleistungen liegt der Schlüssel zu einer besseren Bekämpfung der Kinderarmut. Lassen wir uns weiterhin durch Geldzahlungen an Individuen bestechen, dann besteht wenig Hoffnung, die jetzt schon problematischen, in der Perspektive jedoch dramatischen Zustände zu ändern.

---

[162] Grundgesetz, Artikel 6, Absatz 3

4.5   DIE FINANZKRISE 2008

4.5.1   DIE ENTSTEHUNG

Am 15. September 2008, 158 Jahre nach seiner Gründung, meldete das renommierte Bankhaus Lehman Brothers Insolvenz an. Wenige Tage zuvor war das
Institut noch mit besten Noten der Rating-Agenturen ausgezeichnet worden. Damit
rückte eine Finanzkrise in den Fokus der Öffentlichkeit, deren Auswirkungen die
Weltwirtschaft in den Abgrund zu reißen drohten. Durch entschlossenes und vor
allem auch gemeinsames Handeln verschiedener Regierungen konnte der GAU
gerade noch verhindert werden. Doch trotz der schnellen internationalen Hilfe
schätzte der IWF den Schaden auf die erstaunliche Summe von 11,9 Billionen US-
Dollar.[164] Das sind umgerechnet mehr als 2 060 Euro[165] für jeden Erdenbürger. Ein
unglaublicher Betrag, vor allem wenn man bedenkt, dass laut Schätzungen der
Weltbank in mehr als 60 Ländern der Erde das jährliche Durchschnittseinkommen
bei weniger als 550 Euro liegt.[166]

Es stellt sich die Frage, wie es zu dieser Finanzkrise kam und wie der Schaden
eine solche Höhe erreichen konnte. Da das Interesse hier weniger in der Krise
selbst als vielmehr im Umgang mit ihr liegt, beschränkt sich die Schilderung der
Entstehung und des Ablaufs der Krise auf essenzielle Angaben, um desto genauer
die Reaktionen des politischen Betriebs auf das Ereignis zu analysieren.

Ende Januar des Jahres 2000 erreichte das Unternehmen Yahoo bei einem
Gewinn von etwa 50 Millionen Euro einen Börsenwert, der höher war als der
gemeinsame Börsenwert der Firmen BASF, Lufthansa, Metro, Veba und Volkswagen, die zusammen einen Gewinn von fast 4,5 Milliarden Euro erwirtschafteten.[167]
Dies war der Höhepunkt der Internetblase, der zugleich aufzeigte, wie wenig die
Erwartungen der Marktteilnehmer noch mit dem realen Geschehen übereinstimm-
ten. Im Frühjahr des gleichen Jahres platzte dann die Blase, die Börsenkurse
befanden sich im freien Fall. Der Aktienkurs des Unternehmens Yahoo sank von
ca. 120 Euro auf unter 5 Euro. Die Anschläge am 11. September 2001 auf das
World Trade Center in New York verstärkten diesen Trend noch. Genau besehen
hatten die Märkte aber »vernünftig« reagiert, indem sie das völlig überzogene
Kursniveau korrigierten.

---

[163] Demokrit, Fragmente 221, in: Diels/Kranz, Fragmente der Vorsokratiker, Band 2, Zürich 1996, S. 189
[164] Vgl. The Telegraph, IMF puts total cost of crisis at £7.1 trillion, 8. August 2009
[165] Vgl. The Telegraph, IMF puts total cost of crisis at £7.1 trillion, 8. August 2009
[166] Vgl. www.wikipedia.de, Stichwort: Pro-Kopf-Einkommen
[167] Vgl. Der Spiegel, 5/2000, S. 78f.

Die Leidtragenden dieser Korrektur waren die Investoren, die bezogen auf die Höchststände oft mehr als 90 Prozent ihres Wertes verloren hatten. Viele der Verlierer waren »kleine Leute«, die, verlockt von den Nachrichten über immer neue Rekordstände, oftmals viel zu spät mit Aktienkäufen auf den Zug aufgesprungen waren und damit nur Verluste zu tragen hatten, ohne je Gewinne gemacht zu haben. Wenn das Sprichwort »Durch Schaden wird man klug« Gültigkeit hat, dann hatten diese betroffenen Menschen wenigstens die Möglichkeit, aus ihrem Schaden zu lernen.

Gravierende wirtschaftliche Verwerfungen waren vom Platzen der Internetblase nicht zu erwarten. Allerdings darf man die ungeheure Wirkung der Anschläge vom 11. September 2001 auf das amerikanische Selbstbewusstsein nicht unterschätzen.

Immer dann, wenn in größerem Rahmen Verluste entstehen, wirkt sich dies auf die Nachfrage nach Gütern, also auf die Wirtschaftsentwicklung aus. Fast alle Regierungen der westlichen Welt versuchten demzufolge damals, durch Konjunkturprogramme den Wirtschaftsabschwung zu dämpfen. Neben direkten Staatseingriffen durch öffentliche Ausgabenprogramme erwiesen sich erhebliche Zinssenkungen als wichtiges Mittel, die Nachfrage anzukurbeln. Dies geschah in weitgehender Übereinstimmung mit den Theorien von John Maynard Keynes.[168]

2004 erreichte das Zinsniveau der amerikanischen Notenbank mit 1 Prozent einen historischen Tiefststand. Nachdem sie im Jahr 2003 mit zumindest zweifelhaften Begründungen einen Krieg gegen den Irak begann, geriet die amerikanische Regierung in Zugzwang, wenigstens an der »Heimatfront« für Ruhe und Zufriedenheit zu sorgen. Diesem Anliegen stand jedoch der Wirtschaftsabschwung entgegen. Also verstärkte die Regierung ihre Anstrengungen, sich dem wirtschaftlichen Abwärtstrend entgegenzustellen.

Neben staatlichen Ausgabeprogrammen sollte vor allem der private Konsum in Gang gebracht werden, kann doch im Wohlfahrtsstaat politische Zufriedenheit am ehesten durch Wohltaten der Regierung erreicht werden. Die Zinspolitik der amerikanischen Zentralbank erwies sich dabei als wichtiger Katalysator, der in seiner Wirkung noch durch weitere Maßnahmen der US-Regierung verstärkt wurde, zum Beispiel der Möglichkeit, bestehende Hypothekenkredite problemlos durch inzwischen billiger gewordene neue Kredite zu refinanzieren.

Infolgedessen wuchs die Nachfrage nach Immobilien, die ein starker Preisanstieg begleitete. Dies war der beste Nährboden für eine weiter wachsende Nachfrage. Wer Immobilien erwarb, der konnte durch die Preissteigerungen in kurzer Zeit den Wert seines Investments beträchtlich erhöhen, die eigene Verschuldung also als Quelle scheinbar unaufhaltsamer Vermehrung eigenen Reichtums erfahren. Dies animierte Nachahmer, die willig von den Banken mit billigen Krediten versorgt wurden, weil diese wiederum sich schier unbegrenzt noch billigeres Geld von der Zentralbank besorgen konnten.

Damit wurde allerdings eine Abwärtsspirale in Gang gesetzt. Die neuen Kunden waren immer weniger solvent, doch wollte die US-Regierung ja den Besitz

---

[168] Vgl. John Maynard Keynes, Allgemeine Theorie der Beschäftigung, des Zinses und des Geldes, Berlin 2009

von Haus- und Grundbesitz – und damit die Zufriedenheit ihrer Bürger – fördern. Zugleich verlangte das »billige Geld« nach Anlagemöglichkeiten. Immer mehr Banken spezialisierten sich auf zweitklassige Hypothekendarlehen. Selbstverständlich konnte den Kredit gewährenden Banken die daraus resultierende Gefahr nicht lange verborgen bleiben. Statt aber ihr Vorgehen zu ändern, griffen die Banken zu einem Mittel, das bereits aus dem politischen Raum bestens bekannt war: Sie verschleierten die Risiken und fanden zusätzlich Möglichkeiten der Kreditvergabe, ohne ihre Eigenkapitalbasis vergrößern zu müssen.

Eine genaue Einzelfalldarstellung der eingeschlagenen Wege würde eine eigene Abhandlung erfordern und wäre vermutlich so komplex, dass nur Spezialisten in der Lage wären, die Konstrukte in ihrer Tiefe wirklich zu verstehen, wenn denn der Begriff »Verständnis« überhaupt anwendbar ist. Im Kern ging es um eine grandiose Verkomplizierung eigentlich einfach nachvollziehbarer Sachverhalte. Der Reiz des Tuns lag jedoch in der scheinbar idealen Konstellation, allen Beteiligten Vorteile zu verschaffen. Die Regierung kurbelte erfolgreich die Nachfrage an und erhöhte damit ihre Steuereinnahmen, die Banken verdienten prächtig, und viele Bürger waren als stolze Hauseigentümer zufriedengestellt.

Es gab nur ein einziges Problem, das allerdings vorerst noch verdeckt blieb: Alle Bedingungen für eine neue Spekulationsblase waren erfüllt. Man hatte die eine durch eine andere Spekulationsblase bekämpft oder um es mit den Worten der Bibel zu sagen: »Etliche aber unter ihnen sprachen: Er treibt die Teufel aus durch Beelzebub, den obersten der Teufel.«[169]

Spekulationsblasen beziehen ihre unwiderstehliche Anziehungskraft aus dem sich selbst generierenden Erfolg. Wenn alle Welt glaubt, die Aktien eines Unternehmens besitzen zu müssen, dann kann man sie zu jedem Zeitpunkt und zu jedem Preis kaufen, weil morgen der Preis wieder höher sein wird als heute. Wenn alle Welt glaubt, Immobilien kaufen zu müssen, dann kann man zu jedem Zeitpunkt jede Immobilie zu jedem Preis kaufen, weil morgen der Preis wieder höher sein wird als heute. Ob Aktien oder Immobilien: Wenn der Preis immer steigt, ist der Kauf risikolos, mehr noch, geradezu Pflicht, weil man leichter sein Geld nicht verdienen kann.

Damit haben Spekulationsblasen aber die starke Tendenz, die Grenzen der Vernunft zu überschreiten, sich also so lange aufzublasen, bis sie dann endlich platzen. Auch die Immobilienblase bildete keine Ausnahme. Sie wurde, statt durch Vernunft gezügelt, immer größer.

Man bündelte Kredite einer Vielzahl wenig kreditwürdiger Schuldner (Subprime-Kredite) und bildete daraus ein Wertpapier. In der Verzinsung eines solchen Wertpapiers würden sich die Risiken widerspiegeln, wirkte sich doch jeder Kreditausfall auf die Rückzahlung an die Gläubiger aus. Nun ging man jedoch einen Schritt weiter und bildete aus dem Gesamt-Wertpapier einzelne Tranchen, in denen die Risiken unterschiedlich verteilt waren. Die unterste Tranche enthielt die höchsten Risiken, jede höhere entsprechend weniger. Wenn ein Kredit ausfiel, dann wurde zunächst nur die unterste Tranche belastet, erst wenn die aufgebraucht

---

[169] Lukas 11,15

war, die nächste usw., bis ganz zum Schluss die oberste Tranche in Anspruch genommen wurde. Entsprechend dem Risiko war die unterste Tranche am höchsten verzinst, die oberste am geringsten.

Um dem Ganzen noch die Krone aufzusetzen, fanden sich Versicherer, die diese Konstrukte gegen Ausfall versicherten, weil auch sie an dieser wundersamen Geldvermehrung teilhaben wollten. Mit von der Partie war auch die AIG, der damals größte Versicherungskonzern der Welt. Durch die Versicherung war das Konstrukt »wasserdicht«. Dies hatte zwei entscheidende Vorteile. Zum einen waren die Banken von der Vorhaltung von Eigenkapital für Kredite befreit, weil sie diese ja weiterverkauft hatten. Damit konnte das Geschäft praktisch unbegrenzt ausgedehnt werden. Zum anderen erhielten die Papiere – sie waren ja von renommierten Konzernen versichert – von den Rating-Agenturen beste Bewertungen. Damit waren sie auch für Großinvestoren, wie zum Beispiel Rentenfonds von höchstem Interesse, sind diese doch gezwungen, ihre Gelder in entsprechend bewerteten Wertpapieren anzulegen. Der Kreis zur beliebigen Generierung von Geld war geschlossen, und das Karussell drehte sich immer schneller.

Der alte Traum der Alchemisten war endlich Wahrheit geworden: Es war nun möglich, aus unedlen Materialien Gold zu machen. »Alchemisten hatten gegenüber Außenseitern ein strenges Schweigegebot bezüglich ihrer Kenntnisse. Sie bedienten sich einer verschlüsselten Fachsprache, die für Uneingeweihte nicht lesbar war.«[170] Besser kann man das Tun der Banken und Versicherungen im Vorfeld der Finanzkrise 2008 nicht beschreiben.

Im Jahr 2007 hatte die AIG Kreditversicherungen im Wert von 562 Milliarden Dollar verkauft.[171] Im selben Jahr erreichten die gesamten Steuereinnahmen der Bundesrepublik Deutschland einen Wert von 538,2 Milliarden Euro[172].

Versicherungen versichern kalkulierbare Risiken, die im Einzelnen ungewiss, insgesamt aber abschätzbar sind, durch eine Zusammenfassung der Einzelrisiken. Bei einer Lebensversicherung kann das Sterbealter eines einzelnen Versicherten nicht bestimmt werden, wohl aber die durchschnittliche Lebensspanne *aller* Versicherten, wenn man denn eine genügend große Anzahl erreicht hat. Durch Beobachtung der Entwicklung der durchschnittlichen Lebensdauer und entsprechende Anpassungen der Prämien kann man ein seriöses Geschäftsmodell entwickeln, das langfristigen Erfolg hat. Dieses Modell verliert allerdings seine Gültigkeit, wenn die Zusammenfassung der Einzelrisiken nicht zu einer Begrenzung des Gesamtrisikos, sondern stattdessen zu einem kumulierten Risiko führt. Dann vermag jede noch so gute Mathematik das Problem nicht mehr zu beherrschen.

Man stelle sich dazu einmal vor, eine Versicherung versichere eine Stadt wie New York gegen alle Schäden, die durch den Einschlag einer Atombombe entstehen. Ein solches Risiko kann seriös nicht versichert werden, weil im Schadensfall die Schadenssumme jede vernünftige Vorstellung bei Weitem übersteigen würde. Die Versicherung eines solchen Risikos ist damit keineswegs ausgeschlossen. Es

170 www.wikipedia.de, Stichwort: Alchemie
171 Vgl. Der Spiegel, 29/2009, S. 52
172 Vgl. http://www.bpb.de/wissen/TQ0PLW,0,0,Steuereinnahmen_nach_Steuerarten.html

muss nur jemand gefunden werden, der das Risiko des Einschlags einer Atombombe in New York für vernachlässigbar, also für »eigentlich« nicht vorhanden hält. Dieser Jemand könnte ein gutes Geschäft machen, weil er Prämien kassiert, ohne im Schadensfall in Anspruch genommen werden zu können. Das wäre Betrug, der aber so lange »virtuell« bliebe, so lange *keine* Bombe auf New York fällt. Wir wären beim Roulette-Spiel im Spielkasino angekommen, allerdings bei einem »verkehrten« Spiel: Gewinnen würde derjenige, dessen gesetzte Zahl *nicht* fällt, im anderen Fall wäre das gesetzte Geld verloren. Für eine Spielbank, die sich auf ein solches Spiel einließe, könnte leicht eine Vielzahl von Mitspielern gefunden werden.

Wer das Risiko eines Atombombenabwurfs auf New York versichert, erfüllt ganz sicher nicht den Verhaltenskodex eines »ehrbaren Kaufmanns« und bewegt sich moralisch auf fragwürdigem Grund. Wer glaubt, sich gegen den Abwurf einer Atombombe auf New York versichern zu können, ist einfach dumm, weil er nicht sieht, dass der Versicherer dazu ganz offenkundig nicht in der Lage ist. Diese einfache Sichtweise ändert sich aber, wenn der Betreffende Vorteile aus der Versicherung ziehen würde, zum Beispiel, weil er dadurch leichter an einen Kredit herankommt. Jetzt sind wir am Kern des Problems.

Spekulationsblasen wären dann harmlos, wenn sie sich auf die direkt Betroffenen begrenzen ließen. Wenige könnten sich auf Kosten Vieler bereichern, aber die Vielen wären ja nicht gezwungen, Andere sich an ihnen bereichern zu lassen. Wenn die Vielen aber nicht gezwungen werden, dann kann sogar von einem Lerneffekt ausgegangen werden, denn es zählt zu einem erfüllten Leben, aus Fehlern zu lernen. Jedenfalls wäre der Sachverhalt keiner weiteren Erörterung wert.

Üblicherweise sind aber auch Unbeteiligte von Spekulationen betroffen. Zum Beispiel kann ein Beschäftigter seinen Arbeitsplatz verlieren, wenn die Leitung seines Unternehmens bei einer Spekulation Geld verliert. Wird im großen Stil spekuliert, dann können viele Arbeitsplätze verloren gehen, kann der Kreis der Betroffenen sehr groß werden. Normalerweise haben wir für solche Situationen feste Regeln. Wer durch seine Handlungen anderen Schaden zufügt, der muss sich dafür – gegebenenfalls vor Gericht – verantworten und nach Möglichkeit den Schaden ausgleichen.

Der Begriff Verantwortung gehört in den Bereich menschlicher Handlungen und hängt eng mit dem Sachverhalt des Antwort-Gebens zusammen. Wie bereits mehrfach erwähnt, kann der Handelnde die Ereigniskette, die er losgelassen hat, nicht mehr kontrollieren. Bedeutet dies, dass menschliche Handlungen gar nicht verantwortbar sind? Obwohl wir die Wirkungen unserer Handlungen nie genau zu übersehen vermögen, müssen wir keineswegs ohne Antwort bleiben. Zumindest können wir sagen, warum wir eine Handlung »losgelassen« haben, ja wir müssen es sogar können, wenn wir uns unserer Verantwortung stellen wollen.

Ein Musterbeispiel an Verantwortungslosigkeit haben die Nazigrößen in den Nürnberger Prozessen abgegeben: Sie alle wollten in der Nazizeit Führer sein und beriefen sich am Ende auf ihnen erteilte Befehle, Unwissenheit und falsche Darstellungen der Anklage. Die Parallelität zu den Verantwortlichen der Finanzkrise ist verblüffend.

Auch dort hat man vergebens auf ein Wort der Entscheidungsträger gewartet, mit dem sie zu eigenen Fehlentscheidungen gestanden hätten. Stattdessen wurde die Öffentlichkeit – wenn überhaupt! – mit seichten Entschuldigungen abgespeist, denen alles zu entnehmen war, nur keine Form von Verantwortung. Danach schien die Finanzkrise über die Welt hereingebrochen zu sein wie ein unerwarteter Sturm oder ein Erdbeben.

Bemerkenswert bleibt, wie schnell sich die Führer von einst, die sich ihre Führungsrolle ja teuer haben bezahlen lassen, hinter allen möglichen Vorwänden verstecken, nur um ihrer Verantwortung entgehen zu können. Das hat zum einen sicherlich damit zu tun, dass das Übernehmen von Verantwortung die Gefahr von Vermögensschäden mit sich bringen würde. Hier wird unser Recht in solchen Fragen fundamental infrage stellt. Zum anderen scheint es ein weiteres Indiz dafür zu sein, dass wir die Fähigkeit zum Handeln verloren und durch ein Sich-Verhalten ersetzt haben. Dessen herausragendes Merkmal besteht darin, gerade keine Führungsaufgaben zu übernehmen, sich der Mehrheit anzugleichen, um sich hinter ihr verstecken zu können. Der Erfolg scheint dieser Haltung Recht zu geben, wie im nächsten Abschnitt gezeigt wird.

4.5.2 Die Finanzkrise im Lichte der Öffentlichkeit

In einer Mediendemokratie kann ein Ereignis wie die Finanzkrise nicht ohne erhebliche öffentliche Aufmerksamkeit bleiben. In den Medien äußern sich vor allem Journalisten, Politiker, Wissenschaftler und Fachleute der unterschiedlichsten Richtungen. Vor einer genaueren Analyse der Ursachen des Geschehens wenden wir uns der öffentlichen Berichterstattung zu, um diese dann kritisch zu hinterfragen. Im Wesentlichen wurden drei verschiedene Gründe für die Finanzkrise genannt:

- die Gier der Manager,
- ein zunehmender »Marktradikalismus« und
- der »Kapitalismus« in verschiedenen Spielarten.

Der erste Grund liegt in einem persönlichen Fehlverhalten von Entscheidungsträgern, die beiden anderen in einem fehlerhaften Wirtschaftssystem, wobei die Unterscheidung der beiden letztgenannten Gründe nicht immer genau vorgenommen werden kann. Die Boulevardpresse sah die Ursachen der Krise vor allem im persönlichen Fehlverhalten der verantwortlichen Personen und rückte dabei die »Gier der Manager« ins Zentrum ihrer Berichterstattung. Sehen wir uns dazu einige wenige Überschriften aus der am weitesten verbreiteten Boulevardzeitung Deutschlands an: »Diese Gier-Manager steckten zusammen 880 Millionen ein«[174], »Gier-Manager renovierte Villa mit Daimler-Geld«[175], »Ich bin kein Gier-Banker«[176], »Gier-Banker klagt auf 47 000 Euro Rente pro Monat«[177], um schließlich bei der fast schon philosophisch anmutenden Frage zu landen: »Oder gehört die Gier zur menschlichen Natur?«[178]

Doch die Debatte über die Gier der handelnden Personen beschränkte sich keineswegs nur auf die Boulevardpresse. Auch in der sogenannten seriösen Presse wurden ähnliche Meldungen veröffentlicht. So widmete sich das Nachrichtenmagazin »Der Spiegel« mit großer Aufmerksamkeit dem Phänomen der Gier und betitelte mehrere Artikel mit Überschriften der Art: »Rückkehr der Gier«[179], »Im

---

[173] Demokrit, Fragmente 219, in: Diels/Kranz, Fragmente der Vorsokratiker, Band 2, Zürich 1996, S. 189
[174] BILD-Zeitung; 14.08.2009
[175] BILD- Zeitung; 04.03.2009
[176] BILD-Zeitung; 09.12.2010
[177] BILD-Zeitung; 06.05.2010
[178] BILD-Zeitung; 27.09.2008
[179] Der Spiegel, 31/2009, S. 58

Hauptquartier der Gier«[180], »Das Murmeln der Gier«[181] oder »Die Gier lebt weiter«[182]. Sogar eine Titelgeschichte wurde unter dem Thema »Lob der Gier«[183] veröffentlicht. Die Gier der handelnden Personen scheint demnach als eine nicht weiter zu hinterfragende Tatsache zu werten zu sein. Aber ist der Zusammenhang wirklich so klar?

Als am Ende des 19. Jahrhunderts die Nachricht von Goldfunden in Alaska die Welt erreichte, machte sich ein unübersehbarer Zug von Gestrandeten, Abenteurern und Glückssuchern auf den beschwerlichen Weg zum Klondike River. Dabei verließen sie ihre Heimat, ihre Familien, überhaupt ihr gesamtes bisheriges Lebensumfeld, um durch einen Goldfund ihr Glück zu finden. Viele haben dabei ihr Leben verloren, wenige Gold gefunden, die wenigsten eine glücklichere Zukunft erreicht. Jack London hat in zahlreichen Romanen und Kurzgeschichten Schicksale der Goldsucher für die Nachwelt erhalten, der Film »Goldrausch« mit Charlie Chaplin, in dem die Gier nach Reichtum auch visuell besonders gut zum Ausdruck kommt, gelangte zu Weltruhm. Wer die endlosen Züge von Menschen gesehen hat, die unter zum Teil schwierigsten Wetterverhältnissen und unter unendlichen Mühen ihr Gepäck in einzelnen Tranchen den Chilkoot-Pass hinaufschleppten, ständig bedroht vom Wetter, von Krankheit, Dieben und der eigenen Schwäche, der hat einen unauflöslichen Eindruck dessen erhalten, was man mit Recht menschliche Gier nennen kann.

Doch das, was am Klondike River stattgefunden hat, hat mit dem Verhalten einiger Manager in der Finanzkrise wenig gemein. Um eine Metapher zu gebrauchen, die den Unterschied deutlich macht: Man kann sich die inkriminierten Manager wie Familienväter vorstellen, die bei ihrem Sonntagsspaziergang auf einem schattigen Waldweg in regelmäßigen Abständen Goldbarren am Wegesrand finden, die sie nur aufzuheben brauchen. Nun mag ja auch in einem solchen Fall bei Einzelnen die Gier ausbrechen. Insbesondere, wenn sie sich so viel Gold einstecken, dass sie am Ende nicht mehr weitergehen können, weil das Gewicht zu schwer geworden ist, sie aber auch nicht auf einen einzigen Barren Gold verzichten wollen. Aber selbst einer solchen Situation waren die Manager gar nicht ausgesetzt, weil ihnen das Gold einfach zufiel. Sie brauchten das Gold nicht selbst zu tragen, sie brauchten sich noch nicht einmal zu bücken, um es aufzuheben.

Gier setzt Kopflosigkeit der eigenen Person gegenüber voraus. Die Manager handelten jedoch keineswegs kopflos, im Gegenteil, sie wussten sehr genau, was sie taten, und erzielten für sich allen denkbaren Erfolg. Was aber war der Handlungsspielraum unserer Manager? Man hat ihnen hohe Prämien versprochen, wenn es ihnen gelingt, den (kurzfristigen) Gewinn zu erhöhen. Ihr Risiko bestand allein darin, eben die Prämie nicht zu erhalten. Bei einem Scheitern drohte ihnen zwar der Verlust ihres Arbeitsplatzes, allerdings unter Zusicherung von Abfindungen, deren Höhe das Lebenseinkommen vieler Menschen bei Weitem übersteigt. Das

---

[180] Der Spiegel, 29/2009, S. 42
[181] Der Spiegel, 24/2009, S. 67
[182] Der Spiegel, 8/2009, S. 61
[183] Der Spiegel, 20/2009, S. 96

Wort von der Gier entspricht also in keiner Weise dem Verhaltensmuster der betroffenen Manager und dient damit offensichtlich dazu, vom eigentlichen Problem abzulenken.

Ändert man die Perspektive der Betrachtung, so besteht da die implizite Forderung an die Manager, auf die ihnen zustehenden Bonuszahlungen zu verzichten. Dann wäre bestenfalls der Vorwurf der Gier durch den Vorwurf der Unfähigkeit ersetzt worden. Im Kern laufen die Forderungen an die verantwortlichen Manager darauf hinaus, sich bei ihren Handlungen von altruistischen Verhaltensweisen lenken zu lassen.

In diesem Gedanken spiegelt sich die ganze Absurdität der öffentlichen Auseinandersetzung mit dem Verhalten der Manager wider, weil das Modell altruistischer Verhaltensweisen im entwickelten Interessenstaat möglicherweise als Kontrapunkt und Vision einer anderen Zukunft zu dienen vermag, als tragende Melodie alltäglicher Verhaltensweisen jedoch nicht geeignet ist. Selbst wenn man konzediert, dass uns das Maß verloren gegangen ist und uns mehr Selbstbescheidung angemessen wäre, hilft diese Erkenntnis nur wenig, der Ursache der Finanzkrise auf die Spur zu kommen, um Maßnahmen ergreifen zu können, die ein solches Desaster in Zukunft verhindern. Die Konstatierung eines Fehlverhaltens Einzelner war schon immer ein gutes Mittel, sich der Mühe einer umfassenden Analyse zu entziehen.

War das Verhalten der Manager im Rahmen der Finanzkrise außergewöhnlich oder entsprach es nicht vielmehr einer weitverbreiteten Handlungsweise großer Teile der Bevölkerung? Als in den 1950er Jahren die Diskussionen um die Mitbestimmung in Betrieben geführt wurden, ging es immer auch um die Beteiligung der Arbeitnehmer am Vermögenszuwachs durch unternehmerische Tätigkeit. In einem »Spiegel«-Gespräch äußerte sich der damalige wirtschaftspolitische Sprecher der SPD, Heinrich Deist, dazu wie folgt:

»Allein seit der Währungsreform sind auf dem Weg der Selbstfinanzierung Sachvermögen im Gesamtwert von 100 Milliarden Mark als privates Unternehmervermögen neu geschaffen worden. Wenn die Marktwirtschaft ihren Anspruch, auch sozial zu sein, rechtfertigen will, dann müssen Wege gefunden werden, um die breiten Schichten der Bevölkerung an diesem Vermögenszuwachs zu beteiligen. Da allein rund 70 Prozent aller Erwerbstätigen unselbstständig – also als Arbeiter, Angestellte und Beamte – tätig sind, taucht hier das große Problem auf, die Arbeitnehmer an diesem Vermögenszuwachs zu beteiligen.«[184]

Weder in dem zitierten Interview noch in einer anderen Äußerung wurden je Forderungen erhoben, die Arbeitnehmer auch an Vermögensverlusten zu beteiligen. Das *Muster* der im Interview erhobenen Forderung gleicht in frappierender Weise demjenigen, das als Vorbild für die beschimpften Manager gedient hat. An Gewinnen lässt man sich gerne beteiligen, Verluste sollen andere tragen.

Es gab sogar einige Unternehmer, die sich an solchen Spielen versuchten, Philip Rosenthal und Hannsheinz Porst waren wohl die schillerndsten Figuren dieser Szene. Beide sind mit ihren Konzepten von Vermögensbeteiligungen der Arbeit-

---

[184] Der Spiegel, 35/1957, S. 18

nehmer an ihren Unternehmen gescheitert. Von solchen eher exotischen Forderungen und Versuchen abgesehen, dient die hier geschilderte Verhaltensweise aber auch bei jeder Lohnforderung von Gewerkschaften als Vorbild. In Zeiten wirtschaftlicher Prosperität werden mit Macht höhere Löhne gefordert und nach Möglichkeit auch durchgesetzt, und in Zeiten wirtschaftlichen Niedergangs ist man nur in sehr seltenen Fällen zu Zugeständnissen in der Lohnfrage bereit.

Im Prinzip gilt immer die Regel der Wahrung von Besitzständen. Schwer nur kann eine grundsätzliche Differenz zum Verhalten der inkriminierten Manager festgestellt werden. Zwar unterscheiden sich die an einzelne Personen ausgeschütteten Beträge erheblich, in der Summe heben sich die Differenzen jedoch weitgehend auf. Im einen Fall werden große Summen an wenige Personen verteilt, im anderen kleine Summen an viele. In beiden Fällen ist es vorrangig das Ziel, das persönliche Risiko zu minimieren oder gar ganz auszuschalten, den Gewinn aber möglichst maximal einzustreichen. Dieses Verhaltensmuster ist zum Vorbild einer ganzen Gesellschaft geworden. Darin liegt der tiefe Grund für die Verwerfungen, die so lange nicht aufhören werden, so lange das Verhaltensmuster Gültigkeit beansprucht.

Zwischen den Begriffen Marktradikalismus und Kapitalismus als wichtige genannte Ursachen für die Finanzkrise 2008 kann nicht genau unterschieden werden, da sie unscharf verwendet werden und sich in weiten Bereichen überlappen. Ihrer auch vorhandenen Unterschiede wegen scheint es sinnvoll, sie getrennt zu betrachten.

Unter Marktradikalismus, auch Marktfundamentalismus genannt, versteht man eine Haltung, die in übertriebener Weise an Prinzipien des Marktes zur Regelung wirtschaftlicher Fragen festhält. Demnach wäre die Finanzkrise durch ein Versagen der Märkte entstanden, dem in Zukunft entgegenzuwirken sei. Der überaus erfolgreiche Spekulant George Soros macht sich nun zum Zeugen eines zunehmenden Marktfundamentalismus: »Marktfundamentalisten glauben, dass Märkte ein Gleichgewicht anstreben und dass dem Allgemeinwohl am besten gedient ist, wenn man den Teilnehmern erlaubt, ihre Eigeninteressen zu verfolgen. Dabei handelt es sich ganz offenkundig um eine falsche Vorstellung, weil es ja die Interventionen der Behörden waren, die den Zusammenbruch der Finanzmärkte verhinderten und nicht die Märkte selbst. Dennoch entwickelte sich der Marktfundamentalismus zur vorherrschenden Ideologie der 1980-er Jahre, als die Globalisierung der Finanzmärkte einsetzte und die USA begannen, ein Leistungsbilanzdefizit aufzuweisen. Seit 1980 wurden die Regulierungen schrittweise aufgeweicht, bis sie schließlich gänzlich verschwanden.«[185]

An die Seite des hemmungslosen Spekulanten tritt mit Erhard Eppler ein eher betulicher Vertreter der Politikerzunft, der lapidar feststellt: »Wer den Marktradikalismus bekämpfen will, braucht eine Rehabilitierung der Politik.«[186]

---

[185] George Soros, zitiert nach: Welt-Online, Soros sieht die schlimmste Krise seit 60 Jahren, 25.01.2008
[186] Erhard Eppler auf dem SPD-Parteitag 2009, zitiert nach: Vorwärts.de, 15.11.2009

Während aber Soros wohl zumindest bisweilen auf eigenes Risiko spekuliert hat – immer hat er es nicht getan, denn 2006 wurde er in Frankreich in letzter Instanz wegen Insider-Handels verurteilt[187] –, hat sich der wackere Schwabe stets auf der sicheren Seite bewegt und sich nie den Unwägbarkeiten des Marktes ausgesetzt. Als verbeamteter Gymnasiallehrer konnte er sich leicht auf das unsichere Parkett der Politik wagen, stand ihm doch die Rückkehr in seinen alten Beruf immer offen. Kann er trotzdem als kompetenter Beurteiler der Macht des Marktes gelten?

Wir finden vor uns das Beispiel zweier Antipoden, die aus gegensätzlichen Positionen zu verblüffend gleichen Ergebnissen kommen. Vielleicht liegt ja in ihrer Ungleichheit die Wurzel einer Gleichheit, die es aufzufinden gilt. Der Spekulant trägt als solcher kein Gran weder zur Schaffung noch zur Erhaltung, schon gar nicht zur Verbesserung von Welt bei. Sein Erfolg beruht auf allgemein nutzlosen Eigenschaften, die ihm dennoch dazu verhelfen, einen eigenen Vorteil zu erreichen. Vergleichbar ist die Tätigkeit des Spekulanten mit der eines Spielers, dem es, aus welchen Gründen auch immer, gelingt, das Ergebnis des Spiels besser vorherzusagen als seine Mitspieler. In der überwältigenden Zahl der Fälle bleibt der langfristige Erfolg dabei aus. Doch auch der Mensch, der danach trachtet, zunächst einmal seine Schäfchen ins Trockene zu bringen und auf die sichere Seite zu springen, ist nicht gerade der Prototyp Welt gestaltender Kraft.

Eher verkörpern die beiden Typen Elemente parasitärer Lebensweisen: Der eine Typus braucht denjenigen, dessen Handlungsweise ihm erst seine Vorteile ermöglicht, der andere nutzt die Kraft der gesamten Gesellschaft zur Absicherung seiner Lebensumstände. Beider Lebensweise scheint wenig geeignet, kompetente Urteile über Wohl und Wehe eines Marktes abzugeben, weicht sie doch dessen Unwägbarkeiten aus.

Wir leben in einer Zeit, in der der Sprachlose über die Sprache, der Lahme über das Gehen und der Blinde über das Sehen urteilt. Jedenfalls haben wir wenig Grund, den Aussagen der beiden Kompetenz beizumessen. Und doch ergibt sich ein Sinn aus der genaueren Betrachtung solcher Aussagen, sind sie doch mehr oder weniger ungefiltertes Substrat dessen, was man als Zeitgeist bezeichnen kann.

Folgen wir also einmal den zitierten Aussagen und sehen zu, was passiert wäre, wenn man *vor* der Krise ihren Warnungen gefolgt wäre. Aus Gründen der Einfachheit werden die beiden Typen nachfolgend als »Spekulant« und als »Politiker« bezeichnet, wobei sich die erste Bezeichnung gleichsam von selbst ergibt, während die Berechtigung der zweiten im Typus des modernen Berufspolitikers zu finden ist, der sich mehr durch Absicherung seiner Position als durch freies Handeln in unsicherem Umfeld auszeichnet.

Das auf den ersten Blick einfach erscheinende Vorhaben erweist sich sofort als schwierig, weil die Aussagen der Protagonisten ihrem Duktus nach ebenso klar sind, wie sie bei genauerer Betrachtung verschwimmen.

Nun stellt ausgerechnet der Spekulant, dessen Lebensziel die Verfolgung von Eigeninteressen ist, fest: »Marktfundamentalisten glauben, dass Märkte ein

---

[187] Vgl. http://www.spiegel.de/wirtschaft/0,1518,421457,00.html

Gleichgewicht anstreben und dass dem Allgemeinwohl am besten gedient ist, wenn man den Teilnehmern erlaubt, ihre Eigeninteressen zu verfolgen.« Man muss sich natürlich sofort fragen, welche Interessen der Spekulant, dessen Vermögen auf viele Milliarden Euro[188] geschätzt wird, denn wohl bisher verfolgt hat. Wenn sich der Wolf als Hüter der Schafe anpreist, dann ist Misstrauen angesagt.

Doch zum inhaltlichen Teil der Aussage. Sie suggeriert, dass ein Gleichgewicht der Märkte nur ein Glaube der Marktfundamentalisten sei, dem die Realität nicht entspräche. Das Gleichgewicht der Märkte ist aber keine moralische Kategorie, sondern eine einfache Definition: Märkte sind im Gleichgewicht, wenn es auf einem bestimmten Preisniveau weder ein Angebot, für das eine Nachfrage, noch eine Nachfrage, für die es ein Angebot gibt, vorhanden sind. Die Definition hat nichts damit zu tun, ob ein Anbieter noch gerne verkaufen würde oder ein Nachfrager noch gerne Ware hätte. Es kommt also allein auf das Zusammenspiel von Preisniveau, Angebot und Nachfrage an. Das, was die Aussage suggeriert, kann per definitionem gar nicht zutreffen.

Der Politiker macht sich das Leben noch leichter, indem er sich gar nicht erst auf so etwas wie eine Definition des Begriffs Marktradikalismus einlässt. Ihm genügt es, den Marktradikalismus an sich und ohne nähere Bestimmung zu geißeln. Nun ist es nicht immer einfach, im Dunstkreis schwammiger Begriffe zu agieren, weil das Nichts so schwer zu greifen ist. Dennoch soll der Versuch unternommen werden, diesem Nichts Inhalt zuzuordnen.

Demnach könnte Marktradikalismus eine Haltung bezeichnen, bei der jede wirtschaftliche Tätigkeit der Regulierung durch Marktkräfte untergeordnet wird. Dies wäre zweifelsfrei so etwas wie Marktradikalismus, weil ja die Wurzel jeden wirtschaftlichen Handelns ihre Kraft allein aus den Regeln des Marktes ziehen würde. Eine solche Haltung wäre leicht zu widerlegen, aber es gibt auch niemanden, der ernsthaft so etwas fordert. Der Politiker, hier ganz in seinem Metier, baut einen Pappkameraden auf, der sich freilich leicht widerlegen lässt.

Immer dann, wenn lebensnotwendige Güter knapp sind, eignen sich die Regeln des Marktes nicht als Mittel der Güterverteilung. Das berühmte Beispiel vom Zusammentreffen eines Verdurstenden in der Wüste mit dem Besitzer eines Glases Wasser macht den Zusammenhang schnell deutlich. Nach keinerlei Regeln abendländischer Moral würde man das Zusammentreffen des Verdurstenden mit einem Wasserbesitzer den Regeln des Marktes unterwerfen. Wer es dennoch täte, könnte mit Fug und Recht als »Marktradikaler« beschimpft werden. Dies gilt ohne jeden Zweifel für alle Konstellationen, in denen knappe Lebensmittel auf Gruppen hungriger oder durstiger Menschen treffen. Aber kein vernünftiger Mensch fordert, in derartigen Konstellationen nach den Regeln des Marktes zu verfahren. Gewöhnlich wendet man in solchen Situationen Prinzipien einer verordneten Zuteilung an. Gegen die spezifische Form der Zuteilung mag man dann auch noch Einwände haben, aber das ist ein anderes Thema.

---

[188] Seit 1973 soll ein Fonds von Soros 35 Milliarden US-Dollar abgeworfen haben, vgl. http://www.spiegel.de/wirtschaft/unternehmen/0,1518,748523,00.html

Da niemand diese Einsicht ernsthaft infrage stellt, zielt der Vorwurf des Markt-radikalismus auf ein Phantom. Dies umso mehr, als bei den Fragen im Zusammenhang mit der Finanzkrise 2008 alles andere, aber nicht die Verteilung lebensnotwendiger Güter zur Debatte stand.

Wie schon ein oberflächlicher Blick zeigt, kann der Begriff des Marktradikalismus sicher nicht auf die Finanzkrise 2008 angewendet werden. Dies alleine wäre ein Irrtum. Die Sache wird deshalb problematischer, weil bei ihrer Entstehung das genaue Gegenteil der Fall war. Elementare Regeln einer jeden Theorie des Marktes waren entweder überhaupt nicht oder nur sehr rudimentär im Spiel.

Die Wurzel des Übels lag im politischen Ziel der Vereinigten Staaten, ihren Bürgern zu Haus- und Grundbesitz zu verhelfen. Dazu wurde die Nachfrage, zum Beispiel durch günstige Kredite, künstlich angefacht. Die überhitzte Nachfragesituation induzierte Preiserhöhungen, in deren Folge es für immer weitere Kreise interessant wurde, Kredite zum Hauskauf aufzunehmen, weil die Wertsteigerungen der Häuser die Kreditkosten bei Weitem übertrafen. Die Preissteigerungen wirkten sich also unmittelbar auf sich selbst und die Erwartungen der Käufer aus. So weit kann man mit viel gutem Willen noch von der Wirkung von Marktmechanismen sprechen, wenngleich die Ankurbelung der Nachfrage durch »billiges« Geld seitens der US-Regierung der reinen Marktlehre längst nicht mehr entspricht. Bis zu diesem Zeitpunkt war die durchaus problematische Konstellation keinesfalls besorgniserregend. Das Risiko war noch überschaubar. Hausbesitzer konnten ihr neues Eigentum und Banken konnten Geld verlieren, weil die einen ihre Kredite nicht mehr bedienen konnten und die anderen dadurch Kreditausfälle hätten abschreiben müssen. Eine restriktivere Zinspolitik hätte das überhitzte Marktumfeld abkühlen können.

Die Anwendung der »reinen« Gesetze des Marktes in dieser Situation hätte eine Erhöhung der Zinsen zur Folge gehabt und damit die Situation beruhigt. Genau dies war aber aus politischen Gründen nicht erwünscht. Entgegen den »eigentlichen« Tendenzen des Marktes blieben die Zinsen durch *politische Maßnahmen* auf einem niedrigen Niveau und heizten an, was abzukühlen gewesen wäre. In diesem Zusammenhang von einem Versagen der Märkte zu reden, ist kühn.

Begriffe, wie Marktradikalismus in die Debatte zu werfen, weist einfach auf hemmungslose Ignoranz oder vollständiges Unverständnis gegenüber den wirklichen Abläufen hin, die wir wie folgt zusammenfassen können: Die Politik des »billigen« Geldes hat die Weiche in Richtung einer Überhitzung der Immobilienmärkte gestellt, die Beibehaltung dieser Politik trotz erkennbarer Verwerfungen hat den Zug schließlich die falsch gestellte Weiche passieren lassen. Beides hat mit einer übertriebenen Wertschätzung von Marktmechanismen so wenig zu tun wie der Ausfall des Bremslichts mit der Wirkung der Bremsen bei einem Auto. Dies ist der erste Teil der Darstellung des Zusammenhangs zwischen Marktradikalismus und der Finanzkrise 2008.

Im zweiten Teil wird zunächst die allgemeine Wirkung von Märkten deutlich, und zwar so, wie sie eher als Segen, denn als Fluch zu verstehen ist. Den Kredit gebenden Banken kamen berechtigterweise immer mehr Bedenken wegen der

Rückzahlung ihrer gewährten Kredite. Sie taten das, was jeder vernünftige Mensch, wahrscheinlich aber auch jeder Kritiker des Marktradikalismus tun würde: Sie suchten nach Wegen, ihre Kreditrisiken abzusichern. Nun begann der zweite Teil des Desasters.

Wie bereits weiter oben ausgeführt, erklärte sich die größte Versicherung der Welt bereit, die Kreditrisiken der Banken abzusichern, indem sie gleichsam eine Meta-Versicherung einführte, allerdings mit deutlich zunehmender Unklarheit des Gesamtrisikos.

Versuche, Transparenz zu unterlaufen, gibt es, seit Märkte bestehen. Im Mittelalter lief der Eichmeister über die Märkte und überprüfte die verwendeten Gewichte, um eine Täuschung der Kunden zu behindern. Den Betrügern drohten drakonische Strafen. Joseph Roth hat das Leben eines Eichmeisters auf eindrucksvolle Weise geschildert.[189]

Versuche, Vorteile durch Täuschung zu erlangen, sprechen eher für als gegen die Anwendung marktwirtschaftlicher Prinzipien. Als Beleg für Marktradikalismus sind sie untauglich. Wer würde schon auf die Idee kommen, die Polizei abzuschaffen, bloß weil es immer wieder Verbrecher gibt? Zweifelsfrei ist es eine staatliche Aufgabe, die Voraussetzungen für marktwirtschaftliches Handeln zu gewährleisten. Demnach hat im Zusammenhang mit der Generierung dubioser Papiere und deren (nicht möglichen) Absicherung der Staat und nicht der Markt versagt.

Nun folgte der dritte Streich. Wertpapiere werden von Agenturen auf ihre Sicherheit überprüft und erhalten dafür ein Rating. Das Urteil über ein Verbrechen lässt man gewöhnlich nicht den Verbrecher sprechen, das Urteil über die Sicherheit eines Wertpapiers sollte man dementsprechend auch nicht den Emittenten sprechen lassen. Bei der Beurteilung von Wertpapieren wird aber auf diese dubiose Weise verfahren, denn der Emittent bezahlt die Rating-Agentur für deren Bewertung und kann jederzeit die Agentur wechseln, wenn ihm deren Urteil nicht gefällt. Auch ohne Studium der Ökonomie lässt sich hierbei das Auftreten massiver Interessenkonflikte feststellen.

Während schon der erwähnte Eichmeister ein staatlicher Beamter war, fehlt es den Rating-Agenturen an Unabhängigkeit. Sie werden für ein unhaltbares Rating kaum je zur Verantwortung gezogen. Dies mag man marktradikal nennen, die Bezeichnung »grob fahrlässig« ist allerdings besser geeignet, den Sachverhalt zu beschreiben. Es ist eine elementare Regel kontrollierter Systeme, zwischen dem Kontrolleur und dem Kontrollierten eine klare Trennung einzuhalten. Die Missachtung dieser Grundregel ist sicherlich kein Versagen des Marktes, sondern derjenigen Instanz, die für transparente Rahmenbedingungen verantwortlich ist, und das ist der Staat.

Man ahnt es bereits und findet sich durch den realen Ablauf bestätigt: Die von den Banken emittierten und von der größten Versicherung gegen Ausfall versicherten Papiere erhielten Bestnoten in der Beurteilung, die jeder Grundlage entbehrten. Damit waren durch systematische Vorgehensweise der Beteiligten und

---

[189] Joseph Roth, Das falsche Gewicht, Köln 2010

grob fahrlässige Enthaltung des Staates alle Voraussetzungen geschaffen, die Krise nicht nur zur Entfaltung zu bringen, sondern sie nachträglich auch noch richtig zu befeuern.

»Die Folgen waren verheerend: 93 Prozent der Subprime-Papiere, die 2006 die Bestnote erhielten, sind mittlerweile als Ramsch eingestuft. Das Versagen ist damit praktisch amtlich. Warum also, so fragt man sich, reagieren die Märkte immer noch so stark auf das Urteil der großen drei? Weil sie oftmals müssen. Im Fall von Staatsanleihen etwa sind viele der großen institutionellen Anleger – Versicherungen, Pensionsfonds etc. – gezwungen, die Papiere abzustoßen. Per Gesetz müssen sie größtenteils Werte mit Bestnoten im Portfolio halten.«[190]

Um auch die letzten Zweifel an der absurden Situation zu beseitigen, sei noch einmal deutlich auf den Zusammenhang hingewiesen: Zunächst waren institutionelle Anleger (fast) gezwungen, die Ramschpapiere zu kaufen, weil die Auswahl an bestbenoteten Papieren nicht sehr groß ist, dann waren sie gezwungen, die Papiere Hals über Kopf zu verkaufen, was deren Preisverfall noch einmal deutlich beschleunigte.

Der dritte war jedoch keineswegs der letzte Streich. Fast ist man geneigt zu sagen: Um auch wirklich das Scheitern des ganzen Unternehmens sicherzustellen, durften die verantwortlichen Personen handeln, ohne für ihr Handeln Verantwortung übernehmen zu müssen. Dies war die Übernahme des Prinzips verantwortungsloser Verantwortung. Diesem Prinzip ist schließlich die quantitative Dimension des Desasters zu verdanken.

Manager und Händler konnten satte Prämien für kurzfristige Gewinne einstreichen, die Höhen erreichten, für die nur noch das Wort »Gier« auszureichen scheint, wenn es auch nicht richtig ist. In Wahrheit haben wir kein Wort dafür, die Möglichkeiten der Selbstbedienung zu bezeichnen. Da aber der Begriff der Gier vom eigentlichen Problem ablenkt, nämlich der folgenlosen und darüber hinaus rechtlich abgesicherten Umlenkung von Milliardenbeträgen in die eigene Tasche, sollte er im Zusammenhang mit den Handlungsweisen der Manager und Händler besser nicht gebraucht werden. Das nachfolgende Zitat verdeutlicht die Dimension der Geldzahlungen: »750 000 Dollar war das *Durchschnittseinkommen* der Händler bei Lehman in den guten Jahren.«[191] Um solche Summen erreichen zu können, mussten entsprechende Mengen an Papieren verkauft werden.

»Für den deutschsprachigen Raum hatte eine niederländische Lehman-Tochter über 170 Zertifikate herausgegeben, Wert: 300 Milliarden Dollar.«[192] Entsprechend höher war die Versicherungssumme, die von dem Konzern AIG abgedeckt worden war. »Das Wort Versicherung ist im Fall AIG FP nur eine Behauptung, und wirklich wird im Konzernanhang des Geschäftsberichts viel später, im Jahr 2007, stehen, dass die Zehntausende Kreditausfallversicherungen, die AIG FP im Wert von 562 Milliarden Dollar verkauft hat, ›in den meisten Fällen‹ nicht gesichert waren. Im Ernstfall würde alles sofort und direkt auf die Konzernmutter AIG zurückfal-

---

[190] Der Spiegel, 18/2010, S. 67
[191] Der Spiegel, 11/2009, S. 43, Hervorhebung von mir, P.K.
[192] Der Spiegel, 11/2009, S. 45

len. Was ist das? Gottvertrauen? Wahnsinn? Oder einfach kriminell? Oder hielt sich die Konzernmutter AIG für so reich und unbezwingbar, dass ihr das Gefühl für Risiko abhandenging? Oder betrieb sie ein Vabanquespiel sehenden Auges, in der Gewissheit, vom Staat gerettet zu werden?«[193] (Im Vergleich dazu: Der Bundeshaushalt für das Jahr 2011 erreichte gerade einmal eine Höhe von 306 Milliarden Euro.[194])

Angesichts dieser geradezu irrwitzigen Zahlen lassen sich die Dimension des Wahnsinns, der getrieben wurde, aber auch die *fehlenden* Marktmechanismen unzweideutig feststellen. Wenn das Schauspiel trotz aller Versäumnisse der handelnden und mehr noch der kontrollierenden Instanzen dennoch zu einem noch einigermaßen leidlichen Ausgang geführt hat, dann verdanken wir dies Restfunktionen dessen, was man als Markt bezeichnen kann. Was passiert, wenn solche Funktionen völlig ausgeschaltet sind, lehrt das Beispiel der Länder des ehemaligen Ostblocks. Dort wurden wirtschaftliche Verwerfungen durch staatliche Maßnahmen so lange unter den Teppich gekehrt, bis am Ende der völlige Zusammenbruch des Systems unvermeidbar war. Im Fall der Finanzkrise 2008 gab es zumindest einen Zeitpunkt, zu dem den beteiligten Parteien kein weiteres Geld mehr geliehen wurde, womit das aberwitzige System einfach zusammenbrechen konnte. Genau darin wurden die Reste dessen, was als Marktfunktion bezeichnet werden kann, wirksam.

Während man dem Spekulanten Soros mit guten Gründen dunkle Motive bei seinem Kampf gegen den Marktradikalismus vorwerfen kann, verhält es sich bei dem Politiker Erhard Eppler wohl anders. Bei ihm zeigt sich eher eine grenzenlose Verblendung, die ihn daran hindert, die Realität noch wahrzunehmen.

Kommen wir zum dritten Punkt der veröffentlichten Meinung über die Ursachen der Finanzkrise, dem überbordenden Kapitalismus. Der wird schon nicht mehr nur als reiner Begriff verurteilt, sondern in der Regel mit Attributen, wie »Turbo-« und »Kasino-Kapitalismus« belegt. Die Verurteilung des kapitalistischen Systems hat dabei die engen Grenzen marxistischer Kritik bei Weitem überschritten und ist längst zu einem Begriff auch wirtschaftsfreundlicher Zeitungen geworden. So titelte etwa das marxistischer Umtriebe unverdächtige »Handelsblatt« »Harte Zeiten für den Turbo-Kapitalismus«[195], während der ähnlicher Umtriebe nicht ganz so unverdächtige »Spiegel« den Begriff in unzähligen Artikeln (nicht nur) zur Finanzkrise verwendet.[196]

Die veröffentlichte Einigkeit wird noch unterstützt durch renommierte Wissenschaftler, die, wie zum Beispiel Jürgen Habermas, sich nicht scheuen, festzustellen: »Auch die Spekulanten haben sich im Rahmen der Gesetze konsequent nach der gesellschaftlich anerkannten Logik der Gewinnmaximierung verhalten. [...] Das ganze Programm einer hemmungslosen Unterwerfung der Lebenswelt unter

---

[193] Der Spiegel, 29/2009, S. 52
[194] Vgl. dazu: http://www.bpb.de/themen/HLCLW3,0,0,Bundestag_verabschiedet_Haushalt_2011.html
[195] Handelsblatt, 21.02.2010
[196] So zum Beispiel in der Überschrift »Turbo-Kapitalismus«, in: Der Spiegel, 4/2008, S. 72

Imperative des Marktes muss auf den Prüfstand.«[197] Hierzu wurden bereits weiter oben ausführliche Anmerkungen gemacht. Das Verhalten der Spekulanten scheint zudem eher an der Logik einer Gewinnvernichtung als einer »gesellschaftlich anerkannten Logik der Gewinnmaximierung« orientiert gewesen zu sein. Deren Verhalten orientierte sich weder an Gewinnen oder Verlusten ihrer jeweiligen Arbeitgeber noch an der Zufriedenheit ihrer Kunden, sondern einzig daran, ihr Einkommen zu erhöhen, und dies auch noch in einem rechtlich offensichtlich abgesicherten Umfeld. Diese Logik ist auch weitgehend aufgegangen, wobei Gewinne in diesem Spiel nicht mehr erzielt worden sind.

Die »Süddeutsche Zeitung« hat noch vor dem durch die Insolvenz der Bank Lehman Brothers herbeigeführten Beinahe-Zusammenbruch der Finanzwelt in einem längeren Kommentar eine Analyse unter dem Titel »Die Zeit der Gier ist vorbei« veröffentlicht, dem als »Vor-Überschrift« der Text »Der Turbokapitalismus in der Kritik« vorangestellt war.[198] Dieser Text soll nachfolgend etwas genauer betrachtet werden, enthält er doch eine Analyse der Situation, der der Wille zur Ernsthaftigkeit nicht abgesprochen werden kann, dem es aber dennoch nicht gelingt, das Fahrwasser reißerischer Vor- und Fehlurteile wirklich zu verlassen. Der Text wirft die Kategorien heillos durcheinander. Am Ende bleibt eine klar formulierte Empörung, zu der sich der erzielte Erkenntnisgewinn geradezu umgekehrt proportional verhält. So gesehen ist der Text ein Spiegel unserer offensichtlichen Hilflosigkeit, die Ursachen der Krise so weit zu verstehen, dass wir zumindest Handlungsmaxime darüber gewinnen, die eine Wiederholung unmöglich machen. Sollte dies nicht möglich sein, dann wäre schon viel gewonnen, wenn es uns wenigstens gelänge, die Auswirkungen solcher Krisen besser beherrschen zu können. Oder geht es bei der Auseinandersetzung über die Ursachen der Finanzkrise 2008 eher darum, die Öffentlichkeit zu beschwichtigen, weil *man das grundlegende Problem gar nicht lösen will, vielleicht gar nicht lösen kann auf der Basis des existierenden gesellschaftlichen Konsensus*? Auf die Beantwortung dieser Frage läuft letztlich die ganze Auseinandersetzung hinaus.

Der Kommentar beginnt mit dem »Aufmacher«: »Maximales Profitstreben mit katastrophalen Folgen: Die Finanzbranche hat den Turbokapitalismus auf die Spitze getrieben. Weil die Gehälter der Banker an kurzfristige Gewinne geknüpft sind, scherten sich viele nicht um langfristige Folgen.«[199] In diesem Sinne ist dann auch folgerichtig der Text gestaltet, aus dem das nachfolgende ausführlichere Exzerpt stammt: »Während die Löhne in Deutschland und den USA jahrelang stagnierten, vervielfachten sich die Gehälter der Manager – begleitet nicht von einer Vervielfachung der Verantwortlichkeit, sondern von goldenen Abfindungen bei Versagen. Die Finanzbranche trieb diesen Turbokapitalismus auf die Spitze. […] Sie hantierten mit Anlagen in Billionenhöhe und setzten dabei kaum eigenes Geld ein [sic!]. Solche Spekulationsmaschinen auf Pump erstürmen im Aufschwung neue Gewinn-Gipfel. […] Viele dieser Entwicklungen lassen sich auf ein Motiv redu-

---

[197] Jürgen Habermas, Nach dem Bankrott, Interview in: Die Zeit, Nr. 46, 06.11.2008
[198] Die Zeit der Gier ist vorbei, Süddeutsche Zeitung, 18.5.2008
[199] Die Zeit der Gier ist vorbei, Süddeutsche Zeitung, 18.5.2008

zieren: Auf Gier. Unternehmen und Investoren wetteifern um die höchsten Gewinne, setzen sich so gegenseitig unter Druck – und degradieren Arbeitsplätze zur Dispositionsmasse. Die Josef Ackermänner dieser Welt gaben das Ziel vor, Mega-Renditen von 25 Prozent oder mehr zu verdienen, und machten so alle zu Getriebenen. [...] Gewinnstreben ist im Kapitalismus im Grunde positiv. Adam Smith hat es im 18. Jahrhundert auf die bekannte Formel gebracht, der Kunde solle sein Brot nicht vom Wohlwollen des Bäckers erwarten, sondern davon, dass der Bäcker seine Interessen verfolgt. Weil die Marktwirtschaft dem Bäcker mehr Freiheit lässt als der Sozialismus, produziert sie mehr Brot. Smith meinte aber nicht, dass der Bäcker den Ofen erst ab 25 Prozent Rendite anheizt, oder nur, wenn er die Löhne der Gesellen minimieren darf. [...] Damit Gewinnstreben vor allem positive Wirkungen entfaltet, kommt es auf das richtige Maß an. Das haben viele Kapitalisten in den vergangenen Jahren verloren. Bei ihnen wurde Gewinnstreben zur Gier, sie ordnen das gesamte Wirtschaftsgeschehen der Profitjagd unter und kippen so die Balance zwischen Kapital und Arbeit. Westliche Politiker hatten diesem Absolutheitsanspruch bisher wenig entgegenzusetzen. [...] Diesmal geht es darum, die Profit- und Gehaltsmaximierung zu reduzieren, zugunsten der Interessen der Beschäftigten. [...] Der Staat muss eine stärkere Rolle spielen, um in der neuen, globalisierten Welt Machtballungen zu verhindern. Dazu gehört, die Selbstbedienung in den Vorstandsetagen zu reduzieren.«[200]

Der Kommentar spannt einen weiten Bogen, spart nicht mit drastischen Begriffen, um die Erbostheit des Autors zum Ausdruck zu bringen, und landet immer wieder im dichtesten Nebel, der auch die zartesten Ansätze von Verständnis im Dunst der Unklarheit verschwinden lässt. Das Fundament selbst ist Sumpf, dem keine Steigerung in der Sprache Halt zu verleihen vermag. Man muss schon einige Mühe aufwenden, um das Machwerk aufzudröseln, weil jeder Versuch sich sofort ins Nichts aufzulösen droht.

Offenbar geht der Autor von verschiedenen Variationen dessen aus, was er als Turbokapitalismus bezeichnet, aber »diesen Turbokapitalismus auf die Spitze« trieben stagnierende Löhne in Deutschland und den USA, während sich in dieser Zeit die Gehälter der Manager vervielfachten. Unternehmen und Investoren wetteifern um die höchsten Gewinne. Viele Kapitalisten haben in den vergangenen Jahren das Maß verloren, ihr Gewinnstreben ist zur Gier entartet. Das gesamte Wirtschaftsgeschehen wird der Profitjagd untergeordnet.

Nun muss man einmal innehalten und versuchen, das Elaborat zu ordnen. Der Turbokapitalismus wird durch stagnierende Löhne bei gleichzeitiger Vervielfachung der Gehälter der Manager auf die Spitze getrieben. Was sind aber Gehälter der Manager? Der Autor spricht es nicht deutlich aus – diese Unschärfe erhält in der ganzen Auseinandersetzung die klarste Konturierung –, ordnet aber offensichtlich die Gehälter der Manager einer anderen Kategorie zu als die Löhne. Dies ist falsch und wird auch nicht durch dauernde Wiederholung wahrer, wie schon in

---

200 Die Zeit der Gier ist vorbei, Süddeutsche Zeitung, 18.5.2008

den Anfangszeiten der klassischen Ökonomie in aller Deutlichkeit festgestellt worden ist.[201]

Der Gewinn hängt von der Größe des eingesetzten Kapitals ab und ist keine Vergütung für leitende Tätigkeiten. Demnach sind die Gehälter der Manager im Umkehrschluss gerade kein Bestandteil des Profits, weil der Umfang des von ihnen eingesetzten Kapitals gleich null war (was der Autor wiederum richtig erkennt). Der Begriff des Turbo-Kapitalismus kann sinnvoll überhaupt nur angewendet werden, wenn er sich auf eine besonders hohe Profitrate bezieht. Wenn aber die Gehälter der Manager kein Bestandteil des Profits sind, dann müssen sie notwendigerweise *Profit verzehren*, also das genaue Gegenteil dessen sein, was behauptet wird. Ricardo stellt dazu ebenso lapidar wie richtig fest: »Nirgends kann ein Steigen des Arbeitswertes ohne ein Sinken des Profits erfolgen.«[202] Nicht weniger klar bemerkt Karl Marx: »Das eigentliche Produkt des Kapitals ist der Profit.«[203]

Wir sind hier an einem Punkt, der symptomatisch für die ganze Form der Auseinandersetzung und alles andere als ein einfacher Fehler ist. Wenn man als Ergebnis der Aufgabe 2 + 2 den Wert 5 errechnet, dann mag man sich verrechnet haben und hat einen Fehler gemacht. Wenn man aber Verbindlichkeiten systematisch zu Guthaben erklärt, dann stellt man die Welt auf den Kopf und hat den Bereich des einfachen Irrtums weit hinter sich gelassen.

Die Tatsache, dass Managergehälter kein Bestandteil des Profits sind, kann der gesamten ernsthaften Literatur zur Ökonomie entnommen werden, sie ist insbesondere integraler Bestandteil der klassischen Ökonomie, deren herausragende Vertreter Smith, Ricardo und – mit Abstrichen – Marx gewesen sind.[204]

Die Verletzung elementarer Voraussetzungen kann nur zu unsinnigen Folgerungen führen. Der einfache Unsinn wäre jedoch nur der harmlose Fall der ganzen Angelegenheit. Bei der vorliegenden Form der Missachtung elementarer Erkenntnisse kommt aber das Gegenteil des tatsächlichen Geschehens heraus. Und so fällt die gesamte Argumentation des Kommentars in sich zusammen.

Damit fällt aber auch die gesamte öffentliche Auseinandersetzung mit der Finanzkrise 2008 in sich zusammen. Nach den Worten des Kommentars geht es darum, »die Profit- und Gehaltsmaximierung zu reduzieren, zugunsten der Interessen der Beschäftigten«. Würde man die Forderung aufstellen, die Feuer- und Wassermaximierung zu reduzieren, zugunsten der Erhaltung der Wasserqualität, dann hätte man eine adäquate Aussagenqualität mit nicht geringerem Unsinn.

Welche Schlussfolgerungen können wir aus einer solchen Argumentationsweise ziehen? Sie entzieht sich dem Vorwurf, lügnerisch zu sein, weiß doch der Autor offensichtlich nicht, worüber er sich erbost. Auch aus der Tendenz seiner Ausführungen erwachsen ihm keine Vorteile, jedenfalls keine sichtbaren. Vielleicht kann

---

[201] siehe Kapitel 2, Fußnote 99

[202] David Ricardo, Grundsätze der politischen Ökonomie und der Besteuerung, Kapitel 1, Abschnitt 4, Frankfurt am Main 1972, S. 52

[203] Karl Marx, Grundrisse der Kritik der politischen Ökonomie, Berlin 1974, S. 707

[204] Vgl. dazu die ausführlichen Darlegungen in Kapitel 2

man den Vorwurf erheben, der Autor hätte sich auf seinen Artikel besser vorbereiten müssen, sind doch alle Widerlegungen seiner Schlussfolgerungen einfach zugänglichen Quellen zu entnehmen.

Eher scheint hier eine Verblendung am Werk, die alle Beteiligten, Lemmingen gleich, dazu zwingt, einem nicht näher definierten Mainstream zu folgen. Man möchte das schwer zu Erfassende auf einfache Weise begreifbar machen, versteht selbst nicht mehr die Zusammenhänge und schreibt deshalb von anderen ab, wobei sich die Legitimation dieses Vorgehens mit jeder Wiederholung verstärkt.

Journalisten, darin Politikern gleich, dürfen alles tun, nur nicht ihr eigenes Nicht-Verstehen eines Zusammenhangs deutlich machen.

Je weniger wir von einer Sache verstehen, desto sicherer urteilen wir und verlieren uns deshalb umso stärker in den Fallstricken der Wirklichkeit. Arnold Gehlen hat dies wie folgt formuliert: »Indem nun die öffentliche Sprache fast aller Sender und Zeitungen dieser Welthälfte auf dieselben Begriffe einschwenkt, zieht sich die Wirklichkeit in den Schatten zurück, sie kann dem Gesetz nicht entgehen, daß jede Bestimmtheit Verneinungen enthält.«[205]

Zur Beantwortung der Frage nach den Ursachen der Finanzkrise 2008 trägt der Kommentar nichts bei. Zur Beantwortung einer Frage nichts beizutragen, heißt aber noch nicht, keinerlei Beitrag zu leisten. Der Beitrag kann durchaus darin bestehen, die Wege zu möglichen Lösungen zu verbauen. Man verhüllt den Sachverhalt im Nebel und verwischt Spuren. Das gelingt den zitierten Stellen des Kommentars hervorragend.

Ein charakteristisches Merkmal der öffentlichen Auseinandersetzung mit der Finanzkrise 2008 besteht in der Empörung, deren Größe die Ernsthaftigkeit der Auseinandersetzung unterstreichen soll. Ganz in diesem Sinne wird die Gier in den Fokus des Interesses gerückt und mit angestrebten Renditen, nein, auch hier genügt das einfache Wort nicht mehr, mit Mega-Renditen in Beziehung gesetzt. Der Kommentator nennt die Zahl von 25 Prozent, die der Vorstandsvorsitzende einer großen deutschen Bank einmal öffentlich angestrebt hat, und setzt sie ins Verhältnis zum einfachen Bäcker, der seinen Ofen auch nicht erst ab 25 Prozent Rendite anheizen würde. Nachdem sich die allgemeinen ökonomischen Kenntnisse des Kommentators als ausgesprochen dürftig herausgestellt haben, demonstriert er nun noch seine Fremdheit mit den weit weniger komplexen Zusammenhängen eines einfachen Handwerksbetriebes.

Der einfache Bäcker, unterstellt wird eine Personenunternehmung, macht eine Überschussrechnung, das heißt, er erhält kein Gehalt, sondern muss von seinen Gewinnen – in der Sprache der klassischen Ökonomie: von seinen Profiten – leben. Wenn sein eingesetztes Kapital 100 000 Euro betragen und er 25 Prozent Profit machen würde, dann hätte er am Ende eines Jahres gerade einmal ein Einkommen von 25 000 Euro erzielt. Ersichtlich, um dem Argument einer »Kapital-Unterdeckung« entgegenzutreten, würde er bei einem Kapitaleinsatz von 200 000 Euro und der gleichen Profitrate ein Einkommen von 50 000 Euro erzielen. Das ist sicherlich um einiges weniger als der Kommentator am Ende des Jahres als Ein-

---

[205] Arnold Gehlen, Moral und Hypermoral, Frankfurt am Main 1969, S. 147

kommen zu verbuchen gewöhnt ist, wobei der Bäcker dazu noch dem Risiko ausgesetzt ist, durch eine Großbäckerei verdrängt zu werden und nicht nur kleinere, sondern vielleicht überhaupt keine Brötchen mehr backen zu können. Von den zahlreichen sozialen Absicherungen, die dem Kommentator zustehen, die der Bäcker aber aus dem laufenden Geschäft erwirtschaften muss, ganz abgesehen. Schon aus Gründen der Verantwortung gegenüber seiner Familie wird der Bäcker eine Rendite von mindestens 25 Prozent, wahrscheinlich aber sogar mehr anstreben, ohne sich von vernünftigen Menschen der Gier bezichtigen lassen zu müssen.

Nur zur Klarstellung: Jener der Gier bezichtigte Manager einer Bank hat das Renditeziel für das eingesetzte Eigenkapital und nicht für das eingesetzte Kapital gefordert. Das ist zwar ein erheblicher Unterschied, spielt aber in der trüben Welt des Kommentators weiter keine Rolle, wenn nur der Eindruck der Gier erhalten bleibt. Ob das der Kommentator weiß, muss offenbleiben.

Schon am Ende des Ersten Weltkriegs erschien ein Pamphlet, dessen Duktus dem unserer veröffentlichten Meinung auf merkwürdige Weise gleicht. »Mammonismus ist die zum Wahnsinn gewordene Geldgier, die kein höheres Ziel kennt, als Geld auf Geld zu häufen, die mit einer Brutalität ohne gleichen alle Kräfte der Welt in seinen Dienst zu zwingen sucht und zur wirtschaftlichen Versklavung, zur Ausbeutung der Arbeitskraft aller Völker der Welt führen muß.«[206] Der Autor dieser Zeilen war bis zur Machtergreifung Hitlers einer der wirtschaftspolitischen Sprecher der NSDAP. Die Nationalsozialisten projizierten die »Gier des Kapitals« auf die »Gier der Juden« und entwickelten damit eine der zentralen Begründungskategorien ihres Judenvernichtungsprogramms.

Wir sollten uns also hüten, in gleicher Weise Pappkameraden für unsere Projektionen aufzubauen, und es stattdessen eher mit einer genauen Analyse der Zusammenhänge versuchen. Im folgenden Abschnitt soll dies im Rahmen der politischen Bewertung der Ereignisse geschehen.

Zur Abrundung der totalen Einigkeit in der Bevölkerung veröffentlichte die Zeitschrift *Focus* unter der Überschrift »Umfrage Turbo-Kapitalismus, nein danke!« den nachfolgenden Text, der das Ergebnis einer repräsentativen Umfrage zusammenfasste:

> »Neun von zehn Deutschen wünschen sich eine neue Wirtschaftsordnung, in der Umwelt und Soziales die eigentliche Rolle spielen – und sind bereit, dafür Wohlstand zu opfern. Drei Viertel der Bürger würden sich mit einem geringeren Zuwachs an materiellem Wohlstand abfinden, wenn dadurch die Umwelt für künftige Generationen besser erhalten und die öffentliche Verschuldung gesenkt werden könnten. [...] Einen Wohlstand, der durch Schädigung der Umwelt oder hohe Staatsverschuldung erkauft wird, lehnen mehr als 80 Prozent ab. [...]

---

[206] Gottfried Feder, Das Manifest zur Brechung der Zinsknechtschaft des Geldes, zitiert nach: http://www.gnosticliberationfront.com/Feder_Gottfried__Das_Manifest_zur_Brechung_der_Zinsknechtschaft _des_Geldes_1919_62_S..pdf

›Gesundheit‹ (80 Prozent), ›eine intakte Familie und Partnerschaft‹ (72 Prozent), ›sein Leben selbst zu bestimmen‹ (66 Prozent) und ›das friedliche Zusammenleben mit Menschen‹ sowie ›soziales Engagement‹ (58 Prozent) werden mit Abstand für wichtiger gehalten, als ›Geld und Besitz zu mehren‹ (12 Prozent).«[207]

Angesichts solcher Zahlen muss man sich fragen, wie die Finanzkrise 2008 überhaupt möglich war, warum es überhaupt noch gesellschaftliche Konflikte gibt und wir nicht ein »einig Volk von Brüdern« sind. Oder verbirgt sich etwa hinter solchen Zahlen ein tiefes Ressentiment gegen jene gesellschaftlichen Ausreißer, die durch ihre Profitgier unser ansonsten harmonisches Zusammenleben stören? Resultiert also die Einigkeit aus der gemeinsamen Abwehr des raffgierigen Kapitalismus, der, um eine Metapher aus der Welt der Automobile zu benutzen, seinen Turbo gezündet hat? Warum, so muss weiter gefragt werden, gelingt es nicht, diesen Turbo-Kapitalismus zu zähmen und ihm die Zähne zu ziehen? Spiegelt die Umfrage ein Bild wider, das der Realität in unserem Lande noch entspricht?

Das Bild der Umfrage stimmt auf fatale Weise mit dem Bild der Öffentlichkeit überein, nach dem die Finanzkrise 2008 das Werk eines verfehlten Wirtschaftssystems im Zusammenspiel mit profitgierigen Managern war, dem sich die Politik mehr oder weniger hilflos ausgeliefert sah. Dies erfordert einige Fragen an die Politik.

Zuvor erscheint es jedoch notwendig, die Finanzkrise aus dem Blickwinkel der realen Abläufe zu beurteilen.

---

[207] http://www.focus.de/finanzen/news/umfrage-turbo-kapitalismus-nein-danke_aid_542807.html

4.5.3   VERSUCH EINER BEWERTUNG

Der politische Bereich hebt sich in seiner Beurteilung der Finanzkrise 2008 nicht wesentlich von dem der Medien ab, können wir doch schon längere Zeit in den wirklich wichtigen Fragen so etwas wie eine »konzertierte Aktion« der beiden Bereiche beobachten. Beide Seiten spielen sich die Bälle zu, wobei gelegentliche kritische Anmerkungen das Spiel eher bestätigen als stören.

Am Anfang der politischen Beurteilung der Vorfälle soll noch einmal Jürgen Habermas zu Wort kommen, der in die richtige Richtung weist. »Jetzt mit dem Finger auf Sündenböcke zu zeigen, halte ich allerdings für Heuchelei. [...] Die Politik macht sich lächerlich, wenn sie moralisiert, statt sich auf das Zwangsrecht des demokratischen Gesetzgebers zu stützen. Sie und nicht der Kapitalismus ist für die Gemeinwohlorientierung zuständig.«[209]

Zwar zählt es zu den verbreiteten Vorurteilen, Politiker als unfähig zu betrachten, doch sollten wir uns hier keinen Täuschungen hingeben. Unstreitig verringert sich die politische Qualität unserer Politiker, sind sie doch mehr ihrer eigenen Karriere als Wertmaßstäben verpflichtet. In dieser Frage unterscheiden sie sich kaum mehr von den angegriffenen Managern, bei denen die gleiche Beobachtung zutrifft. Dennoch unterliegen auch die Handlungen von Politikern Maßstäben, die als lächerlich zu bezeichnen, das Ziel verfehlt.

Das Schlüsselwort ist die »Gemeinwohlorientierung«, die zu antizipieren für jeden Politiker zu einer Frage um Sein oder Nichtsein seiner politischen Karriere geworden ist. Wenn aber der Begriff des Gemeinwohls in einer Gesellschaft, deren Hauptmaxime lautet, gnadenlos die eigenen Interessen zu verfolgen, zu einer leeren Floskel entartet ist, wenn Gemeinwohl nur noch über das Wohlgefühl von Bürgern zu fassen ist, das sich wenig um die komplexen Interdependenzen moderner Gesellschaften kümmert und eher der Maxime »Lieber reich und gesund als arm und krank« folgt, dann kann es gar nicht mehr darum gehen, ein wie immer geartetes Gemeinwohl zu verfolgen, dann bleibt nur die Möglichkeit, etwas zu verfolgen, das von einer Mehrheit als Gemeinwohl empfunden wird.

Da dies auf Dauer mit der Realität kollidiert, besteht heute die politische Aufgabe darin, das *Sein* durch *Schein* zu ersetzen, bei maximaler Verdrängung der Realität. Es kommt nicht mehr darauf an, sicher zu sein, sondern sich sicher zu fühlen. Damit wird die Lüge zum konstituierenden Bestandteil der Form unseres Zusammenlebens. Krise bezeichnet dabei einen Zustand, bei dem die Lüge in sich

---

[208] Gustave Le Bon, Psychologie der Massen, Hamburg 2009, S. 140
[209] Jürgen Habermas, Nach dem Bankrott, Interview in: Die Zeit, Nr. 46, 06.11.2008

zusammenbricht, die Differenz zwischen Sein und Schein also nicht mehr zu verdecken ist.

Ausweglosigkeit stellt sich dann ein, wenn auch die Krise noch umgedeutet werden muss, zum Beispiel durch wohlfeile Verteilung von Schuld, ohne auch nur den Versuch zu unternehmen, ihren Ursachen auf den Grund zu gehen. Aufgabe der Politik ist nicht mehr die Kunst des Möglichen, sondern die Kunst, das Unmögliche als möglich erscheinen zu lassen.

Die im vorigen Abschnitt angeführte Umfrage macht dies auf schlagende Weise deutlich. Wenn neun von zehn Deutschen bereit sind, Wohlstand zu opfern für eine neue Wirtschaftsordnung, in der Umwelt und Soziales die eigentliche Rolle spielen, dann entspricht diese Einigkeit eher einer verklärten Wahrnehmung von Welt als dem Ausdruck eines Willens zu fundamentaler Veränderung. Bei einer solch fundamentalen Umwertung unseres bisherigen Wertesystems bliebe kein Stein auf dem anderen.

Der Widerspruch zwischen der Realität und der Wunschvorstellung ist zu groß, um ihn im Einzelnen zu widerlegen. Er macht aber deutlich, in welch schwierigem Umfeld Politik heute zu navigieren hat. Wer sich den von einer so überwältigenden Mehrheit angestrebten Zielen verweigern würde, hätte als Politiker keine Aussicht, gewählt zu werden. Wer sie wirklich ernst nähme und dabei Maßnahmen ergriffe, die der Verwirklichung der Ziele dienten, würde innerhalb kürzester Zeit aus jedem Amt vertrieben. Kein aktiver Politiker kann der Aporie dieser Konstellation entgehen. Weil aber kein Mensch eine solche Aporie auf Dauer aushalten könnte, bleibt nur der ebenso vergebliche wie gefährliche Weg, der Ausweglosigkeit durch Projektion entgegenzutreten.

Das Muster dabei ist durch eine lange Tradition bekannt. Schuldige werden nicht gesucht, sondern gefunden, günstigstenfalls an den Pranger gestellt, oft hingerichtet. Juden, Kapitalisten, Kommunisten, Konterrevolutionäre und Kulaken haben sich, oft schon mehrfach in der Geschichte, als Opfer solcher Projektionen wiedergefunden. Maßlosigkeit und Gier verbunden mit absoluter Rücksichtslosigkeit waren meist die den beschuldigten gesellschaftlichen Gruppen zugeschriebenen Eigenschaften.

Wir sind es heute gewohnt, die Vorwürfe in milderer Form zu hören, auch wird mit den Beschuldigten glimpflicher umgegangen. Dennoch bleiben Projektionen ein gern angewendetes Mittel, gesellschaftliche Probleme zu beschreiben. An der Finanzkrise 2008 lässt sich der Mechanismus des Verfahrens in voller Klarheit studieren.

Wenn das Wort von der »Gier« mit einer gewissen Berechtigung verwendet werden kann, dann in erster Linie im Zusammenhang mit dem modernen Wohlfahrtsstaat, dessen Modell im öffentlichen Raum so unbestritten Gültigkeit beansprucht. Schon auf der Einnahmeseite ist der Staat an allen Bonuszahlungen mit etwa der Hälfte beteiligt, dazu kommt noch sein Anteil an den Konsumausgaben. Der wahre Profiteur der Finanztransaktionen war, zumindest bis zum Platzen der

Blase, der Staat. Dies lässt die empörten Äußerungen von Politikern zum Verhalten der Manager in besonderer Weise als Heuchelei erscheinen.[210]

In Friedrich Kirchners »Wörterbuch der philosophischen Grundbegriffe« findet sich zum Stichwort Heuchelei der nachfolgende Eintrag: »Heuchelei (hypokrisis) ist die aus selbstsüchtigen Interessen entspringende Verhüllung der wahren und Vorspiegelung einer falschen, in dem Betreffenden nicht vorhandenen lobenswerten Gesinnung. Der Heuchler will besser erscheinen, als er ist, um Mächtigen zu gefallen und davon Gewinn zu haben. Er heuchelt politische, religiöse, ethische Grundsätze, um vorwärts zu kommen, also um das liebe Brot, aus Liebedienerei, aus Feigheit. Die Heuchelei wird leicht durch despotisches Regiment in Staat und Kirche geweckt. Strenge Staatsgesetze und orthodoxe Religionsedikte, auch wo sie von der besten Absicht eingegeben sind, machen die schwächere Menschheit nicht gut und fromm, sondern nur heuchlerisch. Gegen die Heuchelei der Pharisäer richtete Jesus vor allem seine Lehre.«[211]

Wir sollten uns dabei hüten, unsere Politiker als die Mächtigen zu betrachten, die sie gerne zu sein vorgeben. In der modernen Demokratie ist mächtig allein das Volk, das allerdings konditioniert werden muss, den veröffentlichten Unsinn zu glauben. Der moderne Wohlfahrtsstaat braucht Spekulationen und Bonuszahlungen wie der Fisch das Wasser, könnte er doch andernfalls seinen Anspruch nicht mehr aufrechterhalten, das (finanzielle) Wohl seiner Schutzbefohlenen erreichen zu können. Die Behauptung, politisches Handeln sei in dieser Hinsicht von mächtigen Konzernen und Interessengruppen dominiert, ist reine Ideologie und kann beruhigt zurückgewiesen werden. Unstreitig gibt es die Konzerne und Interessengruppen, unstreitig versuchen sie, auch Einfluss auf das Geschehen zu gewinnen. Doch ist es der politische Betrieb selbst, der *der Einflussnahme durch die genannten Gruppen nicht bedarf, weil das Interesse der Politiker am Status quo stark genug ist.*

Der Status quo wird aber wesentlich durch eine überwiegende Mehrheit der Bürger bestimmt, die nicht bereit ist, auf staatliche Wohltaten zu verzichten. Erst wenn die Blase platzt, sich der eingeschlagene Weg also als Irrweg herausstellt, erhebt sich ein allgemeines Wehgeschrei, das nichts mehr von einer Beteiligung an den gerade noch wohlig genossenen Vorteilen wissen will.

Die Beschimpfung der ruchlos handelnden Manager entpuppt sich damit als eine aus der Psychologie bekannte Form der Projektion, wobei gilt: »Projektion bezeichnet in der Neurosenlehre allgemein und schulenunabhängig einen Abwehrmechanismus. Sie definiert das Übertragen und Verlagern eines eigenen innerpsychischen Konfliktes durch die Abbildung von eigenen Gefühlen (Empfindungen/Affekten), Wünschen und Impulsen, die im Widerspruch zu eigenen und/oder gesellschaftlichen Normen stehen können, auf andere Menschen(gruppen), Lebewesen oder auch sonstige Objekte der Außenwelt.«[212]

---

[210] Vgl. dazu die Fußnoten 8 und 11 in Kapitel 1
[211] Friedrich Kirchner, Wörterbuch der philosophischen Grundbegriffe, Stichwort: Heuchelei, Leipzig 1907
[212] Vgl. http://de.wikipedia.org/wiki/Projektion_(Psychoanalyse)

Als eine der dramatischen Auswirkungen von Projektionen erweist sich der Verlust, eigenes Fehlverhalten erkennen zu können. Damit geht zugleich die Möglichkeit von Korrekturen verloren. Stattdessen verfestigt die Projektion das Fehlverhalten und induziert geradezu seine Wiederholung.

Die realen Reaktionen der Politik auf die Finanzkrise entsprechen genau dieser Einsicht. Statt mit entschlossenem Handeln die Wurzeln des Übels zu bekämpfen, werden halbherzige Beschlüsse gefasst, in erster Linie, um eine alarmierte Öffentlichkeit zu beruhigen.

Es gibt einen wichtigen Grund, der es den staatlichen Stellen erleichtert hat, die Projektion vorzunehmen. Nach dem Platzen der Spekulationsblase musste der Staat mit sehr viel Geld und Bürgschaften in vor Kurzem noch unvorstellbarer Höhe Versicherungen und Banken stützen, um deren völligen Absturz zu verhindern. (Es wird hier nur vom Staat im Singular gesprochen, wohl wissend, dass es sich eigentlich um viele Staaten handelt; die Sprachregelung scheint jedoch angemessen, weil es um den Wohlfahrtsstaat moderner Prägung geht, der sich als Typus zeigt und auf alle Staaten des westlichen Modells anwenden lässt.) Im Zuge der Ereignisse drohte die gesamte Weltwirtschaft in eine Krise ungeahnten Ausmaßes hineingezogen zu werden. Ohne massive Staatseingriffe wäre nicht nur die Weltwirtschaft zusammengebrochen, mit den bekannten Auswirkungen wie zum Beispiel Massenarbeitslosigkeit, auch Sparer in aller Welt hätten auf einen Schlag ihre Guthaben verloren und damit all ihr Vertrauen in die Weltwirtschaft. Erhebliche Unruhen auch in entwickelten Staaten wären keineswegs mehr bloße Utopie gewesen.

Damit wurde der Staat zum Retter nicht nur der Banken, sondern vor allem auch der Realwirtschaft und der Sparer. Die dabei eingesetzten oder garantierten Geldmittel überstiegen den Staatshaushalt selbst großer Staaten um ein Vielfaches. Der Vorwurf der Gier passt schlecht zu einem Retter, und so wurde er in der Öffentlichkeit nicht erhoben, vermutlich nicht einmal gesehen. Betrachtet man die Rolle des Staates genauer, dann stellt sie sich nicht mehr so ungebrochen positiv dar. Der Staat war an allen Spekulationsgewinnen über Steuereinnahmen mit mehr als der Hälfte beteiligt und hatte durchaus ein Interesse an der (funktionierenden) Spekulation. Deshalb haben die Staaten, so lange es gut ging, wenig Anlass gesehen, regelnd in die Märkte einzugreifen. Erst nach dem Platzen der riesigen Blase erwies sich die Wirtschaft, wer mag, kann auch das Kapital sagen, als nicht mehr in der Lage, die Verluste zu tragen. Damit entstand die Frage, entweder eine unübersehbare Zahl von Firmen dem Konkurs zu überlassen, mit natürlich unabsehbaren Folgen, oder aber als Instanz aufzutreten, die diese nicht mehr kapitalgedeckten Verluste trägt. In der Krise wurde Kapital unvorstellbarer Größe vernichtet. Das wird gern übersehen und in Vorwürfen wie dem des Turbo-Kapitalismus ertränkt. »Noch nie wurde in Amerika, Deutschland und Japan in so kurzer Zeit so viel Börsenkapital vernichtet, innerhalb weniger Tage über drei Billionen Dollar.«[213] Der Aktienwert des Versicherungsriesen AIG reduzierte sich zum Beispiel innerhalb weniger Tage um etwa 99,8 Prozent von seinen Höchstständen im Jahr

---

[213] Der Spiegel, 42/2008, S. 24

2000.[214] »Das Kapital« war nicht der Gewinner der Finanzkrise 2008. Unstrittig hat jedoch der Beitrag des Kapitals bei Weitem nicht ausgereicht hat, die Krise zu bewältigen.

Wenn eine mittelständische GmbH ein Automobil leasen möchte, dann bekommt sie nur dann einen Vertrag, wenn ein Eigner der Firma kreditwürdig ist und zugleich mit seinem gesamten Privatvermögen haftet. Wie aber war es Firmen möglich, mit Beträgen zu jonglieren, die ihr Eigenkapital um ein Vielfaches überstiegen? Das Hypothekenvolumen der US-Immobilienfinanzierer Fannie Mae und Freddie Mac betrug die unglaubliche Summe von 5 400 Milliarden US-Dollar.[215] Das ist ungefähr die gleiche Summe, die die Vereinigten Staaten bislang an Schulden aufgehäuft haben[216] und entspricht einem Betrag, der fast doppelt so hoch war wie der Staatshaushalt der Vereinigten Staaten im Jahr 2008/2009.[217] Unzweifelhaft haben die betroffenen Staaten ihre Aufsichtspflicht grob verletzt. Dies verwundert umso mehr, als moderne Wohlfahrtsstaaten nicht gerade durch Regelungsarmut auffallen. So werden Regionen, die über keine Erhebung verfügen, gezwungen, Gesetze über den Betrieb von Seilbahnen zu erlassen,[218] oder Früchte über ihre Länge und Krümmung genau beschrieben, damit sie unter dem allseits bekannten Namen »Banane« verkauft werden dürfen. Mangelnde Regelungen zu Funktion und Wirkungsweise von Finanzmärkten können also kaum an mangelnder Regelungsbereitschaft liegen.

Das vulgär-marxistische Argument, der Staat sei eine Marionette dunkler kapitalistischer Interessen, birgt jedenfalls keine strahlende Überzeugungskraft, denn wenn Immobilienfinanzierer mit Summen hantieren dürfen, die fast die doppelte Höhe des Staatshaushalts der größten Macht des Erdballs erreichen, dann gerät das gesamte System an den Abgrund, und kein Kapitalist kann ein Interesse an einem solchen Zustand haben.

Umgekehrt steht die kräftig entwickelte Regelungsbereitschaft moderner Staaten durchaus im Widerspruch zu den Interessen optimaler Kapitalverwertung. Bei genauer Überlegung bleibt keine Alternative zu der Erkenntnis, *dass der moderne Wohlfahrtsstaat selbst und seine Politiker als handelnde Akteure kräftig am Rad der Spekulation mitgedreht haben.*

Das Dilemma der Politik zeigt sich erst, wenn die Blase geplatzt ist, weil der Staat dann alles tun muss, die drohende Auflösung des Gesamtsystems von Wirtschaft und Gesellschaft zu verhindern. Wie bereits im vorigen Abschnitt gezeigt wurde, lag bei der Finanzkrise kein einfaches Versagen der Märkte vor. Der Zusammenhang ist weniger offensichtlich und hat eher gegenteilige Ursachen.

---

[214] Vgl.
http://www.comdirect.de/inf/aktien/detail/chart_kd.html?ID_NOTATION=29797506&REQUESTED_REDIRECT=STOCK#timeSpan=SE&e&
[215] Vgl. Der Spiegel, 40/2008, S. 21
[216] Vgl. Der Spiegel, 40/2008, S. 23
[217] Der Staatshaushalt der Vereinigten Staaten im Jahr 2008/2009 hatte eine Höhe von 2,9 Billionen US-Dollar. Vgl. wikipedia.de, Stichwort: Haushaltsplan der Vereinigten Staaten
[218] Richtlinie 2000/9/EG des europäischen Parlaments und des Rates vom 20.März 2000 über Seilbahnen für den Personenverkehr

Ohne wirksame Marktmechanismen wäre das Spiel so lange weiter getrieben worden, bis am Ende wirklich nichts mehr zu retten gewesen wäre.

Unbestritten konnte das Treiben viel zu lange währen, der Umfang des Schadens eine Dimension annehmen, die die Rede vom reibungslosen Funktionieren der Märkte ad absurdum führen musste. Die Ursachen dieses Versagens liegen sicherlich zum Teil in unglaublich mangelhaften Regelungen des Marktgeschehens, doch kann auch dies den Ablauf nicht mit der gebotenen Sicherheit erklären. Ein genauerer Blick auf die Anfänge der Lehre des Kapitalismus kann uns hier einen Schritt voranbringen.

Wenn wir nach der »reinen Lehre« gehen, dann gilt etwa das nachfolgend angeführte Schema, das nicht als Beschreibung eines realen Ablaufs, sondern eher als Prinzip eines Ablaufs verstanden werden soll, wobei es auf Störungen verschiedenster Art nicht ankommt. Der Kapitalist bringt danach Kapital auf und setzt mit diesem eine Produktion in Gang. Zum Teil hat er das Kapital selbst, zum Teil muss er es sich von Banken leihen. Die Banken verleihen ihr Geld unter zwei Voraussetzungen. Zum einen wollen sie Sicherheiten, die die Rückzahlung so weit als möglich verbürgen; zum anderen wollen sie einen Zins auf das ausgeliehene Geld. Die Höhe des Zinses hängt unter anderem auch von der Werthaltigkeit der Sicherheiten ab.

Die fertigen Produkte haben noch keinen Abnehmer, sondern werden zu einem bestimmten Preis auf den Markt gebracht. Dort entscheiden die Marktteilnehmer in freier Wahl, welche der angebotenen Waren sie zu welchen Preisen kaufen wollen. Durch Intuition und Vorerfahrung bringt der Kapitalist eine Warenmenge auf den Markt, von der er annimmt, sie zu einem gewünschten Preis verkaufen zu können. Könnte er mehr seiner Waren absetzen, als er produziert hat, animiert ihn dies, die Produktion auszuweiten und eventuell die Preise zu erhöhen. Im umgekehrten Fall muss er die Produktion reduzieren und eventuell die Preise senken. Im positiven Fall erwirtschaftet er einen Gewinn, Profit genannt, im negativen Fall bleibt er auf seiner Ware sitzen und hat Kapital vernichtet. Der Profit ist damit (auch) eine Vergütung für das Risiko, das der Anbieter trägt. Erweist sich eine Produktion als besonders profitabel, dann ruft dies im Regelfall Nachahmer auf den Plan, die als Konkurrenten auftreten, das Angebot vermehren und eventuell effizienter produzieren.

Der freie Markt wirkt sich damit in dreierlei Weise positiv auf das wirtschaftliche Geschehen aus: Die Konkurrenz der Produzenten sorgt zum einen für eine möglichst effiziente Produktion und ein hinreichendes Angebot, zum anderen aber auch für eine »vernünftige« (das heißt nicht zu hohe) Profitrate und damit optimale Preise, zum Dritten jedoch auch für ein vielfältiges Angebot. Dadurch werden zum einen Innovationen befördert, weil »bessere« Produkte sich gegen »schlechtere« durchsetzen, zum anderen können Nachfrager der unterschiedlichsten Art ein passendes Produkt finden, ohne von selektiver Vorauswahl bürokratischer Instanzen abhängig zu sein.

Jeder Kapitalist möchte eine möglichst große Profitrate erzielen und würde sich am liebsten aller Konkurrenten entledigen. Eine wichtige Aufgabe des Staates besteht darin, Regelungen für das Marktgeschehen zu finden, die die Konkurrenz nicht behindern und Betrug ausschließen.

In der Zeit des Frühkapitalismus hat dies System mit verblüffendem Erfolg funktioniert und eine beispiellose Entwicklung eingeleitet, die auch vom »Urvater« der Kritik des Kapitalismus, Karl Marx, im »Kommunistischen Manifest« in den höchsten Tönen gelobt worden ist.

»Die Bourgeoisie[219] kann nicht existieren, ohne die Produktionsinstrumente, also die Produktionsverhältnisse, also sämtliche gesellschaftlichen Verhältnisse fortwährend zu revolutionieren. Unveränderte Beibehaltung der alten Produktionsweise war dagegen die erste Existenzbedingung aller früheren industriellen Klassen. Die fortwährende Umwälzung der Produktion, die ununterbrochene Erschütterung aller gesellschaftlichen Zustände, die ewige Unsicherheit und Bewegung zeichnet die Bourgeoisieepoche vor allen anderen aus. Alle festen eingerosteten Verhältnisse mit ihrem Gefolge von altehrwürdigen Vorstellungen und Anschauungen werden aufgelöst, alle neugebildeten veralten, ehe sie verknöchern können. Alles Ständische und Stehende verdampft, alles Heilige wird entweiht, und die Menschen sind endlich gezwungen, ihre Lebensstellung, ihre gegenseitigen Beziehungen mit nüchternen Augen anzusehen.«[220]

Etwas später heißt es im gleichen Text: »Die Bourgeoisie hat in ihrer kaum hundertjährigen Klassenherrschaft massenhaftere und kolossalere Produktionskräfte geschaffen, als alle vergangenen Generationen zusammen.«[221] Deutlicher wurde der durch den Kapitalismus eingeleitete Fortschritt weder vor noch nach Marx wohl je zum Ausdruck gebracht.

Diese Entwicklung enthielt Verwerfungen sozialer Art, die hier nicht weiter interessieren, obwohl sie noch heute in tagespolitischen Aktionen moderner Wohlfahrtsstaaten ihren Niederschlag finden. Sie enthielt jedoch, dies ist für die nachfolgenden Ausführungen von größtem Interesse, auch den Keim der Zerstörung ihrer eigenen Fundamente.

An genau dieser Stelle behindern seit mehr als 100 Jahren ideologische Auseinandersetzungen den unverstellten Blick auf das wirkliche Geschehen und wirken noch nach, sowohl auf die Ursache wie auch auf die öffentliche und politische Behandlung der Finanzkrise 2008. Dies soll nachfolgend noch einmal zusammengefasst werden.

Die rasante Entwicklung hatte zwei weitreichende Folgen. Der Kapitalbedarf der großen Unternehmen konnte nicht mehr von einzelnen Privatpersonen abgedeckt werden. Deshalb wurden Aktiengesellschaften gegründet, deren operative Führung von einer besonderen Führungsschicht – modern wird sie Management genannt – wahrgenommen wird und nicht mehr in der Hand der Kapitalgeber liegt. *Das Management bestimmt wesentlich den Kapitaleinsatz, ist aber weitgehend von*

---

[219] Engels erläutert: »Unter Bourgeoisie wird die Klasse der modernen Kapitalisten verstanden, die Besitzer der gesellschaftlichen Produktionsmittel sind und Lohnarbeit ausnutzen.« Vgl. Karl Marx/Friedrich Engels, Manifest der Kommunistischen Partei, MEW, Band 4, S. 462

[220] Karl Marx/Friedrich Engels, Manifest der Kommunistischen Partei, MEW, Band 4, S. 465

[221] Karl Marx/Friedrich Engels, Manifest der Kommunistischen Partei, MEW, Band 4, S. 467

der Haftung befreit. Durch die strukturelle Auflösung des Zusammenhangs zwischen Kapitaleinsatz und Haftung ist aber ein elementares Korrektiv eliminiert worden.

Auch die zur Kontrolle der Unternehmensführungen eingeführten Aufsichtsräte können an diesem Zusammenhang nur wenig ändern. Je weiter gestreut die Kapitalanteile an einer Unternehmung sind, desto geringer ist zwangsläufig der Einfluss einzelner Kapitalbesitzer. Außerdem wirkt sich die mangelnde Fähigkeit der Kapitalbesitzer, die operativen Geschäfte zu führen, zwangsläufig auch auf die Zusammensetzung der Aufsichtsräte aus. In den meisten Fällen setzen sich die Aufsichtsräte aus den Vertretern jener Gruppe zusammen, die sie eigentlich kontrollieren sollte. Das heißt, die Manager sind wechselweise mal als operative Führung, mal als Kontrollorgan im Einsatz, eine Konstellation, die nicht dazu beiträgt, ihre Macht wirksam zu begrenzen. *Dieser Paradigmenwechsel ist in der Ökonomie bis heute nicht adäquat zur Kenntnis genommen worden.*

Die Finanzkrise 2008 wäre nicht entstanden, wenn die operative Führung der Unternehmen für ihre Fehler hätte geradestehen müssen. Sicher hätte es auch hier einige Hasardeure gegeben, die ihr Geld verspielt hätten, in der Summe kann von einem anderen Verhalten ausgegangen werden. Doch die Auswirkungen der Trennung von Haftung und operativem Geschäft reichen noch viel weiter. Es wird deshalb die provokante These aufgestellt und nachfolgend belegt: *Die Gruppe der Manager hat das ihm anvertraute Kapital in beispielloser Weise vernichtet und damit ausgebeutet. Die Finanzkrise 2008 war keine Krise des Kapitalismus, sondern eine Krise des Systems »Manager«.*

Im Zuge der Finanzkrise ist nicht nur Lehman Brothers in Konkurs gegangen, womit die Eigner ihr angelegtes Geld verloren haben, auch das Kapital vieler weiterer Firmen verflüchtigte sich innerhalb kürzester Zeit weitgehend. Neben dem bereits genannten Versicherungsriesen AIG waren dies auch die beiden Immobilienfinanzierer Fannie Mae und Freddy Mac sowie die Investmentbank Bear Stearns, um nur einige zu nennen. Doch blieb die Krise keineswegs nur auf private Unternehmen begrenzt, fast alle Banken in öffentlicher Hand mussten um Staatshilfen bzw. -garantien in Milliardenhöhe nachsuchen, weil sie sich verzockt hatten. Auch hier seien nur einige Namen genannt: BayernLB, HSH Nordbank, LBBW und WestLB. Die genannten Banken waren größtenteils in Staatsbesitz. Durch Verstaatlichung von Banken, wie dies immer wieder von Politikern gefordert wird, wäre das Problem also nicht zu verhindern gewesen.

Fälle, in denen Manager durch die Finanzkrise Geld verloren haben, sind dagegen erheblich seltener, wenn man sich nicht auf die kühne Argumentationsebene begibt, geringere oder für kurze Zeit vielleicht ganz ausbleibende Bonuszahlungen seien als Verlust anzusehen. Stattdessen hat die Unverfrorenheit von Managern bereits einen Grad erreicht, der sie hemmungslos in die Firmenkasse greifen lässt, obwohl ihre Unternehmung erhebliche Verluste erwirtschaftet hat. Zwei Beispiele sollen dies verdeutlichen.

Die Royal Bank of Scotland hat im Jahr 2008 einen Verlust von 35,2 Milliarden Euro ausgewiesen, aber dennoch im gleichen Jahr Bonuszahlungen in Höhe von 1,3 Milliarden Euro ausgeschüttet. Bei der größten Bank der Schweiz, der

UBS, betrugen die Verluste im gleichen Jahr 12,4 Milliarden Euro, wobei 1,4 Milliarden Euro an Bonuszahlungen ausgezahlt wurden.[222]

Zum Chef von AIG in London, Joseph Cassano, schreibt »Der Spiegel« eine längere Abhandlung, die es wert ist, genauer studiert zu werden. Hier nur ein kleiner Ausschnitt, der das Ende betrachtet: »Cassano wird nicht verklagt von seinem Arbeitgeber, dem er Milliardenverluste zugefügt hat, er wird üppig vergütet. Für die ersten neun Monate nach dem Ausscheiden, beginnend am 1. April, bekommt er pro Monat eine Million Dollar, es gibt darüber einen Vertrag, darin steht die Zahl in Ziffern, es steht da: ›$1 000 000‹. Ist es Erfolgsprämie? Beratungshonorar? Wofür bekommt Cassano in den neun Monaten nach Feierabend neun Millionen Dollar?«[223]

Die Zahlungen, deren Rechtmäßigkeit hier angenommen werden soll, verdeutlichen nur, wie weit wir uns bereits von dem entfernt haben, was immer noch als kapitalistisches System bezeichnet wird.

Diese Entwicklung ist beileibe nicht erst kurz vor der Finanzkrise 2008 eingetreten. Sie besteht bereits spätestens seit Ende des Zweiten Weltkriegs und hat sich in den letzten 25 Jahren zu einem immer ausgedehnteren System des Irrsinns von Möglichkeiten hemmungsloser Bereicherung ohne jedes Risiko entwickelt. Hatten im Jahre 1985 die Bonuszahlungen an der Wall Street noch eine Höhe von 1,9 Milliarden Dollar, so hat sich dieser Wert bis zum Jahre 2006 auf die unglaubliche Summe von 34,1 Milliarden Dollar erhöht.[224] In den 21 Jahren zwischen 1985 und 2006 erhöhte sich somit der Wert der Bonuszahlungen in jedem Jahr um mehr als 80 Prozent des Betrages, der im Jahr 1985 insgesamt gezahlt worden ist.

Die Ausbeutung des Kapitals ist jedoch keineswegs auf Bonuszahlungen begrenzt. Auch bei den Gehältern haben sich die Manager kräftig bedient, sie sind weit überproportional im Verhältnis zur Gesamtheit der Beschäftigten gestiegen. »Ein amerikanischer Firmenchef verdient [heute, P.K.] 300-mal so viel wie ein Arbeiter, 1950 war es 30-mal so viel.«[225]

Doch ist auch dies nur ein Teil der Wahrheit. Insgesamt sieht sie noch trüber aus. Bis weit in die Mitte der 1960er Jahre mussten Manager noch für den Misserfolg des von ihnen geführten Unternehmens einstehen, und zwar unabhängig von der Frage, ob sie direkt einen Misserfolg zu verantworten hatten oder nicht. Inzwischen hat sich dieses Bild drastisch gewandelt. Bevor ein (Top-)Manager heute zum ersten Mal an seinem Arbeitsplatz gesessen hat, hat er bereits ausgesorgt.

Erst jüngst wurde das Beispiel eines besonders drastischen Falles bekannt, der hier angeführt wird, nicht, weil dieses Beispiel bereits die Regel darstellt, sondern weil die bloße Existenz eines solchen Beispiels, das immerhin deutsche Gerichte beschäftigt, ein deutliches Licht auf den kaum glaublichen Stand der Entwicklung wirft. Es geht um den Manager Utz Claassen. Der trat Anfang 2010 bei einem Solarkraftwerkhersteller als Vorstandschef an und »erhielt zum Jobstart eine so

[222] Vgl. Der Spiegel, 8/2009, S. 62
[223] Der Spiegel, 29/2009, S. 56
[224] Der Spiegel, 8/2009, S. 66
[225] Der Spiegel, 44/2010, S. 75

genannte Antrittsprämie von knapp zehn Millionen Euro brutto«[226]. Doch dies war nur der Anfang seines Arbeitsvertrages, der sich liest, als wäre er im Irrenhaus entstanden:

»Dass er ein gewiefter Zahlenmensch ist, bewies er aber vor allem in eigener Sache: In seinem Fünfjahresvertrag ließ er sich ein monatliches Fixgehalt von 100 000 Euro und 40 Tage Jahresurlaub festschreiben. Laut diesem Vertrag durfte er im Umfang von bis zu 25 Prozent Nebentätigkeiten ausüben und im Rahmen dieser Nebentätigkeiten weiterhin entgeltlich für Finanzinvestoren tätig sein. Selbst eine pauschale Erstattung für einen Chauffeur und einen Bodyguard, die Claassen beschäftigt, ist festgeschrieben. Schließlich ließ sich Claassen zusichern, dass er seine Tätigkeit als Vorstandsvorsitzender nicht überwiegend am Geschäftssitz in Erlangen ausüben musste. Er hatte einen Anspruch auf ein ›Residence-Office‹ mit Sekretärin an seinem Wohnort in Norddeutschland. Entsprechend selten war er in seiner kurzen Amtszeit persönlich in Erlangen. Auch ließ er sich Lohnfortzahlung im Krankheitsfall von zwölf Monaten statt der gesetzlichen sechs Wochen garantieren.«[227]

Wer nun glaubt, der genannte Manager sei hochzufrieden mit seinen beneidenswerten Arbeitsbedingungen gewesen, der muss enttäuscht werden. Nach nur 74 Tagen legte der Manager seinen Führungsjob nieder und kündigte, nicht ohne auf der Zahlung der vereinbarten Antrittsprämie zu bestehen. Dies war aber immer noch nicht genug, denn zusätzlich forderte er von seinem Unternehmen noch die stolze Summe von 7,1 Millionen Euro.[228]

Das Beispiel ist extrem, doch in der Substanz keineswegs einmalig. Antrittsprämien für Top-Manager gehören in vielen Fällen schon lange zum guten Ton, langfristige Verträge sind fast schon die Regel, exorbitante Vergütungen ohnehin, auch unabhängig von zusätzlichen Bonuszahlungen.

Der Spitzenmanager Thomas Middelhoff[229], einst Vorstandsvorsitzender des Konzerns Arcandor, bekam neben seinem Gehalt von 62 000 Euro im Monat noch Prämien in Höhe von 765 000 Euro, falls er die vorgegebenen Geschäftsziele erreichte. Er erhielt aber auch 765 000 Euro an Prämien, wenn er die Geschäftsziele nicht erreichte, dann eben als Sonderprämie. Seine Flüge mit Privatjets, die bisweilen nur zweistellige Kilometerzahlen zurücklegten, kosteten den Konzern die stolze Summe von 4,7 Millionen Euro, an Abfindung forderte Middelhoff schließlich eine Summe von 5,2 Millionen Euro.

Ein Zubrot verdiente sich der clevere Manager dadurch, dass »er sich als Privatmann an Fonds beteiligt hatte, die ihr Geld mit Mondmieten für Karstadt-Häuser verdienten«[230], wobei nicht verschwiegen werden soll, dass die Karstadt-Häuser zu jenem Konzern gehörten, für dessen Geschicke Herr Middelhoff sich verantwortlich zeigte.

---

[226] Der Spiegel, 22/2010, S. 80
[227] Der Spiegel, 22/2010, S. 80
[228] Vgl. http://www.spiegel.de/wirtschaft/unternehmen/0,1518,728804,00.html
[229] Die Angaben basieren auf: Der Spiegel, 8/2011, S. 72ff.
[230] Der Spiegel, 8/2011, S. 72f.

Im Jahr 2009 beendete Thomas Middelhoff sein Engagement bei Arcandor. Natürlich ging es neben der bereits oben genannten Abfindung in Höhe von 5,2 Millionen Euro auch noch um einen Abschlussbonus, Sonderbonus genannt, den er, fast möchte man sagen selbstverständlich, erhielt. Die Begründung ist ein Dokument des Grauens: »Middelhoff bekomme den Sonderbonus für ›seinen strategischen Weitblick und die mutigen Entscheidungen in den Jahren 2005 bis 2008‹«.[231]

Der Weitblick des Managers brachte dem von ihm geführten Konzern für das Jahr 2008 die folgenden Geschäftszahlen: Schrumpfung des Aktienwertes um ca. 85 Prozent, Lohnverzicht der Mitarbeiter um bis zu 12 Prozent, Konzernverlust 746 Millionen Euro.[232] Im Sommer 2009 meldete der Arcandor-Konzern schließlich Konkurs an. Das Kapital des Konzerns ist weitgehend vernichtet, die Mitarbeiter haben ihre Arbeitsplätze verloren, die Vermögenslage des Herrn Middelhoff darf getrost als weitgehend gesichert gelten.

Selbstverständlich sind die Beispiele Extremfälle und handeln nicht alle Manager in der gleichen schamlosen Weise. Die völlige Schamlosigkeit ist aber lediglich die Übertreibung eines vorhandenen Tatbestands. Vergessen wir nicht die Namen Ron Sommer (Deutsche Telekom), Jürgen Schrempp (Daimler), Wendelin Wiedeking (Porsche), die alle ihre Unternehmen in schlechterem Zustand hinterlassen haben, als sie sie bei ihrem Eintritt vorgefunden hatten. Vergessen wir auch nicht die Namen Klaus Christian Kleinfeld (Siemens), Hartmut Mehdorn (Deutsche Bahn), Klaus Zumwinkel (Deutsche Post), Kai-Uwe Ricke (Telekom), die alle ihr Unternehmen wegen zum Teil gravierender Vergehen verlassen mussten. In allen genannten Fällen sind die Abgänge mit Abfindungszahlungen honoriert worden, deren Höhe das Lebensgehalt der meisten Menschen weit übersteigt. All diese Abfindungszahlungen stehen weder im Zusammenhang mit besonderen Leistungen, noch liegen sie im Interesse des Kapitals.

Im Zusammenhang mit einer deutlichen Steigerung der Vorstandsgehälter bei der Deutschen Bahn argumentierte der Aufsichtsrat, »im Vergleich mit anderen Managern sei das nicht sonderlich viel. Deutsche-Bank-Chef Josef Ackermann bekam 2007 mehr als 14 Millionen Euro, Siemens-Chef Peter Löscher 11,49 Millionen, Daimler-Chef Dieter Zetsche 10,67 Millionen.«[233]

Hier liegt der Kern des Problems. Man macht sich nicht einmal mehr die Mühe, die Zahlungen inhaltlich zu begründen, was vermutlich auch nur schwer möglich wäre, sondern greift auf das formale Kriterium des Vergleichs zurück, durch das sich die Werte – am Ende ohne jeden Bezug zur ökonomischen Realität – beliebig nach oben treiben lassen.

Die Begründung für die Zahlung solcher Irrsinnssummen wird dann auch noch von jener Instanz geliefert, deren eigentliche Aufgabe die Kontrolle der bevorteilten Manager sein sollte. Die Vergütungen der Manager sind keineswegs das Werk dunkler Marktmächte, denn für die Spitzenpositionen der Wirtschaft gibt es eben-

---

[231] Der Spiegel, 8/2011, S. 74
[232] Der Spiegel, 8/2011, S. 73
[233] http://www.spiegel.de/wirtschaft/0,1518,588510,00.html

so wenig einen Markt wie für die »Blaue Mauritius«. Es ist ein Kreislauf, in dem die immer gleichen Personen von einer Firma zur anderen rotieren, völlig unabhängig von ihrem Geschäftserfolg.

Das wesentliche Merkmal der Spitzenmanager sind weniger ihre strategischen Kenntnisse als vielmehr ihre Kontakte, die in bürokratisierten Gesellschaften den eigentlichen Wert darstellen, weil es auf die Güte der hergestellten Produkte kaum mehr ankommt. Auch dies ist eine Lehre der Finanzkrise 2008.

Zumindest bei breit gestreutem Aktienbesitz können die Aktionäre gegen die Macht der Manager auch nur wenig ausrichten. Als auf einer Hauptversammlung der Deutschen Post, auf der »rote Zahlen« des Konzerns verkündet worden waren, die Sprache auf eine Rentenzahlung in der beachtlichen Höhe von 20 Millionen Euro an den wegen einer Steueraffäre rechtskräftig verurteilten und deswegen entlassenen ehemaligen Vorstandsvorsitzenden Zumwinkel kam, entstand Unruhe in der Versammlung, über die wie folgt berichtet wurde: »Zumwinkel habe die ihm zustehenden Rentenansprüche ›kapitalisiert‹. Diese Möglichkeit sei über Jahre von den zuständigen Gremien der Post festgelegt worden. Punkt. Empörte Zwischenrufe aus den Reihen der rund 2 000 Aktionäre ignorierte Schimmelmann.[234] Marc Tümmler von der Deutschen Schutzvereinigung für Wertpapierbesitz (DSW) brachte die Empörung über Zumwinkel auf den Punkt: ›Das lässt Fingerspitzengefühl und auch Anstand vermissen – nicht alles, was legal ist, ist auch real umsetzbar.‹«[235]

Die Empörung der Aktionäre, die ja immerhin die Besitzer, also in ideologischer Sprachregelung die Kapitalisten sind, wird einfach ignoriert. Hier geht es um die Verschleuderung von Eigentum; hier geht es aber auch darum, dass Einwände der Besitzer gegen diese Form der Verschleuderung von Vermögenswerten vom Aufsichtsratsvorsitzenden einfach ignoriert worden sind. Was soll dies für eine Herrschaft sein, bei der der Protest der Herrschenden von ihrem obersten Aufsichtsbeamten einfach nicht zur Kenntnis genommen wird?

Die Behauptung, die Finanzkrise 2008 sei eine direkte Folge eines überbordenden Kapitalismus, eines Turbo-Kapitalismus und Marktradikalismus, entbehrt jeden Bezugs zur realen Welt. In Wahrheit sind es die Top-Manager, die die Wirtschaft regieren. Die setzen aber weder ihr eigenes Kapital ein, noch tragen sie irgendein Risiko. Wahrscheinlich wissen sie, warum sie sich nicht selbst als Unternehmer versuchen.

Nachdem die Unhaltbarkeit der öffentlich diskutierten zentralen Thesen zur Ursache der Finanzkrise 2008 nachgewiesen worden ist, gehen wir im Folgenden der Frage nach, warum wir uns beharrlich weigern, den Tatsachen ins Auge zu sehen. Dies ist eine eminent politische Frage.

---

[234] Das war der Aufsichtsratsvorsitzende, also eigentlich der Vertreter der Aktionäre.
[235] http://www.manager-magazin.de/unternehmen/artikel/0,2828,620385,00.html

»Die Materien, um die es geht, sind für die Gesellschaft und jeden Einzelnen von großer Bedeutung, aber das echte Wissen
ist dem Fachspezialisten vorbehalten. Schließlich liegen in der
großen Politik die Dinge ähnlich – hier sind die ›Großwetter-
lagen‹ so maßlos unübersichtlich und kompliziert, es stecken so
viele unbekannte Größen darin, daß man eigentlich jeden
bewundern muß, der eine feste Überzeugung von dem hat, was
da geschieht und geschehen sollte.«

Arnold Gehlen[236]

4.5.4   DIE POLITISCHE BEURTEILUNG

Wenn man Betrogene des Betrugs, Beraubte des Raubs, Ermordete des Mords
bezichtigen würde, dann wäre dies zumindest verfehlt, wahrscheinlich aber aus
Sicht der Bezichtigten Verleumdung. Sieht man jedoch von den davon Betroffenen
ab, dann ließe sich zwar nicht mehr von Verleumdung sprechen, das Problem wäre
jedoch noch nicht beseitigt, denn die verfehlte Zuweisung hätte auch noch weitere
gravierende Auswirkungen: Man würde ganz einfach die falschen Personen verfolgen und nie einen Betrüger, Räuber oder Mörder finden. Im vorliegenden Beispiel
ist der Widersinn so offensichtlich, dass niemand ihn öffentlich vertreten würde,
der nicht Betrüger, Räuber oder Mörder ist, und auch die Letztgenannten würden
dies vermutlich vermeiden, weil sie befürchten müssten, sonst den Verdacht auf
sich zu lenken. Anders könnte der Sachverhalt sein, wenn wir alle Betrüger, Räuber und Mörder wären und damit als Betrogene, Beraubte und Ermordete (was
ersichtlich schwierig wäre!) ein handfestes Interesse daran hätten, keine Straftat zu
verfolgen, weil wir sonst selbst zum Gegenstand der Verfolgung werden könnten.

Im Rahmen der Finanzkrise 2008 beschuldigen wir in der Öffentlichkeit eine
Fiktion, lösen zudem die strukturellen Aspekte auf und verstellen uns damit die
Möglichkeiten, dem Problem wenigstens auf die Spur zu kommen, um von einer
Lösung gar nicht erst zu reden. Wir begeben uns freiwillig in sumpfiges Gelände
und wundern uns, warum wir keinen Halt finden. Je weniger Halt wir haben, desto
fester werden unsere Überzeugungen, die Ursache der Misere zu kennen. Was die
Nationalsozialisten noch auf Menschen projizierten, projizieren wir auf Systeme,
genauer auf ein System, auf das des Kapitalismus.

Schumpeter hat dies in der ihm eigenen unverkrampften Scharfsinnigkeit gesehen und deutlich zum Ausdruck gebracht: »Die Atmosphäre der Feindschaft
gegenüber dem Kapitalismus, [...] macht es viel schwieriger als es sonst wäre,
sich eine vernünftige Ansicht über seine wirtschaftlichen und kulturellen Leistungen zu bilden. Die öffentliche Meinung ist allgemach so gründlich über ihn ver-
stimmt, daß die Verurteilung des Kapitalismus und aller seiner Werke eine ausge-
machte Sache ist, – beinahe ein Erfordernis der Etikette der Diskussion.«[237]

---

[236] Arnold Gehlen, Die Seele im technischen Zeitalter, Gesamtausgabe, Band 6, Frankfurt am Main 2004,
S. 377
[237] Joseph A. Schumpeter, Kapitalismus, Sozialismus und Demokratie, Tübingen – Basel 2005, S. 107

Zweifellos ist die Beobachtung Schumpeters sehr genau, doch gibt sie wenig Auskunft über die Gründe dieses Verhaltens. Seine Begründung lautet lapidar: »Neue soziale Religionen haben immer diese Wirkung.«[238] Der eifernde Antikapitalismus trägt sicherlich religiöse Züge, zumindest wenn man an religiösen Fundamentalismus denkt, doch scheint dieser Zusammenhang noch zu dünn für eine Erklärung, was da eigentlich genau passiert ist.

Besser wird die Sache getroffen, wenn wir uns das Bild des betrogenen Betrügers vorstellen: Als Betrogener möchte er den Betrüger verfolgen, als Betrüger die Verfolgung verhindern. Wir haben es hier mit einem Dilemma zu tun, zu dessen Lösung zwei Wege zur Verfügung stehen. Man kann den Betrug verurteilen, darf dann selbst nicht mehr betrügen und kann problemlos die Verfolgung der Betrüger fordern. Durch Verfolgung der Betrüger wird deren Zahl zwar reduziert, Betrug also seltener, allerdings ist nicht auszuschließen, dass man immer noch betrogen wird, nun aber, ohne selbst zu betrügen. Die zweite Lösungsvariante besteht darin, die Situation auszunutzen, indem man mehr betrügt, als man betrogen wird. Diese Lösungsvariante darf nicht publiziert werden, weil man sich damit unmittelbar als Betrüger entlarvt und gleichsam seiner Geschäftsgrundlage beraubt: Wer lässt sich noch von einem bekannten Betrüger betrügen.

Für die Öffentlichkeit bleibt nur die erste Lösung oder – falls man die nicht will – die Projektion des Problems. Dabei bringt man Dritte ins Spiel, auf die die Probleme abgeladen werden, und versucht, auf diese Weise der Dichotomie zu entkommen. Bei dieser Variante wird zwar kein Problem gelöst, aber ein *Schein von Lösung* produziert, der durchaus eine Zeit lang nicht von einer Lösung zu unterscheiden sein kann. Zweifelsohne trägt die Projektion eines Problems nichts zu dessen wirklicher Lösung bei. Beim Individuum, dies hat uns Freud gelehrt, führt Projektion zur Verdrängung, deren charakteristisches Merkmal die in den unterschiedlichsten Formen auftretende Wiederkehr des Verdrängten ist, die schließlich in die Neurose mündet.

Wohin aber führt die Verdrängung im Bereich des Gesellschaftlichen? Gesehen haben wir die Verdrängung bei den öffentlichen Erklärungen zu den Ursachen der Finanzkrise 2008. Weder die »Gier der Manager« noch »Marktradikalismus« und »Turbo-Kapitalismus« können befriedigende Erklärungen liefern. Eher lenken sie vom staatlichen Verhalten ab, das sich in nicht unwesentlichen Teilen gerade auf die Verhaltensweisen gestützt hat, die *nach* Ausbruch der Krise massiv angeprangert wurden. Politiker, die eben noch begeistert das Geld der Spekulanten eingenommen haben, um es zu ihrem eigenen Nutzen hemmungslos als Wahlgeschenke zu verteilen, waren die Ersten, die mit ihren Fingern auf die »Schuldigen« zeigten. Doch auch bei der Begründung der dann notwendig gewordenen staatlichen Maßnahmen hat man es mit der Wahrheit so genau nicht genommen.

Vor der Auseinandersetzung mit der Frage, wohin Verdrängung im Bereich des Gesellschaftlichen führt, soll eine kurze Darstellung der Begründungen der staatlichen Rettungsmaßnahmen den Blick für die wirklichen Abläufe des Geschehens schärfen.

---

[238] Joseph A. Schumpeter, Kapitalismus, Sozialismus und Demokratie, Tübingen – Basel 2005, S. 107

Wenn ein Mensch seinen verschlissenen Wintermantel ausbessert, dann tut er dies nicht, weil er den Mantel »retten«, sondern weil er sich vor Kälte schützen will. Wenn er die »Rettung« des Mantels in den Vordergrund schiebt, dann will er von etwas ablenken, vielleicht davon, dass er leicht friert. In genau demselben Sinne wurde in der Öffentlichkeit von der »Rettung der Banken« gesprochen, als wäre der Staat eine karitative Organisation, die einem in Not geratenen Wirtschaftszweig aus einer Klemme hilft. In beiden Fällen besteht die Unlauterkeit in der Vertauschung von *Mittel* und *Zweck*. Geschieht dies wider besseres Wissen, dann lügt man, andernfalls hat man den Kontakt zur Wirklichkeit verloren. Beide Alternativen sind trostlos.

Selbstverständlich war der *Zweck* des staatlichen Handelns nicht die Rettung der Banken, sondern die Rettung der Geldguthaben der Einleger. Dieser *Zweck* konnte nur durch das *Mittel* der Bankenrettung erreicht werden, weil andernfalls die Instanz weggebrochen wäre, die den Geldverkehr regelt. Ohne diese ordnende Instanz wäre aber ein nicht mehr beherrschbares Chaos mit unübersehbaren Folgen entstanden. In diesem Sinne war die »Bankenrettung« als Mittel unverzichtbar, dies als Zweck darzustellen, allerdings eine der heute üblichen Verschleierungen. Am Fall der die Krise auslösenden Bank Lehman Brothers lässt sich die aufgestellte Behauptung bestens belegen.

»Warum starb Lehman, warum dürfen andere leben? Lehman war die internationalste der amerikanischen Investmentbanken und erzielte knapp die Hälfte des Umsatzes in den USA, das ist einer der Gründe. Lehman hatte in den USA kein Privatkundengeschäft, es mussten also keine Kunden besänftigt werden; die Kunden des einen sind die Wähler des anderen.«[239] Hier wurde die Wahrheit klar ausgesprochen, fand aber in der Öffentlichkeit nicht wirklich Resonanz. Genau so verfahren wir auch, wenn es generell um die Rettung von Unternehmen geht. Staaten wollen keine Unternehmen retten, sondern Arbeitsplätze, und die ernsthafte Frage lautet, ob ihnen dies in ökonomischer Weise wirklich gelingt. In ihren Reaktionen dokumentieren die Verantwortlichen ihr geringes Vertrauen in ihren Blick auf die Welt. Wären sie sich so sicher, wie sie zu sein vorgeben, dann wäre kaum erklärbar, warum Mittel und Zweck systematisch verwechselt werden. Beruht ihre Haltung jedoch auf Unkenntnis, dann sind die Aussichten ebenfalls nicht verheißungsvoll, weil dann gelten würde – einst gab es einen bekannten Film mit gleichem Titel: »Denn sie wissen nicht, was sie tun.«

Nun sind wir wieder bei der Frage, wohin Verdrängung im Bereich des Gesellschaftlichen führt. Eine Verdrängung wird immer von zwei Seiten gespeist. Zum einen vom Verlust des Sinns für Realität, zum anderen aber auch von der Angst, sich der Realität zu stellen. In der Regel ergänzen, ja verstärken sich beide Seiten. Die Angst, sich der Realität zu stellen, ist einfach erklärbar. Ein Politiker, der ein ungeschminktes Bild der Realität vermitteln würde, hätte keinerlei Aussicht, wiedergewählt zu werden. Für einen Berufspolitiker ist dies ein hinreichender Grund, sich dem Blick auf die Realität zu verweigern, genauer formuliert: nur jenen Blick auf die Realität zuzulassen, der seine Wiederwahl garantiert. Im Rahmen der gege-

---

[239] Der Spiegel, 11/2009, S. 52

benen Möglichkeiten ist dies ein verständliches Verhalten, aber auch ein Hinweis auf ein wenig überzeugendes System.

Also geht es hier nicht darum, sicherlich vorhandenes Fehlverhalten von Politikern zu beurteilen, sondern das politische System selbst genauer zu betrachten. Politiker spielen darin eine Rolle, die der von Managern im Wirtschaftsleben auf verblüffende Weise gleicht. Die Rolle suggeriert einen »Macher«, der die Dinge in die Hand nimmt und Welt gestaltet. In Wirklichkeit ist eher das Gegenteil der Fall. Manager koordinieren, fügen zusammen und – dies ihre mit Abstand wichtigste Eigenschaft – verkaufen. Selbstverständlich tun sie dies kaum direkt, sondern über Kontakte und über das, was Hannah Arendt einmal »image making« genannt hat. In einer Mediengesellschaft kommt es in erster Linie darauf an, einen Eindruck von Erfolg zu hinterlassen. Der Manager muss erst noch geboren werden, der öffentlich (wahrscheinlich gilt dies auch für interne Äußerungen) über einen Misserfolg räsoniert.

Bei Politikern gilt das Gleiche. Wer weiß von einem (aktiven) Politiker, der in der Öffentlichkeit eingestanden hätte, von einem wichtigen Sachverhalt keine Kenntnis zu haben? Selbst zur Taktik von Fußballmannschaften äußern sich Politiker mit von Sachkenntnis ungetrübter Sicherheit, auch wenn sie einen Fußball kaum von einem Handball unterscheiden können. So gesehen verwundert es nicht mehr, wenn sich Politiker selbst als Manager des politischen Geschehens verstehen.

Auf einmal erweist sich das Bild des von der Wirtschaft getriebenen Politikers als Trugbild, weil Wirtschaftsführer und Politiker prinzipiell das Gleiche tun: Der eine verkauft Waren, der andere Politik, die damit auch zur Ware wird.

Der Akt des Verkaufens wird begleitet von einem geschönten Bild der Wirklichkeit, das mit der Realität nur noch marginale Berührungspunkte aufweist. In der weitverbreiteten Floskel vom »positiven Denken« findet diese Weltsicht ihre entsprechende Formulierung. Was aber möglicherweise als bewusstes Schönreden beginnt, ergreift spätestens dann, wenn das Schönreden zum bestimmenden Inhalt mutiert, auch vom Schönredner Besitz. Wer andere immer wieder zu täuschen versucht, kann dies nur dann mit Überzeugung tun, wenn er schließlich seinen eigenen Sprüchen glaubt. Damit wird eine Spirale in Gang gesetzt, bei der die Wirklichkeit so lange verschwindet, bis ein Zusammenbruch erfolgt, dessen Wirkung niemand mehr zu überblicken vermag.

In »Die Brüder Karamasow« lässt Dostojewskij den Starez zum Vater der Brüder, dem die Lüge zum Lebensinhalt geworden war, sagen: »Belügen Sie vor allem nicht sich selber. Wer sich selbst belügt und seine eigenen Lügen anhört, kommt schließlich so weit, daß er keine Wahrheit mehr, weder in sich noch außer sich, zu erkennen vermag und daher sich selber wie auch andere zu missachten beginnt.«[240] Wenn dieser Aussage Erkenntniswert zukommt, dann sollten wir uns auf düstere Aussichten einstellen.

Politiker können wir austauschen, Manager auch, aber ihre Hinterlassenschaft bleibt uns erhalten, mit der müssen wir uns dann wirklich auseinandersetzen.

---

[240] Fjodor M. Dostojewskij, Die Brüder Karamasow, München 1993, S. 63

Wenn wir weiter auf den ausgetretenen Pfaden wandeln, dann ist der Tag nicht mehr fern, an dem uns die endgültige Rechnung präsentiert wird.

Trotz unvorstellbaren Wachstums unserer Wirtschaftskraft, trotz Staatseinnahmen von unvorstellbarer Größe rutschen wir immer weiter in die Verschuldung hinein. Das Konzept des Wohlfahrtsstaats ist auf der ganzen Linie gescheitert. Schon heute geben wir etwa zwei Drittel der Staatsausgaben für soziale Sicherung, Verteidigung und Zinsdienste aus.[241] Die Verschuldung Deutschlands beträgt inzwischen mehr als 75 Prozent des Bruttoinlandsprodukts, mit steigender Tendenz.[242] Mit diesen Zahlen gehören wir noch zu den am besten dastehenden Staaten der Erde.

Wird die Entwicklung nicht schnellstens gestoppt, besser umgekehrt, dann ist der Tag nicht mehr fern, an dem die Politik jeden Gestaltungsspielraum verloren hat und nur noch auf die verschiedenen Sachzwänge reagieren kann. »Die jetzige Staatschuldenblase ist die letzte aller möglichen Blasen. Entweder es gelingt, ihr langsam die Luft entweichen zu lassen – oder sie platzt. Dann steht die Welt wirklich am Abgrund.«[243]

Die Reaktionen der politischen Klasse auf die im letzten Satz ausgesprochene Bedrohung, die ja ernsthaft nicht infrage gestellt wird, fällt wenig ermutigend aus. Trotz der dramatischen Ereignisse im Zusammenhang mit der Finanzkrise 2008, trotz der dramatischen Zunahme der Schulden der Euro-Länder ist ein wirklicher Politikwechsel nicht zu erkennen. Noch schlimmer: Bis heute haben wir in der öffentlichen Auseinandersetzung noch keinen Schritt getan, den Ursachen für die Finanzkrise 2008 überhaupt auf den Grund gehen zu wollen. Damit sind noch nicht einmal elementarste Voraussetzungen für einen Politikwechsel erfüllt.

Nur zwei Beispiele sollen die offensichtliche Ratlosigkeit der Politik, wie (nicht nur) weitere Finanzkrisen zu verhindern sind, demonstrieren. Zum einen fällt der Politik wieder einmal nur die Einführung einer neuen Steuer ein, nämlich auf Finanztransaktionen. Im Klartext heißt dieser Vorschlag, der Staat möchte sich mehr an der verbreiteten Form der Spekulation beteiligen, um sich noch stärker in das Geschehen zu verstricken. Damit hat der Vorschlag in etwa die gleiche Qualität, als würde man die Beteiligung an einem Verbrechen propagieren, um das Verbrechen selbst zu verhindern.

Zum anderen versucht man, das Volk zu beruhigen, indem man für eine Begrenzung der Manager-Vergütungen eintritt. Da dies einen erheblichen bürokratischen Aufwand erfordern würde und kaum durchsetzbar wäre, hat man als Ersatzlösung den Vorschlag parat, die steuerliche Absetzbarkeit von Gehältern, die eine bestimmte Größe übersteigen, abzuschaffen. Damit will der Staat auch bei dieser Lösung wieder neue Steueraufkommen generieren und wir wären im Urteil wieder beim ersten Beispiel angelangt.

Das Maximum an Einfallsreichtum der Politik als Antwort auf fundamentale Krisen besteht also erstens in der Erhöhung der Steuern und zweitens in der Erhö-

---

[241] Vgl. http://www.bpb.de/wissen/KNBUJM,0,0,%D6ffentliche_Ausgaben_nach_Aufgabenbereichen.html
[242] Vgl. Der Spiegel 18/2010, S. 61
[243] Der Spiegel 18/2010, S. 62

hung der Steuern. Das Ganze wird dann noch garniert mit einigen bürokratischen Regelungen, die das ohnehin nicht mehr transparente Geschehen nur noch weiter verdunkeln.

Zur Gewichtung der genannten Beispiele noch ein Hinweis. Während der erste Vorschlag immerhin von der schwarz-gelben Regierungskoalition kommt und damit fast offiziellen Charakter erhält – wobei man die Umsetzung von einer europäischen Lösung abhängig macht –, ist der zweite Vorschlag weniger offiziell, wird er doch meist von eifrigen Politikern der zweiten Reihe propagiert, die sich davon einen Vorteil für ihre politische Richtung versprechen.

Gleichgültig, aus welcher Richtung die Vorschläge kommen, sie zeichnen sich vor allem durch ihre Schlichtheit aus und vermögen nicht, Vertrauen in die Handlungsfähigkeit des politischen Betriebs aufzubauen. Der schwedische Kanzler Axel Oxenstierna soll seinem Sohn, der sich den Verhandlungen zum Westfälischen Frieden nicht gewachsen sah, den folgenden Satz mit auf den Weg gegeben haben: »Weißt du denn nicht, mein Sohn, mit wie wenig Verstand die Welt regiert wird?«[244] Dem Kanzler kann Weisheit jedenfalls nicht abgesprochen werden.

Was hat das alles mit Entmündigung zu tun? Die Entmündigung zeigt sich in zweifacher Weise. Zum einen dokumentiert die Folgenlosigkeit, mit der Politiker aller Parteien vehement untaugliche Vorschläge zur Verhinderung künftiger Krisen unterbreiten, wie weit der Prozess der Entmündigung bereits fortgeschritten ist. Zum anderen kann die realitätsverneinende Haltung des politischen Betriebs nur dann aufrechterhalten werden, wenn die Bürger des Landes, darin ebenfalls fortgeschrittene Entmündigung dokumentierend, sich dagegen nicht mehr zur Wehr setzen. Die Entmündigung wird damit zugleich zur Ursache und Wirkung eines Prozesses, der lange schon im Gange und lange noch nicht beendet ist.

Anlässlich einer als »Positivismusstreit« in die Geschichte der Soziologie eingegangenen Auseinandersetzung mit Popper prägte Adorno den Satz: »Man wagt das Ganze nicht mehr zu denken, weil man daran verzweifeln muß, es zu verändern.«[245] Aus Sicht des Politischen bedürfte der Satz einer leichten Wendung und müsste lauten: Man wagt das Ganze nicht mehr zu denken, weil man jegliche Hoffnung auf Veränderung verloren hat. Wer sich in dieses Fahrwasser begibt, der hat den Triumph der Entmündigung bereits anerkannt und sich zugleich selbst entmündigt.

Der Widerstand gegen den Zeitgeist ist zum letzten Refugium geworden, der zunehmenden Entmündigung sich wenigstens nicht zu unterwerfen. Widerstand setzt Stand voraus, der – wenn überhaupt – alleine noch durch Denken erreicht werden kann. In diesem Sinne demonstriert jeder Hinweis darauf, das Reden einzustellen und endlich zu Taten zu schreiten, nichts weniger als eine Anerkennung der Entmündigung, obgleich es den gegenteiligen Anschein erweckt.

Wer glaubt, die Verhinderung eines Bahnhofs, die Behinderung eines Atomtransports, die Beschimpfung von Managern oder das Anprangern eines wie auch

[244] http://de.wikipedia.org/wiki/Liste_gefl%C3%BCgelter_Worte/W#cite_note-40

[245] Theodor W. Adorno, Zur Logik der Sozialwissenschaften, in: Der Positivismusstreit in der deutschen Soziologie, Darmstadt – Neuwied 1972, S. 142

immer gearteten Kapitalismus würden auch nur das Geringste an der zunehmenden Entmündigung ändern, der hat noch nicht begriffen, dass in solchen Aktionen nicht mehr als der Rahmen der Unfreiheit zum Vorschein kommt. Gleich dem Hamster in seinem Rad dürfen wir uns auf diese Weise unendlich bewegen, ohne doch von der Stelle zu kommen.

Es gibt viele Anlässe, die uns anregen und unsere Aktivität herausfordern, aber, egal wie wir uns verhalten und welche lokalen Erfolge wir auch erzielen – ein nicht gebauter Bahnhof kann einem für Baulärm Empfindlichen durchaus von Vorteil sein –, das *politische* Umfeld bleibt davon unberührt. Hegel nennt einen solchen Progress schlechte Unendlichkeit und erklärt ihn wie folgt:

»Die schlechte Unendlichkeit pflegt vornehmlich in der Form des *Progresses des Quantitativen ins Unendliche* - dies fortgehende Überfliegen der Grenze, das die Ohnmacht ist, sie aufzuheben, und der perennierende Rückfall in dieselbe, – für etwas Erhabenes und für eine Art von Gottesdienst gehalten zu werden, so wie derselbe in der Philosophie als ein Letztes angesehen worden ist. Dieser Progreß hat vielfach zu Tiraden gedient, die als erhabene Produktionen bewundert worden sind. In der Tat aber macht diese *moderne* Erhabenheit nicht den *Gegenstand* groß, welcher vielmehr entflieht, sondern nur das *Subjekt*, das so große Quantitäten in sich verschlingt. Die Dürftigkeit dieser subjektiv bleibenden Erhebung, die an der Leiter des Quantitativen hinaufsteigt, tut sich selbst damit kund, daß sie in vergeblicher Arbeit dem unendlichen Ziele nicht näherzukommen eingesteht, welches zu erreichen freilich ganz anders anzugreifen ist.«[246]

Auf diese Weise engagieren wir uns für die unterschiedlichsten Anliegen, kämpfen um Lohnerhöhungen, für Umgehungsstraßen, gegen zu hohe Managergehälter, wollen den Kapitalismus erhalten oder abschaffen, streben die Energiewende an und würden das Geld zur Rettung der Banken gerne an Arme und Bedürftige verteilen. Die Ziele sind unterschiedlich, und doch tragen sie allesamt wenig nur zum Glück unseres Lebens bei.

Nach jeder Wahl sehen wir im Parteibüro der Sieger glückliche Gesichter, in dem der Verlierer betretene. Immer wird bei den Siegern von der Politikwende gesprochen, die endlich stattfinden muss, immer wird ein »Jetzt wird alles anders« suggeriert. Bis heute hat es noch keine Wahl gegeben, nach der ein solcher Anspruch auch nur in Ansätzen verwirklicht worden wäre. In diesem Sinne gilt für alle Parteien seit mehr als einem halben Jahrhundert Adenauers alter Wahlspruch »Keine Experimente«.

Selbstverständlich kann eine Demokratie nicht existieren, wenn jeder Regierungswechsel gleich zu einer radikalen Änderung der Politik führte. Moderne Gesellschaften sind durchaus fragile Gebilde, die keine wilden Experimente vertragen. Doch es geht ja schon längst nicht mehr um gravierende Unterschiede zwischen den Parteien, vor allem, wenn man sie an ihren Taten und nicht an ihren bisweilen markigen Sprüchen misst.

---

[246] G.W.F. Hegel, Wissenschaft der Logik, Band 1, Werke in 20 Bänden, Band 5, Frankfurt am Main 1969, S. 264f., Hervorhebungen im Original

Es stimmt schon bedenklich, wenn die Entwicklung der Parteien sich immer mehr am sogenannten Zeitgeist orientiert, dessen charakteristische Qualität sich aber gerade im Fehlen jeder Form von Geist kenntlich macht. Insofern hat der politische Betrieb Ähnlichkeit mit dem Verhalten von Lemmingen, die sich alle in einer Richtung bewegen, weil es die anderen auch tun.

Dem Zeitgeist ist die Feindseligkeit gegenüber der Abweichung inhärent. Sein Bestreben besteht darin, die Unterschiede als solche auszumerzen, den Stachel des Widerspruchs zu brechen. Sein Triumph zeigt sich gerade im engagiertesten Aufbegehren, das einerseits als Versprechen auf Freiheit erscheint, um gleichzeitig jeden Widerspruch unter den Verdacht schäbigster Interessenvertretung zu stellen.

Wer nach der Finanzkrise 2008 den Markt als letzte Instanz vor dem Abgleiten in die ungeschminkteste Form der Interessenvertretung wenigstens in Teilen zu retten versucht, wird als Marktradikaler und Agent des Kapitals verfolgt.

Wer sich der hemmungslosen Steuerpolitik entgegenstellt, gilt als unverbesserlicher Egoist, der sich seiner finanziellen Pflichten für das Gemeinwesen zu entziehen sucht, wobei staatliche Instanzen denjenigen, der viel Steuern zahlt, verfolgen wie einen Verbrecher.

Wer sich gar gegen das von Willkür und Unterdrückung geprägte System sozialer Sicherungen stellt, dem wird der Vorwurf der sozialen Kälte entgegengeschleudert.

So werden Fronten aufgebaut, die zwar eine lebendige politische Auseinandersetzung suggerieren, in Wahrheit aber den Tod jeder Form politischer Auseinandersetzung bedeuten.

Der politische Betrieb verbündet sich mit den Zerstörern einer demokratischen Auseinandersetzung, um anschließend desto ungehemmter die Auswüchse kritisieren zu können. Wer sich massiv an den Finanzspekulationen beteiligt, darf sie auch dann nicht anprangern, wenn sie nicht aufgehen; wer Steuerschlupflöcher im großen Stil schafft, darf sich über deren Ausnutzung nicht beschweren; wer soziale Sicherungssysteme installiert, die eine Existenzsicherung nur um den Preis massiver Freiheitsberaubung gewährleisten und immer mehr Menschen in diese Systeme hineintreibt, darf sich über soziale Unzufriedenheit nicht wundern. Er darf sich vor allem nicht darüber wundern, dass immer mehr Menschen versuchen, die stets undurchsichtiger werdenden Regeln und Rechtsvorschriften zu umgehen. Schon lange wird eine Haltung des »Rette sich, wer kann« als politisch verstanden, vor allem dann, wenn sie sich als erfolgreich erweist.

Eine Demokratie kann sinnvoll überhaupt nur existieren, wenn die Handelnden die Maximen des gemeinen Menschenverstandes einhalten. Nach Kant gehören dazu drei Arten des Denkens: »1. Selbstdenken; 2. An der Stelle jedes andern denken; 3. Jederzeit mit sich selbst einstimmig denken. Die erste ist die Maxime der *vorurteilsfreien*, die zweite der *erweiterten*, die dritte der *konsequenten* Denkungsart.«[247] Es bedarf keiner tiefen geistigen Auseinandersetzung, um die Feststellung

---

[247] Immanuel Kant, Kritik der Urteilskraft, Werke, Band V, Darmstadt 2005, S. 390 (B158), Hervorhebungen im Original

zu treffen, dass die hier genannten Maximen des gemeinen Menschenverstandes wenig nur entwickelt sind.

Allerdings gilt auch die Umkehrung. Wer sich mit diesen Maximen der politischen Auseinandersetzung stellt, wird aus der Öffentlichkeit verdrängt, als litte er an einer ansteckenden Krankheit. Das weiter oben ausführlich dargestellte Beispiel von Paul Kirchhof legt dafür ein beredtes Zeugnis ab. Erkennbar unter Beachtung der kantschen Maxime hat Paul Kirchhof sich in die Arena der Politik begeben, um schließlich – ist nicht allein dies ein mehr als deutliches Zeichen? – nach kurzer Zeit als geschmähter »Professor aus Heidelberg« aus eben dieser Arena vertrieben zu werden. In diesem Sinne steht die Metapher »Paul Kirchhof« für weit mehr als eine politische Differenz, sie steht für einen Verfall der politischen Sitten oder gar des Politischen überhaupt.

Die Missachtung der freien, erweiterten und konsequenten Denkungsart führt schließlich zur Missachtung der Freiheit. Das dann noch existierende politische System mag weiterhin Demokratie heißen, mit dem, was einmal damit intendiert war, wird es wenig gemein haben.

Die aufgezeigten Entwicklungslinien weisen mit erschreckender Stringenz auf eine zunehmende Entmündigung hin, wobei der dem Wort eigene doppelte Sinn zu beachten ist. Zum einen ist Entmündigung ein Erlittenes, also etwas, was der Einzelne von außen erfährt. Dies können wir zum Beispiel an der Zunahme von Vorschriften ablesen, denen wir uns unterzuordnen haben. Dieser Aspekt betrifft die gesellschaftlich bedingte Vereinheitlichung, die Max Weber als Herrschaft der Bürokratie bezeichnet hat.

Der Prozess hätte keine Aussicht auf Erfolg, wenn die Bürger sich dagegen wehren würden. Dies zeigt die Entmündigung zum anderen als etwas im einzelnen Menschen Stattfindendes. Indem er auf die Maximen des gemeinen Menschenverstandes verzichtet, entmündigt sich der Mensch selbst, weil ihm der Maßstab des Widerstands verloren geht.

Dieser Doppelung entspricht eine gedoppelte Gefahr: Wir werden nicht mehr nur von Politikern entmündigt, die an einem möglichst reibungslosen Ablauf des politischen Betriebs interessiert sind, wir unterstützen diesen Prozess auch noch dadurch, dass wir unsere Urteilkraft so weit schwächen, bis ihr die Kraft ausgeht und kein eigenes Urteil mehr möglich ist.

Die Aussichten sind wenig verheißungsvoll. Dennoch wird im folgenden Kapitel der Versuch unternommen, Meilensteine einer Mündigkeit zu setzen, die dem alles bestimmenden Grundgedanken des Wohlfahrtsstaats entgegentritt, ohne in sozialer Kälte zu erstarren. Der Versuch basiert auf der Annahme, dass jedem Anschein zum Trotz noch Menschen existieren, denen Freiheit mehr ist als ein Lippenbekenntnis zur Durchsetzung von Unfreiheit, denen ein Leben ohne Freiheit nicht wert ist, gelebt zu werden.

»So ging der Kaiser unter dem prächtigen Thronhimmel, und
alle Menschen auf der Straße und in den Fenstern sprachen:
›Wie sind des Kaisers neue Kleider unvergleichlich! Welche
Schleppe er am Kleide hat! Wie schön sie sitzt!‹ Keiner wollte
es sich merken lassen, daß er nichts sah; denn dann hätte er ja
nicht zu seinem Amte getaugt, oder wäre sehr dumm gewesen.
Keine Kleider des Kaisers hatten solches Glück gemacht als
diese.
›Aber er hat ja gar nichts an!‹ sagte endlich ein kleines Kind.
›Hört die Stimme der Unschuld!‹ sagte der Vater; und der eine
zischelte dem andern zu, was das Kind gesagt hatte.
›Aber er hat ja gar nichts an!‹ rief zuletzt das ganze Volk. Das
ergriff den Kaiser, denn das Volk schien ihm recht zu haben,
aber er dachte bei sich: ›Nun muß ich aushalten.‹ Und die
Kammerherren gingen und trugen die Schleppe, die gar nicht
da war.«

Hans Christian Andersen[1]

5   ASPEKTE VON MÜNDIGKEIT

»Im Allgemeinen freilich haben die Weisen aller Zeiten immer
das Selbe gesagt, und die Thoren, d.h. die unermeßliche
Majorität aller Zeiten, haben immer das Selbe, nämlich das
Gegentheil gethan: und so wird es denn auch ferner bleiben.«

Arthur Schopenhauer[2]

5.1   DER ANSPRUCH

Ende 1965 erschien ein Film mit dem Titel »Lage hoffnungslos – aber nicht
ernst«. Der Titel beschreibt trefflich das tägliche Dilemma des politischen
Betriebs. In der Tat gibt der Blick auf die politische Landschaft wenig Anlass, auf
eine Besserung zu hoffen. Geradezu niederschmetternd ist dabei die Haltung, es
ginge uns doch gut und mit etwas »positivem Denken« könnten wir ein glückli-
ches Leben führen. Eine unübersehbare und immer noch stark wachsende Anzahl
von Lebensratgebern stärkt diese Haltung und verlegt die Probleme in das Innere
der Einzelnen. Ratschläge der Art »Im Einklang mit dem Universum fühlen, denken, handeln«, »Wie man sein Leben wieder in den Griff kriegt«, »Einfacher und
glücklicher leben«, »Entdecke das Licht in Dir und werde, wer Du in Wahrheit
bist« oder »Entdecke deine unendlichen Kräfte«[3] suggerieren, dass das Lesen einiger Buchseiten den Einzelnen schon auf den rechten Weg zu bringen vermag, und
mit ihm die ganze Welt. Zwei Dinge machen die Lebensratgeber deutlich. Zum

---

[1]   Hans Christian Andersen, Des Kaisers neue Kleider, zitiert nach: www.zeno.org
[2]   Arthur Schopenhauer, Parerga und Paralipomena, Werke in fünf Bänden, Band IV, Zürich 1988, S. 314
[3]   Alle Titel sind der Seite www.amazon.de entnommen

einen weist die Vielzahl der Veröffentlichungen auf ein offensichtliches Bedürfnis hin, zum anderen liegt gerade darin der Grund ihrer offenbaren Begrenztheit.

Trotz – oder sollte man nicht besser sagen: wegen? – weitgehender Absicherung existenzieller Nöte nehmen die Probleme der Lebensgestaltung zu. Die Befreiung von existenzieller Not hat keineswegs ein freieres und zufriedeneres Leben zur Folge. Vielen Menschen würde die Entdeckung der Wahrheit ihres Seins eher Grauen als Glück bescheren. Die Hilflosigkeit dem eigenen Leben gegenüber ist demnach nicht ausschließlich eine Frage exogener Faktoren.

Zu helfen vermögen politische Maßnahmen in solchen Fällen kaum, kann doch die Sicherung des schieren Lebens niemals Aufgabe der Politik sein. Im Gegenteil, die Fixierung auf den Lebenserhalt zerstört das Politische. Dieser Erkenntnis zum Trotz wendet sich der moderne politische Betrieb des Wohlfahrtsstaats immer stärker dem Problem der Lebenssicherung zu und führt sich deshalb selbst ad absurdum.

Die Zerstörung des Politischen wird von zwei Seiten vorangetrieben, wobei sich die beiden Seiten verstärken. Einerseits bedingt die Fixierung auf das Wohlergehen der Bürger die Abwendung von dem, was Politik einmal ausgezeichnet hat, nämlich Schaffung und Gestaltung von Welt. Andererseits verringert eben jene Fixierung die Entwicklung von Freiheitsräumen all derjenigen, die ihr Leben selbst zu führen vermögen und sich an der Gestaltung der Welt beteiligen wollen.

Das Ergebnis dieser Tendenzen lässt sich noch in den privatesten Verhaltensweisen der Einzelnen nachweisen, die sich immer stärker einander angleichen und ein Anderssein kaum mehr zulassen. Zum Teil geschieht der Prozess der Angleichung auf freiwilliger Basis, dort, wo dies nicht der Fall ist, wird er durch staatliche Maßnahmen erzwungen. Die unstreitig vorhandenen und in ihrer Heftigkeit eher zunehmenden öffentlichen Auseinandersetzungen vermögen diese Erkenntnis nicht nur nicht zu widerlegen, sie bestätigen sie geradezu. Ihrer Intention nach gleichen diese Debatten mehr dem Kampf von Raubtierrudeln um die besten Teile der Beute denn einer Auseinandersetzung um die Gestaltung von Welt. In aller Regel geht es darum, wie bereits mehrfach erwähnt, im öffentlichen Verteilungskampf ein besseres Ergebnis als der politische Gegner zu erzielen. Wie weit wir es in der Zerstörung von Politik schon gebracht haben, wird am deutlichsten daran sichtbar, dass schon Bedenken gegen diese Form der politischen Auseinandersetzung als zutiefst unpolitische Haltung empfunden werden. Ein Verhalten gilt im Gegenteil dann als politisch, wenn es sich durch besondere Rücksichtslosigkeit und schamlose Durchsetzung eigener Vorteile auszeichnet. Gewöhnlich bezeichnen wir ein Verhalten immer dann als politisch, wenn es gerade nicht mehr um die rationale Klärung von Sachfragen geht, sondern Kungelei die Szene beherrscht. Damit ist aber der Begriff des Politischen zur inhaltsleeren Floskel entartet.

Die Bestätigung für diese Anschauung findet sich in einem verbreiteten Lexikon zur Politik, in dem es heißt: »P[olitik] bezeichnet jegliche Art der Einflussnahme und Gestaltung sowie die Durchsetzung von Forderungen und Zielen, sei es in privaten oder öffentlichen Bereichen.«[4] Der Erklärung kann eine Übereinstim-

---

[4] Schubert, Klaus/Martina Klein: Das Politiklexikon, Bonn 2006

mung mit der herrschenden Verwendung des Begriffs nicht abgesprochen werden, doch stellt sich unmittelbar die Frage, was sie uns damit eigentlich noch sagt. Sie ist zu einer inhaltsleeren Bedeutung, einem begriffslosen Begriff, also einem reinen Nichts mutiert. Mit der Zerstörung des Begriffs ist aber unweigerlich die Zerstörung der Sache selbst verknüpft. Wenn wir den Begriff verloren haben, dann kann es Politik als bewusstes Tun auch nicht mehr geben. Damit wird die Klage über die Politikverdrossenheit zur Farce, denn über Nichtvorhandenes kann man nicht verdrossen sein.

Auf der anderen Seite öffnet sich ein weiter Bereich, beliebige Inhalte unter dem Begriff des Politischen zu subsumieren. Insbesondere in linken Kreisen ist es lange schon üblich geworden, Politisches und Privates nicht nur zu verquicken, sondern als direkte Folgebeziehung zu verstehen, im Sinne von »Das Private ist politisch«. Für die im Zuge der 1968er Studentenbewegung neu entstandene Frauenbewegung war dies ein zentrales Moment. Um nur ein Beispiel anzuführen: Im Deutschlandfunk wurde im Jahr 2009 eine Sendung unter dem Titel gesendet »Das Private ist politisch …«. Sie endete mit dem Satz: »Das Private ist politisch und das Politische ist privat, verkündet ein alter Sponti-Spruch. Er gilt noch immer, und das ist schön.«[5]

Auf der Internetseite von Wikipedia finden sich diese Anstrengungen unter dem Begriff »Politik der ersten Person« zusammengefasst. Dort wird unter der Überschrift »Politischer Ansatz über die Frauenbewegung hinaus« wie folgt zusammengefasst: »Die *Politik der ersten Person* entstand parallel zur Etablierung der neuen sozialen Bewegungen und hatte einen großen Einfluss auf die Bürgerinitiativbewegung, die Alternativbewegung und zunächst auch auf die Partei Die Grünen sowie auf basisdemokratische Konzepte. Auch die Bewegung der Autonomen übernahm weitgehend das Konzept der *Politik der ersten Person.*«[6]

Wie leicht zu sehen ist, sind es gerade die neuen politischen Bewegungen – denen der Ruf anhaftet, politisch besonders engagiert zu sein und sich damit von der indifferenten Masse wohltuend abzusetzen –, die solchen Unsinn verbreiten, um ihr Süppchen auf dem Herd des Politischen zu kochen, den sie sich anschicken, dabei gleich mit zu verbrennen. Wenn wir aber so weit gekommen sind, das Politische mit seinem schieren Gegenteil zu identifizieren, dann besteht in der Tat wenig Hoffnung, Ersteres reanimieren zu können. Dann gibt es viele Gründe, sich der Resignation hinzugeben und nur noch in Entsagung einen Ausweg zu sehen.

Doch wäre Entsagung ein Ausweg? Entsagung hat etwas mit Verzicht zu tun, würde also heißen, auf Politik einfach zu verzichten. Was würde dies bedeuten? Begeben wir uns dazu noch einmal auf die Spuren von Hannah Arendt, die zu der unseligen Verquickung von öffentlich und privat, die ja dem Begriff der »Politik der ersten Person« unweigerlich anhaftet wie die Sohle dem Schuh, die nachfolgenden Anmerkungen gemacht hat:

»Aber auch in den westlichen Demokratien hat sich der Unterschied zwischen privat und öffentlich immer mehr verwischt, wenn auch in der umgekehrten Rich-

5 Kersten Knipp, Das Private ist politisch, Deutschlandfunk, 10.12.2009
6 www.wikipedia.de, Stichwort: Politik der ersten Person, Hervorhebungen im Original

tung; hier rühmen sich Parteipolitiker, die Privatinteressen ihrer Wähler so zu vertreten, wie ein guter Anwalt seine Klienten, so daß der öffentliche Raum, die uns gemeinsame Welt, von individuellen Privatinteressen gleichsam überwuchert wird. Die Wissenschaften von dieser Gesellschaft, die Gesellschaftswissenschaften, sind ihnen alle bekannt, und vom Behaviorismus zum Vulgärmarxismus laufen sie alle auf das gleiche heraus, nämlich, den handelnden Menschen und seine Freiheit aus dem Gang der Ereignisse auszuschalten. [...] Der Unterschied zwischen diesem verbreiteten ideologischen Denken und der totalen Herrschaft ist, daß die letztere das Mittel entdeckte, die Menschen in den gesellschaftlichen Geschichtsstrom so einzufügen, daß er dies automatische Strömen gar nicht mehr hemmen will, sondern im Gegenteil sich selbst zu einem Moment seiner Beschleunigung macht. Die Mittel, mit denen dies geschieht, sind der von außen losgelassene Zwang des Terrors und der von innen losgelassene Zwang ideologisch-stimmigen Denkens. Zweifellos ist diese totalitäre Entwicklung der entscheidende Schritt auf dem Wege der Entpolitisierung des Menschen und der Abschaffung der Freiheit.«[7]

Hannah Arendts Ausführungen zielen mitten ins Zentrum des Problems und machen deutlich, dass Verzicht auf das Politische mit dem Verzicht auf Freiheit identisch wäre. Für die Freiheit jedoch gilt, was Goethe im Faust so treffend formuliert hat: »Wenn ihr's nicht fühlt, ihr werdet's nicht erjagen.«[8] Aber es gilt auch die Umkehrung: Wenn man sie fühlt, kann man ihr nicht entsagen. Damit haftet der Freiheit ein Paradoxon an. Wer sie will, verliert die Freiheit, ihr zu entsagen. So wenig ein Mensch aufs Atmen, so wenig kann ein die Freiheit Liebender auf die Freiheit verzichten.

In seiner Erzählung »Der Hungerkünstler« zeigt Kafka uns das Problem am Beispiel des Hungers auf die für ihn typische eindrucksvolle Weise. Allerdings – auch dies typisch für Kafka – zeigt er das Problem auf dem Kopf stehend und macht es gerade deshalb in besonderer Weise deutlich. Der Hungerkünstler besteht nicht auf dem doch allen Menschen notwendigen Essen, sondern hungert, weil er das richtige Essen nicht findet. Der Aufseher fragt den Hungerkünstler, warum er ihn, ob seiner Kunst zu hungern, nicht bewundern soll. Daraus ergibt sich der folgende Dialog: »»Weil ich hungern muß, ich kann nicht anders‹, sagte der Hungerkünstler. ›Da sieh mal einer‹, sagte der Aufseher, ›warum kannst du denn nicht anders?‹ ›Weil ich‹, sagte der Hungerkünstler, hob das Köpfchen ein wenig und sprach mit wie zum Kuß gespitzten Lippen gerade in das Ohr des Aufsehers hinein, damit nichts verloren ginge, ›weil ich nicht die Speise finden konnte, die mir schmeckt. Hätte ich sie gefunden, glaube mir, ich hätte kein Aufsehen gemacht und mich vollgegessen wie du und alle.‹ Das waren die letzten Worte, aber noch in seinen gebrochenen Augen war die feste, wenn auch nicht mehr stolze Überzeugung, daß er weiterhungre.«[9]

---

[7] Hannah Arendt, Freiheit und Politik, in: dies., Zwischen Vergangenheit und Zukunft. Übungen im politischen Denken, Teil 1, München – Zürich 2000, S. 209f.

[8] Johann Wolfgang Goethe, Faust 1, Nacht, Frankfurt am Main 1999, S. 38

[9] Franz Kafka, Ein Hungerkünstler, in: Ders.: Die Erzählungen, Düsseldorf 2008, S. 242

Weil er das richtige Essen nicht findet, gibt der Hungerkünstler sein Leben auf. Er verschwendet es nicht auf eitle Hoffnung, die sein Problem doch nicht zu lösen vermag. Verzicht ist nur um den Preis des Verzichts auf das eigene Leben zu erreichen. Deutlicher kann der Zusammenhang nicht zum Ausdruck gebracht werden. Wenn aber Entsagung keine Alternative darstellt, was bleibt dann zu tun?

Will man nicht dem Hungerkünstler folgen und sein Leben einsetzen, dann bleibt nur die Möglichkeit, nach Wegen zu suchen, dem herrschenden Zeitgeist zu widerstehen. In einem bekannten, um 1920 erschienenen Lied, in dem Ereignisse des Bauernkriegs nachempfunden wurden, heißt es am Ende:

> »Geschlagen ziehen wir nach Haus
> Unsre Enkel fechten's besser aus.«[10]

Diese Zeilen könnten als Motto über Ernst Blochs Opus Magnum »Das Prinzip Hoffnung«[11] stehen, weil in ihnen das Scheitern in die Hoffnung auf eine bessere Zukunft übersetzt wird. Auf den trügerischen Schein der Hoffnung wurde bereits weiter oben deutlich hingewiesen. Durch Hoffnung wird ein Hungernder nicht satt, eher davon abgehalten, sich um Nahrung zu bemühen. Doch die Wege zur Lösung des Problems bedürfen keiner Utopie, keines Blicks in die Zukunft, sondern des Blicks in die Vergangenheit. Es gab bereits eine Zeit, in der das Politische und mit ihm die Freiheit einen ungleich höheren Stellenwert besaßen als heute, und das ist die Zeit der griechischen Antike. Es bedarf also weder des Blicks in eine ideale Vergangenheit noch der Hoffnung auf eine Glück bringende Zukunft, sondern es genügt, sich mit einer real existierenden Vergangenheit auseinanderzusetzen. Dabei kommt es nicht so sehr darauf an, ob wir dieser Vergangenheit völlig habhaft zu werden vermögen. Es genügt, wenn wir sie in ihren wesentlichen Grundzügen verstehen.

Der Rückgriff auf die griechische Antike ist also weder nostalgischer Verklärung noch einem irgendwie gearteten Traditionsbewusstsein geschuldet. In ihr finden wir buchstäblich ein Vorbild, das uns auch heute noch wichtige Wege aufzeigen kann, der Verstrickung zu entkommen, in die wir uns begeben haben. Die Aussichten eines solchen Verfahrens wären um ein Vielfaches geringer, wenn der herrschende Geist und die ihm entsprechende Politik zur allgemeinen Zufriedenheit beitragen würden. Es ist die Krux von Konzepten, wie sie in Huxleys »Schöner neuer Welt« so einprägsam beschrieben worden sind, dass das Glück, das sie vorgeben zu bringen, dem täglichen Leben nicht standhalten. Eher ist die gegenteilige Beobachtung zu machen: Je mehr wir das Glück in solchen Konzepten suchen, desto mehr zerrinnt es uns, desto mehr wächst die Unzufriedenheit. Genau auf dieser Linie liegt der Erfolg der zahlreichen Lebensratgeber, deren schiere Anzahl diesen sofort selbst ad absurdum führt.

Das Misslingen des modernen Wohlfahrtsstaats zeigt sich jedoch keineswegs nur im Misslingen persönlicher Lebensgestaltung und dem hohlen Heilsverspre-

---

[10] Wir sind des Geyers schwarze Haufen, aus: Fritz Sotke (Hrsg.), Unsere Lieder, Iserlohn 1921
[11] Ernst Bloch, Das Prinzip Hoffnung, 2 Bände, Frankfurt am Main 1959

chen des »positiven Denkens«, es dokumentiert sich längst schon im gesellschaftlichen Ganzen, wie nicht zuletzt die Finanzkrise 2008 und die in ihrem Gefolge sichtbar werdenden Schuldenkrisen von immer mehr Ländern in kaum zu überbietender Deutlichkeit zeigen. Die Souveränität der Regierenden gegenüber den Krisen schwächt sich ab, und es ist keinesfalls ausgemacht, dass sie nicht eines Tages das gesellschaftliche Ganze mit in den Abgrund reißen. Sollte ein solches Szenario Wirklichkeit werden, dann wäre die Abschaffung dessen, was allgemein unter Kapitalismus verstanden wird, das geringste der entstehenden Probleme. Das Volk könnte nur noch gegen sich selbst rebellieren, und schon die vage Vorstellung davon vermittelt Fürchterliches. Dann gälte Dantes Spruch am Tor zur Hölle: »Laßt jede Hoffnung, die ihr mich durchschreitet.«[12] Der schönen neuen Welt wäre die Maske endgültig vom Gesicht gerissen. Dann hülfe uns jedenfalls kein noch so »positives Denken« mehr und die Umverteiler hätten ausgeteilt.

Die Erinnerung an das 2 500 Jahre alte »griechische Erfolgsmodell«, ohne das ja nicht nur das Politische, sondern das gesamte europäische Geistesleben undenkbar wären, besitzt alleine aus den geschilderten Gründen eine hohe Plausibilität, uns Maßstäbe einer Besinnung liefern zu können. Schon Aristoteles hat ja in seinem Werk »Politik« die wesentlichen Probleme moderner Wohlfahrtsstaaten mit unglaublicher Präzision vorausgesehen und macht damit den Blick auf die griechische Antike geradezu unabdingbar. Das Verständnis der Griechen von den Dingen des öffentlichen Lebens drang um Dimensionen tiefer als das moderner Menschen und hat damit in mehr als einer Hinsicht immer noch Vorbildcharakter.

Erinnern wir uns: Aristoteles zählte die Demokratie zu den entarteten Staatsformen, die Griechen hielten die strikte Trennung von Haushalt und Politik für notwendig und haben dies damit begründet, dass nur der frei sein kann, der sein Leben nicht mit dessen Erhalt verbringt. Setzen wir dem nur das moderne Konzept der *Politik der ersten Person* entgegen, dann springt die Differenz, ja der gesamte Qualitätsunterschied der Reflexion in solchen Dingen geradezu ins Auge.

Sich an die griechischen Vorstellungen von der Polis zu erinnern, kann nun nicht heißen, das griechische Modell einfach in der Neuzeit zu kopieren. Dazu ist in den seither verflossenen Jahrhunderten zu viel passiert, dazu sind aber auch die modernen Staaten um einiges komplexer, als es die griechischen Poleis waren. Erinnerung im hier gemeinten Sinne bedeutet ganz im Sinne von Hegel, die Erfahrungen der Griechen mit Politik und Öffentlichkeit *aufzuheben*, das heißt, sie verändernd zu bewahren.

Gegen die griechische Polis wird häufig der unbestreitbare Einwand erhoben, ihre Funktionsweise basierte auf der Existenz von Sklaven, denn teilnehmen an der Polis konnte ja nur der, dessen Lebensunterhalt gesichert war, der sich also mit den damit zusammenhängenden Fragen nicht zu beschäftigen brauchte. Aristoteles geht sogar von einer Sklavennatur aus. »Wer von Natur nicht sich selbst, sondern als Mensch einem anderen gehört, der ist von Natur Sklave.«[13] Dass diese Ansicht nicht zur Political Correctness moderner Demokratien passt, braucht nicht weiter

---

[12] Dante Alighieri, Die göttliche Komödie, 3. Gesang, München 1989, S. 16
[13] Aristoteles, Politik, 1254a

ausgeführt zu werden. Doch reicht das schon, um Aristoteles' Überlegungen zur Politik auf den Müllhaufen der Geschichte zu werfen? Die These von der »Sklavennatur« eines Menschen, die in der Moderne nicht mehr gestellt werden darf, lenkt letztlich vom eigentlichen Problem ab. Sie vermengt Fragen nach der Natur mit Fragen nach der Moral. Wir lehnen sie aus moralischen Gründen ab, ohne uns um die »natürlichen Voraussetzungen« weiter zu kümmern. Angesichts des Unwesens, das insbesondere die Nationalsozialisten mit solchen Fragestellungen getrieben haben, kann dieser Ablehnung eine gewisse Berechtigung auch nicht abgesprochen werden.

Doch was in der griechischen Polis noch gleichsam eine konstituierende Notwendigkeit war, hat sich mittlerweile fundamental verändert. In den entwickelten Staaten moderner Demokratien spielt die Frage nach den Möglichkeiten der schieren Lebenserhaltung keine wesentliche Rolle mehr. Längst ist die Notwendigkeit des Aristoteles in glorifizierendem Sinn umgedeutet, denn in der Arbeit sehen wir den Sinn des Lebens. Selbst gestandene Marxisten werden nicht müde, der Glorifizierung der Arbeit das Wort zu reden, obwohl doch ihr Vordenker einst die Arbeit aufheben wollte. Auf diese Weise haben wir die »Sklavennatur« zum universalen Maßstab gelungenen Lebens gemacht.

Hier zeigt sich wieder einer jener fundamentalen Widersprüche der Moderne. Einerseits wenden wir uns aus moralischen Gründen mit Vehemenz gegen eine Anschauung – hier die Sklavennatur –, um dann genau diese Anschauung zum Maßstab für alle zu machen.

Aristoteles selbst hat bereits ein Szenarium entworfen, bei dem es der Sklaven gar nicht mehr bedarf. »Wenn nämlich jedes Werkzeug auf Geheiß oder mit eigener Voraussicht seine Aufgabe erledigen könnte, wie man es von den (Standbildern) des Daidalos und den Dreifüßen des Hephaistos berichtet, die, wie der Dichter sagt, ›sich von selbst zur Versammlung der Götter einfinden‹ – wenn so die Weberschiffchen von allein die Webfäden durcheilten und die Schlagplättchen Kithara spielten, dann brauchte die (planenden und beaufsichtigenden) Meister keine Gehilfen und die Herren keine Sklaven.«[14]

Wenn wir uns dazu noch verdeutlichen, welche ungeheuren technischen Fortschritte die Menschheit seit Aristoteles gemacht hat, dann wird klar, wie wenig wir *heute* des Sklaven bedürften, um unseren Lebensunterhalt zu sichern. Inzwischen haben wir sogar einen Rechtsanspruch auf Sozialhilfe, der weit über die Sicherung des schieren Lebens hinausgeht, und könnten damit getrost das »Sklavenproblem« ad acta legen. Stattdessen knüpfen wir die uns ohnehin zustehende Lebenssicherung an so viele Bedingungen, dass wir nicht nur die Bedürftigen selbst, sondern damit zugleich (fast) den gesamten Rest dem »Sklavenstand« zuführen. Wäre es nicht so ernst, unser Handeln in dieser Frage wäre an Komik kaum zu überbieten.

Jedenfalls erweist sich der Einwand der Sklaverei bei den Griechen als wenig stichhaltig, und wir können ohne moralische Bedenken der Frage nachgehen, wie wir die Erhaltung des Lebens mit der Erhaltung der Freiheit vereinbaren können. Die Erfahrungen der Griechen werden uns dabei helfen.

---

14 Aristoteles, Politik, 1253b

Die abendländische Geschichte ist zwar wesentlich von den antiken Griechen geprägt worden, doch gibt es darüber hinaus eine reichhaltige Erbschaft, die, wenn wir sie nur aufgreifen, sie unsere Reflexionen über Freiheit und Entmündigung befruchten können. Meistens ist es nicht nötig, tief zu graben, um wichtige Erkenntnisse zu gewinnen. Wir brauchen sie nur aufzugreifen und mit unserem Dasein zu verweben. Weil wir jedoch leichtfertig wichtige und oft auch grundlegende Einsichten nicht mehr beachten, zerstören wir fundamentale Maßstäbe, die uns Orientierung geben könnten. Mit der Orientierung verlieren wir unweigerlich auch die Fähigkeit zum Handeln und damit die Freiheit. Eine der Lehren aus dieser Einsicht führt uns zu einem vorsichtigen Umgang mit der Tradition, der sich in keiner Weise mit ideologischer Verblendung verträgt, da diese immer schon vorgibt, die Lösung zu kennen, und uns damit immer weiter von ihr wegführt.

Charakteristisches Merkmal ideologischer Verblendungen ist die *Projektion von Problemen* auf bestimmte gesellschaftliche Gruppen und Verhältnisse, statt die Probleme direkt anzugehen. Der Kampf für oder gegen Kapitalismus, Sozialismus, Ökologie, Globalisierung beziehungsweise deren Repräsentanten setzt immer schon voraus, was eigentlich erst zu erkennen wäre, setzt vor allem aber die Kenntnis der Maßstäbe voraus, die eine fundierte Beurteilung zulassen. In modernen Gesellschaften werden selbst elementarste Maßstäbe der Beliebigkeit politischer Tagesauseinandersetzungen ausgesetzt, und dabei werden sie gezogen und verdreht, gebogen und gebrochen, bis am Ende niemand mehr weiß, was das Maß ist, mit dem wir messen. Nehmen wir dazu nur den Begriff der Gerechtigkeit, über den hier ausführlich reflektiert worden ist. Wenn ein Engagement für Gerechtigkeit nur noch bei der Durchsetzung eigener Vorteile zustande kommt, dann braucht es nicht zu verwundern, wenn jede noch so große Ungerechtigkeit mit der Berufung auf Gerechtigkeit gerechtfertigt wird.

Mit dem Verlust fundamentaler Werte verlieren wir aber das Fundament unseres Gemeinwesens. Indem das reine Interesse zum wesentlichen Fundament unseres Zusammenlebens geworden ist, haben wir uns einer Aporie ausgeliefert, deren Triumph alle Interessen zu zerstören droht.

An dieser Stelle erreichen wir den heikelsten Punkt in der Auseinandersetzung mit Politik und Freiheit. Politik wird heute ja wesentlich als Veranstaltung begriffen, bei der es um den Ausgleich verschiedener Interessen geht, das Interesse selbst aber gar nicht mehr zur Debatte steht. In der griechischen Polis sollte das Interesse ganz ausgeschlossen und Bestandteil des privaten Lebens bleiben. Dies bestätigt erneut die tiefe Einsicht, die die Griechen in die Regeln des Zusammenlebens der Menschen hatten. Das Problem der Sklaverei spielt heute keine Rolle mehr, dafür aber umso mehr die Frage, wie die ungehemmte Ausbreitung der Interessen zu bändigen ist.

Der rigorose Ansatz der Griechen ist jedoch im modernen Wohlfahrtsstaat nicht mehr zu vermitteln. Erst wenn wir uns mit den zentralen Ursachen seiner dominanten Rolle auseinandersetzen, um dadurch seine drohende Macht zu begreifen, besteht überhaupt die Möglichkeit, einer Beherrschung der Interessen näher zu kommen. Die moderne Reaktion, zur Eindämmung ausufernder Interessen Regeln des Lobbyismus zu schaffen, verfehlt das Problem. Damit soll nicht gesagt werden, die Interessenvertretung bedürfe keiner Regeln. Allerdings – und hier treffen wir auf einen zentralen Mangel moderner Gesellschaften – ist die Frage nach den Regeln nachgeordnet. Wirkungsvoller wäre es, den Einfluss von Interessen insgesamt zu beschränken, und das geht nicht ohne genaue Kenntnisse, wie sie ihre Macht erhalten.

Mit der von den verelendeten Massen getragenen Französischen Revolution, die mit dem Ruf nach »Freiheit, Gleichheit, Brüderlichkeit« in erster Linie ihre desaströse wirtschaftliche Lage verbessern wollten, rückten die *Ökonomie* und die damit zusammenhängenden Fragen ins Zentrum des politischen Wollens. Die industrielle Revolution mit der damit zunächst einhergehenden beispiellosen Verelendung weiter Teile der Bevölkerung verstärkte diesen Trend entscheidend. Der siamesische Zwilling der Ökonomie der Massenproduktion mit industrieller Fertigung ist die Gesellschaftlichkeit, deren Bedeutung im politischen Raum unmittelbar an jene der Ökonomie gekoppelt ist. Im marxschen Konzept vom Klassenkampf spiegelt sich die Transformation des Politischen ins Gesellschaftliche in all seiner Radikalität. Politik war zur reinen Interessenvertretung entartet, die es von nun an in aller Schärfe auszutragen galt. Die marxsche Lehre war zwar der Ausgangspunkt der Transformation, doch war diese auch von Anfang an begleitet von einer Vulgarisierung, der ein Verbot jeder vernünftigen Reflexion anhaftete.

Die Wurzeln der totalitären Regime des 20. Jahrhunderts können hier gefunden werden, und es ist ein furchtbarer Irrglaube, davon auszugehen, der Nationalsozialismus entziehe sich dieser Kategorisierung.

Schon die Vehemenz, mit der Hitler den Marxismus bekämpfte, sich zugleich aber auf den Sozialismus berief, verdeutlicht die Nähe der Bewegungen.

Wenn auch die Auseinandersetzungen heute in weitaus milderer Form stattfinden und zum Beispiel in den westlichen Demokratien keine ernst zu nehmende politische Bewegung noch eine »Diktatur des Proletariats« als Gipfel einer interessenbezogenen Politik fordert, so haben wir nach wie vor keine auch nur einigermaßen befriedigenden Antworten auf die im 19. Jahrhundert aufgeworfenen Fragen gefunden, ja, wir haben die Fragen im öffentlichen Raum noch nicht einmal vernünftig gestellt.

Wenn wir glauben, spätestens mit dem Scheitern der Regimes des Ostblocks sei das Problem erledigt, dann haben wir uns getäuscht. Wie alles Verdrängte, das nicht aufgearbeitet wird, west auch dieses Problem weiter fort und beginnt uns zunehmend zu beherrschen, weil wir es nicht begreifen, also keinen Begriff von ihm haben. Indem wir Politik wesentlich darin begreifen, einen gerechten Ausgleich von Interessen herbeizuführen, verdeutlicht sich, wie umfassend die Vertretung von Interessen bereits von uns Besitz ergriffen hat. Was im Klassenkampf noch der permanenten Proklamation und des persönlichen Einsatzes bedurfte, ist inzwischen zur Selbstverständlichkeit geworden.

Man fühlt sich an Hegels List der Vernunft erinnert, weil die aus einer Vorherrschaft privatwirtschaftlicher Ökonomie resultierende Forderung nach Vergesellschaftung der Produktionsmittel, die alle sozialistischen Bewegungen des 19. Jahrhunderts erhoben, mittlerweile zu einem umfassenden Prinzip mutiert ist, das weit über die Produktionsmittel hinausreicht und alle gesellschaftlichen Bereiche erfasst hat. Damit ist die Vergesellschaftung selbst zu einer der ernstesten Bedrohungen der Freiheit geworden. Es entbehrt nicht einer gewissen Komik, wenn aufrechte Kämpfer für den Sozialismus noch immer die Forderung nach einer weiteren Vergesellschaftung erheben und damit einem Ertrinkenden gleichen, der nach Wasser giert. Die Komik solcher Forderungen darf allerdings nicht darüber hinwegtäuschen, dass die Bedrohung der Freiheit durch zunehmende Gesellschaftlichkeit in der öffentlichen Reflexion nur eine untergeordnete Rolle spielt.

Auf den ersten Blick scheinen sich die Prinzipien der Interessenvertretung und des Gesellschaftlichen zu widersprechen, zielt das eine doch auf individuelle Vorteile, das andere jedoch auf eine Zusammenfassung der Einzelnen zu einem Gesamtkörper. Gesellschaftlichkeit kann sich in großem Umfang erst entwickeln, wenn es gelingt, diesen Widerspruch zu lösen. Den Zweck der Gesellschaftlichkeit erreicht man am besten, indem man die Zerstörung des Individuums betreibt. Die Zerstörung des Individuums erreicht man am besten, indem man seine völlige Vorherrschaft behauptet. Den Nationalsozialisten ist dies mit ihrer Volksgemeinschaftsideologie geradezu vorbildlich gelungen. In dem Satz »Du bist Nichts, dein Volk ist alles« dokumentiert sich sowohl die Zerstörung des Individuums als auch die Verklärung des Gesellschaftlichen. Das Aufgehen des Individuums im Gesellschaftskörper ist von einer breiten Mehrheit des Volkes enthusiastisch bejubelt worden. Erst als sich das Kriegsglück entscheidend gewendet hatte, zeigten sich Risse im Bewusstsein von der Volksgemeinschaft. Diese Transformation blieb keineswegs auf die Nationalsozialisten begrenzt.

In den 1960er Jahren prägte der Berater des damaligen Bundeskanzlers Ludwig Erhard, Rüdiger Altmann, den Begriff der »Formierten Gesellschaft«. »Der Slogan sollte der Wohlstands-Republik so etwas wie eine neue Staatsidee einflößen, die in Interessengruppen zerfallende Gesellschaft in Gemeinsinn einen.«[15] Unabhängig von zweifelsfrei vorhandenen fundamentalen Unterschieden zwischen beiden Staatssystemen bleibt doch ihre Gemeinsamkeit in dieser Frage festzuhalten: Der moderne Staat bedarf der Gesellschaftlichkeit und diese einer Legitimation, die den Unwägbarkeiten des Individuums ein kalkulierbares Verhalten entgegensetzt. Der Widerspruch zwischen Individuum und Gesellschaft, den der Sozialismus in seinen verschiedensten Spielarten immer zugunsten der Gesellschaftlichkeit entscheidet, ist eine fundamentale Bedrohung des politischen Raums und damit der Freiheit. Ihn zu ignorieren heißt, sich der Unfreiheit verschreiben. Also bleibt keine andere Wahl, als die Auseinandersetzung mit diesem Widerspruch zu suchen, und das heißt allemal, seiner Entstehung auf die Spur zu kommen. Von besonderem Interesse ist dabei die Frage, worin sich das Gesellschaftliche vom Gemeinsamen unterscheidet. Ohne dieses kann kein Staat existieren, ohne jenes ist nur der moderne Wohlfahrtsstaat bedroht.

Das Problem der Freiheit kann ernsthaft nicht gedacht werden, ohne das hier aufgezeigte Zusammenspiel von Individuum, Interessenvertretung, Ökonomie und Gesellschaftlichkeit in Tiefe mit zu bedenken. Die Ignoranz, mit der der politische Betrieb und mit ihm ein großer Teil der Öffentlichkeit diesen Problemen begegnet,

---

[15] Der Spiegel 3/1997, S. 103

weist alleine schon auf einen fundamentalen Mangel an Verständnis für Fragen der Freiheit hin, obwohl wir uns gerne auf unsere *freiheitlich*-demokratische Grundordnung berufen.

Auf diese Weise zu verfahren, heißt in erster Linie einmal, sich vom vorherrschenden Diktat der Tat zu befreien, das immer schon davon ausgeht, das Verstehen sei nebensächlich und der Sache sei nur durch entschlossene Tat gedient. Dieser Haltung begegnet man nicht nur an jedem Stammtisch, auf jeder Parteiversammlung, in jeder politischen Talk-Runde und sonst an vielen Stellen, wo die Diskutanten sich darin jeweils übertreffen, die besseren Lösungen längst zu kennen, sich vor allem aber darin einig sind, dass es immer »die Anderen« sind, die die Durchsetzung der längst bekannten besseren Lösungen verhindern. Kaum jemals hört man das Eingeständnis, von einem Sachverhalt nichts zu verstehen, weshalb man auch nichts dazu sagen könne, kaum jemals hört man die Forderung, man brauche Zeit, um das Problem besser verstehen zu können. Es ist, als hätte sich die ungehemmte Produktion der Köpfe der Diskutanten bemächtigt und fordere ein beständiges Mehr. Selbst Menschen, die sonst so gerne von der Nachhaltigkeit und dem schonenden Umgang mit der Natur reden, die späteren Generationen erhalten bleiben muss, scheuen sich nicht, dem Verstehen-Wollenden die Forderung nach dringender Tat entgegenzuschleudern. Häufig wird die Dringlichkeit der Forderung durch den Hinweis unterstrichen, es sei bereits »fünf Minuten nach zwölf«, ungeachtet der Tatsache, dass die Metapher in diesem Fall ohnehin die Vergeblichkeit jeglichen Tuns behauptet. Der »Stammtisch« spiegelt sich dabei durchaus auf der »offiziellen« politischen Bühne wider. Man wird lange suchen müssen, bis man einen Politiker findet, der in einer wichtigen Frage seine Ratlosigkeit bekundet.

Wenn hier von Problemlösung die Rede ist, dann nicht in dem gerade beschriebenen Sinn. Die Schwierigkeit des Verstehens wird geachtet, auch um den Preis, an vielen Stellen eine Lösung nicht anbieten zu können. Das Verstehen selbst gilt mehr als eine »Lösung« ohne Verständnis. In der Simulation von Lösungen haben wir es schon sehr weit gebracht. Unbeirrt verfolgen wir hartnäckig selbst offensichtlichste Fehlentwicklungen, als hinge von ihnen unser aller Wohl und Wehe ab. Freiheit ist nicht nur unmöglich, sie ist undenkbar ohne Einsicht in die Offenheit von Fragestellungen.

Wenn der Mensch den Mutterleib verlässt, tritt er in eine Welt, die ihm nicht nur freundlich gegenübersteht, tritt er vor allem in eine Welt, die ihm Möglichkeiten der Gestaltung eröffnet. Mit umfassender Sicherheit, die keinen Raum mehr für das Unerwartete offen hält, kann eine solche Welt niemals gestaltet werden. Sind alle das Leben betreffenden Fragen bereits vorab geklärt, dann vermag der Mensch bald keine Fragen mehr zu stellen.

Das deutlichste Merkmal für das Streben nach Sicherheit zeigt sich in der prinzipiell ideologischen Betrachtung der vorhandenen Probleme, wobei es unerheblich ist, welche politische Richtung vertreten wird. Von der politischen Linken über die Mitte bis zur Rechten hat sich die Struktur der Auseinandersetzung angeglichen. Die Heftigkeit, mit der die Auseinandersetzungen geführt werden, kann nicht über eine bedenkliche Angleichung der politischen Richtungen hinwegtäuschen. Natürlich fordert die eine Seite mehr, die andere weniger Lohn. Die Schlussfolgerung, es gäbe deshalb fundamentale Differenzen zwischen den Richtungen, heißt kurzzuschließen.

Wer mehr Lohn fordert, muss ihn noch lange nicht durchsetzen. Häufig genug haben einzelne politische Richtungen, trugen sie erst Verantwortung, das Gegenteil ihrer Forderungen realisiert. Eine sozial-liberale Koalition setzte den Radikalenerlass durch, unter einer schwarz-gelben Koalition erreichte die Einkommensteuer ihren höchsten Stand, eine rot-grüne Regierung war für rigoros verschärfte Regelungen für Sozialleistungen bei gleichzeitiger Reduzierung des Spitzensteuersatzes verantwortlich, um nur einige Beispiele zu nennen. Dabei geht es nicht nur um die Modifikation eines vertretenen Maßstabs – das ist ein jedem politischen Prozess inhärentes Merkmal –, sondern der Maßstab selbst wird auf den Kopf gestellt, ohne dass er im Übrigen selbst infrage gestellt wurde. Um nicht missverstanden zu werden: Es geht hier weder um den Erfolg noch die Berechtigung der einzelnen Maßnahmen, es geht allein darum, dass das politische Konzept fehlt. Würden die Parteien die Schönheit der sie repräsentierenden Farben zum Gegenstand ihrer Auseinandersetzung machen, der *politische* Inhalt änderte sich kaum.

Ideologien sind buchstäblich von gefestigten Vor-Urteilen geprägt. Im eigentlichen Sinne sind Vorurteile Hilfsmittel, um bei der Beurteilung von Sachverhalten zu einem Urteil zu kommen. Sie betreffen Zwischenstufen des Erkenntnisprozesses und sind vergleichbar dem Absetzen eines zu tragenden Gewichts auf einem langen Weg, um wieder Kraft für die nächste Etappe zu schöpfen. Ohne Vorurteile könnten schwierige Auseinandersetzungen nicht geführt werden. Sie verlieren jedoch ihre Unschuld, wenn sie den Charakter des Endgültigen annehmen. Dann sind sie keine Zwischenstufen mehr, sondern verfestigen sich. Urteile, an deren Entstehung höhere Anforderungen gestellt werden, unterliegen den gleichen Regeln, wenn sie sich verfestigen und ihre Orientierung an der Realität aufgeben. Verfestigte Urteile bieten jedoch ein Gefühl von Sicherheit, weil der Punkt, auf dem man steht, immer gleich bleibt, sich der Bewegung der Welt entzieht. Im tiefsten Sinne des Wortes kann man sich daran festhalten und Stand und Sicherheit finden. Darin liegt der Reiz, der von gefestigten Urteilen ausgeht. Die sich wandelnde Welt entzieht ihnen aber immer wieder ihre Grundlage, zerstört also Stand und Sicherheit. Denjenigen, die Sicherheit suchen, werden durch die Veränderung der Welt immer wieder Stand und Sicherheit entzogen. Da sie ihr einmal gefälltes Urteil nicht mehr infrage zu stellen gewillt sind, müssen sie die Ursache dafür an anderer Stelle suchen.

Auf diese Weise entstehen Ressentiments, die durch keine noch so offensichtliche Unstimmigkeit erschüttert werden können und sich gerade durch besondere Beharrlichkeit dem Gang der Welt entgegenstellen. Der »Jude« als (nicht nur) nationalsozialistisches Ressentiment hat traurige Berühmtheit erlangt, aber wir sind weit davon entfernt, resistent gegenüber solchen Ressentiments zu sein. Metaphern wie »Marktradikalismus«, »Turbo-Kapitalismus« oder »Gier der Manager«, die sich im Zusammenhang mit der Finanzkrise 2008 großer Beliebtheit erfreuten, ohne auch nur ein Gran zur Aufklärung der Krisenzusammenhänge beizutragen, sind gute Beispiele hierfür.

In besonderer Weise lässt sich das zum Ressentiment werdende Vorurteil am Marxismus nachweisen. Der Marxismus beruft sich auf Marx und erhebt gar den Anspruch, dessen Werk gültig zu interpretieren. Marx wies die Behauptung der klassischen Ökonomie, Regeln für jede Form wirtschaftlichen Verhaltens gefunden zu haben, mit der Begründung zurück, solche Regeln seien, wie alle sonstigen Dinge auch, an historische Bedingungen geknüpft, die es jeweils genauestens zu untersuchen gelte. Die klassische Ökonomie würde also nur Aussagen für eine bestimmte historische Epoche machen und hätte keinerlei Bewusstsein ihrer historischen Bedingtheit. Dieser Vorwurf wurde von Marxisten unterschiedlichster Richtungen aufgegriffen und auf die gesamte von ihnen so genannte »bürgerliche Ökonomie« übertragen.

Ohne dem Vorwurf hier in der gebotenen Gründlichkeit nachgehen zu können, kann ihm eine bestimmte Berechtigung keineswegs abgestritten werden. Marxisten – und seien sie in sonstigen Fragen noch so sehr zerstritten – sind sich jedoch darüber einig, es noch immer mit dem marxschen Kapitalismus des 19. Jahrhundert zu tun zu haben. Der für Marx noch so wichtige Begriff der historischen Bedingungen wird einfach unterschlagen oder im wahrsten Sinne des Wortes vergessen. Noch so viele blumige Umschreibungen – wie Spätkapitalismus, staatsmonopolistischer Kapitalismus, aber auch Turbo- und Kasino-Kapitalismus – können nicht darüber hinwegtäuschen, dass das Instrumentarium der Analyse im Wesentlichen noch immer dem des 19. Jahrhunderts gleicht. Im Gegenteil wird die Begrifflichkeit in zunehmendem Maße auch von Kreisen übernommen, die dem Marxismus eher skeptisch gegenüberstehen. Die Frage, ob die Begrifflichkeit überhaupt noch in der Lage ist, die modernen Probleme zu beschreiben, wird gar nicht erst gestellt. So erspart man sich das, was eben noch unverzichtbares Element der Analyse war, weil man den sicheren Boden nicht verlassen möchte, auf dem man sich befindet.

Am Beispiel der Auseinandersetzung mit der Finanzkrise 2008 wurden einige besonders haarsträubende Schlussfolgerungen angeführt, zu denen eine solche Haltung führt. Wenn wir aber auf die Fragen von heute und morgen die Antworten von gestern geben, dann brauchen wir uns nicht zu wundern, wenn die Antworten die Fragen verfehlen.

Wer aber von Vorurteilen zu Urteilen kommen will, der muss den vermeintlich festen Grund verlassen und sich denkend auf die Welt einlassen. »Der heutige Mensch ist *auf der Flucht vor dem Denken*. Diese Gedanken-flucht ist der Grund für die Gedanken-losigkeit. Zu dieser Flucht vor dem Denken gehört es aber, daß der Mensch sie weder sehen noch eingestehen will. Der heutige Mensch wird diese Flucht vor dem Denken sogar rundweg abstreiten. Er wird das Gegenteil behaupten.«[16] Wer Mündigkeit beansprucht, darf das Denken nicht fliehen, ihm bleibt kein Weg, als mit der Welt sich auseinanderzusetzen, wie sie wirklich ist. Dazu ist es erforderlich, sie in ihrer Gewordenheit zu verstehen.

Jetzt wird endgültig klar, warum es unverzichtbar ist, das politische Modell der Griechen verstehen zu wollen, warum es aber auch unverzichtbar ist, die Spur der

---

[16] Martin Heidegger, Gelassenheit, Pfullingen 1982, S. 12, Hervorhebungen im Original

alles beherrschenden Macht des Gesellschaftlichen zu verfolgen. Die Lösung der hier angesprochenen Probleme kann weder in der Kopie historischer Modelle noch in der Ignoranz historischer Vorbilder bestehen, sie muss vielmehr in einer sinnenden Auseinandersetzung gefunden werden. In diesem Sinne kommt es nicht darauf an, ein geschlossenes System von Lösungen zu präsentieren, das nur zu verfolgen wäre, um einen Zustand »glückseliger Mündigkeit« zu erreichen. Unmündigkeit kann allzu leicht durch einfache Verwaltungsakte erreicht werden. Mündigkeit setzt immer ein nie endendes Bemühen um die Welt und den Platz, den wir in ihr zu finden wünschen, voraus. Handlungsanweisungen in jeglicher Gestalt sind nicht dazu geeignet, ein solches Bemühen fruchtbar zu gestalten.

Mündigkeit gehört in die gleiche Gruppe von Begriffen wie Freiheit und Gerechtigkeit. Unmündigkeit, Unfreiheit und Ungerechtigkeit sind immer leichter zu erkennen und zu beschreiben als ihre entsprechenden Gegenbegriffe, für die es jeweils keine abgeschlossene Definition geben kann. In einer Welt, in der Unmündigkeit, Unfreiheit und Ungerechtigkeit vorherrschen beziehungsweise in deutlicher Form vorkommen, kann es, so schwierig ihre Definition auch sein mag, die Gegenbegriffe nicht geben.

Politische Mündigkeit kann es niemals für Einzelne geben. Sie ist also kein Zustand, den man, wie etwa im Rechtswesen, durch Erfüllung formaler Kriterien erreichen kann. Sie setzt das Zusammenspiel vieler voraus und muss immer wieder neu errungen werden. Dennoch gibt es klare Regeln, an denen Mündigkeit zu erkennen ist. Das Selbst-Denken ist dabei eine unerlässliche Voraussetzung der Mündigkeit. Das schließt die Absage an Ideologien in jedweder Gestalt ebenso ein wie das Festhalten einmal erlangter Überzeugungen. Es schließt aber auch das tiefe Verständnis für die Verletzung grundlegender Regeln mit ein, denn damit wird immer auch die Mündigkeit zerstört.

Ende des 19. Jahrhunderts wurde der Hauptmann der französischen Armee Alfred Dreyfus in einem aufsehenerregenden Spionageprozess wegen Landesverrats zu lebenslanger Festungshaft verurteilt. Das Urteil basierte weniger auf Fakten denn auf der Tatsache, dass Dreyfus Jude war. In unermüdlichem Eifer hatte sich vor allem der französische Schriftsteller Emile Zola gegen massive Widerstände der französischen Öffentlichkeit für die Freilassung des Hauptmanns verwendet und dabei seine eigene Freiheit aufs Spiel gesetzt.[17] Im Rahmen dieser Affäre soll der spätere französische Ministerpräsident Georges Clemenceau den nachfolgenden Ausspruch getan haben: »Die Sache eines einzigen ist die Sache aller.«[18]

Der Satz kann in seiner Bedeutung für das Problem der Mündigkeit kaum überschätzt werden, enthält er doch in knapper Form so etwas wie ein Grundgesetz freiheitlichen Zusammenlebens. Wenn wichtige Rechte außer Kraft gesetzt werden, aber auch schon in weit geringeren Fällen, wenn beispielsweise Regelungen zum Nachteil bestimmter Bevölkerungsgruppen eingeführt werden sollen, dann

---

[17] Emile Zola wurde wegen seines Eintretens für Dreyfus selbst angeklagt und verurteilt. Er konnte sich der Inhaftierung nur durch eine Flucht nach England entziehen. Zur Dreyfus-Affäre siehe: Alain Pagès, Karl Ziegler (Hrsg.), Emile Zola. Die Dreyfus Affäre, Innsbruck 1998

[18] Zitiert nach: Hannah Arendt, In der Gegenwart – Übungen im politischen Denken II, München 2000, S. 234

gilt dies für alle, selbst wenn nur wenige davon betroffen sind. Die freiheitlich-politische Antwort darf dabei nicht von der Frage politischer Freundschaft oder Gegnerschaft beeinflusst werden. Die Berücksichtigung dieser Denkweise in unserem politischen Verhalten würde der Freiheit mehr dienen als tausend Beschwörungen ihrer Wichtigkeit.

Dies entspricht im Tiefsten dem, was man gewöhnlich als Gemeinsinn bezeichnet. Gemeinsinn darf nicht verwechselt werden mit allgemeiner Übereinstimmung in politischen Fragen, wie sie lange Zeit im Deutschland der Nationalsozialisten, und zwar nicht nur durch die Regierung erzwungen, vorherrschte. Er zeigt sich besonders in der Differenz, also gerade dann, wenn man mit dem politischen Gegner nicht übereinstimmt und ihm dennoch in Achtung begegnet. Das ist der Kern dessen, was Kant die erweiterte Denkungsart nannte. Wäre die erweiterte Denkungsart Allgemeingut, die Frage nach der Entmündigung verlöre viel von ihrer Bedrohlichkeit.

Wege zur Mündigkeit können durch noch so ausgefeilte ideologische Systeme nicht gefunden werden. Auch der Umkehrschluss ist gültig. Wer ideologische Systeme verbreitet, ist an der Mündigkeit der Adressaten nur wenig interessiert. Insofern kann es hier nicht darum gehen, solche Systeme anzubieten. Stattdessen wird die Lösung der aufgeworfenen Probleme in der Kritik verbreiteter Wahrheiten gesucht, die oft als Binsenwahrheiten erscheinen, es meist aber nicht sind. In einer mehr theoretischen Abhandlung sind in Kapitel 2 ausführlich die grundlegenden Maßstäbe der Beurteilung dargestellt worden. Aus der Verwebung von Politik und Ökonomie entwickelte sich zunehmend die in Kapitel 3 dargestellte alles beherrschende Dominanz der Interessen, deren Auswirkungen an zahlreichen Beispielen in Kapitel 4 demonstriert worden ist. Der moderne Wohlfahrtsstaat ist aus allen Fugen geraten und erfüllt kaum mehr rudimentäre Voraussetzungen seiner eigenen Wertmaßstäbe. Im Folgenden geht es nun darum, innerhalb der drei Spannungsfelder Politik und Ökonomie, Politik und Gesellschaft sowie Politik und Individuum Ansätze zu finden, dem Trend zur Entmündigung entgegenzutreten.

»Marx irrte in seiner Diagnose der Art und Weise, in welcher die kapitalistische Gesellschaft zusammenbrechen würde; er irrte nicht in der Voraussage, daß sie schließlich zusammenbrechen werde.«

Joseph A. Schumpeter[19]

5.2   POLITIK UND ÖKONOMIE

Gleich am Anfang seiner »Politik« bemerkt Aristoteles: »Diejenigen jedoch, die meinen, ein leitender Staatsmann, König, Leiter eines Haushalts und Gebieter von Sklaven stellten ein und denselben (Herrschertypus) dar, vertreten eine unrichtige Auffassung. Sie glauben nämlich, jeder von diesen unterscheide sich nach dem großen oder geringen Umfang (des Herrschaftsbereiches) und nicht dem Wesen nach: Wenn z. B. einer über wenige herrsche, sei er Gebieter über Sklaven, wenn über eine große Zahl, Vorstand eines Hauses, wenn über noch mehr Menschen, leitender Staatsmann oder König, so als bestehe kein Unterschied zwischen einem großen Haushalt und einem kleinen Staat. [...] Aber dies ist unzutreffend.«[20]

Im Politikverständnis des modernen Wohlfahrtsstaats herrscht eine gegenteilige Vorstellung. Der Staat gilt als Übervater, der für seine Schutzbefohlenen, die Bürger, umfassende Sorge zu übernehmen und für deren Wohlfahrt zu sorgen hat. Wenn es in einem Zeitraum von 2 500 Jahren bei der Betrachtung einer Sache zu Differenzen kommt, dann kann dies als normal angesehen werden. Kehrt sich die Ansicht in ihr genaues Gegenteil um, dann ist Aufmerksamkeit geboten. Wie ist es zu dieser fundamentalen Differenz gekommen?

Um der Beantwortung dieser Frage näher zu rücken, gehen wir zunächst einmal der Begründung nach, die Aristoteles zu seiner Ansicht veranlasst. Demnach ist es die Aufgabe des Haushalts, die »Befriedigung der Alltagsbedürfnisse«[21] sicherzustellen. Ein Haushalt wird gegründet, um das Überleben seiner Mitglieder zu sichern. Der Staat jedoch ist zwar auch um des Überlebens willen *entstanden*, »er *besteht* aber um des vollkommenen Lebens willen«.[22] Zum Überleben gehört es, für Essen, Kleidung und Wohnung zu sorgen. Die damit zusammenhängenden Tätigkeiten werden von ihrem Ziel bestimmt, sind also nicht frei. Wenn Korn zur Nahrung dienen soll, dann muss es in bestimmter Weise auf einem bestimmten Boden gesät, geerntet und bearbeitet werden. Dieser Prozess ist, wie alle im Zusammenhang mit der Führung eines Haushalts stehenden Prozesse, durch natürliche Voraussetzungen bestimmt. Wer den richtigen Zeitpunkt der Saat verpasst, im ungeeigneten Boden sät, die Ernte versäumt, wer nicht das Korn, sondern den Halm verwenden möchte usw., der wird am Ende seine Ernährung nicht sicherstellen können und zugrunde gehen. Ein Haushalt kann nur geführt werden durch

---

[19]   Joseph A. Schumpeter, Der Marsch in den Sozialismus, abgedruckt in: Ders., Kapitalismus, Sozialismus und Demokratie, Tübingen – Basel 2005, S. 525
[20]   Aristoteles, Politik, 1252a
[21]   Aristoteles, Politik, 1252b
[22]   Aristoteles, Politik, 1252b, Hervorhebung von mir, P.K.

die Tätigkeiten Arbeit und Herstellen, die beide dem Zwang unterliegen. Politik ist aber nach der Vorstellung der Griechen eine freie Tätigkeit freier Menschen, die nicht vom Zwang bestimmt werden darf. Politik, die auf dem Zwang aufsetzt, verliert sofort ihr Sein und löst sich auf.

Die Griechen teilten die menschlichen Grundtätigkeiten in drei Gruppen ein: Arbeiten, Herstellen und Handeln. Das Arbeiten dient dabei der unmittelbaren Lebensreproduktion (Essen, Trinken), das Herstellen der Produktion langfristiger Güter (Hausbau), das Handeln jedoch dem Verkehr der Menschen untereinander. Arbeiten und Herstellen unterliegen einem genauen Plan und sind durch natürliche Voraussetzungen weitgehend bestimmt. Während die Arbeit im engen Zusammenhang zum menschlichen Stoffwechsel steht und ihr Ergebnis im Regelfall unmittelbar verzehrt wird, wirkt das Herstellen Welt bildend, weil die beim Herstellen geschaffenen Güter von Dauer sind, oft von längerer Dauer als das menschliche Leben selbst. Durch das Herstellen setzt der Mensch der Natur eine eigene Ding-Welt entgegen.

Vom Arbeiten und Herstellen ist das Handeln fundamental zu unterscheiden. »Das Handeln ist die einzige Tätigkeit der Vita activa, die sich ohne die Vermittlung von Materie, Material und Dingen direkt zwischen Menschen abspielt. Die Grundbedingung, die ihr entspricht, ist das Faktum der Pluralität, nämlich die Tatsache, daß nicht ein Mensch, sondern viele Menschen auf der Erde leben und die Welt bevölkern.«[23]

Wenn Aristoteles also eine Unvereinbarkeit zwischen der Leitung eines Haushalts und der Leitung eines Staats sieht, dann hat dies entscheidend damit zu tun, dass bei den Staatsgeschäften das Handeln, im Haushalt jedoch Arbeiten und Herstellen die bestimmenden Merkmale der Tätigkeiten sind.

Aus der Sicht der Tätigkeiten betrachtet, gehört die Ökonomie in den Bereich des Haushalts, dient sie doch elementar der Lebenssicherung, wenn sie auch weit darüber hinausweist und schon mehr den Charakter der Wohlstandssicherung angenommen hat. Jede Wohlstandssicherung setzt aber die Lebenssicherung bereits voraus. Wenn also das Ökonomische in der Moderne Eingang in den politischen Raum gefunden hat, dann ist das ein Paradigmenwechsel. Wenn es gar zur bestimmenden Instanz politischer Fragestellungen wird, dann steht das gesamte Konzept des Politischen auf dem Kopf. Die Tätigkeit des Handelns wird durch die Tätigkeit des Herstellens ersetzt.

Diese weitreichende Transformation wird vom politischen Betrieb durchaus mit Willen und Bewusstsein vollzogen, gilt es doch als vornehmste politische Aufgabe, einen Zustand allgemeinen Wohlbefindens »herzustellen«. Nach den Vorüberlegungen setzt dieses Wollen klare Regeln für die Herstellung dieses Zustandes voraus. Wenn es diese gibt und sie angewendet werden, dann ist jede Überlegung zur Freiheit überflüssig, weil es Freiheit nicht mehr geben kann. Dann ist die Entmündigung der Bürger eine unumstößliche Tatsache. Totalitäre Systeme haben auf diesem Weg bereits einige Fortschritte erzielt. Möglicherweise gelingt es einer Spielart des Totalitarismus, einen Zustand herbeizuführen, der zumindest

---

23 Hannah Arendt, Vita activa – oder Vom tätigen Leben, Stuttgart 1960, S. 14

bei einer Mehrheit der Bevölkerung auf Zustimmung stößt und von ihr getragen wird. Dann hätten wir eine Diktatur der Mehrheit, vor der nicht nur Aristoteles und Tocqueville eindrücklich gewarnt haben, die also keinesfalls undenkbar, ja noch nicht einmal unwahrscheinlich ist.

Bei solchen Überlegungen sollten wir uns hüten, an eine Herrschaft blutiger Gewalt zu denken. Wahrscheinlicher wäre Huxleys »Schöne neue Welt«, in der die Menschen »vergessen« haben, dass es so etwas wie Freiheit je gegeben hat.[24] Dann hätten wir auf andere Art als durch die bei der Atomspaltung freigesetzte Kraft oder den Wandel des Klimas geschafft, was wir durch zahllose Anstrengungen und Aktionen aufzuhalten versuchen: die Abschaffung des Menschen als Persönlichkeit und seine Reduktion auf ein reines Gattungswesen.

Wenn wir den geraden Weg in die Abschaffung des Menschen nicht gehen, dann hat dies weniger mit unserem bewussten Wollen zu tun – das Konzept des Wohlfahrtsstaats ist in seinem Kern nichts anderes als ein Konzept zur Abschaffung des Menschen –, als vielmehr mit der Unzulänglichkeit unseres Wollens. Der moderne Wohlfahrtsstaat mit seinen divergierenden Interessen gelangt lediglich zu widersprüchlichen Lösungen, die jeweils kaum den Tag überstehen, an dem sie in Kraft gesetzt wurden. In der Tat finden wir in genau diesem täglichen Un-Sinn, wie er in den vorliegenden Ausführungen oft genug demonstriert worden ist, den Grund für unsere politischen Auseinandersetzungen, die uns einen Schein von längst verlorener Freiheit vorgaukeln. Es ist wahrlich keine tröstende Perspektive, unsere verbliebenen Reste von Freiheit mangelhaft gesetzten Anstrengungen im politischen Raum zu verdanken.

Wenn der Bau einer Brücke stockt, weil die Ingenieure sich nicht über ihr Vorgehen einig sind, dann mag das jene freuen, die die Brücke nicht wollen, dem Vertrauen in die Leistungen der Ingenieure ist dies jedoch nicht zuträglich. Politik als herstellende Tätigkeit zu begreifen, hat eine lange Geschichte. Die berühmteste Stelle, an der dies in aller Klarheit gefordert wird, findet sich in Platons »Staat«, in dem er Sokrates die folgenden Worte in den Mund legt:

»Wenn nicht entweder die Philosophen Könige werden in den Staaten, oder die jetzt sogenannten Könige und Gewalthaber sich aufrichtig und gründlich mit Philosophie befassen, und dies beides in eins zusammenfällt, politische Macht und Philosophie, unter denen aber, die jetzt getrennt voneinander, je eines der beiden Ziele verfolgen, diejenigen, die ihrer Natur nach bloße Politiker sind, zu völligem Verzicht gezwungen werden, gibt es [...] kein Ende des Unheils für die Staaten, ja, wenn ich recht sehe, auch nicht für das Menschengeschlecht überhaupt, und auch unsere Staatsverfassung, die wir jetzt in Gedanken in der Rede uns ausgemalt haben, wird nicht eher, so weit wie überhaupt möglich, entstehen und das Tageslicht erblicken.«[25] Die Philosophen als die wahren »Wissenden« sollen die Staatsgeschicke lenken und buchstäblich einen Zustand herstellen, der dem Wohle aller dient. Für Platon war die Unwägbarkeit des Handelns ein Gräuel, weil es die Beherrschbarkeit des Geschehens verhinderte. Die Meinung der vielen Einzelnen

---

[24] Vgl. dazu Kapitel 4, Fußnote 12
[25] Platon, Der Staat, Sämtliche Dialoge, Band V, Hamburg 1998, S. 213 (473 St)

sollte durch die Wahrheit ersetzt werden. Damit wird aber gerade das Politische und mit ihm die Freiheit vernichtet, der immer Unwägbarkeit eignet. Philosophen waren Freunde der Weisheit, Freunde der Freiheit waren sie nie.

Nachdem mit dem Ende des Imperium Romanum das Politische viele Jahrhunderte lang verschüttet war, kehrte es im Zuge des Humanismus als zarte Pflanze zurück, um in den Forderungen der Aufklärung wieder machtvolle Bedeutung zu erlangen. Seit dem amerikanischen Unabhängigkeitskrieg und der Französischen Revolution hat sich das Politische in der westlichen Welt in einer bisher beispiellosen Weise etabliert, zeitgleich mit ihm aber auch das es Zerstörende. Insbesondere die Französische Revolution ist nicht denkbar ohne den Schrei der hungernden Massen von Paris nach Brot. Begleitet wurde dieser Schrei durch die Etablierung der Ökonomie als Wissenschaft und den Beginn der industriellen Revolution. Nicht mehr nur Befreiung von drückender Not, sondern Wohlstand wurde zu einem Versprechen, das nicht nur für privilegierte Teile der Bevölkerung gelten sollte. Doch zunächst setzte eine gegenteilige Entwicklung ein. Statt im Wohlstand zu schwelgen, verelendeten die vom Land in die Städte vertriebenen Menschen und vegetierten in Hunger und unglaublicher Not vor sich hin.

Friedrich Engels hat in seiner Abhandlung »Die Lage der arbeitenden Klasse in England«[26] ein eindrucksvolles Dokument dieser Zeit hinterlassen. Dem zunehmenden Reichtum aufseiten der Kapitalbesitzer stand die zunehmende Armut der breiten Masse der Arbeiter entgegen. Folgerichtig organisierten sich die Arbeiter und begehrten gegen die Zustände auf. Oft wurde das Aufbegehren durch brutale Polizeieinsätze niedergeschlagen. In Karl Marx und Friedrich Engels erwuchsen dem Proletariat Verbündete, die das Problem auf theoretischer Ebene durchdrangen und nicht nur eine wissenschaftliche Begründung für die Zustände lieferten, sondern zugleich auch Wege zu ihrer Überwindung aufzeigten.

Wie bereits erwähnt besagt die marxsche Lehre in ihrem innersten Kern, dass sich durch die industrielle Revolution, die das, was man gemeinhin Kapitalismus nennt, hervorbrachte, die Gesellschaft in zwei Klassen aufspaltet, die sich in unaufhebbarem Widerspruch gegenüberstehen: die Kapitalbesitzer und die Proletarier. Erst durch eine Revolution, in der die Kapitaleigner enteignet und deren Eigentum vergesellschaftet wird, kann der Widerspruch aufgehoben werden. Mit der Aufhebung des Klassengegensatzes verschwindet für Marx zugleich die politische Gewalt, denn es gilt: »Die politische Gewalt im eigentlichen Sinne ist die organisierte Gewalt einer Klasse zur Unterdrückung einer andern.«[27] Mit der politischen Gewalt verschwindet aber das Politische überhaupt, denn in der klassenlosen Gesellschaft sind politische Auseinandersetzungen nicht mehr vorgesehen. Zwar beschwört das »Kommunistische Manifest« nach Abschaffung der Herrschaft der Klassen noch ein künftiges Reich der Freiheit, aber doch in eher dürren Worten und mit wenig Begründung: »An die Stelle der alten bürgerlichen Gesellschaft mit ihren Klassen und Klassengegensätzen tritt eine Assoziation, worin die

---

[26] Friedrich Engels, Die Lage der arbeitenden Klassen in England, MEW, Band 2, S. 225ff.
[27] Karl Marx/Friedrich Engels, Manifest der Kommunistischen Partei, MEW, Band 4, S. 482

freie Entwicklung eines jeden die Bedingung für die freie Entwicklung aller ist.«[28] Dieser Satz wird von Marxisten gerne als Beleg für die freiheitliche Ausrichtung der marxschen Anschauungen verwendet, er enthält aber nicht viel mehr als eine Plattitüde: Wenn die Entwicklung eines jeden nicht frei ist, kann die Entwicklung aller auch nicht frei sein. In seinem Kern besagt der Satz, alle sind frei, wenn erst die Herrschaft der Klassen gebrochen ist. Welche Freiheit gemeint ist, bleibt an dieser Stelle offen.

Umso genauer beschreibt Engels die gemeinte Freiheit, wenn er feststellt: »Freiheit des Willens heißt daher nichts andres als die Fähigkeit, mit Sachkenntnis entscheiden zu können.«[29] Das ist aber gerade die »Freiheit«, die beim Herstellen gilt, weil die Naturgesetze den Herstellungsprozess weitgehend bestimmen. Die von Friedrich Engels gesehene Freiheit ist jedenfalls keine politische. Es wäre müßig, den Spuren der marxschen Gedankengänge weiter zu folgen, hätten sie nicht eine Herrschaft über unsere Vorstellungen vom Politischen erlangt, die sich noch in den wütendsten Angriffen ihrer Gegner zeigt.

Seit Marx hat sich die Vorstellung vom Herstellen als dem alles bestimmenden Muster politischen Handelns in unseren Köpfen festgesetzt, als wäre es uns eingehämmert worden. Auch noch die extremsten Verfechter einer Sozialpartnerschaft nehmen sich das Bild des Klassenkampfs zum Muster ihrer politischen Anliegen. Sie versuchen lediglich, die Auseinandersetzung friedlicher zu gestalten, das heißt, der marxsche Antagonismus wird in einen normalen Interessenkonflikt transformiert, der mit friedlichen Mitteln geregelt werden kann und also keiner Revolution mehr bedarf. Unverändert ist seit Marx das Primat des Ökonomischen im gesamten politischen Bereich. Keine noch so liberale oder konservative Regierung, von anderen politischen Richtungen gar nicht erst zu reden, denkt nur im Entferntesten daran, dieses Primat auch nur zu hinterfragen. In ihrem Streben, einen Wohlfahrtsstaat zu errichten, sind sich alle politischen Richtungen unseres Landes (und weit darüber hinaus) völlig einig. Eine politische Partei, die diesem Streben eine Alternative entgegensetzen wollte, könnte sich die Anstrengungen ihrer Gründung sparen, hätte sie doch keine Aussicht, in der Öffentlichkeit auch nur wahrgenommen zu werden. Wer politisch etwas anderes will, als den Wohlstand zu vermehren, der ist zu einer bedeutungslosen Randexistenz ohne Öffentlichkeit verurteilt.

Es gibt aber noch einen anderen Grund, den marxschen Ausführungen Aufmerksamkeit zu schenken, weil ein wichtiger Aspekt deren *Kritik am Kapitalismus* des 19. Jahrhunderts ebenfalls zum zentralen Anliegen aller politischen Parteien in unserem Land geworden ist, unabhängig davon, ob sie sich konservativ, liberal, sozial oder umweltbezogen orientieren. Es geht um das, was Marx den sich verwertenden Wert nennt und zu dem er schreibt: »Im zinstragenden Kapital ist daher dieser automatische Fetisch rein herausgearbeitet, der sich selbst verwertende Wert, Geld heckendes Geld, und trägt es in dieser Form keine Narben seiner Entstehung mehr. Das gesellschaftliche Verhältnis ist vollendet als Verhältnis eines

---

[28] Karl Marx/Friedrich Engels, Manifest der Kommunistischen Partei, MEW, Band 4, S. 482
[29] Friedrich Engels, Herr Eugen Dührings Umwälzung der Wissenschaft, MEW, Band 20, S. 106

Dings, des Geldes, zu sich selbst.«[30] Was in unserer an Vereinfachung gewöhnten »öffentlichen Sprache« schwer verständlich erscheint, entpuppt sich bei genauerem Hinsehen als ein allgemein bekannter Sachverhalt. Marx meint mit dem sich verwertenden Wert nichts anderes als unser Bestreben, aus Geld mehr Geld zu »machen«. Am offensichtlichsten ist dies beim Zins, den wir selbstverständlich von jeder Geldanlage erwarten.

Die Totalität der Herrschaft des sich verwertenden Werts geht aber weit darüber hinaus. Wir finden sie in reiner Form in periodisch veröffentlichten Wachstumsprognosen ebenso wie in der volkswirtschaftlichen Erfolgsrechnung, dem Bruttoinlandsprodukt, das schlecht ist bei mäßigem Wachstum, sehr schlecht bei keinem Wachstum und desaströs, wenn die Summe der in einer Periode erstellten Güter und Dienstleistungen gar niedriger ist als in der vorherigen. Bei der Bestimmung des Bruttoinlandsprodukts wird von jedem Inhalt abgesehen, berechnet wird es allein auf der Basis sich verändernder Werte. Durch angestrengtes Graben von Gräben, die wir gleich wieder zuschütten, könnten wir das Bruttoinlandsprodukt erheblich steigern. Klarer lässt sich die Herrschaft des sich verwertenden Werts nicht demonstrieren.

Mit der Selbstverständlichkeit morgendlichen Sonnenaufgangs haben wir unsere Zukunftserwartungen auf wirtschaftlichem Wachstum aufgebaut. Das gilt für unsere Lohn- und Rentenerwartungen, aber auch für unsere sozialen Sicherungssysteme. Wer daran etwas ändern möchte und dies noch öffentlich sagt, der begeht politischen Selbstmord, dem verbleibt bestenfalls ein Randdasein als exotische Existenz. Von diesem gesellschaftlichen Konsens nehmen sich nicht einmal die Umweltschützer aus, die zwar ein anderes Wachstum, aber eben Wachstum wollen und damit bestenfalls eine andere Verwertung des eingesetzten Kapitals. Vertreter bewussten Konsums, denen das »Immer schneller, weiter, höher« suspekt ist, knicken spätestens dann ein, wenn es um die Erhaltung von Arbeitsplätzen geht. Wer sich gegen die Fixierung auf Arbeitsplätze oder die Erhöhung von Löhnen stellt, der begeht ein Sakrileg, der wird nicht nur als asozial, der wird gleich als antisozial begriffen. Und doch ist die Fetischisierung der Arbeit nur die andere Seite der nämlichen Medaille, sie entspricht dem Konzept des sich verwertenden Werts nicht weniger als die Fixierung auf Wachstum.

Das bereits ausführlich geschilderte Verfahren systematischer Verschleierung kommt auch hier wieder zum Tragen, und zwar in Gestalt permanenter Geldentwertung, deren genaue Größe kaum zu bemessen ist, hängt sie doch von einer Vielzahl von Faktoren ab. Der Zusammenhang ist einfach zu verstehen: Wenn man bei angenommener Geldwertstabilität auf ein angelegtes Kapital in einer Zeitperiode einen Zins von drei Prozent erzielt, dann ist das Kapital um genau diesen relativen Wert gewachsen; wenn im gleichen Zeitraum der Geldwert sich um drei Prozent verringert hat, dann hat sich das Kapital zwar nominal vermehrt, wertmäßig ist es gleich geblieben. Bezeichnet man aber eine moderate Geldentwertung (was immer das sei) als Geldwertstabilität, wie es seit Langem geschieht, dann verschleiert man diesen Zusammenhang, weil der Berechenbarkeit die Grundlage

---

[30] MEW, Band 25, S. 405

entzogen wird. Auf diese Weise kann Zunahme durchaus Abnahme bedeuten, und wir lügen uns in die eigene Tasche. Die permanente Geldentwertung ist also ein wichtiges Mittel, ausbleibendes oder zu geringes Wachstum durch ein Gefühl von Wachstum zu ersetzen.

Zweifellos ist Wachstum über alle Parteigrenzen hinweg zum bestimmenden Maßstab der Politik geworden. Damit ist die politische Ökonomie des 19. Jahrhunderts längst zur ökonomischen Politik geworden. Politik ist dabei das Teilgebiet der Ökonomie, bei dem es darauf ankommt, einerseits die »richtigen« Produkte zu produzieren und andererseits, dies ist viel wichtiger, die »natürliche« Verteilung der Ansprüche auf die Produkte im Sinne einer Mehrheit zu korrigieren. Die Aufgabe der Politik besteht also wesentlich in der »Herstellung« eines solchen Zustandes. Weil Schaffung von Welt mit Besitz von Geld gleichgesetzt wird, ist der Platz für menschliches Handeln verschwunden und mit ihm das, was die Griechen einmal Politik nannten. In einer demokratischen Gesellschaft wäre eine solche Wertfixierung nicht möglich ohne die Zustimmung breitester Teile der Bevölkerung. Halten wir also fest: Was Marx noch als Kritik an einem bestimmten gesellschaftlichen Zustand formuliert hat, ist inzwischen Allgemeingut geworden, und zwar affirmativ in dem Sinne, dass wir uns eine andere Welt gar nicht mehr vorstellen können.

Wenn wir dies in Beziehung zu der großen gesellschaftlichen Auseinandersetzung zwischen Kapitalismus und Sozialismus oder Kapital und Arbeit im 19. Jahrhundert sehen, dann ist von diesem – wie Marx noch sagte: antagonistischen – Konflikt wenig mehr als ein üblicher Interessenkonflikt übrig geblieben. Die Utopie einer »besseren Welt«, der ja immerhin noch Reste politischen Bewusstseins entsprechen, wäre ersetzt durch die Frage: Wer erhält von wem für was wie viel. Die Frage der Verteilung kann aber, noch dazu in einer auf Reichtum fixierten Gesellschaft, sicher nicht durch freien Meinungsaustausch gelöst werden, in dem Einzelne davon überzeugt werden, auf Teile ihres Einkommens zu verzichten. Die einzige Form der Konfliktbewältigung ist die Willkür.

Die Aufgabe der Politik besteht dann allein darin, die Willkür zu verkleiden, sie also nicht als Willkür erscheinen zu lassen. Der Mensch wird dabei zu einer Marionette degradiert, deren Glieder von einer nicht mehr fassbaren Instanz gelenkt werden. Für diese These finden sich reichliche Belege. In den Ausführungen zur Finanzkrise 2008 stoßen wir zuhauf auf sie. Wenn wir zum Beispiel die Ursachen der Krise auf einen überbordenden Kapitalismus zurückführen, die Krise aber in Wahrheit durch einen unkontrollierten Sozialismus entstanden ist, dann liegt ein deutlicher Beleg für die aufgestellte These vor, dann richtet sich diese Willkür aber nicht allein gegen einzelne Menschen, sondern gegen die Realität schlechthin, die wir einfach nicht zur Kenntnis nehmen wollen. Auf diese Weise wird ein Ereignis wie die Finanzkrise 2008 nicht bewältigt. Ähnliche Ereignisse werden mit der Sicherheit von Gezeitenwechseln wiederkehren. Wir bestimmen das Ergebnis der Rechenoperation 2 plus 2 mit 5 und wundern uns, wenn wir falsche Berechnungen anstellen.

Das Primat des Ökonomischen im politischen Raum stellt eine existenzielle Bedrohung des Politischen selbst und mit ihr jeder Art von Freiheit dar. Die

Bedrohung wird zur Vernichtung, wenn sie nicht mehr verstanden wird und den Charakter einer Naturgewalt annimmt. Die Frage, ob wir die Bedrohung zu beherrschen vermögen, kann zum jetzigen Zeitpunkt nicht beantwortet werden. Wenn wir uns der Frage aber gar nicht erst stellen, dann wird die Bedrohung zur Gewissheit, dann ist sicher, dass die Pluralität der Menschen abgeschafft wird, dann werden *die Menschen* durch *den Menschen* ersetzt. In voller Konsequenz wird damit schließlich auch der Mensch abgeschafft, denn er wäre dann nur noch eine Spezies unter vielen im Tierreich, eine schlecht ausgestattete zudem. Der Glaube des Kindes, nicht gesehen zu werden, wenn es selbst nichts sieht, wird zur Maxime ganzer Gesellschaften, deren Infantilisierung deutlichstes Zeichen ihrer Entmündigung ist. Die Geborgenheit des Mutterschoßes ist ein schlechter Ort, Welt zu schaffen und sich mit ihr auseinanderzusetzen.

Das Primat des Ökonomischen im politischen Raum ist jedoch weder einfach per Deklaration noch durch einen romantisch verklärten Blick auf goldene Zeitalter der Vergangenheit zu beseitigen. Vielleicht sind wir schon jetzt nicht mehr in der Lage, am Grundsatz dieses Primats zu rütteln. Umso mehr kommt es dann darauf an, diese Bedrohung des Politischen in allen Konsequenzen zu verstehen, um überhaupt über Möglichkeiten zu verfügen, die Bedrohung abzuwehren oder wenigstens einzuschränken. Der Politikbetrieb – und damit sind unterschiedslos sowohl *alle politischen Parteien* als auch die relevanten *gesellschaftlichen Gruppen* und die überwiegende Zahl der *Bürger* gemeint – hat seine Entscheidung längst gefällt. In Fragen ihrer Lebensgestaltung bedürfen die Bürger der helfenden Hand des Staates, weil sie ohne diese ihr Leben nicht führen können. Den wenigen, die es noch können, wird ein gnadenloser Kampf angesagt, bis auch der Letzte noch entmündigt ist. Das Primat des Ökonomischen im politischen Raum kann sicherlich nicht nur auf Mängel im kapitalistischen System zurückgeführt werden. Viel interessanter scheint dagegen die beharrliche Weigerung, unsere Gesellschaftsformation als sozialistische zu bezeichnen.

Die erste Frage lautet also, was steht dem entgegen, unsere Gesellschaftsformation als sozialistische zu bezeichnen? Bei der Beantwortung dieser Frage verlieren die notorischen Ideologen – in dieser wie in jener Richtung – ihr Feindbild. Die eine Seite verliert das Feindbild des Kapitalismus, die andere das des Sozialismus. Beide Feindbilder haben seit mehr als einem Jahrhundert als hervorragendes Mittel gedient, durch Anprangerung der, sagen wir, Unzulänglichkeiten der je anderen Seite, von den eigenen Problemen abzulenken, um sich desto schamloser der Durchsetzung der eigenen Interessen widmen zu können.

Zur Frage Kapitalismus oder Sozialismus sind bereits ausführliche Überlegungen angestellt worden. Deshalb beschränken sich die nachfolgenden Ausführungen auf drei Schritte. In den ersten beiden Schritten wird noch einmal kurz dargelegt, warum wir keinen Kapitalismus mehr haben, dafür aber Sozialismus. Im dritten Schritt findet schließlich eine Auseinandersetzung darüber statt, was diese Erkenntnis für die Erhaltung eines politischen Raums bedeuten könnte.

Vermutlich gibt es keine anderen Begriffe, die so umstritten definiert werden, wie die Begriffe Kapitalismus und Sozialismus. Das hat sicherlich mit ihrer langjährigen Geschichte als Kampfbegriffe in einer heftigen Auseinandersetzung zu tun. Statt den unterschiedlichen Definitionen nachzugehen, wird ihr Kern betrachtet. Unter dem Begriff »Kapitalismus« finden wir im »Wörterbuch der philosophischen Begriffe« die folgende Erklärung: »Wirtschaftssystem, das sich auf der Grundlage des Privateigentums und der Privatproduktion entwickelte, in dem die Rente (der Gewinn, Profit) des investierten Kapitals die ausschlaggebende Rolle spielt.«[31] Folgen wir der Definition, dann ist der Kapitalismus durch drei charakteristische Merkmale definiert:

- Privateigentum an den Produktionsmitteln,
- Privatproduktion,
- Profit des investierten Kapitals spielt die ausschlaggebende Rolle.

Wie schon ein oberflächlicher Blick lehrt, funktionieren wesentliche Teile der Produktion in den entwickelten Ländern nach anderen Kriterien und nicht eines der genannten Kriterien ist mehr erfüllt. Wenn große Dax-Konzerne mehr als eine halbe Million Aktionäre, also Eigentümer haben[32], dann kann nicht mehr von Privateigentum gesprochen werden, dann ist ein solcher Konzern vergesellschaftet. Mit dem Privateigentum fällt auch die Privatproduktion in sich zusammen. Dies zeigt auch auf eindrucksvolle Weise die Staatsquote, die sich in der Euro-Zone bei knapp 50 Prozent, in der OECD bei gut 40 Prozent bewegt.[33] Wenn aber annähernd die Hälfte der Nachfrage eines Landes vom Staat generiert wird, dann kann nicht mehr von einer Privatwirtschaft gesprochen werden, weil die Nachfragemacht des Staates fast so stark ist wie die aller privaten Haushalte. Die Vergesellschaftung der Nachfrage bedingt aber zwangsweise die Vergesellschaftung des Angebots. Die ausschlaggebende Rolle des Profits des investierten Kapitals wird zwar unverdrossen behauptet, wie aber deutlich gezeigt wurde, entspricht dies nicht der Realität. Seit in den entscheidenden Produktionsstätten die Kapitalgeber nicht mehr das operative Geschäft leiten, sondern von beauftragten Managern leiten lassen, haben sich die Gewichte deutlich zugunsten der Manager verschoben. Wenn der Begriff der Ausbeutung einen Sinn hat, dann im Zusammenspiel zwischen Kapital und Management: Das Kapital wird vom Management ausgebeutet. Eine ernsthafte Auseinandersetzung mit der Finanzkrise 2008 lässt keinen anderen Schluss zu. Der Kapitalseite wurden Schäden im Bereich von Billionen Euro zugefügt, während die von ihr angestellten Manager in der Regel ihre exorbitanten Bonuszahlungen problemlos behalten durften.

Auch hier dient wieder Karl Marx als wichtige Bestätigung der aufgestellten These. Seine Ausführungen sind es wert, ausführlich zitiert zu werden, um den Sachverhalt zweifelsfrei darzustellen. Er schreibt: »Wenn daher die kapitalistische Leitung dem Inhalt nach zwieschlächtig ist, wegen der Zwieschlächtigkeit des zu leitenden Produktionsprozesses selbst, welcher einerseits gesellschaftlicher Arbeitsprozeß zur Herstellung eines Produkts, andrerseits Verwertungsprozeß des

---

[31] Wörterbuch der philosophischen Begriffe, Stichwort: Kapitalismus, Hamburg 2005, S. 336
[32] Siehe Kapitel 3, Fußnote 107
[33] Vgl. dazu: OECD, Economic Outlook 84, Paris 2008

Kapitals, so ist sie der Form nach despotisch. Mit der Entwicklung der Kooperation auf größrem Maßstab entwickelt dieser Despotismus seine eigentümlichen Formen. Wie der Kapitalist zunächst entbunden wird von der Handarbeit, sobald sein Kapital jene Minimalgröße erreicht hat, womit die eigentlich kapitalistische Produktion erst beginnt, *so tritt er jetzt die Funktion unmittelbarer und fortwährender Beaufsichtigung der einzelnen Arbeiter und Arbeitergruppen selbst wieder ab an eine besondere Sorte von Lohnarbeitern.* Wie eine Armee militärischer, bedarf eine unter dem Kommando desselben Kapitals zusammenwirkende Arbeitermasse industrieller Oberoffiziere (Dirigenten, managers) und Unteroffiziere (Arbeitsaufseher, foremen, overlookers, contre-maîtres), die während des Arbeitsprozesses im Namen des Kapitals kommandieren.«[34] Marx lässt keinen Zweifel daran, dass die Manager eine besondere »Sorte von Lohnarbeitern« darstellen. Manager führen ihre Tätigkeit im Namen des Kapitals aus, in Zweifel gezogen wird allerdings ihre umstandslose Interessenwahrnehmung eben dieses Kapitals.

Einen Menschen, der bei schönstem Sonnenschein Regenkleidung trägt, sie bei Regen jedoch ablegt, um nicht nass zu werden, würde man mit guten Gründen für verrückt erklären. Wie soll man aber eine Öffentlichkeit nennen, die im Fall der Managerzuordnung auf analoge Weise verfährt? Im wohlwollendsten Fall könnte man dies als Fehler bezeichnen. Doch wäre diese Bezeichnung einfach falsch. Bei einem Fehler wird versehentlich eine richtige Handlung nicht oder eine falsche Handlung ausgeführt. Ein Fehler wird durch einen Irrtum induziert. Im vorliegenden Fall kann davon jedoch keine Rede sein, da die gemeinte Handlung mit unvergleichlicher Systematik durchgeführt wird.

Der Kapitalismus spielt für den Politiker die gleiche Rolle wie im Mittelalter der Teufel für den Gläubigen. Immer dann, wenn der ordnungsgemäße Ablauf gestört worden ist, kann die Schuld auf die je entsprechende Instanz geladen werden, die um ihrer universellen Verwendbarkeit willen gar nicht genau definiert werden darf. Was allerdings im Mittelalter noch der mangelnden Kenntnis der Menschen zugeschrieben werden konnte, das ist mehr als 200 Jahre nach der Aufklärung ein mehr als fragwürdiger Anachronismus, der jedenfalls schwer nur mit einer Gesellschaft freier und mündiger Bürger vereinbar ist.

Wie unschwer zu erkennen ist, sind die drei genannten Kriterien für Kapitalismus allesamt nicht mehr erfüllt. Marx und mit ihm alle seine Epigonen denken hier nicht weit genug, weil sie übersehen, dass die atomisierten Kapitalgeber die Kommandogewalt über die eingesetzten Manager verlieren und durch deren Fachkenntnis sich plötzlich im Zustand der Beherrschten wiederfinden. Dies ist keine trockene Theorie, sondern täglich zu erlebende Praxis, wie an einer Reihe von Beispielen gezeigt wurde.

Betrachten wir einen zweiten Aspekt der Massenproduktion. Für alle Sozialisten dieser Welt gilt die Wahrheit von der dem Kapitalismus inhärenten Ausbeutung der arbeitenden Massen, der nur durch starke Gewerkschaften und entsprechende politische Parteien begegnet werden kann. Der Begriff wurde, wie könnte es anders sein, wiederum von Marx geprägt und suggeriert, die Arbeitenden müss-

---

[34] Karl Marx, Das Kapital, Band 1, MEW, Band 23, S. 351, Hervorhebungen von mir, P.K.

ten darben, würden um einen ihnen eigentlich zustehenden Teil des Lohns gebracht und wären somit ihrer Verelendung ausgeliefert. Dem marxschen Begriff der Ausbeutung liegt ein komplexer Zusammenhang zugrunde, der hier nicht ausführlich erörtert werden soll. Durchaus erörtert werden soll allerdings der unbestreitbare Tatbestand, dass eine Massenproduktion nur dann sinnvoll ist, wenn ihr auch ein Massenabsatz entspricht. Der wiederum ist aber nur möglich, wenn die arbeitenden Massen auch über entsprechende Kaufkraft verfügen. Selbst wenn jeder einzelne Kapitalist ein Interesse daran hat, seine Arbeiter so gering wie möglich zu entlohnen, so kann doch ein Wirtschaftssystem, das auf Massenproduktion ausgerichtet ist, nur existieren, wenn genügend Massenkaufkraft vorhanden ist. Jede andere Art der Interpretation führt zwangsweise in eine Antinomie. Auch in diesem Fall spricht der Blick auf die Realität eine eindeutige Sprache: Es gibt weltweit keine entwickelte Volkswirtschaft mit Massenproduktion, auf die diese Erkenntnis nicht zutrifft. Davon völlig unberührt bleibt die Frage, ob man die Massenkaufkraft über das jeweils existierende Maß erhöhen oder anders verteilen sollte.

Die Frage, ob die entwickelten Länder weiterhin als kapitalistisch zu bezeichnen sind, kann also mit guten Gründen verneint werden. Darüber können auch Konstruktionen, wie die des »organisierten Kapitalismus« (Hilferding) nicht hinwegtäuschen, weil semantische Kniffe die realen Verschiebungen nicht zu deuten vermögen.

Im elementaren Rechnen gibt es die sogenannte Neunerprobe zur Verifizierung eines Ergebnisses. Nachdem die Behauptung aufgestellt worden ist, die entwickelten Volkswirtschaften mit Massenproduktion würden nicht mehr nach den Regeln des Kapitalismus funktionieren, soll nun eine Überprüfung stattfinden, ob sich die gegenteilige Behauptung eines weltweit existierenden Sozialismus mit ebenso guten Argumenten belegen lässt. Dies ist gleichsam die Neunerprobe auf die bisherigen Aussagen zu diesem Thema. Fassen wir die Definition des Sozialismus[35] aus derselben Quelle zusammen, dann zeichnet sich Sozialismus aus durch:

- gesellschaftliche Kontrolle der Ökonomie und der Eigentumsverhältnisse,
- soziale Gerechtigkeit,
- politische Praxis zur Erreichung dieses Ziels.

Aus naheliegenden Gründen gibt es über die Definition des Begriffs Sozialismus größere Auseinandersetzungen als beim Begriff Kapitalismus. In Ländern ohne starke sozialistische Bewegungen wird der Begriff Kapitalismus mehr oder weniger neutral verwendet und reizt die Gemüter kaum, in den anderen Ländern fehlt es einfach an Kapitalisten, die sich angegriffen fühlen könnten. In diesen Ländern ist es deshalb auch üblich geworden, gesellschaftliches Unwohlsein auf den Kapitalismus zu projizieren, dem damit bequem eine Funktion zur »Wutabfuhr« aufgebürdet werden kann. Ganz anders ist es mit dem Begriff Sozialismus. Der spaltet

---

35 Vgl. Wörterbuch der philosophischen Begriffe, Stichwort: Sozialismus, Hamburg 2005, S. 616f.

die Bevölkerung wie kaum ein anderer, weil die einen das, was man gemeinhin mit »Gleichmacherei« bezeichnet, damit verbinden und ihn rigoros ablehnen, während die anderen ihre persönliche Utopie mit ihm verknüpfen und sich deshalb leicht in fundamentalistisches Fahrwasser begeben.

Im vorliegenden Fall kommt es darauf an, sich dem Begriff zu nähern, ohne ideologischen Scharmützeln zu verfallen. Dazu muss man erkennen, dass es *den* *Begriff* des Sozialismus nicht geben kann. Wir sollten uns dem Begriff in ähnlicher Weise nähern wie dem Begriff »Christentum«. Auch dort gibt es bedeutsame Unterschiede in Einzelfragen. Dennoch haben Christen mittlerweile gelernt, sich gegenseitig zu respektieren, ohne deshalb ihre Unterschiede aufzugeben. Der Begriff Sozialismus soll deshalb auf allgemeine Merkmale zurückgeführt werden, ohne weder die Unterschiede der verschiedenen »Sozialismen« einzuebnen noch mechanisch Abwehrmechanismen auszulösen.

Wenn ein demokratischer Staat eine Staatsquote von mehr als 40 Prozent hat, dann reicht dies alleine aus, um guten Gewissens von einer gesellschaftlichen Kontrolle der Ökonomie zu sprechen. Darüber hinaus ist ohne Beteiligung des Staates keine einzige legale Geschäftstransaktion möglich, ja selbst private Transaktionen, wie zum Beispiel eine (größere) Schenkung, unterliegen der staatlichen Kontrolle. Sieht man sich die Liste der Subventionen an, die ja keinesfalls nur an notleidende Unternehmen gezahlt werden, sondern in vielen Fällen gut verdienenden Konzernen zugutekommen und bis zur Förderung von Heil-, Duft-, Gewürz- und Färbepflanzen reichen, dann kann die gesellschaftliche Kontrolle der Ökonomie kaum mehr bestritten werden.

Dazu kommen unzählige Regelungen zur Mitbestimmung in Betrieben, zu Frauenquoten, gegen Diskriminierungen aller möglichen Gruppen usw. Die gesellschaftliche Kontrolle erstreckt sich weit in die Eigentumsverhältnisse hinein. Das Thema soziale Gerechtigkeit ist zum alles beherrschenden Thema des politischen Betriebs geworden. Die Aufwendungen zur Realisierung dieses Anspruchs machen inzwischen den Löwenanteil der Staatsausgaben aus. Die Programme zum Elterngeld, Kindergeld, Erziehungsgeld, Arbeitslosengeld, zur Sozialhilfe usw. mögen ungenügend oder nicht richtig gewichtet sein, die Steuern nach falschen Maßstäben erhoben werden, aber das alles ändert nichts an der Bedeutung des Themas »soziale Gerechtigkeit«, das kaum einen höheren Stellenwert in unserem Staatswesen haben könnte.

Mit den genannten Punkten ist aber auch die gängige Praxis des Politikbetriebs weitgehend beschrieben. Die Behauptung, es herrsche Sozialismus in den modernen Wohlfahrtsstaaten, ist kaum zu widerlegen. Die Argumentation hätte sogar noch weitaus griffiger sein können, weil alleine der Tatbestand der Massenproduktion in einer demokratischen Gesellschaft ohne Sozialismus so wenig möglich ist wie ein Fußballspiel ohne Ball. Wenn wir weiterhin auf Massenproduktion bestehen und eine demokratische Gesellschaft bleiben wollen, dann gibt es sicherlich Alternativen in den Ausprägungen des existierenden Sozialismus, er selbst aber ist alternativlos. Dies sei all jenen ins Stammbuch geschrieben, die mit ihren Warnungen vor dem drohenden Sozialismus nur ihre Schäfchen ins Trockene bringen wollen.

Bei all dem erfreuen sich die Bürger der Wohlfahrtsstaaten keineswegs allgemeiner Gerechtigkeit, es herrscht kaum allgemeines Wohlbefinden, von Freiheit und Mündigkeit gar nicht zu reden. Aus dem Blickwinkel der Mündigkeit kann es weder darum gehen, die Ökonomie nach griechischem Vorbild aus dem politischen Raum zu verbannen, noch darum, sich zwischen der Alternative Kapitalismus oder Sozialismus zu entscheiden. Es kann alleine noch darum gehen, Eckpunkte der Gestaltung des *real existierenden Sozialismus anzugeben, um für die Bürger ein Maximum an Mündigkeit zu gewährleisten.*

Die Erfahrungen mit Systemen, die sich explizit als sozialistische verstanden haben, sind wenig ermutigend. Ihre wirtschaftlichen Erfolge hielten sich in engen Grenzen, Freiheit gab es nirgendwo, dafür eine unübersehbare Zahl von oft willkürlich Getöteten und Internierten, selbst ganze Völker wurden kurzerhand zu Gefangenen ihres eigenen Staates erklärt. Mit der Metapher »Eiserner Vorhang« wurde die Maßnahme aus Sicht der Gegner euphemistisch umschrieben, in den betroffenen Ländern selbst durfte sie natürlich nicht beurteilt werden. Allen diesen jedermann zugänglichen Informationen, aber auch der unbestreitbaren Existenz moderner Wohlfahrtsstaaten mit ihren mächtigen Instrumenten zur Steuerung der Gesellschaft zum Trotz, gibt es immer noch eine große Zahl von Menschen – in Europa kann mit gewissen Schwankungen von ungefähr der Hälfte der Bevölkerung ausgegangen werden –, deren Traum die Verwirklichung »des Sozialismus« ist. Es ist, als sehne man sich, im Wolkenbruch stehend, nach Regen. Der Traum von einer Sache, die es längst gibt, hat wenig gemeinsam mit der Anstrengung, Bestehendes zu verbessern. Eher ist er als eine Form von Flucht zu verstehen, weil man sich der Wirklichkeit nicht aussetzen mag. Worin liegt aber der Grund für die Fluchtgedanken?

Die Geschichte des Sozialismus war zunächst bestimmt von der Beantwortung der »Magenfrage«, also der Frage, sein Leben überhaupt erhalten zu können. Unmittelbar mit deren Erfüllung setzte aber eine Wandlung ein, deren Bedeutung bis heute noch nicht hinreichend reflektiert worden ist. Formuliert als gerechte Teilhabe am gesellschaftlichen Reichtum, die man als abstrakte Forderung noch problemlos teilen kann, erschien das Anliegen schon bald als Forderung nach stetiger Zunahme des eigenen Wohlstands. Damit fand ein bedeutsamer Paradigmenwechsel statt: Unversehens waren die Sozialisten beim sich verwertenden Wert gelandet, und so braucht der moderne Wohlfahrtsstaat das Wachstum noch dringender als der gierigste Kapitalist.

Marx wollte noch die Arbeit aufheben und es dem Einzelnen ermöglichen, »heute dies, morgen jenes zu tun [...], wie ich gerade Lust habe«[36], was ersichtlich eine weitgehend stationäre, weil mit Reichtum wohlversorgte Ökonomie voraussetzt. Unterstützt wurde er dabei von seinem liberalen Gegenspieler John Stuart Mill, der nach Erreichen eines bestimmten Wohlstandsniveaus expressis verbis eine stationäre Wirtschaft wollte, in der der Einzelne zwar noch tätig sein sollte, allerdings mit abnehmender Tendenz, weil der technische Fortschritt immer weniger Aufwand zur Sicherung des Wohlstands erfordern würde. Beiden gemeinsam

---

36 Karl Marx, Friedrich Engels, Deutsche Ideologie, MEW, Band 3, S. 33

war die Vorstellung einer Sättigung des Strebens nach Wohlstand. Das Bild von Wohlstand, das uns heute selbstverständlich erscheint, uns aber immer noch nicht genügt, war für die Antipoden Marx und Mill völlig unvorstellbar.

Die sozialistische Bewegung in allen ihren Facetten und in ihrem Schatten alle Vertreter des Wohlfahrtsstaats moderner Prägung haben die Arbeit schlichtweg glorifiziert. Wenn Gregor Gysi von der Partei Die Linke sagt: »Wer arbeitet, fühlt sich besser«[37], und ihm der Hamburger Bürgermeister Olaf Scholz von der SPD dabei beipflichtet: »Ich bin der Auffassung, dass der Mensch arbeiten soll«[38], dann belegt dies deutlich die Behauptung. Warum fühlt sich denn der, der arbeitet, besser und soll es deshalb auch tun? Die Antwort kann nur lauten, weil er sich vor der Freiheit fürchtet. Das ist die Antwort des real existierenden Sozialismus trotz seiner verschiedenen Schattierungen.

Mit der Drohung, Arbeitsplätze abzubauen, kann jedes größere Unternehmen damit rechnen, in die große Gruppe der Leistungsempfänger eingeordnet zu werden, unabhängig von der Frage, wie gut oder schlecht es ihm sonst geht. Die Glorifizierung der Arbeit ist aber nur die andere Seite der Wachstumsmedaille. An der Stelle, an der wir das Problem der Lebenserhaltung gelöst haben, klammern wir uns an sie wie ein Ertrinkender an den Rettungsring. Metaphorisch gesprochen bestehen wir angesichts der Möglichkeit, unsere Freiheit realisieren zu können, auf dem Fortbestehen der Sklaverei. *Der moderne Wohlfahrtsstaat ist nichts anderes als der Versuch, die Freiheit mit Wohlstand zu erschlagen.* Es ist eine Illusion zu glauben, den modernen Wohlfahrtsstaat mit Freiheit versöhnen zu können.

Wenn Sozialisten sich gegen den Kapitalismus wenden, dann meinen sie im Wesentlichen die Marktwirtschaft, in der die Marktteilnehmer in freier Wahl Produkte herstellen und verkaufen. Dem setzen sie eine Wirtschaft entgegen, in der gesellschaftliche Instanzen nicht nur über die Produkte, sondern zugleich über die Mittelverwendung entscheiden. Unter zwei Bedingungen könnte eine solche Wirtschaft in befriedigender Weise funktionieren. Sie müsste weitgehend stationär sein, das heißt auf Wachstum verzichten, und ihren Fokus von der Güterproduktion auf die »Produktion« freier Zeit richten, um so den Aufwand für die Güterproduktion zu einer vernachlässigbaren Größe werden zu lassen. Mit einem solchen Konzept wären wir bei den Visionen von Karl Marx und John Stuart Mill angelangt, deren Umsetzung im freien Willen der Bürger nicht einmal mehr in kühnen Utopien vorkommt. Dem Geist der Zeit folgend kann man sich solche Konzepte allein auf der Basis rigoroser Reglementierung vorstellen, die im Ergebnis nur zu einem totalitären Staatswesen führen können. Nicht einmal entschiedene Umweltschützer wagen es, wirtschaftliche Konzepte zu entwickeln, die dem *Zwang zum Wachstum* entgegenstehen.

Ein kleines Beispiel soll das Gemeinte illustrieren. Eine wichtige Steuer ist die Einkommensteuer, die überproportional zu den Einkünften wächst, um Ungleichheiten in der Einkommenserzielung abzudämpfen. Dieser Ansatz gilt, weil er als gerecht angesehen wird, für unantastbar und wird von weiten Teilen der Bevölke-

---

37 Vgl. Kapitel 1, Fußnote 21
38 Vgl. Kapitel 3, Fußnote 62

rung getragen. Anhänger des Wohlfahrtsstaats beklagen dennoch die ungleiche Einkommensverteilung und fordern eine noch größere Angleichung. Erfüllen wir gedanklich einmal diese Forderung in extremer Weise, verteilen die Einkommen gleichmäßig auf alle Einkommensbezieher – z. B. durch einen gleichen Stundenlohn für jeden bei gleicher Gesamtsumme der Löhne – und sehen zu, was passiert.

Der schwierigste Teil der Prognose läge in der Frage, wie sich die nivellierten Leistungsträger verhalten würden, denn deren unverminderte Leistungsbereitschaft wäre keineswegs ausgemacht. Doch auch ohne die Berücksichtigung dieser möglichen Auswirkungen sieht das Bild nicht rosig aus. Offensichtlich würde die Finanzierung der öffentlichen Haushalte mit einem Schlag zusammenbrechen, und wir befänden uns buchstäblich in einem Chaos. Das Chaos ergäbe sich nicht aus dem extremen Ansatz der Gleichsetzung aller Gehälter, denn der macht sich gleichsam nur quantitativ bemerkbar. Jede Angleichung der Einkommen wirkt sich negativ auf die Staatsfinanzen aus, wobei in weiten Grenzen eine direkte Proportionalität gilt. Die Fundamente des modernen Wohlfahrtsstaats beruhen auf einem Paradoxon: Man will eine größere Angleichung der Einkommen, die zugleich die Grundlagen der Staatsfinanzierung zerstören würde. Nur durch die Wachstumsdynamik des Systems kann diese Antinomie verdeckt werden. In einer Welt, in der alles falsch ist, kann nichts mehr falsch gemacht werden. Doch wollen wir wirklich eine solche Welt?

Kehren wir zur Frage der Wirtschaftsordnung zurück. Eine wachsende Volkswirtschaft verträgt sich nur sehr bedingt mit der »Produktion« von freier Zeit. Verknüpft man eine wachsende Volkswirtschaft mit zentraler Planung, dann kann dies nur mit unerträglichsten Einschränkungen einhergehen. Die Länder des Sozialismus-Ost lehren uns darüber hinaus, keine allzu großen Wachstumserwartungen an eine solche Volkswirtschaft zu stellen. Ein zentraler Plan müsste ja nicht nur die Frage beantworten, wer welche Produkte in welcher Menge erhält, er müsste zugleich buchstäblich den einzelnen Menschen verplanen, und zwar von der Ausbildung bis zum Arbeitsplatz. Wenn wir schon nicht in der Lage sind, das Wetter über kurze Zeiträume vorauszusagen, wie sollten wir dann die ungleich schwierigere Aufgabe lösen, die Produktion einer ganzen Volkswirtschaft über lange Zeiträume zentral zu lenken? Wie immer wir es drehen und wenden, zentral gelenkt kann eine Wirtschaft nur als stationäre funktionieren. Darin sind alle Klassiker sich einig. Die Gegner einer Marktwirtschaft, die ja auch in den Gesellschaften westlichen Modells in großer Zahl vorhanden sind, lassen sich von solchen Überlegungen nicht beeindrucken.

Planwirtschaftliche Elemente reichen jedoch weit in den Bereich der Marktwirtschaft hinein. Denken wir nur an die zahllosen Subventionen und den Umfang staatlicher Nachfrage, bedenken wir aber auch die noch zahlreicheren Reglementierungen des Arbeitsmarktes, deren wesentlicher Sinn darin besteht, die derzeit Beschäftigten gegen die Zahl der in Beschäftigung Drängenden abzusichern. Alle diese Maßnahmen gelten als Selbstverständlichkeit, beeinflussen das Marktgeschehen aber massiv, ohne dabei irgendwelchen sozialen Ansprüchen zu genügen. Die Abwrackprämie im Jahre 2009 nutzte dem erfolgreichsten deutschen Industriezweig und einem wahllosen Querschnitt der Bevölkerung. Die Regelungen am

Arbeitsmarkt schaden gerade denjenigen, die sich um einen Arbeitsplatz bemühen, also tendenziell dem sozial schwächeren Teil der Bevölkerung angehören.

Am Beispiel der Energiepolitik kann der ganze Unsinn staatlicher Subventionen exemplarisch aufgezeigt werden, wobei dies nur ein Fall einer ganzen Reihe möglicher Fälle ist. Erkennen wir die öffentlichen Maßstäbe einmal vorbehaltlos an, dann verbieten das Klimaproblem den dauerhaften Einsatz fossiler Brennstoffe und das Sicherheitsproblem den dauerhaften Einsatz durch Kernspaltung gewonnener Energie. In kurzen Worten soll geschildert werden, wie die Politik das Problem angeht und wie man es besser lösen könnte. Der politische Betrieb erklärt bestimmte Formen der Energieerzeugung für wünschenswert und fördert diese durch Subventionen. In unserem Fall ist dies wesentlich die Erzeugung von Energie durch Wind- und Sonnenkraft. Wie kommt eine solche Entscheidung zustande?

Sehen wir uns dazu einen beliebigen Politiker an, von dem fundierte Kenntnisse in Fragen der Energieerzeugung nicht angenommen werden können. Dieser Politiker wird von Interessenvertretern bearbeitet und erfährt von Möglichkeiten der Energieerzeugung, die weder das Klima bedrohen noch Sicherheitsprobleme aufwerfen. Da es bereits seit Jahrzehnten einen heftigen Streit um die Nutzung der Atomkraft gibt und ein hoher Verbrauch von fossilen Brennstoffen nicht mehr erwünscht ist, weil seine Partei ohnehin mit der herkömmlichen Form der Energieerzeugung unzufrieden ist, macht er sich den Standpunkt eines Interessenvertreters zu eigen und fordert von nun an, den Zustand höchster Kompetenz ausstrahlend, diese neue Form der Energieerzeugung. Die Entscheidung dieses Politikers hängt von vielen Zufällen ab und ist von Sachkenntnis völlig ungetrübt. Wenn nur das neue Energiekonzept seine Rahmenbedingungen erfüllt, dann ist alles in Ordnung. Da alle mit ähnlichen Themen befassten Politiker mit ihren unterschiedlichen Vorstellungen einen ähnlichen Weg beschreiten, erhofft man sich eine gute Entscheidung. Durch die öffentliche Debatte sollen die gröbsten Fehler der Einzelentscheidungen korrigiert werden. Daraus soll schließlich ein sinnvoller Weg entstehen.

Die Verfahrensweise ist schon an sich problematisch, aber wenig bedrohlich, wenn es um eine Frage wie die Sportförderung geht. Ihr Dilettantismus ist jedoch grotesk, bei einer so bedeutenden Frage wie der nach der zukünftigen Energieerzeugung. Sich als aufgeklärt verstehende Anhänger des Status quo verweisen an dieser Stelle gerne auf die Alternativlosigkeit des bestehenden Verfahrens im Rahmen einer demokratischen Ordnung. Eine unsinnige Entscheidung wird aber nicht besser, wenn eine Mehrheit sie herbeiführt. Bei näherem Hinsehen entpuppen sich die Kritiker eines Marktradikalismus allzu leicht als Anhänger eines Regelungsradikalismus, dem schließlich jeder schöpferische Gedanke zum Opfer fällt.

Wie aber könnte die Skizze eines sinnvolleren demokratischen Entscheidungsprozesses aussehen, wenn weiterhin die gleichen Voraussetzungen gelten? Die Regierung setzt eine Frist, nach der ein bestimmter Prozentsatz der erzeugten Energie die genannten Voraussetzungen erfüllen muss. Durch schrittweise Erhöhung des Prozentsatzes wird die alte Technologie sukzessive durch die neue abgelöst. Zunächst sucht man nach dem Pferdefuß der Lösung, weil man nicht glauben kann, ein so komplexes Problem auf so einfache Weise lösen zu können. Machen wir uns also auf die Suche nach dem Pferdefuß.

Die angedeutete Lösung kann nicht schlechter als die reale sein, weil jene sich vollständig in diese einbetten lässt. Der politische Betrieb nimmt ja auch heute nicht für sich in Anspruch, die technische Lösung des Problems zu entwickeln. Er greift nur auf bereits existierende Lösungen zurück. Dieser Weg steht den Energieerzeugern auch nach dem neuen Entscheidungsprozess offen. Darüber hinaus können sie nach Wegen suchen, die das Problem besser lösen. Wer kann schon von sich behaupten, die beste Lösung zu kennen und des freien und schöpferischen Gedankenaustauschs nicht mehr zu bedürfen? Dies wird aber gerade durch das bestehende Entscheidungsverfahren verhindert, denn *jede Förderung einer Technologie wirkt sich mindestens behindernd, oft sogar verhindernd auf alternative Technologien aus, die ein vorhandenes Problem vielleicht besser lösen können.*

Das kurz beschriebene Verfahren setzt also auf Marktkräfte statt auf die seherischen Fähigkeiten dilettantischer Politprofis. Jeder Politiker, der sich brüstet, schon seit Jahren für die Entwicklung der Wind-, Sonnen- oder Biogas-Energie (oder beliebiger anderer konkreter Formen der alternativen Energieerzeugung) einzutreten, brüstet sich dabei nur mit seiner eigenen Einfallslosigkeit und Dummheit, er brüstet sich aber auch damit, kräftig an der Entmündigung der Bürger zu arbeiten.

Selbstverständlich darf die aufgezeigte Lösungsskizze nicht mit der Lösung verwechselt werden. Auch auf dem neuen Lösungsweg würden sich die Energieerzeuger melden und von der Unmöglichkeit der Umsetzung der Vorgaben reden, gäbe es endlose Verhandlungen, Aufweichungen der Vorgaben usw. Dies alles würde sich jedoch vom bestehenden Verfahren aus gesehen in keinem Punkt zum Schlechteren hin verändern. Durch die Einbeziehung des Marktes in den Entwicklungsprozess würde jedoch ein Maß an Fantasie und Lösungskompetenz freigesetzt, das Politiker weder haben noch haben können. Sollte man sich darüber hinaus noch dazu entschließen, ausgewählte Forschungsvorhaben zu fördern, dann würde dies das Prinzip des vorgeschlagenen Lösungsweges keinesfalls zerstören.

Wer sich angesichts der Finanzkrise 2008 für mehr Marktwirtschaft einsetzt, der gerät leicht in den Verdacht, entweder Ignorant, hemmungsloser Interessenvertreter oder gar Nutznießer der Spekulation zu sein. Hat nicht die Notwendigkeit der Bankenrettung das Versagen von Marktmechanismen demonstriert? Gilt dies nicht auch für den Arbeitsmarkt, der Vollbeschäftigung schon lange nicht mehr gewährleisten kann? Was ist mit den Managergehältern, die schrankenlos wachsen? Gilt nicht die Regel »too big to fail«, das heißt, muss der Staat nicht Unternehmen retten, wenn sie zu groß geworden sind, um weiteren Schaden abzuwenden? Gibt es nicht umgekehrt lobenswerte Anstrengungen der Regierungen, Staatsunternehmen zu privatisieren? Den gestellten Fragen könnten unzählige weitere zugesellt werden. Jede dieser Fragen wäre für sich alleine schon eine ganze Abhandlung wert.

Wir haben den Überblick verloren und sind eher Opfer unseres eigenen Wollens als frei Handelnde. Vermutlich besaßen unsere den Naturkräften und ihrer schieren Lebenserhaltung weitgehend hilflos ausgelieferten Ahnen ein höheres

Maß an Souveränität, als wir sie uns zugestehen. Es ist wie bei Grimms Märchen »Der Arme und der Reiche«, bei der ein Reicher drei Wünsche frei hat, die er so einsetzt, dass er am Ende »nichts davon [hatte] als Ärger, Mühe und ein verlornes Pferd«.[39] Die Geister, die wir gerufen haben, werden wir so einfach nicht mehr los. Das aber heißt keinesfalls, dass jede Anstrengung, an der Flasche zu basteln, die die Geister wieder aufnehmen könnte, sinnlos ist. Das Gegenteil gilt.

Wenn wir die Dinge so weiter treiben lassen wie bisher, dann ist der Tag absehbar, an dem unser aller Leben geführt wird. Wer es dann führt, vermag man vielleicht jetzt noch nicht zu sagen, aber wir werden es sicher nicht selbst führen. Die Geister breiten sich aus wie eine Seuche, und wie bei einer Seuche kommt es zunächst darauf an, die weitere Verbreitung einzudämmen. Erst dann kann man der eigentlichen Seuche zu Leibe rücken. Der erste Schritt kann nur darin bestehen, sich der Erkenntnis der Umstände vorbehaltlos zu stellen, um dann die *Richtung von Lösungen* vorgeben zu können. Betrachten wir also die angegebenen Punkte unter diesen Prämissen.

Der moderne Wohlfahrtsstaat ist wahrlich nicht arm an Vorschriften und Regelungen, und es vergeht kein Tag, an dem nicht umfassendere Regelungen gefordert werden. Allein die Hälfte der Steuerregelungen reicht vermutlich aus, um darin alle denkbaren Konflikte zwischen Menschen zu klären. In unfassbarem Kontrast dazu steht die Ungeregeltheit elementarster Konflikte, die ganze Staaten in den Untergang treiben können. So entfiel im Juli 2009 die Regelung für die Krümmung von Gurken, die auf 10 Zentimeter Länge eine maximale Krümmung von 20 Millimetern aufweisen durfte, allerdings nicht ohne heftigen Widerstand des bayerischen Ministerpräsidenten Seehofer, der wollte, dass das System dieser Regelung »grundsätzlich fortgeführt werden«[40] sollte. Dem gegenüber konnten hemmungslos gewordene Manager Geldsummen in Billionenhöhe bei Spekulationen verlieren, ohne dafür ernsthaft zur Verantwortung gezogen werden. Widersprüche dieser Art ziehen nicht nur den berechtigten Zorn vieler Bürger auf sich, sie dienen vornehmlich der Vernebelung sinnvoller Handlungsmöglichkeiten, weil sie jeden Maßstab für vernünftige Regelungen zerstören.

Die Bankenrettung im Zuge der Finanzkrise 2008 wurde von allen im Bundestag vertretenen Parteien als unabdingbar eingestuft. Auch bei angeblicher Alternativlosigkeit kann es sinnvoll sein, dennoch eine Alternative zu durchdenken. Stellen wir also einmal die Frage, was passiert wäre, hätte man die betroffenen Banken nicht gerettet. Dann wären drei ungewollte Ereignisketten in Gang gesetzt worden. Zum Ersten wären Banken involviert worden, die selbst nicht an der Spekulation teilgenommen, aber spekulierenden Banken Geld geliehen hatten, dessen Rückzahlung gefährdet worden wäre. Dies hätte zum Zweiten Auswirkungen auf die Kreditversorgung der Realwirtschaft und damit auf die Produktion selbst gehabt. Zum Dritten schließlich hätten viele Sparer nicht nur ihre Guthaben, sondern zugleich damit ihr Vertrauen in das Wirtschaftssystem nachhaltig verloren. Alle diese Ereignisketten wären mittelbare, keineswegs aber unmittelbare Auswirkun-

---

39 Grimms Märchen, Der Arme und der Reiche, Märchen Nr. 87
40 Der Spiegel, 24/2008, S. 41

gen des Platzens der Spekulationsblase gewesen. Sehen wir von diesen drei Ketten einmal ab, dann gibt es keinen Grund, eine der von der Spekulation betroffenen Banken zu retten, weil dann die Spekulanten einfach nur das Geld verloren hätten, mit dem sie spekuliert haben. Die stetig wiederholte Warnung vor dem »too big to fail« entpuppt sich bei genauerem Hinsehen als pure Ideologie.

Der Einwand, man könne eben nicht von den drei genannten Ereignisketten absehen, ist im konkreten Fall unbestreitbar, allerdings nur deshalb, weil der politische Betrieb eine Verquickung von Geschäften zugelassen hat, die nicht verquickt werden sollten. Wenn jemand beim Roulettespiel sein gesamtes Geld auf die Zahl 27 setzt und verliert, dann ist dies seine private Angelegenheit. Wenn er dazu geliehenes Geld benutzt, dann betrifft es ihn und den Geldverleiher und hat keine gesellschaftlichen Auswirkungen. Wenn dieser Jemand aber eine Bank ist, die auf diese Weise das Geld ihrer Kunden verzockt, dann ist es in der Tat – eine entsprechende Größe der Bank vorausgesetzt – ein gesellschaftliches Problem. Wenn dieses Verhalten aber noch nicht einmal verboten ist, dann ist es in der Tat ein politisches Problem. Mit einer falschen Funktionsweise des Marktes, gar mit einer so abstrusen Verknüpfung wie »Markt ohne Moral«[41] hat das Ganze nichts zu tun. Hätten wir die normalen Bankgeschäfte von den spekulativen getrennt, dann hätte es die Finanzkrise 2008 nicht gegeben. Die Krise hat nicht ausgereicht, den politischen Betrieb zu einer Umsetzung dieser einfachen Erkenntnis zu bringen.

Noch in der Blüte des Kapitalismus stand der Begriff des ehrbaren Kaufmanns in hohem Ansehen, im modernen Wohlfahrtsstaat ist er zu einer belächelten Marotte antiquierter Geschäftsleute verkommen. Heute gilt es als schick, ohne Rücksicht auf Verluste seine Interessen durchzusetzen, und zwar in der Wirtschaft wie in der Politik. Man mag dies beklagen und vielleicht sogar zu Recht auf einen allgemeinen Verfall der Sitten zurückführen. Ein Staat hat nicht die Aufgabe, als Sittenwächter zu fungieren. Befördert er jedoch bestimmte Verhaltensweisen, indem er, der so viel regelt, ausnahmsweise keine Regeln schafft, dann macht er sich mitschuldig an dem Sittenverfall. Genau dies geschieht im Hinblick auf die Manager, deren Fehlverhalten selten geahndet wird, weil die gesetzlichen Vorgaben dies kaum ermöglichen. Ein Manager kann, wie schon mehrfach angesprochen, qua Boni am erfolgreichen Kapitaleinsatz partizipieren, ohne im Verlustfalle zur Rechenschaft gezogen zu werden. Es ist aber wenig glaubhaft, dass Juristen für die Haftung von Managern keine Regelungen finden. Zwei einfache Grundsätze müssten zur Anwendung kommen. Erstens: Eine Gewinnbeteiligung kann es nur geben, wenn ihr eine adäquate Haftung im Verlustfalle entspricht. Zweitens: *Bei gravierendem geschäftlichem Misserfolg muss der gewinnbeteiligte Manager den Nachweis erbringen, seiner kaufmännischen Sorgfaltspflicht genügt zu haben.*

Heute gilt die Umkehrung, das heißt, dem Manager muss die Verletzung seiner Sorgfaltspflicht nachgewiesen werden, und dies ist ein erheblicher Unterschied. Die große Verantwortung, die Manager angeblich tragen müssen und die zur Rechtfertigung der überbordenden Gehälter dient, löst sich durch die existierenden Rechtsnormen in nichts auf. Wer Verantwortung übernimmt, der muss sie auch

---

[41] Vgl. Susanne Schmidt, Markt ohne Moral, München 2010

tragen, gerade dann, wenn der Erfolg ausgeblieben ist. Jeder Busfahrer trägt im Fall eines Unfalls mehr Verantwortung als ein Manager. Die Gültigkeit der angeführten einfachen Regelungen hätte bereits manche Managerentscheidung im Zuge der Finanzkrise 2008 anders ausfallen lassen. Jedenfalls könnte die so gern geforderte Nachhaltigkeit von Entscheidungen auf die geschilderte Weise erheblich leichter erreicht werden als durch die Vielzahl von Regelungsvorschlägen, die durch die politische Landschaft geistern und am Ende immer darauf hinauslaufen, den Staat noch tiefer in den Sumpf der Spekulation zu führen. Selbstverständlich sollte die Haftung für Gewinnbeteiligungen nicht nur für Manager, sondern auch für alle anderen Personen gelten.

Die deutlichsten ökonomischen Verwerfungen ergeben sich aus Eingriffen in den Arbeitsmarkt. Dort feiert der Wohlfahrtsstaat Triumphe, dort wird mit kaum verhohlener Selbstverständlichkeit von der Unmündigkeit der Beschäftigten ausgegangen, die beim Kündigungsschutz beginnt und über Mitbestimmung, Arbeitslosengeld, Mindestlohn bis zur Regelung von Sonntags-, Feiertags- und Nachtarbeit reicht. Die direkten Regelungen werden noch durch zahllose indirekte ergänzt, die summarisch als Maßnahmen zur Schaffung und Erhaltung von Arbeitsplätzen zusammengefasst werden können. Obwohl alle diese Maßnahmen dem Kernbereich der Sicherung sozialer Standards zugerechnet werden und damit weithin unbestritten sind, befördern sie weitgehend genau das Gegenteil. Sie sichern Beschäftigte gegen Arbeitssuchende ab, sie schaffen Beschäftigungsverhältnisse, in denen gelangweilte Millionärsgattinnen sich weitgehend ohne Sozialabgaben und damit auf Kosten der regulär Beschäftigten ihre Zeit vertreiben können, sie fördern mit den Beiträgen der Beschäftigten völlig unsinnige Schulungsprogramme, die weniger den Geschulten als vielmehr den Anbietern von Schulungsmaßnahmen helfen usw.

Was alle diese Maßnahmen nicht erreichen, das ist die dauerhafte Beseitigung der Arbeitslosigkeit, selbst wenn jeder zusätzliche oder durch staatliche Maßnahmen aus der Arbeitslosigkeit wegdefinierte Beschäftigte mit großem Werbeaufwand gefeiert wird.

Am Beispiel der Zeitarbeit, die neben den geringfügigen Beschäftigungen zu den herausragenden Erfolgsgeschichten der Arbeitsmarktpolitik gezählt wird, kann die ganze Misere aufgezeigt werden. Zur Umgehung der strengen Regeln beim Kündigungsschutz und zur Abdeckung von Produktionsspitzen wurde das Instrument Zeitarbeit eingeführt. Unsere Sozialsysteme sind schlecht oder gar nicht auf dieses Instrument eingestellt. Also schafft man mit der Zeitarbeitsfirma eine Instanz, die das Instrument ermöglicht. Ein Arbeitssuchender wird fest bei einer Zeitarbeitsfirma eingestellt, die ihren neuen Mitarbeiter dann an andere Firmen vermietet, und zwar genau so lange, wie diese der Arbeitskraft bedürfen. So weit, so gut.

Die Kosten für diese flexible Arbeitskraft sind aber erheblich höher als die für normale Arbeitnehmer, weil ja zusätzlich die vermittelnde Firma bezahlt werden muss, die zudem das Risiko einer Anschlussbeschäftigung trägt. Gesunder Menschenverstand reicht, um sich klarzumachen, dass ein so flexibel beschäftigter Arbeitnehmer nur weniger verdienen kann als sein fest beschäftigter Kollege, es sei denn, man begreift Entlohnung generell als vom Wohlwollen des Arbeitgebers abhängigen Willkürakt. Da aber nicht sein kann, was nicht sein darf, fordert man also gleichen Lohn für gleiche Arbeit. Im Fall der Zeitarbeit bedeutet gleicher Lohn jedoch deutlich höherer Lohn, weil die Zeitarbeitsfirma ihren Anteil am Lohn braucht. Um dem Unsinn der Arbeitsplatzregelungen aber noch die Krone aufzusetzen, laden wir die Aufwendungen für die Sozialversicherungen noch weitgehend den Arbeitskosten auf, als würden sich Kosten nicht auf die Nachfrage nach Arbeit auswirken. »Der Blinde der sah zuerst den Hasen über Feld traben, der Stumme der rief dem Lahmen zu, und der Lahme faßte ihn beim Kragen.«[42]

Auf diese Weise betreiben wir Ökonomie nach Milchmädchenart, bei der die fordernden Politiker niemals die Suppe auslöffeln müssen, die sie gekocht haben. Wir lassen uns genau zwei Möglichkeiten offen, dem drohenden Desaster zu entgehen: Schaffung von Wachstum und Erhöhung unserer Schuldenlast. Beides eröffnet keine rosigen Aussichten.

Allen Konzepten zur Regelung des Arbeitsmarkts ist eine Prämisse gemeinsam, die bereits den Status eines ehernen Gesetzes erlangt hat. Dem Menschen an sich fehlt es an Mündigkeit, seine eigenen Geschicke selbst zu lenken. Was einmal als Hilfe für Schwache gedacht war, ist zu einem allumfassenden Prinzip geworden, dem kaum einer sich mehr entziehen kann. Der Widerspruch zur angestrebten Demokratie ist eklatant.

Noch steht der Versuch aus, einen politischen Raum zu errichten, der auf alle Wohltaten verzichtet, dafür aber den Menschen den Raum schafft, ihre Fähigkeiten zur Entfaltung zu bringen. Wir brauchen gute Kindergärten, Schulen und Universitäten. Wir brauchen gute Bildungseinrichtungen, die jederzeitige Aus- und Weiterbildung ermöglichen, statt Transferzahlungen nach dem Prinzip der Gießkanne über das Land zu verteilen.

Eines der wichtigsten Mittel zur Erhaltung des Wohlfahrtsstaats sowie des Wachstums, aber auch zur Verfestigung von Unmündigkeit ist die Erhebung der Einkommensteuer, deren Grundprämisse darin besteht, wer mehr verdient, soll auch (relativ) mehr zahlen. Sehen wir von reichen Erben ab, dann ist es nicht zuletzt dieser Form der Steuererhebung zu verdanken, dass kein Sparwille uns hilft, dem Zwang zur Arbeit zu entgehen. Die Form der Steuererhebung ist widersinnig und erfüllt nicht einmal in Ansätzen ihren Anspruch, eine gerechtere Einkommensverteilung zu erreichen. Allen Kontrollen zum Trotz befördert sie die Steuerhinterziehung als illegale, die Steuervermeidung als legale Tat. Kein geballter Sachverstand ist in der Lage, ihren Sinn zu erfassen. Die Form der Einkommensteuererhebung verfestigt gerade jene sozialen Unterschiede, die sie vorgibt, aufheben zu wollen. Den meisten Menschen bleibt es verwehrt, auch nur den Vorteil des ererbten Eigenheims eines Freundes im Laufe ihres Arbeitslebens aufzuholen. Ihr einziger nachvollziehbarer Sinn besteht darin, den Sinn des Ganzen zu verschleiern. Darin hat der politische Betrieb ganze Arbeit geleistet, wird dies doch mit unglaublicher Präzision erreicht.

---

[42] Grimms Märchen, Das Dietmarsische Lügenmärchen, Märchen Nr. 159

Fasst man die Nachteile des Systems der Einkommensteuererhebung in einem groben Überblick zusammen, dann ergeben sich die folgenden Punkte: Das System ist kompliziert und ungerecht, es fördert unsinniges Wachstum und behindert die Freiheit. Die Kompliziertheit ergibt sich wesentlich aus einer Vielzahl gewachsener, oft unklarer Regelungen, die selbst von Fachleuten nicht mehr verstanden werden. Die Basis der Ungerechtigkeit besteht in der Annahme ungebrochener Arbeitsbiografien mit regelmäßig steigenden Einkommen. Für wachsende Teile der Bevölkerung trifft diese Annahme nicht mehr zu und führt so zu völlig unterschiedlichen Besteuerungen gleicher Lebenseinkommen. Durch Investitionen in Verlustzuweisungsgesellschaften[43], deren wesentlicher Sinn darin besteht, über lange Zeiträume Verluste zu erwirtschaften, können insbesondere Großverdiener ihre Steuerschuld oft erheblich mindern. Dies sorgt für Wachstum, wenn es auch eine verfehlte Ressourcenallokation zur Folge hat. Die Einflussnahme der Steuererhebung auf bestimmte Lebensweisen behindert schließlich die Freiheit in unerträglichem Maße.

Aus den Nachteilen des bestehenden Einkommensteuersystems ergibt sich unmittelbar die Anforderung an ein vernünftigeres System. Es soll einfach, transparent, sozial und gerecht sein, Wachstum weder unmöglich machen noch erzwingen und zugleich der Freiheit nicht im Wege stehen. Auf den ersten Blick suggeriert die Anforderung, es ginge hier um eine Erfindung, für die der Volksmund den Begriff »eierlegende Wollmilchsau« geprägt hat.

Genaueres Hinsehen führt jedoch zu einer verblüffend einfachen Lösung – einer der heutigen Mehrwertsteuer entsprechenden *Konsumsteuer*. Überprüfen wir nachfolgend, ob die Voraussetzungen erfüllt sind. Ohne nähere Prüfung zeigt sich die Einfachheit und Transparenz dieser Steuer, die zudem noch den großen Vorteil hat, das Problem der Steuerhinterziehung und Schwarzarbeit gleichsam en passant zu lösen. Wachstum wird weder erzwungen noch unmöglich gemacht, allerdings befördert diese Art der Steuererhebung einen sorgsameren Umgang mit *allen* Ressourcen, was jeden ökologisch Engagierten geradezu zu Jubelstürmen veranlassen müsste. Der Freiheit steht die Steuer auch nicht im Wege, weil sie erst fällig wird nach einer freien Entscheidung des Konsumenten und keinen Einfluss auf die Form seiner Lebensgestaltung nimmt. Bis auf die beiden Punkte »sozial« und »gerecht« sind alle Punkte auf einfache Weise und zur vollen Zufriedenheit erfüllt.

Die beiden offenen Punkte sind insofern die neuralgischen, weil sie in der (kaum stattfindenden) öffentlichen Debatte gerne als Vorwand zur Ablehnung des Vorschlags genommen werden. Betrachten wir diese beiden Punkte deshalb etwas genauer. Um den Kern des Problems nicht aus den Augen zu verlieren, beschränkt sich die nachfolgende Erörterung auf die wirklich essenziellen Teile. Ein praktisch anzuwendendes Konzept könnte noch eine Reihe von Zusatzbetrachtungen beachten, die aber hier nicht notwendig sind.

In Übereinstimmung mit den gängigen Regeln unseres Gemeinwesens unterscheidet sich der Lebensstandard zweier Menschen in ihrem unterschiedlichen

---

[43] Dies ist wohl der vielsagende Jargon von Finanzbeamten. Vgl. dazu: Der Spiegel, 37/2005, S. 37

Konsum. Demnach haben ein Milliardär und ein Hartz-IV-Empfänger den gleichen Lebensstandard, wenn sie denn die gleichen Waren konsumieren. Der Milliardär hat mehr finanzielle Sicherheit und Unabhängigkeit, aber beide Vorteile realisieren sich erst im Konsum. Konsumiert der Milliardär mehr, dann muss er auch mehr Steuern zahlen. Mit anderen Worten: Der Reiche muss genau für die realisierte Differenz zu einem Armen, die ja im unterschiedlichen Konsum besteht, mehr Steuern zahlen.

Gerechter kann man eine unterschiedliche Besteuerung gar nicht gestalten. Von sozialen Aspekten abgesehen, ist die Konsumsteuer sogar um ein Vielfaches gerechter als die bisherige, löst sie doch neben dem Problem unterschiedlicher Erwerbsbiografien mit erheblichen Einkommensschwankungen auch die aus Sicht der Gerechtigkeit schwerwiegenden Probleme Steuervermeidung, Steuerhinterziehung und Schwarzarbeit, die dem Staat auf der Basis der heute geltenden Regelungen vermutlich zusätzliche Einnahmen in der Größenordnung der gesamten Einkommensteuer bringen würden. Wenn auch die genaue Höhe der zusätzlichen Einnahmen nicht genau beziffert werden kann – wie sollte dies auch in dem mit Macht dunkel gehaltenen Gebiet der Steuererhebung möglich sein? –, so kann doch fraglos von einer gewaltigen Summe ausgegangen werden. Fazit: Auch aus Sicht der Gerechtigkeit wäre die Einführung einer Konsumsteuer ein wichtiger Schritt in die richtige Richtung. Bleibt als einziges zu lösendes Problem noch die Frage nach der sozialen Verträglichkeit.

Es liegt auf der Hand, dass im Wohlfahrtsstaat die soziale Komponente gewöhnlich als »Totschlagargument« Verwendung findet. Der Zusammenhang ist in Kapitel 4 ausführlich dargestellt worden und soll hier durch ein kleines Gedankenexperiment ergänzt werden. Im Jahr 2005 betrugen die Ausgaben für soziale Sicherung die stolze Summe von etwa 570 Milliarden Euro.[44] Bei einer Bevölkerung von 81,8 Millionen Einwohnern[45] ergibt das eine Summe von knapp 600 Euro je Einwohner im Monat. Rechnen wir einen Schätzwert von 130 Milliarden Euro für zusätzliche Steuern durch Wegfall unsinniger Steuervermeidung, Steuerhinterziehung und Schwarzarbeit hinzu (ein Betrag, über den sicher gestritten werden kann, der aber nach Prüfung der Zahlen eher zu niedrig als zu hoch angesetzt ist und dessen exakte Höhe für die Argumentation nur eine untergeordnete Rolle spielt), dann verfügen wir über eine Summe von ca. 700 Milliarden Euro, was einem monatlichen Betrag von 700 Euro je Einwohner, vom Kind bis zum Greis, entspricht. Dieser Wert wird im folgenden Verteilungswert genannt.

Nehmen wir einmal an, der Staat würde sich völlig aus der detaillierten Verteilung dieses Wertes mit allen seinen umfangreichen Regelungen, die ja in vielen Fällen mit sozialen Betrachtungen oder gar mit Gerechtigkeit nicht das Geringste zu tun haben, zurückziehen und stattdessen das Recht auf Leben in finanzieller Hinsicht absichern. Im einfachsten Fall könnte er die o. a. Summe einfach zu gleichen Teilen auf die Bevölkerung verteilen. Ein solches Vorgehen würde die Grup-

---

44 Vgl. http://www.bpb.de/wissen/KNBUJM,0,0,%D6ffentliche_Ausgaben_nach_Aufgabenbereichen.html
45 Vgl. http://www.bpb.de/wissen/1KNBKW,0,0,Bev%F6lkerungsentwicklung_und_Altersstruktur.html

pe der Steuervermeider, Steuerhinterzieher und Schwarzarbeiter am stärksten treffen, allen aber die Sicherung ihrer (finanziellen) Lebenserhaltung garantieren.

Der Zusammenhang mit den gesetzlichen Rentenzahlungen demonstriert die Realitätsnähe des Vorschlags. Die durchschnittliche Rente für Männer betrug im Jahr 2007 im Westen der Republik 995 Euro/Monat, die der Frauen 480 Euro/Monat.[46] Auf beide Gruppen bezogen ergäbe sich eine Durchschnittsrente von ca. 740 Euro/Monat (gleiche Anzahl Männer und Frauen vorausgesetzt) – ein Wert, der dem Verteilungswert schon erstaunlich nahe kommt.

Der Verteilungswert ist ein Bruttowert, der noch die höheren Konsumsteuern zu tragen hätte. Ein ausschließlich an der Kopfzahl orientierter Verteilungswert ist nicht vernünftig, weil er Wohngemeinschaften unzulässig bevorteilen würde. Zur Korrektur dieses Vorteils könnten die Personen einer Haushaltsgemeinschaft durchnummeriert und für jede Person der Verteilungswert wie folgt berechnet werden:

$$\text{Verteilungswert} = 700 / n,$$

wobei n jeweils die Nummer der im Haushalt lebenden Personen ist. Bei vier Personen ergäbe sich demnach der folgende Verteilungswert für alle Personen des Haushalts:

$$\text{Verteilungswert} = 700 + 350 + 233 + 175 = 1\,458.$$

Auf diese Weise blieben genügend Mittel übrig, um in begründeten Einzelfällen Sonderregelungen treffen zu können.

Als Gedankenexperiment sollen und können die vorliegenden Überlegungen das Problem nicht lösen, aber sie können verdeutlichen, dass die entscheidende soziale Frage, nämlich die nach der Lebenserhaltung, durchaus im Rahmen der bestehenden finanziellen Möglichkeiten gelöst werden kann, und zwar in einer Weise, die menschenunwürdige Kontrollen ebenso ausschließt wie die nicht weniger menschenunwürdigen prekären Beschäftigungsverhältnisse.

Was würden wir dazu noch gewinnen? Wir müssten unsere Lebensplanung nicht mehr an ebenso unsinnigen wie ungerechten Steuermodellen ausrichten und könnten den widersinnigen Hauptsatz der Soziallehre, dass der Mensch nur als hilfloser Bittsteller einem Arbeitgeber gegenübertreten kann, ad absurdum führen, weil der jetzt mit Selbstbewusstsein Forderungen erheben könnte, ohne sich der Gefahr ausgesetzt zu sehen, der staatlichen Willkür anheimzufallen.

Wir könnten vor allem die Sorge um unser Leben wieder selbst tragen und hätten die Sorge um unser tägliches Brot dauerhaft überwunden. Endlich könnten wir wahrhaft sozial, das heißt »der Gesellschaft entsprechend, auf die Gesellschaft und das Leben in ihr, auf die Beziehungen der Menschen zueinander gerichtet, sich ihnen hingebend und ihnen dienend«[47] leben. Was wir mit dieser Freiheit anfan-

---

[46] http://www.bpb.de/wissen/E7RX10,0,0,Renten_nach_monatlichem_Zahlbetrag.html
[47] Wörterbuch der philosophischen Begriffe, Stichwort: sozial, Hamburg 2005, S. 615

gen, kann kein Mensch voraussagen, aber es wäre ein Anfang, wie es ihn lange nicht im politischen Raum gegeben hat. Vor allem wäre die allumfassende Herrschaft der Ökonomie über den Menschen gebrochen.

So wenig es ein ewigwährendes menschliches Leben gibt, so wenig gibt es ein ewigwährendes Wachstum. Dies ist eine Binsenweisheit, die auch durch noch so große Anstrengungen hinsichtlich besonderen – z. B. ökologischen – Wachstums nicht geändert werden kann. Der moderne Wohlfahrtsstaat in allen seinen Facetten basiert auf dem Wachstum wie das Brot auf dem Korn. Der Fetisch des Wachstums ist weniger an den Kapitalismus, dafür umso mehr an den modernen Wohlfahrtsstaat gekettet. Die Abschaffung des Wohlfahrtsstaats bedeutet keinesfalls automatisch Abschaffung des Wohlstands, sie bedeutet aber Abschaffung der staatlichen Fürsorge, ohne die Mündigkeit der Bürger nicht einmal gedacht, geschweige denn erreicht werden kann. An dieser Stelle scheiden sich zum ersten Mal die Geister.

Wer die Verteilung von Wohltaten für ein konstituierendes Element eines Gemeinwesens betrachtet, der kann sich eine Welt mit mündigen Bürgern und ohne Wachstum nicht vorstellen. Die Weise, wie mündige Bürger mit ihrer Freiheit umgehen, kann heute nicht bestimmt werden. An dieser Stelle scheiden sich zum zweiten Mal die Geister.

Die Ökologiebewegung, die sich so viel um die Grundlagen des Lebens kümmert, möchte die Probleme von morgen lösen, die guten Gründe nicht bedenkend, die solche Versuche als untauglich qualifizieren, weil nur die Lösungen von gestern und heute zur Verfügung stehen.

Nebenbei werden auch die unerträglichen Freiheitsbeschneidungen der Zukünftigen nicht bedacht. Als die ersten Eisenbahnen fuhren, glaubten viele, die neuen Maschinen seien Teufelswerk und überdies würde der Mensch eine Geschwindigkeit von über 30 Stundenkilometern gesundheitlich nicht aushalten. Heute gelten gerade auch bei ökologisch orientierten Menschen Züge als Verkehrsmittel der Zukunft und Tempo 30 als probates Mittel der Verkehrsberuhigung.

Beiden, den Wohlfahrts- wie den Ökologievertretern, ist eine Zukunft in Freiheit, ist überhaupt das »Wagnis der Freiheit«[48] nicht vorstellbar. Deshalb landen beide früher oder später entweder beim Zwang immer stärkerer Zuteilung und Rationierung, die in verschiedenen Schattierungen bis zum totalitären Versorgungsstaat harichscher Prägung[49] reichen, dem immerhin noch zugutegehalten werden kann, die Vision konsequent zu Ende zu denken, oder aber bei grauenvollen Idyllen geschlossener Hauswirtschaften. In allen ihren Spielarten ist es immer die Lösung der väterlichen Versorgungsmentalität, die dem unreifen Kind die Sorge um das eigene Leben abnimmt und in dessen wohlverstandenem Sinne die Probleme des Lebens löst.

---

48 Titel eines Buches von Karl Jaspers. Ders., Das Wagnis der Freiheit. Gesammelte Aufsätze zur Philosophie, München-Zürich 1996
49 Vgl. Kapitel 1, Fußnote 4

»Je freier ein Mensch von Vorurteilen überhaupt ist, desto weniger wird er sich für das rein Gesellschaftliche eignen.«

Hannah Arendt[50]

»Alles in allem gleicht der Wohlfahrtsstaat dem Versuch, die Kühe aufzublasen, um mehr Milch zu bekommen.«

Niklas Luhmann[51]

5.3   POLITIK UND GESELLSCHAFT

Wenn die Ökonomie unser Leben bis in die intimsten Sphären zwischenmenschlicher Beziehungen prägt, dann gilt dies mehr noch für die Gesellschaft, wobei die Wirkungen von Ökonomie und Gesellschaft auf vielfältige Weise miteinander verzahnt und in den meisten Fällen nicht klar zu trennen sind. Die Zeit der Aufklärung verklärte den Naturzustand des Menschen, der ein Zustand »vollkommener Freiheit« und ein »Zustand der Gleichheit«[52] gewesen sein soll, in dem ein natürliches Recht, das *Naturrecht*, geherrscht hat. Erst durch das Eigentum und die daraus resultierende Notwendigkeit, es gegen Übergriffe zu schützen, entstand das Bedürfnis der Menschen, sich zusammenzuschließen, »zum gegenseitigen Schutz ihres Lebens, Ihrer Freiheiten und ihres Vermögens«[53]. Ein Gesellschaftsvertrag sollte diesen gegenseitigen Schutz bieten. Noch Friedrich Schiller greift in seinem »Wilhelm Tell« auf das Naturrecht zurück, wenn er zum Ausdruck bringt:

>»Wenn der Gedrückte nirgends Recht kann finden,
>Wenn unerträglich wird die Last – greift er
>Hinauf getrosten Mutes in den Himmel,
>Und holt herunter seine ewgen Rechte,
>Die droben hangen unveräußerlich
>Und unzerbrechlich wie die Sterne selbst –«[54]

Hegel wiederum weist den Anspruch der Naturrechtsanhänger rigoros zurück und setzt ihm einen Freiheitsbegriff entgegen, der eben nicht in einem wie auch immer gearteten natürlichen Zustand, sondern allein in einer von Menschen geschaffenen Gesellschaft seinen Sinn finden kann. Er sagt: »Der Ausdruck *Naturrecht*, der für die philosophische Rechtslehre gewöhnlich gewesen, enthält die Zweideutigkeit, ob das Recht als ein in *unmittelbarer Naturweise* vorhandenes oder ob es so gemeint sei, wie es durch die Natur der Sache, d.i. den *Begriff*, sich bestimme.

---

[50]   Hannah Arendt, Was ist Politik?, München 2003, S. 18
[51]   Niklas Luhmann, Die Politik der Gesellschaft, Frankfurt am Main 2000, S. 215
[52]   John Locke, Die zweite Abhandlung über die Regierung, § 4
[53]   John Locke, Die zweite Abhandlung über die Regierung, § 123
[54]   Friedrich Schiller, Wilhelm Tell, Aufzug 2, Szene 2, Frankfurt am Main 1996, S. 432

Jener Sinn ist der vormals gewöhnlich gemeinte; so daß zugleich ein *Naturzustand* erdichtet worden ist, in welchem das Naturrecht gelten solle, wogegen der Zustand der Gesellschaft und des Staates vielmehr eine Beschränkung der Freiheit und eine Aufopferung natürlicher Rechte fordere und mit sich bringe. In der Tat aber gründen sich das Recht und alle seine Bestimmungen allein auf die *freie Persönlichkeit*, eine *Selbstbestimmung*, welche vielmehr das Gegenteil der *Naturbestimmung* ist. Das Recht der Natur ist darum das Dasein der Stärke und das Geltendmachen der Gewalt, und ein Naturzustand ein Zustand der Gewalttätigkeit und des Unrechts, von welchem nichts Wahreres gesagt werden kann, als *daß aus ihm herauszugehen* ist. Die Gesellschaft ist dagegen vielmehr der Zustand, in welchem allein das Recht seine Wirklichkeit hat; was zu beschränken und aufzuopfern ist, ist eben die Willkür und Gewalttätigkeit des Naturzustandes.«[55]

Hegels Aussage spannt einen weiten Bogen und ist in vieler Hinsicht von Bedeutung. Zum einen betont sie den artifiziellen Charakter des Gesellschaftlichen, der auf einem dezidierten Wollen und nicht aus Ableitungen aus einem wie immer gearteten Naturzustand besteht. Zum anderen hat Hegel noch einen völlig ungebrochenen Begriff von Gesellschaft und setzt ihn in eins mit dem Begriff des Staates.

Auch Hobbes und Rousseau unterscheiden nicht genau zwischen den beiden Begriffen, allerdings orientiert sich Hobbes deutlich mehr am modernen Begriff des Staates, indem er folgert, »daß ohne eine einschränkende Macht der Zustand der Menschen ein solcher sei [...], nämlich ein Krieg aller gegen alle«[56]. Hobbes meint, auch wenn er bisweilen den Terminus Gesellschaft gebraucht, eigentlich eine unabhängige Instanz, die das Zusammenleben der Menschen regelt, und das kann nach Lage der Dinge nur der Staat sein.

Bei Rousseau liest sich das mit anderer Gewichtung, wenn er seinen Gesellschaftsvertrag wie folgt zusammenfasst: »*Gemeinsam stellen wir alle, jeder von uns seine Person und seine ganze Kraft unter die oberste Richtschnur des Gemeinwillens; und wir nehmen, als Körper, jedes Glied als untrennbaren Teil des Ganzen auf.*«[57] Danach gibt es keine unabhängige Instanz mehr, weil sich die Einzelnen buchstäblich entäußern und im Gemeinwillen auflösen.

Bei Rousseau hat nicht mehr »allein das Recht seine Wirklichkeit«, wie bei Hegel, sondern der Gemeinwille, der zur obersten Richtschnur wird. Betrachtet man die Anschauungen von Rousseau und Hegel als Pole, dann lässt sich sehr gut das zur Verfügung stehende Spektrum beschreiben. Es reicht vom Staat, der Freiheitsrechte als Rahmenbedingung garantiert, die freie Persönlichkeit aber selbst über ihre Geschicke bestimmen lässt, bis zu einer Gesellschaft, in der das Individuum im Gesellschaftskörper aufgeht.

---

[55] G.W.F. Hegel: Enzyklopädie der philosophischen Wissenschaften im Grundrisse, §502, Werke in 20 Bänden, Band 10, Frankfurt am Main 1970, S. 311f., Hervorhebungen im Original
[56] Thomas Hobbes, Der Leviathan, 13. Abschnitt, Köln 2009, S. 134f.
[57] Jean-Jacques Rousseau, Gesellschaftsvertrag, Buch 1, Kapitel 6, Vom Gesellschaftsvertrag, im Original hervorgehoben

In die Sprache politischer Bewegungen übersetzt, geht die Spannbreite also vom liberalen Nachtwächterstaat bis zum Idealbild einer sozialistischen Gesellschaft. Sucht man nach realen Repräsentationen, dann entsprechen die Vereinigten Staaten bis zur Weltwirtschaftskrise noch am ehesten dem liberalen Nachtwächterstaat, während das Idealbild einer sozialistischen Gesellschaft sich weit mehr am Volksgemeinschaftsgedanken der Nationalsozialisten als an den Zwangsregimes des Sozialismus-Ost orientiert. Während diese den Gemeinwillen durch puren Zwang, wenn auch ohne großen Erfolg, in die Köpfe ihrer Bürger hämmern wollten, konnten sich jene zumindest bis Stalingrad einer Zustimmung großer Teile ihrer Bevölkerung erfreuen. Wie wir wissen, nahmen die Nationalsozialisten zwar nicht »jedes Glied als untrennbaren Teil des Ganzen auf«, aber mit ihrer Volksgemeinschaft waren sie doch recht weit gekommen.

Der Streit über die richtige Gesellschaftsformation bestimmt die politische Debatte seit einem viertel Jahrtausend, wobei die Frage nach mehr oder weniger Vergesellschaftung über einen langen Zeitraum im Zentrum stand und auch heute noch keineswegs abgegolten ist. Die Anstrengungen zahlloser Menschen, die Vergesellschaftung voranzubringen, gleichen jedoch dem Versuch, Wasser in einen Ozean zu schütten, um seinen Wasserstand zu erhöhen, wie umgekehrt die Anstrengungen der Gegner dem Versuch gleichen, Wasser aus dem Ozean zu schöpfen, um seinen Wasserstand zu senken. Seit mit der Anwendung der Dampfkraft die industrielle Revolution begann, brauchte die Vergesellschaftung weder vorangetrieben noch konnte sie gestoppt werden, weil sie ohnehin eine direkte Folge der neuen Produktionsweise war. Sehen wir uns einige Entwicklungsschritte hin zur Vergesellschaftung an.

Es begann mit der Verfeinerung der Arbeitsteilung, die ja nicht nur die Produktivität erheblich steigert, sondern zugleich der Produktion eine gesellschaftliche Form gibt, und setzt sich ungebrochen in den Produkten selbst fort, die für einen Massenmarkt produziert werden, der nur für vergesellschaftete Menschen überhaupt hergestellt werden kann. Schon aus Gründen der inneren Logik des Systems dürfen diese Menschen nicht verelenden, sondern spielen als Konsumenten eine entscheidende Rolle. Es gehört schon eine erhebliche Verblendung dazu, die offensichtlichen Zusammenhänge nicht zu sehen.

Heideggers Überlegung scheint treffend zu sein: »Diese Verblendung kommt aus der uneingestandenen Angst vor der Angst, die als der Schrecken das Ausbleiben des Seins selbst erfährt.«[58] Vereinfacht kann man sagen, wir fürchten uns davor zu erfahren, was ist, weil wir die daraus sich ergebenden Konsequenzen nicht tragen wollen. Ein Widersinn, der schon an vielen anderen Stellen seine Wirkmächtigkeit unter Beweis gestellt hat.

Der Zusammenhang zwischen »großer Produktion« und zunehmender Vergesellschaftung zeigt sich nicht nur in abstrakten Überlegungen, sondern in unzähligen Einzelheiten. Wie sollte eine zentrale Stromversorgung, wie das Verkehrs- oder Bildungswesen moderner Staaten denkbar sein, ohne weitreichende Vergesellschaftung? Noch deutlicher wird der Zusammenhang zwischen Massenproduk-

---

58 Martin Heidegger, Nietzsche, Band 2, Pfullingen 1961, S. 393

tion und Vergesellschaftung bei den Konsumgütern. Von wenigen Nischen abgesehen, bedarf die Massenproduktion, und zwar völlig unabhängig von den Eigentumsrechten an den Produktionsmitteln, eines weitgehend normierten Verbrauchers, dessen individuelle Note sich genau in der möglichen Spannbreite der Produktionsmöglichkeiten bewegen darf. Dabei liegt es durchaus in der Natur der Sache, dass Einzelne beliebig weit von diesem Rahmen abweichen dürfen. Im Sinne einer altbekannten Erkenntnis bestätigen sie als Ausnahmen nur die Regel. Wenn die Pluralität der Menschen einmal das konstituierende Element der Politik war, so hat sich dies mittlerweile gründlich geändert.

Im Zeitalter der Massenproduktion stellt der identische Mensch, am besten durch Klonen erzeugt, den Idealtypus eines Menschen dar. Durch ihn würde sich nicht nur die jahrtausendealte Frage der Philosophie, was der Mensch eigentlich sei, deutlich vereinfachen, er würde auch die immer wieder zu erheblichen Konflikten führenden schwierigen Produktions- und Verteilungsprobleme auf eine einfache Weise lösen. Die Utopie der Gleichheit der Menschen hätte ihren Topos gefunden, und auch der ewige Friede wäre garantiert.

Wer glaubt, diese Vision als nicht weiter ernst zu nehmende Schwarzmalerei abtun zu können, der kann schnell eines Besseren belehrt werden. Wie der Fluss dem Tal, so strebt die zunehmende Vergesellschaftung genau dieser Vision zu. Die zweifellos noch vorhandenen Widerstände gegen eine solche Entwicklung sind kaum mehr als Felsen im Flussbett, die den Lauf des Wassers verändern, ohne ihn aufhalten zu können. Natürlich sind wir noch ein gutes Stück von diesem Idealtypus entfernt, aber die vorherrschende Blindheit gegenüber der Tendenz einer derartigen Entwicklung gibt wenig Anlass, auf eine Umkehr, Eindämmung oder wenigstens Erkenntnis zu hoffen. Doch sehen wir genauer hin.

In der Mathematik gibt es zur Bestimmung verschiedener Grade der Gleichheit den Begriff der Äquivalenzrelation. Der Begriff ermöglicht die Zusammenfassung von Objekten unter dem Aspekt einer partiellen Gleichheit. Betrachtet man zum Beispiel eine Menge von Objekten, die alle mit einer Farbe versehen sind, dann definiert eine Aussage der Form »... hat die gleiche Farbe wie ...« eine Äquivalenzrelation auf dieser Menge. Die einzelnen Objekte der Menge können sich dabei in beliebiger Weise unterscheiden, werden aber als gleich betrachtet, wenn sie nur die gleiche Farbe haben.

In einer vergesellschafteten Welt spielen Äquivalenzrelationen eine große Rolle, selbst wenn sie in der Öffentlichkeit als Begriff kaum vorkommen. Bei jeder (politischen) Wahl spiegelt sich eine Äquivalenzrelation wider, die durch die Fragestellung »... hat die gleiche Partei gewählt wie ...« zum Ausdruck gebracht wird. Die unterschiedlichen Motivationen der unterschiedlichen Wähler bei ihrer Wahlentscheidung werden dabei eliminiert und zu einigen wenigen Motivationen zusammengefasst. Der Wähler einer bestimmten Partei mutiert so zum Anhänger dieser Partei. Die Wähler von Splitterparteien oder die Nichtwähler fallen dabei gewöhnlich als Quantité négligeable unter den Tisch. Nur wenn zum Beispiel die Zahl der Nichtwähler bei einer Wahl einen kritischen Wert überschritten hat, wird kurzfristig über die Politikverdrossenheit räsoniert, die betroffene Gruppe meist aber als unpolitisch abqualifiziert. Die Möglichkeit, dass das Verhalten der Nicht-wähler gerade von einem besonderen politischen Bewusstsein geprägt sein könnte, wird kaum in Betracht gezogen, und wenn, dann bleibt es ohne weitere Auswirkungen. Dabei zählt die Identifizierung des Verschiedenen zu einem der fundamentalen Probleme einer jeden Form der Demokratie.

Ohne jetzt in die Tiefen der Mathematik vorstoßen zu wollen, ist es notwendig, noch ein weiteres mathematisches Gebiet zu betrachten, das eine lange Geschichte hat, aber erst ab dem 19. Jahrhundert zu voller Blüte gelangt ist und seitdem eine kaum zu überschätzende Rolle in der Öffentlichkeit, vor allem bei Entscheidungsprozessen, spielt. Gemeint ist die Statistik, die aufs Engste mit der gerade betrachteten Äquivalenzrelation zusammenhängt, setzt sie doch Gruppen von Menschen einer bestimmten Fragestellung aus, um sie damit klassifizieren zu können. Die Statistik gehorcht der Macht der großen Zahl und ebnet damit die Unterschiede im Detail ein. Das bedeutet zunächst zweierlei. Die Statistik bedarf der großen Zahl, aber nicht als Zusammensetzung vereinzelter Einzelner, sondern als gruppierbare Zusammenfassung überschaubarer Unterschiede. Dies setzt voraus, dass bereits ein Prozess der Entdifferenzierung in Gang gesetzt worden ist, der durch Typen der Statistik inhärenten Fragestellungen erheblich verstärkt wird. Dem steht entgegen, dass der industrielle Prozess ein höchstes Maß an Differenzierung erfordert, wie etwa die ins Extrem gesteigerte Arbeitsteilung deutlich macht.[59]

Fraglos haben wir es hier mit einem Paradoxon zu tun, das in der jüngeren Geschichte für viel Verwirrung gesorgt hat. Das Paradoxon hängt eng mit der Beziehung von Differenz und Gleichheit zusammen. Der genetische Code ist für alle Lebewesen, insbesondere also auch für alle Menschen, im Prinzip gleich. Aus dieser Sicht unterscheiden sich die Menschen nur in Nuancen voneinander, aus dieser Sicht unterscheiden sich aber auch Menschen kaum von Affen, Löwen oder Haifischen. Zugleich kann ein Verbrechen einem Menschen mit hoher Wahrscheinlichkeit zugeordnet werden, wenn nur kleinste Mengen seines genetischen Materials zur Verfügung stehen. Obwohl der genetische Code aller Menschen weitgehend gleich ist, besitzt jeder Mensch einen (weitgehend) eindeutigen genetischen Fingerabdruck, mit dem man ihn identifizieren kann.

Bei diesem Beispiel handelt es sich um den wahrscheinlich deutlichsten Fall vom gleichzeitigen Vorkommen (fast) vollständiger Verschiedenheit und (fast) vollständiger Gleichheit. Ähnlich steigt durch die Zerlegung der Arbeit in kleinste Schritte die Differenz zwischen den einzelnen Arbeiten an, um sich in der den einzelnen Schritten charakteristischen Monotonie wieder der Gleichheit zu nähern.

Am heftigsten wird der Konflikt zwischen Differenz und Gleichheit auf dem Gebiet der sozialen Gerechtigkeit ausgetragen, die immer als Streben nach sozialer Gleichheit verstanden wird. Ganze Wissenschaftszweige beschäftigen sich mit dieser Fragestellung. Für das ausgedruckte Papier der unzähligen Untersuchungen zu diesem Thema sind vermutlich ganze Wälder dem Erdboden gleichgemacht worden, wobei deren Ergebnisse den immer gleichen Inhalt verbreiten: Die

---

[59] Der Begriff der sozialen Differenzierung wurde wohl von Georg Simmel Ende des 19. Jahrhunderts in die Soziologie eingeführt. Vgl. Georg Simmel, Über sociale Differenzierung, Gesamtausgabe, Band 2, Frankfurt am Main 1989

Ungleichheit nimmt dramatisch zu; es ist fraglich, wie lange die Gesellschaften die Spannung der Differenz noch aushalten.

Dem naiven, von keiner Wissenschaft getrübten Blick eines einfachen Betrachters vermag sich die beschworene Spannung so gar nicht vermitteln. Nicht nur, dass die soziale Klassifizierung der Menschen auf der Straße kaum wahrzunehmen ist, auch die schon vollständig zu nennende Versorgung mit Gütern nicht nur des täglichen Bedarfs, über die selbstverständlich auch die meisten Sozialhilfeempfänger verfügen, wie Kühlschrank, Waschmaschine, Auto, Telefon, Fernseher, Radio usw. – alles Güter, die noch in den 1960er Jahren nur einer Minderheit vorbehalten waren –, steht in seltsamem Kontrast zu der von den Forschern wahrgenommenen zunehmenden Differenz.

Woher kommt aber die große Differenz in der Wahrnehmung der gesellschaftlichen Differenz? Die Antwort ist erstaunlich einfach. Mit Statistik können zwar Zahlen in Verhältnisse gesetzt werden, die *Inhalte* stecken jedoch in der Regel bereits in der Fragestellung. Schon im 19. Jahrhundert haben sich Forscher mit der Frage nach dem Grenznutzen beschäftigt. Der Grenznutzen besagt, dass mit zunehmendem Gebrauch der Genuss an einem Gut abnimmt. Isst jemand eine Bratwurst, dann mag er seinen Hunger gestillt haben, isst er eine zweite, dann mag ihm dies noch ein großer Genuss sein. Spätestens mit der dritten Wurst lässt der Genuss nach, und Widerwillen beginnt sich einzustellen. Dies ist unabhängig von jeder Forschungsarbeit ein täglich zu beobachtendes Phänomen, dem unsere Gesellschaftsforscher jedoch kaum Beachtung schenken. Wie groß auch immer die *zahlenmäßige* Differenz im Einkommen und Vermögen der Bürger eines modernen Wohlfahrtsstaats sein mag, die *qualitative* Differenz nähert sich an. Auch der reichste Bürger des Landes wird auf einer Autofahrt von Hamburg nach München nicht weniger oft im Stau stehen als der Empfänger von Sozialhilfe. Die größere Bequemlichkeit seines Autos mag ihm Vorteile bringen, die jedoch stehen in keinem Verhältnis zum höheren Preis, den er für sein bequemeres Auto zahlen muss. Ein Reicher, der eine Uhr im Wert mehrerer Jahresgehälter eines Arbeiters am Arm trägt, kann damit auch nicht mehr als die Zeit ablesen, die zudem noch an jeder Ecke angezeigt wird.

Wenn wir in den genannten Konstellationen den Fokus auf die Differenz und nicht auf die Gleichheit legen, dann verheddern wir uns in der Tat rettungslos in den Fallstricken »sozialer Betrachtungen«, deren charakteristisches Merkmal darin besteht, in schlechter Unendlichkeit zu landen. Größte Beachtung sollten wir der unhintergehbaren Prämisse all dieser Anstrengungen schenken, die darin besteht, den Menschen an sich ihre Mündigkeit abzusprechen und sie in wohlwollender Obhut zu halten. Wer allerdings absolute Gleichheit herstellen will, dem bleibt kein anderer Weg, als mit totalitären Methoden den Menschen auch noch die allerletzten Freiheiten zu rauben. Sieht man von der Not der Lebenserhaltung ab, deren Beseitigung in Wohlstandsgesellschaften ernsthaft von niemandem bestritten wird, dann bewegen sich die Vertreter der sozialen Gerechtigkeit in einem Hamsterrad und übersehen dabei die bedrohliche Angleichung der Lebensweisen, vor allem aber der Meinungen. Ohne Differenzen verschwindet jedoch das Politische aus unserem Leben.

Durch die genannten mathematischen Verfahren wird also der Fokus auf die bestimmenden, aber auch im Voraus ausgewählten Meinungen gelegt. Damit sind alle anderen Meinungen an den Rand gedrängt. Dieser Trend wird noch entscheidend verstärkt durch die Werbeabteilungen der großen Industrie, aber auch durch die geballte Kraft der verschiedenen Medien, die sich alle auf das Meinungszentrum konzentrieren und damit den Trend erheblich mit beeinflussen. Dies hat eine Verarmung der öffentlichen Debatte zur Folge, in der Randthemen kaum mehr vorkommen, und wirkt sich wiederum negativ auf die Vielfalt der überhaupt existierenden Meinungen aus, womit der Kreis geschlossen wäre.

Am Beispiel der Einkommensteuererhebung, aber auch bei der Finanzkrise 2008 kann dieses Zusammenspiel demonstriert werden. Noch gibt es vereinzelte Veröffentlichungen in den Medien, die die unhaltbare Form der Steuererhebung aufzeigen, aber sie gehen förmlich unter in der Flut von Berichten, die stattdessen die Forderung nach Steuererleichterungen in den Fokus rücken und die dann mit dem Hinweis auf die angespannten Staatsfinanzen leicht als Unsinn entlarvt werden können. Selbstverständlich könnte es Steuererleichterungen geben, wenn nur die Möglichkeit der Steuervermeidung eingeschränkt würde. Solche einfachen Zusammenhänge lösen sich einfach auf. Ganz ähnlich verlief die Berichterstattung im Zusammenhang mit der Finanzkrise 2008. Unter den weitgehend vereinheitlichten Vorwürfen der »Gier der Manager« und des »Marktradikalismus« verschwanden die Analysen, wie es möglich sein kann, Gewinne einzustreichen, ohne an den Verlusten beteiligt zu werden, verschwand vor allem aber die tiefe Verstrickung der Wohlfahrtsstaaten selbst in die heillose Spekulation, weil deren Staatshaushalte anders gar nicht mehr finanziert werden können. Auf diese Weise schaffen wir uns ein Bild von Realität, das jeder »wirklichen« Realität an Wirkungskraft deutlich überlegen ist, dadurch aber auch in fataler Weise »wirkliche« Realität schafft.

Im Zuge der Studentenbewegung in den späten 1960er Jahren wurde der Vorwurf erhoben, die Massen seien durch die Herrschenden manipuliert und dadurch nicht mehr in der Lage, ihre wirklichen Interessen zu erkennen. In diesem Zusammenhang wurde gar in seltsamer Umkehrung der marxistischen Verelendungstheorie die griffige Formulierung vom »Konsumterror« geprägt, der unschuldige Arbeiter durch hemmungslose Manipulation zu übermäßigem Konsum zwingen würde. Die hier beschriebenen Zusammenhänge dürfen mit solchen Vorwürfen nicht verwechselt werden. Mit dem Vorwurf der Manipulation verknüpft ist immer die bewusste Tat der einen Seite, die die andere für ihre eigenen Zwecke missbraucht.

Die hier geschilderten Zusammenhänge haben aber auch nur wenig mit dem zu tun, was man als Handeln bezeichnet, weil auch da bewusstes Wollen eine Rolle spielt, das zwar in seinen Auswirkungen nicht beherrscht werden kann, aber bei der Entstehung vorhanden sein muss. Das hier Gemeinte wird nicht bewusst in Gang gesetzt, es widerfährt uns eher und ist so etwas wie eine Herrschaft ohne Herren, das schleichend kommt und sich über die Seele legt wie Nebel über das Land. Der Vorteil, den viele Menschen daraus ziehen, vermag diese Einsicht nicht zu widerlegen. Wer erkennt, wann es regnen wird, der macht noch lange nicht den Regen, kann sich aber auf ihn einstellen.

Die Vergesellschaftung ist also mit der Industriegesellschaft so verbunden wie Vorder- und Rückseite einer Münze. Sie hat in all ihren spezifischen Ausprägungen aber auch die starke Tendenz zur Vereinheitlichung, was in der Praxis zu einer »oligarchischen« Meinungsherrschaft[60] führt. Je heterogener die differierenden Meinungen sind, desto eher fallen sie durch das Raster der Aufmerksamkeit, was im Umkehrschluss die Projektion der Differenz auf eine nicht mehr weiter zu beachtende Gruppe zur Folge hat und so den Unterschied homogenisiert.

Am einfachen Beispiel einer beliebigen Wahl lässt sich das Verfahren bestens demonstrieren. Bei einer Wahl steht eine überschaubare Menge politischer Parteien zur Verfügung. Die Gründe, warum man eine Partei wählt oder eben nicht wählt, sind vielfältig. Der Bericht über ein Wahlergebnis enthält die Prozentzahlen der einzelnen Parteien und eventuell noch die Wahlbeteiligung. Bei der Angabe der Prozentzahlen werden in der Regel alle Parteien mit einem geringen Wahlergebnis zur Position »Sonstige« zusammengefasst. Die ungezählten Motivationen der Wahlentscheidung werden also auf eine Handvoll Ergebnisse projiziert, aus denen dann tief greifende Schlüsse gezogen werden. Während sich aber bei diesem Verfahren eine, wenn auch ungenaue, Zuordnung von Wahlentscheidung und politischer Richtung noch geben lässt, so schwindet diese Möglichkeit vollends bei denen, die nicht zur Wahl gegangen sind. Zweifellos gibt es viele Motivationen, nicht zur Wahl zu gehen. Sie reichen von der bewussten Entscheidung, zum Beispiel einem Protest gegen die eingeschränkten Wahlmöglichkeiten bei den etablierten Parteien, bis zur Faulheit.

Damit stellen die Nicht-Wähler eine inhomogene Gruppe dar. Durch den Verzicht, die Substanz der Heterogenität zu erfragen, projiziert man die Vielfalt der Nicht-Wählenden auf die Gruppe Nicht-Wähler und hat sofort eine homogenisierte Gruppe, die trotz ihrer beachtlichen und weiter wachsenden Größe keine adäquate Aufmerksamkeit findet. Kluge Kommentare verweisen bisweilen auf diese künstlich gemachte Gruppe, nicht ohne »die Politik« aufzufordern, auch auf diese Gruppe zu achten. Nähmen die Verfechter eines demokratischen Gemeinwesens ihren eigenen Anspruch ernst, dann müsste der Gruppe der Nicht-Wähler, die ja an sich schon das Ergebnis einer ideologischen Betrachtung ist, eine viel größere Aufmerksamkeit zuteilwerden, zumal sie bei fast allen politischen Wahlen der letzten Jahre stärker als die stärkste politische Kraft geworden ist.

Das beschriebene Verfahren ist für zahllose Fälle prinzipiell gleich. Dies ist wohl der Preis, der für die Vergesellschaftung in jeder denkbaren Form zu zahlen ist, wobei natürlich der Grad an Vergesellschaftung den Grad an Homogenisierung

---

[60] Am Vorabend des Ersten Weltkriegs veröffentlichte der Soziologe Robert Michels ein Buch über oligarchische Tendenzen des Gruppenlebens, das einige interessante Thesen enthält, die aber an dem hier vorgetragenen Anliegen vorbeizielen, weil sie diese Tendenzen auf das Fehlverhalten von Individuen in Organisationsstrukturen zurückführen. Hier geht es um strukturelle Probleme, die der Vergesellschaftung überhaupt immanent sind. Vgl. Robert Michels: Zur Soziologie des Parteiwesens in der modernen Demokratie: Untersuchungen über die oligarchischen Tendenzen des Gruppenlebens, Leipzig 1911

des Heterogenen wesentlich bestimmt. Wenn wir uns also ideologischer Verblendungen enthalten, dann liegt es auf der Hand, dass eine industrielle Produktion unter allen Eigentumsverhältnissen zu einem hohen Maß an Vergesellschaftung führt. Weit mehr noch als durch die Eigentumsverhältnisse wird dieses Maß durch die Bedeutung bestimmt, die wir der Produktion beimessen. In einer Gesellschaft, in der das Wachstum der Produktion zu einer bestimmenden Größe geworden ist, nimmt der Grad an Vergesellschaftung zu; in einer Gesellschaft, die auf Wachstum der Produktion sich gründet, die also ohne Wachstum gar nicht mehr denkbar ist, muss die Vergesellschaftung zur allumfassenden Herrschaft entarten. Wachstum der Produktion ist ein hinreichender, jedoch kein notwendiger Grund für zunehmende Vergesellschaftung.

Die Vergesellschaftung kann selbst zum Zweck, zum Wert an sich werden. Was einst in der sozialistischen Bewegung als Bestreben begann, einen gerechten Anteil am gesellschaftlich produzierten Reichtum zu erlangen, und auf die Ziele der Fordernden übertragen vor allem bedeutete, sein Leben ohne ständige Bedrohung und Not führen zu können, ist heute längst zum Selbstzweck geworden. Ein beredtes Beispiel dafür ist unsere Definition von Armut, die ihres relativen Bezugs wegen ja nur dann abgeschafft werden kann, wenn wir uns auf eine weitgehende Gleichverteilung der Güter einigen, was wiederum in einer wachstumsorientierten Gesellschaft pure Illusion ist. Dies demonstrieren die vielfachen Versuche des Sozialismus-Ost, die Öffnung der Einkommensschere zu begrenzen, mehr aber noch die Abhängigkeit der modernen Wohlfahrtsstaaten von jener Ungleichheit der Einkommen, deren Beseitigung zum obersten Ziel politischer Anstrengungen erklärt wird. Nirgendwo zeigt sich die Aporie moderner Wohlfahrtsstaaten klarer als in diesem Punkt.

Noch einmal sei an dieser Stelle auf das Bundeslied der Sozialdemokraten verwiesen, das oben bereits zitiert worden ist. Dort heißt es:

> Brecht die Not der Sklaverei!
> Brecht die Sklaverei der Not!
> Brot ist Freiheit, Freiheit Brot![61]

Das wesentliche Problem der frühen sozialistischen Bewegung war die berechtigte Forderung nach Lösung der »Magenfrage«. Die ist inzwischen transformiert worden zu der unendlichen Frage nach der sozialen Gerechtigkeit, zu deren Voraussetzung ebenso ein ungehemmtes Wachstum wie eine ungehemmte Vergesellschaftung gehören. Der Vergesellschaftung in allen ihren Variationen eignet zwangsläufig die starke Tendenz zu einer Vereinheitlichung von Meinungen, zu Betrachtungen, in denen die Vielheit nivelliert wird. Das liegt in der Natur der Sache und hat nichts mit einem »bösen Willen« zu tun. Damit ist ihr immer eine Zerstörung von Freiheit inhärent. Sie geht aber durch die Nivellierung noch viel weiter, vor allem weil sie Inhalte durch die Form überlagert. Was ist damit gemeint?

---

[61] Vgl. Kapitel 2, Fußnote 121

Eine differenzierte Betrachtung wägt die verschiedenen Seiten der jeweiligen Sache ab, versucht sie einzuordnen, um ihr damit Gerechtigkeit widerfahren zu lassen. Dies gelingt nicht immer, weil wir Menschen und keine Götter sind. Entscheidend ist aber das Bemühen. Die gesellschaftliche Betrachtung geht den umgekehrten Weg. Sie ordnet den betrachteten Fall einer allgemeinen Regel unter, deren Sinn gerade darin besteht, die Differenzierung aufzulösen. Dies geschieht exakt nach dem Muster der oben beschriebenen Äquivalenzrelation, bei der die partielle Gleichheit zur Identifizierung der Objekte genügt. Im gesellschaftlichen Zusammenhang geht man aber noch einen Schritt weiter und identifiziert die partielle Gleichheit mit der Gleichheit schlechthin, also mit der Identität. Auch dieser Zusammenhang soll an einem Beispiel demonstriert werden, das bereits oben ausführlich dargestellt wurde.

Drei von fünf im Bundestag vertretenen Parteien fordern eine Vermögenssteuer als wichtigen Beitrag zur sozialen Gerechtigkeit. Hier liegt eine besonders interessante Version des behandelten Sachverhalts vor, weil dabei mit einer Mischung aus Differenzierung und Vereinheitlichung gearbeitet wird. Die Differenzierung dient zunächst dazu, eine negative Mehrheit zu selektieren, das heißt eine Mehrheit, auf die die Kriterien der Vermögenssteuer *nicht* zutreffen. Dies erreicht man durch einfache Nichtbeachtung bestimmter Werte bei der Vermögensbestimmung. Zu solchen Vermögenswerten zählen alle Ansprüche aus Pensionen, (gesetzlichen) Renten, Abgeordnetenversorgungen, aber auch bestimmte Arten von Haus- und Grundbesitz und sonstige aus der Betrachtung herausgelöste Teile. Der Selektion liegt also eine auf reiner Willkür beruhende Unterscheidung von »gutem« und »schlechtem« Vermögen zugrunde, bei der es allein darauf ankommt, durch Ausschluss einer Mehrheit eine Minderheit umso besser kujonieren zu können.

Nach der Differenzierung folgt die Identifizierung, weil (bei den Übriggebliebenen) das Vermögen unabhängig von seiner Entstehung genommen wird: Die Betreffenden werden als Reiche betrachtet. Vermögen kann man auf unzählige Arten erworben haben, zum Beispiel durch Erbschaft, durch Betrug, durch Spekulation, durch Raub, mithilfe von Steuerhinterziehung oder exzessive Steuervermeidung, durch Ehescheidung, weil man etwas besonders gut kann oder weil man eine Firma erfolgreich geführt hat usw. Wer sein Vermögen legal, selbst und ohne Steuervermeidung erworben hat, der hat darauf immerhin mehr an Steuern gezahlt, als der Vermögenswert ausmacht. Im politischen Raum spielt das keine Rolle, weil ganz einfach nicht danach gefragt wird. Stattdessen wird nach dem folgenden Schema verfahren, das zwar einer eigenartigen Logik entspricht, dessen ungeachtet jedoch vielfach angewandt wird:

Schritt 1 (Existenzsuche): Es gibt einen Reichen, der sein Vermögen auf zweifelhafte Weise erworben hat. Schritt 2 (Verallgemeinerung): Reiche haben ihr Vermögen auf zweifelhafte Weise erworben. Schritt 3 (Legitimation): Deshalb dient es der Gerechtigkeit, eine Steuer auf Vermögen zu erheben. (Wer es etwas differenzierter liebt, der untermauert seine Behauptung etwa mit der Aussage: »Die Mehrheit der Reichen hat ihr Vermögen auf zweifelhafte Weise erworben.«)

In genau der gleichen kruden Weise wird im Zusammenhang mit der Finanzkrise 2008 argumentiert: Diejenigen, die von der Krise profitiert haben, sollen auch dafür zahlen. Gegen diesen Satz kann man wenig einwenden. Wenn man sich allerdings die Mühe erspart, die Profiteure genau zu spezifizieren, sie stattdessen mit den Reichen gleichsetzt und damit dann politische Entscheidungen begründet, dann entsteht etwas, das sich in keiner Weise von einer Willkürherrschaft unterscheidet. Wer als Reicher sein Geld in Unternehmensanleihen von Lehman Brothers angelegt hat, konnte von der Finanzkrise nicht nur nicht profitieren, er hat darüber hinaus sogar sein Geld verloren.

Über Statistiken kursieren viele Witze. Einer dieser Witze lautet: Wenn die Hälfte einer Personengruppe in 70 Grad heißem Wasser badet und die andere in 0 Grad kaltem, dann baden alle im Mittel bei angenehmer Temperatur. Selbstverständlich verfügen die Statistik und die mit ihr verwandte Wahrscheinlichkeitsrechnung längst über verfeinerte Methoden, solche Zustände exakter zu bestimmen. Dessen ungeachtet können Statistik und Wahrscheinlichkeitsrechnung nur Aussagen über große Zahlen, niemals aber über Einzelfälle machen. Mit der Wahrscheinlichkeitsrechnung kann man den Verkehrsfluss an einem Ferienwochenende optimieren, aber sie versagt schon bei einem Ereignis, wie zum Beispiel einem Atomunfall. Ein Hauptgewinn im Lotto ist wenig wahrscheinlich, durch die große Zahl der Mitspieler gibt es aber fast an jedem Wochenende einen Hauptgewinner. Sobald man also Ergebnisse der Statistik und Wahrscheinlichkeitsrechnung auf Einzelfälle anwendet, erweisen sich die Verfahren als ungenügend.

Dies ist eigentlich eine Binsenweisheit, doch in vergesellschaftlichten Gemeinwesen wird Politik immer wieder gegen diese Erkenntnis betrieben. Würde man an einer belebten Straßenecke jeden zehnten Mann verhaften, da zehn Prozent der Männer Straftaten begehen, dann würde dies in einem geordneten Rechtswesen zumindest einen Skandal hervorrufen, weil es alle Regeln des Rechtsstaats unterliefe. Verfahren dieser Art gehören jedoch zum täglichen Brot der Politik, und honorige Sachwalter des Politischen treten in unzähligen Talkshows auf, um solchen Unsinn mit größtem intellektuellem Aufwand immer wieder zu vertreten. Benutzt man statistische Verfahren, um gesellschaftliche Gebilde zu steuern und fehlt darüber hinaus ein fester und unbestrittener Wertekanon als Richtschnur, dann opfert man zwangsläufig die Freiheit zugunsten normierter Menschen.

Was ist ein normierter Mensch? Wie überall sonst dient die Normierung dazu, Verschiedenes kompatibel zu machen. Durch Normierung von Schrauben, Muttern und Schraubenschlüsseln kann man die Verbindung fester Teile auf einfache Weise bewerkstelligen, ohne jeden Einzelfall gesondert prüfen zu müssen. Beim Menschen wird die Normierung durch vorgeschriebene Verhaltensweisen erreicht. Am besten kann man sich dies am modernen Massenverkehr verdeutlichen. Dieser wäre ohne eine detaillierte Verkehrsregelung undenkbar. Ohne die verbindliche Vorschrift, auf welcher Straßenseite der Verkehrsteilnehmer zu fahren hat, würde der Verkehr sofort zusammenbrechen. Die Regelungen gehen jedoch weit darüber hinaus. So gibt es ein ganzes Regelwerk, das von Vorfahrtsregeln bis zu Geschwindigkeitsbegrenzungen der unterschiedlichsten Art reicht. Wer sich nicht an diese Regeln hält, wird bestraft, möglicherweise sogar von der Teilnahme am Straßenverkehr ausgeschlossen. So unbestritten die Notwendigkeit von Verhaltensnormierungen im modernen Straßenverkehr ist, so heftig kann darüber gestritten werden, wie weit die Regelungen zu gehen haben.

Damit befinden wir uns im Zentrum eines politischen Problems von großer Tragweite. Aus der isolierten Sicht des Straßenverkehrs wäre es vermutlich sinnvoll, nicht nur klare Regeln zu haben, sondern sie auch lückenlos zu überwachen, damit Übertretungen sofort geahndet werden können. Also zum Beispiel feste Geschwindigkeitsregelungen mit sofortiger strenger Sanktion bei Übertretungen. Dies ist eine Forderung vieler ökologisch orientierter Menschen. Eine solche Maßnahme würde nicht nur viele Menschenleben retten, sie würde zudem die Verbrennung fossiler Treibstoffe verringern. Die solches fordernden Menschen halten die unbestreitbaren Vorteile für evident und betrachten Einwände dagegen generell als interessengesteuert.

Tatsächlich beruhen viele dieser Einwände auf einfach zu durchschauenden Interessen. In einem solchen Umfeld würde das Auto seine »magische Kraft« verlieren und zu einem gewöhnlichen Gebrauchsgegenstand mutieren, der sich noch in Fragen der Bequemlichkeit und Qualität, aber nicht mehr in Fragen der Geschwindigkeit, Sportlichkeit usw. von anderen unterscheiden würde. Die Produktion von Autos wäre ein technisch weitgehend uninteressanter Prozess, der von deutlich weniger Menschen zufriedenstellend bewältigt werden könnte. Die heute technisch führenden Unternehmen würden ihre Sonderstellung weitgehend verlieren, viele Arbeitskräfte würden freigesetzt werden. Darauf beziehen sich die meisten Einwände gegen eine umfassende Regelung des Straßenverkehrs. Die Interessenvertreter sind hier vor allem die betroffenen Hersteller und die Gewerkschaften. Bis hierher ist die strittige Frage im eigentlichen Sinne nicht politisch. Im betrachteten Zusammenhang sind die Argumente der Befürworter strenger Regelungen den Argumenten ihrer Gegner bei Weitem überlegen. Doch haben wir damit das wirkliche Problem erkannt?

Politische Debatten entzünden sich im Regelfall an solchen Einzelfragen und zweckrationale Entscheidungen werden bestenfalls durch interessengesteuerte Gegenpositionen be- oder verhindert. Andere Erwägungen finden kaum mehr Beachtung. In modernen Gesellschaften mit industrieller Produktion gibt es jedoch eine Unzahl ähnlicher Konstellationen wie im Straßenverkehr, ja, man kann sogar sagen, das gesamte Leben spielt sich in geregelten Räumen ab. Ob in der Ausbildung oder im Beruf, aber auch bei Veranstaltungen aller Art, immer bewegt man sich in extrem geregelten Räumen, in denen vorgegebene Verhaltensnormen einzuhalten sind.

Die genannten Fälle lassen sich alle auf das gleiche Phänomen zurückführen. Es sind Ereignisse, an denen jeweils Massen beteiligt sind. Moderne Gesellschaften sind Massengesellschaften, und niemand hat das klarer erkannt als die Nationalsozialisten, die diese Erkenntnis mit furchtbarer Konsequenz umgesetzt haben. Massengesellschaften funktionieren umso besser, je mehr die Menschen konditioniert, das heißt auf ein bestimmtes Verhalten eingestellt sind.

Es ist sicher kein Zufall, dass der Siegeszug der Psychologie und der ihr verwandten Wissensgebiete begann, als die Massengesellschaft zur unumkehrbaren Tatsache geworden war. Während Freuds Ansatz noch den Fokus auf die Heilung des Individuums legte, die aber im Wesentlichen auch nur darin bestand, den see-lisch Kranken wieder »gesellschaftsfähig« zu machen, ihn also an normierte Verhaltensweisen anzupassen, ging der bald schon sehr populäre Behaviorismus weit darüber hinaus, indem er das menschliche Verhalten zum zentralen Gegenstand seiner Untersuchungen erhob und damit zugleich Mittel fand, menschliches Verhalten gezielt zu beeinflussen.

Ein geradezu ideales Mittel zur Beeinflussung menschlichen Verhaltens stellen die Massenmedien dar. Ursprünglich verstand die Presse, als frühestes Organ der modernen Massenmedien, ihre Aufgabe darin, das freie Wort und die Diskussion freier Menschen zu fördern, indem sie dafür eine Öffentlichkeit herstellte. Auf diese Weise wurde die Meinung aus dem Dunkel des Privaten in die Helle der Öffentlichkeit gestellt. Diese Aufgabe ist in den modernen Demokratien, die das freie Wort problemlos ermöglichen, mehr oder weniger an den Rand gedrängt worden, wenngleich sie nicht völlig verschwunden ist. Die Massenmedien »machen« weniger die Meinungen, stattdessen bieten sie dem vorherrschenden Massengeschmack eine Ebene der Artikulation, die ihm die Kraft einer Naturgewalt verleiht. Im Unterschied zur Wahrnehmung in großen Teilen der Öffentlichkeit besteht die Gefahr der Massenmedien also viel weniger in der Produktion von neuen Meinungen als vielmehr in der Verbreitung und Verstärkung der bereits vorherrschenden Meinungen. Damit forcieren sie als Katalysator die Konditionierung von Menschen. Eine vollständige Konditionierung der Menschen würde einerseits die Abläufe in einer Massengesellschaft erheblich vereinfachen, hätte jedoch andererseits einen vollständigen Verlust ihrer Freiheit zur Folge.

Die induktiv fortgeschriebene Optimierung lokaler Abläufe kann nur in der vollständigen Konditionierung der Menschen enden. Das ist weniger evident, und doch liegt hier das eigentlich politische Problem, das weder im Fokus der Öffentlichkeit noch der verschiedenen politischen Gruppierungen steht. Eher scheint es, als arbeiteten die sich als fortschrittlich verstehenden politischen Gruppierungen anstatt den Raum der Freiheit zu suchen, mit erheblicher Kraft an der weiteren Konditionierung des Menschen. Die Sicherheit, mit der sie vorgeben, das wahre Wissen über die Zusammenhänge zu haben, ruft Erschrecken hervor. Die Vehemenz, mit der sie ihre Forderungen durchzusetzen versuchen, gibt einen Vorgeschmack auf das, was uns blüht, wenn das Argument der Straße den politischen Raum erobert.

Dabei geht es nicht mehr um die Beförderung von irgendeiner Art der Freiheit, sogar die immer wieder beschworene Demokratie wird in zunehmender Weise vom besonders entschiedenen Auftreten der Protagonisten des »richtigen Weges« ausgehebelt und durch Minderheitsmeinungen dominiert. Noch für Hegel galt als Selbstverständlichkeit: »Die Weltgeschichte ist der Fortschritt im Bewußtsein der Freiheit – ein Fortschritt, den wir in seiner Notwendigkeit zu erkennen haben.«[62] Davon kann lange schon keine Rede mehr sein. Fortschritt bedeutet heute ein Fortschreiten auf dem Weg in die vollständige Vergesellschaftung des Menschen und

---

[62] G.W.F. Hegel, Vorlesungen über die Philosophie der Geschichte, Werke in 20 Bänden, Band 12, Frankfurt am Main 1970, S. 32

damit in seine zunehmende Konditionierung, bei der nicht nur die Freiheit selbst, sondern das *Bewusstsein von Freiheit* überhaupt droht, auf kaum wahrnehmbare Weise ausgelöscht zu werden.

In Massengesellschaften kann ein Bewusstsein von Freiheit nur dann aufrechterhalten bleiben, wenn man sich mit größter Anstrengung explizit dem Problem der Freiheit widmet. Eine politische Haltung, die sich der Freiheit verpflichtet fühlt, kann ihrer Natur nach nicht darin bestehen, den Menschen die richtigen Wege zu ihrem Glück aufzuzeigen. Wer vorgibt, dies zu können, kann der Freiheit nicht verpflichtet sein. Der Pfad der Freiheit ist immer ein Pfad mit vielen Unwägbarkeiten, der vieles, aber keine Sicherheit geben kann. Das Richtige nicht zu kennen schließt jedoch keineswegs aus, vom Falschen zu wissen. In diesem Sinne bleibt einer politischen Haltung, der an der Freiheit etwas liegt, nur der Weg, sich dem zunehmenden Drang zu einer weiteren Vergesellschaftung entschieden entgegenzustellen.

Das bedeutet konkret, die heute übliche Vorgehensweise auf den Kopf zu stellen. Immer dann, wenn die Rationalität einer geforderten Maßnahme als zwingend erscheint, ist besonderes Misstrauen angebracht. Der Zweckrationalität ist eine entschiedene Orientierung an Freiheitsmaximen entgegenzusetzen. Um den Stand zu gewinnen, der Widerstand erst möglich macht, kommt es in erster Linie darauf an, ein Bewusstsein von Freiheit zu gewinnen, und das ist vor allem eine Frage des Kopfes. Handeln besteht vor allem im Miteinander-Reden, im Versuchen, im Scheitern, im erneuten Versuchen und manchmal auch im Erfolgreich-Sein. Immer besteht es in einem Neuanfang, niemals in der Verwaltung von Sicherheit. Die Protagonisten der endlich notwendigen Tat können meist nur schlecht die hinter ihren Taten lauernden Herrschaftsansprüche verbergen.

Fragen wir uns, welche Verbesserungen unseres Lebens sich ergeben, wenn in Stuttgart kein neuer Bahnhof gebaut wird, wenn unsere Atomkraftwerke abgeschaltet werden, dafür aber Windräder die Landschaft in unerträglichster Weise verschandeln, wenn wir zwar genaueste Vorschriften für die Neigung unserer Dächer einhalten müssen, diese aber von hässlichen Solarmodulen verdeckt werden, wenn wir Atommülltransporte mit großem Aufwand behindern, der Müll aber dadurch um kein Gran weniger wird, wenn wir uns für rote, gelbe oder grüne Punkte auf Lebensmittelverpackungen einsetzen, um die Schädlichkeit von Zucker und Fett für die Gesundheit erkennen zu können, wenn wir ganze Verwaltungsstäbe damit beschäftigen, Texte zu entwerfen, die Rauchern die Gefahren ihres Tuns verdeutlichen, wenn wir Gesetze für den Betrieb von Seilbahnen erlassen auch in Gebieten, die keine nennenswerte Erhebung haben, wenn die Länge und Krümmung von Gewächsen vorgeschrieben wird, damit wir sie als Gurken erkennen.

Bei diesen Anstrengungen geht es um mehr als um Beschäftigungstherapien gelangweilter Beamten und Bürger. Sie zeigen deutlich die Richtung an, in der wir uns bewegen. Die Tendenz dieser Anstrengungen zielt auf die Auflösung alles dessen, was einmal als Politik Eingang in das europäische Geistesleben gefunden hat. Der Auflösung des Politischen folgt unweigerlich die Zerstörung der Freiheit und damit die vollständige Entmündigung.

Ein kleines Gedankenspiel soll verdeutlichen, wie eine einzige kleine Maßnahme weit mehr Verbesserungen unserer Lebensverhältnisse bringen würde, als alle die gerade aufgezählten Punkte zusammengenommen. Es geht um die Macht der Parteien und das Verhalten der Wähler. Alle westlichen Demokratien sind repräsentative Demokratien, in denen Parteien eine herausragende Rolle spielen. Unzählige Abhandlungen sind geschrieben worden, die mehr oder weniger deutlich nachweisen, dass die Bedeutung der Parteien weit größer ist, als es deren Mitgliederzahl entspricht. Im Jahr 2006 gab es in Deutschland etwa 1,5 Millionen Parteimitglieder.[63] Die Zahl ist seitdem eher noch gesunken, doch kommt es auf höchste Genauigkeit hier nicht an. Zur Bundestagswahl im Jahre 2009 gab es ca. 62 Millionen Wahlberechtigte.[64] Setzt man die beiden Zahlen in Beziehung, dann waren gerade einmal knapp 2,5 Prozent der Wahlberechtigten Mitglieder in einer politischen Partei. Offensichtlich ist der Einfluss der Parteien auf die politische Willensbildung in unserem Land überproportional groß.

Zudem sind in den einzelnen Parteien ausgeprägte Hierarchien vorhanden, wobei die Führungskräfte über erhebliche Mittel verfügen, Posten und Pfründen zu vergeben, um damit ihre ohnehin schon große Macht noch deutlich auszuweiten. Zweifellos müssen die Funktionsträger in den Parteien nach demokratischen Regeln gewählt werden, wobei jede Stimme das gleiche Gewicht hat, doch können die internen Führungszirkel im Regelfall entscheidenden Einfluss auf die Wahl der Funktionsträger ausüben. Ohne nähere Überprüfung, aber den Regeln der Machtverteilung in großen Organisationen folgend, kann davon ausgegangen werden, dass wahrscheinlich kaum mehr als 200 Personen entscheidenden Einfluss auf die Zusammensetzung der Parlamente und die politischen Richtungen der Parteien haben. Bei dieser Zahl handelt es sich um gerade einmal 0,00032 Prozent der wahlberechtigten Bürger des Landes. Nach allen Regeln der Vernunft muss hier von einer oligarchischen Herrschaftsausübung gesprochen werden. Nicht-parteiliche Organisationen, vor allem aber auch die Medien vermögen durchaus einen mäßigenden Einfluss auf die politischen Oligarchen auszuüben, doch kann ernsthaft nicht bestritten werden, dass »man sich kennt« und oft jahrzehntelang zusammenarbeitet.

Nun wird gerade in jüngster Zeit vermehrt über die Politikverdrossenheit der Bevölkerung räsoniert, deren Ursachen sicherlich vielfältig, aber auch nicht zuletzt in der Verfilzung des politischen Betriebs zu suchen sind. In der Vergangenheit gab es zahlreiche Versuche, der drohenden Bürokratisierung der repräsentativen Demokratie entgegenzuwirken, die jedoch allesamt im Sande verliefen. Diese Versuche sollen mit diesen Worten nicht einfach abgetan sein, doch würde deren Reflexion den Rahmen der vorliegenden Ausführungen sprengen. Hier soll eine ebenso einfache wie Erfolg versprechende Lösung des Problems dargestellt werden, die zudem noch den Vorteil hat, direkt auf das Unbehagen vieler Bürger am politischen Betrieb zu reagieren, der zunehmenden Vergesellschaftung ent-

---

[63] Die Zahl ist zusammengerechnet nach Angaben in: Deutscher Bundestag, Drucksache 16/12500 vom 26.03.2009, S. 9 und S. 36
[64] Die Zahl ist entnommen: www.bpb.de, Stichwort: Wahlberechtigte 2009

gegenzutreten und zugleich mehr für das politische Bewusstsein in der Bevölkerung zu tun, als unzählige Versicherungen unseres politischen Betriebs.

Bei Wahlen werden die Wahlberechtigten in zwei Gruppen eingeteilt. Zur ersten Gruppe, sie wird nachfolgend Gruppe A genannt, zählen diejenigen, die eine gültige Stimme für eine Partei abgegeben haben, die am Ende mehr als 5 Prozent der gültigen Stimmen auf sich vereinigen kann. Zur zweiten Gruppe, im Folgenden Gruppe B genannt, zählt der Rest, der sich aus Nicht-Wählern, ungültig Wählenden und all jenen zusammensetzt, die eine Partei mit einem Stimmenanteil von weniger als 5 Prozent gewählt haben. Die Stimmen bzw. potenziellen Stimmen der Gruppe B entfallen vollständig und werden auf die Parteien der Gruppe A verteilt, und zwar in dem *Verhältnis der Stimmenverteilung innerhalb der Gruppe A*.

Dieses mit der größten Selbstverständlichkeit seit Jahrzehnten praktizierte Verfahren erregt kaum öffentliche Aufmerksamkeit, obwohl es nicht nur die Meinungen von Minderheiten einfach ignoriert, sondern sogar umdeutet, und zwar offensichtlich in einem diesen entgegenstehenden Sinn. Die Wähler der »sonstigen Parteien« (das sind die Parteien, die deutlich weniger als 5 Prozent der abgegebenen gültigen Stimmen erhalten) drücken einen Protest aus, der sich gerade gegen die bestimmenden Parteien richtet, und das sind die mit den meisten Stimmen. Durch die Umverteilung ihrer Stimmen wird ihr Wollen gerade in sein Gegenteil verkehrt, denn ihre Stimmen werden wie beschrieben jenen zugerechnet, gegen die sie gerade protestiert haben. Bezieht man in die Betrachtung noch diejenigen Parteien ein, die nahe der 5-Prozent-Klausel liegen, dann kann die gängige Praxis sich sogar erheblich auf die Bildung der Regierung auswirken.

Der Umgang mit den durch Wahlen ausgedrückten Meinungen bestätigt bis ins Einzelne die oben aufgestellten Behauptungen. In die Betrachtung wird nur ein bestimmtes Meinungsraster einbezogen. Die Wähler der »sonstigen« Parteien wollen eine besondere Form der Unzufriedenheit mit den vorherrschenden Parteien zum Ausdruck bringen. Deshalb werden sie landläufig mit dem Begriff »Protestwähler« versehen, ihre Stimmen werden aber jenen Parteien zugerechnet, gegen die sie protestieren. Die Nicht-Wähler werden ebenfalls ignoriert, obwohl sie als Gruppe zahlenmäßig stärker sind als die Wähler jeder einzelnen Partei. Der Rat, die Nicht-Wähler sollen doch wählen gehen, kann nur als Verhöhnung verstanden werden. Auch die Meinung, man könne es nicht jedem recht machen, verfehlt ihr Ziel, weil sie noch nicht einmal den Gedanken aufkommen lässt, *wie man es denn besser machen könnte*. Die folgende Tabelle zeigt die quantitativen Zusammenhänge[65]:

---

[65] Alle Daten zur Bundestagswahl 2009 sind entnommen und umgerechnet worden aus http://www.bundeswahlleiter.de

Bundestagswahl 2009	Mio	Proz
Wahlberechtigte	62,2	100,0
Gültige Wähler	40,8	65,6
Ungültige Wähler	3,2	5,1
Nicht-Wähler	18,2	29,3

Tabelle 5.3.1

Als gültige Wähler werden alle jene Wähler bezeichnet, die eine gültige Stimme für eine im Bundestag vertretene Partei abgegeben haben. Als ungültige Wähler alle jene, die entweder eine ungültige Stimme oder eine Stimme für eine Partei, die nicht im Bundestag vertreten ist, abgegeben haben. Fassen wir die »ungültigen Wähler« und die Nicht-Wähler zur Gruppe der NBWB (= nicht berücksichtigte Wahlberechtigte) zusammen und betrachten das Wahlergebnis der Bundestagswahl 2009 unter dem offiziellen Aspekt sowie unter Einschluss der Gruppe NBWB als homogene Gruppe:

Wahl 2009	A	B	C	D
CDU/CSU	33,8%	239	23,6%	147
SPD	23,0%	146	16,1%	100
FDP	14,6%	93	10,1%	63
Grüne	10,7%	68	7,5%	47
Linke	11,9%	76	8,3%	51
NBWB			34,4%	214

Tabelle 5.3.2

Die Spalten A und B enthalten die offiziellen Prozentzahlen bzw. Sitze der einzelnen im Bundestag vertretenen Parteien. Die Spalten C und D bezeichnen die analogen Werte, würde die Gruppe NBWB als Partei berücksichtigt.

Etwa ein Drittel der Wahlberechtigten blieb bei der Bundestagswahl 2009 unberücksichtigt (bei Regionalwahlen ist der Anteil oft noch erheblich höher!), ohne dass dies besondere Aufmerksamkeit hervorgerufen hätte. Das ist eigentlich erstaunlich. Den Parteien entgehen durch eine geringere Wahlbeteiligung gewisse Finanzmittel (für die ersten 4 Millionen Stimmen erhält eine Partei 85 Cent je Stimme, danach 70 Cent[66]). Diese Verluste[67] stehen aber in keinem Verhältnis zur Einbuße an Macht, die die Parteien ertragen müssten, wenn die Gruppe NBWB beim Wahlergebnis berücksichtigt würde. Sicherlich würden die Mitglieder der

---

[66] Vgl. http://www.bpb.de
[67] Die möglichen Verluste bei der Bundestagswahl 2009 erreichen für alle Parteien zusammen eine Höhe von ca. 15 Millionen Euro.

Gruppe NBWB, so heterogen diese auch sein mag, kaum einfach das Ergebnis der anderen Wähler repräsentieren. Deshalb gibt es keinen echten Anreiz für die Parteien, sich zum Beispiel um die Gruppe der Nicht-Wähler zu bemühen.

Halten wir fest: Der Wille etwa jedes dritten der Wahlberechtigten – in Zahlen ausgedrückt sind dies mehr als 20 Millionen Menschen! – wird einfach ignoriert, und es gibt auch keine erkennbaren Anstrengungen, an diesem Zustand etwas zu ändern.

Bestünde die Gruppe NBWB einfach aus unpolitischen Menschen, die zu faul sind, den Weg zur Wahlurne zurückzulegen, dann gäbe es kaum vernünftige Möglichkeiten, den Zustand zu ändern. Dies ist jedoch nicht der Fall. Jedes siebte Mitglied der Gruppe NBWB hat ja gewählt, allerdings eine Partei, deren Stimmen durch die 5-Prozent-Klausel verloren gegangen sind. Bei diesen Mitgliedern müssen wir eher von politisch besonders interessierten Menschen ausgehen. Die Zahl ist mit mehr als 3 Millionen Wahlberechtigten sicher um einiges höher als die Zahl derjenigen, die durch die verschiedensten Aktionen immer wieder Aufmerksamkeit vonseiten der Öffentlichkeit erfahren und als vorbildliche Repräsentanten der modernen Bürgergesellschaft gelten.

Vermehrte Anstrengungen der Gruppe der Nicht-Wähler, Gehör zu finden, weisen eher auf mehr denn weniger politisches Engagement als bei der restlichen Bevölkerung hin.[68] Seit 1990 gibt es in Deutschland einen Verein, der sich »Partei der Nichtwähler« nennt und sich aktuell darum bemüht, als Partei zugelassen zu werden. In den Grundsätzen heißt es: »Die Partei der Nichtwähler versteht sich nicht als Programmpartei, vielmehr ist uns daran gelegen, gute und vernünftige Programminhalte – unabhängig von welcher Partei – im Sinne der Bürger umzusetzen.«[69] Zweifellos sind das hehre Ziele, sie lösen sich jedoch sofort in Aporien auf. Man will kein Programm, sondern Programminhalte und übersieht, dass ein Programm unabhängig vom Wollen der Beteiligten gerade durch eine Zusammenfassung von Programminhalten entsteht. Durch die Bezeichnung einer Eiche als Buche entsteht noch lange keine Fichte. Hier herrscht mehr Ratlosigkeit als klare strategische Ausrichtung. Dessen ungeachtet bleibt aber eine tiefe Unzufriedenheit mit dem bestehenden Politikbetrieb erkennbar, die insofern durchaus politisch ist, als sie sich der herrschenden Ignoranz der Gruppe der Nicht-Wähler gegenüber entschieden entgegenstellt.

Durch Parteibildungen gleich welcher Art kann man dem hinter der Gruppe der Nicht-Wähler stehenden Problem nicht gerecht werden. Diese Gruppe zeichnet sich vor allem durch ihre Heterogenität aus. Jeder Versuch, sie zu homogenisieren, führt zu einer Contradictio in adjecto und landet schließlich wieder genau bei jener Homogenisierung des Heterogenen, wie sie die etablierten Parteien schon seit Jahrzehnten betreiben. Wenn man ihr gerecht werden will, dann nur durch Abbildung ihrer Heterogenität. Doch wie könnte dies geschehen?

---

[68] Weiter oben wurde auf ein interessantes Buch zur Bundestagswahl 2009 hingewiesen, in dem das Nicht-Wählen als ernstzunehmende Alternative dargestellt worden ist. Vgl. Kapitel 3, Fußnote 3

[69] http://www.parteidernichtwaehler.de/programm.php

Ohne den Anspruch auf ein sofort umsetzbares Konzept zu erheben, seien einige Gedankenspiele angestellt, die in die richtige Richtung zu führen scheinen, weil sie nicht nur das Problem der Gruppe der NBWB lösen, sondern darüber hinaus das Politische in unserem saturierten Wohlfahrtsstaat in einer Weise stärken könnten, die das Engagement aller in der Öffentlichkeit so hoch gelobten Bürgerbewegungen weit übertreffen würde. Man könnte die Stimmen der NBWB so werten, dass eine Stimm- und Sitzverteilung wie in den Spalten C und D von Tabelle 5.3.2 zustande käme. Nun hätte man die Aufgabe zu lösen, wie sich die der NBWB zustehenden Sitze mit realen Personen besetzen ließen. Doch auch dies ist denkbar einfach. Man brauchte die Sitze nur in der Bevölkerung zu verlosen, wobei verschiedene Modelle vorstellbar sind, die man jeweils einer genauen Prüfung unterziehen könnte.

Wenn wir den Begriff »Losentscheid« im Zusammenhang mit politischen Wahlen vernehmen, dann schrecken wir zurück, weil wir den Wahlakt als dem Losentscheid entgegenstehend betrachten. Seiner Natur nach entspricht der Wahlakt einem aristokratischen (Aus-)Wahlverfahren, bei dem die Besten gesucht werden. In einem streng verstandenen Sinn ist dies in einer Demokratie gerade nicht erwünscht, weil ja nicht die Besten, sondern das Volk herrschen soll.

Aristoteles hat dies in aller Schärfe erkannt, wenn er feststellt: »Es gilt als demokratisch, die Ämter durch Los zu besetzen, dagegen als oligarchisch, die Inhaber zu wählen.«[70] Montesquieu beruft sich ausdrücklich auf diese Stelle und stellt dazu fest: »Die Abstimmung durch das *Los* entspricht dem Wesen der Demokratie, die durch *Wahl* dem der Aristokratie.«[71] Rousseau beruft sich schließlich auf das Zitat bei Montesquieu und stellt dazu lapidar fest: »Damit stimme ich überein.«[72]

Es gibt also keinen prinzipiellen Grund, an der Vereinbarkeit von Demokratie und Losentscheid bei Wahlen zu zweifeln. Der Zweifel wird eher aus einer gegenteiligen Haltung heraus genährt, wenn nämlich die Planbarkeit von Posten und Machtstellungen, also die Herrschaft von Oligarchen gefährdet ist. Dies spricht jedoch eher für als gegen einen Losentscheid. Nachdenklich stimmen sollte dabei auch die Haltung der modernen Bürgerbewegungen, die das Zepter der Demokratie gerne schwingen, aber wenig dazu beitragen, deren Bedeutung zu stärken. Fassen wir die Überlegungen zusammen:

Die Berücksichtigung von Losverfahren bei politischen Wahlentscheidungen hätte eine Stärkung und keine Schwächung des demokratischen Gedankens zur Folge, unvereinbar mit ihm ist sie keineswegs.

Sehen wir uns im Folgenden einige Vor- und Nachteile des vorgeschlagenen Verfahrens genauer an. Zwei gravierende Vorteile springen unmittelbar ins Auge. Zum Ersten würden Minderheitenmeinungen erheblich besser berücksichtigt als bisher, schon allein dadurch, dass wir sie überhaupt beachten und nicht einfach ignorieren würden. Dies kann in seiner Bedeutung schon deshalb kaum über-

---

[70] Aristoteles, Politik, 1294b
[71] Montesquieu, Vom Geist der Gesetze, Buch II, Kapitel 2, Hervorhebungen im Original
[72] Jean-Jacques Rousseau, Gesellschaftsvertrag, Buch IV, Kapitel 3, Von den Wahlen

schätzt werden, weil die Behandlung von Minderheiten eine zentrale Fragestellung einer jeden Form von Demokratie *und* Freiheit darstellt.

Zum Zweiten hätten wir der ungehemmt sich ausbreitenden Parteienherrschaft einen Riegel vorgeschoben, ohne die Parteien selbst dabei fundamental infrage zu stellen. Der Grundsatz: »Die Parteien wirken bei der politischen Willensbildung des Volkes mit«[73], kann angesichts der in Deutschland geltenden realen Situation nur als Euphemismus verstanden werden. Ende 2007 gehörten wie gesagt knapp 2,5 Prozent der Wahlberechtigten einer der im Parlament vertretenen politischen Parteien an,[74] wobei fast die Hälfte aller Mitglieder keinerlei Aktivitäten in ihrer Partei entfaltet.[75] Setzt man die Größe des Einflusses der Parteien ins Verhältnis zu ihren aktiven Mitgliedern, dann entsteht ein so großes Missverhältnis, dass Abhilfe dringend angeraten ist.

Unter dem Stichwort »Nomenklatura« findet sich in Wikipedia das nachfolgende interessante Zitat: »Die Begriffe ›Nomenklatura‹ (als Gesamtheit der Funktionäre) bzw. ›Nomenklaturkader‹ entstammen dem SED-Sprachgebrauch für Führungskräfte aller Art. Die Bezeichnung lässt darauf schließen, dass Führungs- und Einflusspositionen nur mit Personen besetzt wurden, die in der entsprechenden *Nomenklatur* als linientreu und parteiergeben gelistet waren.«[76] Wer würde die verblüffend ähnlich wirkenden Mechanismen auch in den demokratischen Parteien westlichen Zuschnitts bezweifeln?

Da die innerparteilichen Abläufe von außen kaum verändert werden können, wäre es umso wichtiger, die Macht der Parteien wenigstens bei den Wahlen zu begrenzen und mit der Gruppe der NBWB ein Gegengewicht zu geben. Weil von den etablierten Parteien keine Aktivitäten in dieser Richtung zu erwarten sind – wer gibt schon gerne lieb gewordene Privilegien freiwillig auf? –, wäre hier eine Möglichkeit, echten Bürgersinn zu zeigen. Die Auslosung der virtuellen Sitze der Gruppe der NBWB würde sicherlich nicht alle unsere politischen Probleme lösen, aber das politische Koordinatensystem in Richtung zu mehr Freiheit und Demokratie verschieben.

Was aber wären die Nachteile des vorgeschlagenen Verfahrens? Würde man einen Vertreter der Nomenklatura befragen, dann erhielte man sicherlich die Antwort, dass dieses Verfahren die Handlungsfähigkeit der Regierung in unzulässiger Weise beeinträchtigen würde. Unabhängig von der Frage, ob das stimmt, weist das Argument auf ein seit Langem bekanntes Problem hin. Nach dem Grundgesetz gilt: »Die Abgeordneten des Deutschen Bundestages […] sind Vertreter des ganzen Volkes, an Aufträge und Weisungen nicht gebunden und nur ihrem Gewissen unterworfen.«[77] In den Parlamenten wird jedoch bei den meisten Entscheidungen de facto ein Fraktionszwang ausgeübt, der das Regierungshandeln deutlich vereinfacht, aber eben auch im Widerspruch zum Grundgesetz steht.

---

[73] Grundgesetz, Artikel 21
[74] Die Zahlen sind entnommen und umgerechnet aus: http://www.bpb.de
[75] Vgl. dazu: Fast die Hälfte sind Karteileichen, Welt-Online, 06.12.2010
[76] www.wikipedia.de, Stichwort: Nomenklatura, Hervorhebungen im Original
[77] Grundgesetz, Artikel 38

Der scheinbare Nachteil verkehrt sich schnell in sein Gegenteil, weil eine größere Gewähr für Gesetzestreue unzweifelhaft ein Vorteil ist. Die Steine auf dem Weg des Regierungshandelns sind in Wahrheit wohlüberlegte Schwierigkeiten der demokratischen Struktur, deren Restaurierung dem Gemeinwesen nur gut tun kann. Politische Entscheidungen könnten nicht mehr so einfach in Hinterzimmern zwischen den (wenigen) Führungskräften der Parteien ausgekungelt und von den Abgeordneten einfach abgenickt werden, sondern müssten sich weit mehr dem Licht der Öffentlichkeit stellen. Die monolithischen Blöcke von Regierung und Opposition wären aufgebrochen, es ginge nicht mehr in erster Linie um die Zustimmung zu einer bestimmten Politik. Im Gegenteil, die Regierung müsste sich ungleich stärker als bisher um die *Zustimmung zu einzelnen Vorhaben* bemühen – eine kaum zu überschätzende Verbesserung der politischen Kultur in unserem Lande. Wie leicht zu erkennen ist, würde auch der Einfluss der zahllosen Lobbyisten entscheidend zurückgedrängt werden. Denen würde es nicht mehr genügen, die »Meinungsführer« der einzelnen Parteien zu beeinflussen, sie müssten einen erheblich größeren Aufwand betreiben.

Je mehr man sich mit der Frage auseinandersetzt, desto klarer zeigen sich die Nachteile des vorgeschlagenen Verfahrens vor allem für den etablierten politischen Betrieb, dessen Arbeit weit weniger störungsfrei ablaufen würde, weil ohne besondere Verordnung, Kontrolle oder sonstige bürokratische Maßnahme plötzlich *die im Grundgesetz geforderte Unabhängigkeit der Abgeordneten in erheblich größerem Umfang gewährleistet wäre.* Wer dennoch behauptet, durch das vorgeschlagene Verfahren würde die Arbeitsfähigkeit der Parlamente beeinträchtigt, der hat mit seiner Meinung den Boden unserer freiheitlich-demokratischen Grundordnung verlassen.

Stichpunktartig seien noch einige andere Vorteile des vorgeschlagenen Verfahrens erwähnt, die in ihrer Summe durchaus beachtenswerte Auswirkungen hätten. Ganz vorne steht die Notwendigkeit für die Parteien, sich um alle Bürger zu bemühen, weil sich die Zahl der zu der Gruppe NBWB zu zählenden Personen im Gegensatz zur bestehenden Regelung unmittelbar auf die Arbeit der Parteien auswirken würde. Damit würde das Führungspersonal von der Basis der Parteien weit mehr in die Verantwortung genommen werden, weil der Ausschlag des Wählerwillens eine größere Amplitude hätte. Die zweifellos deutlich gestärkte Öffentlichkeit kann in ihren Auswirkungen kaum überschätzt werden. Die größere Schwierigkeit bei der Durchsetzung politischer Vorhaben würde sich insgesamt mäßigend auf die Flut von Verordnungen und Beschlüssen auswirken, was dem Gemeinwesen nur gut tun könnte. Die erschwerten Möglichkeiten zur Kungelei hätten ganz sicher eine Reduktion von »Klientelgesetzen« zur Folge, bei denen sich die regierenden (Koalitions-)Parteien nach dem Motto »Eine Hand wäscht die andere« gegenseitig besondere Wohltaten zukommen lassen. Die Besetzung von Abgeordnetenplätzen durch Losentscheid, der kein expliziter Wählerwille entspricht, würde sicherlich nicht alle Probleme des politischen Betriebs lösen, aber sie würde sich in kaum zu überschätzender Weise auf das *politische Klima* im Land auswirken, obwohl der Gedanke keinesfalls revolutionär, sondern bestenfalls mäßig reformerisch ist. Was immer man gegen den Vorschlag einwenden kann, der Mündigkeit der Bürger im Lande steht er nicht entgegen.

Alleine die Tatsache, dass Vorschläge der vorliegenden Form in der Öffentlichkeit nicht oder bestenfalls kaum wahrnehmbar diskutiert werden, ist ein deutlicher Hinweis auf den Verlust von Freiheit, aber auch von Demokratie. Zwar gab es gerade bei der letzten Wahl zum Bundespräsidenten Bestrebungen, ihn vom Volk statt von der Bundesversammlung, die ja weitgehend auch nur ein Abbild der Parteienrepräsentanz in den Parlamenten darstellt, wählen zu lassen. Doch ist auch dies weniger als der halbe Weg zu dem hier Gemeinten. In einem Wahlkampf könnte das höchste Amt im Staat, das aus gutem Grund *prinzipiell kein Parteiamt* ist, Schaden nehmen. Viel demokratischer und der eigentlich gewünschten Neutralität des Amtes angemessener wäre es auch hier, die Wahl durch vom Los bestimmten Bürgern des Landes vornehmen zu lassen. Der reinen Demokratie eignen in der Tat viele ernsthafte Mängel, wie hier an vielen Stellen nachgewiesen worden ist. Die Mängel einer ungehemmten oligarchischen Machtausübung durch Parteien, noch dazu in einem ausufernden Interessenstaat, stellen für Freiheit und Demokratie jedoch eine weit größere Gefahr dar.

»Mündig ist der, der für sich selbst spricht, weil er für sich selbst gedacht hat und nicht bloß nachredet; der nicht bevormundet wird. Das erweist sich aber in der Kraft zum Widerstand gegen vorgegebene Meinungen und, in eins damit, auch gegen nun einmal vorhandene Institutionen, gegen alles bloß Gesetzte, das mit seinem Dasein sich rechtfertigt.«

Theodor W. Adorno[78]

5.4   POLITIK UND INDIVIDUUM

Der Verlust des Politischen ist nirgendwo stärker zu beobachten als am Individuum. Dies hat natürlich entscheidend mit der fast schrankenlosen Herrschaft von Ökonomie und Gesellschaft zu tun, die als einziges Lebensziel nur noch die möglichst effiziente Durchsetzung eigener Interessen zu kennen scheint. Wenn aber der Maßstab des Handelns nur noch in der Wahrnehmung eigener Vorteile besteht, kann eine gemeinsame Welt nicht mehr entstehen. Der Verlust betrifft dabei nicht so sehr das Gemeinsame als vielmehr die Welt. Das beginnt schon beim Begriff des Politischen, mit dem immer unverhohlener eine besonders durchtriebene Handlungsweise assoziiert wird, bei der es weniger auf die Sache selbst als vielmehr auf deren Durchsetzung ankommt.

Die Widerspiegelung dieser Handlungsweise findet sich noch bei den schärfsten Kritikern des politischen Betriebs, die häufig dem für Politik so charakteristisch gewordenen Zweck-Mittel-Denken ebenso verhaftet bleiben wie die Kritisierten. In der Wahl ihrer Mittel sind sie oft noch weniger wählerisch, zählt doch Gewalt durchaus zu den möglichen Mitteln, wenn sie meist auch in Formulierungen wie »Gewalt gegen Sachen« oder »passiver Widerstand« verbrämt wird. Ihre demokratische Legitimation ist in vielen Fällen fragwürdig, ersetzen sie doch meist Mehrheiten durch besonders forsches Auftreten. Wenige Demonstranten können problemlos den Verkehr einer Großstadt lahmlegen und damit höchste Aufmerksamkeit erzielen. Eine Mehrheit müssen sie damit noch lange nicht repräsentieren.

Bei solchen Überlegungen geht es nicht darum, etwa das Demonstrationsrecht bestreiten oder pedantische Bewertungen über den Inhalt von Demonstrationen abgeben zu wollen, sondern sowohl dem Selbstverständnis dieser Kritiker als auch ihrer öffentlichen Wahrnehmung entgegenzutreten. Wer demonstriert, verfügt damit noch nicht über ein tieferes Verständnis von Politik, er kann im Gegenteil dem herrschenden Politikbetrieb als schnöder Interessenvertreter weit mehr verbunden sein als sein schweigender Mitbürger. In diesem Sinne ist euphorischen Kommentaren über erwachenden Bürgersinn mit Misstrauen zu begegnen, spielen dabei doch zentrale Werte, wie Freiheit oder Gerechtigkeit kaum eine Rolle und wenn, dann geht es bei dieser um die Verteilung von Geldmitteln und bei jener eher um ihre Beschneidung.

---

[78] Theodor W. Adorno, Kritik, in: Ders., Gesammelte Schriften, Band 10.2, Frankfurt am Main 1977, S. 785

Wenn das bessere Leben der Menschen in der Vision solarzellengedeckter Dächer oder flächendeckender Windräder bestehen soll, dann haben wir uns der Barbarei schon weit angenähert. Ein Leben ohne ästhetisches Empfinden entbehrt fundamentaler Aspekte. Noch im Mittelalter galt unbestritten das »de gustibus non est disputandum«[79], dem Kant in seiner »Kritik der Urteilskraft« das freie Spiel der Vorstellungskräfte entgegensetzte, das zwar eine »bloß subjektive (ästhetische) Beurteilung des Gegenstandes« beinhaltet, aber von dem wir uns bewusst sein müssen, »daß dieses zum Erkenntnis überhaupt schickliche subjektive Verhältnis eben so wohl für jedermann gelten und folglich allgemein mitteilbar sein müsse, als es eine jede bestimmte Erkenntnis ist, die doch immer auf jenem Verhältnis als subjektiver Bedingung beruht«.[80] Damit kann über Geschmack gestritten werden, ist er doch *sensus communis* oder, wie wir es besser aus dem angelsächsischen Sprachraum kennen, *common sense*. Ein wahrer Albtraum wäre es allerdings, wenn sich der *common sense* in der Ästhetik von Solaranlagen und Windrädern erschöpfen würde.

Es ist heute leichter möglich, jemanden für Tierschutz oder Tierrechte zu begeistern als für die Freiheitsrechte von Menschen. Dies allein ist schon bedenklich genug, geht es doch bei solchen Gegenüberstellungen niemals um eventuelle Legitimierung beliebiger Tierquälereien, sondern um so etwas wie eine Prioritätensetzung, der immer bestimmte Implikationen anhaften. Kann es bloßer Zufall sein, dass auch hier wieder die Nationalsozialisten eine Vorreiterrolle spielten? Noch im Jahr ihrer Machtübernahme verabschiedeten sie mit dem »Reichstierschutzgesetz« das erste derartige Gesetz für Deutschland und sie sahen auch keinerlei Probleme darin, die Vivisektion streng zu verbieten, um ihre Versuche schließlich direkt am Menschen durchzuführen. Wer einer Gleichsetzung von Mensch und Tier das Wort redet, der hat den Menschen als spezifisches Wesen bereits aus den Augen verloren und ist der Barbarei verfallen.[81]

Der Begriff der Freiheit kommt im öffentlichen Raum zwar immer wieder vor, aber affirmativ meist in der Form nichtssagender Floskeln oder kritisch als Vorstellung schrankenloser Bereicherung einiger weniger auf Kosten der Mehrheit, die es endlich zu unterbinden gilt. Freiheit im emphatischen Sinne ist in unserem Wortschatz kaum noch vorhanden. Obwohl die Gedanken frei sind – nach dem bekannten Lied kann kein Mensch sie wissen –, so scheinen bei den meisten Menschen nicht viele der Freiheit gewidmet zu werden. Doch die Pflanze »Freiheit« droht zu verdorren, wenn sie weiterhin die Regengüsse emphatischer Gedanken entbehren muss. Gedanken sind wichtig, wichtiger noch ist aber ein dauerndes entschiedenes öffentliches Eintreten für Freiheit, das sich durch Sachzwänge nicht einschüchtern lässt. Die Macht des Gesellschaftlichen ist längst viel zu stark geworden, als dass sich Freiheit ohne entschiedenen Widerstand gegen sie behaup-

---

79 In Dingen des Geschmacks lässt sich nicht streiten.
80 Immanuel Kant, Kritik der Urteilskraft, Werke, Band V, Darmstadt 2005, S. 296 (A29)
81 Wie weit die Barbarei in dieser Hinsicht gehen kann, zeigt die Behauptung in einer bekannten deutschen Fernsehsendung, dass Metzger Mörder seien, der kaum widersprochen wurde. Vgl. Kapitel 1, Fußnote 3

ten könnte. Dem dazu notwendigen Stand sollen die nachfolgenden Überlegungen dienen.

Kehren wir dazu zunächst noch einmal zur Frage der Tierrechte zurück. Schon am Anfang der vorliegenden Ausführungen wurde darauf hingewiesen, dass eine Formulierung wie die des »Waldsterbens« weit mehr ist als ein semantischer Fehlgriff, spiegelt sich darin, unabhängig von der Absicht des Sprechenden, doch immer auch eine Missachtung des Menschen. Die gleiche Beobachtung kann im Zusammenhang mit dem Tierschutz bzw. den Tierrechten gemacht werden. Dort hat sich unter dem Namen Antispeziesismus eine Bewegung gebildet, deren Ziel darin besteht, den Tieren analog den Menschen Rechte zuzugestehen. »Das Zuschreiben von Rechten soll aufgrund nachvollziehbarer Kriterien erfolgen und diese Kriterien sollen dann objektiv, fair und konsequent angewendet werden: ohne Ansehung des Einkommens, ohne Ansehung der Hautfarbe, ohne Ansehung des Geschlechts, ohne Ansehung der Spezies.«[82] In unmittelbarer Folge dieser Haltung werden Menschen mit Tieren gleichgesetzt, wie das nachfolgende Zitat verdeutlicht: »Hegel sagt, dass ein Herrschaftsverhältnis einen Widerspruch ausdrückt. Die Mensch-Tier Beziehung ist somit als Herrschaftsverhältnis auch ein Widerspruch. Der Widerspruch liegt darin, dass wir Tiere ausbeuten, weil wir uns als Nicht-Tier vorstellen. Diesen Widerspruch gilt es aufzulösen. Ich würde deshalb sagen, dass eben weil wir Tiere sind, ist das Subjekt der Tierbefreiung der Mensch, nämlich der Mensch als Tier.«[83]

Es ist schon eine abstruse Welt, in der der Mensch erst zum Tier werden muss, um dann im Gleichschritt mit allen Tieren zum Subjekt der Befreiung werden zu können. Auf der Seite des Rechts bleibt natürlich die Frage offen, bei welcher Instanz das bedrohte Tier seine Rechte geltend machen kann. Wer klagt den Löwen an, der die unschuldige Gazelle zur Strecke gebracht hat, um seinen Hunger zu stillen? Wer übernimmt die schwierige Aufgabe seiner Umerziehung, damit er sich endlich vom Gras der Savanne ernährt? Selbst der extremste Tierrechtler wird die Rechtspflege nicht in die Hände von Tigern, Löwen oder Krokodilen legen wollen. Auch ihm wird nichts anderes übrig bleiben, als sie in die Hände des »Menschentieres« zu legen, um damit genau das zu tun, was seine gesamten Anstrengungen konterkariert, den Menschen über die anderen Tiere zu erheben.

Setzt man sich auch nur oberflächlich mit den Zielsetzungen der Tierrechtler auseinander, dann landet man in einer Welt voller Aporien. Aus Sicht des vorliegenden Themas ist vor allem das Argument der Tierbefreiung interessant, zeigt es doch, dass sich hier jeglicher Begriff von Freiheit aufgelöst hat. Die Tierrechtsbewegung möchte die Tiere befreien, doch die Freiheit ist eben ein Begriff, der nur für den Menschen einen Sinn ergibt. Da Tiere keine Begriffe kennen, können sie insbesondere keinen Begriff von Freiheit kennen, um dessen Einlösung sie sich bemühen. Also muss der Mensch – nun kommt auch der extremste Antispeziesist

---

[82] Helmut F. Kaplan, Über die Rechte von Tieren und Menschen, siehe: http://www.tierrechte-kaplan.org/kompendium/a205.htm

[83] Marco Maurizi im Interview mit der Tierrechtsgruppe Zürich, vgl. http://www.tierrechtsgruppe-zh.ch/wp-content/files/marco_maurizi_interview.pdf

in die Fänge des Speziesismus – eine Sonderrolle übernehmen, die ihn von der aller anderen Tiere fundamental unterscheidet: Er muss die Einlösung der Freiheit für den Rest der Tierwelt garantieren.

Damit wird aber der Begriff von Freiheit selbst ad absurdum geführt, denn Freiheit ist ein Vermögen, das man selbst besitzen muss und nicht für einen anderen erringen kann. Freiheit kann man nehmen, aber nicht bringen. Das schöne Konzept der Tierrechte, das sich dem Speziesismus entgegenstellt, landet schließlich beim Anthropozentrismus, weil der Mensch nicht nur die Sorge für sein Leben, sondern noch die für das aller Tiere mit übernehmen muss. Der Mensch wird unvermittelt weit mehr ins Zentrum der Welt gestellt, als es die kühnsten Anthropozentristen je zu träumen wagen. Religiös gesprochen wird der Mensch zum Bewahrer der Schöpfung gemacht.

Die Forderung nach Tierrechten steht sicher nicht im Zentrum der politischen Auseinandersetzung. Ihre Bedeutung liegt in der Vermittlung eines Problems, das weit über dieses Thema hinausreicht. Die Forderung ist ein vielsagendes Beispiel für das Maß an Orientierung, das wir bereits verloren haben, und vor allem dafür, wohin uns die Orientierungslosigkeit führt. Unweigerlich landen wir im tiefsten Sumpf, wenn wir Tiere und Menschen identifizieren und das Ganze dann noch mit Freiheit garnieren. Lassen wir dazu noch einmal einen der besonders engagierten Tierrechtler zu Wort kommen, der einen Aufsatz zu der Frage wie folgt resümiert:

»Alle Rechtfertigungsversuche dafür, Tieren Rechte vorzuenthalten, erweisen sich als nichtig. Es führt kein logisch und ethisch vertretbarer Weg daran vorbei, auch Tieren jene Rechte zu verleihen, die wir vergleichbaren Menschen zugestehen. Wenn wir behinderten oder ansonsten in ihren Eigenschaften und Fähigkeiten eingeschränkten Menschen und kleinen Kindern Rechte zusprechen, dann müssen wir auch Tieren, die sich auf gleichem oder gar höherem Niveau befinden, entsprechende Rechte verleihen. Alles andere ist irrational und unmoralisch – und zynisch. Wie zynisch, zeigt sich, wenn wir uns vorstellen, Behinderte, Senile und kleine Kinder so zu behandeln, wie wir Tiere behandeln: lebenslang einsperren, grausame und schmerzhafte Experimente mit ihnen machen und sie mästen, schlachten und aufessen.«[84]

Was immer der Autor dieser Zeilen vermitteln will, sein Dementi vermag sich nicht von der Sache zu lösen, die er zu dementieren vorgibt. Sein Duktus bleibt dem fürchterlichen Anliegen der Nationalsozialisten verhaftet, mag er sich auch noch so sehr bemühen, sich durch einfache Negation davonzustehlen. »Ferner aber ist das Etwas, wie es außer der Grenze ist, das unbegrenzte Etwas, nur das Dasein überhaupt. So ist es nicht von seinem Anderen unterschieden; es ist nur Dasein, hat also mit seinem Anderen dieselbe Bestimmung, jedes ist nur Etwas überhaupt, oder jedes ist Anderes; beide sind so *dasselbe*.«[85] Mehr noch als diese Nähe der

---

84 Helmut F. Kaplan, Über die Rechte von Tieren und Menschen, siehe: http://www.tierrechte-kaplan.org/kompendium/a205.htm

85 G.W.F. Hegel, Wissenschaft der Logik, 1. Band, Werke in 20 Bänden, Band 5, Frankfurt am Main 1969, S. 137, Hervorhebung im Original

Tierrechtler zu den Nationalsozialisten spielt aber im täglichen Leben ihr Verlust des Freiheitsbegriffs eine Rolle.

Indem Freiheit zu einer Gnade entartet, die zu gewähren ist, wird sie zum Abbild der Freiheit im modernen Wohlfahrtsstaat, die ja ebenfalls zusammen mit finanziellen Wohltaten gnädig von den Regierenden gewährt wird und sich damit buchstäblich auflöst. In der daraus resultierenden Utopie führen Tier und Mensch ein friedliches Leben im materiellen Wohlstand, dürfen brüllen, blöken oder sprechen, was sie wollen und sind auf diese Weise aller Sorgen ledig. Wem drängt sich angesichts solcher Visionen nicht ein wohlgeordneter Zoo auf, in dem Mensch und Tier einträchtig und friedlich miteinander leben? In diesem Fall haben sich Mensch und Tier identifiziert, wobei der Mensch zum Tier, das Tier aber nicht zum Menschen geworden ist. Alle Versuche, das Tier auf die Ebene des Menschen zu heben, müssen am Ende den Menschen auf die Ebene des Tieres bringen und damit seines Menschseins berauben.

Lassen wir dazu Kant zu Wort kommen, der in solchen Fragen noch immer über eine große Autorität verfügt: »Der Mensch im System der natur (homo phaenomenon, animal rationale) ist ein Wesen von geringer Bedeutung und hat mit den übrigen Tieren, als Erzeugnissen des Bodens, einen gemeinen Wert (pretium vulgare). [...] Allein der Mensch als *Person* betrachtet, d.i. als Subjekt einer moralisch-praktischen Vernunft, ist über allen Preis erhaben; denn als solcher (homo noumenon) ist er nicht bloß als Mittel zu anderer ihren, ja selbst seinen eigenen Zwecken, sondern als Zweck an sich selbst zu schätzen, d.i. er besitzt eine *Würde* (einen absoluten inneren Wert), wodurch er allen andern vernünftigen Weltwesen *Achtung* für ihn abnötigt, sich mit jedem anderen dieser Art messen und auf den Fuß der Gleichheit setzen kann.«[86] Dichterisch wird der Sachverhalt von Goethe auf die folgende schöne Weise zum Ausdruck gebracht:

»Volk und Knecht und Ueberwinder
Sie gestehn, zu jeder Zeit,
Höchstes Glück der Erdenkinder
Sey nur die Persönlichkeit.

Jedes Leben sey zu führen,
Wenn man sich nicht selbst vermißt;
Alles könne man verlieren,
Wenn man bliebe was man ist.«[87]

In Kants Ausführungen finden wir den Ansatz zu einer Ordnung der Welt, die wir schon lange verloren haben. Es ist jedoch sinnvoll, in diesen Fragen tiefer in der Tradition zu graben. Rufen wir uns dazu noch einmal das antike griechische Ver-

---

[86] Immanuel Kant, Metaphysik der Sitten, Werke, Band IV, Darmstadt 2005, S. 568f. (A91, 92, 93), Hervorhebungen im Original
[87] Johann Wolfgang Goethe, West-östlicher Divan, Werke und Briefe in vierzig Bänden, Band 3/1, Frankfurt am Main 1994, S. 84

ständnis der Ordnung des Kosmos in Erinnerung. Das Bild der Griechen gilt keineswegs als überholt, sondern ihre Ordnungsprinzipien nehmen noch immer eine Vorbildfunktion ein, selbst wenn sie in Details zu korrigieren sind. Niemals in der Geschichte der Menschheit war das Wissen über die verschlungenen Pfade der menschlichen Beziehungen größer als zur Zeit der antiken Griechen.

Nach den Griechen gab es eine Dreiteilung der Weltordnung in Natur, Menschen und Götter. Zur Natur gehörte dasjenige, was aus sich selbst heraus entsteht, also weder der Hilfe von Göttern noch von Menschen bedarf. Natur ist die ständige Wiederkehr des immergleichen, der ewige Kreislauf des selbstständigen Entstehens *und* Vergehens. Dies gilt auch in der umgekehrten Form. Alles, was aus sich selbst heraus und ohne fremde Hilfe entsteht und vergeht, ist Natur.

Die Menschen nehmen eine Zwischenstellung ein. Als Gattungswesen sind sie Bestandteil der Natur und unterliegen den gleichen Regeln wie diese. Als Einzelwesen sind sie fundamental von der Natur zu unterscheiden, unterliegen so gerade nicht dem Gesetz der Wiederkehr, weil sie einmalig sind, also entstehen, zugleich aber wieder vergehen.

Die Götter wiederum sind dadurch von der Natur zu unterscheiden, dass sie entstehen, aber *nicht* vergehen. Im Unterschied zur Allmacht des einen Gottes in den monotheistischen Religionen, die ihn auf eine für Menschen unerreichbare, ja noch nicht einmal denkbare Ebene erheben, verfügten die Götter Griechenlands zwar über besondere Fähigkeiten, waren aber keineswegs allmächtig und damit nicht auf einer unfassbaren Ebene. Im Gegenteil, die Götter Griechenlands waren durchaus mit vielen menschlichen Eigenschaften ausgestattet, guten ebenso wie schlechten. Ihr wesentlicher Unterschied zu den Menschen bestand in ihrer Unvergänglichkeit.

Am deutlichsten kommt die Wesensverwandtschaft zwischen den Göttern und den Menschen als Einzelwesen in der Bezeichnung der Menschen als »die Sterblichen« zum Ausdruck, von denen sich die Götter also im Wesentlichen nur durch ihre Unsterblichkeit unterschieden. Ein Rest dieser Denkweise findet sich noch im Christentum in der Bezeichnung des Menschen als Ebenbild Gottes: »Und Gott schuf den Menschen ihm zum Bilde, zum Bilde Gottes schuf er ihn.«[88] In der Sterblichkeit des Menschen ebenso wie in der Charakterisierung der Menschen als die Sterblichen liegt ein zentraler Schlüssel zum Verständnis der antiken Griechen nicht nur des Menschen selbst, sondern zugleich der Welt, die er schafft und in der er lebt. In dieser Welt spielt das Politische eine wichtige Rolle.

Der Verschüttung dieser Tradition verdanken wir unzählige Probleme im öffentlichen Raum. Diese betreffen in erster Linie unseren Orientierungssinn in der Welt und wirken sich folgerichtig in kaum zu überschätzender Weise auf unser Verständnis für das, was die Griechen Politik nannten, aus.

Was aber ist mit der Sterblichkeit des Menschen gemeint? Ohne Zweifel bezieht sie sich auf die Einmaligkeit des Individuums, die mit seinem Tod für immer aus der Welt verschwindet. Es ist das Los des Menschen, dass er nur kurze Zeit in der Welt und unter seinesgleichen verweilen darf und dann auf unwieder-

---

[88] 1. Mose 1,27

bringliche Weise aus der Welt austritt. Damit haben die Griechen sehr genau einen fundamentalen Unterschied zwischen den Tieren und den Menschen festgestellt. Jene können nicht sterben, weil sie allein als reine Gattungswesen existieren, ihr Fortbestand also im Fortbestand ihrer Gattung gewährleistet ist. Wenn mit dem Tod eines Menschen etwas auf unwiederbringliche Weise aus der Welt austritt, dann tritt im Umkehrschluss mit seiner Geburt etwas bisher noch nie Dagewesenes in die Welt ein. Damit ist der Mensch als Einzelwesen einmalig und also ein Anfang.

Der Kirchenvater Augustinus geht sogar noch einen Schritt weiter, indem er den Anfang überhaupt mit dem Menschen identifiziert. Der Mensch ist also zugleich Anfang und einziges weltliches Wesen, das einen Anfang setzen kann.[89] Es gibt wohl keine Möglichkeit, dem, was Menschenantlitz trägt, größere Achtung zu erweisen.

Die in Tätigkeit übersetzte Fähigkeit, einen Anfang setzen zu können, nannten die Griechen Handeln. Handeln ist ein gemeinsames Tun von Gleichen, bei dem keiner herrscht und keiner beherrscht wird. Damit offenbart sich im Handeln ein wesentlicher Teil dessen, was als menschliche Freiheit zu bezeichnen ist. Der wichtigste Modus, in dem Handeln stattfindet, ist das gemeinsame Sprechen, sein geeigneter Ort die Politik.

Wenn von gemeinsamem Tun Gleicher die Rede ist, dann bezieht sich die Gleichheit weder auf Alter, Geschlecht, Aussehen, Verdienst noch Vermögenslage, sie bezieht sich auch nicht auf die Quantität noch Qualität der Teilnahme, sondern allein auf die Tatsache, gleichberechtigt an der Handlung teilnehmen zu dürfen. Wenn davon die Rede ist, dass keiner herrscht und keiner beherrscht werden soll, dann bezieht sich dies nicht allein auf die üblichen Vorstellungen von herrschen und beherrscht werden, sondern reicht weit in das Gebiet der Interessen hinein, die, wenn man ihnen den öffentlichen Raum zur Verfügung stellt, am Ende diesen, aber auch die Interessenten selbst beherrschen. An keiner anderen Stelle als an der des Sprechens lässt sich dies besser demonstrieren.

Sprechen setzt sowohl Offenheit als auch ein Miteinander voraus. Andernfalls entartet es zu einem Austausch von Lauten oder führt bestenfalls zu einem Austausch fester Standpunkte, wie bei einer Verhandlung, bei der es nur darauf ankommt, die Grenzen des jeweils anderen auszuloten. Verhandlungspartner verbergen sich, aber auch Verbrecher, weil sie ihre gegen andere gerichtete Absicht oder Tat nicht zeigen wollen. Die Güte versteckt das Ich hinter der selbstlosen Fürsorge für andere. Sie alle können im echten Sinne nicht sprechen, weil sie selbst außen vor bleiben.

In der heutigen Politik finden wir ein ähnliches Prinzip wie beim Verbrecher: Die Politiker vertreten Interessen, deren Existenz sie nicht offenlegen dürfen, weil sie auf andere Interessen stoßen, die dem entgegengesetzt sind. Deshalb müssen sie ein Schauspiel bieten, um das Publikum von einer Sache zu überzeugen, von dem es nichts Rechtes versteht und das es auch keinesfalls im vollen Umfang verstehen soll. Die Frage ist, ob Politiker nicht früher oder später damit ihren eigenen

---

[89] Siehe Kapitel 2, Fußnote 63

Täuschungen auf den Leim gehen und am Ende nicht mehr wissen, was eigentlich verhandelt wird.

Dies unterscheidet sich in scharfer Form vom Umgang zwischen Diplomaten. Die wissen genau, was sie wollen, die treffen auf einen Partner, der das auch weiß, und sie tauschen sich mit entsprechender Vorsicht aus, aber immer unter Voraussetzung, dass der andere schon Bescheid weiß.

Weiter oben wurde festgestellt, dass das Vertrauen der Bürger in Politiker und Manager gering entwickelt ist.[90] Das wirkliche Problem solcher Einschätzungen besteht aber in der Blindheit der Befragten sich selbst gegenüber, verhalten sie sich in ihrem eigenen Umfeld nicht weniger interessenbezogen und speisen sie ihre Kritik wesentlich aus der Annahme, die für sie abfallenden Brosamen seien deutlich kleiner als die der inkriminierten Politiker und Manager.

So lange wir nicht nur bereit sind, Brosamen von der Politik zu empfangen, sondern empfangene Brosamen mit unserer Wählerstimme zu honorieren, so lange begrüßen wir geradezu unsere eigene Entmündigung.

Will man sich jedoch dem Problem stellen, dann muss das Prinzip der Interessenvertretung und einhergehend mit ihm das Prinzip der Verteilung von Brosamen insgesamt auf den Prüfstand gestellt werden. Selbst wenn es nicht gelingt, die Interessen vollständig aus dem politischen Raum zu verdrängen, so kann Politik nur dann überleben, wenn die Interessen den politischen Raum nicht vollständig beherrschen.

Ist uns die Sorge um unser tägliches Brot genommen, dann öffnet sich uns ein Raum der Freiheit, den es in der Geschichte der Menschheit noch nie für eine so große Zahl von Menschen gegeben hat. Dann liegt es aber auch an uns, was wir aus dieser Freiheit machen. Die Aussichten, dass eine Mehrheit die Freiheit der Knechtschaft vorzieht, sind nicht gerade überwältigend. Die Voraussetzung, dass alle die Freiheit wollen, viele nur durch materielle Not daran gehindert werden, ihrem Wollen zu folgen, wie es die Protagonisten des Versorgungsstaates uns einreden wollen, ist ein kaum zu überbietender Unsinn.

Nach dem Gesetz hat jeder Bürger einen Anspruch auf Lebenssicherung. Durch die Verknüpfung dieses Anspruchs mit nachgewiesener Bedürftigkeit wird er zu einem Instrument hemmungsloser Bevormundung, das nicht nur die unmittelbar Betroffenen auf unerträgliche Weise kujoniert, sondern die gesamte Gesellschaft in einer Weise in Haftung nimmt, die keine Entsprechung in dem eigentlichen Problem mehr findet. Wir lassen Seen von Milch entstehen, bilden hohe Berge von Butter, kompostieren die Erträge ganzer Salat- und Gemüseernten und vernichten die Rinderbestände ganzer Regionen, weil möglicherweise der Erreger einer Krankheit uns bedroht, die an keinem Menschen bisher verbindlich nachgewiesen wurde.

Aber wir sträuben uns, den Lebenserhalt von Menschen ohne die Bedingung ihrer Entmündigung zu sichern. Deutlicher kann man weder die Absurdität unseres Tuns noch unsere Absicht, die Entmündigung der Freiheit vorzuziehen, demons-

---

[90] Vgl. Kapitel 3, Fußnote 50

trieren. Die Gleichheit aller vermögen wir nur in der gemeinsamen Knechtschaft zu sehen.

Das Bild einer friedlich grasenden Schafherde, das allen Protagonisten des Versorgungsstaates als Leitbild vor Augen schwebt, ist allerdings nicht ohne Tücken, ist diese Lebensweise doch kaum geeignet, die dazu notwendigen Mittel zu erwirtschaften. Wie uns schon die Bibel lehrt, kann der Mensch auf diese Weise sein Leben nicht erhalten. Etwas ausführlicher begründet Kant den gleichen Gedanken, indem er feststellt:

»Ohne jene, an sich zwar eben nicht liebenswürdige, Eigenschaften der Ungeselligkeit, woraus der Widerstand entspringt, den jeder bei seinen selbstsüchtigen Anmaßungen notwendig antreffen muß, würden in einem arkadischen Schäferleben, bei vollkommener Eintracht, Genügsamkeit und Wechselliebe, alle Talente auf ewig in ihren Keimen verborgen bleiben: die Menschen, gutartig wie die Schafe die sie weiden, würden ihrem Dasein kaum einen größeren Wert verschaffen, als dieses ihr Hausvieh hat; sie würden die Leere der Schöpfung in Ansehung ihres Zwecks, als vernünftige Natur, nicht ausfüllen. Dank sei also der Natur für die Unvertragsamkeit, für die mißgünstig wetteifernde Eitelkeit, für die nicht zu befriedigende Begierde zum Haben, oder auch zum Herrschen! Ohne sie würden alle vortreffliche Naturanlagen in der Menschheit ewig unentwickelt schlummern. Der Mensch will Eintracht; aber die Natur weiß besser, was für seine Gattung gut ist: sie will Zwietracht. Er will gemächlich und vergnügt leben; die Natur will aber, er soll aus der Lässigkeit und untätigen Genügsamkeit hinaus, sich in Arbeit und Mühseligkeiten stürzen, um dagegen auch Mittel auszufinden, sich klüglich wiederum aus den letztern heraus zu ziehen.«[91]

Kants Ausführungen sind deshalb so ausführlich zitiert worden, weil sie in knapper Form, aber unvergleichlicher Klarheit das gesamte Dilemma des modernen Wohlfahrtsstaats aufzeigen, das selbstverständlich seinen Protagonisten wohlbekannt ist. Der Wohlfahrtsstaat braucht die »wetteifernde Eitelkeit« und »die nicht zu befriedigende Begierde zum Haben« so dringend wie der Verdurstende das Wasser, um überhaupt über die Voraussetzungen für sein Anliegen zu verfügen. Zugleich nutzt er den Widerstand gegen die »Eigenschaften der Ungeselligkeit«, um hehre Ziele nicht nur zu formulieren, sondern mit unerbittlicher Gewalt auch durchzusetzen. Damit ist *der moderne Wohlfahrtsstaat in systematischer Weise aus einem Geflecht von Lügen aufgebaut.*

»Und zuletzt: teuflisch ist, wer das Reich der Lüge aufrichtet und andere Menschen zwingt, in ihm zu leben. Das geht über die Demütigung der geistigen Abtrennung noch hinaus, dann wird das Reich der verkehrten Welt aufgerichtet, und der Antichrist trägt die Maske des Erlösers, wie auf Signorellis Fresco in Orvieto. Der Teufel ist nicht der Töter, er ist Diabolos, der Verleumder, ist der Gott, in dem die Lüge nicht Feigheit ist, wie beim Menschen, sondern Herrschaft.

---

[91] Immanuel Kant, Idee einer allgemeinen Geschichte in weltbürgerlicher Absicht, Werke, Band VI, Darmstadt 2005, S. 38f. (A393, 394)

Er verschüttet den letzten Ausweg der Verzweiflung, die Erkenntnis, er stiftet das Reich der Verrücktheit, denn es ist Wahnsinn, sich in der Lüge einzurichten.«[92]

Jetzt befinden wir uns mitten im Hypozentrum des modernen Wohlfahrtsstaats, und es fällt ein helles Licht auf all die Ungereimtheiten und Täuschungen, auf alle Versuche, Transparenz zu vernichten, auf die offensichtlichen Ungerechtigkeiten, die im Namen der Gerechtigkeit nicht nur begangen, sondern systematisch gehegt und gepflegt werden, auf die dürftigen Analysen im Zusammenhang mit der Finanzkrise 2008, auf die nur lächerlich zu nennenden Kategorien bei deren Ursachenbestimmung, auf die zahllosen Verwechslungen von Ursache und Wirkung, von Mittel und Zweck, kurz auf ein Dasein, dessen Fundamente auf Lügen aufgebaut sind. In einer von Lüge beherrschten Welt fehlt der Boden, auf dem wir stehen könnten.

Auf diese Weise sind auch die Entmündiger entmündigt worden, haben sie doch lange schon den Überblick verloren und können ihre Hilflosigkeit nur noch mühsam hinter einem Gehabe von Souveränität verbergen, dessen Zerbrechlichkeit noch in den optimistischsten Äußerungen zur Lage des Landes sichtbar wird. Politiker zelebrieren Rituale, die sich wenig nur vom Voodoo-Zauber primitiver Stämme unterscheiden. Unsere Politiker können wir abwählen, wenn auch nicht klar ist, wen wir an ihre Stelle setzen sollten. Bei den Wählern, die all dies ja mit übergroßer Mehrheit von ihren Politikern fordern, ist dies erheblich schwieriger und auch Brechts Lösungsvorschlag vermag uns da nicht weiterzuhelfen:

>>Nach dem Aufstand des 17. Juni
Ließ der Sekretär des Schriftstellerverbands
In der Stalinallee Flugblätter verteilen
Auf denen zu lesen war, daß das Volk
Das Vertrauen der Regierung verscherzt habe
Und es nur durch verdoppelte Arbeit
Zurückerobern könne. Wäre es da
Nicht doch einfacher, die Regierung
Löste das Volk auf und
Wählte ein anderes?«[93]

Doch welches Volk sollten wir wählen? In unserem Fall haben sich Regierende und Regierte verschworen, und es ist keineswegs klar, wer hier Henne und wer Ei ist. Dies war in dem Land und in der Zeit, als Brecht sein Gedicht schrieb, noch ungleich einfacher möglich. Hier erst wird die Schwierigkeit deutlich, die zu überwinden ist, um der weiteren Entmündigung zu entgehen. Wir sind nicht Sisyphus, weil die Götter uns dazu verurteilt haben, wir selbst bestehen auf dieser Rolle, das heißt, wir wollen Sisyphus sein!

---

[92] Arnold Gehlen, Moral und Hypermoral, Frankfurt am Main 1969, S. 185
[93] Bertolt Brecht, Die Lösung, in: Ders., Große kommentierte Berliner und Frankfurter Ausgabe, Band 12, Berlin – Weimar – Frankfurt 1988, S. 310

Der erste Staat auf deutschem Boden, in dem dieser Wahnsinn zum Programm erhoben wurde, war Hitlers Nationalsozialismus. So fürchterlich es für unsere Ohren auch klingen mag, die Nationalsozialisten hatten mit der Schaffung von Lebensraum im Osten und der Unterjochung ganzer Völkerschaften wenigstens noch eine Vision davon, wie die Existenz dieses Wahnsinns gesichert werden könnte. An den Visionen der Nationalsozialisten mit ihren unerträglichen Freiheitsbeschränkungen ganzer Völker, die den deutschen Herrenmenschen als Sklaven dienen sollten, kann man sich immerhin noch abarbeiten, indem man ihnen entschieden entgegentritt.

Auf welche Weise kann man den ebenso blutleeren wie visionslosen Politikanstrengungen entgegentreten, die weder über Konzepte noch Lösungen verfügen, sondern immer nur ihre Floskel vom Wohlstand für alle hinausposaunen, als wären sie die Trompeter von Jericho? Von Visionen, dem existierenden Wahnsinn so etwas wie wirklichen Sinn entgegenzusetzen, wollen wir gar nicht reden. An dieser Stelle wird erst deutlich, warum wir uns trotz unseres Reichtums mit der bedingungslosen Existenzsicherung so schwer tun. Mag das Geschrei auch aus unzähligen Kehlen kommen, mögen sich Programme politischer Parteien an dieser Frage noch so sehr abmühen, an der Höhe unserer Steuern für Reiche, an noch filigraneren Konzepten für eine Umverteilung von Vermögen und Einkommen oder an der Erhöhung der Sätze für Sozialhilfe liegt es sicher nicht. Dies zeigen die unzähligen Bemühungen der verschiedenen Regierungen, dies zeigt aber auch die Vorsicht aller Parteien in diesen Fragen, sobald sie mit Regierungsverantwortung betraut sind.

So bleiben nur Oppositions- und Interessenvertreter, Sozialromantiker und einige Professoren auf der Suche nach einem Betätigungsfeld übrig, gebetsmühlenhaft ihre Forderung nach mehr sozialer Gerechtigkeit zu erheben, wobei die Mündigkeit der Massen und dahin zielende Lösungen nicht einmal mehr ins Kalkül gezogen werden. Die Verantwortlichen wissen sehr gut, dass die hemmungslose staatliche Abschöpfung durch Abgaben aller Art nicht nur die Fantasie der Bevölkerung zur Abschöpfungsvermeidung bis hin zu kriminellen Aktionen fördert, sondern auch das fragile Gleichgewicht sehr schnell nachhaltig zerstören und den Leistungswillen lähmen kann. Der Leistungswille von immer weniger Leistungsträgern ist eine Conditio sine qua non des modernen Wohlfahrtsstaats, ohne den dieser sofort zusammenbrechen würde.

Darin ist auch der Grund dafür zu suchen, warum den »Reichen« immer wieder Schlupflöcher zur Reduktion ihrer Steuerschulden geboten werden. Den Preis für diese leeren Aktivitäten zahlen diejenigen, die ihr Leben mit anderem als Fragen der Steuervermeidung verbringen wollen, aber auch viele Empfänger von Sozialleistungen, die für diese Leistung auch noch den letzten Rest von Mündigkeit aufgeben müssen, sofern er nicht vorher schon verbraucht war. Wer einmal ernsthaft in die Fänge der Hartz-IV-Regelungen geraten ist – damit sind jene gemeint, die nicht ihr Einkommen durch Schwarzarbeit erzielen und die Regelungen zu leichter Einkommensverbesserung nutzen –, der ist im Regelfall buchstäblich stigmatisiert und ohne realistische Möglichkeit, im »normalen« Arbeitsleben wieder Fuß zu fassen. Diesem Unglücklichen bleiben nur die schlechte Unendlichkeit des Karussells aus schlecht bezahlter Zeitarbeit, (oft entwürdigenden) Maßnahmen der Arbeitsagentur oder leistungsloser Unterstützung durch die Sozialkassen bei gleichzeitiger Bestrafung jeglicher Initiative oder die Resignation. Wer sich aus diesem Karussell befreien kann, der ist ein Glückspilz oder gehört zu den wirklichen Leistungsträgern der Gesellschaft.

Gehen wir eine Stufe zurück und betrachten den Fall der sozialen Absicherung gewöhnlicher Arbeitnehmer, dann sieht das Ganze nicht viel besser aus. Jeder Bürger, der in einem abhängigen Arbeitsverhältnis steht, zahlt zwangsweise Beiträge in die Arbeitslosenversicherung, wobei diese durch den Arbeitgeberanteil verschleiert werden, als wäre dieser nicht vorenthaltener Lohn, der nur an anderer Stelle gezahlt wird. Dafür soll der Arbeitnehmer im Fall seiner Arbeitslosigkeit abgesichert sein. Bei kurzfristiger Arbeitslosigkeit mag das System noch funktionieren, wobei sich sofort die Frage stellt, ob es hier überhaupt des großen Aufwands einer Versicherung bedarf.

Stellt sich die Arbeitslosigkeit aber als langfristig heraus, tritt also der Fall ein, in dem eine Versicherung wirklich sinnvoll wäre, dann erweist sie sich weitgehend als nutzlos oder gar kontraproduktiv. Nutzlos ist sie dann, wenn der betreffende Arbeitnehmer schließlich in die Hartz-IV-Regelungen fällt und sein Vermögen zu großen Teilen erst aufbrauchen muss, bevor die Absicherung greift. Kontraproduktiv wird sie dann, wenn der Arbeitnehmer keine Aussicht hat, eine mit seiner vorherigen Stelle vergleichbar bezahlte Stelle zu finden. Da sich die Höhe des Arbeitslosengeldes an seinem vorherigen Einkommen orientiert, handelt der Betreffende aus seiner Sicht sinnvoll, wenn er seine Arbeitslosigkeit so lange ausdehnt, bis die Zahlungen auslaufen. Denn nimmt er eine schlechter bezahlte Stelle an und verliert diese wieder nach kurzer Zeit, dann hat er sich selbst um Teile der ihm zustehenden Versicherungsleistungen betrogen.

Das angewendete System verlangt also von den betroffenen Menschen eine Handlungsweise, die entweder im Gegensatz zu ihrer oder aber im Gegensatz zur gesellschaftlichen Vernunft steht. Die Fürsorge des Staates entpuppt sich bei genauem Hinsehen also als Wahlmöglichkeit zwischen Skylla und Charybdis. Noch schlimmer als der Zwang zur Pseudowahl ist in dieser Situation jedoch die unerträgliche Entmündigung des Betroffenen, weil der Spielraum seiner Erwägungen weitgehend fremdbestimmt ist.

Zugleich führt ihn die Inanspruchnahme der Versicherungsleistungen mitten in die staatliche Bürokratie und zu einem Beamten, dem er wie ein Kleinkind Rechenschaft darüber ablegen muss, wann er sich wie oft bei wem mit welchen Mitteln und welchem Erfolg beworben hat. Mit väterlicher Autorität kann der Beamte Maßnahmen, wie Umschulungen, Bewerbungstrainings etc., verfügen, deren Sinnfälligkeit sich eher an seinem Budget als an den Bedürfnissen des Betroffenen ausrichtet. Neben gütigem Rat und aufmunternden Aufforderungen verfügt dieser Beamte durchaus auch über Möglichkeiten zu strafen, indem er zum Beispiel bei Fehlverhalten die Leistungen kürzt. Da viele Millionen Menschen von diesen unerträglichen Zuständen betroffen sind, können wir mit großer Berechtigung davon sprechen, es in Fragen der Entmündigung der Bürger schon recht weit gebracht zu haben.

Die Öffentlichkeit steht diesem Problem weitgehend passiv gegenüber. Wir widmen zwar dem Problem der Arbeitslosigkeit größte öffentliche Aufmerksamkeit, von der damit einhergehenden Entmündigung der Betroffenen nehmen wir jedoch kaum Notiz. Dies kann nur als Bestätigung der schlimmsten Befürchtungen gesehen werden.

Bei den Empfängern von Arbeitslosengeld und Sozialhilfe ist die Entmündigung offensichtlich. Viel weniger offensichtlich ist das starke Element von Entmündigung, das allen selektiv gewährten Transferzahlungen inhärent ist und spätestens dann zur Wirkung kommt, wenn wir unser Verhalten an den Selektionskriterien ausrichten, sei es, dass wir sie zu erfüllen suchen, sei es aber auch nur, dass wir Berücksichtigung bei der Selektion fordern oder durch einen staatlichen Verwaltungsakt gezwungen sind, uns mit den Selektionskriterien auseinanderzusetzen. In allen Fällen nehmen wir die Rolle eines dressierten Tieres ein, dessen Wohlverhalten meist durch ein Stück Zucker, manchmal auch durch die Peitsche, erkauft wird.

Jahrzehntelange Übung hat unseren Blick für diese Dinge erheblich getrübt, doch kann er schnell geschärft werden, wenn wir uns nur vorstellen, unserer Nachbarin die schwere Einkaufstüte zu tragen, und sie uns dafür einige Euro in die Hand drückt. Wenn wir ihr Verhalten nicht als Senilität einstufen, dann halten wir es sicher für völlig unpassend. Im Verkehr mit dem Staat ist unsere Hemmschwelle deutlich geringer. Da studieren wir ebenso umfangreiche wie unverständliche Vorschriften, beauftragen Spezialisten, suchen akribisch nach Möglichkeiten, bewegen uns an den Rand der Legalität und manchmal sogar darüber hinaus, nur um einige Euro an Steuern zu sparen oder eine Beihilfe zu bekommen.

Längst hat sich unser gesamtes Denken an diese Zustände angepasst und nichts vermag dies besser zu demonstrieren, als die Veränderungen in unserer Alltagssprache. Wenn jemand einem anderen ohne Gegenleistung etwas gibt, dann nennt man dies gewöhnlich ein Geschenk. Bei einer Einladung bringt man als Anerkennung und Dank ein Geschenk mit. Versäumt man dies, dann mag der Gastgeber dies pikiert zur Kenntnis nehmen, auf die Idee, man habe ihm etwas weggenommen, wird er nicht kommen. Zum Tatbestand des Wegnehmens gehört unzweifelhaft ein zuvor erlangter Besitz. Nur was man besitzt, kann einem weggenommen werden.

Die Welt des »Sozialwahns« ist nun keineswegs von so klarer Struktur. In dieser Welt wird schon dann jemandem etwas weggenommen, wenn er es nicht mehr erhält. Dies nennt man Besitzstand und es besagt, man fällt nie mehr hinter einen Zustand zurück, den man schon einmal erreicht hat. Den Besitzstand erreicht man, indem man einmal etwas besessen hat, er ist also eine direkte Folge von Besitz, das heißt, aus dem Besitz einer Sache folgt sofort ein neuer Stand, der den Besitz absichert. Dies gilt ersichtlich nicht für jede Form von Besitz, ganz sicher aber für das, was man sozialen Besitz nennen kann. Besitzstand zählt zu den heiligen Kühen des Wohlfahrtsstaats. Wenn es um Besitzstände geht, dann ist kein Preis zu hoch, den die Bürger zu zahlen bereit sind, um sie nicht zu verlieren.

Am Beispiel der kirchhofschen Steuerreform kann die reflexartige Reaktion in aller Ausführlichkeit studiert werden. Die Gefahr des Verlustes auch nur eines

Steuervorteils kann weder durch allgemeine Werte, wie Gerechtigkeit, Transparenz, Einfachheit, noch durch zahlreiche sonstige Verbesserungen auch nur aufgewogen werden. Wenn auch noch das Gefühl aufkommt, ein Reicher könnte größere Vorteile aus einer Reform ziehen als man selbst, dann läutet die Todesstunde der Reform, dann werden die dafür verantwortlichen Politiker bei der nächsten Wahl gnadenlos abgestraft. Wenn das nicht hilft, dann werden aus friedlichen Bürgern »Wutbürger«, die der »Ungeheuerlichkeit« entgegentreten und dies auch noch Bürgersinn nennen. Es gibt ein schönes Beispiel, das in wenigen Worten die ganze Misere der Besitzstandsideologie offenbart:[94]

Es waren einmal zehn Männer, die einmal im Monat im selben Restaurant miteinander essen gingen. Das Essen kostete immer 100 Euro. Zur Begleichung der Rechnung verwendeten die Männer einen Schlüssel, der unserem Steuersystem angenähert ist. Daraus ergab sich die folgende Verteilung der Bezahlung:

Die ärmsten vier Gäste zahlten nichts.
Der fünfte Gast zahlte 1 Euro,
der sechste 3 Euro,
der siebte 7 Euro,
der achte 12 Euro,
der neunte 18 Euro,
der zehnte Gast (der Reichste) zahlte 59 Euro.

Das ging zur Zufriedenheit aller lange Zeit gut. Dann bot der Wirt den Gästen an, den Preis für das Essen um 20 Euro zu reduzieren. Jetzt belief sich die Rechnung für das Essen auf nur noch 80 Euro. Die Männer wollten ihr Bezahlsystem beibehalten. Die ersten vier aßen weiterhin kostenlos. Wie aber sollten die ersparten 20 Euro gerecht auf die anderen aufgeteilt werden? Die Teilung der Einsparsumme durch die restlichen sechs Personen ergab einen Betrag von 3,33 Euro. Dadurch bekämen der fünfte und sechste Gast sogar Geld für das Essen bezahlt. Also beschlossen die Gäste, die Ersparnis so aufzuteilen, dass jeder der Zahler weniger zahlen sollte. Je weniger einer zahlte, desto größer sollte seine prozentuale Ersparnis sein. Es ergab sich die nachfolgende neue Verteilung:

Der fünfte Gast zahlte nichts mehr (100 Prozent Ersparnis),
der sechste 2 statt 3 Euro (33 Prozent Ersparnis),
der siebte 5 statt 7 Euro (28 Prozent Ersparnis),
der achte 9 statt 12 Euro (25 Prozent Ersparnis),
der neunte 14 statt 18 Euro (22 Prozent Ersparnis,

---

94 Das Beispiel soll von Hans-Olaf Henkel sein. Idee und Zahlen sowie teilweise der Text des Beispiels sind entnommen: Kai Diekmann, Der große Selbstbetrug, München – Zürich 2007, S. 105ff.

der zehnte 50 statt 59 Euro (15 Prozent Ersparnis).

Jeder der sechs bisherigen Zahler kam günstiger weg als vorher, und die ersten vier aßen immer noch kostenlos. Eigentlich schien alles bestens geregelt. Vor dem Lokal rechneten die sozialstaatsgeprägten Männer das neue Verteilungsergebnis noch einmal nach und kamen nun zu einem völlig anderen Ergebnis.[95] »Ich habe nur 1 Euro von den 20 Euro bekommen!«, sagte der sechste Gast und zeigte auf den zehnten Gast. »Aber er kriegt 9 Euro!« »Stimmt«, rief der Fünfte. »Ich habe auch nur 1 Euro gespart und er spart fast zehnmal soviel wie ich.« »Wie wahr!«, rief der Siebte. »Warum kriegt er 9 Euro zurück und ich nur 2? Alles kriegen mal wieder die Reichen!« »Moment mal«, riefen da die ersten vier aus einem Mund. »Wir haben überhaupt nichts bekommen. Das System beutet die Ärmsten aus!« Und wie aus heiterem Himmel gingen die neun gemeinsam auf den Zehnten los.

Nicht oft gibt es Beispiele, die so genau die Wirklichkeit abbilden, wie im vorliegenden Fall. Wer angesichts des Beispiels zu schmunzeln beginnt, weil es ja keinesfalls einer hintergründigen Komik entbehrt, dem wird das Schmunzeln vergehen, wenn er bedenkt, dass der prinzipielle Inhalt, insbesondere die Reaktionen der Gäste, bis in Einzelheiten der gängigen Praxis des Wohlfahrtsstaates entsprechen. Doch es kommt noch schlimmer. *Das scheinbar einfache Beispiel ist in der verwirrend verworrenen Welt der Sozialstaatstheoretiker überhaupt nicht sozialverträglich lösbar!* Spätestens jetzt wird aus dem Spiel bitterer Ernst. Wir haben uns eine Welt eingerichtet, in der sogar Kafkas düstere Visionen als Verharmlosungen erscheinen, und es fehlt uns die Instanz, die dies adäquat in der Öffentlichkeit benennt. Wie schon mehrfach betont, kann uns an dieser Stelle nur noch die Weitsicht von Dichtern helfen, deren metaphorische Kraft uns wenigstens Silberstreifen der Hoffnung an den finsteren Himmel der Hoffnungslosigkeit zu malen vermag, weil wir sie als Erkennende erkennen können, weil sie uns mit ihrer Erkenntnis Orientierungspunkte geben, ohne die wir vollends verloren wären.

Wir haben nun zahllose Beispiele für desaströse Verwerfungen gesehen. Wir haben vor allem den unfassbar gleichgültigen öffentlichen Umgang mit diesen Verwerfungen zur Kenntnis nehmen müssen. Wenn wir uns jetzt einigen Lösungen zu nähern versuchen, dann sollten wir uns vor allem klar darüber werden, dass allein die Benennung der Probleme schon eine bessere Annäherung an mögliche Lösungen beinhaltet als alle Reden aller Politiker in einer gesamten Legislaturperiode zusammen. Zudem ergibt sich eine Reihe von einfachen Lösungsmöglichkeiten schon aus der Darstellung der Probleme selbst. Der Maßstab der folgenden Überlegungen ist allein die Wiederherstellung einer Freiheit, die den Namen auch verdient.

---

[95] Der Rest des Beispiels ist genaues Zitat des o. a. Buches, S. 106

Bezogen aufs Individuum bedeutet dies die Rettung der Möglichkeit des Menschen, *Subjekt sein zu können,* das sein Leben nicht unabhängig von anderen, aber ohne Bevormundung durch andere führen darf. Streng zu beachten ist hierbei die *Möglichkeit,* die besagt, dass jeder Mensch Subjekt sein *kann,* aber keineswegs, dass jeder Mensch Subjekt sein *wird.* Auf der Basis seiner gesicherten Existenz kann diese Frage nur vom Einzelnen für sich beantwortet werden, und niemand, es sei denn ein Gott, kann ihm die Antwort abnehmen.

Die Sicherung des Lebens gilt als abgegolten durch ein bedingungsloses Grundeinkommen, dessen Ziel die reine Existenzsicherung, aber weder eine sorgenfreie Existenz noch Teilnahme an irgendwelchen virtuellen und beliebig interpretierbaren gesellschaftlichen Ereignissen beinhaltet. Weitergehende direkte staatliche Zuwendungen werden ausdrücklich ausgeschlossen. Ein Wohlbefinden des Einzelnen ist Privatsache und damit kein Gegenstand des Politischen im hier verstandenen Sinn, weil dessen Ausgestaltung ohne Bevormundung nicht möglich ist. Spezielle Fragen im Zusammenhang mit besonderen Einschräkungen werden ausdrücklich ausgeschlossen, weil ihre Lösung keiner besonderen politischen Anstrengung bedarf.

Die nachfolgenden Überlegungen behaupten von sich, zutiefst politisch zu sein, ist doch ihr Gegenstand das freie Zusammenleben freier Menschen. Sie fühlen sich einer großen politischen Tradition verhaftet, die noch in den einzelnen Denkfiguren nachgewiesen werden kann. Dies kann aber nicht bedeuten, diese Tradition in nostalgischer Verklärung zu hypostasieren. Die Welt der antiken Griechen ist vergangen, sie kann und soll nicht wiederbelebt werden. Viele der Dinge, die für die Griechen noch selbstverständlich waren, haben sich grundlegend geändert, von vielen Dingen der Neuzeit hatten die Griechen nicht einmal eine vage Vorstellung. Das alles gilt es gebührend zu beachten.

Bereits genannt wurde die den Griechen selbstverständliche Trennung von Ökonomie und Politik, die heute nicht mehr erreicht werden kann. Die griechische Tradition wird aber dann wirksam, wenn die Praxis der Neuzeit uns in offensichtliche Sackgassen geführt hat, die den Griechen bereits wohl bekannt waren. Die Ausführungen hier sind weit davon entfernt, vollständig zu sein, haben aber dennoch gezeigt, dass das griechische Erbe weder in der Philosophie noch in der Politik als abgegolten gelten kann. In diesem Sinne soll die Tradition berücksichtigt werden, als Bewahrung des Gültigen und Veränderung des Überholten. Auf eine existierende Machtbasis, die die Durchsetzung dieser Überlegungen ermöglichen könnte, wird keine Rücksicht genommen.

Wie philosophisches Denken an der Wahrheit, so orientiert politisches Denken sich immer auch an seiner Durchsetzbarkeit. Für die Durchsetzbarkeit der hier angestellten Überlegungen sieht es wahrlich nicht gut aus, und zwar nicht deshalb, weil sie etwa schwierig oder von nur partialem Interesse wären, sondern allein deshalb, weil wir alle uns viele Jahrzehnte lang Sand in die Augen haben streuen lassen. Wir können Politik heute nur noch als eine Veranstaltung begreifen, bei der es darum geht, das Glück der Menschen, das vor allem ein finanzielles Glück ist, herzustellen. Die Erkenntnis, das dieses Unterfangen vergeblich ist, ist machtlos gegenüber einem Versprechen, das millionenfach gebrochen wurde, dem aber unverdrossen weiter geglaubt wird. Die Durchbrechung dieses Circulus vitiosus ist heute die Hauptaufgabe jeder politischen Betätigung. Doch die Lösung der Aufgabe bedarf gründlicher Vorbereitung, und die kann nur in denkerischer Anstrengung geschehen, bei der es darauf ankommt, die Dinge gegen den Strich ihrer Selbstverständlichkeit zu bürsten.

Die nachfolgenden Aussagen sind Skizzen einer Lösung, keineswegs die Lösung selbst. Die Fragen der praktischen Umsetzung werden hier ausgeklammert. Für alle existierenden Regelungen gilt selbstverständlich der alte Rechtsgrundsatz *pacta sunt servanda*[96]. Schon alleine aus diesem Grundsatz folgt eine sicherlich nicht einfach abzuschätzende Zeitspanne, die aber bei genauer Betrachtung nicht das eigentliche Problem darstellt. Wenn erst einmal Einmütigkeit in den grundsätzlichen Zielen bestünde, wäre die Zeitspanne ihrer Umsetzung eher wie die freudige Erwartung des Weihnachtsfestes für Kinder denn eine wirkliche Belastung. Die Perspektive der Freiheit würde die Hindernisse ihrer Realisierung als Marginalie erscheinen lassen.

Adornos schöner Satz, der am Anfang dieses Abschnitts zitiert worden ist, enthält die Umrisse der Lösung. Wir müssen für uns selbst sprechen und denken und vor allem Widerstand gegen »vorgegebene Meinungen« und »alles bloß Gesetzte« leisten. Diese Worte sind aber genau zu bedenken, werden sie doch allzu oft als hohle Phrasen verwendet. Lassen wir zur Einleitung in diesen Teil der Ausführungen wieder einen Dichter zu Wort kommen:

>»Wenn es einen Gedanken gibt
>Den du nicht kennst
>Denke den Gedanken.
>Kostet er Geld, verlangt er dein Haus:
>Denke ihn! Denke ihn!
>Du darfst es!
>
>Im Interesse der Ordnung
>Zum Besten des Staates
>Für die Zukunft der Menschheit
>Zu deinem eigenen Wohlbefinden
>Darfst du!«[97]

Wieder offenbart sich das Geheimnis der Dichter, Dinge mit unvergleichlicher Genauigkeit auf den Punkt bringen zu können. Der Dichter Brecht hat in seinen Werken eine Unzahl unsinnigster Gedanken zum Ausdruck gebracht, und doch entstammen ihm immer wieder Geistesblitze von bemerkenswerter Helligkeit. Goethe ausgenommen, gibt es kaum einen Dichter deutscher Sprache, dem dies in solcher Vollendung gelungen ist. Die zitierten Zeilen enthalten eine Aussagekraft,

---

[96] Verträge sind einzuhalten
[97] Bertolt Brecht, Aufstieg und Fall der Stadt Mahagonny. 11 Nacht des Hurrikans, in: Ders., Große kommentierte Berliner und Frankfurter Ausgabe, Band 2, Berlin – Weimar – Frankfurt 1988, S. 358f.

die sich mit dem Inhalt ganzer Bibliotheken messen kann. Das Gedicht besteht aus einer »Wenn … dann«-Aussage, die in verdichteter Form lautet:

> Wenn du den Gedanken denkst, den du nicht kennst,
> dann dient es allem.

Als einfache Aufforderung begriffen, lässt sich das Gedicht in den einen Satz fassen:

> Denke den Gedanken, den du nicht kennst.

Hier ist ein ganzes politisches Programm auf der Basis von Mündigkeit zum Ausdruck gebracht worden: Wenn man den Gedanken denkt, den man nicht kennt, dann ist man mündig. Aber auch die Umkehrung gilt: Wenn man mündig ist, dann lösen sich die Probleme der Welt. Kann man die Bedeutung von Mündigkeit für den Fortgang der Welt besser, klarer, überzeugender darstellen? Versuchen wir also, Brecht ernst zu nehmen und einige Gedanken zu denken, die wir nicht (mehr) kennen.

Der Volksmund kennt den Ausspruch »Man sieht den Wald vor lauter Bäumen nicht« und meint damit, bestimmte Einsichten können nur aus entsprechender Entfernung wahrgenommen werden. Als langjährigen Opfern des Wohlfahrtsstaats fehlt uns oft die Einsicht in einfachste Zusammenhänge, haben wir naheliegende Gedanken vergessen. Ein solcher Gedanke lautet: *Jeder führe sein Leben.* Der Satz, der zu den Fundamentalsätzen freiheitlicher Lebensweise gehört, dürfte von einem Politiker nicht gesagt werden, der sich weiterhin Chancen auf eine erfolgreiche Fortsetzung seiner Karriere offen halten wollte. In dieser Differenz zeigt sich das ganze Elend unseres Politikverständnisses und macht vor allem deutlich, wie weit wir uns bereits von Mündigkeit entfernt haben.

Eine unmittelbare Folge dieser Überlegung ist der Grundsatz, dass es staatliche Mittel nur für alle und nur in gleicher Höhe geben darf. Damit wird zunächst jede selektive Mittelvergabe ausgeschlossen. Im Umkehrschluss darf eine selektive Mittelvergabe staatlicher Stellen nur nach genauester Prüfung für genau festgelegte Fälle erfolgen. Dadurch wird das bisherige Verfahren einfach umgekehrt und der Grundsatz der Besitzstandswahrung aufgehoben. In gleicher Weise sollte mit allen Reglementierungen verfahren werden.

Angestrebt wird ein »Basissatz« allgemeiner Reglementierungen zur notwendigen Regelung des gesellschaftlichen Miteinanders, der dauerhaft Gültigkeit hat. Darüber hinausgehende Regelungen werden jeweils nur mit genauesten Begründungen und auf Zeit getroffen. Verlängerungen abgelaufener Regeln werden wie die Einführung neuer Regeln behandelt. In genau begründeten Fällen können einzelne Regelungen dem »Basissatz« zugeordnet werden. In festgelegten Perioden wird auch der Basissatz der Regeln überprüft.

Alle Reglementierungen des Arbeitsmarktes, die sich nicht auf erhebliche Gefährdungen von Leib und Leben der Arbeitenden beziehen, werden gestrichen. Arbeitsverträge werden frei ausgehandelt, Beamte und beamtenähnliche Stellen gibt es nur in genau begründeten Ausnahmefällen (zum Beispiel bei Richtern). Es gibt keine Arbeitsmarktpolitik mehr. Wenn Politiker Arbeitsplätze schaffen wollen, dann können sie dies jederzeit, wie alle anderen Bürger auch, durch Gründung eines Unternehmens tun. Die staatlichen Renten- und Arbeitslosenversicherungen entfallen ebenso ersatzlos wie Beamtenpensionen. Alle Bürger werden Mitglied einer gesetzlichen Krankenversicherung, die zu einem für alle gleichen Beitrag einen Basisschutz bietet. Der Beitrag für die gesetzliche Krankenversicherung ist Bestandteil der jedem Bürger zustehenden Grundsicherung.

Steuern werden ausschließlich auf den Konsum erhoben, alle selektiven Steuern auf bestimmte Produkte (Tabaksteuer, Mineralölsteuer, Ökosteuer, Branntweinsteuer etc.) entfallen ersatzlos. Es kann nicht Aufgabe des Staates sein, seine Einnahmen an das von ihm vorgegebene Wohlverhalten seiner Bürger zu koppeln.

Durch die genannten Maßnahmen wird das Paradigma des Wohlfahrtsstaates aufgehoben und durch das Paradigma der Selbstverantwortung ersetzt. Die existenzielle Absicherung des Einzelnen verhindert dabei die undurchdringliche Verquickung des Rechts auf Leben mit dem Recht auf staatliche Wohltaten. Damit entfällt die Ursache für zahlreiche gesetzliche und ungesetzliche Möglichkeiten zweifelhafter Vorteilsnahme. Endlich könnte die Gerechtigkeit wieder den Stellenwert einnehmen, der ihr in einem geordneten freiheitlichen Staatswesen zusteht.

Der Wegfall der staatlichen Wohltaten böte darüber hinaus ohne besondere Anstrengung noch zwei weitere entscheidende Vorteile. Zum einen versinken bei wohlwollender Schätzung für jeden verteilten Euro mindestens zwei Euro im Sumpf der Verteilungsmaschinerie. Heute kommt dieses verschwendete Geld wenigen zugute, morgen jedoch allen. Wie bereits an vielen Beispielen gezeigt worden ist, hat sich zum anderen die Verteilung von Wohltaten durch den Staat als unversiegbare Quelle eines ganzen Systems von Verschleierungen erwiesen, weil es dabei in erster Linie keineswegs um das Verteilen von Wohltaten, dafür umso mehr um die Gewinnung von Wählerstimmen geht. Die Offenbarung dieser Wahrheit ist ohne den unmittelbaren Verlust des angestrebten Zwecks nicht möglich. Der Zusammenhang erzwingt also geradezu die Verschleierung, die damit zu einem konstituierenden Element der Verteilungsmaschinerie selbst wird. Mit dem Wegfall der staatlichen Wohltaten wäre also unmittelbar eine wesentlich höhere Transparenz politischer Entscheidungen verbunden. Wahrscheinlich stehen mehr als die Hälfte der politischen Entscheidungen im unmittelbaren oder mittelbaren Zusammenhang mit der Verteilungsmaschinerie. Damit sind diese Entscheidungen besonders anfällig für Verschleierungen. Beide Gründe verdeutlichen, wie groß die unmittelbaren Verbesserungen in dieser Frage wären.

Transparenz zählt jedoch zu den essenziellen Voraussetzungen einer jeden Demokratie, werden doch bei deren Fehlenden den Herrschenden – dem Volk – die Grundlagen ihrer Entscheidungsfindung entzogen. Umgekehrt ist es für Politiker aller Parteien immer wieder eine große Versuchung, sich bei Entscheidungen der öffentlichen Kontrolle zu entziehen, um dadurch mehr Spielraum für die Interpretation der eigenen Verantwortung zu erlangen. Deshalb bedarf es über die angesprochenen Punkte hinaus noch weiterer Verbesserungen der Transparenz. Dazu müsste vor allem die Öffentlichkeit sensibilisiert werden. Hilfreich wäre es, wenn Politiker erheblich mehr Zeit zur Lösung anstehender Probleme erhalten könnten, als dies bisher der Fall ist. Nach derzeitigem Stand verwenden Politiker mehr als die Hälfte ihrer Zeit darauf, den Wohlfahrtsstaat mit Leben zu füllen, was vor allem bedeutet, durch geschickte Verteilung der Geldmittel das Wählerverhalten möglichst günstig für die eigenen Zwecke zu beeinflussen.

Ein Wegfall der Wohltaten durch den Wohlfahrtsstaat würde also nicht nur die Abgeordneten von ebenso nutzloser wie zeitaufwendiger Arbeit befreien, er würde durch die gewonnene freie Zeit den Parlamentariern auch die Möglichkeit geben, sich intensiver mit den eigentlichen Sachfragen auseinanderzusetzen. Kurz: Die gewonnene Mündigkeit wäre nicht nur auf die Bürger begrenzt, sondern vor allem auch für die Abgeordneten selbst von Vorteil. Wenn dann noch die Öffentlichkeit ihrer Pflicht zur Kontrolle nachkommt, dann hätten wir wahrlich einen wichtigen Schritt in Richtung eines vernünftigen und vor allem freien Gemeinwesens gemacht.

Halten wir an dieser Stelle einmal inne und lassen die Ausführungen Revue passieren. Den Vorschlägen haftet ein Hauch revolutionärer Radikalität an. Doch sie enthalten nichts von dem, was wir gemeinhin damit assoziieren. In der Tat gehen die Vorschläge an die Wurzel unserer Probleme, keinesfalls jedoch an die Wurzeln unseres Gemeinwesens. Das genaue Gegenteil ist der Fall. Nicht ein einziger Vorschlag steht im Widerspruch zu der von uns so oft betonten freiheitlich-demokratischen Grundordnung. Die gängige Praxis hingegen steht teilweise im fundamentalen Widerspruch nicht nur zu unserer Grundordnung, sondern zu unseren Grundsätzen überhaupt. Im Namen der Freiheit beschneiden wir elementare Freiheitsrechte (und damit ist viel mehr gemeint als die freie Bestimmung über persönliche Daten, die wir im Internet längst schon auf andere Weise verloren haben, als durch politische Maßnahmen). Im Namen der Demokratie lassen wir die Willensäußerung eines Drittels der Wähler einfach unter den Tisch fallen. Im Namen der Gerechtigkeit haben wir keine Probleme damit, die offensichtlichsten Ungerechtigkeiten zu rechtfertigen. Im Namen der Transparenz bedienen wir uns der perfidesten Methoden der Verschleierung. Dies alles ist nur eine kleine Auswahl der täglich vorkommenden eklatanten Verletzungen unserer heiligsten Prinzipien. Die Medien haben längst ihre Aufgabe aus den Augen verloren, das Geschehen kritisch zu begleiten. Stattdessen forciert ihr Verhalten den Prozess der Entmündigung, stehen sie überwiegend doch auf der Seite des Zeitgeists, dessen Bedeutung sie auf diese Weise dramatisch fördern. Am schlimmsten sind diejenigen Bürger des Landes, die zu Tausenden auf die Straße gehen, wenn eine staatliche Leistung gekürzt wird, denen aber die größte Ungerechtigkeit egal ist, wenn sie nur nicht direkt davon betroffen sind. Unser Entsetzen über die aufgeführten Mängel zeigt, wie weit wir uns bereits von unseren Werten entfernt haben.

Die Aufgabe unserer Werte, für die nicht wenige Menschen in verflossenen Jahrhunderten sogar ihr Leben eingesetzt haben, hat uns noch nicht einmal einen Gegenwert eingebracht. In der Bibel finden sich zwei Beispiele dafür, wie ein wichtiges Gut verschleudert wurde. An der ersten Stelle im Alten Testament verkauft Esau sein Erstgeburtsrecht für ein Linsengericht an seinen Bruder Jakob.[98] An der zweiten Stelle, die im Neuen Testament steht, verrät der Jünger Judas Ischariot Jesus für 30 Silberlinge an die Hohepriester.[99] Für die Aufgabe der Vernunft und den Verrat unserer Werte haben wir kein Linsengericht, schon gar nicht 30 Silberlinge erhalten. Selbst mit der Sicherheit, dem letzten Hort, an den wir glauben, uns klammern zu können, sieht es schlecht aus. Hilfen werden uns nur kurz gewährt und besonders dann verweigert, wenn wir ihrer dringend bedürften.

Das Verständnis von Politik als Sorge ums Leben degradiert den Menschen wie bereits mehrfach gesagt zum reinen Gattungswesen und wirft ihn damit auf den Zustand des Tieres zurück. Der Mensch ist auch dies und so hat die Sorge ums Leben ihren unverrückbaren Platz. Da man das Leben eines anderen nicht führen kann, zählt die Sorge ums Leben jedoch zu den Dingen, die der Einzelne für sich selbst regeln muss. Indem Politik jedoch die Sorge ums Leben zu ihrem (wesentlichen) Gegenstand macht, zerstört sie sich selbst, entstand sie doch gerade in der Überwindung der Fragen des täglichen Lebens, um eine Welt zu schaffen, in der Menschen mit ihren spezifischen Eigenschaften und Fähigkeiten sich einrichten und entfalten können. Die Sorge um das Leben und die Sorge um die Welt sind jedoch auf völlig verschiedenen Ebenen angesiedelt. Diese Wahrheit haben wir fast vollständig verschüttet. Reste dieser Wahrheit scheinen allerdings an Stellen durch, an denen die »Weltverbesserer« sich vor allem durch ihr Misstrauen gegenüber freien Bürgern auszeichnen und noch die kleinste Einzelheit zum allgemeinen Wohl regeln wollen. Damit können sie sich eine gemeinsame Welt nur in der Verallgemeinerung ihrer ebenso kleingeistigen wie behüteten »Schafswelt« vorstellen. Weil sie das Unbekannte fürchten wie der Teufel das Weihwasser, versuchen sie schon heute, die Probleme der Zukunft zu lösen, nicht bemerkend, dass sie damit Welt als Ort gemeinsamen und freien Handelns zerstören. Sie wollen die Zukunft ihrer Kinder retten, indem sie die Zukunft ihrer Kinder bestimmen. »Guter Gott! Da will die Eule die jungen Adler aus dem Neste jagen, will ihnen den Weg zur Sonne weisen!«[100] Vertrauen in Freiheit sieht anders aus. Lassen wir die Eulen Eulen sein, aber hindern wir sie daran, die jungen Adler aus dem Nest zu jagen, sonst haben wir bald keine Adler mehr.

Freie Menschen sind nur denkbar in einer Welt, in der gehandelt werden kann. Rufen wir uns noch einmal die hier vertretenen Voraussetzungen ins Gedächtnis: Jeder Mensch ist ein Anfang. Der Mensch ist das einzige irdische Wesen, das selbst einen Anfang setzen kann. In der ersten Voraussetzung ist die unumstößliche Einmaligkeit jedes einzelnen Menschen festgehalten. Das macht es nicht nur schwer, sondern unmöglich, den einzelnen Menschen zu bestimmen, weil wir dafür kein Mittel haben. Wie schon Hegel festgestellt hat, ist die Sprache gar nicht in der Lage, die sinnliche Gewissheit zum Ausdruck zu bringen, weil »es gar nicht möglich [ist], daß wir ein sinnliches Sein, das wir *meinen*, je sagen können«[101],

[98] 1. Mose 25,31−34

[99] Matthäus 26,14−16

[100] Friedrich Hölderlin, Hyperion, Sämtliche Werke und Briefe, Band 2, Frankfurt 1994, S. 20

[101] G.W.F. Hegel, Phänomenologie des Geistes, Werke in 20 Bänden, Band 3, Frankfurt am Main 1970, S. 85

denn das »Allgemeine ist also in der Tat das Wahre der sinnlichen Gewissheit«[102]. Indem wir also einen einzelnen Menschen bestimmen wollen, verlieren wir uns sofort im Allgemeinen und bewegen uns auf der ganz anderen Ebene der Gattung, bei dem das zu Sagende sich sofort verliert.

Die zweite Voraussetzung betrifft die Fähigkeit des Menschen, handeln zu können. Im Handeln setzen die Menschen einen Anfang. »Es liegt in der Natur eines jeden Anfangs, daß er, von dem Gewesenen und Geschehenen her gesehen, schlechterdings unerwartet und unerrechenbar in die Welt bricht. Die Unvorhersehbarkeit des Ereignisses ist allen Anfängen und allen Ursprüngen inhärent.«[103] Handeln kann nur zusammen mit anderen stattfinden, die aktiv in das Handlungsgeflecht eingreifen, es damit verändern und im Regelfall unumkehrbar machen. Das Festhalten an der Sicherheit im Bereich des Politischen soll aber das Handeln aus der Welt vertreiben und den Menschen abschaffen. *Um der Erhaltung des Gattungswesens willen wird das Einzelwesen abgeschafft.* Dies beschreibt in wenigen Worten die ganze Tragik dessen, was als »Gutmenschentum« Eingang in die politische Debatte gefunden hat.

Den unabsehbaren Auswirkungen des Handelns setzen die Menschen zwei Möglichkeiten eines Korrektivs entgegen, die untrennbar mit dem Handeln selbst verknüpft sind. Zum einen ist dies das Verzeihen, zum anderen die Verantwortung. Im Verzeihen ermöglichen wir so etwas wie die virtuelle Zurücknahme einer Handlung, indem wir sie als ungeschehen betrachten. Jesus von Nazareth war wohl der Erste, der das Verzeihen als wichtiges Komplement zum Handeln verstanden hat. Seinen großartigsten Ausdruck finden wir im Neuen Testament, wenn er ausspricht: »Vater, vergib ihnen, denn sie wissen nicht, was sie tun!«[104]

Eine wirksame Verzeihung setzt jedoch tätige Verantwortung voraus. Wenn wir in Verantwortung genommen werden, müssen wir Rechenschaft über unser Handeln ablegen, das heißt, Antwort geben über die Motive unserer Handlung. Dies kann im Handlungszusammenhang zu Erfolg oder Misserfolg, aber auch zu Schuld oder Unschuld führen. Eine Handlung ist unverantwortlich, wenn ihre Motive nicht im Einklang mit allgemein anerkannten Regeln stehen. Verantwortung im Zusammenhang mit Handeln ist deutlich vom Fehler im Verhalten zu unterscheiden.

Die Vertauschung der beiden Ebenen dient meist der billigen Entschuldigung und wird häufig bei verantwortungslosem Handeln angewendet. Wenn ein Tänzer seiner Partnerin versehentlich auf den Fuß tritt, dann begeht er zweifellos einen Fehler, handelt aber sicher nicht unverantwortlich. Wenn ein Autofahrer sich mit drei Promille Blutalkohol ans Steuer setzt und einen schweren Unfall verursacht, dann begeht er keinen Fehler, sondern handelt unverantwortlich. Durch eine Vertauschung der Ebenen versuchen sich Menschen, aus der Verantwortung zu stehlen. Wenn diese Vertauschung vermehrt in der Öffentlichkeit auftritt, dann bleibt

---

[102] G.W.F. Hegel, Phänomenologie des Geistes, Werke in 20 Bänden, Band 3, Frankfurt am Main 1970, S. 85
[103] Hannah Arendt, Vita activa, Stuttgart 1960, S. 166
[104] Lukas 23,34

dies nicht ohne Auswirkungen auf unser Zusammenleben, und zwar auch dann, wenn die Vertauschung nicht oder nicht vollständig gelingt.

Gerade in jüngster Zeit häufen sich die Vergehen von Politikern, die zur Erlangung eines akademischen Doktorgrades zum Teil hemmungslos betrogen haben und diesen Betrug als Fehler zu entschuldigen versuchen. Der dreisteste Versuch war der von Karl-Theodor zu Guttenberg, dem in seiner Dissertation »1218 Plagiatsfragmente aus 135 Quellen auf 373 von 391 Seiten (94,4%) in 10 421 plagiierten Zeilen (63,8%)«[105] nachgewiesen wurden. Trotz dieser eindeutigen Faktenlage bestand die Verteidigungsstrategie des (damaligen) Verteidigungsministers allein darin, einen Fehler zuzugeben. »Und er hat gesagt, dass er die Arbeit ›nach bestem Wissen und Gewissen‹ erstellt habe, er selbst und kein anderer. Fehler räumt er ein, aber den Vorwurf des Plagiats weist er ›mit allem Nachdruck‹ von sich. Die Arbeit sei ›über etwa sieben Jahre neben meiner Berufs- und Abgeordnetentätigkeit als junger Familienvater in mühevollster Kleinarbeit entstanden‹.«[106] Das »Wissen und Gewissen« des Freiherrn ist eine Sache, die Beurteilung des Sachverhalts in der Öffentlichkeit eine andere.

Das Echo auf Guttenbergs Verfehlungen war geteilt, doch liegt gerade darin das Problem. »Viele sahen den Verteidigungsminister als Opfer einer Verleumdungskampagne, einer ›erbärmlichen Hexe(r)jagd der Presse‹. Andere sahen in den Anschuldigungen nur ein Ablenkungsmanöver, das zeige, ›wie nötig es andere Parteien haben, von den eigenen Problemen abzulenken‹.«[107] Wenn wir in solch eindeutigen Fällen zu so unterschiedlichen Beurteilungen kommen, dann kann es um die Gültigkeit von Verantwortung nicht weit her sein. Obwohl der Minister schließlich von seinen Ämtern zurückgetreten ist und wahrscheinlich wegen der Schwere seiner Vergehen sogar zurücktreten musste, kann die Affäre als Beispiel dienen, wie schlecht es um das »Prinzip Verantwortung«[108] in unserem Gemeinwesen bestellt ist, denn von Verantwortung kann keine Rede mehr sein, wenn der Betroffene keinen anderen Ausweg als den Rücktritt sieht.

Plötzlich sehen wir uns wieder umgeben von der Allianz zwischen Politik und Wirtschaft, denn in der Finanzkrise haben die Manager völlig analog reagiert. Statt Verantwortung zu tragen, wurden viele von ihnen zum Abgang gezwungen, nicht ohne mit üppigen Abfindungen wohl versorgt zu werden. Die Beschimpfungen, die die betroffenen Manager sich aus der Ecke der Politiker anhören mussten, klingen angesichts der Verfolgung gleicher Zwecke mit gleichen Mitteln wenig glaubwürdig.

Die von Kritikern immer wieder vorgebrachte Dominanz der Ökonomie über die Politik, die politische Entscheidungen verhindern soll, weil die wahre Macht in den Händen der Wirtschaft liegt, kann nur als Blendwerk verstanden werden, dem wir uns so lange aussetzen, bis schließlich alle verblendet sind. Wir werden in einen Käfig mit hungrigen Löwen und Tigern gesteckt und aufgefordert, uns vor

---

[105] http://www.spiegel.de/netzwelt/web/0,1518,761932,00.html
[106] Der Spiegel 8/2011, S. 22
[107] Der Spiegel 8/2011, S. 27
[108] So der Titel eines Buches von Hans Jonas. Vgl. ders., Das Prinzip Verantwortung, Frankfurt am Main 1998

streunenden Hauskatzen zu schützen. Doch die Wahrheit ist noch schlimmer, weil wir in dieser Lage tatsächlich beginnen, die Hauskatzen zu verjagen. Wenn wir uns auch nur einen noch so kleinen Vorteil versprechen können, sind wir gerne bereit, das Spiel des »Haltet den Dieb« mitzuspielen. Dafür zahlen wir einen sehr hohen Preis, und aller vorgespielten Sicherheit zum Trotz, wissen wir weder wann die Rechnung präsentiert, noch auf welchen Betrag sie lauten wird. Zur Freiheit gehören Transparenz und Verantwortung wie die Luft zum Atmen. Über die Transparenz sind bereits ausführliche Überlegungen angestellt worden, zur Verantwortung sollen noch einige folgen.

Verantwortungslosigkeit gedeiht am besten bei fehlender Aufgabenbeschreibung und fehlender Kontrolle. Im Bereich des Politischen liegt es in erster Linie an den Bürgern, für die Einhaltung der Regeln zu sorgen und deren Geist zur Wirkung kommen zu lassen. Eine mächtige Bürgerbewegung, die sich dafür einsetzt, die Stimmen der nicht berücksichtigten Wahlberechtigten adäquat zur Geltung zu bringen, würde vermutlich mehr zur Entwicklung eines freiheitlich-demokratischen Gemeinwesens beitragen als alle existierenden Bürgerbewegungen zusammen. Hier könnte der Geist unserer Regelungen Triumphe eines Bürgersinns feiern, der sich dem eingefahrenen Betrieb wirksam entgegenstellt.

Völlig anders gelagert sind die Anforderungen im Bereich der Ökonomie. Dort gibt es weder eine Öffentlichkeit noch kann es eine Abwahl der Verantwortlichen geben. Umso dringender ist es notwendig, der Mentalität der verantwortungslosen Selbstversorgung mit Macht zu begegnen. Mit dem Markt und dem haftenden Kapitalisten sind die beiden Instanzen verloren gegangen, die einer ebenso schrankenlosen wie risikolosen Bereicherung der Führungskräfte im Wege standen. Auf diesen Verlust haben wir bislang noch nicht adäquat reagiert.

Verantwortung kann auf zweierlei Weise ausgeübt werden. Der Handelnde kann sie für sich selbst übernehmen, indem zum Beispiel ein Politiker bei Fehlverhalten von seinem Amt zurücktritt. Wenn außer dem Verlust des Amtes keine weiteren Einschränkungen mit dem Rücktritt verbunden sind, dann erhält die Übernahme der Verantwortung zumindest einen Beigeschmack, der je nach Verfehlung mehr oder weniger zur Wirkung kommt. Diese Wahrnehmung von Verantwortung ist sinnvoll nur möglich, wenn intakte Wertmaßstäbe vorhanden sind. Eine zweite Form der Wahrnehmung von Verantwortung besteht in dem Zwang, sich zum Beispiel einem Gericht stellen zu müssen. Das wäre die heute adäquate Weise. Unsere gängige Rechtspraxis stellt einer solchen Vorgehensweise große Hindernisse entgegen. Die Frage lautet hier: Wie könnte ein rechtlicher Rahmen geschaffen werden, der eine wirksame Erzwingung von Verantwortung zulässt, ohne die Grundfesten des Rechtsstaats zu erschüttern?

Betrachten wir das Problem am Beispiel der Verantwortung eines Managers. Zwei Grundsätze unseres Rechtswesens gelten als unumstößlich: Schuldig ist man erst nach einer rechtskräftigen Verurteilung, und die Schuld muss einem Angeklagten nachgewiesen werden. Der erste Grundsatz ist unstrittig. Der zweite führt dazu, Schuld im Fall von Manager-Verfehlungen kaum je nachweisen zu können. Somit werden auch nur selten Verurteilungen für verantwortungsloses Handeln ausgesprochen. Das Missverhältnis zwischen dem Fehlverhalten einerseits und der geringen Zahl von adäquaten Verurteilungen[109] muss jedem neutralen Beobachter ins Auge springen.

Manager müssen als Treuhänder des ihnen anvertrauten Kapitals betrachtet werden. Eine wirksame Kontrolle der Treuhänder könnte nur durch eine Umkehrung der Nachweispflicht erreicht werden. Der Manager müsste im Bedarfsfalle die ordnungsgemäße Verwendung des ihm anvertrauten Kapitals nachweisen. Bei wesentlichen Versäumnissen hätte er zu haften. Eine in diese Richtung gehende gesetzliche Regelung würde der Spekulation besser entgegentreten, als alle Regeln, die heute in der Öffentlichkeit diskutiert werden.

Wie bei allen Gedanken zur Mündigkeit steht auch hier kein Tableau von Lösungen bereit. Wir brauchen aber auf jeden Fall entsprechende Rahmenbedingungen, damit die Mündigkeit nicht zur bloßen Farce verkommt. Die Übernahme von Verantwortung zählt zu den elementaren Grundlagen von Mündigkeit. Die Anstrengungen der Politiker, jede Entwicklung zur Mündigkeit zu behindern, richten großen Schaden für das Gemeinwesen an. Eine größere Bedrohung geht jedoch von den Bürgern aus, die sich durch Geschenke des Staates im Zustand der Entmündigung halten lassen. Die Bibel als Quelle von Weisheit gibt uns in dieser Frage guten Rat: »Du sollst nicht Geschenke nehmen; denn Geschenke machen die Sehenden blind und verkehren die Sachen der Gerechten.«[110]

---

[109] Mit adäquaten Verurteilungen sind solche Verurteilungen gemeint, bei denen das Urteil in einem vernünftigen Verhältnis zum Fehlverhalten steht. Wenn ein Manager zu 5 000 Euro Strafe verurteilt wird, nachdem er einen Schaden von 5 000 000 Euro verursacht und dafür 500 000 Euro an Prämien kassiert hat, dann wird die Verurteilung als nicht adäquat angesehen.
[110] 2. Mose, 23,8

»Unfreiheit lehrt Freiheit.«

Richard von Weizsäcker[1]

6 EPILOG

Es ist an der Zeit, ein Resümee zu ziehen. Gibt es irgendwelche Anzeichen, aus denen sich ein Strohhalm entwickeln könnte, an den wir uns klammern können? Der Blick auf das tägliche politische Geschehen gibt wenig Hoffnung, solche Anzeichen zu finden. In seinem Kern liegt das Problem nur zu einem geringeren Teil an den handelnden Personen, kann also durch einen Wechsel des politischen Personals nicht gelöst werden. Stattdessen haben wir es mit einem tief greifenden strukturellen Problem zu tun, das sowohl an vielen Stellen der vorliegenden Ausführungen als auch in unzähligen Abhandlungen, die sich über die gesamte Geschichte des Politischen verteilen, angesprochen worden ist. Aristoteles, Montesquieu, Rousseau, Kant, Tocqueville und nicht zu vergessen Hannah Arendt, um nur einige Namen zu nennen, haben das Problem immer wieder und in verschiedenen Stufen der Ausführlichkeit angesprochen.

Herbert Spencer bemerkte Ende des 19. Jahrhunderts zum englischen Parlament, das ja als das vollkommenste in ganz Europa galt, unmissverständlich: »Diktatorische Maßnahmen, die sich rasch vervielfachten, haben das ständige Bestreben, die persönliche Freiheit zu beschränken, und zwar in zwiefacher Weise: Jedes Jahr wird eine immer größere Anzahl gesetzlicher Forderungen erlassen, die der früheren Handlungsfreiheit des Bürgers Beschränkung auferlegen und ihn zu Handlungen zwingen, die er früher nach Belieben begehen oder unterlassen konnte. Gleichzeitig haben immer drückendere Lasten, besonders örtliche Abgaben, von vornherein die Freiheit beschränkt, indem sie den Teil seines Einkommens, den er nach Belieben ausgeben konnte, verminderten und den Teil vergrößerten, der ihm weggenommen wurde, um je nach dem guten Willen der Beamten ausgegeben zu werden.«[2]

Der Grund dieser strukturellen Verwerfung ist schwer nur zu benennen. Umso leichter ist es, ihr Erscheinen im öffentlichen Leben zu erkennen. Es lässt sich festmachen an einem fast vollständigen Verlust eines Begriffes von Freiheit und einer grenzenlosen Überhöhung eines Begriffes von Demokratie. Es lässt sich aber ebenso festmachen an unserer beharrlichen Weigerung, auch nur die offensichtlichsten Verwerfungen im öffentlichen Raum adäquat zu diskutieren.

Dabei werden die meisten Verfehlungen durchaus aufgezeigt, aber in einer Weise, die aus den Einzelereignissen niemals ein komplettes Bild entstehen lässt. Es ist, als würden wir ein Gemälde von Botticelli nach dem Vorkommen der einzelnen Farben, nicht aber nach seinem Gesamteindruck bewerten. Niemand würde

---

[1] Richard von Weizsäcker, Rede beim Staatsakt in der Philharmonie zu Berlin, 3.10.1990, in: Bibliothek der Geschichte und Politik, Politische Reden 1945 – 1990, Frankfurt am Main 1999, S. 797
[2] Herbert Spencer, Der Einzelne gegen den Staat, zitiert nach: Gustave Le Bon, Psychologie der Massen, Hamburg 2009, S. 186

ernsthaft bestreiten, dass selbst die genaueste Auflistung der einzelnen Farben auch nur einen ungefähren Eindruck eines solchen Gemäldes wiedergeben könnte. Diese Erkenntnis kann uns jedoch keinesfalls davon abhalten, im öffentlichen Raum nach genau diesem Prinzip zu verfahren und zugleich mit Willen, Bewusstsein und größter Anstrengung die Illusion zu pflegen, auf diese Weise einen solchen gestalten zu können. Die Hartnäckigkeit, mit der diese Illusion verfolgt wird, gibt einen Blick auf die Verwerfungen frei, vermag sie jedoch nicht zu erklären.

Wer heute von Freiheit spricht, setzt sich unmittelbar dem Verdacht aus, einem schrankenlosen Egoismus das Wort zu reden. Dies findet zum Teil seine Begründung darin, dass selbst die schamloseste Bereicherung sich auf die Freiheit beruft und dies nur tun kann, weil im Begriff der Freiheit offenbar immer noch ein Wert mitschwingt, der nicht vollständig zu unterdrücken ist. Dem steht eine mächtige Soziallobby gegenüber, der nichts so sehr gefährlich wird wie das Streben nach Freiheit. Deren Anstrengung gegen die Freiheit steht im direkten Zusammenhang mit dem Versuch, mit der Freiheit zugleich die Politik in ihrer Gesamtheit zu vernichten. Sieht man von der reinen Machtpolitik der Staaten untereinander einmal ab, deren Bedeutung in einer globalisierten Welt ohnehin immer mehr abnimmt, dann fehlt der Politik ohne Freiheit jeglicher Sinn. Sie degeneriert zu einem Mantel, unter dessen Schutz jeder hemmungslos und ohne jede Kontrolle seine Interessen verfolgen kann, die sich – weiter oben wurde dies ausführlich nachgewiesen – am Ende selbst zerstören oder bestenfalls zur Hülle leeren materiellen Reichtums degenerieren.

So lange die Handlungsweise auf eine verschwindende Minderheit begrenzt wäre, könnte sie leicht kontrolliert und damit beherrscht werden, auch hätte sie nicht die Macht, die Regeln des gesellschaftlichen Zusammenlebens zu bestimmen. Zur Macht kann sie erst werden, wenn wesentliche Teile der Gesellschaft gleichsam infiziert sind und darauf bestehen, nach den genannten Regeln zu leben. In diesem Sinne wird noch der erbittertste Kampf gegen die Nutznießer der gesellschaftlichen Zustände nach eben jenen Regeln geführt, deren Beseitigung die vermeintliche Motivation des Kampfes ist. Die kaum infrage gestellte Legitimation für diesen Kampf ergibt sich allein aus dem Recht der großen Zahl, und darin liegt eine große Gefahr. Mehrheiten drohen immer, Minderheiten an den Rand oder gar in die Bedeutungslosigkeit zu drängen. Diese Gefahr ist seit Langem bekannt und wird immer wieder beschworen. Aus diesem Grund bedürfen Mehrheitsentscheidungen in der Regel eines Rahmens, der zum Beispiel festlegt, was überhaupt von einer Mehrheit entschieden werden darf.

Diese Rolle spielt im Grundsatz die Verfassung. Doch auch Verfassungen können infrage gestellt werden, dies umso mehr, je weniger die Mitglieder einer Gesellschaft über unverrückbare Maßstäbe verfügen, die auch von Mehrheiten nicht angetastet werden dürfen. Noch ist unsere Verfassung nicht ernsthaft bedroht. Seit Ausrufung der Republik im November 1918 hatten wir jedoch mit der Naziherrschaft von 1933 bis 1945 in ganz Deutschland und von 1945 bis 1990 auf dem Gebiet der ehemaligen DDR ein Rechtswesen, das von dem Grundsatz geprägt worden war, »Recht ist, was dem Volke nutzt«, wobei der wahrhafte Nutzen des Volkes, so er sich überhaupt bestimmen lässt, in der Praxis keine Rolle spielte.

Angesichts einer solchen Vergangenheit würde man eine besondere Sensibilität in diesen Fragestellungen erwarten, doch ist in unserer politischen Öffentlichkeit wenig davon nur die Rede. Wir sehen ungezählte Bewegungen zur Stärkung der Demokratie, einige wenige Bewegungen zur Stärkung grundsätzlicher Rechte, die auch für Mehrheiten sakrosankt sind, und fast keine Bewegungen zur Stärkung der Freiheit. In der Öffentlichkeit ist viel von der »Solidarität der Demokraten«, dafür umso weniger von der »Solidarität der Freiheitsverfechter« die Rede, ungeachtet unserer Vergangenheit. Wenn es um verfassungsmäßig garantierte Rechte geht, dann eher um tradierte Werte, wie den Schutz der persönlicher Daten, den wir im Zeitalter des Internets ohnehin schon weitgehend verloren haben. Wenn Regierungen unter dem Beifall der Bevölkerung gestohlene Daten aufkaufen, um Steuerhinterzieher ausfindig zu machen und zur Verantwortung zu ziehen, dann ist es mit dem viel beschworenen Schutz persönlicher Daten nicht mehr gut bestellt. Zudem mögen wir uns anstrengen, wie wir wollen, aber jedes System hätte innerhalb kürzester Zeit ohne besonderen Aufwand den »gläsernen Bürger«, wenn es ihn denn wollte.

Gerade deshalb wäre es aber so wichtig, den Fokus auf unveränderliche Freiheitsrechte zu legen, um so dem Fetisch »Demokratie« einen Regulator entgegenzustellen. Der Blick auf die Realität lehrt uns, dass sich das genaue Gegenteil immer deutlicher durchsetzt.

In unserem Land gibt es mit dem Bundespräsidenten eine Instanz, die mit wenigen Machtmitteln ausgestattet ist, allerdings über den Parteien stehen und in gewisser Weise das Staatswesen und seine Werte repräsentieren soll. Fasst man sie auf abstrakter Ebene zusammen, dann besteht die Aufgabe des Bundespräsidenten vor allem darin, so etwas wie das Gewissen des Staatswesens zu sein, also sein Augenmerk auf grundlegende Werte des Gemeinwesens zu legen und mahnend einzugreifen, wenn fundamentale Werte in Gefahr geraten, aufgeweicht zu werden. Wirkung kann der Bundespräsident vor allem durch politische Reden erzielen, die sich gerade nicht an der Tagespolitik orientieren, sondern den Blick »über den Tag hinaus« richten. Die Bedeutung des Amtes ergibt sich schon allein daraus, dass mit der Bundesversammlung ein Verfassungsorgan installiert worden ist, dessen einzige Aufgabe darin besteht, den Bundespräsidenten zu wählen.[3]

Die Bundesversammlung besteht aus den Mitgliedern des Deutschen Bundestages und einer gleich großen Zahl von Personen, die von den Landesparlamenten benannt werden. Häufig bestimmen diese Personen des öffentlichen Lebens. Das Verfahren unterstreicht an sich die Absicht der Verfassungsväter, die Macht der Parteien bei der Wahl des Bundespräsidenten zumindest zu beschränken. Diese Absicht hat sich in der Praxis als mehr oder weniger unzureichend herausgestellt, werden die Kandidaten in der Regel doch in einem dem Amt unwürdigen Parteiengeschacher sowohl ausgewählt als anschließend auch gewählt. Es wäre es sicherlich angemessener, sowohl für die Kürung der Kandidaten als auch für die

---

[3] Siehe: GG, Artikel 54

anschließende Wahl einen besseren Modus zu finden, der der Bedeutung des Amtes wirklich gerecht wird. Sieht man jedoch von der Wahl 1959 ab, als mit Carlo Schmid (SPD) dem schließlich gewählten Heinrich Lübke (CDU) der sicherlich honorigere Kandidat unterlag, zeigt die Liste der bisherigen Bundespräsidenten trotz aller Mängel im Auswahlverfahren eine erstaunliche Qualität. Doch auch in dieser Frage arbeiten wir kräftig daran, unsere Wertmaßstäbe zu zerstören.

Als am 31. Mai 2010 der damalige Bundespräsident Horst Köhler überraschend von seinem Amt zurücktrat, schlugen die Oppositionsparteien SPD und Die Grünen in einem klugen Schachzug den parteilosen Bürgerrechtler Joachim Gauck als ihren Kandidaten vor. Statt diese große Chance zu nutzen und einen in der Bevölkerung außerordentlich beliebten Kandidaten mit zu unterstützen, zumal dessen politische Positionen den propagierten der Regierungskoalition so fern nicht standen, entschieden die sich für den farblosen »Parteisoldaten« Christian Wulff, der dann schließlich im dritten Wahlgang gewählt wurde. Wäre die Amtszeit Christian Wulffs auf normale Weise zu Ende gegangen, dann hätte man zwar eine Chance vertan, dem Amt eine größere Bedeutung zu verleihen, aber sonst keinen größeren Schaden angerichtet. Doch schon bald nach seiner Amtsübernahme stellte sich heraus, dass Christian Wulff wahrhafter Repräsentant derjenigen Teile des Volkes war, die ihr Leben nur unter der Prämisse von Vorteilsgewährungen zu führen vermögen. Statt also Werte zu verkörpern und zu vermitteln, statt also als Mahner bei politischen Verwerfungen auftreten zu können, erwies sich der Präsident als »Schnäppchenjäger«, der sich bei seinen unermüdlichen Anstrengungen bis in die Grauzone möglicher Rechtsverletzungen vorgewagt hatte. Als die Staatsanwaltschaft Hannover schließlich am 17. Februar 2012 die Aufhebung der Immunität des Bundespräsidenten wegen des Verdachts der Vorteilsnahme im Amt beantragte, trat Christian Wulff zurück. Dies war ein beispielloser Vorgang in der Geschichte der Bundesrepublik Deutschland und darf getrost als vorläufiger Tiefpunkt einer negativen politischen Entwicklung betrachtet werden.

Da die Christian Wulff vorgeworfenen Verfehlungen vor allem in seine Zeit als Ministerpräsident von Niedersachsen fielen, muss man der Bundesregierung vorwerfen, die Auswahl ihres Kandidaten weniger sorgfältig vorgenommen zu haben, als dies ein mittelständischer Unternehmer bei der Auswahl eines Abteilungsleiters macht. Die Auswahl des Kandidaten für das Amt des Bundespräsidenten im Jahr 2010 war wahrlich kein Ruhmesblatt für Angela Merkel und ihre Regierung.

Nach einigen Schwierigkeiten wurde nun Joachim Gauck am 20. Februar 2012 zum gemeinsamen Kandidaten der Parteien CDU/CSU, SPD, FDP und Die Grünen gekürt. Seine Wahl war damit weitgehend gesichert, doch bevor er gewählt war, erhob sich vor allem unter sich als links verstehenden Teilen der Bevölkerung teilweise massiver Widerstand gegen den Kandidaten. Die Einwände lassen sich in zwei Gruppen unterteilen. Die eine Gruppe kann als Lobbygruppe bezeichnet werden, die reflexartig mit der Feststellung von Mängeln des Kandidaten reagierte, die dem von ihr vertretenen Interesse zuwiderlaufen. Sie erhofft sich dadurch eine bessere Position für die Durchsetzung ihrer Interessen, verkennt dabei jedoch, dass die Rolle des Bundespräsidenten gerade nicht in der Unterstützung von Partialinteressen besteht. Insgesamt wird diese Gruppe so stark von ihrem Interesse beherrscht, dass sie für alle außerhalb ihres Interesses liegenden Anliegen überhaupt kein Gespür mehr hat. Zur Frage der Betrachtung von Politik als Mittel zur Durchsetzung von Partialinteressen sind hier bereits ausführliche Überlegungen angestellt worden, die an dieser Stelle keiner weiteren Ergänzungen bedürfen.[4] Die zweite Gruppe bezieht ihre Einwände auf grundlegende Werte und stellt deshalb eine besondere, hier noch nicht hinreichend beachtete Gefahr für die Existenzweise des Politischen dar. Ihrem Anliegen wollen wir deshalb etwas ausführlicher nachsinnen.

Das zentrale Argument dieser zweiten Gruppe besteht in dem Vorwurf, Gauck spreche zu viel von Freiheit und vernachlässige dabei andere wichtige Themen. Betrachten wir das nachfolgend angeführte Zitat, das in einer Fernsehsendung als Beispiel für Gaucks überzogenen Freiheitsbegriff herhalten musste: »Die Leute müssen aus der Hängematte der Glückserwartung durch Genuss und Wohlstand aufstehen. Sie dürfen nicht erwarten, dass andere für sie agieren.«[5] Wenn Äußerungen dieser und ähnlicher Art bereits inkriminiert werden, dann kann es um unser Verständnis von Freiheit nicht mehr weit her sein. Auf diese Weise wird im politischen Raum das Streben nach Freiheit zu einem Thema unter vielen anderen degradiert und seines bestimmenden Charakters enthoben.

In einem Interview bringt dies der Theologe und Bürgerrechtler Friedrich Schorlemmer auf den Begriff: »Wer von der Freiheit spricht, der muss auch vom Brot sprechen, vom Wasser, vom Wetter, vom Frieden.«[6] Der Duktus verrät den Sprecher, vor allem sein Verhältnis zur Freiheit. Nach ihm *muss* man vom Brot, Wasser, Wetter und Frieden sprechen, wenn man von Freiheit spricht, als wäre Freiheit nicht auf einer völlig anderen Ebene angesiedelt. Vor allem aber – und hier zeigt sich der verkümmerte Freiheitsbegriff des Kritikers in seiner vollen Blüte – bedarf die Rede von der Freiheit nicht des totalitären Anspruchs. Wenn man von Freiheit spricht, *muss* man von nichts anderem sprechen.

Der Aufklärer fällt jedenfalls weit hinter die Aufklärung zurück, denn schon Kant beantwortet die Frage nach der Aufklärung in der ihm eigenen Klarheit: »Zu dieser Aufklärung wird nichts erfordert als *Freiheit*; und zwar die unschädlichste unter allem, was nur Freiheit heißen mag, nämlich die: von seiner Vernunft in allen Stücken *öffentlichen Gebrauch* zu machen.«[7] Nicht weniger klar formuliert Alexis de Tocqueville den Sachverhalt, wenn er feststellt: »Wer in der Freiheit etwas anderes als sie selber sucht, ist zur Knechtschaft geboren.«[8] Wenn Schorlemmer meint, wer von der Freiheit spricht, müsse die »Magenfrage« gelöst haben, dann hat er ein fundamentales kategoriales Problem: Wer Hunger hat, kann nicht frei sein, was aber im Umkehrschluss keinesfalls heißen kann, dass von Freiheit die Rede nur sein kann, wenn der Hunger vollständig beseitigt ist. Dann hätte in der Geschichte der Menschheit noch nie von Freiheit die Rede sein dürfen.

---

[4] Einen guten Überblick über die Gründe dieser Gruppe findet sich in: Erstes Murren gegen Gauck, Frankfurter Rundschau, 20.02.2012

[5] Joachim Gauck, zitiert nach: Beckmann, ard.de, 15.03.2012

[6] Friedrich Schorlemmer, in: Gauck muss von Gerechtigkeit sprechen, Berliner Zeitung, 21.02.2012

[7] siehe Kapitel 2, Fußnote 16

[8] siehe Kapitel 2, Fußnote 49

Berücksichtigt man nun noch, dass Joachim Gauck sich in einem hoch entwickelten Industrieland bewegt, in dem die »Magenfrage« keine, die Frage nach allgemeinem Wohlstand aber die zentrale Rolle spielt, dann wird deutlich, wohin die Kritik zielt. Schorlemmer kann sich nur einen Versorgungsstaat vorstellen, in dem Freiheit in der Tat keinen Platz hat. Dies wird ohne jeden Zweifel bestätigt, wenn man eine andere Stelle des Interviews heranzieht, an der es heißt: »Es ist wunderbar, dass er das Loblied auf die Freiheit singt. Aber er müsste auch das Loblied auf die Gerechtigkeit singen, damit sich alle die Freiheit leisten können.«[9] Wieder verrät die Sprache den Sprecher, denn für ihn ist Freiheit offenbar eine Tugend, die man sich leisten können muss, als ginge es bei der Frage nach der Freiheit um etwas Ähnliches wie beim Autokauf.

Wenn Schorlemmer von Gerechtigkeit spricht, dann meint er in Wahrheit das Wortungetüm »soziale Gerechtigkeit«, dessen Erfüllung – die Ausführungen weiter oben haben dies unmissverständlich aufgezeigt – nur in einem unendlichen Progress zu erreichen ist und damit zur unendlichen Aufgabe von Politikern des Wohlfahrtsstaates wird. Jetzt ist die Freiheit endgültig auf dem Altar des Wohlfahrtsstaats geopfert worden und die Rede von ihr verstößt gegen die Regeln der Political Correctness. Ob der Bürgerrechtler Schorlemmer noch weiß, in welches gefährliche Fahrwasser er sich begeben hat? Wir sollten uns über jeden freuen, der über Freiheit redet. Ist er dazu noch Bundespräsident, dann darf dies unsere Freude steigern.

Werfen wir einen Blick auf den Umgang mit weiteren einschneidenden Ereignissen der jüngsten Vergangenheit, die auf lange Zeit unser öffentliches Leben bestimmen werden, dann lehrt uns dies nicht nur, alle Hoffnung auf einschneidende Veränderung fahren zu lassen. Er lehrt uns darüber hinaus, dass wir im Regelfall auf Maßnahmen zurückgreifen, die die auftretenden Probleme eher verstärken, anstatt auch nur Ansätze zu einer Lösung zu enthalten. Auf drei Ereignisse und unseren Umgang damit soll nachfolgend unser Fokus gerichtet werden, um die aufgestellte These zu untermauern: das Atomunglück in Fukushima, die Überschuldung der Staaten in der Euro-Zone und die neuen basisdemokratischen Bewegungen. An all diesen Ereignissen kann demonstriert werden, wie weit der Zustand der Entmündigung bereits fortgeschritten und wie wenig der politische Betrieb noch in der Lage ist, auf die Herausforderungen entwickelter Gesellschaften zu reagieren. In den Fällen geht es weniger darum, die Lösungsansätze im Einzelnen zu diskutieren, als vielmehr das als Lösungsstrategie bezeichnete Konglomerat von mehr oder weniger hilflosen Einzelmaßnahmen zu betrachten, das eine Souveränität des Handelns suggeriert, die schon lange nicht mehr vorhanden ist.

Am 11. März 2011 wurde Japan vom schwersten Erdbeben seiner Geschichte heimgesucht, in dessen Folge die Flutwelle eines Tsunami Kernschmelzen in den Reaktoren von Fukushima auslöste. Noch bevor das Ausmaß der entstandenen Schäden überhaupt feststand, übertrafen sich die Politiker in Deutschland mit For-

---

9   Friedrich Schorlemmer, in: Gauck muss von Gerechtigkeit sprechen, Berliner Zeitung, 21.02.2012

derungen nach einer schnelleren Abschaltung der Atomkraftwerke. Auch die Regierungsparteien, die eben noch eine Verlängerung der Laufzeiten für Atomkraftwerke vereinbart hatten, beschlossen nun einen rascheren Ausstieg aus dieser Form der Energieerzeugung, als ihn selbst die Opposition noch kurze Zeit zuvor gefordert hatte. Auf den ersten Blick schien das Verhalten der Regierung für eine gewachsene Mündigkeit der Bevölkerung zu stehen, war ihr Handeln doch durch eine eindeutige Stimmung im Volke induziert. Das mündige Volk hatte sich ohne jeden Zweifel gegen den politischen Betrieb, vor allem aber auch gegen die angeblich so mächtigen Lobbyverbände der Energieindustrie durchgesetzt.

Doch ein genauerer Blick macht schnell deutlich, dass es mit der Mündigkeit des Volkes in dieser Frage nicht sehr weit her ist. Die Regierung handelte buchstäblich kopflos und spiegelte die Kopflosigkeit des Volkes wider, dessen Reaktion weit mehr durch Überlebensangst als durch rationale Überlegung bestimmt war. Politische Führung suchte man jedenfalls im Zusammenhang mit der Katastrophe vergebens. Die Kopflosigkeit des Volkes wurde zudem durch eine beispiellose Kampagne der Medien unterstützt, die das Ende der Zivilisation, wenn nicht gar der Welt als Menetekel an die Wand malte. Durch Panik induzierte Reaktionen sind nicht in der Lage, in adäquater Weise auf eine Bedrohung zu reagieren. Meist verschärfen sie die Bedrohung, sie abzumildern vermögen sie nie.

Die durch das schwere Beben ausgelöste Flutwelle des Tsunami brachte mehr als 19 000 Menschen den Tod.[10] In der öffentlichen Berichterstattung war jedoch die hohe Zahl der Opfer als Folge des Tsunami nur eine Randnotiz, während dem Reaktorunfall von Anfang an höchste Aufmerksamkeit gewidmet wurde. Ohne in einen Wettstreit über Opferzahlen geraten zu wollen, scheint es doch einmal sinnvoll, einen Blick auf die Zahl der Opfer zu werfen, die durch den *Atomunfall* betroffen worden sind. In der Zeitschrift »Spektrum der Wissenschaft« finden sich dazu die folgenden Anmerkungen: »Gesundheitsschäden durch den Reaktorunfall in Fukushima halten sich zum Glück in Grenzen: So gab es am Kraftwerksstandort Fukushima bisher keine nuklear bedingten Todesfälle, jedoch einen beim Erdbeben ums Leben gekommenen Mitarbeiter (in Daini). Zwei Menschen ertranken, einer starb an Erschöpfung, etwa 30 wurden verletzt, jedoch traten keine sofortigen und bisher auch praktisch keine Langzeitstrahlenschäden auf. 30 Personen waren maximalen Strahlendosen zwischen 100 und 180 Millisievert ausgesetzt, zwei weitere Arbeiter erhielten bei Aufräumarbeiten Strahlendosen zwischen 180 und 250 Millisievert (Juni 2011). Bei 200 Millisievert erhöht sich das individuelle Langzeitrisiko für Krebs um ein Prozent, das heißt, von 100 Personen mit dieser Dosis wird eine Person zusätzlich langfristig an Krebs erkranken.«[11] Die Differenz der Opferzahlen spiegelt sich in keiner Weise in der öffentlichen Berichterstattung wider. Selbst wenn man bedenkt, dass etwa 100 000 Menschen durch den Atomunfall evakuiert werden mussten[12], fehlt der Reaktion des politischen Apparats in

---

[10] Spiegel-Online, 11.01.2012, http://www.spiegel.de/panorama/gesellschaft/0,1518,808462,00.html
[11] Fukushima auch in Deutschland? Spektrum der Wissenschaft, 25.7.2011, vgl. http://www.wissenschaft-online.de/artikel/1117166
[12] Vgl. Der Spiegel, 51/2011, S. 127

Deutschland jede Verhältnismäßigkeit. Stellen wir uns zunächst die Frage, wie die Reaktion aussah, um anschließend deren Wirkung zu beurteilen.

Schon unmittelbar nach dem Unglück in Fukushima gab es eine fast vollständige »Solidarität aller Demokraten« in der Frage des Ausstiegs aus der durch Kernspaltung gewonnenen Energieerzeugung. Die Übereinstimmung des politischen Betriebs mit der Bevölkerung war überwältigend: 71 Prozent der Bevölkerung wollten den sofortigen Ausstieg aus dieser Form der Energieerzeugung.[13] Sieben von 17 Kernkraftwerken wurden zunächst für eine Überprüfung sofort vom Netz genommen, doch war von Anfang an klar, dass keiner dieser Atommeiler je wieder Strom produzieren würde. Auch für die anderen Atomkraftwerke wurde ein weit schnellerer Ausstieg beschlossen, als ihn bisher selbst die Opposition ins Auge gefasst hatte. Innerhalb weniger Tage war also das gesamte Energiekonzept der Bundesrepublik verworfen und durch eine eher mehr als weniger nebulöse Zielvorstellung einer Versorgung durch regenerative Energien ersetzt worden. Statt Führungsstärke zu zeigen, war der politische Apparat dem diffusen Volksempfinden gefolgt und hatte den Boden nüchterner Problemanalyse und daraus folgender vernünftiger Problembewältigung zugunsten symbolischer Beschwörungshandlungen verlassen. Im Sinne der reinen Machterhaltung war das Handeln der Regierung vermutlich sogar vernünftig, doch wird das dadurch hervorgerufene Gefahrenpotenzial keineswegs geringer.

Politik in komplexen Gesellschaften, die sich in kritischen Situationen von irrationalen Stimmungen leiten lässt, bedroht die Welt weit mehr als die Kernschmelze in einem Atomreaktor, verdeutlicht sie doch die Handlungsunfähigkeit des politischen Betriebs. Was als entschlossenes Reagieren auf ein unerwartetes Ereignis erscheint, entpuppt sich bei genauerem Hinsehen als Flucht vor der Verantwortung. Dies kann durchaus als Prinzip modernen politischen Verhaltens verstanden werden. Gefahren werden so lange ignoriert, bis ein Ereignis die Ignoranz ad absurdum führt. Dann wird umso hektischer gegengesteuert, ohne auch nur ansatzweise dem Problem auf den Grund zu gehen. Die Katastrophe in Fukushima hat an der Wahrscheinlichkeit eines Atomunfalls nichts geändert. Dies führt zu einem einfachen Sachverhalt: Die Gefahren wurden *vor* dem Unfall in Fukushima ignoriert, um *nach* dem Unfall durch eine Orgie der Betroffenheit ersetzt zu werden. Der politische Betrieb hat seine Handlungsmöglichkeiten längst zugunsten eines einfachen Machtkalküls aufgegeben, und zwar gerade auch bei existenziellen Fragen. Die Souveränität des Souveräns ist ebenso verloren gegangen wie die der beauftragten Funktionsträger. Wir werfen die Kinder in den Brunnen, um sie anschließend mit desto größerer Leidenschaft wieder herauszuziehen, wobei wir uns nicht einmal mehr wundern, warum sie nass geworden sind.

Wenn ein Mensch einen anderen mit einer Waffe bedroht, dann lässt sich die unmittelbare Gefahr in der Regel dadurch beseitigen, dass man dem Bedroher die Waffe entwindet. Hier besteht ein einfacher Zusammenhang, der durch ein entschlossenes Handeln aufgelöst werden kann. Im Fall der Bedrohung durch die Spaltung von Atomen ist der Zusammenhang erheblich komplexer. Das schnelle

---

13 Vgl. Der Spiegel, 14/2011, S. 63f.

Abschalten der Atommeiler hat die Gefahr wenn überhaupt, dann bestenfalls marginal beeinflusst, wird doch das Tausende Jahre strahlende Material von diesem Beschluss nicht betroffen. Zugleich wurden die Meiler auf Absicherung gegen Flugzeugabstürze getestet, die weit weniger gesicherten Lagerstätten des Atommülls, die nicht einfach weggezaubert werden können, wurden nicht in die Untersuchung einbezogen. Dies scheint durchaus sinnvoll, gibt es doch kein Mittel, so zu tun, als ließe sich diese Gefahr schnell beseitigen.

Die Willensstärke der Beschlüsse ist ohnmächtig gegenüber der vorhandenen Faktenlage. Bereits weiter oben wurde darauf hingewiesen, dass im Zusammenhang mit den Gefahren durch die Kernspaltung schnelles Handeln die Gefahrensituation nicht zu verbessern vermag. Hier ist besondere Umsicht, vor allem aber Sachverstand nötig, um angemessen reagieren zu können. Gerade in der Forderung nach sofortigem Handeln offenbart sich nichts weniger als die von jedem Sachverstand ungetrübte völlige Verkennung des Problems.

Unabhängig von weiter strahlenden Abfällen bleibt aber die Frage nach dem Klimawandel, die eben noch alle Debatten beherrschte, mit dem Unfall in Fukushima aber plötzlich ihre Bedeutung zu verlieren scheint. Da die Entwicklung der regenerativen Energien noch nicht so weit fortgeschritten ist, um eine flächendeckende Versorgung in Deutschland zu gewährleisten, bedeutet die Abschaltung von Atomkraftwerken unweigerlich auch Energieerzeugung mithilfe fossiler Brennstoffe. Die aber erhöhen die CO_2-Emissionen und wirken sich damit auf den Klimawandel aus. Darüber kann auch das beschwichtigende Gerede gerade jener, die eben noch den Klimawandel als die größte Bedrohung der Menschheit angesehen haben, nicht hinwegtäuschen, die Emissionen könnten durch verbesserte Filteranlagen kontrolliert werden. Filteranlagen können die Situation jedoch bestenfalls *relativ*, keinesfalls aber *absolut* verbessern. So klar dieser Zusammenhang ist, so wenig Beachtung findet er in der öffentlichen Debatte. Einer der wesentlichen Einwände gegen die Nutzung der Kraft aus Kernspaltungen zur Energieerzeugung besteht ja darin, dass die dabei entstehenden ungeheuren Kräfte vom Menschen nicht beherrscht werden können. Wer diese Einsicht teilt, kann ernsthaft eine lokale Lösung des Problems nicht ins Auge fassen. Selbst wenn Deutschland vollständig auf die Nutzung von Atomenergie verzichtet, sind wir als Land in der Mitte Europas nicht weniger durch unsere Nachbarn bedroht, deren Kernkraftwerke oft noch geringeren Sicherheitsstandards genügen als die einheimischen. Erneut haben wir ein Beispiel dafür, wie Maßnahmen zur Stärkung des Wohlgefühls der Bürger ernsthafte Auseinandersetzungen mit ernsthaften Problemen verhindern. Die Unmündigkeit von Regierten und Regierenden feiert dabei wahre Triumphe.

Wenden wir uns dem nächsten Beispiel aus dem Schreckenskabinett des politischen Tagesgeschehens zu. Die Finanzkrise von 2008 scheint weitgehend bewältigt, dafür hat die Verschuldung der meisten Staaten des westlichen Kulturkreises bedrohliche Ausmaße angenommen. In einer Anmerkung seines im Jahr 1895 erschienenen und hier bereits zitierten Werks »Psychologie der Massen« führt Gustave Le Bon aus: »Das ununterbrochene Anwachsen solcher [Staats-, P.K.] Ausgaben muss notwendigerweise zum Bankrott führen. Viele Staaten Europas, Portugal, Griechenland, Spanien, die Türkei, sind dabei angelangt, andere werden bald soweit sein.«[14] Ersetzt man die Türkei durch Irland, dann hat Le Bon vor mehr als hundert Jahren mit verblüffender Genauigkeit die heute mit der Abkürzung PIGS[15] bezeichneten Staaten bereits benannt. Wer will angesichts der verblüffenden Übereinstimmung mit der aktuellen Situation an bloßen Zufall glauben?

Insbesondere Griechenland ist in den Fokus der öffentlichen Aufmerksamkeit gerückt. Seit Monaten werden immer größere Rettungspakete geschnürt, mit dem immer gleichen Erfolg: Jedes neue Rettungspaket dokumentiert die immer ausweglosere Lage des Landes, dessen Bankrott längst feststeht, aber keinesfalls anerkannt werden darf. Im Jahr 2011 war das Land mit 162,8 Prozent seines Bruttoinlandsprodukts verschuldet, wobei nach dem Maastricht-Abkommen die Verschuldungsgrenze bei 60 Prozent des Bruttoinlandsprodukts eines Landes liegt. Dieser Wert wird jedoch nur von den vier Ländern Finnland, Slowenien, Slowakei und Luxemburg unterschritten, die allesamt nicht zu den großen Ländern Europas gehören.[16] Die ausufernde Verschuldung betrifft (fast) alle Industrienationen und selbst Deutschland, das Musterland Europas, von dem die Rettung der maroden europäischen Schuldnerstaaten wesentlich abhängt, hält die selbst mit aufgestellten Schuldenkriterien keinesfalls ein.

Im Zeitraum von 1991 bis 2011 haben sich die Defizite der Industrienationen um 183 Prozent erhöht, während im gleichen Zeitraum ihr Bruttoinlandsprodukt nur um 65 Prozent gewachsen ist.[17] Bemerkenswert dabei ist vor allem, dass die Steigerung der Defizite in den letzten vier Jahren besonders stark zugenommen hat. Zwar haben viele Staaten des Euro-Raumes eine Schuldenbremse vereinbart, diese bezieht sich jedoch auf die *Neuverschuldung*, keineswegs aber die Rückführung alter Schulden. Das heißt also, dass die Staaten sich verpflichten, allein die *Erhöhung* ihrer Schulden zu begrenzen. »Mit 70,8 Milliarden Euro nahm der Fiskus im Dezember 2011 so viel Geld wie noch nie in einem einzelnen Monat ein.«[18] Doch auch diese Rekordeinnahme reicht nicht, um etwa Schulden abzubauen, sie reicht nur dazu, dass »Bundesfinanzminister Wolfgang Schäuble [...] dieses Jahr wohl deutlich weniger neue Kredite [braucht] als von seinen Beamten geschätzt«[19]. Der geneigte Leser solcher Meldungen fragt sich natürlich, wie die Schulden einmal zurückgezahlt werden sollen, wenn schon Rekordeinnahmen nur dazu führen, die Menge der zusätzlich aufgenommenen Schulden zu begrenzen. Doch wie auch bei vielen anderen Themen ist die öffentliche Misswirtschaft die eine Seite der Medaille, der öffentliche Umgang damit die andere.

Es wäre müßig, den öffentlichen Umgang mit der stetig wachsenden Staatsverschuldung genau unter die Lupe zu nehmen, würde dies doch mehr Raum bean-

---

14 Gustave Le Bon, Psychologie der Massen, Hamburg 2009, S. 203 (Fußnote 29)
15 PIGS = Portugal, Irland, Griechenland und Spanien
16 Vgl. http://www.spiegel.de/fotostrecke/fotostrecke-57391-2.html
17 Vgl. Der Spiegel, 1/2012, S. 62f.
18 Handelsblatt 27.1.2012, vgl. http://www.handelsblatt.com/politik/deutschland/70-milliarden-euro-nie-kassierte-der-bund-mehr-steuern-als-im-dezember/6119076.html
19 Handelsblatt 27.1.2012, vgl. http://www.handelsblatt.com/politik/deutschland/70-milliarden-euro-nie-kassierte-der-bund-mehr-steuern-als-im-dezember/6119076.html

spruchen, als ein Buch bietet. Dennoch sollen einige Betrachtungen, vor allem im Vergleich mit der Finanzkrise 2008, angestellt werden. Wichtige Kritikpunkte bei dieser Krise bezogen sich auf die Rating-Agenturen, die zum Beispiel noch kurz vor der Pleite Unternehmensanleihen von Lehman Brothers mit Bestnoten bewertet hatten. Im »Spiegel« stellte der Wirtschaftsnobelpreisträger Edmund S. Phelps stellvertretend für viele Beispiele fest: »Die Rating-Agenturen, deren Bewertungen ausschließlich auf rosigen Annahmen und niemals auf Worst-Case-Szenarien beruhten, waren an dieser Überbewertung in erheblichem Maße mitschuldig.«[20] Der »Wirtschaftsweise« Peter Bofinger forderte gar die Verstaatlichung der Rating-Agenturen: »Vor der Krise waren die Ratings oft zu positiv. Dies ließ die Märkte sorgenlos werden. Zudem gibt es einen Interessenkonflikt, da die Agenturen einerseits objektiv die Kreditwürdigkeit von Banken bewerten sollen, aber auch von den Banken bezahlt werden. Wie löst man dieses Problem? Ich würde die Rating-Agenturen verstaatlichen. Eine fundamentale Krise erfordert auch fundamentale Antworten.«[21]

Wenige Monate nach diesen Aussagen standen die Rating-Agenturen wieder im Fokus der Öffentlichkeit, diesmal allerdings unter veränderten Vorzeichen. Jetzt nahmen sie die verschuldeten Staaten unter die Lupe, deren Rating sie in einigen Fällen folgerichtig senkten. Für die Staaten haben die gesenkten Bonitätswerte den Nachteil, für Staatsanleihen höhere Zinsen zahlen zu müssen, also die Kreditaufnahme zu verteuern. Kann es angesichts dessen verwundern, wenn oft die gleichen Politiker, die eben noch die viel zu positiven Ratings der Agenturen im Zusammenhang mit Unternehmensanleihen scharf kritisiert haben, jetzt die gleichen Agenturen aus umgekehrten Gründen kritisieren? »Immer wenn ein US-Rating-Riese Euro-Staaten schlechte Noten gibt, ist die Empörung groß. Auch jetzt ruft die Politik nach mehr Wettbewerb und Transparenz. Diesmal scheint Bewegung in die Sache zu kommen: Deutschland drängt darauf, die Macht der großen Bonitätswächter zu brechen.«[22] Der Fraktionschef der Partei Die Linke, Gregor Gysi, spricht gar von einem »Krieg gegen die europäischen Völker«[23]. In der Frage, auf leichtere Art weiterhin Schulden machen zu können, sind die politischen Lager plötzlich nicht mehr weit auseinander. Auf jeden Fall erhalten wir einen Vorgeschmack darauf, was uns blühen würde, könnten Politiker direkten Einfluss auf die Bewertung von Staatsanleihen nehmen. Ob der Wirtschaftsweise Peter Bofinger noch immer blauäugig die Verstaatlichung von Rating-Agenturen fordert, ist nicht bekannt. Unschwer zu erkennen ist aber, dass eine Verstaatlichung der Rating-Agenturen deren Urteil wertlos machen würde.

Unabhängig von den Urteilen der Rating-Agenturen ist die Situation auch so schon verworren genug. Statt für die überbordende Staatsverschuldung höhere Zinsen zahlen zu müssen, kann sich der deutsche Staat sogar Geld zu negativen Zinsen (!) leihen. »Weil Staatsanleihen der Bundesrepublik als besonders sicher

---

[20] Der Spiegel, 46/2008, S. 64

[21] Stefan Kaufmann, Festgehalt für Manager, Berliner-Zeitung, 01.04.2009

[22] http://www.spiegel.de/politik/deutschland/0,1518,809443,00.html

[23] http://www.spiegel.de/politik/ausland/0,1518,809149,00.html

gelten, ist die Nachfrage bei Investoren trotz niedriger Zinsen groß. In der vergangenen Woche gaben sich Anleger sogar mit einer negativen Rendite zufrieden: Sie zahlten eine Prämie dafür, dass sie das Geld beim Bund anlegen können.«[24] Die Nachricht ist alles andere als wirklich neu, denn Anleger in Staatsanleihen der Bundesrepublik zahlen schon seit Längerem drauf, jedenfalls dann, wenn man den einzig gültigen Maßstab anlegt, und das ist die reale Verzinsung des Geldes unter Beachtung der Inflationsrate. Im Jahr 2011 betrug die durchschnittliche Inflationsrate 2,3 Prozent.[25] Bundesanleihen mit einer Laufzeit von maximal zehn Jahren haben eine maximale Rendite von 1,82 Prozent.[26] Verringert man die Rendite um die Kapitalertragsteuer und den Solidaritätszuschlag, dann erhält man eine Netto-Rendite von gerade einmal 1,34 Prozent, hat also unter der Annahme gleichbleibender Bedingungen einen jährlichen Realverlust von ca. 1 Prozent. Auf diese Weise verdient die Bundesrepublik Deutschland an jedem geliehenen Euro Geld. Wir haben eine völlige Verkehrung der Verhältnisse erreicht, für die es kaum noch einen Ausdruck gibt. Die Freude über die für den Staat so günstige Konstellation, der, wenn er denn schon Schulden machen muss, wenigstens daran verdient, wird durch einen genaueren Blick auf solches Tun schnell getrübt, denn die Folgen sind höchst gefährlich. Sie lassen sich im Wesentlichen an zwei Punkten festmachen.

Zum Ersten bietet die Situation dem Staat einen starken Anreiz, weitere Schulden aufzunehmen. Wenn die Staatsverschuldung schon unter weitaus schlechteren Bedingungen erheblich ausgeweitet worden ist, dann sind kaum Gründe einsichtig, warum unter den derzeit bestehenden günstigen Bedingungen eine Umkehr erfolgen soll, zumal sich ja der entscheidende Anlass der Schuldenaufnahme, Wähler für die eigene politische Richtung zu gewinnen, in keiner Weise verändert hat. Bisher schon beschlossene Schuldenbremsen sind zwar immer mit großem Aufwand verkündet, dafür umso seltener eingehalten worden. Eine beliebig herausgegriffene Meldung aus der Presse verspricht dies auch für die Zukunft: »Ausgerechnet der deutsche Finanzminister plant offenbar, die Vorschriften zur Schuldenbegrenzung aufzuweichen: Laut einem Zeitungsbericht arbeitet Wolfgang Schäubles Ministerium an einem Gesetzentwurf, mit dem sich die Schuldenbremse umgehen lässt.«[27]

Zum Zweiten handelt es sich bei den Bedingungen der Schuldenaufnahme des Staates um etwas, das kaum anders denn als schamlose Ausbeutung der Anleger bezeichnet werden kann. Der ursprüngliche Sinn des Staates, nicht zuletzt das Eigentum seiner Bürger zu schützen, wird so konterkariert. Man braucht sich nicht in tiefschürfende Morallehren zu vertiefen, um festzustellen, dass ein solches Verhalten nicht ohne Auswirkungen bleiben kann. Die so oft gerade auch von politischer Seite kritisierte Gier von Spekulanten erhält auf diese Weise eine neue Dimension, nutzt der Staat doch rücksichtslos das bestehende Abhängigkeitsverhältnis seiner Bürger aus. Betroffen davon sind keineswegs nur die Wohlhabende-

---

[24] Der Spiegel, 3/2012, S. 16
[25] Vgl. http://www.manager-magazin.de/politik/konjunktur/0,2828,808647,00.html
[26] Vgl. Boerse-Stuttgart.de, Stand 1.2.2012
[27] http://www.spiegel.de/wirtschaft/soziales/0,1518,808115,00.html

ren, wirkt sich die Zinspolitik doch in nicht geringem Maße auch auf die Rendite von Lebensversicherungen aus, die von Gesetzes wegen dazu gezwungen sind, einen Großteil ihrer Anlagen in bestbenoteten Papieren anzulegen. Dies sind aber gerade jene Papiere, deren reale Renditen nahe bei null oder sogar negativ sind. Damit aufs Engste zusammenhängend befördert schließlich die staatliche Zinspolitik in direkter Weise das, was gewöhnlich als Spekulation gegeißelt wird. Wer nicht sicher sein Geld verlieren will, dem bleibt keine andere Wahl, als sich durch Spekulation wenigstens die Hoffnung auf einen Gewinn zu erhalten. Wie soll auf einem solchen Boden der Grundsatz umsichtiger und verantwortlicher Daseinsfürsorge gedeihen? Wieder erweist sich das wohlfahrtsstaatliche Lamm als der Wolf, der das, was er vorgibt zu bekämpfen, in erheblichem Maße selbst erzeugt.

Ein weiterer Punkt bei der Betrachtung der Verschuldung der öffentlichen Hand bezieht sich – wie schon oft hier gezeigt, handelt es sich um ein beliebtes Ablenkungsmanöver – wieder einmal auf Spekulanten, die nach vielfachen öffentlichen Bekundungen hemmungslos gegen einzelne Staaten des Euro-Raumes spekulieren und damit die Finanzkrise des öffentlichen Sektors wenn nicht verursachen, so doch wesentlich fördern. Im Fokus stehen neben Hedgefonds vor allem »die« Banken, die sich nach den Erfahrungen mit der Finanzkrise 2008 offenbar besonders gut als Projektionsfläche eignen. Dem genauen Beobachter der Szenerie fällt auf, dass der Spekulationsvorwurf in diesem Fall eine besondere Note erhält. Normalerweise bezieht sich der Vorwurf der Spekulation auf eine Handlung, bei der der Spekulant, in der Hoffnung auf (meist große) Gewinne etwas tut, was das Unbehagen der Beobachter hervorruft. Im Fall der zweifelhaften Schuldnerländer verhält es sich nun genau umgekehrt, denn der Vorwurf bezieht sich darauf, dass Investoren etwas *unterlassen*, also zum Beispiel *keine* Anleihen bestimmter Staaten mehr kaufen und damit die Zinsen für diese Schuldpapiere nach oben treiben. Diesen Zustand nennt man in moderner Sprechweise »gegen einen Staat spekulieren«. Wenn ein Mensch über die Straße läuft und mit Geld um sich wirft, dann ist die Wahrscheinlichkeit, dass er in eine Heilanstalt eingeliefert wird, sehr hoch und jedermann würde dies für vernünftig halten. Bei Investoren verlangt man jedoch ein Investment in Staatspapiere, deren Wertlosigkeit selbst unbedarfteste Zeitgenossen zu erkennen vermögen. Natürlich erwartet kein vernünftiger Politiker ein solches Verhalten, aber es wird benutzt, um eine Stimmung zu erzeugen, deren Erfolg auf vielerlei Weise täglich zu beobachten ist. Vor der Betrachtung der erzeugten Stimmungslage soll der Sachverhalt an einem einfachen Beispiel unmissverständlich verdeutlicht werden.

Nehmen wir die griechische Staatsanleihe mit der Wertpapier-Kennnummer A0T6US. Das Papier wurde am 17. Februar 2009 ausgegeben, hat keinerlei Besonderheiten, eine Laufzeit bis zum 20. März 2012 sowie eine Nominalverzinsung von 4,3 Prozent. Wer dieses Papier zum Ausgabekurs von 100 Prozent gekauft hat, konnte bei normalem Verlauf eine Nettorendite (nach Steuern) von 3,17 Prozent erwarten, also eine Rendite, die nur wenig über der Inflationsrate liegt. Niemand würde ernsthaft auf die Idee kommen, den Käufer einer derartigen Anleihe als Spekulanten zu bezeichnen. Etwa sieben Wochen vor dem Ende der Laufzeit konnte dieses Papier an der Börse Stuttgart zum Preis von ca. 40 Prozent des Nennwertes gekauft werden.[28] Wenn die mit dem Papier verbundenen Zusagen eingehalten worden wären, hätte ein Käufer innerhalb von sieben Wochen einen traumhaften Bruttogewinn von 150 Prozent auf seinen Einsatz einstreichen können. Offensichtlich glaubte niemand mehr den unzähligen Versicherungen europäischer Staatenlenker. Schließlich wurde das Wertpapier auch entsprechend abgewertet. Vielleicht kann man durch solche Maßnahmen Griechenland »retten«, was immer das heißen mag, das Vertrauen in die Handlungsweise demokratischer Staaten wird jedoch nachhaltig zerstört.

Wenn der Vorwurf des Zockers auf eine der handelnden Parteien angewendet werden kann, dann doch in erster Linie auf den griechischen Staat, in zweiter Linie jedoch auch auf die Europäische Union, die Griechenland im Jahr 2001 als Mitglied des gemeinsamen Währungsverbundes aufgenommen hat. Unser wackerer Anleger hat im Glauben an die Seriosität der Europäischen Union sein Geld angelegt, dabei einen erheblichen Teil seiner Investitionssumme verloren und darf sich zum Dank dafür auch noch als Spekulant beschimpfen lassen. Der bisherigen Überlegungen ungeachtet braucht der griechische Staat auch weiterhin Geld, das er an den Anleihemärkten aufnehmen möchte. Wer würde unserem Beispielanleger nun ernsthaft zumuten, ein neu aufgelegtes griechisches Papier zu kaufen? Wer würde angesichts der gemachten oder beobachteten Erfahrungen als Anleger nicht sein Augenmerk auf andere Staaten des Euro-Raumes legen und sich sein Risiko, wenn er es denn überhaupt eingeht, mit hohen Aufschlägen bezahlen lassen? Die Antwort auf die Frage ist nur zu offensichtlich.

Wir kommen jetzt zur Rolle der Banken im Zusammenhang mit der Verschuldenskrise der Staaten. Folgt man wieder der öffentlichen Wahrnehmung, dann sehen sich die Banken nach der Finanzkrise 2008 erneut schweren Vorwürfen gegenüber, im Zusammenhang mit der Verschuldung inzwischen zahlungsschwach gewordener Länder wild spekuliert zu haben.

Wenn Banken Kredite vergeben, dann müssen sie zur Absicherung einen bestimmten Betrag bei der Europäischen Zentralbank (EZB) hinterlegen, der Mindestreserve genannt wird. Im Fall von Staatsanleihen der EU war diese Verpflichtung aufgehoben, das heißt, Schuldtitel von Euro-Staaten wurden wie Bargeld betrachtet. Dies war eine klare Ansage an die Banken, Staatsanleihen aufzukaufen, weil das Interesse der Marktteilnehmer am Kauf derartiger Papiere aus verständlichen Gründen deutlich zurückgegangen war. Andernfalls wären die Märkte weit schneller zusammengebrochen, weil niemand mehr zum Beispiel griechische Staatsanleihen kaufen wollte. In völliger Verkennung der Tatsachen oder, wahrscheinlicher, in deren schamloser Verdrehung, um von selbst erzeugten Problemen abzulenken und zur Täuschung der Massen nennt man das mehr als verständliche Verhalten der Marktteilnehmer »gegen ein Land spekulieren oder wetten«.

Betrachten wir dazu ein Beispiel: »An den Märkten wird auf den Untergang der Euro-Zone gewettet. Dahinter steckt kein Plan, keine Verschwörung, noch nicht einmal Absicht. Die Richtung ergibt sich vielmehr aus der Analyse der Situation und den Notwendigkeiten täglicher, manchmal sekundenschneller Entscheidun-

---

[28] Vgl. boerse-stuttgart.de, Stand: 2.2.2012

gen, die die Akteure auf den Finanzmärkten fällen, um im Geschäft zu bleiben.«[29] Die Ausführungen sind in ihrem Kern wohltuend nüchtern, und doch enthalten sie den Begriff der Wette, der zumindest fragwürdig erscheint, weil eine Wette eben einen Plan und Absicht voraussetzt. Wenn ein Autofahrer mit dem Auftanken seines Fahrzeugs wartet, weil ihm der Benzinpreis zu hoch erscheint, dann sagt man nicht, er wette gegen den Benzinpreis. Auch eine Hausfrau wettet nicht gegen einen Kaufladen, weil ihr in einer Filiale der Preis zu hoch erscheint und sie sich deshalb vor ihrem Einkauf noch in anderen Geschäften umsieht.

Wieder ist es der Politik im Fall überschuldeter Staaten gelungen, Nebelkerzen auszuwerfen und von den eigentlichen Problemen abzulenken. Waren die Banken bei der Finanzkrise 2008 durchaus noch wichtige Täter (wenn auch von der Politik massiv unterstützt), so gilt dies im Zusammenhang mit der Krise der Staatsverschuldung in weit geringerem Maße. Dies hält große Teile der Bevölkerung, wohlwollend unterstützt vom politischen Betrieb, jedoch nicht davon ab, die Banken weiterhin als Sündenböcke zu betrachten. Selbstverständlich sind die Banken auch in die Schuldenkrise verstrickt, doch weniger als agierende denn als reagierende Instanz. Die Staaten brauchen die Banken, damit überhaupt noch jemand ihre Anleihen kauft, dafür müssen die Banken gerettet werden, wenn die Schuldenblasen platzen.

Der derzeitige Zustand zeigt eher eine Vorschau darauf, was passiert, wenn wir die Banken verstaatlichen. Dann hat der Staat ungehinderten Zugriff auf deren Gelder und kann sein dunkles Spiel noch ungestörter fortführen. Die wenig hoffnungsvolle Vision hindert allerdings viele linke Politiker nicht daran, weiterhin an die Segnungen verstaatlichter Banken zu glauben. Dann ist der Tag nicht mehr fern, an dem alle Instanzen nur noch das Geld anderer Menschen ausgeben, ohne sich jemals wirklich um die Verantwortung kümmern zu müssen. Mit der Hoheit über ihr Geld verlieren die Menschen unweigerlich auch noch den letzten Rest ihrer Mündigkeit.

»Es geht weniger darum, Spekulanten das Handwerk zu legen oder Rating-Agenturen abzustrafen. Solche Gefechte lenken nur davon ab, welche Verantwortung die Politiker tragen, wenn sie fortwährend neue Schulden machen, um alte zu bedienen. Und die Wähler, die solches Verhalten belohnen. Und die Banken, die sich darauf verlassen, dass der Staat sie stets rettet, wenn sie sich verzocken.«[30] Was hier ausgesprochen wurde, ist die ebenso einfache wie leicht verständliche Wahrheit, deren Evidenz wir längst schon aus den Augen verloren haben. Es ist sogar noch schlimmer, weil wir diese Wahrheit zum Teil unter Einsatz aller Kräfte, umzukehren, das heißt auf geeignete Schuldige umzulenken versuchen. Wieder sind wir bei einer Situation angelangt, in der der politische Betrieb in hier schon oft gesehener Einmütigkeit mit der Bevölkerung selbst geschaffene Probleme mit deren Projektion aus der Welt zu schaffen versucht. Je enger der Rahmen für solche Spiele wird, desto größer werden die diesbezüglichen Anstrengungen.

---

[29] Der Spiegel, 50/2010, S. 42f.
[30] Der Spiegel, 1/2012, S. 68

Niemand weiß, wohin dies am Ende führen wird. Allerdings bestehen schon jetzt keine Zweifel mehr, dass dies kein gutes Ende nehmen kann. Am Beispiel immer stärker werdender Bewegungen zur Ausweitung der Demokratie können wir schon jetzt das Dilemma studieren, das sich ergibt, wenn völlige Orientierungslosigkeit eine Verbindung mit desto extremeren Ansprüchen eingeht, die Lösung unserer Probleme zu kennen. Dies Thema soll im Folgenden kurz beleuchtet werden.

Je mehr die krisenhaften Erscheinungen sich ausweiten, desto stärker werden Bewegungen, die auf »mehr Demokratie« setzen. Dies geschieht in der tiefen Überzeugung, das politische Geschehen werde immer mehr von dunklen Mächten beeinflusst, die rücksichtslos ihre eigenen Interessen verfolgen. Der Beobachtung kann ihr Wahrheitsgehalt kaum abgesprochen werden, und auch hier sind zahllose Beispiele angeführt, die dies stützen.

Zunächst gilt es jedoch zu fragen, was wir meinen, wenn wir das Wort »rücksichtslos« als Attribut der Interessenverfolgung verwenden. Folgen wir der Erklärung des Deutschen Universalwörterbuchs, dann hat das Wort »Rücksicht« die nachfolgende Bedeutung: »Verhalten, das die besonderen Gefühle, Interessen, Bedürfnisse, die besondere Situation anderer berücksichtigt, feinfühlig beachtet.«[31] Mit »Rücksicht« ist also ziemlich genau das gemeint, was Kant als »erweiterte Denkungsart« bezeichnet hat. Die Demokratiebewegungen gehen stillschweigend von der Gültigkeit der kantschen Maxime für die Mehrheit der Bevölkerung aus. Demnach bestehen die »dunklen Mächte« allein aus den wenigen Menschen, die auf Kosten der Mehrheit ihre Interessen durchsetzen.

Die von New York ausgehende und weltweit erstaunliche Beachtung erfahrende Occupy-Bewegung bringt dies auf den Punkt, indem sie behauptet, die Interessen des überwiegenden Teils der Bevölkerung zu vertreten. Mit dem Spruch: »Wir sind 99 Prozent«[32] demonstrieren ihre Vertreter an verschiedenen Orten auf mehreren Kontinenten gegen die Macht der Banken und finden dabei in den Medien wohlwollende Beachtung. Wir stehen in diesem Zusammenhang vor einer geradezu klassisch zu nennenden Projektion der Probleme auf eine Minderheit, die ihre Rechte buchstäblich verwirkt hat. »Der Spiegel« hat eine Umfrage unter mehr oder weniger prominenten Mitgliedern der Gesellschaft durchgeführt, die interessante Ergebnisse gebracht hat.[33] Die überwiegende Zahl der Befragten stand den Anliegen der Occupy-Bewegung wohlwollend gegenüber, wenn auch kaum Stimmen zur vorbehaltlosen Unterstützung zu finden waren. Eine deutliche Gegnerschaft zu Form, Ziel und vor allem zur Fetischisierung von Mehrheiten war jedoch kaum zu vernehmen. Unter der Parole »Wir sind 99 Prozent« hätten vor kaum 80 Jahren die Nazis ihr Judenvernichtungsprogramm verkünden können, denn im damaligen Reichsgebiet lebten weniger als 1 Prozent jüdische Mitbür-

---

[31] Duden, Deutsches Universalwörterbuch, Mannheim – Leipzig – Wien – Zürich 2001, S. 1329

[32] http://www.spiegel.de/wirtschaft/soziales/0,1518,792017,00.html

[33] Vgl. http://www.spiegel.de/panorama/gesellschaft/0,1518,793078,00.html

ger.[34] Selbstverständlich wird mit einer solchen Aussage keineswegs die Gleichsetzung der Occupy-Bewegung mit dem Nationalsozialismus behauptet.

Behauptet wird allerdings, dass die Forderung eine der Demokratie inhärente Gefahr nicht nur ignoriert, sondern auf dieser ihr politisches Fundament errichtet. Der nationalsozialistische Volksgemeinschaftsgedanke bezog seine Kraft immer aus dem Ausschluss unliebsamer Minderheiten, um den Rest dafür umso enger zu binden.[35] Von der Blindheit solchen Zusammenhängen gegenüber drohen einer freiheitlichen Gesellschaft weit mehr Gefahren als von hemmungslos gewordenen Verblendeten, die mit der Schusswaffe in der Hand ihre verqueren Ziele durchzusetzen suchen. Die immer wieder aufflammenden Debatten darüber, ob unser politischer Apparat auf dem rechten oder dem linken Auge blind sei, übersehen regelmäßig, dass die gesamte Gesellschaft auf beiden Augen blind gegenüber schon jetzt sehr weit fortgeschrittenen Entwicklungen ist. Der Anspruch, seine eigenen Interessen durchsetzen zu dürfen, ist ebenso universal wie die Interessen selbst. Um dies zu erkennen, brauchen wir uns nicht auf die Suche nach dunklen Mächten zu begeben, meist reicht ein Blick in den Spiegel aus. Eine Politik, die noch die kleinsten Unwägbarkeiten des Lebens zu beseitigen versucht, eine Politik, die den Menschen das Glück in Form finanzieller Zuwendungen zu bringen verspricht, eine Politik schließlich, die ohne solche Versprechungen überhaupt nicht mehr denkbar ist, weil sich niemand dafür interessiert, wird weder Freiheit und Gerechtigkeit fördern noch die bestehenden Probleme lösen. Wenn wir jedoch glauben, unsere Probleme allein durch ein Mehr an Demokratie bewältigen zu können, dann haben wir sie schon aus den Augen verloren. Wir alle sind viel zu sehr in den Interessenwirrwarr des Wohlfahrtsstaats verstrickt, um ohne tief greifende Besinnung einen Ausweg aus der Krise finden zu können. Eine Ausweitung der Demokratie ohne ein derartiges Besinnen kann nur zu einer Projektion der Probleme auf »Schuldige« führen. Nach allen geschichtlichen Erfahrungen lassen solche Entwicklungen Fürchterliches erwarten. Freiheit kann auf diese Weise ganz sicher nicht entwickelt werden, umfassender Terror ist die wahrscheinliche Prognose.

Wenn jemand, der seine Armbanduhr verloren hat, immer auf seine Handschuhe sieht, um die Zeit abzulesen, dann hält man ihn für verrückt. Was aber ist, wenn dies alle tun? Im Fall einer derartigen kollektiven Desorientierung hilft nur energischer Widerstand, der vor allem darin bestehen muss, das eigene Denken vom herrschenden Zeitgeist zu befreien. Die überbordende Staatsverschuldung ist nicht der Gier hemmungsloser Spekulanten zu verdanken. Sie ist in erster Linie das Ergebnis einer Anspruchskultur, die vom politischen Betrieb eine allumfassende Betreuung erwartet und die Regierenden abstraft, wenn individuelle Wünsche nicht erfüllt werden. Dem herrschenden Konzept des Wohlfahrtsstaats wären ohne Spekulation schon längst die Grundlagen entzogen.

Suchen wir die Ursachen der Misere nicht länger mehr in fremden Häusern. Hören wir auf, von einer einfachen Ausweitung demokratischer Beteiligung eine Verbesserung zu erwarten. So lange immer wieder starke Minderheiten oder knap-

---

[34] Vgl. dazu: http://www.bundesarchiv.de/gedenkbuch/einfuehrung.html?page=2
[35] Vgl. dazu: Rainer Rotermundt, Staat und Politik, Münster 2008, S. 143

pe Mehrheiten ihren Nutzen aus politischen Entscheidungen ziehen, so lange wir immer wieder durch gezielte Selektionen Minderheiten herstellen, auf deren Rücken wir unsere Probleme auszutragen versuchen, so lange wird keine Ausweitung demokratischer Beteiligung zu einer Verbesserung des Zustands führen.

Erst wenn wir bereit sind, allgemeine Rahmenbedingungen anzuerkennen, durch die die Lösung unserer Probleme in unseren Händen verbleibt, wir uns unserer Verantwortung also nicht entheben und vom Staat keine Wohltaten erwarten, sondern klare, transparente und für alle gleichermaßen geltende Regeln – erst dann mag sich die Frage nach mehr Bürgerbeteiligung neu stellen. Dann wäre aber auch die Frage nach der hemmungslosen Spekulation aus dem gesellschaftlichen Zentrum an die Peripherie geschoben. Dann würden sich aber auch ungeahnte Möglichkeiten für das eröffnen, was die Griechen einmal Politik nannten. Dann brauchten wir keinen »Geist der Utopie«[36] (Ernst Bloch), um das zu erfahren, was die Griechen einst erfanden: Freiheit.

---

[36] Ernst Bloch, Geist der Utopie, Frankfurt am Main 1964

Namensverzeichnis

A

Ackermann, Josef · 99, 387, 402
Adenauer, Konrad · 40, 104, 167, 168, 244
Adorno, Theodor W. · 23, 138, 409, 475, 491
Altmann, Rüdiger · 422
Al-Wazir, Tarek · 353, 354
Aly, Götz · 42, 43, 167
Anders, Günther · 102
Andersen, Hans Christian · 413
Aquin, Thomas von · 123
Arendt, Hannah · 27, 29, 32, 123, 124, 126, 135,
    159, 166, 282, 350, 362, 407, 415, 416, 426,
    429, 453, 496, 501
Aristoteles · 32, 37, 46, 71, 122, 123, 125, 126,
    158, 180, 279, 280, 281, 282, 283, 284, 296,
    301, 303, 306, 418, 419, 428, 429, 430, 471,
    501
Arnim, Hans-Herbert von · 202
Augustinus · 58, 69, 481

B

Babeuf · 13, 51
Bareis, Hans-Peter · 215
Barth, Mario · 40
Beaumont, Gustave de · 73, 74
Becker, Tobias · 193
Beckett, Samuel · 102, 195, 241, 296
Beckmann, Reinhold · 505
Berger, Senta · 40, 41
Biermann, Wolf · 57
Bismarck, Otto von · 107
Bloch, Ernst · 222, 417, 518
Bofinger, Peter · 511
Boll, Monika · 126
Boss, Alfred · 339, 341
Brandt, Willy · 7, 39, 126
Brecht, Bertolt · 57, 109, 110, 111, 116, 217, 224,
    295, 484, 491, 492
Breton, André Le · 48
Bsirske, Frank · 322
Buchanan, James · 332
Bucharin, Nikolai · 112
Buntenbach, Annelie · 256
Bütikofer, Reinhard · 327
Butterwegge, Christoph · 338, 345

C

Calvin, Johannes · 58
Cassano, Joseph · 400
Ceausescu, Nicolae · 145
Cervantes, Miguel de · 256
Churchill, Winston · 72
Claassen, Utz · 400, 401
Clemenceau, Georges · 426

D

d'Alembert, Jean Le Rond · 48
d'Arcais, Paolo Flores · 159
Dali, Salvador · 241
Dante, Alighieri · 418
Danton, Georges · 57
Deist, Heinrich · 378
Demokrit · 222, 370, 376
Diderot, Denis · 48
Diekmann, Kai · 488
Dostojewskij, Fjodor M. · 38, 271, 407
Dreyfus, Alfred · 426
Droysen, Johann Gustav · 71
Dulles, John Foster · 145
Duve, Freimut · 13

E

Ederer, Günter · 221, 313
Eichel, Hans · 242, 243, 327
Einstein, Albert · 218, 352
Engels, Friedrich · 86, 93, 139, 140, 181, 182,
    398, 431, 432, 440
Enzensberger, Hans Magnus · 48
Eppler, Erhard · 379, 385
Erasmus von Rotterdam · 47, 48
Erhard, Ludwig · 422
Ernst, Klaus · 322
Esser, Klaus · 99

F

Feder, Gottfried · 390
Fest, Joachim · 44
Feuerbach, Ludwig · 181
Fischer, Ernst P. · 262, 263, 264
Fischer, Joschka · 202
Follath, Erich · 353, 354
Forster, Georg · 286

Freud, Sigmund · 41, 175, 330, 405, 464
Friedrich Wilhelm I. · 108
Fürnberg, Louis · 224

G

Gabriel, Sigmar · 22, 160, 261
Gaddum, Johann Wilhelm · 323
Gasset, José Ortega y · 20, 55, 198, 199
Gauck, Joachim · 504, 505, 506
Gauß, Carl Friedrich · 352
Gehlen, Arnold · 389, 404, 484
Geißler, Heiner · 317
Goebbels, Josef · 326
Goethe, Johann Wolfgang · 185, 218, 294, 352,
    416, 479, 491
Gorbatschow, Michail · 145, 146
Görtemaker, Manfred · 148
Grimm, Jacob und Wilhelm · 86, 230, 445, 448
Gutenberg, Johannes · 47
Guttenberg, Karl Theodor zu · 497
Gysi, Gregor · 21, 22, 33, 236, 441, 511

H

Habermas, Jürgen · 385, 386, 392
Hahlen, Johann · 337
Hamm-Brücher, Hildegard · 176
Harich, Wolfgang · 12, 13, 452
Häuser, Karl · 358
Hayek, Friedrich A. · 118, 122, 140, 141, 143, 144
Hegel, Georg Wilhelm Friedrich · 77, 150, 181,
    209, 230, 232, 410, 418, 421, 453, 454, 465,
    477, 478, 495, 496
Heidegger, Martin · 67, 114, 252, 425, 455
Heisig, Kirsten · 351, 355, 368
Henkel, Hans-Olaf · 488
Heraklit · 324
Herb, Karlfriedrich · 75
Herder, Johann Gottfried · 252
Hereth, Michael · 75
Herman, Eva · 40, 41
Herodot · 31, 41, 282
Herwegh, Georg · 106
Hidalgo, Oliver · 75
Hilferding, Rudolf · 438
Hitler, Adolf · 40, 42, 43, 44, 108, 112, 127, 141,
    157, 271, 272, 274, 315, 421, 485
Hobbes, Thomas · 58, 123, 124, 125, 127, 454
Hofmann, Werner · 113
Hölderlin, Friedrich · 39, 82, 495
Hombach, Bodo · 329
Homer · 31, 297
Humboldt, Alexander von · 218, 352
Hurrelmann, Klaus · 158
Huxley, Aldous · 138, 275, 297, 417, 430

I

Illner, Maybrit · 11, 18

J

Jardin, André · 75
Jaspers, Karl · 70, 85, 452
Jefferson, Thomas · 50
Jenninger, Philipp · 41
Jesus · 104, 274, 394, 495, 496
Johnson, Uwe · 84
Jonas, Hans · 497
Judas, Ischariot · 495
Jünger, Ernst · 108

K

Kafka, Franz · 230, 416
Kamenew, Lew · 112
Kant, Immanuel · 11, 36, 38, 48, 60, 61, 172, 178,
    179, 251, 274, 275, 276, 277, 283, 351, 411,
    412, 427, 476, 479, 483, 501, 505, 516
Kaplan, Helmut F. · 477, 478
Kaufmann, Stefan · 511
Kerner, Johannes B. · 40, 41
Keynes, John Maynard · 140, 371
Kirchhof, Paul · 28, 215, 221, 323, 324, 325, 326,
    327, 328, 329, 330, 332, 336, 412, 487
Kirchner, Friedrich · 394
Klein, Martina · 414
Kleinfeld, Klaus Christian · 402
Knipp, Kersten · 415
Kohl, Helmut · 215, 316, 317, 318
Köhler, Horst · 504
Kollontai, Alexandra · 112
Kolumbus, Christoph · 48
Kopernikus, Nikolaus · 48
Kraft, Hannelore · 18, 19, 20, 160, 365
Krestinski, Nikolai · 112
Künast, Renate · 261

L

Lambsdorff, Otto Graf · 320
Lammert, Norbert · 202
Lang, Joachim · 323
Le Bon, Gustave · 392, 501, 509, 510
Leibniz, Gottfried Wilhelm · 58
Leisering, Lutz · 338
Lenin, Wladimir · 112
Lindner, Christian · 261
Locke, John · 49, 50, 61, 62, 63, 64, 123, 124,
    279, 453
Lomborg, Björn · 192
London, Jack · 377

Löscher, Peter · 402
Louis-Napoleon · 74
Louis-Philippe · 73
Ludwig XIV · 122
Ludwig XVI. · 51
Luhmann, Niklas · 126, 453
Lukas · 372, 496
Luther, Martin · 47, 48, 58
Lykurg · 282

M

Machiavelli, Niccolò · 181, 287
Magellan, Ferdinand de · 48
Malesherbes, Chrétien de · 73
Mann, Thomas · 7, 127
Maria Stuart · 243
Marie Antoinette · 51
Marx, Karl · 33, 61, 81, 85, 86, 87, 90, 91, 93, 96,
    97, 98, 101, 108, 126, 128, 129, 130, 133,
    136, 139, 140, 145, 149, 150, 151, 152, 153,
    154, 181, 182, 183, 184, 185, 186, 189, 190,
    200, 236, 388, 398, 421, 425, 428, 431, 432,
    433, 434, 436, 437, 438, 440, 441
Matthäus · 38, 93, 218, 495
Maurizi, Marco · 477
Meadows, Dennis · 245
Mehdorn, Hartmut · 402
Meier, Christian · 290
Meister Eckhart · 348, 349
Mérimée, Prosper · 24
Merkel, Angela · 20, 261, 324, 504
Merz, Friedrich · 215, 313, 323
Meurer, Friedbert · 262, 263, 264
Michels, Robert · 460
Middelhoff, Thomas · 401, 402
Mill, John Stuart · 136, 137, 138, 139, 140, 144,
    440, 441
Mises, Ludwig von · 45
Mißfelder, Philipp · 20, 21, 160
Moellendorff, Wichard von · 108
Moeller van den Bruck, Arthur · 108
Möllemann, Jürgen · 215
Montesquieu, Charles de Secondat · 29, 39, 48,
    49, 51, 62, 124, 175, 176, 177, 183, 471, 501
Moore, Barrington · 58
Morelly, Abbé · 105
Mose · 198, 480, 495, 499
Movassat, Niema · 226, 227, 228
Mozart, Amadeus · 352
Müller, Heiner · 222
Musil, Robert · 103, 210
Mussolini, Benito · 122

N

Napoleon · 51, 197, 243
Naumann, Friedrich · 107
Nietzsche, Friedrich · 21, 59, 64, 103, 178, 222,
    223, 257, 302, 362, 455

O

Ondracek, Dieter · 321
Oranien, Wilhelm von · 47
Orwell, George · 220, 221, 297
Ovid · 296
Oxenstierna, Axel · 409

P

Pagès, Alain · 426
Parijs, Philippe van · 364
Pascal, Blaise · 280
Paulus · 37, 260
Phelps, Edmund S. · 511
Piatakow, Georgi · 112
Picht, Georg · 335
Pisa, Karl · 75
Planck, Max · 358
Platon · 9, 34, 157, 180, 278, 280, 350, 352, 353,
    430
Popper, Karl · 409
Porst, Hannsheinz · 378
Pötschke-Langer, Martina · 65
Proctor, Robert N. · 43, 292
Proust, Marcel · 206

R

Radek, Karl · 112
Rathenau, Walter · 108
Rawls, John · 297, 298
Ricardo, David · 87, 150, 181, 388
Ricke, Kai-Uwe · 402
Robespierre, Maximilien · 49, 51, 57, 125, 273,
    281, 286, 362
Roche, Charlotte · 291
Roosevelt, Franklin Delano · 75
Rosenschon, Astrid · 339, 341
Rosenthal, Philip · 378
Rösler, Philipp · 259
Roth, Joseph · 383
Rousseau, Jean-Jacques · 49, 50, 51, 123, 124,
    125, 285, 286, 287, 308, 454, 471, 501
Rykow, Alexei · 112

S

Sardanapal · 71

Sarrazin, Thilo · 260, 261, 262, 263, 264, 265, 266, 351, 352, 353, 354, 355, 368
Say, Jean-Baptiste · 172
Schabowski, Günter · 146
Schäffer, Fritz · 337
Schäuble, Wolfgang · 316, 317, 318, 319, 510, 512
Schiller, Friedrich · 70, 249, 453
Schily, Otto · 316
Schlecht, Michael · 225
Schmidt, Helmut · 273, 277
Schmidt, Susanne · 446
Schmidt, Ulla · 259
Schneider, Harald · 314
Scholz, Olaf · 196, 197, 198, 236, 441
Schopenhauer, Arthur · 413
Schorlemmer, Friedrich · 505, 506
Schreinemakers, Margarete · 40, 41
Schrempp, Jürgen · 19, 402
Schröder, Gerhard · 16, 28, 42, 162, 163, 202, 204, 326, 327, 328, 329
Schubert, Klaus · 414
Schumacher, Kurt · 104, 114
Schumpeter, Joseph A. · 128, 135, 136, 404, 405, 428
Searle, John R. · 141
Seehofer, Horst · 17, 160, 445
Seneca · 123
Shakespeare, William · 87, 278
Signorelli, Luca · 483
Simmel, Georg · 457
Sinowjew, Grigori · 112
Smith, Adam · 33, 84, 86, 87, 88, 89, 90, 97, 150, 181, 308, 309, 313, 387, 388
Sokrates · 149, 279, 343, 353, 430
Solon · 31, 282
Solschenizyn, Alexander · 113
Sombart, Werner · 103, 108
Sommer, Ron · 402
Soros, George · 379, 380, 381, 385
Sotke, Fritz · 417
Spahn, Bernd · 213
Spencer, Herbert · 501
Spengler, Oswald · 107, 108, 200
Spinoza · 58
Stalin, Josef · 49, 109, 112, 113, 127, 141, 157, 271, 272, 274, 286
Steinbrück, Peer · 19
Steingart, Gabor · 157

T

Thales · 353
Tipke, Klaus · 213
Tocqueville, Alexis de · 24, 52, 56, 73, 74, 75, 76, 78, 79, 80, 81, 82, 83, 105, 121, 136, 137, 174, 430, 501, 505
Tönnies, Ferdinand · 108
Trotzki · 57
Tümmler, Marc · 403

U

Uldall, Gunnar · 323

V

Vanderborght, Yannick · 364
Vasco da Gama · 48
Vergil · 295
Verne, Jules · 149
Viereck, Ingolf · 202
Vorländer, Karl · 105

W

Waigel, Theodor · 213
Wallraff, Günter · 150
Weber, Max · 120, 131, 132, 158, 412
Weizsäcker, Richard von · 501
Wendhausen, Hans-Herrmann · 202
Werner, Götz W. · 155, 364
Werth, Christoph H. · 108
Westerwelle, Guido · 137, 138
Wiedeking, Wendelin · 402
Wulff, Christian · 504

X

Xenophon · 343

Z

Zetsche, Dieter · 402
Ziegler, Karl · 426
Zola, Emile · 426
Zumwinkel, Klaus · 402, 403
Zweig, Stefan · 58
Zwickel, Klaus · 99
Zypries, Brigitte · 327

Literaturverzeichnis

Adams, A. und W.P. (Hrsg.), Die Federalist-Artikel, Paderborn, München, Wien, Zürich 1994

Adorno, Theodor W., Dialektik der Aufklärung, Gesammelte Schriften, Band 3, Frankfurt am Main 1981
- Dialektik der Aufklärung, Gesammelte Schriften, Band 3, Frankfurt am Main 1981
- Minima Moralia, Gesammelte Schriften, Band 4, Frankfurt 1980
- Kritik, Gesammelte Schriften, Band 10.2, Frankfurt am Main 1977
- Zur Logik der Sozialwissenschaften, in: Der Positivismusstreit in der deutschen Soziologie, Darmstadt – Neuwied 1972

Das Ahlener Programm der CDU der britischen Zone vom 3. Februar 1947

Aly, Götz, Hitlers Volksstaat, Frankfurt am Main 2005

Anders, Günther, Sein ohne Zeit, in: Materialien zu Samuel Beckett ›Warten auf Godot‹, Band 1, Frankfurt 1973

Andersen, Hans Christian, Des Kaisers neue Kleider, zitiert nach: www.zeno.org

Aquino, Thomas von, Summe der Theologie, Band 1-3, Stuttgart 1985

d'Arcais, Paolo Flores, Libertärer Existentialismus. Zur Aktualität der Theorie von Hannah Arendt, Frankfurt am Main 1993

Arendt, Hannah Was ist Politik?, München - Zürich 2003
- Vita activa, Stuttgart 1960
- Elemente und Ursprünge totaler Herrschaft, Frankfurt a. Main 1958
- In der Gegenwart, München 2000
- Über die Revolution, München 2000
- Was ist Politik?, München 1993
- Die Lüge in der Politik, aus: In der Gegenwart. Übungen im politischen Denken II, München 2000, S. 324
- Über die Revolution, München 2000
- Denktagebuch, 2 Bände, 1950 – 1973, München 2003
- Zwischen Vergangenheit und Zukunft. Übungen im politischen Denken, Teil 1, München – Zürich 2000
- In der Gegenwart – Übungen im politischen Denken II, München 2000

Aristoteles, Politik

Aristoteles, Nikomachische Ethik

Augustinus, De civitate dei, Berlin 1997

Außerordentlichen Parteitag der Sozialdemokratischen Partei Deutschlands in Bad Godesberg vom 13. bis 15. November 1959

Beckett, Samuel, Warten auf Godot,

Bibliothek der Geschichte und Politik, Politische Reden 1945-1990, Frankfurt am Main 1999

Brecht, Bertolt, Aufstieg und Fall der Stadt Mahagonny. 11 Nacht des Hurrikans, in: ders., Große kommentierte Berliner und Frankfurter Ausgabe, Band 2, Berlin - Weimar – Frankfurt 1988
- Die Maßnahme (1930), in: ders., Große kommentierte Berliner und Frankfurter Ausgabe, Stücke 3, Band 3, Berlin – Weimar – Frankfurt 1988
- Große kommentierte Berliner und Frankfurter Ausgabe, Stücke 8, Band 8, Frankfurt – Berlin 1992
- Lob des Kommunismus, in: ders., Große kommentierte Berliner und Frankfurter Ausgabe, Band 11, Berlin –- Weimar – Frankfurt 1988
- ders., Einheitsfrontlied, in: ders., Große kommentierte Berliner und Frankfurter Ausgabe, Band 12, Berlin – Weimar – Frankfurt 1988
- Die Lösung, in: ders., Große kommentierte Berliner und Frankfurter Ausgabe, Band 12, Berlin – Weimar – Frankfurt 1988
- An die Nachgeborenen, in: ders., Große kommentierte Berliner und Frankfurter Ausgabe, Band 12, Berlin – Weimar – Frankfurt 1988

Biermann, Wolf, So soll es sein – so wird es sein, Für meine Genossen, Berlin 1973

Bloch, Ernst, Das Prinzip Hoffnung, 2 Bände, Frankfurt 1959
- Geist der Utopie, Frankfurt am Main 1964

Boll, Monika, Zur Kritik des naturalistischen Humanismus. Der Verfall des Politischen bei Hannah Arendt, Wien 1997

Le Bon, Gustave, Psychologie der Massen, Hamburg 2009

Boss, Alfred, Rosenschon, Astrid, Subventionen in Deutschland, Institut für Weltwirtschaft an der Universität Kiel, Nr. 479/480, Juni 2010

Brandt, Willy, Regierungserklärung vom 28.10.1969

Bundesministerium der Finanzen, 22. Subventionsbericht 2010
- Schreiben vom 5. August 2004, Bundessteuerblatt 2004 I
- Jahresbilanz 2004 der Finanzkontrolle Schwarzarbeit – Schattenwirtschaft geht zurück, März 2005

Bundesrechnungshof, Bericht nach §99 BHO über den ermäßigten Umsatzsteuersatz, 28.06.2010

Cervantes Saavedra, Miguel de, Don Quijote de la Mancha, Gesamtausgabe in vier Bänden, Frankfurt am Main ohne Jahr

Dante Alighieri, Die göttliche Komödie, München 1989

De Crescenzo, Luciao, Geschichte der griechischen Philosophie, Zürich 1988

Diekmann, Kai, Der große Selbstbetrug, München – Zürich 2007

Diels/Kranz, Fragmente der Vorsokratiker, Band 1, Zürich 2004
- Fragmente der Vorsokratiker, Band 2, Zürich 1996
- Fragmente der Vorsokratiker, Band 3, Zürich 1998

Dostojewskij, Fjodor M., Die Dämonen, München 1990
- Die Brüder Karamasow, München 1993

Droysen, Johann Gustav, Geschichte Alexander des Grossen, EBook #23756, gutenberg.org

Duden, Deutsches Universalwörterbuch, Mannheim – Leipzig – Wien – Zürich 2001

Einkommensteuergesetz, § 10a, Zusätzliche Altersvorsorge

Engels, Friedrich, Die Lage der arbeitenden Klasse in England, MEW Band 2
- Herr Eugen Dührings Umwälzung der Wissenschaft, MEW, Band 20
- Ludwig Feuerbach und der Ausgang der klassischen deutschen Philosophie, MEW, Band 21

Enzensberger, Hans Magnus (Hrsg.), Die Welt der Encyclopédie, Frankfurt am Main 2001

Feder, Gottfried, Das Manifest zur Brechung der Zinsknechtschaft des Geldes, zitiert nach: www.gnosticliberationfront.com/Feder

Flasch, Kurt (Hrsg.), Augustinus, München 1997

Forster, Georg, Reise um die Welt, Frankfurt am Main 2007

Freud, Sigmund, Totem und Tabu, Gesammelte Werke, Band 9, Frankfurt am Main 1986

Fukuyama, Francis, The End of History and the Last Man, New York 1992

Gehlen, Arnold, Moral und Hypermoral, Frankfurt am Main 1969
- ders., Die Seele im technischen Zeitalter, Gesamtausgabe, Band 6, Frankfurt am Main 2004

Godesberger Programm Grundsatzprogramm der Sozialdemokratischen Partei Deutschlands. Beschlossen vom Außerordentlichen Parteitag der Sozialdemokratischen Partei Deutschlands in Bad Godesberg vom 13. bis 15. November 1959

Görtemaker, Manfred, Zusammenbruch des SED-Regimes, Bundeszentrale für politische Bildung

Goethe, Johann Wolfgang, Grenzen der Menschheit, ders. Sämtliche Werke, Band 1, Frankfurt am Main 1987
- Der Zauberlehrling, Sämtliche Werke, Band 2, Frankfurt 1988
- West-östlicher Divan, Werke und Briefe in vierzig Bänden, Band 3/1, Frankfurt am Main 1994
- Faust 1, ders. Sämtliche Werke, Band 7, Frankfurt am Main 1999

Gorz, André, Abschied vom Proletariat, Franfurt am Main 1980

Grimm, Jacob und Wilhelm, Deutsches Wörterbuch, unveränderter Nachdruck der Erstausgabe von 1935, München 1999
- Kinder- und Hausmärchen, Frankfurt am Main 1985

Grundgesetz der Bundesrepublik Deutschland

Häuser, Karl, Volkswirtschaftslehre, Frankfurt am Main 1967

Hahlen, Johann, Entwicklungen des deutschen Sozialstaates – Daten der amtlichen Statistik, Vortrag vom10. Oktober 2002 auf der wissenschaftlichen Jahrestagung der Arbeitsgemeinschaft Sozialwissenschaftlicher Institute e. V. (ASI) im Rahmen des 31. Kongresses der Deutschen Gesellschaft für Soziologie

Harich, Wolfgang, Kommunismus ohne Wachstum? Babeuf und der »Club of Rome«, Hamburg 1975

Hayek, Friedrich A., Der Weg zur Knechtschaft, München 2009

Hegel, G.W.F., Phänomenologie des Geistes, Werke in 20 Bänden, Band 3, Frankfurt am Main 1970
- Wissenschaft der Logik, Band 1, Werke in 20 Bänden, Band 5, Frankfurt am Main 1969
- Wissenschaft der Logik, Band 2, Werke in 20 Bänden, Band 6, Frankfurt am Main 1969
- Enzyklopädie der philosophischen Wissenschaften im Grundrisse, Werke in 20 Bänden, Band 10, Frankfurt am Main 1970
- Vorlesungen über die Philosophie der Geschichte, Werke in 20 Bänden, Band 12, Frankfurt am Main 1970

Heidegger, Martin, Sein und Zeit, Tübingen 1984
- Gelassenheit, Pfullingen 1982
- Nietzsche, 2 Bände, Pfullingen 1961

Heisig, Kirsten, Das Ende der Geduld, Freiburg im Breisgau 2010

Herb, Karlfriedrich, Hidalgo, Oliver, Alexis de Tocqueville, Frankfurt/M 2005

Herder, Johann Gottfried, Werke in zehn Bänden, Band 3, Frankfurt am Main 1990

Hereth, Michael, Alexis de Tocqueville - Die Gefährdung der Freiheit in der Demokratie, Stuttgart 1979

Herman, Eva, Das Eva-Prinzip, München 2007

Herodot, Historien I/II, Wiesbaden, ohne Jahr

Herwegh, Georg, Bundeslied für den Allgemeinen Deutschen Arbeiterverein, Projekt Gutenberg, Georg Herwegh

Hitler, Adolf, Mein Kampf, München 1939, S. 486

Hobbes, Thomas, Der Leviathan, Köln 2009

Hölderlin, Friedrich, Hyperion, Sämtliche Werke und Briefe, Band 2, Frankfurt 1994
- ders., Der Tod des Empedokles, Sämtliche Werke und Briefe, Band 2, Frankfurt 1994

Hofmann, Werner, Stalinismus und Antikommunismus. Zur Soziologie des Ost-West-Konflikts, Frankfurt am Main 1967

Homer, Odyssee, München – Zürich 1990

Hurrelmann, Klaus, Universität Bielefeld, Lebenssituation und Wertorientierungen der jungen Generation. Ergebnisse der 15. Shell Jugendstudie 2006

Huxley, Aldous, Schöne neue Welt, München 1987

Illich, Ivan, Selbstbegrenzung. Eine politische Kritik der Technik, Hamburg 1975
- Fortschrittsmythen. Schöpferische Arbeitslosigkeit – Energie und Gerechtigkeit – Wider die Verschulung, Hamburg 1980

Jardin, André, Alexis de Tocqueville: Leben und Werk, Frankfurt/M 1991

Jaspers, Karl, Wohin treibt die Bundesrepublik? Tatsachen, Gefahren, Chancen, München 1966
- Das Wagnis der Freiheit. Gesammelte Aufsätze zur Philosophie, München – Zürich 1996

Johnson, Uwe, Jahrestage, Frankfurt am Main 1983

Jonas, Hans, Das Prinzip Verantwortung, Frankfurt am Main 1998

Kafka, Franz, Die Erzählungen, Düsseldorf 2008
- Das Schloss, Düsseldorf 2007

Kant, Immanuel, Kritik der reinen Vernunft, Werke in 6 Bänden, Band II, Darmstadt 2005
- Kritik der praktischen Vernunft, Werke in 6 Bänden, Band IV, Darmstadt 2005
- Grundlegung zur Metaphysik der Sitten, Werke in 6 Bänden, Band IV, Darmstadt 2005
- Über ein vermeintes Recht aus Menschenliebe zu lügen, Werke in 6 Bänden, Band IV, Darmstadt 2005
- Kritik der Urteilskraft, Werke in 6 Bänden, Band V, Darmstadt 2005
- Beantwortung der Frage: Was ist Aufklärung?, Werke in 6 Bänden, Band VI, Darmstadt 2005
- Über den Gemeinspruch: Das mag in der Theorie richtig sein, taugt aber nicht für die Praxis, Werke in 6 Bänden, Band VI, Darmstadt 2005
- Idee einer allgemeinen Geschichte in weltbürgerlicher Absicht, Werke in 6 Bänden, Band VI, Darmstadt 2005

Kirchhof, Paul, Einkommensteuer Gesetzbuch, Heidelberg 2004

Kirchner, Friedrich, Wörterbuch der philosophischen Grundbegriffe, Stichwort: Heuchelei, Leipzig 1907
Kluge, Etymologisches Wörterbuch der deutschen Sprache, Berlin – New York 2002
Knipp, Kersten, Das Private ist politisch, Deutschlandfunk, 10.12.2009
Kraft, Hannelore, Rede anlässlich der Plenarsitzung am 19. Dezember 2007
Kromphardt, Jürgen, Konzeptionen und Analysen des Kapitalismus, Göttingen 2004

Locke, John, Zwei Abhandlungen über die Regierung, Frankfurt 1967
-    Versuch über den menschlichen Verstand, Erstes Buch, Abschnitt 3, §2
Leisering, Lutz, Der deutsche Sozialstaat - Entfaltung und Krise eines Sozialmodells, aus: Der Bürger im Staat, Heft 4/2003
Luhmann, Niklas, Die Politik der Gesellschaft, Frankfurt am Main 2000

Machiavelli, Niccoò, Der Fürst, Frankfurt am Main 2008
-    Vom Staate, aus: ders. Gesammelte Werke, Frankfurt am Main, ohne Jahr
Thomas Mann, Der Zauberberg, Frankfurt am Main 1981
Marx, Karl, Grundrisse der Kritik der politischen Ökonomie, Berlin 1974
Marx, Karl, Engels, Friedrich, Werke (MEW), Berlin
-    Band 1, 2, 3, 4, 23, 24, 25, 37, 40
Meadows, Dennis, Die Grenzen des Wachstums, Gütersloh, ohne Jahr
Meier, Christian, Die Entstehung des Politischen bei den Griechen, Frankfurt am Main 1980
Meister Eckhart, Predigt 52, Werke, Band 1, Frankfurt am Main 1993
Mérimée, Prosper, Meisternovellen, Carmen, Zürich 1949
Meyers Enzyklopädisches Lexikon, Deutsches Wörterbuch, Mannheim – Wien – Zürich 1987
Michels, Robert, Zur Soziologie des Parteiwesens in der modernen Demokratie: Untersuchungen über die oligarchischen Tendenzen des Gruppenlebens, Leipzig 1911
Mill, John Stuart, Über die Freiheit, Stuttgart 1988
-    The Principles of Political Economy, Buch 4, Kapitel 6
Mises, Ludwig von, Socialism: An Economic and Sociological Analysis, Indianapolis 1981
Mommsen, Theodor, Römische Geschichte, 3 Bände, Neu Isenburg 2006
Moore, Barrington, Zur Geschichte der politischen Gewalt, Frankfurt am Main 1966
Montesquieu, Vom Geist der Gesetze, 2 Bände, Tübingen 1951
Musil, Robert, Der Mann ohne Eigenschaften, Hamburg 1989

Nietzsche, Friedrich, Menschliches, Allzumenschliches, Werke in drei Bänden, Band I, München 1994
-    Zur Genealogie der Moral, Werke in drei Bänden, Band II, München 1994

OECD, Economic Outlook 84, Paris 2008
Ortega y Gasset, José, Der Aufstand der Massen, Gesammelte Werke in vier Bänden, Band 3, Stuttgart 1950
Ovid, Heilmittel der Liebe, 95

Pagès, Alain, Ziegler Karl, (Hrsg.), Emile Zola. Die Dreyfus Affäre, Innsbruck 1998
Pascal, Blaise, Gedanken über die Religion, Teil 6: Schwäche des Menschen, 16
Peccei, Aurelio (Hrsg.), Das menschliche Dilemma, Wien, München, Zürich, Innsbruck 1979
Pisa, Karl, Alexis de Tocqueville: Prophet des Massenzeitalters, Stuttgart 1984
Platon, Protagoras, Sämtliche Werke, Band 1, Heidelberg 1982
-    Theätet, Sämtliche Dialoge, Band IV, Hamburg 1998
-    Der Staat, Sämtliche Dialoge, Band V, Hamburg 1998
Plutarch, Grosse Griechen und Römer, Band 1-6, Zürich 1954-1965
Präambel der Verfassung der Vereinigten Staaten vom 17. September 1787
Proctor, Robert N., Blitzkrieg gegen den Krebs. Gesundheit und Propaganda im Dritten Reich, Stuttgart 2002
Proust, Marcel Auf der Suche nach der verlorenen Zeit, 10 Bände, Frankfurt am Main 1980

Rawls, John, Eine Theorie der Gerechtigkeit, Frankfurt am Main 1975
Ricardo, David, Grundsätze der politischen Ökonomie und der Besteuerung, Frankfurt/Main 1980

Richtlinie 2000/9/EG des europäischen Parlaments und des Rates vom 20.März 2000 über Seilbahnen für den Personenverkehr
Rousseau, Jean-Jacques, Gesellschaftsvertrag
Rotermundt, Rainer, Staat und Politik, Münster 2008
Roth, Joseph, Das falsche Gewicht, Köln 2010

Sarrazin, Thilo, Deutschland schafft sich ab. Wie wir unser Land aufs Spiel setzen, München 2010
Schiller, Friedrich, Werke und Briefe in zwölf Bänden, Band 1, Frankfurt am Main 1992
-    Werke und Briefe in zwölf Bänden, Band 5, Frankfurt am Main 1996
Schmidt, Susanne, Markt ohne Moral, München 2010
Schopenhauer, Arthur, Parerga und Paralipomena, Werke in fünf Bänden, Band IV, Zürich 1988
Schubert, Klaus /Klein, Martina, Das Politiklexikon, Bonn 2006
Schumpeter, Joseph A., Kapitalismus, Sozialismus und Demokratie, Tübingen 2005
Das Schwarzbuch des Kommunismus, München – Zürich 1998
Shakespeare, William, König Richard III.
-    Troilus und Cressida
Simmel, Georg, Über sociale Differenzierung, Gesamtausgabe, Band 2, Frankfurt am Main 1989
Smith, Adam, Der Wohlstand der Nationen, München 1974
Solschenizyn, Alexander, Der Archipel Gulag, Gütersloh 1974
Sotke, Fritz, (Hrsg.), Unsere Lieder, Iserlohn 1921
Spengler, Oswald, Der Untergang des Abendlandes, Band 1, München 1923
-    Der Untergang des Abendlandes, Band 2, Welthistorische Perspektiven, München 1922
Steingart, Gabor, Die Machtfrage: Ansichten eines Nichtwählers, München 2009
Strafgesetzbuch (STGB)

Tocqueville, Alexis de, Über die Demokratie in Amerika, Band 1, Stuttgart 1959
-    Über die Demokratie in Amerika, Band 2, Stuttgart 1962
-    Der alte Staat und die Revolution, Münster, ohne Jahr

Valtin, Jan, Tagebuch der Hölle, Köln 1957
Vanderborght, Yannick, Van Parijs, Philippe, Ein Grundeinkommen für alle?, Frankfurt am Main 2005
Verfassung vom 24. Juni 1793 in Frankreich, Artikel 34
Verfassung vom 23. September 1795 in Frankreich, Artikel 7
Vergil, Aeneis, Buch II, Vers 49
Vorländer, Karl Geschichte der Philosophie, III. Die Philosophie der Neuzeit, §27, 1903

Weber, Max, Wirtschaft und Gesellschaft, Neu-Isenburg 2008
-    Politik und Gesellschaft, Neu-Isenburg 2006
-    Religion und Gesellschaft, Neu-Isenburg, ohne Jahr
Weizsäcker, Richard von, Rede beim Staatsakt in der Philharmonie zu Berlin, 3.10.1990, in: Bibliothek der Geschichte und Politik, Politische Reden 1945-1990, Frankfurt am Main 1999
Werner, Götz W., Einkommen für alle, Köln 2007
Werth, Christoph H., Sozialismus und Nation. Die deutsche Ideologiediskussion zwischen 1918 und 1945, Opladen 1996
Wörterbuch der philosophischen Begriffe, Hamburg 2005

Xenophon, Gastmahl, Teil IV, zitiert nach: lyrikwelt.de: Stichwort: Xenophon

Zweig, Stefan, Castellio gegen Calvin oder Ein Gewissen gegen die Gewalt, Frankfurt am Main 1987

Bayrisches Fernsehen, Münchner Runde, 2.2.2010
Beckmann, ard.de, 15.03.2012
Ederer, Günter, Das Märchen vom gerechten Staat, 1. Wie er uns mit den Steuern abkassiert, Fernsehsendung, SWR, ohne Jahr (2006?)

- Das Märchen vom gerechten Staat, 2. Wie er uns mit Subventionen schmiert, Fernsehsendung, SWR, ESD: 21.05.2007

Hart aber Fair, Sendung vom 29.07.2009

Interview Meurer/Fischer, Deutschlandfunk, 31.08.2010

Maybrit Illner, Was ist ein gerechter Lohn, ZDF vom 05.03.2009

- ZDF, 20.01.2011

www.wdr.de/tv/westpol/sendungsbeitraege/2010/1003/zuverdienst-hartz-IV.jsp

BILD Zeitung; 27.09.2008

BILD Zeitung; 04.03.2009

BILD Zeitung; 14.08.2009

BILD Zeitung; 06.05.2010

BILD Zeitung; 09.12.2010

Der Spiegel
- 35/1957, 27/1958, 34/1965, 9/1986, 12/1996, 3/1997, 28/1998, 39/1998, 50/1998, 37/1999, 52/1999, 5/2000, 25/2002, 49/2002, 16/2004, 32/2004, 4/2005, 16/2005, 35/2005, 37/2005, 41/2005, 4/2007, 4/2008, 24/2008, 40/2008, 41/2008, 42/2008, 43/2008, 46/2008, 8/2009, 11/2009, 20/2009, 22/2009, 24/2009, 26/2009, 27/2009, 28/2009, 29/2009, 31/2009, 36/2009, 38/2009, 41/2009, 50/2009, 3/2010, 18/2010, 22/2010, 35/2010, 39/2010, 40/2010, 44/2010, 46/2010, 50/2010, 52/2010, 8/2011, 14/2011, 51/2011, 1/2012, 3/2012

Bundesregierung beschließt Rentengarantie, Spiegel-Online, 6.5.2009

Claassen fordert 7,1 Millionen Euro Abfindung, Spiegel-Online, 12.11.2010

Das ändert sich bei Vorsorge, Rente und Währung, Spiegel-Online, 31.12.2001

Dem Staat entgehen jährlich 30 Milliarden Euro, Berliner Zeitung, 06. April 2010

Der Rating-Reflex, Spiegel-Online, 16.01.2012

Die Eva Herman der Linken, faz.net, 27.06.2007

Die SPD will die Vermögenssteuer zurück, Süddeutsche Zeitung, 14.11.2009

Die Spendenwaschanlage der CDU, sueddeutsche.de, 15.07.2004

Die Union in den Ländern schrumpft und schrumpft, welt-online, 14.02.2009

Die Zeit der Gier ist vorbei, Süddeutsche Zeitung, 18.05.2008

Die 111 unsinnigsten Subventionen, handelsblatt, 04.06.2010

Erhard Eppler auf dem SPD-Parteitag 2009, vorwärts., 15.11.2009

Erstes Murren gegen Gauck, Frankfurter Rundschau, 20.02.2012

Experten verlangen nach Nokia-Fiasko generellen Subventionsstopp, Spiegel-Online, 17.01.2008

Fast die Hälfte sind Karteileichen, welt-online, 06.12.2010

Friedrich Schorlemmer, Gauck muss von Gerechtigkeit sprechen, Berliner Zeitung, 21.02.2012

Fukushima auch in Deutschland? Spektrum der Wissenschaft, 25.7.2011, www.wissenschaft-online.de/artikel/1117166

Geschlossene Gesellschaft, Spiegel-Geschichte, 2/2009, S. 109

Guttenplag-Wiki für Online-Preis nominiert, Spiegel-Online, 11.05.2011

Hans Herbert von Arnim, Herr Lammert, bitte handeln, Spiegel-Online, 14.07.2007

Harte Zeiten für den Turbo-Kapitalismus, Handelsblatt, 21.02.2010

Helmut Schmidt, Alle müssen länger arbeiten, Die Zeit, 2/2002

Horrorszenario 20 Prozent, Spiegel-Online, 05.07.2010

IMF puts total cost of crisis at £7.1 trillion, The Telegraph, 08. 08.2009

Im Schatten Klaus Zumwinkels, manager-magazin, 21.04.2009

Inflation auf dem Rückzug, manager-magazin, 12.01.2012

Interview mit Christoph Butterwegge, Spiegel Online vom 20.06.2009

Joachim Fest, War Adolf Hitler ein Linker?, taz, 27.09.2003

Jürgen Habermas, Nach dem Bankrott, Interview in: Die Zeit, Nr. 46, 06.11.2008

Kalenderblatt, Spiegel- Online, 29.11.1983

Keine Hüftgelenke für die ganz Alten, Tagesspiegel, 03.08.2003

Kerner wirft Eva Herman aus seiner Sendung, Spiegel-Online vom 9.10.2007

Mallorca-Flüge bringen Gabriel in Bedrängnis, Süddeutsche Zeitung, 12.03.2008
Mehr netto – ein Kanzlermärchen, Spiegel-Online, 12.07.2010
Michael Schlecht, Schutzschirm für Menschen, Profiteure zur Kasse, Presseerklärung vom 18.03.2009
Missbrauch ja, aber begrenzt, Süddeutsche Zeitung, 02.02.2010
Mißfelders Missstände, Süddeutsche Zeitung, 23.02.2009
Mueller Milch die weckt, was in dir steckt, Stern, 12.08.2005
Murks und Neuanfang, Spiegel-Online, 07.07.2010
Neue Suche nach Millionen, Spiegel-Online, 05.07.2000
Nokia ist fein raus, zeit-online, 03.07.2008
Nokia zahlt 40 Millionen Euro zurueck, welt-online, 03.07.2008
Opposition zerfetzt Gesundheitsreform, Spiegel-Online, 06.07.2010
Pötschke-Langer, Dr. Martina, dfz.de, Gesundheitsgefährdung durch Passivrauchen – Deutschland muss
    handeln, Pressemitteilung Nr. 71, vom 07.12.2005
Politiker wettern gegen Rating-Riesen, Spiegel-Online, 14.01.2012
Regierung verspricht rasche Hartz-IV-Korrektur, Spiegel-Online, 09.02.2010
Rekord bei Steuereinnahmen, Handelsblatt 27.1.2012
Schäubles besonderes Geburtstagspräsent, Spiegel-Online, 03.04.2000
Schäuble will die Schuldenbremse lockern, Spiegel-Online, 10.01.2012
Schattenzocker scheffeln Milliarden, Spiegel-Online, 02.03.2011
Schröder, Gerhard, Rede zum Bundestagswahlkampf 2005 in Heidelberg, 19.09.2005
Searle, John R., Mein Jahrhundertbuch, in: Die Zeit, 28/1999
Soros sieht die schlimmste Krise seit 60 Jahren, welt-online, 25.01.2008
So wird Deutschland dumm, faz.net, 23.10.2010
Staatsverschuldung der Euro-Länder 2011, Spiegel-Online, 08.12.2011
Stefan Kaufmann, Festgehalt für Manager, Berliner-Zeitung, 01.04.2009
Steinbrück wettert gegen Casino-Kapitalisten, Spiegel-Online, 06.08.2009
Stellungnahme des SED-Politbüros vom 11. Oktober 1989 zur Massenflucht, Deutschland Archiv 12/1989
Tiefensee wirft Mehdorn Gefährdung des Börsengangs vor, Spiegel-Online, 05.11.2008
Tobias Becker, Das konsumistische Manifest, Kulturspiegel, Nr. 12, 30.11.2009
Tsunami in Japan tötete fast 19.300 Menschen, Spiegel-Online, 11.01.2012
Turbo-Kapitalismus, nein danke, Focus online, 18.08.2010
US-Milliardär Soros in Frankreich verurteilt, Spiegel-Online, 14.06.2006
Was ist Intelligenz, zeit-online, 01.09.2010
Was wir von Bankern und Bank-Besetzern halten, Spiegel-Online, 31.10.2011
Wenn Forschern die Demokratie lästig wird, Spiegel-Online, 29.12.2009
99 Prozent blieben zu Hause, Spiegel-Online, 15.10.2011

www.abgabenrechner.de
www.amazon.de
www.arge.schule-hamburg.de/Archiv/STIBildungsausgaben-Hamburg.html
www.Boerse-Stuttgart.de
www.bpb.de, Die soziale Situation in Deutschland, Erwerbstätige nach Status
www.bpb.de, Bundestag berät über Bundeshaushalt 2010, 19.01.2010
www.bpb.de, Bundestag verabschiedet Haushalt 2011
www.bpb.de, Bruttojahresverdienste nach Berufen, Vollbeschäftigte Arbeitnehmer 2006
www.bpb.de , Bundeszentrale für politische Bildung, Die soziale Situation in Deutschland, Arbeitslose und
    Arbeitslosenquote
www.bpb.de, Stichwort: Bevölkerungsentwicklung und Altersstruktur
www.bpb.de, Stichwort: Öffentliche Ausgaben nach Ausgabenbereichen
www.bpb.de, Stichwort: Renten nach monatlichem Zahlbetrag
www.bpb.de, Stichwort: Steuereinnahmen nach Steuerarten
www.bpb.de, Stichwort: Vermögensverteilung
www.bpb.de, Stichwort: Wahlberechtigte 2009
www.beamten-informationen.de/information/besoldung/besoldungtabellen
www.bundesarchiv.de/cocoon/barch/1021/k/k1950k/kap1_1/para2_6.html

www.bundesarchiv.de/gedenkbuch/einfuehrung.html?page=2
www.Bundesfinanzministerium.de, Stichwort: Subventionen
www.bundesverfassungsgericht.de/entscheidungen/ls20100209_1bvl000109.html
www.bundeswahlleiter.de
www.comdirect.de/inf/aktien/detail/chart
www.deutsche-bank.de
www.destatis.de
www.destatis.de, Leben in Europa 2006
www.documentArchiv.de, Stichwort: Weimarer Republik, 25-Punkte-Programm der Nationalsozialistischen
    Deutschen Arbeiterpartei
www.hannelore-kraft.de, Stand 15.07.2009
www.lufthansa-pilot.de, Abschnitt Karriere als Pilot, Perspektiven, Stand 28.09.2009
www.mediaculture-online.de/fileadmin/bibliothek/jenninger_rede/jenninger_rede.pdf
www.nachdenkseiten.de, Riester-Rürup-Täuschung, 11. Juni 2008
www.parteidernichtwaehler.de
www.privatschule-eberhard.de/interessant/Preisindex.htm
www.schader-stiftung.de, Stichwort: Altersstruktur
www.sozialhilfe.de
www.sozialpolitik-aktuell.de, Stichwort: Sozialleistungsquote
www.spd.de, Parteiausschlussverfahren gegen Thilo Sarrazin, 30.08.2010
www.statista.con, Stichwort: Statistiken, Gesundheitssystem & Vorsorge
www.tierrechte-kaplan.org/kompendium/a205.htm
www.tierrechtsgruppe-zh.ch/wp-content/files/marco_maurizi_interview.pdf
www.t-online.de, 13.07.2009
www.unister.de, Stichwort: Die Verwaltung 17. und 18. Jahrhundert
www.unister.de, Stichwort: Polizeibegriff – historischer Abriß
www.wiwo.de, Die Riester-Lüge, 28.07.2009

www.wikipedia.de
- Stichwort: Abgeordnetenentschädigung
- Stichwort: ADAC, Stand: 22.01.2010
- Stichwort: Alchemie
- Stichwort: August_2007, Mittwoch, 8. August
- Stichwort: Stichwort: Automobil
- Stichwort: Eckrentner
- Stichwort : Einkommensteuer Deutschland
- Stichwort: Einwohnerentwicklung von Berlin
- Stichwort: Erklärung der Menschen- und Bürgerrechte, Hervorhebungen von mir, P.K.
- Stichwort: Geringfügige Beschäftigung
- Stichwort: Gewerkschaften in Deutschland, Stand: 22.01.2010
- Stichwort: Haushaltsplan der Vereinigten Staaten
- Stichwort: Hoffnung
- Stichwort: Ingolf Viereck
- Stichwort: Interessengruppe
- Stichwort: Katastrophe von Tschernobyl
- Stichwort: Lebenserwartung
- Stichwort: Lobbyismus
- Stichwort: Manager
- Stichwort: Manager (Wirtschaft)
- Stichwort: Neusprech
- Stichwort: Nomenklatura
- Stichwort: Politik der ersten Person
- Stichwort: Politikverdrossenheit
- Stichwort: Positives Denken
- Stichwort: Pro-Kopf-Einkommen

- Stichwort: Reallohn
- Stichwort: Rentenreform 1957
- Stichwort: Riester-Rente
- Stichwort: Schildbürger
- Stichwort: Soziale Gerechtigkeit
- Stichwort: Sozialismus
- Stichwort: Sozialquote
- Stichwort: Spartiaten
- Stichwort : Staatsverschuldung
- Stichwort: Suggestion
- Stichwort: Unabhängigkeitserklärung der USA
- Stichwort: Verkehrstod
- Stichwort: Volksbegehren für echten Nichtraucherschutz
- Stichwort: Wahlbeteiligung
- Stichwort: Winston Churchill
- Stichwort: Wohlfahrtsstaat
- Stichwort: Wohlstand
- Stichwort: Zinsverbot

www.wikipedia.org/wiki/Projektion_(Psychoanalyse)
www.wikipedia.org, Liste geflügelter Worte